U0920637

长庆石油勘探局年鉴

2001—2004

（一）

长庆石油勘探局　编

石油工业出版社

图书在版编目(CIP)数据

长庆石油勘探局年鉴:2001—2004/长庆石油勘探局编
北京:石油工业出版社,2005.4
ISBN 7-5021-5025-0

Ⅰ.长...
Ⅱ.长...
Ⅲ.鄂尔多斯盆地-油气勘探-工业企业-2001—2004-年鉴
Ⅳ.F426.22-54

中国版本图书馆 CIP 数据核字(2005)第 019080 号

长庆石油勘探局年鉴
2001—2004/长庆石油勘探局编

出版发行:石油工业出版社
(北京安定门外安华里 2 区 1 号 100011)
网 址:www.petropub.cn
总 机:(010)64262233 发行部:(010)64210392
经 销:全国新华书店
印 刷:长庆石油勘探局长庆石油报社印刷厂印刷

2005 年 4 月第 1 版 2005 年 4 月第 1 次印刷
787×1092 毫米 1/16 印张:118.5 插页:17
字数:2934 千字 印数:1—1050 册

ISBN 7-5021-5025-0/TE·3498
定价:680.00 元(全三册)
(如出现印装质量问题,我社发行部负责调换)

《长庆石油勘探局年鉴》
编　委　会

《长庆石油勘探局年鉴》
主编、副主编

《长庆石油勘探局年鉴》
编　辑　部

主　　审： 李三卫　廖应兵

编　　辑： 关登彬　田儒兴　吕红霞　魏小宁　贾稳鹏　王建兴
范存孝　阎永利　罗晓琴

《长庆石油勘探局年鉴》
编辑办公室

主　　任： 李三卫

成　　员： 赵玉华　王　萌

责任编辑： 赵冬梅

特邀编辑： 杨智耀　金其超　赵　桢　李作宁　杜益民

执行编辑： 赵玉华　刘永红　王　萌　王三勇　高生珠

封面设计： 李耀武

责任校对： 陈　丽　王　群　黄京萍

编　辑　说　明

一、《长庆石油勘探局年鉴》是长庆石油勘探局主办的专业性企业年鉴，是一部全面记录长庆石油勘探局主要发展情况的编年书，是一部具有权威性的大型资料性工具书。书中全面、系统、真实地记述了长庆石油勘探局在社会主义现代化建设中的基本情况。向广大读者展示了长庆石油勘探局在社会主义物质文明和精神文明建设中所取得的成就。

二、本年鉴采用“板块式”结构，分类编纂，点面结合，把综合记述和条目记述相结合，力求全面地反映所记事项。全书分为篇目、栏目、条目三个层次，以文字叙述为主，辅以必要的图表。

三、本年鉴内容包括总述，工程技术服务，生产服务、加工制造、合作开发油气田及社会服务，科技发展，质量安全与环境保护，对外合作与交流，企业改革与管理，精神文明建设，机构与人物，长庆石油勘探局属单位概览，长庆石油勘探局大事纪要，重要资料等。

四、本年鉴全书共分(一)、(二)、(三)三册。(一)中引用了2000年1月至2001年年底的数据和资料；(二)中引用了2002年1月至2003年年底的数据和资料；(三)中主要收录了2000年1月至2003年年底的中国石油天然气集团公司领导来长庆的重要讲话、长庆石油勘探局重组改制有关资料、长庆石油勘探局重要文件、长庆石油勘探局领导讲话。

五、本年鉴资料、稿件主要由长庆石油勘探局机关各部门、局属各二级单位办公室、油田档案馆及局年鉴办公室的同志提供，各单位的领导对本单位所提供的资料进行了审阅。

六、本年鉴中对机构名称采用了首次出现用全称，随后出现时用简称的处理方法。例如：“长庆石油勘探局”简称为“长庆局”，“钻井工程总公司”简称为“钻井公司”等。

七、遵照年鉴编辑的有关规范，并依据编写大纲和撰稿要求，编辑部对撰稿人提供的稿件进行了必要的编辑加工。主要是统一了全书的体例，规范了专业名词术语，删除了明显的重复，补充了部分资料，理顺了语言文字。力求做到文字顺畅、资料翔实、叙述简洁、数据准确。尽管如此，由于本年鉴时间跨度太大，需要查阅、整理、编辑的资料太多，加之编辑水平有限，疏漏和欠妥之处在所难免，恳请读者提出宝贵意见，以便不断改进和加强编辑工作。

八、本年鉴所收数据虽经反复核实，但由于统计重点不同，来源渠道有别，截至时间也有差异，因此，难免存在收集不全、照顾不周，甚至相互矛盾之处。书中除特别指明者外，一般为上报中国石油天然气集团公司数据。每年的工作报告中的数据，为当年预测数据，所反映的趋势与最终结果基本一致，虽然具体数据与实际不同，为保持报告的原貌未对数据再作更正。

九、在本年鉴编辑和出版过程中，得到了局机关各部门、各二级单位领导和同志们的大力支持和帮助，在此，谨向为本年鉴提供资料、审查稿件，以及提供各种帮助的同志们，致以诚挚的感谢。

《长庆石油勘探局年鉴》编辑部

2005年2月

长庆石油勘探局主要二级单位分布示意图

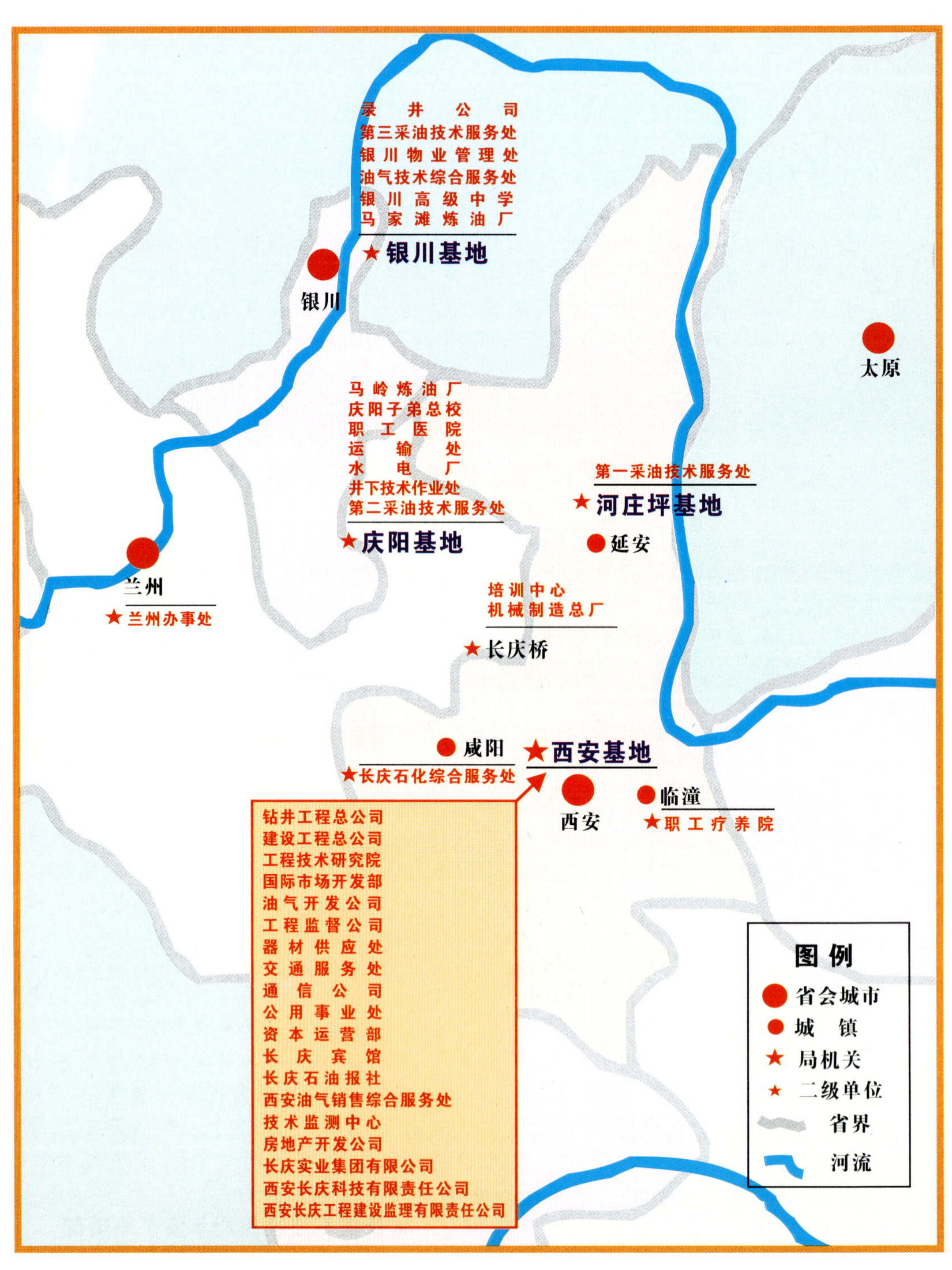

长庆石油勘探局

CPEB

企业理念

两条基本思路： 坚持围绕长庆油气发展而发展；以市场为导向，不断提升科学管理水平。

四大发展战略： 市场开发战略、管理提升战略、多元化发展战略、科技进步和人才开发战略。

十二字企业理念： 创新、开放、简捷、明确、责任、自信。

长庆石油勘探局法人代表孙玉辰局长

年鉴初成，众人力作。让我作序，提笔难下，因未细读。思量半天，只能留下几句后话，以免误导他人或让后人少费心思罢了。

年鉴不是功劳簿，更非判决书。如大有漏阙，小有差异，后人自会补正，只要当事者谅解才能具其本意。

以文记事，尚可容易；以文叙理，则成大难。我劝编委只可对写编事实负责，至于其中结论性的语言，要热诚欢迎当事者和后人批评指正。

“以史为鉴，可以知兴替。”本年鉴仅是长庆发展史中的一节，是 20 世纪末大重组至今二次创业的一部分。改革、探路不仅开头难，而且俱不成熟。所记事实本身亦在不断完善，只要知此及彼，推波助澜，不断鼎新，即达目的。后人扬弃事实本身是必不可少的、有益的。

孙玉辰

甲申冬至

长庆石油勘探局领导班子成员在研究工作

长庆油田综合科研办公大楼

2003年10月1日，西气东输靖边至上海段进气仪式隆重举行。中国石油天然气集团公司总经理、中国石油天然气股份公司董事长马富才(右四)等领导和地方省市负责同志出席仪式

2002年2月5日，中国石油天然气集团公司副总经理阎三忠(右二)一行来长庆油田慰问

2003年12月1日，长庆油田召开油气当量突破1000万吨暨2003年总结表彰大会。中国石油天然气集团公司副总经理、中国石油天然气股份公司总裁陈耕在大会上讲话

长庆油田油气当量突破1000万吨暨2003年总结表彰大会会场

2003年10月14日，孙玉辰局长在厄瓜多尔访问期间，在首都基多受到了厄瓜多尔总统卢西奥·古铁雷斯的亲切接见

2003年8月29日，厄瓜多尔总统卢西奥·古铁雷斯(中)一行45人来到长庆油田访问

2000年6月9日，长庆石油勘探局与壳牌勘探（中国）有限公司通过议标，在北京签署了为期两年、价值约400万美元的钻井服务合同

2001年2月14日，长庆石油勘探局与西非尼日利亚公司的钻机租用合同在西安签字

2002年8月11日，由长庆钻井工程总公司承钻的乌兹别克斯坦第一口水平井顺利完井。图为开井仪式

2003年3月18日，斯伦贝谢公司中东/亚洲地区总裁伊穆冉·肯班斯（Imran Kizibash）（前排左六）一行6人，来西安参加与长庆石油勘探局战略合作技术服务联盟框架协议签字仪式

西气东输涩北—西宁—兰州段输气管道工程施工现场

2002年10月4日，被称为“中国第二条沙漠公路”的塔中—且末沙漠公路全线竣工

2003年10月1日，西气东输靖边—上海段进气仪式隆重举行

2002年9月28日，长呼输气管道工程正式开工

2001年12月18日，咸阳世纪大道举行竣工通车典礼

西气东输施工现场

2001年11月10日，长庆石油勘探局历史上最大的引进项目——SS－2000型大型压裂机组在靖边县周河乡的G50－2井正式投入使用

测井技术人员正在分析、观察5700成像测井仪显示

黄土塬区多线地震勘探采集、处理方法研究取得重大成果

2003年6月5日，苏39－14－1井试验取得阶段性重大成果，创造了全国第一次采用小井眼天然气欠平衡钻井技术进行工艺试验，并获得成功和气体欠平衡钻进进尺783.7米的新纪录

长二井水平井钻井现场

2000年11月1日，长庆石油勘探局局长、党委书记孙玉辰带领局机关处室的负责人，以及三个钻井处、井下处的领导，看望70118钻井队的职工，并在井场就勘探局钻井反承包工作，对壳牌公司进行了质量回访

修井工人正在进行井口装置作业

采油一处职工正在进行井下作业

采油三处职工正在进行井下作业

采油二处职工正在保养维护抽油机

2001年元月8日，长庆钻井工程总公司在西安成立

2000年11月30日，长庆石油勘探局决定成立机械制造总厂

宁夏长庆抽油杆制造有限责任公司成立

2002年2月28日 西安长庆科技工程有限责任公司举行揭牌仪式

西安产权交易中心长庆交易所成立

2002年12月25日，西安长庆工程建设监理有限责任公司在西安挂牌

2003年8月25日，西安长庆科技工程有限责任公司苏州分公司在苏州正式挂牌

2002年11月28日，长庆机械制造总厂组建“西安长庆石油天然气设备制造有限责任公司”

2002年11月26—29日，在王盘山油田，长庆石油勘探局局长孙玉辰欣然题词，贺王评二井出油

西峰油田

2002年11月3日，长庆石油勘探局局长孙玉辰在副局长杨庆理、工会主席蒲建中、局长助理邓火孝的陪同下来到油气开发前线视察工作

长庆石油勘探局副局长藤玉林主持召开2001年长庆油田内部产品订货会

2002年长庆油田内部产品订货会订货金额达4.5亿元，创11次油田产品订货会最好成绩

2003年9月19日，庆阳长庆水电工程有限责任公司成立暨揭牌

乳山橡胶防腐厂厂区

长庆实业集团开业

2003年9月19日，长庆化工（集团）有限责任公司隆重举行挂牌庆典

兴隆园小区

龙凤园小区

长庆大厦于2002年7月28日开工，2004年国庆节竣工投用

未央湖小区

燕鸽湖基地湖小区

长庆石油勘探局局长孙玉辰和局长助理张元忠在长庆大厦施工现场研究装饰方案

河庄坪基地

靖边基地

礼泉基地

庆阳基地

三桥基地

咸阳基地

长庆石油勘探局副局长杨庆理在基层视察HSE工作

基层单位开展HSE知识竞赛活动

HSE班前会

健康、安全与环境的和谐

——油田实况航拍照片

长庆石油勘探局水电厂职工检修送电线路设备

检修变电站设备

长庆石油勘探局水电厂职工正在精心检修35千伏开关

长庆石油勘探局通信处信息中心机房

2001年11月16日，长庆石油勘探局西—延—吴—庆通信光缆工程全线贯通。长庆通信公司在西安基地召开庆功表彰大会

年鉴·运输

原油拉运车队

井队搬迁

采油二处领导、机关人员、物业一公司和部分离退休职工共200多人在处机关大院开展了大规模的种草种树义务劳动

年鉴·绿化

开展职工培训活动

对职工进行微机培训

长庆八中语音教室

2003年12月27日，高新长庆幼儿园举行开园仪式

学生们在校阅览室借阅图书

2000年10月12日,庆祝长庆会战30周年大型文艺晚会

2000年10月12日,正值长庆油田会战30周年之际,在西安长庆兴隆园小区开展了系列纪念活动

钻井队工人在下班回营地的路上

长庆艺术团演出剧照

全民健身活动丰富多彩

长庆油田西安基地第六届迎新年职工体育比赛在西安基地举行

西安基地庆国庆《同一首歌》卡拉OK演唱会

西安基地2003年元宵节焰火表演

采油三处团委举行“首届青年职工才艺大赛”

采油二处低产井开发公司是一支从事边、远、低产低效油井开发的专业队伍。大多数员工都在地处偏远、条件恶劣的采油生产一线工作。这个公司女工委员会通过多种途径为驻单井站的女工配备了电视机、羽毛球、杂志等，以丰富采油队女职工在野外的业余文化生活。图为井站工人在包饺子

采油三处隆重举行“全国职工职业道德建设先进单位”揭牌仪式

2003年9月25日，长庆油田获得中国石油天然气集团公司表彰的五个“百面红旗单位”载誉归来

井下技术作业处荣获“全国职工职业道德先进单位”称号

采油二处团委组织全处团员青年开展便民服务、义务献工时等活动

2003年4月25日，长庆石油勘探局局长孙玉辰荣获“全国五一劳动奖章”，并出席甘肃省总工会在兰州宁卧庄宾馆举行的庆祝“五一”国际劳动节大会

长庆石油勘探局第九届工人技术运动会钻井工决赛实际操作比赛现场

甘肃省百万职工职业技能素质提升活动启动仪式暨“长庆杯”技能大赛开幕式

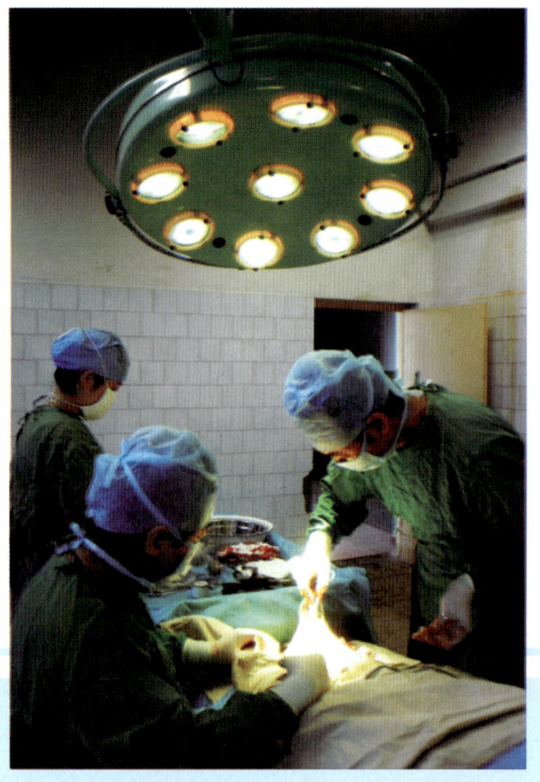

职工医院断臂再植手术获得成功

采油三处职工医院护理部荣获"全国先进女职工集体"光荣称号

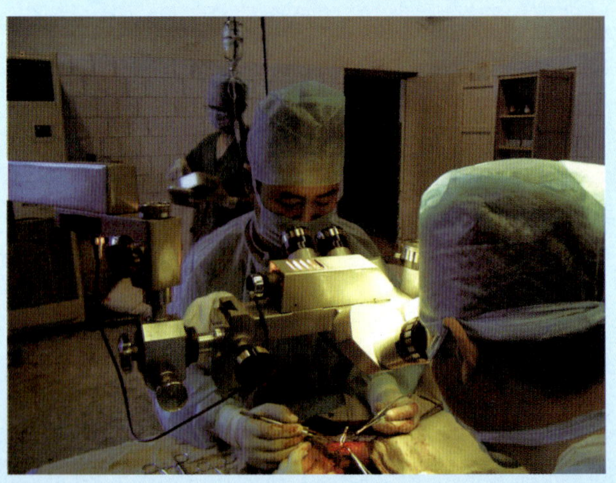

在显微镜下手术

要　　目

（一）

《长庆石油勘探局年鉴》2001 卷

《长庆石油勘探局年鉴》2002 卷

（二）

《长庆石油勘探局年鉴》2003 卷

《长庆石油勘探局年鉴》2004 卷

（三）

《长庆石油勘探局年鉴》重要资料卷

目　　录

《长庆石油勘探局年鉴》2001 卷

第一篇　总　述

综　述

特　载

专　文

第四篇　科技发展

第五篇　质量安全与环境保护

第六篇　对外合作与交流

第七篇　企业改革与管理

第八篇　精神文明建设

第九篇　机构与人物

第十篇　长庆石油勘探局属单位概览

第十一篇　长庆石油勘探局大事纪要

《长庆石油勘探局年鉴》2002卷

第一篇 总 述

综 述

特 载

专 文

第二篇　工程技术服务

第三篇　生产服务　加工制造　合作开发油气田及社会服务

第四篇　科技发展

第五篇　质量安全与环境保护

第六篇　对外合作与交流

第七篇　企业改革与管理

第八篇　精神文明建设

第九篇　机构与人物

第十篇　长庆石油勘探局属单位概览

第十一篇　长庆石油勘探局大事纪要

长庆石油勘探局年鉴

2001卷

第一篇

总　述

综　述

2000年长庆石油勘探局工作情况概述

【概述】 长庆石油勘探局(以下简称长庆局或勘探局)是中国石油天然气集团公司(以下简称集团公司)直属单位,是以石油天然气勘探、开发技术服务为主,并具备油田建设、机械制造、道桥修筑、科研设计、油田通信、文教卫生、生活服务以及多种经营等能力的综合性的国有特大型企业。现有局属二级单位43个(含两个炼油厂);局机关设17个职能部处室,9个附属单位。全局有职工41524人,其中干部11501人,占职工总数的27.7%;工人30023人,占职工总数的72.3%;全局有离退休职工11379人。干部中教授级高级职称人员15人、高级职称人员476人、中级职称人员3402人、初级职称人员6097人。全局有基层党委34个,党总支133个,党支部1031个,党小组1935个。共有党员19216人,其中正式党员18687人,预备党员529人;男党员17208人,女党员2008人;在职党员11864人,占党员总数的61.74%。

2000年,是长庆局重组改制、分开运行的第一年,是长庆局历史上真正脱胎换骨、转换机制、转变观念最深刻、最广泛的一年,也是二次创业的第一年。全局广大职工认真实施勘探局"坚持围绕油气主业发展而发展、坚持以市场为导向促进内部管理水平提高"的"两条基本思路"和"市场开发战略、质量效益型经营战略、多元化发展战略、科技进步和人才开发战略"等"四大发展战略",全面完成了各项生产经营目标和工作任务,取得了令人鼓舞的成果。

【主要成果】

(1)贯彻整体发展战略,实现了"一盈一平"经营目标。

主营业务收入40.04亿元,实现了整体持平的经营目标。

(2)钻井总进尺、天然气建井周期等8项钻井综合指标创历史最高水平。

全年完成各类油气井819口,进尺145万米,为年度计划的104.3%。

(3)地震施工创历史最高水平。

全年完成二维地震8799剖面千米;三维地震151平方千米,VSP垂直测井10口,实现工作量创历史最高水平。

(4)试油压裂和测井再创历史最高水平。

完成各类油气井试油(气)交井805口,试油903层,压裂酸化1112次,为年度计划的134.10%,比历史最高水平的1999年增长13.30%。测井测试完成829口、2862井次,折合工作量1.88亿条件米,工作量比历史最高水平的1999年增长20.40%。

(5)采油技术服务"捆绑"运行平稳。

采油技术服务全年完成油田井井下作业6577口,6713自然井次,为年度计划的134.58%,比1999年增长5.5%。

(6)采油作业区原油产量稳步提高。

各采油作业区全年生产原油52.15万吨,比1999年增长24.7%。

(7)多种经营有了新的发展。

多种经营系统大胆改制,开拓市场,全年实现生产经营总值17.6亿元,完成年计划的118.6%;经营销售收入17亿元,完成年计划的120.3%;利税总额完成1.6亿元,利润总额完成4468万元。

(8)社会市场开发取得了实质性进展。

全年承揽社会工作量 3.1 亿元，完成 2.34 亿元，占全局企业收入的 5.82%。

(9)科技创新见到明显成效。

物探、钻井、测井、井下等战线形成了一批先进适用的长庆特色技术，关键施工技术和配套技术取得 8 项重要成果。

(10)更新了部分关键设备。

投入 3.2 亿元，更新、改造了 8 台钻机，购置了数控测井系统，更新了筑路、油建部分施工设备，提高了竞争实力。

(11)改革改制迈出了坚实的步伐。

按照深化改革总体构想和部署，积极稳妥地实施了 4 个方面的重大改革举措：①三个钻井处整合重组为钻井工程总公司。②两个机械厂整合重组为机械制造总厂。③勘查设计研究院改制为有限责任公司。④多种经营采取职工入股、多元投资等办法，改制和新组建了 9 个有限责任公司。

(12)安全生产形势呈平稳态势。

全年事故起数比 1999 年下降 21.1%，工业事故千人死亡率、千台车死亡率等中国石油天然气集团公司(以下简称集团公司)重点考核的安全生产指标均在达标控制之内。

(13)职工培训扎实有效，中小学教学质量稳步提高。

送外培训局级领导干部 5 人，对 136 名处级干部进行工商管理知识和市场开发知识培训，80 多名技术干部参加外语培训班，9 次邀请国外专家、教授讲课，参加学习的科级以上领导干部 1800 人次。全局高考大专以上录取 852 人，高考升学率为 45.49%，比陕甘宁三省区实际录取率高出 7.5%。

(14)职工收入稳步增长，生活环境逐步改善。

在企业经营状况十分严峻的情况下，千方百计筹措资金，努力改善职工生活条件。职工岗位工资晋级，货币收入稳步增长。为无房户新建住宅 3621 套，建筑面积 30.542 万平方米。

(15)精神文明建设成效显著。

各级党组织大力加强企业精神文明建设，积极组织开展了“求生存、图发展、闯市场、增效益”系列活动，各条战线涌现出一大批先进典型，精神文明建设走在了所在地、市的前列。勘探局在获得“全国二五保密普法先进单位”称号的基础上再次被评为“全国三五保密普法先进单位”。职工医院、地球物理勘探处获得“全国职工职业道德先进单位”称号。刘瑛、蒲建中、杨呈德分别获得“全国劳动模范”和“全国先进工作者”称号，周丰被团中央评为“全国青年能手”。

【技术服务】

(1)钻井生产。2000 年完井 819 口，完成钻井进尺 145 万米。其中：天然气探井完井 38 口，完井进尺 12.03 万米；石油探井完井 107 口，完井进尺 16.52 万米；天然气开发井完井 82 口，完井进尺 28.34 万米；石油开发井完井 592 口，完井进尺 88.11 万米；关联交易合计完井 790 口，完井进尺 141.35 万米；社会市场工作量完井 29 口，完井进尺 3.65 万米。井身质量达 100%；取心收获率 99.45%，取心进尺 9142.83 米；固井质量 100%；钻井速度 2988.50 米/(台·月)，全年劳动生产率 150.66 米/(人·年)。

(2)地震生产。全年完成二维地震 8799 剖面千米，二维生产总炮次 10.60 万炮，完成三维地震 151 平方千米，完成 GPS 定位点 412 个，全年提交预探井位 268 口，提交探井井位符合率 83.6%，均创历史最高水平。

全年地震生产一级品率 75.98%，地震生产记录合格率 99.75%，地震生产空炮率 0.7%，微测井合格率 100%。

(3)采油技术服务。三个采油服务处坚持服务主业、共同发展的方向，精心部署和组织生产运行，努力为甲方提供优质服务和优质工程。全年完成油田井井下作业 6577 口；6713 自然井次。

采油一处完成井下作业 3391 口，3483 井次。全年实现关联交易市场总量1.68亿元，实现各种收入2.00亿元，全面实现经营目标。

采油二处完成井下作业3391口，3483井次。全年实现关联交易市场1.68亿元，实现各种收入2.00亿元，全面实现经营目标。

采油三处完成井下作业2138口，2166井次。全年主营业务实际收入2.91亿元，盈利9.98万元，实现了经营持平的目标。

(4)井下作业。全年各类油气井试油(气)交井805口，试油(气)903层，压裂酸化1112次，首破2000层(次)大关。其中：天然气勘探井143口，试气、压裂酸化413层次，分别为1999年的188.16%和222.04%。

(5)测井作业。全年测井829口，测井直接工作量1.90亿条件米，同比增长20.40%。其中：全年完成天然气测井118口，与历史最好水平相比，增长6.41%，折合工作量15630标准炮，同比增长27.59%。综合录井116口，折合工作量3912驻井天，口数及折合工作量同比分别增长78.64%和26.32%。测井资料合格率99.97%，一级品率92.95%，射孔准确率100%，气测录井资料合格率100%。

(6)水电供应。全年完成供电量64092万千瓦·时，供水量1417万立方米。

(7)机械制造。全年完成工业总产值1.04亿元，其中：抽油机制造648台，产值5269.1万元；内拖修理191.4个标准台，产值493.3万元；钻机修理106.92个标准台，产值187.11万元。

【安全环保】　2000年，全局工业生产事故千人死亡率为0(集团公司指标为0.07‰)；千人重伤率为0(集团公司指标为0.3‰)；千台车死亡率为0.8(集团公司指标为4‰)。2000年，全局杜绝了特大污染事故的发生；废气处理率98%以上；有控污水外排达标率98%；工业固体废物产生量60840吨，处置率99%；井下技术作业无污染作业率达98%以上。

【HSE管理】　2000年，长庆局把HSE管理作为安全生产的中心任务来抓，制定了符合长庆局实际的“分类型、分层次、分步骤”和“先软件、后硬件；先试点、后推广；先施工单位、后其他单位”的“三分三先三后”的HSE管理体系建设工作思路。5月19日，召开了长庆局首次“安全、环境与健康”工作会议，对全局HSE工作进行了全面安排和部署。到年底，全局所属单位已有5家发布了体系文件，3家完成了体系文件的编写；3家正在建立HSE体系文件。全局有528人取得了中国石油天然气集团公司颁发的HSE培训证书。

【科技进步】　积极实施科技创新和人才开发战略，广泛开展技术合作和技术创新，以科技项目为龙头，以生产技术难点为重点，实行科研、试验和生产一体化，形成了一批先进适用的长庆特色技术。

(1)黄土塬地震勘探形成了三大技术系列、十项关键技术，其中黄土塬直测线地震勘探技术取得重大突破。

(2)天然气欠平衡钻井工艺技术试验在陕242井取得成功，形成了天然气欠平衡钻井配套技术，填补了国内空白。这项技术对正确认识和评价气藏，提高勘探开发和工程技术水平将发挥重要作用。

(3)天然气井CO_2泡沫压裂技术研究取得重大突破。在10口天然气井上成功地进行了CO_2泡沫压裂，掌握了一套CO_2压裂方案优化设计与施工工艺技术，达到了提高裂缝导流能力，提高压后返排速度，极大减少储层伤害的目的，获得了显著的效果。

(4)小井眼丛式井钻井、完井技术研究达到预期目的。试验28口井，最小中靶半径2.55米，中靶合格率100%，平均钻井周期9.39天，平均机械钻速11.61米/时，比1999年提高10%左右。

(5)成像测井处理与解释技术取得重要成果。通过16口井的测井与解释处理，为油气层的发现与识别提供了新的手段，提高了油气层测井符合率。

(6)保护气层的钻井液、完井液技术研究取得新的突破。研制出了“低固相油溶暂堵”型完井液,并在上古气层井段进行了试验,取得了保护气层的良好效果。

(7)新型复合射孔技术研究取得成果。研制出了系列复合射孔枪具、减震装置和复合药剂配方。先后 3 次在不同的模拟靶上进行了复合射孔地面试验,达到了预期的地面试验效果。

(8)新产品开发获重要成果。开发了三甘醇脱水装置、GW－1 型振动筛等 24 项新产品,在油气勘探开发中发挥了重要作用。

【多种经营】 全局多种经营系统改革改制取得新进展,下发了《多种经营企业股份合作制度暂行规定》等 4 个政策性文件,明确了多种经营企业改制的目的、原则、形式和 11 个方面的政策措施,改制和新组建了 9 个有限责任公司。扭亏脱困工作见到实效,解体、关闭了 9 个扭亏无望的厂点,11 个企业 43 个厂点实现了扭亏为盈。总亏损额同 1999 年相比下降幅度达 52%。同时,以调整结构、发展产品型、外向型经济为主,积极开发新产品、论证新项目。共审查项目 44 个,正式批复立项 14 个。全年共开发 297 种 463 个不同规格、型号的新产品,是近年来开发力度最大的一年。外销产品 2800 多万元,比 1999 年增长 23%。全年实现生产经营总值 17.6 亿元,完成年计划的 118.6%。

【文教卫生】 全局共有 1882 名考生参加了全国高等院校统一招生考试,大专以上录取 852 人,其中本科录取 631 人,首次突破 600 人大关,比 1999 年净增 72 人,增长率 12.52%,占录取人数的 74%。全年举办钻井、汽修、锅炉、施工队长、计算机、工商管理等专业(工种)的各类培训班 877 期,培训职工 25361 人。职工全员培训率达到 63%。全局卫生系统共有大小医疗卫生机构 54 个,开设正规病床 755 张,全年诊治病人 85.42 万人次,住院病人治疗有效率为 94.86%。全面完成计划生育五大指标,计划生育率、晚育率达到 100%,晚婚率达到 99.9%,节育率达到 96.1%,独生子女领证率达到 98.5%。

【油田通信】 全局通信系统固定资产原值 2.44 亿元,固定资产折旧 0.57 亿元,固定资产净值 1.87 亿元。电话用户总数达 43950 部,寻呼机用户总数达 17546 户。长庆通信网共设程控交换局、站 39 个,装机总容量 56934 线,实装用户 44892 个。全网按地区分别在西安、西峰、银川与三省区电信公网互联。

【公用事业】 全局 2000 年新建职工住宅 3612 套,总建筑面积达到 30.542 万平方米。全面完成了“九五”绿化规划任务,全年累计植树 41.79 万株,全局绿化总面积 648 公顷,绿化覆盖率达到 30%,人均绿地面积 37 平方米。长庆局被全国绿化委员会、国家人事部、国家林业局授予“全国绿化先进集体”称号,长庆兴隆园小区、马岭炼油厂被集团公司授予“花园式单位”称号。

【精神文明建设】 2000 年,长庆局以江泽民总书记“三个代表”的思想为根本,坚持“两手抓”和“两手都要硬”的方针,初步经受了国企改革攻坚、存续企业生存艰难的考验,保持了队伍和大局的稳定,取得了生产建设和精神文明建设同步发展的优异成绩。

全局各级党组织积极开展了“求生存、图发展、闯市场、增效益”主题活动,共涌现出 50 个模范集体,20 名劳动模范,87 名先进生产(工作)者,10 个廉政勤政领导班子,17 名廉政勤政先进个人。20410 钻井队党支部、物探处研究所党总支、井下试油 177 队党支部、修井 22 队党支部被集团公司评为先进基层党组织,刘积敏等 8 名同志被集团公司评为“优秀党务工作者”。特别是刘瑛、蒲建中、杨呈德分别获得“全国劳动模范”和“全国先进工作者”称号,为长庆争得了荣誉,使全局的精神文明建设又上一个新的台阶。

(张宏鹏　李三卫　赵玉华)

特　载

长庆石油勘探局内部借聘人员暂行管理办法

（2000年3月16日长庆石油勘探局以长局发[2000]第63号文发布）

第一条　为了解决长庆石油勘探局(以下简称勘探局)部分单位管理和技术人员紧缺的问题,保证勘探局生产建设和经营工作的正常运行,同时进一步规范用人机制,特制定本办法。

第二条　借聘工作人员应当遵循《中华人民共和国劳动法》、《中华人民共和国合同法》等有关法律、法规、规章。

第三条　本办法所称借聘人员是指勘探局内部的在职职工。

第四条　借聘人员单位与被借聘人员单位须签订劳动服务协议,并报勘探局人力中心审批、备案。

第五条　借聘手续按下列程序办理:

1. 借聘人员单位根据实际需要,同时向勘探局人事劳资处和人力中心提出借聘工作人员的申请报告。

2. 勘探局人事劳资处对借聘人员单位的申请报告审定后,由人力中心根据借聘人员单位的申请报告,及时推荐借聘人员,并适时组织借聘洽谈。

3. 经借聘人员单位和被借聘人员单位协商一致后,签订劳动服务协议,由聘用人员单位报勘探局人力中心认证备案。

4. 被借聘人员根据劳动服务协议与借聘人员单位签订劳务合同。

第六条　借聘期一般不超过一年,借聘期满如需继续借聘者,须重新办理借聘手续。

第七条　被借聘人员在借聘期间的劳动报酬从借聘之日起由借聘单位按月发放,人事关系和各类保险仍留原单位。劳动报酬的标准按以下办法确定:

1. 借聘人员单位和被借聘人员单位工资制度一致的,参照本人在原单位的工资标准并结合借聘人员单位同类人员的有关待遇确定。

2. 借聘人员单位和被借聘人员单位工资制度不一致的,按借聘人员单位同类人员的有关待遇确定。

第八条　借聘人员单位按以下标准向被借聘人员单位支付借聘劳务费,但勘探局紧缺专业的技术工人按工人技师标准执行劳务费。

教授级高级职称、正处级干部 9—10万元/年

高级职称、副处级干部 7—7.5万元/年

中级职称、正副科级干部以及工人技师 5.5—6万元/年

助理及以下职称的干部 4—4.5万元/年

技术工人 2.5—3万元/年

其他工人 1.1—5万元/年

借聘人员单位点名借聘有关人员的,结算劳务费时必须按同类人员劳务费标准的上限执行。

第九条　借聘人员劳务费一般按年度结算,当年借聘期限少于一年的按以下办法结算,具体的结算办法在劳务协议中约定:

1. 不满整月的按整月结算。

2. 满5个月不满半年的按6个月结算。

3. 满9个月不满1年的按1年结算。

4. 由于借聘人员单位的原因,造成劳动服务协议提前终止的,按原协议约定的合同期限

结算劳务费。

第十条 被借聘人员的生活福利待遇随借聘人员单位,职称评审、工资晋升等由其原单位负责。

第十一条 借聘人员单位支付给被借聘人员单位的劳务费、被借聘人员的劳动报酬均从借聘人员单位的劳务费中列支。

第十二条 对符合享受探亲假规定的借聘人员,按有关规定执行,探亲路费由借聘人员单位按规定给予报销。

第十三条 劳动保护用品由借聘人员单位按规定发放。

第十四条 借聘人员单位要加强被借聘人员的管理、考核,在使用期间要有具体的岗位职责和工作标准,充分发挥借聘人员的才能。

第十五条 借聘期间,被借聘人按照借聘人员单位职工进行管理,因个人原因离岗超过一个月,视为不能坚持正常工作,借聘单位在及时向被借聘人员单位报告后,可与其解除劳务合同。

第十六条 借聘期间,被借聘人员发生伤、残、亡后的善后处理由借聘人员双方单位负责,并视具体情况处理:

1. 因工死亡职工,由借聘人员单位按勘探局有关规定处理,并全额支付丧葬补助金、供养直系亲属抚恤金以及一次性工亡补助金。

供养直系亲属抚恤金可按有关规定一次性付给其直系亲属,也可按有关规定一次性付给原单位,由原单位按月发放。

2. 因病或非因工死亡,由原单位按勘探局的有关规定负责处理。

3. 因工伤、残由借聘人员单位依据劳动部《企业职工工伤保险试行办法》处理,并全额支付相关费用。

4. 非因工伤、残发生的医疗费用由原单位按规定处理。

第十七条 借聘期满后,借聘单位应对借聘人员的工作表现作出书面鉴定,向原单位反馈。

第十八条 被借聘人员劳务合同的终止期限不得超过劳动合同终止的期限。

第十九条 劳务合同和劳动合同相应条款相抵触的,以劳务合同为准。

第二十条 本办法由勘探局人事劳资处和人力中心负责解释。

第二十一条 本办法自发布之日起执行。

长庆石油勘探局因公出国人员管理工作暂行规定

(2000 年 4 月 13 日长庆石油勘探局以长局发[2000]第 85 号文发布)

一、总　则

第一条 为了适应全局开拓国内外市场的需要,规范因公出国人员的选拔管理工作,提高对外经济合作工作的效益,更好地为全局经济建设服务,根据国家和中国石油天然气集团公司(以下简称集团公司)的有关政策规定,特制定本暂行规定。

第二条 本暂行规定所指因公出国人员主要对象是:

1. 根据中国石油天然气集团公司与外国企业签订的协定或商定进行考察、学术交流和工作的高层次管理、技术人员。

2. 根据引进技术设备项目合同负责设备验收、参加技术培训的管理人员和专业技术人员。

3. 根据中国石油天然气集团公司或勘探

局与外国企业签订的工程承包、劳务输出合同出国工作的人员。

4. 对外进行市场开发的商务、技术人员。

由石油系统以外部门组织执行出国任务的人员一般不予派遣。

第三条 因公派遣人员出国必须坚持按需派遣、严格选派、学用一致、讲求效益的原则。

二、组织程序

第四条 因公派遣人员出国统一由局人事劳资处归口管理和审批，各二级单位干部人事部门协助实施。

第五条 由集团公司组团出国的审批程序：

1. 局人事劳资处负责对上级部门下达的“出国任务通知书”进行落实、分解。

2. 由派出人员单位根据出国任务的要求提出初步人选，并上报拟派出国人员基本情况简表一份。

3. 局人事劳资处初步确定人选并征求局外事及设备引进办公室意见。

4. 将征求意见后的人选向局分管领导汇报，由局主要领导确定人选。

5. 派出单位按照有关规定对确定人员进行政治审查，并填写《因公出国人员审查表》一式两份上报局人事劳资处。

6. 局人事劳资处负责办理出国人员批件，并向上级有关部门上报。

第六条 勘探局自行组团或参与组团出国的审批程序：

1. 局外事及设备引进办公室从国外引进技术、设备之前，凡涉及派遣人员出国验收、培训事宜时，需事先向局人事劳资处提出申请，并填写《长庆石油勘探局出国计划申请表》；各二级单位人员因公出国考察、学习和工作的申请程序也照此办理，不论出国资金渠道如何，均不得超越程序，先斩后奏。

2. 局人事劳资处接到申请后，向局分管领导和主要领导汇报。

3. 局分管领导和主要领导同意后，由局人事劳资处反馈给局外事及设备引进办公室或二级单位，局外事及设备引进办公室接到通知后方可与外商商谈、签订技术、设备引进合同或有关协定。

4. 二级单位依据签订的技术设备引进合同或有关协定要求，向局人事劳资处提交正式报告，并抄报局外事及设备引进办公室(需附拟派出国人员基本情况简表)。报告应包括以下主要内容：

(1)出国考察、培训和工作的必要性；

(2)出国目的；

(3)出国考察、培训和工作的主要内容；

(4)要求达到的技术标准；

(5)出国初步人选；

(6)费用来源；

(7)境外具体日程安排及培训课程安排等(需按境外停留时间逐一说明)；

(8)出国考察的路线、项目和具体地点；

(9)组团负责人的建议人选；

(10)其他需要说明的事项。

5. 局人事劳资处初步确定人选并征求局外事及设备引进办公室意见。

6. 将征求意见后的人选向局分管领导汇报，由局主要领导确定人选。

7. 局外事及设备引进办公室向上级有关部门上报出国申请报告。

8. 其余程序同第五条5、6款。

三、选派基本条件

第七条 出国人员应符合下列基本条件：

1. 出国人员必须政治可靠，忠于祖国，历史清楚，热爱本职工作，思想健康，作风正派，遵守纪律。

2. 从事出国任务中要求的专业技术和管

理工作,较系统地掌握本专业的知识,熟悉本职业务,有一定的实际工作能力和经验,回国后仍从事对口岗位的工作。

3. 一般应具备大专以上学历;中专及其以下学历人员,确属本单位业务骨干且工作无法替代的,也可担负出国任务;对技术工人学历可适当放宽。

4. 能够阅读一般性的外语资料,具有一定的外语听、说能力。

5. 身体健康,能够胜任出国任务。

四、政治审查

第八条　对符合选派基本条件并拟同意派遣出国的人员必须进行政治审查,未通过政治审查的人员不得派遣出国。

第九条　局人事劳资处负责局领导和局机关出国人员的政治审查。

二级单位组干部门负责本单位出国人员的政治审查,并在《因公出国人员政审表》相应栏目内加注意见、盖章和签名后,报局人事劳资处审定。

第十条　政治审查的组织程序:

1. 派出单位干部人事部门对局人事劳资处通知的拟派人员进行政治审查并将审查材料报局人事劳资处人才开发科。

2. 局人事劳资处人才开发科对政审材料进行审查。

3. 对副处级以上领导干部的政审材料由人才开发科和组织(业绩)管理科共同审查;对技术工人的政审材料由人才开发科和劳动组织科共同审查。

4. 将审查意见报人事劳资处主管领导审查。

5. 由人事劳资处主要领导审定。

第十一条　出国人员政治审查的主要内容:

1. 政治上是否可靠,立场是否坚定。

2. 个人历史是否清楚。

3. 思想是否健康。

4. 作风是否正派。

5. 组织纪律是否严明。

6. 有无经济问题。

第十二条　下列人员,一般不予派遣出国:

1. 反对党的十一届三中全会以来的路线、方针和政策,否定四项基本原则,坚持资产阶级自由化思想,或在动乱中犯有组织、策划、煽动错误者。

2. 在“文化大革命”中追随林彪、江青反革命集团造反起家、帮派思想严重或打砸抢分子。

3. 参与现行反革命活动、刑事犯罪活动或已立案审查,或受过刑事处分或劳动教养后分配工作者。

4. 参与经济犯罪活动,有偷税漏税、走私贩私、投机倒把、执法犯法、敲诈勒索、贪污盗窃、行贿受贿及泄露国家经济情报和严重损害国家利益行为者。

5. 严重违反外事纪律,损害国家尊严和利益,造成不良影响者。

6. 个人主义严重,追求腐朽生活方式,腐化堕落,道德败坏者。

7. 因犯严重错误受到撤销党内职务或行政处分者、犯有错误正在处理过程中,未作结论者或虽属一般性问题,但本人有严重抵触情绪者。

第十三条　政治审查的有效期为三年,对超过三年再次派遣出国的人员需要重新审查。

五、人员管理

第十四条　对擅自扩大范围,与出国任务无关的派遣人员和效益不佳、实际意义不大的项目,勘探局将不予审批。

第十五条　各单位要切实加强对出国人员的选派、管理工作的组织领导,主要领导要亲自把关,干部人事部门要指定专人负责,按照要求规范运作,积极认真地做好工作。

第十六条 凡因审查不严、管理不善造成出国人员渎职或给国家造成不良政治影响和经济损失的，要追究有关领导和经办人员的责任，情况严重的要作组织处理。

第十七条 对送外培训、进修或工作时间在三个月以上的人员，出国前所在单位要与本人签订技术培训协议或工作合同，协议或合同应明确以下主要内容：

1. 单位和个人的权利和义务。
2. 要求达到的培训(工作)标准。
3. 考核与奖惩。
4. 回国后的服务期限。
5. 违约赔偿责任。

第十八条 三人以上同时出国时，由派出单位明确一名组团负责人，经局人事劳资处审定后具体负责出境前后和出境期间人员的管理，并承担相应的领导责任。

第十九条 严禁在境外参加与出国任务无关的活动，不得擅自改变出境计划，不得擅自延长境外停留时间。对在境外期间违反外事纪律，损害国家尊严和利益，造成不良影响的人员，勘探局将依据有关规定严肃处理。

第二十条 出国人员回国后10天内，向本单位主管部门和领导汇报出国考察、工作和培训的情况，并向局人事劳资处和外事及设备引进办公室提交个人和团组的书面总结报告。

第二十一条 派出单位的干部人事部门要及时将出国人员学习和工作情况进行考核，将考核内容记入本人的考绩或人事档案，并报局人事劳资处，作为以后培养使用的依据。考核的主要内容有：

1. 所承担出国任务的完成情况。
2. 是否达到了培训、学习的目的和标准。
3. 出国计划的执行情况。
4. 出国经费的使用情况。
5. 遵守外事纪律的情况。

第二十二条 各单位对归国人员要本着学以致用、岗位相宜、创造条件、发挥作用的原则，充分调动他们工作的积极性。各单位年底必须向局人事劳资处汇报一次出国人员的工作情况，局人事劳资处将按照干部管理权限对派遣出国的高层次管理、技术人员进行跟踪了解，对用人不当的现象将予以制止和纠正。

六、附 则

第二十三条 勘探局以前的规定与本暂行规定不符时，以暂行规定为准。

第二十四条 本暂行规定由局人事劳资处负责解释。

第二十五条 本暂行规定自发布之日起执行。

长庆石油勘探局聘用高层次及紧缺专业科技、管理人才暂行办法

(2000年4月21日长庆石油勘探局以长局发[2000]第89号文发布)

第一章 总 则

第一条 为适应全局生产、科研和经济建设发展对高层次科技、管理人才的需要，激活局内人才市场，促进人才的合理流动，调动广大专业技术人员的积极性，勘探局决定公开聘用急需的高层次及紧缺专业科技、管理人才，根据国

家和集团公司的有关法律和规定，特制定本暂行办法。

第二条　聘用急需高层次及紧缺专业科技、管理人才要坚持效益和按需聘用的原则，实行分类管理，分类考核，待遇与增效或发明(专利)权挂钩，积极稳妥地做好这项工作。

第三条　聘用的高层次及紧缺专业科技、管理人才是指下列人员：

1. 以全局重点建设、科研、生产项目为龙头，以解决实际工作中的疑难问题为目的的高层次专业技术人员；

2. 拥有成熟技术、实用专利或具有特殊技能，并能够为企业创造经济效益的专业技术人员；

3. 为局领导宏观决策提供政策、信息、法律等咨询服务的经营、管理专家；

4. 为完成科研、生产、管理或教学任务，本单位急需的紧缺专业技术人员。

第四条　聘用的重点是局重点工程建设项目、重点生产和科研项目急需的高层次专业技术人才和经营、管理专家。

第五条　聘用工作在局内外和社会在职专业技术人员中公开进行，符合聘用条件的离退休人员也可参加应聘。

第二章　聘用工作的组织

第六条　聘用高层次及紧缺专业科技、管理人才由用人单位或分工负责的局机关职能处室申报聘用计划，二级单位的聘用计划由局人事劳资处审批，局人力资源开发服务中心协同用人单位共同实施。专家咨询组聘用的人员由勘探局审批，局人事劳资处和人力资源开发服务中心负责实施。

第七条　用人单位的聘用计划必须对聘用人才的必要性、可行性和预期达到的经济效益和社会效益进行充分的论证，对聘用人才的专业、条件、数量、工作期限和待遇等提出明确的要求，并填写“聘用高层次科技、管理人才申请表”。

第三章　聘用人才的标准、方式和程序

第八条　聘用人员应符合下列标准：

1. 热爱祖国，关心、支持长庆的建设和发展，维护长庆利益；

2. 具有拟聘岗位所需的职业道德、专业知识、外语水平和工作能力，具有本岗位五年以上的工作经验；

3. 符合拟聘岗位所需的学历、年龄和职称等条件要求；

4. 经营、管理咨询专家的年龄应在 70 岁以下；

5. 身体健康，能够满足拟聘岗位的需要。

第九条　聘用高层次急需及紧缺专业科技、管理人才可采取和被聘人所在单位或个人签订技术服务(合作)合同或劳务合同的方式聘用，也可以采取与个人签订有固定期限劳动合同的方式进行；临时聘用的人员可由用人单位与聘用者协商一致后，以书面协议的形式聘用；为领导提供咨询服务的专家由局长颁发聘书聘用。

聘用采取社会或局内人才市场招聘和专家、领导荐聘的方法进行。

第十条　通过社会人才市场招聘的程序：

1. 用人单位委托局人力资源开发服务中心向所在地人才市场或区域性人才市场提供用人标准和条件，并从其人才库中查询获取人才信息；

2. 按有关条件、标准，参加人才市场举办的相关中、高级人才招聘活动；

3. 对获取的人才信息进行比较选择；

4. 对应聘人员进行面试、考试和考核；

5. 用人单位择优聘用人员；

6. 在局人力资源开发中心的指导下，用人

单位按规定和应聘人员签订技术服务(合作)合同或有固定期限劳动合同。

第十一条 专家、领导荐聘的程序:

1. 由局处两级领导或专家提名推荐;

2. 由局人事部门会同用人单位考核;

3. 局主管领导批准;

4. 在局人力资源开发服务中心的指导下,用人单位与聘用人员协商一致后签订技术服务(合作)合同或有固定期限劳动合同。

第十二条 其他需要在勘探局范围内聘用的专业技术人员,由局人力资源开发服务中心按照有关程序公开招聘。

第十三条 对临时性聘用的专业技术人员,可适当简化聘用程序。

第四章 聘用人才的待遇

第十四条 聘用人才的全部费用由用人单位或科研、生产、管理项目承担。

第十五条 聘用人才的待遇可按照下列标准执行:

1. 对提供成熟技术、实用专利进行技术服务或技术合作的聘用人才,待遇与创造经济效益挂钩,由双方当事人依据技术服务(合作)的规定按一定比例分红,具体比例由双方协商确定,但分红期限一般不应超过三年,若超过三年,须报经勘探局审查批准;

2. 凡属于和应聘人所在单位签订劳务合同聘用的高层次人才,可采取市场价格、短期合同的方式支付聘金,具体标准由用人单位和被聘人所在单位协商确定;

3. 凡属于与应聘者个人签订有固定期限劳动合同或劳动服务协议聘用的紧缺专业的人员,工资待遇比照本单位原有岗位人员执行,其中属于本企业的离退休人员,其有关待遇与同岗位人员有差额时应补足差额;

4. 聘用时间在三年以上,经考核确做出显著贡献的科技、管理人才,可享受局内现有职工的同等待遇;

5. 局外聘请的专家咨询组成员的待遇按照双方的约定执行;

6. 对临时性聘用的专业技术人员,可按所承担工作的工作量、技术难易程度和完成工作的质量,按照双方协商同意的金额支付工资或聘金。

第十六条 勘探局向局外输出高层次的科技、管理人才的待遇也应参照以上规定的相关条款执行。

第十七条 对与用人单位签订技术服务(合作)合同或劳动合同的人员,用人单位一般不负责住房、子女上学入托、配偶工作安置,但对经考核能力突出且工作急需的高层次人才可以通过协商,按照勘探局的有关规定办理。

第十八条 对与用人单位签订劳动合同的人员,用人单位在合同期内必须依照国家有关法律和规定,在局社会保险中心的指导下,为聘任人员办理有关社会保险。

第五章 聘用人才的管理

第十九条 加强对聘用高层次人才的管理的目的是为了充分调动他们工作的积极性,最大限度地发挥各自的专长,优质高效地完成工作任务和目标。

第二十条 对单位通过人才输出方式聘用的人才,由原单位进行管理。对其他聘用人才由用人单位分类实行合同管理。双方签订的合同必须明确以下条款:

1. 技术服务(合作)合同:应明确项目名称;双方的权利和义务;服务(合作)内容、方式和要求;履行期限、地点和方式;工作条件和协作事项;验收标准和方式;报酬和支付方式;违约金或赔偿损失额的计算方法;争议的解决办法。依据合同中的规定履行双方的责任和义务;

2. 有固定期限劳动合同：应明确聘任岗位；合同期限(原则上为 3 年以下)；双方的权利和义务；工作目标；工作标准、待遇、奖惩；合同的变更、续聘、解除、终止和违约责任；劳动争议的处理等。

第二十一条　聘用人才的考核由用人单位干部人事部门依据签订的合同进行分类考核、奖惩和待遇兑现。

1. 待遇与增效挂钩的聘用人员主要考核其创造的经济效益；

2. 对紧缺专业的聘用人员主要考核其完成的工作量和工作质量。

第二十二条　用人单位要根据单位的实际，把聘用人才的管理和项目管理结合起来，和本单位原有人员的管理结合起来，充分发挥两个方面的积极性。

第二十三条　用人单位干部人事部门要做好聘用效益评估工作，评估的主要内容应包括聘用人才是否创造了应有的经济效益；本单位技术人员是否从中学习并掌握了相应的技术和管理方法，提高了技术和管理水平；在完成合同项目的前提下是否节约了有关费用或是否取得了其他成果和收获等。

第二十四条　对聘用人才组织工作出色并创造良好经济效益的单位和项目，勘探局将予以表彰或奖励。

第六章　附　则

第二十五条　局内股份制或股份合作制企业、集体所有制企业可参照本办法，自行制定适合本企业实际的人才聘用办法，报局人事劳资处备案。

第二十六条　有关聘用争议，由局人力资源开发服务中心负责解决和仲裁。

第二十七条　本暂行办法由局人事劳资处负责解释。

第二十八条　本暂行办法自发文之日起开始执行。

长庆石油勘探局用工管理规定(试行)

(2000 年 4 月 27 日长庆石油勘探局以长局发[2000]第 97 号文发布)

第一章　总　则

第一条　为适应市场经济和勘探局生存与发展，建立灵活适用的用人机制，不断提高劳动生产率，规范和加强劳动用工管理，特制定本规定。

第二条　本规定适用于勘探局所属各单位及各类用工。

第三条　各类用工界定。

1. 原有职工：是指 1999 年 4 月 9 日前参加工作的原有在册正式职工。

2. 新增职工：是指 1999 年 4 月 9 日(《中国石油天然气集团公司关于深化劳动用工制度改革的意见》下发之日)起新进入勘探局的职工，包括大中专技校毕业生、复转军人和中国石油天然气集团公司以外调入的人员等。

3. 就业前培训工：是指根据原石油天然气总公司“先培训，后就业”的政策规定，勘探局于 1990 年至 1992 年间在全局待业子女中经文化考试，统一招收录用且与勘探局签订劳动合同的就业前培训工。

4. 集体工:是指由勘探局同意并经地方劳动部门审批办理录用手续的和从局外调入且与勘探局签订了劳动合同的集体所有制职工。

5. 劳务合同工:是指经局人事劳资部门审批自行用工指标,经局人力资源开发服务中心组织"双向选择",用人单位聘用并签订了劳动合同的职工子女。

6. 家属工:是指经勘探局人事劳资部门批准自行用工指标,用人单位根据生产工作需要临时安排的随矿职工城镇户家属。

7. 外聘工:是指经勘探局人事劳资部门批准自行用工指标,从社会上聘用的高层次技术人才以及临时性用工。

第二章　用工原则

第四条　劳动用工应坚持总量控制和效益用工的原则,实行多元化用工,市场化配置,合同化管理,有效降低人工成本,不断提高劳动生产率和经济效益。

第五条　用人单位新增用工(包括自行用工),必须严格控制在勘探局批准下达的年度劳动力计划以内,在计划指标内,用人单位可以自主确定用工对象。

具有法人资格的中外合资、股份制和股份合作制企业用工,可根据本企业生产经营需要,自行确定用工总量和用工对象。新增人员不与勘探局建立劳动关系。

第六条　新增用工必须通过局内外人才劳动力市场,实行双向选择,择优聘用。

第七条　各用人单位招聘人员时,在同一劳动力价格下,应优先在油田富余待岗职工中择优聘用,确实满足不了需要的,可在油田待业子女中招聘。对于季节性作业以及部分岗位可根据需要适量聘用一些外雇工,临时性岗位上的一些简单劳动可安排少量家庭特别困难的城镇户家属(如因工死亡职工的家属)。

第三章　用工管理

第八条　用人单位应与职工依法签订劳动合同。对合同的期限、工作岗位及合同中约定的条款等进行跟踪考核和管理,促进劳动合同管理标准化、规范化。

第九条　企业的各类人员必须遵守国家法律、法规,遵守劳动纪律和企业的各项规章制度。对严重违反劳动纪律或规章制度,以及违法乱纪人员,应严格按照《企业职工奖惩条例》和《劳动合同管理办法(试行)》及时予以处理。符合除名规定的应予除名,符合开除条件的应给予开除,符合解除(终止)劳动合同条件的,应解除(终止)劳动合同。

第十条　根据集团公司关于存续企业职工总量实现负增长的要求,严格控制用工总量,把好人员入口关。

1. 停止局外人员的调入。

2. 严格执行劳动力计划,根据需要控制接收高校毕业生。

3. 积极与省(区)有关部门协商,从严控制接收退伍军人。

4. 停止因病死亡职工的子女顶替招工。对家庭特别困难,无一子女工作的,用人单位可在自行用工计划指标内,优先照顾聘用一名子女为劳务合同工。

第十一条　敞开出口,放宽调出条件,鼓励职工调出。一般人员申请调出应简化手续,及时给予办理。对勘探局高级及紧缺专业技术人员、管理人员及技术拔尖的操作人员,应按规定程序审批。

第十二条　强化用人单位对职工管理的自主权,对违纪职工的处理,除局管干部由勘探局直接处理外,其他违纪职工给予警告、记过、记大过、降级、撤职、留用察看、开除等处分以及旷工除名由用人单位决定,上报人事劳资处备案。

用人单位对职工处分不当或作出错误处理时，勘探局有权责成用人单位予以纠正。

第十三条　按照国家关于职工退休年龄的规定，对于男年满 60 周岁、女干部年满 55 周岁、女工人年满 50 周岁的职工；从事特殊工种的退休年龄为，男年满 55 周岁、女年满 45 周岁的职工；因病或非因工致残，经地方劳动鉴定委员会鉴定为完全丧失劳动能力的退休年龄为，男年满 50 周岁、女年满 45 周岁的职工，用人单位应按勘探局规定程序及时报批办理退休手续。

职工患职业病或因工致残，经地方劳动鉴定委员会鉴定为完全丧失劳动能力的，可以办理提前退休手续；职工因病或非因工致残，经地方劳动鉴定委员会鉴定为完全丧失劳动能力又不具备退休条件的职工，可按规定由本人申请，组织批准，办理退职手续。

第四章　其　他

第十四条　用人单位对各类人员工资待遇，在执行集团公司基本工资制度和勘探局有关人员工资待遇的同时，也可以根据本单位的经营特点和效益状况，制定工资分配办法，参照当地人才劳动力市场价格，确定有关工资待遇，报人事劳资处备案。

第十五条　勘探局对用人单位实行用工指标和工资总额双控制。人事劳资处对用人单位劳动用工计划的执行情况，实行半年检查和年度考核，并与经营责任制考核挂钩。对完不成职工总量控制指标的，扣减用人单位工资总额。

对严重违反劳动管理规定，给企业造成损失和不良影响的，要追究用人单位及领导责任。

用人单位要建立健全劳动用工管理制度，及时纠正劳动用工管理中出现的问题，不断规范用工管理。

第五章　附　则

第十六条　勘探局过去的规定与本规定不一致时，以本规定为准。

第十七条　本规定由勘探局人事劳资处负责解释。

第十八条　本规定自发文之日起执行。

长庆石油勘探局劳动合同管理办法(试行)

(2000 年 4 月 27 日长庆石油勘探局以长局发[2000]第 98 号文发布)

第一章　总　则

第一条　为进一步深化劳动用工制度改革，建立灵活适用的用人机制，促进企业减员增效，维护企业与劳动者的合法权益。根据《中华人民共和国劳动法》及《中国石油天然气集团公司关于深化劳动用工制度改革的意见》(中油人劳字[1999]第 164 号)，结合勘探局实际，制定本办法。

第二条　本办法适用于勘探局所属各单位(以下简称用人单位)和与之建立劳动关系的劳动者(以下简称职工)。局属各用人单位和职工是劳动合同的当事人。

第三条　劳动合同是职工与用人单位确立劳动关系，明确双方权利和义务的协议。

2. 职工不能胜任现岗位工作,经过培训或者调整工作岗位,仍不能胜任工作的。

3. 劳动合同订立时所依据的客观情况发生重大变化,致使原劳动合同无法履行,经当事人协商不能就变更劳动合同达成一致的。

第二十一条　职工有下列情况之一的,用人单位不得依据本办法第二十条规定解除劳动合同:

1. 患职业病或者因工负伤并经当地劳动鉴定委员会鉴定为完全丧失或大部分丧失劳动能力的。

2. 患病或者负伤,在规定的医疗期内的。

3. 女职工在孕期、产期、哺乳期内的。

4. 距离法定退休年龄在10年以内的。

5. 法律、法规、规章制度有规定的。

第二十二条　职工患病或非因工负伤,医疗期满后,仍不能坚持正常工作的,用人单位应按规定程序报地方劳动鉴定委员会进行鉴定,被鉴定为一至四级的,退出劳动岗位,终止劳动关系,办理退休、退职手续,享受退休、退职待遇。被鉴定为五至十级的,用人单位可以解除其劳动合同,并按规定支付经济补偿金和医疗补助费。

第二十三条　职工在医疗期、孕期、产期和哺乳期内,劳动合同期限届满,用人单位需要终止劳动合同时,其合同期限应自动延续至医疗期、孕期、产期和哺乳期期满时才能终止。

第二十四条　职工试用期已满,用人单位不得以试用期内不符合录用条件为由解除劳动合同。

第二十五条　职工要求解除劳动合同,应当提前30日以书面形式通知用人单位。

第二十六条　有下列情形之一的,职工可以随时以书面形式通知用人单位解除劳动合同:

1. 在试用期内的。

2. 用人单位以暴力、威胁或者非法限制人身自由的手段强迫劳动的。

3. 用人单位未按照劳动合同约定支付劳动报酬或者提供劳动条件的。

第二十七条　用人单位解除与职工的劳动合同应征求本单位工会意见。工会认为不合适的,行政应予复议。

第二十八条　终止、解除劳动合同,应签发《终止、解除劳动合同通知书》,同时抄报局人事劳资部门备案。

第四章　医疗期和经济补偿

第二十九条　医疗期限,是指职工因患病或非因工负伤停止工作治病休息不得解除劳动合同的时限。

第三十条　职工因患病或非因工负伤,需要停止工作医疗时,根据本人实际参加工作年限和在勘探局工作年限,给予3个月到24个月的医疗期:

1. 实际参加工作年限10年以下,在勘探局工作年限5年以下的为3个月;5年及以上的为6个月。

2. 实际工作年限10年及以上的,在勘探局工作年限5年以下的为6个月;5年及以上10年以下的为9个月;10年及以上15年以下的为12个月;15年及以上20年以下的为18个月;20年及以上的为24个月。

3. 医疗期为3个月的,按6个月内累计病休时间计算;医疗期为6个月的,按12个月内累计病休时间计算;医疗期为9个月的,按15个月内累计病休时间计算;医疗期为12个月的,按18个月内累计病休时间计算;医疗期为18个月的,按24个月内累计病休时间计算;医疗期为24个月的,按30个月内累计病休时间计算。

4. 对于某些患特殊疾病(如癌症、精神病、瘫痪等)的职工,在24个月内尚不能痊愈的,由用人单位提出意见,报局人事劳资部门审查并经当地劳动部门批准后,医疗期可以适当延长。

第三十一条 用人单位依据本办法第十七条、第二十条的规定解除劳动合同的,应按职工在勘探局工作年限发给经济补偿金,工作时间每满一年发给相当于一个月工资的经济补偿金,最多不超过 12 个月。

用人单位依据本办法第二十条(一)款规定解除劳动合同的,应发给不低于 6 个月工资的医疗补助费。对某些患特殊疾病的职工,还应增加医疗补助费,患重病的增加部分不低于医疗补助费的 50%,患绝症的增加部分不低于医疗补助费的 100%。

用人单位依据本办法第十八条解除劳动合同的不支付经济补偿金。

第三十二条 经济补偿金标准是指企业在正常生产情况下职工解除劳动合同前 12 个月的月平均工资。

职工的经济补偿金,由用人单位一次性支付。

第五章　劳动合同管理及其他

第三十三条 人事劳资处是勘探局劳动合同管理的主管部门。劳动合同实行局处两级管理,统一归口人事劳资部门。局人事劳资处设立劳动合同管理科;二级单位人事劳资部门配备专兼职劳动合同管理人员,职工人数在一千人以内的实行兼职,一千人以上三千人以下的配备一人,三千人以上的配备两人。

局人事劳资处负责勘探局劳动合同书的制订和修订,规范劳动合同文本;审批办理用人单位劳动合同的签订、续订等相关事宜;监督检查全局劳动合同制度的执行情况;办理局法定代表人与职工直接签订的劳动合同以及相关事宜。

用人单位应建立劳动合同定期检查制度和劳动合同期满预报制度;建立健全劳动合同订立、终止、解除、执行医疗期和各类专项协议等有关劳动合同管理台账;定期报送劳动合同运行情况统计报表;负责办理局法定代表人在各用人单位的委托代理人与本单位职工签订的劳动合同以及相关事宜。

局法定代表人在局机关处室的委托代理人与本处室职工签订的劳动合同以及相关事宜,由局机关事务处办理。

第三十四条 因履行劳动合同发生争议,当事人可依法申请调解、仲裁直至向人民法院提起诉讼。

当事人申请调解,应当以口头或书面形式向用人单位劳动争议调解委员会申请调解,也可以直接向勘探局劳动争议调解委员会申请调解。局处两级调解委员会受理劳动争议,应当自当事人申请调解之日起 30 日内结束;到期未结束的,视为调解不成。经调解达成协议的,当事人应当执行。调解不成的,当事人可以向当地劳动争议仲裁机构申请仲裁。对仲裁裁决不服的,可以向当地人民法院提起诉讼。

第三十五条 用人单位违反劳动合同管理规定,勘探局有权责成该用人单位予以纠正。

第六章　附　则

第三十六条 勘探局过去的规定与本办法不相符时,以本办法为准。本办法中未尽事项,国家劳动法规和省(区)地方性法规已做了规定的,从其规定。

第三十七条 本办法由人事劳资处负责解释。

第三十八条 本办法自发文之日起执行。

长庆石油勘探局合同管理办法(试行)

(2000年4月29日长庆石油勘探局以长局发[2000]第100号文发布)

第一章 总 则

第一条 为了加强合同管理和规范交易行为,预防纠纷,堵塞漏洞,避免损失,维护勘探局的合法权益,根据《中华人民共和国合同法》和其他有关法律法规,结合勘探局实际,制定本办法。

第二条 本办法适用于下列合同:

1. 勘探局及局属各单位与油田公司之间订立的关联交易合同;

2. 勘探局及局属各单位与其他合同当事人之间订立的合同;

3. 领取《企业法人营业执照》或《营业执照》的局属企业之间订立的合同。

第三条 凡领取《企业法人营业执照》或《营业执照》的局属各单位,均可以本单位名义订立合同,使用本单位的合同专用章,但合同专用章的刻制和启用必须经局合同管理部门批准。

局机关处室和未领取营业执照的二级单位必须以勘探局的名义对外订立合同,并加盖勘探局合同专用章。为便于区分,应当用括号注明某处或某单位。

第四条 订立合同应当采用国家有关部门颁布的标准文本或勘探局拟定的示范文本。没有标准文本,也没有示范文本的,经办单位可以自行拟定。

第五条 订立合同,必须遵守国家的法律法规,符合勘探局的有关规定,任何单位和个人不得利用合同进行违法活动,不得损害国家和勘探局利益。

第二章 合同管理部门及职责

第六条 勘探局对合同管理实行"归口审查、两级管理"的原则。

归口审查,是指对合同内容按业务类别由主管部门分别负责审查。

两级管理,是指按合同的性质和标的金额大小、分别由局和局属二级单位管理。

第七条 局政策与法规处是勘探局合同管理部门,统一负责勘探局合同管理工作,其合同管理职责是:

1. 统一管理全局合同,指导、协调、检查、监督、考核局属各单位合同管理工作;

2. 统一管理和正确使用长庆石油勘探局合同专用章、合同审查章、《合同审查审批表》和授权委托书;

3. 制定和修改勘探局合同管理办法及有关制度,并负责监督实施;

4. 对合同管理人员、承办人员组织业务培训,颁发《签订合同资格证书》,并负责对委托代理人进行年度考核注册;

5. 审查合同当事人的资信和履约能力,对合同的合法性进行审查;

6. 参与重大合同的咨询论证、洽谈、审议或起草工作;

7. 参与或指导处理全局合同纠纷案件;

8. 健全合同管理基础工作,规范合同示范文本、台账、报表;

9. 组织局属各单位开展"重合同、守信用"活动,向有关政府部门推荐符合条件的企业参加申报;

10. 按时向上级主管部门报送合同管理报表、总结等材料。

第八条　主要生产单位和合同量较多的单位应当配备专职合同管理人员，有条件的还应当按照国家经贸委颁布的《企业法律顾问管理办法》设置合同管理机构，把取得《企业法律顾问资格》的人员充实到合同管理岗位上来；合同量较少的单位也应当配备兼职合同管理人员。

第九条　二级单位的法律事务机构或法律事务岗位统一负责本单位合同管理工作，其职责是：

1. 统一管理本单位合同；

2. 统一管理和正确使用合同专用章、合同审查章、委托代理证书、审查审批表、合同结算通知单和合同示范文本；

3. 制定和修改本单位合同管理制度，并组织实施；

4. 审查合同当事人的资信情况和履约能力及合同的合法性；

5. 参与重大合同的洽谈、起草和签订工作，代理处理合同纠纷；

6. 开展全过程的合同管理工作，监督合同全面履行；

7. 指导代理人签订合同，并负责考核其工作业绩；

8. 建立合同有关台账，定期向局政策与法规处上报合同报表、总结等材料。

第三章　合同的订立和审查

第十条　订立合同必须主体合格、手续齐全、内容合法、程序规范。

第十一条　订立合同，除下列情况外，必须采用书面形式：

1. 一次性采购金额在 5 万元以下的生产急需材料、求援材料；

2. 一次性采购金额在 1 万元以下的办公用品和金额在 1 万元以下的修缮修理项目。

未采用书面形式的，事先应经本单位主管领导批准，事后必须办理验收手续，方可结算付款。

第十二条　订立合同的一般程序是：合同立项、主体审查、业务审查、价款审查、法律审查、领导审批、签字盖章。

第十三条　主体审查。经办单位向合同管理部门提供三家以上拟签约方的《营业执照》、《资质证书》、《许可证》、《法定代表人身份证明书》及委托代理证等证明资信情况的证件，合同管理部门根据情况进行书面审查或实地考察。初审合格的为签约一方当事人，发给同意签约的证明和《合同审查审批表》，方可草拟合同文本、洽谈合同条款。

第十四条　业务审查部门及权限。

1. 工程技术处负责审查：

(1)关联交易中的物探、钻井、固井、录井、测井、试油、井下作业等工程技术服务分协议或合同；

(2)由勘探局立项投资的建设工程合同和标的金额在 50 万元以上的修缮修理合同。

2. 规划计划处负责审查：

(1)关联交易中的油气田建设、工程设计、工程监理、工程监督、装置设备维修和检修、设备检测防腐和研究、道路维护、周边油田作业区委托经营、三个采油技术服务处和两个综合服务处与油田公司捆绑经营等分协议或合同；

(2)全局对外投资合同、合作合同、涉外合同、土地使用权出让转让合同；

(3)标的金额在 50 万元以上的固定资产(不包括非安装设备)购置合同；

(4)参与审查勘探局立项投资的建设工程外委施工合同及大型安装设备采购合同，以及大型非安装设备购置合同。

3. 市场开发处负责审查：

(1)关联交易中的供水、供电、供气、供暖、通讯、运输、机械加工、机械维修、土地使用权出租等分协议或合同；

(2)标的金额在50万元以上的运输合同、车辆租用合同、大型安装设备采购合同、设备修理合同及其他相关合同。

4. 科技发展处负责审查:

(1)关联交易中的工艺技术服务、信息服务、知识产权(包括专利、商标、专有技术、计算机软件)的许可使用服务分协议或合同;

(2)由勘探局立项的技术合同和其他相关合同。

5. 关联交易中的物资供应类、社会服务类和生活服务类的分协议、具体合同,以及未列举的金额在50万元以上的合同,由相关职能处室按业务范围分别进行业务审查。

6. 二级单位职能科室按其职责负责审查勘探局职能处室审查范围以外的合同。

第十五条　价款审查部门及权限。

1. 财务处:

(1)审查由勘探局立项或业务处室审查的合同的价款;

(2)审查借款合同、担保合同、融资租赁合同、产权转让合同及金融类合同。

2. 二级单位财务科或物价部门负责审查财务处审查范围以外的合同的价款。

第十六条　法律审查部门及权限。

1. 政策与法规处负责审查:

(1)勘探局职能处室审查过的合同;

(2)标的金额在100万元以上的买卖合同和标的金额在50万元以上的其他合同。

2. 二级单位合同管理部门负责审查政策与法规处审查范围以外的合同。

第十七条　经办单位对合同管理部门和其他业务部门提出的意见,应当及时完善和修改。

第十八条　重大合同必须经单位主管领导审核审批。

第十九条　领导审批后,由合同管理部门向签约人出具委托代理证书,并在合同文本上和《合同审查审批表》上加盖合同专用章和合同审查章。

第二十条　二级单位报局业务部门和合同管理部门审查的合同,事先必须由本单位合同管理部门进行主体资格审查,并在《审查审批表》上签字认可;送审前二级单位和对方当事人可以在合同文本上先行签字盖章,但应当在合同中约定合同生效时间为局合同管理部门审查批准的时间。

第二十一条　法律、法规规定,或重大合同,还应当办理公证(鉴证)或批准、过户登记等手续。

第四章　合同的履行

第二十二条　合同生效后,经办单位应当按照合同的约定全面履行合同,有关业务部门在各自业务范围内对合同的履行进行监督检查。

第二十三条　合同履行中,有确切证据证明对方有下列情形之一的,我方可以中止履行:

1. 经营状况严重恶化;

2. 转移财产、抽逃资金、逃避债务;

3. 丧失商业信誉;

4. 有丧失或可能丧失履行债务能力的其他情形。

第二十四条　依照上条规定中止履行的,应当及时用书面形式通知对方。对方提供适当担保时,可以恢复履行。中止履行后,对方在合理期限内未恢复履行能力并且未提供适当担保的,我方可按有关法律或本办法有关规定解除合同。

第二十五条　合同在履行过程中或履行完毕需要付款时,必须由经办单位填写《合同结算通知单》,依次送审计部门和二级单位合同管理部门进行审计和审查。

凡未经审计和法律审查、没有《合同结算通知单》的合同,资金结算中心一律拒绝履行付款义务。

第二十六条　二级单位合同管理部门应当

实行动态跟踪管理，监督合同的全面履行。

第二十七条　关联交易合同的协调、组织、履行工作由市场开发处负责。

第五章　合同的变更、转让和解除

第二十八条　由于某种原因，影响我方履行合同义务时，合同经办单位应当及时向合同管理部门提交不能完全或不能部分履行合同义务的书面材料，经合同管理部门研究后，提出可行的补救措施。

第二十九条　合同履行过程中若出现变更、转让、解除及对方不能履行合同事由时，经办单位应及时向合同管理部门通报情况，提交对方当事人送达的书面文书和证件，在合同管理部门的指导下办理合同变更、转让或解除手续。

第三十条　合同的变更、转让和解除必须采用书面形式，并按照合同签订的程序，报业务管理部门和合同管理部门审查审批。

第六章　合同纠纷的处理

第三十一条　对外合同一旦发生纠纷，经办单位应当收集原始证据，及时向本单位合同管理部门报告，二级单位合同管理部门应在纠纷发生后 5 日内填写《合同纠纷报告表》，分别上报局有关部门：

1. 价格和付款纠纷上报财务处；
2. 生产组织和协调纠纷上报市场开发处；
3. 关联交易纠纷上报关联交易办公室；
4. 技术纠纷上报科技发展处；
5. 诉讼纠纷上报政策与法规处。

第三十二条　上述部门在接到纠纷报告后，应根据案情及复杂程度，分别给予业务指导或直接参与纠纷的处理。

第三十三条　合同签约人应当及时向办案人员或者律师提供合同文本、电报、函件、传真等书面证据，陈述案情事实，直接参加调解、仲裁或诉讼活动。

第三十四条　合同纠纷解决后，二级单位合同管理部门应在 10 日内向局政策与法规处报送纠纷处理结果。

第七章　合同文本归档

第三十五条　合同经办单位、合同管理部门和有关业务部门应建立健全合同台账、报表，及时掌握合同履行情况。

第三十六条　合同管理部门还应当建立合同主体资格审查登记台账、合同履行情况登记台账及合同争议和纠纷处理台账，保留向签约对方出具同意签约证明的存根和合同结算通知单存根。

第三十七条　经办单位应当保存合同正本，并注意收集整理合同履行中的有关电报、电传、补充协议、变更或转让权利义务的协议等书面资料，于次年 1 月 31 日前分别分类装订上年度履行完毕的合同，并移交本单位档案室存档。

第三十八条　关联交易办公室保存关联交易分协议、具体合同、补充协议副本，并收集整理履行中的所有书面资料，于次年 1 月 31 日前分别分类装订上年度履行完毕的合同，移交局档案馆保存。

第三十九条　资金结算中心保存合同副本，并于次年 1 月 31 日前将上年度履行完毕的合同、《合同审查审批表》、《合同结算通知单》及结算凭证等资料进行整理后，按每份合同分别装订成册，移交局内签约单位档案管理部门。

第四十条　政策与法规处和各单位的合同管理部门保存经其审查的合同副本及有关资料，于次年 1 月 31 日前分别分类装订成册，保存备查。

第八章　奖惩办法

第四十一条　勘探局成立合同管理考核小组,组长由勘探局领导担任,小组成员由政策与法规处、市场开发处、财务资产处、人事劳资处、纪检监察处和资金结算中心等部门有关人员组成,负责对局属各二级单位合同管理工作进行考核奖惩,奖金来源从各单位奖励资金中列支。

第四十二条　每年2月底以前,各二级单位可根据上年度合同管理工作情况,按照本办法填写《合同奖励申请表》,经同级财务部门和厂(处)主管领导审核,报局合同管理部门,经局合同管理考核小组批准后,由本单位给予奖励。

第四十三条　凡有下列情况之一的,应当追究行为人的责任:

1. 在订立合同前,不了解对方资信情况,不做可行性研究分析,盲目签约,造成经济损失的;

2. 未经授权或超越代理权限订立合同,或订立合同时故意规避合同管理部门审查的;

3. 不按合同管理规定验收或未经审计部门审计、合同管理部门同意擅自支付合同价款的;

4. 未经合同管理部门批准,擅自变更或解除合同的;

5. 对方违约,应该追究违约责任,而未追究或未及时追究造成我方经济损失的,或因工作不负责任造成我方违约而支付违约金、赔偿金的;

6. 有意与对方串通,欺骗合同管理人员、骗取单位资金,给单位造成经济损失的;

7. 发生合同纠纷后,不及时上报的;

8. 其他原因给单位造成损失的。

第九章　附　则

第四十四条　局属各单位可参照本办法制定合同管理实施细则,报局政策与法规处备案。

第四十五条　本办法自发布之日起施行,《长庆石油勘探局对外经济合同管理办法》和有关经济合同管理制度同时废止。

第四十六条　本办法由局政策与法规处解释。

长庆石油勘探局厂务督察工作暂行规定(试行)

(2000年5月12日长庆石油勘探局以长局发[2000]第111号文发布)

第一条　厂务督察工作是推动决策落实、改进工作作风、提高办事效率、确保政令通畅的重要途径。为进一步做好厂务督察工作,实现厂务督察工作科学化、制度化、规范化、程序化,特制定本暂行规定。

第二条　局属各单位、局机关各部门要高度重视和加强厂务督察工作,努力推动党和政府、集团公司、局党委、勘探局重大方针、政策和工作部署的贯彻落实。

第三条　勘探局设立督察室,业务归口局办公室。各单位督察工作归口办公室、党委办公室。局机关督察工作归口事务处(机关党委)。局机关各部门主要负责搞好与职责相关事项的督察工作。督察工作人员由办公室内部调整,办公室人员不足时从机关内部调整。

第四条　厂务督察工作的主要任务:

1. 上级和局党委、勘探局以及本单位重大决策、重大工作部署的贯彻落实情况。

2. 上级和本级机关下发的重要文件的贯彻落实情况。

3. 局党委、勘探局和本单位重要会议决定事项的贯彻落实情况。

4. 上级和局党委、勘探局以及本单位领导重要指示、批示的落实情况。

5. 上级机关批办件、督察件的落实情况。

第五条　厂务督察工作的基本原则：

1. 分级负责。勘探局督察室负责全局督察工作，并对各单位和局机关各部门督察工作进行综合、协调、指导、督察。各单位和局机关各部门主要负责本单位和本部门的督察工作，并承办或协办上级交办的督办事项。

2. 实事求是。督察人员应坚持实事求是，全面、准确地反映情况，客观、公正地处理问题。

3. 讲求实效。督察工作要力戒形式主义，重在落实，讲求实效，坚决反对做表面文章、敷衍塞责的不良风气。

4. 保守秘密。凡涉及国家秘密、企业秘密和干部人事秘密等重大事项，以及其他不宜公开的问题，必须按《保密法》及有关规定办事。

第六条　厂务督察工作的基本程序：

1. 分解立项。对重大决策和重大工作部署，应及时分解立项，拟定督察工作要点；对领导批办和交办的督察事项应及时登记，提出拟办意见。

2. 分流承办。根据督察内容，确定不同的办理方式。

转办：将确定的督察事项转送给指定的承办单位办理。

协办：对任务交叉或涉及几个单位、部门的督察事项，应确定主办单位和协办单位，由主办单位和协办单位共同办理。

自办：重大事项和不宜交下级办理的事项，由督察部门直接办理。

3. 检查催办。对重大决策和重大工作部署的贯彻落实情况，采取不同的方式督促检查。

对影响全局的重大事项，集中力量督察。

对全年性的工作，分阶段督察。

对紧急事项，及时督察。

逾期未报办理结果的，以电话询问、发函质询、实地督察等方式催办。

4. 组织协调。对承办单位难以单独解决的问题，应分层次做好组织协调工作。

凡属一般性的具体事项，由督察部门和督察人员组织协调。

凡涉及几个单位或部门的重要事项，由办公室、党委办公室组织协调。

凡涉及全局性的重大问题，先由办公室提出预案，再由本单位领导或机关有关职能部门组织协调。

5. 报告反馈。对重大督察事项，应在办结后一周内向本单位领导和部门报告结果，并向交办机关或交办人反馈。

第七条　承办单位的职责：

1. 承办单位或部门必须以高度负责的态度，认真办理所承办的督察事项。

2. 凡有明确办理时限要求的督察事项，承办单位必须按期办结并拿出书面报告；不能按期办结的，要及时说明原因。对未明确办理时限的，应视情况适时报告办理进展情况，年终作出书面综合报告。领导批办件，要及时办理；对有特殊要求的批办件，要特事特办。

3. 需要两个以上单位或部门共同办理的督察事项，由交办机关或交办人明确主办单位（部门）和协办单位（部门）。主办单位（部门）应主动与协办单位衔接、协商，协办单位（部门）应积极配合。若双方意见不一致时，主办单位（部门）应及时提请交办机关或交办人协调。办理结果由主办单位（部门）书面报告交办机关或交办人。

4. 承办单位或部门要按规定和要求向交办机关反馈承办情况。反馈内容力求准确、精练、规范。经本单位办公室或本部门领导审核，报本单位领导签发，加盖单位公章，一式五份报送交办机关。

5. 承办单位（部门）的承办人员既要有明确分工，又要互相协作，发挥单位（部门）承办工作的整体功能。

第八条　厂务督察工作制度：

1. 督察工作责任制。厂务督察工作按照"谁分管、谁负责、谁经办、谁落实"的要求，实行分级管理，一级抓一级，层层抓落实。各单位督察部门和各部门督察工作人员向本单位（部门）领导负责，各单位（部门）的督察工作向勘探局办公室负责，局办公室的督察工作向局领导和上级督察机关负责。

2. 督察工作奖惩制。局、处两级督察主管部门对重大决策、重要工作部署和领导批示件的落实情况，及时通报；对督察工作做出突出成绩的单位（部门）和个人，要表彰奖励；对工作敷衍推诿、不负责任、不按要求办理的，要通报批评；对因工作不力，或失职、渎职而造成严重后果的，要追究责任。

3. 督察工作反馈制。要做到交必办、办必果、果必报；事事有回音，件件有着落；急事急办。讲求督办质量，及时反馈办理结果。

第九条　督察工作的组织领导：

1. 各级党政组织要加强对厂务督察工作的领导。党政主要负责人是厂务督察工作的第一责任人。具体工作由办公室、党委办公室主任负责。

2. 各级党政组织要注意选用政治素质好、具有较高政策水平和业务能力、事业心强的同志从事厂务督察工作。督察力量不足的应予以加强。同时要加强对督察人员的培训。

3. 各级党政组织要支持厂务督察工作，根据工作需要，为督察工作人员提供参加会议、阅读文件、调查研究等方面的便利。

第十条　本规定自下发之日起施行。各单位可根据本规定，结合实际情况，制定具体的实施办法。

长庆石油勘探局交通安全管理规定（试行）

（2000年5月11日长庆石油勘探局以长局发[2000]第112号文发布）

第一章　总　则

第一条　为了加强交通安全管理，预防和减少交通事故，确保各项生产建设的顺利进行，依据《中华人民共和国道路交通管理条例》和《长庆石油勘探局安全生产管理规定（试行）》，结合我局交通安全管理的实际情况，特制定本规定。

第二条　局属所有单位和企业（包括多种经营企业及其他各种性质的单位）、各级组织、各级领导干部及管理人员、参与局内交通活动的所有职工（合同工、协议工、劳务工等），都应遵守本规定。

第三条　遵守交通法规，维护交通秩序是职工和家属应尽的义务，对违反本规定的行为，每个职工都有劝阻和制止的权利。各级组织应强化交通安全管理，教育职工和家属遵守交通安全法规。

第二章　管理组织与体制

第四条　各单位、各企业应明确一名副职领导分管交通安全工作，同时应明确负责交通安全管理工作的部门。交通安全管理部门的职责是：

（一）贯彻落实国家及勘探局有关交通安全的政策、法规、文件和要求；

（二）建立和完善本单位交通安全管理的规章制度，并组织实施；

(三)负责本单位交通安全管理,对驾驶员和职工进行交通安全教育;

(四)开展交通安全检查,对发现的事故隐患和交通违章行为按规定及时处理;

(五)组织调查和处理本单位发生的交通事故,建立交通事故档案,并负责统计上报。

第五条　机动车辆总数在 100 台(含 100 台)以上的单位(车队)应配备专职交通安全管理人员,机动车辆总数在 100 台以下的单位(车队)应配备兼职交通安全管理人员。

第六条　交通安全管理实行分级负责,三级监管。

(一)局级监督。主要实施四个方面的监督职能:整章建制,动态监控,科技攻关,量化考核。具体内容是:

1. 规划交通安全中长期发展目标,制定交通安全短期计划;

2. 制定交通安全管理规定、制度和措施,并监督执行;

3. 引进、推广应用现代交通安全管理新技术、新方法,建立交通安全动态监控系统;

4. 制定交通安全教育培训标准及计划,并监督实施;

5. 审查驾驶员报考培训资质,监督培训质量;

6. 负责驾驶员登记注册、准驾证、聘用证管理;

7. 组织全局性交通安全活动;

8. 组织交通安全科研攻关;

9. 对各单位、各企业交通安全工作运行情况进行日常监督、年度考核,奖优罚劣;

10. 推进交通安全计算机网络化管理。

(二)处(厂、公司)级管理。主要履行四个方面的管理职能:明确职责,逐级负责,检查督促,强化基层。具体内容是:

1. 组织贯彻执行上级有关交通安全的法规、制度及措施;

2. 制定并落实本单位各级、各部门及全体职工的交通安全职责;

3. 将交通安拿管理融入本单位总的管理系统之中,在计划、布置、检查、总结、评比生产经营工作的同时,计划、布置、检查、总结、评比交通安全三作;

4. 组织经常性的交通安全静态管理检查和动态路查路检;

5. 对本单位全民、集体、多种经营厂点(企业)等以任何经营方式运营的机动车辆,实行交通安全全方位管理;

6. 对本单位职工(包括合同工、协议工、劳务合同工、社会聘用人员等)中职业、非职业等各种性质具有驾驶资格的人员,进行统一的、规范化的交通安全管理;

7. 制定本单位交通安全教育计划,并负责实施。

(三)车队级控制。主要负责四个方面的工作:落实制度,教育培训,整改隐患,维护设备。具体内容是:

1. 结合实际,采取多种有效措施,全面落实上级有关交通安全的方针、法规、制度及措施,严明纪律,增强职工遵章守纪的自我约束力;

2. 以人为本,开展经常性的交通安全综合素质教育培训;

3. 对影响交通安全平稳运行的不安全因素,定人负责,限期整改;

4. 建立车辆维修保养制度,坚持车辆回场检验,确保车辆技术状况良好。

第七条　各单位、各企业应对驾驶员相对集中管理;车队应对驾驶员实行动态管理,坚持每月对驾驶员进行分析,制订针对性的监控措施,组织落实。

第三章　车辆管理

第八条　机动车辆必须符合 GB 7258—1997《机动车运行安全技术条件》,方可上路行驶。

第九条　机动车行驶必须遵守《中华人民共和国道路交通管理条例》。

第十条　车辆门徽管理按照《长庆石油勘探局、长庆油田公司关于规范对外名称使用的通知》(长庆发[2000]第3号)执行。

第十一条　各单位、各企业车辆管理部门,应建立机动车辆维护保养制度,对车辆进行严格的质量检查,凡不符合安全行驶条件的不得运营。

第十二条　机动车驾驶员应坚持出车前、行车中、收车后对车辆各部件和装载物品进行检查。

第十三条　长期在外执行任务的车辆,每三个月必须调回基地进行系统修保;确因配属生产无法调回的,应及时组织机修人员到配属点检修保养。

第十四条　各种机动车辆未经允许,一律不准进入或通过生产装置区或其他易燃易爆区域;获准进入的,必须加装阻火器,并经门卫检查合格后方可进入。

第十五条　节假日期间,非运行车辆应实行"三交一封"(交车辆钥匙、交行驶证、交驾驶证,封存车辆)。

第四章　交通安全教育

第十六条　各单位、各企业应将交通安全纳入宣传教育计划,结合生产及季节特点,组织开展经常性的交通安全宣传教育活动,提高职工的交通安全意识。

第十七条　交通安全教育的对象应包括机动车驾驶员、职工、家属及外聘人员。

第十八条　交通安全教育内容:

(一)国家有关交通安全法律、法规;

(二)集团公司及勘探局有关交通安全规定、制度、指令、通报等;

(三)交通安全常识;

(四)交通事故案例;

(五)安全驾驶技术。

第十九条　各单位、各企业应结合实际,确保交通安全教育的时间、内容、效果三落实。

第五章　驾驶员管理
培训实习考核

第二十条　开展局内驾驶员培训业务的单位或企业必须具备下列条件:

(一)有经当地公安车辆管理机关批准设立的驾驶员培训学校或培训班;

(二)经勘探局安全主管部门审查批准;

(三)接受勘探局安全主管部门的业务指导、检查及监督;

(四)按勘探局驾驶员培训计划运行;

(五)接收经勘探局安全主管部门审查送培的报培人员;

(六)按期上报每期驾驶员培训方案。

第二十一条　驾驶员报培条件按《中华人民共和国机动车驾驶证管理办法》有关条款执行。

第二十二条　驾驶员报培按下列程序办理:

(一)凡报培局内机动车驾驶学习的人员,应在本单位、本企业或父母所在单位、企业安全主管部门办理报名手续;

(二)凡职工报培局内机动车驾驶学习,须经勘探局干部、人事部门审查批准;

(三)勘探局安全主管部门负责报培局内机动车驾驶学习人员资格审查;

(四)单位应报机动车驾驶员信息数据库;

(五)驾驶培训单位负责将经审查同意的报培局内机动车驾驶学习人员名单报公安交警机关审查备案;

(六)报培局内机动车驾驶学习人员学习期满取证后,由驾驶培训单位将学习期满取证人员名单及机动车驾驶证报送勘探局安全主管部门办理实习驾驶员局内注册手续。

第二十三条　单位或企业应对初考取证驾驶员，按下列标准组织跟车实习：

(一)落实车辆及跟车实习师傅，并签订《跟车实习师徒协议书》；

(二)跟车实习期为一年；

(三)跟车实习期满，单位应按《中华人民共和国机动车驾驶证管理办法》第十七条"关于考试科目的规定"组织考核；

(四)跟车实习期满经考核合格者，由单位报勘探局安全主管部门办理正式驾驶员局内注册手续；

(五)跟车实习期满经考核不合格者，单位应组织继续跟车实习并考核。每六个月考核一次，两次考核不合格者，取消驾驶证局内注册资格。

第二十四条　凡正式驾驶员增驾车型记录，须符合下列条件：

(一)持 B 类机动车驾驶证，增驾 A 类驾驶记录，须安全行车 4 年，安全行驶 15 万千米；

(二)持 C 类机动车驾驶证，增驾 B 类驾驶记录，须安全行车 2 年，安全行驶 10 万千米；

(三)持 J 类机动车驾驶证，增驾 B 类驾驶记录，须安全行车 5 年，安全行驶 15 万千米；

(四)持其他类别机动车驾驶证，不予办理增驾记录。

第二十五条　复转军人持军队、武装警察部队驾驶证转为局内正式驾驶员，应履行下列手续：

(一)经单位或企业所在地公安交警机关换发驾驶证；

(二)经勘探局人事主管部门批准按驾驶员安排工作；

(三)由所在单位持本人军队、武装警察部队驾驶证档案复印件、机动车驾驶员信息数据库，报勘探局安全主管部门审查合格；

(四)单位按《中华人民共和国机动车驾驶证管理办法》第十七条"关于考试科目的规定"组织考核；

(五)单位安排跟车实习六个月，期满考核合格；

(六)跟车实习期满考核不合格者，单位应组织继续跟车实习三个月，再次考核不合格者，取消驾驶证局内注册资格。

第六章　驾驶员管理
驾驶证注册

第二十六条　机动车驾驶证注册(以下简称驾驶证注册)由局安全主管部门负责实施，局属各单位或企业协助管理。

第二十七条　凡持有机动车驾驶证驾驶局内机动车辆人员，均需履行驾驶证注册手续。

第二十八条　驾驶证注册业务由勘探局办理，其业务程序为：

(一)持有机动车驾驶证的局内在册职工、待业青年驾驶证注册由局安全主管部门负责办理，局属各单位(企业)协办；

(二)聘用局外人员(以下简称聘用人员)驾驶证注册由局属各单位或企业自行办理，并报局安全主管部门备案。

第二十九条　驾驶证注册实行计算机数据库管理。勘探局安全主管部门负责建立全局驾驶员信息数据库，分单位制作《处(厂、公司)机动车驾驶员驾驶证注册登记册》，每单位一式两册，局安全主管部门一册，单位一册，双方加盖公章认可，每一年进行一次。

第三十条　各单位、各企业每年 12 月 25 日前向勘探局安全主管部门上报本单位(企业)年度《机动车驾驶员异动年报表》。

第三十一条　驾驶证注册按下列程序办理：

(一)单位安全主管部门统一办理；

(二)持经单位主管领导签字同意的驾驶证

注册申请报告；

（三）持勘探局统一的《长庆局机动车驾驶员技术考核成绩表》；

（四）单位提供驾驶员报培审批表复印件、机动车驾驶证、驾驶学校学习结业证书、跟车实习考核成绩表；

（五）经勘探局安全部门负责人签字同意。

第三十二条　局属各单位、各企业聘用局外人员，应遵守下列规定：

（一）有局人事主管部门审批的用工指标；

（二）所聘用人员持有合格的居民身份证（或户口本）、机动车驾驶证和驾驶学校学习结业证书；

（三）聘用人员驾龄不得少于5年；

（四）聘用人员年龄在23至50周岁之间；

（五）聘用人员必须在当地保险公司投保驾驶员人身意外保险；

（六）经局内职工医院（分院）体检合格；

（七）本单位两名在职职工担保，并签订经县级以上公证机关公证的《经济担保协议书》；

（八）有经县级以上公证机关公证的《劳动用工合同书》；

（九）填报勘探局统一的《外聘驾驶员注册登记表》。

第七章　驾驶员管理

机动车准驾证

第三十三条　机动车准驾证分为长庆石油勘探局机动车准驾证（以下简称准驾证），长庆石油勘探局聘用驾驶员机动车准驾证（以下简称聘用准驾证）。

第三十四条　机动车准驾证由局安全主管部门负责发证。

第三十五条　准驾证有效期两年，聘用准驾证有效期一年，逾期无效。

第三十六条　凡驾驶局内各类机动车辆必须同时持有驾驶证、准驾证或聘用准驾证。

第三十七条　准驾证颁发范围：

（一）已履行驾驶证注册手续；

（二）从事驾驶工作的职业驾驶员；

（三）从事公安、安全、车辆管理工作的非职业驾驶员；

（四）确系工作需要驾驶本单位车辆的非职业驾驶员，经单位主管领导签字同意，本单位安全部门考核合格，局安全部门认可。

第三十八条　聘用准驾证颁发范围：

（一）已履行驾驶证注册手续的待业青年；

（二）已履行驾驶证注册手续的聘用人员。

第三十九条　领取机动车准驾证程序：

（一）单位统一领取；

（二）持经单位主管领导签字同意的领取机动车准驾证申请报告；

（三）持《处（厂、公司）机动车驾驶员驾驶证注册登记册》或《外聘驾驶员注册登记表》；

（四）其他非职业驾驶员审批复印件。

第四十条　持证人在局内调动工作单位，应按以下规定办理换证手续：

（一）调入单位负责统一办理相关手续；

（二）自调动之日起，30日内办理驾驶证注册过户和机动车准驾证换发手续；

（三）持本单位机动车驾驶证注册过户申请报告；

第四十一条　机动车准驾证遗失、损毁，由持证人持单位介绍信在30日内办理补发新证。

延期办理的按本规定处罚后予以补发。

第四十二条　有下列情况之一的，注销机动车驾驶证注册和机动车准驾证，并在登记资料中注明：

（一）身体条件发生变化，不适合驾驶机动车的；

（二）无正当理由，超过三个月不接受违章或事故处理的；

（三）持有两个以上机动车准驾证的；

（四）已离开工作岗位，退休、退养或自谋职业的；

（五）受国家法律制裁的；

（六）本人提出申请的。

第八章　厂区道路管理

第四十三条　各单位、各企业必须加强厂区道路管理，确保厂区道路设施齐全。在厂区道路、厂门、弯道、单行道、交叉路口以及禁止停放各种车辆场所等路段按规定设置交通安全标志和警告路标。厂区铁路口要设有路杆、警铃和信号灯。

第四十四条　任何单位不得在厂区道路上进行有碍交通安全的作业。由于生产需要临时占道，心须经安全部门批准，施工处要设立明显标志，夜间要有红灯。

第四十五条　厂区道路应平坦畅通，有足够的照明设备，严禁向路面排放蒸汽、烟雾、酸碱等有害物质，冬季积聚的冰雪要及时清理。

第四十六条　严禁在厂区道路和工厂区内消防通道上堆积物资设备及杂物。

第九章　路查路检

第四十七条　交通安全路查路检实行局、处（厂、公司）两级负责制；以各单位、各企业组织的路查路检为主，以勘探局组织的全局性重点路查路检为辅。

第四十八条　勘探局安全生产委员会是交通安全路查路检的领导机构。安委会办公室具体负责路查路检的组织工作，其职责为：

（一）制定全局交通安全路查路检工作计划；

（二）组织全局性重点路查路检；

（三）检查各单位、各企业路查路检工作开展情况；

（四）处理查出的严重违章；

（五）组织对交通违章突出单位的整顿和帮促；向局安全生产委员会汇报全局路查路检情况及改进工作的计划和措施，批准后组织实施。

第四十九条　局属各单位、各企业安全生产委员会是本单位交通安全路查路检的领导机构，安委会办公室具体负责本单位路查路检的组织工作，其职责为：

（一）制定本单位交通安全路查路检工作计划；

（二）制定本单位交通安全路查路检实施办法；

（三）组织本单位交通安全路查路检；

（四）处理查出的交通违章；

（五）建立路查、路检台账资料；

（六）按期上报路查路检情况。

第五十条　单位或企业组织的路查路检以检查本单位的车辆和驾驶员为主，并有权检查局内非本单位发生交通违章的车辆和驾驶员。

第五十一条　勘探局不定期、不定点组织全局性重点路查路检；区别情况对重点单位进行整顿和帮促；每月定期公布各单位当月路查路检情况；年度考核评比各单位路查路检工作。

第五十二条　机动车辆总数 100 台（含 100 台）以上的单位，每月路查路检不得少于 15 天/3 人次；机动车辆总数 100 台以下的单位，可根据实际情况组织路查路检。

第五十三条　单位或企业应建立下列路查路检资料：

（一）交通路查路检登记本；

（二）月交通路查路检情况汇总表及月交通路查路检情况分析及对策；

（三）路查路检严重违章月报表；

（四）厂（处）路查路检一般违章登记表。

第五十四条　各单位、各企业应于每月 28 日前将《月交通路查路检情况汇总表及月交通路查路检情况分析及对策》、《路查路检严重违章月报表》上报勘探局安委会办公室。

第五十五条 勘探局机关副处级以上领导干部及局属各单位交通安全专职人员凭《交通安全检查证》查纠交通违章，具体办法见长局安发[2000]第6号《长庆石油勘探局安全生产委员会长庆油田公司HSE委员会关于制发使用〈交通安全检查证〉的通知》。

第五十六条 持《交通安全检查证》人员查出的违章者必须在10日内到单位接受处理，逾期将加倍处罚；单位对违章者处理后，5日内报局质量安全环保处和检查人；无故拖延或不按规定处理，将对单位进行严肃处罚。

第五十七条 凡违犯《中华人民共和国治安管理处罚条例》、《中华人民共和国道路交通管理条例》和当地政府交通法规，以及局各项交通管理规章制度的，统称交通违章。

第五十八条 安全部门有对违章者批评教育、责令写出检查、罚款、停车思考、短期扣证扣车、责令单位领导接车的权力；对严重违章者，有权建议组织（领导）给予改换工种及行政处分。

第五十九条 交通违章划分为一般违章、严重违章两类（具体划分见本规定第十一章）；一般违章由单位按本规定标准处理，严重违章由各单位报勘探局处理。

第六十条 有下列情况之一，驾驶员有权拒绝驾驶车辆：

（一）指令违章驾驶车辆；

（二）医院证明患有妨碍安全行车的疾病；

（三）车辆存在严重故障，影响安全行车；

（四）车辆手续不全；

（五）行驶路线与行车任务书不符；

（六）装载物品不符合装载规定或装载危险品无专人押运。

第十章 事故管理

第六十一条 交通事故管理按《长庆石油勘探局安全生产管理规定》有关条款执行。

第六十二条 机动车驾驶员发生负有责任的交通事故除按《长庆石油勘探局安全生产管理规定》第三十三条第三款规定处理外，另增加以下处罚：

（一）一般事故：负全部责任或主要责任，停车待岗一个月；负同等责任及次要责任停车待岗15—30天；

（二）重大事故：负全部责任或主要责任，注销局内驾驶证注册资格，永久调离驾驶员岗位；负同等及次要责任，收缴机动车驾驶证，停车3—12个月；

（三）特大事故：负同等责任以上注销局内驾驶证资格，永久调离驾驶员岗位；

（四）因发生事故被司法机关追究刑事责任，按司法程序办理。

第六十三条 因下列情况之一造成交通事故，应追究单位（企业）领导的责任：

（一）本单位发布的指令、命令、决定、规章制度、违反交通安全法规；

（二）无视安全部门的警告，未及时消除事故隐患；

（三）交通安全工作无人负责，管理混乱；

（四）不按规定对驾驶员进行安全教育、培训，因驾驶员缺乏交通安全知识发生事故；

（五）发生事故后未采取措施，致使同类事故重复发生；

（六）强令机动车驾驶员违章驾驶，纵容酒后驾车、无证开车，忽视管理造成机动车带病运行。

第六十四条 交通事故应负的领导责任分为：主要领导责任、一定领导责任（处级）；直接领导责任、部分直接领导责任（科级）；管理责任（车队级）。

第六十五条 发生交通事故，负有领导责任，按下列标准给予处理：

（一）重大事故。负直接领导责任者，给予行政记过处分；负部分直接领导责任者，给予行政警告处分；

（二）特大事故。负主要领导责任者，给予行政降级处分；负一定领导责任者，给予行政记大过处分；负直接领导责任者，给予行政撤职处分；负部分直接领导责任者，给予行政降级处分；负管理责任者，给予留厂察看一年处分；

（三）除上述行政处分外，单位可并处经济罚款。

第十一章　奖励与处罚

第六十六条　交通安全考核奖励按照《长庆石油勘探局安全生产管理规定》有关条款合并执行。

第六十七条　交通安全其他单项奖励资金来源为：交通事故及交通违章罚款。由勘探局财务部门建账管理，并监督使用，不得挪用。

第六十八条　发生交通事故，按照下列规定给予事故所在单位或企业经济处罚：

（一）发生重大事故，每轻伤 1 人罚款 3000 元，每重伤 1 人罚款 5000 元，每死亡 1 人罚款 20000 元；

（二）发生特大事故，一次性罚款 30 万元。

第六十九条　单位发生重大事故以上等级的交通事故或一季度内被查出 5 次严重交通违章，车队停车整顿 3 日，车队安全生产第一责任人参加勘探局组织的安全教育学习班，一切费用自理。

第七十条　各单位、各企业每 6 个月应组织一次肇事、违章驾驶员学习班，分析事故、违章原因，找教训、订措施，确保人员、时间、内容、效果四落实。

第七十一条　发生一般事故以上等级的交通事故或发生严重交通违章的驾驶员，参加勘探局组织的安全继续教育学习班，一切费用自理。

第七十二条　有下列情况之一的，给予单位 5000—10000 元经济处罚，并勒令基层车队停车整顿一周：

（一）单位发布实施的有关交通安全指令、规定、制度、措施等，违反国家交通安全法规和本规定的；

（二）存在影响交通安全的重大隐患，限期未整改的；

（三）隐瞒事故或不按本规定及时上报事故的；

（四）不执行勘探局交通安全工作指令的；

（五）违反本规定，使用无驾驶资格人员驾驶本局机动车辆的。

第七十三条　发生交通违章按下列标准处理：

（一）有下列严重违章之一者，处单位罚款 10000 元，负直接领导责任者参加勘探局举办的安全教育学习班（由此造成事故的事故处罚按有关规定执行）。

1. 安排无证人驾车的（包括无驾驶证、无准驾证、无聘用准驾证）；

2. 指令驾驶员违章驾驶的；

3. 安排驾龄不满 4 年、安全行驶不满 10 万千米的人员驾驶小客车或载客车的；

4. 对违章驾驶员，勘探局通知后 10 日内未交证的；

5. 私车公挂者。

（二）有下列严重违章行为之一者，对违章驾驶员给予罚款 1000 元、吊扣驾驶证和准驾证一年，待岗一年；聘用人员立即解聘。

1. 无证驾车者（包括无驾驶证、无准驾证、无聘用准驾证）；

2. 酒后驾车者；

3. 将车交无证人驾驶者（包括无驾驶证、无准驾证、无聘用准驾证）；

4. 严重不服管教者。

（三）有下列严重违章行为之一者，对违章驾驶员并处 500 元罚款，待岗 1 个月。

1. 强超抢会者；

2. 超速行驶者；

3. 公车私用者。

（四）有下列一般违章行为之一者，对违章驾驶员并处罚款 100 元，待岗 10 日。

1. 行车时证件携带不齐全者；

2. 不按规定会车、让车、调头、停放、起步者；

3. 转弯不减速、不鸣号、不靠右行驶、不按规定使用灯光者；

4. 试车时不挂正式试车牌，不带驾驶证和试车证；不按指定路线（段）试车；试车时拉人或车上带其他危险物品者；

5. 吊车、水泥车、压裂车、修井车、钻机车、冷藏车、平板车、架子车、罐车等，车上其他部位乘人者；

6. 拉运笨重、大体积、易燃、易爆货物的车辆未设安全标志或车上乘人者；

7. 大、小客车、小型汽车、工程车、仪器车等驾驶室或车厢内及摩托车等超员者（每超 1 人罚 50 元）；

8. 客货混装或拉运物资装载不符合规定者；

9. 停车不熄火、不拉手制动、不锁车门、在坡道停车不挂挡及车轮不打掩木者；

10. 不服从交通安全管理人员检查、指挥者；

11. 随意把车停在路中和他人谈话或上下人、装卸货物妨碍交通者；

12. 在厂区内乱停乱放车辆者；

13. 乘车人正在上车或下车时车辆起步者。

（五）违章载人者，每 1 人罚款 50 元。

（六）乘车人员违反下列规定之一者罚款 100 元：

1. 上车时携带易燃、易爆等危险物品者；

2. 在车上打闹、喧哗、不听乘务人员和驾驶员的管理者；

3. 车辆未停稳时，争抢下车，影响安全者；

4. 乘坐代客卡车，爬坐在车厢挡板或驾驶室上面，将头或手伸出车厢外或车窗外边者；

5. 车辆在行驶中，追爬车或跳车者。

（七）其他：

不按规定喷门徽者，每车次处单位罚款 1000 元。

第七十四条　路查路检中进行经济处罚时，必须使用勘探局安全生产委员会统一印制的《长庆石油勘探局交通违章罚款收据》，任何单位和个人不得违犯。

第七十五条　为了激励各级领导及安全干部、车管干部、司助人员等搞好交通安全工作，不断提高我局交通安全管理水平，确保各项工作顺利进行，对在交通安全管理和路查路检工作中做出优异成绩的给予奖励表彰。

第七十六条　交通安全路查路检奖励资金从交通违章、交通事故罚款中列支。奖励范围为路查路检先进单位、先进路查路检组及个人、优秀车管干部、优秀驾驶员。奖励每年进行一次，由勘探局安委会办公室推荐评选，勘探局安全生产委员会给予奖励。

第七十七条　对安全行车百万千米的驾驶员，勘探局将适时给予表彰。

第十二章　附　则

第七十八条　本办法自公布之日起执行。以前规定与本规定不一致的，按本规定执行。

第七十九条　遇到本规定没有规定的情况，应在确保安全的原则下进行交通活动。

第八十条　本办法解释权属勘探局质量安全环保处。

长庆石油勘探局学术、技术带头人选拔管理和高层次人才培养使用办法(试行)

(2000 年 6 月 18 日长庆石油勘探局以长局发[2000]第 130 号文发布)

第一章　总　则

第一条　为贯彻实施勘探局提出的科技进步和人才开发战略,满足勘探局改革、生存、发展对人才的需要,根据国家和集团公司的有关规定,结合全局实际,特制定本办法。

第二条　局级学术、技术带头人主要在工程技术、经济类(含会计、统计和审计)岗位从事研究、技术、经营(科技)管理工作的专业技术人员中选拔。担任厂处级以上领导干部一般不属于此范围。

第三条　在选拔学术、技术带头人的同时,对在勘探局生产、科研岗位上从事专业技术工作,具有硕士研究生及以上学历的专业技术人员要加强培养和使用,并给予一定的优惠政策。

第二章　选拔条件

第四条　选拔的学术、技术带头人必须坚持德才兼备的原则,热爱祖国,坚持四项基本原则,并符合下列条件:

1. 具有较扎实的专业理论基础,科研、技术开发能力较强,专业工作经验丰富,有明确的研究方向和独到的学术见解,有解决重大或较大技术问题的能力;

2. 科学研究、技术开发成果显著,参加过集团公司或勘探局的重大项目并做出突出贡献,在全局或本单位同行中享有较高声誉;

3. 具有科研和技术开发的组织领导才能,有开拓创新精神和严谨的治学态度,有良好的职业道德;

4. 一般不担任专职领导职务,年龄在 50 岁以下,要特别注意选拔 40 岁以下的拔尖人才。

第五条　在职人员攻读研究生须符合下列条件:

1. 大学本科学历;

2. 具有 3 年以上工作经历;

3. 个人综合素质比较好,具有一定的培养和发展潜力。

第三章　选拔方法和程序

第六条　学术、技术带头人的选拔工作,一般每两年进行一次。

第七条　学术、技术带头人的选拔工作,由局人事劳资处负责组织,各单位干部(人事)部门具体实施。

第八条　局级学术技术带头人的专业划分为一级和二级专业,二级专业是指在一级专业的基础上根据工作性质细分的专业。

凡勘探局未涉及的专业各单位可根据实际情况自行设立,并报局人事劳资处备案。

第九条　根据选拔的范围、条件和有关要求,自下而上逐级推荐选拔。首先各单位根据各自的专业侧重,每个专业选拔出 3—5 名专家(弱专业可以少选或不选)组成本单位学术技术带头人队伍,然后从中选出每个专业的前 1—2 名,填写《长庆石油勘探局学术、技术带头人呈报表》一式两份,推荐到勘探局人事劳资处按专业进行汇总,征求有关知名专家的意见。同时通过高级职称评审委员会有关专业组审核,由局人事、科技管理部门组织的专业组联席会议确定局级学术、技术带头人。

第十条　选拔、推荐学术、技术带头人工作采取单位推荐和专家推荐相结合的方法，贯彻公开、公平、公正的原则，结合厂务公开制度的实施，接受群众的监督，提高推荐、选拔工作的透明度，使选拔出的学术技术带头人有较好的群众基础和较强的权威性。

第十一条　坚持院校接收为主、在职培养为辅的原则，加强高层次人才的培养。在职人员攻读研究生必须按照长远规划、按需培养、严格选拔、保证质量。具体程序是：

1. 局人事劳资处根据全局人才发展规划和实际需要确定年度培养教育计划，并报请局主管领导批准；

2. 各单位根据勘探局下达的名额进行推荐；

3. 局人事劳资处对各单位推荐的人员进行资格审查，并组织预选考试；

4. 将勘探局预选考试合格人员推荐到集团公司参加选拔考试；

5. 组织集团公司选拔考试合格人员参加有关部门高等院校的考前辅导，并参加全国硕士研究生统一考试；

6. 全国研究生考试录取人员与勘探局人事劳资处签订《研究生培养协议书》，明确双方的权利和义务，并严格遵照执行。

第四章　有关待遇

第十二条　局级学术技术带头人以勘探局文件予以公布，并发给《学术、技术带头人证书》。

第十三条　局级学术、技术带头人经局人事劳资处与所在单位考核，局人事劳资处批准，从下文批复之日起，按年度一次性享受特殊津贴，具体标准为：

局级一级专业学术、技术带头人：4000元/人。

局级二级专业学术、技术带头人：3500元/人。

第十四条　鼓励学术、技术带头人以成熟技术、实用专利在勘探局范围内进行技术服务或技术合作，待遇与创造的经济效益挂钩，由双方当事人依据技术服务（合作）协议或合同的规定按一定比例分红，具体比例由双方协商确定，但分红期限一般不应超过3年。

第十五条　学术、技术带头人可按照国家的有关规定以技术（专利）作价入股的形式参与局内股份制企业和股份合作制企业的经营和利益分配。

第十六条　鼓励学术、技术带头人利用自身的技术优势，自主或合作创办经济实体或多种经营企业。对积极安置富余职工的企业，可享受以下优惠政策：

1. 根据安置人员数量，勘探局将提供一定数额的借款担保；

2. 对能够安置富余职工，并与原单位解除劳动关系的企业，将按安置富余人数多少，提供一次性资金支持，数额不超过职工本人与勘探局有偿解除劳动关系的补偿金。

第十七条　同等条件下优先参加勘探局优秀科技人才奖的评选，对做出优异成绩的学术、技术带头人及时给予奖励，对做出重大贡献的要给予重奖。

第十八条　对因工作需要调入西安、银川方向单位的硕士研究生以上学历的要及时办理调动手续。

第十九条　为鼓励具有硕士研究生及以上学历人员在生产、科研一线岗位上建功立业，对于经所在单位考核工作业绩突出，并在西安、银川市以外单位工作的博士生、毕业后工作期满一年的在职培训的硕士研究生、社会高等院校毕业实习期满的硕士研究生，所在单位提出申请（须填写《长庆石油勘探局高层次人才有关待遇申请表》），局人事劳资处批准，从考核的次年起，按年度享受下列待遇：

1. 硕士研究生每人一次性发放3000元特殊津贴；

2. 博士研究生每人一次性发放4000元特殊津贴；

3. 对未晋升高级专业技术职务的在职培

养的硕士研究生、工作满两年的高等院校毕业硕士研究生以上学历人员，可在住房、电话费和差旅费方面享受高级职称人员的同等待遇。

第二十条　具有硕士研究生以上学历的局级学术、技术带头人不重复享受特殊津贴，可按照“就高不就低”的原则享受有关待遇。

第五章　管　理

第二十一条　实行上下结合、分级管理。局级学术、技术带头人由所在单位协助局人事劳资处管理；处级学术、技术带头人和高层次人才由所在厂处单位管理，但要将考核、奖惩、岗位变动等情况及时报局人事劳资处备案。

第二十二条　强化考核激励。局级学术、技术带头人由局人事劳资处和所在单位共同考核；处级学术、技术带头人和高层次人才由所在单位负责考核。

学术、技术带头人和高层次人才的特殊津贴根据年度考核结果实行年度发放，年度考核未完成工作目标的学术、技术带头人以及业绩平平的高层次人才下年度不再享受特殊津贴。

第二十三条　对局级学术技术带头人实行工作目标责任制考核。各单位要结合工作性质和特点，根据学术、技术带头人承担的学术、技术项目、课题，制定出科研目标或工作目标，并填写《工作目标责任书》，局级学术技术带头人的《工作目标责任书》须报局人事劳资处。各单位要建立局级学术、技术带头人考绩档案，加强跟踪考核，年终依据《目标责任书》进行一次全面考核，对其工作目标完成情况、学识水平、业绩成果以及工作能力做出客观公正的评价。

第二十四条　实行动态管理。要及时把优秀的青年技术干部补充到学术、技术带头人队伍中来；对经考核未做出突出成绩或未完成工作目标的学术、技术带头人要及时进行调整，未做出突出成绩前不得再次推荐。

第二十五条　对新参加工作的硕士研究生以上学历人员（博士后除外）实行基层实习制。实习期间人事关系可保留在局人事劳资处，实习必须结合科研、生产或管理项目，按照专家指定的课题进行针对性的实习，实习单位要对口安排业务能力强、工作经验丰富的专家担任指导教师，做好传帮带。实习期以完成项目或课题的时间为期限，实习期间不享受特殊津贴和其他优惠待遇。实习期满，根据工作需要和本人意愿确定工作岗位。

第六章　培养和使用

第二十六条　各单位可按照1:3的比例，选拔一批技术素质比较好，工作能力比较强，具有培养潜力的拔尖专业技术人才，作为学术、技术带头人后备队伍，纳入培养计划，落实培养措施，尽快形成本单位学术、技术带头人队伍的接替力量。

第二十七条　勘探局将从处级学术技术带头人队伍中选拔局级学术、技术带头人的后备人才，充实和壮大局级学术技术带头人队伍。

第二十八条　为使选拔出的学术、技术带头人在学术技术水平上始终领先并不断提高，各单位要大胆、合理使用，发挥他们在技术攻关、决策咨询、项目论证、传授知识方面的作用，落实以下激励措施：

1. 勘探局在推荐国家有突出贡献的中、青年科学、技术、管理专家和享受政府特殊津贴的专家时优先从局级学术、技术带头人中选拔；

2. 加强学术、技术带头人的继续教育，优先安排学术、技术带头人参加进修、培训和各种学术技术交流活动；

3. 年龄在35岁以下的局级学术、技术带头人晋升高级专业技术职称可不受评审（推荐）指标的限制；

4. 进行有针对性的培养，安排他们承担重点科研工作和重大的工程项目，为提高学术技术水平创造条件；

5. 利用多种媒体宣传他们的事迹，提高知名度；并逐步改善工作、生活方面的条件。

第七章　附　则

第二十九条　各单位可参照此办法制定本单位的实施细则。

第三十条　本办法由局人事劳资处负责解释。

第三十一条　本办法自下发之日起开始施行。

长庆石油勘探局非安装设备购置管理办法

（2000 年 7 月 10 日长庆石油勘探局以长局发[2000]144 号文发布）

第一章　总　则

第一条　根据勘探局的有关规定，为了规范非安装设备购置的工作程序，科学、合理、有效地使用好非安装设备购置资金，最大限度地发挥设备效能，保证我局各项生产任务的完成，特制定本办法。

第二条　计划编制只能是量力而行，当需求与资金相矛盾时，以局确定的资金规模为准。

第三条　非安装设备购置计划编制的原则：

1. 根据集团公司确定的长庆油田公司整体工作部署和关联总协议确定的工作量，来考虑我局装备技术更新。

2. 优先解决制约我局生存和发展的关键装备的更新和配套，加强检测、控制仪器仪表和软件的配套。

3. 按四个层次来考虑装备的更新。一是参与国际合作和反承包市场所需的关键设备；二是承揽国内陆上石油勘探开发技术服务、施工工作量所需的重点装备；三是给长庆油田公司油气勘探开发提供技术服务、施工所需的装备；四是后勤辅助单位自我生存、发展需要的装备。

4. 以市场定位、行业分工、专业化来确定装备技术配套，不能搞重复建设和配套。

5. 开拓、占领新的市场，形成新的经济增长点所需关键重点设备。

6. 装备技术更新改造要做到“四个结合”：实用性和先进性相结合；新增、更新和技术改造相结合：购置和局内调剂、外部租赁相结合；更新改造和节能、环保相结合。

7. 运输车辆等通用设备要严格控制购置规模，减少数量、提高质量和工效。

第四条　非安装设备购置要以提高投资效益为核心，力争做到少投入多产出，保障国有资产的保值和增值。

第五条　本办法适用于勘探局投资规模确定的非安装设备购置计划。

第二章　计划归口管理及资金渠道

第六条　全局非安装设备购置计划按资金渠道不同分为“勘探局非安装设备购置计划”、“全民自有资金非安装设备购置计划”和“多种经营和集体经济非安装设备购置计划”。

第七条　勘探局非安装设备购置计划中，包括当年建设项目中的非安装设备购置。

第八条　勘探局非安装设备购置计划的总

规模,取决于勘探局当年生产建设总规模,此规模经局批准确定后,由市场开发处归口管理。

第九条　全民自有资金非安装设备购置,由各二级单位提出申请,报财务资产处核资,市场开发处审核,经局主管领导批准后,市场开发处和规划计划处共同下达公务通知单,方可实施。

第十条　多种经营和集体经济非安装设备购置,由各二级单位提出申请,报多种经营管理处同意,市场开发处审核,经局主管领导批准后方可实施。

第三章　计划编制及审批程序

第十一条　根据勘探局所确定的第二年生产建设总规模,切块给非安装设备购置的资金总额,以及各二级单位上报的购置计划,局机关相关处室提出的意见,作为编制非安装设备购置计划的依据。计划编制的前期工作:

1. 各二级单位应于六月底前,将第二年的非安装设备购置计划上报规划计划处、市场开发处。计划应说明购置理由、总体设想、设备型号、生产厂家并应进行技术经济论证。上报计划必须有二级单位主管领导签字和加盖二级单位公章。

2. 局机关相关处室根据其业务范围,提出的非安装设备购置计划,按上述要求交规划计划处、市场开发处。

3. 各二级单位在上报非安装设备购置计划时,根据勘探局所确定的生产建设规模,结合本单位的生产建设实际,分清是需要新增还是更新、改造。

4. 各路计划提交规划计划处、市场开发处后,经市场开发处和各有关单位、处室协商平衡,进行非安装设备购置计划的编制。

第十二条　根据勘探局所确定的非安装设备购置总规模,市场开发处提出初步计划后,广泛征求各二级单位和机关处室的意见,经市场开发处组织有关专家论证后,进行修改,报局主管领导审阅,提请局务会审批。

第十三条　按局务会批准的意见,市场开发处进行修改后,经局主管领导审核,将非安装设备购置计划分发规划计划处、财务资产处。

第四章　计划实施及责任

第十四条　局非安装设备购置计划由器材处统一负责订货。

第十五条　在非安装设备购置计划的实施中,市场开发处和使用单位负责购置设备的技术谈判和选型,器材处按市场开发处下达的公务通知单和技术协议负责商务谈判、订货、催货、接收、验收、发放等有关工作。若不按计划提出的型号、性能要求、数量及到货期限等执行,发生差错由采购部门负责纠正。

第十六条　设备到货后,器材处开出设备到货通知单交市场开发处。市场开发处根据计划和实际情况,提出分配方案,经局主管领导审批后,下达新设备分配通知单给器材处,通知有关单位办理手续。

第十七条　各二级单位在接回设备一个月内,应按长局发[1998]第 100 号文件,到市场开发处和财务资产处进行核销。每年的非安装设备购置费用,应于当年 12 月 25 日前结清。若确有特殊情况,可延至下年元月十日前结清。过期不核销者,概不跨年,费用自理。当年计划内设备未到货或未订上货需跨年运行者,必须列入下年计划,经批准后方予以认可。

第十八条　新设备均由器材处负责组织使用单位参加进行验收接运,库房验收发现问题时,应及时与厂家交涉或拒付,问题解决之后再办理手续。库房无条件作质量验收时,由各二级单位接设备时作现场验收,发现问题时,器材处应予以承认并负责处理。

第十九条　新设备购进时,使用说明书、维护保养手册、合格证、装箱单等以及办理入户手续所需的全部资料应由器材处负责提供。

第二十条　委托各二级单位自行购置的设备，验收、资料均应由各单位自负其责。

第二十一条　切块给机关有关部门的专项费用，必须提供详细的技术配置和购置清单给市场开发处，由市场开发处下达公务通知单，器材处统一采购。

第二十二条　凡是成套或单台设备购置资金超过 800 万元的，必须由使用单位写出可行性论证报告，成立项目组负责设备采购的全过程。

第二十三条　设备购置项目组的组成、任务和工作程序：

1. 项目组的人员组成。机关职能处室，使用单位，专业技术人员，物资采购部门，引进办等。

2. 项目组的工作任务。负责项目的技术论证，市场调研（前景，经济效益），方案配置，选择厂家，商务谈判，合同签订，图纸审定，资料汇总、归档，监造，验收投产和质量保证期内的索赔等。

3. 实行项目长负责制，任何协议、要求和最终价格等必须由项目长签字或确认后才有效。但在签字前，必须经市场开发处报局主管领导批准。

4. 任何项目的实施、变更必须以市场开发处的公务通知单为准。

5. 凡是成批、分项购置设备总价在 800 万元以上的商务最终定价谈判，必须有规划计划处、财务处的人员参加。

6. 所购置设备生产厂家超过两家的，必须对每家进行调研，按质量、价格、交货期和售后服务比较分析。

7. 凡是能够进行招标采购的项目，必须实行招标采购。项目组负责招标文件的编写、发售，投标厂家的初评，并提出初评报告，由局领导组织评标委员会决定中标厂家。

8. 在项目实施过程中，分阶段简要向市场开发处和局主管领导汇报项目进展情况。包括调研、配置方案、技术谈判、招标准备、商务谈判、合同签订、监造过程、设备验收等。项目结束时形成完整的项目工作总结归档。

第二十四条　列入年度非安装设备购置计划，需要引进的设备，按勘探局关于设备、物资引进项目计划管理的规定执行。局引进办、市场开发处根据规划计划处签发的《引进项目技术谈判通知书》、《引进项目批准通知单》分阶段组织技术谈判和商务谈判。

第二十五条　在专用设备和大型成套设备的购置过程中，必须坚持技术谈判以专业技术人员为主，商务人员参与；商务谈判以商务人员为主，专业技术人员为辅。

第五章　计划调整

第二十六条　局务会批准的非安装设备购置计划需要调整时，市场开发处提出意见，报请局主管领导审批同意。

第二十七条　根据生产形势变化，已确定给二级单位购置的设备要求变更，由二级单位提出申请报告交市场开发处，报请局主管领导批准后实施。

第二十八条　勘探局确定的非安装设备购置规模发生变化，由市场开发处提出调整建议计划，报局主管领导审批同意后，按调整计划实施。

第二十九条　非安装设备购置计划完成情况，由市场开发处按基本建设统计报表制度的规定，每月末向规划计划处报送统计报表。

第六章　附　则

第三十条　本办法由市场开发处负责解释。

第三十一条　本办法自发文之日起执行。

专　文

认清形势　明确方向　振奋精神
确保存续企业生存与发展战略目标的顺利实现

——孙玉辰同志在勘探局2000年工作会议结束时的讲话

（2000年1月30日）

同志们：

长庆石油勘探局2000年工作会议是一次非常重要的会议。会议的主要任务是：学习文件，提高认识；认清形势，理清思路；掌握政策，统一思想；抓好起步，稳定大局。

会议的主要内容：

(1) 传达学习了中央经济工作会议、全国经贸工作会议、全国计划会议的重要精神。

(2) 传达贯彻了集团公司2000年工作会议精神。

(3) 根据局党委常委扩大会议所讨论的意见，由局领导分别就全局经济工作、重组改革、关联交易、生产建设、多种经营、公用事业、党建和思想政治工作发表了意见。

(4) 讨论了关于加强党风廉政建设和干部管理、加强和改进宣传思想工作、加强教育培训、医疗卫生、离退休职工管理工作的意见。

(5) 通报了1999年党风廉政建设责任检查考核情况，签订了党风廉政建设责任书。

(6) 民主评议了勘探局领导班子成员。

(7) 同时，还将表彰1999年度先进集体、先进个人。

(8) 钻井、井下、油建、物探及生产服务单位在大会上发了言。

通过学习讨论，与会同志进一步明确了石油企业重组改制的重大意义、战略部署和工作方针；明确了存续企业生存与发展的总体思路、基本政策和工作重点。

通过实事求是地分析存续企业面临的严峻挑战和发展机遇，进一步明确了肩负的重大责任，对企业的生存与发展充满了信心。会议开得很及时、很好。

根据当前的形势和任务，我着重讲三个问题：关于1999年工作的简要回顾；关于重组改制后的形势和任务；关于存续企业生存、发展的思路、战略、政策和任务。

一、关于1999年工作的简要回顾

1999年是长庆发展史上极不平凡的一年，是承前启后、重组改制、脱胎换骨持续大发展的一年。全局各级领导干部顾全大局，团结带领广大职工在各条战线都取得了新的成就。

（一）实现了局领导班子平稳过渡，充分证明各级领导干部是顾全大局的

1999年3月，集团公司调整了长庆局领导班子。

1999年11月15日，集团公司宣布了长庆油田公司和长庆石油勘探局两套班子的组成。

局领导班子的两次调整并实现平稳过渡，期间，还调整了130名处级干部，占总数的32%，同时，两边机关也进行了重组，并开始独立运行。证明了我们的领导干部队伍、职工队伍是顾全大局的，是经得起考验的。

（二）生产建设各项指标再创历史新水平，充分证明局党委、勘探局的各项决策是符合长庆实际的

（1）局党委、勘探局在生产建设和经济工作中，坚持了抓住机遇、发展自己的基本思路，实事求是地制定并坚定不移地实施了 6 项重大决策：

①加快浅油层开发步伐。

②加快天然气产能建设。

③稳定和发展陇东矿区。

④设立科技奖励基金。

⑤签订长庆气田陕 141 井区国际合作开发项目。

⑥确立“两条基本思路”，实施“四大战略”。

（2）生产建设和经营工作取得了 8 项主要成果：

①油气产量大幅度攀升。年产原油 430.1 万吨，以 102.4%完成计划；年产天然气 12 亿立方米。油气当量比上年净增超过 100 万吨。

②油气储量持续增长。新增石油探明储量 7098 万吨，为年计划的 142%；新增天然气探明储量 287.3 亿立方米，为年计划的 287.32%。

③长庆气田实现了真正意义上的大开发。日供气能力最高达到 1000 万立方米。

④油田产能建设效益显著，为长庆历史效益最好的一年。

⑤钻井生产再创新水平。钻井进尺 124.87 万米，总进尺居全国第 4 位，钻井速度为全国第 2 名。

⑥炼化生产能力创历史最高水平。

⑦多种经营快速发展。生产经营总值达 15 亿元，销售收入 14 亿元，实现利税 9000 万元。

⑧企业收入大幅度增长。企业收入达到 103.2 亿元，利润总额达到 5.6 亿元。陕西省人民政府为此于 1 月 26 日召开了庆功大会，并向全局职工表示热烈祝贺和亲切的慰问。

生产建设和经营工作的重大成果，充分证明了局党委、勘探局各项决策是完全正确的、符合长庆实际的，对实现长庆可持续稳定发展具有深远的指导意义。

（三）重组改制工作稳步推进，充分证明局党委、勘探局的各项工作思路是完全符合集团公司重大决策的

（1）按照上级的要求顺利完成了分开、分立工作。

集团公司 6 月 8 日重组改制会议之后，我们组织力量，全面开展学习动员，制订方案，清产核资，组织实施。

7 月 18 日，集团公司批准了长庆重组方案；

9 月 18 日，油田公司挂牌成立；

11 月 15 日，集团公司宣布了长庆油田公司和勘探局领导班子。两套机构开始运行。

（2）实事求是地制订和实施了重组工作的思路和措施。

①坚持三个保持一致，即：同党中央、国务院的指示保持一致；同集团公司的部署保持一致；同 300 号文件保持一致。

②确立了“先活心脏、后养肌肤”、“相互依存、共同发展”、“平稳过渡、整体发展”的基本思路。

③制定了“实事求是，传统文化，长庆特色，稳步推进”的原则。

④采取了 7 项具体措施：

无情推进，有情操作；

委托管理，市场运作；

主业多背债，非主业更新装备；

模糊运作，忽略不计；

两套班子，统分结合；

过渡时期，协调机制；

关联交易坚持：“学习、学习、再学习，协商、协商、再协商。”

这些思路、原则、措施的有效实施，贯彻

了集团公司的部署要求，最大限度地维护了广大职工的根本利益，确保了分开、分立的有序运行，保证了队伍的稳定，促进了生产建设和经营目标的顺利实现。

现在，结合集团公司工作会议精神，再来看我们的重组改制工作，完全可以说明，局党委、勘探局在重组改制的重大原则问题上，是实事求是、积极稳妥的。

（四）党建和思想政治工作为保证、促进企业重组改制和生产经营工作发挥了重要作用，充分证明各级党组织是坚强有力的

（1）按照中央部署，开展了抗议美国为首的北约轰炸我驻南大使馆、声讨李登辉分裂祖国的罪行、揭批取缔邪教法轮功“三大政治斗争”。

（2）结合油田实际，开展了庆“七一”、庆国庆、迎澳门回归系列活动。

（3）以“三大讲”的要求，建设各级领导班子，加强了党风廉政建设。

（4）胡文瑞和我在临潼宣传工作会议上就1999 年加强宣传思想工作概括了 8 个方面：

①在二级单位配齐党委书记。

②部分单位党委书记兼任第一副厂长。

③党政一把手亲自抓企业文化建设。

④办好报纸、电视工作。

⑤胡文瑞同志亲自拿出两笔奖金奖励宣传部。

⑥坚持中心组学习。

⑦党政领导找有关二级单位行政一把手谈话，要求他们支持宣传工作，带头抓好廉政建设。

⑧尽可能给宣传部门、共青团创造一些有利条件。

二、关于重组改制后的形势与任务

自 1999 年 6 月至今 8 个月来，长庆油田发生了自会战 30 年以来从未经历过的脱胎换骨的变化。

这个变化最本质的特征是什么？是以产品、资产为纽带，进行了产品结构、资产结构以及与产品、资产结构相联系的队伍结构、组织结构的重组。

成立了由 CNPC 出资设立的股份有限公司所属的长庆油田分公司。

而剩下的 1/4 的资产和 3/4 稍多的人员重组为新的名义上的“长庆石油勘探局”。

这是两个独立的利益主体。

当前正在进行的，是进一步完善油田公司的改制工作，为在国内外上市做好准备。

那么，过去所说的改制，将在上市公司率先完成。即由原来的国有企业将变成由 CNPC控股的国际性的股份公司。

而我们呢？需要不需要改制呢？怎么改呢？正是这次会议需要解决的最主要、最根本的问题。

答案应当是肯定的、惟一的，非改不可。只不过是改的范围、方法、内容和进程、目的有所不同罢了。

因为长庆的重组与改制，打破了 30 年来形成的企业管理体制、机制、方法上的平衡，需要建立新的平衡，而且需要我们主动地、一丝不苟地去寻求新的平衡，不改怎么能行呢？

到底当前和今后一个时期内，打破了哪些旧的平衡，需要我们主动地寻求哪些新的平衡呢？我看主要有以下四个方面。

（一）打破了内部市场的旧平衡，需要建立内部市场的新平衡

当前，第一步打破的主要不是供求关系和供求总量的旧平衡，而是打破了内部分工，计划调度的运行机制；需要建立起关联交易、规范运作的新平衡。

（第二步、第三步，还要打破内部市场供求总量的平衡，甚至供求关系的平衡——直到关联交易的价格全部以市场价来交易，内部市场弱化、消失为止。）

（二）打破了原有利益分配机制下的旧平衡，需要建立新的利益分配机制下的新平衡

说到底，过去包括现在的存续业务部分都是通过最终产品——油和气的价格或利润来平衡利益关系。而现在则要通过三个层次来平衡利益关系。

这就是我在去年11月10日讲的：

一是靠两个公司的关联交易；

二是靠CNPC；

三是靠国家的相关政策。

这三者，我认为缺一不可。

这三个层次的利益平衡机制，不同于过去的平衡机制，这不仅打破了过去的由企业自我平衡，改由CNPC和国家及通过关联交易来平衡，而且平衡的范围、数额都带有阶段性、不完整性。

（三）以生产、技术、施工作业等内部实现零利润，确保储量、产量高效益的整体优势被打破，需要建立双盈双高（效益）的新平衡

我们已连续7年控制生产技术施工作业的内部低利润，近3年从宏观控制上加大了力度，确实在提高储量、产量的效益上见到了效果：

我们的油气探明储量、产能建设投资都是较经济的，在CNPC也属偏低的：

（每亿吨油气储量直接投资4.86亿元，每百万吨产能建设直接投资16.97亿元，仅稍高于青海，均低于其他12个油田）。

这个平衡的建立，是发挥了全局整体的优势，是牺牲了近3万多人的眼前利益换来的，当然也是值得的，不然现在存续业务没活干。

但重组改制后，两边都会暴露出新的矛盾和问题：

对油田公司来讲，矛盾一明一暗：明的是油气价格的高低是企业生与死的晴雨表；暗的是再靠降低技术服务价格增效益的潜力不太大了，必须走科技创新之路。

对存续业务部分来讲，暴露出的矛盾是一明两暗：

明的是装备差。

近三年提折旧约39亿元，而用于更新关键设备的费用只有2.5亿元，占所提折旧的6%。装备新度系数低。53台大中型钻机，新度系数只有0.16；25台地震钻机，新度系数只有0.17。

暗的是：大市场、低效益。

生产技术服务单位连续多年宏观指导下的零利润运行，施工作业单位成本大幅度下降。近3年中，钻井成本下降25%，井下作业成本下降13%，测井成本下降14.5%，物探成本下降9%，油建成本下降29%。各单位主要靠堆工作量和挖家底来保全局多拿储量、多建产能、多产油气。

重组后，勘探开发成本提不起来，操作费用提不起来。尽管今年工程技术服务有34亿元的市场份额，但几乎都是微利。而生产服务如运输、机厂、水电等单位还要亏损6000万元。

大的形势决定了在关联交易中，即是工作量饱满，也只能是“吃饭经济”。

还有一个暗的矛盾：就是我们的职工，包括部分领导干部，至今观念滞后。还在做梦，还想吃大锅饭、保险饭。有的虽然有了危机感，但埋怨情绪多，牢骚太盛。缺少老石油的骨气，更缺少长庆人的志气。

（四）打破了旧的管理制度、管理方法的旧平衡

必须建立新的管理制度、管理方法、考核体系，以求得新的平衡。

以CNPC对各企业的考核体系而言，发生了重大的、本质性的变化：

首先，确定了对企业分两个层次进行考核：

一是对企业整体的考核；

二是对企业领导班子的考核。

其次，确定了以控制工资总额为主要手段的、以建立良性分配机制为目的的指导思想及相应的考核办法。

对企业的整体考核，又分两个部分（两考两挂）：

一要考核基数工资总额中新增工资额，要与企业当年的营业收入和增加值挂钩；

二要考核应提工资总额，并与当年实现利润挂钩。

大家要注意：

（1）每年新增工资额由过去的相对数（以实际发放的为基数，平均增加一个百分比）变为绝对数；

（2）排除了人头多少因素；

（3）有钱就花，没钱不花。只控制额度，不保底数。

例如：对领导班子的考核更突出了业绩和管理水平。

一是对效益指标，完不成的当年警告，第二年免职；

二是突出了对主要管理指标的考核：

安全、环保：权值 -200—200；

用工总量的控制：权值 -100—100；

三是对控制性管理指标也给予重视。如对财务、审计、廉政等，基础分值：500。

600 分不奖不罚；

600 分以上乘系数，最高不超过平均工资的 4—6 倍。

综合分析，新的考核体系突出了效益的指标，承认现状，但不照顾现状。不是规定企业要干什么，怎么干，而是规范企业不准干什么。简单明确，重点突出，克服短期行为和考核不实的弊病。仅从这一点看，我们的机关，从职能上怎样才能适应。

再比如对投资体制的考核：

①基本原则：

突出结构调整，坚持扶优扶强，有所为，有所不为，坚决不搞重复建设；

坚持效益第一，追求最佳投资回报率，适当兼顾安置效益好的劳动密集型项目，效益不好的项目，坚决不能再上；

严格控制总量，坚持量力而行，合理确定投资规模，保持适度的资产负债率；

改革投资体制，积极吸引外部直接投资，适当进行债务融资，发展多元投资主体。

②加强投资管理的重点是控制和压缩总量，防止重复建设。

③建立严格的投资决策制度和管理机制。按照“谁投资、谁决策，谁决策、谁负责，谁出资、谁受益”的原则，存续企业投资的项目，凡属集团公司鼓励的，由企业自主决策；凡属集团公司限制的，必须按规定上报审批；凡属集团公司禁止的，一律不准投资建设。

国家对集团公司投资政策的扶持有时间限度，过渡期内政策力度将逐年减弱。存续部分的投资来源将是一个逐渐趋紧的形势。

我们的计划、财务、人事等，几乎所有的机关处室，都要在新形势下，对自己的职能需要重新定位、重新研究制定政策，以求得新的平衡。

我们的产权必须大刀阔斧地进行重组和改制；我们的产品结构、队伍结构也必须在现有的范围内进行重组，我们的观念必须适应新的市场机制和要求。所有这些，都是不以我们的意志为转移。我们要抓住机遇，发展壮大自己才是正理正道。

三、关于存续企业生存、发展的思路、战略、政策和任务

根据当前形势，局党委 1 月 8 日至 9 日，召开了扩大会议，确定了如下重大政策及任务。

（一）基本思路

（1）坚持围绕油气主业发展而发展的基本思路。贯彻“先活心脏，后养肌肤”的原则。

（2）坚持以市场为导向促进内部管理水平提高的基本思路。

当前的首要任务是：以转变思想观念为先导，以盘活不良资产、扩大融资渠道、以资产为纽带把职工利益与企业利益紧密地联系在一起，用足、用活、用好各项政策，加速机制、体制的转换。尽快建立起适应上市公司和市场经济要求的运行机制。

（二）发展战略

面对新的形势和任务，集团公司确定今年要实施：整体发展战略、持续重组战略、低成本发展战略、技术创新战略、市场营销战略等“五大战略”。

结合我局实际，局党委确定要积极有效地实施“四大战略”。

1. 市场开发战略

（1）以优质、高效的服务，占领油田公司市场。

（2）优先占领本区内对外合作项目的（反承包）生产技术服务市场。

（3）开拓鄂尔多斯盆地油气勘探开发工程技术、生产服务市场。

（4）充分发挥技术、人才、装备的优势，积极开拓国际钻井、油气集输等工程技术服务市场。

（5）抓住开发大西北的机遇，积极开拓其他社会市场。

（6）要从会打固定靶学会打活动靶：

身份上：要从油田的主人变为市场的主人。

管理方法上：要从生产调度变为合同、契约、市场运作。

经济运行机制上：要从大市场、低效益变为大市场、高效益。

2. 质量、效益型经营战略

（1）逐步转变以单纯追求产值、工作量为特征的生产型、任务型经济模式，发展高附加值、高技术含量的效益型经济。

（2）实施民主决策和科学决策，减少和避免各种经营风险，追求最佳经济效益。

（3）优选施工方案，强化施工管理，净化和降低各类成本，最大限度地提高企业利润。

（4）适时适度地进行队伍结构、产业结构、产品结构的调整重组，充分利用现有资源、技术和基础设施的优势，开辟新的经济增长点，实施转岗分流，提高劳动生产率。

（5）强化资金集中管理，提高资金使用效果。发展市场容量大、技术含量高、效益好、短、平、快的项目。

3. 多元化经营战略

（1）加快企业改制，大力发展多元投资主体和多种经济成分，全面放开搞活。

（2）有选择有重点地发展市场潜力大、技术含量高、发展前景好的骨干企业。

（3）广开融资渠道、筹集发展资金。

（4）正确处理好安置效益和经济效益的关系。

（5）理清家底，明晰产权，抓大放小，重点改制，多方支持，用好政策。

（6）以存量换增量。

4. 科技进步和人才开发战略

（1）以项目管理和重点工程施工建设为龙头，建立科研、实验、生产一体化的科研新机制，充分发挥行业技术骨干的积极性和创造性。

（2）千方百计加大科技投入，强化适用技术研究。以效益评价效果。

（3）搞活人才市场，建立开放式的人才机制，实施人才培养工程。

（4）奖励科研有功单位和个人。允许以个人或专家组的名义申报专利权。

（三）勘探局生存发展的相关政策

1. 关于劳动力市场政策

集团公司制定的减员增效政策规定：要建立新的用工机制，企业所有用工都要签订劳动合同；新增职工实行市场工资、短期合同；严格控制职工总量，企业用工要在劳动力计划以内通过劳动力市场择优录用。

根据这些政策，我局要以降低生产成本为目的。转变用工观念，减少全民工、固定工等劳动合同制用工。

(1) 苦、脏、累、险的岗位或生产急需的临时工、季节工：经批准可以利用社会劳动力。

(2) 研究制定“雇佣工”政策。

(3) 严格控制用工总量。以市场价格优先安排下岗分流职工。

(4) 不仅安置复转干部和大中专毕业生，有的经批准都可试行“短期合同、市场价格”的用工制度。

2. 关于人才市场政策

马富才总经理在讲话中强调，科研开发和人才培养工作要力求创新、实用、高效，加快与国际接轨，体现竞争力。要树立市场观念和效益意识，面向市场，面向生产经营一线，为长远发展做好技术和人才储备。

我们要以解决近期、中期急需人才为目的，建立新的人才管理、培养机制。

(1) 在分类核定的干部职数、用工总量、工资总额等指标控制内，二级单位可自主设立机构、确定用工政策。

(2) 新成立企业取消级别。企业领导人公开选聘，其工资待遇经董事会或职代会确认，由主管局领导提交局务会批准。

(3) 以优惠的政策引进急需的高层次科研、管理人才。

(4) 局办公室设立专家咨询组。

(5) 以项目为纽带，建立开放式的灵活有效的用人机制。

(6) 奖励有实效的项目负责人。允许以个人或专家组名义申请专利权。

3. 关于外部市场政策

集团公司指出，要积极稳妥地开拓国际石油资源开发市场，积极参与市场竞争，并在竞争中提高技术水平和管理水平，增强综合实力。

我们要以有效地全部占有油田市场为主导，积极开拓社会市场和国外市场。

(1) 国家正在规范陕、甘、宁、蒙油气资源合理、有效的开发。局内钻井、井下、测井、修井等技术服务市场和机修、制造、信、电、路等劳务市场要有组织地向外扩展。

(2) 努力开发国外市场。以不赔钱为前提，积极“探路、练兵”。要组织少而精的人员专办此事。

(3) 加强内部市场组织协调，搞好队伍组织结构调整。避免同行业竞争。

(4) 社会市场的份额。

4. 关于关联交易政策

关联交易是指在资本、经营、购销等方面，存在直接或者间接的拥有或者控制关系；直接或间接地同为第三者所拥有或者控制；其他在利益上相关联的关系，具备三者之一关系的经济组织之间的交易。

不符合这一条件的项目，都不属于这次关联交易范围。

我曾多次讲过：重组改制至少要过四关：

一是干部人事关；

二是关联交易利益平衡关；

三是政策关（分离分流）；

四是存续业务的生存发展关。

现在正在过第二关，我看今年是关键。

第三、第四关矛盾要分散。现在要摆到日程上。

当前，关联交易要首先解决两个问题：一是要以支持油田公司规范运作，为上市做好准备；二是保证存续业务的平稳过渡和大局的稳定。具体讲：

(1) 首先探索“规范操作”的内容、范围和程序（三个采油厂的技术服务处更要如此）。

(2) 学习、学习、再学习；协商、协商、再协商。一定要实现确保上市和平衡历史遗留矛盾两个基本目的。

(3) 解决关键问题，搞好成本还原，形成新的历史成本。

5. 关于班子建设

以提高领导班子整体素质和完善科学、民

主决策为目的，加强民主集中制。

(1) 廉政、勤政是当前团结带领群众克服困难的旗帜（建立书面警示制度）。

(2) 领导班子和领导干部要务实、创新、顾全大局。

(3) 改进干部管理办法和考核内容。

干部实行分级考核、“六统一”管理。

局组织部重点管理和考核各二级单位的党政主要领导和后备干部。

精简考核内容：

一把手抓两手的业绩和党风廉政建设。

企业利润指标（或效益、效率）、安全生产和环保指标、劳动力总量控制指标、控制性管理指标。

(4) 局处两级领导班子成员的一次性待遇放活，永久性待遇弱化。

(5) 大胆启用年轻人。突出年轻干部政治素质的培养提高。

(6) 惟才、惟贤是用，不搞学历、年龄一刀切。

(7) 加强集体决策，适当分散主要负责人的个人权力。

(8) 扩大公开招聘的范围，实行厂务公开，广开民主渠道。

6. 关于转换机制的政策

以提高经济效益，实现扭亏解困为目的。用足、用活、用好政策。

(1) 扩大试行企业内部职工持股会。

(2) 实施职工带资分流、带资解除劳动关系。

(3) 实行富余岗位人员分流、待岗。

(4) 有计划地实行停薪留职。

(5) 组建新的股份公司。

7. 关于多种经营、第三产业政策

要认真贯彻集团公司关于放开搞活中小企业的政策。

放开搞活中小企业的范围，既包括存续企业兴办的国有和集体多种经营中小企业，也包括存续企业内部生产服务、生活服务和社会服务中属于应当放开经营的竞争性业务。

企业可自行采取拍卖、租赁、承包等不同方式，处置闲置和低效、无效资产，以存量换增量。

对部分中小企业进行股份合作制和股份制改造。

经营困难、亏损严重的中小企业，可拍卖、兼并或租赁。

极少数长期亏损、扭亏无望、资不抵债、不能清偿到期债务的企业，可依法申请破产。

我局的多种经营要以追求最佳利润为目的。研究新的发展战略，使其真正成为存续部分的支柱产业。

(1) 发展主业和围绕主业发展。

(2) 开拓油田、社会两个市场。

(3) 用活用好政策，重点在产权重组改制上下功夫。

(4) 开辟就业门路，有效的但不是保守的保护局内劳动力市场、劳务市场和产品市场。

8. 关于转变机关处室的职能

当前特别强调：

(1) 市场开发处。

①生产、技术服务市场的开发。

a. 钻井、试油、压裂、测井、录井、物探的成本构成及分析；

b. 成本管理；

c. 合同管理及施工组织、协调；

d. 装备优化配备方案；

e. HSE 工程管理；

f. 交易政策及监督；

g. 工程（单项）总结，包括成本、质量、服务评价；

h. 奖惩。

②钻井、物探、试油压裂、油气田建设等外部市场的开发。

a. 根据市场的发展和需要，提出工程技术、商务谈判、会计管理等人才的培训计划；

b. 开发伊拉克、伊朗、叙利亚、厄瓜多尔等国外市场；

c. 推广国外钻井、井下试油压裂、油田工程建设等先进、实用技术和新工艺、新产品。

③对局内水、电、运、机加工、器材供应、劳务市场的合理分配。

a. 掌握各单位的生产、运行能力；

b. 掌握各单位产品的情况；

c. 对市场、产品、用量进行科学调度分配。

（2）科技发展处。

①实行科研、试验、生产一体化的新体制。

②实行以项目为龙头、开放式的、灵活的人才流动机制。

③把实现直接效益作为评价科研项目的主要依据。

④奖励项目负责人，制定专利权个人所有的有关政策。

⑤开展以服务油气开发、集输为主的新工艺、新技术、新材料和节能环保的研究。

⑥信息研究与共享。

（3）人事组织部。

①配合市场需要进行人才培训。

②建立灵活的、适用的制度和用人机制。

③改进干部考核办法：

一是要把民主考核与专门管理部门考核相结合；

二是要把主管领导考核与民主考核、部门考核相结合；

三是要注意本年度实绩考核和对平时典型事件的跟踪考核；

四是要加大对干部创新意识和创新实绩的考核。

五是加强对干部政治素质、廉政建设的考核；

④机关干部逐步实行每年按总定员的三分之一在全局范围内实行公开招聘。

（4）办公室。

①加强督查工作。

②搞好综合信息的管理。

③搞好组织协调，主动协调解决问题。

④保守机密。

（5）教育培训处。

①加强教研、学科带头人队伍的建设。

②加强教与学过程中的质量控制与管理。

③加强对学生的素质教育。

④加强教改工作。

（6）卫生处。

①提高医务人员的医德医风。

②加强医务人员的培训。

③加强远程会诊工作，提高医疗水平。

④逐步进入市场，在市场中求生存、求发展。

（7）政治思想工作部。

①积极探索和加强重组改制中的思想政治工作。

②坚持两手抓、两手硬，一把手抓两手。

③完善大政工的格局。

④抓好企业文化建设。

⑤加强典型报道和舆论监督工作。

（8）对外协调。

①搞好土地征借工作。

②争取政府的支持。

③加强企地合作。

④守土有责。

（9）计划规划处。

①建立物探、钻井、试油、压裂、测井等技术服务计划管理目标及考核体系。

②建立机、电、运、信等计划管理模式及考核体系。

③新建项目及设备购置效益论证、把关。

④完善全局综合计划管理体系。

⑤关联交易。

（10）财务资产处。

①加强投资计划预算、决算。

②加强资金管理。

③加强财务季度分析。

④加强税收及管理。

⑤资金结算分级授权把关。

⑥关联交易。

(11) 政策与法规处。

①合同管理。

②企业生存与发展研究。

③法律诉讼。

④关联交易政策。

(12) 器材处。

①采购资金的管理与分析。

②探索符合上市公司需要的供应体系。

③减少供应环节。

④搞好大宗物资的招标和扩展代储代销业务。

(13) 安全环保处。

①推行 HSE。

②交通事故的研究分析及对策。

③产品质量的监督。

所有处室都要借鉴项目管理的经验，尽量量化考核，年年有创新。

以提高效率为目的。转变观念，转变作风，转变职能。

9. 关于过渡时期的联席会议

以实现平稳过渡、共同发展为目的。统一研究、协调、部署油田公司和勘探局相关的公共服务、精神文明建设、综合治理、矿区规划建设和管理、报纸电视工作、关联交易等重大问题。

(1) 机构虚拟，任务实干。

(2) 虽非决策，软硬约束。

(3) 主动协商，整体优势。

10. 关于矿区建设和房地产管理

以逐步改善职工工作和生活条件、解除职工后顾之忧为目的。搞好矿区建设和房地产开发利用。

(1) 以八大基地为依托，逐步配套完善。

(2) 有利生产，方便生活。只能相对集中，做到老有所养，少有所教，不能人人进城。

(3) 利用好大中城市的窗口。

(4) 逐步取消福利分房，实行货币购房。

(5) 对没有享受福利分房的 1993 年以前的老职工和远离城镇的住房，实行优惠政策。

(四) 2000 年经营目标

2000 年集团公司存续企业的经营目标是：

在集团公司取得股权收益、所得税返还后统一负担学校、医院和离退休人员三项费用及部分装备更新费用之后，争取总体上持平。

我局 2000 年的经营目标：

力争“一盈一平”，即油田公司盈利，存续企业总体持平。

钻井、井下、测井等技术服务单位，在工作量饱满的情况下，节约成本多盈利。

生产服务单位要力争盈亏持平。

社会服务要减补。

(五) 当前的主要任务

当前的主要任务有三条：

一是保稳定；

二是保上市；

三是保效益。

1. 在保稳定上

稳定是当前第一位的大事。

(1) 要认真传达贯彻集团公司 2000 年工作会议精神，特别是要组织各级干部和广大职工学习集团公司关于存续企业生存与发展的各项政策，用政策拉动职工思想观念的转变。

(2) 要认真正确分析形势，充分认识长庆存续企业和本单位生存与发展的有利条件和不利因素，振奋精神，鼓舞士气。

从全局看，我们虽然有很多不利因素，但也具备有很多有利条件：

①根据油田公司发展规划，2000 年油田公司将为存续部分提供各种技术服务、生产服

务 33—35 亿元的市场份额。物探、钻井、试油、测井等工作量是饱满的。

②长庆油田 1999 年实现利润 5.6 亿元，油田公司今年可以实现 7—15.3 亿元的利润，为“返哺”创造了条件。

③油田公司和勘探局有一个团结奋进、顾全大局、富于开拓精神的领导班子。

④有一支经过 30 年艰苦奋斗、经得起考验的职工队伍。

⑤有党中央、国务院关于重组的政策和集团公司领导的关心和支持。

我们要充分看到这些有利条件，任何悲观失望、无所作为的论点都是错误的。

（3）加强党建和思想政治工作，确保企业和队伍大局的稳定。

①加强领导班子建设。

增强政治意识，同党中央保持一致。

增强全局意识，服从大局，保证政令畅通。

增强责任意识，树立强烈的事业心和责任感。

增强改革意识，创造性地开展工作。

②进一步推进党风和廉政建设。

认真落实加强党风廉政建设和干部管理的 10 项规定。

认真落实党风廉政建设目标责任制。

③加强宣传思想工作。

稳定是压倒一切的政治任务。

正确把握改革的时机和力度，充分考虑职工的承受能力。

教育职工转变观念，支持改革，投身改革。

建立大政工格局，全方位做好思想政治工作。

（4）加强精神文明建设。

（5）继续搞好矿区建设和文明小区建设，搞好社会服务的各项工作，解除职工的后顾之忧。

①加强教育培训工作。

②加强医疗卫生工作。

③加强离退休职工管理工作。

④加强报纸、电视工作。

⑤加强驻外办事处的工作。

（6）加强社会治安综合治理，保持治安秩序持续稳定。

2. 在保上市上

（1）首先要牢固确立集团公司重组改制的目标意识。

一要保证股份公司规范运作和成功上市。

二要确保存续企业平稳过渡和走上市场。

（2）高质量、高效益地完成油气勘探开发建设各项施工任务，支持和保证油气主业的发展。

①油田公司今年的主要生产经营目标是：原油生产 460 万吨，天然气生产 24.5 亿立方米；新建原油生产能力 70 万吨，新建天然气生产能力 12 亿立方米；新增探明石油可采储量 1254 万吨，新增探明天然气可采储量 275 亿立方米。

根据这一目标，工程技术服务的任务是：二维地震 8000 剖面千米；钻井 799 口，进尺 139.75 万米；井下压裂、试油 812 口、1872 层次；测井 813 口、气测录井 103 口、射孔 1100 层次。

这些任务能否高质量、高效益地按期完成，不仅对油田公司实现今年的生产经营目标有决定性的意义，而且对实现存续企业今年的经营目标也至关重要。

②坚决贯彻执行勘探局制订的支持油田公司发展的 12 条意见。

③油田公司托管、委管的单位和作业区，按照油田公司的统一规划、部署和要求，规范运作。

3. 在保效益上

（1）积极有效地占领和巩固油田内部市场。

①根据油田公司生产计划安排，今年可为存续企业的工程技术和生产服务业务提供30—35亿元的市场份额。

②各施工单位要做好施工作业的准备工作。

③要加强内部管理，清理整顿内部市场秩序，坚定不移地保卫油田，合理合法地保护内部市场。

(2) 大力开拓外部市场，积极参与社会竞争。

①抓住国家规范陕、甘、宁、蒙油气资源开发的机遇，充分发挥技术、人才、装备的优势，有组织地向外扩展钻井、井下、测井、修井等技术服务市场和机修、制造、讯、电、路等劳务市场。

②抓住国家开发大西北的机遇，积极开拓其他社会市场。

③抓住油气勘探开发对外合作的机遇，努力开发国外市场，组织少而精的人员以不赔钱为前提，积极“探路、练兵”，带动工程技术、施工作业、物资装备和劳务输出，开拓以点带面、多元化发展的跨国经营新领域。

(3) 搞好企业的战略性调整重组，建立适应存续企业走向市场的效益型管理机制。

①在保持存续企业现有大格局不变的前提下，着力加大存续企业内部的改革、改组和改造力度，加快转变机制，增强企业经营活力和经营实力。

②改革的重点是：按照建立现代化企业制度的方向，加快分离企业办社会职能，深化产权制度改革，放开搞活中小企业。

结合产权制改革，采取各种方式分流富余人员，搞好减员增效和再就业工作，保证存续企业的稳定和发展。

③按照有进有退、有所为有所不为的原则，对存续企业的组织结构、产权结构、产业和产品结构，有重点、有计划、有步骤地进行战略性重组。

重点调整和改造生产技术服务业和加工制造业，精干队伍，提高服务质量和竞争能力。

放开搞活生活服务、多种经营业务，面向社会，面向市场，自求发展，自求平衡。

④有计划地对运输、加工制造、多种经营中小企业，进行股份合作制等多种形式的产权制度改革。

⑤加快机关处室职能的转变。

以适应市场需要为目的，转变观念，转变作风，转变职能。建立局机关处室部门考核体系。

孙玉辰同志元旦献辞

(2000年1月1日)

同志们：

伴随着新世纪的到来，我们长庆人满载着两个文明建设的硕果，即将跨入伟大的新时代。

值此元旦来临之际，我代表长庆石油勘探局党委，长庆石油勘探局，长庆油田公司党委，长庆油田公司，向奋战在油田各条战线、各个行业的广大职工、家属和离退休老同志，致以节日的祝贺和亲切的问候！

刚才，文瑞同志作了一个很好的报告，回顾了长庆50年的发展史，总结了1999年的工作，展望了未来，使我们对长庆的发展充满了信心。

长庆的历史，是一部艰难辉煌的创业史。奋战在鄂尔多斯盆地的几代长庆人，在十分复杂的地理、地质、外部环境下，历经 50 年艰苦创业，特别是近 10 年的开拓奋进，成功地勘探开发了鄂尔多斯盆地的油气资源，建成了具有一定规模的生产、科研、生活基地，为发展祖国的石油工业做出了积极的贡献。

刚刚过去的 1999 年，是极不平凡的一年。全局广大职工在集团公司、陕甘宁三省、自治区的正确领导和大力支持下，认真贯彻落实党的十五届四中全会精神和集团公司一系列重大决策，开展了庆“七一”、庆国庆、迎澳门回归等系列活动和抗议美国为首的北约轰炸我驻南使馆、声讨李登辉分裂祖国的罪行、揭批取缔邪教法轮功“三大政治斗争”；以“三大讲”的要求，建设各级领导班子，加强思想政治工作和精神文明建设；实现了局领导班子的平稳过渡，实施了重组改制的分开分立。全面超额完成了集团公司年初下达的生产经营考核指标。

特别是重组改制，由于坚持了实事求是的态度，由于广大干部、职工顾全大局、恪尽职守，才得以平稳推进。也由于全局上下坚决做到了与国务院、CNPC 和 300 号文件高度保持一致，才得以顺利地实现了分开、分立工作。还由于大家坚持了抓住机遇、发展自己的基本思路，才得以全面超额完成了今年各项生产经营目标，从而有力地保证了重组的顺利进行。事实进一步证明，各级领导班子是坚强有力的，各级领导干部是讲政治、讲团结、顾全大局的，长庆的职工队伍是一支乐于奉献的过硬的队伍。

但是，我们必须清醒地看到，重组改制的任务还相当繁重。有许多新的矛盾和问题必须认真的分析对待。一方面，我们必须首先保证上市公司的规范运作和盈利；另一方面，必须通过关联交易理顺教育、卫生、公共事业及离退休人员费用的渠道。解决这些矛盾，一靠政策，二靠自身的发展，二者缺一不可。存续业务与上市公司的关系，是共存的关系，而不是依靠的关系。我们还必须实事求是地分析有利因素和不利因素，立足于求得更高的效益和效率，才是解决矛盾的正道。

世纪之交，集团公司确立了长庆 2003 年、2005 年跨世纪可持续发展目标，为长庆存续部分的发展提供了市场，长庆油田公司可以盈利又为“返哺”创造了条件。这是我们解决生存与发展方面最有力的保证。

油田公司为支持存续业务的发展做出了 12 条规定；存续业务为支持油田公司的规范运作和发展，也将做出若干规定。同时，在过渡时期为搞好关联交易，成立了若干协调工作小组。只要大家坚持实事求是、坚持双赢的原则、坚持不断求得自身的发展，办法总比困难多。只要各级领导干部带头克服困难，相信和依靠群众共渡难关，日子会越过越好。

所以，当前需要明确的是：油气主业的发展，是长庆人共同的事业、共同的目标、共同的利益。我们一定要坚持“先活心脏，后养肌肤”的原则，首先保证油气主业的规范运作和发展，以此带动和促进存续部分的发展。坚持以发展推动长庆各项事业的进步、以市场促进内部管理水平的提高，这“两条基本思路”，上下必须牢固的确立起来。

要按照统一认识、理清范围、规范方法、明确政策的要求，搞好关联交易。举办学习班，认真学习掌握和运用关联交易的政策、原则、方法。

要继续实施符合长庆实际的生存战略、有效益发展战略、合理的低成本战略、符合低渗透油气田特征的科学创新战略等“四大战略”。实现油气储量、产量的稳定增长。坚持保卫油田，守土有责。搞好周边区块的开发利用，确保主力区块的增储上产。

要充分发挥工程技术服务、生产服务、社

会服务技术、人才、基础设施建设等方面的优势，积极有效地占领油田内部市场，大力开拓外部市场。

要加快经营机制的转变。扩大企业内部职工持股会的试点范围。盘活不良资产，拓宽融资渠道。

要适时适度地进行队伍结构、产品结构的调整重组，分流富余人员，提高市场竞争能力。

要充分发挥现有装备的能力，更新有市场、有效益的关键生产技术设备，促进亏损企业扭亏解困。

要加快发展多种经营和第三产业。必须进一步确立“发展主业和围绕主业发展”的方向；同时，大力开拓外部市场。坚持两条腿走路，在两个市场中竞争。各级领导干部，要学习和掌握市场知识，要用好的政策赚钱、养人、生存与发展。

要进一步办好教育，加强各级各类学校的管理，稳定教师队伍，提高教育质量；认真抓好医疗卫生工作，加强医院管理，树立良好的医德、医风，提高医疗水平；切实搞好离退休职工的管理、教育和服务工作，用健康有益的活动占领思想文化阵地。让一老一少各得其所，解除职工后顾之忧。

要大力加强党建和思想政治工作，充分发挥党组织的政治核心作用、党支部的战斗堡垒作用和党员的先锋模范作用。大力表彰有功单位和个人，创造一个学习先进模范的热烈氛围。积极推行厂务公开，加强企业民主管理。加强矿区建设、管理和社会治安综合治理，保持内部秩序长期稳定。加强企业文化建设，力争精神文明建设走在行业和地区前列。

同志们，形势赋予我们的责任很大、也很重，形势也为我们创造了发展的机遇和条件，只要我们干部腰杆子硬，群众就信心足；只要人心齐，就一定能泰山移；只要发挥长庆的整体优势，长庆的事业就会不断地推向前进。

各单位要加强两节期间值班，抓好治安防范，安排好职工生活，保证过一个安全、祥和、文明的节日。

祝广大职工、家属和离退休老同志节日愉快、身体健康、阖家欢乐！

孙玉辰同志在局党委常委（扩大）会议上的讲话

（2000年1月9日）

一、这次会议是重组后召开的第一次长庆石油勘探局党委常委（扩大）会议。是一次非常重要的会议，讨论决定了若干重大问题

会议于2000年1月8日至9日召开。局党委常委、局长助理、有关部门负责人参加了会议。会议认真贯彻了集团公司近期一系列重大部署，分析了重组改制的形势，总结借鉴了长庆30年的基本经验，明确了任务。这次会议决定的重大问题如下：

（1）关于长庆石油勘探局的基本发展思路和发展战略。

（2）关于支持油田公司发展的若干意见。

（3）局领导分工。

（4）关于制度建设。

（5）2000年预算。

（6）2000年固定资产投资计划。

（7）关联交易有关问题。

（8）当前宣传思想工作及党风廉政建设。

(9) 加强普通教育、职工教育。

(10) 加强医疗卫生工作。

(11) 做好离退休职工的服务工作。

(12) 2000 年的生产安排及队伍部署。

(13) 当前房地产开发的若干问题。

(14) 加强公用服务工作。

(15) 加快发展多种经营、第三产业。

二、关于当前企业生存发展形势和面临的主要任务

(一) 形势分析

1. 有利条件

(1) 根据油田公司发展规划，2000 年油田公司将为存续部分提供各种技术服务、生产服务 33—35 亿元的市场份额。物探、钻井、试油、测井等工作量是饱满的。

(2) 油田公司今年可以实现 6—10 亿元的利润，为“返哺”创造了条件。

(3) 油田公司和勘探局有一个团结奋进、顾全大局、富于开拓精神的领导班子。

(4) 有一支经过 30 年艰苦奋斗、经得起考验的职工队伍。

(5) 有党中央、国务院关于重组的政策和集团公司领导的关心和支持。

2. 不利条件

(1) 大市场，低效益。

由于生产技术服务单位连续多年宏观指导下的零利润运行，施工作业单位成本大幅度下降。近 3 年中，钻井成本下降 25%，井下作业成本下降 13%，测井成本下降 14.5%，物探成本下降 9%，油建成本下降 29%。各单位主要靠堆工作量和挖家底来保全局多拿储量、多建产能、多产油气。

重组后，勘探开发成本提不起来，操作费用提不起来。尽管今年工程技术服务有 35 亿元的市场份额，但几乎都是微利。而生产服务如运输、机厂、水电等单位还要亏损 6000 万元。

大的形势决定了在关联交易中，虽然工作量饱满，但也只能是吃饭经济。

(2) 装备差，且无更新能力，缺乏市场竞争力。

技术服务单位装备状况差。近 3 年，全局用于施工作业关键设备购置的费用只有 2.5 亿元，占所提折旧的 6%。装备新度系数低。53 台大中型钻机，新度系数只有 0.16；25 台地震钻机，新度系数只有 0.17。

因此，重组前无积累，重组后，吃饭经济又使自身无力更新设备，缺乏市场竞争能力。

(3) 观念滞后。

不少职工重组后，仍然想躺在企业身上吃太平饭、大锅饭，甚至产生消极畏难情绪。

当前的形势需要各级领导带领广大职工脱胎换骨，转变观念，唱着《国际歌》迈向二次创业的新时代。

(二) 我们的任务

1. 要靠政策和改革解决生存与发展问题

(1) 制定好关联交易的价格和目标。

近几年，四项（教育、医疗、离退休、公用事业等）费用平均每年发生 6.4 亿元，其中绝大部分“吃了”油气，平均每吨油气（当量）被“吃了”85 元，约 4.7 亿元。其余 1.7 亿元是由现在的存续业务所负担。

目前的政策是：中小学、离退休人员和医疗补贴是由 CNPC 解决（约 2.5 亿元）；还有近 4 亿元，且其中的大部分要靠关联交易价格来解决。只有这样，才能做到既平衡了历史遗留矛盾，也符合关联交易的规范。因此，我们必须下功夫解决好这个问题。

鉴于我们低渗、低产，放在一起发挥整体优势也不过是微利的实际，关联交易的目标：力争“一盈一平”。

(2) 制定好企业内部的经济责任制考核体系。

钻井、井下、测井等技术服务单位，在工作量饱满的情况下，在保本的情况下，力争节约成本多盈利。

生产服务单位要力争盈亏持平。社会服务要减补。

(3) 要在转变经营机制和经济体制上下功夫。

有关部门正在抓紧制定若干政策和细则，修改完善后先试行。

2. 坚决支持油田公司的发展和规范运作，确保上市大局

一定要严格履行局党委、勘探局制订的关于支持油田公司发展的12条意见。

3. 贯彻基本思路和发展战略

坚决贯彻执行会议确定的基本思路和发展战略，以此统一各级领导干部的思想，规范全局的行为。

4. 筹备召开勘探局工作会议

拟于本月25—26日在临潼召开。

会议内容：

(1) 传达集团公司2000年工作会议精神。

(2) 安排部署勘探局2000年工作。

(3) 签订2000年经营目标和党风廉政建设责任书。

三、有关政策

(一) 关于劳动力市场政策

以降低生产成本为目的，转变用工观念，减少全民工、固定工等劳动合同制用工。

(1) 苦、脏、累、险的岗位，经批准可以利用社会劳动力。

(2) 生产急需的临时工、季节工：经批准可以利用社会劳动力。

(3) 研究制定“雇佣工”政策。

(4) 严格控制用工总量。以社会价格优先安排下岗分流职工。

(二) 关于人才市场政策

以解决近期、中期急需人才为目的。建立新的人才管理、培养机制。

(1) 在分类核定的干部职数、用工总量、工资总额等指标控制内，二级单位可自主设立机构、确定用工政策。

(2) 新成立企业取消级别。企业领导人公开选聘，其工资待遇经董事会或职代会确认，由主管局领导提交局务会批准。

(3) 以优惠的政策引进急需的高层次科研、管理人才。

(4) 局办公室设立专家咨询组。

(5) 以项目为纽带，建立开放式的灵活有效的用人机制。

(6) 奖励有实效的项目负责人。允许以个人或专家组名义申请专利权。

(三) 关于外部市场政策

以有效地全部占有油田市场为主导，积极开拓社会市场和国外市场。

(1) 国家正在规范陕、甘、宁、蒙油气资源合理、有效地开发。局内钻井、井下、测井、修井等技术服务市场和机修、制造、信、电、路等劳务市场要有组织地向外扩展。

(2) 努力开发国外市场。以不赔钱为前提，积极“探路、练兵”。要组织少而精的人员专办此事。

(3) 加强内部市场组织协调，搞好队伍组织结构调整。避免同行业竞争。

(四) 关于关联交易政策

以支持油田公司规范运作和各项经营目标的实现、保证存续业务的生存和发展为目的，坚持互惠互利、优势互补和规范交易的原则。

(1) 今年首先探索“规范操作”的内容、范围和程序（三个采油厂的技术服务处更要如此）。

(2) 学习、学习、再学习；协商、协商、再协商。一定实现确保上市和平衡历史遗留矛盾两个基本目的。

(3) 解决关键问题，搞好成本还原，形成新的历史成本。

(五) 关于班子建设

以提高领导班子整体素质和完善科学、民主决策为目的。加强民主集中制。

(1) 廉政、勤政是当前团结带领群众克服

困难的旗帜（建立书面警示制度）。

（2）领导班子和领导干部要务实、创新、顾全大局。

（3）改进干部管理办法和考核内容。

干部实行分级考核、“六统一”管理。

局组织部重点管理和考核各二级单位的党政主要领导和后备干部。

精简考核内容：

一把手抓两手的业绩和党风廉政建设。

企业利润（或效益、效率）。

（4）局处两级领导班子成员的一次性待遇放活，永久性待遇弱化。

（5）大胆启用年轻人。突出年轻干部政治素质的培养提高。

（6）唯才、唯贤是用，不搞学历、年龄一刀切。

（7）加强集体决策，适当分散主要负责人的个人权力。

（8）扩大公开招聘的范围，实行厂务公开，广开民主渠道。

（六）关于转换机制的政策

以提高经济效益，实现扭亏解困为目的，用足、用活、用好政策。

（1）扩大试行企业内部职工持股会。

（2）实施职工带资分流、带资解除劳动关系。

（3）实行富余岗位人员分流、待岗。

（4）有计划地实行停薪留职。

（5）组建新的股份公司。

（七）关于多种经营、第三产业政策

以追求最佳利润为目的。研究新的发展战略，使其真正成为存续部分的支柱产业。

（1）发展主业和围绕主业发展。

（2）开拓油田、社会两个市场。

（3）用活用好政策。

（4）开辟就业门路。有效的但不是保守的保护局内劳动力市场、劳务市场和产品市场。

（八）关于转变机关处室的职能

当前特别强调：

1. 市场开发处

（1）生产、技术服务市场的开发。

①钻井、试油、压裂、测井、录井、物探的成本构成及分析；

②成本管理；

③合同管理及施工组织、协调；

④装备优化配备方案；

⑤HSE 工程管理；

⑥交易政策及监督；

⑦工程（单项）总结，包括成本、质量、服务评价；

⑧奖惩。

（2）钻井、物探、试油压裂、油气田建设等外部市场的开发。

①根据市场的发展和需要，提出工程技术、商务谈判、会计管理等人才的培训计划；

②开发伊拉克、伊朗、叙利亚、厄瓜多尔等国外市场；

③推广国外钻井、井下试油压裂、油田工程建设等先进、实用技术和新工艺、新产品。

（3）对局内水、电、运、机加工、器材供应、劳务市场的合理分配。

①掌握各单位的生产、运行能力；

②掌握各单位产品的情况；

③对市场、产品、用量进行科学调度分配。

2. 科技发展处

（1）实行科研、试验、生产一体化的新体制。

（2）实行以项目为龙头、开放式的、灵活的人才流动机制。

（3）把实现直接效益作为评价科研项目的主要依据。

（4）奖励项目负责人，制定专利权个人所有的有关政策。

（5）开展以服务油气开发、集输为主的新工艺、新技术、新材料和节能环保的研究。

(6) 信息研究与共享。

3. 人事组织部

(1) 配合市场需要进行人才培训。

(2) 建立灵活的、适用的制度和用人机制。

(3) 改进干部考核办法。

一是要把民主考核与专门管理部门考核相结合；

二是要把主管领导考核与民主考核、部门考核相结合；

三是要注意本年度实绩考核和对平时典型事件的跟踪考核；

四是要加大对干部“创新”意识和创新实绩的考核。

五是加强对干部政治素质、廉政建设的考核；

(4) 机关干部逐步实行每年按总定员的三分之一在全局范围内实行公开招聘。

4. 办公室

(1) 加强督查工作。

(2) 搞好综合信息的管理。

(3) 搞好组织协调，主动协调解决问题。

(4) 保守机密。

5. 教育培训处

(1) 加强教研、学科带头人队伍的建设。

(2) 加强教与学过程中的质量控制与管理。

(3) 加强对学生的素质教育。

(4) 加强教改工作。

6. 卫生处

(1) 提高医务人员的医德医风。

(2) 加强医务人员的培训。

(3) 加强远程会诊工作，提高医疗水平。

(4) 逐步进入市场，在市场中求生存、求发展。

7. 政治思想工作部

(1) 积极探索和加强重组改制中的思想政治工作。

(2) 坚持两手抓、两手硬，一把手抓两手。

(3) 完善大政工的格局。

(4) 抓好企业文化建设。

(5) 加强典型报道和舆论监督工作。

8. 对外协调

(1) 搞好土地征借工作。

(2) 争取政府的支持。

(3) 加强企地合作。

(4) 守土有责。

9. 计划规划处

(1) 建立物探、钻井、试油、压裂、测井等技术服务计划管理目标及考核体系。

(2) 建立机、电、运、信等计划管理模式及考核体系。

(3) 新建项目及设备购置效益论证、把关。

(4) 完善全局综合计划管理体系。

(5) 关联交易。

10. 财务资产处

(1) 加强投资计划预算、决算。

(2) 加强资金管理。

(3) 加强财务季度分析。

(4) 加强税收及管理。

(5) 资金结算分级授权把关。

(6) 关联交易。

11. 政策与法规处

(1) 合同管理。

(2) 企业生存与发展研究。

(3) 法律诉讼。

(4) 关联交易政策。

12. 器材处

(1) 采购资金的管理与分析。

(2) 探索符合上市公司需要的供应体系。

(3) 减少供应环节。

(4) 搞好大宗物资的招标和扩展代储代销业务。

13. 安全环保处

（1）推行 HSE。

（2）交通事故的研究分析及对策。

（3）产品质量的监督。

工程技术处、纪检监察处、工会、多种经营处、离退休职工管理处、机关事务处等 6 个处室及有关附属单位，都要结合当前的工作，提出工作的重点和目标。

所有处室都要借鉴项目管理的经验，尽量量化考核，年年有创新。以提高效率为目的。转变观念，转变作风，转变职能。

（九）关于过渡时期的联席会议

以实现平稳过渡、共同发展为目的。统一研究、协调、部署油田公司和勘探局相关的公共服务、精神文明建设、综合治理、矿区规划建设和管理、报纸电视工作、关联交易等重大问题。

（1）机构虚拟，任务实干。

（2）虽非决策，软硬约束。

（3）主动协商，整体优势。

（十）关于矿区建设和房地产管理

以逐步改善职工工作和生活条件、解除职工后顾之忧为目的。搞好矿区建设和房地产开发利用。

（1）以八大基地为依托，逐步配套完善。

（2）有利生产，方便生活。只能相对集中，做到老有所养，少有所教，不能人人进城。

（3）利用好大中城市的窗口。

（4）逐步取消福利分房，实行货币购房。

（5）对没有享受福利分房的 1993 年以前的老职工和远离城镇的住房，实行优惠政策。

四、我们的历史使命

（1）搞好重组改制。利用 2—3 年的时间，进一步理顺关联交易，建立起局内外有效益的生产技术服务市场。

（2）在实现 2003 年宏伟目标的同时，使全体职工、离退休老同志的基本生活质量有所提高。

（3）召开第四次党代会。

（4）以“四有“为目标，大大提高职工队伍整体素质。

（5）精神文明建设走在所在地区和同行业的前列。

（6）公共事业、多元经济发展将成为我局名副其实的支柱产业。

孙玉辰同志在长庆石油勘探局社会治安综合治理工作会议上的讲话

（2000 年 1 月 11 日）

首先，我代表勘探局党委、勘探局；油田公司党委和油田公司，也代表胡文瑞局长，向十年如一日在综合治理方面取得优异成绩的单位，向油田卫士在保卫生产、守土有责这方面所取得的成绩，向关心支持全局综合治理工作的各级领导、地方各级政府表示最衷心的谢意。我们有很多的经验需要认真的总结，特别是在当前这样一个新的发展时期，更应该很好的吸取过去的一些经验，把综合治理工作搞得更好，使我们这条战线始终是一个强大的后盾，既是生产发展的后盾，职工危安的后盾，也要做深化改革的强大后盾。这么多年，我们持续不断地抓综合治理工作，有些最基本的东西，需要在新的形势下很好借鉴、很好地认识。

第一，一定要标本兼治，要以治本为主，不要搞短期行为。

第二，打防结合，以防为主。这几年在“防”上是下了功夫的。每次综合治理会都确定本年度一些突出的问题，采取一些果断的措施进行预防，目标性很强，措施也比较具体，每年上一个台阶。

第三，综合治理要名副其实，就是要体现“综合”两个字。现在的社会治安，必须综合治理。长庆的实际，更需要综合治理。这么多年，我们在领导责任制这方面，要求是严格的。结合我们局情况提出“三禁一反”也好，治理“六区”、“两馆”也好，都是结合长庆实际，综合部署，综合考虑。我们要调动全局方方面面的力量，来形成综合治理的力量，既有我们的骨干，又有我们方方面面的支持，因而，综合治理要名副其实。

第四，既要搞阶段性的突击治理，打好歼灭战，又要树立长期作战的思想，以持久战为主。

我们下决心部署了一个“三禁一反”，一抓就是几年；解决入室盗窃问题，也是一抓就是几年；解决青少年犯罪问题，还是一抓就是几年；解决油头油霸的问题，一年比一年力度大。

第五，“兵要精、武器要好”，关键是“兵要精”。

我们对公安战士要求是严格的，有时候近于刻薄。曾经把警车无事超车，无事鸣笛，都作为一条纪律，都是不允许的。对于我们在治警方面存在的问题，哪怕在老乡那里钓个鱼，我们都要认真查处。现在可以坦诚的向党委汇报，我们这支公安队伍是可信的，是可以依赖的。

当然，我们的经验还有很多。特别是在当前这样新的形势下，还要认真的来改进我们的工作，不是说我们抓了这些工作，这五个方面就没有问题了。比如说我们干警，尽管这样抓，在文明执法方面这几年也出了不少问题，有些问题是比较严重的。再比如说，我们强调综合治理，那么我们在“法轮功”这个问题上，大话就说的太早。出了问题的单位主管领导必须要负政治责任。我们有些同志，就是爱听“打雷”声，管它下雨不下雨都没关系。他一听到打雷，就重视起来了。有些人就不习惯和风细雨的商量办事。在“法轮功”这个问题上，我们从政策上把握着内紧外松。从一开始，我就跟有些同志商讨，共产党 50 年给两个社会组织定了反动性质，一个是“一贯道”，一个是“法轮功”。希望你们在这个问题上，要早点觉悟。我让组织部的部长，亲自找有关人个别谈话。给他们提出警示，我不愿意在大会上打雷，吓唬人。让公安处来监控有关人员，这些工作做的是有效的，也是应该的。但是有些单位的党组织、书记们，没有尽职尽责，你怎么能不负政治责任呢！这几年不搞政治运动了，我们有些领导在政治上锻炼不成熟，政治素质不高，在这方面，是对我们的一个很好的检验，是一个很好的教训。

第二个问题想讨论一下，在新的形势下，怎样发挥整体优势，来保证长庆本世纪到 2003 年乃至 2005 年宏伟发展目标的实现。这中间也涉及到一些作为我们这支队伍在这样一个好的形势下，怎样进一步发挥我们的作用，成为发挥整体优势当中的一个重要的问题。

一、长庆 30 年来，特别是近 10 年，发挥整体优势，办了许多件大事。人们体会最深的至少有五件大事

第一件大事：最近 3 年，花了 103 亿元，搞了 303 万吨的产能建设，所以才有今天这样一个局面；

第二件大事：花了 19 亿元，拿到了近两亿吨油气当量的储量；

第三件大事：花了近 15 亿元，对炼油厂的装置进行了改造；

第四件大事：近 3 年花了近 6 亿元，进行了生活、科研基地调整配套。当然这 6 亿元，还不包括职工自己拿了 2 个多亿元；

第五件大事：我们在发展生产的同时，使职工生活水平和工资待遇有所提高，教育事业有所发展，医疗卫生能够保证生产和生活的需要，使一老一少各得其所。

如果这些大事没有抓住，那么不管从油田公司来说还是存续业务部分来说，现在仍然没有活路，仍然没有市场，日子也不好过。现在油价已经和国际接轨了，很需要认识到一个隐蔽的矛盾，那就是如果不发挥整体优势，要想获得更高的利润是绝对不可能的。

如果我们的钻井、技术服务和生产服务，现在的成本拿不下来，请人家来占领市场，也可能一时能拿下来，但是，从长远来看是不行的。

我对比了测井和试油压裂现在的结算价格，大大的低于全国平均水平。所以说，我们核心要认识这个问题，非核心必须顾全大局保这个问题。现在不顾现实，把钻井的综合成本、生产服务的综合成本提那么高根本不现实。

非核心这边存在的矛盾，也是一明一暗。明的矛盾，就是四项费用没有来源。刚才说的三项费用再加上没有来源的公共事业、公共服务这一部分。公共事业服务这一部分我们每年至少要补贴 1.5 亿元，相当于每个职工一年暗补近 3000 多元，教育、卫生、老干部，再加上公用事业要花 6.4 亿元。就老干部这一块，两金再加多种补贴，我们局的“72 号”文件规定的 21 项补贴，将近花了 3 亿元。公共事业收支相抵贴了 1.5 亿元，教育上将近贴了 1 亿元（包括职工教育），医疗收支相抵贴了 5—6 千万，加在一起将近 6.4 亿元，这些问题完全可以得到解决，我们每吨油气当量当中，摊了 85 元钱进去，这些钱是从油里来的，大家伙勒紧裤腰带为了多搞原油，回过头来，这些费用还得进去，又回到我们过去，这个圈是能够划圆的。所以没有任何遗憾的。那就是我们大件买的少了点，回过头来，我们完全有能力再买，那有啥遗憾的。

还有一个暗的，就是观念滞后的矛盾。重组以后，存续这边的一些思想认识，特别是领导干部的认识，还是想着在“大锅饭”上、“太平饭”上吃下去。这个问题我看是个麻烦事。这是一个看法。

第二个看法就是：要认真对待明和暗的矛盾。

第三个看法：平衡这个矛盾不在方法，而是要合理、科学地确定目标。最近开了第一次分开以后的常委扩大会议，我们确定了一个目标，在给集团公司报盘子的时候，确定了叫做一盈一平，就是说要保证上市公司有盈利，同时要保证存续业务持平。我们要给集团公司报成两个亏，人家会笑话我们的。你长庆是个大发展时期，要报两个亏，那是绝对通不过的。尽管我们刚才说的隐藏着这个很深刻的矛盾，上面也不一定都了解，但是看来报亏是不行的。

如果报一个亏一个盈行不行呢？我分析也不行。如果长庆报一个亏一个盈，那么大港、华北、玉门这几个单位行不行，哪怕你把那边报盈 12 亿元，这边哪怕亏 1 块钱，我看怕也通不过。但是要报两盈，两边都盈利，我看比较难办。如果努力争取一下，这边稍微有点盈利，盈上那么几百万、上千万，也不是说一点可能没有，但是 2000 年又给 2001 年造成新的历史成本，是一个继续吃亏的历史成本。所以，党委的意见是报一平一盈，而且符合现在 9 条政策的要求。

这 9 条政策是解决两个问题，而不是解决一个问题。

第一要解决保上市问题。

第二要保存续业务平稳过渡问题，要解决遗留历史矛盾问题。

如果只解决了一个上市问题，或是只解决平衡矛盾问题都是不科学的，也都不是上级的要求。所以说，目前搞关联交易，作为基层单位来说不在方法，而是要合理的、科学的确定目标。

第三要认真解决对职工的教育问题。我说的职工教育问题包括油田职工的教育问题，也包括对我们干部的教育问题。尽管矛盾很多，甚至有些矛盾还比较难办。但是，我想对职工的教育还是实事求是，还是要分析有利形势和不利形势，应该扬长避短。

我们的优势是主要的，为什么？尽管现在一刀两断，很多历史问题很可能得不到解决，但是每年给存续业务部分能解决35亿元的市场份额问题。如果我们前几年不勒紧裤带搞那么多储量，我们现在连35亿元的市场也没有。现在有些油田两边亏，并不是两边领导无能。我看在目前，我们在14个油气田当中，长庆第一算不上，第二我们也不想争，起码前三四名的优势我们是具备的。

二、继续发挥整体优势

油田公司会盈利的，能盈利就能够有反哺的能力，必须千方百计的保盈利。用不同途径测算，至少每年可以产生6至10亿元的利润，就是今年上半年情况那么不好，到现在全局下来，给CNPC交了4.1亿元的利润。CNPC给我们定的目标是110万元的利润，我们很可能形成5059万元的利润。那么长庆应该说是盈利的。是有利润产生的。那么有利润产生要发挥区域的优势，这是必须考虑的问题。所以说我们提出的“先活心脏，后养肌肤”，下一步要坚定不移的落实。

另外，我们两边都有一个比较成熟的办法，分析解决这些问题，那就看我们班子政治上成熟不成熟，看我们这个班子平衡这个矛盾的经验如何。

再一个有利条件，是我们有一支过硬的职工队伍。还要相信上级支持我们，国家会有一个相应的政策来平衡。刚重组改制的时候，我曾经说过，悲观也好，乐观也好，都带有盲目性。现在不需要悲观，也不需要乐观，需要一种老老实实的学习态度。

但是我们也有劣势。第一个劣势：大市场，低效益。我初步匡算了一下，把成本还原到1998年，在这个基础上增长15%，这边也不到8000万元的利润。况且，现在还做不到这点。所以说35亿元的市场份额，很可能形不成利润。那么，形不成利润，你的管理费往哪儿摊，费用单位往那摊。你的操作费用那边就压得那么低。我的看法，在临潼会上我就讲了，钻井、井下、测井活再忙，也是个吃饭经济。你照常没有设备更新的能力，生产单位亏损的6000万元也贴不过来，如两个机械厂、运输处、水电厂。水电厂过去多少盈点利，今年折旧增加，电费提高，起码要亏损2000万元。我压了再压，最少亏损1200万元到1500万元。

第二个劣势：存续业务往国际市场上打（最近联系了几个地方，叙利亚，伊朗、厄瓜多尔都有市场），但我们的武器不行。

第三个劣势：整体效益不高。如果我们这边把价提起来，那边就不会盈利那么多，如果油价好，还要勒紧裤带，还得挖潜，那边才有威力。

还有一个劣势，就是观念滞后。存续部分确定的是第二次创业的时候，是一个自奋、自强的时候。而我们对这个问题的认识怎么样呢?，我的看法，平衡这个矛盾不在算账，还是要进一步呼吁把操作成本再提高一下，要从根本上解决这个问题。

平衡这个矛盾主要不在方法，要在双方制定一个科学的、合理的目标。

要对职工进行实事求是的教育。要相信和依靠职工，把实实在在的事情交给职工，发挥群策群力的作用。

根据这样的情况，党委开会确定了若干重大问题。其中主要内容有：

第一，关于长庆石油勘探局基本发展思路和发展战略。

第二，关于支持油田公司发展的若干个意见。

这两条，胡文瑞局长早就召开油田公司的局务会议，就如何支持存续公司这方面做出了若干规定，对油田公司的基本发展思路和发展战略作了明确，这是解决咱们“纲”的问题，这个问题如果定错了定偏了，我看 63000 名职工、17 万职工家属要跟着我们东奔西跑，吃苦头了，这可是打仗到了关键时刻，决不能把我们班子的思想带歪，更不能把我们职工队伍作风带坏了。

第三，关于局领导分工问题。这次局领导分工和过去有明显的不同。一是实行统一的管理。局里每个领导除了分管的那一方面业务外，主要要管二级单位，做到二级单位的班子建设、队伍建设、市场开发、经营目标的实现、综合治理六个统一。二是把经营管理、关联交易的担子分担起来。三是尽量避免工作上的交叉，加强集中统一，包括助理这次都要分管实质性的工作，直接对局长、书记负责。

第四，决定了制度建设。制度建设重点讨论了目前过渡时期联席会议的问题，到今天我们还能坐到一起开这个全，来研究长庆的一件大事，在其他油田已经坐不到一起了。不光是这一项工作，还有很多工作，都有必要坐到一起商量。现在分开是两步走：

一是以发展经济为依托，逐步配套完善。

二是贯彻有利生产，方便生活，只能相对的集中做到老有所养，小有所教。要利用好大中城市这个窗口，这是必要的。特别是开发大西北的政策，要逐步的取消福利分房，实行货币住房，这个要坚定不移。但是没有享受过福利分房的，1993 年前的老职工和远离城市的住房，还必须实事求是给以优惠待遇。

那边定了两条原则，这边也是两条：

第一条原则，围绕主业发展而发展的基本思路，要贯彻“先活心脏，后养肌肤”的原则，谁在这个问题上糊涂，谁在这个问题上贯彻不力，谁就对全局不负责任。我希望你们来监督我们。不管过去有多少恩恩怨怨，也不管有多少不合理，不要想绝对分开，掺杂个人东西，我希望大家予以帮助、监督、抨击，这个事不能含糊。

第二条原则，要坚持以市场为导向，促进内部管理水平提高的基本思路。

当前首要的任务，是以转变思想观念为先导，以盘活不良资产，扩大融资渠道，以资产为纽带，把资本利益和企业利益紧密联系在一起，用足、用活、用好各项政策，要加速机制、体制的转化，尽快建立起上市公司和市场经济要求的运行机制。

发展四条战略：

第一条是市场开发战略。这个和油田公司发展战略多少有些不同。前边两条基本思路总体内含是一致的，但是侧重点也不同。市场开发战略，首先要以优质高效的服务来占领油田内部市场。优先占领本区内对外合作项目的生产技术服务市场。比如反承包。要开拓鄂尔多斯盆地油气勘探开发工程技术生产服务市场，包括延炼集团，也包括地方的钻采公司。要充分发挥技术人才装备的优势，积极开拓国际钻井、油气工程技术服务等，要抓住开发大西北的机遇，积极开拓其他市场。

第二条发展战略就是质量效益型经济战略。要逐步的转变，由单纯追求工作量为特征的生产型、任务型的经济模式，转变为高附加值、高技术含量的经济型经济，也叫效益型经济。

今年两个机械厂的总产值远远低于 1998 年，但是他们的效益水平并不低于 1998 年的水平。所以说，要实行民主决策和科学决策，减少和避免经营风险，追求最佳的经营效果。要优选施工方案，强化施工管理，净化和减少各类成本，最大限度地提高企业效益。也要做好队伍结构、产业结构、产品结构的调整重组；要充分利用现有的资金、资源和技术设施的优势，开辟新的经济增长点；要实行转岗分流，提高劳动技能；要强化资金的集中管理，要提高资金的使用效果，发展市场容量大、技术含量高、效益好、短平快的项目。

第三条是多元化的发展战略。要加快企业的改制，大力发展多元投资主体和多种经营，全面放开搞活。要有所选择，重点发展市场潜力大、技术含量高、发展前景好的项目，要搞好骨干企业。还要广开融资渠道，筹集发展资金。要正确处理安置效益和经济效益的关系。这次会议上确定多种经营要首先理清家底，明细产权，抓大放小，重点改制，多方支持，用好政策。现在到明年乐观的算下来，50亿元的工作量，其中就包括多种经营的12亿元到15亿元，就是说多种经营已经占了三分天下。我在临潼会议上讲，三产要大力发展，应该加大监督的力度，该放活的地方必须放活。

第四条是科技进步和人才开发战略。要以项目管理和重点工程建设为龙头，建立科研、试验、生产一体化新的科研机制。要千方百计地加大科技投入，强化适用技术的研究，要以效益评价效果，科研到底效果如何，用效益来衡量。

今天给大家汇报这个的意思，是叫我们这条战线的同志，要了解全局的形势。只有了解全局的形势，你才能科学的定位你自己的工作。我们需要的是上下坚定信心，实事求是的分析形势和任务。作为存续业务这部分，恐怕现在的形势需要我们唱着国际歌，迈向第二次创业的新时代。

孙玉辰同志在第三钻井工程处总结表彰动员大会上的讲话

（2000年2月19日）

各位代表，同志们：

在新千年的正月十五，千里戈壁，张灯结彩闹元宵，而我们长庆人却以一种特殊的形式庆贺这一传统的节日：这就是千军万马誓师动员，征战新目标，冲向新高峰。我们钻三人也是一样，在这里隆重举行总结表彰动员大会。锣鼓喧天，鞭炮齐鸣，英模披红，万众欢腾。我代表局党委、勘探局，代表胡文瑞总经理和油田公司的领导，向长年奋战在荒漠戈壁上的钻井三处广大职工、家属和离退休老石油，致以亲切的问候！并向“十大标兵”、先进个人和先进集体的代表、向先进党支部和优秀党员的代表表示热烈的祝贺！

刚刚过去的1999年，是长庆发展史上极不平凡的一年，也是承前启后、重组改制、脱胎换骨持续大发展的一年。全局职工团结一致，奋勇拼搏，圆满完成了各项生产经营任务。油气当量达到550万吨，比上年净增超过100万吨；新增石油探明储量7098万吨，新增天然气探明储量287.3亿立方米；长庆气田实现了真正意义上的大开发，日供气能力最高达到950万立方米；油气产能建设效益显著，为长庆历史上效益最好的一年；钻井生产再创新水平，年完成钻井进尺 124.87 万米，总进尺居全国第四位，钻井速度为全国第二名；多种经营总产值达 15 亿元，销售收入 14 亿元，实现利税 9000 万元；企业收入首次突破 100 亿元，陕西省为我局举行了庆功大会。尤其是在重组改制中，坚持“抓住机遇，发展自己”的基本思路，顺利地实现了分开、分立工作，使企业深化改革迈出了实质性的步伐。事实进一步证明，长庆的各级领导班子是坚强有力的，长庆的职工队伍是一支乐于奉献、能征善战的过硬队伍。

在过去的一年里，钻井三处各级领导和广大职工团结一致，以攻坚啃硬、开拓进取的精神，克服了经营形势严峻、钻机调整工作量大、生产点多线长、组织难度大、外部环境复杂等困难，全面完成了各项生产经营任务，实现了“确保盈利，坚决做到不亏损”的经营目标，全年完成钻井 228 口，完成进尺 468531 米，各项速度、质量指标均达到全局领先水平，钻井生产能力跨上了历史最高水平。其中 20139 和 20140 钻井队年进尺突破 4 万米，分别达到 4.67 万米和 4.38 万米。14 个气井队完成 50 口气井，完成进尺 16.59 万米，继续充当了长庆气田勘探开发的排头兵。完成原油产量 8.7 万吨，是 1997 年的 4.26 倍；全年新建产能 6 万吨，使原油年生产能力达到 10 万吨。全年在钻井价格下降 19% 的情况下，内部挖潜 8600 万元，实现利润 2000 多万元。同时，企业管理迈上了新台阶，科学技术促进了生产力的发展，职工队伍建设、文教卫生等各项工作均取得了长足进步，为实现长庆跨世纪持续发展目标做出了积极的贡献。

2000 年是世纪交替之年，也是勘探局全面实现“九五”目标的最后一年。我们面临着大发展的机遇：

长庆 2003 年、2005 年跨世纪可持续发展目标，给我们提供了稳定的发展市场；

存续企业多年积累形成的具有长庆特色的技术优势，具有较强的竞争能力，为占领油田市场、开拓社会市场、进军国际市场奠定了良好的基础；

我们拥有鄂尔多斯盆地油气勘探开发的成功经验和人才优势，有西部大开发的地域优势；

我们拥有一支能征善战的职工队伍和坚强有力的各级领导班子。

所有这些，都是我们生存与发展的有力保证。

只要我们认清形势，理清思路，坚持“两条基本思路”和“四大发展战略”，即：坚持围绕油气主业发展而发展的基本思路，贯彻“先活心脏，后养肌肤”的原则。坚持以市场为导向促进内部管理水平提高的基本思路。实施市场开发战略、质量效益型经营战略、多元化发展战略、科技进步和人才开发战略，我们的路子肯定会越走越宽。

新的形势为我们创造了发展的机遇和条件。作为重组改制后的存续企业，钻井是“龙头”，长庆这条巨龙要舞起来，“龙头”必须扬起来。

在新的一年里，希望钻井三处领导和广大职工在以下几个方面取得新的进步：

要进一步解放思想，转变观念，放开眼界，开拓市场。观念越靠近市场，眼界越宽广，市场就越大。

要高举三面旗帜：一是高举共产党的旗帜，坚定正确的政治方向；二是高举改革开放的旗帜，走建设有中国特色的社会主义道路；三是高举长庆的旗帜，发挥整体优势，谋求共同发展。

要按照“统一认识、理清范围、规范方法、明确政策”的思路，搞好关联交易。关联交易对我们来说是个新课题，要学习、学习、再学习，协商、协商、再协商。遇到问题，要善于求解，主动谅解，不断探索，积累经验。

要依靠政策，搞活机制。认真贯彻落实劳动力市场、人才市场、社会国际市场、关联交易等勘探局生存与发展的相关政策，用足、用活、用好各项政策，加快建立适应市场经济要求的运行机制。

要不断深化企业改革和改制，不改没有出路。但不要搞一刀切。

要坚持以人为本，充分挖掘人力资源的潜力。不要单纯地、盲目地减人，而是要依靠政策，开拓市场，提供更多的就业机会，实现劳动力的合理配置。

要大力发展第三产业和多种经营。今年钻井队劳模标兵中多了一支采油花。今后，还要多一支三产花。钻井、采油、三产三分天下，将是我们三头六臂的时候，是我们增产、效益翻番的时候。

要突出工程技术服务的行业特点，依靠高科技，在技术进步上做文章，形成具有长庆特色的、富有市场竞争力的技术服务项目。突出技术效益，培育技术含量高的新的经济增长点。加速科技成果向现实生产力的转化，不断提高企业经济效益。

要靠良好的质量、优质的服务占领市场。要千方百计提高施工质量，减少事故，以质量求生存，以优质服务树形象，通过高标准的施工质量和优质服务，提高企业信誉，增大市场份额。

要进一步强化内部管理，提高企业市场竞争的综合实力。领导班子一定要确立明晰的管理思路，少做虚功，多鼓实劲。以建立 HSE 管理体系为纽带，提高作业现场管理、预算管理、定额管理和生产管理水平，通过强化内部管理去赢得市场，增强市场应变能力。

要顾全大局，想问题，办事情，以 6 万长庆人的利益为重，不能伤害大多数职工的既得利益。全心全意依靠职工群众办企业。长庆油气产量上千万吨，是长庆人的共同责任，共同目标。我们要为之继续奋斗、奉献。

要继承长庆精神，继续保持和发扬老区精神、解放军光荣传统和石油企业的优良作风，加强精神文明建设，搞好企业文化，勤奋敬业，勇于进取，克服和战胜前进中遇到的各种困难。

同志们，长庆的中、近期目标已经确定，让我们以西部大开发为契机，团结起来，携手共进，以开拓创新的姿态和更加坚定的信心，编织长庆共同发展壮大的蓝图，迎接光辉灿烂的明天。

最后，向大家拜个晚年，祝大家工作顺利，身体健康，阖家欢乐！

孙玉辰同志在长庆石油勘探局科委会议上的讲话

（2000 年 3 月 23 日）

同志们：

这次科委会，是我们重组之后的第一次科委会，会议讨论审议决定的两个议题，关系到我们今后全局科技发展的政策问题，关系到我们今年科技工作起好步的问题。听了上午的发言和赵总讲的意见，我觉得这个会开得非常好，对讨论的两个议题，会后要根据讨论提出的意见不断完善。

我们这届科委有三项任务，或者当前要做好三件事，第一是立法，要研究科技发展的有关政策、法规，这是问题的核心。第二是立项，大家要群策群力，将 2000 年的项目，在前期论证的基础上把项立好。第三是这次会开了个好头，好多委员第二轮讨论还会提出很多意见，由于时间关系，没有让大家讲完，下来后我们采取一种补救的办法或者叫订一种制度，建立委员提案制，把科委委员的发言整理一下，用统一的格式记录在案，不管委员提的这些意见最终是不是马上采纳，都要记录在案。今后还要研究一下，关于委员平时提的意见应该通过什么程序，怎么样得到有效的尊重和保护，要有个专门的办法。

一、科技工作的地位和指导思想

今后几年存续业务是个什么形态的企业，到底应该怎么规划我们今后发展的目标，我想大的可分三个阶段。总的来说，这次重组改制，我早在大会上表明了我的态度，确实造成了困难，也确实给我们带来了发展的机遇，这是第一个观点。第二个观点，在困难和机遇、挑战面前我们到底采取什么样的态度，是聪明人，就是当自己的家，办自己的事，要借风使舵。只发牢骚是没有出息的，是不解决任何问题的，而且也是对存续企业几万名职工极不负责的。我想，存续业务应该借这样一个机会，搞得好既能生存，也能够发展，那就是必须科学地定位，脚踏实地一步步地前进。存续企业就是要以科技、科研为龙头，生产、施工作业、销售一条龙发展。也就是说，用科研、科技这样的一个产业，带动我们生产、施工作业和其他企业的生存和发展。如果说我们立足于吃饭，立足于活命，非得走到一条死路上去不行。现在，有的人，一边发牢骚，一边定位于“死”，是想死，而不是想活，这是绝对不行的。

如何以科技、科研为龙头，带动生产、施工作业、销售和其他企业的生存和发展，我想分三步走：

第一步要立足于科技兴油兴气，占领内部市场，围绕主业的发展而发展。谁要脱离现在这个现实，谁不承认这个客观的存在，谁就必然要碰壁。我们现在70%的队伍，60%的资产，有60%的市场份额是靠我们内部油气来占领，想入非非不行，必须立足于科技兴油、科技兴气，和我们局2003年的宏伟目标捆绑在一起来运行。如果说还是一种低效益、低效率，靠目前或者说今年的关联交易价格来兴油兴气，我看这个市场保不住。所以说，当前第一步要解决这个问题。

第二步立足于走科技、科研产业化的道路，占领外部市场、也就是社会市场，包括国内、国际市场，这是为了解决中、近期的发展问题。

第三步要立足于以科研、科技为龙头，生产、施工作业、销售一条龙。我们5万人的企业，如果立足于低水平的模式，就是死路一条。从一开始我就表态，不主张消极地减人，主张用积极的政策来养人，这不仅仅是对广大干部、老石油是一种负责的态度，更重要的是不这么做就是死路一条。我们在座的委员担子非常重。将来我们，再不能靠高喉咙、大嗓子，要形成崇尚科学、崇尚人才、崇尚市场的风气。说话办事要有政策，只有这样才能用真正的技术把我们企业这条大船，稳稳地引到一条活路上去。所以说，我们的干部政策、经营政策、管理政策，包括领导干部的作风，都要认真地思考。靠艰苦奋斗，石油单位都不示弱，节约一张纸、一滴水这也需要，但能不能解决5万人的生存问题？不能。到底应该靠什么？所以，党委研究用两到三年的时间，解决关联交易问题，用三到五年时间把科技兴油兴气这一步迈扎实，使我们的生存留有余地，让第二步有个好的开头。

二、加强领导，认真实施科技进步与人才开发战略，是这届科委的神圣使命

科技进步和人才发展战略是我们局生存和开发的四大战略之一。长庆发展的历史证明，特别是近几年来较大较快发展，得益于改革开放、得益于科技进步、得益于整体效益的发挥。我说得益于改革开放，如果说还是134元一吨油，那现在谁也搞不成，你还是活不成，因此说改革给我们带来了发展的机遇。我说得益于科技进步，在攻“三低”方面，确实有我们的独到之处，下来之后，科技处牵头，几个处室参加，把我们这几年来工程技术服务、生产服务、包括社会服务、生活服务方面，看看哪些确实有长庆自己的拿手好戏，不管是个人的还是集体的，都列出来，作为我们的财富，充分地发扬、发挥利用它，并对知识产权加以保护。我说得益于发挥整体优势，有自然地理的，也有人文历史的。咱们这里地盘大，东方不亮西方亮，上层不行下层搞，油上不行气上补，矿贫人不贫、志不贫，我们光油气调头就是三次。为了守地盘，我们外乱内治，也是发挥整体优势。我们节衣省食买大件，艰苦奋斗作贡献，说得到做得到，也是我们发挥整体管理优势的结果。我们召开这次科委会就是要进一步发挥长庆的整体优势，完成2000年的目标。

现在有个潜在的问题，设备相对的落后，而且更新装备的资金遇到困难，我们存续业务人均占有的资产，人均占有的优良资产，远远低于CNPC重组以后的平均水平。为啥呢，我们没有值钱的东西。去年花钱买了几大件，再买的话，资金和体制上碰到一些问题。再一个，存续部分的工艺技术，在CNPC范围内确实有我们独到的地方，但相比之下，还是跟不上。在采油工艺的精雕细刻方面赶不上辽河、赶不上大港，真正在单井的精雕细刻上做得不够，花的力量也不够，投入的资金也不够，手里掌握的绝活也不多。现在走向外部市场是必然的趋势，但我们人才的储备、技术的储备是远远不够的。所以，我让赵总抓两件事，一是抓科技和科技管理，再就是抓国外的市场。现在看来，时间不长但抓得很有成效。我们走向外部市场，与外部市场接轨，靠行政管理、节约成本是有限的。所以，要提高竞争力最根本的出路还得靠科技，靠人才开发。大家在讨论中谈到，我们现在决定以主业的发展而发展这样一个思路，这就给我们带来了一个严峻的挑战。上市公司不管能不能上去，机制是再不会倒退回去的，它是以最大利润为目的的。关联交易的价格作为重组改制的产物，它只是历史性的，临时性的，也是残缺不全的，就是今年有，明年不一定有，这不是价值规律在起作用。人家选择优质的、低廉的技术服务，这是市场的必然，它要采取新的技术、新的工艺，那么我们还抱着关联交易价格肯定是不行的，人家变我们变，人家走我们走，人家走我们不走是不行的。所以，我们要一步一步地走好才行。从现在开始，我们每立一个项目，每投入的一笔资金，都应该从这样一个大的局势来考虑，来决策，这点必须坚定不移，而且要用我们好的成果来说服教育大家坚定不移，一步一步、扎扎实实地起好步，才能鼓起我们5万人的自信心、凝聚力，使我们的路子越走越宽。勘探局的改制到目前为止，通过了两个方案，一个是设计院，一个是华力审计师事务所，现正研究科技、市场开发方面的改制，不这样走不行，想得再好，光说不行。今天听了大家的意见，我的这种思想更坚定了。

三、关键在政策，要害在落实

搞好立法，制定好政策是我们科技发展，人才培养的灵魂。今天大家认为这个方案基本可行，咱们就试行。政策好，是科技进步、人才开发的根本保证。所以必须把政策的定位搞端正，定位端正了，政策可以逐步完善。结合我们存续业务，我想应定位于以下几个方面：

第一，必须以市场为导向，以提高企业近、中期的效益和效率为目的，制定政策必须把握住这一点。所以，我们提倡以效益衡量效果的客观标准。

第二，必须以提高关键技术为目的，包括引进、推广、研究和试验应用的软件和硬件(也包括管理)，适应技术发展的需要。

第三，必须用科学管理政策来保证科技发展计划的实施。科技管理的政策需要大家研究，科技管理政策制定得好，才能保证其他政策能实施到位。主要应包括以下几个方面：一是以项目为龙头，建立开放式的人才结构，制定鼓励人才出成果的保证政策。赵总刚才强调了人才不搞封闭式的，不能总看着鼻子底下那几个人。世界之宽广，天地之伟大都视而不见，总是让那几个低水平的人在一起凑合，是出不了成果的。二是建立以多元投资体制为模式的资金保证政策。下来后，财务处牵头，把大家提到的资金来源的建议，再重新研究，重新定位，原则上既要有操作性，又要有更大的灵活性，但不能违背现行的政策。大家提出要分类、分级管理，包括投资体制，谁受益，谁投资，这些意见很好。以后，属油田公司受益的，我们也必须研究一套管理办法。资金投入就要有回报，没有回报不行。来钱的渠道应该是多元化的，局里肯定要掌握一部分资金；二级单位要创造条件拿出部分资金，包括社会上的；我们还可以利用 CNPC 的优惠政策取得部分资金。三是建立以科研资金的投入、科研效果和效益合理共享为一体的负连带责任或奖惩的保证政策，要捆在一起办这件事。投入资金的使用、科研成果、效益的共享，要形成一个连体的婴儿，使这个项目的领导体制、奖励办法能形成一整套政策来保证。四是制定以鼓励群众性的技术革新、技术改造、合理化建议为主的群众参与、支持的这样一种政策，营造崇尚人才，崇尚科学，崇尚科技的气氛。以后提拔干部，首先要有这方面的能力。今后还要搞领导干部的双学位，双职称，双专业，将来陆陆续续要同一次性的待遇脱钩。我们这一代人让计划经济的绳子绑了一辈子，党务人员成了残废人，官本位主义又给我们造成了精神上的负担。将来新的一代，不管当官不当官无所谓，当官无非是给大家多服点务，这样就使下一代领导首先从精神上把这种束缚给解脱了，来去自便。

第四，关于落实问题。再好的政策不抓住机会，不抓落实，不仅效益等于零，而且把风气也弄坏了。所以说领导，特别是主要领导要亲自抓科技工作，主管领导带头落实项目管理，更主要的是要切实加强领导。特别是主要领导和主管领导自身的认识，如果还是满足于完成任务，上上下下能吃饭，我看这个领导素质与形势要求就差的很远。所以，同志们提的这条意见完全正确，施工作业现场就应该是科研现场，搞施工管理就得包括科技管理，部署总结施工作业的同时，就应该部署和总结科研项目，分析科研成果。一个工程项目完成后，至少要取得三个成果：一是经济成果，二是科研技术成果，三是管理成果，让一棵树上开几种花，结几种果。纯生产型的单打一我看不行。所以，我觉得最重要的是落实领导的保证体系，最危险的也是这个保证不落实，保证不到位。

四、这两个文件，大家提了很多的意见，要形成一个会议纪要

以后科委开会，要有专门的记录，每次形成一个会议的纪要。有些意见归纳不到文件中去，也必须在纪要中列出，因为确实有些好的真知灼见，当时由于各种条件没被重视，没被采纳，过了三年五年很值钱。今天的会议把今年科技发展的项目定下来之后，搞一个大的图板，随时检查落实。同时，把国家、甘肃省、CNPC、包括咱们局对科技形成的有关政策进行清理汇编，由宣传部印成小册子，加大科技宣传教育的力度。科委要建立一个内部的简报，把委员们一些好的意见和建议提案，随时通报给全体委员们。

下面强调几点：

第一，关于今年的计划，每个项目都要实行管理、立项、效益共享，包括人才、人员的组织管理，要高度统一，政策要搞活，要把投资立项、效益共享落实到单位，定到人头，全责管理。

第二，油田公司立项或者立项后委托我们实施的，或者我们联合立项，联合实施的，要建立交流、联系的制度和保证措施，要明确责任，不打乱仗。

第三，对引进、购置设备和引进购置一些软件，下来研究定一下，单项超过多少钱以上的，要列入科研的前期论证工作，购置单位要形成一种前期论证的保证体系，减少盲目性和损失，要发挥科委这个体系的作用，做到充分的论证。对于个人和单位单独作出的论证也要给予重视，必要时还要给予奖励和鼓励。在这方面，光靠购置单位写一个论证报告是不够的，他为了说服上级，搞钓鱼工程，不是个论证报告，是个说明书、申请书，有很多方面论证不全，买了以后效益不好。所以，我觉得，要把前期论证的路子拓宽。

第四，要在科委之下设立若干个专业委员会，研究专项科技发展的问题，专题审议某项科研成果的立项报告，我希望我们的科委，应该主动地成立若干委员会，报上来经局里统一研究，避免不必要的重复，在科委下面形成一环套一环、一直套到局内各个环节，社会各个角落的若干个相对独立的专家小集团。

第五，为了搞好科委的管理和组织工作，下来需要研究：一是鼓励委员单独承担经局处两级批准的科研项目，鼓励各位委员自筹资金，自立项目搞科研。二是委员要建立提案制。三是可以允许委员申请特殊的科研经费，经科委会批准，多渠道地筹集资金，保证委员的科研和活动经费。

我作为局长，给大家做好两件事，一是委员们有好的主意，我替你们付诸实施；二是给你们鼓劲，服好务，帮助你们把想法变为现实。

大家回去后，一是要搞好宣传，二是要抓紧落实，总之，要调动各方面的力量为科研服务，为技术攻关服务。

孙玉辰同志在长庆石油勘探局组织人事劳资工作会议上的讲话

（2000年4月23日）

同志们：

这次会议是分立分开后勘探局召开的第一次组织人事劳资工作会议。张继昌同志到会讲了很好的意见，张启英同志作了工作报告，会议讨论了11个文件，还要进行有关知识考试和培训，这样安排比较务实，比较讲求效率。

在过去的一年中，组织人事劳资系统的同志们顾全大局、任劳任怨地工作，从组织、人事、劳资方面对重组改制工作提供了保证。我代表局党委、勘探局对大家的辛勤劳动和取得的成绩表示感谢！

利用这个机会，我想和大家研究讨论三个方面的问题：一是关于当前的形势；二是组织、人事、劳资工作当前战略性的任务；三是组织、人事、劳资部门当前应抓好的几项主要工作。我只是讲一些基本想法，供大家在贯彻这次会议精神和落实会议任务时参考。

一、勘探局生存发展的形势

这个问题，去年以来我在有关会议上讲过多次，今天只是把过去的一些想法进一步条理化，看看在当前这样的形势下，我们的组织、人事、劳资工作应该怎样做。

重组已经进行了两步，分开分立工作已基本完成。这两步走完后，我们的形势到底发生了哪些变化？这个问题是做好当前组织、人事、劳资工作最基本的问题。

当前的新变化，可概括为"一转三改"。

"一转"是由过去局内计划经济体系转为CNPC系统内的市场经济体系，这种转变仍在继续，并进而转为在更大范围内包括和国际接轨的全球化经济体系。也就是说，直到去年年底，我们局内的经济体系是局部计划经济体系，现在已转变为CNPC范围内的市场经济体系，进而要转为全国乃至与世界接轨的经济体系。这个体系变了，由此带来了三种改变：

一是工程技术、生产服务的运作方式由局内的计划任务、生产调度，改为目前的关联交易运作方式，并进而改为市场运作方式；

二是各项服务价格由过去局内计划价格、行政平衡企业内部利润的形式，改为关联交易的价格，并要进一步发展，向市场价格过渡；

三是社会服务体系、社会保障体系、文教卫生体系，由过去行政管理上的"大而全"、"小而全"继续重组，从主业剥离，向社会靠拢，而且价格和费用逐步改为定额补贴，向"自主经营、自负盈亏、自我发展"迈进。

社会服务体系、社会保障体系、文教卫生体系全局过去每年要花将近6.4亿元，除了技术服务消化掉一部分外，大部分吃的是油气，每吨油气分摊了85元。现在要实行定额补贴，而且补贴额度逐年减少，要自负盈亏。当然，也要从组织形式和管理体系上逐渐剥离，不仅要从主业中剥离，而且要从存续企业中逐步剥离。这种由局内计划经济体系向市场经济体系的转变，使得企业运作方式、价格都发生了变化，社会保障、文教卫生的体系设置也得改变。

在"一转三改"中，最本质的是"一转"。所谓"脱胎换骨"的变化给我们的感受是真切的。对石油企业来说，对几十年的石油体系来说，是前所未有的。存续这一块既然是一个企业，是一个经济组织，那么，它的经济运行方式、市场价格的政策和社会服务、社会保障体系的改变是不可避免的。

在这样一个脱胎换骨的转变时期，对我们来说，适应不适应？怎样去适应？这正是我们要研究解决的问题。当然，适应不适应是相对的，适应也需要一个过程。但是，不适应是不行的，不积极地去适应是不行的，这是不可逆转的，也是不以人们的意志为转移的。我们必须积极主动地适应这个形势，抓住机遇办好我们自己的事情。

当前，我们的现状到底是不适应、基本适应，还是基本不适应呢？我认为应该属于后者，基本不适应。其表现主要有两点：一是没有市场竞争能力；二是人们的市场观念滞后。这种不适应的表现是一明一暗，明的是没有市场竞争力，暗的是人们的市场观念滞后。

市场观念滞后，是企业环境的突然变化造成的，不是我们干部职工天生观念滞后。这次重组分开分立工作是突然一切两断，人们既没有思想上的准备，也没有更多的组织上的准备，更没有做好应该做的政策上的准备，当然就很被动，很不适应。

我们没有市场竞争能力表现在"五低"：

（1）人均生产能力低。预计今年存续业务人均产值8.79万元，和外国公司没法比；和同行业相比也处于中等水平。

（2）人均资产占有率低。分开分立后，人均占有的资产是15.3万元，CNPC人均占有资产18.5万元，而且占有的这部分资产中至少还有1/4属于不良资产。

（3）设备新度系数比较低。平均为0.5，主要设备、关键设备新度系数更低。CNPC关键设备新度系数平均0.4，我们只不过0.31左右，有些关键设备是0.1左右。

(4) 社会市场占有率低。社会市场在全局总产值中只占 7.8%，三产较好，但也只占其总产值的 23.3%，其他基本是内部市场，经营风险很大。

(5) 大市场，低效益。连续 7 年压缩成本，采油、勘探、产能建设成本也有压缩，但主要压缩的是存续业务中施工作业的成本，钻井、油建、筑路等都是内部零利润运行。

过去我们提倡“节衣缩食买大件”，至少买了五大件：最近三年内，300 万吨的产能建设用去 107 亿元，搞 2 亿吨的储量花了 20 亿元，炼化改造用去 15 亿元，地质调整用去 6 亿多元，给大家涨工资也花了些钱。

分开之后，这个圈就画不圆了。看起来工作量很饱满，但实际是个“吃饭经济”。工作量今年比去年还要多，但比不上 1997 年，关联交易中接近 24 亿元工程技术服务工作量，内部利润达不到 8000 万元，最多不超过 7300 万元，这还只是内部利润，作为存续业务，真正运行下来，是达不到这个水平的。

造成“五低”的原因：

首先是队伍结构、产业结构、产品结构不合理。现在全局共有 43905 人，技术服务类占 31.6%，生产服务类占 34.4%，社会服务类占 24.6%，多种经营类占 9.4%。技术服务和生产服务将近 29000 人，其中的社会服务人员至少还有 7000 人，实际上从事社会服务的至少有 18000 人。这么大的服务系统，效益怎么能高呢!

去年社会服务人均产值只有 4 万元，今年可能要降到 26300 元，远远低于 CNPC34700 元的平均水平。

社会服务人员一年工资平均 1 万多元，而产值只有 2 万多元。占全局职工总数 31.6%的技术服务，产值 23.9 亿元。占全局职工总数 9.4%的多种经营，拥有 15 亿元的产值。占全局职工总数 34.4%的生产服务（机、电、运、建），产值只有 11 亿元。生产效率低下，结构明显不合理。

今年油建可能不错；两个机械厂努力比去年少亏一点；运输还看不出有好的转机，当然运输今年生产组织还算不错；筑路看起来市场很大，目前还没有揽到活。如此看来，社会服务矛盾很大，二线单位结构也不合理。要么调整结构，以调整产业带动人员结构的调整；要么减员，但按现在政策减员，企业包袱没有减轻，减员增效的难度很大。

第二个原因，社会服务负担很重。这当然是历史形成的。工资总额按比率应该是 6.6 亿元左右。养老实际需要 3 亿多元，上面批了 2.56 亿元；教育用去 1 亿多元，再加上其他的，共需花费 6.6 亿元。

第三个原因，生产技术服务设备配备欠账太多。我们现在拥有的 8234 台（套）设备中，真正值钱的不多，原值也不过 22.5 亿元，净值 11.26 亿元。为什么我们人均占有资产比集团公司少好几个百分点？因为我们没有值钱的设备。近三年仅提折旧将近 29 亿元，真正用来购买大件的不到 6%，共 2.5 亿元。设备不行，当然没有竞争能力。

基于以上分析，我们在政策上、策略上进行了一系列重要调整。

今年 1 月 8 日召开的分开后第一次局党委常委扩大会议，就是专门研究形势、制定政策的会议，有关文件已下发了。

在这种形势下，先解决什么，后解决什么，必须把次序摆正确。

正确的思想应该是先解决生存问题，后解决发展问题；先解决关联交易问题，后解决市场开发问题；先解决平稳过渡问题，后解决改革改制问题。这里讲的先和后，是哲学上讲的重点论和主要矛盾论，不是工作上断然分开的一点论。不是说今年先解决生产问题，就不解决发展问题；先解决关联交易问题，就不研究市场开发问题；讲平稳过渡，就不讲改革、改制。而是说我们从大的政策上、发展思路上、重大战略上，必须先解决主要矛盾。

第一，集中精力解决好关联交易问题。

既然我们现在没有竞争能力，而我们70%的市场是内部市场，那么，我们就应该坚持围绕主业发展而发展的基本思路。尽管关联交易具有时限性和不完整性，但必须解决好。不认真解决这个问题不行，不确定“先活心脏，后养肌肤”的原则也不行。

经过上上下下的努力，这项工作解决得怎么样？如何评价这段时间的关联交易工作？我们确定的指导方针和战略，到底贯彻得怎么样？取得预期的效果如何？我认为进展是比较顺利的。工程技术服务方面，除了土地涨价引出的 3700 多万和 1998 年钻井成本基数中翘尾工资 4400 万元，共计 8100 多万仍在争取外，其他问题已基本解决。主要有以下几条：

一是在 8300 万元的转移费用和 3%的利润即 7500 万元的问题上，双方认识比较统一，对接得比较好。

二是五个捆绑运行的单位（三个采油技术服务处、炼化和销售综合服务处）采取自求平衡的办法，即必须保持存续业务部分持平，否则，仅三个采油技术服务处就要亏损 1.7 亿元左右，西安办事处仅 1998 年就补贴了 870 多万元。当然，捆绑后这五个单位的担子更重了。

三是六个生产单位（运输、水电、两个机械厂、通信处、工程技术研究所）出现的劳务差异双方共同承担，其中油田公司承担 1000 万元，勘探局消化 700 万元。

四是结算中心的费用、交通服务处的补贴，勘探局和油田公司各承担 50%。

五是原来列入转移费用应该由油田公司分摊解决，技工学校的费用、再就业服务中心的费用和文化宣传的费用共 894 万元，油田公司也将想办法多承担一些。

六是消防费用按重组方案由油田公司负担。

七是审计处、各驻外办事处的费用作为转移费用尽可能地划进工程技术服务价格中，这部分目前也有了基本保证。

庆阳管理分处去年发生的 1852 万元和 145 万元的折旧，不能完全由采油二厂负担，将来由勘探局分担。

西安、银川、靖边基地的物业管理费用 2000 万元，油田公司和勘探局各负担一半。

器材供应管理收费标准基本维持 1999 年水平。

14 个作业区的操作费，胡文瑞总经理已经有了解决的想法，有待于落实。

水电厂的亏损问题，根据实际情况双方合理分摊。这些矛盾目前已基本解决。

关联交易我们遇到了许多实际问题，也存在一些矛盾，有些矛盾还比较麻烦。但是，用胡文瑞总经理的话讲，关联交易还是要讲感情的，还得讲整体优势。所以，在关联交易中提出“学习，学习，再学习，协商，协商，再协商”。在整个 CNPC，能做到这一点也是很不容易的。如果不努力解决好这个问题，四万多名职工要吃苦头的。不论关联交易的矛盾多么尖锐，毕竟不是对抗性的矛盾，也没有必要采取对抗性的办法，这是大家应该把握的大原则。

第二，进行设备调整。

现在已经到位的有物探 4 台 388 地震仪，基本能保证市场需要。钻井上的“ZJ－70D”型钻机已开始试钻，“F－320－3DH”型的改造工作也在紧张进行，还准备增加几台“ZJ40DB”型和“ZJ40/2250DB”型钻机。“红旗－100”型和“大庆－130”型的还有 8 台，再设法更新一下。“2DH－100”型的钻机集中在钻二，能打多长时间就打多长时间；已经改造的“ZJ－20B”型设备，现在状况还可以；“ZJ－32”型钻机 27 台，有一半的钻机还不错；60 多台钻机中，能硬硬邦邦地装备 40 台，如果顺利，今年的步子也能踏上。井下 2000 型压裂机组花了 8000 万元，能基本满足天然气市场和国外市场要求。5700测井仪预期5月初到货。筑路处423型摊铺机和525型摊铺机还要购置，再买一台较先进的搅拌机，也能应付目前的市场。油建的设备也得买，天然气大口径管线作业设备也还不配套。我们对设备进行战略调整，是势在必行的。老话重提，还得“节衣缩食买大件”。

第三，进行政策调整。

党委常委扩大会议确定了十个方面的政策，并陆续出台。这次会议的目的，就是为贯彻“科技进步与人才发展”战略，进行政策上的储备。

最近正在改制的一些单位，积极性很高，除了局里批准的设计院和华力会计师事务所外，还有几个单位正在做准备。第三采油技术服务处、钻井二处、第二采油技术服务处进行部分改制的方案也已经报上来了。他们在改制的过程中，能积极慎重地研究政策调整问题。

局里提出，不消极减人，要靠政策养人。

CNPC人事工作会议要求把人减下去，而且采取了一系列引导政策，作为CNPC这样考虑是正确的。因为CNPC向国际社会承诺，上市后直接成本降低90亿元，而且承诺第三季度给股民分红；加入WTO之后，勘探成本、原油生产成本可能要降低14%，化纤成本要降低20%—25%，只有这样，才能平稳地和国际市场接轨。在这种形势下，就只有减人了。

可是作为我们长庆石油勘探局，如果买断工龄，上面还有可能给30%—50%的补贴。问题是买断的政策对我们没有多大吸引力，将来真正想买断的都是有后路的，想白拿这部分钱走，而在长庆吃了大半辈子沙土的老职工，得不到应得的利益。另外，内部退养上面给政策不给钱，二三年之后再回头看，到底是照顾了这部分老职工，还是害了他们呢？所以，讨论这个政策不能只听一面之词。

目前，勘探局符合内退年龄和工龄的将近9000人，不能搞“一刀切”，一是要采取自愿，二是岗位离不开的不让走。所以，我们必须走出一条靠政策养人的路。

第四，进行人才技术上的准备工作。

对我们来讲，如果说我们穷的话，我们不是穷在钱上，而是穷在人上。所以，今年我们要针对市场开发，有准备地训练干部，包括抽出几十名处级干部，强化培训。

我刚才讲了，到底怎样认识我们所发生的变化？是福还是祸？是利还是弊？实事求是地讲，要保证职工眼前的利益，比过去难多了。生存成了一个很大的问题，这当然不能算是职工的福。但是，如果我们抓住这一机遇，有效地改革、改制，我们能够创出一条路子来，那很可能会因祸得福。现在我们制定的思路、策略、政策，都应该设法转祸为福。

实际上，即使不重组、不改制，当加入WTO之后，吃“太平饭”的时间不会久了，石油石化企业受到根本性的冲击也为期不远了。

当然，要战胜目前的困难也有我们的优势，至少有五条：

一是有一个发展油气的宏伟目标。到2003年，油气当量实现1000万吨目标，这个目标一定会实现。今年既定工作量增加了，气井的工作量也有可能增加。每年如果能保持30亿元的关联交易工作量，再开拓10亿元的外部市场，油田如果再有所发展，那么要实现困难期的平稳过渡是可以实现的。所以，我们要确保支持油田公司发展的12条的落实，这一点不能含糊。油田公司2003年的宏伟目标，是我们长庆共同的目标，共同的责任，这一点同样来不得半点含糊。这是我们的优势之一。

二是有一支顾全大局、实事求是的干部职工队伍。从开始重组到现在，实践证明，我们的队伍是顾全大局的。到目前，各项任务，包括生产启动任务都完成得很好。这些任务是在什么情况下完成的？是在长庆近十几年、20

年中没有遇到过的特殊情况下完成的。到现在还没有给各单位下达生产经营指标，也没有下达考核责任制，而且很多正在进行的工作还没有落实资金，还不一定能拿到钱。但是，生产仍然如期启动，各项工作都在平稳有序地推进。可以说，我们的干部职工队伍是值得信赖的。

三是有西气东输、西部大开发的机遇。

四是有过去创造的一定的物质基础。

五是有国家和上级的政策保证和支持。

所以，形势尽管比较严峻，但困难一定能够战胜。树立信心之后，要鼓实劲，不能鼓虚劲。

我们这次组织人事劳资工作会议首先要对我们面临的形势有正确的估计，一定要带头鼓实劲。

我认为，存续部分今年的工作如果没有太大的干扰，我们能够达到年初预定的目标，有希望、有奔头、有干头。

二、组织人事劳资工作的战略任务

当前的形势要求我们必须弄清我们的战略任务，而不是光忙于搞统计报表。针对面临的形势，作为战略任务，主要是解决好以下三个问题：

第一个战略任务，就是必须明白用人的环境。

我们是做人的工作的，是实行人才战略的，所以必须明白用人的环境。这里强调的是“明白”，这里说的“人”，不光指官，还包括兵。不能总是人事工作会议就只研究工人的问题，干部工作会议就只研究领导的问题，组织工作会议就只研究党员和党组织的问题，思考这个问题的模式需要变一下。因为所有这些都是从不同的角度来研究“人”的。所以，理所当然得弄明白用人的环境。“一转三改”形势的变化，使我们的用人环境发生了变化。

过去是任务确定工作量，根据工作量配备设备和资金，然后由设备和资金确定岗位，再由岗位确定管理、技术、操作三个层面的人员配备。现在是市场决定商品量和利润，商品量和利润决定企业的设备配备和资金，而后由设备和资金确定岗位。

这二者到底有什么不同呢？至少有四点不同：

（1）现在是市场决定岗位，过去是任务决定岗位；

（2）现在岗位不确定性增大了。而且是双流法，过去是单流法。过去没有任务岗位照常存在，不存在待岗下岗问题，工资也照常发放，现在市场变了岗位就得变，岗位的数量要变，岗位的职责也要变；

（3）现在报酬与岗位的内在联系增强了。长庆宾馆先定岗位工资再定人员的做法就是在这方面的尝试；

（4）用人机制的链条加长了。现在岗位一头连着市场，另一头连着人才素质的培养。由于链条的加长，就引来了第二个战略任务的思考。

第二个战略任务，就是要切实把握用人的关键环节。

具体地讲，就是要不要确立以岗位为核心的用人管理机制，以及如何从战略高度思考这个问题。大体上分三种情况：

一是凡以设备定岗位的，主要指操作人员，着重解决熟练程度、操作质量、协作能力、节约安全环保问题；

二是以工作量定岗位，主要是指职员，首先要解决效率、质量和学习问题；

三是以管理定岗位，主要指中高级管理人员，着力解决他们的策划能力、组织协调能力和廉政建设问题。

以岗位为核心的管理用人机制，不同于过去所说的岗位责任制。主要不同点在于岗位对市场应变能力的设计。组织人事劳资部门首先得研究这个问题，设计岗位必须考虑对市场的应变能力；二是岗位责权的设计；三是岗位与上岗人员有效的链接，其中最主要的一环是人才培养问题；四是以岗位为核心的管理需要制定一系列配套政策。

这里只有一点和过去是一样的，那就是设置岗位就必须设置岗位权利。其他的管理上，作为一种战略性的工作思路，是像过去那样直接研究人和人的素质，还是越过岗位研究设备、资金问题，或是整天研究市场问题呢？作为我们这个部门的定位，需要研究如何以岗位来研究管理部门并带动两头，即人员的培训和市场问题。

如果仍像过去那样不管岗位，只考虑人员数量，领导让你补一人，你补一个，让你补两人，你就补两个，那必然仍和市场是两张皮。用人机制的链条延长了，还是抓中间这个环节比较好。

今年年初，我就给组织人事部门的同志讲，分析人员结构只讲 5 万多名职工，笼统说这部分人多，那部分人少，搞那种平均数，我不感兴趣。能不能把工作涉及到岗位上去？能不能涉及到每一个单位的岗位上去？

听起来符合条件的内退人员有 9000 人，有些单位，像运输处、两个机械厂等，如果真的“一刀切”了，他们马上又得雇人。这不但节约不了费用，反而要增加负担。

所以，现在的岗位，不管是领导岗位还是工人岗位，必须严格按市场调查结果进行设计。我们在这方面功夫下得很不够，甚至还没有转过向来。

我们组织人事部门的科长对岗位和工种能倒背如流，但背过了不等于能懂，不等于能和市场接轨。所以，大家要很好地研究以岗位为核心的用人机制。一头连着市场，一头连着培训。设计的岗位要能符合市场要求，包括岗位的数量和工种及人员素质的要求。要从宏观上管理好这个工作，是你们的工作中最重要的环节。

第三个战略任务，就是要研究和完善用人政策。

最重要的有以下几点：

一是我们制定的政策一定要有利于形成劳动力社会市场，就是人才市场。如果不是这样，那你的政策只能是暂时的、过渡性的。我们的岗位设计一定要科学，要随行就市。

其中一个原则就是随着岗位的变化，人的素质和数量也必须变，要形成一种制度，即岗变人变的制度。

还有一点就是靠人养人，靠人赚钱，这比内退等政策更有效。为什么不能把那些离退休的人员组织起来闯社会市场呢？为什么不利用社会上的廉价劳动力来赚钱呢？

二是要培养关键岗位上的关键人才。我建议先抓好两个 1/5。一个是职工总量或总岗位的 1/5。如果按 4 万人算，那就先抓好 8000 人，如果干部和操作人员是 1∶1，那就先抓好 4000 干部和 4000 工人，把这些关键人的关键岗位设计搞好；另一个是处以上干部的 1/5，现在处级干部 292 人，正处级 60 人左右，也是 1/5。

把这两个五分之一搞好，就是做好了关键岗位与关键人才的工作。

比如，今年钻井三处生产启动组织得不错，场面让人激动。但是，作为钻井单位，光靠出卖劳动力是赚不了多少钱的，而且投入相当大。那么，能不能在泥浆、钻头等方面提高科技含量，向科技要效益呢？钻头要自己搞设计，不能总让别人占领我们的市场。

如果要成立一个泥浆公司，研究特殊泥浆处理方法，根据我掌握的情况，恐怕人才还是不够的。固井方面的人才，钻井一处没有，钻井二处有一个本科生，钻井三处多一点，但总体上人才不足。固井质量问题较多，经常“打官司”。如果要成立固井公司，走向社会，提高固井质量，就必须有专门的人才，不能让学钻井的不经培训去搞固井。岗位设计和人才培养的部门必须认真研究这些问题。

再比如，钻具管理也是一门很深的学问，而且是效益非同寻常的一个岗位。河南油田改制后，钻具实行专业化管理，向钻井队租赁，管理的水平比我们高。我们要不要专业化管理？泥浆要不要搞专业化管理？固井能不能先分开？录井在什么情况下分开才有效益？在座的各位应该把这些问题作为一项管理工程来研究。研究这些问题，才是真正从战略上解决用人问题。

多数单位还没有真正抓过这个问题，原因是市场观念没有树立起来，没有真正从市场的需要来研究岗位。

所以说，关键岗位、关键人才的研究工作、计划工作来不得半点马虎，不能凑数。

三是按照“四化”要求抓好班子建设。

班子结构要合理，主要是年龄结构和知识结构。年龄方面，要注意从中青年，特别是青年人当中选拔一批苗子，要进行预备训练，专业结构要配套。要在党政主要领导的选拔上下功夫。目前班子的现状是：管技术的不懂经营，懂经营的不熟悉生产。这种状况对党政主要领导的素质提出了很高的要求。所以，应该从后备干部中抽出一批技术干部集中半年或三个月时间学习管理知识，重点是学财务管理。如果有条件，可以让管经营的干部学习半年甚至一年的工程技术知识。这项工作光靠上面解决矛盾是不行的，因为工种太多，必须上下一起来解决。这种结构不合理的状况我们从十年前就开始说，现在还在说专业不配套，如果不下功夫真正解决，再嚷嚷十年、二十年，还是改变不了这种状况。我最近就碰到一些老同志，对设备情况很熟悉，对世界上各种型号的设备也了如指掌，但要问他更新一台设备需要多少钱时，却不知道。光管用不管买，买回来每年增加多少折旧，应该怎么样保值增值，他不知道。话说回来，有些管经营的领导，怎么花钱更有效益，他也不知道，要么就要小聪明，要么就当傀儡，这怎么能行！先从后备干部中训练正职，有必要让他们在基层正职岗位上干一二年。

素质上要注意德才兼备。战争年代毛主席就提出选拔干部应该德才兼备。改革初期提倡用“能人”。改革开放以来，邓小平同志提出“四化”要求。江泽民同志强调“四化”要求和德才兼备。在干部选拔任用过程中要坚持“四化”标准和德才兼备。根据我们的实际，还要重点做好“民主荐才”和“民主管理”。

三、几项重点工作

1. 要进行组织人事劳资工作的政策储备

政策就是钱，政策就是活路。政策好，政策活，人就能活，事就能活。

已经出台的，大家要在贯彻中认真研究，不断完善；还没有出台和即将出台的，请大家认真研究。

关于我局人员分流的有关政策，还要经过职代会讨论，下发后大家要认真学习。各单位不要搞“一刀切”，看看谁能结合实际把这个文章做好，能做出效益，组织部门要在这个工作上进行考核。

2. 要制定好本单位的用人计划，要认真进行以岗位为核心的用人试验

我建议年底召开一次研讨会，研讨本单位以岗位管理为核心设计本单位的用人模式，看谁设计的模式更符合市场要求。

3. 要加强改制过程中的党的基层建设

要发挥党支部战斗堡垒作用和党员的先锋模范作用。要加强改革改制过程中的思想政治工作。要认真地实行厂务公开，对干部选拔要实行公示制，对有些干部的作风要进行警示，对党政主要领导考核方向要进行导向性的引导，不要面面俱到。

当前要特别警惕“法轮功”这个邪教组织的反弹，要对职工经常进行形势任务和政策教育。

一定要注意做好稳定工作。今年第一季度安全形势不好。到目前共发生交通事故 6 起，

工业事故1起，死亡1人，伤8人，有些是恶性事故。主要发生在运输处、井下处、钻井二处、采油二处几个单位。重大事故是不稳定的导火索。在这个问题上要引起高度重视。

4. 要加强组织人事劳资部门队伍建设

一是要从思想观念上向适应市场要求转变。再动不动向上面要人，无目的增人，是行不通的。

二是要转变作风。要认真调研，认真搞好政策服务，把我们这个部门建成名副其实的党员之家、干部之家、工人之家。

三是要坚持原则，清正廉洁，遵守纪律。

四是要坚定信心，克服困难。组织人事劳资部门的干部要与群众同舟共济，同甘共苦，在困难的时候，要振奋精神，求得发展。

孙玉辰同志在长庆石油勘探局关于规范开办泾河工业园窗口问题会议上的讲话

（2000年6月5日）

同志们：

最近一个时期，陇东一些二级单位不经批准，相继擅自在西安市高陵县泾河工业园征地，引起很大反响，而且形成新的不稳定因素。这反映出勘探局在一些管理工作方面的失控状态，不能不引起我们的深思。

下面，我讲几个问题：

（1）我完全同意刚才滕玉林同志代表局党委、勘探局所讲的意见。从现在起，由滕玉林、张元忠、邓火孝3位同志负责，成立一个协调领导机构，尽快纠正错误，规范行为；由局办公室负责，对勘探局近期召开的一系列会议集中形成一个会议纪要，印发执行，采油二厂和马岭炼油厂也必须照此执行。

（2）勘探局关于经过论证及批准、而且有效益的新上项目可在大中城市设窗口这一举措，是对存续企业生存和发展至关重要的一项政策，必须积极、稳妥地贯彻好、落实好。这一政策对陇东各单位尤其至关重要。我们既要保证勘探局大政方针的正确实施，又要客观地对待执行过程中出现的问题。

（3）近期在高陵征地上出现了很多问题，当然，原因很多，也有其深刻的历史根源：基地大的调整不可能面面俱到搞平衡，陇东一些单位的领导和职工心理也不平衡，尤其是局机关搬迁西安后，这一问题更显突出。西安、三桥、礼泉、咸阳、河庄坪、银川6大基地的建设调整，没有从根本上调整陇东基地大的格局。目前，全局50%的无房户集中在陇东。

①由于客观上的不平衡、认识上的不平衡，从而造成新问题的出现，这也不奇怪，也不应过多地批评、指责大家。勘探局也清楚地认识到这些问题。这就是去年为什么我们出台了发展和稳定陇东的一系列政策。

②有关领导对形势、政策的认识有误。稳定是大局、是前提，首先要确保稳定。今年是分开运行的第一年，我曾再三强调：关联交易首先要防“乱”。目前最不稳定的因素是今年的房改问题，由于大的政策以及职工个人经济方面的原因，使职工队伍出现了不稳定的苗头。各单位在征地问题上再这样搞下去，就是“火上浇油”。可以说，现在征地、设窗口的条件尚不完全具备。

③全局目前还有4000多无房户，今年住

房建设和房改工作的重点是解决无房户的问题。而我们一些单位把设窗口与基地调整混为一谈，以至于出现有房户和无房户、在职户与退休户、有钱户与无钱户、存续户与油田户的问题，以及二级单位之间的问题，等等。因此，我说我们一些二级单位的领导对重组改制的认识有误区，存续业务部分的有关政策，集团公司也正在研究，股份公司的有关政策也不甚明朗；对于医院、学校等企业办社会部分，到底交与不交、若交要交到什么程度等等有关政策，也都不甚明朗。我一再强调：今年主要防“乱”。好在我们有充足的工作量作保证。

④在高陵征地上出现的问题，一是在于勘探局制止得不够及时；二是在于有关单位的党政主要领导不能很好地把政治、经济等问题联系起来通盘考虑、协调处理，也可以说在这方面还没有经验；三是在于个别单位的领导对待上级指示阳奉阴违、不讲实情。党政主要领导主要就是把政策关，出现这样的问题，是非常不严肃的、不讲政策的。

(4) 要认真汲取教训，积极、稳妥地处理好征地、设窗口的问题。存续业务应该考虑的主要问题是什么？怎么能乱开口子、在城市建设住宅？怎么才能把好事办好、实事办实？我在这里明确一下，运输处不能穷上添乱、贷款征地；医院、学校这些费用单位，不能不知轻重、一味跟风、一哄而起。这几个单位的预付款，勘探局能协调置换出来就置换出来，否则，由这些单位自己做工作，若处理不好，主要领导就地免职。

①本着“先易后难、积极稳妥”的原则，谨慎处理好设窗口的问题。我们也不能因噎废食，要统一规划、量力而行、减少费用、办好窗口，其他方面不能再乱开口子。高陵县的有关政策也不明确，要尽快组织力量调研。根据目前这种情况，如果大家还是各行其是，设窗口无论从局内还是地方，都根本办不成。各单位要走联合开发的路子，要顾全大局，否则，只会给我们的工作忙上添乱、动摇军心。井下处在咸阳征的 60 亩地，如果规划等前期工作已经做好，可以尽快启动。

②在西安、高陵等地征地设窗口，要通盘考虑、一致对外。对庆阳地、县两级，对职工群众，要有一个统一的口径。特别要强调的是：有效益的、经过论证的、新建的、而且是经过批准的项目，才可以向大中城市的“窗口”转移。做这些事情，要统筹兼顾，要让下面的基层职工群众“凉”一点，上面的领导层积极、主动、稳妥地做好工作，不可能一步到位，要用几年的时间逐步完善。

③在保护大家积极性的同时，也要按组织程序和纪律，如实报告，写出检查。当然，大家也不要有太多的顾虑，该批评的要虚心接受批评。局党委、勘探局让在座的各位独当一面，也就是 100% 信任大家。这种信任包括：政治上的信任、能力和责任上的信任、个人感情上的信任（这里是指同志式的关系、上下级之间的互相支持）。批评的话也就到此为止。

(5) 我们各级领导的主要精力应该放在什么地方？应该放在研究形势、研究政策、研究当前的主要工作、研究企业的生存和发展这些方面。我们不能超越现有的能力和权限，不切实际，想入非非。国家西部大开发战略，各种媒体上宣传得沸沸扬扬，至今不过启动了“西气东输”工程、落实了几条公路建设工程。所以，我们要学会“热中看冷”，要静下心来，冷静思考一些问题，不要一哄而起。我归纳出长庆的三个主要问题：气（落实天然气探明储量及产能建设）、油（原油上产及产能建设）、稳定（长庆大局的稳定及职工队伍稳定）。我们也就是在围绕这三个主要问题做工作。

西安北郊桃花源附近的 380 亩地，勘探局正在与市上做工作，这里可以建设 1600 套住宅，但也不可能对陇东基地再进行大规模调整，即使资金问题能够解决，陇东职工队伍的稳定问题也不能很好地解决。

关于征地问题，在这里重申："先刹车、先降温、先规范"。目前各方面的条件不能说完全不具备，但要坚持实事求是、稳步推进、产权调整、政策到位后，再往下做深入、细致的工作。

孙玉辰同志在工程技术研究所座谈会上的讲话要点

（2000年6月14日）

2000年6月14日下午，长庆石油勘探局局长、党委书记孙玉辰与局长助理杨庆理来到长庆工程技术研究所，听取了所领导的汇报，之后到各办公室看望所里职工，参观了实验室。孙玉辰同志在听取工程所所长袁孟嘉的工作汇报后，发表了重要讲话。

当袁孟嘉所长汇报研究所机电室今年以来深入施工现场，设计开发新产品，投入使用后，效益很好，同时，也存在技术、工艺泄密问题时，孙玉辰同志说：

从你们谈的情况看，现场要解决的问题不少。

新的技术、新的工艺，从一开始搞就要有非常强的企业和商业秘密意识。配件分开让别人加工，核心件自己搞，自己组装。真正有效益的技术，加工完了，图纸要收回。不然，别人不费吹灰之力，就可以得到你的技术。

搞项目设计和产品开发，我觉得你们这条路走得对。要让技术人员全身心地投入到新产品开发工作中去。组织上要从研究经费、科研场所、生活条件、人员配备、研究工具上给予保障。独当一面的技术人员，要给予强有力的保证。特殊贡献奖，不能再撒胡椒面。我们为什么不能一年评出十来个人，真正做出贡献的，给他发上十万、八万，或者在西安给他奖一套住房呢？

产品开发，要搞绝活，有了绝活，就有了市场。物探的黄土塬地震测线，原来我们打算按集团公司的要求给别人一些任务，但油田公司不答应。他们觉得这种测线，还是让咱们的地震队干比较放心，别的队要干这样的活，没有两三年的实践，很难摸索一套适合实际的东西来。这就是优势。

我们存续企业发展，要靠吃科技饭、人才饭。建实验室、买设备容易，关键是人才。要把一些年轻的、有能力的工程师，当作操作工派到对外合作井队去，提前进入。他们在哪里，一看就明白。他们不是去干活，主要是学技术。

要敢于试验，咱掏钱都行，只要试验数据、技术归我。气井能否打小井眼？（回答：目前还有困难）要让钻一学打小井眼油井。打一口井，总结一口，成功在哪里，失败在哪里，这本身就是收获。

要考虑建立精密件加工制作中心。日本人在宁夏建了一个。机械厂振动筛后来没有大的发展，问题就出在网子的精加工上。咸阳钢丝钢绳厂曹厂长几次找我，想和咱们合作搞振动筛子的筛网。

石油人勤劳、有奉献精神，凭着这一点可以和社会上其他行业竞争。

当谈到新工艺应用后，研究机构就不能再获得回报时，孙玉辰同志说，没有关系，我们从钻井中，一米进尺扣一元的科研费就出来了。以后要科研、生产一条龙，前期费用从钻井中扣。今年搞得好，再从奖金中拿出一块给你们。下一步，科技处、工程处、工程所、三个钻井处，要采取新的机制，联合到一块，形成一条龙。不是简单的机构合并，而是要通过新的机制加强科研力量。油田公司加强研究院的工作，我们工程所力量也得加强。第一步，先把长庆本身存在的问题搞清楚，占领长庆市场。然后瞄准国内、世界上的市场。像泥浆公司都可以先独立运行，还有专门工具制造、固井等。同时，要利用社会上的技术人员，吸收基层的技术人员参加所里的实验。

最后，孙玉辰同志讲了三点意见：

第一，存续企业不能自己老在哪里想怎么死，要想法活。事实证明，存续企业不仅能活，而且还可以活得好一些。不仅能参与竞争，而且能在竞争中取胜。今年正月十五，咱们在钻井三处座谈，你们还发愁机电室没有活干，人养不活。没有想到只有几个月的时间，机电室开发了那么多的新产品，效益还不错。这不仅仅是重组的功劳，不重组，我们也要这样干。只不过重组把我们逼得走得更快一些。这几个月的发展说明，基层的同志想问题更实际，活力在基层，办法在基层。

第二，有一条，你们做得对，就是紧紧瞄准陕甘宁这个市场，这个定位比较实际。真正有生命的是实事求是，谁能做到实事求是，说明谁本身有智慧。如果咱们老是想如何让火箭上天，那是想入非非。我们就是要盯住油气生产市场，实事求是，从实际出发。只要深入基层，实事求是，一抓一大把产品。

第三，加强组织，提供强有力的服务和保障体系，加强科研工作。一是所里本身要做好；二是局里也要研究，采取有效措施。支持新产品的开发、实验、攻关。要从局里特殊奖里留出一块，奖励做出贡献的人。你们要加强管理，调动积极性。

认清形势　坚定信心
把长庆石油勘探局的改革和发展不断推向前进

——孙玉辰同志在勘探局领导干部会议上的报告

（2000 年 10 月 16 日）

同志们：

局党委、勘探局召开这次领导干部会议，主要是传达贯彻集团公司领导干部会议精神，通报今年以来勘探局生产经营情况，研究进一步深化改革和加快发展的相关政策，安排落实第四季度的工作。

在会议结束时，我要讲四个问题。

一、关于集团公司领导干部会议的主要精神和我局传达贯彻会议精神的情况

（一）集团公司领导干部会议的主要精神

集团公司领导干部会议于 9 月 5 日至 8 日在北京召开。会议听取了马富才总经理所作的工作报告。

阎三忠副总经理在会议结束时就如何贯彻好会议精神讲了重要意见。

大庆、辽河、新疆、长庆等 11 个地区服务公司和直属专业公司在大会上交流了经验。

会议集中时间讨论修改了集团公司《关于加快产权制度改革的意见》、《关于深化人事劳资制度改革的意见》、《关于深化投资体制改革，加快企业发展的若干意见》和《关于实施走出去战略，鼓励开拓国际市场的若干意见》

等4个政策意见。现已正式行文下发。

会议的主要收获：这是一次专门研究解决地区服务公司和直属专业公司生存与发展的重要会议。会议自始至终以发展为主题，以调整为主线，以改制为突破口，对地区服务公司的发展、改革等一系列重大问题进一步理清了思路，统一了思想，明确了目标和方向。

（二）勘探局传达学习集团公司领导干部会议精神的情况

（1）9月9日至10日，召开了局务会。原原本本地学习了集团公司领导干部会议文件，对全局学习贯彻集团公司领导干部会议精神做了安排部署。

（2）9月12日至16日，举办了为期一周的专题学习班。局领导、机关处室长参加了学习。在领会会议精神的基础上，联系实际，研究制定了我局深化改革的9个政策意见（讨论稿）。

（3）9月18日和10月9日至11日，两次召开局长办公会，审议了上述9个政策意见。

（4）10月14日至16日，召开全局领导干部会议，专题传达集团公司领导干部会议精神，讨论修改勘探局深化改革的总体构想和各板块改革改制的实施意见。

我们之所以花这么多时间、集中这么多人，步步深入地学习、研究、贯彻集团公司领导干部会议的精神，特别是马总的报告，是基于这样的考虑：

（1）这是一次事关地区服务公司生存、发展大计的会议，时机已到，机会难得。

（2）必须首先解决各级领导干部、两级机关的认识问题、态度问题，才能真正转变观念，步入改革轨道。

（3）必须结合勘探局的实际，提出具体的贯彻意见，才能制订出切实可行的改革、改制方案。

经过前一阶段工作和这次会议全体同志的努力，第一阶段的目标基本完成。但是，学习贯彻集团公司领导干部会议精神还需要步步深入；制订勘探局改革、改制方案的工作也仅仅提出了总体要求，今后的任务还很重。

二、关于我局今年以来的工作进展情况

今年是“九五”规划的最后一年，也是重组改制后，勘探局和油田公司分开运行的头一年。在过去的9个月时间里，各单位认真学习贯彻局党委、勘探局制定的“两条基本思路”、“四大发展战略”和年初在临潼召开的工作会议精神，主要取得了以下五个方面的成绩：

（一）贯彻“先活心脏，后养肌肤”的原则，确保长庆整体目标的实现

实现2003—2005年油气产量（当量）1000—1400万吨的宏伟目标，是长庆生存与发展的基础，是全体长庆人的共同企盼、共同利益和共同责任。分开分立后，勘探局和油田公司虽然利益的主体变了，但共同生存发展的基础没有变、优势互补的关系没有变。如果因为分开、分立关联交易的存在，在这个重要的认识上错位了，就会失掉大局。因此，为了保证长庆整体发展目标的实现，各单位分家不分心，全力以赴保大局。主要表现在：

1. 保卫油田，守土有责

企业重组后，一些不法分子错误地认为，油田分家了，看井巡线的人少了，正是盗窃原油和石油物资的好机会。油区治安案件急剧上升。今年1—9月份，油田共发生盗油案件4113起，同比上升36.6%；发生盗窃石油物资器材、破坏案件320起，同比上升38.4%。

面对复杂的外部环境，全局职工毫不犹豫地提出：保卫油田，就是保生存、保发展；守住地盘，就是保大局、保长远。

三个采油技术服务处和三个采油厂以及各边远油井承包作业区成立护油大队，安排专项资金，配置护油装备，组织18000人次巡井护线。许多单位要人给人，要物给物，所付出的代价是巨大的。在护油斗争中，全局有166名职工被打伤，有1名职工被打死。在地方各级

政府的关怀支持下，在全局职工的共同努力下，偷盗、哄抢原油的势头有所遏制，基本上保证了原油生产的顺利进行。

2. 全力保油气田重点工程

根据油田公司的安排，为确保今年油气勘探踏上整体规划的步子，春节前后，在关联交易合同未签、价格未定的情况下，工程技术服务单位就办理征地、赶修井场、组织搬迁，提前20天启动生产，争取了主动。修井职工大年三十晚上还在抢修躺井，井队职工在寒风凛冽的荒山大漠中度过元宵佳节。勘察设计部门春节不休息，加快施工设计。生产服务单位提前进行通信、电力线路春检。春节刚过，局领导就分头到基层召开开工动员大会，为油气田重点工程建设出征将士壮行。

为了保大局、保重点工程，不管施工过程中设计变更多大，部署调整多频繁，各施工作业队伍服从和服务于勘探开发这个大局，不讲条件，不讲困难，先干后算，不算也干。不少井队井位接替不上，只好掉头参与社会市场打井；当集中征下一批井场时，他们又坚决把井队撤回来，确保关联交易市场的需要。

今年4、5、9三个月，油田公司三次调整油气生产部署，钻井、井下作业队千里搬迁，一声令下立即行动。截至9月底，仅发了坐标缓钻的井位就有422口，占所发坐标的1/3，占实钻井位的1/2。这些缓钻井位，大部分已经进行了实地勘察，其中有217口井、118个井场钻前已经完工。即使在这种情况下，各技术服务单位顾全大局，服从需要，高速、优质地完成了钻井任务。

3. 不断提高保大局的意识，增强保大局的自觉性

2000年初，局党委、勘探局针对关联交易存在不完整性的特点，在工作会议上向各级领导干部就保大局的问题提出了明确要求。在制定关联交易协议中要求机关带头树立大局意识。在实施关联交易协议过程中，又提出要当老实人，不会就学，不懂就问，不顶死牛，不算死账。为了让机关更好的学习基层，服务基层，7、8、9三个月多次组织调研，目的还是为了统一各级领导对关联交易过程中如何处理好局部与全局、眼前与长远利益关系的认识。

目前，大家对保大局这一重大政策和战略问题的认识，显然要明白得多了、认识深刻得多了。这对自觉处理好关联交易中的矛盾和问题大有益处。

（二）提高服务质量，满足关联交易市场的需要

1. 只有提高人的素质，才能从根本上提高服务质量

勘探局从一开始就提出了科技和人才开发战略，并相应制定了配套政策：学术、技术带头人和做出特殊贡献的研究生可以享受特殊津贴；允许个人以成熟技术、实用专利进行技术服务或技术合作；设立1000万元科技奖励基金鼓励人才发明创造；允许急需岗位引进高层次人才；吸纳离退休高级技术人才从事咨询和服务工作。学校、筑路、井下、设计等单位带头到社会人才市场选聘人才，打破了缺员靠商调的老框框。

勘探局明显加大了人才培训的力度，先后9次邀请集团公司、兄弟单位的专家、教授来油田讲课，参加学习的局领导、副处级以上干部、机关科室长达到1800人次。下决心将70多名处级干部从生产一线抽下来，进行为期一个月的工商管理知识培训。为适应开发国际市场的需要，在西安石油学院举办了两期为期半年有80多名技术干部参加的外语培训班；在临潼疗养院举办了有34名工程技术人员参加的西班牙语短训班。

根据局领导在陇东地区调研时发现的问题，8月8日举办了有66名处级干部参加的市场开发专题培训班。

钻井、修井、物探、井下、油建、筑路等单位，结合施工作业，学习和借鉴HSE管理

工程，现场培训，提高全员素质。特别是油建涩宁兰施工、钻井三处70118反承包钻井，在HSE管理方面取得了显著的进步，积累了宝贵的经验。

2. 加大科技投入，积极开展科研攻关

我们下决心先后投入了6亿元更新关键设备（其中今年3.2亿元）。购置70D、50D、40D电驱动钻机，更新改造了2台F320钻机；购置5700数控测井仪，改造3700测井仪；购置2000型压裂机组和部分筑路、管道施工设备等。

令人高兴的是，今年以来，全局上下进一步认识到了依靠科技进步闯市场、开拓市场的迫切性和重要性，广泛开展科技攻关，取得了重要成果。

尤其在陕242井成功地进行了利用天然气进行欠平衡钻井。这是一项难度大、风险大的高新技术，目前在国内乃至国际上处于领先水平；推广应用丛式井井眼轨迹控制和防碰技术，提高了定向钻井成功率。在9口天然气井上成功地进行CO_2泡沫压裂，其中陕28井获得无阻流量56万立方米，苏6井获得无阻流量126万立方米。5700成像测井系统投产快、质量好，地质效益明显。成功地采用超深穿透、油管传送负压射孔技术等，取得了良好的效果。

物探处这几年对黄土塬直测线地震采集方法的研究与试验、地震资料处理过程中“三高”处理技术研究与应用等进行特殊攻关，使黄土塬地震勘探有了重大突破，在天然气勘探布井中发挥了重要作用。同时，创造了具有长庆特色的储层横向预测技术系统。今年以来，提供的陇东地区元54井、里29井、午9井，苏里格庙地区苏6井、苏4井等一批探井获得了高产工业油气流。天然气开发共优选井位98口，现已完钻58口，54口井预测与钻探结果相符合，成功率达到93.1%。

3. 大力开发新产品，取得了可喜的成果

设计院、工程技术研究所、测井处、机械厂、二机厂等单位深入油气田调查研究，根据用户的需要，进行科研攻关，开发了三甘醇脱水装置、节能型抽油机、高压水射清洗油管装置、WDX－Ⅲ型温控短路热洗清蜡装置、GW－1型振动筛、可取式电缆桥塞等24项新产品，既解决了关联交易市场的需要，为进一步攻克“三低”、加快油气勘探开发步伐做出了贡献，又为开拓社会市场创造了条件，取得了较好的经济效益。

4. 及时解决施工质量问题，进一步确立“质量是企业的生命”的经营理念

针对上半年固井质量、钻井井下事故、压裂砂堵、钻具失效等问题，全局上下组织专门力量调查研究，及时召开专题现场会深入剖析，采取有效措施，使施工质量明显提高（例如压裂砂堵问题，5月20日前共发生了7次，采取措施后，再未发生类似问题）。

9月份，在各项生产建设的关键时期，市场开发处组织力量对油田公司3个项目组、6个服务对象和壳牌长1井施工现场监督进行了质量回访，对征求到的27个问题采取有效措施认真解决，保证了施工质量；及时推广了井下处建立用户回访卡的经验，逐步规范了工程技术服务、生产服务的质量回访和搞好全过程服务的制度。

钻井战线没有辜负勘探局对他们的期望。三个钻井处通过技术攻关，科学运用配套技术，钻井速度大幅度提高。特别是气井超过了近四、五年来队年4—5口井的水平，大部分队可完成5—6口井，有的还可能实现7开7完或7开6完。气井队上万米比去年缩短了46天，油井队上双万米比去年缩短了9天。

5. 生产经营工作进展顺利

今年整个经营盘子打得很紧，为确保“一盈一平”目标的实现，各单位自觉从大局出发，内部消化2.5亿元。在考核指标未下达、关联交易价格不到位、资金结算不到位的情况

下，各单位加大自控力度，保证生产正常运行。从目前情况看，油田公司可以超额完成利润计划；勘探局大部分二级单位能够实现全年经营目标。1—9 月份，全局主营业务收入 31.775 亿元，主营业务成本 32.327 亿元，集团公司补贴 1.9463 亿元，总额亏损 52 万元。

钻井、地震、测井、井下作业、采油技术服务、水电、机加工等，1—9 月份主要生产计划完成较去年同期有较大幅度的增加，有把握提前完成全年关联交易工作量。

（三）精诚合作，积极稳妥地搞好关联交易

全局上下立足于主辅两相依、同心谋发展，确保关联交易近期目标的实现。

1. 提高了对关联交易特殊性的认识

今年是关联交易的第一年，我们从一开始就注意解决和提高各级领导干部对关联交易特殊性的认识问题。实践证明，解决好认识问题是非常有益的。大家还要在实践中深化认识，总结新的经验。

当前的关联交易有五个特殊性：一是关联交易价格政策是历史成本净还原 + 按比例分摊有关费用。二是关联交易运作方式是合同 + 协商。单靠合同制约不行，还要靠双方的协商。三是关联交易的矛盾仲裁主要靠协商，以后逐渐向法律仲裁过渡。四是关联交易的运作模式，没有现成的路子可走，靠双方共同来探索。五是关联交易的时效性和不完整性。

所以，关联交易市场是一种特殊的市场，必须制定特殊的运行法则。这种特殊的法则就是“协商”，而不能用简单的行政命令的办法来解决。

2. 精心设计，确定关联交易的近期和中远期目标

关联交易既不能没有目标设计，走到哪儿算哪儿，也不能指望一下子就搞出一套完整可行的实施方案。因此，我们从一开始就认真进行目标设计，提出了近期和中远期两个目标。

近期目标：是要探索和研究在关联交易条件下建立有效的协调机制，达到规范运作、平稳过渡两个目的。

中远期目标：是要探索和研究在市场机制下，利用产权作纽带，寻求建立长期的经济同盟和战略伙伴关系。

我们之所以这么设计，根本目的是抓住主要矛盾、解决主要问题。今年探索，为明年理顺打下基础。

3. 采取措施，保证关联交易协商机制的有效运行

从一开始，双方共同成立了关联交易协调委员会，下设 12 个协调小组，从组织上保证了协商机制的有效性。今后要更好地发挥各协调小组的职能作用。

经过双方共同努力，于 1 月 29 日签订了总协议，5 月 15 日全部签订了 20 项分协议。

4. 实事求是，妥善处理了一系列重大问题

在关联交易目标设计、探索有效协商机制、履行关联交易协议实践中，勘探局和油田公司都以大局为重，用《关联交易总协议》规范经济行为。

特别是力求做到“四个坚持”，即：坚持实事求是、传统文化、长庆特色、稳步前进；坚持思想、战略、目标、利益“四个一致”；坚持“讲大局、讲素质、讲感情”，合同制约，规范操作；坚持“学习、学习、再学习，协商、协商、再协商”的原则。

我们积极稳妥地处理了一系列实际问题。在处理关联交易市场过程中，油田公司主动提出要发挥关联交易市场的优势。在对第二净化厂设计招投标、新增地震工作量招投标、新增钻井工作量招投标等过程中，双方都能协商处理。三个采油厂和三个采油服务处在捆绑运行中积极协商，达到了预期的目标。

（四）以市场为导向，加强内部管理

1. 制定和确立经营战略、经营理念

1月8日，局党委常委（扩大）会议认真分析了勘探局分开、分立后面临的形势，基于对发挥长庆整体优势和对存续企业生存发展的思考，研究确定了勘探局基本发展思路和发展战略。

两条基本思路：坚持围绕油气主业发展而发展的基本思路；坚持以市场为导向促进内部管理水平提高的基本思路。

四条发展战略：市场开发战略；质量、效益型经营战略；多元化发展战略；科技进步和人才开发战略。

根据上述思路和战略，我们制定了10个方面的具体政策，以及深化改革总体构想等若干配套政策，明确了今后的发展方向。

2. 进行改革、改制试点

我们按照集团公司的总体部署，实事求是、积极稳妥地实施了改革试点。

勘察设计研究院、华力会计师事务所改制为勘探局控股的有限责任公司，正在按程序完善报批。

长实集团等三个单位成立了职工持股会，持股职工达1507人，资金1140万元。

第三采油技术服务处油脂化工厂、钻井一处飞达石化公司、测井工程处方元实业公司、第二采油技术服务处橡胶厂、钻井三处锦林公司等单位进行集体企业改制试点。

物探处、长庆宾馆、第二采油技术服务处双力实业公司等单位积极探索劳动用工制度改革，竞争上岗，易岗易薪。有的还试行经营者年薪制、管理人员月薪制、操作人员绩效工资制。

3. 积极探索产业结构、资产结构和队伍结构调整的新路子

物探处模拟内部市场，按照地震勘探、多种经营和发展采油服务进行产业结构调整，成立了若干个设备内部租赁的服务公司，显示出按市场配置资源的优势。

钻井三处走多元开发的路子，按照钻井、采油、多种经营三大块进行资产、人员的内部整合，以产业结构调整带动队伍结构的调整。

三个采油厂和采油技术服务处，采取了一系列符合本单位实际的措施，探索依靠经济手段、建立长期战略伙伴关系的有效途径。

机械厂进行产品结构调整，“干一、看二、筹划三”，并以此带动产业结构、资产结构和队伍结构的调整，初步扭转了靠堆工作量、靠产能建设养活人的被动局面。

油气技术综合服务处从单一的农副产品生产经营向多元化产业发展，积极调整产业结构和队伍结构，初步扭亏增盈，特别是党政主要领导带领“一班人”脚踏实地闯市场、一分一文增效益的做法，很值得各级领导学习和借鉴。

我们这些有益的探索，为贯彻落实好这次集团公司领导干部会议精神，进一步搞好产权制度改革打下了基础。

4. 实施市场开发战略，积极开拓社会市场

年初工作会议之后，各单位积极开拓社会市场。1—9月份争得社会市场份额2.437亿元，完成1.495亿元。

三个采油技术服务处虽然捆绑吃饭，但仍然居安思危，走出油田开拓市场。1—9月份完成社会市场工作量3970万元。

三个钻井工程处和测井、井下等单位在关联交易市场工作量大、保大局担子重的情况下，主动出击，开拓市场。目的是探路子、增效益。

油建工程处以涩宁兰输气管道建设为新起点，承揽社会工作量达4800万元。

筑路公司面对非常复杂的公路建设市场，知难而进，除两项跨年工程外，今年承揽了7000万元的工作量。

物探处与大港油田联合竞标，拿到了1795万元的三维地震勘探项目工作量。

设计院立足油田，加大社会工程勘察设计

工作力度，已完成9项社会工程的设计，合同额254.7万元。

油气技术综合服务处、机械厂、二机厂、运输处等困难企业主动出击，积极开拓社会市场，初步见到效果。

勘探局9个单位在2000年国际石油天然气、化工科技装备展览会上，签订产品销售合同1项，意向性协议3个，销售额660多万元。

社会服务单位转变观念，积极走向社会。钻井二处马岭医院、采油二处卫生所和第三物业公司，服务市场向社会延伸，取得经济效益和社会效益双丰收。

国际市场开发有了实质性进展。6月9日，我局在北京与壳牌公司签订了长北钻井反承包服务，价值约400万美元；积极开拓尼日利亚、柬埔寨、厄瓜多尔和中东、东南亚等国外市场，工作不断深入。

除此之外，最近，钻井二处、水电厂、二机厂、筑路公司、运输处等单位组织专人进行市场调研，拿出了有分量的市场调查报告，为下一步市场开发做了前期准备工作。

（五）以“三讲”教育为主线，确保大局的稳定

1. 稳定大局，领导是关键

7月24日，职工医院、运输处发生了不应该发生的少数职工集体上访事件。最大的教训是领导干部在大是大非面前，旗帜不鲜明，态度不坚决，甚至迎合部分群众中的落后、消极、埋怨情绪。

针对这次事件，我们组织了两次调研活动，帮助和指导34个二级单位的领导干部解剖事实，分析问题，吸取教训，进一步提高了对“讲学习、讲政治、讲正气”的认识，明确了领导干部要真正做到代表大多数职工利益的基本标准和要求。

各单位包括医院、运输处的领导同志也都认识到，在当前改革改制的关键时期，领导干部特别要带头当老实人。要在自己的职权范围内，向职工群众“交实底、鼓实劲、干实事、求实绩”。要认真学习党的路线、方针、政策，与党中央保持一致，与集团公司保持一致。要在重大问题上、工作部署上与勘探局的决策保持一致。要学习市场知识，研究市场经济，对关联交易市场和社会市场一些重要政策要认真学习，深入思考。只有这样，才能担负起领导的历史责任，才能把握好改革、发展、稳定的关系，才能确保长庆大局稳定。

2. 关联交易要防“乱”

年初工作会议上，我们明确提出今年的关联交易要防“乱”。在具体工作上，9个月以来针对关联交易中的难点、热点问题和不同时期的思想反映，对职工特别是领导干部及时进行了引导教育：

（1）坚定一个信念，即：发展是硬道理。千矛盾、万矛盾，只有靠发展才能解决矛盾。把大家的注意力从分开、分立后的失望茫然、怨天尤人，引导到坚定信念、着眼双方共同的利益、共同的目标上来。

（2）今年的关联交易必须达到两个目的，即：达到保上市、保规范运作和保存续企业平稳过渡两个目的。二者缺一不可。

重组一开始，我们就提出了“先活心脏，后养肌肤”的原则。股份公司上市前，方案的制订、实施，都以大局为重，确保上市公司顺利起航，并以此作为衡量各级领导干部有无大局观念的重要标志。股份公司上市后，我们仍然坚持这一原则，及时解决了在关联交易过程中遇到的各种矛盾和问题。当前，仍然要坚持这一原则，以保证关联交易的平稳运作，并为在市场条件下建立战略伙伴关系打下基础。

（3）关联交易要过好“三关”即：过好人事关、利益平衡关、存续企业自我生存与发展关。

分开、分立初期，我们着重引导大家过好人事关，解决好干部问题，使分开、分立顺利

进行。

从今年年初开始，我们着重引导大家过好关联交易利益平衡关，教育职工正确认识两个利益主体的利益关系是要通过地区公司、集团公司和国家三个利益层次来平衡。特别是勘探局和油田公司两家的利益平衡是最基本、最直接、最重要的利益平衡，也是最主动、最有效的利益平衡，从而增强了双方自身平衡矛盾的积极性和主动性。

进行关联交易的引导教育，不仅增强了存续企业自我生存与发展的信心，同时也避免了因盲目而产生的“内乱”。

3. 加强思想政治工作，确保大局稳定

（1）给职工鼓劲，增强信心，稳定人心。

我们在全局广泛开展“求生存，图发展，闯市场，增效益”主题活动，极大地调动了职工生产建设的积极性。

第一采油技术服务处根据关联交易市场的变化，选树了经营增效、科技创新、开拓市场、谏言献策、爱岗敬业等方面的典型，有集体、有个人，有科技人员、有普通工人，很有说服力。他们运用这些典型，大力弘扬“创业、奉献、求实、团队”精神。

第三钻井工程处党委带头讲正气，唱响主旋律，为“十大标兵”每人摄制一部专题片，为每位劳模谱写一首歌曲。物探处发挥劳模作用，在改革、管理和技术方面当好带头人。

卫生处、公用事业处、宣传部、工会、团委，针对上级要求卫生系统移交地方引起的思想混乱，推广采油二处卫生所、钻井二处职工医院改革的经验，学习借鉴宝鸡石油机械厂卫生所改制的做法，一方面召开经验交流会，一方面制订改革方案，把医疗卫生战线的职工引导到通过改制求得自我生存与发展的正确轨道上来。

全局上下借纪念油田会战 30 周年之际，重在对职工进行传统教育，以凝聚人心、鼓舞士气，各项活动搞得有声有色。

（2）旗帜鲜明，掌握政策，妥善处理不稳定因素。

局党委三次召开二级单位党委书记会议，通报揭批“法轮功”和处理葫芦岛事件情况，研究制订稳定油田内部秩序的预案。局领导多次与各二级单位主要领导打招呼，采取有效措施，防止突发事件。比较妥善地处理了三起职工因住房问题联名写信问题。及时处置了医院、运输处少数职工集体上访事件，保持了全局的政治稳定。

4. 针对改革、改制中职工关心的问题，为群众办实事

局领导到青海等施工现场，慰问一线职工，解决生产、生活中的实际困难，对大家鼓舞很大。各单位主要领导扑下身子，沉到基层，关心职工生活，调动了职工生产和工作的积极性。我们在至今配套资金仍不落实的情况下，千方百计加大职工住房建设力度，计划建房 2924 套，重点解决无房户的问题。

在平稳过渡时期资金困难的情况下，尽量保证职工工资的发放，并力争职工今年总体收入比 1999 年有所提高。

三、关于勘探局深化改革的总体思路和目标

（一）勘探局的定位及总体设计

目前，勘探局是集团公司所属的全资企业，与集团公司既有产权关系，也有行政隶属关系，具有相对独立的法人地位，是投资、利润中心。

今后勘探局的管理运作模式，要从现在以生产经营为主，逐步向以资产经营为主、兼具生产经营功能的方向发展。

勘探局的基本职能是，研究制定总体发展战略并组织实施。在生产经营方面，对所属单位提出考核指标，实行领导、组织、协调、监督。在资产经营方面，通过参股、控股的形式依法行使投资者的权益。

勘探局的组织结构模式是：直属企事业单

位、控股公司、参股公司。

直属企业单位不具有独立法人资格，与勘探局既有产权关系，又有行政隶属关系，是成本控制中心。

控股、参股公司具有独立法人资格，是独立的生产、资产经营的实体和投资利润中心。

(二) 勘探局改革的方向和原则

以党的十五届四中全会决议为指针，认真贯彻中国石油天然气集团公司 2000 年工作会议和领导干部会议精神，抓住油气发展、西部大开发和西气东输工程的历史机遇，深化改革，加快发展。

以建立“产权明晰、权责明确、政企分开、管理科学”的现代企业制度、健全法人治理结构为目标，以市场为导向，以产权制度改革为纽带，以解决结构性矛盾为重点，逐步确立工程技术服务、生产生活服务、多种经营三足鼎立基本格局，职工总数控制在 3 万人左右。

正确处理改革、发展和稳定的关系，合理平衡国家、企业、职工利益关系。通过改革，让职工有更多的实惠。

提升龙头产业质量和竞争力，拓展生产服务的社会市场和拳头产品。壮大多种经营实力和规模。优化“一对一”服务质量，降低服务成本。满足油田医疗、教育等社会化服务的需要。

改革必须坚持的原则：

(1) 必须提高经济效益和安置效益。

(2) 必须满足关联交易市场的需要，大力开拓社会市场，跻身国际市场。

(3) 必须推进企业机制创新和制度创新，优化资源配置。

(4) 必须实现产权多元化。

(5) 必须实施结构调整，实行专业重组，提高竞争能力。

(6) 必须树立大局意识，坚持围绕油气主业发展而发展的基本思路，与油田公司建立长远的战略伙伴关系。

(7) 必须从长庆实际出发，整体规划，分步实施，抓大放小，分类指导。

(8) 必须严格组织纪律，严肃财经纪律和工作程序。

(9) 必须加强党建和思想政治工作，发挥政治优势。

(10) 必须实行领导分工责任制，转变机关职能，实行厂务公开。

(三) 改革改制的目标和思路

1. 工程技术服务板块

要分离社会服务职能，进行专业整合，加大科技投入，实现产业升级。通过分步骤运作，最终把物探、钻井、测井、井下、勘察设计研究院、工程技术研究院等单位改制为勘探局控股的公司；把油建、筑路改制为勘探局参股或控股的公司；把工程监理、监督公司改制为有限责任公司。

2. 生产服务板块

突出矛盾是冗员多、经济效益低。要以产权制度改革为纽带，拉动产业结构、产品结构和队伍结构的调整。

机械厂、第二机械厂、油气技术综合服务处，要以市场为导向，以拳头产品、主导产品为龙头，调整产业结构和经营方式。逐步进行区域性专业化整合和重组。

运输处要以产权制度改革为重点，进行专业化重组和区域化整合，采取多种形式对小吨位车辆放开搞活。调整产业结构，分流富余人员。

通信公司要按市场需要实施专业化或区域性重组，创造条件，以产权为纽带，逐步与国内优势电信企业联合，融入社会市场。

器材处要以市场为导向，彻底破除计划体制下的物资供应体制，成立物资经销公司，强化经营职能。逐步实现自主经营、自负盈亏。

3. 物业管理板块

主要问题是低效资产比重大，冗员多，自

我生存能力差。总的要求是：规范物业管理。

实行“一对一”服务的项目，要遵循关联交易的原则，提高服务质量，与服务对象建立长期的合作关系。除此之外的其他物业管理项目，要通过改制，形成产权多元化。要放开经营，真正实现“企业化经营，社会化服务”。逐步实现自主经营、自负盈亏、独立核算、自我发展。

工程技术、生产服务单位的生活服务、社会服务要与主办单位分开。有条件的，如各大生活基地可根据服务半径和市场需求，通过改革、改制，形成若干个区域性的、产权多元化的专业服务公司。

宾馆、招待所实行企业化经营、社会化服务。

市场较为稳定，具备改制条件的服务项目，可进行股份制改造，鼓励整体带资分流、职工入股；对于那些涉及整体区域协作配套功能不宜改制的服务项目，可采取由职工个人承包、租赁等形式。

逐步理顺物业管理体制。基地建设规划由勘探局统一管理。部分房地产开发项目要进入社会市场。

4. 社会服务板块

医疗卫生单位在调整布局的同时，通过产权制度改革，实行投资多元化，逐步做到核算体系与企业分开，努力改善医疗条件、扩大服务项目、增强创收能力。同时，加大产权制度改革的力度，有条件的单位可以采用整体带资分流、与其他企事业单位联合办医、办院等形式，组建独立的法人事业单位。

石油学校、技工学校要按照集团公司关于停止学历教育、停止内部招生的要求，扩大职工培训规模，做好劳动预备制和资格证书取证培训工作。中小学要稳定提高教学质量，有条件的高中班可探索企有民办、联合办学形式。

工程监理监督和会计师事务所可采取整体带资分流的方式，按照国家有关规定进行改制，建立有限责任公司或股份公司。

5. 多种经营板块

多种经营已成为勘探局一大支柱产业。要通过改革，加快发展。按照“抓大放小”的原则，加快产权制度改革和结构调整。勘探局对市场潜力大、发展前景好、能形成规模经济的骨干企业，可以参股或控股。对大多数中小企业，国有退出，鼓励职工整体带资分流或入股。新建的企业，必须按新体制运行。要以产权为纽带，组建跨行业、跨地区的企业集团。目前，多种经营企业要量化资产，明晰产权，为改制创造条件。

6.“一对一”服务单位

“一对一”服务单位，或有部分“一对一”服务业务的单位（包括疗养院），都要按照关联交易的规定，明确服务范围、理顺价格、与油田公司签订长期服务合同，建立长期的战略合作伙伴关系。

驻外办事机构除搞好“一对一”服务外，勘探局将给予优惠政策，使其充分利用现有的资产、设施和区位优势，发展多种经营项目，逐步达到独立核算、自负盈亏。有条件的，可集体买断经营。

7. 两级机关

要按照市场需要，改革机关的机构设置。转变机关职能，加强政策研究。完善监督机制，搞好廉政建设。强化咨询和服务，倡导和支持改革创新。加强业务学习，提高整体素质。

勘探局要向以资产、资本经营为主、生产经营为辅的方向发展。

各二级单位要向以生产经营为主、兼有资产、资本经营职能的方向发展。

（四）实施规划

（1）今年年底前，制订出勘探局深化改革的总体构想及实施方案。各单位要结合实际，制订出本单位的改革方案，报勘探局批准后实施。要加大宣传力度，提高广大职工对深化改革必要性和紧迫性的认识。

(2) 明年上半年，勘探局和各单位要选择不同类型的单位进行试点，取得经验，下半年逐步推开。

(3) 用 3—5 年时间，初步完成勘探局深化改革总体构想提出的改制目标。

(五) 深化改革中需要强调的几个问题

1. 积极推进产权制度改革

产权结构的调整，一定要达到两个目的：一是改变产权关系，必须相应地改变产权受益人的身份；二是改革产权结构，必须保证产权的效益。所以，当前在进行产权制度改革过程中，要优先选择那些既能为企业内部提供服务，又能为社会提供服务的单位作为重点，一举多得，容易见效。如机修、机械制造、运输、基建、工程设计、通信、生活后勤服务、中介机构、商贸及餐饮服务、多种经营等。

要以产权结构的调整拉动产业结构的调整和人员结构的调整；要靠好的机制、好的政策养人，而不是消极的减人。

股权结构一定要根据资产规模、发展方向和投资对象进行合理的设置。要积极吸引外部投资入股，鼓励职工个人或集体出资入股，并按照岗位、责任、风险、贡献的不同情况设置不同的持股方式，提高职工个人、特别是经营者的持股比例。

2. 加快人事、劳动、工资分配制度改革

我们改革构想中所提出的改革意见，主要强调了两个方面：一是强调制度创新；二是强调人的素质的提高。如公开选聘人才，加强制约监督，减员增效，责权利一致等。由于我们还没有真正实现所有权与经营权的分离，更没有按真正意义上的生产经营、资产经营运作，所以，对这些实质性、根本性的问题还不可能涉及得很深、很透。大家一定要抓住产权制度改革这个“牛鼻子”，带动人事、劳资、分配制度在机制上的改革。

这里，我还要强调四个问题：

(1) 深化干部人事制度改革。重点做好五个方面的工作：一是加大企业领导人员公开选拔和竞争上岗的力度，切实加强优秀年轻干部的培养选拔；二是完善企业领导人员任前公示制的程序和内容；三是实行领导人员任期制、任职试用期制、辞职制和任期目标责任制，继续完善推行领导干部交流制度；四是加强内部考核的科学监督，领导班子和领导干部业绩考核评价指标体系，要以考核经营业绩和工作实绩为重点；五是按市场需要重新定岗定位，要打破能上不能下、能进不能出、工资能升不能降的格局。

(2) 深化劳动用工制度改革。当前，要鼓励职工有偿解除劳动关系或集体带资分流，完善内部退养政策。严格控制新增职工，停止局外人员调入。停止局内石油中专学历教育。有偿转移安置退伍军人。

(3) 深化分配制度改革。按照集团公司的要求，新的分配制度，突出了四个方面的内容：一是调整工资关系和工资结构，加大岗位、技能要素和绩效工资的分配比重；二是对有重大贡献的人员，按新创效益的比例予以一次性奖励；三是强化对领导人员考核奖惩指标的挂钩兑现，弱化永久性待遇，搞活一次性待遇；四是积极探索对高级管理人员试行风险抵押和年薪制。

(4) 完善减员增效政策。集团公司对减员增效政策作了统一规定。其基本精神：一是继续执行有偿解除劳动合同政策，但必须严格执行集团公司规定的补偿标准；二是停止执行按工龄标准退养的办法，严格执行距法定退休年龄五年内退养的政策；已办理退养的，如本人自愿改办有偿解除劳动关系，应予以批准。

3. 深化投资体制改革

按照集团公司《投资方向指导目录》，我局提出了企业投资方向分类指导意见，各单位必须坚决执行。局机关有关部门在投资问题上必须把关定向，搞好指导服务，加强投资监督。

4. 实施走出去战略，开拓国际市场

要以物探、钻井、测井、井下作业、地面建设、道桥施工为突破点，带动技术与劳务输出，开展国际贸易。争取到2003年营业收入达到1500—2000万美元、2005年营业收入达到2500—3000万美元。

5. 深化公用事业系统改革

会战30年，“老后勤”为保障生产、保障生活无私奉献。公用事业的改革要适应市场的需要，给“老后勤”找到新的出路、活路，而不是“取消、改死”。由于人员比例大，所以必须面向社会市场。

总的要求是：规范物业管理，搞好“一对一”服务。除此之外的其他公用服务项目，要通过改制，形成产权多元化；要放开经营，真正实现“企业化经营，社会化服务”；要大力提高服务质量，降低服务成本，逐步实现自主经营、自负盈亏。

6. 深化医疗卫生系统改革

医疗卫生机构要合理调整布局，更好地为职工群众服务。靠近大中城市的银川、西安等综合基地，要尽量依托社会办医、办院。对庆阳、马岭、大水坑、马家滩、安塞、靖安等矿区的医疗机构，要适应独立矿区治疗防疫的要求，调整布局，扩大服务项目，提高服务质量，建立“一对一”服务的长期合作关系。有条件的医院、卫生所，可以整体带资分流，走产业化的路子。

医疗卫生系统的改革要与职工医疗制度的改革相适应，要兼顾经济效益和社会效益两个方面，要进一步改善职工家属的医疗卫生条件，做好离退休职工的医疗保健工作。

7. 深化教育系统改革

要以中共中央、国务院《关于深化教育体制改革、全面推进素质教育的决定》为依据，结合长庆油田的实际，以人事劳动、分配制度改革为重点，建立新的教育培训机制与工作机制，有利于企业的改革和发展，有利于教育事业的发展和教育教学质量的提高，有利于教职工队伍的建设和社会的稳定，确保油田职工队伍的稳定，确保石油子弟受到良好的教育。

8. 深化多种经营系统的改革

当前和今后一个时期，必须加大多种经营产权制度改革的力度。一是新建企业必须改制，做到投资多元化，按新体制运行；二是以产权为纽带，实施重组改制；三是大力培育骨干企业，提高规模效益；四是积极开拓社会市场，增强竞争能力。当前，首先要研究市场（包括原油市场，液化气市场），提高油气开发的高新技术和服务市场针对低渗透油田勘探开发，搞好提高单井产量的技术和服务；五是人事、分配制度经营理念、方针由董事会研究决定，同时继续完善监督机制；六是明晰产权，量化资产。为了深化全局的配套改革，勘探局研究制定了9个方面具体的政策措施。通过这次会议讨论修改，拟下发试行。

四、关于当前要重点抓好的几项工作

（一）深入学习贯彻集团公司领导干部会议精神，把我们自己的事情办好

1. 认真学习，统一思想

要认真学习、传达好集团公司领导干部会议和勘探局领导干部会议精神，特别要把马富才总经理的报告、集团公司四个政策文件和我局改革改制的几个政策文件学习传达好、贯彻好，把广大干部职工的思想认识统一到会议精神上来。

要原原本本地将会议精神传达到每一个职工，要把持续重组改制的目的、意义讲清楚，把会议确定的改革目标和各项政策讲清楚。宣传部要会同有关部门，组织专题讲座，举办学习班，召开座谈会，广泛宣传会议精神和听取群众意见，不断完善改革方案。使我们的改革和发展建立在广大职工积极支持和自觉参与的基础之上。

局处两级领导班子和机关部门，一定要认

真学习、带头贯彻集团公司和我局的各项政策。继续做好深入细致的调研工作，为基层的改革改制做好指导、服务。

2. 力戒空谈，狠抓落实

改革改制是关系到企业生存与发展的大事。政策的学习、宣传，方案的制订、实施，都要有科学老实的态度，做大量细致、扎实、有效的工作。大家的事靠大家去办，任何图省事、想当然的做法都会给改革带来危害。这就要求各级领导、各级组织，力戒空谈，多办实事，克服困难，狠抓落实。贯彻集团公司领导干部会议和这次会议精神，最根本的是联系实际，把自己的事情办好。

(二) 认真做好“十五”发展规划的编制工作，用规划目标激励和鼓舞广大职工

编制好“十五”发展规划是全局的大事，只有上下广泛参与才能搞好。在编制规划的指导思想和原则上，必须把握好以下几点。

1. 要对市场进行科学的分析和研究

长庆的可持续发展目标为我们生存与发展奠定了基础，西部大开发和西气东输为我们提供了发展的机遇。

根据集团公司的部署，长庆到 2003 年要实现油气当量 1000 万吨的目标，到 2005 年实现油气当量 1200—1400 万吨的目标。这为勘探局提供了广阔的发展前景和市场份额。编制“十五”规划，首先要科学地分析关联交易市场，要合理地配置资源，满足其需要，这是我们生存发展的基础。同时，也必须着眼社会市场，包括国际市场，减少经营风险，使市场结构更加合理。

2. 要立足改革投资体制

工程技术服务“十五”期间仍是我们的“龙头”产业。在投资方向上要突出技术服务关键设备的升级换代，使其科研水平、技术水平、服务质量基本适应市场的需要。

生产服务要结合产业产品结构的调整，装备必要的设备，开发一批高技术含量、高附加值的新兴产业项目。

油田建设、道路施工作业单位要抓住西部大开发的机遇，千方百计占领市场，勘探局要在资金上予以保证。

多种经营将要实现三分天下有其一。这是我们“十五”期间新的经济增长点。在编制“十五”规划时，要充分考虑“百万吨油，养上万人”宏伟目标的实现。

总之，投资方向一定要符合集团公司的要求，投资体制一定要有利于改革、改制。

3. 突出生产，兼顾生活

改革改制的根本目的是让职工群众过上好日子。今年职工总体收入要比 1999 年有所提高，“十五”期间还要保持一定的增长比例。除此之外，继续建设好银川、西安、庆阳等综合基地。开办新的产业，尽量多安置就业。

要创造条件，搞好职工住宅建设，努力改善职工住房条件，要使无房户的问题基本得到解决。

4. 办好南北两个工业园区

在陕西高陵、银川河东建好两个工业园区，是促进产权、产业结构调整，提升整体竞争能力，创办新兴产业的重大战略问题，也是为离退休职工在大中城市购买住房创造条件，对基地建设进行战略调整的重要举措。大家要统一认识，集中力量把好事办好。

众所周知，大水坑、马家滩的生产、生活基地，由于供水和地下水位上升，建筑基础下沉等原因，已经不允许在那里再进行大的投入。银川河东工业园的开发，既能使宁夏的广大职工安居，也能乐业。陇东是长庆的根，由于机关的搬迁和城区再无地建房，离退休职工盼望能在大中城市购买住房，完全在情理之中。如果能把泾河工业园建设好，老职工的这种愿望完全可以变为现实，既可老有所养，又能安排年轻人就业。

要把好事办好，一定要树立全局观念，并且要在对外宣传和具体操作上把握好三个环

节：一是经济效益、安置效益；二是投资多元化；三是防“乱”，最重要的是人心要齐，不要生乱。

综合基地的建设，一定要坚持统一规划，统一物业管理，统一综合治理。在“三统一”的前提下，调动多方面的积极性，实行投资多元化。谁投资、谁负责、谁受益，责、权、利相统一。

（三）以相互依存、共同发展为目标，进一步搞好关联交易工作

（1）关联交易市场是一种特殊的市场、潜在的市场，有很多地方还需要认真研究，要靠优质服务解决关联交易市场的问题。

要把关联交易市场真正作为一种特殊的市场来研究，要以优质的服务确保关联交易市场的需要，进而牢固地占领关联交易市场。

要建立向用户征询意见和质量回访制度，单项工作、阶段性工程和其他特殊作业项目，都要有征询意见和质量回访的规定及措施；要把是否回访纳入 HSE 管理体系，作为考核项目组和单位领导班子的重要内容与依据。

（2）目前关联交易市场相对饱满，但也不要掩盖了我们存在的三大矛盾：一是干部、职工市场观念滞后的矛盾；二是各种结构单一的矛盾；三是大市场、低效益的矛盾。

部分单位没有把关联交易市场真正当成市场来研究，不同程度地存在着服务意识不强、服务质量不高的问题，必须引起重视。

（3）领导干部、机关处室要认真总结今年关联交易中的经验，提出存在的矛盾和解决方案，为制订明年的方案做好准备。

要带头学习研究当前关联交易的理论、原则、内容和方法，充分利用协商机制，处理各种矛盾。

（4）要为开放市场做好准备，探索谋求共同发展的载体，着手建立长期稳定的战略伙伴关系和利益共同体。

（四）采取积极有效的措施，推进企业改革和结构调整

勘探局自身的再重组，任务很重，就要整体设计，分步实施，突出重点，搞好试点。难度很大，就要广泛教育，群策群力，把主动权牢牢掌握在自己手里。

1. 统一认识，加强领导

企业改革中暴露出来的问题，最终还要通过深化改革、加快发展来解决。不改活不了，乱了改不了，早改早主动，大改大受益。

改革改制是贯彻集团公司领导干部会议精神的重点。各单位党政主要领导要亲自抓好改革改制工作。

2. 制订方案，抓好试点

各单位要根据集团公司企业改革发展的总体思路、工作部署和勘探局深化改革的政策措施，结合实际，研究制订深化改革和结构调整的总体规划和实施方案。

要选择不同专业和有代表性的单位，抓好相关改革措施的试点，认真总结经验，逐步推广。做到整体设计，分步实施，积极稳妥，扎实有效。要坚持从实际出发，不搞“一刀切”。

3. 依法办事，规范运作

各级领导要认真学习和掌握《公司法》、《劳动法》等法律法规，严格按照国家有关法规和政策办事。对集团公司和勘探局的规定和政策，必须严格执行。

4. 创造条件，积极进行产业结构、产品结构调整，集中精力解决发展问题

产业结构单一，已经成为制约我局发展的突出矛盾。必须下大气力，进行产业结构的调整，争取用 3—5 年的时间，实现以下目标：

一是产油 100 万吨，养活 1 万人。要通过改制，利用边边角角的资源，形成百万吨的规模，既调整了产业结构，又能养活更多的职工。同时，还可以与油田公司建立起经济纽带，守土有责，一举多得，何乐而不为！为了做好这篇大文章，只要大家统一认识，持之以恒，齐心协力，就一定能成功。

二是工程技术关联交易市场保持 20—24 亿工作量，养活 1 万人。

三是生产、生活服务保持 10 个亿的产值，养活 1 万人。

四是国际市场力争每年完成 3—5 亿人民币的工作量，形成 3000—5000 万元人民币的利润。

这样，我们就可以解决生存问题，发展问题也会随之逐步得到解决。从现在起，我们就要为实现上述目标而努力奋斗。

（五）抓好生产经营工作，保证今年各项目标实现

1. 组织好重点工程项目施工

四季度进入冬季施工。各单位一定要加强施工建设的组织领导，做好钻井冬季施工和收工前的就位准备工作，做好油气田地面建设工程收尾工作，确保重点工程顺利完成。

2. 确保“一盈一平”经营目标的实现

各单位要严格执行年度经营计划目标，严格控制成本，严格执行年度资金预算，确保上缴，确保职工收入，确保企业的积累与发展，费用单位绝对不能超。年底勘探局将按照 2000 年经营考核办法，严考核，硬兑现。

3. 加强质量和安全管理

全面落实安全生产责任制，进一步推行和实施 HSE 管理体系，切实从组织上、制度上、管理上采取有效措施，杜绝井下施工质量事故，杜绝工业事故，杜绝重大交通事故，保证全年各项安全生产指标好于去年。

4. 切实加强内部管理

必须树立新的管理理念，探索新的实用的管理模式和方式，加强决策管理、信息管理，强化基础工作和各项专业管理，不断提高企业管理水平。

5. 做好供暖准备工作

（六）加强党建和思想政治工作，保持职工队伍稳定和各项工作顺利进行

1. 认真学习贯彻党的十五届五中全会精神

党的十五届五中全会是在世纪之交，我国即将胜利完成“九五”计划，改革开放和现代化建设进入新的发展阶段的历史时刻召开的一次重要会议。江泽民同志作了重要讲话，通过了《中共中央关于制定国民经济和社会发展第十个五年计划的建议》，我们要把学习贯彻五中全会精神作为当前的大事，认真安排好、组织好。

2. 加强各级领导班子建设，全面提高各级领导干部的政治素质、政策水平和业务能力

贯彻五中全会精神最根本的是要深刻领会精神实质，紧密联系实际。

各级领导班子和领导干部首先要讲政治，做到真正代表大多数人的根本利益，少说空话，多办实事。在大是大非面前，要讲正气，旗帜鲜明，负起责任；在困难面前，要给群众鼓实劲，给群众以希望和信心。

一定要讲学习，当前要突出学好五中全会精神和江泽民同志“三个代表”的重要思想，学习党中央、国务院以及集团公司的政策，增强政治敏锐性和工作的原则性、系统性、预见性、创造性。同时，还要特别注意学习和研究关联交易和市场经济知识。

一定要讲大局。在当前，讲大局就是要确保长庆的稳定，确保长庆大目标的实现；要始终与局党委、勘探局保持思想一致、行动一致，维护勘探局整体发展的大局。

3. 加强思想政治工作，正确引导职工群众的思想和行为

当前要联系职工关心的热点和难点问题，广泛深入地开展形势与任务、改革与发展的宣传教育。引导广大职工明确认识深化企业改革的重大意义，正确处理国家、企业和个人三者的利益关系，正确理解改革，积极支持和投身改革；明确认识企业发展的有利条件和不利因素，正确对待前进中遇到的困难和问题，振奋精神，迎难而上。

4. 充分发挥大政工的作用

工会、共青团组织要积极协助党政组织做好职工群众的思想工作。组织带领职工积极投身改革，用自己的聪明才智去闯市场、增效益。各级党政组织，特别是各级领导同志要大力支持工会、共青团紧紧围绕企业的中心工作，独立开展活动。

改革、改制是由职工广泛参加、解决职工自身利益的大事。各项政策包括这次大会讨论的政策意见的出台，要由职工代表会议认真讨论审议。执行过程中，要接受职工的民主监督。

5. 关心离退休职工的生活

近几年，我局离退休职工不断增加。他们为长庆的发展做出过突出的贡献。在重组改革的大变革中，他们都能严格要求自己，教育好子女，顾全大局，支持改革。我们各级领导、各级组织要加强离退休职工管理工作，关心他们的生活，了解他们的心愿，解决他们的困难。

6. 继续深入开展同“法轮功”邪教组织的斗争

我们对“法轮功”邪教组织极少数顽固分子，必须斗争到底。他们仍然在一些地方非法聚众闹事，引起了社会各界的极大愤慨。我局少数“法轮功”练习者以“护法”为名，串联进京，影响很坏。对此要继续保持高度警惕。各级组织要按照中央的部署，持续开展同“法轮功”邪教组织作坚决的斗争。

7. 运用重大典型案例，加强对党员干部的警示教育，深入开展反腐倡廉工作，保证干部队伍的纯洁性，增强队伍的凝聚力和战斗力

张继昌同志通报了今年以来党风廉政建设和纪检监察工作情况。局领导分别同二级单位主要领导打了招呼，学了文件。我们一定要坚持“责任制”，真正把中央的指示精神落到实处。

同志们，在庆祝建国51周年、纪念长庆会战30周年的喜庆日子里，我们初步总结了今年前9个月工作中所取得的成绩。这些成绩的取得，与各级领导、广大职工、离退休老同志的支持，特别是油田公司的支持是分不开的。在此，我代表局党委、勘探局表示衷心地感谢！

这次会议，研究当前改革和发展的重大政策，对今后改革、发展、稳定等重大问题和工作进行决策和安排部署，具有十分重要的意义。我们一定要以十五届五中全会精神为指导，保持清醒头脑，正视眼前的困难、问题和矛盾，带头创造好的机制、制定好的政策，教育和引导职工进一步振奋精神，坚定信心，搞好二次创业。

我们相信，只要政策对路，目标明确，措施具体，同心同德，就一定能够把我局的改革和发展不断推向前进。

孙玉辰同志在机械制造总厂领导班子座谈会上的讲话

（2000年12月5日）

今天下午再占用同志们的一点时间，讲一下整合重组过程中理念的更新问题，我先讲，讲完以后还有什么要求、有什么工作请各位领导再商量。

为啥讲这个问题，主要从三个方面考虑：

第一个方面，是从勘探局下一步改革、改

制的整体模式出发来考虑这个问题。勘探局临潼工作会议结合 CNPC 对地区服务公司的定位，确定我们长庆石油勘探局下一步是由很多的模式组成一种新型的法人治理结构。也就是勘探局下属若干个控股和参股的有限责任公司，还保留一些直属企事业单位。整个勘探局要由现在的以生产经营为主，投资、决策和利润中心，逐步地成为控股、参股的公司。将来二级单位形成若干个板块以后，不仅是个成本中心，而是一个利润中心，甚至是投资决策的中心。要实现这样一个体制上大的过渡，我们目前的经营理念，离现代企业制度的要求和实现法人治理结构，是非常不适应的。

如果我们不认真解决理念上的问题，从局领导到局机关部门、以至到各板块的领导同志还是一种旧的理念，我们的规划目标和设计目标只能是纸上谈兵，与目前整个运作模式是格格不入的，要逐步适应这样一种权力过渡，也是不可能的。为啥我们花了三天的时间以理念为先讨论钻井系统的整合重组，也是基于这个问题来考虑的。

第二个方面，基于我们的现实来考虑。今年年初局党委、勘探局明确提出，重组改制之后，对于存续企业来讲，有两个不适应，而且是一明一暗。明的是我们缺乏竞争力，主要表现在“五低”，并且分析了造成“五低”的历史原因。暗的就是市场观念滞后。这样一个估计，符合不符合我们的实际情况呢？运行了将近 10 个月，我的看法，这个估计基本上是对的。因此，到了六七月份以后，除了陈国法几位局领导在家里主持日常工作之外，我和张继昌同志还有其他的几位领导同志，分别参与了三次比较大的调研活动。我们这个调研活动，除向基层学习、为基层服务外，很重要的一个目标是首先解决我们机关和领导本身的市场观念问题，起到了一定的作用。但是，对要完成这样一个整体的结构调整，差距还是比较大的。甚至我们的机关，我们的领导，由于 30 多年都是工作在计划经济条件下，思维方式、工作方法习惯于计划经济下的一套，真正的、主动的、积极的向法人治理结构靠拢，向现代企业制度学习，我觉得有进步，但是差距比较大。如果说这个问题解决不好，我看下一步这么繁重的工作量，就比较难办。

第三个方面，是基于反对官僚主义来考虑。江泽民同志在十五届五中全会上，对政府部门也包括企业，目前存在的严重的官僚主义，进行了精辟的分析。我们现在的机构设置，现在的这种做法，有很多也是严重的官僚主义。先不说腐败问题，就是真正做到为老百姓服务，尽管主观上没有忘掉这一条，但是实际做起来，就目前机构的设置，目前这一套工作作风仍然存在着很多问题。两个机械厂进行重组整合，我上午谈的两个战略目标，为啥要把理念的更新作为战略目标之一提出来，就是基于这个问题考虑的。不然就是穿新鞋走老路，就是机构上的来回折腾，一会切这边，一会切那边。基于对这一整体形势和任务的分析，我觉得有必要把局党委、勘探局包括其他领导、包括这次研讨会上大家讨论的一些概念性的东西，归结在一块，跟大家再交流一下。

目前，思想战线上和各级班子思想建设上，应该明确提出一项任务，就是要更新企业经营理念。不管是组织结构的整合调整，还是下一步继续运作的产品结构、市场结构，特别是以产权结构为纽带，拉动其他结构的调整，应该推行这样一项工程，就是要推行一项为基层服务，为市场服务工程。具体的概括为 12 个字，就是“创新、开放、简捷、明确、责任、自信”。

提出这 12 个字的目的，不是让大家当成一句口号喊，而是作为在下一步改革改制中来研讨、来丰富。也可能结合你机械总厂的实际，最后概括为 2 个字、20 个字都可以。但是这 12 个字中有一个内在的联系，就是与我们下一步目标和当前现实存在的问题有密不可分的联系。

下面，我就重点先讲这 12 个字。

先说创新。市场首先要求企业要理念创新、观念更新，没有创新能力的管理者在市场的激烈竞争中必然是被淘汰的对象；其次，市场要求制度创新，产品创新，到了市场这个环境里老一套往往是未老先衰，反过来说这句话就是市场不存在着老一套，你还没等老就把你淘汰了。一个企业，如果不注意理念和观念的创新，总是念着一成不变的“经”，这样的企业，未老就会先衰。

现在职工因为政策不连续，对企业有一种不信任感。在市场中政策不可能一成不变，市场变了政策必然变，包括劳动力政策。既然对劳动力的价值的认定都是如此，对其他的商品就更不用说了，人们对这个不习惯，还是习惯于过去几十年一贯制。产品要创新，就是新产品也往往稍纵即逝。据统计，国外有名的企业，搞的比较好的企业，他的产品的旺盛时期不过就是七天半。而我们的产品创新能力，可以说基本上没有。市场要求我们观念更新、理念创新、制度创新、产品创新，而实际情况是老观念、老理念、老制度、老产品淹没了我们，我们天天被包围。如果说领导层没有创新意识，特别是不具备创新能力，在市场中肯定不合格。所以，对管理者、领导者，一个非常重要的素质就是创新。

第二，开放。市场本身就是一个开放的系统，开放最本质的特征就是创新。只有开放，才能够不断地在新的起点上为我所用。开放一个明显的时代特征，就是人类精神文明和物质文明的一切成果、信息，都应当共享。在市场中，一个管理者要每时每刻装着两本账，一本账是差距账，一本账是典范账。如果现在一个管理者，不是每时每刻装着两本账，那肯定是一个官僚。他应该随时随地看到本企业的差距，同时还随时随地掌握他的竞争对手比自己高明在什么地方、先进在什么地方、科学在什么地方。现在考核干部，首先就应该叫他谈这两本账清楚不清楚，如果基本上清楚，他就能够在他所领导的企业，在他所领导的部门，在他自己职权范围内的舞台上，形成一种学习的气氛。他要动员他的一切组织向先进看齐，在这个机构里面每个管理层的管理者都会成为学先进的追星族。而我们现在往往看别的企业毛病多，看别的部门不如自己，这与开放系统本身格格不入。我们在调研中，曾经问到许多人包括一些主要领导，到底哪些竞争对手比我们强，哪些单位的经验值得我们学习？你这一年带上你所在的单位，解决了几个学先进的问题，往往心里没数，还是满足具体的一些工作任务。你看追星族那个热情多高，现在实际上凡是开放系统里面的管理者，都是一种疯狂的追星族。开放的管理系统，信息迅速沟通，企业与企业互惠互利，部门单位之间互通有无，取长补短，共同发展。开放的系统必然是包容，建立开放的系统，必须注意吸收补充科学的、先进的、民主的东西，要取其精华，择其优良，为我所用。

第三，简捷。真理往往是非常简单的。最有活力的人往往集中精力瞄准一个非常简单的目标。简单最容易认识统一，简单在信息传递过程中，才不容易变形，简单最便于量化和把握。只要有足够的简单，连智力不全的人，都可以调动他的积极性。如果把简单问题弄得非常复杂，有智慧的人也会变成一个傻子。简单的事情往往是人为地把它弄复杂了，简单的目标往往被官僚弄坏了。我就老想一个道理，现在这样的机构设置和市场的要求格格不入，市场要求我们管理者对它要反应灵敏，而我们现在这些机构设置，无形中把我们一层又一层包围起来，自觉不自觉的会在这个机构当中成为官僚，我们就等于穿上了带空调的内衣，而忘却了寒暑。

我们的机构哪一个对市场能反应灵敏。要说机械厂领导对市场反映的灵敏度，比勘探局要灵敏的多，这是因为你们进入市场比较早。但是，现在别看存续企业这么困难，我们三百多名处级干部到底有多少对这个问题反应灵敏。

官僚主义他自己在市场中穿的是保暖内衣，不知寒暑，他给别人穿了一个啥东西呢，他给别人穿的是一个水泥靴子，让人家参加百米赛跑。为啥呢，道理很简单，这个官僚机构一层又一层，层层审批，那不就等于给别人穿上一个水泥靴子让人家参加百米赛跑是一样吗？而基层和市场，他始终要求的是个简便，始终渴望的是一个简捷。人们都知道两点之间的连线，直线距离最短。人们天天口头讲效率就是效益，但是，要在重合机构的层层设置中打掉中间环节，谁都不自愿，谁都不甘心。

毛泽东主席在世的时候，对官僚主义深恶痛绝，他给官僚主义画像，叫作"一坐不动，两目无光，三餐不食，四体不勤，五官不正，六亲不认，七窍不通，八面威风"。画的像谁？就是土地爷庙里的那个泥胎。毛泽东主席在计划经济条件下，就抨击官僚主义。时至今日江泽民总书记又抨击官僚主义，讲得非常深刻，非常严肃。那么为啥官僚主义还是存在呢？

官僚主义是等级制度的普遍产物，中国有，外国也有；过去有，现在还有。将来只要有等级社会、有分工，就避免不了。生产关系中，按理说社会分工愈细，表明生产力愈发展。但是，任何事物都有两个方面，生产关系本身也是如此。等级观念是一种分工细致的负面产物。我觉得鱼钻不出人给它编织的网，是死鱼。人要钻不出自己编织的网，他也必然是个死人。人人都在大声疾呼，反对官僚主义，而实际上人人既是官僚主义的受害者，也是编织官僚机器的始作俑者。特别是管理层经常受官僚主义的侵害，虽深恶痛绝，又在自己自觉不自觉编织官僚主义这个网。网眼大，是大鱼死小鱼活，官僚主义编织的网层次越大官僚机构越大，是小人物死、大人物活。人物越大，越自觉不自觉的维系官僚主义的大网。所以我说，官僚主义就是喘气的死人，他正是为了自己喘气，拼命的把机构做大，把网子编实、编密、编厚，他不管效率低、还是效率高。我们这次在机构改革和机关设置方面，一定要警惕。凡是中间层次不要的，一定不能要。

管理者要做到简捷，除了要自觉破除官僚机构外，要把复杂的问题简化，这是一种智慧的表现。笨蛋是把简单的问题弄复杂，智者是把复杂的问题简化。发明高斯定律的高斯，两岁的时候，他老爹在旁边算账，他说老爹算错了，他老爹认为谁在后面胡说，一看是儿子，就没有管他。但是发现确实算错了的时候，第二次回过头看儿子，眼睛睁得比过去大两倍。七八岁的时候，老师讲等差代数几何，还没等讲完他答案就出来了，老师愣了！最后的结果，他的答案是全班唯一正确的。老师问他是怎么算的，他说是把一个复杂的问题在脑子里抽象成一个公式，把这个数代进去，就形成了代数公式，在脑子里进行运算得出的结论。后来这个人得到了一个大资本家的资助，在应用数学、天文学、磁力学方面很有建树。研究问题，本来很简单，拿到官僚机器当中去研究，越研究越复杂。我们一定要注意这个问题，特别是成立了新机构，不能说明我们就有新的理念了。

第四，明确。对信息首先要做到准确，准确是明确的不可缺少的条件，明确是一个信息完整的保护神，明确才能够在时空上统一，明确才能有效率。如果说我们现在办什么事没有一个明确的目标，领导者研究问题不能最后有个明确的结论，信息传递过程中不能保证信息非常明确的一传到底，在企业中，特别在市场中是绝对不允许的。那么，我们现在的情况如何？

今年出台的好多政策，去年有关重组的好多政策，到了基层我们问到大队干部这一级基本上就不知道了，你说怎么能够让老百姓了解中央、CNPC和勘探局一些好政策、有用的政策呢？这里面除了简捷上出了问题，还有一个反馈回来的都是一些变了形的信息。

领导班子解决问题、处理问题要有一个明确的态度，有一个明确的答复。昨天晚上，我还和你们的厂长、书记交换意见，我说能不能形成一个制度，一个月，还是一个季度，要请最基层的职工给我们的工作提建议，给我们的工作提意见。这不是一般意义上的厂务公开，它要求你和过去一个非常不同的是必须答复问题，必须明确。要么就是，要么就非，不允许既不是也不非。对一时答复不了的必须承诺，在一周之内，或一个月之内有明确的答复。为啥要强调这一点，而且是要求各个事业部、作业部，甚至总经理要亲自这么做呢？往往在基层是非常简单的问题，由于不简捷、不明确，反而长期得不到解决。

那天，我们讨论会上出现了一个有意思的概念，就是关于防洪草袋子的问题。咱们二级单位用的防洪草袋，按照现在这个采购模式、资金管理的模式，必须由器材处买来送到防洪现场。我那天说主管的领导同志，像类似的问题能不能当场明确决定。为啥不能当场明确决定呢？是官僚机器在这里作怪。别看是一个非常简单的草袋子的问题，你要答应，防洪草袋子自己去买，那么还有一个书架子的问题咋办。书架子的问题解决了以后，还有一个缸子的问题咋办。这么一个连锁反应，看起来很简单的问题，都要系统考虑，系统解决。这一系统考虑和系统解决不要紧，非常简单的问题，基层非常需要解决的问题，反而解决不了，久拖不解。

在讨论这个问题的时候，我突然想起了一个外国企业在讨论管理问题时一个非常生动的比喻，叫作响尾蛇和大蟒的问题。他们认为最基层和操作层反映出来的上层管理者不值得一提的问题，反而是最要命的东西。你要不解决他就会一口把你咬死，是你死我活的管理问题。响尾蛇要么一口把你咬死，要么，你一竿子把它打死。这是个非常简单、非常明确的问题。国外采取的办法，凡是遇到响尾蛇的问题，必须一棒子打死，这样才能够激发基层的活力。大蟒看起来个子很大，力气很大，但是它不能马上致人于死命。大蟒的问题也需要解决，但是，不要因为响尾蛇和大蟒有什么联系，就不要先干掉响尾蛇。一定要先明确干掉响尾蛇。

明确不是一般意义上的指的“三滴血”上的“糨子官”，那样的人就不配当管理者，那不属于我们讨论之列，而是说要做到明确，还必须冲破这种官僚主义。在我们基层，何尝不是如此，如果我们进了市场，最活跃的基层很多问题都解决不了，光讲那些大话，什么给基层要办实事，要为基层服务，什么要“三个代表”，要代表职工群众的利益，而基层的活力激不起来，没有任何实际意义。

第五，责任。责任是人的内在素质，是人类社会区别于动物世界最本质的特征。对于领导者、管理者来说，如果缺乏责任，严格讲，他与领导者无缘。责任是和权力联系在一起的，我们必须实现第一步的目标即责、权、利三者的平衡。还要实现第二步的目标，即当责、权、力失衡的时候、出现错位的时候，要保证责任优先。必须实现两个目标，才算真正实现了刚才我谈到的责任问题。不能再和过去似的不顾客观的事实，不管责、权、利三者的平衡，在那儿盲目发号施令，那是绝对不行的。所以说，将来这个板块要分权，起码有三项权力，初步要到位。第一项机构设置权，第二项在工资总额范围内的关键岗位分配工资形式和内部分配权，第三个副职选拔考核、任免权。要授这三个权，各板块自身要完善内部自我监督系统，从一开始就要研究责、权、利平衡，研究责、权、利一旦失衡之后，首先保证责任优先的问题，这是任何一个企业、任何一个社会都必须做到的。

第六，自信。都说市场是冒险家的乐园，咱们没有在市场冒过险，体会不到这个乐园的滋味。但是，进入市场将近两年的时间，我们有一个初步的体会，自信是进入市场的关键条件。我们现在 45 个二级单位，凡是管理者、经营者自信，就能够撕开一条缺口，稳步进入市场。凡是在那儿怨天尤人，等靠是进不了市场的。在这一点上应该表扬两个机械厂。那么反过来说，缺乏自信的管理者必然要毁掉一个企业或者一个部门。所以，我觉得自信才能够创新，才能够有所作为。我昨天给两个主要领导谈了自信也有个低层次的自信和一个高层次的自信问题。作为一个管理者来说，你只要是参与管理，就必须自信。只不过低级的自信往往骄横武断，虽叫自信，只不过是一种低层次的自信。一个管理者连一点自信都没有，走到哪里都是看上面咋办、看别人咋办，严格的说不管正职还是副职，这样必然会被市场淘汰。没有自信的队伍，肯定后面隐藏着一个没有自信的官僚。

我们这个队伍有一个非常好的作风，就是自信。我希望我们队伍的自信不断提高层次。当前和历史上相比，我们队伍自信程度有些降低。连续的大重组使职工的利益受到很大的冲击，也使自信受到了冲击。职工如果认为企业在不断的出卖他，叫他建立起对企业的自信是不可能的。现在改来改去，老是在职工的身上一会儿这样改、一会儿那样改，而不是在我们最重要的管理环节上做文章，我觉得是不对的。所以说，我们下一步包括产权的重组、改制，尽可能的不要伤害老百姓。你要说一点不伤害，有时候也不敢说百分之百的话，但是尽可能的是麻烦我们管理者、我们的领导。不要叫老百姓龙头怎么摆，龙尾怎么甩，甩得老百姓都晕了，甩的失去信心了，没有自信了，这样的企业能行吗？这不光是个思想政治工作问题，也是个企业理念问题。这是层层管理者、经营者都应该研究解决的问题。高层次自信的目标是什么，就是把自己当成头号敌人。如果说能够在市场中，在平常的管理中，把自己当成头号的敌人，自觉做到这一点，才是一个真正的自信的人。古人说：知人者智，自智者明；胜人者力，自胜者强。这里面最要害的是自知之明和自胜者强，真正自信的人，他必然是一个真正的强者，叫做能够战胜自己的人才是真正的强者。

上次来，我看了机械厂自乐班演唱的几个段子，我最后说了三句话：第一感谢这些老同志；第二，你们都是聪明人，傻子哄着别人笑，只有聪明人才是哄着自己笑；第三句话，我秦腔眉户一句都不懂，但是今天看着你们那么投入，你们高兴，我就高兴。昨天，我又补充了一句话，我说，你们不仅仅是个聪明者，你们还是个强者。为啥又讲了这么一点体会？最近，我偶然看河南豫剧“梨园春”，字幕上打的是下岗职工，下岗职工中也有男的、也有女的、有老的、也有少的。我当时还不理解，你打个职工就行了，打个下岗职工，怎么叫人那么刺眼。后来我自己想，是不是有意打的。豫剧我也听不懂，但是下岗两个字我能看明白是一个什么意思。我一看下岗职工，自己这么热爱生活，我心里不是个滋味。这才叫真正的穷乐呵。昨天唱秦腔的也有买断的，也有内退的，也有离退休的，他们在那里唱起来，说明他们对生活充满信心。你说要自己战胜自己，这不是一个真正的强者吗？所以，现在要求我们管理者的素质，一定要能够自知自明，要自胜者强，要把自己当成头号的敌人来对待。

综合上述，我对这 12 字的简单表述，目的只有一个，希望我们新的班子、新的机构、新的形势、新的使命，必须要靠新的理念去保证，请你们把两大战略任务之一，即理念的更新作为一个非常艰巨的战略任务、战略目标来对待。

张继昌同志在社会治安综合治理工作会议上的讲话

（2000 年 1 月 11 日）

同志们：

这次会议是长庆进入新世纪召开的第一个全局性的工作会议，也是勘探局、油田分公司新调整的综合治理领导小组召开的第一次会议。勘探局、油田分公司对这次会议十分重视，会前作了大量准备工作，综合治理领导小组召开会议专门作了研究。在会议上全面总结了去年的工作，认真分析了当前形势，对今年社会治安综合治理工作做了全面安排部署，特别是孙玉辰书记在百忙中抽时间到会并作了非常重要的讲话。一方面对近十年来开展综合治理工作的基本经验进行了高度的概括和总结。同时，对重组改制特别是关联交易的形势进行了精辟的分析和深刻的阐述，提出了清晰的思路和严格的要求。存续业务各单位要认真领会。在会议上有 4 个综合治理模范单位介绍了经验，还有 8 个评为先进的单位进行了书面发言，这些经验都是非常宝贵的。在会议上，还签订了 2000 年社会治安综合治理责任书；宣布了 1999 年度综合治理工作考核结果，表彰了先进单位和见义勇为先进个人。我代表勘探局党委、勘探局向受到表彰的先进单位和先进个人表示热烈的祝贺！向战斗在公安保卫、综合治理战线的全体干警和职工表示崇高的敬意！

这次会议的召开，必将对促进勘探局、油田分公司重组改制和生产经营的正常运行，保证政治和内部秩序的稳定，起到重要的作用。闵建雄同志的工作报告是经过综合治理领导小组集体讨论的。要求各单位认真传达贯彻执行。

下面，我再讲三点意见。

一、对 1999 年度全局社会治安综合治理工作的认识

1999 年度，社会治安综合治理工作在勘探局、油田分公司的正确领导和地方各级政府的支持、配合下，紧紧围绕年初制定的“确保盈利不亏损”的总目标，以维护油田政治稳定和生产经营任务圆满完成为中心，深入贯彻勘探局“五会”精神，在油区生产治安整治、维护油田政治稳定等方面取得了可喜的成绩。为重组改制和生产经营的平稳运行创造了良好的环境。应该讲，1999 年度社会治安综合治理工作的态势是健康向上的，所做的工作是卓有成效的，所取得的成果也是非常显著的。

1. 落实领导责任制，始终坚持领导和主管部门责任制

油田各级党组织充分发挥职能部门的作用，精心组织，严密防范，确保了勘探局在“三大政治斗争”和国庆五十周年、澳门回归庆典活动以及油田重组改制和生产经营的安全顺利进行。

始终把维护稳定工作放在首位，针对不同时期的工作重点，采取有效措施，密切注视社会反映和职工思想动态。及时反馈各方面情报信息，研究分析有可能影响内部稳定的苗头和动向，超前防范，实现了全局政治稳定。

2. 坚持“严打”方针，全力维护生产秩序

各单位针对外部生产治安环境日趋严峻的形势，及时采取专群结合、打防结合、企地结合的方法，集中力量，强化措施，狠抓整治，始终保持对犯罪分子的高压态势，适时组织了“破大案、打团伙、追逃犯、保上产”的严打整治斗争。企地联手开展整治、取缔土炼炉、收油点等专项斗争，确保了油气生产顺利进行。

3. 坚持群防群治，创建了“文明安全小区”

各单位坚持“打防结合，预防为主”的方针，认真落实社会治安综合治理的各项措施，进一

步健全了治保会、居委会、调解委员会、巡逻护厂队等群防群治组织；完善了创建安全小区的各项制度、标准；强化了人防、物防、技防“三防”措施；加强基础工作，形成了全方位、多层次的治安防范网络。

4. 深化“三禁一反”，强化了内部管理

各单位把“三禁一反”作为促进内部管理，加强职工队伍建设和“双文明”建设的一项重要措施，坚持抓宣传、抓教育、抓苗头、抓反复、抓典型、抓管理，促进了精神文明建设。

5. 打破常规锻炼队伍，加大了公安队伍建设力度

去年公安处根据油气生产形势需要，对处机关工作机制和管理体制进行了调整，将 11 个科室和 92 名干警重新组成了 4 个工作组，由 4 名处领导担任组长，实行责任制承包，促进了干警思想的转变，工作成效非常显著。同时，按照“从严治警、以法治警”的方针，以“三讲”教育为龙头，进一步加强治安保卫队伍建设，发挥了综合治理主力军的作用。

二、当前综合治理形势分析

1. 外部环境依然复杂

1999 年度虽然取得了很显著的成果，但这个成果是阶段性的，对综合治理工作的形势，不能估计过高，必须保持清醒的头脑。

从目前情况来看，不法分子采取多种手段在输油管线上打眼、锯口盗油，在油井泵站上使用暴力手段盗抢原油、盗割动力线、通讯线和盗窃石油物资器材案件时有发生。从区域上看，陇东的华池、岭中、岭南作业区，陕北的侯杏、王窑、靖安作业区比较严重。从作案时间上看，不法分子主要选择在春节和入冬前后。从作案手段上看，越来越专业化，油田损失越来越惨重。

土炼油(炉)回潮现象严重。油区附近的城乡结合部、周边区域仍然有增无减，非法收购原油现象严重。

2. 矿区内部治安仍然不容忽视

一是近几年来控制成效比较明显的入室盗窃案件有所抬头。

二是个别单位对无业人员、学生管理失控，流窜社会作案。

三是个别基层单位对重点人员管理、控制、帮教工作不落实。

四是个别单位还发生了重大恶性案件和酗酒引发的家破人亡案件。

3.“法轮功”清查不彻底，工作有疏漏

前一阶段，虽然我们做了大量的工作，也取得了明显成效，但是，去年国庆节之后，先后有 5 人进京参加“法轮功”组织活动，造成了极坏的影响。

4. 重组改制的推进，将可能引发一些新的矛盾

一是随着重组改制的深入，必将带来利益格局的变化与调整。机构的改革、人员的分流、分配制度的变化，都涉及到职工的切身利益。以前心理上的平衡被打破，少数人的心理状态不稳定，容易激发矛盾，形成不稳定因素。

二是重组改制后，不法分子会认为油田不是一个整体了，打击力度必然减弱，所以乘机作案，偷盗原油活动将更加猖獗。

三是分开分立后，一些存续企业的职工误认为保油护矿已经不是自己的工作，从主观上将可能放松保油护矿的意识，从客观上将可能放松打击的力度。其结果将会导致整体威慑力不足，给不法分子以可乘之机。

因此，如何在重组改制过程中，保证生产的正常运行，将是我局社会治安综合治理工作亟待解决的突出问题。

三、2000 年全局综合治理的重点工作

2000 年全局社会治安综合治理工作，要坚持在勘探局、油田分公司领导下，以新的姿态，新的起点，高标准，严要求，力争使全局社会治安综合治理工作上水平，上台阶。

1. 加强油区治安综合治理，保障主业发展

在外部环境依然复杂、治安形势依然严峻的情况下，保持强有力的打击震慑声威和主动

进攻的高压态势，势在必行。要把集中打击和专项治理有机地结合起来，不断提高“严打”斗争的针对性和实效性。不断加大侦查破案力度，集中精力保卫油气主业生产，全力维护治安稳定。

一是突出打击重点。组织几次有声势、有力度、针对性强的专项斗争，坚决把盗抢原油和石油物资的犯罪分子的嚣张气焰打下去。要认真解剖治安问题突出的地区，摸清主要问题，因地制宜，不失时机地进行区域整治和专项治理，见微知著，及早下手，迎头痛击，防止蔓延。

二是提高破大案的攻坚能力。今年要紧紧抓住以打击油头、油霸、盗油团伙，特别是带有地方恶势力的盗油团伙案件这一重点不放，集中精兵强将，加强领导，责任到人，从严打击，从重处理。要大力遏制危害生产的案件，降低输油管线打眼盗油案件，确保主业生产的正常运行。

三是落实油区护理责任制。继续推行“外病内治”方法，采取“打、防、管、查、堵”措施，在巩固现有成果的基础上，不断推行各井、站目标管理责任承包，继续实行大头井、高产井住人看守；经济民警、职工巡逻看守；油区检查站细查、严堵；对偷盗原油突出的区域要增加巡护次数和密度。特别是在春节等重大节假日，农闲时节，更要保持严打势头不减，专项斗争不停，油区管理看护不放松，坚决保证主业生产不受影响。

2. 加强治安管理，落实责任制，维护矿区秩序

各单位要结合重组改制中人员调整、机构设置的实际情况，尽快建立健全社会治安综合治理工作的组织机构，完善制度措施，积极开展工作。坚持一把手是社会治安综合治理的第一责任人，按照“谁主管、谁负责”的原则，落实综合治理责任制。要把各级领导干部承包责任制、部门责任制、目标管理责任制和岗位责任制贯穿起来，互相连带，形成责任制体系。要进一步强化监督制约机制和激励机制，形成考核体系。建立领导干部抓综合治理工作联系点，部门抓综合治理联席会议制度。要把责任制落实的重点放在基层单位，落实到岗位、个人。要一抓到底，发生问题逐级追究，明确责任，真正起到责任制的约束促进作用。

不断加强重点部位防范和重点人员的监控工作，大力控制入室盗窃、抢劫案件、重大恶性暴力案件和内部人员违法犯罪案件。各单位要加强重点要害部位和小区治安防范工作，加大对“两劳”人员，吸毒、酗酒和情绪反常等重点人员的监控力度，把不安全、不稳定因素消灭在萌芽状态，保障内部稳定，实现长治久安。

3. 加强对“法轮功”练功者的控制，坚决取缔“法轮功”

(1)要进一步提高认识，统一思想。江泽民总书记指出：“我们党领导的这场与‘法轮功’组织的斗争，实质就是一场巩固党的领导和社会主义制度的严肃政治斗争”。要看到这场斗争的复杂性、尖锐性、长期性，从根本上消除“法轮功”的影响，必须加紧工作。

目前，还有少数“法轮功”练习者仍在暗中活动，个别地方也有人搞非法聚会。有的“法轮功”练习者，尽管口头上表示要脱离“法轮功”组织，但并没有从思想上真正解决问题，时有反复。特别需要我们警觉的是还有一些策划者、组织者没有清查出来，他们仍在幕前幕后策划、组织、煽动。这些人尽管人数不多，但行动诡秘，能量很大，决不能低估。我们的工作还要深入，绝不能让“法轮功”东山再起。

各级领导干部、广大党员要深刻理解，坚决贯彻江泽民总书记的讲话精神，认清我们与“法轮功”斗争的性质、必要性及重大政治意义，认清“法轮功”组织的邪教本质和社会危害，认清坚决彻底地解决“法轮功”问题对我们下一步消除其他影响社会政治稳定的隐患，确保我国社会主义现代化建设顺利进行的重大现实意义。

(2)对“法轮功”可能出现的新情况、新问

题，要有足够的重视和充分的估计，去年国庆节后，"法轮功"组织出现了一些新的活动，一些地方极少数中毒很深的"法轮功"练习者，顽固坚持错误立场，继续练功或聚集"护法"，死不悔改，有的扬言宁可不要家庭、不要父母、不要子女，宁可退党、辞职、退学，也要继续练功，要保护"大法"，所以各单位必须对本单位可能发生的问题，要认认真真作一次分析，做到心中有数。对重点地区、重点单位、重点人要采取有力措施，按照中央处理"法轮功"问题领导小组"化解于基层，消除于萌芽，拦于外围"的工作要求，真正看好自己的门，管好自己的人，决不能让那些坚持顽固立场的"法轮功"分子去首都北京闹事，这是一项非常严肃的政治任务。

(3)继续做好教育转化工作，大力巩固已取得的成果。要在严密防范"法轮功"可能出现反弹的同时，下大力气，聚精会神地做好绝大多数"法轮功"练习者的教育转化和解脱工作。要真正从思想上解决问题。过去"法轮功"的歪理邪说能够泛滥，就是"法轮功"组织下的功夫很大，而我们下的功夫很不够，这是一个沉痛的教训。我们对原"法轮功"练习者的教育帮助绝对不能一蹴而就，要不厌其烦地采取多种他们便于接受的形式，组织他们收听、收看和学习有关新闻节目和材料，务必入耳、入脑、入心。要明确工作责任，做到思想转化，确保不出问题，有效防止反弹。对一时思想转不过弯来的，要正告他们不准参加非法聚集活动，不准违犯公安部通知的"六不准"。

(4)抓紧做好对不思改悔者的处理工作。对至今执迷不悟，拒不改正，仍在进行非法活动的"法轮功"练习者，严肃处理，坚决打击，决不手软。在这样一场大规模的取缔"法轮功"邪教组织的斗争中，没有一定处理面就起不了震慑作用，不依法依纪处理极少数就教育不了绝大多数。在党中央、国务院已将"法轮功"组织定为邪教组织后，仍然屡教不改，一再非法聚集闹事的，实际上就是邪教徒，要严肃进行处理。

(5)各级党组织要采取有效措施，真正把责任制落实到实处。各级党组织要结合本单位实际，制定落实承包责任制，一级抓一级、一级对一级负责，强化领导责任追究制。

一是要经常回头看，通过"回头看"及时摸清"法轮功"练习者的思想状况和转化、解脱情况，以及已经掌握的"法轮功"组织骨干和新出现的"法轮功"顽固分子的活动情况，查找出工作中的薄弱环节，为有针对性地强化各项工作奠定基础。

二是各有关部门要紧密协作，并肩作战。

三是重点单位，要有专人负责，只是说一把手负责而下面没有专人，工作就不会落实。对重点人落实"几包一"的目的主要有两点：首先是要教育转化这些人。其次是控制住这些"法轮功"练习者，不能让他们到处乱跑，不能让他们去聚会、去串联，更不能让他们到北京进行非法活动。一定要"盯住、守住、管住"。哪一个单位的"法轮功"骨干分子到北京参加有关"法轮功"活动，就要追究这个单位领导的责任。

4. 加强重组改制中的思想教育工作，确保职工队伍稳定

重组改制已经完成了分开、分立工作，这只是一个管理体制、组织机构和隶属关系上的改变。面临更重要的任务是分流、分离。

各级党组织一定要从保稳定、保发展的高度，做好职工的思想教育工作，要让职工充分认识重组改制的深远意义，不断增强职工在深层次改革持续推进过程中的心理承受能力，促使职工尽快转变观念。在利益格局发生重大变化时不惊慌失措，不消极埋怨。而是以平静的心态面对重组改制，以积极的心理看待现实，以必胜的信心迎接挑战。使职工情绪平静，思想稳定，进而保证队伍稳定。

5. 开展文明创建活动，建设文明小区

矿区秩序稳定关系千家万户的安危，是广大职工关切的大事。各单位要切实加强生活小区的管理。

基地发生入室抢劫案件，西安基地发生无业游民坠楼事件，反映出小区管理还面临着严峻的形势，说明加强小区管理不是简单的布置提要求，而是要扎扎实实地抓好治理防范。

各单位一定要认真落实值班制度，加强小区治安巡逻的次数和效果；充分发挥小区居委会、管委会的职责，开展治安联防，实现群防群治；提高职工的自防自治意识。要开展文明创建活动，建设文明小区，使职工安居乐业。

大力开展“三创一争”活动，全面推进精神文明建设。实现集团公司提出的精神文明建设走在所在省区前列，文明小区建设走在所在城市前列的目标。

6. 加强公安队伍建设

严峻的油田外部环境和内部治安形势要求我们必须建设一支纪律严、作风硬、业务精、有战斗力的公安保卫队伍。

要坚持政治建警，保证队伍政治合格。公安机关的性质，决定了它必须具备很高的政治素质，必须把坚定正确的政治方向放在各项工作和队伍建设的首要位置。各级公安部门要加强教育，使广大公安干警和保卫人员思想上有明显提高，政治上有明显进步，作风上有明显转变，纪律上有明显增强。

要加强职业道德建设。以“为人民服务，树立公安新风”为宗旨，培养爱岗、敬业、为群众服务的职业道德。正确认识管理与服务的关系，增强责任心，严守职业纪律，树立良好的公安队伍形象。

要加强廉政勤政建设。要秉公执法，正确使用手中的权力，倾听群众呼声，依法治警，从严治警。建立健全规章制度，完善监督机制。

要加强业务培训，不断提高公安队伍自身的业务素质。加强法律知识的学习，增强法律意识，做到依法办事。把公安保卫队伍建设成有智有勇、能打敢拼的油田钢铁卫士。

同志们：

做好今年全局社会治安综合治理工作，任务光荣而艰巨，我们一定要认清形势，振奋精神，积极进取，扎实工作，努力把全局综合治理工作提高到一个新水平，为更好地保障重组改制和勘探局、油田分公司的发展做出新的更大的贡献！

春节临近，希望同志们抓紧落实这次会议精神，加强节日期间的治安保卫工作，确保全局职工家属过一个平安、祥和、愉快的节日。

张继昌同志在纪念“五四”运动81周年暨表彰大会上的讲话

（2000年5月10日）

青年朋友们，同志们：

今天，勘探局团委、油田分公司团委在这里召开长庆油田纪念“五四”运动81周年暨表彰大会，纪念“五四”运动，弘扬“五四”精神，在会议上表彰奖励了长庆第五届“十大杰出青年”、“五四”红旗团支部、优秀共青团干部和共青团员，组织了十大杰出青年的事迹演讲。在这里我代表局党委、勘探局向获奖的长庆第五届“十大杰出青年”、优秀共青团干部和共青团员表示热烈的祝贺！同时，通过你们向奋战在油田各条战线上的广大团员青年致以亲切的问候！

长庆油田“十大杰出青年”评选活动已经举办了多届，它作为油田落实“跨世纪青年人才工程”的重要组成部分，对于推动优秀青年脱颖而出，努力营造崇尚人才、学习先进的良好风气，都产生了积极而重要的作用。刚才，几位“十大杰出”青年代表分别介绍了自己的奋斗历程和亲身感受，畅谈了作为当代长庆青年的跨世纪责任与使命，讲得很好，做得更好，使与会同志深受鼓舞、深受启发。希望全局共青团组织和广大团员青年认真向获奖的先进集体和先进个人学习，为长庆的生存和发展共同努力奋斗。

勘探局重组与改制，分开分立以后，各项工作正在稳步推进，从今年一季度的工作运行情况来看，尽管困难不少，但在油田分公司的支持与配合下，生产经营等各项工作都取得了比较好的成绩。这一点与全局共青团组织和共青团员的努力是分不开的。年初勘探局和油田分公司在临潼召开了长庆宣传、共青团工作会议。会后，局团委在全局先后开展了“求生存，图发展，闯市场，增效益”为主题的大讨论，组织了一系列活动。今年，局团委被评为陕西省“五四红旗团委”。十大标兵单位采油一厂王三计量站荣获“全国青年文明号”荣誉称号，采油一处李仲华荣获陕西省“新长征突击手”荣誉称号，全局团的工作有了一个良好的开局，取得了很好的成绩。刚才，包方钧书记作了热情洋溢、语重心长的讲话，会后，不仅油田分公司团组织要学习贯彻，勘探局团委也要认真组织学习，努力贯彻执行。下面我就全局共青团工作讲几点意见。

一、要刻苦学习，努力提高全局团员青年的思想政治素质

党中央作出西部大开发的战略决策之后，西部已经开始成为全国人民瞩目的焦点。在这个焦点中，石油天然气作为西部地区的重要支柱产业更为人们所关注，西部石油天然气资源的开发利用是西部大开发的重中之重。中国石油天然气股份有限公司发行的“中石油”股在中国香港和美国纽约已经上市。国家已经批准建设一条横跨东西部，长达 4200 千米，总耗资达 1200 亿元的“西气东输”管道工程。中国第一条中外合资天然气管线即将开工建设。作为直接参加西部大开发的主要力量，长庆油田是增储、上产、投资的重点地区之一，具有政策优势、资源优势、区域优势、技术优势和队伍优势。作为存续企业，勘探局提出了坚持围绕油气主业发展而发展、坚持以市场为导向促进内部管理水平提高的基本思路和“四大发展战略”，即市场开发战略、质量效益型开发战略、多元化经营战略、科技进步和人才开发战略。并且从政策和任务上进行了明确，以充分发挥技术、人才、装备的优势，有组织地向外拓展钻井、井下、测井、修井等工程技术服务市场和机修、制造等劳务市场，并积极开拓其他社会市场，努力开拓国外市场。求生存、图发展、闯市场、增效益的客观实际要求我们，必须建设一支高素质的职工队伍。而建设一支高素质的青年职工队伍，更是当务之急。

总的来看，全局广大团员青年的主流是好的，为勘探局的改革、发展和稳定做出了自己的贡献，但是，也有一些问题不容忽视，需要引起各级组织的重视。表现在有的青年职工政治信念淡薄，在大是大非面前缺乏判别能力；有的受社会上的一些不良影响，追求享受，甚至走上了犯罪道路；吸毒人员中绝大多数是年轻人。局长、党委书记孙玉辰同志多次在有关会议上说，年轻干部业务上成长起来比较快，政治上却不很成熟，有时候，特别是在关键时候就出问题。甚至为一间房子，一点个人问题，为一件不必要的小事情就控制不了自己。这是一个政治素质问题。对年轻干部来讲，过好政治关是一个非常重要的问题。中共中央《关于在全党深入学习邓小平理论的通知》中特别强调：用邓小平理论教育广大青年，是关系改革开放和 21 世纪国家兴衰的大事，是坚持党的基本路线一百年不动摇的长远大计。全局各级团组织，广大团员青年，要自觉用邓小平理论武装团员青年的头脑，指导实践，树立远大理想。要把学习邓小平理论和党的十五大精神紧密结合起来，与全局的改革和发展实际、青年职工思想和工作的实际紧密结合起来，学以致用，讲求实效。通过学习，充分认识搞好国有企业改革和发展的重大意义，增强责任感和使命感；进一步明确全局改革和发展的近期目标和长远目标，坚定信心，振奋精神。把个人的追求和价值的实现融入建设长庆、发展长庆的伟大事业中去。把力量和智慧凝聚到长庆改革与发展的各项工作中。同时，积极开展青年文明号、青年志愿者、青年文明宿舍等活动，带头参与群众性的精神文明创建活动，带头弘扬社会公德、职业道德和家庭美德，带头倡导健康文明的生活方式，以实际行动促进社会全面进步。

二、要锐意进取，充分发挥广大团员青年的生力军和突击队作用

勘探局重组改制以后，管理体制和运行机制都发生了深刻的变化。管理模式和管理方式从过去的“大而全”、“小而全”变成了主辅彻底分开、分立，各自独立经营；经营机制由过去的统负盈亏变为分开核算，自负盈亏；经营主体和相互关系从过去的内部分工合作和计划调配变为两个经济组织之间以契约、合同形式为主的关联交易和市场往来；在管理制度上，股份公司的资产财务要与国际接轨，存续企业的管理制度也要作出相应的改革与调整。这对大家都是新事物，我们还都是在实践中探索，但是这种新体制、新机制必须运行下去。目前，勘探局面临着大市场、低效益的问题，面临着严峻的生存问题。

困难是很大的，在分析形势的时候，看不到困难是不对的，但是只看到困难而不能正确对待困难也是不对的。在困难面前，不能迎难而上，知难而进，而畏首畏尾，裹足不前，更是不对的。“初生牛犊不怕虎”，青年人思想活跃，朝气蓬勃，敢说敢干，容易接受新事物，最少保守思想，极具开拓精神。在当前的形势下，充分发挥团员青年的生力军和突击队作用，具有十分重要而特殊的意义。全局广大团员青年一是要努力学习钻研业务技术。古人说：工欲善其事，必先利其器。玉不琢不成器，人不学不成才。要结合岗位特点，做到干什么，学什么，缺什么，补什么。在干中学，在学中干。要以深化青年岗位能手为着力点，通过开展导师带徒、岗位练兵和技术比武等活动，引导青年职工积极适应知识经济和市场竞争的新要求，适应油田发展和岗位职责的要求，刻苦学习新知识，努力掌握新技能，不断完善知识和技能结构，成为知识丰富、业务熟练、技术精湛的合格劳动者。二是要积极参与全局的生产经营管理工作。要以市场为导向，以技术创新为重点，在青年职工中大力开展创新创效活动，围绕中心工作，动员广大青工开发新产品，创造新工艺，推广新技术，转化新成果。要把小发明、小革新、小改造、小设计、小建议等“五小”活动作为参与企业生产经营管理活动的切入点和结合点，采取多种方式，为全局的改革与发展贡献力量。三是要发挥生力军和突击队作用，青年人要有一股子虎劲，要见红旗就扛，见排头就站。一方面，要围绕企业内部管理和科技进步，开展节能降耗、增产节约的活动；另一方面，要围绕全局生产建设中的急、难、险、重任务，发挥青年人的优势，大力开展生产突击和劳动竞赛活动。

三、要切实加强团的自身建设，进一步增强团组织的吸引力、凝聚力和战斗力

团的基层组织是团的全部工作和战斗力的基础，也是党的基层组织的基础之一，只有把团的基层组织建设好，才能为党的基层组织建设提供必要的保证。各级团组织，要加强调查研究，注意把握团建工作的趋势，研究新情况，解决新问题，加大团建工作力度，努力搞好自身建设。要建立起适应社会主义市场经济和现代企业制度进程的工作机制，建立起适应长庆实际和具有油田特色的团建模式，完善团建工作的规章制度，开展创建全局“五四红旗团委”和“五四红旗团支部”活动，努力改进团组织的工作方法、活动方式，不断提高团组织的工作水平。

团干部是党的干部队伍的重要组成部分，是党做好青年工作的重要力量，把团的干部队伍建设好，不仅是团的事业发展的要求，也是党的干部队伍建设的必然要求。选拔团干部，要坚持高标准，严要求。要注意把那些政治素质好，业务水平高，在青工中有威信的优秀团员选拔到团干部队伍中来。全局各级团干部，要刻苦学习，勤奋工作；勇于创造，自觉奉献。既要学习邓小平理论，还要学习市场经济理论、法律、历史、金融知识，不断提高自身素质。

团员队伍历来是党员队伍的后备力量，团员的质量，将直接影响到党员队伍的健康发展和战斗力的提高。团组织要引导团员加强学习、遵守团纪、履行义务。加大团员的发展力度，积极、有计划地发展团员，要加强对团员的管理，特别是要加强对协议工、劳务工和流动团员的管理，探索团员管理的新办法。要坚持不懈地抓好推荐优秀团员入党和推荐优秀团干见习基层队副职的“双推优”工作，使之成为我局发展青年党员和培养优秀基层队管理干部的主渠道。

四、各级党委要加强对共青团工作的领导和支持

《中共中央关于进一步加强和改进国有企业党的建设工作的通知》指出：“企业党组织必须领导和支持工会、共青团等群众组织依照法律和各自的章程，独立自主地开展工作”。青年是祖国的未来，也是长庆的未来，关心青年工作，就是关心长庆的未来。党的领导是做好青年工作，推动共青团事业健康发展的根本保证，各级党政组织在政治上要关心他们的健康成长，严格要求，严格管理，帮助他们增长才干。要坚持以党建带团建，党建和团建一起抓，把团的建设纳入党的建设的总体部署。在工作上，要积极支持团组织根据青年特点和团章的要求，创造性的开展工作。要定期听取共青团工作汇报。要有计划地搞好团干部的培训、交流和使用，及时把德才兼备、政绩突出的优秀青年干部选拔和充实到各级领导岗位上来，为党的事业和长庆的发展提供后备力量。特别是在重组改制和机构改革过程中，要妥善处理好团的组织机构设置问题。

青年朋友们：

21 世纪是知识经济时代，信息和知识在经济发展中越来越具有举足轻重的作用，科学技术对经济增长的贡献率日益提高，并成为推动经济增长的决定因素和主要动力。事实表明，知识的更新，科技的发展，经济和社会各项事业的进步，关键在人才，特别要靠一代又一代青年人的不懈努力。新时代的有志青年要着眼于我国跨世纪发展的战略目标，着眼于长庆发展的长远目标，努力学习和掌握现代科学技术知识、市场经济知识等现代化建设所需要的各种知识，争当学习的表率，改革的先锋，增效的模范，真正成为油田建设和发展的栋梁之才。

局党委、勘探局希望全局广大团员青年，树立为祖国、为油田奋斗的理想和信念，紧紧围绕全局中心工作，解放思想，转变观念，抓住机遇，开拓进取，勇于创新，乐于奉献，用青春和智慧为长庆的改革和发展做出新的、更大的贡献！

专 稿

孙玉辰局长接受《中国石油报》记者专访

又是一个希望的春天。国家西部大开发战略正加紧实施。在西部这方热土上建功立业的长庆人，对实现大发展的目标充满信心。2000年3月20日，长庆石油勘探局局长、党委书记孙玉辰在接受记者采访时说，经历了重组改制洗礼的长庆油田分公司和存续企业，一定能够发挥整体优势，促进共同发展。

孙玉辰认为，存续业务的生存发展问题解决得好不好，关系到重组改制的成败。从长庆存续企业来讲，得分三步来走。第一步，要解决生存问题，就需要围绕主业的发展而发展。因为长庆存续企业中70%的人员、60%的资产、关联交易一半以上的工作量都是直接为油气勘探开发服务的。在重组改制之初，我们就提出“先活心脏，后养肌肤”的原则，也是基于这一点。从目前看，保油气勘探开发，就是保存续自身的生存。第二步，关联交易的价格要有步骤地通过创造一定条件向市场价格过渡。要采取的措施一是改革，二是管理，同时要加大科技投入，以提高竞争力。这需要2至3年时间来完成。第三步，调整产品、产业和经济结构，开发局内外两个市场，拓宽生存发展的空间。从长庆油气田的客观实际来分析，普遍特征是低渗、低压、低产，工作量虽然较大，但只是生存有保障，而发展有困难。所以存续企业要借西部大开发和长庆油田分公司油气大发展的机会，大力发展科技含量高的产品，调整产品结构、产业结构、经济结构，以形成积累，能够腾飞。要把握生存发展的有利条件，制定更灵活的政策，以产品结构、产业结构的调整来带动人员结构的调整。在人员结构调整方面，我们的做法是坚持实事求是的原则，不搞一刀切，减员必须增效，我们绝不能用消极的方法减人，要靠积极的政策盘活人力资源。

就关联交易问题，孙玉辰说，长庆在这方面搞得是稳妥的，双方都做了非常有效的工作，制订了一整套切实可行的方案，以保证油田分公司的规范动作和存续企业的平稳过渡。双方分别制定了12条措施以相互支持。长庆采取的委托管理、联席会议制度等措施都见到了效果。对关联交易，孙玉辰认为有五个认识要统一。一是目前在解决关联交易价格的同时，迫切要解决的是关联交易总量。二是关联交易具有两项任务、两个目的，就是一保油田分公司的规范运作，二保存续企业的平稳过渡。这两者是矛盾的又是统一的，要辩证地看，不能片面地看。三是目前关联交易中暴露出的矛盾是在平衡两个利益主体过程中产生的，这要靠油田分公司和存续企业、集团公司、国家政策这3个层次来平衡。四是目前打破的是原来局内计划经济的模式，而不是打破需求关系和关联交易的总量。按关联交易的形式来运行这是第一步，到第二步、第三步才有可能打破需求关系、需求总量的平衡。五是关联交易有时限性和不完整性的特征。时限性是指其价格、范围、总量都不会一成不变。不完整性是指关联交易的运作需要好的环境和运行法则，这些目前还不健全。因此，我们和油田分公司共同提出对关联交易是“学习、学习、再学习，协商、协商、再协商”。

重组后，如何发挥长庆的整体优势？孙玉辰说，长庆油田分公司和存续企业基本思路、发展战略、奋斗目标和效益目标都是一致的，长庆确定的到 2003 年油气年产当量 1000 万吨和到 2005 年天然气储量 1 万亿立方米的两个目标，是长庆局和油田分公司 6 万多人的共同责任和共同目标。我们长庆的整体优势，从宏观上讲，已形成和掌握了一整套勘探开发“三低”油气藏的主体技术、关键技术，积累了有效的管理经验；有一支团结奉献，顾全大局、顽强拼搏的职工队伍。孙玉辰强调，这些优势，要研究，要保护，要开发利用，不然可能会被削弱，甚至丧失。长庆的外部环境复杂，发挥整体优势，有利于改变一向复杂的外部环境，共同争取地方政府的支持。另外，油田分公司和存续企业都需要加大科技投入，加强内部管理，降低运行成本，增强抗御风险的能力。

在谈到存续业务 2000 年的工作部署及目标时，孙玉辰说，长庆 2000 年必须要坚持围绕油气主业发展而发展和坚持以市场为导向促进内部管理水平提高这两条基本思路以及“四大战略”，即市场开发战略，质量、效益型经营战略，多元化发展战略，科技进步和人才开发战略，落实好劳动力市场、人才市场、多种经营及第三产业等 10 个方面的政策。2000 年的经营目标是“一平一盈”，即存续企业总体持平，油田分公司盈利。这些目标，不论有多大困难，都要保证实现。

（第广龙　张新民）

长庆油田召开电视电话会议

2000 年 12 月 30 日下午，长庆石油勘探局、长庆油田公司召开电视电话会议。油田公司总经理、党委书记胡文瑞作了 1999 年度工作报告，勘探局局长、党委书记孙玉辰致元旦献词。电话会设 40 个分会场，勘探局和油田公司科以上干部 1965 人参加了会议。

油田公司总经理、党委书记胡文瑞在 1999 年工作报告中讲了 6 个问题：(1)长庆油田发展史的简要回顾。(2)1999 年取得的主要成果。有 9 项指标再创历史新水平，油田 1999 年的 10 件大事具有战略意义。(3)1999 年长庆的 8 大形势。勘探、开发、生产、经营、重组改制、油区治安和精神文明建设等形势大好，全面超额完成了集团公司年初下达的各项考核指标。(4)对 1999 年工作的基本认识。(5)1999 年工作中存在的主要问题。(6)2000 年的总体工作目标。即长庆中、近期发展目标和 2000 年发展目标，长庆的形势、地位和作用等。

勘探局局长、党委书记孙玉辰在《元旦献词》中说，长庆的历史是一部艰难辉煌的创业史。奋战在鄂尔多斯盆地的几代长庆人，历经 50 年艰苦创业，特别是近 10 年的开拓奋斗，成功地勘探开发了该盆地的油气资源，建成了具有一定规模的生产、科研、生活基地，为发展祖国的石油工业做出了积极的贡献。孙玉辰局长要求广大职工一定要坚持“先活心脏、后养肌肤”的原则，首先保证油气主业的规范运作和发展，以此带动和促进存续部分的发展。存续部分要振奋精神，积极占领油田内外市场。

勘探局、油田公司党政领导同志出席了会议。张继昌副书记主持会议并讲话，他要求各单位要加强“两节”期间值班，抓好治安防范，使全局职工过一个安全、祥和、文明的节日。

（章　锲）

蒲建中、刘瑛、杨呈德分别荣获“全国劳动模范”和“先进工作者”称号

2000 年，“五一”前夕，第三钻井工程处处

长蒲建中、油建工程处三大队焊工班班长刘瑛分别荣获“全国劳动模范”称号、工程研究所教授级高级工程师杨呈德荣获“先进工作者”称号。

这3名同志,都是在油田建设中取得卓著成绩的先进人物,有着强烈的事业心、高度的责任感和主人翁精神,他们立足岗位,争创一流,注重实践,开拓创新,艰苦奋斗,默默奉献。

蒲建中带领全处职工攻坚啃硬拼搏进取,所钻井占气田完成井的90%以上,累计完成钻井进尺265万米,相当于钻穿300座珠穆朗玛峰。每口井平均钻井时间由1991年的116天缩短到1999年的45天,探明天然气储量3415亿立方米,为西部大开发提供了能源基础。杨呈德致力于科研攻关,取得科技成果20多项,先后获得局“劳动模范”、“优秀共产党员”、“职业道德十佳标兵”称号,获得中国石油天然气集团公司“优秀共产党员”、“特等劳动模范”称号,荣立“长庆气田勘探开发一等功”。刘瑛立足平凡岗位做贡献,先后荣获勘探局“劳动模范”称号,甘肃省“青年岗位能手”、“新长征突击手”、“十佳青年”称号,中国石油天然气集团公司“青年岗位能手”、“十杰青年”称号,“全国先进女职工”称号等多项殊荣。

(杨建武)

我国首次天然气欠平衡钻井在长庆获成功

由长庆石油勘探局实施的天然气欠平衡钻井技术,于2000年8月7日在陕242井获得成功。

欠平衡钻井是我国石油系统近年研究成功并推行的一项新技术,是井筒的压力小于地层压力,也是有别于过平衡的钻井技术。天然气欠平衡钻井,是采用天然气作循环介质进行天然气井的欠平衡钻井。据中油股份公司勘探开发部国家教授级高工孙振纯介绍,天然气欠平衡钻井技术,目的是从根本上解决长庆气田低渗透下的产层问题,也是针对长庆低渗透气田的一项大胆的技术尝试。该项技术难度大、风险大、技术要求高,其技术先进,在目前国内尚属首次,在国际上也处于先进水平。

天然气欠平衡钻井,是在CNPC科技发展部、中国石油天然气股份公司勘探开发部的支持和关心下,由长庆石油勘探局主持、长庆油田公司与西南石油学院协作进行研究攻关。该课题项目组科研人员在10个月的调研准备中,以科学的态度、创新的精神,攻坚啃硬、拼搏进取,先后完成了井身结构设计、注气钻井参数优化设计、技术装备选择配套、技术安全(HSE)操作规程与措施制订、保护气层的完井液和固井技术等课题的研究工作,形成了具有长庆特色的井身结构和注气参数设计、井壁稳定分析、地层储水的预测和井控技术等8项核心技术。在此基础上,由项目组指导钻井三处6053钻井队在陕242井上古生界3032米至3190米井段实施作业。经过严密组织、精心施工和实行HSE管理,按设计要求,安全地完成了天然气欠平衡作业,该项技术研究、试验的成功,受到了中国石油天然气股份公司专家和在现场的外油田专家的肯定和好评,同时,也进一步证实了勘探局的技术实力和队伍素质。

勘探局总工程师赵业荣告诉记者:该项新技术的研究成功,对正确认识和评价长庆天然气藏,提高天然气勘探开发和工程技术水平,进一步开拓天然气勘探开发市场等,具有重要的作用和意义。

(张新民)

阎三忠在长庆油田现场办公

2000年8月16日,集团公司副总经理、股份公司副董事长阎三忠一行到长庆油田现场办公。

阎三忠一行听取了长庆油田的工作汇报，长庆石油勘探局局长、党委书记孙玉辰主持汇报会，长庆油田分公司总经理、党委书记胡文瑞代表勘探局和油田分公司做了工作汇报。

在听取了长庆的工作汇报后，阎三忠对长庆油田的工作和取得的成就给予了充分肯定。他说，近 10 年来，长庆是老油田中发展最快的一个油田，原油年产量由 100 多万吨上升到 400 多万吨，天然气发展到近 30 亿立方米，前景非常广阔，这不但对长庆油田，而且对集团公司甚至整个石油工业的发展都具有非常重要的意义。

在谈到重组改制时，阎三忠说，长庆油田的重组改制工作搞得很顺利，领导班子团结协作，密切配合，互相理解，互相支持，采取了一系列有效措施，从而保持了油田生产和队伍的稳定，保持了改革和发展的良好势头。

在谈到对长庆油田今后工作的具体要求时，阎三忠说，长庆地跨陕、甘、宁、蒙四省、自治区，工作难度大，为此，一是要靠你们自己做好工作，二是要进行体制上的改革，三是要解决好地域上的调整问题。要两方面共同完成，保持生产秩序的稳定，实现经济目标，搞好改革和发展。希望长庆在新的 10 年里进入高速发展阶段。

（张新民）

长庆石油勘探局召开领导干部会议

勘探局 2000 年 10 月 14 日至 16 日在临潼召开领导干部会议，传达学习集团公司领导干部会议精神，并结合油田实际，认真研究讨论了《勘探局深化改革总体构想》及相关的改革思路。勘探局局长、党委书记孙玉辰作了工作报告，局党委副书记、纪委书记张继昌通报了 2000 年党风廉政建设及纪检监察工作情况。

会议认真传达学习了马富才总经理在集团公司领导干部会议上的工作报告和阎三忠副总经理在集团公司领导干部会议结束时的讲话；通报了局领导赴陇东、宁夏、陕西部分单位调研情况，并传达了孙玉辰局长在基层调研时的讲话精神；宣读了《长庆局深化改革总体构想》及勘探局深化改革 9 个政策意见（讨论稿）。

勘探局改制的总体思路：

（1）以建立现代企业制度为目标，促进企业经济效益的提高。

（2）以产权制度改革为纽带，拉动结构调整。“十五”期间，全局职工总量控制在 3 万人左右。

（3）利用“整体带资分流”的政策，增强企业的活力。

（4）以结构调整为重点，确立工程技术服务板块在勘探局的龙头地位。

勘探局改制目标：

（1）工程技术服务板块改制的总体设想。把物探、钻井、测井、井下、勘察设计研究院、工程技术研究所等单位改制为勘探局控股公司；把油建、筑路改制成勘探局参股或控股的公司；把工程监理、监督公司改制为放开经营的有限责任公司。

（2）生产服务板块改制设想。机械厂、第二机械厂、油气技术综合服务处，调整产业结构，带动队伍结构的调整，待条件成熟时，可进行区域性的专业化重组。要通过吸收职工入股、整体带资分流等方式调整产权结构和经营方式，从而拉动产业结构的调整。运输处要在内部进行专业重组的基础上进行产权制度改革。在条件成熟时，进行全局的区域性专业化整合和重组。通信处要以产权为纽带，积极寻求与外部优势企业的联合，融入社会市场。器材处要认真、积极探索在市场条件下的物资采供的管理职能和物资经销的方式，逐步成为一个经营实体，自主经营、自负盈亏。

(3)物业管理板块改制的设想。工程技术、生产服务单位的公用服务项目要与主业在资产上分清，人员上分开，机构分开运行。可以根据服务半径和市场需求情况，通过改革、改制，形成若干个区域性、产权多元化的专业服务公司，实行自主经营、自负盈亏；对宾馆、招待所等要实行企业化经营、社会化服务，逐步减少补贴，实现自主经营、自负盈亏。

(4)社会服务板块改制的设想。对医疗卫生单位，在投资与核算体系上与主办单位分开、分立，实行独立核算、自主经营。同时，加大产权制度改革的力度，有条件的单位可以采用整体带资分流、与其他企事业单位联合办医、办院等形式，组建独立的法人事业单位。石油学校、技工学校，要停止局内学历教育，在已组建勘探局教育培训中心的基础上，抓好运作，扩大职工培训规模，做好劳动预备制和资格证书取证培训工作。中小学，要稳定提高教学质量，积极探索高级中学企有民办、校企联办的办学形式。会计师事务所采取整体带资分流的方式进行改制，与企业彻底脱钩。审计处要继续履行好现有职能，加大审计监督力度，拓宽审计服务范围。

(5)多种经营板块改制设想。对市场潜力大、发展前景好的大型骨干企业，可以参股、控股；对大多数中小企业，国有资本要逐步退出，加快产权多元化，鼓励职工参股。以产权为纽带，组建跨企业、跨地区的专业化企业集团。

(6)“一对一”服务单位改制的设想。通过内部的结构调整和专业整合，实行独立核算；充分利用关联交易，与油田公司签订长期服务合同。

会议结束时，勘探局局长、党委书记孙玉辰作了题为《认清形势，坚定信心，把长庆石油勘探局的改革和发展不断推向前进》的工作报告。

孙玉辰局长在讲到勘探局2000年以来的工作进展情况时说，2000年前9个月，各单位认真学习贯彻局党委、勘探局制定的“两条基本思路”、“四大发展战略”和年初工作会议精神，主要取得了五个方面的成绩：一是贯彻“先活心脏，后养肌肤”的原则，确保长庆整体目标的实现。二是提高服务质量，满足关联交易市场的需要。三是精诚合作，积极稳妥地搞好关联交易。四是以市场为导向，加强内部管理。五是以“三讲”教育为主线，确保大局的稳定。2000年前9个月，全局形势整体不错。从目前情况看，勘探局大部分二级单位能够实现全年经营目标。1—9月份，全局主营业务收入31.67亿元，主营业务成本32.73亿元，经济效益接近持平。

孙玉辰局长在报告中讲到关于勘探局深化改革的总体目标和相关政策时，对勘探局的定位、勘探局改革的方向和原则、改革改制的目标、实施规划以及勘探局改革的相关政策等问题作了全面深刻的论述。

孙玉辰局长要求各单位首先要深入学习贯彻集团公司领导干部会议精神，把我们自己的事情办好。要力戒空谈，多办实事，克服困难，狠抓落实。其次，要认真做好“十五”发展规划的编制工作，用规划目标激励和鼓舞广大职工。要对市场进行科学的分析和研究，合理地配置资源，满足市场需要。要改革投资体制；突出生产，兼顾生活；办好南北两个工业园区。再次，以相互依存、共同发展为目标，进一步搞好关联交易工作。要认真研究关联交易市场，靠优质的服务解决关联交易市场的问题；领导干部、机关处室要认真总结2000年关联交易的经验，提出存在的矛盾和解决的方案，为制订2001年的方案做好准备；要为开放市场做好准备，探索谋求共同发展的载体，着手建立长期稳定的战略伙伴关系和利益共同体。第四，采取积极有效的措施，推进企业改革和结构调整。要统一认识，加强领导；要制订方案，抓好试点；要依法办事，规范运作；要创造条件，积极进行产业结构、产品结构、队伍结构的调整，集中精力解决发展问题。第五，认真抓好生产经营工作，确保2000年“一盈一平”等各项生产经营目标的实现。

（张新民）

钻井三处70118队向对外合作市场稳步迈进

2000年11月20日，由钻井三处70118钻井队承钻的长2井，严格按壳牌公司国际标准要求，已安全顺利钻至2990米，进入完井施工倒计时阶段。据有关资料显示，各项技术指标均优于长1井施工，这表明勘探局与壳牌公司长北区块合作领域得到了进一步拓宽和延伸，也标志着勘探局向国际市场又迈出了坚实的一步。

为搞好与壳牌公司长北区块合作，走向国际钻井市场，钻井三处抓住这一有利时机，将反承包钻井市场当作学习培训的练兵场。在勘探局领导及有关部门的大力支持下，以探索建立形成一套与国际合作相适应的管理模式和运行机制为切入点，把人才和技术装备与国际市场接轨作为重点，加大投入，苦练内功。从70D钻机的引进、配套开始，在全处抽调了58名高素质人员组建了70118钻井队，先后组织了HSE管理体系培训、钻机原理培训、英语培训、现场操作培训等，并将骨干人员分别送到大港、四川、西安等油田和高等院校进行培训，部分关键岗位技术人员送到国外进行技术培训，为钻机到位后顺利展开工作做好了充分准备。并专门成立了对外合作项目组，负责合同的谈判、签订、设备配套就位、现场整改和生产组织及各项管理等方面的工作。按照国际钻井惯例和标准，制定了HSE管理体系实施方案、各岗位责任制及各项管理制度、管理规程和操作规程，以及项目管理、后勤保障等标准，逐步探索和形成了一套适应对外合作的管理模式和运行机制。

在与壳牌公司的合作中，他们始终坚持从工作标准、服务理念等全方位与国际市场接轨，做到国际标准怎么规定就怎么施工，外方怎么要求就怎么作业。认真按照壳牌公司要求的国际标准和惯例对照检查工作，努力缩小与国际标准和惯例的差距。从钻机到位后的实验井抓起，商议并邀请壳牌公司人员提前介入，对壳牌公司在试验检查中提出的70多个问题，组织各专业人员积极整改。并在正式进入合作的长1井施工后，从钻前施工、长途搬迁到设备安装，都严格按照国际通用工作标准和技术规范操作，对壳牌公司提出的300多个问题，分3个阶段认真进行了整改。

面对合作过程中人员观念、行为标准、管理模式、运行方式等诸多方面的磨合冲撞，他们借助于一些国际专业公司到现场进行各方面认证考核工作的有利时机，对查出的问题及时整改，并结合现场作业的实际情况，针对人员在技能、素质等方面与国际接轨的不适应，以施工作业现场为培训的练兵场，采取在“战争中学习战争”的方法，先后进行了起重吊装、井控作业、英语会话等一系列培训。在建立健全内部各项管理制度的同时，积极地学习壳牌公司科学的管理方法，尤其是长1井严格按照HSE制订的搬迁方案顺利通过验收开钻，受到了壳牌公司现场监督的好评。在长1井、长2井施工过程中，70118钻井队始终视合同如规矩，严格履行合同条款内容，牢固树立为甲方服务的意识，从点滴做起，一步一步向国际标准靠拢。在充分发挥钻井三处多年在长北区块钻探积累和形成的一套适应该区块钻井工艺技术优势的同时，采取座谈交流、查阅资料等方法，积极学习壳牌公司运用的工艺技术，双方一起探讨施工重要环节的方案，经常征求甲方监督的意见，做到早预见、早准备，施工的计划、工具准备等方面比甲方更早、更主动，使双方的合作由诸多的磨合冲撞逐步走向了融洽。据有关资料统计,长1井安装、钻固导管、表层钻进的时间分别为14天、18天18小时和25天21小时;长2井安装、钻固导管、表层钻进的时间分别为7天17小时、9天8小时和13天18小时;其中表层候凝至二开钻进的时间,长2井比长1井缩短了17天。所完成的长1井,取心收获率、固井质量、井身质量合格率均为100%。

通过与壳牌公司长1井、长2井的合作,钻井三处职工的精神面貌、队伍整体素质、生产组织和管理能力也给壳牌公司人员留下了深刻印象,他们尤其对钻三人攻坚啃硬、顽强拼搏的敬业精神和严谨细致、吃苦耐劳的工作作风非常赞赏和敬佩。认为按照HSE管理施工作业,钻井三处许多工作都能达到壳牌公司的要求。

(汪学忠　王宏军)

调 查 报 告

2000年2月16日至27日,局长、局党委书记孙玉辰同志,局党委常委、局总工程师赵业荣同志率领局市场开发处、工程处、工程技术研究所、局党委宣传部等部门的领导同志,深入长庆局陕北、宁夏、陇东三地区所属单位调查研究。

一、调查研究概况

这次调查研究,历时12天,行程1500多千米,采取召开座谈会、个别交谈、实地考察等形式,就各单位贯彻勘探局2000年工作会议精神情况、搞好关联交易、做好生产启动工作和工程技术服务市场定位、市场开发、科技攻关、人才储备等存续企业生存和发展问题,进行了广泛的调查和深入的研讨。

1.调查范围

钻井一处、第三采油技术服务处、物探处、农工商联合处、钻井三处、井下作业处、钻井二处、油建处、水电厂、局前指、运输处、第二采油技术服务处、测井处、医院、公安处、庆阳总校、二机厂、驿马技校、机械厂、石油学校等20个单位。

2.调查方法

召开领导干部座谈会20个,技术员座谈会1个、宣传工作座谈会1个。

参加了钻井一处技术座谈会,出席了钻井三处总结表彰和启动动员大会、领导干部工作会议。

沿途看望了实业集团公司镰刀湾项目组人员,实地考察了靖边电厂。

到部分职工家中,看望已退休的劳动模范和老干部、老工人,与他们交流思想,交换看法。

观看了采油三厂、第三采油技术服务处职工文艺晚会,钻井三处灯火晚会,井下处、钻井二处、水电厂、采油二厂灯展;参观了井下处发展史展览。

利用两个晚上,与石油学校教职工、机械厂离退休老职工自乐班联欢,与部分职工座谈,探讨重组后存续企业如何生存与发展。

接触人员:既有领导干部,又有普通工人;既有在职职工,又有离退休老同志和职工家属;共249人。

现场办公:根据局前指、公安处和采油二厂反映陇东油区近期社会治安问题较多的情况,孙玉辰同志协调了企地关系。

2月23日,在局前指副指挥屈殿宝、采油二厂厂长张栋杰的陪同下,与庆阳县县委、县政府领导座谈,对加强油区社会治安综合治理交换了意见。

2月24日,冒着大雪,前往庆阳地委、庆阳行署,分别同庆阳地委副书记刘伍庆、行署专员孙效东座谈。就如何扼制油区偷盗原油案件发生和促进企地发展有关问题交换了意见。

同时,代表局党委、勘探局,代表油田公司总经理、党委书记胡文瑞同志感谢地委、地区领导在过去一年里对长庆油田各项工作的支持。

征求意见:沿途,孙玉辰同志特意到油田公司所属采气厂、甲醇厂、马家滩炼油厂、采油三厂、马岭炼厂、采油二厂，与这些单位的领导干部交谈，认真听取了他们对钻井队伍部署、启动工作、关联交易、供电供水、通信联络、生活服务、网站建设的意见和要求。要求存续企业有关单位，全力保障主业生产，调整队伍部署，想方设法，解决提出的问题。

同时，代表局党委、勘探局，代表油田公司总经理胡文瑞同志对他们过去一年取得的成绩表示祝贺，感谢他们对油田建设做出的突出贡献。

二、生产启动情况

2000 年，是重组分开、分立后的第一个年头，与往年相比，形势发生了很大变化，特别是在关联交易双方都没有经验的情况下，能否顺利开工，保证主业 2000 年各项生产任务的完成，是存续企业面临的重大问题。职工的思想状况如何，生产准备工作是否充分，积极性是否高涨，是这次调查研究的一个重要内容。

1. 龙头生产起动平稳，职工群众情绪高昂

根据对钻井这个龙头生产的三个钻井处调查的情况看，生产启动工作起步早，工作细，要求严，准备非常充足。特别是钻井三处启动工作组织得有声有色，步子稳妥，士气高涨。农历正月十五，他们召开总结动员大会，1400 多人参加，鞭炮齐鸣，锣鼓喧天，10 名劳动模范披红戴花，气氛热烈；下午召开基层干部工作会议，对生产启动和全年钻井生产、思想政治工作、安全生产的要求非常细致，从队伍部署到打前站车辆的行驶路线，在某一地区、某一地段、某种气候情况下要注意的事项，该说的都说了，该预想的问题都讲到了；农历正月十六早上，天寒地冻，彩旗招展，孙玉辰、赵业荣同志与局机关有关部门的领导、钻井三处领导和数千名职工、家属、中小学生一道，冒着严寒，为上前线的队伍送行。在送行的队伍中，许多父送子、子送父、妻送夫的场面感人之至，催人泪下。体现了重组后存续企业职工、家属发扬石油工人光荣传统，自强不息，奋发向上的精神面貌。

2. 采油服务生存意识强烈，市场开发局面已经打开

通过传达贯彻集团公司工作会议和勘探局工作会议精神，三个采油技术服务单位的领导班子和广大职工，普遍有一种危机感，他们的生存意识非常强烈，求发展的积极性很高。在制定 2000 年经营目标时，他们自寻平衡，均确立了“一盈一平”的目标，即采油厂要完成油田公司下达的盈利目标，采油技术服务处要实现不亏损的目标。

第三采油技术服务处与采油三厂捆绑式运行有一整套措施和办法。他们制定了“五统一”的运行方式：生产运行统一，生活服务统一，社区管理统一，对外关系统一，文体活动统一。采油三厂制定了“四优先”、“四支持”的措施：服务市场优先，产品购入优先，劳动力使用优先，经营信息和经营点子优先；在人才、生产手段、技术、社会关系等四个方面给三处以支持。

目前，捆绑式运行已经启动，采油三厂决定，采油三处为采油三厂服务的格局不能打破，服务份额只能扩大，不能缩小。与勘探开发项目组签订合同时，就主动订下了工程项目必须由采油三处承担的内容，并将巡井任务交给采油三处承包，积极帮助采油三处开拓油田内部市场。采油三处在占领采油三厂内部市场的同时，积极开发外部市场，抓住西部大开发的机遇，主动与地方单位联系，利用筑路集团公司的资质，承揽道路建设工作量 4000 万元，已到手的工作量达 1800 万元，还有一些项目正在商谈之中。他们准备对实业公司进行重组改制，组建新的实业公司、宁夏长庆筑路工程公司、宁夏长庆永兴化工有限责任公司。成立职工持股会，吸收本处职工和采油三厂职工参加。

第二采油技术服务处在求生存，谋发展的问题上想了不少的办法。1 月 18 日至 19 日，他们召开了“生存与发展”座谈会，42 个基层单位、机关科室负责人联系实际，深度思考，提出了许多想法、意见和建议，特别是在深化内部重组改制和开拓内外市场方面,已经有了一整套适应市场经济规律的构想和一个好的方案。同时大张旗鼓地宣传勘探局工作会议精神,动员和教育职工树立忧患意识、责任意识、市场意识和创新意识,组织修井队伍和巨力化工厂分赴陕北、青海油田开拓外部市场。2月16日,第二采油技术处组织各单位领导和职工家属,冒着寒风,为前往定边修井的队伍送行,其景其情,非常感人。

他们全力为主业生产服务,春节前,开展了为期10天的修井会战,共抢扶躺井139口;节日期间修井52口,井井质量全优,口口油井合格,保证了主业正常生产;节后于正月初八就正式启动生产,开展了以抢扶躺井和不正常井为重点的劳动竞赛。

3. 其他技术服务单位创收增效的决心很大

物探、井下、测井三个单位的领导班子对当前的形势把握的比较准,对关联交易的认识比较明确,发展的思路清晰,都有运用高科技增加效益的思路和打算。他们表示,新的一年要继续实施低成本战略,不断增强企业效益,为勘探局多做贡献。

物探处打算从地震、采油、三产三个方面提高企业创收增效的实力;运用三维地震,提高勘探成功率;对今年地震工作量比较饱满有充分的思想和物质准备,决心高质量、高标准完成任务,为今后闯市场打下良好的基础。

测井工程处启动工作准备的比较充分,2月25日队伍已分赴各个作业区。2000年的发展思路符合实际,具有开拓性。他们打算改变封闭状态,向外迈开步子,在占领油田内部市场的同时,逐步开拓油田周边市场,并向国外市场迈进;通过改制的方式,发展多种经营,力争今年达到3000万元;在新技术应用上也有一些储备,为今后发展奠定了基础;还准备制定劳动力重组政策,提高企业经济效益。

4. 困难企业发展势头良好,扭亏增盈的信心很足

1999年,在全局各单位的大力支持下,四个困难企业在扭亏、减亏上取得了明显的成绩。新的一年,他们认真贯彻勘探局工作会议精神,面向市场,确定产业结构、产品结构,积极拓宽内外市场,争取扭亏增盈。

农工商联合处2000年一开始,便四处奔走,在油田内外争取了一些市场。在农业上准备试种香米,打开市场销路;产建上资质升二级,争取多揽工作量;积极与油田公司联系,准备全线承包靖吴华马管线;与宁夏公路段联系,准备承包高速公路的土方施工;在1999年卡车承包的基础上,2000年准备将小车也包给个人经营,增加企业收入。

二机厂1999年实现总收入6051.6万元,比1998年增长2219.1万元,控亏利润-356.7万元,比1998年减亏831.3万元。2000年准备加大新产品开发,继续开拓油田内外市场,争取全年总工作量及销售收入达到8000万元,确保持平不亏损。

机械厂对本厂产品销售区域的市场进行了认真分析,根据形势变化和本厂产品的市场占有率研究对策,依靠新产品开发占领油田市场,开拓周边市场,争取西北市场,进军国外市场。1999年新产品开发产值占总产值的35%。2000年,他们确定了开发天然气设备生产系列,三抽(即抽油机、抽油泵、抽油杆)系列,井下作业工具系列等三个系列的新产品开发和市场开发。努力使油田市场占有率达到95%,周边市场占有率每年以10%递增,争取达到40%;在青海、新疆油田占有一定的市场。准备参与西气东输的产品开发,与外商合作开发新产品,为沿海输出劳务。研究了一系列适应市场的人才开发政策、干部使用政策和股份制改造、带资分流、劳动报酬等新办法。力争使企业效益每年以5%—8%的速度增长。

运输处在减亏上也想了一些办法,2000年开局情况较好,车辆利用率已达80%,改变了

1999 年一季度大幅度亏损的局面。

另外，油建工程处在对外市场开发上也取得了一定的进展。水电厂在扭亏增盈上也想了不少办法。

三、当前职工思想状况

重组分开分立后，存续企业干部职工的思想受到极大的震动。说法很多，议论不少，骂娘的也有。分析这些反映，有积极的因素，也有消极的表现；有正确的意见，也有对重组的抱怨；有对存续企业发展前途理智的分析，也有难以割舍的感情因素。

1. 普遍担心存续企业的前途命运，思想观念发生了根本性变化

这次调查，接触到各方面的人，无论是基层干部，还是普通工人，包括离退休老同志，都非常关心存续企业今后能不能生存下去，对存续企业的发展有疑虑，个别人还有悲观失望的情绪。

普遍的担心带来的并不全是消极的后果，大多数职工担心的背后有一种自我危机感，产生了无形的压力，思想观念发生了根本性变化。表现在闯市场的意识增强，竞争的观念增强，大有背水一战的气概。许多人主动为存续企业的领导出主意，献计谋，要求领导干部带领广大职工闯出一条自我发展的新路子。

多数人认为，存续企业要生存，要发展，必须进行真正意义上的第二次创业。依靠科技，依靠政策，依靠机制，依靠团结，依靠民主，就能杀出一条血路，取得新的发展。还有人慷慨陈词，认为存续企业要有志气，再造一个新长庆，不是没有可能。

重组的分开、分立，确确实实把存续企业的职工逼向了市场，逼得大家不得不想办法，不得不谋求新的发展路子。从某种意义上讲，这是一件好事，是广大职工给我们创造了一次难得的机遇，需要各级领导保护和引导蕴含在职工群众中的这种潜在的积极性，不负众望，带领职工乘势发展。

2. 钻井施工单位担心关联交易价格不到位，影响生产经营目标的实现

在三个钻井处，领导班子的思想都有一个明确的认识，作为龙头企业，要为勘探局多做贡献，但关联交易一开局，就不顺利，对他们的思想、情绪有一些影响。担心具体操作过程中，关联交易价格不到位，影响企业效益。

对这一担心，要引导和教育他们做到两条：

第一条要求解。两边都是小学生，谁也没有经验，老师布置了一道题，要认真去求解；不懂就要老老实实地去学习，老老实实地去协商，老老实实地去实践。只要双方不懈地去努力，这道题一定有解。要坚持“学习、学习、再学习，协商、协商、再协商”的原则。

第二条要谅解。关联交易出现的矛盾，再大也不是对抗性的矛盾。出现问题是由于双方都没有经验，对问题的看法不一致。有些问题例如价格问题，也不是油田公司和勘探局之间造成的，而是上边就没有确定下来。所以，遇到问题要相互谅解。谅解比求解更重要。不要老是指责对方，在一些小事上计较。更不要说一些刺激对方的话，不要带头做伤害双方感情的事，不要搞无谓的自我残杀。最终受损失的是我们自己，伤害的是我们长庆 6 万人的根本利益。

关联交易会闹出一些笑话，主要有三个原因：一是一些人对关联交易的认识不到位，错误地把关联交易当成了市场交易，或者把关联交易当成了过去计划经济条件下的交易；二是摆错了自己的位置，没有以一种平等的方式对待对方；三是缺乏对长庆 30 年历史的了解。

对关联交易，要设置三道防线防止乱。第一道是上边乱了，要想办法不让勘探局乱；第二道防线是，由于认识不到位，局机关部门如果有点乱，二级单位的领导要想办法不让自己的单位乱；三是项目组与二级单位如果发生一些不协调的事情，出现乱的问题，职工队伍不要乱。

3. 45 岁以上的职工希望有一个内退的政

策,担心下岗

这种反映还比较普遍,比较强烈。调查中对这种反映进行了比较深入的了解和剖析。

这种反映有三种情况:一种是有门路希望脱离企业在外发展的职工,盼望内退,使自己闯市场有一个稳定的后路,这种情况是少数。第二种是年纪比较大,能力不十分强,怕在竞争中下岗,与其内退少拿一点工资,比将来下岗不拿工资强。其实质是怕下岗,这是多数。尤其是在职工中,有一种谣传,存续企业下一步要大面积下岗,使职工这种欲望更加强烈。第三种是随大流的思想,退也好,不退也行。

对这种反映既要大力宣传勘探局工作会议精神,特别要突出宣传两条:一是要靠政策养人,不能消极地减人的精神;二是不论如何改革,不伤害职工既得利益的精神,又要根据实际情况,制定相应的政策。

4. 学校担心交地方管理

多数职工不愿交地方,一是感情不愿离开油田,有人说生为企业人,死为企业鬼,说什么也不愿去地方;还有人说,企业再穷,也要在企业;有人已开始四处活动,想调离学校,以逃脱去地方的命运。二是担心交地方后自己收入、孩子将来就业都受影响,坚决不愿去地方。三是担心交地方管理后,教育质量受影响,油田职工不答应。

四、需要勘探局帮助解决的有关问题

调查研究中,各单位分别提出了一些生存与发展面临的问题,需要勘探局各部门帮助解决。

1. 三个钻井处的市场定位问题

在市场竞争中能否取胜,关键在于市场定位是否准确。目前,我局有三个钻井处,共有钻机 62 台。其中 4000 米以上钻机 5 台,3200 米钻机 25 台,2000 米钻机 17 台,2000 米以下钻机 15 台。另外,新购置 70D 钻机 1 台。

钻机分布的情况是:

钻井三处,共 22 台钻机,5 台 4000 米以上的钻机全集中在该处,加上 16 台 3200 米钻机,再加上新购的 70D 钻机,3200 以上大型钻机共 17 台,占总数的 73.9%;

钻井二处,共有钻机 27 台,4000 米以上的钻机没有,3200 米钻机 10 台,2000 米钻机 9 台,两项合计 19 台,占钻机总数的 70.3%;

钻井一处,共有钻机 13 台,2000 米和 2000 米以下钻机 9 台,占钻机总数的 69.2%。

上述情况表明,仅从设备上看,钻井三处的优势在深井上;钻井二处的优势在中深井上;钻井一处的优势在浅井上。

这次调研,与三个钻井处、工程处、工程技术研究所的领导同志重点讨论了三个钻井处的市场定位问题。初步的设想是:

钻井一处市场定位在浅油层钻井上,主要应占领陕北的浅油层开发市场,即使向国际市场进军,也应定位在浅井目标上。在设备更新改造、职工培训,特别是市场占有等方面都要从这一定位出发。

钻井二处市场定位在中深井上,主要占领陇东地区的市场,国际市场的开发,也以中深井为主。

钻井三处市场定位在 4000 米以上的超深井上,国内主要占领天然气勘探和开发市场,国际市场的开发重点也放在这里。

2. 三个采油技术服务处的捆绑运行,自我平衡问题

三个采油技术服务处目前用工总量 9713 人,占全局职工总数的 19.2%,根据 1997—1999 年模拟运算,预计 2000 年将亏损 1.6 亿元,仅采油二厂就有近亿元的缺口。

这种状况,由三个技术服务处平衡,这部分人便无法生存;如果由存续企业来平衡,又没有能力解决这么大的缺口。根据集团公司独立矿区的有关政策,显然需要三个采油厂与三个技术服务处自我平衡。

我们已与油田公司确定了三个技术服务处与三个采油厂捆绑式运行的模式,以解决自我

平衡问题。

但是,由于原公用事业处庆阳分处移交采油二处,一年的费用大概是 2000 多万元,这部分如果还是压在第二采油技术服务处的身上,这个圈可能难以画圆。所以,需要勘探局研究一个解决的办法。

3. 水电厂靖边发电厂的定位问题

水电厂 1999 年盈利 1561.8 万元,2000 年预计亏损 1200 万元。由一个盈利企业变为一个亏损企业,既有转供电价的提高、工资和管理费上升的因素,但主要因素是靖边电厂的亏损因素。

据测算,2000 年靖边电厂亏损 800 万元,成为制约水电厂效益的一个瓶颈。这个电厂有两台机组,负荷 3400 千瓦·时,目前仅一台机组运行,负荷 9000 千瓦·时,1/4 多一点。主要为靖南、靖中、靖东油田供电。这一地区用电量为 20000 千瓦·时,由地方供一半,水电厂供一半。即使这样,延安供电局也有意见。现在水电厂处于两难之中,如果断掉地方的电,地方不答应不说,自己也无法在检修时保证油田用电;维持目前的局面,又无法取得效益。

为解决这一问题,水电厂领导班子进行了认真的研究,提出了两个方案,一是争取上地方电网,使两台机组都能运行,年发电量达到 1 亿千瓦·时,便可解决亏损问题;二是电厂当初建设时,是为了解决天然气的出路问题,成为天然气的一个调峰用户。因此,用电换气,气换电,对双方都有好处。提出的置换比是 1.5 立方米气换 1 千瓦·时电。

这个电厂有一个定位问题,究竟是油田的备用电站,还是经营性电站。如果是备用电站,要么交油田公司管理,要么由油田公司平衡。如果是经营性电站,就要想别的办法,总之不能亏损运行。

4. 石油专用电网要不要与地方电网接轨问题

水电厂提出,随着油田电网和地方电网的发展,目前,油田所到之处,地方电网也相应到位,是否还需要油田电网值得思考。

他们提出了一个与地方电网接轨的思路,一是加入西北电网,是油田电网成为地方电网的一部分,这样可以避免地方电网的重复建设,也能提高油田电网的效益;二是取消备用电站,油田发电厂上地方网,同地方电网一同保证油田生产。

在经营上,水电厂准备以工程施工打开外部市场,目前已在新疆谈了一个项目,还准备利用西部开发的机遇,参与社会竞争,发展自己。

5. 产能建设由油建处牵头,统一定价、统一施工问题

各单位特别是困难单位,目前都成立了一支产建队伍,承揽油田建设地面工程,有的资质已达二级,施工能力已达到一定的水平。油建工程处正在积极开拓外部市场,开辟新的施工能力(例如:炼化建设)。这样,就有一种可能,将油建处油田内部的一部分市场让给困难单位的施工队伍,让油建去开辟油田内外,包括国内外新的市场。但是,为避免在油田内部形成同业竞争,根据关联交易总协定,可由油建工程处牵头,与油田公司签订工程施工合同,然后组织各单位统一施工。

6. 两个机厂抽油机型号分配、分别加工问题

二机厂和机械厂都具有抽油机的生产能力,据分析,两个机械厂抽油机在周边市场虽有较强竞争力,但因我局为维护勘探秩序,一直坚持控制对外提供油田设备的政策,实际上市场占有率却很低,大致 5%左右。

两个机械厂抽油机事实已形成了同业竞争,不利于占领油田和开拓周边市场,两个机械厂的领导同志提出了勘探局平衡这一矛盾的要求。他们提出了二个基本思路:一是由勘探局对两个机械厂抽油机型号生产给予界定,分工生产;二是成立一个机械加工的虚拟集团,统一协调全局的机械加工和销售。

不管如何协调,两个机械厂都要加强新产品的开发,不断改进抽油机的设计,提高性能,提高经济性,节约制造成本,形成拳头,增强市场竞争力。

7. 机械厂吸纳工程技术研究所机械室人员问题

机械厂新产品开发不断发展,去年开发出的新产品产值达到总产值的35%。近三年,他们抽油机产值所占份额逐年下降。由1997年的90%下降到1999年45%。开发的新产品,市场前景很好,为了进一步发展,他们确定了许多新产品开发项目。但高素质人员缺乏,从事设计的人员只有9人。他们在长庆实业大厦买了半层楼作为办公室,拟成立新产品开发室,欲将工程技术研究所机械室的人吸收到本厂,为他们在西安提供办公场所,并提供不低于原在工程技术研究所的待遇。希望勘探局能促成这一机构和人员的重组。

8. 农工商联合处承包靖—吴—华—马管线问题

农工商去年曾承包靖—吴—华—马输油管线部分线段的管护,取得了较好的成绩,也积累了一些经验。今年听说这一管线全归油田公司管理,想承包这一管线的运营。他们曾找有关部门联系过,请求勘探局与油田公司联系,促成这件事。

9. 测井处提出岗位重组政策问题

测井工程处目前有20人因年龄、身体原因难以从事上井工作。如实行内部退养政策,发80%的工资。加上差旅费,可为每人每年少开支10000元。他们想在本处对这部分人实行内部退养,待遇不让勘探局负担。

其基本思路是:为避免与内部退养政策冲突,制定岗位重组政策,对因年龄、身体、工作等原因,需要脱离原岗位的职工,可以发一定比例的工资。以后,这部分职工既能享受因上边有内退政策可以得到优惠,也不承担因内退政策带来的风险。如本单位其他岗位需要,可以继续上岗,从事力所能及的工作,享受相应的待遇。

这一政策具有普遍性,建议局有关部门作进一步的论证,批准他们的做法。勘探局可将这部分人按内退人员管理。如有风险,避免由职工承担;如上级有内退优惠政策,则可考虑让职工享受这部分待遇。其他单位可结合自己的实际,参照测井处这一做法,制定相应的办法,所需经费,各单位自己承担。总的要求是,要保护职工的既得利益,全局不搞一刀切,各单位内部也不搞一刀切。

10. 庆阳前指工作定位、人员配备问题

庆阳前指目前有工作人员7名,3名处级领导干部,1名普通工作人员,3名打字员。他们要求解决三个问题:

一是工作人员的隶属关系问题;二是前指工作部门与局机关部门的隶属问题,以便于联系工作;三是工作定位问题。

局前指是勘探局与油田公司共同设立的工作部门,从政治上考虑,便于与甘肃省的工作联系和协调陇东地区的企地关系,这一机构还应继续运行。

局前指工作定位的思路是:加强与地县政府的联系,从协调企地关系上为勘探局和油田公司服务;随时掌握陇东各单位的情况,为勘探局和油田公司提供信息服务;做好上情下达,下情上达工作。

局人事劳资部要与油田公司人事部联系,与庆阳前指讨论一个方案,报勘探局和油田公司批准后实行。

11. 存续企业托管区块,改制后自己承担风险打井、扩大生产问题

勘探局托管的作业区目前普遍遇到了进一步发展问题。勘探局二级单位经营作业区块,目的是为了增强存续企业的生存能力,取得较好的经济效益。由于低渗透油田递减快的特点,一旦投入使用就面临一个滚动开发的问题,需要大量投资。重组分开、分立后,油田公司投

资决策权上移，勘探局资金困难，双方都无法正常向这些区块投资。

另外，仅靠操作费，维持效益都很难，更谈不上发展。因而，各单位提出改制的要求。由改制后的经济实体投资，自己承担风险，自己扩大生产。建议勘探局给予研究。

12. 采二生活基地门前排水沟修建问题

局职工医院提出排水沟不通影响职工生活问题，庆阳县政府也向采油二厂提出共同维修采二厂机关大门前排水沟问题。由于年久失修，堵塞严重，这一排水系统急需维修。庆阳县的理由是，这一排水系统，虽属市政建设，但油田基本建设都免交成市建设配套费，加之当初是由油田建设的，希望企地共同维修这一工程。此事比较紧迫，希望勘探局尽快能拿出一个方案来。

13. 宁夏回族自治区与中原油田开发黄河以西石油资源问题

物探处反映，中原油田应宁夏回族自治区的邀请，在黄河以西已做了 400 剖面千米的测线，据说情况较好。已部署两口探井，很快要打井。这对我们提出了一个新的挑战。加上近期国家出台的资源开发政策，需要我们重新审视自己的市场开发政策。要不要参与周边石油资源开发市场已摆在了我们的面前。

14. 泥浆、钻头攻关，提高钻井速度问题

钻井三处对本处钻井速度做了对比分析，认为近三年钻井速度提高幅度不大，关键是在泥浆和钻头上做文章不够。例如 PTC 钻头在钻井三处试验了 10 多年，没有大的进展。去年经过改进的一只钻头打了 6000 多米，其效益相当可观。

经过讨论，提出的初步思路：一是由工程技术研究所同三个钻井处联合，组织专门人员，开展钻头试验攻关；采取与外部单位联合开发的形式，开展钻头个性化设计研究，设计出适合我局勘探区域地层的钻头，争取在一、二年内有所突破。二是成立专业化技术服务机构，加强泥浆的试验和研究，进一步提高泥浆性能，使其既能保护地层，又能提高钻速，还要保证地下安全。

15. 职工集资，建设期房问题

宁夏各单位普遍提出了加快基地调整步伐，尽早解决职工向银川的搬迁问题。陇东井下处、测井工程处也提出能否给他们以灵活的政策，让他们开发已在咸阳、礼泉征用的土地。筑路也有类似问题。

他们提出一个思路：就是由职工集资建设期房。因这一问题牵扯到方方面面，建议勘探局研究讨论，尽快拿出一个可行方案。

16. 开拓陕、甘、宁技术服务市场问题

目前，在我局周边地区，大致有 30 多个技术服务队伍，基本上占领了周边地方油田的技术服务市场。过去，由于政策上的需要，我们基本上放弃了这部分市场。随着企业改制的进一步深化，形势可能要发生新的变化，我们如果继续放弃这部分市场，那么就会丢掉更多的市场，甚至会丧失已有的市场。

我局技术服务有地域优势、技术优势，在周边地方油田市场具有一定的竞争能力，需要的就是灵活的政策。基层单位有这方面的积极性，我们应该制定相应的政策，鼓励他们积极参与竞争，直到占领这部分市场。

17. 子女就业问题

钻井三处反映，全处有 450 名职工子女待业，年前有 50 多个家长找处长，请求给孩子能找一个事做。其他单位也有类似反映。解决这一问题的思路是：企业不再承担子女就业的责任，这一点要给职工讲清。但在远离城镇的独立矿区，职工不找本企业，又能去找谁呢？我们虽然不承担职工子女就业责任，但有责任帮助他们就业。所以，要从两个方面做工作：一是积极鼓励和创造条件让职工子女到社会上就业。中原油田人才开发中心在深圳设立职业介绍所，为油田职工子女和下岗职工寻找再就业机会的做法就很值得我们借鉴。二是给职工子女

在油田内就业创造同等的竞争条件和竞争机遇。多渠道、多形式解决职工子女的就业问题。

18. 驿马技校、石油学校移交地方问题

根据国务院文件精神和最近召开的会议精神,技校和中专都要逐步交地方管理,目前只交教学管理职能,人、才、物仍由原企业管理。

两校职工都不愿交地方,这是一个方面。另一方面教学管理职能交地方后,企业职工培训无法落实,特别是在面向市场、开发市场,提高企业竞争能力中,技术储备、人才储备非常重要,职工培训任务十分繁重,也需要一个培训基地。两校提出解决的思路是,向职工培训中心过渡。调查中,已责成驿马技校、石油学校领导班子在开学后,深入研究,提出可行性方案,报局教育培训处讨论修改后,由勘探局决策。

五、贯彻勘探局工作会议精神情况

总的情况是好的,勘探局工作会议精神已在干部职工的思想上引起了极大的震动,促进了广大职工思想观念的转变。

贯彻会议精神只是个初步,还留有死角,表现在:

(1)部分职工对工作会议精神不了解,依靠道听途说,判断勘探局的政策;

(2)部分单位个别领导对勘探局生存发展的各项政策还不了解;

(3)运输处对扭亏减亏讨论的不深入,采取的措施还不具体,可行性较差;

(4)驿马技校对学校当前面临的形势分析还比较盲目;

(5)鼓实劲在有些单位还有差距。

在被调查的14个工程技术和生产服务单位中,有7个单位求生存、图发展的思路开阔,措施符合实际,只要不断努力,认真落实,就一定能提高企业的经济效益,得到大的发展。有4个单位思想、措施均停留在原有的步子上,只要市场没有大的波动,也能够取得较好的效益;有2个单位干劲有,想法多,但市场分析不透,创新精神不够,没有鼓实劲的措施,可能要遇到一些麻烦;真正有困难、办法又不多的单位,只有1个,这就是运输处,需要全局帮助他们出主意,想办法,减亏扭亏。

总之,这次调查研究,深入的单位多、接触的人员多、听到的反映多、深入思考的问题多,收获确实不少,体会非常深刻。

(李三卫)

长庆石油勘探局
强化全员安全教育

2000年5月14日早晨9时许,长庆石油勘探局在西安基地文化广场上隆重举行“千人安全签字仪式”。至此,长庆油田的全员安全教育活动出现了一个高潮。

长庆石油勘探局工作区域37万平方千米,横跨陕、甘、宁、蒙、晋五省、自治区,且自然环境恶劣,作业高度分散,人员流动性大,危险源点多。随着生产规模的不断扩大和气田的大面积开发,长庆油田已形成高空、陆上、地下、水上立体作业的格局,安全生产的难度很大。

面对各种不利因素,油田领导和安全部门的同志意识到,安全生产的核心问题是人。要实现油田长期安全生产,必须抓住“人”这一关键因素,狠抓安全教育培训工作,提高全员安全素质。几年来,在安全教育上作了深入的探讨,逐步摸索出具有长庆特色的安全教育方法,有效地促进了全局的安全生产。3月底,在集团公司安全、健康与环境工作会议上介绍了经验,受到集团公司有关领导和专家的肯定。

一、健全机构,确立两级中心

首先健全安全教育培训组织机约和网络体系。一是成立特种作业人员培训考核机构。近年来,针对原来特种作业人员由地方劳动部门培训,难以保证培训质量的状况,及时与陕、甘、宁三省、自治区劳动部门协商,将特种作业人员的培训考核工作全部放到油田内部。二是建立安全教育培训网络体系,分类型、分层次推进安全教育培训工作。其次,在职工安全技术教育方面,始终坚持有利于基层生产、有利于提高教育质量和方便职工学习的原则,确立二级单位和特种作业人员培训考核网点为安全教育培训的操作管理中心,主要负责建立员工安全技术等级档案,制定和具体实施年度教育培训计划。局监督考核中心主要负责安全教育培训计划落实情况和培训质量的监督考核工作。这样,有效地调动了各单位的主动性和积极性,收到了良好的效果。

二、科学施教,做到五个结合

在安全教育中,坚持做到“五个结合”:

(1)安全教育与整章建制相结合。为抓好安全教育工作,相继制定出台“安全宣传教育考核管理办法”、“特种作业人员安全技术培训考核管理办法”等管理办法以及“学员守则”、“考试规则”、“教员守则”等管理制度,使安全教育做到有章可循,依章管理。

(2)安全教育与硬件建设相结合。近年来,油田局、厂两级先后建立了安全教育室,配备了先进的教学手段。结合油田生产特点,依据国家、石油集团公司和当地政府部门颁布的法规和标准,组织专家编写了不同专业、不同工种、不同层次的安全教育培训教材,确保了教材全面、通俗、实用和具有针对性,使安全教育的基础设施和资料不断完善。

(3)安全教育与宣传引导相结合。为了使安全教育收到事半功倍的效果,油田充分发挥新闻媒介的作用,利用闭路电视、广播、报纸、杂志加强安全生产的宣传报道,组织职工家属参加“全国安全生产周”、“交通安全周”、“中学生安全教育日”、“消防宣传日”等活动。采用安全图片展览、安全教育征文、安全生产知识竞赛、安全消防运动会、“安全在我心中”演讲等形式,增强职工的安全生产意识。

(4)安全教育与生产建设相结合。按照各单位生产性质的不同,把全局各单位分为连续生产单位和非连续生产单位两大类。连续生产运行单位紧紧围绕年初制定的教育培训计划,结合不同季节、不同时期的实际情况和工作重点,实行全过程安全教育。钻井、井下作业、油田建设、地球物理勘探、筑路等野外施工作业单位充分利用冬休和轮休时间,实行集中办班、封闭化管理的办法,进行全面系统的强化培训。同时,对教育培训情况实行严格考核、硬兑现,用经济杠杆拉动职工安全观念的转变和安全意识的增强。

(5)安全教育与因人、因需施教相结合。针对不同时期、不同层次的员工,采取“缺什么、补什么”的方法,开展多层次、多渠道、有针对性的安全知识和安全技能教育培训。

油田安全工作主管部门负责对管理层和违章人员的安全教育培训。每年组织举办厂处级领导干部安全管理培训班,多种经营企业厂长(经理)培训班,锅炉房安全管理人员培训班等,逐渐培养出一支高水平的安全管理队伍。

(张新民)

长庆石油勘探局“求生存,图发展”活动调查

2000 年对于长庆石油勘探局来说,是极其关键的一年。

分开分立后的长庆石油勘探局,有职工 4.3 万人,占分开前长庆职工总数的 79.7%;固定资产总额 67.22 亿元,占重组前的 27.6%;固定资产净值 32.18 亿元,占重组前的 17.76%。设备状况也不容乐观,新度系数仅仅接近 0.5。冗员多,资产结构不合理,社会负担过重等一系列困难摆在长庆石油勘探局的领导面前。

新年伊始,长庆石油勘探局领导立即投入到紧张的工作运行之中。1 月 8 日至 9 日,重组后的第一次局党委扩大会议召开。1 月 29

日至30日，局2000年工作会议召开。局处领导坐下来冷静地分析形势。局党政领导认为，分开分立后的存续部分企业虽然面临着巨大的压力和困难，但仍有一定的优势。即：长庆油田有一定的油气储量积累，这就为存续部分企业在较长时期提供了较为广阔的内部市场；掌握了一定的勘探开发低渗透油气田的关键技术；有一支团结、奉献、顾全大局、顽强拼搏的职工队伍；有西部大开发，尤其是西气东输所带来的机遇。

大家认识到，发展才是硬道理，当前的困难，只有靠发展才能解决。作为存续企业，必须确保油气主业的发展，以此来带动存续企业的发展；必须改革、改制，重点解决好产业结构的调整，以此来带动人员结构的调整；必须开拓局内、社会两个市场，逐步扩大技术含量高的技术服务市场。

局党政领导在统一认识后，很快形成了“两条基本思路”和“四大发展战略”。“两条基本思路”是：坚持围绕油气主业的发展而发展；坚持以市场为导向，促进企业内部管理水平的提高。“四大发展战略”是：市场开发战略，质量、效益型经营战略，多元化发展战略，科技进步和人才开发战略。

大政方针已定，眼下最要紧的是统一思想，凝聚人心。年初，局党委召开宣传工作会议，号召宣传战线的同志积极行动起来，为企业的生存和发展助威呐喊。同时，一场声势浩大的“求生存，图发展，闯市场，增效益”活动在全局铺开。局党政主要领导冒着初春的严寒，分别带领机关工作人员，深入陕北、宁夏、甘肃等生产一线，与职工促膝谈心，稳定队伍情绪。

科技进步是兴油兴业的必由之路。2000年一开始，长庆局就千方百计自筹资金，制定了一系列加大科技工作力度的举措：建立专家咨询组，每年引进10至15名研究生，每年有25%至40%的专业技术干部参加一次继续教育或岗位培训，每年选送40至60人到高等院校学习或进修等等。

开发社会市场，是关系存续部分企业生存和持续发展的大问题。2000年年初以来，长庆局在确保完成油田公司工作量的基础上，开始把触角伸向油田以外的社会市场。在国内，以长庆油田周边、西部油气田及地热井、煤层气、道路建设、管线建设等目标。在国外，以中东的伊拉克等国家以及中亚的哈萨克斯坦等国家和地区为目标，积极建立对外合作关系。经过努力，市场开发已初见成效。

加快多元开发，是存续企业进行产业结构、队伍结构调整的需要，也是存续企业生存和发展的必由之路。重组改制后，长庆局把发展多种经营作为存续企业生存和发展的支柱产业。2000年，局领导先后3次深入长庆实业集团公司调查研究，确定了发展多种经营的思路和目标。在发展多种经营过程中，首先从理顺体制，搞活机制，建立现代企业制度入手，在多种经营企业的体制上采取了全民所有、集体所有、有限责任公司、股份合作、民营等多种形式。其次，以能源产业为主导，加快产业结构的调整。再次，分四种情况改造老企业，提高经济效益。第四，按新机制组建新企业，培育新的经济增长点。第五，充分利用西部大开发机遇，面向社会，寻求商机，开发新项目。目前，长庆实业集团公司办公大楼五层准备整层租赁给外国公司经营；新建长实大厦拟采取出售、租赁、吸引投资者经营等方式运营。

长庆局深化改革的举措出台后，许多二级单位紧密结合自己的实际，积极稳妥地进行改革。

机械厂大力依靠科技创新，根据企业的优势和特点，研制适销对路的高附加值产品，以此增加市场竞争力。目前，他们以天然气设备和小井眼井下工具为突破口，已研制开发了18种系列产品，年内可形成效益。

第二机械厂也积极调整产业结构，不断加大新产品开发力度。他们确定以固控系统等

12 类技术含量高、有较大市场潜力的产品为新产品的主攻方向。同时,对现有抽油机等产品进行重新设计和改型换代。目前,已有多种新产品投放市场,其中有的产品还出口到哈萨克斯坦。

其他二级单位也坚持从实际出发,积极探索改制和调整产业结构、队伍结构的新路子。

2000 年头 5 个月,经过改革浪潮的洗礼,长庆石油勘探局职工的观念发生了深刻的变化。刚开始重组分开后人们那种怨天尤人、消极悲观的情绪有所克服,树立了在对现实,迎难而进,进行二次创业的雄心;摒弃了过去长期养成的“等、靠、要”旧观念,树立了自力更生、参与竞争的新观念;克服了过去重生产任务、轻经济效益,认为只要有活干就有饭吃的片面认识,树立了企业追求的唯一目标就是利润最大化的新观念。

雄关漫道真如铁,而今迈步从头越。目前,长庆局 4 万多名职工正以昂扬的斗志,凭借自己的智慧和力量,拓宽市场,再铸辉煌。

(张新民)

长庆油建涩宁兰项目工程施工纪实

涩宁兰,管道建设史上的一个新生儿。这是“西气东输”工程的前奏,这是石油石化工业参与西部大开发的序曲。涩宁兰,以其非凡的使命牵动着许许多多人的心。

经过激烈的角逐,长庆油建公司终于成为 9 家中标的参建单位之一。他们中了第五标段 B035—B050 全长 48 千米的管线。这是长庆油田历史上首次以独立法人资格进入甲方市场,参与了大口径管线建设。

2000 年 4 月 24 日,长庆油建队伍来到了离阜城 1190 千米的目的地——青海省乌兰县茶卡镇安营扎寨。5 月 10 日上午 9 时,曾在长庆和全国石油系统焊工技术比武中多次取得优异成绩的詹斌,点亮了第一根焊条,长庆油建施工战斗正式打响了。

刚到青藏高原,大家很不适应。由于高原反应,几乎所有人都胸闷、气喘、头晕、恶心。加之又下了两场大雪,气候极为恶劣,不少人都患了感冒。就是不感冒的人,一干重体力活也喘不过气来。这里由于气压低,水烧到 70 摄氏度就沸腾了,连面条也煮不熟。后勤管理员张万福为了让大家吃到可口的面条,就想了个办法,把面和好做成拉条子,然后一碗一碗地煮,一碗一碗地炒。张万福每时每刻都把职工的生活挂在心上,很少考虑家里的事。他爱人因急性肠炎大出血住院治疗,他在妻子身边只呆了 10 多天,就匆匆赶回工地。

主管外协工作的管保玉,已在家里病退两年,由于他有丰富的外协工作经验,开工前,项目经理王锐就打电话找他谈话,请他上工地。他不顾自己身体有病,二话没说就提前上了工地。

在涩宁兰,大家都想着如何干好工程,无暇顾及家里的事情。青年突击队队长谭军林,妻子预产期到了,他还在工地忙碌。孩子出生只 5 天,他就急着返回工地。

职工是这样,项目部的“领头雁”王锐更是为工程操碎了心。从工程立项到招投标,从现场交底到施工,没有一件事不牵动着他的心。春节,他只在天水老家和妻子、女儿小聚了两三天,就又回到了公司忙工作。

长庆油建中标的管线,有 4 千米穿越沼泽地。沼泽地中心地带积水遍地,烂泥滩随处可见,周围则是成片湿地。人走在上面,一步一个泥坑,车辆和施工机具更是寸步难行,作业带无法开通,运管、布管无处下手。长庆项目部领导经过周密思考,果断决策:“过!我们毫无退路,只有跟雨季赛跑……”

5 月 11 日,在 109 国道旁大水桥附近施工的第一机组奉命搬迁沼泽地。一大早,项目部领导就带人前往沼泽地抬枕木、背沙袋、运干土,在年久失修的小水桥旁边架起一座简易桥,用尼龙沙袋在淤泥里铺就一条通向沼泽地的路,并用一袋袋干土筑起两堵高 1.8 米、长 25 米的堤坝,将两条小河截为两半,终于把施工机具搬到了预定的施工现场。

5 月 12 日,在距离管道中心线 2 米处开挖一个长 3 米、宽 1.3 米、深 2.6 米的实验坑。不一会儿工夫,坑内就渗出了大量积水。项目经理王锐决定利用冻土层,确定了新的施工方案。5 月 13 日,一条宽 8 米、长约 100 米,被誉为“生命通道”的试验段挖通了。终于,重达 16 吨的吊管机在处于含水饱和土层之上的冻土层上的冰冻层穿行了一个来回。就这样,他们在冻土层融化之前,争分夺秒,进行布管。

5 月 19 日,沼泽地开焊。在这种大口径管线的焊接中,处于 5 点至 7 点的仰焊部位本身就难以掌握,也最容易出问题,更何况是在沼泽地。6 月 5 日,突然下了一场大雨,焊工们脱下身上惟一能防雨的皮衣,摞在一起,拉起来撑在焊口上方挡雨水。曾被誉为“西北焊王”的电焊工詹斌,这时正躺在迅速上涨的水里施焊,焊口没见一滴水,而他浑身是泥,里里外外被泡了个透。

经过苦战,他们终于攻克了沼泽地施工的难关。截至 6 月中旬,已顺利完成 600 多道焊口,组焊管线 8.35 千米,布管 8 千米。他们铸起了钢铁巨龙,在辽阔的柴达木盆地昂首向前。

(王三勇　张新民)

长庆油田重组后主辅两业运作情况的调查

集团公司二次重组后,股份公司与技术服务部分分开分立运作已经半年了。近日在长庆油田调查时,见到了这样喜人的情形——职工情绪像以往一样稳定,大家谈论的中心依然是如何多找储量多产油;3 个采油厂油气生产稳中有升,各生产服务单位职工工作紧张有序;2000 年 1 至 6 月,双方效益均好于去年同期。尤其令人感动的是,双方依然是同心协力保油田。2000 年入冬以来,长庆采油二厂、三厂的油田遭到大规模盗抢。为了保护油井与管道的安全,两个采油技术服务处出动上百台汽车、数百名职工,冒着生命危险,昼夜蹲井护线,保护油田安全。

同样是重组分开,为什么这里的职工情绪稳定,生产稳定?

一、妥善处理了三个焦点问题

通过对几个油田调查发现,产生矛盾的焦点在重复建设、关联协议、分配悬殊 3 个问题上。而长庆油田恰恰在这 3 个焦点问题上依章办事不走样。经调查,这里主业部分在重组后没有违规搞重复建设,没有违规购置一台存续企业已有的机具,不存在主业抢服务饭碗的问题。只要有施工作业任务,依照关联协议,该直接由服务企业干的活就由服务企业来干,该招标的进行招标。二是严格执行关联价格协议。根据集团公司要求,重组后有一个过渡期,从关联价格逐步过渡到市场价格。对此,长庆油田分公司不走样地执行股份公司的要求,按已签协议价格进行结算。三是在现有情况下,双方在分配上没有拉开过大差距。彻底分开后,双方虽按各自的经营状况核定自己的工资和奖金标准,但是双方,尤其是油田分公司认为,长庆各采油厂多为“独立大队”,主业和存续企业的职工上班在一块,住在一个院,都一样辛苦,加之长庆油田分公司 1 至 6 月份盈利,存续部分也基本持平的经营状况,因而双方分配上差距不大,致使双方职工心理平衡,思想上没有产生波动。

二、抓住主要矛盾　架起连接桥梁

重组对长庆双方来说都是前所未有的脱胎

换骨的改造，发生了质的变化，由过去的局内计划经济变为集团公司内的市场经济，进而与国际接轨，变为更大范围的市场经济。经济运作方式上，由局内计划任务、行政调度改为关联交易运作，进而改为以市场经济法则运作；价格政策由过去的局内计划价格、行政平衡内部利润，改为关联交易价格，进而改为市场价格，对存续部分是个巨大冲击，涉及每个人切身利益。因此，双方认为，要想使队伍稳定，实现共同发展，必须抓住影响稳定的主要矛盾——关联交易。据了解，长庆油田也和其他油田一样，前些年集中财力保主业，技术服务装备欠账较多。重组后，变成了两个利益主体，油田分公司追求利润最大化，同存续企业急于要生存、要积累发展产生矛盾；从关联交易向市场交易过渡中，过急过缓也产生矛盾；关联交易价格政策与实际到位预算资金也有矛盾。

但是双方有一致的共同目标，只有油田发展才能共同发展，谁也离不开谁。油田分公司认为，长庆石油勘探局有一支团结、奉献、顾大局、能拼搏的队伍，掌握一定的勘探开发技术，尤其掌握着对付特低渗透油气田的关键技术，只有技术服务不断发展壮大，油田才能有大的发展。而存续企业认为，油气主业是心脏，存续企业 70% 的人员为主业服务，80% 的固定资产为主业服务，4/5 的收入源自主业，没有主业的发展就谈不上存续企业的发展。“皮之不存，毛将焉附?”为此，重组一开始，长庆就提出了“先活心脏，后养肌肤”的原则，而且双方制定了互相支持的“双十二条”，强调 2003 年到 2005 年的宏伟发展目标是全长庆人的共同目标、共同企盼、共同利益和共同责任。因此，在研究关联交易协议时，既考虑保上市公司，保规范运作，同时保存续企业的平稳过渡。

在关联交易的制定中，双方深入实际，调查研究，听取各方意见，对今后可能出现的问题有一定的预见，做了超前舆论和组织准备。双方认为，要平稳过渡，必须慎之又慎“过三关”。首先是人事关，主要是解决好干部问题，不给工作留乱根。正式宣布前，他们从党的利益出发，对干部作整体素质考察，找每个干部谈话，对二级单位班子作了调整，确保平稳过渡。二是利益平衡关。重组的目的是共同发展，涉及油田、集团公司、国家三个层次的利益，在研究关联交易时，充分考虑到这一点。三是存续企业的生存发展关。双方认为，关联交易的对象、价格带有时限性和不完整性，两家是依存、共存，而不是依赖关系。长庆局告诫各级领导，今天长庆勘探开发形势好，任务相对饱满，但必须居安思危，“有饭常思无饭时”，主动开拓外部市场，尤其是边远的委管、托管单位，不能仅仅保持暂时不亏，必须创造条件自立自强。据了解，第二、三采油技术服务处的修井作业队在保证完成采油厂作业任务的前提下，已组织队伍到外部开辟作业市场。到 4 月底，有的作业小队已创收 80 多万元。几个月来，长庆正在筹建几个专业集团，在完成油田分公司工作量的基础上，积极开拓社会市场，进军国际市场。

根据双方预测，队伍乱不乱看 2000 年，因为 2000 年是分开后的第一年，一是双方都没有经验，二是职工思想容易产生波动，所以双方把 2000 年工作的重心放在了“防乱”上，紧紧把握三个可能导致“出乱”的问题，严格按关联交易办事，做到“程序不超越”，即从关联交易逐步过渡到市场交易，关联交易和供求关系、供求总量基本平衡，工资福利待遇 2000 年总体上不拉大差距。

既然分成两个单位，分属两个系统，就难免在工作中磕磕碰碰。为此，双方在制定互相支持的“双十二条”后，成立了关联交易协调委员会，下设 12 个协调小组。每次双方协调委开会，都由孙玉辰局长、胡文瑞总经理主持。虽然不是决策机构，但经过双方协商一致的，必须认真执行。

为了使“双十二条”能贯彻执行，双方采取了 10 条组织措施，除 14 个偏远作业区由油田分公司委管和炼化总厂、销售公司服务处由主业托管外，有关双方的重大决策、干部任免相互征求意见。在过渡期内，两边干部适当交流，一些部门和单位正职交叉兼职。双方职工都需要了解和执行的事项或重大问题联合发文。年初以来，双方已就综合治理、安全生产、基地建设、信访工作、计划生育、科技表彰、关联交易等 18 次联合发文。为了防止重组给油地关系带来不稳定，针对陕甘宁地区的情况，双方统一使用“长庆油田”标识，一个窗口对外，避免了个别地方“两头敲”问题的发生。

三、关键在于两个一把手

调查表明，长庆油田之所以稳定、发展，关键在于孙玉辰、胡文瑞两个一把手。他们一致认为，上市公司与存续企业发展同等重要，因而都能站在党的事业的高度，从大局出发，坚持实事求是的思想路线，互相理解，互相体谅，互相支持。

重组前，孙、胡二人，一个是党委书记、一个是局长。重组后，孙玉辰担任长庆石油勘探局党政“一把手”，在孙玉辰的头脑中“先活心脏，后养肌肤”的思想非常明确。曾任局长的胡文瑞成了油田分公司经理，他深知存续部分存在的问题和难处，搞不好同样会影响油田整体发展，因而在关联交易框架内设法为存续企业分忧。他坚决不准二级单位搞重复建设，增添设备必须经过他批准，确保技术服务单位有活干。即使是按关联协议必须公司招标的项目，分公司也事先给勘探局打个招呼。年初，双方领导商量，按照集团公司要求，一定要确保油田分公司完成盈利指标，确保存续企业不亏。

在长庆，存续企业开党委会，讨论议题事先请胡文瑞提意见，以防主业产生矛盾。同样，主业开党委会，胡文瑞也请孙玉辰提意见。这样，两人都讲大局，讲感情，同举党旗、改革旗，即使有问题、有矛盾也不愁不能解决。

分开后，双方基层单位小的争吵时常有，但两人每次都妥善处理。年初以来，这里先后有过 4 次稍大的矛盾，次次都很顺利解决。2000 年开春，中央决定实施“西气东输”工程，先期由长庆供气，这对长庆双方是难得的机遇。钻井队比往年上前线早。因为是分开后的第一年，所以局领导分头下去，为出征队伍送行。但是当孙玉辰从基层调研回来刚进家门，加急电报即送来了，原因是当时关联交易未签，钻井价格未定，钻井队不签合同不开钻。孙玉辰当即表示，时间不等人，先干后算账，几十台钻机均先后开钻，为 2000 年长庆增储上产争取时间。此外，第二净化厂招标、三维地震招标、新增钻井进尺招标等问题，均按关联协议要求，“同等条件下，长庆队伍优先”，得到妥善解决。为了实现共同发展，对有关双方的重大决策、干部任免，除了业务部门对口交流外，两个“一把手”对双方关心的重大问题开诚布公交换意见，最终取得共识后回去实施，对已经出现的矛盾拿出解决的办法，从而确保重组后双方工作的正常运行。

（吴纯忠）

“集团公司十佳青年”、“全国劳动模范”——油建处焊工刘瑛

2000 年 34 岁，参加工作仅 14 年的刘瑛，是长庆石油勘探局油建三大队七中队焊工班班长。她没有什么与众不同的地方。要说有，那就是她对工作有一种特别的挚爱，对技术精益求精的钻劲、不畏艰难、勇于攀登的韧性，真心待人、乐于助人、热爱生活的真诚。

焊工有一句行话：手上没功夫，拿不住焊把子；腿上没功夫，当不了好焊工。刘瑛从臂功和蹲功开始苦练。为了练臂功，她把胳膊悬空，放上砖块。每次都咬着牙，任汗水从额头、身上流下。有时吃饭连碗都端不住，她还是挺了过来，

直到双臂放上砖，能够长时间悬着不酸痛。就这还不够，她还要能熟练地摆弧。为了练摆弧，她在墙上贴上报纸，用焊工的克丝钳夹着铅笔画，夹着毛笔画。经过反复练习，终于能得心应手地画出月牙状、半月牙状的弧线了。为了练好蹲功，刘瑛回到家里，凳子、沙发她不坐，蹲着吃饭、看电视，家里来了客人，刘瑛也是蹲着与客人聊天。大伙觉得刘瑛学技术都有点走火入魔了。刘瑛只是淡淡地一笑。几年下来，刘瑛不但能蹲得住，而且蹲得很稳。现在，只要拿起焊枪，双腿纹丝不动，像是“焊”到了地上。

凭着一股子学啥就要学会，干啥就要干好的劲头，刘瑛打下了坚实的焊工技术基础。在强手如林的铆焊厂，提起刘瑛，大伙都竖起大拇指，夸她是好样的。1987 年，刘瑛参加了局第二届工人技术运动会焊工比武，并夺得了第一名，成为全局最年轻的女状元。刘瑛没有自满，而是把自己重新定位到起点上，继续苦练技术本领。1998 年 7 月，刘瑛参加了一次高级焊工考试，负责考试的技师曹胜来检查了刘瑛焊接的试板后，当即把自己焊接的样品取下展台，把刘瑛的试件作为样品摆了上去。

为了练就过硬的焊工技术，刘瑛把自己在弧光与汗水中泡了 14 年，进厂 10 个月便掌握了基本技术，一年多单独顶岗；1989 年取得了甘肃省劳动局颁发的Ⅰ、Ⅱ类压力容器焊接五项合格证，后来又取得了石油天然气管道焊接资格证；1994 年获得德国 DVS 国际标准焊接证；1995 年获石油总公司高级焊工证，被中国石油焊接协会吸收为会员。

铆焊厂的工人师傅说：“刘瑛的技术是焊花烫出来的，是汗水泡出来的，是握着焊把子苦练出来的。”

焊工工作艰苦，刘瑛不怕，在野外施工中，风吹雨淋，夏热冬冷，刘瑛都挺得住。在车间制作容器，要是容器小，得前后挪着、左右挤着才能进去，容器里又闷又呛，刘瑛也都习以为常。她的身上布满了焊花烫伤的疤痕。经常在容器里钻出钻进磨，让焊花来来回回烫，一身工服总是穿不了多久，哥哥、嫂子、弟弟只好把节余出来的工服都给她穿。

焊工班是个有 50 多名职工的大班组。刘瑛很重视营造班里学技术的气氛，经常组织小型岗位练兵和技术比武。她曾带过 6 名徒弟，个个出色。这是因为刘瑛期望他们超过自己。学徒工杨正刚是 1995 年进铆焊厂的，刘瑛让他从最简单的角焊缝学起，开始手把手地教操作要领，然后在旁边指点，一次次给予纠正。从易到难，从浅到深，很快，铆焊厂用得上的焊接技术，杨正刚都学会了。1996 年，有 30 多名技校生到铆焊厂实习，实习结束，个个恋恋不舍，他们都得到了刘瑛的指点。他们分配到油田各单位去后，都已早早单独上岗，很多人还是焊工技术尖子。

1991 年，刘瑛有了自己的家。丈夫是个司机，经常外出，刘瑛里里外外一把手。只要丈夫回来，刘瑛总会做几个菜，对丈夫的生活起居，也安顿得舒舒贴贴的。生了孩子后，刘瑛休了 5 个月产假，就回到铆焊厂上班。可给孩子喂奶成了问题。按规定，上班时间可以回家给孩子喂，刘瑛工作忙，走不开。婆婆只好一次次抱着孩子在厂房边让刘瑛给孩子喂奶。刘瑛心疼儿子，但为了不影响工作，在孩子 7 个月时，她打了 3 天回奶针。

14 年的默默耕耘，14 年的不懈努力，14 年的执著追求，刘瑛铸就了她的辉煌。1995 年到 1997 年，刘瑛连续 3 年被评为长庆局劳动模范。1997 年，她被评为长庆局“十佳青年”，同年被评为“甘肃省十杰青年”，并被授予“五四青年奖章”。1998 年获集团公司百名优秀女职工称号。1999 年，刘瑛又获得首届“集团公司十杰青年”称号，被评为“集团公司劳动模范”。2000 年，荣获“全国劳动模范”称号。

在铆焊厂职工的眼里，刘瑛还是那个脸上总是挂着微笑的刘瑛，还是那个穿一身工服和大家一起出力流汗的刘瑛，还是那个学起技术来便废寝忘食、学不会学不精决不罢休的刘瑛……

（第广龙　鹏　飞）

“全国绿化400佳”
——长庆筑路总公司

在西安市未央区六村堡工业园区，有一座集办公、生活、机修等功能为一体，水、电、暖、讯、排污等设施成龙配套的花园小区，格外显眼，令过往行人赞叹不已。这就是“全国绿化400佳”单位之一——长庆筑路工程总公司小区。

美好的环境能陶冶人的情操，是长庆筑路总公司历届领导班子和职工群众的共识。1995年以前，这个公司生活基地还在甘肃庆阳时，每年都要投入50多万元用于绿化和环保，先后被甘肃省、集团公司授予“清洁文明工厂”、“绿化先进单位”、“文明住宅小区”等称号。1995年8月，这个公司基地迁入西安以来，公司“一班人”把创建“绿色家园”作为关心职工、凝聚人心、树立形象、促进发展的重要措施，确立了“出门见绿、放眼皆景、四季常春、三季有花”的绿化目标，坚持高起点、高标准、舍得投入抓硬件。截至1999年年底绿化面积2.3万余平方米，覆盖率达35%，已有各类植物300多种，乔、灌、草、花相得益彰。其中绿化景点23个、园林小品13个、绿篱4169米、草坪1.6万余平方米、乔木1333棵、灌木4.4万余棵、花亭89个、假山6座、喷泉4个、回廊8个，长达213米，使小区成为扩大了的盆景，缩小了的仙境。

凡是到过那里的人都会发现，该办公区绿草如茵，气氛静谧；住宅区亭廊别致，鸟语花香；工业区灌木丛生，厂房林立。小区园林融南北园林艺术之长，布局合理，独具匠心，气势宏伟，花坛花色鲜艳，图案明快，造型美观，既体现了绿化美化20年不落后的设计思路和企业的文化底蕴，又具有自然的和谐美。中心花园松青桑绿，垂柳依依，幽雅别致，风情万状。小区内五彩花卉竞相开放，分外妖娆。绿化带内整洁无杂草，无裸露地面，无任何垃圾，令人赏心悦目，依依不舍。无论从哪个角度看，都是一幅优美的风景画。

了解长庆筑路总公司绿化工作的人都知道，公司“一班人”对绿化美化这个“容貌工程”极为重视，主要领导经常参与规划绿化方案，检查指导绿化工作。5年来，公司领导共主持召开绿化工作办公会22次，对绿化所需的资金尽量满足，凡是绿化必需的设备、器械、农药、肥料等，报了就批，批了就买。1999年在资金十分紧张的情况下，这个公司先后购置了割草机、电动喷雾器、绿篱修剪机等专用工具。为了落实绿化美化责任，该公司指定一名副经理抓绿化管理，成立了绿化管理委员会，组建了由16人组成的绿化队，签订了绿化管护责任书，划分了绿化管理责任区，并坚持绿化队、公用公司、绿化委员会三级检查制度，做到了绿化队日日查，公用公司周周查，绿化委员会月月查。绿化队定期松土施肥，修枝剪叶，浇水打药，使树木花卉生机盎然，整齐美观，异彩纷呈。

坚持依法治理和制度的落实，是长庆筑路总公司搞好绿化工作的重要举措。公司制定了“林木管理制度”、“环卫管理十不准”等12项管理制度，打印600多份发到每个住户。为了使各项制度落到实处，他们成立了厂容厂貌纠察队和综合督察小组，定期开展绿化环卫执法检查。对违反规定者，视其情节、分别采取批评教育、电视曝光、开现场会、罚金等措施，既教育了当事人，又警示了其他职工。

“硬件”的更新需要加大投入，软件的改善则需要潜移默化。搞好绿化工作，离不开转变人的观念，提高人的认识。为使职工养成良好的习惯，长庆筑路总公司从进驻小区开始就狠抓职工的文明意识教育，公司有关部门利用闭路电视、宣传栏等形式,经常宣传小区管理规定、绿化管护要求等。通过持之以恒的教育,使“爱护花草树木就是爱护我们的生活空间,不讲公共卫生就是损害我们的生活环境”成为广大职工、家属、学生的共识。机关及后勤单位坚持每两周组织一次义务劳动,仅1999年就参加义务拔草4550人次,义务植树200多株,栽培草坪600平方米。在要化专业人员和广大职工、家属的精心管护下,树木花卉成活率达到95%以上。

人能改变自然,使其锦上添花;美好的环境反过来又能陶冶人的情操,规范人们的言行。这个辩证的道理在长庆筑路总公司得到了印证。职工们置身于花园式的办公环境中,神清气爽,分外珍惜。踩踏草坪的人少了,摘花折枝的看不到了,乱扔纸屑的没有了,办公楼里高声喧哗声听不见了。

(王　平　张新民)

“全国劳动模范”
——钻井三处处长蒲建中

长庆大气田地处鄂尔多斯盆地,沟壑纵横,但更多的是一望无际的毛乌素大沙漠。

在这个没有战火与硝烟的战场上,有一支开垦地火的功勋劲旅,为勘探开发大气田书写了关键性的一章,被人们誉为大气田的主攻手,这就是长庆油田钻井三处。在采访中,钻井三处一位年过半百的老同志很幽默、很风趣地告诉记者:“在气田,我们钻三4000多名职工就是大漠‘垦火’人,我们处长蒲建中就是‘垦火’群中的领头人。”

一、改革激活一潭水

1989年至1990年,长庆油田在鄂尔多斯盆地发现了大气田。1991年8月,在长庆气田勘探会战如火如荼时,蒲建中卸掉了原钻井三处副处长职务,走上了钻井三处党委书记岗位。蒲建中认为:要激活钻井三处这潭水,必须首先要激活人。1995年,钻井三处推行了全员劳动合同制和干部全员聘任制。在干部聘任上,坚持以群众信任度测评作为能否聘任的重要依据之一,先后将41名干部解聘当工人,6名科级干部低聘当一般干部,并从工人中择优45名首聘到干部岗位。在聘干过程中,有学非所用的工程师被精简……知识分子也不能吃“大锅饭”;有怀揣大专文凭的“正牌”干部,被安排到钻井一线上小班……竞争不承认终身制。在这里,级别、资历等一道道高墙轰然坍塌,科长、科员、干部、工人站在了同一个起跑线上。

以公平、公开竞争为主要内容的全新的用人机制的实施,使钻井三处很快形成了一个相互竞争、奋发向上的喜人局面。1991年以来,钻井三处不仅生产一年一个大台阶,而且各种人才也不断涌现。他们先后为局里二级单位输送的处级干部就达30人,被人们誉为人才成长的“摇篮”。

二、靠严管理提高效益

钻井三处现有20个钻井队,全处共有职工4300多名,是一个集钻井、采油、多元开发于一体的横跨陕、宁、内蒙古三省、自治区的大型企业。

怎样使这样一个高度分散的大型企业实现集约化、效益化经营,从而取得最佳的经济效益?蒲建中认为,管理和效益是企业永恒的主题。只有强化、细化管理,才能不断提高经济效益。几年来,蒲建中及其“一班人”从强化企业管理入手,组织人员相继修订完善了十大专业180项技术标准、20类200项管理标准和8类190项工作标准,在单位内部建起了目标经营责任制,形成了上下贯通的标准管理体系。

为了防止标准流于形式,蒲建中及其“一班人”在全处推行了专业考核、交叉考核、换位考核制度,推行了“100－1＝0”的质量考核否决公式,促使全处管理工作逐步走向规范化和科学化轨道。1995年,连续多年承担天然气勘探钻井任务的钻井三处开始承担石油钻探任务。工作重点的转移,使钻三人开始有些不适应。二季度,钻井三处在安塞油田承担钻井任务的钻井队,一下子发生了11起井下质量事故。其主要原因是由于井队对新油田地下情况不熟悉,干部工作急躁、工人违章操作而造成的。蒲建中把情况摸清后,立即在安塞油田召开了事故分析现场会,对负责全处钻井工艺技术工作的工艺大队作出罚款5000元的处理决定,并宣布该大队主要领导停职检查一周,并罚款1000元。严抓严管,使钻井三处安全工作有了长足进步。1996年以来,钻井三处连续两年安全工作达标,被长庆油石油勘探局授予"安全生产先进单位"称号。

1997年节约成本2900万元;1998年节约成本3778万元;1998年节约成本3778万元;1999年,钻井三处在局给的生产成本价格比1998年减少19%、少收入1.14亿元的条件下,全年内部挖潜8600万元,实现内部利润2277万元。

三、当好"一班之长"

钻井三处党政班子现有处级干部10名,其中8名同志是1994年以后走上处领导岗位的,占处班子成员总数的80%。

面对班子成员新的状况,如何把班子建设成为一个过硬的班子?蒲建中认为,要建设一个好班子,一方面靠制度建设,另一方面就是要一级做给一级看,一级带着一级干。在干部任免问题上,他严格按照程序办事,不搞临时动议。在企业改革、发展等重大问题的决策上,他总是注意发挥集体智慧,先让主管领导组织专项论证,由主管领导将论证的情况向他汇报,由他和主管领导进行沟通,形成共识后提交处长办公会、职代会等会议讨论。

钻井三处班子一些副职领导告诉记者:"作为处里'一把手'的蒲建中,身上具有刚柔兼备的性格。他对我们副职既大胆管理、严格要求,又像对待兄弟一样关心和爱护。如谁在工作中有失误,他就把谁叫到办公室里个别谈话,或严肃批评,指出问题,或耐心地教给其改进工作的方法等。"钻井三处一位副职领导非常动情地说:"蒲建中具有很高的素质。他身上突出的特点,除了具有超前思维、哲理思维外,就是具有浓厚的民主意识。即他除了用自己的权力影响'一班人'外,更主要和更多的是他比较注意用自己非权力的东西来影响'一班人'的行为。他和我们副职领导在一起,总是能够坦诚相处,遇事相互沟通,从而在班子中营造了一个极为浓厚的民主氛围,避免和消除了相互之间的隔阂。因此,我们在班子里工作感到舒心和愉快。"

正是由于蒲建中有着宽广的胸怀,才使钻三"一班人"形成了强大的合力,发挥了很强的整体功能。1996年至1999年,钻井三处党委连续4年被长庆石油勘探局党委授予"廉政勤政"先进班子称号。

(张新民 张其昌)

"全国先进工作者"——工程技术研究所副总工程师杨呈德

油气是工业的命脉,泥浆是钻井的血液。

——题记

有一首歌,一首颂扬杨呈德的歌,在祖国西部的长庆油田广为流传:什么也不愿说/只是默默地做/经受磨砺坎坷/追求更加执著/心血溶泥浆/油气汇成河/不负长庆培育恩/莫让岁月空蹉跎……

杨呈德是长庆石油勘探局工程技术研究所副总工程师兼钻井液室主任、教授级高级工程师,"长庆气田勘探开发建设一等功"荣立者,中国石油天然气集团公司"特等劳动模范",享受政府特殊津贴的优秀科技专家。2000年"五一",他又获得"全国先进工作者"称号。

谈起杨呈德同志的先进事迹和崇高精神，勘探局局长、党委书记孙玉辰曾多次满怀深情地说："我和杨呈德是大学的同学，凡是了解他的人都和我一样，非常的敬佩他。他几十年如一日，总是默默地干、默默地奉献，把青春和才智贡献给了长庆钻井液科研事业，我们为有这样的好典型而感到自豪！"

一

1945 年 10 月 2 日，杨呈德出生在浙江省永嘉县的一个贫苦农民家庭。为了供杨呈德上学，父母亲含辛茹苦、历尽艰辛，兄弟姊妹们也不得不放弃了上学的机会，是党和政府发的助学金、救济的棉裤、棉鞋、棉被，使杨呈德度过了北方的寒冬，读完了大学。1970 年 8 月，25 岁的杨呈德怀着一腔献身石油、报效祖国的豪情，从北京石油学院毕业，分配到长庆油田钻井二处 3208 钻井队工作，投身到长庆创业初期的艰苦会战中。在处理井下事故时，他一次腰部负伤、一次头部负伤，血洒钻台。他当时想：要是能把钻速提上去、把事故降下来，那该有多好啊！两年后，他如愿以偿地调到了处泥浆站当技术员。从此，杨呈德便与"钻井液"——这种被石油人俗称为"泥浆"的液体，结下了一生难以割舍的情缘。杨呈德的名字与长庆油田创业初期的许多开拓性工作联系在一起。

1974 年冬，长庆油田的第一口定向井——中 18 井在陇东开钻。杨呈德针对定向井容易粘吸卡钻的特点，采取加强钻井液润滑性、控制密度、减少压差等措施，使这口井顺利完钻。打这口井的 3261 钻井队从四川调来不久，是第一次打定向井，工人师傅们对杨呈德采用的泥浆技术感到很新鲜，完钻后，一位老师傅拍着杨呈德的肩膀夸奖道："小伙子，行！"

1975 年 12 月，长庆油田陇东油区第一口古生界探井——环 14 井钻探过程中，由于井下情况十分复杂，下钻经常发生遇阻、遇卡、井塌严重。从井筒里返出的大块岩屑，场地工来不及运，"大肚子"井臂上粘有 3 根钻铤，稍有不慎造成新的井塌就会使钻铤掉下去，后果不堪设想。险情就是命令。杨呈德风风火火地来到井场，从振动筛上抓起岩屑揉搓着反复观察、分析。带领泥浆班的同志们采取当时条件下最稳定的钙处理方法，防止了进一步井塌。经过一年的艰苦奋占，终于安全钻达目的井深。

我国深井钻探起步较晚，到 1977 年还只有极少数钻井队打过。这年 10 月，长庆油田第一口设计井深为 6000 米的探井——庆深 1 井，在华池县柔远河畔的新堡桥旁开钻了。杨呈德作为钻井液负责人，在井上一住就是两年。他提出了一套适用于深井防塌混浆处理的新工艺——"等渗等浓度混合处理法"。庆深 1 井自 2700 米处开始使用这一方法后，全井钻井液性能始终优良、均匀、稳定，在井底温度高达 160 摄氏度、裸眼长达 3500 多米、易塌层浸泡 9 个多月的情况下，起下钻 270 余次无阻、断钻具 28 次均顺利捞出，完井电测一次成功。他主持的钻井液工作和具有创造性的"等渗等浓度混合处理法"，不仅成为长庆油田各钻井队钻井液工作的样板和钻深井、复杂井普遍采用的方法，有关内容还被写入石油部当时制定的《泥浆工作管理条例》中，被全国石油系统广为采用。

1982 年至 1985 年，杨呈德主持油田"不分散低固相聚合物钻井液"的新技术应用推广项目。他坚持国际标准，采取了一系列措施，先后在 230 多口井上使用，泥浆性能指标达到当时国内先进水平，平均机械钻速每年以 15%—23% 的速度递增，共节约钻井成本 1200 多万元。1986 年，他又在 30 多口井上推广应用了"钾盐聚合物泥浆"新技术，提高钻速的同时取得了良好的防塌效果，并以自己新颖的科学观点撰写了成果报告，使长庆局作为主要完成单位进入石油部总课题研究项目，获得了1987年度国家科技进步二等奖。

二

安塞油田是我国最早勘探开发的著名的低压、低渗油田，如今探明储量上亿吨、年产量达百万吨。由于油层岩性致密、物性差，油井一般无初产，需经压裂后才能投产，专家们怀疑这是钻井液对油层造成伤害所致。为了搞清这一问题并研制出相应的钻井液体系，从1986年开始，杨呈德作为承担国家“七五”重点科研攻关项目主课题《保护油层钻井液完井液研究》的负责人，带领科研小组进行了长达4年的研究试验。

1987年秋，杨呈德带着室内试验成功的“高效絮凝钻井液低分子聚合物完井液体系”来到安塞招安进行现场试验。这里梁峁交错、沟壑纵横。他们住进老乡家的一孔窑洞，用自带的液化气炉具做饭，从老乡家买来柴火烧炕。招安离试验井场20多千米，两天下来，北京吉普车的后座都颠坏了。这天早晨，天下起了雨。几个年轻人劝杨呈德说：“杨工，车上不了山，今天你就别去了。”杨呈德说：“井上换泥浆，我得去盯着。”他们冒雨出发，步行上井，翻毛皮鞋把杨呈德的脚磨出了泡。他们走了4个多小时才到井场，一直干到下午4点。返回的路上，他们又累、又冷、又饿，到老乡家要了碗热稀饭喝了又继续赶路，回到招安已是晚上9点多了。年轻人狼吞虎咽地吃了几个凉馒头就钻进了被窝，杨呈德却在昏暗的灯下一直工作到深夜。

石油工业部和长庆局对安塞油田的泥浆研究项目高度重视，每个阶段都要进行技术分析和总结。1987年10月份的一个星期天，杨呈德的妻子一大早就到防疫站加班去了。杨呈德带上8岁的儿子骑车到办公室接着赶写总结报告，局里的技术老总和科技处的领导要在专题会议上听他的汇报。写完报告回家下一个大陡坡时，儿子不小心把脚塞进了后轮辐条里，父子俩重重地摔倒在公路上。儿子抱着脚哇哇直哭，杨呈德爬起来脱下儿子的鞋一看，小脚背夹青了一大片。回到家里，他给儿子抹完红药水，这才感到左胳膊疼得抬不起来。妻子进门捏了捏他的胳膊说：“可能是骨折，赶快上医院看看！”杨呈德到医院拍片检查后，医生诊断为左臂尺骨骨折，为他打了石膏开了药，还要求他住院治疗，他笑了笑，走了。第二天，吊着绷带的杨呈德右手抱着资料走进了会场……

1989年2月21日，过完年刚上班几天，人们还沉浸在新年的气氛之中，孩子们噼噼啪啪地放着鞭炮，到处仍然是一片张灯结彩的热闹景象。杨呈德当时实在太忙了，为了加快勘探进程，局里要求安塞油田油层保护研究课题必须提前一年完成，正处于攻坚阶段。他在试验室里做了一下午补充实验，拖着疲惫的身子回到家里，妻子红肿着双眼把一封家信递给他，说：“腊月二十七，父亲去世了！”杨呈德先是一愣，接着冲进卧室……杨呈德的妻子后来回忆说，她从来没见过男人哭得那样凄惨、那样让人心酸！可是第二天下午，杨呈德臂戴黑纱，依旧走进了试验室，继续进行他的钻井液研究。然而，正当杨呈德还处在父亲病故的悲痛之中时，又一个噩耗传来：母亲于6月17日病逝了。这一夜，杨呈德默默地流泪，一句话没说，妻子陪他坐到了天亮。

半年后，杨呈德主持的“安塞油田保护油层钻井液完井液研究”取得圆满成功。他们搞清了主力油层的潜在伤害因素及泥浆对它的伤害程度、机理和规律，以充分的室内和现场研究数据对安塞油田钻井过程中如何进行油层保护作出了切合实际的结论。这不仅为安塞油田钻井液的选择指明了方向、为正确制定完井和增产措施提供了科学依据，而且对我国类似油藏的勘探开发也具有重要的借鉴作用。特别是杨呈德专门为安塞油田确定的钻井液、完井液体系，在全国是首次使用。它钻速快、成本低、对油层伤害小，各个钻井队先后应用于130多口井，平均机械钻速提高了将近一倍，平均建井周期缩短了一半，单是直接钻井成本就节约了1000多万元，钻井液对油层渗透率的伤害从40%以上下降到15%以下，平均单井产油量提高了22.6%。钻井队的工人师傅们高兴地把这种钻井液叫做“快钻液”。杨呈德编写的5万字的课题报告得到了国家权威专家、学者和有关领导的一致肯定，认为这一科研成果“达到了20世纪80年代国际水平”。

三

长庆气田是长庆人在20世纪90年代探明的我国最大的世界级的整装天然气田。气田勘探会战初期，井下事故多、钻井速度慢、建井周期长，成为加快勘探进程的一大难题。在大量调查研究和室内试验的基础上，杨呈德率领科研小组成员，带着钻井液技术方案，来到位于茫茫毛乌素沙漠边缘的天然气勘探主战场，进行现场试验与推广应用。

陕30井是无固相复合离子聚合物钻井液的第一口试验井。天蒙蒙亮，杨呈德第一个起床。他不吃早饭、不洗脸，先到井场转一转。吃早饭时，他提出方案和大家讨论，饭后立即进行室内试验。10点左右他们来到井上配泥浆，风把药粉吹得满脸满身都是，呛得鼻子直发痒。深夜睡觉前，杨呈德还要到井场看看，把应注意的问题向当班工人师傅交代清楚，还再三嘱咐如有异常情况一定要喊醒他。沙子沉淀快，一两天就得清一次钻井液罐，每次他都和年轻人一起干，拦都拦不住。经过前线将士的共同努力，气探区平均机械钻速提高了25%，平均纯钻井成本下降了21%，平均建井周期减少了21天，并且有效地遏制了井下事故的发生。这一成果标志着长庆油田在不分散聚合物钻井液技术的研究与应用上跨入了全国前列。

1991年至1994年，为了多角度地研究提高钻速的钻井液体系，杨于德率领科研小组在气探区的10多口井上还进行了无固相阳离子聚合物钻井液的现场应用试验。杨呈德早在1987年就开始了这项室内研究，优选出了由相应的絮凝剂、井壁稳定剂、提粘剂、降失水剂组成的钻井液体系。从1992年开始，每年的现场试验井机械钻速一口比一口高，口口创当年相同井深的最新纪录，并防止了井塌。更让人欣喜的是，当最大井深钻到3360米的石千峰底部、最深地层到达山西组底部时，钻井液仍然表现出优良的性能，这在全国也不多见。其结果是从钻井液性能方面大大解放了机械钻速，与阴离子钻井液体系相比，平均机械钻速又提高了40%以上。

当与提高钻速同等重大的气层保护问题摆在长庆人面前时，杨呈德感到了自己作为一名科技工作者的责任。正是由于他高度的责任感和强烈的事业心，才使他主动开展的许多研究及其成果屡屡具有超前性和预见性。

早在1988年初，杨呈德就进行了《鄂尔多斯盆地上古生界低渗砂岩气藏保护气层钻井完井液研究》，解决了低渗砂岩气层损害的室内评价方法，基本搞清了其主要损害机理及与油层损害不同的特点和规律。据此，他组配了一系列完井液体系，试验表明可将损害率降低到5%以内。杨呈德对低渗砂岩气层伤害机理的研究和提出的保护措施，对我国类似的天然气藏的勘探开发具有重要的参考价值。

为了研究下古生界气层保护问题，1991年初到1993年，杨呈德带领一个联合科研小组，承担了《鄂尔多斯盆地中部地区奥陶系碳酸盐岩气藏保护气层钻井完井液研究》课题。3年中，他们在探区10多口气井现场和实验室之间往返穿梭，基本搞清了钻井液对奥陶系马家沟组气层产生的损害类别、程度、机理及规律，提出了一整套保护气层的原则和要求，组配并使用了一批属当时全国首创的优质钻井液体系，为正确评价储层、提高气井产量发挥了积极作用。陕38井是长庆气田的一口重要探井。1991年9月，32922钻井队钻到3651米即将打穿气层时，由于失水高达110—130毫升，不得不停钻进行钻井液处理。当时在场的工程技术人员多方努力，均不奏效，大家一筹莫展。

杨呈德接到前线指挥部通过电台传来的紧急通知后，驱车480千米，连夜赶到井场。当时任长庆局副局长兼气田勘探前线指挥的雷发瑞同志，焦急而信任地问杨呈德：“你能不能把失水降下来?”杨呈德说了句“我试试看。”就进了井队钻井液值班室，一连做了两个多小时的试验才出来。降失水，可以把当时使用的阳离子钻井液转换为阴离子钻井液，但转换后钻井液变化大，容易出现井下复杂情况。既要降失水，又要尽可能避免井下出现复杂情况，除了要下价值200多万元的技术套管外，建井周期就不得不延长20多天。杨呈德大胆地提出了一套新的降失水方案，他说：“不搞钻井液转换，也不下技术套管。”

谁都明白，这意味着将要承担多大的技术和经济风险！

雷副局长说：“你这个办法要是能把失水降下来，我做主，你干！”

技高人胆大，降魔须真功。杨呈德带领钻井液班的工人师傅们一直干到第二天凌晨3点多钟，奇迹出现了：失水终于降到了安全范围！完井后，与长庆局合作的美国技术专家多次电测证实：井下很安全、气层伤害小！

30年来，杨呈德取得的20多项科技成果先后获得局、部、国家科技进步奖，10多篇科技论文在国内学术刊物和国际学术会议上发表，成为长庆局钻井液专业当之无愧的跨世纪学科带头人、享誉油田内外的钻井液专家。

四

杨呈德在大学是学钻井工程的，作为一门课程的钻井液知识还没来得及开课，“文化大革命”就开始了。难怪杨呈德后来曾对他的助手们说：“我搞了一辈子钻井液，可刚参加工作时在钻井液方面还是个门外汉。”

1972年冬，杨呈德来到位于泾河之滨的江村。在长庆油田举办的钻井液技术学习班上，他第一次从最基本的水和土学到井下复杂情况的钻井液处理知识。他从老师那里借来一些专业书看，当时了解到我国钻井液科研与国外先进水平的差距时，联系当时油田钻井施工中因钻井液问题而导致井下事故频频发生的现实，他告诫自己：一定要把钻井液知识学到手，用自己毕生的精力，搞出能不断满足钻井生产需要的钻井液来！

学习结束一回到钻井液站上，杨呈德就碰上3208钻井队在岭52井起下钻遇阻、遇卡。他运用刚学来的知识对钻井液进行处理后，起下钻顺利了，原来在井深1700米处起钻要16个小时，现在只用3个小时。随后他又来到岭242井，参加长庆第一口油基钻井液的取心井施工。如果按当时大庆等油田曾采用过的方法配制油基钻井液，成本高、时间长。杨呈德提出：“可以就近用马岭炼油厂的热碴油和柴油混合后作为基浆，然后进行皂化、加重处理，配制成油基钻井液。”领导同意并让他去做试验。杨呈德在钻井二处“十排楼”的一孔箍窑里用电炉子对碴油、氢氧化钠、硬脂酸等添加剂进行加温。难闻的气味熏得人直恶心，却意外地“治”好了他多年的慢性鼻炎。室内试验成果用于现场，不仅钻井液性能指标符合取心要求，而且还节约了200多个劳动日和8万多元的材料成本。这使杨呈德从自己的亲身实践中，认识到了科学的力量和从事钻井液工作的价值。

70年代，技术书籍难买、难找，专门讲钻井液的就更少。凡是能到手的，杨呈德都学。每到一个井队他都要向地质技术人员了解地层情况。他把不同地层和性质的岩屑一格一格地装好，缝成一条像子弹袋那样的“立体地质图”，看完卷成一卷,携带很方便。大学的专家来给队上的地质人员讲课,他也主动去参加。一次,他在河滩上看地质书,发现河岸剖面层多数沉积得很整齐,但有的层位却很疏松。联系到书本上的知识,他直观地明白了钻井时出现的井塌、井漏现象。正是由于几十年来他对鄂尔多斯盆地地层特性逐渐深入的了解,才使他的研究得心应手,才使他制订的钻井液方案具有很强的针对性和独到的特色。

杨呈德当年在自学钻井液知识的过程中发现,和钻井液专业相关的英文著作较多,学英语是一举两得的事,便一心一意苦学英语。他把自制的学习卡片随时带在身上,早上别人没起床他就起来背单词,晚上别人睡下了他还在学习。英语资料少,他就搜集进口钻井设备的英文说明书来学。有时在垃圾堆里发现英文废纸片他也要宝贝似的拣起来看看,有用的就抄到本子上。杨呈德把这些说明书翻译过来给工人师傅们看,便于他们了解和使用设备。碰上井队附近的村子难得放电影,杨呈德也从不去看。工人师傅们关心地说:"看你劳神的,别把人学傻了,要当心身体。"他还是一如既往、坚持不懈地学习。

20 世纪 70 年代初的研究认为,聚丙烯酰胺作为钻井液处理剂,其应用前景十分诱人。当时,胜利油田是我国首次进行该项试验并取得成功的单位。1974 年,长庆油田挑选了杨呈德等 8 名钻井液技术干部去学习这项技术。回来后,杨呈德做了大量的室内和现场试验工作,使钻速提高了 15.2%,当年 7 月,长庆油田为此专门在钻井二处召开了聚丙烯酰胺应用经验交流会。1977 年 4 月,组织上又派他到四川石油管理局学习了超深井钻井液处理技术,这对杨呈德在庆深 1 井钻井液处理上的成功有很大启发。这两次外出学习,杨呈德有幸结识了我国著名钻井液专家樊世忠、罗平亚两位教授,获益匪浅。

在胜利油田学习聚丙烯酰胺技术时,有一件事给杨呈德很大的触动:介绍经验的人员中有一位叫刁立孟的,年长杨呈德近 10 岁,是胜利油田钻井处钻井液处理站的政治指导员,他精通业务,是主要试验人员之一。有天晚上,杨呈德去向他请教有关问题,碰见一位专家正在校审刁立孟翻译的一篇介绍国外钻井液解剖学技术的文章。这位专家看完译文对刁立孟说:"翻得很不错,我带回去再仔细看看,尽快给你寄来。靠自学你能拿下这样的文章,真不容易啊!"杨呈德在一旁很受感动,对刁立孟非常敬佩。返回长庆途经北京时,杨呈德特地到五道口外文书店买了本美国石油学会出版的权威钻井液技术专著《钻井液控制原理》。回到长庆后,他在反复学习原文的基础上开始翻译,到 1976 年终于把这本 20 多万字的著作翻译完,经著名钻井液专家张克勤教授校审后,1977 年,铅印了 5000 册,作为内部资料发到各单位,对有关人员的业务学习和后来搞低固相、无固相钻井液有较大的帮助,外油田不少单位收到赠书后还来信要求再给他们多寄些。此后,杨呈德又应邀作为"钻井液"部分的翻译者,与同事合作翻译了 30 多万字的《钻井基本操作》一书,由石油工业出版社出版发行。1985 年 11 月 8 日,长庆派杨呈德到美国学习钻井液技术。一到美国麦克巴公司,美方人员就给他们每人出了 10 道题,并发了学习培训计划。中国钻井液技术人员迅速准确地回答,使原本打算从钻井液"ABC"讲起的美方人员只好调整培训计划,从一开始就分别让各方面的专家教授来讲课。课余,杨呈德主动同国际著名防塌专家斯迪文博士讨论钻井液技术,了解美国钻井液公司专业化管理的情况和市场运作机制。他还应邀到斯迪文博士的防塌技术研究室观摩,看到了美国各油田和来自中国大庆油田的多种岩心。当他们讨论起钾离子防塌机理时,斯迪文博士说:"必须先搞清塌层是在何种环境中沉积形成的,然后才能针对缺钾层位的井塌,在钻井液中加入 1%—3%的钾离子进行防治。"后来,杨呈德在缺少检测手段的情况下，通过大量调研和现场试验证实：鄂尔多斯盆地直罗层缺钾，可以用钾离子防塌。这一年，全国钻井液“七五”规划会议在长庆召开，杨呈德关于西缘地区井塌原因及对策的汇报得到了专家们的赞同。

刚到美国，杨呈德就能用英语同“洋”专家交流学术思想。多年不见，这次与他同行的刁立孟说：“老杨，士别三日，真当刮目相看了！”然而美国人之间的讲话，杨呈德却只能听懂七八成。同行的8个人一起做饭吃，只要上街买蔬菜、副食和到邮局寄信函、包裹的事情，杨呈德都抢着去。大家说他是“活雷锋”，杨呈德说：“我是借这些机会练习英语。”40多天的学习结束时，麦克巴公司特意选择在中国老板办的“枫林”饭店设宴为他们饯行。杨呈德临时被选定给中方代表团团长当翻译，在场的华东石油大学的一位教授很赞赏地对杨呈德说：“你的英语水平也快够教授级了！”直到现在，杨呈德有空仍坚持听英语广播、看英语新闻，有时还和水平高的年轻人一起练习会话、交流心得，可谓“活到老、学到老”。

……

光阴似箭，岁月如歌。

从陇东到安塞，从伊盟到靖边，钻井液伴随着杨呈德从风华正茂走到了鬓发斑白，鄂尔多斯盆地的1000多口油气井上留下了他献身科技的坚实足迹。如今，50多岁的杨呈德依旧放不下让他魂萦梦绕的油气层保护课题，依旧在为培养青年科技人才呕心沥血，依旧在为深化科技改革四处奔忙，依旧战斗在钻井液科研生产的最前沿。在杨呈德眼里，这朴实无华、默默流动的液体，从地上流进深深的地下，牵出了油龙，引出了气虎，充满生机、希望！

（王光明）

第二篇

工程技术服务

第一篇
总　述

第二篇
工程技术服务

第三篇
生产服务　加工制造
合作开发油气田及社会服务

第四篇
科技发展

第五篇
质量安全与环境保护

第六篇
对外合作与交流

第七篇
企业改革与管理

第八篇
精神文明建设

第九篇
机构与人物

第十篇
长庆石油勘探局属单位概览

第十一篇
长庆石油勘探局大事纪要

地球物理勘探

【设备情况】　截至2000年底，长庆物探拥有各类设备805台（套），其中钻井设备137台（套），车装钻共33台，山地人抬钻共104台（套），运输设备395台（套），推土机21台；地震仪器设备10台（套），小折射仪12台；测绘全站仪及GPS接收机55台（套），测距仪6台；大型计算机及工作站各1台（套）；其他设备167台（套）。

【生产任务完成情况】

1. 野外地震采集任务

2000年，共完成关联交易市场23个区块8799千米的二维地震生产，获生产记录106701张，一级品率75.98%。其中天然气勘探项目4310千米，获生产记录48789张，一级品率76.97%；石油勘探项目3300千米，获生产记录37929张，一级品率76.22%；天然气开发项目1011千米，获生产记录18029张，一级品率73.26%；石油滚动开发项目175千米，获生产记录1954张，一级品率71.49%。

长庆物探处还与大港物探公司合作完成了231井区三维地震工作151.389平方千米，获生产记录7074张，一级品率为84.7%。

2. 地震资料处理与解释

2000年，完成常规二维地震资料处理19041千米、网状三维地震资料处理62平方千米；完成G/S—log特殊处理20066千米，Strata特殊处理2543千米，神经网络特殊处理1114千米；全年完成对比解释资料长度24960剖面千米，折合地质层位长度329036层千米，共提供建议井位268口。

3. 测绘测井

测量共完成GPS卫星定位点412个，完成VSP测井11口。

【科技成果】　通过多年有效的工作和2000年的努力，总结形成了以黄土塬直测线地震勘探技术为代表的三大技术系列、十项优势技术。三大技术系列即：黄土山地地震勘探技术系列，三维地震勘探技术系列，沙漠区地震勘探技术系列。十项独具特色的优势技术即：黄土塬区沟中弯线地震资料采集技术，黄土塬区直测线（一线及三线）地震资料采集技术，黄土塬区网状三维勘探技术，复杂地表高精度基础静校正技术，共反射面元优化叠加技术，反射系数序列控制下的保幅处理技术，两个侵蚀面的解释技术，波形特征与地震反演相结合的储层厚度预测技术，储层物性、含油气性预测技术，井位优选技术。

2000年，还为油田公司提供油勘探建议井位117口，符合率75.6%；提供气勘探建议井位32口，符合率达83.3%；提供气开发建议井位119口，符合率达到92%。其中苏6井，经钻探证实，在盒8发现厚48米的石英砂岩，气层厚度10米，经试气获无阻流量120.26万立方米/日的高产工业气流。

钻井工程

【概述】　2000年，长庆局下属的钻井施工服务单位有第一钻井工程处、第二钻井工程处、第三钻井工程处，主要从事井深 7000 米以内各类石油、天然气及其他地下资源的钻井工程。截至 2000 年末，三个钻井工程处共有 70D、50D 等各种类型钻机 63 部，施工区域横跨陕、甘、宁、蒙等省、自治区，钻井生产能力 180 万米。

第一钻井工程处拥有 13 个钻井队，处机关设有 11 个职能科室，2 个附属单位。职工 2099 人，党员 858 人。资产总额 2.44 亿元，固定资产原值 2.20 亿元，净值 1.40 亿元。

第二钻井工程处拥有 29 个钻井队，处机关设有 12 个职能科室，7 个附属单位。职工 3539 人，党员 1442 人。资产总额 2.64 亿元，固定资产原值 2.44 亿元，净值 1.28 亿元。

第三钻井工程处拥有 20 个钻井队，处机关设有 13 个职能科室，4 个附属单位。职工 3853 人，党员 1298 人。资产总额 3.62 亿元，固定资产原值 3.16 亿元，净值 1.36 亿元。

钻井系统广大员工坚持以更新理念求生存，以深化改革促发展，以优质服务闯市场，以精细管理增效益，从容应对前进中的各种复杂局面，各项工作均取得了优异的成绩。

【生产经营】 全年共开钻 819 口，完井 819 口，钻井进尺 144.90 万米，油田关联交易市场占有率达 97.5%。其中：第一钻井工程处开钻 240 口，完井 240 口，钻井进尺 30.9 万米，比 1999 年增长 24.60%；第二钻井工程处开钻 396 口，完井 396 口，钻井进尺 68.3 万米，比 1999 年增长 16.95%；第三钻井工程处在油气井结构大幅度调整的情况下，开钻 183 口，完井 183 口，钻井进尺 45.8 万米。长庆钻井以各项指标证明了企业的实力，井身质量合格率 100%；固井质量合格率 100%；取心收获率 99% 以上；定向井施工中靶率 100%。共完成企业收入 17.54 亿元，上缴各种税费 2.97 亿元，实现内部利润 8637 万元。其中：第一钻井工程处完成收入 2.96 亿元，上缴税费 0.67 亿元，实现内部利润 491.2 万元；第二钻井工程处完成收入 7.70 亿元，上缴税费 1.32 亿元，实现内部利润 4423 万元；第三钻井工程处完成收入 6.88 亿元，上缴税费 0.98 亿元，实现内部利润 3723 万元，全面完成了各项目标任务。共完成原油生产 31.46 万吨，占全局原油产量的 60.32%。其中：第一钻井工程处完成 19.4 万吨，第二钻井工程处完成 0.93 万吨，第三钻井工程处完成 11.13 万吨。

【多种经营】 共完成多种经营产值 2.3187 亿元，销售收入 2.2355 亿元，实现利税 2086 万元。其中：第一钻井工程处完成产值 6438 万元，销售收入 6342 万元，实现利税 559 万元；第二钻井工程处完成产值 9122 万元，销售收入 8083 万元，实现利税 650 万元；第三钻井工程处完成产值 7627 万元，销售收入 7930 万元，实现利税 877 万元。

【市场开发】 三个钻井工程处把开拓市场作为生存和发展的基础工程，充分发挥自身优势，在立足关联交易市场，巩固和发展油田“根据地”的同时，努力开辟新的发展空间，积极参与竞争，在油田外部市场承揽了 4146 万元的工作量。其中，第一钻井工程处在兰州地热井市场和油田周边市场承揽并完成了 7 口井的工作量，社会市场份额达 801 万元；第二钻井工程处打入了西安地热井市场和油田周边市场，社会市场份额达 1741 万元；第三钻井工程处利用装备优势进入了国际钻井反承包市场，外部市场份额达 1604 万元。在开拓国际市场方面，在设备、技术、人员等方面做好充分准备，及时跟踪尼日利亚、叙利亚、尼加拉瓜等国市场。

【改革改制】 三个钻井工程处根据自己的特点和生存发展的客观要求，在全面推进产权制度和配套制度改革的同时，按照“抓大放小”的原则，采取职工入股、多元投资等形式，积极开展了内部重组改制工作，共组建了 4 个有限责任公司，在产权制度改革方面迈出了坚实的步伐。在人事管理制度改革中实施末尾淘汰制；在生产组织管理改革中推行了目标激励制；普遍推广了全面预算管理和目标责任管理体系，有效地控制了钻井成本。按照长庆局的政策，内部退养 1306 人，有偿解除劳动关系 771 人。

【科技创新】　三个钻井工程处坚持在适用技术完善中不断探索、创新、提高，逐步形成了一批独有的“技术绝活”。第一钻井工程处在高压喷射钻井中，通过优选水力参数，使年均机械钻速提升到了 19.52 米/时，三大工程质量均达 100%，导向钻具复合钻井试验也取得了新突破。第二钻井工程处在优选参数钻井中，通过粘度、转速、泵压“三个适当提高”和排量、钻压“两个降低”，有效地解放了钻井速度，并在 PDC 钻头的运用、导向钻具复合钻井和小井眼丛式钻井等方面进行了有益的探索。第三钻井工程处分别在陕 242 井、陕 241 井和苏 6 井成功地进行了天然气欠平衡钻井和低固相油溶暂堵完井液的试验，特别是天然气欠平衡钻井配套技术的形成，填补了一项国内空白，在国际上也为数不多。

【管理工作】　安全生产形势呈平稳态势，三大工程质量保持了较高的水平，HSE 管理体系基本完成了程序文件，试点工作逐步展开。第二钻井工程处、第三钻井工程处还先后通过了 ISO 9001 质量体系认证，取得了国际市场的“准入证”。

【职工生活】　随着经济效益的提高，职工收入均有程度不同的提高；医疗、教育体系得到了进一步的完善；银川河东、西安泾河园“两大基地”均已完成了整体规划，加上礼泉基地初步形成了“两大一小”的格局。

【精神文明建设】　三个钻井工程处的党政工团组织紧紧围绕生产经营这个中心，坚持外抓市场与内抓管理相结合、外树形象与内强素质相结合，不断加强和改进思想政治工作，加强职工队伍建设和企业文化建设，为生产经营活动的顺利进行提供了强大的精神动力，特别是在减员增效、整合重组的形势下，职工队伍人心思定、团结向上，在保证大局稳定方面发挥了积极的作用。20108、18103、32752、32702、70118 钻井队、运输大队运一队、钻前安装大队供水队被长庆局评为模范集体；杨再生、李延新、袁卓、雷米峰被长庆局授予劳动模范荣誉称号。

（李作宁　马　佳）

测　井

【工作量】　测井系统有作业队伍 59 个（其中 3700 队 5 个、动态监测 6 个、射孔队 10 个、18 个录井队、20 个数控队）。完成完井 829 口、三样 805 口，工程 68 口，吸水剖面 322 口，产液剖面 29 口，射孔 1096 口，桥塞 56 口，取心 1 口。综合录井 116 口，折合工作量 3132 驻井天，完成口数及折合工作量分别比 1999 年同期增长 120.93% 和 60.62%。生产作业队伍上井一次成功率平均达 99.07%，正点到井率 99.90%。

解释成果喜人。发现南 6 - 151 井延 10 油层，该井是马岭油田南一区的一口调整井，原设计目的层为延 6 油层。解释人员建议项目组继续加深钻探延 10 第二套油层，第三次完钻电测，分别在第一套延 10 油层和第二套延 10 油层解释 8.6 米和 7.9 米油水层。首次在榆 17 井—6——二叠系石千峰组地层发现新的含气层位，在 1812—1819 米解释了 7 米气层，为后来进一步的天然气勘探和储量升级开辟了新的领域。在麒 2 井太原组石灰岩 2568—2571.8

米井段解释气层 3.8 米，经试气日产 25000 立方米，扩大了在该井区的找气范围。

【经营业绩】 拥有固定资产 8170.69 万元。实现主营业务收入 1.52 亿元，内部亏损 131 万元。

【技术装备】 2000 年 3 月，引进 SKH2000 数控测井仪 5 套。

2000 年 4 月，引进 SUNUitra60 工作站，为成像测井资料处理奠定了坚实的基础。

2000 年 5 月 4 日，ECLIPS5700 成像测井系统落户长庆测井工程处，引进的仪器有数字声波、数字能谱、偶极子声波、岩性密度、补偿中子、电成像、声成像、高分辨率感应、核磁共振成像。

2000 年 5 月 27 日，ECLIPS5700 成像测井系统在 G37－10 井一次下井实验成功，实现了成像测井当月引进、当月投产、当月下井一次成功的先例，填补了勘探局在这一领域的空白。投产后，当年完成了 13 口气井作业任务，创全国 5700 测井投产最快、应用最好的纪录。应用“核磁共振”、“声、电成像”等先进技术为油气储层评价提供了最新的研究成果。于 9 月下旬对 5700 的投产及使用效果向勘探局和油田公司领导作了专题汇报，长庆油田公司领导称其是“革命性的技术进步”。

【新技术研究及应用】 2000 年科研立项 16 项，投入科研经费 122.9 万元。其中局级项目 2 项，处级项目 14 项。有 3 项研究课题分别获得测井工程处一、二等奖，2 项分别获得长庆石油勘探局科技进步二、三等奖。

（1）成功采用超深穿透、油管传送负压射孔技术，在苏 5、苏 6 井一次射开后获得高产工业气流，在南 92 井射开后获得良好效果。

（2）在安塞油田小井眼井成功地应用 89 弹配 73 枪射孔新工艺，填补了该项技术在长庆油田的空白。

（3）成功研制出了可取式电缆桥塞，并在南 92－5 井试验成功，为重复式井下作业奠定了工艺基础。

【质量管理】 获测井工程处 QC 小组成果一等奖 5 个，二等奖 10 个，三等奖 13 个；3 个成果荣获局优秀 QC 小组成果一等奖，2 个成果荣获二等奖，4 个成果荣获三等奖；2 个成果荣获甘肃省优秀 QC 小组一等奖，2 个成果荣获二等奖。1 个成果荣获石油天然气集团公司优秀 QC 小组二等奖，2 个成果荣获三等奖，填补了长庆测井 QC 成果没有省级一等奖的空白。

【体系管理】 为了加强管理，提高施工服务水平，逐步缩小与国内外知名公司的差距，全面实施 HSE 管理体系。2000 年 6 月 28 日发布实施了 HSE 管理体系，包括管理手册、30 个程序文件、28 个作业文件。成立了 HSE 管理委员会和 HSE 体系办公室。8 月 21 日至 23 日，长城（天津）质量保证中心（以下简称 CGW）派出 4 人审核组对长庆局测井处的质量体系是否符合（持续符合）GB/T 19002—1994、ISO 9002：1994 质量体系、生产、安装和服务的质量保证模式标准实施了现场审核，认证机构保持认证注册资格。

井下作业

【概述】 面对新的形势，井下作业系统各单位在职工中开展了适应形势、转变观念、增强服务意识、提高工程质量的全面教育。为改变井下作业现场管理工作的“脏、乱、差”现象和“低、老、坏”作风，消除事故隐患和事故苗头，全面引进了 ISO 9000 质量体系，全面推行了 HSE 管理，制定了“两书一表”为主要内容的 HSE 管理体系，在实际工作中坚持以市场为导向，以效益为中心，以改革为动力，以结构调整为主线开展工作。

【组织机构】　重组后的 2000 年，长庆局井下作业系统有 4 个二级单位，共计 16 个试油队，8 个大修队，54 个小修队，3 个压裂酸化队，2 个测试试井队；176 台（套）修（通）井机，8 套压裂酸化机组，5 套试井车（组），共有一线职工人 1480 人。

【生产任务完成情况】　共完成试油压裂酸化 2015 层次，交井 805 口，修井 8649 个标准井次。

【工作特点】　井下技术作业处在生产组织上实行项目管理，成立了陇东、安塞、靖安、靖边四个前线项目部，先后投入 16 个试油队、59 套试油机组、7 套压裂机组和 3 个测试试井队，承担了 23 个甲方的试油、压裂、测试及特殊作业任务。坚持分片部署、严密组织、合理安排、高效运行的原则，科学组织生产，合理安排进度，生产建设实现了既保证重点，又整体推进的目标，使全年生产始终保持紧跟钻井、稳步推进的良好态势。同时，认真落实 ISO 9002 质量标准，加强主要生产环节的质量控制，试油气合格率达到了 100%，压裂酸化成功率 99.9%，施工全优率 86.3%，资料一级品率 85.2%。全年石油勘探开发有 445 口获工业油流，其中为采油一厂完成产建井压裂施工 206 口，平均单试油产量 14.8 吨/天，保证了产建任务的超额完成。天然气勘探开发无阻流量大于 100 万立方米/天的有 12 口，成为长庆气田勘探开发会战以来，高产井最多的一年。

第一采油技术服务处本着坚持服务主业、共同发展的目标，改变传统的生产运行组织方式，始终坚持“三个到位”，即：部署安排到位、组织协调到位、检查督促到位，理顺了生产运行程序，为采油一厂提供优质服务、优质产品、优质工程。以突出主营业务运行为重点，带动特车、运输、机修、材料供应等辅助生产单位。实际运作中，从接到修井设计开始，一环一环抓落实、抓协调，按作业标准分解质量环节到人头，逐一检查、落实质量责任，作业合格率同比提高 3%，达到了 99.3%。

第二采油技术服务处认真落实“严、细、实、准、狠、灵”六字方针，构建了适应新形势、新体制需要的生产运行机制，生产组织的预见性不断增强，工作效率大幅度提高。井下作业完成工作量 3391 口，折合 5548.6 个标准井次，特车运输完成货运量 3681.35 万千米，客运量 4098.47 万千米。两大系统完成工作量与 1999 年同期对比，分别增加了 26.3% 和 25.02%，创历史新高。

制定出台“三定一包”、“两奖两罚”的产品推销和工程承揽激励政策，鼓励各级组织全方位开拓市场。其中物业三公司、特车二公司施工队伍打进了靖西输油管线、涩—宁—兰输气管道等重点工程。特修一、二公司先后拿下了定油 680 井和侯 11 井等高难度的复杂打捞井，分别被誉为“西北大修打捞王”和“神州井下大修王”的称号。

第三采油技术服务处认真贯彻“先活心脏，后养肌肤”的原则，与采油厂实行“一对一”服务，成立了关联交易协调委员会，创造了“三分三合”（机构分，运行合；人员分，思想合；核算分，目标合）的“捆绑式”运行模式，共同制定了六项“捆绑式运行”规则和五条协作方式，签署关于互供产品及服务等关联交易协议，以合同、契约等有效形式占领关联交易市场。同时，坚持“讲大局、讲素质、讲感情”，利用协商机制，稳妥地处理关联交易运行中的实际问题，保证了“一盈一平”目标的实现。按照与主业市场和社会市场对口的特点，对处机关进行了“二次重组”，重组后，机关科室由 11 个调整为 8 个，机关附属由 6

个减少到 2 个，人员由 107 人减少到 73 人。并按“集中管理、统一结算、分户核算”的原则，对各单位财务统一归口管理，尝试了财务负责人委派制。

工程建设

【概述】 油田工程建设全年累计完成产值工作量 4.55 亿元，全面实现了年度经营目标。共中标和承揽工程项目 15 项，合计 40055.1 万元。其中，油气田产建工程 11 项，产值 30224.3 万元；长输管道工程 5 项，产值 9830.80 万元。

筑路工程由于工作量不饱满，任务缺口大，仅完成产值 7190 万元，未能实现年度经营目标。中标三个标段，中标价为 7310 万元；中标率 10.35%。

【工程项目】 承建工程项目 8 项，其中，关联交易项目 6 项，社会工程项目 2 项；油气田产建 9 项，长输管道项目 3 项，当年竣工验交 7 项，跨年项目 1 项。

【质量管理】 单位工程验交合格率 100%，优良率分别为 95%、78%。有 1 项成果获石油工程建设协会优秀 QC 成果三等奖。有 1 项成果获石油工程建设协会优秀 QC 成果一等奖。

【工作特点】 油田建设工程公司积极开拓社会市场，狠抓企业管理，大力实施低成本战略，广泛开展增收节支、挖潜增效活动，精心部署和组织施工生产，重点突出“市场、效益、稳定”，切实做到“五个加强，即：加强形势任务教育；加强施工任务承揽；加强施工现场组织；加强经营承包管理；加强思想政治工作。认真抓好”五项工程“，即：抓好以重点培养高起点的科技和管理带头人的“人才工程”；抓好以提高质量、技术、装备和工艺水平、建设一流专业化施工队伍的“实力工程”；抓好以深化改革，高速结构，实施减员增效，开创多种经营发展新局面的“分流工程”；抓好树立现代企业品牌，营造现代企业文化为主的“形象工程”；抓好以增强凝聚力，稳定职工队伍和优化完善职工生活环境为主的“安居工程”。筑路工程总公司面对市场竞争异常激烈，工作量大幅萎缩，市场价格下降幅度大的严峻形势，积极开拓社会市场，狠抓企业管理，大力实施低成本战略，广泛开展增收节支、挖潜增效活动，精心部署和组织施工生产。一是层层分解指标，传递责任和压力；二是加强费用控制，多干少支降低成本；三是积极推行《工程项目预算分解包干管理办法》。

【改革改制】 油田建设工程公司推行了新的管理体制，撤消了中队编制，对机关机构进行了调整。机关科室由原来的 19 个调整为 12 个，原机关直属的 3 个科室调整为 3 个费用承包单位，与机关分离。将全公司主业划分为 6 个经济实体和 3 个费用单位。整个公司实行“集中决策、分散经营”的管理模式，建立了机构精简、职责明确、办事高效、运转协调、适应市场、服务优质、行为规范、分级管理的管理体系。在项目的组织机构上，原先的分公司、大队级体制，变革为按施工对象组建专业性公司，再按照不同的施工项目，组建 B 级项目部，在人员、设备、材料、资金上进行合理配置；管理形式上按照总公司决策层、专业公司核算层、项目实施层的模式，建立了项目承包责任制为主要内容的项目管理体系，在涩宁兰、兰成渝输气管道工程、苏丹国输油管道工程还进行了按国际惯例或项目管理层和作业层分离的项目管理形式，极大地调动了工程项目和职工两个方面的积极性，使项目管理有了一次新的飞跃。

筑路工程总公司制定《干部、工人竞争上岗管理办法》，提倡竞争上岗，择优选用，从而促使职工不断学习，提高技术，爱岗敬业，为企业发展多做贡献。在西安绕城高速公路工程项目部试行了项目管理层和作业层分离的项目管理形式，极大地调动了工程项目和职工两个方面的积极性，使项目管理发生了一次新的飞跃。广泛宣传，正确引导，做好减员增效工作，及时成立减员增效小组，公司主要领导亲自组织，加强工作指导，协调解决出现的各种问题。

第三篇

生产服务 加工制造 合作开发 油气田及 社会服务

供水及发电供电

【概述】 2000年的供水供电运行平稳，保证了勘探局与油田公司生产和生活需要。在一年一度的春检工作中，以“质量高、时间短、停电范围小”为工作目标，重点解决检修质量要求高和停电时间紧的矛盾，探索经济、合理、高效的检修方式，使电网的经济效益和安全系数同步提高。在关联交易水电分协议的谈判过程中，根据过去管理中存在的问题和详实的数据，较好的解决了对用户用电、用水的规范，使协议基本符合国家的行业规范。

【生产指标】 完成供水量1417万立方米（其中：水电厂完成供水量1112万立方米，第三采油技术服务处完成供水量305万立方米），比1999年同期增长5.59%。发电量完成12221万千瓦·时，与1999年同期相比增长55.73%。全年供电64092万千瓦·时（其中：水电厂完成供电量47841万千瓦·时，第三采油技术服务处完成供电量16251万千瓦·时），比1999年同期增长10.17%。

器材物资供应

【概述】 针对生存和发展的严峻形势，器材供应系统积极探索新的物资采供体制，完善内部经营机制，改革和优化采供方式，在牢固占领长庆局物资供应市场的前提下，按照关联交易原则，加大与油田公司物资部门的协调力度，配套制定了代理采购、结算等相关制度，随时沟通，及时解决问题，不断提高服务水平，全年为油田公司代理采购物资3.72亿元。加强物资采供过程管理，降低采购成本，加大物资商务谈判和合同审查力度，开展招标订货，货比三家，价比三家。全年招标订货26次，7687万元，节约采购资金1307万元。围绕长庆局生产建设需要，严格物资库存管理，综合计划，掌握生产进程，合理调度，处理积压物资737万元，降低了库存资金占用。扩大代储代销范围，全年代储物资11856万元，代销物资10454万元，收取代储代销费307.5万元。

【经营指标】 全年完成物资购进量14.40亿元，与1999年同期相比增长2.13%。完成物资售出量15.67亿元，与1999年同期相比下降6.94%。

通　信

【概述】 2000年，长庆通信网全网拥有程控交接站、点40座，装机总数量5万余门；微波站40座，微波传输线路1287.2千米；光缆传输线路189.18千米；无线寻呼基站29座。传输电路和无线寻呼系统遍布油田各生产、生活基地和油气田作业区，并且从西安、银川、庆阳三个端口与电信公网互联。长庆电视电话会议系统由西安基地中心会场和庆阳、咸阳、阜城、马岭、董家滩、马岭炼厂、井下作业处、银川、延安、大水坑、马家滩、九公里、靖边、甘泉、靖南等 17 个分会场构成。

2000 年 5 月，长庆计算机互联网（简称长庆互联网）建成投产。互联网由西安网控中心和庆阳二级接入节点经 2×2MB/s 电路互联而成。

【服务能力】 到 2000 年底，全网交换机总量 53256 门，比 1999 年同期净增 5024 门，全网共有固定电话用户 43950 户，比 1999 年同期净增 6689 户；中继线路 2780 条，比 1999 年同期净增 630 条。无线寻呼用户 18559 户、局域网接入 31 个、拨号上网用户 1300 户。长庆通信网为油田生产指挥、经营管理和职工生产提供方便、快捷的语音通信和数据传递业务服务。

运　输

【概述】 运输单位全力确保长庆局和油田公司的油气生产。全年完成货运量 27365 万吨·千米（其中：运输处完成 17406 万吨·千米，第一采油技术服务处完成 2700 万吨·千米，第二采油技术服务处完成 3681 万吨·千米，第三采油技术服务处完成 3578 万吨·千米），与 1999 年同期相比下降 3.95%；完成客运周转量 14425 万人次（其中：运输处完成 4498 万人次，第一采油技术服务处完成 5061 万人次，第二采油技术服务处完成 4098 万人次，第三采油技术服务处完成 768 万人次），与 1999 年同期相比增长 1.96%。

加工制造

【概述】 2000 年机械加工完成工业总产值 1.041 亿元，与 1999 年同期相比增长 31.65%，完成工业销售产值 1.01 亿元，与 1999 年同期相比增长 38.36%。全年完成机械加工量 0.55 万吨，生产抽油机 648 台，压力容器 153 具，抽油泵 2018 台，抽油杆 2.6 万米，振动筛 74 台。

物业管理及社会服务

【公用事业】 长庆油田共有生活基地 57 个，横跨陕、甘、宁三省区，高度分散，大小不一。这些基地都是由油田自建自管、功能齐全、封闭运行、相对独立的生活办公小区。管理的范围有：水、电、气、暖供应、环卫绿化、职工食堂、幼儿园、招待所、离退休管理、房屋管理、治安保卫、维修、文化娱乐及公共场所设施的管理维修等。

截至 2000 年底，全局公用事业系统用工总量7216人，其中在职职工6022人、劳务工及外雇工1194人。全局公用事业系统固定资产原值8.94亿元，累计折旧1.65亿元，净值7.3亿元。全系统劳务经营收入3.08亿元，费用支出4.48亿元，企业补贴1.4亿。

2000年，全局公用事业系统改革管理工作以理顺管理体制、建立服务业收费价格体系为重点，加快改革步伐，开展承诺服务，提高管理水平。

一是勘探局于9月份在第二采油技术服务处召开了局公用事业系统改革座谈会。会上宣读了公用事业系统改革方案。这次会议为全局公用事业系统的改革奠定了基础，指明了方向。

二是按照市场化运作的要求，积极探索在油田这个特殊环境下如何建立具有长庆特色的物业公司新模式。各单位按照局公用事业系统改革座谈会上提出的"公用事业系统的改革要加大力度，因地制宜、稳步推进"的要求，坚持"先易后难、成熟一项、改制一项"的原则，进一步深化内部改革，不断总结经验，加快改革步伐。

三是在全系统开展了"争创文明服务模范集体、争创优质服务先进食堂、争创文明服务示范窗口、树立优质服务标兵"为内容的"三争创一树立"劳动竞赛活动。通过活动，使全局公用事业系统的工作质量、服务水平明显提高。经测评职工对服务工作的满意率达90%以上。

4月，公用事业处组织人员对全局28个单位的生活服务工作情况进行了检查，对各单位公用事业系统现状以及存在问题进行了深入研究探讨，检查历时22天，受检部门、班组126个，现场解决问题29个，并带回向局领导反映解决的问题5类18个。

8月17日，以长工发[2000]第22号《长庆石油勘探局工会委员会、公用事业处关于表彰1999年度公用事业系统文明服务模范单位、优质服务岗位明星的决定》，对活动中涌现出的6个模范单位、30个模范班组、42名优质服务岗位明星进行了表彰。

2000年12月15日，以长庆发[2000]第38号《长庆石油勘探局、长庆油田公司关于印发职工有偿解除劳动关系后住房、医疗、物业管理有关问题的暂行规定的通知》。对物业管理费收缴项目、标准、住房等办法作了明确规定。

为了进一步加快油田住房建设步伐，积极稳妥地解决好职工住房问题，又于12月22日，下发了《2000年住房出售办法及有关规定》，明确了新建住房和腾空旧房的出售价格和相关政策，为住房分配货币化改革的全面启动打好基础。

2000年，勘探局有两个单位被评为"全国造林绿化400佳单位"、1人被评为"全国十佳绿化标兵提名奖"、勘探局被全国绿化委员会评为"全国绿化先进单位"、5个单位荣获集团公司"绿化美化先进单位"称号、3人荣获"中油绿化奖章"。

（张俊杰）

【中小学教育】 2000年全局有中小学校28所，其中，完全小学12所，九年制学校10所，完全中学5所，高级中学1所；中小学生17160人，其中，小学学生8261人，初中学生5015人，高中学生3884人；教职工1862人，其中专任教师1344人，行政人员299人，工勤人员219人。

全局各中小学校认真开展德育工作；全方位开展教师培训；大力开展教科研；积极开展督导工作，使办学水平、教育教学质量、管理水平有了很大的提高。

(1)长庆一中被评为"甘肃省示范性高中学校"；长庆七中被评为"延安市示范性高中学校"；采二子校、总校一小被评为"2000年度勘探局模范集体"。

(2)高考大专以上录取852人，报考人数比1999年减少124人，录取人数比1999年增加93人，增长率为7.25%，升学率为45.49%。其中本科录取631人，本科录取首次突破600人大关，比1999年增加72人，增长率12.52%，占录取人数的74%。长庆二中考生郭美婷以652分的优异成绩被清华大学录取，长庆一中考生李艳、顾华分别以590分和588分的优异成绩被北京大学录取。甘肃陇东片高考创历史最好名次，获得省理工类第9名，文史类第6名，外兼文第2、第3名。2000年甘肃片实际录取率比省录取率高出7.56%，宁夏片比自治区高出7.55%。全局录取人数由1995年的370名开始，连续5年在百位数上"换字头"。

(3)小学六年级测试双科合格率98.37%，超出局定目标8.37个百分点；初三毕业会考六科合格率达到76.97%，超出局定目标26.97个百分点；高一、高二会考各科及格率98.66%，均高于城市水平。

(4)中小学生参加地区级以上学科竞赛26次，共有317人次获奖，其中国家二等奖2人，三等奖1人；省级一等奖21人，二等奖33人，三等奖25人。2000年在全国中学生生物学联赛中长庆一中学生周艺宁、长庆二中学生徐郁分别获二等奖，长庆二中高俊获三等奖；银川子校学生表演的舞蹈《心中的太阳》获宁夏第四届少年"希望杯"一等奖。

【医疗卫生】 全局卫生系统有医疗卫生机构25个。其中，局职工医院(处级)1所、局疗养院(处级)1所、局卫生防疫站(科级)1所、二级单位医院(科级)5所、基层卫生所17个。按照医疗机构的分布区域，陕西境内8个、甘肃境内13个、宁夏境内4个。

全局医院开设正规病床775张，基层医疗单位开设观察床173张；疗养院开设健康疗养床300张。

全局卫生系统共有职工1261人。其中卫生技术人员987人，占职工总数的78.27%；在卫生技术人员中，获得中级以上技术职称的为186人(其中获得副主任医师以上技术职称的35人)，占卫生技术人员总数的18.84%。

(1)全年诊治病人85.42万人次。其中，门诊(急诊)77.09万人次；收治住院病人1.24万人次；观察室留观病人2.07万人次；巡回医疗5.09万人次；为职工、学生健康体检3.61万人次。

(2)全局医院住院病人治疗有效率为94.86%，(其中治愈率为73.67%)；病床周转率为16.65次/(床·年)；病床工作日为215.17天/(床·年)；病床使用率为58.98%。

(3)社区卫生服务不断规范完善。全局各医疗单位积极开展上门服务，开设家庭病床，进行健康体检等工作。西安基地卫生所还开展了对"糖尿病"、"高血压病"的疾病调查，并同时建立职工个人健康档案5000多份。

(4)坚持"预防为主"的卫生工作方针，积极开展各种预防接种(包括儿童计划免疫)7.41万人次。其中，仅在落实全国消灭"脊髓灰质炎"强化免疫活动中，对全局2500多名适龄儿童两次集中投服小儿麻痹糖丸就达0.58万人次。

(5)根据陕北、内蒙的鼠防形势，组织防疫人员在春、秋两季进入疫源地开展"鼠疫"预防及疫情监测工作。实地投放灭鼠药3000千克、灭蚤药1000千克。向易感人群接种"鼠疫"疫苗近2万人次。通过采取积极有效措施，确保了疫区油田职工无1人感染的目标，保护了职工健康。

(6)全面完成计划生育五大指标，计划生育率、晚育率都达到100%，晚婚率达到99.9%，节育率达到96.1%，独生子女领证率达到98.5%。

【职业健康】 全局涉及有职业危害的局属二级单位21个，职业危害场所493个。主要危害因素有电焊粉尘、苯、硫化氢、汽油和镅铍中子源、铯137γ源、同位素、医用X线及噪声等40余种。接触毒害作业的职工有4243人。职业健康工作由勘探局卫生防疫站劳动卫生科具体承担。劳动卫生科共有卫生专业技术人员9人，其中副主任医师1人，主管医师1人，医师2人，医士(检验士、员)5人。

为切实做好职业卫生工作，制定了《长庆石油勘探局2000年职业健康管理工作要点》。受油田公司的委托，参与起草了《长庆油田公司健康管理办法》；配合勘探局质量安全环保处编写了《勘探局HSE管理手册》的健康管理程序文件。监督检测有毒、害作业的二级单位16个，检测毒、害作业场所408个，检测率为82.75%；检测合格场所338个，检测合格率为82.9%；被检测单位都按规定建立完善了《工业卫生档案》。根据HSE管理体系的要求，对从事有毒有害作业场所的3500人进行了健康体检，体检率为82.49%。

至2000年底，患职业病确诊人数为36例，其中患尘肺11例，职业中毒22例，物理因素危害致病3例。

【新闻文化】　出版《长庆石油报》136期。编发电子版61期。长庆电视台播发新闻132期800余条，开设《科技大观园》、《长庆人》等栏目10多个，制作新闻专题50余部。

【离退休职工管理】　2000年，全局离退休管理工作围绕“求生存、图发展、创市场、增效益”主题活动，在认真落实“两项待遇”和“五有方针”的同时，结合重组改制后离退休管理工作出现的新情况，狠抓了对广大离退休职工的正面教育和管理部门的自身建设，确保了离退休职工队伍的稳定，圆满完成了各项工作任务。

截至2000年底，离退休职工总数为13391人，其中，离休干部268人，退休干部3796人，退休工人9148人，退职人员179人。离休干部中，局级13人，局级待遇17人，局级单项待遇19人，处级26人，处级待遇137人，科级以下56人。退休干部中，局级15人，局级待遇29人，处级206人，高工506人，科级以下3041人。离退休职工中党员6220人，设立党总支20个，党支部136个。专职管理人员158人。2000年去世离退休职工145人。

（白富才）

第四篇

科技发展

科技发展

【概述】 2000年,科技发展坚持以效益为中心,以市场为导向,以改革为动力,加大开放力度,广泛开展技术合作和技术创新,积极实施科技进步与人才开发战略,科技工作取得了显著成绩。

【科技管理】 围绕科技管理体制与运行机制,积极开展了探索性的改革。一是建立起多种形式的科技风险投资机制。根据课题性质、风险和难度,分别按科技拨款、部分拨款和内部贷款三种形式运作。二是建立开放、流动、竞争、协作的科技项目管理运行机制。实行科技项目责任制,科技课题滚动立项,形成科研、试验和生产一体化。三是建立健全科技激励机制。设立优秀科技人才奖励基金,鼓励多渠道承揽科技课题,实行重点科技项目承包津贴和技术要素以多种形式参与收益分配等,维护了企业和知识产权开发人的合法权益。四是以基础拉动管理工作,制定了《长庆石油勘探局科技发展工作实施方案》、《长庆石油勘探局科学技术进步奖奖励办法》、《长庆石油勘探局知识产权管理规定》等5项改革配套制度,进一步促进了科技改革工作有效实施。

【主要技术进步】 2000年,遵循效益优先、紧贴生产、突出重点、适当超前、技术储备和滚动立项的原则,围绕工艺技术研究和新技术新产品开发,共安排了项目28项,全年项目实施率96%,计划进度完成率93%。在以下6个方面实现了重大技术进步:

(1)黄土塬区地震勘探技术攻关效果显著。运用黄土塬直测线地震勘探技术,采用强化激发因素、增加覆盖次数等措施,获得较好的古生界反射目的层信号,初步实现了黄土塬区古生界天然气勘探地震直测线工业化生产。应用黄土塬直测线地震成果优选井位37口,采用30口,采用率81.08%,实施符合率达到86.4%,其中G42-8井获175×10^4立方米/日高产气流;通过黄土塬三维地震勘探技术研究,在内蒙古自治区乌审旗南陕231井区首次获得了151平方千米的三维地震成果数据体,经初步解释,已获区内主要目的层反射构造形态、层间厚度、古地貌形态等构造成果;储层预测研究获得重大发现,3月8日提供的苏6气探井,盒8、山1砂体发育储层物性好,砂岩厚度达48米,测井解释含气层达20米,是迄今为止上古生界勘探中发现的最好砂岩储层,获120.16万立方米/日高产工业气流。

(2)天然气欠平衡钻井工艺技术试验获得成功。采用天然气作循环介质进行天然气井的欠平衡钻井,先后完成了井身结构设计、注气与钻井参数优化设计、技术装备选择配套、技术安全操作规程与措施制定等课题的研究工作。8月7日在陕242井上古生界3032—3190米井段进行天然气欠平衡钻井获得成功,较好地实现了工程和地质目标,初步形成了天然气欠平衡钻井配套技术,对正确认识和评价气藏、提高勘探开发和工程技术水平有着重要作用。

(3)小井眼丛式井钻井和完井技术研究达到预期目的。该项目主要针对地质造斜和方位漂移规律,在造斜、增斜和稳斜各种钻具组合、小井眼定向井井眼轨迹控制、小井眼PDC钻头的研制及试验、井下动力钻具+PDC钻头的高转速试验和提高钻井速度等方面进行了技术攻关。现场试验28口井,最小中靶半径2.55米,中靶合格率100%,平均钻井周期9.39天,平均机械钻速11.61米/时,同比提高10%。

(4)天然气井CO_2泡沫压裂工艺技术研究

取得重大突破。通过精心组织和科技攻关，完成了 CO_2 泡沫压裂液配方、添加剂评价，压裂工艺技术基础研究和方案优化设计，先后在陕28、陕156、苏6、陕11、陕242、G18－11、G1－9等10口天然气井上成功进行试验，效果显著。其中陕28井获无阻流量56万立方米高产工业气流，苏6井无阻流量达126万立方米。

(5)保护气层的钻井液及完井液技术研究已见成效。研制出了“低固相油溶暂堵”型完井液，经室内评价，在模拟井筒实际液柱压差条件下，暂堵率达100%；在压差达到8.5兆帕时，暂堵率达80%以上，气体渗透率恢复88%以上。并在陕241井、苏6井的上古气层井段进行了试验，取得良好效果。其中苏6井获初产试气产量22.6万立方米/日，无阻流量50.1万立方米/日。

(6)5700成像测井技术应用研究取得了初步成果。完成了设备及软件的验收与安装调试，建立了成像测井资料处理软、硬件环境，进行了声电成像、地层速度各向异性、原状地层电阻率及侵入半径、核磁共振测井、交叉偶极子声波及高分辨率感应等方面的探索性应用研究，掌握了5700成像测井的原理与测井工艺，建立了一套解释处理流程。针对引进的express处理解释系统不能进行裂缝及孔洞参数的定量评价问题，开发了微机版的声电成像处理系统LogView2000，实现了成像测井定量解释，该技术在国内处于领先水平。

【获奖科技成果】　共受理局属17个单位申报科技进步奖的成果151项。按照公平、公正、公开的原则，围绕成果的重要性、先进性、创新性、实用性、效益大小、研究开发难度等因素，对全局17个单位的151项申报科技项目综合衡量评选，共评出获奖成果92项。其中获集团公司一等奖1项，二等奖2项；勘探局一等奖6项，二等奖26项，三等奖60项(见下表)。通过这些项目的研究与应用，对油气生产与勘探局整体技术能力的提高起到了积极的推动作用。

重要获奖成果列表

序号	成果名称	单位	获奖等级
1	鄂尔多斯盆地上古生界盆地分析模拟和中生界下古生界地震储层预测技术	长庆油田分公司 长庆石油勘探局	集团公司 一等奖
2	新型泡沫水泥及固井技术	长庆石油勘探局	集团公司 二等奖
3	靖安油田高效开发新技术	长庆油田分公司 长庆石油勘探局	集团公司 二等奖
4	长庆气田下古生界储层横向预测及井位优选方法研究与应用	地球物理勘探处	勘探局 一等奖
5	鄂尔多斯盆地中生界地质储层预测技术及应用效果	地球物理勘探处	勘探局 一等奖
6	CYJBL8－3－26HB 摆轮式抽油机研制	机械制造总厂	勘探局 一等奖
7	次生有机离子聚合物钻井液的研究与应用	工程技术研究所	勘探局 一等奖
8	靖安油田100万吨产建压裂工艺技术研究与应用	工程技术研究所 油气工艺研究所 井下技术作业处	勘探局 一等奖
9	小直径钢管外壁环氧粉末喷涂防腐作业线研制与应用	油田建设工程处	勘探局 一等奖

【知识产权管理】 勘探局开始重视知识产权保护工作，第二采油技术服务处申请的“油管除震防脱器”知识产权保护(20001229)获授权专利。

(侯哲国　马怀东)

信息工作

【概述】 1999年，成立的以通信公司为主、部门参与的长庆信息系统工程建设项目组，负责进行长庆互联网(长庆石油勘探局计算机互联网)一期工程的建设。2000年9月6日，长庆互联网项目完成西安网络中心及庆阳网络分中心的建设，在原有“长庆169信息网”实验站点基础上进行了园区网和广域网建设，实现了测井工程处、钻井二处、采油一厂、采气厂等二级单位及局机关17个处室的互联。骨干网络采用千兆以太网技术，在网络中心设置有防火墙、网络加速器、内外部域名服务器、邮件服务器、文件传输服务器、www服务器等设备，提供网站发布、邮件收发、拨号接入、集团用户接入等服务功能。

(余彩霞)

安全生产

【概述】　2000年，安全生产工作紧紧围绕勘探局“两条基本思路”和“四大发展战略”，认真贯彻落实中央领导同志对安全生产工作的一系列批示和重要讲话精神，认真落实集团公司安全、环境和健康工作会议精神，针对重组改制后面临的新形势、新情况及工作中出现的新问题，切实加强对安全生产工作的领导，坚持安全生产工作的“六个不变”，把安全工作放在首位，大力推进HSE管理体系建设，采取各种措施狠抓落实，取得了良好的成效。通过全局上下共同努力，安全生产形势基本平稳，HSE发展趋势良好，确保了生产经营和重组改制、减员分流工作的顺利进行，为企业发展创造了良好的安全生产环境。各项指标均在集团公司下达控制指标之内。

【工作思路】　2000年的安全生产工作在研究新的安全问题的基础上，结合勘探局重组改制新形势，深入分析长庆局安全生产工作现状，确立了新时期安全生产工作的新思路：树立四个观点，即安全效益的观点、大安全的观点、安全法治的观点、安全技术的观点；建立三级监控模式，即局级监督、厂处管理、基层控制；加大安全宣传教育和安全管理队伍建设力度，大力推进HSE管理体系建设，加速安全科技进步，实现安全管理水平质的飞跃。

【HSE管理】　2000年，努力探索新的安全管理体制和运行机制，并把推进HSE管理体系建设作为中心任务。据统计，截至12月底，全局所属单位已发布体系文件的有5家，完成体系文件编写准备发布的有3家；正在建立HSE体系文件的有3家。具体做法是：

(1) 以市场为导向，从市场分析入手，着眼于市场开发战略，制定了符合长庆实际的“三分三先三后”的HSE管理体系建设工作思路，即“分类型、分层次、分步骤”和“先软件、后硬件，先试点”、“后推广，先施工单位、后其他单位”。

(2) 确立了2000年长庆局HSE工作奋斗目标。在年内要发布《HSE管理手册》及部分HSE管理体系程序文件，基本建立起局级HSE管理体系总体框架。

【落实责任制】　2000年，为确保全局安全生产“四个杜绝、三个不超、一个稳定”奋斗目标的实现，继续贯彻落实《勘探局安全生产“三全”管理实施办法》，在年初下发了《关于调整安全生产“三全”管理责任体系一级网络的通知》（长局发［2000］第96号），把强化各级领导干部、各专业部门的安全生产责任制当作中心环节来抓，进一步明确了领导干部和各专业部门的安全生产责任制。为从制度上进一步明确考核的标准和奖罚的办法，把HSE管理体系建设纳入对各级领导班子的业绩考核中，在《长庆石油勘探局2000年度生产经营考核试行办法》和《2000年度生产经营考核试行办法实施细则》中将HSE作为重要内容。重新修订了《长庆石油勘探局安全生产综合考核办法》，使安全生产综合考核标准更加科学合理。在考核方法上坚持半年一考核，一年一兑现，每年对全局安全生产综合考核的结果进行排序，在媒体上公布，有力地促进了各级领导干部安全意识的提高。2000年，全年局处两级领导承包安全生产要害部位，共进点1200多次，解决问题1300多个。

【宣传教育】　通过开展多种形式的安全宣传教育活动，不断提高广大职工的安全意识。2000年3月底，接到集团公司《关于开展

2000年全国“安全生产周”活动的通知》、中国石油化工医药工会《关于在石油、化工、石化、医药系统开展“安康杯”竞赛的通知》等文件后，局安全生产委员会和劳动竞赛委员会以交通安全和HSE为重点，联合发出《关于开展2000年“安康杯”竞赛和全国“安全生产周”活动的通知》，成立了活动领导小组。2000年5月14日上午，长庆局在西安基地举行了“千人安全签名”暨大型安全展览和安全咨询服务活动，勘探局和油田公司的领导、机关干部、驻地各单位职工家属及离退休人员、中小学生6800余人参加了活动。同时，坚持进行三级安全教育和特种作业人员教育。1—12月份，共培训特种作业人员2476人，其中持证培训1307人，复审1169人。特种作业人员持证率100%。

（徐非凡）

环境保护

【概述】　2000年，围绕国家对工业企业实现“一控双达标”目标的要求和集团公司下达的环境保护工作目标，全局积极开展环保工作，取得了显著成效。全局杜绝了特大污染事故的发生；废气处理率100%，废气达标率97%以上，有控污水外排达标率98%；工业固体废弃物处置率99%；井下技术作业无污染作业率达98%以上。

【管理机构】　2000年是重组后的第一年，按照集团公司关于“质量安全环保部门必须是独立的监督机构”的原则，年初勘探局及时对环境保护委员会机构及人员进行了调整，设立安全生产环境保护委员会（HSE委员会），委员会办公室设在勘探局质量安全环保处，负责全局日常环境管理工作。各二级单位设立职能科室，基层施工队（车间）设专兼职环保员。全局现有环保专兼职管理人员48人。2000年“4·27”局务会专题研究了安全环保问题，决定进一步充实环保队伍，在主要施工作业基层单位设立HSE监督员，使施工作业现场环境保护工作得到了加强，全局自下而上形成了“金字塔”型环境保护管理网络。

【环境管理】

（1）进一步加强整章建制工作，促进全局环境保护管理水平的提高。结合集团公司的要求，对原印发的《环境保护目标责任制考核办法》进行了修订，进一步完善了环境保护目标责任制管理考核办法。

（2）坚持新、改、扩建项目环境影响评价制度，防止新污染源产生。根据国家《建设项目环境保护管理条例》规定和地方政府环保部门的要求，2000年重点对新改扩建项目的环评进行了严格把关，对庆城第三供热站建设工程、井下基地锅炉房、第一采油服务处富县基地锅炉房改造等工程项目，要求各建设单位按规定履行建设项目环境影响评价程序，做到“新建一个项目，不遗留环保问题，不欠环保新账”。

（3）坚持建设项目环保“三同时”原则和对老污染源的治理改造，促进“一控双达标”目标的实现。

（4）加大宣传力度，注重宣传实效，全面促进职工环境保护意识的提高。根据省地及集团公司的要求和安排，对“6·5”世界环境日宣传活动进行策划，并结合全局实际，提出了具体的宣传内容和要求。

（5）加大科技投入，探索研究污染治理新技术。2000年对废弃钻井液的治理进行立项，以寻求经济、可行的治理技术；完成了模拟雨水淋滤试验，确定了废弃钻井液中污染物在环境中迁移性的大小；进行了废钻井液固液分离技术研究和废泥浆化学脱稳干化处理技术研究。（徐非凡）

质量工作

【概述】　2000年，坚持“以质量为中心、标准化、计量为基础”的技术监督工作方针，增强质量效益意识，提高服务水平，加大监督力度，充分发挥技术监督保障作用，使全局的产品质量、工程质量、服务质量上了一个台阶。

【管理和监督】　在质量管理中，加强外部采购器材物资、内部自产产品的质量监督管理，保证生产建设顺利进行；加强产品质量抽检和专项质量检查工作；广泛深入地开展质量控制活动。

【质量活动】

（1）深入持久地开展QC小组活动。荣获“国家优秀QC小组”1名；获得“中国石油天然气集团公司优秀QC小组”一等奖1名、二等奖4名、三等奖19名，“石油工业QC活动优秀推进者”1名；荣获“甘肃省优秀QC小组”一等奖2名、二等奖9名，“优秀质量信得过班组”一等奖1名；荣获“宁夏回族自治区优秀质量管理小组”11名。共计49名。

（2）统一开展“2000年质量月”活动。“2000年质量月”活动得到了各级领导的高度重视。

【质量标准宣传】　大力宣贯ISO 9000标准。地球物理勘探处、第三钻井工程处、水电工程公司三个单位通过了质量体系认证。其他通过认证单位以提高质量体系运行的有效性为主开展工作。

【队伍建设】　为了提高新到岗位的技术监督人员工作水平、培养一岗多能的全面型技术监督工作人员，局技术监督部门采取“分层次”、“请进来”、“送出去”等方式对有关人员进行培训。通过培训，技术监督岗位工作人员业务水平有了明显的提高，推动了各单位技术监督工作，提高了全局技术监督工作水平。

（徐非凡）

标准化工作

【企业标准修订体系】　积极开展标准的制定、修订工作。根据2000年中国石油天然气集团公司及长庆石油勘探局标准制定、修订计划安排，积极落实标准制定、修订补助经费，检查、监督、协调勘探局承担的2000年行业标准、局级标准制定、修订项目实施情况，保证了各项标准顺利的完成。在此基础上，发布了Q/CNPC—CQ3000—2000《埋地钢质管道再生橡胶防腐》等68项长庆局企业标准，并承担了石油行业标准《石油储罐溢流保护》的修订工作。

【标准化制度建设】　加强标准审查，确保标准质量。为了切实保证企业产品标准的质量，提高企业产品标准的制定、修订水平，从

1999年开始，集团公司标准化主管部门以中油质安字［1999］第41号文件对企业产品标准的制修订、审查、发布工作做了要求，取消了局属二级单位的企业产品标准发布权，为适应这一新形势的需要，勘探局标准化主管部门组织标准审查会12次，共审查长庆局企业标准68项，有效地保证了企业产品标准的质量。

长庆局标准配备工作在近几年取得了较好成绩，1998年、1999年连续两年被石油天然气集团公司评为“标准发行配备先进单位”。

（徐非凡）

计量工作

【计量队伍建设】 积极开展计量人员培训。共组织培训计量鉴定人员23人，计量操作人员40人，基本满足了生产实际的需要。

【计量实验室建设及计量工作研究】 继续加强计量实验室的建设，加强计量技术研究。2000年，全局先后又有三个计量实验室通过了甘肃省质量技术监督局的计量认证；水电厂监测站中心化验站通过了生活饮用水、锅炉水、实验室用水、变压器油、润滑油等五类产品的质检；局技术监测中心通过了产品质量检验11项、环境监测5项；机械厂中心实验室通过了金相分析、金属力学性能试验、无损检测、钢铁及合金化学分析、精密测量等五大类34小项质量检验。以上三个试验室通过计量认证，进一步完善了全局的法定计量检验机构网络。此外，还加强了石油专用计量器具校准方法的制定工作。局计量管理部门重点开展了没有国家和石油行业检定规程的钻井类石油专用计量器具校准方法的编制工作，第二钻井工程处经过近半年时间的工作，完成了《钻井液粘度计校准方法》等9项标准，为加强勘探局的石油专用计量器具管理奠定了基础。

（徐非凡）

节能工作

【概述】 2000年，长庆局节能工作紧紧围绕集团公司的统一部署，认真贯彻落实国家《节约能源法》、《重点用能单位节能管理办法》，进一步加强了节能管理，推进技术进步，提高能源利用效率，降低生产成本，提高经济效益。全年万元产值综合单耗4.8吨标准煤；年综合能耗消费量控制在49万吨标准煤以内。

【节能技术改造】 2000年，节能技术改造以市场为导向，以企业发展为主线，以技术进步为支撑，立足我国丰富的煤炭资源和天然气资源，大力推广洁净煤技术，提高燃煤比例，不断促进企业可持续发展。先后对井下处贺旗供热站、庆阳第三供热站进行了油改煤技术改造。井下处贺旗供热站燃油改燃煤项目总投资1058万元，总供热面积为15.4万平方米，供热能力13.8兆瓦，年节约运行成本74.5万元。庆阳第三供热站油改煤项目投资2795万元。建设规模42兆瓦，新增能力2.8兆瓦。改造后，年平均节约成本877.96万元，节约用油17000吨，供暖成本由80.77元/平方米降至55.59元/平方米。

【节能宣传周活动】 长庆局各级宣传部门与节能主管部门紧密配合，组织了形式多样、内容丰富的“节能宣传周”活动；发动广大职工开展“节能降耗增效”活动。活动周期间对主要耗能设备操作人员进行节能培训；对节能工作中取得成绩的集体和个人给予奖励；对浪费能源的集体和个人给予惩罚。通过节能宣传培训和节能奖惩，增强了职工节能意识，把节能增效变为企业和广大职工的自觉行为。

（徐非凡）

第六篇

对外合作与交流

对外交流与外事活动

【概述】　2000年是重组后的第一年，随着长庆局主营业务的变化，外事管理工作的内容也进行了调整，重新对有关的规章制度及工作程序进行修订，下发了《长庆石油勘探局因公出国人员管理工作暂行规定》，对出国人员的选拔及出国项目的审批进行了规范。同时，切实加强外事管理基础工作，安装使用了集团公司开发的《出国管理系统》，将出国人员的相关资料进行计算机管理，并与集团公司实现数据共享，提高了出国手续的办理速度。全年共办理出国手续19批76人次，其中，执行海外项目考察、洽谈及投标人员39人次。全年共接待来访外宾23批86人次。

【人才培训】　2000年是提出“走出去”发展战略的第一年，能否在国际市场占领一席之地，人才是关键。为此，加快了涉外人才的培养，在西安石油学院先后举办了2期为期5个月的英语培训班，培训87人，并且在参加英语培训的人员中，选拔成绩优异者参加了为期3个月的西班牙语培训班，培训34人，为海外项目的启动准备好了人员。

【会议与展览】　2000年先后派员参加了在美国举办的欠平衡钻井技术研讨会，在俄罗斯举办的测井技术研讨会，在印度尼西亚举办的AAPG年会。

【对外交流】　为了开发海外石油工程技术服务市场，由局总工程师赵业荣同志带队，6次赴美国、卡塔尔、越南、柬埔寨、厄瓜多尔等国进行市场调研、考察，先后参加了卡塔尔国家石油公司电站项目、柬埔寨码头项目、尼日利亚钻机租赁项目、厄瓜多尔国家石油公司A－P油田建设项目等工程的投标工作，并取得了一些实质性的进展。

（罗晓琴）

技术装备引进

【概述】　截至2000年12月底，全局共有各类设备6082台，期末设备资产原值199514万元，净值100134万元，新度系数0.50。其中，主要勘探开发设备数量：大中型钻机56台，沙漠地震钻机13台，钻采特车579台，测井及物探设备152台，运输车辆2298台；主要专业设备综合完好率96.89%，综合利用率67.13%，故障停机率1.17%，设备新度系数0.50，设备特、重大责任事故发生率0。

2000年，长庆局为更新、引进装备共投入资金3.2亿元，更新、改造了8台钻机，购置了一套5700数控测井仪，6台大功率水泥车，8台沙漠地震钻机，更新了筑路、油建部分施工设备。同时，为提高油气采收率，引进了12台美国双S公司生产的2000型酸化压裂车组，总金额为906万美元。并引进500吨液压顶驱装置1台。

（雒建胜）

第七篇

企业改革与管理

企业改革与管理

【概述】　2000 年，长庆局坚定信心，全面开始二次创业，深入开展“求生存、图发展、闯市场、增效益”主题活动，更新理念，进行体制创新、机制创新、技术创新和产品创新，经受住了国有企业改革攻坚的考验，实现了平稳过渡。

【战略管理】

（1）进行战略分析，研究生存环境，明确战略使命。重组后，局领导深入到各二级单位进行调研，收集掌握基层单位的实际情况，研究确定长庆局企业主体范围、运作方式和效益实现形式变化后的工作思路，梳理制约长庆局生存与发展的主要矛盾，即结构性矛盾突出、市场观念相对滞后这“一明一暗”两大矛盾。同时，从战略的高度，立足于长庆局的长远发展，积极利用长庆大发展的历史机遇，明确“发展与稳定”的战略使命，变生存危机为求强图变的“助推器”。

（2）由战略使命，确立战略目标。长庆局认真分析周边市场形势和任务，针对“一明一暗”两大矛盾，统一认识，确定了“坚持围绕油气主业发展而发展、坚持以市场为导向促进内部管理水平提高”的“两条基本思路”，并从两条基本思路中提炼出清晰的战略目标：将长庆局最终建设成为跨行业、跨地区、融合多种所有制和跨国经营的国际知名、国内一流的大型企业集团公司。

（3）确立长庆局的发展战略。长庆局根据企业的发展思路，确立了“市场开发战略、质量效益型经营战略、多元化发展战略、科技进步和人才开发战略”等“四大发展战略”，促进了管理工作的有效开展。

【管理创新】　把创新作为企业持续经营的内部驱动力，按层次、分步骤开展管理创新活动，推进管理的标准化、系统化。

（1）实施总体改革方案，积极稳妥地搞好改革改制工作。认真落实《长庆石油勘探局深化改革总体构想》和相关配套政策，积极稳妥地实施了勘察设计研究院改制、机械制造系统和钻井系统的整合重组等重大改革举措，改制和新组建了 9 个有限责任公司，为今后重组改制提供了宝贵的经验。

（2）更新观念，实现经营机制、管理体制“质”的转变。从更新观念入手，开展形势任务教育，深入调查研究，用 10 个单位闯市场的典型经验教育干部坚定闯市场的信心，解决市场观念滞后的问题。先后制定了 10 个方面的具体政策，确立了逐步进行公司制改造、建立现代企业制度的“二次创业”的宏伟目标，不断优化资源配置，实现了思想观念、经营理念、管理方式和行为模式的根本转变。

（3）创新关联交易，谋求共同发展。把“关联交易”当成特殊市场对待，创新、丰富其内涵，坚持“发挥长庆整体优势、谋求共同发展”的原则，建立有效协商机制，分步实现“关联交易”近期和长远目标，树立大局意识和全局意识，探索实践关联交易的具体模式，确保整体目标的实现。

（刘小康　杨伟杰）

人事管理

【概述】 2000年,全局人事管理工作认真贯彻集团公司人事工作会议精神,紧紧围绕局党委、长庆局2000年工作目标,转变职能,更新观念,不断加强领导班子和干部队伍建设,大力培养选拔优秀年轻干部,进一步深化人事、劳动、分配制度配套改革,加大结构调整和职工培训力度,积极推进减员增效工作,加快人才劳动力市场建设,为全局各项生产经营目标的实现提供了强有力的组织保证。

【领导班子建设】

(1)采取有效措施,进一步加强领导班子思想政治建设。以长庆局“两条基本思路”和“四大发展战略”为主题,采取领导干部中心组学习、“三会一课”和举办理论培训班等形式,认真开展政治理论学习,在学懂弄通、指导实践、解决实际问题上下功夫,进一步增强了领导干部的政治意识和大局意识。

(2)围绕生产经营工作中心,全面加强领导班子组织建设。按照“德才兼备”的原则和干部“四化”方针,对26个厂处单位领导班子、48名厂处级领导干部进行了调整,新提拔任用了23名厂处级领导干部,增强了班子的整体功能。根据工作需要,为局属重点工程项目选配项目经理6人、副经理17人,保证了项目的正常运行。

(3)结合日常巡视,加强领导班子和领导干部的考核建设。本着“简化程序、突出重点、重在导向”的原则,以“创新、责任、廉政”和市场开发、内部管理、经济效益为主要内容,对19个厂处级单位的领导班子进行了年中巡视,对36个厂处级领导班子、231名领导干部进行了年终考核和综合评价。其中,好班子16个,占45%;较好班子12个,占33%;一般班子7个,占19%;差班子1个,占3%;优秀干部66人,占29.2%;胜任干部154人,占68.1%;基本胜任干部6人,占2.7%。

(4)做好优秀年轻干部的选拔培养工作。坚持把培养选拔优秀年轻干部作为加强班子建设的一项重要内容,按照“结构合理、专业配套、数量充足、层次较高”的原则,对全局厂处级后备干部队伍进行充实和调整,通过群众推荐、领导举荐、个人自荐和组织考察等形式,掌握了一批生产管理、经营管理、市场开发等复合型厂处级后备人选。同时,按照集团公司人事劳资部安排,对局级后备干部进行了推荐上报。

【人事制度改革】 按照“公开、平等、竞争、择优”的选人用人原则,多方面创造优秀人才脱颖而出环境,不断扩大民主渠道,增强选拔干部工作的透明度,全面实行领导干部选拔任用公示制度。制定印发了《加强厂处领导班子组织建设若干问题的意见》、《干部选拔任用工作监督检查的暂行办法》、《选拔任用领导干部实行公示的暂行办法》和《长庆石油勘探局领导干部警示制度》等文件,进一步推动了干部队伍建设的规范化、科学化。

【人才队伍建设】

(1)认真实施“人才开发与科技进步战略”,积极探索人才队伍建设新途径。积极适应“二次创业”对人才的新需求,坚持“积极引进人才,挖掘内部潜力,加强宏观控制,优化队伍结构”的原则,制定下发了《长庆石油勘探局聘用高层次及紧缺专业科技、管理人才的暂行办法》、《长庆石油勘探局学术技术带头人选拔管理和高层次人才培养使用办法(试行)》和《长庆石油勘探局在职研究生培养管理暂行办法》等办法。首次设立1000万元科技奖励基金,进一步激发了专业技术人才立足岗位、多出成果的积极性。加大对外合作和专业技术带头人的培养，初步建立了对外合作队伍。组织开展优秀科技人才奖评选和第一届“优秀技术干部形象工程”的宣传活动。

(2)人才引进工作。从江汉油田、西安市聘任高中英语教师2人，特级物理教师1人；从中国西安人才市场招聘高级采油工程师1人，中级以下机械、财会专业技术人员3人；从外单位聘用地质、钻井、井下监督、监理人员12人；从西安市聘用各类设计人员63人。

(3)人才劳动力市场建设。申请成立了中国西安人才市场长庆分市场、陕西省人才交流服务中心长庆分部，以适应市场用人机制，尝试多元化用人需求，开展人事代理业务，建立人才信息网络，提供人才服务，组织人才交流活动，推荐局内富余人员、未就业职工子女面向社会就业，促进了油田内部人事制度改革，建立了灵活多样的人力资源开发服务运行机制。全年收集用工信息260条，发布25条，动员和组织11个单位的400多名油田子女参加陕西省职业介绍中心举办的“2000年西部大开发技能人才招聘会”和“2000年秋季女性职业招聘会”，达成劳务输出意向32人。新聘劳务合同工771人，续聘4592人。办理职工流动979人，干部372人，工人607人。

【劳动力管理】

(1)调整组织结构和队伍结构。按照“突出主业、分离辅业、整合归并”的原则，先后将机械厂、第二机械厂整合重组为机械制造总厂；将第一、第二、第三钻井工程处整合重组为钻井工程总公司，撤消了成都办事处；对农工商联合处、通信处、工程技术研究所等单位进行了更名。根据长庆局机关职能调整和工作需要，相应成立了咨询中心、HSE管理委员会及办公室、劳动鉴定委员会、关联交易办公室、周边油田管理科等机构，并对职业技能鉴定机构、人力资源服务中心等机构进行了相应调整。经与长庆油田分公司协商，将油田公司委托长庆局管理的13个采油作业区交由油田公司全面负责管理、长庆局以劳务形式负责配备上岗职工等有关事宜，签订了协议。

(2)加强和规范用工管理，推进减员增效工作。转发劳动和社会保障部《招用技术工种从业人员规定》、《劳动预备制培训实施办法》等文件，制定下发《用工管理规定(试行)》和《劳动合同管理办法(试行)》等规范性文件，全面清理劳动关系，进一步加强和规范用工管理。根据集团公司开展减员增效工作实施意见精神，先后出台了人员分流有关政策的通知、内部退养暂行规定、有偿解除劳动关系暂行规定、职工内部待岗暂行规定等一系列政策文件，保证了我局减员增效工作的顺利开展。

【职工培训】　2000年，全局职工培训围绕长庆局各项生产建设重点工作，坚持“适需、高质、实效”的培训原则，广泛深入地开展了重点突出、形式多样、内容丰富、注重实效的职工培训，全年共举办钻井、汽修、锅炉、施工队长、计算机、工商管理等专业(工种)的各类培训班877期，培训职工25361人，其中干部6170人，工人19191人。职工全员培训率达到63%。还举办不同级别的技术比武418场次，比武人数达到9855人，覆盖面达到38.3%；全局有21397人参加了岗位练兵，普及率达到83.2%，覆盖面达到了67.9%。组织召开长庆局第二届职工教育研讨会，探讨了重组改制后存在的主要问题，研究新形势下职工培训工作的新思路、新方法，16个单位的21篇论文在会上进行了交流，评出特等奖1篇、一等奖3篇、二等奖7篇、三等奖10篇。

【工资管理】

(1)突出经济效益，加大考核力度，确保各项经营目标实现。制定《长庆石油勘探局2000年度生产经营考核试行办法》和《长庆石油勘探局2000年度生产经营考核试行办法实施细则》，在工效挂钩办法中引入了“效益系数”和

"管理系数"两个量化指标。对厂处单位经营者实行以效益指标与控制指标、管理指标相结合的综合业绩千分制考核办法,为促进各单位经营目标的完成起到了积极作用。

(2)加强工资基金管理,规范工资支付行为。制定《长庆石油勘探局关于特殊贡献奖管理、使用暂行规定》,规范了奖励基金的支付行为、发挥了奖励基金的激励作用。制定《关于调整完善集体职工基本工资制度和工资标准的实施办法》,统一和规范了集体职工的工资制度及工资标准。通过编制工资总额预算,办理《工资总额使用手册》,完善相应的管理办法等,进一步加强了工资基金管理。

【职(执)业资格评定】

(1)职称考评工作。通过集团公司评审教授级高级职称 5 人,评审副高级职称 51 人,评审中级职称 420 人,有 164 人通过全国考试取得专业技术任职资格。组织 925 名专业技术人员参加集团公司晋升职称外语考试,通过率为 67%。

(2)加强职业技能鉴定所(站)建设和职业技能鉴定工作。结合油田队伍分布特点,并征得甘肃省劳动厅同意,长庆局职业技能鉴定所(站)由原来 17 个压缩到 11 个,人员由原来的 55 人压缩到 35 人。有计划、有步骤地对就业前培训工、集体工、劳务合同工进行鉴定。编写、发布工人技师、高级技师考试考核标准,对工人技师评聘工作进行全面改革,改变以前的工人技师评聘工作由各二级单位考核、评选为全局统一集中脱产学习、统一考评标准、统一考试考核。全年共鉴定 4830 人次,其中,劳务合同工 624 人。

【社会保险】 制定下发《长庆油田职工退休审批暂行办法》和《长庆油田特殊工种退休执行范围的通知》,初步确定了油田按照特殊工种退休的执行范围。制定内部退养人员、有偿解除劳动关系人员基本养老保险参保接续的相关政策,使有偿解除劳动关系人员和内部退养人员基本养老保险得到平稳接续。制定下发《关于企业重组后职工养老保险业务管理的安排意见》和《关于企业重组后职工医疗保险管理的安排意见》,保证职工养老保险业务和医疗保险业务的正常运行。制定下发《长庆油田工伤职工、离休人员等医疗费用报销规定》,理顺工伤职工和离休人员医疗费用的列支渠道。制定下发《长庆油田职工失业保险内部管理办法》,以企地合作共管的形式较为妥善地解决了油田在庆阳地区职工的失业保险缴费问题和权利义务的对应问题。

(合　作)

规划计划改革与管理

【概述】 2000 年,由于重组改制,长庆局原有的组织结构和利益格局发生了重大变化,作为长庆局规划计划部门从管理体制、运作方式等方面也发生了一系列重大变化。面对重组改制后的一系列困难,在调查研究企业内外部环境的基础上,完成了"十五"计划框架,积极牢固占领关联交易市场,开拓外部市场。在工程建设管理上严格基本建设程序,强化投资管理,控制投资规模。实施产业布局调整,在统计管理中建立起了一整套适应改革需要的、科学、规范的统计体系。进一步规范关联交易行为,各项工作向规范化、正规化方向迈进。

【战略研究和中长期规划】 按照集团公司的统一部署,组织了对重组后长庆局的调查、摸底,初步摸清了人员、队伍、装备、能力、资产、负债等情况,基本掌握了"十五"期间关联交易市场需求、西部油田市场状况、西部大开发给长庆局提供的市场机遇及周边地区市场状况，认真分析长庆局面临的机遇和挑战，在此基础上形成了“十五”计划的基本框架。

【投资计划与项目管理】

(1)全年下达固定资产投资总额4.43亿元，其中，工程建设项目1.15亿元，非安装设备更新3.28亿元。

(2)强化投资管理，使投资规模得到有效控制，投资效益比较显著。①重点安排市场急需、经济效益好的项目；②对项目实行动态管理；③在项目实施过程中全面推行招投标管理。

(3)严格基本建设程序，把好项目审查关。

(4)实施产业布局调整，初步形成了宁夏河东、陕西泾河工业园的总体构思。

【关联交易】 长庆局与长庆油田分公司积极对接协商，先后起草了地面建设等4个分协议以及5个对口捆绑经营单位的分协议，牢固占领了关联交易市场，实现了关联交易的平稳过渡，并对如何进一步搞好关联交易工作进行了积极地探索。

【综合统计】

(1)按照“快、精、准”的原则，突出市场开发、突出效益指标的思路，制定了《长庆石油勘探局定期统计报表制度》。

(2)编制完成了《统计资料汇编》。

(3)积极开展了统计分析，并对统计队伍进行了岗位培训，216人取得了统计人员上岗证书。

(赵　诚　张国伟　赵子敬　刘聪亮　杨晓明)

财务资产改革与管理

【概述】 2000年是集团公司重组改制后的第一年，也是长庆局真正走向市场的第一年。全局广大财务工作者努力适应新体制的要求，以提高经济效益为中心，以资金管理、预算管理为重点，规范会计核算，加强财会基础工作建设，积极研究探索财务资产工作遇到的新情况、新问题，妥善解决和处理新体制下暴露的各种矛盾，逐步理顺了重组后的财务资产工作，为长庆局的改革和发展，为存续企业尽快摆脱困境、实现平稳过渡做出了贡献。长庆局财务资产处、地球物理勘探处财务科被集团公司评为1999—2000年财务资产先进集体。财务资产处被长庆局评为模范集体，被局机关评为先进处室。

2000年财务指标：实现主营业务收入40.04亿元，税费37951万元，亏损25834万元，完成了集团公司下达的预算指标。

【预算管理】

(1)积极研究重组改制后预算管理的新情况、新问题，以市场为导向，围绕企业经营目标，建立动态预算制度。坚持年初有预算、年中有控制、年末有调整、考核有力度的原则，使预算管理这一主线贯穿整个企业运作的全过程，确保年度预算指标的完成。

(2)根据集团公司2000年度预算会议精神，结合长庆局实际情况，通过对1999年决算损益的分割和转移费用情况以及对关联交易的分析、预测，编制了2000年度企业预算并报集团公司批准。为确保完成经营目标，及时召开了全局财务预算审查会，听取了各单位的预算汇报和审查意见，分析了基层单位存在的问题、困难，确定了挖潜增效、增收节支的措施，确保了预算分解下达的科学合理性。在此基础上，编制了2000年度实施预算总盘子，提出了确保预算完成的具体措施,并通过了局预算委员会批准。

(3)在预算执行过程中,坚持一切收支均纳入预算,以收定支,量入为出的原则;坚持预算内资金一支笔审批、预算外资金经局预算委员会审批的制度。同时加强对预算执行的监督和定期报告制度,多次深入基层调查研究,了解掌握关联交易和外部市场出现的情况和问题,分析影响预算目标完成的因素,积极帮助基层单位协调各方关系,出主意、想办法,解决了许多实际问题,有力地保障了长庆局经营目标的实现。

(4)为配合关联交易工作,会同其他部门对长庆局关联交易结算价格等进行了测算,同时就成品油、物业管理等结算问题与油田公司签订了备忘录。

【会计核算】

(1)完成了与油田公司的分账工作。严格按照集团公司和中介机构有关要求,建立了分账制度和分账实施细则,对 1999 年账务进行了划分,确保了长庆局与油田公司双方各项工作的顺利开展。

(2)调整和完善会计核算办法。结合重组后存续企业生产经营实际和会计核算内容、核算范围、核算对象等方面的变化,按照有利于可比和规范核算的原则,在贯彻集团公司新核算办法的基础上,结合长庆局实际情况,制定了《会计核算办法》、《钻井成本核算办法》、《基本建设核算办法》、《地震成本核算办法》及相关的补充规定,建立起了适合全局特点的会计核算体系,保证了核算工作的有序进行。

(3)加强成本核算与管理工作。对主要生产板块特别是钻井、地震成本分具体项目进行了深入细致的分析、研究和解剖,多次组织人员深入基层调研,搜集了大量资料,尽可能地规范、明细各项成本核算,净化成本费用,为进一步实施低成本战略打下了良好的基础。通过规范的会计核算工作,确保了会计信息的及时性、准确性,顺利通过了新疆永信会计师事务所的审计。

【资产管理】

(1)对资产重组划分中的遗留问题采取“突出重点、全面清查”的方法进行了清理调查,共查出账在油田公司由油田公司使用的长庆局业务范围内的固定资产 2079 台(套),原值(含评估增值)4408.51 万元,净值 2159.23 万元;账在长庆局由油田公司使用的属长庆局业务范围内的资产 24652 台(套),原值 67694.31 万元,净值 50293.66 万元。根据集团公司对资产微调置换的有关精神,提出处理意见并上报集团公司。

(2)对全局的国有资产占有情况及下属投资公司占有使用国有资产的情况进行了认真的摸底、清理和审核。

(3)加大了资产调剂的力度,对闲置资产首先在局内单位进行调剂补缺,对内部单位消化不了的闲置资产经中介机构进行评估后,面向社会市场出售转让。全年盘活资产 156 项,原值 16122 万元,净值 13097 万元。

【资金管理】

(1)积极与油田公司协调,理顺关联交易资金拨付关系。与油田公司计划财务处共同制定下发了《关联单位资金结算暂行办法》,确立了按照工作量进行资金总预拨的原则,为全年资金筹措和运行奠定了基础。

(2)努力依托大都市金融方面的信贷优势和结算优势,多方面选择融资渠道,为长庆局的资金运行开拓新的局面。全年共筹集资金 4.1 亿元。

(3)按照资金高度集中管理的原则,加强资金预算和计划管理,强化审核力度,确保生产急需。

(4)严格控制举债规模,加强对外投资和对外借款管理,清理所有负债,降低经营风险。通过加强资金筹措和运行管理,确保了生产经营对资金的需求。

【税收管理】

(1)根据重组后长庆局既有增值税劳务,又有营业税劳务,应税项目多,且每个环节又有交叉性和特殊性,划分相当复杂的具体情况,为确保依法纳税、合理纳税,结合集团公司财税字[2000]32号文,下发了《油气田企业增值税暂行管理办法》。

(2)为规范管理,在全局财务系统安装了防伪税控系统,推广使用了国家税务总局的金税系统工程,为长庆局与油田公司顺利进行产品劳务结算,在软件和硬件上做好了充分准备。

(3)按照"四省区"会议纪要,对长庆油田1999年"两税"进行了清算,同时加强减免税和税费附加返还工作,积极配合集团公司做好年度以税还贷工作。

【资金结算】 长庆局的资金结算工作主要由资金结算中心负责(以下简称结算中心),是长庆局资金集中管理和结算的业务部门。主要负责资金的统一收付、各开户单位的内部结算,监督资金的运行,业务隶属财务资产处领导。2000年结算中心共有26名员工,其中:正式人员23名,劳务工3名。下设综合科、会计科、稽查科三个科室,主要负责中心内部事务工作、资金调度、会计核算及资金监督;分设西安结算处、庆阳结算处、马岭结算处、马家滩结算处、吴忠结算处和延安结算处六个结算处,主要负责办理全局资金结算业务。

2000年结算中心与油田分公司资金结算部合署办公,采取了"目标上分,工作上和,对上分,对下合"的运行机制,在人员使用上实行四统一:即统一指挥、统一分工、统一监督、统一考核;在业务上,实行一套网络,分账核算,两套报表,满足两边核算要求;在资金运行程序上按两边主管部门和主管领导审定的程序运行,确保了长庆局生产经营目标的实现,被评为"局机关2000年度先进处室"。

全年货币资金预算执行率达到93.13%;银行存款平均占用额5892万元,比计划减少占用额约1500万元,比上年实际占用7000万元减少1100多万元,节约财务费用100万元以上;资金安全率100%,没有发生任何差错和损失;管理费用指标控制在规定范围内;资金结算及时率达到100%。

2000年,制定了勘探局资金结算中心与油田分公司资金结算部合署办公的《运行办法》和《内部会计核算办法》,保证了资金结算队伍的稳定和资金结算业务的平稳过渡及正常运行。重新修订完善了一整套合署办公的运行办法和核算规定;配合有关部门制定和完善了对外付款重点项目审批把关制度、加强结算审计监督的规定和关联交易结算规定。狠抓资金预算管理,尤其是货币资金支出的预算管理,使全局的资金结算工作逐步规范化、制度化,提高资金使用效益。

2000年是结算中心与油田分公司资金结算部合署办公过渡时期的特殊一年。对此,结算中心一是充分利用计算机网络优势,及时将两边的有关文件精神上网,让大家及时学习,保证政令畅通;二是加强职工业务培训,举办了两期结算处主任、科室长学习班;两期业务集中培训;一期计算机培训班;一期新《会计法》培训班;外送培训六人;三是细化内部管理,全面推行工作目标合同管理办法,量化17项具体考核指标,制定工作目标合同考核暂行办法,狠抓基础工作和队伍建设,有力地保证了各项工作顺利进行。

【中油财务管理信息系统】

(1)为适应存续企业会计核算工作的变化,按照集团公司对中油财务信息系统标准化方案修订要求,长庆局成立了升级领导小组,先后派出三批人员参加了集团公司举办的系统管理员和操作员培训班,举办了长庆局的中油财务信息系统升级培训班。在吸收更广泛的业务人员参与研究集团公司的标准化方案的基础上,根据长庆局管理、核算的需求,研究制订了全局的标准化方案。

(2)为解决计算机问题,全局财务系统把中油财务软件由2.3版升到了3.0版,操作系统由UNIX3.0升到UNIX5.0.5,数据库管理系统由 SYBASE10.0.2 升到 SYBASE11.0.3，相应的硬件设备也进行了全面的升级工作。

【财会队伍建设】

(1)组织了全局范围内的学习宣传新《会计法》活动，先后举办了大规模的学习班 7 期，参加人员包括各基层单位财务科长及主办会计，总人数超过了 300 人次，系统地学习了《会计法》及相关法律、会计准则的全部内容。

(2)组织参加了集团公司举办的首届新《会计法》知识大赛，通过参加知识大赛，使全局宣传学习新《会计法》的气氛更加浓厚，财会人员的会计理论水平有所提高，依法从业的观念有所增强。

(3)根据集团公司安排，对全局财会从业人员进行了摸底调查，摸清了包括学历、职称、培训状况等 32 条信息在内的财会队伍基本现状，建立了财会人员基本情况数据库，为今后长庆局加强财会队伍管理打下了良好基础。

(刘　敏)

市场管理

【概述】　2000 年，为应对重组改制后面临的市场环境，适时成立了市场开发处、业务范围涉及生产运行、设备管理、对外协调、市场开发、市场管理及服务工作。全局 23 个二级单位成立了专门的市场开发部门，专职工作人员 165 人，并初步形成市场开发网络，为全面开展工作奠定了基础。

【工作成果】　协调组织签订了《长庆石油勘探局与长庆油田公司互供产品及服务关联交易总协议》，并组织各有关处室起草签订了钻井、试油、工程设计及建设等 19 个协议，制定了各服务专业的定价原则、工程量及价格。为开展关联交易工作打下了良好的基础。

由宁夏回族自治区计委和长庆石油勘探局共同筹资建设的宁夏长宁天然气管道，东起长庆第一净化厂，西至宁夏银川市新城区，全长 293.3 千米，管线直径 426 毫米，设计年输气能力 4—6 亿立方米，于 1999 年 1 月投入生产试运营，2000 年 7 月 1 日投入正式运营。

(黄应红　周文庆)

审计监督

【概述】　2000 年，认真贯彻审计工作向管理延伸，向效益转移的指导思想，圆满地完成了年度计划及上级领导交办的各项审计工作任务，并取得了较好的审计成果。全年实际完成 87 个审计项目，其中：预算执行情况审计 16 项，资产负债损益审计 5 项，资产经营责任审计 6 项，离任经济责任审计 7 项(不含三级单位)，专项审计和调查 24 项，工程及外付款项结算审计 11 项，多种经营系统审计项目 10 项，油田公司委托审计项目 8 项。全年审计资金总额 65.3 亿元，查出各类违规违纪资金 1.54 亿元(不含多种经营系统 1.05 亿元)，纠正处理资金 1.12 亿元，整改率达 72.7%。外付款项审减额达到 1510 万元(含跨年部分)，提出各种审计建议 176 条，被长庆局和各单位采纳 145 条，采纳率达 82.4%

【主要审计活动】 2000年2月，在临潼疗养院集中全体审计人员进行了为期10天的集中整训。局长、党委书记孙玉辰带领机关部门负责人到会调研，并做了重要讲话。

2000年7月审计处对第一、第二、第三采油技术服务处、炼化服务处和西安油气销售综合服务处等5个存续企业分账单位2000年上半年资产负债损益进行了审计。

2000年10—11月，全处统一组织，集中力量，利用两个月的时间对局属独立核算的16个主要单位进行了一次预算执行情况的全面检查考核。

2000年10月，受油田公司委托，对其下属8个生产经营单位的预算执行情况进行了审计。

2000年4—5月，先后对北京办事处、兰州办事处、乳山培训中心、无锡培训中心、成都办事处、上海办事处、职工医院、职工疗养院、技工学校、交通服务处等10个单位自负盈亏能力进行专项审计调查。

2000年3—5月，历时120天，对全局集体经济和多种经营系统126个法人单位(不含油田公司9个)中的112个法人企业，346个经营网点经营状况进行了全面审计调查。

2000年3月20日至4月10日，对筑路工程总公司1999年经营状况审计调查。

2000年3月21日至6月10日历时80天，对长庆局45个单位和126个多种经营企业(厂点、控股单位)的外投外借资金情况专题审计调查。

2000年8月13日至16日，在临潼疗养组织研讨《资产负债损益审计实施细则》、《项目管理工程审计实施细则》、《预算执行审计实施细则》、《资金使用审计实施细则》、《经济责任审计实施细则》和《专项审计实施细则》。

2000年5—9月，开展审计论文评选活动。共收到论文54篇，占全部人员的96.6%。经过处论文评审小组评比，筛选出10篇参加集团公司优秀论文评比，获得二等奖2个、三等奖3个。

【重大审计成果】 2000年7月份，选择了第一、第二、第三采油技术服务处、炼化服务处和西安油气销售综合服务处等5个存续企业分账单位，对其2000年上半年资产负债损益进行了审计，重点对分账后存在的问题进行了剖析。通过审计认为，在分账过程中，由于资产等方面划分不合理以及人为因素较多，致使存续企业不良资产、待报废资产、闲置资产以及设备老化、成新率低等情况相当严重，历史包袱重，生存发展的基础非常脆弱，步履艰难。5个分账单位固定资产原值10.62亿元，其中不良或闲置固定资产53050.43万元，占固定资产总额的49.96%。审计报告提交后引起局有关领导的重视，为存续企业盘活资产存量，最大限度发挥资产效益，尽快摆脱困境，步入良性发展轨道提供了决策依据。

【优秀审计项目】 《关于对筑路工程总公司经营状况的审计调查》被评为“2000年中国石油天然气集团公司优秀审计项目三等奖”；《关于对全局多种经营企业经营状况的调查》被评为“2000年中国石油天然气集团公司优秀审计项目三等奖”。

(金　刚)

长庆局机关管理

【概述】 长庆局机关事务管理处(机关党委)是局机关的管理和服务部门。负责局机关日常事务的管理和服务工作。

2000 年,局机关处室 16 个,附属单位 7 个,托管单位 1 个。职工总数 401 人,其中,干部 383 人,工人 18 人;男职工 243 人,占职工总数的 60%,女职工 158 人,占职工总数的 40%。干部中各类管理人员 153 人,各类专业技术人员 116 人,其中,具有中级职称 194 人,占干部总数的 51%;副高级职称 73 人,占干部总数 20%。共有离退休职工 419 人。

【处室建设】 面对重组带来的体制、机制和格局的重大变化,机关事务管理处以改革重组为动力,以转变观念、转变职能为突破口,以规范基础工作和工作创新为标志,围绕长庆局总体生产经营目标,全面实现了年度各项管理目标。

2000 年 3 月 23 日举办了局机关"转变观念、发挥职能作用,提高工作效率"的学习班。局领导对机关工作提出了"对上主要是争取政策,对内主要是管理,对下主要是服务"的工作定位。

年初,提出了转变四个观念,即任务观念转变到效益观念;"等靠要"观念转变为竞争观念;行政管理观念转变为主动服务观念;因循守旧观念转变为创新观念。还提出了以观念上的转变促进职能上的四个转变,即任务型向效益型转变;弹性工作量向满负荷工作量转变;行政管理基层向服务基层转变;传统性工作向创新性工作转变,机关的"三个转变"初见成效。

【事务管理】 建立和完善了新的基础工作。在制度建设上,建立修订了处室工作职责范围、各岗位职责和一些急用的工作程序,建立了新的资料数据库和台账。在资产管理上,对办公设备及贵重物品进行了清查登记,共清查固定资产 462 项 7692 件,原值 2897 万元;清查贵重物品 55 类 380 件,原值 377 万元;核准报废资产 199 件,原值 96 万元。在物业管理上,对机关所属办公区以及基地、成都、庆阳等地的住宅面积进行了摸底登记,合计 51100 平方米,并建立了职工综合管理信息库。在为职工办实事上,成立了西安长庆恒立石油工程有限责任公司,启动了多种经营工作,开辟了机关多元化发展的新路子。职工收入比 1999 年有所增加。

【财务管理】 一是合理分账,搞好决算。经过两个月的反复协商,理清了财务家底,完成了决算,为开展新一年的财务工作打下了基础。二是做好预算,搞好费用承包,层层传递控制预算的压力和责任。三是对交通费、电话费、物耗、接待费等开支大项每月进行分析,11 月对各处室费用执行情况进行了一次全面分析测算和指标调整。四是清理欠款。11 月初,集中清欠 100 多万元,保证了决算的顺利进行。五是执行了局机关 2000 年费用管理考核兑现办法。将 17 个项目分为否决指标、跟踪考核指标和年底一次性考核指标三大类,改变了以往日常考核与经济利益不挂钩的状况。严考核,硬兑现,确保全年预算执行情况良好,决算略有节余。全面实现了全年费用指标不超的目标。

【党群工作】 2000 年,机关有党总支 7 个,党支部 46 个,党员 388 人,团总支 2 个,团支部 6 个,团员 122 名;基层工会 14 个,工会小组 10 个。一是建立健全了党工团等各种组织。按照重组分开的实际,重新建立了机关党委、工会、团委和各处室的党工团组织;重新组建了审计处、工程技术院、长庆宾馆、长庆报社、技术检测中心、会计师事务所等单位的党群组织。根据内退和有偿解除劳动关系出现导致的党群组织缺额的情况,进行了及时增补。二是加强党风廉政建设教育。学习了"廉政准则"、"国企领导干部五项规定"、"长庆局 10 条规定"等,参加了局纪委组织的党风党纪知识竞赛,规范了民主生活会的召开,督促了领导干部的收入申报等。三是组织了对涉毒人员和"法轮功"人员大范围摸底。四是组织了五大节日的扑克、篮球等五大项 600 人次的比赛;慰问住院职工 30 人次,对 13 户困难职工给予了救济。

（王凤嘉　高万善　蒙阿仔）

其 他

【法律事务】

（1）重点抓好重组改制过程中法律政策研究和整章建制工作，研究和拟定了《长庆石油勘探局深化改革总体构想》，阐明了全局重组改制的深远意义，明确了重组改制的指导思想、基本原则、改制目标和实施纲要。为长庆局持续重组和深化改革提供了政策蓝本。

（2）针对普遍存在的不熟悉政策法律，实际操作困难等问题，会同局办公室、规划计划处、财务资产处、局工会编印了《现代企业制度法律文件汇编》一书，收集整理出现代企业制度、公司登记、企业产权界定和资产评估等方面的政策法规及陕、甘、宁三省（区）的有关法规、政策文件75件，保证了全局改制工作规范开展，并不断深入。

（3）对14个单位上报的重组改制方案进行了完善；对设计院、钻井三处锦林公司、测井工程处方元公司、钻井一处飞达公司等4个单位的改制实施方案批复实施。并和有关部门拟定了《钻井系统深化改革框架性方案》，保证了全局重组改制工作的积极推进。

（4）根据集团公司与股份公司《互供产品及服务等关联交易实施意见》，结合我局的实际情况，起草了《勘探局和油田公司关于互供产品及服务等关联交易总协议》，并反复讨论修改，七易其稿，最终形成双方关联交易的基础文件。

【治安综合治理】 长庆油田保卫处（公安处），下设10个机关科室，1个公安局，3个公安分处，3个公安分局，9个派出所，7个保卫科和6个其他保卫组织。共有公安民警、保卫干部338人。业务隶属甘肃、陕西、宁夏三省自治区公安机关。

2000年，共立各类刑事案件703起，其中涉油案件553起。侦破637起，其中涉油案件485起。案件侦破率为90.6%。与1999年相比，破案绝对数上升55.7%，破案率上升20.1%。摧毁盗窃、破坏团伙45个。打击处理违法犯罪分子803名，其中提请逮捕228名，提请率为100%；批准逮捕219名，批捕率为96.2%；刑事拘留220名。截获盗贩原油车辆456台，追缴被盗原油3000余吨。取缔非法土炼炉、收油点268座（处）。处置工农纠纷事件87次。侦破涉毒案件43起，其中毒品犯罪案件16起，吸毒案件27起，缴获海洛因141.08克，抓获涉毒人员128名。打击处理49名，其中刑事拘留17名，治安处罚32名，强制戒毒66名，复吸劳教13名。查处火灾事故3起。3起事故，死亡1人，轻伤1人，经济损失56.7万元。与1999年相比，火灾起数下降40%，死亡人数下降50%，直接经济损失下降11.73%。消防安全形势好于往年。为油田挽回经济损失3000余万元。

在队伍建设中，一是深入开展“三讲”教育，广泛开展以“为人民服务”的宗旨教育、实事求是的思想路线教育和严格公正、文明执法的法制教育为主要内容的“三项”教育活动，牢固树立为油田生产建设服务的思想观念。二是加强领导班子建设，促进内部管理，推进公安队伍建设和各项业务工作。认真调整和改革用人制度，对处领导班子成员进行了重新分工，对中层领导和民警进行了较大范围的调整，精简后勤，充实一线，采取稳步推进的工作方法，实现了内部稳定，保持了工作的连续性。班子成员坚持带头实干，靠前指挥，靠前作战，充分发挥了模范带头作用。同时，对各基层公安保卫部门领导班子进行了民主评议和考核，并对三个基层部门的领导干部进行了调整和补充，增强了基层公安保卫部门的战斗活力。三是认真落实党风廉政建设责任制，深化警务公开制度。紧紧围绕油田公司工作部署和奋斗目标，认真落实党风廉政建设责任制，依据党风廉政建设责任制和《公安机关追究领导责任暂行规定》，对本部门、本单位关于涉及以权谋私、刑讯逼供、滥用枪支等方面的情况进行了检查考核，总体情况良好。同时，结合工作实际，研究制定了《油田公安机关警务公开实施办法》，进一步规范和拓展警务公开的内容和范围，加强警务公开宣传教育，不断改进和完善警务公开办法。四是加大政治工作力度，围绕严打整治做好思想政治工作和教育、宣传工作。坚持把严打整治同贯彻落实油田公司 2000 年工作会议精神相结合，同岗位练兵相结合，同开展的“破大案、比贡献”劳动竞赛相结合，使思想政治工作更具有主动性和针对性。

【信访工作】　2000 年，共受理职工群众来信来访 2910 件（次），已处理 2619 件（次），办结率为 91%。其中，处理来信 1154 件（次），接待群众来访 1756 人次，局党政领导阅批信访问题 201 件。局信访办公室处理信访问题 12 人，给特困上访户解决返程路费 6 人，金额 1280 元。

2000 年是长庆油田重组分开运行的第一年，从稳定大局出发，勘探局和油田分公司将信访工作纳入企业管理议事日程，制定了《关于进一步加强信访工作的意见》，决定长庆石油勘探局信访工作领导小组统一负责长庆局和油田公司的信访工作，根据企业重组后领导工作的变动情况，及时调整了局信访工作领导小组，成员由原 12 个处室的领导增加到 15 个处室的领导。各二级单位的信访工作统一归口行政办公室，没有因为重组分开分立而削弱信访工作。

积极贯彻落实全国第三次信访局长会议精神，做好三项工作：一是建立了督察制度；二是召开了稳定工作会议，就进一步做好稳定工作提出了 10 条措施；三是抓了兼职信访干部的培训，先后安排了 29 个单位的兼职信访干部参加集团公司组织的培训学习。

【档案工作】　2000 年，油田各级档案工作人员，按照中央、国家档案局有关档案工作只能加强、不能削弱的总体要求，认真学习贯彻《档案法》和《档案法实施办法》，围绕油田重组改制出现的新情况、新问题，积极探索档案工作的新思路、新机制，初步建立了适应油田改革发展的档案管理新体制，并为企业的改革发展发挥了应有的作用。

（1）2000 年油田档案工作全面完成了各项工作任务和业绩指标，档案归档率、准确率、查全查准率达到规定指标。长庆局共有 25 个单位保管各类档案 466361 卷，以件为单位保管的 62364 件，各类图表 559391 张，各类磁带 65710 盒，各类磁盘 17613 盘，录音录像档案 436 盒，照片档案 107072 张。全年共有 14088 人次，借（查）阅各类档案 66870 卷次。

（2）以有利于油田发展为目的，从油田改革和发展的实际出发，确定油田档案管理工作新体制。确立了“一个紧紧围绕”的指导思想，提出了管理职能不变、管理水平不降和“安、稳、完、进”的工作要求，并按照产权关系确定了档案的归属和管理问题。采用法制、经济和目标管理的方式，实行档案工作费用预算、专款专用制度。各单位充分发挥主观能动性，努力工作，突击完成单位搬迁、重组等原因造成的积压工作，使企业重组后的档案工作健康有序进行。

（3）完善档案制度，坚持依法制档。在企业重组改制期间，按照国家档案局和国家经贸委等部门联合印发的《国有企业资产与产权变动档案处置暂行办法》规定，积极做好档案的处置工作，有效地维护了档案的完整与安全；

对油田所属各单位及机关各部门在重组改制前后所有形成的各种文件材料进行了集中归档；强化收集工作，扩大收集面，丰富档案库藏，改变库藏结构；对早期档案及库房保存死角，组织档案鉴定组进行逐卷鉴定，履行审批手续，剔除失去保存价值的档案；提高档案的归档质量，从档案产生的源头抓起，坚持“四参加”，按规章制度实施控制措施，注重归档档案的完整性、准确性、系统性，形成科学、合理、丰富、优化的馆室藏结构。

（4）推行“目标管理”，构建“三个工程”。2000年，对油田所属各单位“九五”期间的档案工作按照国家档案局关于企业档案工作目标管理标准，进行了认真细致的检查考核，管理层次定位，管理水平排队。经检查，对“九五”期间档案工作成绩突出的先进集体第二钻井工程处、油建工程处、第三钻井工程处、物探处、第二机械厂以及地质资料汇交工作先进单位测井工程处、第二钻井工程处、第三钻井工程处、井下技术作业处予以表彰，有效地促进了档案工作的基础业务建设。在推行“目标管理”的同时，构建“基础工程”、“优质工程”和“专家工程”。“基础工程”以坚持档案的标准化整理，层层检查把关，确保归档档案的完整、齐全、准确、系统、标准、规范的要求，夯实档案基础管理工作。“优质工程”为档案工作引入了竞争机制，使档案工作达到工作有规范、管理有规定、整理有标准、保管有制度、开发有措施、利用有效益，促进了档案管理向制度化、程序化、规范化、现代化方向发展。“专家工程”通过采取提高培训层次，扩大培训知识面，鼓励自学成才，开展岗位练兵等措施，全面提高档案人员的整体素质，积极改善档案管理队伍的构成，使档案管理人员爱岗敬业，熟悉业务，钻研专业知识和相关知识，掌握现代化管理的技术方法和操作技能。

【保密工作】 长庆局保密工作认真贯彻落实党和国家关于加强新时期保密工作的方针、政策，以抓好各级领导干部和要害部门工作人员的保密教育为重点，以增强广大干部职工的保密意识和法制观念为目的，强化保密宣传教育，建立健全网络体系，实行保密领导责任制，加强保密队伍建设，夯实保密基础工作，在企业生产经营活动中发挥了服务和保障作用。

（1）强化保密管理，推进依法行政。一是按照集团公司保密工作会议精神，研究确定了全年工作重点，制定下发了《长庆局党委保密委员会2000年工作要点》，安排部署了全年保密工作。二是针对重组改制后一些单位存在的组织不健全、人员不落实的现状，进一步调整充实了各级保密组织和人员，保证了工作的连续性。同时，通过举办保密干部培训、召开保密工作理论研讨会和保密工作论文评选活动，进一步提高了保密干部的业务素质。三是全局各单位结合实际，突出工作重点，通过多媒体、板报、展览等形式在干部职工中开展了以学习贯彻中央文件精神和《保密法》为主要内容的宣传教育活动。与庆阳地区保密局联合举办的地企保密知识竞赛活动，钻井二处代表队和采油二处代表队分别荣获集体第一名、第二名。派员参加了甘肃省大中型企业保密工作座谈会议，就长庆局商业秘密保护工作做了典型发言。

（2）发展保密技术，提升防范能力。强化计算机信息系统保密管理工作，及时转发了国家保密局、集团公司的文件，制订了长庆局有关规定，建立了计算机接入国际互联网的审批制度。全年共审批办理入网手续58户。协同科技处对全局各单位、各部门使用的2476台计算机进行了调查统计，对存在不符合计算机信息保密管理制度的问题进行了整改。并组织全局11人参加了甘肃省计算机信息系统保密管理班的学习，掌握了业务技能，提高了工作水平。

（3）严格保密制度，抓好日常工作。认真

做好上级下发的机要文件、资料的传阅管理工作，重申下发了机密文件管理的规定，抽查了28个单位机要文件管理的情况，保证了文件的安全保密。按规定审查了21篇对外提供的资料和论文，积极同西安市保密局联系，疏通文件资料销毁渠道，在西安基地组织了4次大的文件资料销毁活动，没有发生任何问题。完成了2000年陇东地区高考试卷的保管看护工作，连续11年受到了甘肃省高考委的好评。

（4）认真搞好“三五”普法总结检查和验收，并向陕、甘、宁三省（区）保密局和集团公司保密委员会汇报了我局“三五”保密普法教育工作，通过了甘肃省、庆阳地区保密局及集团公司保密委员会“三五”保密普法工作的验收，长庆局保密工作在1995年荣获“全国三五保密普法工作先进单位”称号之后，2000年再次荣获“全国三五保密普法工作先进单位”称号。

（魏小宁　陈辉荣）

第八篇

精神文明建设

党建与党群工作

【概述】　2000年，是长庆局重组改制后的第一年，也是全局党的建设及思想政治工作发挥重大作用的一年。全局各级党组织，以邓小平理论和江泽民总书记“三个代表”重要思想为指导，认真学习党的十五届六中全会精神，按照集团公司党组和局党委的工作部署，围绕“两条基本思路”，坚持“四大发展战略”，广泛开展“求生存、图发展、闯市场、增效益”主题活动，切实加强和改进党的建设和思想政治工作，为长庆局的改革、发展和稳定做出了重大贡献。

【理论学习】　2000年，全局各级党组织从讲政治的高度，认真学习贯彻“三个代表”的重要思想，坚持把理论学习作为党的思想政治建设的首要任务，深入学习党的十五届四中、五中全会精神，努力把“三个代表”重要思想贯彻落实到企业改革、发展和稳定的各项工作中去。

局党委把学习“三个代表”的重要思想和党的十五届四中、五中全会精神与学习工商管理知识结合起来，把理论学习与调查研究结合起来，先后举办处级干部学习班6期，培训320人次。请专家教授作专题报告12场次。把理论知识直接转化为促进改革、发展、稳定的思路和行动，下基层，跑市场，千方百计解决企业的生存和发展问题。在生产启动过程中，局主要领导深入到各主要生产单位，与基层领导班子一起研究全年经营指标落实情况，为出征将士送行。第三季度，又带领局机关有关处室负责人，先后两次对全局各单位的生产经营情况进行了调研，与各单位领导面对面地分析问题，研究闯市场的办法，探讨企业发展的思路和前景。

【党建工作】　2000年，全局各级党组织按照“目标明确、着眼基层、贴近实际、讲求实效”的总体思路，坚持把开拓市场、提高效益、谋求生存、促进发展作为党组织各项工作的出发点和落脚点，把改革改制的难点、生产经营的重点、职工关心的热点作为党组织建设的切入点，坚持不懈地抓好各级党组织建设和党员队伍建设，进一步增强了各级党组织的战斗力和凝聚力。

认真学习“三个代表”重要思想，加强形势任务教育。按照集团公司党组的要求，全局各级党组织及时安排部署，制定学习计划，组织广大党员深入学习，深刻领会精神实质。召开以“三个代表”重要思想为主题的各类座谈会60多场次，参加党员2400多人次，450多人次畅谈了学习“三个代表”重要思想的体会。与此同时，各级党组织开展了形势任务宣传教育、西部大开发宣传教育、搞好关联交易宣传教育、政治理论教育和重组改制及公司制改造宣传教育。各级领导深入基层，宣讲油田形势200多场次，听众达1万多人次。举办各类报告会和学习班16场次，参加科以上领导干部2600多人次。

各级党组织按照“调整行政机构必须同时调整党的组织设置，新建行政机构必须同时建立党的组织，配备行政干部必须同时配备党务干部”的原则，及时健全和调整新建项目、经济组织和机构调整单位的党的组织。2000年，全局共调整和新建基层党总支（党支部）130多个，配备了一批素质较高的党组织负责人，基层党组织在生产经营工作中的战斗堡垒作用得到了较好发挥。

深入开展以“求生存、图发展、闯市场、

增效益”为主题的“党员责任区、党员模范岗”活动，要求全体党员自觉支持和维护改革大局，解放思想，转变观念，树立危机意识、竞争意识、服务意识和开拓创新意识，以效益为中心，立足岗位干好工作，保证完成各项工作任务。全局召开各类讨论会200多次，通过问卷调查等多种形式，收集合理化建议3000多条。

在认真总结工作经验的基础上，结合长庆局重组改制后的新形势，进一步修订和完善基层党组织建设工作制度，积极探索党组织建设工作和党员教育管理的途径和方法。局党委制订下发了《关于加强基层党组织建设有关问题的意见》，认真开展了基层党组织建设和党员思想状况调查，促进了全局基层党组织建设工作的规范化和科学化。

据统计，到2000年底，长庆局共建有党委34个、党总支133个、党支部1031个、党小组1935个。共有党员19216名，其中，正式党员18687名，预备党员529名；男党员17208人，女党员2008名，少数民族党员311名。在岗党员11864名，占党员总数的61.74%。

各级党组织贯彻“坚持标准、保证质量、改善结构、慎重发展”的方针，共发展新党员488名，保持了党员队伍的先进性。

【宣传思想工作】　重组改制后，长庆局面临劳动生产率低，设备新度系数低，人均资产占有率低，社会市场占有率低，市场竞争能力差，职工市场观念滞后等诸多问题。局党委印发了《关于在新形势下加强和改进思想政治工作的意见》，并组织职工进行系列教育活动。

深入开展以“求生存、图发展、闯市场、增效益”主题活动为中心的形势教育。活动期间，各单位组织职工广泛开展“转变观念为前提，重组改制是机遇，政策支持是保证，共同发展是目的”的大讨论。层层召开报告会、讨论会、演讲会，提高认识，明确生存发展的优势和困难，增强信心。在开展主题活动中，全局30多个单位组织各种报告会、研讨会1200多场次，参加职工达9万多人次。

深入开展学、树、赶、帮、超活动为内容的典型示范教育。把学习先进人物的典型事迹，同深入贯彻落实长庆局2000年工作会议精神结合起来；同抓好当前的生产经营工作结合起来；同学习“新时期铁人”王启民、“石油青年的楷模”秦文贵、“英雄女采油工”罗玉娥等英雄模范及本单位职工身边的先进典型结合起来；同长庆会战30周年纪念活动结合起来，为开拓市场鼓实劲。全年大张旗鼓地表彰、宣传了全国劳模刘瑛、蒲建忠，全国先进工作者杨呈德，评选表彰了第五届十佳青年，举行“优秀技术干部形象工程”，宣传了71名在科技创新方面做出贡献的科技人才。组织撰写了3万多字的长篇报告文学《石油边缘上的创业人》。对油田承揽的涩宁兰输气管道工程、第二钻井工程处在西安承担的地热井开发、钻井三处与壳牌公司在长北区块的合作等大型工程项目，组织制作电视片、多媒体，采写长篇报道，收到很好的宣传效果。

【精神文明建设】　局属各单位坚持两个文明一起抓，把精神文明建设同生产经营一起部署、一起落实、一起考核，全方位开展群众性精神文明建设创建活动，不断提高企业和职工的文明程度。职工队伍在改革发展进程中，保持了知难而进、开拓创新的精神风貌。确保了全局各单位，继续走在所在省市区精神文明建设的前列。

2000年，长庆局广泛深入开展了“创建文明单位、文明住宅小区、文明家庭”、“争做文明职工”的“三创一争”活动。地球物理勘探处、职工医院被评为“全国职业道德先进单位”；庆阳总校被评为“全国德育教育先进单位”；机械厂被评为甘肃省“省级文明单位”；西安长庆兴隆园小区被西安市评为“安全文明小区”。

【工会工作】　2000年，全局各级工会组织充分发挥自身的特点和优势，坚持全心全意依靠职工群众的方针，以经济工作为中心，以市场为导向，紧紧围绕“两条基本思路”和“四大战略”，抓基层、抓基础、抓重点，不断强化工会的群众化、民主化、法制化建设，特别是针对重组改制后职工队伍出现的一些新变化和新问题，转化工作重点，侧重四项职能，为促进企业双文明建设发挥了应有的作用。

(1) 组织实施厂务公开制度。督促建立各级厂务公开领导小组，建立健全工作运行体制，制定厂务公开实施办法，采取公开栏、职工大会、职工代表意见书等多种公开形式，使全局厂务公开工作进一步突出实效、突出重点，达到密切干群关系、理顺职工情绪、拉近职工与单位及干部的关系的效果，职工有了真正的主人翁责任感，增强了职工的参与意识，提高了职工劳动热情和工作效率；树立了领导形象，增强了班子团结；成本管理由领导行为变成全员职工的自觉行动，杜绝了各种漏洞，经济效益明显提高。

(2) 企业民主管理机制不断完善，内容不断充实，方法不断改进，领域不断拓宽，运行机制不断成熟。民主管理从源头开始参与，落实职代会职权，继续完善职代会民主评议领导干部监督机制，不断落实民主管理工作制度。努力实现民主管理程序化、经常化、制度化。强化内部监督机制，促进领导班子和干部队伍建设。

(3) 以开展劳动竞赛作为工会服从和服务于经济建设中心的切入点和提高工会地位的支撑点，在全局形成了上下结合、大小结合、条块结合、全方位开展、全员参与的立体型运行体系。竞赛内容向重安全、效益、质量、成本上转变；重点向基层转移；形式向多样化转变；组织方式向重视过程管理转变。在全局开展了“消除隐患、确保安全、保障稳定、促进发展”为主题的“安康杯”竞赛；以“双增双节、挖潜增效”为主要内容的单项目、短周期、见效快的劳动竞赛；以“求生存、图发展、闯市场、增效益”为主要内容的合理化建议专题竞赛；以强化职工技术素质为重点的“干好一个岗位，多学一门技术”和“精一门、会两门、懂三门”的万人大练兵活动，开展了第七届工人技术运动会，全局参赛工种82个，参赛职工6200人次。组织了计算机操作、钳工等3个工种的局级决赛。

(4) 组织各级工会干部学习《公司法》、《工会法》，多次派人前往陕甘宁三省区总工会、经贸委等上级有关部门咨询有关政策，疏通申报渠道，并结合实际印发了《职工持股会及工会法人资格登记文件资料汇编》，规范了程序，完善了制度，为企业改制、建立现代企业制度创造了良好的条件。帮助、指导9个单位建立职工持股会，帮助12个单位进行了社团法人资格登记。

(5) 以送温暖活动为主要渠道，维护职工权益。各级工会在做好建立特困职工档案等基础工作的前提下，牵头开展领导干部联系困难户，“进千家门、知千家情、解千家难、暖万人心”活动。发动各级工会多方筹措资金110万元，救济特困、困难职工1494人，慰问职工遗属2407户，表达了局党委、长庆局对困难职工的深情厚谊。

【共青团工作】　2000年，全局各级共青团组织主动适应油田重组改制和生存发展的新形势，认真组织广大青年团员落实创建、创新、创效活动，服务改革稳定大局、服务油田中心工作、服务青年成长成才，不断增强团组织的凝聚力、吸引力和战斗力，充分发挥团员青年的生力军和突击队作用。

积极开展“求生存、图发展、闯市场、增效益”主题活动；重组改制形势任务和有关政策的宣传教育活动；“忆传统、献青春”活动。教育团员青年继承和发扬长庆石油会战的光荣传统和优良作风，激励为油田二次创业和持续发展贡献青春和力量。

全局共有 20 多个单位成立青年突击队 268 支、青年志愿者服务队 199 支，吸收青年突击队员 6850 名、招募青年志愿者 7061 名。他们以“五小”活动为载体，推动青年创新创效活动。以“创建青年文明号，争当青年岗位能手”活动为载体，充分发挥青年职工在加强企业管理中的积极作用。局团委荣获“陕西省五四红旗团委标兵”称号；井下技术作业处周丰、研究院段晓文被共青团中央评为“全国青年岗位能手”；通信公司工程师黄晓东、第一采油技术服务处李仲华等同志被陕西团省委评为“青年岗位能手”；机械厂厂长刘自强、设计院院长王立昕被评为第七届“陕西省优秀青年企业家”；地球物理勘探处 2132 地震队、油建工程处涩宁兰管道工程项目部等项目被集团公司确定为“集团公司首批百项青年创新创效示范项目”；测井工程处团委书记宋德静、井下技术作业处团委书记马旭被甘肃团省委授予“优秀共青团干部”。

【企业文化建设】　2000 年，恰逢长庆会战 30 周年，也是长庆重组改制的第一年，为了在困难的时期进一步鼓舞职工士气，激发职工斗志，长庆局组织开展了纪念长庆会战 30 周年系列活动。召开纪念会战 30 周年座谈会；撰写《艰苦创业 30 年，铸就长庆辉煌》、《辉煌的历史，重大的贡献》、《辉煌的成就，美好的明天》等纪念文章，全面回顾总结了长庆 30 年的发展历程；拍摄《长庆 30 年》等反映长庆 30 年历史成就电视片 60 多部，电视散文 15 部；编辑出版了《长庆 30 年》一书，该书收录了油田各单位各行业 30 年取得的辉煌成就和全国、省部级老劳模英雄谱；出版了《石油师人在长庆》；长庆石油报出版专期彩报，举办“长庆 30 年”征文，刊发纪念文章 25 篇；长庆艺术团编排《昨天、今天、明天》大型文艺节目，在矿区巡回演出；组织“长庆之歌”群众歌咏比赛。丰富多彩的内容，把纪念活动推向了高潮。

注重企业形象宣传，不断提高企业知名度。利用国际石油天然气及化工科技装备展览会在西安召开的有利时机，制作反映长庆实力和企业形象的 40 块大型图片展板在展览会上展出。在国际互联网注册了长庆石油勘探局、长庆石油、长庆文化、长庆钻井、长庆物探、长庆测井等 10 多个域名，不断提高企业在国际、国内的知名度。

【武装工作】　2000 年，全局武装工作紧紧围绕长庆生产经营中心，在重点工作上求新突破，关键工作上抓出水平。按照长庆局重组改制的新形势下，武装工作要有人管，民兵工作要有人干的要求，坚持抓基层打基础，抓典型带全盘，平稳过渡，困中求进，创新发展。

召开武装工作会议，传达陕甘宁三省区两级军区党委扩大（全会）会议精神，安排部署 2000 年民兵工作任务。培训专职武装干部和民兵干部 99 人，并紧贴生产实际，从方便基层，有利生产出发，相对集中基干民兵 966 名，进行了训练。

认真进行民兵组织整顿。为了加强基层民兵连队建设，打牢民兵建设基础，围绕“两个适应”，从民兵建制规模、布局结构出发，本着“调整方案要稳妥，组织兵员要精干，工作要扎实到位”的原则，整顿、调整民兵组织结构，适度压缩民兵建设规模，减少普通民兵数量，精干民兵组织。整顿、调整后，民兵组织按营、连、排的建制，配备了干部，配齐了人员。

扎实开展“双拥”活动，增进了军民关系。走访慰问军烈属 431 户，召开各种座谈会 12 次，组织民兵、青年、学生为军烈属做好事 550 多件，为特困户解决困难 50 多件，宣传广播稿件 130 余篇，播放国防教育题材电影 68 场次，办宣传专栏 600 余块，张贴标语 3500 余条。从面上看，拥军优属活动开展的比较广泛；从宣传工作上看，国防教育深入人心；从实质上看，为军属解决了困难；从效果上看，沟通了军民、军政关系。

认真开展学生军训、公民服兵役登记等日常工作。先后组织长庆二中、驿马技校、长庆七中学生进行军训，受训学生916名。对油田1028名符合年龄的适龄青年进行了登记，并经政审、体检后，向部队输送合格兵员62名。同时，组织武装系统开展争优创先活动，使民兵组织在企业改革、发展和稳定的各项工作中发挥了积极的作用。

（李　强　史恒伟　范恩海　张永年）

纪检监察工作

【概述】　2000年，长庆局各级纪检监察部门，以中央、省区和集团公司关于加强党风廉政建设和反腐败工作的要求为指导，认真贯彻落实局党委、长庆局关于以廉政勤政为旗帜，带领广大职工克服困难的要求和加强党风廉政建设的一系列重大举措，突出重点，标本兼治，加大力度，狠抓落实，使我局党风廉政建设和反腐倡廉工作取得了新的进展，继续保持了健康发展的势头。

【党风廉政建设责任制】　2000年，纪检监察部门把落实党风廉政建设责任制向深化改革、开拓市场、提高效益等中心工作延伸，与企业管理、班子建设相结合，实行“六个统一”，进一步明确责任，细化责任内容，层层签订责任书1424份，形成了一级对一级负责的责任网络。将党风廉政建设和反腐败的主要任务细化为21条具体目标，分解到局机关16个职能部门和单位，明确了负责抓落实的牵头处室、参与处室和责任人，形成了党政齐抓共管、部门各负其责的局面。建立和完善了《定期研究党风廉政建设制度》、《按期报告制度》、《监督检查制度》等有关配套制度，加强了对履行党风廉政建设责任制情况的监督检查，对23个厂处单位和21个基层单位进行了巡视，总结推广了7个单位的经验，纠正了一些苗头性问题。为严格责任追究，制定下发了《党风廉政建设责任追究实施细则》，进一步明确了责任追究的对象、方式和方法，细化了责任追究的内容和重点，规范了责任追究的程序。2000年，局党委、长庆局对考核不达标的一个厂处领导班子采取了组织措施，10名班子成员中，有4名就地免职；对两个落实措施不到位、工作滞后的厂处领导班子进行了诫勉；对发生重、特大安全事故的两个厂处班子的5名领导干部，在全局进行了通报批评。各厂处单位先后对12个基层班子和192名处以下干部进行了责任追究，其中纪律处分15人，组织处理38人，经济处罚54人，诫勉谈话85人。严肃认真、实事求是的责任追究，进一步增强了落实党风廉政建设责任制的力度。同时，组织30个单位制作宣传展览版面56块，在“七一”期间，举办了油田纪检监察合署办公后首次党风廉政建设成果展览，利用文字、图表和大量数据，大力宣传了油田党风廉政建设方面取得的成效，并通过局内有线电视台、长庆石油报等媒体的广泛宣传和组织党员干部进行讨论，使大家正确认识了我局党风廉政建设的形势，增强了反腐倡廉的信心，为加强党风廉政建设创造了良好的氛围。

【领导干部廉洁自律】　2000年，长庆局认真抓好对党员领导干部的教育，构筑牢固的思想道德防线。按照中央和省、区的统一部署，在全局副科级以上党员领导干部中开展了“学党纪、学法规、廉洁奉公、勤政为民”廉洁自律专题教育；以厂处领导班子和领导干部为重点，认真组织开展了警示教育。组织广大党员干部学习胡长清、成克杰等典型案例 402 场次，观看电教片 91 场次，观看电影《生死抉择》30466 人次，有 3889 人参加了廉洁自律规范知识测试，有 887 名党员干部撰写了警示教育学习心得体会文章。教育活动促使领导班子和领导干部增强了廉洁自律意识，在厂处领导干部中，有 57 人次登记和上缴各种礼品礼金 6.18 万元，拒收和退还礼金 14.61 万元。

【查处违法违纪案件】　2000 年，局两级纪检监察部门把严重官僚主义失职渎职、决策失误造成重大经济损失和顶风违纪的案件作为查处的重点，不断强化办案措施，使案件查处工作取得了新进展。全局纪检监察系统共受理信访举报 171 件。初查核实重点违纪线索 53 件，从中立案 17 件。结案处理 17 件，处分各类人员 23 人，其中科级干部 4 人、一般干部 7 人、其他人员 12 人；处分党员 5 人。新立案件中，违反财经纪律和失职造成经济损失大案 7 件，占查案总数的 41%。通过查案和初查各类违纪问题挽回直接经济损失 247.32 万元。

在案件查处工作中，一是加大了督促检查力度。对各单位发现的案件线索、在查案件等，从基础资料入手进行督导检查。共查阅资料、听取汇报 90 余件次，对 9 起疑难案件及重点线索进行指导，对 1998 年以来已经查结处理的 97 起案件，逐卷进行了全面检查，评选出优质案卷 38 个。加强了对信访举报的督促检查，使全系统受理的信访举报核查率达到 90%以上，办结率为 95%，均高于往年 10 个百分点以上。二是加大了组织协调力度。按照分片负责制和区域力量协调的工作机制，先后抽调局属 5 个单位 6 名办案人员，组织协调案情涉及的 11 个单位的纪检监察部门共同办案，查处经济大案 3 起，挽回直接经济损失 24 万余元。三是加大了标本兼治的力度。对已查结的 17 起案件，提出管理建议 30 多条，基本都得到了采纳，防止或减少了各类矛盾和违纪问题的发生。四是强化了基础管理工作力度。制定了《信访举报初查管理办法》，配备安装了新版案件基础管理软件，促进了基础工作科学化、规范化。

【效能监察】　围绕国有固定资产、中小学校收费管理及使用、贵重低值易耗品的清理检查为重点，开展了效能监察。在工作中，建立和完善了行政主要领导负责的决策机制、纪检监察部门牵头的组织协调机制、有关业务处室和专业人员参加的配合机制，强化了组织领导和管理。实行了“三个统一”，即统一监察项目、统一工作步骤、统一工作标准。提出了“五清两提高”的工作目标。在上下的共同努力下，全局效能监察工作取得了以下成果：

摸清了国有固定资产底数，提高了管理水平和综合利用率。全局共组织完成效能监察重点解剖项目 35 个，查出账外资产 622.98 万元，清理存在其他问题资产 3802.4 万元，发现各类问题 379 个，整改解决 367 个，整改率为 96.8%。各单位调剂使用、盘活资产总量达 17873.74 万元，避免和挽回经济损失 538.88 万元，为全局深化产权制度改革奠定了基础。共清理贵重低值易耗品 9567 台件，总价值 4846.89 万元，进一步规范了管理。

中小学校收费管理及使用得到进一步规范。通过对全局 18 所中小学校 1998 年以来各项收费的管理、使用情况进行专项检查，发现各类问题 18 个，超标准收费 49 万多元。共清退多收款项 32.27 万元，没收上缴违规资金 8.71 万元。

部分单位自立效能监察项目效果明显。共收回 1999 年以前的应收款 4017.76 万元，发现案件线索 6 起，立案查处违法违纪案件 5 起。清退不符合合同要求的产品价值 15 万元，清退不合理外雇车辆 7 辆。收缴违纪金额 33.94 万元，挽回经济损失 88.26 万元。

【源头治理】　加强领导，制订措施，从干部任用到会计核算，严把入口关，加大了源头治理力度。推行干部任前公示制度，增强了干部任用的公开性和透明度。对19名拟聘用到处级干部岗位的干部、145名拟聘用到科级岗位的干部进行了公示。推行干部警示和廉政谈话制度，先后对两个厂处级班子和6名处级干部进行了警示，对26名处级干部、472名科级干部进行了廉政谈话。试行会计委派制度，钻井、物探、公用事业服务等单位把财会人员直接派到基层队站，加强了会计核算和监督，遏制了铺张浪费，预防了不廉洁行为的发生。加强对厂务公开制度落实情况的监督，对大额度资金的使用、经济合同的签订、对外劳务的结算、工程项目和大宗物资设备采购的招标等，都派纪检监察干部参与监督，全年公开竞价采购物资设备160余次，节约资金约3000多万元。认真开展纠风工作，在工程技术服务系统推行了定期到甲方单位进行回访制。在医疗卫生系统开展了“三优一满意”活动，推行了药品竞价采购制，共回收药品回扣、让利资金137.28万元，降低药品价格33万余元。在公用事业服务系统继续推行了服务承诺制。通过从源头上的预防和治理，促进了领导班子和领导干部廉洁自律意识的增强。

【队伍建设】　重点围绕企业纪检监察机关在企业深化改革、重组改制的新情况下，如何在服务中强化监督、在监督中优化服务等方面进行了探索和研究，并通过组织讲座、撰写有关论文，促使纪检监察干部转变思想观念，以适应新形势的需要。

针对重组改制后纪检监察部门人员变动较多，新人员查办案件业务生疏等情况，有计划地选派6名厂处单位纪委书记、处级干部和副书记外出培训。组织34名纪检监察干部参加案件检查培训班，系统学习案件查处基本方法和技巧、案件审理基本知识与要求，以及信访举报处理程序等知识。同时，采取以会代训、以专项业务检查进行专业知识规范管理的现场培训，组织现场观摩会等多种形式，增强了培训的针对性和实效性。组织开展了向优秀纪检监察干部万立春同志学习的活动，进一步增强了凝聚力和战斗力，促进了队伍综合素质的提高。

（李巨龙）

第九篇

机构与人物

长庆石油勘探局组织机构

（机关部门18个，机关附属单位8个，直属单位42个，控股企业1个，托管单位2个。资料截至日期：2000年12月31日。）

一、长庆局机关（18个处、室、部）　陕西省西安市

局办公室（党委办公室）
财务资产处
市场开发处
工程技术处
人事劳资处（党委组织部）
规划计划处
科技发展处
质量安全环保处
纪检监察处
政治思想工作部（党委宣传部、武装部、局团委）
局工会
政策与法规处
多种经营管理处
机关事务管理处（机关党委）
离退休职工管理处
教育培训处
卫生处
庆阳指挥部　甘肃省庆城县

二、长庆局机关附属（8个）　陕西省西安市

人力资源开发服务中心（再就业服务中心）
社会保险中心
职业技能鉴定中心
资金结算中心
咨询中心
西安基地卫生所
西安基地子弟学校
电视台

三、直属单位（43个）

1．工程技术服务板块（10个）

地球物理勘探处　宁夏吴忠市

第一钻井工程处	陕西省礼泉县
第二钻井工程处	甘肃省庆城县
第三钻井工程处	宁夏灵武县
测井工程处	甘肃省庆城县
井下技术作业处	甘肃省庆城县
油田建设工程处	甘肃省庆城县
工程技术研究所	陕西省西安市
勘察设计研究院	陕西省西安市
长庆石油天然气工程建设监理公司	陕西省西安市
2. 生产服务板块(11 个)	
第一采油技术服务处	陕西省延安市
第二采油技术服务处	甘肃省庆城县
第三采油技术服务处	宁夏盐池县
油气技术综合服务处	宁夏灵武市
机械制造总厂	甘肃省宁县
器材供应处	陕西省西安市
筑路工程总公司	陕西省西安市
水电厂	甘肃省庆城县
通信公司	陕西省西安市
运输处	甘肃省庆城县
交通服务处	陕西省西安市
3. 社会服务板块(21 个)	
长庆石油学校(干部培训中心)	甘肃省宁县
技工学校(工人培训中心)	甘肃省西峰市
庆阳子弟总校	甘肃省庆城县
银川高级中学	宁夏银川市
职工疗养院	陕西省西安市
职工医院	甘肃省庆城县
公用事业处	陕西省西安市
银川物业管理处(银川办事处)	宁夏银川市
西安油气销售综合服务处	陕西省西安市
长庆炼油化工综合服务处	陕西省咸阳市
房地产开发公司	陕西省西安市
长庆宾馆	陕西省西安市
兰州办事处	甘肃省兰州市
北京联络处	北京市
上海联络处	上海市
成都办事处	四川省成都市

乳山职工培训中心	山东省乳山市
技术监测中心	陕西省西安市
长庆石油报社	陕西省西安市
审计处	陕西省西安市
华力会计师事务所	甘肃省庆城县

4. 多元开发板块(1个)

长庆实业集团有限公司	陕西省西安市

四、托管单位(2个)

马岭炼油厂	甘肃省庆城县
马家滩炼油厂	宁夏灵武县

长庆石油勘探局党政领导

序号	姓　名	职　　务
1	孙玉辰	长庆石油勘探局局长、党委书记
2	张继昌	长庆石油勘探局党委副书记、纪委书记
3	滕玉林	长庆石油勘探局副局长、党委常委
4	陈国法	长庆石油勘探局副局长、党委常委
5	王树荣	长庆石油勘探局工会主席、党委常委
6	赵业荣	长庆石油勘探局总工程师、党委常委
7	张芝兰	长庆石油勘探局总会计师、党委常委

长庆石油勘探局局长助理

序号	姓　名	职　　务
1	张元忠	长庆石油勘探局局长助理兼房地产开发公司经理
2	杨庆理	长庆石油勘探局局长助理兼庆阳指挥部副指挥、党委副书记
3	邓火孝	长庆石油勘探局局长助理兼多种经营管理处处长、长庆实业集团有限公司经理、党委委员

长庆石油勘探局副总工程师

序号	姓 名	职 务
1	贾明欧	长庆石油勘探局钻井副总工程师
2	杨洪志	长庆石油勘探局试油压裂副总工程师

长庆石油勘探局机关处室及附属单位班子成员

序号	单 位	正 职	副 职
1	庆阳指挥部	陈国法(兼)	杨庆理(兼)
2	局办公室(党委办公室)	王跃龙	石玉国 张宏鹏 李三卫
3	财务资产处	陈慧敏	张忠华 杨杰山 王 红
4	市场开发处	谢文虎	黄应红 于怀兴 万云峰 张振武
5	资金结算中心	阮平生	阮开奎
6	规划计划处	李庆宁	何炳忠 寥长明
7	多种经营管理处	邓火孝(兼)	张生春 刘维忠
8	政策与法规处	徐安国	高 鹏
9	工程技术处	刘硕琼	孙玉玺 尚 进
10	科技发展处		丁世宣
11	质量安全环保处	戴能尚	王玉琦 郭占春
12	人事劳资处(党委组织部)	张启英	焦留群 徐维坚 张智慧
	人力资源开发服务中心(再就业服务中心)	徐维坚(兼)	戎玉瑛 黄祥林
	职业技能鉴定中心	刘晓华	
	社会保险中心	李锡章	

续表

序号	单　　位	正　职	副　　职
13	纪检监察处	安武林	曹金锋　张景尧
14	政治思想工作部	郭志刚	
	宣传部	郭志刚(兼)	杨智耀　戴　娜
	局团委		许　允
	武装部	范恩海	
15	局工会	周红霞	
16	机关事务管理处　机关党委	王凤嘉	陈云虎
17	教育培训处	王振昌	孟汉青　范光洲
18	卫生处	贺红旗	
19	离退休职工管理处	朱世骏	秦有明

长庆石油勘探局所属单位及控股单位班子成员

序号	单　　位	处长(经理、主任、所长、院长、校长、社长)	党委(总支)书记	副处长(副经理、副主任、副院长、副校长、副社长、副书记、纪委书记、工会主席、总工程师、总会计师)
1	第一采油技术服务处	李　逵	郭树森	吴志华　陶德荣　孙常印　刘　琴　段广道
2	第二采油技术服务处	张栋杰	马效忠	刘拴孝　杨伯岳　王秉科　燕世文　雒继忠　李　涛　李开连
3	第三采油技术服务处	梁永乐	朱文伯	郭必虎　贺军生　强少军　程玉虎
4	第一钻井工程处	马建军	赵宏英	李功玉　陈水镜　韩　庆　蒋耀新　夏福生　郭　杰

续表

序号	单　　位	处长(经理、主任、所长、院长、校长、社长)	党委(总支)书记	副处长(副经理、副主任、副院长、副校长、副社长、副书记、纪委书记、工会主席、总工程师、总会计师)
5	第二钻井工程处	杨再生	苏碎勋	李振国　高荣瑛　张晓成 吴述普　张凤奎　李百顺 韩相义　惠培锋　岳砚华
6	第三钻井工程处	蒲建中	蒲建中	刘顶运　郑炽藩　李旭春 潘应元　程志雄　何巨川 李　泉　姚建国　吕松林 郭建友
7	地球物理勘探处	曹师伊	曹师伊	陈军强　董兰生　刘光前 袁争鸣　王亚宁　李金明 陈建新　钱文安　施洪建 窦易升
8	井下技术作业处	王鸿彬	刘勇谋	刘　伟　赵　勇　李静群 田广平　付贵荣　孙智国 李　锋
9	油田建设工程处	秦惠中	秦惠中	朱德胜　何　毅　杨正新 王　锐　刘济民　孙志文 韩建成
10	测井工程处	杨玉征	杨玉征	胡启月　田建会　井林西 景　卫　侯哲国　姚绪纲
11	工程技术研究所	袁孟嘉	袁孟嘉	金学智　沈双平　王益海 李逢先　朱　山
12	勘察设计研究院	何宗平	朱文甫	张正海　李智渊　李时宣 张　帆
13	长庆石油天然气工程建设监理公司	潘瑞祥	潘瑞祥	
14	机械制造总厂	刘自强	纪忠明	徐步京　杨　锋　李红才 冯林生　陈建毅　王　翔 吉振宇　华耀博

续表

序号	单　　位	处长(经理、主任、所长、院长、校长、社长)	党委(总支)书记	副处长(副经理、副主任、副院长、副校长、副社长、副书记、纪委书记、工会主席、总工程师、总会计师)
15	运输处	孙永鹏	史树德	武西安　马忠林　熊浩平 王永华　张　峰　杨志平 李建民　翟习佳
16	水电厂	周俊基	慕甲锋	于　军　周地南　王进海 童建平　杨志铎　侯远志
17	筑路工程总公司	凌心强	凌心强	董有林　文杰堂　任留生 崔旭良　王建国　郭怀林 范万动　边文宇
18	器材供应处	张富中	孔明杜	王平生　周建民　刘世祥 吴德衍
19	油气技术综合服务处	杨　清	杨　清	朱彦博　田毓峰　张占玺 姬定成
20	通信公司	郝永宏	郭海岗	郭文仲　杨定普　黄晓东 陈国庆　刘振华　王有榜
21	职工医院	杨耀民	马积玉	李　琪　杨共和　张百宁 田　云
22	职工疗养院	宋钊元	宋钊元	刘全利　郝自力
23	公用事业处	张自刚	牛仁会	白文运　付运生　张翠蛾 陈有仁　刘志文
24	交通服务处	王庆祥	庞金明	金玉明
25	长庆宾馆	刘　琦	刘　琦	毕丽君　李晓明
26	审计处	张金山	张金山	阎凤俊
27	华力会计师事务所	车菊花	车菊花	
28	长庆炼油化工综合服务处	夏孟虎	夏孟虎	

续表

序号	单　　位	处长(经理、主任、所长、院长、校长、社长)	党委(总支)书记	副处长(副经理、副主任、副院长、副校长、副社长、副书记、纪委书记、工会主席、总工程师、总会计师)
29	西安油气销售综合服务处	吴全福	吴全福	
30	石油学校	史仲乾	张文锦	荆长勇　王殿民　徐进学　郭弘涛
31	长庆石油技校	余连城	余连城	郭月琴　王铁项　衣国安　王　乐　尤学文　鱼永纲
32	庆阳子弟总校	范光洲(兼)	康俊杰	王智兴　高　议
33	银川高级中学	雷永锋	王占龙	陈金龙　沈凤金　于成义
34	长庆石油报社	王纪中	王纪中	雍亚民　金其超
35	技术检测中心	李海石	李海石	贾春虎
36	房地产开发公司	张元忠(兼)	周仁荣	王黎明　张树国　徐　斌
37	长庆实业集团有限公司	邓火孝(兼)	郭结宗	袁培森　张升耀　黄依理　吕立国　夏化民　王维东　成邦运　苏计成
38	银川物业管理处(银川办事处)	叶含中	叶含中	杨登治　周宏跃　顾金国　李杰然　巴怀富　文宏平
39	北京联络处	王欣夫	王欣夫	邵明新
40	上海办事处	朱祖权	朱祖权	
41	兰州办事处	丁和远	丁和远	
42	乳山职工培训中心	魏胜利	魏胜利	王育中　王春龙
43	成都办事处	林隆华	林隆华	孙素辉

长庆石油勘探局正高级职称人员

序号	单　　位	姓　名	技术职称	备　　注
1	长庆石油勘探局	孙玉辰	教授级高级政工师	
2	长庆石油勘探局	张继昌	教授级高级政工师	
3	长庆石油勘探局	王树荣	教授级高级政工师	
4	长庆石油勘探局	赵业荣	钻井教授级高工	
5	长庆石油勘探局	张芝兰	教授级高级会计师	
6	长庆石油勘探局	邓火孝	土建教授级高工	
7	长庆石油勘探局	贾明欧	钻井教授级高工	
8	长庆石油勘探局	杨洪志	试油教授级高工	1997 年特贴
9	科技发展处	侯哲国	测井教授级高工	2000 年特贴
10	地球物理勘探处	蒋加钰	物探教授级高工	1998 年特贴
11	工程技术研究院	杨呈德	钻井教授级高工	1993 年特贴
12	职工医院	李明科	外科主任医师	
13	房地产开发公司	李庆宁	教授级高级经济师	
14	第三钻井工程处	郑炽藩	教授级高级经济师	

长庆石油勘探局副高级职称人员

序号	单　　位	姓　名	技　术　职　称
1	长庆石油勘探局	陈国法	高级工程师
2	长庆石油勘探局	滕玉林	高级经济师
3	长庆石油勘探局	张启英	高级工程师

续表

序号	单　　位	姓　名	技　术　职　称
4	长庆石油勘探局	张元忠	高级经济师
5	长庆石油勘探局	杨庆理	高级工程师
6	局办公室(党委办公室)	王跃龙	高级政工师
7	局办公室(党委办公室)	张宏鹏	高级政工师
8	人事劳资处(组织部)	徐维坚	高级工程师
9	人事劳资处(组织部)	焦留群	高级经济师
10	人事劳资处(组织部)	冀小祁	高级工程师
11	纪检监察处	安武林	高级政工师
12	纪检监察处	李润生	高级政工师
13	党委宣传部(企业文化处)	郭志刚	高级政工师
14	党委宣传部(企业文化处)	戴　娜	高级政工师
15	党委宣传部(企业文化处)	杨智耀	高级政工师
16	党委宣传部(企业文化处)	黄儒新	高级政工师
17	局电视台	张平心	高级政工师
18	局工会	周红霞	高级政工师
19	局工会	徐家林	高级政工师
20	局工会	李鸿明	高级政工师
21	工程技术处	刘硕琼	高级工程师
22	工程技术处	孙玉玺	高级工程师
23	工程技术处	沈双平	高级工程师
24	市场开发处	于怀兴	高级经济师
25	市场开发处	张玉坤	高级工程师
26	市场开发处	雒建胜	高级工程师

续表

序号	单　　位	姓　名	技　术　职　称
27	市场开发处	谢文虎	高级工程师
28	市场开发处	黄应红	高级工程师
29	市场开发处	勾　建	高级工程师
30	市场开发处	邓忠义	高级工程师
31	市场开发处	陈付星	高级工程师
32	资金结算中心	阮平生	高级工程师
33	财务资产处	陈慧敏	高级会计师
34	财务资产处	张忠华	高级会计师
35	规划计划处(关联交易处)	何炳忠	高级工程师
36	规划计划处(关联交易处)	尚　进	高级工程师
37	规划计划处(关联交易处)	廖长明	高级经济师
38	规划计划处(关联交易处)	肖剑华	高级经济师
39	科技发展处	丁世宣	高级工程师
40	科技发展处	方　勇	高级工程师
41	质量安全环保处	戴能尚	高级工程师
42	质量安全环保处	郭占春	高级工程师
43	质量安全环保处	冯忠全	高级工程师
44	机关事务管理处	王凤嘉	高级政工师
45	教育培训处	王振昌	高级工程师
46	教育培训处	王新民	中学高级教师
47	教育培训处	田景利	中学高级教师
48	教育培训处	马录堂	中学高级教师
49	教育培训处	王凤礼	高级工程师

续表

序号	单　　位	姓　名	技　术　职　称
50	教育培训处	郭东宏	高级工程师
51	卫生处	贺红旗	副主任医师
52	卫生处	赵风库	副主任医师
53	离退休职工管理处	朱世骏	高级政工师
54	离退休职工管理处	秦有明	高级政工师
55	离退休职工管理处	郭爱琴	高级政工师
56	职业技能鉴定中心	钱定新	高级经济师
57	发展研究部(咨询中心)	徐安国	高级经济师
58	发展研究部(咨询中心)	荆永福	高级工程师
59	发展研究部(咨询中心)	刘永泉	高级工程师
60	发展研究部(咨询中心)	郭洁宗	高级工程师
61	西安基地卫生所	张建萍	副主任医师
62	西安基地子弟学校	刘少阳	中学高级教师
63	西安基地子弟学校	王存才	中学高级教师
64	西安基地子弟学校	李顺启	中学高级教师
65	西安基地子弟学校	葛志莲	中学高级教师
66	西安基地子弟学校	赵珍兰	中学高级教师
67	西安基地子弟学校	高春毅	中学高级教师
68	第一钻井工程处	马建军	高级工程师
69	第一钻井工程处	赵宏英	高级政工师
70	第一钻井工程处	韩　庆	高级工程师
71	第一钻井工程处	陈水镜	高级经济师
72	第一钻井工程处	蒋跃新	高级工程师

续表

序号	单　　位	姓　名	技　术　职　称
73	第一钻井工程处	史向东	高级工程师
74	第二钻井工程处	杨再生	高级工程师
75	第二钻井工程处	苏碎勋	高级政工师
76	第二钻井工程处	李振国	高级工程师
77	第二钻井工程处	张晓成	高级工程师
78	第二钻井工程处	岳砚华	高级工程师
79	第二钻井工程处	高荣瑛	高级经济师
80	第二钻井工程处	韩相义	高级工程师
81	第二钻井工程处	刘胜娃	高级工程师
82	第二钻井工程处	彭国荣	高级工程师
83	第二钻井工程处	梅海桥	高级工程师
84	第二钻井工程处	董拴有	高级工程师
85	第二钻井工程处	王居明	高级工程师
86	第二钻井工程处	肖纪石	高级工程师
87	第二钻井工程处	高政宏	高级工程师
88	第二钻井工程处	李百顺	高级经济师
89	第二钻井工程处	王宏伟	高级工程师
90	第二钻井工程处	王均良	高级工程师
91	第二钻井工程处	慕建军	高级工程师
92	第二钻井工程处	李章元	高级工程师
93	第二钻井工程处	智兴昌	中学高级教师
94	第二钻井工程处	曹玉山	中学高级教师
95	第二钻井工程处	张应华	中学高级教师

续表

序号	单　　位	姓　名	技　术　职　称
96	第二钻井工程处	蒙学成	中学高级教师
97	第二钻井工程处	周　兰	中学高级教师
98	第二钻井工程处	薛克泰	中学高级教师
99	第二钻井工程处	何光荣	中学高级教师
100	第二钻井工程处	慕勤国	中学高级教师
101	第二钻井工程处	刘玉兰	中学高级教师
102	第二钻井工程处	席建堂	副主任医师
103	第二钻井工程处	化柱州	副主任医师
104	第三钻井工程处	蒲建中	高级工程师
105	第三钻井工程处	刘顶运	高级工程师
106	第三钻井工程处	李旭春	高级工程师
107	第三钻井工程处	潘应元	高级经济师
108	第三钻井工程处	姚建国	高级工程师
109	第三钻井工程处	秦建忠	高级工程师
110	第三钻井工程处	吕松林	高级工程师
111	第三钻井工程处	龙利平	高级工程师
112	第三钻井工程处	罗　强	高级工程师
113	第三钻井工程处	吕平福	高级工程师
114	第三钻井工程处	朱　虎	高级工程师
115	第三钻井工程处	刘文华	高级工程师
116	第三钻井工程处	田少江	高级工程师
117	第三钻井工程处	周　浩	高级工程师
118	第三钻井工程处	曹文信	副主任医师

续表

序号	单　　位	姓　名	技　术　职　称
119	第三钻井工程处	王占宁	副主任医师
120	油田建设工程处	秦惠中	高级经济师
121	油田建设工程处	刘　伟	高级政工师
122	油田建设工程处	刘济民	高级政工师
123	油田建设工程处	韩建成	高级工程师
124	油田建设工程处	许小成	高级工程师
125	油田建设工程处	岳志宏	高级工程师
126	筑路工程总公司	任留生	高级政工师
127	筑路工程总公司	凌心强	高级工程师
128	筑路工程总公司	王建国	高级工程师
129	筑路工程总公司	范万动	高级会计师
130	筑路工程总公司	朱传敬	高级工程师
131	筑路工程总公司	崔旭良	高级工程师
132	筑路工程总公司	张景斌	高级工程师
133	第一采油技术服务处	郭树森	高级政工师
134	第一采油技术服务处	吴志华	高级工程师
135	第一采油技术服务处	刘永谦	中学高级教师
136	第一采油技术服务处	刘铁锁	中学高级教师
137	第一采油技术服务处	段万祥	中学高级教师
138	第一采油技术服务处	张天锋	中学高级教师
139	第一采油技术服务处	王芳玲	中学高级教师
140	第一采油技术服务处	吉双虎	中学高级教师
141	第一采油技术服务处	张树德	副主任医师

续表

序号	单　　位	姓　名	技　术　职　称
142	第一采油技术服务处	张清俊	副主任医师
143	第一采油技术服务处	吴福兴	副主任医师
144	第二采油技术服务处	马效忠	高级工程师
145	第二采油技术服务处	李开连	高级工程师
146	第二采油技术服务处	李永辉	中学高级教师
147	第三采油技术服务处	朱文伯	高级工程师
148	第三采油技术服务处	郭必虎	高级政工师
149	第三采油技术服务处	唐建平	副主任医师
150	地球物理勘探处	曹师伊	高级政工师
151	地球物理勘探处	陈军强	高级工程师
152	地球物理勘探处	窦易升	高级工程师
153	地球物理勘探处	钱汉林	高级工程师
154	地球物理勘探处	陈伊苗	高级工程师
155	地球物理勘探处	王建功	高级工程师
156	地球物理勘探处	张代琳	高级工程师
157	地球物理勘探处	李宝泉	高级工程师
158	地球物理勘探处	刘圣辉	高级工程师
159	地球物理勘探处	任文军	高级工程师
160	地球物理勘探处	孙景旺	高级工程师
161	地球物理勘探处	杨大昌	高级工程师
162	地球物理勘探处	赵　旭	副主任医师
163	地球物理勘探处	郭培智	高级工程师
164	地球物理勘探处	姚花兰	高级工程师

续表

序号	单　　位	姓　名	技　术　职　称
165	地球物理勘探处	付守献	高级工程师
166	地球物理勘探处	孙玉华	高级工程师
167	地球物理勘探处	李来运	高级工程师
168	地球物理勘探处	钱俊生	高级工程师
169	地球物理勘探处	李凤歧	高级工程师
170	地球物理勘探处	丁光兴	高级工程师
171	地球物理勘探处	何晓菊	高级工程师
172	地球物理勘探处	曾令邦	高级工程师
173	地球物理勘探处	郭亚斌	高级工程师
174	地球物理勘探处	董光明	高级工程师
175	地球物理勘探处	周夏丽	高级工程师
176	地球物理勘探处	衡维民	高级工程师
177	地球物理勘探处	杨　智	高级工程师
178	地球物理勘探处	刘秀达	高级工程师
179	地球物理勘探处	冯泽民	高级工程师
180	井下技术作业处	王鸿彬	高级经济师
181	井下技术作业处	刘勇谋	高级工程师
182	井下技术作业处	赵　勇	高级工程师
183	井下技术作业处	李静群	高级工程师
184	井下技术作业处	孙智国	高级工程师
185	井下技术作业处	漆雕良	高级工程师
186	井下技术作业处	王庚锁	高级工程师
187	井下技术作业处	李武平	高级工程师

续表

序号	单　　位	姓　名	技　术　职　称
188	井下技术作业处	魏　斌	高级工程师
189	井下技术作业处	杨平春	高级工程师
190	井下技术作业处	王宏宇	高级经济师
191	测井工程处	杨玉征	高级工程师
192	测井工程处	胡启月	高级工程师
193	测井工程处	王成来	高级工程师
194	测井工程处	景　卫	高级工程师
195	测井工程处	姚绪刚	高级工程师
196	测井工程处	杨永发	高级工程师
197	测井工程处	喻敬极	高级工程师
198	测井工程处	王宏备	高级工程师
199	测井工程处	牟金东	高级工程师
200	测井工程处	沈麟书	高级工程师
201	测井工程处	陈开元	高级工程师
202	测井工程处	马瑞林	高级工程师
203	测井工程处	范永维	高级工程师
204	测井工程处	牛忠学	高级工程师
205	测井工程处	黄大庆	高级经济师
206	测井工程处	贺小陆	高级工程师
207	测井工程处	刘复屏	高级工程师
208	测井工程处	高山荣	高级工程师
209	测井工程处	赵建武	高级工程师
210	测井工程处	田　方	高级工程师

续表

序号	单　　位	姓　名	技　术　职　称
211	测井工程处	郝俊林	高级工程师
212	工程技术研究所	袁孟嘉	高级工程师
213	工程技术研究所	荆长勇	高级政工师
214	工程技术研究所	王长宁	高级工程师
215	工程技术研究所	刘贵喜	高级工程师
216	工程技术研究所	雷　桐	高级工程师
217	工程技术研究所	宋振云	高级工程师
218	工程技术研究所	谭　平	高级工程师
219	工程技术研究所	陈在君	高级工程师
220	工程技术研究所	张西明	高级工程师
221	工程技术研究所	张毓民	高级工程师
222	工程技术研究所	田福德	高级工程师
223	工程技术研究所	尹才元	高级工程师
224	工程技术研究所	李家森	高级工程师
225	工程技术研究所	李志航	高级工程师
226	工程技术研究所	赵喜民	高级工程师
227	工程技术研究所	李逢先	高级工程师
228	工程技术研究所	张汉林	高级工程师
229	监督公司	王益海	高级工程师
230	监督公司	朱　山	高级工程师
231	勘察设计研究院	何宗平	高级工程师
232	勘察设计研究院	朱文甫	高级工程师
233	勘察设计研究院	张正海	高级政工师

续表

序号	单　　位	姓　名	技　术　职　称
234	勘察设计研究院	李智渊	高级会计师
235	勘察设计研究院	李时宣	高级工程师
236	勘察设计研究院	张　帆	高级工程师
237	勘察设计研究院	杨世海	高级工程师
238	勘察设计研究院	曹家泉	高级工程师
239	勘察设计研究院	黄琨	高级工程师
240	勘察设计研究院	冯凯生	高级工程师
241	勘察设计研究院	郭少林	高级工程师
242	勘察设计研究院	常益民	高级工程师
243	勘察设计研究院	何茂林	高级工程师
244	勘察设计研究院	任兴文	高级工程师
245	勘察设计研究院	葛　辉	高级工程师
246	勘察设计研究院	陈金根	高级工程师
247	勘察设计研究院	曹海忠	高级工程师
248	勘察设计研究院	隋月凤	高级工程师
249	勘察设计研究院	王晓东	高级工程师
250	勘察设计研究院	刘文喜	高级工程师
251	勘察设计研究院	姚光蓉	高级工程师
252	勘察设计研究院	李　娟	高级工程师
253	勘察设计研究院	赵志刚	高级工程师
254	勘察设计研究院	孙志鹏	高级工程师
255	勘察设计研究院	贾德义	高级工程师
256	勘察设计研究院	陆子谦	高级工程师

续表

序号	单　　位	姓　名	技　术　职　称
257	勘察设计研究院	张兴元	高级工程师
258	机械制造总厂	刘自强	高级工程师
259	机械制造总厂	李红才	高级工程师
260	机械制造总厂	吉振宇	高级工程师
261	机械制造总厂	秦德福	高级工程师
262	机械制造总厂	谭家荣	高级工程师
263	机械制造总厂	唐忠钰	中学高级教师
264	机械制造总厂	曹接民	高级工程师
265	机械制造总厂	孟平德	高级工程师
266	机械制造总厂	丁发亮	高级工程师
267	机械制造总厂	王安平	高级工程师
268	机械制造总厂	刘舒义	高级工程师
269	机械制造总厂	惠登科	中学高级教师
270	机械制造总厂	程旭昌	中学高级教师
271	机械制造总厂	栗新洮	中学高级教师
272	机械制造总厂	姚志长	中学高级教师
273	器材供应处	张富中	高级经济师
274	器材供应处	孔明杜	高级政工师
275	器材供应处	刘世祥	高级政工师
276	器材供应处	徐定国	高级经济师
277	器材供应处	吴涛生	高级经济师
278	器材供应处	杨晓琴	中学高级教师
279	器材供应处	职玉清	中学高级教师

续表

序号	单　　位	姓　名	技　术　职　称
280	水电厂	周俊基	高级政工师
281	水电厂	慕甲锋	高级会计师
282	水电厂	侯元志	高级工程师
283	水电厂	马镇文	高级工程师
284	水电厂	刘志恩	高级工程师
285	通信公司	郝永宏	高级经济师
286	通信公司	郭海岗	高级政工师
287	通信公司	郭文仲	高级工程师
288	通信公司	刘振华	高级工程师
289	通信公司	王建忠	高级工程师
290	通信公司	王有榜	高级工程师
291	通信公司	张吉应	高级工程师
292	通信公司	程维平	高级工程师
293	职工医院	杨耀民	副主任医师
294	职工医院	马积玉	高级政工师
295	职工医院	李　琪	副主任医师
296	职工医院	杨共和	高级政工师
297	职工医院	张百宁	副主任医师
298	职工医院	李秀英	副主任医师
299	职工医院	牛靖峰	副主任医师
300	职工医院	王　平	副主任医师
301	职工医院	白晓霞	副主任医师
302	职工医院	吴世俊	副主任医师

续表

序号	单　　位	姓　名	技　术　职　称
303	职工医院	王树德	副主任医师
304	职工医院	蔡　辛	副主任医师
305	职工医院	李西安	副主任医师
306	职工医院	胡　清	副主任医师
307	职工医院	童玉梅	副主任医师
308	职工医院	李建凯	副主任药师
309	职工医院	王长青	副主任医师
310	职工疗养院	刘全利	高级政工师
311	职工疗养院	郝自力	副主任医师
312	职工疗养院	刘致远	高级政工师
313	职工疗养院	徐宏万	高级经济师
314	房地产开发公司	周仁荣	高级经济师
315	房地产开发公司	吕本祥	高级工程师
316	房地产开发公司	高思毅	高级工程师
317	房地产开发公司	张德新	高级经济师
318	房地产开发公司	顾金国	高级工程师
319	公用事业处	牛仁会	高级政工师
320	公用事业处	白文运	高级政工师
321	公用事业处	林隆华	高级工程师
322	公用事业处	张晓林	高级工程师
323	长庆石油技校	余连城	高级工程师
324	长庆石油技校	郭月琴	高级政工师
325	长庆石油技校	衣国安	高级讲师

续表

序号	单　位	姓　名	技术职称
326	长庆石油技校	王铁项	高级讲师
327	长庆石油技校	王　乐	高级政工师
328	长庆石油技校	孙俊郎	高级讲师
329	长庆石油技校	陈明支	高级讲师
330	长庆石油技校	廖军伟	高级讲师
331	石油学校	史仲乾	高级讲师
332	石油学校	张文锦	高级政工师
333	石油学校	王殿民	副教授
334	石油学校	徐进学	高级讲师
335	石油学校	王三乐	高级讲师
336	石油学校	杜宏昌	高级讲师
337	石油学校	路利民	高级讲师
338	石油学校	刘在翔	高级讲师
339	石油学校	张　波	高级讲师
340	石油学校	高登林	高级讲师
341	石油学校	唐　磊	高级讲师
342	石油学校	张积峰	高级讲师
343	庆阳子弟总校	范光洲	中学高级教师
344	庆阳子弟总校	席进忠	中学高级教师
345	庆阳子弟总校	侯陆良	中学高级教师
346	庆阳子弟总校	刘弘敬	中学高级教师
347	庆阳子弟总校	刘风中	中学高级教师
348	庆阳子弟总校	赵柯然	中学高级教师

续表

序号	单　　　　位	姓　名	技　术　职　称
349	庆阳子弟总校	包新安	中学高级教师
350	庆阳子弟总校	张盱明	中学高级教师
351	庆阳子弟总校	赵炜辉	中学高级教师
352	庆阳子弟总校	段转林	中学高级教师
353	庆阳子弟总校	李崇祥	中学高级教师
354	庆阳子弟总校	刘晓凝	中学高级教师
355	庆阳子弟总校	夏继军	中学高级教师
356	庆阳子弟总校	任绥海	中学高级教师
357	庆阳子弟总校	相云峰	中学高级教师
358	银川高级中学	陈金龙	中学高级教师
359	银川高级中学	沈凤金	中学高级教师
360	银川高级中学	于成义	中学高级教师
361	银川高级中学	王　勇	中学高级教师
362	银川高级中学	曹朗朗	中学高级教师
363	银川高级中学	沈　毅	中学高级教师
364	银川高级中学	任克建	中学高级教师
365	银川高级中学	马占林	中学高级教师
366	银川高级中学	同高社	中学高级教师
367	银川高级中学	马庭龙	中学高级教师
368	银川高级中学	乔新宁	中学高级教师
369	银川高级中学	李　敏	中学高级教师
370	银川高级中学	郭学文	中学高级教师
371	银川高级中学	张玉生	中学高级教师

续表

序号	单　　位	姓　名	技　术　职　称
372	银川高级中学	顾同刚	中学高级教师
373	银川高级中学	刘建明	中学高级教师
374	银川高级中学	刘建全	中学高级教师
375	银川高级中学	蔺晓林	中学高级教师
376	银川高级中学	顾险峰	中学高级教师
377	银川高级中学	杨培军	中学高级教师
378	银川高级中学	霍德亮	中学高级教师
379	长庆实业集团有限公司	黄依理	高级工程师
380	长庆实业集团有限公司	张升耀	高级政工师
381	长庆实业集团有限公司	张志荣	高级工程师
382	技术监测中心	李海石	高级工程师
383	技术监测中心	潘文启	高级讲师
384	技术监测中心	徐怀玉	高级工程师
385	技术监测中心	王生才	高级工程师
386	长庆石油勘探天然气工程建设监理公司	王　浩	高级工程师
387	长庆石油勘探天然气工程建设监理公司	孟兴业	高级工程师
388	多种经营处(资本运营部)	袁培森	高级会计师
389	多种经营处(资本运营部)	刘维忠	高级经济师
390	多种经营处(资本运营部)	张生春	高级经济师
391	国际市场开发部	金学智	高级工程师
392	国际市场开发部	郭建友	高级工程师
393	国际市场开发部	阎世和	高级工程师
394	国际市场开发部	张振武	高级工程师

续表

序号	单　　位	姓　名	技　术　职　称
395	运输处	史树德	高级政工师
396	运输处	李　涛	高级政工师
397	运输处	王永华	高级工程师
398	运输处	翟习佳	高级工程师
399	银川物业管理处(银川办事处)	叶含中	高级工程师
400	银川物业管理处(银川办事处)	李杰然	高级政工师
401	交通服务处	武西安	高级工程师
402	审计处	张金山	高级审计师
403	审计处	陶世攀	高级审计师
404	华力会计师事务所	车菊花	高级审计师
405	北京联络处	王欣夫	高级经济师
406	北京联络处	张　平	高级政工师
407	上海办事处	朱祖权	高级工程师
408	油气销售综合服务处	孙素辉	高级经济师
409	长庆石油报社	金其超	主任编辑
410	乳山职工培训中心	魏胜利	高级讲师

模范(先进)集体

【集团公司先进基层党组织】　原钻井二处20140钻井队党支部、地球物理勘探处研究所党总支、井下技术作业服务处修井22队党支部、第二采油技术服务处修井22队党支部。

【集团公司首批百项青年创新创效示范项目】　地球物理勘探处《2132地震队》、油建工程处《涩宁兰管道工程项目部》。

【全国职业道德建设先进单位】　职工医院。

【全国绿化先进集体】　长庆油田。

【全国“三五”保密普法工作先进单位】　长庆局。

【长庆局模范集体】　钻井工程总公司：20108

钻井队、运输大队运一队(原钻井一处)、18103 钻井队、32752 钻井队、钻前安装大队供水队(原钻井二处)、32702 钻井队、70118 钻井队(原钻井三处)。

第一采油技术服务处:检泵公司、特车大队汽车二中队。

第二采油技术服务处:修井 25 队、油田工程公司安装一队、卫生所、董家滩子校。

第三采油技术服务处:运输大队试压工程队、井下作业十二队、实业公司安装队。

井下技术作业处:压裂大队压裂一队、试气 177 队。

地球物理勘探处:研究所、2132 地震队。

测井工程处:测井二中队、宁夏测井站。

油田建设工程处:油建二分公司、涩宁兰项目部。

筑路工程总公司:第二工程公司靖边项目部。

运输处:运输七队、驾驶培训学校。

器材供应处:青铜峡库。

油气技术综合服务处:实业公司安装一队。

机械制造总厂:钻采配件分厂(原机械厂)、制造分厂(原二机厂)。

水电厂:靖边燃气发电厂。

公用事业处:靖边基地管理分处。

长庆实业集团有限公司:勘探开发公司。

工程技术研究院:钻井研究所。

勘察设计研究院:石油设计所。

职工医院:外三科。

职工疗养院:接待科。

长庆石油学校:计算机教研室。

技工学校:培训工作部。

通信公司:监控维护中心。

庆阳子弟总校:第一小学。

银川高级中学:高三年级组。

银川物业管理处:房产管理所。

长庆宾馆:餐饮部。

长庆石油报社:编辑部。

房地产开发公司:工程技术部。

交通服务处:修理厂。

局机关:人事劳资处(组织部)、财务资产处。

【长庆局廉政勤政先进集体】 第二钻井工程处、第三钻井工程处、第二采油技术服务处、第三采油技术服务处、测井工程处、机械厂、油气技术综合服务处、通信公司、长庆实业集团公司、庆阳子弟总校。

模范(先进)个人

【全国劳动模范】 第三钻井处:蒲建中。

油田建设工程处:刘瑛。

【全国先进工作者】 钻采工艺研究院:杨呈德。

【全国先进女职工】 油田建设工程处:刘瑛。

地球物理勘探处:李公玫。

职工医院:白晓霞。

【全国青年岗位能手】 井下技术作业处:周丰。

【集团公司优秀党务工作者】 原钻井二处 20116 钻井队:刘积敏。

原钻井三处运输大队:晁茂义。

第一采油技术服务处检泵公司:高金刚。

第三采油技术服务处水电厂:杨福珍。

【集团公司优秀共产党员】 油建工程处三大队:刘瑛。

原第二机械厂产品开发研究所:张春新。

测井工程处:杨永发。

原钻井一处 20141 钻井队:樊杰文。

筑路工程总公司第二工程公司:陈建国。

器材供应处宁夏供应站:任学。

长庆石油学校工程管理科:任宏辉。

【陕西省青年岗位能手】 通信公司:黄晓东。

第一采油技术服务处:李仲华。

【陕西省优秀青年企业家】 机械制造总厂:刘自强。

设计院:王立昕。

【甘肃省优秀共青团干部】 测井工程处:宋德静。

井下技术作业处:马旭。

【长庆局劳动模范】 钻井工程总公司:杨再生、李延新、袁卓、雷米峰。

第一采油技术服务处:李仲华。

第二采油技术服务处:宣大鹏。

第三采油技术服务处:仝开春。

地球物理勘探处:钱汉林。

井下处压裂大队:赵述军。

测井工程处:杨玉征、张龙。

油田建设工程处:刘建华。

运输处:马兴智。

器材供应处:张富中。

机械制造总厂:彭志祯、方建国。

水电厂:李馥。

工程技术研究院:雷桐。

勘察设计研究院:黄琨。

庆阳子弟总校:李崇祥。

【长庆局先进生产(工作)者名单】 钻井工程总公司:魏延生、刘新宇、郁贵田、李福查、李雪岗、刘斓、张虎运、王卫军、马海军、范玉岳、毛平和、王少卿、王雄、王立、李伯涛、陈仲银、王志中。

第一采油技术服务处:高金刚、王银广、刘兵、景小红(女)、王世杰。

第二采油技术服务处:赵宁峰、代鹏、陶俊、扈彩梅(女)、李全成、张正太。

第三采油技术服务处:马岩峰、武河、冯玉召、李前萌。

井下技术作业处:王宁忠、田彦春、王方元、晏军。

地球物理勘探处:张忠良、陈振明、刘秀达、翟作威、何晓菊(女)。

测井工程处:付俊才、贺小路。

油田建设工程处:符永春、孟凡荣、王华、谢正华

筑路工程总公司:陈建国、王晓辉。

运输处:薛树元、郭兴仁、符永宏、张余余。

器材供应处:熊进功、李为民。

机械制造总厂:王强垣、舒爱平、冯艳(女)

水电厂:窦廷军、张仕聪

油气技术综合服务处:赵志平。

公用事业处:杨治力、彭华。

长庆实业集团有限公司:王科、庞晓荣。

职工医院:胡发明、尹存儒。

职工疗养院:何仁杰。

长庆石油学校:赵亚新。

技工学校:李高攀。

银川高级中学:吕治林。

通信公司:刘玉芬(女)。

银川物业管理处:王光明。

长庆宾馆:王丽华(女)。

长庆石油报社:栾瑛(女)。

房地产开发公司:李敏光。

交通服务处:孟宪礼。

技术监测中心:朱志平。

兰州办事处:薛有信。

北京联络处:吕斌。

乳山职工培训中心:魏振禄。

审计处:兰文渊。

局机关:车文金、童天喜、李建福、赵清显、黄萍(女)。

【长庆局党风廉政勤政先进个人】 杨再生、蒲建中、马效忠、张栋杰、朱文伯、梁永乐、杨玉征、刘自强、张富中、杨清、郝永宏、邓火孝、范光洲、曹师伊、秦惠中、周俊基、纪忠明。

【长庆局优秀科技人才奖获得者】

1. 一等奖

地球物理勘探处:蒋加钰。

2. 二等奖

工程技术研究院(工程技术处):雷桐、谭平。

3. 三等奖

地球物理勘探处:孙景旺。

钻井工程总公司:李晓明、郁贵田。

4. 四等奖

第二采油技术服务处:金正谦。

第三采油技术服务处:马勇。

机械制造总厂:孟平德。

工程技术研究院:蔺志鹏。

运输处:符永宏。

【长庆局技术状元】 钳工:舒爱平(机械制造总厂)。

冷作工:李文明(油田建设工程处)。

计算机操作:王伟(长庆石油学校)。

【长庆局技术标兵】 钳工:李建文(机械制造总厂)、王军(机械制造总厂)。

冷作工:崔利平(油田建设工程处)、张小军(油田建设工程处)。

计算机操作:杨春泉(机械制造总厂)、余明丽(长庆石油学校)。

【长庆局技术能手】 钳工:李辉(油田建设工程处)、郭英(机械制造总厂)、周军(机械制造总厂)、霍建军(第一采油技术服务处)。

冷作工:彭正安(油田建设工程处)、刘兴华(油田建设工程处)、许玉强(油田建设工程处)、李奎庆(第三钻井工程处)。

计算机操作:符京生(第二钻井工程处)、郭鹏(器材供应处)、葛振刚(银川物业管理处)、林娜(第三钻井工程处)、李刚(第二采油技术服务处)。

第十篇

长庆石油勘探局属单位概览

地球物理勘探处

【概述】 地球物理勘探处(以下简称物探处)领导班子12人,机关设职能科室12个,下属基层单位25个,一线地震队9个。截至2000年底,职工总量为2369人(含内退440人),岗前工64人,集体工86人,劳务工50人。其中,干部665人,大专以上文化程度的干部424人;工人1704人。截至2000年底,固定资产原值21028.62万元,净值11551.68万元。拥有各类设备805台套。

【生产经营】

(1)全年共完成关联交易市场23个区块8799千米的二维地震生产,获生产记录106089张,一级品80522张,一级品率75.98%。另外,还与大港油田物探处合作完成了231井区三维地震工作151.389平方千米,获生产记录7074张,一级品5993张,占84.7%。

(2)完成常规二维地震资料处理19041千米、网状三维地震资料处理62平方千米;完成G/S-log特殊处理20066千米,Strata特殊处理2543千米,神经网络特殊处理1114千米;全年完成对比解释资料长度24960剖面千米,折合地质层位长度329036层千米,共提供建议井位268口。

(3)测量共完成GPS卫星定位点412个,完成VSP测井11口;靖中采油作业区累计生产原油86948吨,完成原油商品量84260吨,完成注水任务17万立方米,实现收入3100万元。

(4)实现工程技术服务收入34556.79万元,共发生各类支出33167.75万元,实现利润1389.04万元,实现超额利润988万元;多种经营实现营业收入2914万元,实现利润420万元。共上缴长庆局折旧费2011.05万元,管理费286万元,资产占用费18万元,劳保统筹费855.11万元,全面完成长庆局下达的各项考核指标。

【市场开发】 全年在油田关联交易市场承揽到二维地震工作量8800千米,与大港油田物探公司联合中标CNPC股份公司在长庆油田231井区的三维地震勘探项目150平方千米。

在拓展西部勘探市场上,组织申办了全国物探市场的准入证,对西部各油田勘探单位进行了市场考察和走访,初步达成了建立“西部物探市场联盟”的共识。

在开发国际勘探市场上,配合长庆局对厄瓜多尔、叙利亚勘探项目进行了积极的联系和认真的投标准备,同时与物探局、大港等油田勘探单位携手,对巴基斯坦、苏丹、俄罗斯等国际油气勘探市场进行了调研。

在抓住地震主业的同时,积极搜寻信息,捕捉机遇,对外承揽VSP测井和其他综合服务项目。其中承揽局内外VSP测井任务5口,创收100万元;承揽油田公司作业区采油管线安装工程6千米和倒班房建设,创收400万元;承揽银川基地建筑打桩创收60万元;承揽油田公司打水井9口,预计可创产值150万元。另外,装备公司在局内市场和社会市场开展运输服务和机械服务创收150多万元。仪器服务公司、研究所、卫生队等单位向社会提供精密仪器修理、医疗器械维修、软件开发、硬件维护、门诊医疗等创收80多万元。

【科技工作】 通过多年有效的工作和2000年的努力,物探处总结出了以黄土塬直测线地震勘探技术为代表的三大技术系列、十项优势技术。三大技术系列是:黄土山地地震勘探技术系列、三维地震勘探技术系列、沙漠区地震勘探技术系列;十项独具特色的优势技术是:黄土塬区沟中弯线地震资料采集技术，黄土塬区直测线(一线及三线)地震资料采集技术，黄土塬区网状三维勘探技术，复杂地表高精度基础静校正技术，共反射面元优化叠加技术，反射系数序列控制下的保幅处理技术，两个侵蚀面的解释技术，波形特征与地震反演相结合的储层厚度预测技术，储层物性、含油气性预测技术，井位优选技术。

2000 年，物探处还为油田公司提供油勘探建议井位 117 口，符合率 75.6%；提供气勘探建议井位 32 口，符合率达 83.3%；提供气开发建议井位 119 口，符合率达到 92%。其中苏 6 井经钻探证实，在盒 8 发现厚 48 米的石英砂岩，气层厚度 10 米，经试气获无阻流量 120.26 万立方米/日的高产工业气流。

【质量管理】 在生产质量管理工作中，确定了“以 ISO 9002 质量体系认证为中心，以标准规范为基础”的工作方针，紧紧围绕地震勘探主业的生产，稳步推进 ISO 9002 质量管理体系的有效运行，切实加强质量体系中的基础管理，积极开展“质量月”和“质量杯”竞赛活动。2000 年 9 月 18 日取得了 ISO 9002 质量体系认证证书。

【安全管理】 三季度连续发生“8·10”重大工业事故和“9·8”交通事故，在全局造成极坏的影响。为吸取这两次惨痛的事故教训，处安全部门立即着手深入调查，并对事故直接责任人给予严厉的经济处罚和行政处分；处行政一把手和主管领导也进行了深刻地自我批评，并按年初签订的“三全三管”责任书的有关规定自觉接受经济处罚。

【党建及思想政治工作】 在思想政治工作上，结合全国物探市场开放和职工内退、有偿解除劳动合同的形势，以增强市场竞争意识为核心，以通过 ISO 9002 质量认证为契机，深入开展形势任务教育。2000 年物探处被授予“全国职业道德建设先进单位”荣誉称号；物探处工会被授予“全国模范职工之家”荣誉称号；陶新兰同志被中华全国总工会授予“全国先进女职工工作者”荣誉称号；物探处工会被授予“全国石油化工医药系统先进基层工会”荣誉称号；物探处工会被宁夏回族自治区总工会授予“全区模范工会”荣誉称号；研究所被长庆局授予“模范集体”荣誉称号；2132 队被长庆局授予“先进集体”荣誉称号；物探处工会荣获长庆局“四星级模范职工之家”荣誉称号；物探处团委荣获“长庆局五四红旗团委”荣誉称号；曹师伊同志荣获“宁夏回族自治区优秀党务工作者”荣誉称号和“政研工作奖”，并被全国物探政研会授予“思想政治工作研究先进个人”荣誉称号。

(物探处办公室)

第一钻井工程处

【概述】 第一钻井工程处(以下简称钻井一处)是长庆石油勘探局下属的钻井施工服务单位之一，主要从事石油、天然气及其他地下资源开发钻井工程。2000 年拥有 13 个钻井队，施工区横跨陕西、甘肃等省。处机关设有 11 个职能科室，2 个附属单位，拥有职工 2099 人，党员 858 人。资产总额 2.44 亿元，固定资产原值 2.20 亿元，净值 1.40 亿元。主业完成收入 2.96 亿元，上缴税费 0.67 亿元，实现内部利润 491.2 万元；多种经营完成产值 6438 万元，销售收入 6342 万元，实现利税 559 万元。

【工作思路】 2000 年，钻井一处的工作思路是：深化改革转机制；强化管理上水平；依靠科技促发展；狠抓经营增效益。

【生产状况】 全年共开钻 247 口，完井 247 口，钻井进尺 31.7 万米，比 1999 年增长 17.6%，井身质量合格率100%,固井质量合格率100%,取心收获率100%,定向井施工中靶率100%。平均机械钻速19.52米/时,平均钻机月速度3569米/(台·月),平均钻井周期8.46天,平均建井周期12.43天。全年共产原油19.4万吨,实现了原油超产“三连冠”。

【市场开发】 第一钻井工程处把开拓市场作为生存和发展的基础工程,充分发挥自身优势,在立足关联交易市场,巩固和发展油田“根据地”的同时,努力开辟新的发展空间,积极参与竞争,在兰州地热井市场和油田周边市场承揽并完成了7口井的工作量,社会市场份额达801万元。

【改革改制】 在全面推进产业制度和配套制度改革的同时,按照“抓大放小”的原则,采取职工入股、多元投资等形式,积极开展了内部重组改制工作。在人事管理制度改革中实施末位淘汰制,增强了职工的积极性与上进心。在生产组织管理改革中推行了目标激励制,起到了积极的作用。普遍推广了全面预算管理和目标责任管理体系,有效地控制了钻井成本。

【科技创新】 面对市场竞争的严峻形势,第一钻井工程处确定了依靠科技进步求发展的总体思路,在人才培养、技术储备上制定长期规划和近期目标,通过大力推进科技进步使全处职工的思想观念及管理方式、运行机制逐步向技术效益型转变。在高压喷射钻井中,通过优选水力参数,使年均机械钻速提升到了19.52米/时,三大工程质量均达100%,导向钻具复合钻井试验也取得了新突破。丛式井、定向井技术走在了长庆局的前列。

【精神文明建设】 第一钻井工程处的党政工团组织紧紧围绕生产经营这个中心,坚持外抓市场与内抓管理、外树形象与内强素质相结合,不断加强和改进思想政治工作,加强职工队伍建设和企业文化建设,为生产经营活动的顺利进行提供了精神动力,特别是在减员增效、整合重组和深入揭批“法轮功”等特殊形势面前,职工队伍人心思定、团结向上,在保证大局稳定方面发挥了积极的作用。

【工作特色】 一是依靠科学钻井技术在钻井速度上下功夫,解决增效问题。具体在优化水力参数钻井和生产时效上大做文章。二是加强对现有装备技术的改造,体现出设备的整体效益。三是开展形势任务教育和“求生存、图发展、闯市场、增效益”的主题活动,进一步使广大职工解放思想、转变观念、务实创新、肯干会干。四是按“自主经营、自负盈亏”的总原则,运用不同的经营承包方式进一步细化、净化成本,提高运营效益和闯市场的能力。五是按照“精简效能”、“一岗多职、一职多能”的原则,进行组织机构、生产运行方式、管理体制、经营机制和用工分配制度的改革。六是加强对机关的管理,组织机关认真学习和运用好关联交易的政策、原则和方法,树立为油田公司、生产基层单位两个上帝服务的意识。七是加大开拓开发钻井新市场的力度和深度。八是加强队伍建设。重点抓好管理层干部及骨干力量素质的提高。并投入一定的资金完成企业ISO 9001质量认证和HSE管理体系、政策法规岗位规范等工作。九是加快并稳妥的发展多种经营。积极寻找新的经济增长点,实现相对的安置效益。十是加强民主管理、民主监督,强化厂务公开工作的管理,依靠广大职工焕发企业活力。

(李作宁　马　佳)

第二钻井工程处

【概述】 第二钻井工程处是长庆局下属的钻井施工服务单位,主要从事井深 4000 米以内各类石油、天然气及其他地下资源开发钻井工程。共有 ZJ45、ZJ30 等各种类型钻机 29 台,施工区横跨陕、甘、宁等省、自治区。处机关设有 12 个职能科室,7 个附属单位,拥有职工 3539 人,党员 1442 人。资产总额 2.64 亿元,固定资产原值 2.44 亿元,净值 1.28 亿元。2000 年是油田两大业务分开分立后实行关联交易的头一年,第二钻井工程处的广大职工认真贯彻落实勘探局的"两条基本思路"和"四大发展战略",坚持以更新理念求生存,以深化改革促发展,以优质服务闯市场,以精细管理增效益,完成钻井收入 7.70 亿元,上缴税费 1.32 亿元,实现内部利润 4423 万元;多种经营完成产值 9122 万元,销售收入 8083 万元,实现利税 650 万元。

【总体思路】 立足油田一流服务;面向市场"二次创业";一业为主多元发展;扬长避短滚动发展。

【生产状况】 2000 年,共开钻 393 口,完井 393 口,钻井进尺 66.6 万米,比 1999 年增长 12.56%。井身质量合格率 100%,固井质量合格率 100%,取心收获率 99%以上,定向井施工中靶率 100%。共完成原油生产 0.93 万吨。

【市场开发】 第二钻井工程处把开拓市场作为生存和发展的关键,在抓好关联交易,巩固和发展长庆内部市场的同时,努力开辟新的发展空间。通过竞争,逐步打入了西安地热井市场和油田周边市场,社会市场份额达 1741 万。

【改革改制】 第二钻井工程处根据自己的特点和生存发展的客观要求,在全面推进产业制度和配套制度改革的同时,按照"抓大放小"的原则,采取职工入股、多元投资等形式,积极开展了内部重组改制工作,组建了 2 个有限责任公司,在产权制度改革方面迈出了坚实的步伐。在人事管理制度改革中实施末位淘汰制,增强了职工的积极性与上进心。在生产组织管理改革中推行了目标激励制,起到了积极的作用。普遍推广了全面预算管理和目标责任管理体系,有效地降低了钻井成本。

【科技创新】 第二钻井工程处坚持在适用技术完善中不断探索、创新、提高,逐步形成了一批自己独有的"技术绝活"。在优选参数钻井中,通过粘度、转速、泵压"三个适当提高"和排量、钻压"两个降低",有效地提高了钻井速度,并在 PDC 钻头、导向钻具复合钻井和小井眼丛式钻井等方面进行了有益的探索。

【安全管理】 认真落实安全生产的各项要求,加强安全管理和职工培训,落实安全措施,使安全生产形势呈平稳态势。同时,HSE 管理体系基本完成了程序文件,试点工作逐步展开。关键岗位有 213 人取得了 HSE 管理证书,取得 IWCF 证书的有 25 人,从业人员中取得特殊工种上岗操作证书的占到 60%以上。

【质量管理】 始终坚持"质量取信求生,追求更优更好"的质量方针,确保施工质量不断提高。实行钻井队管理等级达标考核制度,以现场管理为龙头,带动了基础管理水平和专业管理水平的整体上升。2000 年有 16 个钻井队通过了中国石油天然气集团公司乙级队资质认证,1 个钻井队取得了中联煤公司煤层气对外合作乙级队资质,工程处已取得原地质矿产部水文地质勘查(水井、地热井)、地质勘查工程(石油井、天然气井)资质证书,并通过了 ISO 9001 质量体系资质认证,取得了国际市场的"准入证"。

【精神文明建设】 面对减员增效、整合重组和深入揭批“法轮功”等特殊形势，不断加强和改进思想政治工作，加强职工队伍建设和企业文化建设，为生产经营活动的顺利进行提供了强大的精神动力，使职工队伍人心思定、团结向上，在保证大局稳定方面发挥了积极的作用。18103、32752钻井队被长庆局评为模范集体；杨再生、袁卓、雷米峰被长庆局授予劳动模范荣誉称号。

【工作特色】　一是牢固树立用户至上、服务第一的思想，确保钻井生产目标任务优质高效完成，巩固和扩大市场占有份额。二是坚持稳定老油田、发展新油区的方针，大力提高原油生产能力，打好采油翻身仗。三是全面实施低成本战略，建立和完善有效的过程控制机制，努力提高经营管理效益。四是搞好结构调整和优化重组，打好深化改革的攻坚战。五是继续大力推进技术进步，争取装备技术更新，努力提高技术开发和创新能力。六是加强基础设施建设，努力改善职工生活条件。七是坚持“两手抓、两手都要硬”的原则，大力加强思想政治工作和精神文明建设，努力塑造新型职工队伍。

（李作宁　马　佳）

第三钻井工程处

【概述】　第三钻井工程处共有70D、50D等各种类型钻机20台，主要从事井深7000米以内各类石油、天然气及其他地下资源开发钻井工程，施工区横跨陕、甘、宁、内蒙古等省、自治区。处机关设有13个职能科室，4个附属单位，有职工3853人，党员1298人。资产总额3.62亿元，固定资产原值3.16亿元，净值1.36亿元。2002年第二钻井工程处认真贯彻落实长庆局“两条基本思路”和“四大发展战略”，坚持以更新理念求生存，以深化改革促发展，以优质服务闯市场，以精细管理增效益，共完成钻井收入6.88亿元，上缴税费0.98亿元，实现内部利润3723万元。多种经营完成产值7627万元，销售收入7930万元，实现利税877万元，全面完成了各项目标任务。

【指导思想】　2000年，钻井三处工作的指导思想是：向改革要效益，向管理要效益，向科技要效益，向市场要效益。

【生产状况】　第三钻井工程处在油气井结构大幅度调整的情况下，共开钻180口，完井180口，钻井进尺44.3万米。各项指标保持了较高的水平，井身质量合格率100%，固井质量合格率100%，取心收获率99%以上，定向井施工中靶率100%。共完成原油生产11.13万吨。

【市场开发】　第三钻井工程处立足于关联交易，在巩固和发展油田市场的同时，充分发挥自身优势，积极开拓外部市场，努力开辟新的发展空间，利用装备优势进入了国际钻井反承包市场，外部市场份额达1604万元。同时在开拓国际市场方面积极做努力，从设备、技术、人员等方面充分准备，极力关注尼日利亚、叙利亚、尼加拉瓜等国际市场情况。

【改革改制】　第三钻井工程处根据企业生存发展的客观要求，认真分析自己的特点，在全面推进产业制度和配套制度改革的同时，按照“抓大放小”的原则，积极开展了内部重组改制工作，采取职工入股、多元投资等形式组建了1个有限责任公司，在产权制度改革方面迈出了坚实的步伐。在人事管理制度改革中，搞好劳动力的优化组合和合理配置，建立内部劳动力市场，积极创造优秀人才脱颖而出的用人环境，建立人才管理培养机制，实施末位淘汰制，增强了职工的积极性与上进心；在生产经营组织管理改革中进一步完善各项经济政策，建立和推行单井工程承包和可控成本节约提成两大经济政策，推行资产经营责任制和承包经营责任制，推行了吨油工资奖金含量包干的经营目标激励制，起到了积极的作用；普遍推广了全面预算管理和目标责任管理体系，有效地控制了钻井成本。

【科技创新】 第三钻井工程处确定了以技术优势巩固和开拓市场的指导思想，坚持在技术上不断探索、创新、提高，建立了完善的钻井工艺技术体系、钻井液技术体系、固井工艺技术体系、地质录井技术体系及技术管理体系。在天然气井施工中普遍采用以高压喷射钻井工艺为主的配套钻井工艺技术，采用中长筒取心工艺、悬浮钻井工艺、密闭取心工艺。在油井施工中普遍采用丛式井、定向井技术。在钻井液技术方面，具有阴离子聚合物、复合离子聚合物、阳离子聚合物钻井液技术，可实现无固相全絮凝控制，有效提高机械钻速，还具有正电胶钻井液、油基钻井液、饱和盐水钻井液、三磺钻井液、次生离子聚合物钻井液等技术和保护气层的屏蔽暂堵技术及提高地层原始承压能力的工艺堵漏技术。在固井工艺技术方面，具备了较先进的石油天然气井固井技术系统和防腐固井技术系列，保证了固井施工质量。还具备了提高深井定向和扭方位作业成功率的有线随钻测量技术和能及时处理井下事故的测卡和爆炸松扣技术。2000 年，分别在陕 242 井、陕 241 井和苏 6 井成功地进行了天然气欠平衡钻井和低固相油溶暂堵完井液的试验，特别是天然气欠平衡钻井配套技术的形成，填补了一项国内空白，在国际上也是为数不多的。还重点抓了 PDC 钻头的试验推广、天然气井固井技术的攻关和管理，长北区块天然气定向技术及水平井技术等新课题的攻关工作，建立技术创新奖励基金，进一步提高技术人员的积极性和主动性。

【安全管理】 第三钻井工程处把井控管理作为“安全生产重点，切实落实安全责任和各类规章制度，狠抓人员按章操作和安全措施的落实，积极推广安全管理经验和好的做法，以建立 HSE 管理体系为纽带，提高作业现场管理水平，建立全员、全过程、全方位的安全管理体系，确保了钻进井平稳运行，安全生产指标达标，无重大工业伤亡事故和交通安全事故。同时，基本完成了 HSE 管理体系程序文件，试点工作逐步展开。

【队伍资质】 45194、6042 两个钻井队通过了集团公司“长城钻井队”资质证，20140、32702 两个钻井队荣获集团公司 1998 年度“金牌钻井队”称号，20140 钻井队通过了中联煤层气有限责任公司“煤层气对外合作甲级钻井队”的资质认证。壳牌公司和中联煤层气有限责任公司多次派人前来考察，就长北区块和煤层气开发提出了合作意向。2002 年，第三钻井工程处已通过了 ISO 9001 质量体系资质认证，取得了国际市场的“准入证”。

【精神文明建设】 在整合重组的形势下，第三钻井工程处党政工团组织紧紧围绕生产经营这个中心，坚持外抓市场与内抓管理相结合、外树形象与内强素质相结合，不断加强和改进思想政治工作，加强职工队伍建设和企业文化建设，使职工队伍人心思定、团结向上，保持了大好的稳定局面，多次获得宁夏回族自治区及银川市的荣誉称号，并涌现出大批先进个人。

【工作特点】 一是积极推进以重组改制为主的整体配套改革，确保了企业持续、高效、稳步发展。二是进一步强化内部管理，提高了企业市场竞争力。三是不断强化技术管理，大力实施科技兴业战略，突出了技术效益。四是积极探索、稳步推进，认真搞好多种经营企业的重组改制，实现了多元化经济全面发展。五是加强精神文明建设，提高了职工队伍的思想政治素质。

（李作宁　马　佳）

测井工程处

【**概述**】 2000年,测井工程处有作业队伍59个(其中3700队5个、动态监测6个、射孔队10个、18个录井队、20个数控队)。完成完井845口、三样805口,工程68口,吸水剖面322口,产液剖面29口,射孔1096口,桥塞56口,取心1口。综合录井116口,折合工作量3132驻井天,完成口数及折合工作量分别比1999年同期增长120.93%和60.62%。小队年最高工作量为:完成完井49口、三样58口、吸水剖面102口、射孔151井次。生产作业队伍上井一次成功率平均达99.07%,正点到井率99.90%。

【**安全生产**】 测井处与各基层单位签订了《安全生产协议书》,制定了《放射性安全管理程序》、《火工品管理程序》,完善了《有害作业管理办法》、《劳动防护用品管理规定》等一系列管理制度,并制定了以“八防一禁止”为中心的六项冬季安全生产措施,以测井处第12号《公务通知》下发到各基层单位。与全处所有174名在岗机动车驾驶员签订了《交通安全合同书》;与离退休持证人员签订了书面保证书。开始实行风险抵押金制度,使安全生产责任制得以有效落实。处领导干部承包要害部位,并定期对安全生产要害部位进行检查。当年共检查96人次,查改问题47项。

【**经营业绩**】 拥有固定资产8170.69万元。实现主营业务收入1.52亿元,内部亏损131万元。

【**技术装备**】 先后引进SKH2000数控测井仪5套、SUNUitra60工作站。5月份ECLIPS5700成像测井系统落户长庆测井工程处,5月27日,在G37-10井一次下井实验成功,实现了成像测井当月引进、当月投产、当月下井一次成功的目标,填补了长庆局在这一领域的空白。投产后,当年完成了13口气井作业任务,创全国5700测井投产最快、应用最好的纪录。应用“核磁共振”、“声、电成像”等先进技术为油气储层评价提供了最新的研究成果。

在新技术研究及应用方面,科研立项16项,投入科研经费122.9万元。其中局级项目2项,处级项目14项。有3项研究课题分别获得测井工程处科技进步一、二等奖,有3项研究课题分别获得处一、二等奖,其中2项分别获得长庆局科技进步二、三等奖。

主要成果有:成功采用超深穿透、油管传送负压射孔技术,在苏5、苏6井一次射开后获得高产工业气流,在南92井射开后获得良好效果。在安塞油田小井眼井成功地应用89弹配73枪射孔新工艺,填补了该项技术在长庆油田的空白。成功研制出了可取式电缆桥塞,并在南92-5井试验成功,为重复式井下作业奠定了工艺基础。

【**质量管理**】 有3个成果荣获长庆局优秀QC小组成果一等奖,2个成果荣获二等奖,4个成果荣获三等奖;2个成果荣获甘肃省优秀QC小组一等奖,2个成果荣获二等奖;1个成果荣获集团公司优秀QC小组二等奖,2个成果荣获三等奖,填补了长庆测井QC成果没有省级一等奖的空白。

在体系管理中,6月份发布实施了HSE管理体系,包括管理手册、30个程序文件、28个作业文件。8月份通过长城(天津)质量保证中心现场审核,建议认证机构保持了ISO 9000认证注册资格。

【**三项制度改革**】 为增加选拔任用干部工作的透明度和完善监督机制,从2000年开始,对拟聘任的同志进行公示,建立了公示记录、公示电话,广泛收集群众意见,公示记录立档保存。对机关科室长的聘任,在全机关干部和基层领导的范围内进行民主测评,测评结果在机关全体干部和基层领导中公布。

在劳动组织管理中,根据生产的需要,组建了靖边、吴旗、安塞三个项目组。根据长庆局减员增效的要求,结合测井处的实际,制定了《测井处职工内部退养、内部待岗、内部停薪留职暂行管理办法》,按照岗位编制了《测井处 2000 年机构改革方案》和《测井处“五定”编制方案》。进行了测井处内部待岗人员的分离,办理了 101 名职工的内部退养和 20 名职工有偿解除劳动关系手续。修订了《测井处野外作业施工队伍岗位职责》,规范了野外队伍的管理。

在工资管理及经营责任制方面,修定了《2000 年测井处经营承包实施方案》,首次将基层领导班子成员效益工资的兑现与职工效益工资的兑现挂钩,劳资统一管理,分开兑现,增强了效益工资兑现的透明度,使效益工资的激励作用得到充分发挥。

【党的建设】 有党总支 7 个,党支部 21 个,党小组 47 个,党员责任区 118 个,党员模范岗 110 个,党员总数 408 人。杨永发被评为集团公司“优秀共产党员”。当年发展新党员 25 名,转正 20 名。

处党委、工程处与 28 个基层党总支、党支部、机关科室长签订了《测井工程处党风廉政建设责任书》。认真贯彻落实党风廉政建设责任制度进一步完善。处领导班子成员和机关科室都有明确的责任区、责任点。并制定了《党风廉政建设责任制实施办法》、《党风廉政建设责任制追究实施细则》和《领导干部警示制度的实施细则》,把党风廉政建设责任制考核与生产经营工作相结合,与精神文明建设相结合,使党风廉政建设责任制在全处得到了较好的落实。在全处党员、干部中深入开展“五项规定”的教育,认真抓好《廉政准则》、收入申报、礼品礼金登记上缴、招待费向职代会报告、个人重大事项报告等制度的落实,促进领导干部廉洁自率。

(测井工程处办公室)

井下技术作业处

【概述】 截至 2000 年底,井下技术作业处用工总数(在职)2791 人;离退休职工 485 人;内部退养 318 人。机关职能科室 13 个,机关附属单位 2 个,处属科级基层单位 11 个,处属小队级基层单位 23 个。2000 年底,资产总值 23067.29 万元,流动资产 14349.41 万元,固定资产 8587.85 万元。除常规试油、试气设备外,还拥有 W－1400、BJ－1000、YL－1050、TYL－700 型压裂酸化机组、XJ450 型修井机、XJ550 型修井机、液氮泵罐车、4200 米连续油管作业车、高分辨率地面直读式试井车、撬装式试井绞车、三相分离器、S60 工作站、电子压力计及电子压力计标校系统等设备。

【生产经营】 2000 年,投入 16 个试油队、59 套试油机组、7 套压裂机组,承担了 23 个甲方的试油、压裂、测试及特殊作业任务,完成试油(气)压裂 2062 层次,完井 837 口。其中试油(气)918 层,压裂 1026 次,酸化 108 次,挤水解堵 10 次。试井测试工作量完成压力恢复试井 35 次。测流压、静压 279 井次,探液面 24 井次,地层测试 2 井次。特别是气井工作量大幅度增长,天然气勘探开发完井 153 口,试气、压裂、酸化 424 层次。生产原油 10202 吨,其中边缘井试采 1213 吨,谭南作业区生产 8989 吨。全年主业实现货币收入 46756.50 万元,集体经济和多种经营完成生产经营总值 7621.51 万元。

在经营管理方面，推行了资金切块、费用包干、超支受罚、节约奖励的经营承包责任制，实行单井成本核算和工序核算，完善了新的差旅费报销、职工借款、对外劳务及设备租赁、内部经济纠纷仲裁等11项管理措施和办法，对部分内部结算价格进行了调整。对长期亏损的汉中、广汉加油站进行了拍卖和转让，清理不良资产185万元。大力开发新项目、新产品，积极培育新的经济增长点，研制生产了CJ1－2酸液稠化剂和有机硼油井胶联剂，改进了CH－94缓蚀剂、BE－1脱水剂的配方，优化了产品性能，化工产品外销收入410万元，并打入了青海油田和中石化市场。

【市场开发】　井下技术作业处坚持把研究市场、开发市场、扩大市场作为保持企业持续稳定发展的基本战略来抓，发挥装备、技术、地域、价格等优势，在全面占领关联交易市场的同时，大力开拓陕北及其周边地区市场，把对外压裂与主业生产同步安排、同步检查、同步考核，不断巩固和扩大社会及周边市场。集中优秀生产要素，积极参与竞争，完成了壳牌公司榆29－10井、长1井反承包压裂施工，与道威尔、哈里伯顿、斯伦贝谢、BJ公司等国际大型石油公司进行了技术合作。同时，承担了集团公司深盆气井压裂、重上井压裂测试和新星石油公司的压裂作业。

【质量管理】　在企业重组分开的新形势下，井下技术作业处牢固树立“甲方就是上帝”、“让甲方满意是我们的唯一宗旨”的思想，不断增强了广大职工的质量和服务意识。坚持落实现场巡查和综合考评制度，严格按照ISO 9002《质量手册》、《程序文件》和《作业指导书》的要求，建立了责权明确的质量责任制，进一步完善了岗位质量规范和质量考核办法。在施工过程中，重点抓好压裂砂、压裂液、排量、砂比和排液求产等关键环节和主要工序的质量管理，杜绝了质量问题的发生，保证了施工质量全优。主要技术质量指标继续保持了稳中有升，试油气合格率达到了100%，压裂酸化成功率99.9%，施工全优率86.3%，资料一级品率85.2%，分别比1999年提高了3.1%和5%。继1999年12月通过北京新世纪质量体系认证中心ISO 9002质量认证之后，2000年，顺利通过了首次监督审核。

【HSE和基础管理】　按照“先软件、后硬件；先试点、后推广；先前线、后后勤”的原则，编制了HSE管理体系宣传贯彻方案和推进计划，成立了HSE宣贯领导小组，制定了HSE程序文件、作业指导书，在试油177队、178队、169队、174队和压裂二队、压裂四队、测试队等7个单位，开展了HSE管理体系试点。同时，认真学习借鉴壳牌公司榆29－10井、长1井反承包施工中HSE管理方面的经验和做法，促进了HSE管理水平的不断提高。在安全管理上，全面推行安全生产“三全”管理，落实安全生产责任制，继续实行安全生产风险抵押和月度挂牌考核制度，开展了一系列教育、培训、考核活动，消除隐患、查纠违章，确保了安全生产。设备管理认真落实“十字”作业和“三检”制度，抓好重点关键设备的使用和维护保养，使设备的完好率和使用率分别达到了95%和72.5%。积极推动设备引进和更新改造工作，对部分老旧和关键设备进行了修复和技术改造，完成了连续油管车油管深度计、50万立方米三相分离器和两台液氮车的技术改造，恢复了1台液氮泵车。制定了内部生产关联保障协定和内部管理处罚条例共14项400多条，修订、发布企业标准118项，截至2000年底，全处共有国家、行业和企业标准396项，覆盖率达到了97%。综合治理、消防、要害部位保卫、计划生育工作全面达标。

【内部改革】　以减员增效、产权制度改革、产业产品结构调整、内部生产要素配置、转换经营机制为主要内容的企业改革工作取得了新的进展。在减员增效工作中，提出了不搞“一刀切”，机会要自己把握，也要把握住机会的要求，坚持正确引导和充分尊重职工意愿相结合的原则，使减员增效稳步推进。截至 2000 年 12 月底，全处共有 318 人办理了内部退养，59 人与企业有偿解除了劳动关系。在产权制度改革上，按照《公司法》和建立现代企业制度的要求，设立了职工持股会，制定了《井下处持股会章程》、《井下处职工持股会实施办法》，初步确定了企业改革改制的基本思路、目标、方案和实施步骤，在推行股份合作制，实行产权制度改革等方面，进行了前期准备工作。在人事制度改革上，不断改进干部管理方法，对考核优胜率低于 60% 的干部予以调整或降职，全年有 7 名干部被解聘，1 人低聘，进一步优化了干部队伍。

【科技创新】　全年投入 145 万元，安排科研攻关项目 14 项，推广应用新工艺、新技术，先后在 13 口井上应用了 CO_2 增能压裂。完成了苏 1 井等 11 井次的液体胶塞分层压裂、元 52 井等 4 井次的清洁液压裂、陕 156 井等 178 井次的液氮伴注压裂及 98 井次的爆燃压裂。此外，变粘酸酸化技术、上古纯陶粒大砂量压裂、老井蜡球暂堵端部脱砂复压等技术也得到了广泛的应用。同时大力推进人才、机制、技术三位一体的科技创新战略，制定了“十五”科技发展和人才资源开发规划。

【精神文明建设】　党、政、工、团各级组织坚持“两手抓、两手都要硬”的方针，以党的十五届五中全会精神为指针，认真学习江泽民同志“三个代表”重要思想，全面提高职工队伍的整体素质，不断加强了党组织建设和职工队伍建设，充分发挥各级党组织的战斗堡垒作用和广大党员的先锋模范作用，有力地推动全处各项事业的全面进步。大力开展技术培训、岗位练兵、创建文明单位、文明家庭、争做文明职工及形式多样的劳动竞赛活动。全年共举办入党积极分子、工商管理、HSE 宣贯、试油工、汽车驾驶等培训班 21 个，进一步提高了广大职工的技术素质，涌现出了一大批先进集体和先进个人，其中试气 177 队党支部被集团公司党组授予“先进党支部”光荣称号，井下处被甘肃省评为职工读书自学活动先进集体，有 7 人分别获得长庆局自学成才奖、成果奖。在企业形象宣传方面，首先从规范职工的职业行为、职业语言、道德标准和开展文明服务入手，注重发挥对外宣传和广告效应的作用，在基地公路沿线设置了巨型灯映广告牌和广告条幅，分别在基地、各施工现场增设了厂旗、队旗、标志牌等企业形象设施。同时，把抓好企业形象工程建设同关心职工生活、改善生产生活条件结合起来，推进公益事业的发展。完成了基地供热锅炉的改建，在靖边前指修建了职工公寓，加工制作环保豪华型列车式野营房 60 栋，陆续为前线试油队进行更换和补充。在企业民主管理方面，认真抓好职代会提案和职工合理化建议的落实，实施率达到了 96%；坚持推行厂务公开，采取召开厂情发布会、举办厂务公开栏等形式，对职工普通关心的生产经营、政策措施、奖金分配、调资晋级、售房、征兵等问题实行全面公开，增加了工作的透明度。

（巩自祥）

油田建设工程处

【概述】　油田建设工程处主要承担油气田产能建设、地面工程建设、油气管线工程、金属结构加工、防腐工程及运输、机修机加工、物业管理以及社会服务等业务。下设机关职能科室 12

个，附属单位3个，处属科级单位7个，处党政领导班子成员10人，科级干部88人。用工总量2256人，职工总数1870人，其中，干部472人，工人1398人；男职工1319人，占职工总数的70.5%，女职工551人，占职工总数的19.5%。

2000年，油田建设工程公司认真贯彻长庆局工作会议精神，正确把握改革、发展与稳定的关系，紧紧围绕"奋斗目标"，坚持"两条基本思路"，实施"四大发展战略"，全面实现了年度生产经营目标。

【生产经营】 全年累计完成产值工作量3.51亿元，全面实现了年度经营目标。上缴内部利润1029万元、上缴设备折旧费539万元、劳保统筹328万元、税金3309.65万元。

【市场开发】 全年共中标和承揽工程项目15项，合计40055.1万元。其中，油气田产建工程11项，产值30224.3万元；长输管道工程5项，产值9830.80万元。

主要完成的竣工验交项目有：长庆气田2000年产能建设、塞一集油站、塞一倒班点、塞一镰输油工程、胡尖山集油站、王十五计量接转注水站、苏丹国输油管道工程等。

【安全生产】 在质量安全管理工作中，推行了HSE管理体系，规范了质量安全管理，取得了可喜成绩：单位工程验交合格率100%，优良率95%。获得石油工程建设协会优秀QC成果三等奖一项。千人死亡率0，千人重伤率0，千台车死亡率3.88‰。杜绝了任何环境污染和植被破坏事故。

【企业改革与管理】

（1）企业改革。推行了新的管理体制，撤消了中队编制，对机关机构进行了调整。机关科室由原来的19个调整为12个，原机关直属的3个科室调整为3个费用承包单位，并与机关分离。将全公司主业划分为6个经济实体和3个费用单位。整个公司实行"集中决策、分散经营"的管理模式，建立了机构精简、职责明确、办事高效、运转协调、适应市场、服务优质、行为规范、分级管理的管理体系。

（2）项目管理。重组分开后，为了适应变化了的市场竞争新形势，油田建设工程公司全面进行了以项目管理为核心的体制、机制上的变革。在项目的组织机构上，将原先的分公司、大队级体制，变革为按施工对象组建专业性公司，再按照不同的施工项目，组建B级项目部，在人员、设备、材料、资金上进行合理配置；在管理形式上，按照公司决策层、专业公司核算层、项目实施层的模式，建立了项目承包责任制为主要内容的项目管理体系；在涩宁兰、兰成渝输气管道工程、苏丹国输油管道工程中进行了按国际惯例或项目管理层和作业层分离的项目管理形式，极大地调动了工程项目部和职工两个方面的积极性。

【精神文明建设】 油建处以荣获"省级文明单位"称号为契机，坚持"两手抓、两手都要硬"的方针不动摇，进一步加大企业精神文明建设工作力度。在企业改革逐步深化的新形势下，公司党政一班人形成了"精神文明建设同样出凝聚力、出生产力，是企业巨大的无形资产和潜在效益"的共识。在工作机制、工作思路和方法途径上力求创新、优化。形成了"一把手抓两手"、党委统一领导、党政工团齐抓共管、职工群众广泛参与的局面。大力开展了宣树中国石油天然气集团公司首届"十杰青年"刘瑛同志先进事迹的活动，形成了学习模范、争当先进的"标杆效应"，并制作了一部反映刘瑛事迹的多媒体《刘瑛的故事》和电视专题篇《弧光》；在全面总结公司精神文明创建活动和政研工作实践经验的基础上，编辑出版了《实践·探索·创新——长庆油建思想政治工作论文汇编》一书；创出企业领导班子和党风廉政建设工作的新水平，处领导班子被长庆局评为优秀班子；抓好宣传油建和扩大企业影响为主题的"形象工程"，公司被上报为全国优秀施工企业；注重办实事办好事，使职工在精神文明创建活动中得到实惠，增强凝聚力。实施“送温暖工程”，对 118 户职工遗属和特困户、困难户进行摸底，全年先后慰问 126 次，给 95 人发放困难补助。给一线职工配备了 VCD 影碟、扑克、象棋、羽毛球拍等文化体育用品，开展丰富多彩、健康有益的文化活动。

（尚建文　张建军）

工程技术研究所

【概述】 2000 年 10 月以前，工程技术研究院名为工程技术研究所，下设钻井工艺研究室、压裂工艺研究室、机电研究室、钻井液水泥浆研究室、信息室、新技术推广室及工程监督公司；所机关设有综合办公室、科研管理室、经营财务科等 3 个科室。2000 年 9 月组建了国家重点实验室“长庆金属防护研究室”。

2000 年 10 月以后，工程技术研究所更名为工程技术研究院，下设钻井研究所、钻井液水泥浆研究所、压裂酸化研究所、机械电气研究所、新技术推广部；院机关设有综合办公室、科研生产办公室、经营财务科等 3 个科室。全院有职工 145 人。拥有固定资产原值 681 万元，净值 572 万元。

【科研攻关】 全年共承担科研项目 16 项，其中正式项目 12 项，预研究项目 4 项，均取得突破性进展。16 项科研成果全面完成，成果推广率 91.6%，项目优秀率 53.8%。4 项预研究项目也取得新的成绩。天然气欠平衡钻井技术研究、小井眼钻井技术研究、保护气层的钻井液、完井液技术研究、CO_2 泡沫压裂工艺技术研究等几个重点项目达到了国内先进水平。

【技术服务】

（1）全年共创收 5400 万元，实现内部收入 300 万元。

（2）加大了现场技术服务力度。全年共组织现场技术服务队、组 12 个，担负着 12 个项目的现场技术服务任务，分布在全局 6 个项目组。院 4 个科研室也相应组织了现场技术服务小分队，积极与全局各项目组联系，与施工单位协作，争取现场技术服务的市场份额。全院人均有 80 个工作日工作在技术服务现场，创造经济价值 2000 多万元。

（3）依靠科研优势，搞好新产品开发。据统计，全年共开展新产品开发 20 多项，推广 25 项，实现产值 2600 万元。较为突出的有固井材料、钻井泥浆材料、压裂酸化材料、气井安全保护装置、温控短路热洗装置等 12 项。

【改革改制】 制定出台了《工程技术研究院 2000 年度内部经营承包及奖惩办法》。对全院职工工资统一下浮 30%，年终按照经营承包指标和费用承包指标考核状况进行兑现。对各科研室模拟完全成本核算法，相对独立核算，分配中有一定的自主权。对经营单位实行内部产值、利润承包制，其工资、奖金及其他费用均进入创收成本，院里不贴不补。对机关辅助单位及管理人员实行“两定一包”的办法，年终进行严考核、硬兑现。组织职工持股会筹措资金 72 万元，加大科研产业化投入。新技术推广部依托责任有限公司，大力调整内部结构，由单纯的新技术推广向科研产业化方面发展，筹建、搬迁石油化剂厂。积极筹建以新产品实验、加工为主的经济实体，不断增强市场竞争力，增加发展壮大的后劲。

【企业管理】

（1）加强企业基础管理，健全各项规章制度。对全院（所）各项工作的管理制度进行了全面修订，先后完善修订规章制度 15 项 366

条。

(2) 内强素质，外树形象，切实加强企业文化建设。提炼总结了“卓越、高效、务实、诚信”的企业理念、“开拓进取，敬业奉献”的企业精神和“技术先进，服务一流”的质量目标，确立了两条工作思路：一是以提高长庆局整体技术水平，增强工程院科研创新能力和市场竞争实力为目标的思路。二是以科研创新为基础，技术服务为先导，科研与服务并举的思路。

【工程监督】　2000年先后向6个项目组派出监督人员70多名，共完成监督井672口，其中气井79口、试油（气）井544口。测井监督井311口，地质监督井367口。监督涉及范围，钻井覆盖率100%；试油覆盖率99.4%；测井覆盖率67.2%；地质覆盖率85.5%。

（左志俊　马红宁）

勘察设计研究院

【概述】　2000年，以承包经营、体制改革为主线，以建立现代企业制度为目标，围绕油气田产能建设工程、靖—咸输油管道工程、长庆气田第二天然气净化厂工程三大重点项目，狠抓设计质量和进度，积极寻求多元化发展，圆满完成了全年生产任务和各项经济技术指标。

在完成任务的同时，还按照长庆局的部署，从改制实施方案的可行性研究、方案的确定到职工持股会的筹备成立、公司的预名、注册、资产评估及公司挂牌成立等，做了大量艰苦细致的工作。2000年12月26日完成公司注册，新公司名为“西安长庆科技工程有限责任公司”。

【经营业绩】　2000年完成生产经营总产值5638.46万元，比1999年增长19%，其中，勘察设计收入3509.86万元，多种经营产值2128.6万元，创建院以来最高水平。

【生产规模】　2000年，共签订各类合同55项，合同履约率100%，重点工程完成率100%。其中，完成长庆气田80亿元规划等22项规划方案设计；机械厂天然气设备制造工程等16项可行性研究；第二天然气净化厂至榆林集配气总站输气管线等29项初步设计；靖咸输油管道、第二天然气净化厂两大工程可行性研究、初步设计及施工图设计；油田70万吨地面建设工程、气田12亿立方米地面建设工程等153项施工图设计；井下作业处锅炉房改扩建工程等53项矿建施工图设计；定型设计4项。完成了青海油田公司花格输油管道首站改造等4项油田外部工程的勘察、设计。

【社会市场】　先后与青海、陕西、子洲、渭南西安、宁夏银川、内蒙等洽谈了有关勘察设计可研工程项目。实业公司研制成功的日处理天然气40万立方米的高新技术产品三甘醇脱水装置，已正式投入现场使用，具有良好的发展前景；工程监理充分发挥设计院的技术优势，积极参与油气田产能建设的工程监理，承揽了子洲燃气电站的施工监理工作，社会市场实现了“零”的突破。

【科技成果】　全年共获得各种科技成果19项，其中，获得国家级优秀设计奖1项、省部级5项，局级13项。“长庆气田地面工程建设”在荣获“集团公司优秀设计一等奖”之后，再度荣获“国家级优秀设计铜奖”。

获局级科技进步二等奖4项、三等奖7项；获“集团公司优秀QC成果一等奖”1项；“陕西省优秀QC成果”2项、“长庆局优秀QC成果”2项。

取得建设部颁发的“管道输送”甲级设计资质、市政工程（排水、燃气）乙级设计资质、“消防专项工程”甲级设计资质。取得石油天然气集团公司颁发的“工程监理”乙级资格。“甲乙级设计、乙级勘察”通过了甘肃省、陕西省勘察设计资质年检。“工程总承包”甲级资质通过了甘肃省资质年检。“工程咨询”资质通过了国家计委年检并通报表扬。

申请银川基地 2000 年工程设计、塔里木油田、土哈油田、青海油田、长—呼管道项目投标、壳牌公司气田地面工程投标以及其他零星项目等 7 项市场准入资格。共开发各类高新产品 17 项。

开发燃气常压循环热水炉系列、常压水套加热炉系列、常压立式两用炉系列、多功能增压装置、收球器系列、加药装置、钢制水箱、甲醇罐、污油箱、卸油装置、套管换热器、电加热收球系列装置等 12 项。新开发三甘醇脱水装置、小型甲醇回收装置、螺道分离器等 3 项。全年销售各类装置产品 51 台（套），创造了良好的经济效益。

【精神文明建设】　积极开展“求生存、图发展、闯市场、增效益”主题活动，广泛开展劳动竞赛活动，表彰先进，弘扬正气，涌现出了一大批先进典型。院工会荣获长庆局二星级“模范职工之家”；石油设计所荣获长庆局“模范集体”称号；黄琨同志荣获局“劳动模范”称号；李懿宏、刘毅、时宣、赵雷亮、刘利群、任兴文、杨世海、夏政同志分别荣获局 2000 年度“优秀科技人才”、“‘九五’先进科技工作者”、“十佳科技人才荣誉奖”。

（苏忠华）

长庆石油天然气工程建设监理公司

【概述】　2000 年，长庆石油天然气工程建设监理公司（以下简称公司）从设计院分离，直接隶属于长庆石油勘探局。工作范围主要是对油气田产建工程和长庆局建设工程进行监理。同时开始向社会市场发展。公司共有员工 160 人，其中，正式编制人员 12 人（处级领导 1 人，科级干部 3 人，一般干部 8 人），现场监理人员 148 人。公司设立经理 1 人，主任 3 人，机关职能科室 3 个（综合办公室、经营财务部、工程监理部）。

【主要经营指标完成情况】　2000 年，公司承担监理项目主要有：油田产建 65.6 万吨/年；气田产建 12 亿立方米/年；庆城第三供热站安装锅炉 4 台；矿建（银川基地）6.65 万平方米；银川市气化管道 57.18 千米，累计完成投资 10.1 亿元。公司全年监理费收入 820.11 万元，其中油气田产建工程 691.71 万元，长庆局 128.4 万元。圆满完成长庆局确定的全年经营指标，实现上缴利润 155.1 万元。

【安全生产】　2000 年度各受监工程都能够保证安全生产，无任何事故发生。

（张　婷）

第一采油技术服务处

【概述】　第一采油技术服务处（以下简称采油一处）下设机关职能科室 11 个，附属单位

6个；处属科级单位12个，直属小队级单位1个。用工总量2534人，职工总数2182人，其中，干部477人，工人1705人；男职工1518人，占职工总数的70%，女职工664人，占职工总数的30%。资产总值为36061.98万元。固定资产原值37560.95万元，净值27263.16万元；所有者权益30545.06万元，负债5516.92万元，负债率15%。

【生产经营】　按照坚持服务主业、共同发展的宗旨，精心部署和组织生产运行，努力为采油一厂提供优质服务、优质产品和优质工程。同时，积极开拓社会市场，加强企业管理，继续实施低成本战略，广泛开展增收节支、挖潜增效活动，完成产值1.94亿元，全面实现了2000年收支持平的经营目标。

【关联交易】　始终把关联交易作为经营工作的重点，坚持顾全大局、共同发展的原则；坚持尊重历史、正视现实的原则；坚持规范运作、捆绑前进的原则，制定了工作程序和工作规范，建立了有效的协商机制，保证了关联交易的正常运作。双方共签订关联交易分协议16项，完成关联交易市场工作量1.02亿元，为实现全年生产经营目标、建立长期战略伙伴关系、实现双方共同发展奠定了一定的基础。

【内部改革】　积极实施减员增效政策，内部退养职工482人，有偿解除劳动关系201人；持续推进重组改制和产业整合，合并单位5个，重组3个；加强不良资产处置，优化配置各类设备13台（套），报废各种设备181台（套），队伍结构、资产结构和产业结构得到了一定的改善。

【安全工作】　从“讲政治、保稳定、促发展”的高度出发，全面建立“三全三管”的安全管理体系，狠抓交通、工业安全，有效遏制了重、特大事故的发生；积极开展HSE试点工作，稳步推进HSE体系建设，实现了“四个杜绝、三个不超、一个稳定”的安全工作目标，被长庆局授予2000年度安全生产先进单位。

【市场开发】　在确保完成关联交易市场工作任务的同时，积极开展市场调研，大力开拓社会市场，承揽周边油田、延长油矿、大港油田的井下作业、运输、机加工等业务，全年创收106万元。同时，锻炼了队伍，更新了观念，为开拓社会市场积累了经验。

【小区建设】　在企业经营形势十分严峻的情况下，采油一处千方百计筹措资金，努力改善职工生活条件。先后完成了天然气管网改造工程及基地配套工程，486户住户用上了天然气；改造了富县基地锅炉房和供电设施，修缮门球场，改善老职工的生活条件；不断加大基地管理力度，积极推进制度公约规范化、文化活动多样化、职工行为文明化，生活环境得到了进一步改善。在省级“优秀文明住宅小区”的基础上，又被集团公司评为“花园式单位”。

【综合治理】　加大对职工的培训教育力度，用科学文化知识的学习抵制封建残余思想、资本主义腐朽思想及“法轮功”邪教组织的影响。重视职工普法教育，处跨入了局“三五”普法先进单位的行列。内部社会治安综合治理全面达标，处武装部荣获局2000年度先进武装部。

【精神文明建设】　始终坚持以市场为导向，以经济效益为中心，把思想工作与生产经营工作融为一体，同步安排、同步落实。狠抓载体建设，不断开拓新领域，探索新方法，加强理论学习，狠抓队伍建设，打好宣传战役，促进了职工思想观念的转变，保持了职工队伍的稳定。荣获“陕西省模范职工之家”称号，并晋升为局“四星级模范职工之家”，处团委获“陕西省五四红旗团委”称号，并被评为“全国五四红旗团委创建单位”。

（王　磊）

第二采油技术服务处

【概述】 第二采油技术服务处（以下简称采油二处）有职工 3747 人。资产总额 3.34 亿元，固定资产原值 3.31 亿元、净值 1.81 亿元，生产经营总值 1.83 亿元。

2000 年，采油二处按照长庆局“一盈一平”总体经营目标，遵循“捆绑式前进，规范化运作”的工作机制，立足内部挖潜，强化资金管理，完善经营承包办法，全年完成关联交易总量 16833.92 万元，实现收入 20018.46 万元；多种经营系统实现生产总值 14800.44 万元，销售收入 14424.15 万元，实现利润 842.09 万元。

【生产建设】 按照关联交易总协议约定，认真落实“严、细、实、狠、准、灵”六字方针，初步构建起了适应新形势、新体制的生产运行体系，生产组织预见性不断增强，工作效率大幅提高。井下作业完成工作量 3397 口，折合 5548.6 标准井次；特车运输完成货运量 3681.6 万千米、客运量 4098.47 万千米。两大系统完成工作量同期相比，分别增长了 26.3%和 25.02%，创历史新高。

【企业管理】 为了尽快适应企业体制和机制方面的重大变革，采油二处从加强企业管理入手，大胆实践，勇于创新，强化管理，降低成本，见到了明显效果。

坚持“经济实用，操作性强”的原则，整章建制。多次召开专题会议讨论研究，在广泛征求意见的基础上，完成了《机关及附属岗位职责汇编》、《企业管理制度汇编》等 6 册 11 章 500 多项制度，为全面加强内部管理提供了有力的制度保障。

狠抓质量管理，不断提高工程技术服务水平。成立了两级质量管理委员会，健全了质量管理体系。举办了 12 期工程质量检验员培训班，培训骨干 134 人，并对井下作业、交通运输、机修加工、建筑安装等系统的服务质量进行了跟踪监督和用户回访，促进了质量管理水平的有效提高。

制定配套激励政策。在完善经营机制的基础上，先后制定了《不良资产处置办法》、《经营者年薪兑现办法》、《合理化建议奖励暂行办法》及市场开发等一系列配套激励政策，激发了广大职工献计献策、参与企业管理的积极性。

【改革改制】 为了尽快改善“人员多、行业杂、基础差、底子薄、观念滞后、生存空间狭小、发展后劲不足”的现状，从优化组织机构、合理配置资源入手，创新组织机构，根据市场需要，将处机关完善成 9 个职能科室。将原 23 个科级单位和 5 个直属单位重组为 35 个三级单位。组建了油田开发巡护公司和井下作业工艺技术研究所。创新用人机制，对新进入机关的工作人员一律实行公开招聘，推行干部制度试点改革，为各类人才的脱颖而出创造了条件。创新分配机制，由点到面稳步推进，打破“铁工资”，收入跟着效益走。对缺员单位实行“定员工资、定员奖金”，对超员单位实行“现员工资、定员奖金”的分配制度。在实业公司等 6 个单位实行了经营者年薪制、管理者月薪制、基层工人计时、计件、绩效工资制和系数提取法，用经济杠杆撬动了职工思想观念的转变。创新经营方式：对井下作业和特车运输、机修系统实行了资产经营责任制；多种经营、物业管理系统实行经营目标责任制；社会公益系统、处机关附属单位实行费用承包责任制。

【安全管理】 坚持“安全第一、安全就是效益”的思想，以“三杜绝、四提高、五不超”为主要目标，严格落实“三全”管理制度，建立健全各级安全网络和安全生产责任制。本着“继承传统、不断创新、突出重点、注重实效”的原则，全面推行了HSE管理体系。成立了HSE管理委员会和办公室，制定了HSE管理规划、工作方针和管理目标，并分系统选取修井二公司等8个单位进行试点。针对交通安全形势严峻的实际，全面落实责任追究制度，制定交通安全管理特别规定，专门发布反违章、保安全“运员令”和严禁酗酒的禁酒令，起到了很好的作用。加大动态管理力度，成立安全生产执法队，对交通安全、生产作业安全和民用住宅安全进行定期检查。

【精神文明建设】 紧紧围绕“生存、市场、稳定”三大主题，充分发挥党员教育、企业文化、宣传舆论的作用。主要学习了邓小平理论、“三个代表”重要思想、十五届四中全会精神及工商管理、法律等内容，提高了管理队伍的素质。开展了对比教育、改革政策教育、形势任务教育、开发市场教育、遵纪守法教育、警示教育和党风廉政教育，激发了广大职工的工作积极性，坚定了战胜困难的勇气和信心。以“三优一满意”为内容，在后勤和两级机关开展文明服务、承诺服务活动；以培养“四有”职工队伍为内容，开展了创优争先活动；以家庭美德为内容，开展了“文明家庭”评选活动；以爱岗敬业为内容，开展了争创“十佳职业道德标兵”、“十佳青年”、“青年文明号”活动。通过各类活动的开展，使“超越自我，取胜市场”的企业精神深入人心。处工会荣获“甘肃省创建文明家庭先进集体”荣誉称号；处团委荣获“甘肃省五四红旗团委”荣誉称号；修井22队荣获“集团公司2000年度先进党支部”荣誉称号。

第三采油技术服务处

【概述】 第三采油技术服务处设有机关职能科室8个，机关附属单位2个，机关直属单位2个，处属科级单位16个。职工总数2316人，其中，干部443人，工人1873人。离退休职工818人。截至2000年末，资产总值为25641万元。其中，流动资产8987万元，固定资产16654万元。负债及所有者权益合计25641万元，其中流动负债8968万元，长期负债17804万元，所有者权益为－1131万元。

【主要生产经营指标】

（1）生产指标。完成转供电15653万千瓦·时；转供水305万立方米；井下作业完成标准井次4316个；原油拉运40284方；货运周转量3577万吨·千米；客运量6500万座·千米。

（2）经营指标。2000年实际收入25802万元，成本支出26933万元，主营业务经营减亏1131万元，完成了局定经营持平的目标，并实现内部利润6万元。如果局认可陕西道路补偿39万元，银南电费涨价因素160万元，马家滩炼油厂水价差150万元，共计349万元。可以实现利润355万元。多种经营实现收入11167万元，实现内部利润1190万元。

【市场开拓】 提出了“服务油气主业谋生存，开拓社会市场图发展”的工作思路，制定了“一年平，二年盈，三年大发展”的三年发展目标。牢固占领关联交易市场，2000年主营收入2.8亿元，其中从三厂获得收入1.7亿元，占主营收入的61%。油田市场份额稳步扩大，在靖咸输油项目组、长南石油开发公司、钻井三处、银川基地和采气厂等单位，占领了一定的市场份额。社会市场开拓卓有成效，承揽到涩宁兰 201.2 千米的输气管道试压任务，石中高速公路吴忠金积段 160 万元的土石方拉运任务，井下作业队伍打入了陕北油田周边社会市场，社会市场创收 1000 万元。

【改革改制】　对处机关进行了“二次重组”，机关科室由 11 个调整为 8 个，机关附属单位由 6 个减少到 2 个，人员由 107 人减少到 73 人。成立了宁夏长庆永兴化工有限责任公司、顺达筑路工程公司、陕北长庆石油技术服务公司、消防工程服务公司。先后把陕北长庆石油技术服务公司并入机修站，油气田建设工程公司筹备组并入锦林公司；盘活了银川长庆启源公司原闲置资产；成立了采油三处职工持股会。

贯彻落实上级政策，共有 312 名职工与企业有偿解除了劳动关系，355 名职工办理了内部退养手续。

【经营管理】　制定和实施了以“风险抵押、分类考核、收入两挂、总量调整”为主要内容的新的经营责任制考核办法。将职工 20% 的基本工资进行浮动，中层干部上缴风险抵押金。

建立健全合同管理、物资供销与采购管理等 20 多项制度和规定，完善了经营工作人员的岗位责任制。按“集中管理、统一结算、分户核算”的原则，对各单位财务进行统一归口管理，在基层单位尝试了财务负责人委派制。加强了对多种经营系统的管理，成立了多种经营办公室。

【关联交易】　安全生产平稳运行。安全生产、环境保护、消防综合考核全面达到局定指标。

与采油三厂建立了“捆绑式运行”的关联交易运行机制，成立了关联交易协调委员会，实行了“三分三合”（机构分，运行合；人员分，思想合；核算分，目标合）的“捆绑式”运行模式，共同制定了六项“捆绑式运行”规则和五项协作方式。

【精神文明建设】　开展了以“求生存、图发展、闯市场、增效益”为主题的教育活动；保持长庆局“三星级模范职工之家”的称号；大水坑子弟学校获得全局中考宁夏片第一名，有 84 名学生考入银川基地高级中学，录取率达 75%。

启动了银川综合办公大楼建设项目。自筹资金 200 万元，在银川基地争取计划外住房 100 套，为职工早日搬迁银川市创造了条件。

（杨林杰）

油气技术综合服务处

【概述】　油气技术综合服务处于 2000 年 5 月由农工商联合处更名而分开分立后，努力转变观念、锐意改革、开拓创新，积极实施以工业为主导、农业为基础的多元化发展战略，加大市场开拓和产业结构调整力度。从单一的种植、园艺、养殖业向油气生产主业迈进；从单纯的生活服务向多元化经营转变；从计划经济向市场经济过渡；从关联交易市场向社会市场拓展，初步形成了以油田地面产建、采油服务、油气集输、农副养殖等业务为主的多元化发展的新格局。

截至 2000 年底，全处固定资产原值 1265.54 万元，净值 835.17 万元。共有 5 个主要专业队伍，其中产建安装队 3 个，年施工能力 5000 万元；修井队 1 个，年施工能力 110 井次；试油队 1 个，年施工能力 80 层次。全处用工总量1048人，共有职工474人。其中，干部177人，工人297人；各类专业技术干部140人，占职工人数的29.54%。离退休职工431人。全处有14个基层科级单位、3个直属队站，机关设有6个科室。

【生产经营指标】　2000年完成工农业生产总值7015万元，为年计划的140.3%，实现利润31万元，为年计划的155%。全年上缴劳保统筹费137万元、固定资产折旧116.3万元、大病统筹14.8万元、资产占用费3万元、排污费2万元。

【市场开发】　全处围绕油气主业，扩大服务范围，全方位开拓油田内部市场。在采油方面，对沙涧作业区油井采取多次检泵修井，重新射孔开层，补孔压裂等措施，使原油产量稳中有升，2000年共生产原油2097吨。在产建方面，克服人才短缺、技术力量薄弱等困难，以油田市场为主，积极承揽工作量，全处承揽并完成了长南项目组天一卸油站、拉油站工程，陇东项目组上里塬拉油站工程，采油一厂产建项目组增压站、配水间等工程，共焊接各类管线60千米，完成工作量3885万元，创产建队组建以来最好成绩。在劳务输出方面，不断扩大劳务输出范围，在巩固靖吴华马输油管线劳务输出的基础上，向长南项目组输出采油、护矿劳务26人，在谭南项目组接输油站2个，劳务输出26人。在运输方面，稳固在采气厂的污水拉运市场，积极拓展拉油市场，全年运输劳务收入1069万元。物业管理在保障本处水、电、暖正常供应的同时，走向油田市场，寻找服务项目，抽出部分人员为长南项目组进行后勤服务，全年对外创收40万元；医院增加医务人员和医疗设备，扩大靖边医疗点服务范围，2000年对外创收14万元。

【农副养殖业】　针对农业上出现的“增产不增收”的情况和国家调整粮食保护收购范围、按质论价，优质、优价的有关政策，按市场需求和价值规律调整种植结构、种植品种，引进高产、优质品种，大力推广高产新技术，使农业得到了稳步发展。全处种植粮食作物6408.3亩，占总种植面积的91.4%；种植经济作物596亩，占总种植面积的8.6%。全年共产粮食244万千克，实现产值418.5万元，占总产值的85.5%；经济作物等实现收入70.7万元，占总产值的14.5%。2000年共产各类水果90万千克，其中套袋水果5万个。养殖业依据市场行情调整结构，压缩蛋鸡、狐狸存栏规模，存栏鸡压缩至29300只，种狐压缩至360只。同时发展适销对路的小型养殖项目，共饲养蛋鸭1060只、羊1030只、兔215只、猪450头。

【企业改革】　加大“三项制度”改革力度，在劳动用工上，一是根据市场确定项目，根据项目确定基层领导，由基层领导选聘职工。二是对后勤单位公开岗位职责和要求，实行职工竞争上岗。在分配机制上，职工一律实行档案工资制，各单位先保经济指标的完成，后保职工的收入，超奖亏罚，适度拉开收入差距，工资、奖金向生产一线和艰苦岗位倾斜，有效地调动了广大职工的工作积极性。

【内部管理】　在资金管理上，强化成本预算，严控成本支出，有效缓解了资金紧张的困难，确保了全处生产经营工作顺利进行。年初编制了年度资金收入预算和月度实施预算及成本预算情况表，坚持月预算、周计划。积极督促销售部门销售处内产品，提高产品变现能力。与1999年同期相比，实际存货下降200万元，下降10%；存货周转3.42次，与1999年同期相比多周转1.62次。加大应收款清欠力度，成立清欠小组，2000年清理历年的应收款502.03万元。根据长庆局商业改革会议精神，对马家滩商业公司进行了清算，处理积压商品83.5万元，多次与灵武国税局协商减免处理商品税款13.6万元，并将地方财政原投资的46万元经过协商全部予以减免。

在资产管理上，加强不良资产处理，共报废不良资产666.84万元，其中房屋资产

430.84万元，设备资产236万元，减轻了企业负担。

【精神文明建设】 坚持“两个文明”一起抓，大力开展文明矿区创建活动，广泛开展社会公德、职业道德和家庭美德等系列教育活动，形成了文明、和谐、健康、向上的社会风气。2000年，十八公里基地被灵武市评为“文明小区”、“治安模范单位”，在局工会和局宣传部举办的纪念长庆会战30周年大合唱比赛中荣获二等奖。

（赵文杰　郭　锐）

机　械　厂

【概述】 机械厂是中国石油天然气集团公司“三抽”设备、钻采配件一级网络企业和出口网络企业。是生产石油钻采设备和配件的石油专业机械制造厂。下设机关科室8个，机关附属科级单位2人，基层科级单位13个，基层车间级单位7个。全厂在册职工967人，其中，管理人员49人，专业技术人员191人，操作人员429人，服务人员24人，其他人员274人。

全厂有冶炼、铸钢、铸铁、铆锻、焊、热处理、机加工、动力及维修等各类生产工种69个，主要生产设备300余台（套）。固定资产5542万元。

2000年完成工业总产值1.01亿元，实现总收入0.96亿元，均创历史最高水平。实现长庆局下达的内部利润指标。

【主要产品】 形成了“抽油机、抽油泵、抽油杆”系列、天然气设备系列、井下工具系列三大系列等50多个品种170多种规格。主导产品“长石牌”钻井液管汇先后获省优、国家银质奖和“全国用户满意产品”奖，并出口哈萨克斯坦、印度尼西亚等国家。

【市场开发】 确保长庆市场，扩大周边市场，拓展西北市场，走向国际市场。其中，长庆市场是研究的中心市场；革新营销手段，拓宽新的市场，实行全员营销、科技营销；发挥品牌效应，精心培育市场。全年共派出200多人次分赴延长油矿、新疆等油田和国内几大钻机生产制造厂家，利用一切机会和手段充分展示机械厂资质，介绍产品的特色，将名牌产品推荐给用户；健全营销网络，强化售后服务。在全国各大油田建立了自己的信息网，并加入了10多个油田的产品供货网，成为这些油田物资供应的重要厂点。组织了一次大规模的质量回访活动,全年为用户提供无偿现场服务30次60多天，现场指导安装调试4次20多天。

【新产品研发】 全年共投入研发资金400万元，确定新项目18项。按照三个层次研发新产品的思路，卓有成效地开展工作。全年共实现新产品产值1800多万元，占全厂工业总产值的18%。

【经营管理】 全面实施低成本战略，修订和完善了厂内各单位资产经营承包管理办法。对主业单位实行以成本倒算为中心的内部经营承包责任制，在多种经营单位继续推行了内部利润考核制度。坚持成本月度常规分析和季度集中分析制度，加强预算和资金管理，确立了“面向市场动态预算”的理念，并严格考核和奖罚。强化财务工作，全面实现了财务会计工作的电算化和程序化。

【HSE管理】 成立了厂HSE管理体系建设领导小组和办公室，举办了全厂HSE管理知识培训班，编制了《机械厂HSE管理手册》和

《机械厂 HSE 项目作业指导书》等一系列 HSE 管体系文件。深化安全生产“三全”管理，推广“三位一体”安全责任制度，建立了“法人”经济组织安全生产协议制。法人单位独立承担安全生产经济和法律责任。厂与基层单位签订了安全生产责任书，基层单位与关键岗位职工签订了安全生产合同，实现了安全生产合同管理。加强交通安全管理，将 HSE 管理模式引入车队安全管理中，对全厂有车单位坚持执行“车辆集中管理，分散使用”的原则，建立驾驶员竞争上岗机制，实行优胜劣汰制度，并坚持车辆回场检验制度。强化安全监督检查，按照“谁主管、谁负责”、“谁检查、谁负责”的原则，坚持检查、整改、验收一条龙制度，推行违章记分管理办法，实行全厂全员风险抵押金制度。

【精神文明建设】

（1）建立健全厂、车间两级精神文明创建活动制度。修订和完善了《机械厂关于开展文明创建活动的实施规定》，规定了全厂精神文明创建活动的具体目标和内容。

（2）夯实党建基础。建立健全了全厂基层党组织和团组织机构；修订和完善了《机械厂党支部建设考核实施细则》等多项党建工作制度；广泛开展以“创建党支部流动红旗竞赛”、党员“一联二带三承包”、“党员责任区”、“党员模范岗”等为载体的“创优争先”活动。

（3）强化两级领导班子建设。深入开展了以“建设一个好班子，寻求一套好战略，培养一支好队伍”为主题的教育活动；抓好两级领导干部的政治理论学习；认真落实《党风廉政建设责任书》；坚持民主集中制原则；积极推行厂务公开。

（4）充分发挥宣传思想工作在生产经营中的引导功能。广泛开展“求生存、图发展、闯市场、增效益”主题活动，组织开展了“如何确保长庆市场，扩大周边市场，拓展西北市场，走向国际市场”和“如何落实三个层次新产品开发战略”大讨论，着力引导广大干部职工树立适应激烈市场竞争的新观念、新思维。抓好先进典型的宣传。策划实施了机械厂企业形象宣传运行方案。开展了“振兴机械厂，人人有责”献计献策活动。

（5）社会治安综合治理常抓不懈。成立了全厂社会治安综合治理领导小组，层层落实治安承包责任制；按照“打防并举、标本兼治、重在治本”的原则，坚持教育与打击相结合，专管与群防相结合，人防、物防与技防相结合；深入开展“三禁一反”教育和普法教育，与各单位领导签订禁毒工作责任书。全年综合治理形势稳定，无大案、要案发生。

（6）关心职工生活，实施“六大工程”，即容貌工程、荧屏工程、健康工程、饮水工程、便民工程和送温暖工程。

（杨　锋　常向龙　阳　毅）

第二机械厂

【概述】　第二机械厂是生产石油固控、钻采设备的石油专业机械制造厂。下设机关职能科室 5 个，机关附属单位 3 个，厂属全民基层单位 7 个，多种经营单位 1 个。全厂在册职工 576 人，其中干部 117 人，工人 459 人，（其中正式工 391 人，劳务工 62 人，岗前工 2 人，集体工 4 人）。

全厂有冶炼、铸钢、铸铁、铆锻、焊、热处理、机加工、动力及维修等各类生产工种 69 个，主要生产配套设备 300 多台。固定资产 2139.46 万元。

2000 年完成工业总产值 6600 万元，实现销售额 6485 万元，实现了年初制定的奋斗目标，创造了历史最高水平。实现长庆局下达的内部利润指标。

【主要产品】 形成了以钻井液振动筛、泥浆固控系统、曲杆泵系列、各种型号抽油机、钻采设备大修理为主的系列产品 28 大类 72 个品种。

主导产品 GW－1 钻井液振动筛整体性能达到国际先进水平，机理研究和部分性能指标处于国际领先水平，并出口哈萨克斯坦、印度尼西亚尼、苏丹等国家。

【市场开发】 把市场开发作为企业生存和发展的第一任务来抓，以名优产品为龙头，以高新产品为支撑，以优质服务为手段，整合各方面力量，全方位开发市场。厂领导班子利用党政联席会、专题会议等形式，每季度对全厂销售形势进行集中深度分析，预测市场走势，制定销售的战略和战术。努力提高销售队伍整体实力。增加销售部门人员，充实销售专业骨干力量。对每个销售人员定任务、分指标，严考核，硬兑现；组织销售部门人员深入各个市场，全方位捕捉信息，开拓新市场。积极与国内一些有良好声誉的单位、各界代理商建立合作关系，壮大了第二机械厂的营销网络。在全国各大油田建立了自己的信息网，并加入了 10 多个油田的产品供货网，成为这些油田物资供应的重要厂点。大力宣传品牌，着力打造名牌，精心培育市场，全力塑造企业形象，以具有强大竞争优势的特色产品直面市场的挑战。强化售后服务。建立了长庆油田的各采油厂、采气厂和项目组，陕北的延长油矿，西北的新疆、吐哈油田等市场的用户档案，长期派驻有丰富工作经验的销售人员，搜集客户需求信息。建立了前线服务队。坚持对局内用户进行定期产品质量回访，全年为用户提供无偿现场服务 27 次 50 多天，现场指导安装调试 6 次 20 多天。

【新产品研发】 制定了全厂新产品中、长期发展规划：一是集中研发一批技术含量高、附加值高、有广阔市场潜力的新产品，扩大市场占有份额。二是对现有产品进行深入研究、改造，实现更新换代。三是实行产品设计、生产、销售一条龙管理，加速成果转化，增强企业发展后劲。成立了全厂优秀科技人才奖评选委员会，制定了《第二机械厂优秀科技新产品项目专项奖励实施办法》，对在全厂新产品、新设备、新工艺、新方法、新材料及新软件等“六新”工作中取得重大成果者，设立一、二、三、四等奖，分别奖励 2 万元、1.5 万元、1 万元和 5000 元。

研发的 GW－1 钻井液泥浆振动筛整体性能达到国际先进水平，机理研究和部分性能指标处于国际领先水平，投入使用后，受到国内用户的一致好评，并远销哈萨克斯坦等国家。研发的新型节能型六连杆抽油机，比常规型异相曲柄抽油机节能 30%—40%，牢固占领了长庆油田及周边社会市场。研发的高扬程新型单螺杆泵解决了单螺杆扬程小于 2.5 兆帕的技术难题，具有运行效率高等优点，是长庆油田理想的输油泵。研发的采油井口防盗装置，解决了油田采油井口被盗问题，经长庆油田采油二厂现场使用后，效果良好，深受用户青睐。

【经营管理】

（1）完善了经营责任承包制。制定了《第二机械厂内部经营责任制实施办法》和《第二机械厂内部经营责任制考核实施细则》，根据厂内各生产、辅助、服务单位的不同特点，实行了生产控制单位、内部利润单位、费用经营单位、费用控制单位和费用包干控制等 5 种不同形式的经营责任制。

（2）全面实行低成本战略。坚持“以市场决定价格，以价格决定成本”的管理方针，优化投资建设方案，降低建设成本。强化成本过程管理，实行月考核和定期集中分析制度。

（3）加强预算和资金管理。成立了企业预算委员会，修定了《第二机械厂加强经营管理的若干规定》，从预算、资金、成本、器材物资、招待费等11个方面进行了严格规范。确立了“面向市场动态预算”的理念，并严格考核和奖罚。

【HSE管理】　成立了厂HSE管理体系建设领导小组和办公室，举办了全厂HSE管理知识培训班，编制了《第二机械厂HSE管理手册》等一系列HSE管理体系文件。在厂产建项目组和对外承揽项目的基层单位，逐步按照《第二机械厂HSE项目作业指导书》的要求进行作业。强化风险管理工作，搞好事前预防。对全厂关键生产装置、重点生产区域、主要生产项目、新产品开发、施工工程等实施风险评估，制定了应急预案。强化安全培训工作，提高职工的业务技术素质，增强处理突发事故的能力。加强基层的安全、环保管理工作。在全厂范围内广泛开展“零事故单位”、“零事故班组”争创活动。继续开展“三标建设”和“优秀班组流动红旗”竞赛活动，提高现场管理的水平。严格落实基层岗位安全责任制，使每个职工真正掌握安全生产的基本知识。

【精神文明建设】

（1）夯实党建基础。建立健全了全厂基层党组织和团组织机构，修订和完善了《第二机械厂党员责任区考核细则》、《第二机械厂党员模范岗考核细则》等多项党建工作制度，广泛开展以“创建党支部流动红旗竞赛”、“党员责任区”、“党员模范岗”等为载体的“创优争先”活动。

（2）强化两级领导班子建设。围绕打好“政治上维护稳定，经济上扭亏解困”两个硬仗，全力抓好两级领导干部的政治理论学习；认真落实《党风廉政建设责任书》；坚持民主集中制原则；积极推行厂务公开。

（3）充分发挥宣传思想工作在生产经营中的引导功能。围绕全厂“抓管理、搞改革、闯市场、求生存、增效益”工作方针，以“求生存，图发展，闯市场，增效益”活动为主线，利用一切宣传手段，开展了“振兴二机厂，我能做什么”大讨论活动，着力引导广大职工树立适应激烈市场竞争的新观念新思维，抓好先进典型的宣传，策划实施了第二机械厂企业形象宣传运行方案。

（4）把关心职工生活作为执政为民的第一要务抓紧抓实。厂党委继续实施“进千家门、办千家事、暖千人心”工程，想方设法为职工办实事：一是全年筹集资金6万多元，救助困难职工和遗属100多户，慰问伤病职工100多人次，安排职工外出培训（疗养）40多人次。二是慰问生产岗位加班职工1000多人次。三是为全厂452名职工进行了体检。四是调整和安置了全厂72户临时户住房，改善了临时户的生活条件。五是投资2万多元，改造和维修了全厂闭路电视线路和设备，提高了收视质量。

（纪忠明）

筑路工程总公司

【概述】　筑路工程总公司（以下简称公司）是一家专业化、机械化道路施工企业，资质等级为国家一级企业。下设机关职能科室7个，附属单位5个；处属科级单位12个。用工总量978人，职工总数831人，其中，干部286人，工人545人；男职工623人，占职工总数的75%，女职工208人，占职工总数的25%。

【生产经营】　2000年，由于市场竞争异常激烈，工作量大幅萎缩，市场价格下降幅度大，公司生产经营工作遭遇空前的挑战。面对严峻的市场形势，筑路工程总公司积极开拓社会市场，狠抓企业管理，大力实施低成本战略，广泛开展增收节支、挖潜增效活动，精心部署和组织施工生产。由于工作量不饱满，任务缺口大，仅完成产值 8700 万元，未能实现年度经营目标。

全年上缴内部利润亏损 2862.7 万元，设备折旧 925 万元，劳保统筹 104.6 万元，税金 227.52 万元。

【市场开发】 2000 年，采集工程项目信息近百个，参加资格预审项目 30 个、58 个标段，通过 33 个标段，投标 29 个标段，进入前三名 14 个标段，中标三个标段，中标价 7310 万元。前三名入围率 48.28%，中标率 10.35%。

【工程建设】 完成的主要道路工程有：宁夏石营道路改造工程、西安绕城高速公路北段工程、新疆塔中水源井路工程、新疆库东路维修工程、新疆建设兵团农二师道路工程、镰刀湾—王家湾道路工程、曲（子）—庆（阳）道路维修工程、蓝（田）—小（商塬）高速公路后期工程、宝（鸡）—天（水）高速公路牛脊梁段土方工程、榆（林）—靖（边）高速公路土方工程。

【安全生产】 推行了 HSE 管理体系，规范了质量安全管理工作。单位工程验交合格率 100%，优良率 78%。有 1 项成果获石油工程建设协会优秀 QC 成果一等奖 1 项。千人死亡率 0，千人重伤率 0，千台车死亡率 0。杜绝了任何环境污染和植被破坏事故。

【项目管理】 公司在全面推行项目法管理工作的基础上，进一步健全完善了以项目承包责任制为主要内容的项目管理体系。在西安绕城高速公路工程项目部试行了项目管理层和作业层分离的项目管理形式，极大地调动了工程项目部和职工两个方面的积极性。

器材供应处

【概述】 器材供应处面对重组改制后，原来统一的油田物资市场被一分为二，物资在实行关联交易委托代理采购的新形势下，认真执行各项物资关联交易协议，积极探索新型物资采供管理模式，优质服务，及时保证了油田生产建设所需物资。

全处有职工 1207 人，其中，干部 355 人，工人 852 人，干部中具有高中级职称 95 人。有处级干部 6 人，科级干部 52 人。设 10 个机关职能科室、3 个业务科室；下设宁夏供应转运站、咸阳转运站、庆阳总库、靖边供应站 4 个一级站库和公用事业站、多种经营部两个大队级单位。

全处固定资产原值 4881.9 万元，净值 2629.5 万元；有库房 49 栋 32.41 万平方米，料场 21 个 25.23 万平方米，料棚 17 个 1.13 万平方米；有起重搬运机械、运输车辆等主要生产及配套设备 59 台套，资产原值 1719.8 万元，净值 720.4 万元，设备新度系数 0.42。

【经济管理指标】 2000 年，局内重点工程配套供应按时完成，全局平均库存 3.36 亿元，周转 5.47 次；物资采购质量合格率进一步提高；多种经营完成生产经营总值 3199 万元，实现利税 120 万元；全年总费用未超，并略有节余；安全生产三项控制指标运行结果为零；计划生育、生产要害部位保卫和社会治安综合治理按局要求达标。

【物资供应】 严格遵守关联交易原则，进一步加大供应组织和协调力度，强化采供管理，降低采供成本，及时配套制定了《长庆石油勘探局器材供应处代理长庆油田公司物资采购及供应管理实施办法》、《长庆石油勘探局器材供应处对长庆油田公司物资供应结算办法》，明确了衔接程序；共组织招标订货26次，金额7687万元，节约采购资金1307万元。

【改革改制】　加强政策研究，积极探索重组改制新形势下的物资采供体制。领导班子多次召开专题会议，研究政策；成立专题调查组，先后4次到局属二级单位征求对全局物资系统和供应处改革的意见，并组织专人到大港、辽河等兄弟油田取经学艺，开拓思路；拟定并上报了《长庆石油勘探局关于深化物资系统改革的意见》，制定了《器材供应处深化改革基本构想》。

不断深化优质服务工作。撤销了庆阳供应中心，扩大了四个一级站库的职能，靠前服务，就近开展制单发料、结算等业务；加强服务回访，先后3次到长庆局和油田公司所属各单位结算料款，及时处理了供应物资中存在的各种问题；全处全年采购物资17.63万元，完成物资吞吐量46.35万吨，保证了油田勘探开发和生产建设的顺利进行。

【电子商务技术平台建设】　2000年，器材供应处结合基地搬迁西安业务变动情况，为了解决异地开具发料单、异地提料等问题，先后对业务科室、庆阳总库、靖边供应站、青铜峡供应转运站的服务器进行了更换和扩容，利用局域网实现了陕、甘、宁供应站（库）同时使用同一数据库服务器，开发出了物资系统业务管理3.0软件，实现了“异地开单，同步使用”，保证了全局生产建设所需物资的正常供应。

（石仲昭　杨治鹏　赵步清）

水电厂

【概述】　水电厂有职工1482人，机关职能科室7个，附属单位2个，厂（处）属科级单位8个，基层车间级单位4个。拥有固定资产原值7.47亿元、净值5.75亿元。

主要承担长庆油区供电、供水等服务业务，55个生产厂点分布在甘、陕、蒙三省区16个县域。拥有自备发电站12座、变电所26座、各类发电机组50台套，总装机容量65960千瓦。6—10千伏供电线路147条1126千米，35千伏、110千伏供电线路33条632千米。供水站18座，水源井154口，供集水管线263千米，水处理设备4组，年供电能力10.25亿千瓦·时、供水能力1500万立方米。

可承担220千伏及以下电压等级的送变电线路工程和变电所建设、安装工程的施工、电讯安装、水泥预制、玻璃钢内防腐、镀锌、电机维修、二级污水处理和净化厂、10万吨以下的给排水工程、输送变电工程建设，以及变压器、水泵、电杆、电线、电缆、钢丝制造等业务。

【主要生产经营指标】　2000年，完成购发电量5.1亿千瓦·时，同比增长10.87%。完成供水量1110万立方米，同比增长18%。完成天然气产量1878万立方米，同比增长4%。完成电话服务量54587台/月，同比增长12%。供电商品率87.03%，比计划提高1.03个百分点。供水商品率95.69%，比计划提高7.69个百分点。电话服务率98.1%，比计划提高3.1个百分点。实现工业总产值（现价）6192万元，同比增长11%。企业总收入3.31亿元。内部利润年预算亏损1600万元，实际亏损57.27万元，减亏1042.73万元。

【主要产品】　有变压器、水泵、钢芯铝绞线、聚氯乙烯绝缘导线、铁丝、钢丝、水泥预制产品(楼板、电杆)、阀门等。

【主要措施和成果】 通过加强领导、严密组织，集中利用 78 天时间对运行设备及线路进行了春检，确保了系统平稳运行，全年发电、变电、供电、配电事故率均低于国家和长庆局指标。加强调研，组织人员先后到 21 个采油作业区、123 座输油站、45 座注水站、11 座加热站、3313 口油井，以及净化厂、甲醇厂等进行调研，为开拓市场掌握了第一手资料。结合长庆局对水电厂“一对一”服务的定位，与油田各有关单位签订了关联协议和合同，理顺了服务与价格结算体系，确保了水电供给市场。针对重组改制后的新情况，制定了 15 个方面的管理制度。

通过深入细致的工作，2000 年，水电厂购发电量首次突破 5 亿千瓦·时；实现内部减亏 1042.73 万元；通过了 ISO 9002 质量管理体系认证；取得了甘肃省化验室计量资质证书和安全资质证书；多种经营系统完成产值 3463 万元，实现利润 75 万元；首次承揽建设的地方悦石 15 千米 35 千伏线路工程，一次通电运行成功，被甘肃省光明监理公司和庆阳地区电力局评为优良工程。

【精神文明建设】 厂领导班子被局党委、长庆局评为“好班子”；荣获“长庆局安全生产先进单位”、“长庆局社会治安综合治理、要害部位保卫先进单位”、“长庆局效能监察先进单位”、“长庆局计划统计先进单位”、“长庆局三星级模范职工之家”；靖边燃气发电厂、水电安装大队被长庆局工会评为“模范职工小家”；靖边燃气发电厂荣获“长庆局 2000 年度模范集体”、水电安装大队被局团委命名为“红旗团支部”；李馥同志荣获长庆局 2000 年度“劳动模范”称号；马向珍、王永强同志被局团委、党委宣传部、人事劳资处、市场开发处授予“闯市场、增效益”青年标兵和杰出青年岗位能手。

（曹　斌　杜永平）

通信公司

【概述】 通信公司既是长庆局的职能处室，又是一个负责长庆通信网运营管理的局属二级单位。共有职工 207 人，其中，干部 107 人，工人 100 人。

拥有固定资产 2.44 亿元。长庆通信网全网拥有程控交接站、点 40 座，装机总数量 5 万余门；微波站 40 座，微波传输线路 1287.2 千米；光缆传输线路 189.18 千米；无线寻呼基站 29 座。传输电路和无线寻呼系统遍布油田各生产、生活基地和油气田作业区，并且从西安、银川、庆阳三个端口与电信公网互联。长庆电视电话会议系统由西安基地中心会场和庆阳、咸阳、阜城、马岭、董家滩、马岭炼厂、井下作业处、银川、延安、大水坑、马家滩、九千米、靖边、甘泉、靖南等 17 个分会场构成。

2000 年 5 月，长庆计算机互联网（简称长庆互联网）建成投产。互联网由西安网控中心和庆阳二级接入节点经 2×2MB/s 电路互联而成。西安网控中心设有内、外 DNS 服务器、www 服务器、邮件服务器、FTP 服务器、网络加速器等，并经防火墙通过 10MB/s 带宽与中国多媒体公众网互联。同时在西安、庆阳分别安装了拨号接入服务器，共 240 线。到 2000 年底，全网共有固定电话用户 43950 户、无线寻呼用户 18559 户、局域网接入 31 个、拨号上网用户 1300 户。

【生产和经营指标】　主要生产指标：微波电路阻断历时为 0.85 分/路；专网内自动电路忙时接通率为 65.6%；计费差错率为 0.59×10^{-4}；平均百门电话故障历时（外线部分）为 177.25 分/百门；无线寻呼系统接通率为 99.28%；设备完好率为 99.3%。

主营业务收入 4313.79 万元；内部利润 506.09 万元，超计划 6.09 万元。

【科技创新与技术改造】　1999 年下半年开始长庆计算机互联网（简称长庆互联网）的方案调研、论证和立项，2000 年 1 月开始实施一期工程，5 月建成并投入试运行，8 月通过局验收。互联网采用当今国际流行的技术先进的以太网技术，并在西安基地建成了千兆园区网，并与庆阳、靖边等地区二级单位局域网互联构成长庆第一个广域网，开创了长庆计算机应用网络化的先例。使长庆信息化建设进入了一个新的发展阶段。该项目 2002 年获长庆局科技进步一等奖。

西安、庆阳、银川、延安等 7 个通信站的程控交换机进行了技术改造和扩容，共扩容 7650 线。在西安基地引进了美国朗讯公司的 5ESS2000 型程控交换机，解决了原交换质量差和处理能力不足的问题，并在主要交换站间采用了中国 NO.7 信令为主的中继方式，提高了电路利用率。

【工程建设】　经过充分的方案调研和论证，采用多元化融资的方式筹集资金，与西安铁通公司、中国联通西安分公司以合作、合资、合建、合用的模式，于 2000 年 7 月正式开工建设西安—蒲城—张家川—富县—甘泉—延安—高沟口—顺宁桥—吴旗—华池—庆阳（以下简称西延吴庆）光缆，线路全长 750 千米，传输带宽 155MB/s。整个工程于 2001 年 11 月竣工验收，并投入使用。这条主干光缆的开工建设是通信公司大规模扩建通信网传输系统的开始。

【安全生产】　进一步加强对通信设施、交通运输和消防防火等安全工作力度，对生产要害部位实行安全生产、防火和 HSE 的领导承包制，重点抓了"一个建立、两个教育、三个坚持、四个加强、七个防止"的措施落实，并结合春检、冬检对设备运行的隐患、防雷接地系统进行重点检测和整改，保证了网络的安全运行。在交通安全方面，坚持定期的安全会议和安全检查，认真贯彻执行安全管理"十八法"，取得了全年无任何事故的好成绩。

【企业改革与管理】　首次在全公司范围内实行全员竞聘上岗，对通信机房机务岗位打破干部、工人界限，设置了高级操作员、中级操作员、初级操作员岗位，进行公开竞聘。同时，从主业分流出 63 人，注册成立了长庆通信信息有限责任公司，通信处多元经济的发展从此开始，也拉开了长庆通信产权制度改革的序幕。

为适应油田信息化建设和发展的需求，通信公司报请长庆局批复组建了长庆信息台，主要负责长庆互联网和长庆 169 信息网站的管理和运行。把 2000 年确定为长庆通信的第一个优质服务年，并确立了"用户满意是我们永恒的追求"的服务理念。

（郭文仲）

运　输　处

【概述】　全处下设 13 个专业运输车队，3 个机修工段，10 个科级单位，12 个职能科室，6 个附属科级单位。共有职工 2103 人（含内部退养 324 人），其中，干部 350 人，占职工总数的

16.64%；工人1753人，占职工总数的83.36%。干部中管理人员224人，专业技术人员50人。工人中技师7人，高级工492人，中级工515人。全处有离退休职工859人，当年有偿解除劳动关系人员373人。全年完成货物周转量17406万吨·千米、153万吨·时、217万车·千米；完成钻井搬迁209个队次；完成汽车大修理101.36个标准台；生产原油18526吨；实现收入15079万元，亏损2299.3万元。

【设备状况】 截至2000年底，全处生产车辆总数467台4860个吨位，新度系数0.56，资产原值8867万元，净值5047万元。拥有吊车35台768个吨位；罐车7台32个吨位；拖车27台566个吨位；重型货车100台1622个吨位；中、小型货车262台1872个吨位；轿子车36台1587个座位。2000年，全处设备综合完好率91.35%，主要设备利用率85.66%，设备特大、重大责任事故发生率0%。

【市场开发】 面对市场严重萎缩的不利形势，及时调整工作思路，与全局各单位广泛联系沟通，积极主动开展工作。春运期间安全运送旅客12818人次；首次开辟了钻井一处和钻井三处运输市场；运输七队深入靖边搬迁现场，独立自主开拓市场，10月份就完成了全年生产任务；针对配属车逐年减少的现状，加强内部管理，提高服务质量，市场工作量比1999年同期上升20%。

2000年首次给基层单位下达社会创收指标，承担了中原油田井队搬迁任务，分别与西安、宁夏和延安等公司签订了油品运输合同，创收286.86万元；多方努力重新进入了失去的水泥运输市场；各机修工段挖掘技术潜力，走向社会市场，创收104.9万元。

开辟油田工程技术服务市场。抓住气田开发时机，组建了试气队和产建队，在较短时期就以优质高效的工作实绩站稳了部分市场，年创收632万元。

【企业管理】 严格预算和资金管理。根据长庆局减亏1000万元的具体要求，完善了《运输处资金管理实施细则》，坚持一支笔审批制度，继续推行财务集中统一管理和实行内部银行制度。定期召开经营分析会，及时掌握经营动态。结合实际制定下发了6个经营指导意见和办法，加强了基础管理工作。认真落实经营责任制。按照责任到人、指标到人的要求，从处领导、部门责任人到基层单位层层签订经营承包责任书，明确了经济指标和责任，制定了《运输处2000年经济责任制考核办法》。针对基层队管理薄弱的实际，将车队实行的甲、乙、丙等级竞赛延伸到机修工段和后勤辅助单位，实行效益排名，末位淘汰，产生了有效的激励作用；继续过好“苦日子”，压缩会议和非生产性费用，简化工作程序，控制不必要的开支，见到了明显效果。组建多种经营办公室，加强对多种经营单位的规范与管理，将原基层单位的多种经营点站收归兴润公司统一管理；调整原有产品结构，增加技术含量，拓宽了销售渠道；开发生产了多功能固井水泥车、新型复合防盗门和PVC建材。

【安全生产】 针对2000年初发生的“2·10”特大交通事故，认真分析事故原因，把有效遏制各类事故尤其是重特大交通事故作为安全工作的重点。深化各级安全生产责任制，健全“三全”管理网络，编印下发《安全技术标准宣传手册》；全面推行HSE管理，制定了《运输处HSE管理手册》；狠抓“三标”建设，使生产班组达标率提高到99%；全面落实“以治快为核心，以慢应万变，以稳保安全”的安全生产指导思想；强化职工安全教育培训，积极开展车队“十八法”动态分析；深刻吸取“2·10”特大及“11·5”重大交通事故教训，严格按照“三不放过”原则，加大违章及事故处罚力度，狠刹队伍中的“快车风”。2000年，全处共发生上报局事故10起，同比下降69.7%；死亡8人，同比下降57.8%；重伤人数同比下降69.2%；经济损失同比下降56.1%。

【结构调整】 制订了《运输处2000年改革总体方案》,并分步实施。撤销大队建制,成立13个运输队,由处机关垂直管理;设立三个队区,派出4个办事组,并深化器材、质检、公用事业、离退休职工管理等10个方面系统化管理,减轻了主业负担;根据长庆局《减员增效工作宣传手册》,加强对职工进行有偿解除劳动关系的宣传解释,当年有偿解除劳动关系373人;认真落实局领导现场办公指示精神,制定出《运输处2000年改革总体设想》。

【精神文明建设】 坚持精神文明建设与物质文明建设同步安排、同步考核,提出了“围绕效益中心,理顺组织机构,及时跟进工作,充分发挥作用”的工作方针,确立了“开展一个主题活动,加强三个建设,抓好三项工作”的总体工作思路。扎实开展“求生存、图发展、闯市场、增效益”主题活动。加强党的组织建设、干部队伍建设和党风廉政建设。建立领导干部连带责任制,实行分级考核,严格干部管理,完善了监督约束机制。深入开展宣传教育活动,注重抓好形势任务教育及改革政策的宣传,为企业发展创造良好环境;坚持开展“三创一争”活动,推动企业双文明建设的健康发展;狠抓综合治理和“三禁一反”活动,全年综合治理形势良好,维护了队伍的稳定。在生产经营十分艰难的形势下,切实解决职工实际问题。坚持重大节日慰问看望老同志制度,全年发放慰问金9.3万元,为126户职工解决了住房困难。增加绿化面积,新建花园13个1500平方米,植草坪800平方米,进一步美化了生活环境。

（王永刚）

交通服务处

【概述】 2000年,交通服务处共有职工173人,其中,干部17人,工人156人(驾驶员130人,修理工26人)。有各型小汽车154台,固定资产原值4564.1万元,当年固定资产净值2079.9万元。

交通服务处以服务和效益为导向,建立以模拟法人和资产经营为主体的经营管理体制,逐步实现由费用单位向利润单位;由服务型向服务经营型;由分散管理向专业化管理的转变,促进经济效益和服务质量的不断提高。

【主要指标完成情况】 2000年实现总收入1418.8万元,比1999年增收109.8万元;2000年总成本支出1713.6万元,比1999年增加106.6万元;2000年实现内部利润-294.8万元,比1999年减亏3.4万元;2000年完成行驶468万千米,完成下达指标的97.5%;车辆完好率为89%,平均出勤率为67%;2000年维修车辆895台次。其中,一保作业195台次;二保作业146台次;项修作业544台次,发动机大修作业10台次,维修工作量比1999年提高10%。

（郭光明）

长庆石油学校(干部培训中心)

【概述】 长庆石油学校(干部培训中心)(以下简称学校)占地324亩,办公地点设在甘肃宁县长庆桥江村,建筑面积 6.9 万平方米,固定资产 2772 万元,职工总数 241 人。2000 年招生 171 名,职工培训 1400 人次。

【改革改制】 2000 年,根据局党委、长庆局关于“调整职教结构、成立职培中心”的思路,明确了学校要建成长庆局干部培训基地的新定位,按照“精干教学一线,精简行政人员,逐步分离后勤服务,彻底剥离第三产业和多种经营”的原则,制定基地建设规划,加大调整改制力度,加强培训功能建设。按照干部培训基地必须建立一支精干高效的教职工队伍的要求,以石油企业减员增效为契机,在保持稳定的前提下,积极稳妥地实施减员增效措施。到 2000 年底,全校教职工有 33 人内部退养,48 人有偿解除劳动关系,在岗职工减少到 203 人。同时,突出抓了内部机构调整,按需定员编制。科级部门和单位由原来的 22 个减少到 20 个,科级干部由原来的 45 名减少到 37 名。按照后勤服务社会化的模式,对食堂实行承包经营,使食堂成为自主经营、自负盈亏、相对独立的经营实体。

【办学模式调整】 在办学形式上,实行多元化结构模式。以干部培训为主,以劳动预备制培训、学历教育(包括大中专、本科函授教育)为辅。在自主办学的基础上,通过校际联合,构建由中职教育向高职教育过渡的立交桥,初步形成了相互交叉的立体办学模式;在培训对象上,侧重“三个层面”,即对科级领导干部重点开展工商管理知识培训,对专业技术干部重点开展技术创新和开拓市场培训,对青年干部侧重开展复合型人才培训;在培训内容上,突出“四大模块”,即工程技术模块,现代企业管理模块,应用技能模块,企业文化模块;在培训方式上,采取“五个结合”,即独立培训与联合培训相结合、基地内部培训与现场培训相结合、集中培训与分散培训相结合、长期培训与短期培训相结合、虚拟培训机构与常设培训机构相结合,争取培训效益最大化。

【培训工作】 根据办学需要,学校专门成立了培训科,确定了培训工作目标责任书,实行量化考核和奖惩兑现,把培训工作纳入了产业化经营轨道,提高了培训效益。积极开发培训市场,走出去寻找培训任务,根据油田实际,确定了 40 多个培训项目,大力宣传,找米下锅,扩大培训份额。全年组织教师到 8 个生产单位开展上门培训服务。在做好常规培训的同时,及时掌握企业生产新工艺、新技术发展趋势和各方面、各阶层的培训需求,拓宽培训空间,开发新的培训项目。加强培训功能建设,争取培训资质。学校与新疆石油管理局职工培训中心(原新疆石油学院)联系,取得了 HSE 培训资格。同时,取得了全国计算机等级考试点、教育部远程教育培训点资格和劳动预备制培训许可证等。

2000 年组织完成局安排的培训班 10 个,培训 415 人;主动到现场办班 13 个,培训 675 人;争取到校内的培训班 10 个,培训 310 人。总计开办培训班 33 个,培训干部、职工 1400 人,培训创收 35 万元。

【常规教学】 开展了 6 次教学大检查,组织听课 500 余节。组织修订中专教学计划 4 种,编制劳动预备制培训教学计划 6 种,编制高职教学计划 3 种。开设理论课 450 门,实验课 98 门,组织实习教学累计 210 周。总计完成教学任务 37400 学时。理论课开设率 100%,实验课开设率 97%,实践教学任务完成率 100%,体育达标率 86.9%。学生各科成绩合格率 88%,学生参加全国职业技能鉴定取证率 100%,学生参加全国计算机等级二级考试通过率 75.1%。学生操行合格率 99.87%,毕业生合格率 100%,学生违法犯罪率为零,学生出勤率 99.4%,后进学生转化率 98.5%。

【函授教学】 2000 年初在机构调整时,将函授教育职能从培训科分离出来,成立了函授科,强化了作为长庆局高等教育函授站的职能作用。严格各项规章制度,严把面授、考试等教学环节,认真落实高函、中函教学计划。2000 年完成了 17 个班级 1302 人次的高等函授面授教学组织和管理任务，完成了5个班级440人次的中专函授面授教学任务。

【教师队伍建设】 按照企业干部培训要求，对现有的教师重新定位，加大了对培训者进行培训的力度。2000年有12名教师外出参加培训学习，有7名骨干教师参加硕研课程学习，有24名教师参加各类函授学习，有5名教师到生产一线担任技术监督。参加学习和培训的人数占到教师总数的67%。举办了第16届教改科研汇报会，发布论文50余篇，有7篇论文在省部级以上刊物上发表。首次拨出10万元经费作为科研基金，承担并完成了教育部《中等职业教学质量控制与评价研究》项目。

【校办产业】 校办产业继续实行项目管理，推行承包责任制，加强市场开发工作。八达公司2000年产值608.1万元，实现纯利润37.7万元。试采作业区加强了日常管理，降低成本，规范运作，实现利润20多万元。年上缴原油商品量515吨，完成计划指标的103%，成本控制在所定指标之内。

【精神文明建设】 2000年，学校被长庆局授予“花园式单位”称号，被甘肃省庆阳地区综治委评为“安全小区”。

（叶 健）

技工学校（工人培训中心）

【概述】 技工学校（工人培训中心）（以下简称学校）占地面积234亩，建筑面积50000平方米，办学地址在甘肃省庆阳县驿马镇，固定资产1724万元，职工总数216名，2000年招收劳动预备制学生301名。常设专业有钻井、采油、电工电子、内燃机、车钳管铆焊、汽驾与汽修、烹饪、宾馆服务等15个，形成油气主体专业、社会通用专业和三产服务专业三大专业系统。学校还承担油田内外技师和高级工培训，建有全国计算机等级考试站和全国计算机信息高新技术考试站及国家职业技能鉴定所。

【队伍建设】 实施《教师业务建设目标管理办法》，对教师从学历、技能、职称、外语、计算机、教育理论6个方面作出明确的达标规定；强化教师培训工作，共送42名教师外出参加德国双元制汽车修理、数控车床操作培训、计算机高新技术考评员等培训。安装了电子阅览室、多媒体课件制作室，为教师在职培训提高创造了条件。

【组织与管理】 常规教学管理注重把好“五关”（备、讲、批、辅、考）；坚持开展“三级评教”活动（学校领导和科室领导评教、同行评教、学生评教）；组织中青年教师开展“五个一”教学竞赛活动（一份好教案、一口普通话、一手粉笔字、一堂优质课、一篇教改文章），2000年共组织公开教学课35次。

在教学改革中，调整重组教研室，将原10个教研室按专业结构调整压缩为4个教研室，为下一步实体运行奠定了基础；学习“双元制”培训经验，组建汽车专业培训中心。2000年利用局拨和自筹资金69万元建成电子阅览室1个、多媒体课件制作室1个，添置了部分焊工、电工、汽车专业实习设施。

【培训工作】 开展了在职职工培训和劳动预备制培训。培训在职职工64期、2639人、48946人·天，为1999年度的150.7%。学校获得甘肃省人事厅授权的“庆阳地区国家公务员微机应用培训基地”的培训资质。组织全国计算机等级考试两期，参加学员613人，一、二级通过率为52%。

【就业指导】 通过开设就业指导课等形式，引导学生转变就业观念。选送164名学生赴深圳、西安、兰州、银川等地打工实习，就业80名，培养了学生适应社会的能力。积极开展就业推荐工作。2000 年应届毕业生 731 名，当年就业 612 名，就业率 83.7%。

【校办产业】 镇北作业区生产原油 10001 吨，商品量 9636 吨。锦林公司在完成正常销售任务的同时，争取到油田职工劳保皮夹克的订货，销售收入突破千万元大关。实习加工厂研制开发了两种采油配件，打开了局内市场，2000 年完成销售收入 810 万元。多种经营改制工作逐步展开，组建了“长庆技校实业公司”。锦林公司改制前期准备工作基本完成。

【精神文明建设】 2000 年，学校获“地级文明单位”称号，被国家绿化委授予“全国绿化四百佳单位”，通过了“甘肃省安全文明小区”检查验收。

（叶　健）

庆阳子弟总校

【概述】 庆阳子弟总校（以下简称学校）由长庆一中及两所附属小学（第一小学、第二小学）组成。学校有教职工 355 人，专职教师 225 人，其中，高级教师 10 人、中级教师 102 人。在校学生 3113 名（高中 734 名、初中 890 名、一小 1103 名、二小 386 名），共有教学班 83 个（高中 20 个、初中 22 个、一小 29 个、二小 12 个）。下设综合办公室、教务处、德育处、教研室、团委、总务处、财务科等科（室）。

【主要成绩】 教学质量创历史最高水平，2000 年高考人数再次突破 200 名大关，达到 220 名，总分 620 分以上 2 人，500 分以上 41 人。高职录取线以上 245 人。应届生上线率超过局标准 20%，本科上线率超过局标准 15%。李艳、顾华两位同学名列甘肃省文科第二、三名，双双被北京大学录取。高中毕业会考合格率达到 96.6%，超过局标准 16 个百分点。初中毕业会考六科合格率高达 82%，超过局标准 32 个百分点，创历史最高水平。第一小学毕业会考双科合格率为 99.05%，超局标准 7 个百分点，张馨月同学以 193 分的总成绩夺得全局第一名。第二小学会考双课合格率达到 100%，创该校有史以来最好成绩。学科竞赛共获各人奖 69 人次，其中省级一等奖 6 名，二等奖 6 名，三等奖 8 名，地区一等奖 5 名，二等奖 23 名，三等奖 15 名，在本地区保持领先地位。学生思想品德合格率为 100%，优良率达到 95.38%，守纪率为 99.68%，守法率 100%。“四无班级”为 84%，一、二类班级达到 86.6%。学生人身安全率 99.9%。综合治理、安全、消防、计划生育等工作，全面完成了长庆局下达的指标，教育经费使用控制在预算以内。学校被评为“甘肃省示范性普通高中”、“全国中小学德育工作先进集体”。

【主要工作】 面对企业重组改制，基地调整及减员增效等因素的影响，学校制定了“保持稳定促发展，提高质量求生存”的工作方针，提出了“确保教学质量稳中有升”的工作目标。一是抓住甘肃省评选“示范性普通高中”的机遇，及时开展了创办示范性学校的活动。实施了接受督导评估的“六大工程”，即教学管理工程、校风校纪工程、硬件建设工程、校容校貌工程、基础资料工程和校园文化工程。2000 年 5 月学校以 940 分的优异成绩通过了甘肃省教育厅的评估验收，跨入全省首批 14 所示范性学校行列。二是加强教师队伍建设。根据近两年学校老师流动量大，大批老教师退休、调出的实际情况，学校把教师队伍建设作为当务之急。做好教师的思想教育工作，引导他们把精力放在钻研业务，提高自身素质上来，把学校的命运和自己的前途联系起来。制定了《加强教师队伍建设若干意见》及相配套的十项制度，使教师队伍建设工作具体化、制度化。启动“名师工程”，培养知名教师和学科带头人。积极开展教学研究，提高教师的科研能力。三是加强教学管理。注意抓好课堂教学这一主阵地，制定了“听得懂、记得住、理解得了、用得上”十三字课堂教学评价标准，初中段实行同课堂分层次教学目标设置，高中段实行A、B教材分层次授课形式。四是加强德育工作。按照校内“分层次”，校外“大德育”的整体构思，学校确定并实施了德育工作“四大工程”：即制定《分层次、系列化德育实施方案》，完善校内德育的体系；强化学生政治思想教育，开展学生党建工作；构建家庭、学校、社区三结合德育网络，落实全员、全方位、全过程育人要求；建立“学生心理教育模式”，促进学生身心健康。“四大工程”的实施使学校的德育工作落到了实处，学校荣获“全国中小学德育工作先进集体”称号。

（张灵生）

银川高级中学

【概述】 银川高级中学（以下简称学校）共有职工225人，其中干部209人，工人16人。专职教师188人，其中，高级教师21名，一级教师74名，在读研究生24人。子校有教职工85人，专职教师69人，高级教师2人。学校领导5人。下设综合办、教务处、教研室、德育处、团委和总务处6个部门和6个年级组。子校相对独立，高中1名副校长兼子校校长。

校园面积130亩，建筑面积2.17万平方米，价值2900万元。拥有电化教室1间，语音室2间，计算机教室2间，备课室1间，理、化、生实验室各2间，音像资料室1间，生物标本室1间，建起了校园网。

【重点工作】 一是启动名师名校工程，抓师德师风建设，培养爱岗敬业、务实求真的工作态度和严谨作风；抓教育理论和专业技能的培训提高，解决教师教育观念和业务素质的问题。使教师队伍建设明显加强，“科研兴教、名师立校”战略得到落实。二是狠抓常规、规范教学。认真贯彻“以教师为主导，以学生为主体，以训练为主线”的原则，坚持抓教风和学风，把二者当作教育腾飞的双翼，形成了老师善教，学生会学的良好局面，保证教学质量的提高。三是积极开展专题教学研究活动，有针对性地解决教与学中出现的各种问题。全学年完成教研专题85个，大部分具有实际指导意义；举行优秀论文发布会，除了对获奖教师予以重奖外，还与评定技术职称挂起钩来，极大地调动了教师教研教改的积极性。四是在掌握和运用现代教育信息技术上狠下功夫，建设校园网，发挥电教设备的作用；对教师进行了两次微机教学软件运用培训，培训教师60多人，教师的上机水平得到提高。学校被区教育厅授牌为“宁夏现代教育技术实验学校”。五是努力探索新形势新环境下德育工作的有效方法，开创德育工作新局面。在学生行为习惯的养成教育上狠下功夫，建设校园文明，形成良好的校风。在学生管理上狠下功夫，当好“第二家长”，广泛培养学生适应社会的生存能力。重视住校生的管理和生活自理能力的培养，实行半军事化、半封闭式的管理。在对家长和学生的问卷调查中显示，95%的班主任老师深得赞誉，收到了良好的社会效益。

【主要成绩】

（1）高考情况。572名考生参加高考上线率达到40%、录取率达到47.6%，其中重点院校录取率为21.4%，居自治区重点中学第二名；本科录取 250 人，占录取人数的 85%。2000 年的上线率、录取率、重点率分别比 1999 年高 6 个、11 个、10 个百分点，均创宁夏片高考最高记录。

(2)会考情况。高中会考，高一地理一次性合格率为 91.77%，高二物理、化学、英语、生物、历史的会考一次性合格率分别为 94.69%、95.81%、90.25%、89.84%、96.65%。初三会考六科合格率为 77.85%，超局标 27.85 个百分点，体育会考合格率为 99.36%，超局标 49.36 个百分点，高中升学率达到 70.25%。

(3)小学统考。六年级参加局语、数测试双科合格率为 99.25%，高局标 9.25 个百分点，体育会考合格率 98.4%，高局标 38.4 个百分点。

(4)其他工作。安全、综合治理计划生育等工作全面达标；

(5)竞赛情况。麦玮、刘建明、赵春芳等老师参加区、市优质课竞赛，分获自治区一等奖和银川市一、二等奖，麦玮老师还将代表自治区参加全国竞赛。生物、英语、数学等学科教师辅导的学生参加全国性的学科竞赛，获得一等奖 1 人次、二等奖 7 人次、三等奖 11 人次、优胜奖 2 人次，有 11 位老师获区级优秀辅导奖。

(6)教研成果。2000 学年完成教研专题 85 个，经学校审查验收，大部分初见成效，具有实际指导意义。教师撰写的论文，在国家级刊物上发表 2 篇；参加校外评比，获国家级二等奖 1 篇，获省部级一等奖 5 篇，二等奖 6 篇，三等奖 20 篇；获地市级一等奖 8 篇，二等奖 26 篇，三等奖 17 篇；参加宁夏石油学会论文评比获奖 44 篇。

(7)学生竞赛。朱嘉麟同学获得全国生物竞赛一等奖，获二等奖 4 人，三等奖 5 人；十月份，在全国高中数学联赛中，王丽同学获得一等奖，获二等奖 5 人，同时两位老师荣获自治区优秀辅导教师奖；在全国高中化学竞赛中，1 人获二等奖，2 人获三等奖；在全国中学生物理竞赛中，1 人获得三等奖等。

(李儒鼎　牛永红)

职工疗养院

【概述】 职工疗养院下设 6 个基层单位，2 个多种经营厂点，4 个机关科室及 1 个机关附属单位。2000 年末，全院共有各类用工 124 人。其中，职工 96 人(干部 48 人，工人 48 人)；劳务合同工 28 人。副高级以上职称 4 人，中级职称 9 人，初级职称 27 人。固定资产原值 1280 万元，净值 892 万元。

【经营业绩】 2000 年，共接待油田内外疗养员 1692 人次；接待会议、培训班、旅游团体及体育比赛 65 个、4465 人次；医疗查体 2225 人次；2000 年经营净收入 242.06 万元，局核定费用不超。疗养服务满意率达到 97.13%，较局下达指标提高 12.13%；慢性病治疗有效率达到 92.7%，较局下达指标提高 12.7%；床位使用率达到 70.3%，较局下达指标提高 0.3%。长庆沙棘油厂实现生产经营总值 241 万元，利润 19.9 万元；长庆实现发展公司实现生产经营总值 158.6 万元。

【市场开发】 加大市场开发力度，面向油田内外广揽客源。先后接待西安周边的 7 个地方会议。以“五一”长假为契机，积极开展旅游接待服务。“五一”节期间共接待旅游团体 16 批 753 人次，得到有关旅行社和广大游客的好评。同时，发挥医疗优势，为油田一线职工提供巡回医疗服务。院医疗中心组成以党员为骨干的医疗小分队，先后两次赴钻井一处前指和筑路工程处开展巡回医疗，为钻井队职工查体治疗 800 余人次，深受钻井一线职工的欢迎。

【管理与改革】 用好政策，搞活经营。根据重组后长庆局对疗养院实行定额费用补贴的经济政策和 2000 年度的经营目标，采取经营承包，目标管理等形式，建立了经营工作三级责任制。加强经营承包责任制落实过程中的考核，考核结果与发放效益工资挂钩，激发了全院职工闯市场、增效益的积极性。严格资金管理，落实节支措施。坚持以收定支，不留缺口。资金预算和重大开支必须经院务会讨论决定，采取积极有效的节支措施，节约费用 10 多万元。减员增效，精干队伍。认真落实相关政策，全院先后有 70 人申请办理内部退养和有偿解除劳动关系，职工队伍减员达 40% 以上。同时，严格劳动用工管理，严禁基层单位私自用工，将所有用工纳入院统一管理，有效控制了劳务费用。加强安全管理，落实安全责任。全年组织开展安全大检查 8 次，挤出资金维修了全院的安全、消防设施，更换了疗区老化的电线，开展多种形式的安全、防火教育以及“安全知识竞赛”答题活动，实现了年度安全、消防工作达标。

【硬件建设】 在长庆局的支持下，多方筹集资金，先后建成较为先进的微机培训室；维修改造了办公楼和招待所；装修了膳食服务部部分餐厅，新增中餐厅 1 个，小餐厅 1 个；对部分疗区进行了室内家具和床上用品配套；给医疗中心添置了 B 超、病床等医疗设备和设施，装修了外科手术室，使医疗条件进一步改善；新建成 100 立方米生活水罐一具，完成了 300 立方米生活水罐和 60 立方米储水罐的维修工程，同时维修改造了两栋住宅楼的生活水管线，为疗养接待工作和职工生活创造了较好条件。搞好院区绿化和小景点建设，绿化覆盖率达 51%，获中油集团公司“绿化美化先进集体”荣誉称号。

【精神文明建设】 抓党风廉政建设，结合实际开展效能监察工作。开展了国有资产管理及药品、物资采购效能监察，重点查阅台账 20 余本，核查登记实物 752 台(件)，理清了家底，促进了内部管理。广泛开展以“三创一争”为主要内容的精神文明创建活动。加强文化阵地建设，办好简报、宣传栏、阅报栏、图书阅览室和自办电视节目，大力宣扬先进典型。引导职工群众参加各种有益身心健康的文体活动。2000 年，仅离退休职工管理站就组织老职工书画展及各种文体比赛活动 17 次，丰富了老职工的晚年文化生活，增强了职工队伍的凝聚力。组织开展以“求生存、图发展、闯市场、增效益”为主题的劳动竞赛以及合理化建议活动，提出建议 556 条，建议采纳率达 70%，调动了职工的积极性、创造性。以“创建安全单位”活动为载体，加大综合治理力度。在层层签订责任书的基础上，突出治理重点，对院内疗养服务区、办公区、生产区、生活区设昼夜值班点 11 个，投入资金万余元，落实人防、物防和技防措施；针对院内青工多、离退休职工多和流动人口多的现状，广泛开展普法教育和“三禁一反”活动，增强了职工群众的法律意识和法制观念。2000 年 5 月荣获“西安市社会治安综合治理安全单位”称号。

（刘致远　薛　恒　高甫印）

职工医院

【概述】 职工医院是一所集医疗、科研、教学于一体的综合性医院，有机关职能科室 6 个，附属单位 2 个，院属科级单位 20 个。职工总数 485 人，其中，干部 333 人，处级干部 6 人，科级干部 32 人。工人 152 人。男职工 202 人，女职工 283 人，离退休职工 233 人，内部退养职工 53 人，劳务合同工 19 人。主任医师 1 人,副主任医师 21 人,中级专业技术职务人员 88 人。

拥有 CT、彩色 B 超、800 毫安 X 光机、颈颅多普勒、乳腺 X 光机、高压氧舱、电子胃镜、血气分析仪、大生化分析仪等先进设备。

【医疗指标】 坚持以一流的管理,一流的技术,一流的服务,一流的设备,一流的质量,一流的信誉为油田职工家属和老区群众健康服务,全面完成了各项医疗指标。出院人数 6239 人,治疗有效率 95.4%,平均住院天数 15.03 天,床位使用率 66%,诊断符合率 97.2%,抢救成功率 95%,门诊量 115716 人次。

【经营情况】 在长庆局费用补贴的基础上,积极推行了“经营承包责任制”,将部分成本列入科室成本核算,实行了月核算月考核,考核结果和科室的奖金挂钩,促进各个科室自觉节约成本和开支。同时,努力提高医护质量,不断改善服务态度,增加收入,减少支出。2000 年局补贴 1405.4 万元,实现收入 2886 万元,支出 4301 万元,实现了收支平衡。

【科技成果】 积极采取送出去学习和引进新技术、开展新工作两条腿走路的方法,医疗技术水平一直处在陇东地区的领先地位。2000 年,我们送出去到各大医院进修人员 8 人,发表各种学术文章 25 篇,开展了“腹腔镜临床应用”等 38 项新工作。其中《漂浮电极床旁紧急心脏起搏的临床应用》获长庆局科技进步三等奖。

【企业管理】 面对重组改制和医疗市场竞争激烈的情况,牢固树立“外树形象、内聚实力、严谨务实、开拓进取”的思想,以“质量、服务、稳定、安全”为主题,积极开展优质服务竞赛,每月进行患者满意度测评,提高了全院职工的素质。2000 年,我院荣获“全国职业道德建设先进单位”、“甘肃省职工职业道德建设十佳单位”称号。白晓霞获“全国先进女职工”称号;杨耀民被评为“甘肃省医疗管理专家”;吴世俊被评为“甘肃省医疗专家”。

坚持“安全第一、服务第一”的思想,建立健全科室安全生产责任制。开展了 HSE 体系的宣传和实施教育工作,成立了 HSE 管理委员会。坚强了要害部门和岗位的安全管理,对消防、毒麻药品、车辆安全定期检查。重视病历和处方书写,派专人定期检查医疗文件的质量,保证医疗安全,减少医疗纠纷的发生。加强职工生活区的安全管理,定期到职工家中检查用电、用气的情况,杜绝了不安全因素。

（龚成林）

公用事业处

【概述】 公用事业处是以矿区后勤服务为主的具有双重职能的物业管理服务单位。在履行局机关部门职能上,负责对长庆矿区公用事业、住房资金、内部房产交易、房改等系统管理。作为实体单位,又承担着长庆西安兴隆园、靖边天然气勘探开发基地 2 个基地的生活服务与管理工作。处属基层单位 8 个;设机关职能科室 6 个、附属单位 1 个。全处职工总数 312 人,其中,干部 146 人,工人 166 人。截至 2000 年末,拥有资产总值为 4.82 亿元。其中,固定资产原值 3.48 亿元,负债总额 4.82 亿元。

【生产经营】 面对重组后的新形势,公用事业处贯彻“主辅分离、分灶吃饭”的石油企业后勤改革精神,坚持走“专业化管理、企业化经营、社会化服务、市场化运作”的道路,确立了“精干物业队伍，稳定主营收入，做强多种经营，增强单位实力”的“24字”发展思路，提出了“企业减补，单位自救”的工作目标，全面落实各项改革措施，努力完成年度各项任务，使全处经营工作出现了好的态势。2000年完成主营服务收入2541.5万元，为年计划的121.8%，全面完成了长庆局下达的2000年度经营任务指标，实现了事业处“收支平衡，略有节余”的目标。

【关联交易】 认真制订社会服务和生活服务关联交易协议。同时，针对关联交易实施过程中出现的新情况、新问题，本着互谅互让和充分协商的原则，及时协调处理问题和矛盾，逐步核实服务数量，明确服务方式，规范交易行为，理顺结算关系，从而保证了关联交易的正常运行。全年完成关联交易服务收入936.23万元，保证了年度经营目标任务的全面完成。

【内部改革】 以职工食堂、幼儿园为突破口，首次在靖边基地职工食堂试行分组承包经营。在岗位优化中，对幼儿园园长实行公开招聘，择优录用，为逐步“减补”创造了条件。同时在不改变单位产权性质的条件下，对无锡技术开发中心实行集体承包经营，并组建了上海长庆旅游服务公司。

以《长庆石油勘探局关于减员增效的实施意见》和长庆局减员增效工作会议精神为指针，通过转岗分流、规范劳动用工和办理内退、有偿解除劳动关系等方式，合理调整机构和岗位设置，压缩用工总量，实际在岗的全民职工减少了72人，为年初总人数的21.6%。其中，内部退养人员18人，有偿解除劳动关系人员36人。坚持“两条腿走路”的方针，组建了华能机械安装工程有限公司、华兴科工贸有限公司和榆林兴庆工贸有限公司，在调整产业结构、组织结构和队伍结构方面取得新的突破，逐步构筑起了公用事业处生存与发展新的支点。

【市场开发】 在重新构造多元化发展的基础上，利用有利条件，瞄准社会市场，寻求发展项目。当年完成产值工作量首次突破2000万元。充分利用西安基地现有设施和条件，推行外向型的可辐射区域的社会化服务，先后与毗邻基地的西北管道局、国家黄河管理委员会等单位联系，推出热水供应、供气、供热项目，拓宽了物业服务领域。

【安全生产】 始终加强对安全生产的组织领导，突出重点部位的目标管理，落实“三全”管理措施，抓教育、抓检查、抓整改、抓考核，进一步提高了以安全生产为核心的“三标”建设水平。2000年，公用事业处首次被长庆局授予“安全生产先进单位”。

【小区建设与管理】 制定了小区绿化工程实施方案和绿化管护措施，并挤出资金实施了小区绿化喷灌工程，使绿化覆盖率、绿化成活率水平得以提高。

坚持把“两个走在前列”的方针贯穿于小区建设和管理工作的始终，按照长庆局关于创建文明小区的部署要求，结合兴隆园小区实际，制定创建活动计划，落实创建活动措施。同时以管委会为主导，管理部门为主体，发挥单位联动、群众参与的作用。突出小区综合治理、绿化美化和生产生活服务三个重点，进一步健全组织，完善制度。先后制定印发了《长庆局西安兴隆园小区管理制度汇编》、《治安管理规定》、《卫生管理规定》等20多项800多条管理制度。

小区被西安市委、市政府和市文明委授予“安全单位”、“文明小区”称号；分别被西安市、未央区两级综治委和局综治委授予“2000年度综合治理先进单位”；被西安市绿委推荐为“全国绿化先进单位”。同时也涌现出了一批热爱小区工作，关心小区建设，支持小区活动，积极参与小区管理的“文明单位”5个、“文明家庭”58户、“文明居民”61人。

【精神文明建设】 围绕中心工作，开展“三讲”教育，深化“求生存、图发展、闯市场、增效益”主题活动、开展“三创一争”活动，并及时掌握职工思想脉搏，有针对性地开展思想政治工作，有效地促进了职工队伍思想素质的提高。评选表彰了全处6大“文明服务模范窗口”和6大“文明服务标兵”，荣获长庆局“宣传思想工作先进单位”和“一星级职工模范之家”。

（顾继华）

银川物业管理处（银川办事处）

【概述】 银川物业管理处（银川办事处）有机关科室4个，基层科级单位8个，队站级单位3个，多种经营企业3个；职工总数257人，其中，干部85人（处级7人，科级23人，其他55人），工人172人；燕鸽湖基地住户3580户。

【经营指标】 有固定资产12060万元，局下达收入指标1675.7万元，费用指标3282.5万元，实际完成收入1675.7万元，费用3254.2万元，节约费用28.3万元。

【企业管理】 2000年年初，制定了《银川物业管理处成本控制办法》，与各科室、各单位签订了费用承包责任书，严格报销审批制度，严禁计划处乱发钱物，使成本费用得到了有效控制。全年费用比计划下降近10万元，做到了费用不超，略有节余。

一是电话费实行“包干到人、定额管理、节余不退、超支自负、按月结清、不得累加”的办法后，2000年发生电话费9.8万元，比计划降低2万元，比1999年同期降低0.4万元。

二是在局领导的大力支持下，投入上百万元，安装了磁卡气表，更换了老式电表，实现了磁卡记录，彻底告别了走家串户抄表收费方式，节约了费用。

三是严格用电、用水管理。机关各科室、基层各单位实行轮流值班制，每天指定专人监督办公室是否人走灯熄；路灯是否根据室外亮度及时开关；节日彩灯、门球场、台球案的照明灯是否存在浪费；施工用电、用水是否按标准收取费用，使长明灯、长流水现象得到了控制。据测算，仅此项全年可为企业节约费用2万多元。

四是节能降耗，控制燃煤。制定了节能、质量、计量、规划和管理工作目标，基地、新城、南门锅炉房精打细算，严格控制用煤、燃油20余吨。

【深化改革】 一是将原归属房管所的维修队归银燕实业中心管理，改单纯的服务职能为服务与经营相结合，实行自负盈亏，自主经营，使员工的观念发生了很大变化，一年收入就达150多万元；

二是将新城管理站交由威龙公司托管，实行承包经营，他们先后赴西安、兰州洽谈业务，招揽了澳门大学MBA学习班、钻井管子公司等食宿，收入与1999年同期相比持平，圆满完成承包了任务。

三是根据锅炉工冬忙夏闲的情况，对锅炉维修实行了内部维修提成，充分调动了供热站职工积极性，为企业节约费用33.2万元。同时，在不增加锅炉工编制的情况下，从原第一供热站调入部分职工充实到新投运的二供，两个供热站的缺员均以劳务合同工、季节工解决，大大减少了费用。

四是成立职工持股会，对原银燕实业中心注入持股会资金进行改制，成立了银燕科工贸有限责任公司。目前该公司运行正常，职工已得到了一定的实惠。

五是认真贯彻落实勘探局减员增效的有关

政策。目前，全处已办理内部退养 19 人，有偿解除劳动关系 30 人。并对考核不合格的 14 名劳务合同工进行了清退。精干了主业队伍，壮大了三产，减轻了企业的负担。

【物业管理】　继续按照“全国城市物业管理优秀示范小区”的标准，管理小区、建设小区。一是以居委会工作为切入点，成立了居民电视学校，努力提高居民的素质。二是针对小区管理面积的不断扩大，选出了居委会主任，落实了楼长，实施分片管理，责任到人。三是加强对太阳能热水器安装、草坪和树木维护、居民房屋装修、垃圾清理的管理力度，对工程安装不合格、不遵守小区管理的工队或个人实施严管重罚。四是组织人力对 3936 户的产权证进行了办理。五是环卫绿化实行承包责任、一包到底的办法，春季共栽植乔灌近 3 万株。按照局主要领导挖大坑、栽大树的要求，秋季绿化栽植乔灌木近百株，并建造了新的花房。六是把分散式维修管理变为集中管理，由综合科统一计划、统一结算。截至 2000 年底，已完成了新城、南门部分住宅楼的上水管线、屋面、暖网和墙体等维修、改造或粉刷，其中包括长期未解决的二区一组团 7 号楼、一区三组团 21 号楼的供热管线的维修改造。七是完成了供热站上煤机、锅炉、茶浴炉等维修工作及供电、通信系统的春检。八是在局领导的协调支持下，投入 90 多万元，对南门管理站输气工程进行了施工。2000 年基地顺利地通过了“全国城市物业管理优秀示范小区”的验收，中央领导人罗干来基地检查时高兴地说：“长庆很有实力，基地建设很好，管理得不错。”

【安全生产】　按照勘探局健康、安全、环境为中心的“三标”建设内容，层层签订安全承包责任制，制定全处“三全”管理责任体系网络及考核标准，分别在春、冬季组织两次安全、设备大检查。认真履行了锅炉检验工作。完成了消防设备器材的检查配备，其中对发现的问题及时整改。对全处的车辆进行了彻底清理。运输队建立健全了各项制度及驾驶员信息库，每周定期组织驾驶员学习安全知识，使交通安全工作出现了可喜局面。

【综合治理】　按照局领导的安排和部署，选聘了 20 多名劳务合同工充实保卫科，建立健全群防群治网络，成立处综合治理领导小组，各基层单位也相应分别成立了 80 人参加的 7 个综合治理小组、76 人参加的小区治保小组、并成立了 2 个居委会，选举 40 多名离退休职工为楼长，每个人具体负责几栋楼的安全防范工作，形成了综合治理工作有领导、有组织、有目标的一体化工作机制。同时，在物防和技防上下功夫，先后投资了 170 多万元，对每个单元安装了直接通到各家各户的防盗对讲系统，为保证每个单元的安全发挥了功能。先后配备了 3 台巡逻车、3 辆摩托车、警棍、大衣和部分通讯设备。

【多种经营】　一是以参股的形式将原实业中心改制成为银川长庆银燕科工贸有限责任公司。全体员工本着向股东负责的愿望，四处奔走找饭吃，其中与中原油田合作，成功的研制了井口防盗装置，2000 年在靖南、靖北及大水坑作业区 52 口油井安装后，不仅获得了好的效果，还增加了收入。同时这个公司还进行了水泥预制件生产加工、机械加工、防盗门、旅游业等 10 多个项目的经营。全年共实现收入 1170 万元，扣除各种费用，获利 50 多万元，成为三产的龙头企业。

二是威龙公司对五个工程部均采取了工资、奖金、材料、设备折旧、税金等成本核死、利润包干的经营承包办法，细化了核算单位，明确了经营责任，调动了职工的积极性。1999 年在工作量严重不足、工程造价较低、施工协调难度较大的情况下，全年实现产值 530 万元，利润 15 万元。

三是熔断器厂实行业绩与收入挂钩后，充分调动了员工的销售热情，产量和销售创历史最高纪录。2000 年完成熔断器销售量 3000 多

组，产值达 200 多万元，实现利税 5 万元。（窦忖学）

油气销售综合服务处

【概述】　油气销售综合服务处（以下简称服务处）是 1999 年石油企业重组改制中从原销售公司分离出来的一个二级半单位，与销售公司实行“捆绑式前进，规范化运作”。以物业管理、搞好“一对一”服务为主营业务，兼营住宿、餐饮和液化气销售等。下设机关科室 2 个，附属单位 1 个；处属科级单位 4 个，用工总量 128 人（其中全民职工 70 人，其他用工 58 人）。处级干部 2 人，科级干部 11 人。资产总额 1688 万元。固定资产原值 1353 万元，净值 933 万元。

【业绩指标】　2000 年，全面完成了长庆局下达的各项业绩指标。年初下达费用指标 524.7 万元。全年支出 524.6 万元，节约 0.1 万元。增收节支 100 万元。上缴各项费用 96.4 万元，上缴率达 101.5%。

【经营管理】　服务处以销售公司为依托，围绕主业发展而发展；以强化内部管理为重点，促进管理上台阶，服务创一流。强化内部管理，实施四种新的运行机制。

（1）建立业绩考核机制。针对后勤服务单位的特点，依据年度总体目标，以内部业绩合同的形式，与处属各单位第一责任人签订业绩合同 7 份。并制定了业绩指标考核细则和奖惩兑现条例。各单位、部门按照合同内容，层层分解指标，做到责任到人，使各项指标落实到实处。

（2）建立了以资金管理为中心的财务预算管理机制。做到了年初有预算，月、季有分析，半年、全年有预决算。实行效益指标和成本控制“一票否决制”。2000 年，实现增收节支 100 余万元，仅节支一项达 50 万元。

（3）建立以整章建制为内容的约束机制。按照油气销售服务处岗位设置和工作内容，从“综合管理、经营财务管理、物业管理、离退休管理、多种经营管理”等五个方面进行了制度和岗位职责的修订和完善，将 82 种 500 条制度汇编成册，做到人人有章可循，事事有章可依。

（4）建立了以 HSE 网络管理为内容的风险抵押机制，负有安全责任的人员共交纳抵押金 6900 元。同时，编制了《油气销售综合服务处 HSE 网络图》、《锅炉房、液化气站 HSE 作业指导书》。2000 年，全处未发生任何大小事故。各项安全环保指标达标率为 100%。被西安市授予“安全单位”荣誉称号。

【员工培训】　为使全处职工能够尽快适应新体制的要求，切实贯彻“全员培训，突出重点，结合业务，讲求实效”的原则，对全处员工进行教育培训和岗位练兵。2000 年，先后共举行岗位练兵 3 次，参加 126 人次。58 名员工（其中劳务合同工 39 人）参加了资格培训和技术等级培训，有 11 人参加了各类学历培训和长庆局组织的各项业务培训，培训人数占员工总数的 54%，达应培训人数的 93%。

【精神文明建设】　围绕“三创”活动（即班子建设创一流、队伍建设创一流、业务管理创一流），开展了“一个支部一个堡垒，一个党员一面旗帜，一个干部一面镜子，一个团员一个榜样”的四个一活动。同时，为活跃员工文化生活，组织开展了排球、门球、扑克等各项文体活动。与销售公司员工一起，在 2000 年长庆局、油田公司组织的歌咏比赛中荣获第一名，在排球比赛中获第二名，离退休干部在陕西片门球比赛中获第三名。

【多种经营】 大力开拓市场，搞好多种经营，创造良好的经济效益。多种经营实现产值10755.53万元，占年计划6000万元的179.3%，利润创历史同期最好水平。

（刘惠芬）

长庆炼油化工综合服务处

【概述】 长庆炼油化工综合服务处是1999年9月，根据长庆局的重组方案，从原来的咸阳长庆石油助剂厂分离出来的一个二级半单位。下属公用事业站、离退休职工管理站、咸阳菱达实业公司（多种经营单位）、器材供应站、通讯站、卫生所、车队、俱乐部等单位。按照重组时的要求，由现在的石化公司对其处进行“托管”。主要以物业管理为主，“一对一”的服务为主营业务。

长庆炼油化工综合服务处下设机关科室3个，附属单位2个，处属科级单位5个，用工总量185人（其中全民职工119人，其他用工66人），科级干部5人。固定资产原值2463.36万元，资产净值1804.6万元。

【业绩指标】 2000年，实现收入791.3万元，其中关联交易收入515.4万元，实现了全年收支持平的目标。上缴长庆局折旧161.55万元，上缴养老统筹金40.72万元。

【经营管理】 强化内部管理，完善内部经济核算。加大清产核资工作力度，摸清家底。狠抓目标管理，认真确定年度生产经营计划。搞好财务管理，实行科学理财。认真做好关联交易工作，全年签订关联交易总协议1份，分项协议7份。狠抓劳动管理，认真落实长庆局减员增效工作目标。自愿申请有偿解除劳动合同77人，占全部职工总数的51%。

房地产开发公司

【概述】 长庆房地产开发公司（以下简称公司）是1999年底组建成立的局属二级单位。由原西安基地筹建处和公用事业处所属的矿建科、住房资金管理科、房改办公室三个科室合并组建而成。是长庆油田唯一从事房地产开发的专业公司。在册职工50人。公司领导班子共有5名成员。公司下设办公室、工程管理部、项目计划与工程预算部、财务部、房改办公室、资金科等7个部室。设有长庆科研综合楼建设项目组、西安基地三区建设项目组、服务队、材料库等4个基层单位。

【生产经营】 油田矿区建设先后完成了多项1999年度的跨年工程建设，其中包括1272套职工住宅，共计8.71万平方米；安排新建职工住宅30.02万平方米，共计3608套。

按照项目管理有关规定，长庆局给房地产开发公司下达的全年管理经费控制指标为382.83万元，到年底实际发生的费用为369万元左右，其中，摊入科研综合楼的费用为146.08万元，长庆局承担的四个科室（房改办、住房资金管理部、矿建管理科以及住房交易中心）费用为65万元。

【改革改制】 根据油田住房制度改革进程的需要，组建成立了长庆油田住房交易中心，分别在宁夏、陇东和西安成立了3个职工住房交易所，制定并出台了《长庆石油勘探局职工住房交易办法》，逐步启动旧房交易的二级市场。已经对200多套旧房顺利进行了交易，盘活了存量，取得了明显的效果。

【重点工作】　全油田共组织出售住房8050套，完成补足成本价3724套。2000年归集公积金7799.4万元。同时，还组织实施了全局3万多套已售住房的办证工作，共有21个单位的26250户住房办理了产权证书，累计占应办证户数的85.5%。尤其是西安地区产权证的办证工作，通过多次与地方政府协调，积极争取优惠政策，降低办证费用，批准的减免费用达到120多万元。

西安基地科研综合楼是长庆油田有史以来建设高度与规模最大的标志性建筑，也是长庆在古城西安的形象工程。到2000年底，科研综合楼主楼已完成25层，除主楼顶部因设计变更而未封顶外，其他侧楼、裙楼都实现了2000年8月25日前全面封顶的目标，内墙粉刷和安装工作已完成总面积的93%，完成投资近2亿元，工程质量经省市质量监督部门检查，达到优良。

（周仁荣　刘东臻　苟世伟）

长庆宾馆

【概述】　长庆宾馆（以下简称宾馆）有党政领导班子成员3名。从全局二级单位招聘职工31人，招聘劳务工59人。机构设置为6部1室，即总经理办公室、公关部、餐饮部、客房部、旅游部、财务部、后勤保障部。固定资产净值5378万元，全年接待厅、局级以上贵宾410多人次，各类会议300多次，商务客人累计8.8万人次，实现收入869万元。与长庆局下达的经营指标相比，减亏15万元，超额完成全年的经营任务。

【管理与服务】　一是采取走出去，请进来的方法，轮流派宾馆领导和部门经理到西安三星级以上大酒店进行对口跟班学习。同时请西北大学旅游系教授、陕西省旅游学校的教师定期到宾馆授课，使管理人员的管理水平、工作能力均有不同程度的提高。二是请具有实际操作能力的服务人员，针对不同部门，从形体、手势、语言、摆台、收台等最基础的服务技能抓起，手把手教、刻苦练。三是以部门为单位，开展岗位练兵活动，一星期一评比，一月进行一次技术比武。经过半年的努力，管理水平和服务技能从开始的招待所性质逐步走向星级酒店行业。

【消防安全】　一是建立健全各项管理制度，除了厨师和餐饮部管理人员，其他人员一律禁止出入厨房，杜绝闲杂人员接触食品，严把采购、验收、出库关，防止变质食品和原料流入厨房。二是对要害部位进行重点监控。三是成立以退伍军人为主体的保安部，对大厅及楼层进行24小时全天候治安检查。四是做好设备的日常维护，严格遵守操作程序。五是抽调各部门人员组成义务消防队，不定期进行灭火演习，熟练掌握各类灭火设施设备。六是成立“三禁一反”综合治理领导小组，签订安全生产承包书。全年无一起刑事案件，达到长庆局“五无”单位的要求，并荣获西安市消防安全单位称号。

【市场经营】　宾馆地处封闭的小区中，与西安市其他大的酒店相比，在知名度、酒店的布局、人员的配置等诸多方面存在着很大的劣势。经过多方面的分析和论证，确立了以长庆油田内部和整个石油系统为主，面向社会承揽会议为主体的经营策略，随即组织公关部的销售人员到长庆局办公室以及职能处室宣传，将宾馆设施设备，服务项目详细地进行讲解，及时收集有关局内外开会学习信息，将长庆局的大部分会议都吸引到宾馆，并做好会议期间餐饮、旅游等方面的服务工作。同时建立宾馆信息反馈制度，扬长避短，深入开展宾客满意活动，强化服务意识。2000 年在全体员工的辛勤努力下，以超额 133 万元的成绩完成长庆局下达的经营指标。

【工资改革】　面对新产业、新体制、新机制、新模式，加大员工工资待遇的改革力度。选聘到宾馆工作的员工其原工资作为档案工资，现行工资原则上按西安市三星级宾馆同岗位员工的工资标准执行。对选聘的员工实行半年的试用期，试用期按被聘岗位工资的 85% 执行。其他福利、奖金等随宾馆的效益上下浮动。

（林　元）

兰州办事处

【概述】　兰州办事处从 2000 年开始，由过去单纯的办事、服务型逐渐转变为以经营服务为主的驻外办事机构。以服务和效益为导向，建立以模拟法人和资产经营为主体的经营管理体制，逐步实现由费用单位向利润单位、由服务型向服务经营型转变，促进经济效益和服务质量的不断增加和提高。

2000 年，共有职工 29 人，其中，干部 14 人（处领导 1 人，科级干部 4 人，一般干部 9 人），工人 15 人，固定资产原值 831.56 万元，固定资产净值 683.16 万元。机关职能科室 4 个，接待科下属招待所 1 个。

【生产经营指标】　2000 年长庆局下达的经营承包指标是：费用化补贴 198 万元；上缴固定资产折旧费 20 万元；上缴资产占用费 6 万元；上缴“三金”17.6 万元；下达工资总额 50.38 万元。全年实现总收入 72.4 万元，全年总成本支出 318 万元，以收抵支 35.5 万元，完成局下达指标。

【主要工作情况】　全年平均床位利用率 42%（略高于兰州市同行业），重点任务完成率 100%，一般事项完成率 98%。安全生产、消防安全、综合治理、服务满意率及精神文明建设等均为长庆局达标单位。经长庆局审核批准，有 2 名职工办理了内部退养手续，16 名职工与企业有偿解除了劳动合同。

（陈晓玲）

北京联络处

【概述】　北京联络处共有正式职工 26 名，劳务合同工 10 名，临时性用工 24 名。设办公室、管理科、物资采供科三个管理部门及独立核算的海帝达公司。拥有固定资产原值 2368.84 万元，净值 2317.77 万元。

【主要工作】　加强了与北京市各级政府部门的联系，取得他们对油田工作的支持和协助；加强了与铁路、民航部门的联系，为更好地履行职责提供了便利。特别是在与法轮功的斗争中，联络处以高度的政治责任感，对来所住宿人员实行严格审查。一年来，没有为一名法轮功成员提供过食宿，并先后协助兄弟单位，安全、顺利遣返法轮功成员三批 12 人次。

先后完成了职工公寓楼建设、主楼维修和楼顶大型广告牌制作。在这些项目的实施中，严格实行项目管理，严把费用和质量关，保证了项目的顺利实施。

（张　平）

上海联络处

【概述】　上海联络处认真履行华东地区接待窗口的职能，协助器材供应处催交催运宝钢集团公司的钢材物资，在局拨费用的前提下，力争节约挖潜，较好地完成了全年各项任务指标。

截至 2000 年 12 月 31 日，联络处用工总量 5 人，其中，干部 2 人（处级干部 1 人），工人 3 人；党小组 1 个，党员 3 名。

【资产与负债】　2000 年，资产总值 300 万元。其中，固定资产原值 206 万元，净值 195 万元；所有者权益 240 万元，负债 60 万元，负债率 20%。

【主要工作】　上海联络处作为长庆局在华东地区的一个窗口，主要履行日常接待任务，做好上情下达工作，配合长庆局在华东地区开展相关业务，达到了局里的要求。

（郑志良）

乳山职工培训中心

【概述】　2000 年，乳山职工培训中心劳动用工总数 126 人，其中，长庆局原固定工 34 人（干部 24 人，工人 10 人），劳务合同工 66 人，外方代表 1 人，外聘工 25 人。正处级干部 2 人、科级干部 8 人；高级职称 1 人，中级职称 8 人，初级职称 9 人。机关设有综合办、财务科，经营单位有经贸部、物业部、度假村。受长庆局委托负责管理中美合资乳山隆达美西橡胶制品有限公司、中韩合资乳山韩京摩擦材料有限公司。截至 2000 年 12 月底，乳山职工培训中心资产经营总值 4784.70 万元，其中，固定资产原值 3587.67 万元，净值 3255.5 万元，无形资产 904.07 万元（土地），流动资产 625 万元。

【生产经营指标完成情况】　2000 年，乳山职工培训中心及两个合资企业共完成经营收入 1338 万元，实现利润 60 万元。其中，主营业务收入 138 万元；合资企业完成经营收入 1200 万元，实现利润 60 万元。

【工作业绩】　两个合资企业取得长足发展，实现了扭亏增盈，步入了正常发展的轨道。隆达美西公司开发的埋地钢管外壁再生橡胶防腐层技术获长庆局 2000 年度科技进步一等奖。

【主要工作】

（1）2000 年 8 月，韩京公司召开第二届一次董事会议，确定实行以长庆方为主的经营管理体制。

（2）2000 年 9 月，隆达公司在西安召开董事会议，迫使美方承认投资不到位的违约行为，并承担 11 万美元的违约金。会后公司修订了合同和章程，调整了董事会和经理班子成员，理顺了各方面关系，为公司的快速发展奠定了良好的基础。

（成秀梅）

技术监测中心

【概述】　2000年，技术监测中心正式独立运作。中心下设工程质量监督站、锅炉压力容器检验站、环境监测站、节能监测站、标准计量站、特种作业培训站等六个专业站。机关设有综合管理科、人事财务科等2个职能部门。在册职工102人，其中，干部58人（科级13人；中级职称15人、高级职称4人），工人41人，内部退养3人，有偿解除劳动关系7人。共有各类检验、试验仪器、设备440台（件），固定资产原值627万元。

【主要业务经营指标】　工程质量监督抽查183个单位工程，开展了焊接质量等6个专项治理；检验锅炉压力容器21664台（只），查出各类事故隐患806个；环境监测完成监测数据7931个；检定计量器具1624套（件）；监测耗能设备518台；举办特种作业人员各工种培训培训班57期，培训学员2739人；检验油田化学助剂产品质量115个样品。全年局拨费用397.5万元，年终节余15万元。

【资质认证】　工程质量监督取得了陕、甘、宁三省（区）的资质，通过了集团公司年检。产品质量检验首次通过了甘肃省计量认证。特种作业人员培训考核顺利通过宁夏回族自治区的资格复审，得分名列全区第一。西安建材试验室取得陕西省二级试验室资质。

【队伍建设】　一是认真开展了减员增效工作，既保持了职工队伍的稳定，又使职工总量实现了负增长。二是结合局纪委对原局质监站的清查情况，中心对基层领导班子进行了大幅度的调整和优化组合，共调整中层干部12人。三是加强了党风廉政建设，彻底清理了各站的“小金库”。

【企业改革与管理】　结合中心的实际，制定出台了财务、劳资、设备、文件、印章管理等19项145条规章制度，并与基层各单位签订了经济承包责任书、党风廉政建设责任书、综合治理及禁毒责任书。坚持“一支笔”严格控制成本，实行承包责任制，改变了原各站各自为政的弊端，实现了集中统一管理。全年未发生任何工业和消防事故。无污染事故，污染物总量控制在局下达指标之内。

（李汲锋）

长庆石油报社

【概述】　长庆石油报社下设机关职能科室2个（综合办公室、经营财务科），附属单位2个（中国石油报长庆记者站、年鉴办）；社属科级单位2个（编辑部、印刷厂）。全社用工总量56人，其中，干部26人，工人28人，劳务合同工2人。拥有各类管理人员11人，各类专业技术人员14人。其中，具有中级职称14人，占干部总数的56%；副高级职称1人，占干部总数的4%。资产总值为394.45万元。其中，固定资产原值231.65万元，净值

228.45 万元；所有者权益 228.45 万元，负债 166 万元，负债率 42.08%。实现收入 123 万元。

【指标完成情况】　2000 年，共出版《长庆石油报》136 期。其中，正刊 111 期，为年计划的 107%；副刊 25 期，为年计划的 104%。编印《内参》12 期，为年计划的 100%。编发电子版 61 期。报纸政治差错率为 0，技术差错率控制在上级规定的范围内。局下拨报社的费用未超，印刷厂全年收入增长幅度较大，是 1999 年的 154%，比较好地实现了以收抵支和社下达的节支增收的内部利润指标。多种经营也取得了较好的效益，职工收入有了一定程度的提高。

【报业管理】

（1）围绕中心，调整办报思路，突出八条主线，打好六个战役，营造宣传强势。八条宣传主线是：继续抓好重组改制及深化内部改革宣传；抓好年度工作目标和形势任务宣传；抓好转变观念、进入市场、强化管理、创收增效宣传；加强对关系长庆局及油田公司生存和发展的“两条基本思路”、“四大战略”的宣传；加强对股份制，股份合作制，联合、兼并、租赁、出售、承包经营多种改革形式，市场经济法规，工商管理知识，关联交易政策，商业贸易，多种经营等方面知识和法规的宣传；加强对企业形象的整体策划及对外宣传；抓好精神文明建设方面的宣传和抓好对全局开展的重大活动、重大事件的宣传。六个战役是：组织好“两条基本思路”“四大战略”的宣传战役；打好年度目标和形势任务的宣传战役；打好生产单位和一些科研单位求生存、图发展、闯市场、增效益情况强势宣传战役；打好树典型、刻样板的宣传战役；打好基层形象工程的宣传战役；打好对外报道的战役，全年在《中国石油报》刊发稿件 176 篇，是年计划的 145%。

（2）加强编采管理，强化服务意识，办好办活报纸。凡重大活动、重要选题、重要工作都提前拿出策划方案，重点突出，主题集中，责任到人，限期交稿。隆重推出“跨世纪珍藏版”，以 64 个版面的超大容量，集可读性、史料性、珍藏性为一体，深受油田领导和内外读者的称道。结合纪念长庆会战 30 周年的活动，策划推出了 16 个版的纪念专期。开通电子信箱，实行编务公开。开展读者调查，改进存在问题。在广泛听取报纸工作意见和建议的基础上，对 120 多个栏目进行清理和淘汰，确定了一批重点栏目、精品栏目。相继启动了“50 名记者和通讯员千里油田采风”、“百名职工家属新世纪闯市场感悟实录大型政策宣传”和“两万元金点子创效工程”，拓宽报道领域，增强贴近性和可读性。实施一人多岗和编、采、通一体化，全面实行编辑、采访、组版一条龙操作，能编能采，一专多能。完善业务评报制度，设立精品新闻奖。加强通讯员队伍建设，举办了第 28 期骨干通讯员学习班，同时召开了深度报道、专栏宣传研讨会。

（3）深化内部改革，编辑部实施任务目标承包，建立编采通一体化新体制，为《长庆石油报》走向市场做准备。印刷厂实行了“以收抵支、自负盈亏、上缴利润、风险抵押”的生产经营责任承包办法，建立以效益为核心的生产经营新机制。在修订和完善工时定额的基础上，全厂职工每人拿出 1/3 工资和局拨生产奖捆在一起实行浮动；实行产品质量和服务质量公开承诺。初步形成了“三包、三挂、三级考核”和“全员定标、五定四保、责利联动、一票否决”的承包体系和经营管理构架，全社的经营管理发生了新的变化，较好地推动了报纸宣传、印刷生产和各项工作。同时，发挥报社业务技术优势，在一业为主的基础上积极发展多种经营。2000 年 4 月份，经局多种经营处审批同意，采取职工入股的方式创办了西安金羽广告有限责任公司，完全按新体制和市场化方式运行，基本打开了内外部市场。

（辛喜雪）

审 计 处

【概述】 审计处认真贯彻审计工作向管理延伸，向效益转移的指导思想，取得了较好的审计成果。全年实际完成87个审计项目，其中，预算执行情况审计16项、资产负债损益审计5项、资产经营责任审计6项、离任经济责任审计7项（不含三级单位）、专项审计和调查24项、工程及外付款项结算审计11项、多种经营系统审计项目10项、油田公司委托审计项目8项。2000年审计资金总额65.3亿元，查出各类违规违纪资金1.54亿元（不含多种经营系统1.05亿元），纠正处理资金1.12亿元，整改率达72.7%。外付款项审减额达到1510万元（含跨年部分），提出各种审计建议176条，被长庆局和各单位采纳145条，采纳率达82.4%。

【重大审计成果】

（1）资产负债损益审计。2000年7月，选择第一、第二、第三采油技术服务处、炼化服务处和西安油气销售综合服务处等5个存续企业分账单位，对其2000年上半年资产负债损益进行了审计，重点对分账后存在的问题进行了剖析。通过审计发现，在分账过程中，由于资产等方面划分不合理以及人为因素较多，致使存续企业不良资产、待报废资产、闲置资产以及设备老化、成新率低等情况相当严重，历史包袱重，生存发展的基础非常薄弱，步履艰难。5个分账单位固定资产原值10.62亿元，其中不良或闲置固定资产53050.43万元，占固定资产总额的49.96%。审计报告提交后引起局有关领导的重视，为存续企业盘活资产存量，最大限度发挥资产效益，尽快摆脱困境，步入良性发展轨道提供了决策依据。

（2）预算执行情况审计。2000年10—11月份，对局属独立核算的16个主要单位进行了一次预算执行情况的全面检查考核。查出有违规、违纪、违算问题的金额5356.87万元。同时针对关联交易价格不到位以及超常规作业等问题，及时提请有关单位注意协调，并引起了局领导的重视。此外，还接受油田公司委托，于10月份组织人员对其下属8个生产经营单位的预算执行情况进行了审计，按要求提交了审计报告。

（3）资产经营责任情况与离任经济责任审计。为了维护企业内部经济责任制度的严肃性，对油建处等6个单位1999年度资产经营责任情况进行审计。查出影响1999年度内部利润真实性问题4850.72万元，其中违纪资金2073.70万元。从资产的利用程度入手，通过抽盘、监盘、详盘等必要的审计方法，查出存货积压542.63万元，闲置资产1256.74万元。同时，继续在组织部和纪委监察处的支持配合下，先后对7个厂（处）长离任经济责任进行了审计。查出不良资产1302.27万元，账实不符金额77.86万元，抽查率达20%；查出挂账3年以上，有可能形成坏账金额277.03万元；查出潜亏金额990.27万元，潜盈金额80.53万元。经过上述审计工作程序，准确而客观地评价了离任者的经济责任，功过是非，进一步促进了党风廉政建设，为领导及组织部门考核任用领导干部提供了依据。

（4）专项审计调查。

一是从存续企业生存与发展出发，开展自负盈亏能力审计调查。先后对北京办事处、兰州办事处、乳山培训中心、无锡培训中心、成都办事处、上海办事处、职工医院、职工疗养院、技工学校、交通服务处等10个单位自负盈亏能力进行专项审计调查。经审计，在长庆局有关政策支持下，有 4 个单位有能力实现自负盈亏，占被审计单位的 40%。有 2 个单位需要进一步内部深化改革，发挥地域优势，开拓外部市场，逐步可以达到自负盈亏的能力。4 个单位由于主客原因较多而无法达到自负盈亏能力。据统计，上述 10 个单位 1999 年度长庆局给予费用补贴额就达 4336.12 万元（不含局承担的折旧等其他费用），年人均补贴额达 2.98 万元。

二是为了给领导层提供宏观决策依据，于 2000 年 3 月份起，历时 120 天，对全局集体经济和多种经营系统 126 个法人单位（不含油田公司 9 个）中的 112 个法人企业，346 个经营网点经营状况进行了全面审计调查，其中，全民法人企业 26 个，集体法人企业 59 个，股份合作制公司 1 个，有限责任制公司 24 个，外商合资企业 2 个。审计收集了大量详实的资料，查清了历史性的或者一些多年来一直困扰长庆局多种经营发展的 15 个方面主要问题。并提出 12 条具体建议，汇总形成综合审计报告，为全局集体经济和多种经营系统进一步重组改制奠定了坚实的基础，提供了科学依据。

三是对筑路工程总公司 1999 年经营状况的审计。对 1999 年筑路工程总公司亏损额达到 1708 万元的原因进行了专项审计。通过审计，找出了经营当中的薄弱环节及其管理失控的 9 个方面原因。同时针对经营管理中存在的问题，提出了 5 项加强管理的具体建议。

四是对全局外投外借资金情况的专题审计调查。根据集团公司审计部《关于开展外投外借资金审计的通知》安排，从 2000 年 3 月 21 日至 6 月 10 日历时 80 天，对我局 45 个单位和 126 个多种经营企业（厂点、控股单位）的外投外借资金情况专题审计调查。从审计结果看，全局外投外借资金达 23499 万元，其中，对外投资金额 22700 万元，外借资金 799 万元，分别占外投外借资金总额的 96.6% 和 3.4%。审计中发现我局外投外借管理当中存在投资项目缺乏科学论证，盲目性、随意性、主观性较大等问题。并针对外投资产管理与股权的行权管理相分离，造成产权不清、责任不明、管理脱节以及个别单位对外投外借的会计核算不规范等问题提出了建议，引起局领导的高度重视。

【优秀审计项目】《关于对筑路工程总公司经营状况的审计调查》被评为“2000 年中国石油天然气集团公司优秀审计项目三等奖”；《关于对全局多种经营企业经营状况的调查》被评为“2000 年中国石油天然气集团公司优秀审计项目三等奖”。

（金　刚）

长庆实业集团有限公司

【概述】　2000 年，长庆实业集团有限公司（以下简称长实集团）按照“理性务实、敬业创新”的企业精神，不断调整产业结构，建立适应市场的经营机制，不但补平了公司成立前遗留的 5454 万元历史累亏，还确立了能源开发、工程服务、第三产业、高新产业等四大支柱产业，有效开发了油田区块，建成了长庆实业大厦。

长实集团机关设 7 部 1 室，下辖企业 23 个，其中，全资企业 10 个，控股参股公司 9 个，履行系统职能管理企业 4 个。员工总量 1143 人，其中全民工 488 人，集体工（原局劳司安置的待业青年）360 人、劳务合同工（油田待业青年）253 人。专业技术人员 283 人，其中，高级技术职称 9 人，中级技术职称 84 人。

资产总值 44531 万元，其中，固定资产原值 7637 万元，净值 5326 万元；所有者权益 2288 万元，负债 42243 万元，负债率 94.86%。

【生产经营指标】　2000 年完成社会市场工作量及收入 19718 万元；主营业务收入 22525 万元，实现内部利润达 1450 万元，上缴税费 1838 万元。

2000 年滚动建产近 7 万吨，产建成本得到进一步控制，在全油区处于最好水平。2000 年生产原油 79140 万多吨，为滚动开发和新项目开发提供了资金保证。

【改革改制】　长实集团在前几年治理调整的基础上，按照整体带资分流的政策积极做好改制方案设计和各项准备工作，在剥离系统管理职能，理顺横向工作关系后，改制成为长庆局参股的第一个比较规范的集团式股份制企业，为进一步做大做强创造条件。

积极进行产业结构和队伍结构调整。主动寻找商机，拟与拿到 10 亿美元软件生产订单的企业合作成立软件公司，踏上从传统产业步入高新产业的步子，增加一个新的产业支点；在队伍结构调整方面，除了利用政策减员外，还通过转岗分流，并争取向油田公司、社会企业和外资企业输出劳务，解决冗员问题。

【企业管理】　重点解决了长期困扰企业发展的几个大难题：通过争取政策，长实大厦固定投资调节税得已减免上千万元；通过合作盘活了濒于破产的东道公司资产近千万元；通过发展第三产业解决了 30—50 户职工的两地分居问题；通过改革住房制度解决了近 200 户无房职工的住房问题；通过多方交涉可收回在美沉淀资金近 700 万元等。

同时，作为中油集团公司多种经营系统的管理样板和创新试验田，公司大力推行制度创新和管理增效活动。认真探索新形势下的基层建设、企业文化及机关职能转变的新方法，并将主要力量用在低成本扩张和用小资本运作大资产两个方面，取得了显著的效果。

（石建军　任绥海）

第十一篇

长庆石油勘探局大事纪要

长庆石油勘探局大事纪要

一　月

3日　长庆局、油田公司在临潼职工疗养院举办关联交易学习班。油田公司党委副书记包方钧传达了集团公司关联交易工作会议精神，长庆局副局长滕玉林通报了全局关联交易进展情况。长庆局局长、党委书记孙玉辰，油田公司总经理、党委书记胡文瑞分别做了重要讲话。

11日　油田社会治安综合治理工作会议在第一钻井工程处礼泉基地召开。长庆局局长、党委书记孙玉辰，局党委副书记、纪委书记张继昌，油田公司党委副书记、纪委书记、工会主席包方钧到会并讲了话。

同日　长庆局发出《关于表彰1999年度社会综合治理模范单位、先进单位的决定》(长局发[2000]第7号)，授予地球物理勘探处等4个单位为1999年度社会治安综合治理模范单位，第一钻井工程处等8个单位为社会治安综合治理先进单位；授予杜建国等12位同志为1999年度“见义勇为积极分子”称号。

12日　勘察设计研究院1998年、1999年连续两年进入“全国百强设计院”行列。

14日　局党委、长庆局印发《关于重申加强党风廉政建设和领导干部管理的有关规定》(长党发[2000]3号)，就加强党风廉政建设和领导干部管理十个方面的规定和要求，以及13项工作制度做了重申。

同日　局党委印发《关于开展“求生存、图发展、闯市场、增效益”主题活动的意见》(长党发[2000]5号)，要求各单位在新的形势下，加强组织领导，加大宣传力度，动员和领导广大职工扎扎实实地开展“求生存、图发展、闯市场、增效益”主题活动，进行“二次创业”。

14—15日　长庆油田宣传暨共青团工作会议在临潼职工疗养院召开。局党委书记、局长孙玉辰，油田公司党委书记、总经理胡文瑞等领导出席会议并分别讲话。

15日　局党委发出了《关于印发会议制度的通知》(长党发[2000]4号)，就中国共产党长庆石油勘探局代表大会、长庆石油勘探局职工代表大会、长庆石油勘探局先进集体、先进个人代表大会等各类会议召开的时间、会期、会议内容、参加人员做了明确规定。

19日　长庆局、油田公司《关于互供产品及服务等关联交易总协议》在西安签订。长庆局局长、党委书记孙玉辰，油田公司总经理、党委书记胡文瑞分别在协议上签了字。

20日　原长庆油田会战指挥部党委书记、离休干部郭究圣同志因病医治无效，于0时15分在西安逝世，享年78岁。

25—26日　1999年度钻井技术座谈会在第二钻井工程处召开，长庆局、油田公司有关部门及三个钻井处的120多名代表参加了会议。会议总结了全局10年来的钻井技术工作，部署了2000年钻井836口、进尺145万米的钻井任务。

26日　陕西省政府隆重召开长庆油田、省电力公司收入超百亿元庆功大会。省长程安东在大会上发表重要讲话。副省长赵德全宣读省政府给长庆油田公司、长庆石油勘探局的贺信，副省长潘连生主持庆功大会。油田公司总经理、党委书记胡文瑞，长庆局局长、党委书记孙玉辰出席会议，胡文瑞总经理在大会上介绍了长庆实现收入超百亿元的历程。

29—30 日　长庆局 2000 年工作会议在临潼职工疗养院召开。会议传达了中国石油天然气集团公司 2000 年工作会议精神；局党委副书记、纪委书记张继昌，副局长滕玉林、陈国法，工会主席王树荣，总会计师张芝兰等分别就全局经济工作、重组改制、关联交易、生产建设、多种经营、公用事业、党建和思想政治工作发表意见。会议还通报了 1999 年党风廉政建设责任制检查考核情况，签订了 2000 年党风廉政建设责任书；民主评议了长庆局领导班子成员，并表彰了长庆局 1999 年度模范集体、劳动模范。局党委、长庆局决定授予第一钻井工程处 20141 钻井队等 53 个单位“模范集体”称号，授予朱浩平等 20 名同志“劳动模范”称号，授予刘新宇等 108 名同志“先进生产（工作）者”称号。长庆局局长、党委书记孙玉辰在会上发表重要讲话。

二　月

3 日　长庆局、油田公司向广大职工、家属及离退休老同志发出春节慰问信。

9 日　根据长庆局“平稳启动、逐步加速、确保安全、服从效益”的原则，2000 年生产启动工作从即日起正式拉开帷幕。

13 日　为了“逐步加速、确保安全”，长庆局在庆阳召开了生产启动会。会议要求各单位加强领导、严密组织，确保长庆局 2000 年生产安全、平稳启动，为安全高效地实现全年经营目标争得主动。

20 日　长庆局局长、党委书记孙玉辰，局总工程师赵业荣及钻井工程总公司的领导，在宁夏为出征的钻井将士们送行。

28 日—3 月 1 日　中油股份公司油气勘探与生产公司、西南油气田公司、石油大学、物探局、石油勘探开发研究院，以及油田公司、长庆局等单位的 50 多位专家在西安参加了长庆气田开发井位部署研讨会，油田公司总经理、党委书记胡文瑞，长庆局局长、党委书记孙玉辰参加会议并讲了话。

三　月

2 日　长庆局、油田公司召开 1998—1999 年度计划生育工作会议。长庆油田计划生育工作五大质量指标均创历史最好水平，长庆再度实现无计划外生育。

8 日　长庆局油田建设工程处三大队焊工班班长刘瑛、物探处女工委员会主任李公玫、职工医院妇产科副主任白晓霞，被全国总工会授予“全国先进女职工”光荣称号。

16 日　长庆局出台《内部借聘人员暂行管理办法》（长局发［2000］第 63 号）。《办法》共 21 条，就借聘范围、应当遵循的法律法规、手续的办理及合同的签订做了详细的规定。

21 日　油田公司、长庆局在西安基地召开油田开发工艺技术研讨会，中原油田科技公司负责人介绍了有关新技术。长庆局局长孙玉辰到会并讲了话。

同日　长庆局纪委第四次全委（扩大）会议在西安召开。局长、党委书记孙玉辰，党委副书记、纪委书记张继昌参加会议并讲了话。

同日　长庆局发出《关于成立关联交易办公室的通知》（长局发［2000］第 64 号），就关联交易办公室的主要职责、机构设置、定员编制做了明确规定。

23 日　长庆局科学技术委员会召开了重组后的第一次会议，审议和讨论了《长庆局科技发展工作实施方案》和《长庆局 2000 年度科技发展项目计划》。局长、局科委主任孙玉辰做了重要讲话。

30 日　长庆油田禁毒工作会议在西安召开。长庆局党委副书记、纪委书记张继昌，油田公司党委副书记、纪委书记、工会主席包方钧参加会议并做了讲话。

同日　途经青海、甘肃两省 13 个市（区）县，全长 950 千米的涩宁兰输气管线工程开工典礼在青海省西宁市上新庄举行。中标该工程第五标段50千米施工任务的长庆局油田建设工程处派代表参加了开工典礼。

31日　长庆局地球物理勘探处被宁夏回族自治区评为全区“十佳职业道德先进单位”。

四　月

2日　长庆局、油田公司决定规范对外使用名称，对外统一以“长庆”或“长庆油田”冠名。

5—8日　国家石化局副局长陈耕一行来长庆油田调研并听取了工作汇报。汇报会由长庆局局长、党委书记孙玉辰主持，油田公司总经理、党委书记胡文瑞作了汇报。汇报后陈耕副局长作了重要讲话。他说，在长庆听取汇报时间虽然很短，但感觉形势很好，长庆的形势可以用一句话来概括：“地下油龙气虎，地上桃红柳绿，长庆一片春色。”随后，陈耕一行又赴陕北油气区调研。

6日　长庆局、油田公司发出《关于表彰1999年度优秀QC成果和优秀技术监督论文的决定》（长局发[2000]第78号），共有100个QC小组和33篇技术监督论文获得表彰奖励。

10日　长庆局印发《长庆局科技发展工作实施方案》（长局发[2000]第81号）和《2000年科技发展计划》（长局发[2000]第82号）。《方案》就科技工作面临的形势、指导思想、主要任务、投资机制、运行机制、政策体系及激励机制作了明确规定；《计划》就科技项目、主要任务、科技经费等做了详尽安排。

13日　长庆局出台《因公出国人员管理工作暂行规定》（长局发[2000]第85号）。规定共分六章25条，从组织程序、选派基本条件、政治审查、人员管理等方面做了严格的规定。

14日　长庆局出台《环境保护目标责任制管理考核办法（试行）》（长局发[2000]第88号），就环境保护目标责任的考核内容、方法、奖惩等做了规定。

14—15日　长庆局党委在第二采油技术服务处召开陇东片“求生存、图发展、闯市场、增效益”主题活动汇报会。局党委副书记、纪委书记张继昌参加会议并做了讲话。

21日　长庆局出台《聘用高层次及紧缺专业科技、管理人才暂行办法》（长局发[2000]第89号）。《办法》共六章28条，就聘用人才的标准、方式、程序、待遇等做了规定。

22—24日　长庆局组织人事劳资工作会议在临潼职工疗养院召开。会议总结了1999年度组织人事劳资工作，安排部署了2000年组织人事劳资工作任务。局长、党委书记孙玉辰，局党委副书记、纪委书记张继昌在会上作了重要讲话。

26日　长庆局印发《推进HSE管理体系建立的指导意见》（长局发[2000]第92号）。《意见》就工作目标、实施步骤、主要措施及如何认证做了规定。

27日　长庆局出台《用工管理规定（试行）》（长局发[2000]第97号）。《规定》共五章18条，对用工界定、用工原则、用工管理、用工待遇等做了规范和规定。

28日　长庆局党委、油田公司党委发出《关于开展“纪念长庆会战30周年系列活动”的安排意见》。决定在全油田范围内开展纪念活动。

同日　长庆局出台《劳动合同管理办法（试行）》（长局发[2000]第98号）。《办法》就劳动合同的订立、中止、解除、经济补偿等做了规定。

29日　陕西省人大常委会副主任、省总工会主席刘枢机一行5人来长庆现场办公。长庆局局长、党委书记孙玉辰，油田公司总经理、党委书记胡文瑞等领导陪同，胡文瑞总经理做了长庆油田基本情况汇报。

同日　长庆局印发《合同管理办法（试行）》（长局发[2000]第100号）。《办法》共九章46条，对合同的订立、审查、履行、变更、转让、解除、纠纷处理、奖惩办法及文本归档等做了明确规定。

30 日　共青团陕西省委在西安人民大厦召开表彰大会，长庆局团委荣获陕西省“五四红旗团委标兵”称号。

五　月

2 日　长庆赴京参加全国劳动模范和先进工作者表彰大会的劳动模范刘瑛、蒲建中和先进工作者杨呈德载誉归来。长庆局工会主席王树荣等前往西安火车站迎接，并在长庆宾馆门前举行了欢迎仪式。随后，举行了“庆‘五一’，迎劳模”座谈会，局长、党委书记孙玉辰主持会议，油田公司总经理、党委书记胡文瑞发表了讲话。

同日　长庆局党委、油田公司党委作出《关于开展向全国劳动模范刘瑛、蒲建中和先进工作者杨呈德学习活动决定》（长党发[2000]19 号）。

5 日　长庆局从美国引进具有世界先进水平的 5700 成像测井系统，长庆测井技术实现由模拟测井、数控测井到成像测井的“四步跳”。

9 日　长庆局出台《加强审计监督若干规定》（长局发[2000]第 106 号），《规定》从财务收支、预算执行、资产负债损益、经济责任、基本建设工程、采购资金、外签经济合同、多种经营等方面进行审计做了规定。

10 日　“长庆纪念五四运动 81 周年暨表彰大会”在西安基地召开，马金玉等第五届“十大杰出青年”、陈尚礼等 21 名“青年岗位能手”，以及一批在创建“五四红旗团支部”活动中涌现出的先进集体和个人受到了表彰。长庆局党委副书记张继昌、油田公司党委副书记包方钧出席大会并讲了话。

同日　经局党委常委（扩大）会议研究决定（长党发[2000]26 号文）：

凌心强兼任筑路工程总公司党委书记；

秦惠中兼任油田建设工程处党委书记；

杨清任油气技术综合服务处党委书记兼纪委书记、工会主席。

11 日　长庆局出台《交通安全管理规定（试行）》（长局发[2000]第 112 号）。《规定》共十二章 80 条，从管理组织与体制、车辆管理、安全教育、驾驶员管理、厂区道路管理、事故管理、奖励与处罚等方面作出了明确规定。

12 日　长庆局决定，将农工商联合处更名为油气技术综合服务处。

同日　长庆局印发《长庆石油勘探局厂务督查工作暂行规定（试行）》（长局发[2000]第 111 号）。《规定》就厂务督察的主要任务、基本原则、基本程序、承办单位职责及督察工作的组织领导作了明确规定，并公布了长庆局督察室电话。

18 日　局党委、长庆局出台《党风廉政建设责任追究实施细则》（长党发[2000]21 号）。《实施细则》细化了责任追究的内容，规范了责任追究的形式和程序，明确了责任追究的对象及处理办法。

19 日　长庆局 HSE 工作会议在庆阳召开。会议传达了集团公司及长庆局有关会议精神，提出了新时期长庆局 HSE 工作的新思路和 2000 年度 HSE 工作目标。陈国法副局长到会并讲了话。

22 日　中国石油天然气集团公司调研组一行 5 人来长庆对存续企业进行调研。长庆局局长、党委书记孙玉辰做了工作汇报。

同日　长庆局局长孙玉辰、油田公司总经理胡文瑞会见了来访的壳牌勘探（中国）有限公司执行总裁薄瑞廷，双方就长北区块合作进展情况交换了意见。

同日　长庆局印发《职业技能鉴定实施细则》（长局发[2000]第 113 号）。《细则》共九章 36 条。

同日　长庆局印发《关于做好多种经营改制公司职工持股会工作的意见》（长局发[2000]第 122 号）。

29日　长庆局党委印发《选拔任用领导干部试行公示暂行办法》(长党发[2000]23号)。

同日　长庆局党委印发《加强厂处领导班子组织建设若干问题的意见》(长党发[2000]23号)。《意见》从领导班子建设和选拔领导干部的总体要求等六个方面做了明确规定。

六　月

2日　长庆局党委、油田公司党委中心组成员一起学习江泽民总书记有关"三个代表"的论述,并结合长庆实际进行讨论,畅谈思想体会,明确了促进整体发展,实现跨世纪持续稳定发展的目标。

4日　股份公司副总裁史兴全在"西气东输"涩宁兰工程项目部、管道局及青海省等有关领导的陪同下,到长庆局油建涩宁兰项目部检查工作。并在西宁市听取了局党委副书记、纪委书记张继昌,党委常委、局工会主席王树荣及油建项目部的工作汇报。

5日　长庆局党委副书记、纪委书记张继昌,局党委常委、工会主席王树荣在青海省西宁市拜访了西气东输管道公司涩宁兰工程项目部总经理吴宏。吴宏总经理代表项目部就长庆各级领导和广大职工对工程的支持表示感谢,并对参建将士予以高度评价。

6日　长庆局党委、长庆局向参建涩宁兰管线的油建将士发出慰问信,祝贺他们取得的可喜成绩,并勉励他们以精湛的技术创名牌工程。

9日　长庆局与壳牌勘探(中国)有限公司通过议标,在北京签署了为期两年、价值约400万美元的钻井服务合同。国家计委经济预测司副司长徐锭明、集团公司市场管理部主任徐大坤、中油股份公司勘探与生产分公司副总经理曾兴球、集团公司长城钻井公司总经理张福祥等有关方面的负责人出席了签字仪式。长庆局局长孙玉辰、油田公司副总经理喻昌荣、长庆局总工程师赵业荣、钻井三处处长蒲建中参加了签字仪式。

15日　长庆局出台《多种经营企业推行股份合作制暂行规定》和《多种经营企业设立有限责任公司暂行办法》(长局发[2000]第128号)。《暂行规定》共九章54条,《暂行办法》共九章48条,就股份制企业的设立、审批程序、产权界定和资产评估、股权设置、收益分配及相关配套政策做了规定。

16日　长庆局、油田公司在西安基地举办WTO知识讲座,集团公司发展研究部吕建中处长做了题为《中国加入WTO对石油石化的影响及对策》的报告。讲座由长庆局局长孙玉辰主持。

18日　长庆局出台《学术、技术带头人选拔管理和高层次人才培养使用办法(试行)》(长局发[2000]第130号)。《办法》共七章31条,从选拔条件、方法、程序、待遇、管理、培养和使用等方面做了规定。

19日　长庆局印发《2000年度生产经营考核试行办法》和《2000年度生产经营考核试行办法实施细则》(长局发[2000]第133号),对所属单位建立以效益指标为基础的考核指标,与有关辅助指标、控制指标及管理指标相结合的配套考核指标体系,并就单位整体考核、领导班子考核及奖励,做了明确规定。

21日　甘肃省副省长韩修国一行6人来西安基地指导工作。长庆局局长、党委书记孙玉辰,油田公司副总经理何自新分别做了工作汇报。

30日　长庆局党委、油田公司党委在西安基地联合召开纪念"七一"座谈会。长庆局党政领导孙玉辰、张继昌、王树荣和油田公司领导包方钧出席了会议。

同日　长庆局在庆阳召开"十五"计划工作座谈会。会议传达了集团公司"十五"计划工作座谈会主要精神,并就编制长庆局"十五"计划做了安排和部署,副局长滕玉林、陈国法出席会议并讲了话。

同日　集团公司表彰先进基层党组织、优秀共产党员和优秀党务工作者。钻井二处20140钻井队党支部等6个基层党支部、刘瑛等11名共产党员、孙风德等6名党务工作者受到表彰。

同日　长庆局印发《关于进一步重组规范、开放搞活多种经营的若干意见(试行)》(长局发[2000]第136号)。

七　月

6日　为贯彻国务院7月1日安全生产紧急会议精神,长庆局安全生产委员会决定,从即日起在全局范围内开展为期一个月的安全生产大检查。

7日　长庆局党委、油田公司党委中心组学习2000年6月28日江泽民总书记在中央思想政治工作会议上的重要讲话,并结合长庆油田实际进行了讨论,同时要求各级党委要切实加强和改进党的思想政治工作。

同日　长庆局批复同意《长庆设计院体制改革实施方案》(长局发[2000]第137号),将原勘察设计研究院整体改制为"西安长庆科技工程有限责任公司"。

同日　长庆局印发《关于减员增效的实施意见》(长局发[2000]第141号),就减员增效工作的指导思想、工作原则、工作目标、主要措施、工作要求等提出了具体意见。

9—10日　宁夏回族自治区党委常委、自治区政府常务副主席马锡广一行5人来油田视察工作并听取了工作汇报。长庆局局长、党委书记孙玉辰主持汇报会,油田公司总经理、党委书记胡文瑞代表长庆汇报工作。

10日　长庆局出台《长庆石油勘探局非安装设备购置管理办法》(长局发[2000]第144号)。《办法》共六章31条,就非安装设备购置计划编制、审批程序、计划实施及责任等进行了规范。

12日　为使减员增效工作顺利进行,长庆局印发了《职工内部退养暂行规定》(长局发[2000]第147号)、《职工有偿解除劳动关系暂行规定》(长局发[2000]第148号)、《职工内部待岗暂行规定》(长局发[2000]第149号)、《职工协议保留劳动关系自谋职业暂行规定》(长局发[2000]第150号)、《关于人员分流有关政策的实施意见》(长局发[2000]第151号)。

13日　长庆局党委、长庆局决定在全局实行领导干部警示制度。警示制度适用于长庆局所属厂处级及其以下各级领导干部。

14—15日　长庆局召开减员增效工作会议。局党委副书记、纪委书记张继昌,局工会主席王树荣出席会议并讲了话。

15—16日　全国人大常委会委员、中国石油天然气集团公司高级顾问王涛来长庆调研。调研期间,听取了长庆天然气勘探开发工作汇报,他希望长庆抓住机遇,加快发展,在"西气东输"中发挥"桥头堡"作用。油田公司总经理、党委书记胡文瑞主持了汇报会,长庆局局长、党委书记孙玉辰参加。

17日　由长庆局第三钻井工程处70118钻井队承钻的壳牌公司长北区块长1井开钻。这标志着我局与壳牌公司在长北区块合作的开始,也标志着长庆局开拓国际市场迈出了新的一步。

同日　长庆局印发了《长庆石油勘探局关于规范多种经营系统有限责任公司、股份合作制企业的通知》(长局发[2000]第156号)。通知就多种经营系统有限责任公司、股份合作制企业从企业设立、企业名称、股东人数等12个方面进行了规范。

17—21日　中国石油天然气集团公司、中油股份公司安全生产第四检查组一行10人来长庆油田,对长庆局和油田公司所属的4个二级单位的净化厂、钻井队、集气站、输油站等6个要害厂(站)进行了安全检查。

20日　长庆局筑路工程集团总公司编制的《沙漠公路砂基施工工法》被审定批准为国家级工法。

31日　长庆局第二钻井工程处32107钻井队施工的西安市雁塔区老年活动中心地热井完工，该井井深质量、固井质量等技术指标均达到设计要求，通过甲方和监理部门的验收。长庆局在施工现场举行庆功大会，为该队祝捷。

八　月

1—3日　中国石油天然气集团公司建筑企业经理座谈会在西安召开。集团公司西北、西南片及中石油第一、二、六、七建设公司的40余名代表就石油建筑企业面临的新形势、推进企业结构调整、重组改制及开拓市场的对策等问题进行了研讨。集团公司规划计划部主任刘海胜出席会议并讲了话。长庆局副局长滕玉林参加会议并致欢迎词。

7日　由18辆装满长庆油田捐赠的大米、白面等救灾物资组成的车队驶离西安基地，前往安康灾区。陕西省副省长张伟、省政府副秘书长张学成及省民政厅等有关部门的领导，在省政府机关大楼前的新城广场为运送救灾物资的车队举行了发送仪式。张学成副秘书长代表省委、省政府讲了话，就长庆油田及油田职工对安康灾区人民的深情厚谊表示衷心地感谢。

同日　长庆局研究实施的天然气欠平衡钻井技术，在陕242井获得成功。天然气欠平衡钻井技术是针对长庆低渗透气层的一项大胆的技术尝试，目的是从根本上解决长庆气田低渗透下的产层问题。该技术难度大、风险大、技术要求高。该技术的成功实施，在国内尚属首次，在国际上也处于先进水平。

9—11日　长庆局举办领导干部市场开发培训班。培训班上西安交大、杨森制药集团的专家学者做了专题报告；局长、党委书记孙玉辰从长庆局重组改制的形势任务、工作思路、市场开发战略、关联交易、“十五”总体设想等方面做了多媒体辅导报告；局党委副书记、纪委书记张继昌对全局下一步市场开发工作提出了具体要求。

16日　中国石油天然气集团公司副总经理、股份公司副董事长阎三忠一行5人来长庆油田检查指导工作。长庆局局长、党委书记孙玉辰主持汇报会，油田公司总经理、党委书记胡文瑞代表长庆做了工作汇报。阎三忠副总经理就长庆今后的形势任务做了重要讲话。

22日　长庆局召开公用事业暨医疗卫生系统改革讨论会，长庆局、油田公司机关有关处室及长庆局各单位主管公用事业、医疗卫生的领导参加了会议。局党委副书记、纪委书记张继昌在会上做了重要讲话。

28日　长庆局发出通知，决定于2000年9月份在全局开展以“质量——新世纪的呼唤”为主题的“2000年质量月”活动。

30日　经建设部审查，西安长庆科技工程有限公司(原勘察设计研究院)，石油天然气管道输送工程设计由乙级晋升为甲级；消防设施专项设计从1996年甘肃省公安厅消防局颁发的甲级副晋升为国家甲级，并取得了排水、燃气乙级资质。

九　月

9日　长庆局局长助理张元忠、油田公司副总经理何自新为“长庆石油勘探局第八中学”和“长庆石油勘探局西安子弟小学”揭牌。

9—10日　长庆局召开局务会，局长、党委书记孙玉辰传达了集团公司领导干部会议精神，并就在全局范围内如何传达贯彻集团公司领导干部会议精神做了具体部署。

10日　2000年高考成绩揭晓，在1873名长庆考生中，大专以上录取852人，录取率达45.49%，其中本科生录取652人。

同日　局党委、长庆局和油田公司党委、油

田公司，致信慰问油田教育战线上全体教师、教育工作者，并祝广大教职工教师节快乐。

11 日　中油股份公司副总裁，大庆油田股份有限公司董事长、总经理、党委书记苏树林一行 15 人来长庆考察。油田公司总经理、党委书记胡文瑞代表长庆汇报工作，长庆局副局长陈国法主持汇报会。

12—15 日　长庆局在临潼职工疗养院举办贯彻集团公司领导干部会议精神学习班，系统学习了集团公司关于存续企业生存发展的重要文件，研究讨论了长庆局改革改制问题。孙玉辰局长从明确长庆局改革改制的目标、目的，改革改制要着重解决困扰长庆局发展的低效率和市场问题，改革改制要整体设计、分步实施三个方面讲述了举办学习班的目的、意义。长庆局副局长陈国法、工会主席王树荣参加会议并讲了话。

20 日　国家重点实验室—金属腐蚀与防护实验室在长庆局设立腐蚀与防护中心，中心挂牌仪式在长庆局机关门前举行。长庆局副局长陈国法、中国科学院金属腐蚀与防护研究所研究员杜元龙揭牌。

21 日　长庆第一条长距离、大容量信息高速公路西安—延安—吴旗—庆阳光纤通信网络，庆阳—华池段开工典礼在庆阳举行。

21—22 日　“双向不锈钢在油气田腐蚀防护中的应用国际研讨会”在长庆召开，来自海内外近 40 位专家学者参加了研讨会。长庆局副局长滕玉林致开幕词；瑞典皇家学院 Leygraf 教授做了会议主题报告；中国科学院金属腐蚀与防护研究所研究员杜元龙做了题为《中国油气开发中若干腐蚀与防护问题》的报告。

22 日　长庆局局长、党委书记孙玉辰，油田公司总经理、党委书记胡文瑞带领勘探开发、生产运行、市场开发以及筑路、油建等部门和单位的负责人，在呼和浩特向内蒙古自治区政府领导做了工作汇报。自治区常务副主席周德海在听取汇报后表示，希望长庆加快在内蒙古境内的发展。

26 日　美国菲利斯国际公司代表龚洪清董事一行来长庆访问。长庆局局长孙玉辰等局领导及相关处室负责人近 20 人，与来访客人就今后合作问题进行了初步会谈。

29 日　长庆局出台《长庆局安全生产综合考核办法》（长局发［2000］第 189 号）。《考核办法》共五章 12 条，对局属单位建立了以否决指标、控制指标为基本考核指标，与管理指标相结合的安全生产综合考核指标以及奖惩办法。

30 日　长庆局油建处中标兰成渝（兰州—成都—重庆）成品油输送管道建设工程第二标段，约 30 千米施工任务。

十　月

3 日　陕西省省长程安东、副省长潘连生来油田检查指导工作，并在长庆西安基地召开了陕西省部分国有大型企业负责人座谈会。会前，胡文瑞总经理、孙玉辰局长简要地汇报了长庆工作。

9 日　长庆局决定将通信处更名为通信公司；将工程技术研究所更名为工程技术研究院，并分别以长局发［2000］第 194 号、第 195 号文下发更名通知。

12 日　在长庆油田会战 30 周年之际，局党委、长庆局，油田公司党委、油田公司发表纪念文章，全面回顾了长庆油田发展历程，总结了油田发展的基本经验，提出了油田今后发展的“两条基本思路”、“四大发展战略”和“三个层面的业务”，明确了“十五”奋斗目标，展示了长庆面向 21 世纪发展前景。

同日　为纪念长庆油田会战 30 周年，中国人民解放军兰州军区、中国石油天然气集团公司、中油股份公司，陕、甘、宁、蒙四省（区）党委、政府和西安市委、市政府及有关单位发来贺信、贺电。

14—16 日　长庆局领导干部会议在临潼

职工疗养院召开。会议传达学习了集团公司领导干部会议精神，研究讨论了《长庆局深化改革总体构想》及相关改革思路。长庆局局长、党委书记孙玉辰做了报告，局党委副书记、纪委书记张继昌通报了2000年度党风廉政建设及纪检监察工作纪检情况。

18—21日　CAPC中加中心煤层气技术研讨会在长庆西安基地召开。以长庆为主体的鄂尔多斯盆地煤层气规模勘探开发序幕就此正式拉开。

21日　长庆局出台《职工待岗管理实施细则(试行)》(长局发[2000]第202号)。《实施细则》共八章30条，就职工待岗、待岗培训、重新上岗及再就业等做了明确规定。

27—28日　长庆局多种经营工作会议在西安召开。会议以多种经营改革与发展为主题，分析形势，研究问题，总结工作，安排下一步任务。长庆局局长、党委书记孙玉辰，副局长陈国法，长庆局工会主席王树荣、总会计师张芝兰，油田公司副总经理何自新出席了会议。

30日　长庆局党委发出《关于加强基层党组织建设有关问题的意见》(长党发[2000]41号)，就党的组织建设，党组织的设立、工作任务，党员管理等做了明确规定。

同日　长庆局机械厂继钻井液管汇和方补心出口美国、土库曼斯坦后，又一批产品走向也门市场。

同日　由长庆局油田建设工程处承建的涩宁兰输气管道50千米工程项目全部完工。工程获得整个工程HSE管理第1名，工程综合管理第二名，焊道射线检查一次合格率第3名，焊道外观检查一次合格率第4名的好成绩，跻身于涩宁兰全线16家产建单位“第一梯队”行列。

31日　长庆局职工医院举行“全国职业道德建设先进单位”、“甘肃省职工职业道德建设十佳单位”挂牌仪式。长庆局工会主席王树荣，局长助理张元忠及庆阳地委副书记、庆阳县委书记陈克恭等出席挂牌仪式。长庆局党委、长庆局，油田公司党委、油田公司联合致信祝贺。

十一月

1日　长庆局局长、党委书记孙玉辰带领局办公室、组织部、宣传部、市场开发部、工程技术处、质量安全环保处等机关处室负责人，以及三个钻井处、井下技术作业处等单位的领导前往位于榆林市孟家湾乡的壳牌公司长2井场，看望70118钻井队的职工，并就长庆局钻井反承包工作进行了质量回访。

同日　承担壳牌公司长北区块钻井反承包的70118队，由于全面推行HSE管理，认真履行合同，达到壳牌公司作业规范和工作要求，顺利完成了长1井钻井任务，长2井也即将完钻，得到了壳牌公司的好评。局党委、长庆局专门致信慰问发出慰问。

5日　在西安参加中国海洋石油总公司勘探年会的中海石油总经理卫留成一行来长庆访问。油田公司总经理、党委书记胡文瑞代表长庆局、油田公司向来访客人汇报工作，长庆局工会主席王树荣参加了会议。

同日　塔里木油田公司总经理廖永远一行9人来长庆考察，长庆局总工程师赵业荣、油田公司副总经理王道富介绍了长庆油田有关情况。

8日　长庆局党委在庆阳召开全局党委书记座谈会。会议交流了减员增效过程中好的做法和经验，分析研究了存在的不足与问题，并要求各级党组织采取有力措施，做好思想政治工作，加大管理力度，确保深化改革的顺利进行，确保全局职工队伍的稳定，确保生产经营目标的实现。

9日　中共中央政治局委员、国务委员、中央政法委书记罗干一行到银川长庆燕鸽湖基地视察。宁夏回族自治区党委书记毛如柏、自治区政府主席马启智、银川市委书记陈青宁及长庆局总工程师赵业荣陪同视察。视察中，罗干对基地社会治安综合治理的做法给予充分肯定和赞扬。

13 日　局党委以长党发[2000]42 号文件，就通信处更名后郭海岗同志的职务重新做了明确，郭海岗任通信公司党委书记兼纪委书记、工会主席。

14 日　中国石油天然气集团公司在西安召开 2000 年度生产经营与统计工作会议。会议总结了 2000 年生产经营与统计工作，安排了 2001 年工作要点。长庆局局长孙玉辰、副局长滕玉林参加了会议。

同日　大庆石油管理局副局长王亚伟率团来长庆考察。长庆局局长孙玉辰、油田公司总经理胡文瑞分别向客人介绍了油田情况。

17 日　中国石油戏曲协会一届三次理事会暨第四届全国石油职工文化(戏曲)大赛在采油一厂驻地延安举行。长庆选送的 5 个现场表演节目分别获得了综合演出一、二、三等奖及创作和导演奖。

18—20 日　中国天然气集团公司安全工作考核组一行 3 人来长庆调研，对长庆局 HSE 管理工作给予充分肯定。

25 日　长庆局、油田公司决定，将交通服务处划分为长庆局交通服务处和油田公司交通服务处，级别均为副处级。

25—26 日　中国石油天然气集团公司参与西部大开发战略研讨会在西安长庆宾馆召开。集团公司机关有关部门负责人及石油、石化企业负责人共 40 多人参加了会议。集团公司副总经理郑虎、国家西部大开发办公室副司长秦玉才出席会议并讲了话。集团公司发展研究部主任严绪朝和长庆油田领导孙玉辰、胡文瑞等参加了会议。长庆局局长孙玉辰代表长庆局和油田公司致词。油田公司党委副书记、纪委书记、工会主席包方钧代表长庆做了题为《西部大开发与长庆油田所面临的机遇》的发言。

27 日　长庆局党政领导会议研究决定(长局发[2000]第 239 号文件)聘任：

刘自强为机械制造总厂厂长；

周俊基为水电厂厂长；

张富中为器材供应处处长；

朱世骏为离退休职工管理处处长；

杨清为油气技术综合服务处处长。

同日　局党委常委会研究决定(长党发[2000]46 号文件)：

朱文甫任勘察设计研究院党委书记；

纪忠明任机械总厂党委书记；

杨玉征兼任测井工程处党委书记；

慕甲锋任水电厂党委书记；

安武林任局纪委副书记；

康俊杰任庆阳子弟总校党委书记兼纪委书记。

30 日　国家教育部批准长庆石油学校成立“教育部教育管理信息长庆石油学校远程培训点”。至此，该校教育培训与全国联网工作迈上一个新的台阶，在相关专业培训上与国内高校共时、同步。

同日　长庆局决定，将长庆机械制造行业原有的机械厂和第二机械厂整合，成立机械制造总厂(长局发[2000]第 224 号)。

十二月

4 日　长庆局勘察设计研究院申报的“长庆气田产能建设工程地面工艺及配套技术”继 1999 年被中国石油天然气集团公司评为优秀设计一等奖，2000 年又荣获国家优秀设计铜奖。

5 日　长庆石油勘探局机械制造总厂在甘肃宁县长庆桥挂牌成立。

11 日　甘肃省环保局局长赵伟民带领的省地“一控双达标”考核检查组到陇东矿区检查指导工作。

12 日　长庆局党委印发《关于认真做好 2000 年度领导班子、领导干部和党风廉政建设、党群及思想政治工作年终考核的通知》(长党发[2000]45 号)。《通知》要求各级党组织、领导班子、领导干部本着“简化程序、突出重点、重在导向”的原则,突出“创新、责任、廉政”,突出市场开发、内部管理、经济效益,并结合年中巡视情况,搞好年终考核。

同日　长庆局决定,将原勘察设计研究院改制为长庆局控股、职工参股的西安长庆科技工程有限公司(长局发[2000]第 234 号)。

13 日　长庆局井下技术作业处周丰、油田公司勘探开发研究院段晓文,被共青团中央、国家经贸委、劳动和社会保障部联合授予“全国青年岗位能手”称号。

15 日　长庆局决定,成立长庆石油勘探局钻井工程总公司筹备领导小组,负责钻井系统的重组整合工作(长局发[2000]第 235 号)。

同日　经局务会研究,并征得油田公司同意,决定撤销长庆局驻成都办事处建制(长局发[2000]第 237 号)。

22 日　长庆局团委荣获“全国五四红旗团委”称号。

24 日　长庆油田物资交易会在长庆实业集团大厦开幕。长庆局领导孙玉辰、张继昌、滕玉林、陈国法,油田公司领导喻昌荣等出席剪彩仪式。西安市未央区、西安经济技术开发区管委会的有关领导出席了大会。油田 55 个单位及油田内外 100 多个厂家参加了交易会,数百种产品在大会上展出。

同日　长庆局决定奖励 2000 年“天然气欠平衡钻井工艺技术研究”等七个优秀科技项目(长局发[2000]第 241 号)。

29 日　局长、党委书记孙玉辰在长庆局召开的机关处室和部分二级单位领导参加的会议上,做了 2000 年生产经营形势报告。

31 日　集团公司党组决定(中油党字[2000]第 99 号):

杨庆理同志任长庆石油勘探局党委常委;

蒲建中同志任长庆石油勘探局党委常委、工会主席;

张启英同志任长庆石油勘探局党委常委。

同日　中国石油天然气集团公司以中油任字[2000]第 628 号文任命:

杨庆理同志任长庆石油勘探局副局长;

刘自强同志任长庆石油勘探局副局长。

本月　长庆油田被全国绿化委员会、人事部、国家林业局评为“全国绿化先进集体”。

(李三卫　廖应兵　赵玉华　高生珠)

长庆石油勘探局年鉴

2002卷

第一篇

总　　述

综　述

2001 年长庆石油勘探局工作情况概述

【概述】 长庆石油勘探局(以下简称长庆局)是中国石油天然气集团公司(以下简称集团公司)所属的以油气技术服务为主的综合性国有特大型企业。截至 2001 年底,局属二级单位有 43 个(含两个炼油厂);局机关设 15 个职能处室,9 个附属单位。全局有职工 37668 人(含内部退养人员 4422 人),其中,干部 11186 人,占职工总数的 29.7%;工人 26482 人,占职工总数的 70.3%。干部中正高级职称人员 14 人、副高级职称人员 477 人、中级职称人员 3255 人、初级职称人员 4943 人。工人中高级技师 3 人、技师 265 人、高级工 3665 人、中级工 5909 人。全局有离退休职工 13307 人,有偿解除劳动关系人员 6274 人。全局有基层党委 32 个,党总支 108 个,党支部 968 个。共有党员 19252 人,其中,正式党员 18624 人,预备党员 628 人;男党员 17218 人,女党员 2034 人;在职党员 8789 人,占党员总数的 45.65%。

2001 年是长庆局“二次创业”革新图治、奋发图强的一年。全局广大职工以“三个代表”重要思想为指针，调整结构，开拓市场，加强管理，加快发展。在关联交易市场开放 50%、招投标价格下浮 5%—10%的困难条件下，主营业务收入 44.2 亿元；上缴税费 3.9 亿元；企业增加值 16.1 亿元，比 2000 年度增长 2.1%；职工工资收入增长 7%；全员劳动生产率 4.2 万元/（人·年)，同比增长 16.4%，以优异的成绩完成了集团公司下达的考核指标任务，实现了长庆局党委、长庆局年初确定的“争取有个‘好收成’，职工过上‘好日子’”的奋斗目标。

【工程技术（生产）服务】

(1) 钻井生产。2001 年开钻 1011 口（其中，天然气探井 19 口，石油探井 74 口，天然气开发井 13 口，石油开发井 902 口），完井 1009 口（其中，天然气探井 19 口，石油探井 74 口，天然气开发井 12 口，石油开发井 902 口），完成钻井进尺 179.7181 万米（其中，天然气探井 6.5828 万米，石油探井 14.1173 万米，天然气开发井 4.3528 万米，石油开发井 154.2864 万米）。钻井进尺与 2000 年同期相比增长 23.95%，创历史最好水平。

开钻 1011 口按市场划分，长庆油田市场 1008 口，社会市场 3 口（其中国外 1 口）；完井 1009 口按市场划分，长庆油田市场 1007 口，社会市场 2 口；钻井进尺 179.7181 万米按市场划分，长庆油田市场 179.3393 万米，社会市场 0.3788 万米（其中，国外 0.1777 万米）。

油层套管固井合格率 100%，井身质量合格率 100%，取心收获率 99.98 %，钻机月速度 3769.26 米/（台·月)，钻井全员（实物）劳动生产率 212.48 米/（人·年)，钻井全员（价值）劳动生产率 4.2853 万元/（人·年)。

(2) 地震勘探。全年完成二维地震 6981 千米，与 2000 年同期相比下降 20.66%，二维生产总炮次 7.5991 万炮；完成三维地震 158 平方千米，与 2000 年同期相比增长 4.64%，完成 GPS 定位点 275 个，全年提交预探井位 160 口，提交探井井位符合率 81.8 %。全年二维地震一级品率 75.89 %，记录合格率 99.82%；三维地震记录合格率 100%，地震空炮率 0.36 %，微测井合格率 100%。

(3) 测井测试。全年完成测井、测试工作量 4197 井次（其中，完井 1309 口，三样 1257 口，工程测井 85 口，吸水剖面 342 口，产液剖面 29 口），与 2000 年同期相比增长 46.65%，比历史最高水平 2000 年增长 46.65%。完成测井直接工作量 5034.1 万计价米，完成射孔 7654.5 射孔米。完成综合录井 38 口（其中，探井录井 20 口，开发井录井 18 口），与 2000 年同期相比下降 67.24%。测井曲线合格率 99.99 %，优等品率 94.66 %，射孔准确率 100%，气测录井资料合格率 100%，优等品率 90.38%。

(4) 试油压裂。全年完成试油压裂 2232 层次（其中：试油 880 层，压裂酸化 1352 井次），与 2000 年相比增长 10.77%，完成各类试油压裂交井 1014 口，比 2000 年多完成 209 口，试油压裂完成的总工作量比历史最好水平的 2000 年增长 10.77%。

(5) 井下修井作业。全年完成井下作业 7656 井次（其中，第一采油技术服务处完成 935 井次，第二采油技术服务处完成 4054 井次，第三采油技术服务处完成 2667 井次），与 2000 年相比增长 14.05%，完成作业井口数 7420 口（其中，第一采油技术服务处完成 933 口，第二采油技术服务处完成 3869 口，第三采油技术服务处完成 2618 口），与 2000 年相比增长 12.82%。

(6) 建筑施工。全年承揽工程合同金额 4.533 亿元（其中，长庆油田市场 2.7911 亿元，社会市场 1.7419 亿元），与 2000 年相比增长 4.08%；全年完成施工产值 6.0158 亿元（其中，长庆油田市场 3.9375 亿元，社会市场 2.0783 亿元），与 2000 年相比增长 32.01%。

(7) 供水供电。全年完成供水量 1369 万立方米（其中，水电厂完成 1087 万立方米，第三采油技术服务处完成 282 万立方米），与 2000 年相比下降 3.39%，完成供电量 67324 万千瓦·时（其中，水电厂完成 50511 万千瓦·时，第三采油技术服务处完成 16813 万千瓦·时），与 2000 年相比增长 5.04%。

(8) 运输通讯。运输全年完成货运量 132.16 万吨（其中，运输处完成 44.46 万吨，第一采油技术服务处完成 13 万吨，第二采油技术服务处完成 63.22 万吨，第三采油技术服务处完成 11.48 万吨），与 2000 年相比增长 22.37%。通讯 2001 年末交换机总量 54556 门，比 2000 年净增 1300 门，实装单机 47188 台，比 2000 年净增 3238 台，中继线路 4650 条，比 2000 年净增 1870 条。

(9) 物资供应。全年完成物资吞吐量 57.162 亿元，与 2000 年相比增长 90.05%。全年共完成购进量 287889 万元，出库量 283731 万元。其中，售给股份公司 64719 万元。全年物资周转 5. 37 次。

(10) 机械制造。承担机械制造任务的机械制造总厂全年完成工业总产值 1.5563 亿元，与 2000 年相比增长 50.11%，完成工业销售产值 1.5986 亿元，与 2000 年相比增长 58.21%。完成机械加工量 1.3926 万吨，抽油机制造 837 台，压力容器 107 具，抽油泵 2550 台，抽油杆 54.8 万米，振动筛制造 96 台，均高于 2000 年同期水平。

工程技术（生产）服务刷新 11 项历史最新纪录，其中 2132 队创造了沙漠队年生产 18705 炮次、日生产 525 炮次；2117 队创造了山地队生产 1021.88 剖面千米的历史最新纪录。钻井进尺上 100 万米时间比 2000 年提前 29 天，队年进尺上 5 万米井队 1 个，上 4 万米井队 4 个，上 3 万米井队 24 个，均创历史最新纪录。

【市场开发】 2001 年全局各级市场开发部门积极利用各种渠道和网络等媒介发现、跟踪信息 600 多条，并进行分析和整理，从中跟踪 260 条，参与投标 126 项，中标 57 项。承揽外部市场工作量 36888.61 万元，其中，石油系统

15114.35万元，占40.97%；社会市场21774.26万元，占59.03%。

取得的主要成果有：(1)公路工程项目承揽取得重大进展。建设工程总公司全年承揽外部工程10项，比2000年增长近3倍，达到24000万元。(2)局内产品外销取得良好成绩。机械制造总厂大力开发新产品，全年机械产品对外销售额达2269.8万元。(3)"西气东输"项目工作量承揽取得实质性的成果。科技工程有限责任公司中标靖边段488万元的勘察及设计工作量。建设工程总公司、器材供应处与西气东输管道项目部达成了有关管道建设施工及物资储运的合作意向。(4)开拓西部油田市场取得重大进展。物探处中标青海VSP测井项目；第二采油技术服务处、第三采油技术服务处、井下技术作业处、钻井工程总公司、机械制造总厂等单位的机械、化工产品在西部各油田市场上的销售量也有所提高，并与新疆、吐哈油田2002年化工产品供应达成了销售意向。

在国际市场上，经过一年多的调研、开发，2001年实现了零的突破。4月份成立国际市场开发部，以集团公司"走出去"战略为指针，瞄准国际石油技术服务市场，展开了一系列对外交流合作业务，使长庆局的诸多技术服务施工队伍走出了国门，加入到了国际石油勘探开发市场的行列。在市场开发上，5月23日，与厄瓜多尔的Dygoil公司联合投标，中标区块在厄国的AP油田，合同期限为60个月。主要工作量有3D地震作业、钻井、修井作业、发电站、送变电系统等地面工程。尼日利亚Petrolog钻井公司租赁长庆局70LC钻机一部，合同租赁服务期限为两年。8月22日，长庆局与中国石油开发公司签订了乌兹别克斯坦项目，长庆局具体负责项目的工程作业，工作量为一口水平井的钻井、测录井、固井及完井作业。到12月底，厄瓜多尔A－P项目第一口井已完钻。乌兹别克斯坦钻井项目所需要的材料及设备已运到乌国目的地，第一、二批施工人员已抵达钻井现场。11月29日，长庆厄瓜多尔分公司在厄瓜多尔首都基多市注册成功。

【科技进步】 2001年长庆局科技工作进一步贯彻落实"科技进步与人才开发"战略，遵循"企业科技、效益科技"的工作思路，更新观念，转变职能，强化服务，制订措施，有力地推进了企业的发展，取得了显著的成效。

面向市场，结合生产，制定科学合理的"十五"科技发展规划。本着服从、服务于总体发展战略、技术创新、效益优先、突出重点、适当超前和技术储备的原则，制定出了《长庆石油勘探局"十五"科技发展规划》，规划对"十五"期间长庆局科技发展的方向、目标及科研攻关的重点进行了战略策划，并提出了实施途径及主要措施。"十五"科技发展规划从物探、测井、钻井、井下作业、地面工程、加工制造、信息工程、软科学等八个方面共提出了83个重点项目，其中技术创新项目42项，新技术应用及新产品开发项目41项。通过实施该计划，长庆局的主体工程技术，总体上将达到国内先进水平，部分领域达到国际先进水平；科技成果应用率达到85%以上，科技投入产出比达到1:5，科技贡献率达到50%以上。为提高长庆局的整体技术实力及市场竞争能力提供了强有力的技术支撑。

认真组织实施2001年科技发展计划，获得了一批优秀科研成果。2001年科技发展计划以提高技术实力、开拓市场、降低成本为目标，紧紧围绕工程技术服务中急需解决的技术难点、重点，共安排了技术含量高、应用效益好的重点科技项目38项。通过统一部署，集中力量，重点攻关，科技项目总体进展良好，计划进度完成率89.5%，获得了一批优秀成果。

(1) 黄土塬区多线地震勘探采集、处理方法研究取得了初步成效，形成了一套野外多线地震采集及数据处理系统。经在樊家川、谭家营、志丹、吴旗、靖边等地区的应用，效果良好。

（2）定向井导向钻具复合钻井技术研究与现场应用效果显著。现场实施73口井，平均机械钻速比常规钻井提高3.37米/时，钻井周期较常规钻井缩短了3.15天，定向一次成功率达到了100%。

（3）水平井钻井技术研究得到了进一步发展。通过靖平2井、苏平1井和苏平2井的应用研究，取得了优化井身结构、井眼轨迹控制、钻井液与完井液及水平井固井工艺等五项主要技术成果，为实现苏里格气田和靖安油田盘古梁区长6储层高效开发奠定了技术基础。

（4）保护油气层的钻井液抗高温降滤失剂的开发与应用取得好的效果。室内试验指标优于同类产品的评价指标；确定了利用缩聚反应制备SMSH的工业化生产工艺，其合成工艺简单、合理，易于控制。试生产证明，该产品配伍性好，钻井液性能稳定，滤饼致密、滤失量小，已具备工业化批量生产条件。

（5）成像测井技术的应用与研究得到了进一步拓展，取得了裂缝拾取、孔隙尺寸分析、侵入特性、地应力及古水流方向分析等6个方面的成果，特别是在储层各向异性及流体可动性研究方面见到了明显效果。

（6）端部脱砂压裂工艺技术研究与应用有所突破，初步形成了一套适应于低渗透油田老井复压的现场施工技术。到2001年底，已成功试验12口井，其中用于老井重复改造7口井，压前平均产量为1.43吨/天，压后平均产量为3.84吨/天，产量得到大幅度地提高；新井改造5口井，也取得较好的效果。

（7）压裂施工优化设计及拟三维动态实时监测系统的开发与应用取得良好效益。现场试验30井次，其砂量、砂比、流量、液量记录均达到预期目的，整体性能达到国内先进水平。该系统的开发与应用，直接节约资金250多万元。

（8）油气矿场装备研制有了新的进展。开发出了天然气三甘醇脱水装置、CYJW8－3－26HF弯梁变矩复合平衡抽油机及智能井口防盗箱等新产品，取得了良好的经济效益和社会效益。

【重组整合】 2001年7月份将油田建设工程处和筑路集团总公司整合重组为建设工程总公司，8月份钻井工程总公司整合重组成立了机修公司等8个专业公司；将长庆石油学校和技工学校整合重组为培训中心。2001年3月工程技术处与工程技术研究院合署办公，12月将钻井工程总公司的地质录井和测井工程处的气测录井整合重组为录井公司。根据市场发展变化和工作需要，成立了发展研究部、市场开发部、国际市场开发部、关联交易处、资本运营部。

【多种经营】 2001年，长庆局多种经营系统以“改制、扭亏、规范、发展”为工作主线，坚持以经济效益为中心，以发展为主题，大力推进多种经营企业改革改制和扭亏工作，努力拓展生存空间，推动了多种经营持续稳定发展。2001年，全局拥有多种经营法人企业106个，生产经营网点266个，其中生产经营总值在500万元以上的有90个，1000万元以上的有52个，5000万元以上的有6个，有7个二级单位或企业年生产经营总值过亿元。2001年多种经营实现生产经营总值18.77亿元，比2000年增长6.6%；实现销售收入18.31亿元，比2000年增长7.45%；缴纳税金1.52亿元，比2000年增长4.97%；实现利润4380.5万元。

全系统入网产品达2758个品种、规格，初步形成了石油化工、建筑材料、机械制造、电子电器、橡胶塑料、轻工、农副产品等七大行业。实施培育名牌与开发新品战略，着力开拓油田内外市场，努力培育新的经济增长点。全年共立11个项目，总投资7331.24万元。全年实现社会市场收入3.2亿元，占总收入的17.4%以上，其中产品收入3400万元。与此同时，积极疏通产销渠道，有效地开拓内部市场，在2001年长庆内部产品订货会上，共签订合同、意向性协议83份，涉及金额4.05亿元，再创历史最高水平。

2001年扩大了改制试点面，钻井工程总公司、建设工程总公司、第二采油技术服务处、第三采油技术服务处和机械制造总厂等6家多种经营企业完成了改制方案的论证、编制，有计划、有步骤地进行结构调整，整合重组。同时，扭亏工作初见成效，对扭亏无望的企业或厂点结合改制实行关停并转或拍卖、租赁经营，从而实现了亏损厂点、亏损额分别比2000年下降30%的目标。

【安全、质量、环保】 经集团公司检查考核，长庆局获得集团公司“2001年度安全生产环境保护先进企业”称号。安全生产各项指标均优于2000年，创出历史最好成绩；在集团公司污染物排放达标考核中，长庆局各项控制指标在集团公司下达的控制指标之内。与2000年相比，事故起数下降42.37%，死亡人数下降62.06%，重伤人数下降28.57%，轻伤人数下降62.5%，直接经济损失下降73.2%。按集团公司考核指标统计，千人死亡率为0.04‰（集团公司考核指标为0.05‰），千人重伤率为0.04‰（集团公司考核指标为0.30‰），千台车死亡率为1.4‰（集团公司考核指标为2‰）。实现了集团公司下达的“四个杜绝、三个不超、一个稳定”的控制目标。全局有控废气排放达标率达95%（集团公司先进企业指标为大于90%），固定源工业污水排放达标率达98%（集团公司先进企业指标为大于90%），杜绝了特大环境污染和环境破坏事故的发生。

全局建立HSE示范队14个，有247个基层队实施了“两书一表”，占全局作业队伍的55%；向集团公司第一批申报市场准入证的230个队，审核通过了190个，占上报队伍总数的82.6%。

2001年，长庆局荣获了“全国质量管理小组活动优秀企业”称号，这是长庆局开展全面质量管理活动以来取得的最高荣誉。另外，一项成果荣获“国家优秀QC小组”，两项成果荣获“石油质协一等奖”。

【设备管理】 到2001年底，全局上报集团公司设备3508台，期末设备资产原值158057万元，期末净值107312万元，新度系数0.68。其中，主要勘探开发设备数量：大中型钻机59台，沙漠地震钻机12台，钻采特车373台，测井及物探设备108台，运输车辆999台。主要专业设备综合完好率97.07%；主要专业设备综合利用率71.08%；主要专业设备故障停机率0.46%；设备特、重大责任事故发生率0‰。

根据上报集团公司的非安装设备购置建议计划，集团公司批准实施规模为30180万元，其中，集团公司投资和注资16000万元。实际购置设备548台（套），完成投资30180万元。2001年非安装设备计划实施的重点是提高工程技术服务单位的设备配套和施工能力，物探、钻井、测井、试油和试气、井下作业等工程技术服务单位的设备购置投资，占总计划投资额的77.80%，建设施工单位的设备购置投资，占总计划投资额的8.66%。为了调整资产结构，加快设备更新步伐，增强企业竞争力，2001年对全局技术性能落后、维修费用高、经济效益差的设备进行了清查报损、报废，共报损、报废各类设备、仪器4880台，固定资产原值76873万元，净值18017万元。

【财务管理】 2001年财务管理以提高经济效益为中心，以资金管理、预算管理为重点，在结构调整、开拓市场、挖潜增效等方面都取得了显著成效。2001年财务指标：年初资产负债率47.94%，同口径计算年末资产负债率42.36%，较年初略有下降；年初速动比率94.73%，年末速动比率88%；期初资产新度系数68.31%，期末资产新度系数77.26%。

2001 年财务管理所做的主要工作有：(1)实施预算动态管理，强化预算调控力度。全局预算先后经过三次动态调整，使预算管理更加贴近实际，圆满完成了集团公司下达的利润考核指标。(2)加强资金管理，提高资金使用效益。全年压缩贷款 1.5 亿元，办理承兑汇票 3.8 亿元，开展对外投外借、对外担保及 3 年以上应收款项的专项清查，清欠款 12939 万元。(3)加强会计核算，规范会计工作秩序。认真贯彻落实《会计法》等法律法规，精心组织日常会计核算和报表编制工作，加强了对基层单位的监督检查，以规范核算，控制成本。(4)积极推行"三位一体"成本动态控制管理体系。并制定了具体的考核制度及办法，对成本费用的控制条款、节超金额范围及对应的奖罚比例都做了详细的规定，使成本控制落到了实处。(5)开展财产清查工作，为推进产权制度改革创造条件。经过资产清查、产权界定、资产核实、产权登记等程序，落实财产损失 7.03 亿元。申报预计减值准备 4.73 亿元。

【教育卫生】 在职工教育方面，全局 2001 年共举办工商管理、英语、俄语、计算机、钻井、修井、汽驾、汽修等专业(工种)的各类长、短期培训班 641 期，培训职工 23513 人，全员培训率达 64%。其中，培训干部 6297 人，工人 17216 人。在各类培训中，干部继续教育 298 人，工人技术等级培训 6603 人，资格培训 6826 人，短期、应急类适应性培训 7918 人，其他培训 1868 人。全局工人中参加岗位练兵 16935 人，占技术工种工人的 74.7%。在岗位练兵的基础上，举办各级技术比武 388 场次，参加技术比武的工人 9419 人，占技术工人的 41.6%。同时，对劳务合同工进行了操作技能培训，当年培训 1530 人，累计培训 5499 人，劳务合同工培训率达 92.6%。

在普通教育方面，教育教学质量持续提高，高考连续 6 年在"百位数"上换了"字"头。2001 年全局报考人数比 2000 年减少了 224 人，大专以上录取 911 人(不含高职)，录取人数比 2000 年增加 59 人，录取率达到 55.38%，若将高职录取人数统计在内，升学率达到 66.87%。本科录取 733 人，占报名人数的 44.56%，比 2000 年的 631 人增加了 102 人，比 2000 年本科录取率 33.52%提高了 11.04%。清华大学录取 2 人，北京大学录取 4 人，中国人民大学录取 3 人，浙江大学、南京大学等全国名牌大学均有"长庆石油娃"被录取。

全局年内共诊治病人 73.81 万人次，其中，门诊(急诊)67.16 万人次；收治住院病人 1.04 万人次；巡回医疗诊治病人 3.59 万人次。全局医院住院病人治疗有效率为 96.98%(其中，治愈率为 76.5%)；病床周转率为 14.51 次/(床·年)；病床工作日为 187.9 天/(床·年)；病床使用率为 51.4%。

【精神文明建设】 长庆局 2001 年积极实施"两条基本思路"、"四大发展战略"，坚持以市场为导向，以改革为动力，以管理为手段，以调整结构为重点，以效益为目的，用"创新、开放、简捷、明确、责任、自信"的企业理念规范行为，大力开展"二次创业"活动，在生产经营和技术服务取得新成就的同时，精神文明建设也同样硕果累累。

(1)"三讲"学习教育活动促进了领导班子建设。从 2001 年 5 月 10 日至 6 月 22 日开展的"三讲"学习教育活动，使长庆局领导班子成员进一步增强了企业发展的信心，通过认真落实"三讲"整改措施，使"班子"内聚力进一步增强。整个工作得到了集团公司"三讲"回访组的好评。

(2)认真贯彻十五届六中全会精神，加强和改进党的作风建设。以"八个坚持、八个反对"为重点，加强对干部的廉洁自律教育，党风廉政建设进一步加强。局领导先后 26 次下基层调研，6 次集体听取了 18 个单位的专题汇报，帮助基层解决市场开发、安全生产、经营管理、科技攻关等方面的问题。

(3)开展“二次创业”宣传教育活动，凝聚了人心，鼓舞了士气。在全局范围内开展了“二次创业”百面红旗选树活动，评选了12个标杆单位、10大标兵、98个先进集体和100名先进个人。

(4)为职工群众办了8件实事。职工工资和货币收入的增长实现了预期的目标。改善了职工的住房条件，全年新建住房5000套，竣工3553套、面积30.7万平方米。泾河、银川工业园等基地开工建设为实现老基地的战略调整和职工在城市购房创造了条件。

(5)加强社会治安综合治理，创造了良好的工作和生活条件。全年侦破各类刑事案件776起，破案率同比提高12.48%。

(6)建立政工例会制度，发挥大政工的优势。全年召开了11次政工例会，协调党政工团组织，在全局开展了纪念建党80周年等4大项27个系列活动，收到明显效果。与此同时，全局精神文明建设获得12项荣誉称号：长庆局荣获“全国群众体育工作先进单位”称号；长庆局荣获“全国绿化先进集体”称号；长庆局团委荣获“全国五四红旗团委”称号；水电厂、井下技术作业处分别荣获“全国十佳职业道德先进单位”称号；地球物理勘探处荣获“全国模范职工之家”称号；30533钻井队荣获“全国青年文明号”称号；长庆局纪检监察处被集团公司党组评为“纪检监察先进集体”；杨再生、曹师伊、秦惠中3人分别获得“全国五一劳动奖章”；安宏刚被评为“全国青年岗位能手”；刘瑛被集团公司党组授予“模范共产党员”光荣称号；王凤嘉被集团公司党组授予“廉洁自律模范个人”光荣称号；谢文虎被评为“陕西省有突出贡献的中青年专家”。

(张宏鹏　李三卫　赵玉华)

特　载

长庆石油勘探局科学技术进步奖励办法

(2001年5月11日长庆石油勘探局以长局发［2001］94号文发布)

第一章　总　则

第一条　为鼓励企业技术创新，促进科技成果的转化和高新技术的产业化，发现和培养一大批高素质的科技人才，提高长庆石油勘探局（以下简称长庆局）的整体技术和经济实力，特制定本办法。

第二条　长庆局科学技术进步奖（以下简称科技进步奖），每年评审一次，主要奖励在技术创新、科技攻关和科技成果商品化、产业化等方面对长庆局做出创造性贡献的个人与单位。

第三条　长庆局科技进步奖的推荐、评审和奖励，实行公开、公平和公正的原则。

第二章　奖励范围

第四条　奖励范围主要包括：

（一）具有新颖性、先进性和实用价值的应用技术成果，包括新产品、新工艺、新方法、新技术、新材料等，以及已形成长庆局知识产权并认定登记的专有技术和已授权的专利技术。

（二）科技攻关成果、重大推广应用成果和高新技术产业化成果。

（三）在基础研究和应用基础研究方面的新发现、新认识、新理论，并对长庆局发展有指导意义的科学理论成果。

（四）标准、计量、安全和环境保护等对社会公益方面的重大成果。

（五）对科学决策、经营管理发挥重要作用的软科学成果。

第三章　推荐条件

第五条　推荐奖励项目必须同时具备以下条件：

（一）必须是长庆局首次研究或应用，相同技术也必须具有长庆局领先水平的科技成果，局属各单位应按照本办法进行严格评审筛选。

（二）必须通过相应的鉴定、评审或验收并经生产应用或实践检验一年以上，有较大的应用量和推广面，并取得较大的经济或社会效益。

（三）必须有应用单位出具的证明，有直接经济效益的应出具应用单位的财务证明，已转让销售的要出具合同和销售数量证明。

第六条　对成果权归属、主要完成人和主要完成单位等有异议的项目，在异议未解决之前不得推荐。

第七条　已获得过长庆局科技进步奖的成果，在技术上没有重大改进和创新的，不得再次推荐评奖。

第四章　奖励标准

第八条　长庆局科技进步奖设一、二、三等奖三个等级。获奖项目要按成果的创新性、先进性、实用可靠性、技术难度、经济和社会效益大小等方面进行综合评审。

（一）具备以下条件之一可评科技进步一等奖：

1. 总体技术水平和主要技术经济指标达到国内领先；技术上有重大创新且技术难度很大；已经或在近期可以形成配套替代技术，年创利税 500 万元以上；

2. 获国家专利，已在企业实施应用，并取得了很大的经济效益或社会效益；

3. 新技术推广应用率达 60% 以上，同时年创利税 500 万元以上；

4. 形成高新技术产业化，其高新技术促进了企业产品更新换代或年创利税 500 万元以上；

5. 理论上有突破，主要研究成果达到国内领先水平，已产生重大的经济效益，对生产有重大的指导作用。

（二）具备以下条件之一可评科技进步二等奖：

1. 总体技术水平和主要技术经济指标达到国内先进水平；技术上有较大创新且技术难度较大；可以形成配套替代技术，年创利税 300 万元以上；

2. 获国家专利，已在企业实施应用，并取得了较大的经济效益或社会效益；

3. 新技术推广应用率达 40% 以上，同时年创利税 300 万元以上；

4. 形成高新技术产业化，其高新技术促进企业产品更新换代或年创利税 300 万元以上；

5. 理论上有重要发展，主要研究内容达到国内先进水平，已产生较大的经济效益，对生产有较大的指导作用。

（三）具备以下条件之一可评科技进步三等奖：

1. 总体技术水平和主要技术经济指标达到长庆局先进水平；技术上有一定创新且有一定难度；可以形成替代技术，年创利税 100 万元以上；

2. 获国家专利，已在企业实施应用，并取得了一定的经济效益或社会效益；

3. 新技术推广应用有一定的量和面，推广率达到30%以上，同时年创利税100万元以上；

4. 形成高新技术产业化，其高新技术促进企业产品更新换代或年创利税100万元以上；

5. 理论上有所发展，主要研究内容达到油田先进水平，已产生较好的经济效益，对生产有一定的指导作用。

第五章　主要完成人及主要完成单位条件

第九条　长庆局科技进步奖的奖励对象，主要是为长庆局的发展和科技进步做出直接贡献的单位和个人。

第十条　主要完成人是指对该项目的完成做出创造性贡献的人员，应具备下列条件之一：

（一）重大项目的总体研究方案、技术方案及实施方案的设计者。

（二）专利的发明者。

（三）科学理论的发现者和技术创新的发明者。

（四）关键技术和疑难问题的解决者。

（五）高新技术产业化及成果转化中的主要实施者。

（六）研究或技术总结报告的撰写者。

第十一条　主要完成单位是指在项目的研制、应用、实施过程中提供人员、技术、经费和设备等条件，对项目的完成做出重要贡献的单位。

第十二条　领导干部和机关工作人员，一般不应作为主要完成人。如确实曾参加项目的研究和实施工作，且参加的时间达到项目完成时间的四分之一以上，并符合上述主要完成人条件之一的，可作为主要完成人参加报奖，但在推荐书中应如实填写参加研究或推广工作中所做技术贡献，方可推荐。

第十三条　主要完成人应严格按实际贡献大小排序，严禁论资排辈。推荐项目的主要完成人按等级限额为：一等奖9人，二等奖7人，三等奖5人。

第六章　奖金及分配

第十四条　长庆局科技进步奖奖金凭长庆局科技处与财务处联合签发的《科技进步奖奖金通知单》，由各单位科技管理部门组织发放。奖金支付渠道，生产单位从成本中列支，事业单位从事业费中列支。

第十五条　长庆局科技进步奖奖金标准为：一等奖15000—20000元；二等奖7000—10000元；三等奖4000—6000元。

第十六条　奖金应按参与研究和实施单位、人员所作贡献大小进行分配；获奖项目的主要完成人所得奖金，应占总奖金的70%以上。

第七章　评审机构

第十七条　长庆局科学技术委员会领导和组织科技进步奖的评审工作；局科技发展处为科技进步奖的组织管理单位，同时负责长庆局推荐申报和审查中国石油天然气集团公司技术创新奖项目。

第十八条　长庆局科技进步奖设物探与测井、钻井工程、井下作业、地面工程与机电、医疗卫生与综合等六个专业评审组，负责推荐项目的初评工作；同时，协同科技发展处搞好科技进步奖的复评工作。

第十九条 长庆局科技发展处负责推荐项目的条件审查;聘请有关专家,组织成果的初评与复评工作;负责评奖过程中有关问题的协调、资料的核查与汇总,并向局科委汇报初评与复评情况;颁发奖励证书与奖金等工作。

第二十条 长庆局科委召开评审工作会议,到会人数不应少于三分之二;专业评审组会议不应少于 5 位专家方可进行评审工作。

第八章 推荐及评审程序

第二十一条 长庆局所属单位的科技管理部门为科技进步奖的推荐单位,负责向局科技发展处推荐评奖项目。

第二十二条 推荐单位应做好以下工作:

(一)对推荐项目的条件、主要完成单位和主要完成人的资格及排序应进行严格审查,不够条件或有异议的项目和人员,不得推荐。

(二)几个单位共同完成的项目,应由牵头单位主动与其他完成单位共同协商后,由牵头单位负责推荐,不得各自重复推荐。

(三)凡推荐项目有直接经济效益的,需按《新技术开发与应用经济效益计算办法》计算效益,并由应用单位财务部门出具证明。

第二十三条 科技发展处负责对推荐项目进行申报条件审查,有下列情况之一的不予受理:

(一)推荐项目不符合长庆局科技进步奖奖励范围及推荐条件的。

(二)重复报奖的项目。

(三)主要完成单位和主要完成人不符合有关规定的。

(四)推荐项目的资料不全,印刷不清楚的。

(五)推荐项目存在异议的。

第二十四条 长庆局科技进步奖评审程序:由各单位推荐申报,科技发展处进行条件审查,分专业组进行初评,科技发展处组织复评,提交局科委会审定,颁发获奖项目通报,异议意见处理,最后颁发授奖项目通报。

第二十五条 参加评审工作的全体人员,应认真负责,秉公办事,不徇私情,对评审情况要严守秘密,不得泄露。

第九章 异议处理

第二十六条 经长庆局科委会审定获奖项目后,颁发《获奖项目通报》。凡对获奖项目有异议的,自通告之日起 20 天内可向各单位科技管理部门提出书面意见,再由各单位汇总上报局科技发展处,逾期不予受理。

第二十七条 对提出异议的报告,科技发展处组织有关部门协商解决,协商不能解决的项目,取消当年获奖资格,待异议处理完毕后,可重新推荐。

第十章 其 他

第二十八条 获科技进步奖项目,如发现弄虚作假或剽窃他人成果行为,经查明属实,撤销其奖励,退回奖金,并按情节轻重予以批评教育或行政处分。

第二十九条 长庆局所属各单位可根据本办法,制定本单位科技进步奖奖励办法。

第三十条 本办法由局科技发展处负责解释。

第三十一条 本办法自印发之日起施行。原《长庆石油勘探局科学技术进步奖实施办法》(长局发[1997]第 106 号)同时废止。

长庆石油勘探局改制企业领导人员管理办法(试行)

(2001年8月23日长庆石油勘探局以长局发[2001]193号文发布)

第一章　总　则

第一条　为适应建立现代企业制度的需要,进一步完善法人治理结构,加强对长庆局改制企业领导人员的管理,根据《公司法》及有关法律、法规,结合长庆局实际,制定本办法。

第二条　本办法所称改制企业是指长庆局参股和控股的改制企业(以下简称为公司)。

第三条　本办法所称改制企业领导人员是指长庆局出任的下列人员:公司股东代表、董事、监事,公司董事长、副董事长、监事会主席、总经理,公司副总经理、财务负责人。

第二章　管理程序

第四条　长庆局控股公司股东代表、董事、监事,由长庆局法定代表人提名、党委组织部考核、党政领导会议通过后,依照法定程序委派或更换。

第五条　长庆局控股公司董事长、副董事长、监事会主席,由长庆局法定代表人提名,局党委组织部考核,党政领导会议通过后,分别向董事会和监事会推荐,由董事会和监事会选举产生。

第六条　长庆局控股公司总经理,由董事长提名,经局党委组织部考核、党政领导会议通过后,由董事会聘任或解聘。

第七条　长庆局控股公司副总经理、财务负责人,由总经理提名,经局党委组织部考核、局有关领导同意后,董事会聘任或解聘。

第八条　长庆局控股公司,具备条件的党委(党总支、支部委员会)成员可通过法定程序进入董事会、监事会;董事会、监事会中的党员董事、监事,具备条件的可按照有关规定进入党委会(党总支、支部委员会)。党委书记(党总支、支部书记)和董事长可由一人担任。纪委书记或工会主席可担任监事会主席。

第九条　长庆局参股公司,由长庆局法定代表人授权,资本运营部根据公司规模大小、参股金额多少及所占份额推荐董事、监事,经局党委组织部考核,征求局主管领导意见,按法定程序委派或更换。

第十条　实行整体带资分流改制的企业,长庆局不出任法定代表,设优先股的只派监事,由长庆局法定代表人授权,资本运营部提出监事推荐意见,经局党委组织部考核,征求局主管领导意见,按法定程序委派或更换。

第十一条　集体企业进行股份制改造,由长庆局法定代表人授权,资本运营部推荐股东代表和董事,经局党委组织部考核,征求局主管领导意见,按法定程序委派或更换。

第三章　任职资格

第十二条　公司领导人员选拔任用条件、任职资格和考核办法,按中国石油天然气集团公司和长庆局有关规定执行。

第四章　相关规定

第十三条　在公司任职的企业领导人员,包括董事、监事,董事长、副董事长、监事会主席、总经理,副总经理、财务负责人,其薪酬待遇根据国家有关政策及企业实际情况,由公司自行决定并承担。

第十四条　根据国家有关规定，长庆局派出在公司兼任职务的人员，其工资福利等待遇由长庆局支付，兼职人员从公司获得的职务报酬一律上缴长庆局。

第十五条　长庆局委派到公司的监事通过监事会行使职权，其行使职权的费用，包括聘请律师、注册会计师、审计师、调研、文印等费用，由公司承担。

第五章　考核与奖惩

第十六条　对长庆局控股公司，长庆局出任的领导人员的年度或届满任职情况考核，由局党委组织部负责，资本运营部及相关处室参加。

第十七条　对长庆局参股的，规模较小的，长庆局出任的公司领导人员任职情况的考核，由局党委组织部会同资本运营部进行。

第十八条　企业领导人员在任职期间，为公司的发展和维护长庆局合法权益做出重要贡献的，长庆局可给予一定奖励；对考核不胜任的，按有关规定更换。

第十九条　企业领导人员在行使职权时违背长庆局意志的，决策失误造成严重影响或重大经济损失的，长庆局将予以追究，给予必要的行政处罚，性质严重的要追究其法律责任。

第六章　附　则

第二十条　本办法由党委组织部、资本运营部负责解释。

第二十一条　本办法施行前登记成立的公司，不完全具备本办法规定条件的，按本办法规范。

第二十二条　本办法自下发之日起施行。

长庆石油勘探局整体带资分流改制企业资产负债处置及有关财务问题的处理办法（试行）

（2001 年 8 月 23 日长庆石油勘探局以长局发[2001]193 号文发布）

第一章　总　则

第一条　根据集团公司《关于加快产权制度改革的意见》及集团公司领导在企业整体带资分流改制试点工作会议上的讲话精神，结合长庆局产权制度改革的实际，制定本办法。

第二条　整体带资分流改制的性质是企业用出售存量资产的收入来支付职工有偿解除劳动合同的支出，是企业法人财产处置权和职工有偿解除劳动合同政策的有机结合，属企业经营行为。

第三条　长庆局所属单位（含全民多种经营企业、集体企业）实行整体带资分流改制，要严格执行国家、集团公司的政策规定，正确处理国家、集体、个人之间的利益关系，实事求是地解决历史遗留问题，既要防止国有资产流失，又要维护职工的利益，推动长庆局所属单位产权制度改革工作顺利进行。

第二章　财产清查

第四条　长庆局所属拟整体带资分流的单位，在经过改制工作准备、改制立项报批、集团公司批准、改制单位编制改制方案资本运营部审查改制方案之后，由财务资产处牵头，组织有关部门与改制单位一起制订财产清查方案，对列入改制范围的资产进行全面清查。

第五条　以集团公司批准改制的上月最后一日为财产清查基准日。财产清查中要建立严格的内部监督约束机制和工作制度，对清查结果进行分级复核，避免漏查漏报、虚填虚报等违规行为，做到不重不漏，防止资产流失。财产清查的内容包括：会计报表所列的资产、负债及所有者权益，账外资产及或有事项。具体操作采取以账查物、以物对账，实事求是地反映改制单位的盘盈、盘亏、毁损、报废等资产现状。财产清查结果要形成书面报告，改制单位和长庆局参与财产清查的部门共同签字认可。

第三章　产权界定

第六条　长庆局财务资产处、多种经营管理处负责改制单位的产权界定工作。产权界定工作以国家、集团公司政策规定为依据，充分贯彻“依法确认、尊重历史、正视现实”的原则，正确处理产权关系。产权界定的最终结果以财政部或集团公司对资产评估合规性审核的批复为准。

第七条　产权界定的一般性原则：

1.长庆局所属主业单位，其占有的资产全部界定为国有资产。

2.长庆局所属多种经营企业，属全民所有制性质的单位，按照有关规定，其产权界定为国有资产；属于多种经济成分组成的企业，应按其原始投入的性质，分别界定为国有资产、集体资产、外商资产和私人资产。

第四章　资产剥离与资产处置

第八条　资产剥离是整体带资分流改制的重要环节，应按集团公司的规定和改制单位的实际情况审慎进行。实际操作中，综合考虑改制后企业未来的盈利能力、职工参与改制的积极性、改制单位的净资产总量与有偿解除劳动合同所需补偿金的配比情况、国有股是否完全退出等因素进行具体确定。

第九条　整体带资分流改制单位可剥离的资产范围：

1.非经营性资产。改制单位中涉及学校、医院、离退休管理部门等占用的资产。

2.与改制后新公司的生产经营业务无关或相关性不大的资产。

3.不良资产。主要指：坏账、3年以上难以收回的应收账款、3年以上无动态的存货物资、待报废的固定资产和存货、有确切证据证明难以收回的投资、费用性挂账及潜亏等。

第十条　改制单位与长庆局资本运营部、财务资产处共同研究确定资产剥离方案，经长庆局批准报集团公司审批。经集团公司批准剥离的资产，应进行登记造册，移交长庆局指定的单位进行管理，不得再由改制单位无偿使用和进行管理。

第十一条　改制单位剥离的资产，由长庆局有关部门和接收管理单位研究该部分资产的盘活处置方案。具体可采用内部单位调拨、面向社会调剂、承包或租赁经营等方式进行，尽量避免企业改制和资产剥离后形成新的资产闲置和资产流失。

第五章　企业债务和权益的处理

第十二条　按照“债务随着资产和业务走”的原则，凡是与列入改制范围的资产、业务相关的债务必须一并列入改制范围，一般情况下不得进行债务剥离。对于进入新公司的负债，要按照法律的规定办理相关手续：

1.改制前，有关主管单位为其提供的担保，能够解除的，要按规定履行解除手续；不能解除的，要由改制后的新公司出具反担保或进行抵押。

2.改制单位的其他或有负债、或有损失，经清理核实后要与长庆局签订协议，依法公证，明确双方的权利、义务。

第十三条　为了推进整体带资分流工作的开展，在改制单位的净资产不足以补偿有偿解除劳动合同所需资金时，必须切实保证和维护职工利益，具体可采用下列方法进行：

1.进行“债转资”补偿。“债转资”就是将改制单位的一部分负债转化为资产，用于整体带资分流中补偿有偿解除劳动合同所需资金的补充。“债转资”后剩余的债务要全部纳入改制范围。

2.进行“债转资”后仍不足以补偿有偿解除劳动合同所需资金时，可以现金补偿。

3.改制单位净资产不足以支付补偿金的，在补足补偿金以后，企业原则上不再参股；改制单位净资产足够支付补偿金的，企业不再投入。

第十四条　改制单位净资产的计算。按照资产 = 负债 + 所有者权益的会计公式，改制企业净资产 = 评估确认资产总额 - 负债。资产总额以财政部或集团公司资产评估合规性审核确认的数据为准。

第十五条　改制单位净资产抵补带资分流所需补偿金后剩余资产的处理，一般以下列方式进行：

1.出售。一是原企业经营者和参与改制的职工可以以个人或共同出资的形式有权优先购买，采取一次性付款的，可给予5%—10%的优惠；采取分期付款的，要制定付款计划，签订分期付款协议并适当收取资金占用费。二是原企业经营者和职工不愿意购买的，可以面向社会或新企业的社会股东竞价出售，但不能享受一次性付款优惠。出售国有资产取得的全部收入要专户存储，专款专用，由财务资产处负责管理，并报集团公司备案。

2.转为新公司的债务(资转债)。将剩余的净资产转为对原上级单位的负债，由新公司进行偿还。双方应签订还款协议，新公司制订还款计划；在还款协议中，债权方应适当收取资金占用费。

3.租赁给新公司。经双方协商，可以由新公司按照商定的租赁方式、租赁期限和租赁费标准进行租赁。新公司也可以先租后买，待租金累计金额达到资产价值后，将产权转给新公司。

4.企业参股。按照参股比例原则上不超过25%的规定可以将剩余净资产折合成新公司的股份，在法律允许的范围内，国有股可设为优先股。经双方协商，也可以将该股份协议托管，并与新公司签订托管协议，明确双方的权利、责任和义务，规定投资回报率标准。

第六章　财务审计与资产评估

第十六条　为保证改制单位财务资产状况的客观公正性，凡列入带资分流改制的单位，都要按规定进行财务审计和资产评估。长庆局所属单位改制中的财务审计和资产评估工作由财务资产处负责，选择并委托有资格的中介机构进行财务审计与资产评估、资产评估立项申报、资产评估报告审核上报等业务工作。

第十七条　财务审计。改制单位在会计师事务所进行财务审计期间，要按照事务所的要求提供详实的会计资料和其他资料，实事求是地解释审计中会计师的询问。改制单位不得授意、指使会计师事务所出具不符合企业实际情况的审计报告；会计师事务所应按照独立、客观、公正的原则开展审计工作，出具符合企业实际情况的审计报告。

第十八条　资产评估。资产评估主要是办理资产评估立项和资产评估结果的合规性审核手续，是企业改制中资产价值确定的重要依据。资产评估工作包括资产评估立项、选择并委托中介机构进行评估、资产评估结果的合规性审核三个阶段。具体操作按《长庆石油勘探局产权制度改革中资产评估管理办法》规定的工作程序、工作内容、工作标准进行办理。

第七章 资产损失的财务处理

第十九条 实行整体带资分流改制的单位,在财产清查中核实的盘亏、毁损、报废损失,资产剥离处置损失,资产评估减值损失等,按经财务审计和资产评估确认的数额单独设置科目,计入长庆局当期损益。产权制度改革中列入当期损益的资产损失,长庆局不纳入企业年度经营效益指标考核的范围。

第二十条 长庆局多种经营企业实行整体带资分流改制,在财产清查中核实的盘亏、毁损、报废损失,资产剥离处置损失,资产评估减值损失等,按经财务审计和资产评估确认的数额,报当地税务部门审定后,依次冲减资本公积、盈余公积、实收资本,账面无所有者权益的单位计入本单位当期损益。

第八章 改制企业经济评价指标

第二十一条 集团公司《关于加快产权制度改革的意见》及其《补充规定》明确规定:可根据资产未来的盈利能力等因素给予10%—40%的一次性付款优惠政策,并确定了衡量企业未来盈利能力和发展潜力的七项主要经济指标。其中:

1.总资产报酬率。

(1)基本概念:是指企业一定时期内获得的报酬总额与平均资产总额的比率。它表示企业包括净资产和负债在内的全部资产的总体获利能力,是评价企业资产运营效益的重要指标。

(2)计算公式:总资产报酬率=(利润总额+利息支出)÷平均资产总额×100%。

2.销售利润率。

(1)基本概念:指企业一定时期销售利润同销售收入净额的比率。它表明企业每单位销售收入能带来多少销售利润,反映了企业主营业务的获利能力。

(2)计算公式:销售利润率=销售利润÷销售收入净额×100%。

3.资产负债率。

(1)基本概念:指企业一定时期负债总额同资产总额的比率。表示企业总资产中有多少是通过负债筹集的,是评价企业负债水平的综合指标。

(2)计算公式:资产负债率=负债总额÷资产总额×100%。

4.现金流动负债比率。

(1)基本概念:是企业一定时期的经营现金净流入同流动负债的比率。从现金流动的角度反映企业当期偿付短期负债的能力。

(2)计算公式:现金流动负债比率=年经营现金净流入÷年末流动负债×100%。

5.固定资产成新率。

(1)基本概念:指企业当期平均固定资产净值同平均固定资产原值的比率。它反映了企业所拥有的固定资产新旧程度,体现了企业固定资产更新的快慢和持续发展的能力。

(2)计算公式:固定资产成新率=平均固定资产净值÷平均固定资产原值×100%。

6.销售增长率。

(1)基本概念:指企业本年销售收入增长额同上年销售收入总额的比率。它表示与上年相比,企业销售收入的增减变动情况,是评价企业成长状况和发展能力的重要指标。

(2)计算公式:销售增长率=本年销售增长额÷上年销售收入总额×100%。

7. 3年利润平均增长率。

(1)基本概念:表明企业利润连续3年增长情况,体现企业的发展能力。该指标能够反映企业的利润增长趋势和效益稳定程度,较好地体现企业的发展状况和发展能力,避免因少数年份利润不正常增长而对企业发展潜力的错误判断。

(2)计算公式:3年利润平均增长率=[(年

末利润总额 ÷ 3 年前年末利润总额)1/3 − 1] × 100%。

第二十二条　确定一次性优惠比例的模拟测算。各指标对应的优惠比例由集团公司确定,各单位经济评价指标测算以资产剥离和审计后的会计报表为准。

第二十三条　长庆局整体带资分流改制单位的绩效评价和一次性补偿款的优惠比例的计算确定工作由资本运营部、财务资产处、改制单位联合进行,经长庆局审核后,报集团公司审定。

第九章　附　则

第二十四条　本办法由财务资产处负责解释。

第二十五条　本办法自下发之日起施行。

长庆石油勘探局产权制度改革中资产评估管理办法(试行)

(2001 年 8 月 23 日长庆石油勘探局以长局发[2001]193 号文发布)

第一章　总　则

第一条　为了保证长庆局所属主业单位及多种经营企业(以下简称长庆局所属单位)的产权制度改革的顺利进行,根据国家《国有资产评估管理办法》和集团公司《关于加快产权制度改革的意见》规定的政策精神,结合长庆局产权制度改革的实际,制定本办法。

第二条　资产评估是运用科学的经济管理理论,按照一定的工作程序和工作标准,遵循市场法则,客观、公正地评估国有资产、集体资产和企业其他资产,对维护资产所有者和经营者、使用者的合法权益,推动产权制度改革的深入进行具有重要的意义。

第三条、长庆局所属单位在进行产权制度改革中,涉及下列情形,必须进行资产评估。

1.资产拍卖、转让、资产剥离和处置。

2.国有企业与非国有企业的重组整合,多种经济成分的合资、合作。

3.企业兼并、出售、联营、股份经营。

4.企业整体资产租赁。

5.企业清算。

6.涉及产权变更(整体带资分流改制)的其他经营行为。

第二章　组织管理

第四条　长庆局财务资产处负责全局资产评估的组织管理工作,资本运营部、多种经营管理处等有关部门及长庆局所属单位予以积极配合。

财务资产处负责资产评估立项的审核及上报审批,资产评估机构的审核选定,资产评估委托,资产评估结果合规性审核及上报审批,拟定资产处置方案等相关业务的组织管理工作。

资本运营部负责制定长庆局所属单位的产权制度改革方案并报经集团公司审批,配合财务资产处完成资产评估各阶段的工作。

多种经营处负责长庆局所属多种经营单位资产评估过程中的有关业务工作,配合财务资产处开展对改制单位的财产清查、产权界定、资产评估立项、资产评估结果审核及资产处置工作。

第五条　资产评估审批权限:按照集团公司规定,长庆局有偿转让资产价值在100万元以下(含100万元)时,可由长庆局自行组织资产评估,确定资产转让价格,并将资产评估结果报集团公司备案;按照财政部的授权,企业被评估资产账面价值不超过30000万元(人民币),且不涉及有关股份有限公司、债转股等经济行为的资产评估项目,由集团公司进行办理资产评估立项和合规性审核工作,并将资产评估结果报财政部备案;超过30000万元的资产评估立项及资产评估确认工作由财政部办理。

第六条　中介机构的选择。为保持财务审计和资产评估的独立、客观、公正,维护改制各方面的利益,在中介机构的选择上应遵循以下原则:

1.中介机构要具备国家要求的审计和资产评估从业资格。中介机构的营业执照、财政部或中国注册师协会批准其从事相应业务的证件等方面的复印件,考察其是否具备与改制目的相符的资产评估资格。

2.选择与改制单位不在同一地的中介机构进行审计和评估。

第七条　长庆局所属单位产权制度改革中财务审计,资产评估,对中介机构的考察、选择,审计和评估业务的委托由财务资产处办理。所属改制单位不得自行选择中介机构进行审计和评估,未按长庆局规定进行的财务审计和资产评估,其审计报告和资产评估结果不能作为改制方案的依据。

第三章　工作程序

第八条　资产评估准备阶段。长庆局选择并确定改制试点单位,拟改制单位提出改制申请,资本运营部与改制单位编制方案,长庆局有关部门进行审核,局务会审定,长庆局行文向集团公司申报改制立项,集团公司发文批复,长庆局转发批复明确改制立项。

第九条　资产评估实施阶段:

1.集团公司改制立项批复和长庆局对改制单位的改制方案下发之后,长庆局向集团公司申报资产评估立项。

2.集团公司财务资产部对企业资产评估立项进行审核后,以部门文件予以批复。

3.财务资产处会同有关部门组织对改制单位进行财产清查,编制财产清查报告。

4.选择并委托会计师事务所对改制单位进行财务审计,按照客观、公正的原则开展审计,并出具财务审计报告。

5.选择并委托具有资产评估资格的中介机构进行资产评估,资产评估工作按照独立、客观、公正的原则进行,改制单位和有关部门不得授意、干扰中介机构的工作。

6.中介机构出具具有法律效力的资产评估报告及相关资料。

7.长庆局审核资产评估报告并向集团公司上报申请资产评估结果确认的报告。

8.长庆局有关部门按照改制方案和资产评估结果批复进行资产处置。

第四章　申报材料及其要求

第十条　资产评估立项申报材料由财务资产处组织,改制单位和机关有关部门配合。申报资产评估立项提供的材料主要有:

1.企业评估立项申请文件及立项申请表。

2.与评估目的相对应经济行为的有效批准文件。

3.国有资产占有单位的企业法人营业执照复印件。

4.国有资产占有单位的资产评估基准日的资产负债表。

5.国有资产产权登记证复印件。

6.待评估资产的产权证明。

7.改制立项报告和集团公司有关部门的批准文件(改制项目)。

8.立项审核需要的其他材料。

第十一条　申报资产评估合规性审核由财务资产处组织,参与资产评估的中介机构配合。申报资料主要有:

1.企业评估确认申请文件及确认申请表。

2.评估机构提交的资产评估报告、评估说明书、评估明细表。

3.评估机构及注册评估师出具的承诺函。

4.合规性审核需要的其他材料。

第五章　资产评估立项及合规性审核的内容

第十二条　资产评估立项审核的主要内容包括:与评估目的相对应的经济行为是否成立;申报材料是否完备及真实;评估目的与评估范围是否一致。

第十三条　资产评估合规性审核的主要内容包括:评估机构是否具备与评估目的相符的评估资格;评估所依据的法律、法规和政策是否正确;评估基准日的选择是否适当;评估方法、过程、步骤是否符合规范的要求;资产评估报告基本内容与格式是否符合规定;评估机构和注册评估师是否出具了承诺函。

第六章　附　则

第十四条　本办法由财务资产处负责解释。

第十五条　本办法自印发之日起施行。

长庆石油勘探局整体带资分流改制企业劳动关系处理办法(试行)

(2001 年 8 月 23 日长庆石油勘探局以长局发[2001]193 号文发布)

第一条　为认真贯彻落实中国石油天然气集团公司《关于加快产权制度改革的意见》(中油办字[2000]384 号),推进长庆局整体带资分流改制工作,根据《长庆石油勘探局关于整体带资分流改制工作的指导意见》,制订本办法。

第二条　鼓励改制单位职工参与整体带资分流,在实施过程中应坚持以下原则:

(一)双方自愿、协商一致、签订协议和依法公证的原则。

(二)有利于企业发展的原则。改制要有利于转换企业的经营机制、提高企业的市场竞争能力。

(三)多数人受益的原则。在符合国家和集团公司有关政策的前提下,要充分考虑多数职工的切身利益。

第三条　改制单位的全体原有职工和新增职工(以下统称为职工,包括所属多种经营企业职工),均应参与单位改制,实行整体带资分流。

第四条　对参与整体带资分流的职工,根据其实际工作年限,工作时间每满 1 年,按照集团公司核定的长庆局上年度 2.5 个月平均工资标准,用评估后的国有资产净值给予补偿。

第五条　整体带资分流单位集体工的补偿标准,可参照上述原则,由改制单位确定,经长庆局审批后,用集体资产予以补偿。

第六条　凡实行整体带资分流获得经济补偿的职工,无论改制企业是否与其签订劳动合同,都必须与长庆局解除劳动关系,与改制后企业签订劳动合同,建立新的劳动关系。

第七条　对不愿参加整体带资分流的少数

在职职工，按下列办法办理：

（一）距法定退休年龄 5 年之内，符合内部退养条件的职工，办理内部退养手续。

（二）职工个人自愿申请有偿解除劳动关系的，根据其实际工作年限，工作时间每满 1 年，按集团公司核定的长庆局上年度 2.5 个月平均工资标准，以现金形式发给经济补偿金。

（三）自单位宣布实行整体带资分流之日起 1 个月内，进入长庆局再就业服务中心或二级单位再就业服务管理部门（以下统称再就业服务中心），按照下岗职工管理，签订下岗职工“进中心协议”，明确双方的责任、权利、义务和协议期限，并以此变更劳动合同，替代劳动合同的相关内容，按月发给基本生活费。下岗期限最长为 3 年。

对不愿签订“进中心协议”的职工，长庆局与其解除劳动关系。

下岗职工原劳动合同期限距合同期满，不足 3 年的，合同期限可不予变更，待合同期满后终止劳动合同；距劳动合同期满大于 3 年或所签劳动合同为无固定期限的，应将未履行期限变更为 3 年，3 年期满仍未再就业的，终止劳动合同。

下岗职工基本生活费标准暂按每人每月 280 元执行，其养老保险、医疗保险、失业保险、住房公积金等的单位和个人缴费，均按本人原缴费基数由再就业服务中心缴纳，费用由改制单位的原上级单位承担。

（四）下岗职工协议期满，再就业服务中心应与其解除协议，劳动关系也因之相应解除，改在失业保险经办机构按规定领取失业保险金。

（五）进入再就业服务中心的职工，可自行联系工作单位，调出长庆局。

（六）本人自愿以劳务输出形式在改制后企业工作的，可与改制后企业签订劳务合同，其人事关系由上一级人力资源开发中心代理，并签订人事代理协议。当劳务合同解除或期满，改制后的企业不再续签劳务合同时，进入再就业服务中心，终止人事代理协议，签订“进中心协议”，按下岗职工管理。

第八条　二级单位整体带资分流后，其下岗职工由长庆局再就业服务中心直接管理，二级单位内部所属单位整体带资分流后，其下岗职工应由各二级单位负责管理。

第九条　整体带资分流单位的原内部退养职工，终止原内部退养协议，参与单位的整体带资分流。

对不愿参加改制的内部退养职工，原则上按以下办法处理：

（一）长庆局可按其工龄补偿资产给改制单位，由改制单位按原内部退养协议支付内部退养职工全部费用，内部退养职工与长庆局解除劳动关系，与改制后企业签订劳动合同及内部退养协议书，内部退养职工只领取按协议规定的生活费用，不拥有股权。

（二）距法定退休年龄 5 年之内的，由改制单位的原上级单位管理并承担费用。

二级单位整体带资分流后，其内部退养职工移交局离退休职工管理处管理，或由长庆局委托就近二级单位管理。二级单位所属内部单位整体带资分流后，其内部退养职工由二级单位管理。

（三）内部退养职工个人自愿申请有偿解除劳动关系的，其工龄每满 1 年，按集团公司核定的长庆局上年度 2.5 个月平均工资标准，以现金形式发给经济补偿金。

第十条　距离法定退休年龄 5 年之内的在职职工和内部退养职工，不得申请个人有偿解除劳动关系。

第十一条　凡实行整体带资分流的职工，必须按照长庆局有偿解除劳动关系的审批程序，提出有偿解除劳动关系并参与整体带资分流的申请，由单位集体上报有偿解除劳动关系审批表和审批花名册，经长庆局审查，报集团公司审批后，签订解除劳动关系协议书，与长庆局解除劳动关系，并依法办理公证手续。

第十二条　整体带资分流职工的社会保险关系按照《长庆石油勘探局关于改制企业职工社会保险有关问题处理办法(试行)》及有关规定处理。

第十三条　整体带资分流职工的人事档案移交给改制后企业管理。

第十四条　局人力资源开发服务中心可接受改制后企业的委托,依据有关规定,实行人事代理。

第十五条　各单位人事劳资部门要为改制单位创造有利的改制环境,帮助改制单位协调与地方人事、劳动和社会保障部门的关系,协助办理社会保险关系等接续事宜,积极提供劳动管理方面的业务指导、政策咨询、职业技能鉴定和职工培训服务。

第十六条　本办法与长庆局原有规定不一致的,按本办法执行。

第十七条　本办法由人事劳资处负责解释。

第十八条　本办法自印发之日起施行。

长庆石油勘探局改制企业职工社会保险有关问题处理办法(试行)

(2001 年 8 月 23 日长庆石油勘探局以长局发[2001]193 号文发布)

第一章　总　则

第一条　为了使职工各项社会保险关系在企业改制过程中能够平稳接续,根据国家和有关省区政策规定,结合长庆局实际,特制定本办法。

第二条　本办法适用于长庆局所属各单位(企业)改制后新形成的各类经济组织(以下统称"改制企业")及其职工。

第二章　接续形式

第三条　基本养老保险接续形式。

1.长庆局控股的改制企业,职工基本养老保险继续在长庆局社会保险中心(以下称"社保中心")参保接续。

2.长庆局参股的改制企业,职工基本养老保险可以在社保中心参保接续,也可转移到地方社会保险经办机构进行接续。

3.长庆局不参股的改制企业,职工基本养老保险一般应按照属地管理原则转移到地方社会保险经办机构进行接续。暂不具备转移接续条件的,社保中心可继续托管,以保证职工基本养老保险的平稳接续。

第四条　基本医疗保险接续形式。

改制企业职工与长庆局解除劳动关系后,与长庆局的医疗保险关系同时终止。改制企业自愿在社保中心参保或托管其职工基本医疗保险的,社保中心可以甘肃省社会保险经办机构业务分支机构的职能进行管理。参保或托管的确定,由社保中心参照本办法第三条,对改制企业职工基本养老保险的规定办理。

第五条　失业保险接续形式。

鉴于长庆局职工失业保险已按属地管理,改制企业职工失业保险可在当地社会保险经办机构进行接续。

第三章　有关业务程序和规定

第六条　改制企业组建成立后,原单位应将其职工基本养老保险关系转移到本人新的工作单位，转移手续参照职工调往油田外单位的有关规定办理。改制后不在社保中心参保的，由社保中心负责对外接转，转往甘肃省统筹范围以外的，同时办理个人账户储存额转移手续。

第七条 改制企业职工与长庆局解除劳动合同并终止医疗保险关系时，原单位必须将其基本医疗保险个人账户余额转移到本人新的工作单位，由新单位负责接续。

第八条 自愿在社保中心参加或托管职工基本医疗保险的改制企业及其职工，缴纳的基本医疗保险费与油田各单位及其职工缴纳的基本医疗保险费暂不调剂使用。职工医疗费用的报销参照长庆局职工基本医疗保险的有关规定办理。

第九条 改制企业仍在社保中心参加或托管职工基本养老保险和基本医疗保险的，必须按时足额缴费，因停产、停业等特殊原因需要暂缓缴费的，应及时向社保中心提出暂缓缴费申请，经核准后暂缓缴费。

第十条 改制企业职工基本养老保险和基本医疗保险单位和个人缴费与油田各单位实行同一费率；每年单位缴费基数的确定，由改制企业根据本单位上年职工工资总额进行申报，社保中心审核确认；职工个人缴费基数由改制企业按照本人上年工资收入和国家、甘肃省有关政策规定确定后报社保中心。

第十一条 改制企业职工基本养老保险个人账户和基本医疗保险个人账户的管理模式及其业务程序按社保中心的统一规定执行。

第十二条 在社保中心参加或托管基本养老保险的改制企业职工达到国家法定退休条件后，由社保中心负责办理退休审批有关手续。

第十三条 改制企业职工基本养老保险在社保中心参保或托管的，改制前后缴费年限（含视同缴费年限）连续计算，达到国家法定退休条件后，按照甘肃省的有关政策规定，享受基本养老保险待遇。

第四章 相关问题及附则

第十四条 在社保中心参加或托管职工基本养老保险和基本医疗保险的改制企业，均应与社保中心签订参保或托管协议，并按国家和甘肃省有关政策规定办理社会保险登记或变更手续。

第十五条 改制企业组建成立后，应自组建之日起60日内，办理职工基本养老保险和基本医疗保险续保或转移手续，逾期不办的，社保中心将封存该企业职工基本养老保险个人账户，视同待转业务处理。

第十六条 改制企业职工与长庆局解除劳动合同后到其他企业、单位工作的，各项社会保险关系按照职工调动的有关规定办理；有偿解除劳动关系的，按照长庆局及社保中心对有偿解除劳动关系人员的有关规定办理。

第十七条 如长庆局建立企业年金、企业补充医疗保险制度后，在社保中心参加或托管职工基本养老保险和基本医疗保险的改制企业自愿参加的，可在社保中心协议参保，参照长庆局有关规定执行，基金分别核算、互不占用。

第十八条 改制企业职工失业保险在地方社会保险经办机构接续过程中，社保中心应协助做好政策协调工作，使这些企业职工改制前后缴费年限能够连续计算。

第十九条 本办法中其他未尽事宜，由社会保险中心负责补充和解释。

第二十条 本办法自印发之日起施行。

长庆石油勘探局改制企业土地资产处置暂行办法（试行）

（2001 年 8 月 23 日长庆石油勘探局以长局发［2001］193 号文发布）

第一章　总　则

第一条　为规范改制企业土地资产处置，明晰土地产权关系，促进长庆局企业改制工作的顺利进行，根据《中华人民共和国土地管理法》、《国有企业改革中划拨土地使用权管理暂行规定》、国土资源部《关于加强土地资产管理，促进国有企业改革和发展的若干意见》和《关于改革土地估价结果确认和土地资产处置审批办法的通知》等有关法律法规和政策，参照中国石油天然气集团公司《改制企业土地资产处置暂行规定》，结合长庆局实际情况，制定本办法。

第二条　本办法适用于长庆局所属企业改制设立独立法人企业所涉及的土地资产处置。

第三条　长庆局作为合法的土地使用权者，对局属各企业使用的国有土地依法进行管理。

第四条　长庆局土地主管部门指导改制企业拟定土地资产处置方案；负责向集团公司呈报国家授权经营土地的报件；帮助改制企业办理土地使用权变更登记手续。

第五条　长庆局土地主管部门，统一组织改制企业土地资产处置中与地方土地行政主管部门、土地估价机构等有关部门的业务联系和协调工作。

第二章　土地资产处置

第六条　改制企业属于下列情形之一的，应进行土地资产处置：

（一）设立有限责任公司或股份有限公司；

（二）用土地作价投入与外商共同设立合作、合资企业；

（三）整体带资分流企业；

（四）设立股份合作制企业；

（五）使用国有土地的集体企业。

第七条　国有划拨土地的处置，可采用以下方式：

（一）国有土地出让；

（二）国有土地出租；

（三）国家授权经营；

（四）保留划拨土地使用权。

第八条　采用出让或租赁方式处置国有划拨土地时，由涉及用地的改制企业向长庆局交纳土地平均取得和开发成本费用后，直接到当地土地行政主管部门办理有偿使用手续，并补缴土地出让金或土地租金，土地使用权归属改制企业。

依照前款出让方式处置改制企业涉及的国有划拨土地，也可由长庆局到当地土地行政主管部门办理土地出让手续、补缴出让金，长庆局有偿取得土地使用权后，将土地租赁给改制企业使用。

第九条　国有全资企业改制涉及国有划拨的工业用地，由长庆局报集团公司向国家申请授权经营，经批准后，由长庆局向改制企业，以作价出资（入股）或租赁方式配置土地。

第十条　长庆局原来以出让方式取得的土地，采用转让、出租或抵押等方式处置给改制企业时，由双方共同直接到当地土地行政主管部门办理变更登记。

第十一条　使用国有土地的集体企业改

制，由企业直接到当地土地行政主管部门办理变更登记。

前款集体企业使用的、土地使用权属长庆局的国有划拨土地，应向长庆局交纳土地平均取得和开发成本费用后，根据企业改制性质，直接到当地土地行政主管部门办理相应法律手续。

第十二条　改制企业的土地用途符合法定的划拨用地范围，经国家批准，可继续以划拨方式使用。

第三章　国家授权经营方式处置土地资产的报批程序

第十三条　采用国家授权经营方式处置国有划拨土地，由长庆局统一向集团公司申请，改制企业应报送下列报件：

（一）改制企业土地资产处置总体方案，主要内容包括：企业改制涉及土地的类型、宗地数量、所在位置、现使用状况、估计面积及拟定的处置方式等；

（二）土地使用证或土地权属证明文件；

（三）企业改制批复文件；

（四）企业改制方案。

第十四条　由长庆局向集团公司报送全局申请核准土地资产处置总体方案的文件；经批准后，对改制涉及的土地进行评估，土地估价结果报土地所在地市、县土地行政主管部门初审。

第十五条　根据土地状况和估价结果，拟定土地处置具体方案。

第十六条　改制企业应向长庆局报送下列报件，由长庆局统一向集团公司申请审批土地资产处置具体方案：

（一）申请审批土地资产处置具体方案的文件；

（二）土地资产具体处置方案；

（三）土地估价报告和估价技术报告；

（四）土地所在地市、县土地行政主管部门对土地估价结果的初审意见。

第十七条　由长庆局持土地资产处置批准文件到财政部门办理国有资本金转增手续。

第十八条　长庆局取得授权的国有划拨土地经营权后，按照本办法第九条规定的方式，向改制企业配置土地。

第十九条　由长庆局和有关改制企业持土地资产处置批准文件和集团公司土地资产配置文件，共同到当地市、县土地行政主管部门办理变更登记。

第四章　土地评估

第二十条　企业改制涉及的土地必须进行评估；土地评估应当选择具有B级以上资质的土地估价机构。

第二十一条　改制企业涉及的土地办理地价评估，必须是已依法进行了土地使用权登记，取得《国有土地使用证》的土地。尚未登记的，应向当地县以上土地行政主管部门申请登记，领取土地使用权证书。

第二十二条　下列情形的企业改制土地评估，由长庆局报集团公司统一协调和组织：

（一）改制涉及的土地拟申请授权经营的；

（二）改制涉及的土地分布于两省以上的。

第五章　附　则

第二十三条　本办法由长庆局土地管理办公室负责解释。

第二十四条　本办法自印发之日起施行。

长庆石油勘探局整体带资分流改制企业职工住房公积金管理办法（试行）

（2001 年 8 月 23 日长庆石油勘探局以长局发［2001］193 号文发布）

第一章　总　则

第一条　为了做好长庆局整体带资分流改制企业职工住房公积金的缴存、管理工作，切实保障带资分流改制企业职工的利益，根据国务院《住房公积金管理条例》，结合长庆局实际，制定本办法。

第二条　带资分流改制企业职工的住房公积金，改制企业可委托长庆局住房资金管理中心管理。托管的带资分流改制企业职工的住房公积金缴存管理按照本办法执行。

第三条　根据国务院《住房公积金管理条例》的有关规定，企业应按照“个人存储，单位资助，统一管理，专项使用”的原则缴存住房公积金。

第二章　住房公积金的缴存

第四条　带资分流改制企业职工，住房公积金缴存以及原已缴存的住房公积金按下列规定办理：

1.职工与改制后新公司签订劳动合同的，新公司和职工个人在原已缴存住房公积金基础上，接续缴纳住房公积金。

2.不参加本单位改制，自行联系调出长庆油田的职工，原已缴存的住房公积金退还本人。

3.进入长庆局再就业服务中心托管的职工，在原已缴存住房公积金基础上，由再就业服务中心接续缴存住房公积金。

4.进入社会失业保险机构领取失业救济金的职工，不再缴存住房公积金，原已缴存住房公积金退还本人。

5.带资分流改制企业的内退职工，应继续缴存住房公积金；达到法定退休年龄后，本人账户上的住房公积金余额包括原已缴存住房公积金，一并退还本人。

第五条　带资分流改制企业职工，住房公积金缴存比例按照长庆局在册职工住房公积金缴存比例执行。住房公积金缴存基数，按照职工上年末月工资总额计算。

第六条　改制企业出现停产、停业等特殊情况时，应及时向住房资金管理中心提出住房公积金暂缓缴纳的申请，经核准后，住房公积金可以暂时封存。企业恢复生产，有能力支付公积金时，给予启封，补缴或续缴封存期间和以后工作期间的住房公积金。

第七条　带资分流改制企业职工，由于工作调动发生住房公积金转移时，按照长局发［1996］第 213 号文件《长庆石油勘探局关于调整职工住房公积金基数及印发〈住房公积金管理办法〉的通知》的有关规定办理转移手续。

第八条　带资分流改制企业未委托长庆局住房资金管理中心管理的，职工原来缴存的住房公积金，由长庆局住房资金管理中心划转到改制企业所在地的住房资金管理中心管理。

第三章　住房公积金的提取、使用

第九条　带资分流改制企业职工有下列情形之一的，可以提取职工住房公积金账户上的存储余额：

1.职工离休、退休的。

2.职工与单位终止劳动关系的。

3.职工在缴存住房公积金期间死亡或被宣告死亡的。

第十条　职工购买油田住房时,可以按规定支取本人账户上的住房公积金,也可申请住房公积金贷款,贷款办法按照《长庆油田职工住房公积金贷款管理暂行办法》执行。

第四章　附　则

第十一条　本办法由长庆局住房资金管理中心负责解释。

长庆石油勘探局改制企业党团工会组织管理工作的意见(试行)

(2001年8月23日长庆石油勘探局以长局发[2001]193号文发布)

为适应建立现代企业制度的要求,进一步完善法人治理结构,切实做好改制企业党、团、工会组织管理工作,充分发挥这些组织的作用。现对改制企业党、团、工会组织管理问题提出以下意见。

一、关于改制企业党、团、工会组织的隶属关系

改制企业类型多样,资产结构较为复杂。根据改制企业的特点,党、团、工会组织的隶属关系应以产权关系为纽带,本着有利于企业的发展,有利于党、团、工会组织作用的发挥,有利于上级党、团、工会组织对企业党、团、工会组织的领导,妥善处理好党、团、工会组织的隶属关系。

1.长庆局控股企业的党组织,原则上由批准其设立的上级党组织领导。

2.长庆局参股或与长庆局无产权关系的改制企业,其党组织原则上由所在地党组织领导。若实行属地管理条件尚不成熟,改制企业党组织主动提出由局党委或局属二级单位党组织领导的,过渡期间可暂由局党委或局属二级单位党组织领导,待条件成熟后,实行属地管理。

3.共青团及工会组织原则上与党组织的隶属关系保持一致。

二、关于改制企业党、团、工会组织的设置

隶属长庆局党组织领导的改制企业的党、团、工会组织,要以党章、团章和工会法为依据,按照以下原则,切实做好党、团、工会组织的设置工作。

1.坚持体现党对改制企业的领导。按照加强党对改制企业的领导,坚持企业的社会主义方向,保证党的路线、方针、政策和国家法律、法规在企业的贯彻落实这一要求,及时建立健全党、团、工会的基层组织,选配好党、团、工会组织的领导班子。

2.坚持按一定的党员、团员、工会会员数量设立基层组织。按照党章、团章和工会法的有关规定,党、团、工会的基层组织,可根据工作需要和人数,经上级组织批准,分别设立基层组织。

3.坚持组织设置和企业改制同步实施。改制企业党、团、工会组织的设置和组建工作,应随着企业组织机构和党员、团员、工会会员分布状况的变化,同步考虑,同步实施。

4.坚持"双向进入,交叉任职"。改制企业党组织负责人可与董事会、监事会负责人或经理、副经理适当交叉任职。具备条件的党委(党总支、支部委员会)成员可通过法定程序进入董事会、监事会；董事会、监事会中的党员董事、监事以及经理、副经理，具备条件的可按有关规定进入党委会（党总支、支部委员会）；纪委书记或工会主席可担任监事会主席。

党组织关系隶属所在地党组织领导的改制企业，按照所在地党组织的有关规定，做好党、团、工会组织的设置工作。

三、关于改制企业党、团、工会组织的管理

党、团、工会组织关系不隶属局党委或局属二级单位党组织领导的改制企业，按属地管理原则，执行所在地党组织的有关管理规定。

党、团、工会组织关系隶属局党委或局属二级单位党组织领导的改制企业，应严格执行长庆局党、团、工会组织的有关管理制度。并根据党章、团章和工会法等有关规定，及时建立健全各级党、团、工会组织，理顺党、团、工会组织关系，切实做好党、团、工会组织关系的接转，加强对党员、团员和工会会员的管理。对没有正当理由，连续六个月不参加党的组织生活，或不交纳党费，或不做党所分配的工作，应按党章有关规定处理。同时，要按照长党发[2000]41 号、[2000]49 号文件要求，认真做好企业内部退养和有偿解除劳动关系职工中的党员、团员、工会会员的教育和管理工作，使他们能够按时参加党、团、工会的组织生活，接受党、团、工会组织的教育和监督，发挥其先锋模范作用和表率作用。坚决防止和纠正企业内部退养和有偿解除劳动关系职工中的党员、团员、工会会员无组织管理、无处参加组织生活、无处交纳党团费的现象。

长庆石油勘探局计量管理办法

（2001 年 8 月 28 日长庆石油勘探局以长局发[2001]197 号文发布）

第一章　总　则

第一条　为了加强计量管理，充分发挥计量检测工作在石油天然气工业生产建设、经营管理和科学研究中的作用，适应社会主义市场的需要，加快与国际惯例的接轨，提高长庆石油勘探局的整体经济效益，依据《中华人民共和国计量法》、《中华人民共和国计量法实施细则》和《中国石油天然气集团公司计量管理办法》，制定本办法。

第二条　长庆局计量工作的任务是：贯彻国家的计量法律法规，保证计量单位制的统一；建立量值溯源体系，确保计量检测数据的准确可靠；开展计量科学技术研究，增强计量检测能力；依靠先进科学技术和现代管理方法，提高计量管理水平，为长庆局的发展提供可靠的计量保证。

第三条　采用国家法定计量单位。因特殊情况需要沿用非法定计量单位的，须按国家规定报经有关人民政府计量行政部门批准。

第二章　机构及职责

第四条　长庆局计量管理部门负责归口管理计量工作，其主要职责是：

（一）贯彻国家计量法律法规和有关计量工作的方针政策，结合长庆局的特点制定相应的管理办法，组织推行国家法定计量单位；

（二）组织编制计量发展规划、计划，组织实施并进行监督检查；

（三）规划建立石油专用计量器具的量值溯源系统，制定计量人员的考核管理办法，组织编制计量标准、规程和规范；

（四）监督管理长庆局所属单位（企业）的计量工作，推行现代科学的计量管理方法，完善计量检测体系；

（五）指导长庆局所属计量站、校准实验室和其他计量检测机构的业务工作，并组织计量标准器的考核工作；

（六）会同长庆局科技主管部门组织开展计量科学技术研究，推动计量检测技术的发展和进步；

（七）调解处理重大计量纠纷；

（八）组织参加计量技术培训与交流；

（九）完成上级交办的其他计量工作任务。

第五条　长庆局技术监测中心标准计量站是长庆局设置的石油专用计量技术保障机构，其主要职责是：

（一）建立和保存长庆局最高计量标准、工作计量标准，负责长庆局所属单位（企业）专用计量标准器具、工作计量器具的量值溯源的技术服务与技术指导；

（二）开展石油专用计量技术研究，参加有关的计量学术活动，承办长庆局委托的计量新技术交流工作；

（三）参加长庆局所属单位（企业）计量标准器具的考核任务；

（四）受上级部门委托，承办计量人员的业务培训工作；

（五）协助长庆局计量主管部门，协调和处理计量纠纷；

（六）完成上级安排的其他计量工作任务。

第六条　各单位（企业）应根据自己特点设立计量管理部门。其主要任务是：贯彻国家计量法律法规和长庆局有关计量工作的规定，统一管理本单位（企业）的计量工作；建立满足本单位（企业）需要的计量标准器具，开展计量检定、校准和检测工作；组织建立计量检测体系，确保量值统一和计量检测数据准确可靠；制定计量管理制度，协调处理本单位（企业）计量纠纷；为本单位（企业）建立质量体系、提高管理水平和经济效益，提供可靠的计量保障。其具体工作职责，由各单位（企业）参照本办法自行制定。

第三章　计量标准的建立与考核

第七条　建立各级计量标准应遵循以下原则：

（一）满足计量器具、计量检测设备量值统一的需要；

（二）可依靠地方社会公用计量标准进行量值溯源的，应避免重复建设；

（三）依托石油天然气专用计量量值溯源系统，合理配置计量检定、校准资源，统筹规划，经济高效。

第八条　建立长庆局石油专用最高计量标准和工作计量标准。局最高计量标准由长庆局计量主管部门负责统一规划建立，经有关人民政府计量行政部门考核合格后，由长庆局批准使用。

第九条　各单位（企业）建立的次级计量标准，由长庆局计量主管部门组织考核，考核合格后由本单位（企业）批准使用。

第十条　长庆局建立的各类最高计量标准，经过考核合格，批准使用后，应报集团公司计量主管部门备案。其他计量标准应报上一级计量主管部门备案。使用中的各级计量标准，应按《计量法》的规定，进行检定或校准，向上一级标准溯源。计量标准器具在暂停使用或废除时，应报上一级计量主管部门备案。未经考核或考核不合格的计量标准器具，不准使用。

第四章　计量器具的管理与监督

第十一条　长庆局所属单位（企业）生产《中华人民共和国依法管理的计量器具目录》所列计量器具产品，应按照《计量法》的规定，向当地省级人民政府计量行政部门申请办理《制造计量器具许可证》。

第十二条　对列入《中国石油天然气集团

公司石油专用计量器具管理目录》的部分石油专用计量器具，实行产品质量认可证制度。《石油专用计量器具管理目录》和实行产品质量认可证制度的石油专用计量器具目录由集团公司另行公布。对规定必须经过产品质量认可的石油专用计量器具，未取得产品质量认可证书的，不得采购和使用。

第十三条 对列入《石油专用计量器具管理目录》的计量器具新产品，在定型鉴定时，须经通过国家计量认证或集团公司授权的计量检测机构，对其定型设计和计量检测性能进行全面审查和测试，其各项计量性能指标不得低于国家标准或行业标准的规定。

第十四条 各单位（企业）购置的国家依法管理的计量器具，必须具有国家或地方省级人民政府颁发的《制造计量器具许可证》及其标志、产品合格证书。对实行产品质量认可证制度的石油专用计量器具，应有集团公司颁发的产品质量认可证书。购置计量器具到货后，应进行检定或校准验收，合格后才能交付使用。

第十五条 引进国外计量器具，应按照《中华人民共和国进口计量器具监督管理办法》的要求办理有关手续。引进石油专用计量标准器具和批量专用计量器具，需经长庆局计量主管部门审查。未经国务院计量行政部门批准，任何单位（企业）不得引进非法定计量单位的计量器具。

第十六条 对列入国家依法管理目录的在用计量器具，各级计量管理部门应按分工，制定检定计划，并组织进行检定，以保证计量器具的准确可靠。

对列入《石油专用计量器具管理目录》的专用计量器具，使用单位（企业）的计量管理部门应制定管理制度，进行检定、校准或比对，不合格的专用计量器具不得使用。

第十七条 对用于贸易结算、安全防护、医疗卫生和环境监测方面，列入国家强制检定管理的工作计量器具，应按《中华人民共和国强制检定的工作计量器具检定管理办法》的规定，申请强制检定或申请授权自行检定。

第十八条 对分析化验和检测实验室中的各种分析、化验、检验、测试的计量检测设备，应制定管理和检定、校准制度，溯源于上一级计量标准或采用国家标准物质进行检定、校准或比对，以保证分析化验和实验数据准确一致。

第十九条 计量器具的检定工作，应按照计量检定规程进行。石油专用计量器具及其他检测设备校准，应根据校准规范。需要强制统一量值溯源方法的计量器具，应申请制定国家或部门计量检定规程，其他量值溯源方法可以制定校准规范。

尚未制定国家或部门检定规程、集团公司校准规范的计量检测设备，由长庆局计量管理部门或使用单位（企业），制定校准规范，经长庆局标准化主管部门批准，作为校准依据。

第二十条 各种计量器具、计量检测设备的使用，必须遵循操作规程。未经检定或检定不合格的计量器具，一律不准使用。未经校准或校准不能满足要求的专用计量器具及计量检测设备，一律也不准使用。使用计量器具的单位（企业）和个人具有维护、保养的责任和义务，发现问题应及时报告有关计量技术机构，不得擅自拆卸、变动参数，损害计量器具准确度。

第二十一条 各单位（企业）应依据国家发布的《计量法》及《测量设备的质量保证要求》，按照突出重点、兼顾一般的原则，建立计量器具及计量检测设备的文件化管理程序和检定、校准、比对、在用、停用等标识，逐步采用分类管理、计算机管理、标志管理等先进的管理方法，提高计量器具管理水平。

第五章　计量保证和计量数据监督

第二十二条 各单位（企业）应根据生产建设、经营管理和科学研究的需要，配备必要的计量器具及计量检测设备。计量器具和检测设备的计量准确度等级、测量范围、使用条件、配备数量，应符合有关计量法规、计量标准规范、技术合同的要求。

第二十三条　各单位（企业）应按照国家标准规定的《测量设备质量保证要求》建立和完善单位（企业）的计量检测体系，制定本单位（企业）计量检测数据管理办法，加强对计量检测数据的监督管理，提高本单位（企业）测量过程控制能力，保证计量检测数据的准确可靠。

第二十四条　处理计量检测数据不一致的计量纠纷时，应遵循以下原则：单位（企业）内部计量检测数据不一致时，以本单位（企业）最高计量标准器具检测数据为准；单位（企业）之间计量检测数据不一致时，以社会公用计量标准器具检测数据为准；石油专用计量器具计量检测数据不一致时，以长庆局最高计量标准器具或工作计量标准器具的检测数据为准。

第二十五条　长庆局设立的产品质量检验机构、提供公正检测数据服务的专业检测实验室，应取得省级以上计量认证证书或实验室认可证书。

第六章　计量人员

第二十六条　计量人员是指从事计量管理、计量检测、计量校准、计量操作、计量器具维修等工作的人员。计量检定、计量校准和油气计量操作人员，必须经考核合格后持证上岗。计量人员的考核，按照《长庆石油勘探局计量检定人员培训、考核、任用制度》执行。

第二十七条　各单位（企业）要有计划地培训计量人员，不断提高工作能力和业务水平，以适应计量工作发展的需要。新增加的计量管理人员，应具有大专或大专以上文化程度，新增加的计量操作人员，应具有高中以上文化程度，并经过计量专业培训后上岗。

第二十八条　各级计量人员应保持相对稳定。计量人员技术职务系列、计量工人的技能鉴定、计量人员的劳动保护待遇，按照有关规定执行。

第七章　计量经费

第二十九条　建立长庆局最高计量标准和量值溯源系统及重大计量科研项目所需的经费，应编制年度投资计划报长庆局审定后划拨。

第三十条　各单位（企业）建立标准、购置批量计量器具，更新改造计量检测设备等构成固定资产的，应列入单位（企业）的年度资金预算。检定、校准、修理计量器具所需的费用，按有关规定纳入单位（企业）成本。

第三十一条　各级计量技术机构检定、修理计量器具的收费标准，按照国家质量技术监督局、国家物价局、财政部制定的《计量收费项目及收费标准》等规定执行。长庆局所属单位（企业）内部计量器具检定、校准、修理的收费标准，按照当地物价部门批准的或合同约定的标准执行。

第八章　奖励与处罚

第三十二条　对于严格执行计量法规和制度，忠于职守，坚持原则，为计量工作做出成绩的单位（企业）和个人，长庆局应根据贡献大小予以表彰和奖励。计量人员受到表彰和奖励应作为考核工作、晋级、晋职的依据。

第三十三条　计量管理和计量技术成果，应纳入相应的科技成果评选，按规定给予奖励。

第三十四条　计量人员因失职、出具错误检测数据或因损害其公正地位的行为而造成损失的，各级计量管理机构应会同有关部门，按情节轻重，分别给予批评教育、经济处罚或行政处分。

第三十五条　对违反计量法律、法规和本单位（企业）计量管理制度，玩忽职守、破坏计量器具准确度、伪造计量数据、利用计量器具作弊的单位（企业）和个人，各级计量管理部门应会同有关部门，视情节轻重，分别给予批评教育、经济处罚、行政处分等处理，情节特别严重的，应报请有关人民政府计量行政部门或其他执法机关，按照《计量法》和《计量法实施细则》的有关规定进行处理。

第九章　附　则

第三十六条　各单位（企业）可以根据本办法，制定本单位（企业）的计量管理办法或实施细则。

第三十七条　本办法由计量管理部门负责解释。

第三十八条　本办法自发布之日起实施，原《长庆石油勘探局计量管理办法》同时废止。

长庆石油勘探局技术设备引进管理办法

（2001 年 9 月 21 日长庆石油勘探局以长局发[2001]222 号文发布）

第一章　总　则

第一条　为规范长庆石油勘探局（以下简称长庆局）技术设备引进管理工作，维护企业和国家利益，根据中国石油天然气集团公司技术设备引进工作有关管理规定，制定本办法。

第二条　长庆局技术设备引进工作，实行统一政策、统一程序和分级审批、归口管理。

第三条　长庆局利用外资外汇贷款和向银行购汇等引进技术设备均按本办法执行。

第四条　本办法所指技术设备，包括机械设备、电子产品及其零部件、元器件、重要工业品，以及相应的技术软件、专利技术、专有技术等无形资产和技术服务。

第五条　本办法所指限上项目为用汇额 50 万美元及以上的工程项目、单机、成套设备和重要工业品；限下项目为用汇额 50 万美元以下的工程项目、单机、成套设备和重要工业品。

第二章　管理机构

第六条　长庆局规划计划处是长庆局技术设备引进计划的管理部门；在长庆局引进领导小组的领导下，负责长庆局引进计划的编制及引进项目的论证、审批、上报和转报工作，参与引进项目的评标和商务谈判，办理引进项目批准通知单。

第七条　长庆局技术设备引进办公室会同生产运行处负责组织长庆局技术设备引进工作的技术谈判、商务谈判、招投标、签约及报关、验收等工作。

第八条　长庆局各引进项目组是引进项目的具体执行机构。凡属技术设备引进项目，各二级单位均要成立相应的项目组。项目组要有二级单位技术负责人参加，要对项目的立项、论证、招标（谈判）、签约、合同执行、直至提出总结报告的全过程负责。

第九条　限上技术设备的引进，由中国石油技术开发公司代理。中国石油技术开发公司是集团公司内目前唯一具有国际招标资格的单位，后文所称招标机构均指中国石油技术开发公司招标机构。

第三章　引进计划的编制

第十条　引进计划的编制程序为：

（一）使用单位申请。使用单位每年 8 月 20 日以前，根据市场需求，结合本单位实际，在调查论证的基础上提出本单位下年度引进项目申请计划，报长庆局主管部门。

（二）主管部门预审平衡。生产运行处是引进非安装设备项目的主管部门，器材供应处是引进重要工业品及设备配件等项目的主管部门，科技处是引进计算机软、硬件项目的主管部门，规划计划处是引进工程项目的主管部门。主管部门接到使用单位申请后，应组织相关部门对拟引进项目的技术经济可行性进行评审，初步落实拟引进项目所需的人民币资金来源，并平衡落实现有库存。在此基础上，提出本系统下年度引进项目建议计划，于 8 月 30 日前书面报规划计划处。

（三）规划计划处汇总平衡。规划计划处在各主管部门引进项目建议计划的基础上，进一步审查项目的可行性和所需人民币的支付能力，在综合平衡的基础上，于 9 月 5 日提出下年度全局引进项目建议计划。

（四）引进领导小组审查批准。规划计划处编制的下年度引进项目建议计划，经局引进领导小组会议审查通过后，于 9 月 10 日以长庆局文件正式上报集团公司。

第十一条 项目引进计划原则上 1 年申报一次。由于市场发生重大变化，建设方案发生重大变更等原因，需要增加或减少引进项目，应按程序报规划计划处，经批准后列入补充计划，年度引进计划是开展引进工作的依据。

第四章 立项审批

第十二条 各技术设备引进项目组必须做好前期准备工作，认真组织引进项目的技术经济论证，编制可行性研究报告。限上项目可行性研究报告按照《限上引进项目可行性研究报告规范》的要求编制，限下项目的可行性研究报告可适当简化。

第十三条 技术设备引进项目实行分级审批。限上项目由规划计划处预审批准后，转报集团公司审批。限下项目由规划计划处组织审批。工程项目的技术设备引进，在可行性研究及初步设计审查时一并审定进口设备清单；单机和成套设备引进，以集团公司和长庆局的可行性研究批复为依据。

第十四条 凡国产能满足使用要求的设备原则上不进口，技术设备国际招标时不得排除合格的国内生产厂家参加。

第五章 对外采购

第十五条 技术设备引进项目开展对外采购的前提条件是：引进项目已纳入长庆局年度引进计划，所需的人民币资金来源已经落实，引进项目的立项审批已经完成。

第十六条 对外采购分为招标采购和谈判采购。凡使用国有资金和国家融资投资项目，使用国际组织或者外国政府贷款的项目，若设备、材料等货物采购单项合同估算价在 100 万元（10 万美元）以上的，须进行招标。

第十七条 招标有公开招标和邀请招标两种类型。公开招标是指招标人或招标机构以招标公告的方式邀请不特定的法人或其他组织投标；邀请招标是指招标人或招标机构以投标邀请书的方式邀请特定的法人或其他组织投标。采用邀请招标方式的，应当向 3 个及以上具有承担招标项目能力、资信良好的特定法人或其他组织发出投标邀请书。

第十八条 招标分为一步招标和两步招标两种方法。

一步招标法是指投标厂商按招标文件要求的内容和格式将拟投标项目（设备）的技术方案、供货范围、交货期、付款方式、价格等内容一次编入投标文件后，递交给投标机构。

两步招标法是指投标厂商按招标文件的要

求分两步投标:第一步先就项目(设备)的技术方案、供货范围、交货期、付款方式等提交建议书和所要求的其他文件,并与项目组就以上内容进行澄清、修改并草签经双方确认的文件(应达到正式合同技术附件的深度),作为第二步投标的基础;第二步由经招标人审查、筛选后确认合格的投标厂商,将第一步形成的修改后的不带报价的技术建议书连同带报价的商务建议书等一并再次提交招标机构。

除简单定型单机设备外,均需采用两步招标法。

第十九条　投标期限自招标文件发售之日起至投标人提交投标文件截止之日起,最短不得少于 20 日。大型成套项目,可根据实际情况相应延长。招标文件发售如需修改和补充,应在投标截止日期前 15 日内,以书面形式通知所有购买招标文件的厂商,并相应延长投标截止时间。

第二十条　项目组与招标机构需拟订评标标准和方法,限下项目开标前报局引进办公室备案,限上项目在开标前报集团公司进出口办公室备案。

第二十一条　评标结束后 15 个工作日内,项目组和招标机构要将加盖双方公章并有各评委签名的评标报告送规划计划处审批,限上项目报集团公司进出口办公室审批。

第二十二条　集团公司进出口办公室或局规划计划处按程序核准评标报告后,项目组至规划计划处办理《长庆石油勘探局引进项目批准通知单》,招标机构据此向中标人发出《中标通知书》。

第二十三条　买方单位及其代理单位与中标人应在《中标通知书》发出后 30 日内签订合同。所订立的合同不得对招标文件和中标人的投标文件作实质性修改。特殊情况需延迟签约的,报集团公司进出口办公室批准。

第二十四条　对外采购中有下列情况之一的,经批准后可不进行招标:

(一)由于突发事件危及正常生产,必须紧急进口的设备。

(二)进口设备的合格制造商不足 3 家。

(三)生产配套用零配件。

(四)采用外国出口信贷方式采购技术设备的。

(五)因涉及国家安全、国家秘密等不适于通过国际招标采购的机电产品。

第二十五条　凡应招标而申请不招标的项目,项目组应书面陈述理由,规划计划处报集团公司进出口办公室批准后,方可对外开展谈判采购。

第二十六条　谈判采购须成立对外谈判小组,局引进办公室负责组织。人员应以项目组人员为主,由技术经济专家、懂得商务和具有涉外谈判经验人员参加。谈判小组要经局主管引进工作的领导批准并确定主谈人。

第二十七条　谈判小组负责拟订对外询价方案,经长庆局主管引进工作的领导批准后开展对外询价。询价方案内容为:

(一)设备名称及数量。

(二)详细、准确的设备型号、规格、技术参数、工艺条件、质量标准及需要说明的其他特殊要求。

(三)询价厂商(生产或中间代理商)的选择,要说明选择依据。原则上不少于 3 家。

第二十八条　经对外询价后,在分析外商报价资料基础上,拟订谈判方案并于谈判前 10 日报长庆局主管引进工作的领导审批,限上项目应于谈判前 10 日报集团公司进出口办公室审批。谈判方案内容为:

(一)从产品性能、技术水平、国内使用实例、资信、价格等方面说明选择厂商的依据。

(二)需要外商进一步澄清或修订的工艺技术参数,以及设计、培训、设备供货时间(工程投产时间)、售后服务的详细要求。

(三)对外商的初步报价作出分析,提出压价目标,并拟订利用外商竞争的谈判策略。

（四）分析谈判中可能遇到的问题，并拟订相应对策。

（五）谈判日程安排。

第二十九条　谈判具体分两步进行，即技术谈判和商务谈判；技术谈判结束后，谈判小组要尽快写出详细的技术评估及总结报告，报规划计划处并呈报局主管引进工作的领导审批。

第三十条　商务谈判阶段，规划计划处、财务处、器材处要派人参加。

第三十一条　谈判小组要严格按照批准的谈判方案对外谈判，如要改变方案，需经原审批单位同意。

第三十二条　如合同中涉及出国培训、出国验收及监造条款等条款时，谈判组必须在合同签约前书面报局主管引进工作的领导；任何谈判小组不得私自决定上述事宜。

第三十三条　技术附件上应由我方项目负责人、国外厂家负责人或外商代理及国内代理签字；商务合同及商务附件由国内代理和国外厂家负责人或外商代理签字后，合同方可生效。

第三十四条　谈判结束后，谈判小组要对参与竞争厂商的技术状况、产品性能、价格、售后服务等情况客观分析，写出客观详细的谈判总结，谈判总结报规划计划处并经局主管引进工作的领导审批后，由规划计划处办理《长庆石油勘探局引进项目批准通知单》手续。

第三十五条　机电产品登记表由引进办公室组织，有关使用单位或项目组填报。

第三十六条　所签合同正本，由外方和国内代理各留存 1 份，引进办、使用单位、器材处各持 1 份副本。签约后，引进办公室向规划计划处以公函形式通知合同中的技术方案、供货范围、交货期、付款方式、价格等主要内容。

第六章　引进手续

第三十七条　技术设备的进口分为三类：一般登记产品、配额产品、特定产品。各类产品在办理进口手续时须出具以下文件：

（一）可行性研究报告和初步设计批复文件。

（二）集团公司年度投资计划批复文件。

（三）招标项目的评标报告或非招标项目的谈判总结。

（四）《机电产品进口申请表》及附表一式两份，并在申请表右上角处加盖本企业规划计划部门和进出口办公室印章。

除具有以上文件外，且符合《当前国家重点鼓励发展的产业、产品和技术目录》（2000 年修订）的项目或国家其他文件规定的免税项目中引进的设备，项目组、财务资产处协助引进办公室办理相关免税手续。

第三十八条　配额和特定产品除提供上述文件外，还需填报申请表两份及附表 4 份、引进说明及技术性能、图片等有关资料。

第三十九条　集团公司进出口办公室接受经审查合格的机电产品进口申请材料后，一般机电产品 5 个工作日内取通知单，特定及配额产品 15 个工作日内给予答复。

第七章　合同执行

第四十条　外贸公司按委托代理协议的规定做好签约后设备的开证、报关提货、商检、验收、索赔、国内运输等有关工作。买方单位应给予必要的配合。引进办公室负责收集提货通知单、装箱单、发票等全部单据副本。

第四十一条　结算中心根据财务处审查签字后的国内代理开具的发票、付款通知单及引进办公室的公务通知单，向外付款和对局内结算；没有财务资产处、规划计划处和局合同管理部门的签字、引进办公室的公务通知单及合同副本，结算中心不得向外付款和对局内结算。

第四十二条　货物到达使用地后，有关使用单位应立即通知器材处质检中心，并交付报验资料；由器材处质检中心归口联系报验事宜；

只有当器材处质检中心和地方商检人员到达现场后,方可开箱验收,使用单位不得私自开箱,否则,器材处质检中心有权要求地方商检局拒绝出具商检证明。

第四十三条 在开箱验收时,有关使用单位技术负责人必须在场,配合商检人员对其数量、外观等作详细的检查验收;验收后,应写出验收情况总结或验收协议,报局引进办公室备案。

第四十四条 在投用过程中的对外联系等事宜由引进办公室负责。

第四十五条 在商检、投用和保修期间的索赔,由引进办公室负责对外联系;有关索赔的商检证明和索赔部件的报关,有使用单位负责办理。

第四十六条 设备投产 1 年半内,项目组要写出引进项目的完成报告,对项目立项到对外招标(谈判)、合同签订、设备验收、安装使用、外商服务以及取得的经济效益进行全面分析,并总结经验和教训,提出改进工作的建议、措施。项目的完成报告报规划计划处和引进办公室。

第四十七条 长庆局引进办公室应在每年 1 月底前向集团公司进出口办公室提交上年度的工作总结报告。

第八章 重要工业品进口管理

第四十八条 实行进口计划配额管理和限量登记管理的重要工业品包括:原油、成品油、化肥、腈纶、涤纶、聚酯切片、汽车轮胎、钢材和农药。

第四十九条 钢材进口单位要委托中国石油物资装备总公司代理进口。

第五十条 各使用单位办理完各项手续后,将所有相关资料复印件上报集团公司进出口办公室备案。

第九章 附 则

第五十一条 对于违反本办法规定的单位或个人,依照《中华人民共和国招投标法》等国家有关法律法规追究责任并予以处罚。

第五十二条 规划计划处、生产运行处、引进办公室、项目组等涉及进出口业务的部门必须按照集团公司《关于转发〈进一步加强进出口计划保密工作的通知〉的通知》(计划字[2001]89 号)的要求,做好进出口资料的保密工作。

第五十三条 本办法自发文之日起实施,由规划计划处负责解释。

长庆石油勘探局多种经营成分法人企业安全生产管理暂行办法

(2001 年 10 月 8 日长庆石油勘探局以长局发［2001］227 号文发布)

第一章 总 则

第一条 为适应长庆局改革和发展的需要,进一步理顺多种经济成分企业安全管理程序,明确管理权限,规范经营行为,确保全局安全生产。根据国务院《特大安全事故行政责任追究规定》、《中华人民共和国公司法》、《中华人民共和国劳动法》,特制定本办法。

第二条 长庆局多种经济成分法人企业是

多元投资、多种经济成分并存的法人实体。

第三条　本办法适用于长庆石油勘探局独资、控股、参股、职工持股会独资和控股的法人经济组织。

第二章　管理范围

第四条　根据多种经济成分法人企业的组成形式和产权关系，长庆局负责管理的企业可以划分为以下几类。

A类，由长庆局原直属二级单位改制而成的长庆局独资、控股的法人企业。

B类，长庆局独资、控股的多种经营法人企业。

C类，二级单位主办的长庆局独资、控股的多种经营法人企业。

D类，主要包括以下几种：

1. 凡名称中冠以“长庆石油勘探局（长庆局）”或二级单位名称的多种经营法人企业。

2. 职工持股会独资、控股，且主要管理人员为长庆局正式职工的多种经营法人企业。

3. 挂靠企业。

第三章　管理办法

第五条　长庆局对第四条中C、D类企业实行授权委托管理制度，即长庆局按照区域授权委托二级单位(或原上级管理单位)对其实施安全监督管理。对所有四类企业实行“三位一体”安全生产责任保证体系(但第四条中A类企业不实行“安全生产许可证制度”)。具体实施以下制度：

1.安全生产协议制度。

2.安全生产保证金制度。

3.安全生产许可证制度。

4.安全生产人身及必要的财产投保制度。

5.重大事故责任追究制度。

第六条　安全生产协议制度。

1.按照“三位一体”安全责任保证体系管理办法，管理单位与多种经济成分法人企业签订《安全生产协议书》，明确双方在安全生产管理方面的责权利关系，规范双方的管理行为。

2.长庆局与第四条中A、B类企业签订《安全生产协议书》；受委托管理单位与第四条中C、D类企业签订《安全生产协议书》。《安全生产协议书》一式3份，签订双方、长庆局安全主管部门各1份。

第七条　安全生产保证金制度。

1.多种经济成分法人企业必须在每年年初向长庆局交纳企业安全生产保证金。交纳比例为。

(1)化工、油气销售等易燃易爆生产经营企业、野外施工企业、运输企业按固定资产或注册资金千分之四交纳安全生产保证金。

(2)其他类型的生产经营、销售、租赁企业按固定资产或注册资金的千分之三交纳安全生产保证金。

2.企业领导班子成员(指董事会成员)必须在每年年初向长庆局交纳个人安全生产保证金。交纳金额为：企业法定代表人(或委托代理人)10000元，领导班子其他成员每人8000元。

3.安全生产保证金由长庆局财务部门建账，长庆局安全主管部门负责管理和使用。

第八条　安全生产许可证制度。

1.按照集团公司推行安全生产许可证制度的要求，长庆局对第四条中B、C、D类企业实行安全生产许可证制度。

2.多种经济成分法人企业的生产经营活动必须符合国家、地方政府、集团公司和长庆局有关安全生产的法律法规、规章制度和标准要求；必须通过长庆局或受委托管理单位安全部门的安全生产管理状况审查。对符合长庆石油勘探局多种经营法人企业《安全生产许可证》颁发条件的企业，颁发《安全生产许可证》，准许进行生产经营。

3.《安全生产许可证》发放层次。

长庆局安全主管部门负责审查颁发第四条中B类企业的《安全生产许可证》;受委托管理单位安全主管部门负责审查并代表长庆局颁发第四条中C、D类企业的《安全生产许可证》。

4.未交纳安全生产保证金的企业,不得发放《安全生产许可证》。

5.《安全生产许可证》有效期为3年,每年复审一次,到期不复审换证的自行作废。

第九条　安全生产人身、必要的财产保险制度。

1.多种经济成分法人企业要主动办理员工人身保险和必要的企业财产保险,确保在突发事故后能够承担起经济赔偿和连续生产经营。

2.多种经济成分法人企业自主选择保险公司,但必须上报长庆局安全主管部门备案。

第十条　重大事故责任追究制度。

多种经济成分法人企业发生重、特大责任事故的,要根据国家颁布的《企业安全生产责任制管理规定》追究法定代表人、主要负责人、分管负责人、技术负责人等的行政责任和经济责任。构成犯罪的,要依法追究刑事责任。

第十一条　多种经济成分法人企业的资金结算须经长庆局安全主管部门审查签字。对未交纳安全生产保证金、未办理《安全生产许可证》的多种经济成分法人企业,长庆局财务和资金结算部门不得进行资金结算。

第十二条　多种经济成分法人企业在生产经营活动中,要按照"四自"企业的要求,独立承担安全管理权利和义务。要按照国家安全管理和劳动保护有关法律和规定,建立健全安全管理机构,制订安全管理措施与目标,完善安全生产设施和条件;定期组织安全教育和技能培训;严格安全检查,及时整改事故隐患。要进一步划清法人企业与长庆局和受委托管理单位在安全生产上的责权利关系。

第十三条　多种经济成分法人企业的法定代表人作为企业安全生产第一责任人,要对本企业安全生产工作全面负责。要树立安全第一的思想,正确处理安全与效益的关系。要健全、完善并严格落实企业安全管理制度;按协议要求认真履行安全管理职责,听取职工意见,接受群众监督,不断推动本企业安全管理工作上水平。

第十四条　长庆局和受委托管理单位要按"三全"管理的要求,定期对所管企业安全生产情况进行监督、检查;要通过有效形式,及时向多种经济成分法人企业宣传国家、集团公司和长庆局安全生产有关规定。多种经济成分法人企业要服从安全检查。

第十五条　长庆局每年年初向受委托管理单位下发《安全生产管理委托书》。受委托管理单位收到委托书后,依照委托书权限,按照《安全生产协议书》规定,对多种经济成分法人企业实行安全管理。

第十六条　受委托管理单位每半年向长庆局书面汇报所管理多种经济成分法人企业安全生产情况。

第十七条　其他方面的安全要求具体执行《长庆石油勘探局安全生产管理规定(试行)》和《长庆石油勘探局交通安全管理规定(试行)》。

第四章　事故调查处理

第十八条　事故管理和调查处理具体执行《长庆石油勘探局安全生产管理规定(试行)》和《长庆石油勘探局交通安全管理规定(试行)》之有关规定。

第五章　奖　惩

第十九条　多种经济成分法人企业违反国家、集团公司、长庆局和受委托管理单位安全生产法律、法规、规定或存在较大事故隐患时,长庆局和受委托管理单位的安全部门要按照国家、地方政府和长庆局有关安全生产的规定进行经济处罚,罚款从企业上缴的安全生产保证金中扣除。

第二十条　多种经济成分法人企业发生重大伤亡事故时，扣除企业和企业领导班子成员上缴的安全生产保证金。

第二十一条　凡因管理监督不到位，多种经济成分法人企业发生重大伤亡事故的，长庆局将对管理或受委托管理单位进行处罚。

第二十二条　多种经济成分法人企业的事故指标纳入受委托管理单位事故指标之内，统一接受长庆局的安全生产综合考核。

第二十三条　多种经济成分法人企业年内被评为安全生产先进企业，长庆局对管理单位或受委托管理单位主管领导、多种经济成分法人企业的领导班子成员给予一定的奖励，并返还所交安全生产保证金。

第六章　附　则

第二十四条　各单位可依据本办法制定具体实施细则。

第二十五条　本办法由长庆局质量安全环保处负责解释。

第二十六条　本办法自印发之日起施行；如有与国家、地方政府有关法规相抵触的，以国家、地方政府法规为准。

长庆石油勘探局资金授权管理办法

（2001年10月18日长庆石油勘探局以长局发[2001]231号文发布）

第一章　总　则

第一条　为进一步加强资金的集中统一管理，有效控制资金支出，规范资金支出的决策程序，建立资金管理的约束机制和监督机制，根据《中华人民共和国会计法》、国务院发布的《总会计师条例》、国务院下发的《关于加强国有企业财务监督意见的通知》以及《中国石油天然气集团公司资金授权管理办法》，特制定本办法。

第二条　本办法旨在明确办理各项资金支出的审批权限及审批程序。

第三条　本办法所称资金支出是指长庆局为组织经营活动以及其他需要所发生的资金支出。具体包括：

1.企业财务预算内资金支出。

2.企业财务预算外资金支出。

第四条　本办法适用长庆局本部。

第二章　预算内资金支出授权管理

第五条　预算内资金支出是指经长庆局预算委员会批准，列入年度预算内的所有资金支出。包括项目投资、设备购置、科研经费、HSE费用、三项费用、技术监督等有关费用。

第六条　长庆局对预算内各项资金支出实行分级管理、分级负责、按程序规范操作。年度预算内各项资金支出预算方案由各单位（部门）提出并报财务资产处综合统筹平衡；财务资产处制订年度收支预算方案，经总会计师核准后，报局长办公会确定年度预算分块资金支出总量。

各单位（部门）安排的支出必须控制在年度预算确定的分块资金支出总量内；确因特殊情况超出资金支出总量的，一律按照预算外资金支出的审批程序予以办理。

第七条　长庆局项目投资支出程序。规划计划处对各单位上报的基建计划按规定程序进行审查，提出年度基建计划建议，报局长办公会研究确定后，呈报集团公司审批。长庆局根据集团公司批准的基建计划，经主管局领导签批后按项目下达各建设单位，财务资产处根据投资计划综合平衡资金，按进度编制月度拨款计划，经财务资产处领导审查后拨款。

第八条　科研经费、HSE 费用、技术监督费、会议费、招待费等支出程序。经局长办公会批准列入预算的科研经费、HSE 费用、技术监督费等，由业务主管部门提出书面报告，经财务资产处初步审核并提出建议，由主管业务的局领导签批，财务资产处根据项目进度拨款；经局长办公会批准列入预算的会议费、招待费等，由业务主管部门书面报告，经总会计师批准后，财务资产处拨款。

第九条　风险费、配套费、支地费、专项维修费等支出程序。以上费用经局长办公会批准列入预算后，由业务主管部门会同财务资产处根据申请单位上报的项目，制订分单位支出预算，报经总会计师审查批准后，财务资产处按项目进度拨款。

第十条　递延资产、无形资产等支出程序，按本办法第七条的有关程序办理。

第十一条　在用钻具、周转工器具、野营房等支出程序。在用钻具、周转工具、野营房的购置，由各单位提出申请，生产运行处、工程技术处会同财务资产处审核后提出初步意见，报总会计师审批后，财务资产处按审批额度拨款。

第十二条　长庆局预算内资金支出审批额度：

1.资本性支出，如设备采购、基本建设，以及购买递延资产、无形资产、在用钻具等，单笔对外付款超过 100 万元，不超过 1000 万元的，由主管局领导签批后，结算中心根据对外付款程序办理；单笔对外付款超过 1000 万元的，由长庆局主要领导签字审批。

2.费用性支出，单笔对外付款超过 50 万元的，由主管局领导签批后，结算中心根据对外付款程序办理。

第三章　预算外资金支出授权管理

第十三条　预算外资金支出是指未列入长庆局企业财务预算内的各项资金支出。包括预算外对外投资、固定资产投资、福利费支出、捐赠赞助支出、其他营业外支出，特殊情况超出预算资金支出总量的管理费用、投资支出等。

第十四条　长庆局严格控制未列入预算内的各项支出，根据预算外各项资金支出项目的金额、用途等实行分级审批管理。按照国务院《总会计师条例》中由总会计师主管财务收支审批工作的规定，长庆局预算外各项资金支出由总会计师归口核准。

第十五条　长庆局分级授权审批的企业预算外资金支出额度划分如下：

1.单笔资金支出金额不超过 10 万元的，由单位(业务部门)提出资金支出的书面申请，报长庆局主管局领导审查签批后，由总会计师归口核准。

2.单笔资金支出金额在 10—50 万元的，由单位(业务部门)提出资金支出的书面申请，经长庆局主管局领导审查签批后，由总会计师归口核准，并报局长批准。

3.单笔资金支出金额在 50 万元以上的，由单位(业务部门)提出资金支出的书面申请，报主管业务的局领导和总会计师审查后，提交长庆局局长办公会研究决定，并形成会议纪要。

4.特殊情况下，不超过 100 万元的预算外支出，单位(业务部门)向主管局领导报告后，经局长批准后可先执行，后履行申请审批手续。

5.长庆局各部门无权审批预算外资金支出。

第十六条　对未列入项目投资支出，确因生产、工作急需的非安装设备购置，由有关单位(部门)提出申请报告，经长庆局主管业务领导签批，报生产运行处在预算内平衡后，报主管局领导批准；确实无法平衡的报规划计划处，经主管局领导核准，上报局长办公会批准后，按规定程序落实规模、资金，并列入项目投资计划。

第十七条 预算外资金支出按以下程序办理：

1.申请。有关单位和业务部门向长庆局主管业务的局领导提交有关资金支出的申请报告，写明资金支出的用途、理由、金额、支付方式等。

2.审批。对不同金额的资金支出按照本办法第十二条的规定办理审批。

3.办理。财务资产处根据已经批准的预算外资金支出申请报告、会议纪要等，根据预算外事项的进展情况和重要程度，综合平衡资金，实行一次或分次性拨款。

第十八条 预算外资金支出的后续管理。财务资产处要对预算外资金支出的审批报告、合同、资金用途、金额、使用单位及部门、拨款日期、签批领导等内容予以备案，建立台账，并按月将预算外资金支出的审批情况向总会计师报告。每年末，财务资产处在汇报长庆局财务决算情况时，要专题汇报全年预算外资金支出情况。

第十九条 所有预算外资金支出，要有长庆局领导的书面批示或长庆局局长办公会有关会议纪要，以此作为预算外资金支出的依据和会计凭证的附件。

第四章 资金调度及贷款、担保授权管理

第二十条 长庆局本部的资金调度要本着“保证资金安全、提高资金运行效益”的原则，严格按规定的权限和程序操作。

第二十一条 长庆局本部在各金融机构已开立的银行账户间调度资金的，由财务资产处领导审批后办理相关手续。因业务需要，需新开立账户并调动资金的，由财务资产处提出申请，经总会计师审查批准后办理开户业务。

第二十二条 银行贷款的管理。因业务需要，需向金融机构新增贷款的，由财务资产处提出书面报告，经总会计师审定、局长签发上报集团公司。集团公司批准后，由局长或局长授权总会计师与金融机构签订贷款合同，财务资产处办理贷款业务。贷款到期需要归还，由财务资产处报告总会计师批准后，按期归还贷款。

第二十三条 长庆局及所属各单位的对外投资实行全局集中统一管理，不论投资规模大小，一律报经局务会批准，形成会议纪要，并以局发文件报经集团公司批准，由局长或局长授权委托主管领导与被投资单位签订有关法律文件。

第二十四条 长庆局对外提供担保、管理相关业务工作的部门为财务资产处，各单位和部门无权对外提供担保。申请担保的单位需提交书面报告，由财务资产处审核，经总会计师审定、报局长办公会批准后上报集团公司。集团公司批准后，由局长或局长授权总会计师与金融机构签订担保合同。

第二十五条 担保的后续管理。对于长庆局提供的担保，财务资产处应就担保的项目、担保金额、担保期限等有关内容予以备案，建立动态管理档案，并对被担保单位的借款使用、还款进度、还款能力等情况进行跟踪，监督被担保单位按合同约定归还借款。

第五章 建立资金签批和执行责任制

第二十六条 为加强对资金使用的管理和监督，完善资金管理责任制度，实行资金授权管

理办法后，要建立资金签批责任制，对于预算外资金支出，实行“谁签字，谁负责”。对违反上述有关规定的，将按照集团公司、长庆局有关规定追究责任人的责任。

第二十七条　长庆局各有关单位、部门要严格按照本办法规定的程序办理各项资金支出业务，加强对资金使用情况的监管。

第二十八条　经批准使用预算外资金的单位和部门要对签批的主管局领导负责，遵守国家的财经法规和集团公司、长庆局的规定，严格按照批准的用途使用资金，把支出控制在签批的金额以内，不得转移、挪用，形成账外资金。各用款单位要按照会计制度的规定，正确核算预算外资金，并在年度终了将其实际支出纳入年度决算。

第二十九条　长庆局有关单位和部门经批准使用的各项资金，有以下情况之一的，停止拨款，且必须将已拨付的资金退回财务资产处，或通过清算用于其他批准的项目支出：

1.已批准项目终止执行或已批准项目延迟执行的。

2.项目执行完成后有节余资金。

第六章　附　则

第三十条　长庆局所属单位应参照此办法，并结合本单位的具体情况，制定相应的资金授权管理办法，报财务资产处、资本运营部审定后执行。

第三十一条　本办法自印发之日起施行。

长庆石油勘探局社会市场收入资金管理暂行办法

（2001 年 10 月 18 日长庆石油勘探局以长局发［2001］232 号文发布）

第一章　总　则

第一条　为进一步加强资金的集中统一管理，提高资金使用效益，根据集团公司、长庆局有关资金管理的规定，结合长庆局社会市场收入现状，特制定本办法。

第二条　本办法适用于长庆局所属各单位。

第三条　本办法所指社会市场收入资金是指长庆局所属单位从长庆油田分公司以外市场所取得的各项资金收入，包括国际市场收入。具体包括：

1．从长庆局、长庆油田分公司以外的单位获得的各项收入。

2．为独立法人、多种经营单位提供产品、劳务等获得的收入。

3．其他各项社会服务收入。

第二章　社会市场收入管理部门

第四条　财务资产处是社会市场收入资金的归口管理部门，对全局社会市场收入资金实行集中统一管理。资金收缴由局资金结算中心负责，并制定实施细则。

第五条　长庆局所属单位财务部门是本单位社会市场收入资金的归口管理部门，对本单位的各项社会市场收入资金行使监督、管理职能。

第六条　各单位取得的社会市场收入要全额纳入预算管理，规范会计核算，资金实行集中统一管理，不得“体外循环”，严禁账外设账。

第三章 收入和支出

第七条 社会市场收入要纳入各单位预算管理，建立长庆局及所属单位两级社会市场收入资金管理体系。

第八条 各单位要加强对社会市场收入资金的管理，对已列入预算的社会市场收入资金要及时清理入账。要有计划地组织社会市场欠款的回收，编制清欠回收计划，按计划组织资金回笼。

第九条 各项社会市场资金收入要和其成本、费用支出相互配比，同一项收入和与其相关的成本、费用必须在同一会计期间内确认，做到有支必有收。

第十条 各单位所取得的社会市场收入资金严禁坐收坐支，切实杜绝“小金库”。任何单位不得以任何借口和名目，坐支所取得的各项社会市场收入资金，或用于职工个人福利支出等。对违犯规定者，长庆局将全额没收违规资金，并处以罚款，同时追究领导责任。

第十一条 各单位社会市场的支出，必须严格执行长庆局有关资金管理制度，明确各项支出范围和开支标准，规定有关审批权限，严格按预算控制支出。

第十二条 实行差额补贴的驻外办事处，其社会收入全额纳入预算管理，以收抵支。

第十三条 远离依托单位在异地从事工程项目、生产服务，需开设临时银行账户的，由申请开户单位持有关合同、中标凭据等报经财务资产处批准、资金结算中心备案后，方可开户。

1．异地项目的主要支出可依托二级单位在油田内部办理的，其临时银行账户实行限额管理。存款限额由财务资产处、资金结算中心根据各单位异地工作量予以确定。收入超过限额时，各二级单位必须及时将超额部分汇交资金结算中心的账户。

2．异地项目的主要支出在项目所在地发生的，由各主管二级单位根据其资金收入实行差额管理。项目实施单位应根据项目预算编制资金回收计划，列明扣除在项目所在地发生的费用后的差额部分回收的时间和进度（如折旧、资产占用费及租赁费、领用内部器材物资和使用内部劳务费用、管理费、利润等），报资金结算中心备案，并按进度组织资金回笼。

第十四条 异地项目结束后，各单位应立即清理注销异地临时银行账户并报财务资产处备案，账户剩余资金、项目完工后的清收的欠款应及时汇交资金结算中心，不得转移用做其他异地项目。

第十五条 异地临时银行账户的资金，必须实行资金支出授权管理办法，实行分级管理、分级负责、按程序规范操作，建立资金支出签批责任制，实行“谁签字，谁负责”。

第四章 监管和处罚

第十六条 资金结算中心定期向开设异地临时银行账户的单位发送“资金稽查表”，该单位应如实填列资金收支情况，按规定时间上报资金结算中心。

第十七条 财务资产处会同资金结算中心对异地临时银行账户及所取得的社会市场收入资金进行定期和不定期的实地检查，或委托审计部门进行审计监督。

第十八条 各单位要建立有关社会市场收入资金管理责任制，对不按照以上规定管理社会市场收入资金及银行临时账户的单位，将依照《长庆石油勘探局关于印发违反资金结算纪律处罚规定的通知》（长局发［1998］第93号）有关规定进行严肃处理。

第五章 附 则

第十九条 各单位应参照本办法，结合本单位的具体情况，制定相应的社会市场收入资金管理办法，上报财务资产处备案。

第二十条 本办法自印发之日起施行。

长庆石油勘探局境外项目财务管理（暂行）办法

（2001 年 10 月 18 日长庆石油勘探局以长局发［2001］233 号文发布）

第一章 总 则

第一条 根据集团公司、长庆局有关财务管理规定，结合长庆局境外项目的实施运行情况，为确保境外项目的顺利进行，加强境外项目财务监督和管理，确保资金安全，控制成本，提高效益，特制定本办法。

第二条 本办法所指境外项目包括对外承包工程、输出劳务、提供技术服务、设备租赁、境外合资合作以及咨询服务等。

第二章 财务预算管理

第三条 境外项目的财务工作归口财务资产处统一管理。

第四条 长庆局对境外项目财务主管及财会人员实行委派制，受委派的财务主管及财会人员对长庆局及项目负责，财务资产处有权对境外项目的经营和财务管理状况定期委托审计，对于境外注册的全资子公司，每年组织一次财务检查，将检查结果上报长庆局。

第五条 境外项目应编制可行性研究报告和经济效益论证报告，项目批准后，应按长庆局规定实行全面预算管理，项目的一切收入和支出均纳入预算。

项目年度预算应于上年 11 月份上报长庆局，长庆局下达下 1 年度预算和经营责任制考核指标。

境外项目要实行动态预算管理，加强预算执行情况的分析，按季度将预算执行情况上报长庆局。

境外项目要制定有关成本费用开支标准，报财务资产处批准后实施，建立有效的约束机制，严格按预算控制支出。

对经营状况差完不成指标的境外项目，长庆局有权终止投资。境外项目发生超过预算支出 3%—5%的情况，应在 1 个月内将发生损失的原因分析等详细资料书面报告财务资产处。

第六条 境外项目为长庆局全资公司的，其经批准后再投资成立的子公司的财务管理由境外公司负责，长庆局监督，年终由境外公司编报合并会计报表。

第七条 境外项目的经营所得，应按所在国的规定缴纳各种税赋，税后净利润全额上缴长庆局，不得挪作他用或存放境外。

第三章 资金管理

第八条 境外项目的资金筹集由长庆局统一进行。其他单位不得进行外汇融资，不得拆借外汇，或从事黑市买卖。

第九条 境外项目未经长庆局批准，不得在境外进行再投资或从事该项目以外的其他经营活动。

第十条 所有境外项目不得从事境外融资，或以长庆局境外资产为其他经济组织或个人提供信用担保。

第十一条　境外银行账户管理。

1. 境外项目在境外设立银行账户，需经长庆局审查批准，并指定开户银行。境外开设、变更、撤销银行账户的有关资料应及时报长庆局财务资产处备案；

2. 境外银行账户管理实行“联签制度”，银行支票、有价证券等收支须经项目财务负责人和主管领导等两人以上签字方为有效；

3. 境外机构不得设立“小金库”，也不得单独开立境外账户核算账外资金，严禁以个人名义开立银行账户存储境外资金，或将境外银行账户出租、转借个人或其他单位使用；

4. 境外项目一旦终止或机构宣布撤销，应立即将境外银行账户余款汇回国内，关闭银行账户，不得将余额留存国外或转移挪用；

5. 境外机构收支有价证券必须按规定入账核算，建立备查台账，建立交接签认制度。

第十二条　境外项目的现金开支范围仅限于用投币方式的停车费、零星文具购买费以及其他小额杂费。其现金开支限额由财务资产处根据境外项目经营规模核定。

第十三条　境外项目要编制分月的现金流量预算上报财务资产处备案，严格按预算安排支出，及时组织资金回笼。

第四章　会计核算

第十四条　境外项目应按国际会计准则及所在国有关规定进行会计核算。境外全资子公司要制定公司的财务管理制度和会计程序，报长庆局财务资产处备案。境外项目进行会计处理应使用美元作为记账本位币。

第十五条　境外项目应设立日记账、总账和明细账等三种主要账簿以及各种必要的辅助性台账，以完整、及时、连续、准确地反映境外项目的各项经营活动。

第十六条　境外项目的会计凭证，包括原始凭证和记账凭证。各种会计凭证必须内容真实、手续完备、数字准确，做到及时填制，严格审查，妥善保管。对不能取得原始凭证的零星支出，应根据所在国的会计准则，填制开支说明，由经办人和至少一位证明人以及财务负责人签字后方可报销。

第十七条　境外项目应设立固定资产账簿，对固定资产购置、使用、折旧、报废等进行财务管理和核算。固定资产的折旧，按所在国会计准则的规定执行。所有固定资产都必须按实物登记造册。每年定期对各种财产进行一次清查盘点。

第十八条　境外项目财务人员离职移交工作时，必须清理账务，交清任期内经手的各种会计凭证、账簿、报表、库存现金、银行存款以及其他票据和文件资料，并开列移交清单，履行签字移交手续。

第十九条　境外项目应按月向长庆局报送财务快报，按季度报送财务报表，年终报送经审计的年度财务报表，并附经营情况说明书。所有财务快报和报表、经营情况说明书必须采用中文或中英文对照。报表格式由财务资产处统一制定。

第五章　附　则

第二十条　本办法由长庆局财务资产处负责解释。

第二十一条　本办法自印发之日起施行。

长庆石油勘探局多种经营企业产权界定暂行办法

（2001 年 10 月 18 日长庆石油勘探局以长局发［2001］234 号文发布）

为了理顺多种经营企业的产权关系，进一步夯实企业资产总量，加快经济结构的调整和企业改革的步伐，增强企业后续发展，推进建立现代企业制度，根据《城镇集体所有制企业、单位财产清查产权界定暂行办法》（国经贸企［1996］895 号文）、《城镇集体所有制企业、单位财产清查产权界定工作的具体规定》（财清字［1996］13 号文）和《关于颁布〈劳动就业服务企业产权制度规定〉的通知》（劳部发［1997］181 号文）的精神，结合长庆局财产清查有关文件的规定，特制定长庆石油勘探局多种经营企业产权界定暂行办法。

一、产权界定的基本原则

（一）坚持“依法确认、尊重历史、宽严适度、有利监管”的原则。

（二）坚持“谁投资、谁所有、谁收益”的原则。

（三）坚持有利于多种经营企业改革和发展的原则。

（四）坚持实事求是，恢复多种经营企业性质的本来面目的原则。

（五）坚持严格执行国家规定，不得借机收权、改变隶属关系和企业性质的原则。

二、产权界定的范围和任务

（一）产权界定的范围。

多种经营企业产权界定的范围，同财产清查的范围一致。即主业投资或扶持设立的全民所有制企业；主业扶持设立的集体所有制企业；长庆局投资的中外合资企业；主办单位或多种经营企业兴办的参股、控股企业。

（二）产权界定的任务。

多种经营企业产权界定的主要任务是：划清各企业原始投入及财产所有权归属及经济性质，规范不同产权主体的财产关系，以推动多种经营企业进一步改革和发展。在进行产权界定工作中，凡涉及到本企业、单位的各项财产和资金，都要进行界定，特别是对有争议或归属不清的财产，要作为界定的重点。主要内容有：

1．明确集体企业的各项财产所有权归属。

2．明确国家投入、政策扶持等未明确的财产关系。

3．明确集体企业与国有企业之间有争议的财产关系。

4．明确集体企业之间和投资于联营、局内合资、股份制企业有争议的财产关系。

三、产权界定的具体政策规定

长庆局及所属各二级单位（以下简称主办单位）投资或创建的集体企业、全民所有制多种经营企业其资产所有权依下列办法界定：

（一）主办单位以自有资金或厂房、设备和所有权属于国家的土地使用权、知识产权创办注册的全民所有制多种经营企业，其经营所形成的资产界定为国有资产。

（二）主办单位用国有资产、资金、设备、厂房在集体企业中的投资及按照投资份额（或协议约定）所取得的资产收益界定为国有资产。

（三）开办资金完全由主办单位以借款或银行贷款形式筹措，不以安置为主，而以盈利为主要目的，且事先约定，不还本付息，注册为集体所有制企业的，其经营所形成的资产界定为国有资产。

（四）主办单位当初为解决职工子女和富

余人员就业，而提供资金、厂房、设备及无形资产，创办注册的劳动服务公司（以下简称集体企业）事先如约定为投资关系、债权关系或无偿资助关系的，则按其约定界定产权关系和经济性质；凡没有约定的，其经营所形成的资产界定为集体资产。

（五）主办单位用集体企业的自有资金创办并注册为全民性质的多种经营企业、其经营所形成的资产界定为集体资产。

（六）集体企业使用主办单位扶持的设备、厂房、等实物资产，凡主办单位收取的折旧费、资产占用费、管理费及其他费用达到或超过其资产净值的，该实物及其所形成的资产界定为集体资产。

（七）集体企业资产中有主办单位资产，若主办单位已无账务记载，界定为集体资产。

（八）集体企业按照国家法律、法规规定所享受的免税、减税、税前还贷和以税还贷等优惠政策，其所形成的资产，1993 年 6 月 30 日前形成的为集体资产，1993 年 7 月 1 日以后形成的，国家对其规定专门用途的，按其规定执行，没有规定的，按集体企业各投资者拥有财产的比例确定产权归属。

（九）主办单位为集体企业使用的贷款和借款提供了担保并履行了连带责任的，除确定主办单位和集体企业之间的债权债务关系外，所形成的资产界定为集体资产。

（十）集体企业使用公益金所形成的资产和接受资助捐赠等形式形成的资产界定为集体资产。

（十一）主办单位及其人员将其发明、专利技术（非职务发明、专利除外）以及其他无形资产捐给集体企业所形成的资产界定为集体资产。

（十二）股份制和股份合作制企业其经营所形成的资产，根据原始投资性质、投资比例界定为国有、集体和职工个人所有。

（十三）多种经营企业资产中界定为国有资产的，原主办单位不得无故抽回，可继续有偿使用或根据实际情况分期收回，也可根据双方意见协商后，按规定程序变更为投资、股份。

（十四）油田公司占用多种经营企业资产的产权界定，按照《中国石油天然气集团公司财产清查施行细则》规定，对股份公司占用多种经营企业的资产，以 1999 年集团公司重组改制的资产评估为准，凡 1999 年 6 月 30 日以前形成的，未纳入评估范围的，均界定为多种经营企业资产。

四、产权界定的组织实施及工作程序

（一）产权界定的组织实施。

根据《城镇集体所有制企业、单位财产清查产权界定暂行办法》、《城镇集体所有制企业、单位财产清查产权界定工作的具体规定》、《劳动就业服务企业产权界定规定》的规定以及有关要求，多种经营企业财产清查中的产权界定工作，在长庆局财产清查领导小组统一组织下，由多种经营管理处牵头，财务资产处、审计处抽人组成长庆局多种经营企业产权界定领导小组组织实施。

（二）产权界定工作程序。

多种经营企业财产清查产权界定的具体工作程序如下：

1. 多种经营企业成立由熟悉财务、设备、房地产管理等方面情况的工作人员做好企业产权界定准备工作。

2. 多种经营企业做好企业产权及权益变动的历史资料，核查有关账目和原始凭证，认真摸清有关情况。

3. 多种经营企业签署好“界定文本文件”，编制“产权界定申报表”和起草“产权界定工作报告”连同“界定文本文件”的副本及相关资料，待局产权界定工作小组会同界定表和有关文件进行现场审定、确认。

4. 长庆局产权界定工作小组，对涉及界定的各类详细资料进行核对，按国家统一政策规定和企业具体实际，依法予以协商界定产权归属，并颁发《长庆石油勘探局产权界定认定证》。

五、产权界定的工作要求及方法

（一）坚持按政策进行界定。在产权界定中要坚持以事实为依据，以法律为准绳。坚持产权界定的各项基本原则。在具体规定中，按国家经贸委、财政部、国家税务总局下发的《城镇集体所有制企业、单位财产清查产权界定暂行办法》、《城镇集体所有制企业、单位财产清查产权界定工作的具体规定》及国家各有关规定进行。

（二）搜集资料，摸清情况。在产权界定工作中，要广泛搜集资料，将属于产权界定范围内的各项资产情况搞清楚。

（三）认真填报“产权界定申报表”。本表为财产清查报表中的“产权界定申报表”。

六、产权界定纠纷处理

（一）为了尽可能的避免产权纠纷产生，应当正确处理好以下四个方面的关系：

1. 集体企业与国家之间的关系。

2. 集体企业与扶持举办单位之间的关系。

3. 集体企业与集体企业之间的关系。

4. 集体企业与职工或其他个人之间的关系。

（二）如果产权界定工作发生了争议和纠纷，应当由长庆局多种经营企业产权界定领导小组协调和裁定。

（三）本办法由长庆局多种经营管理处负责解释。

（四）本办法自发文之日起施行。

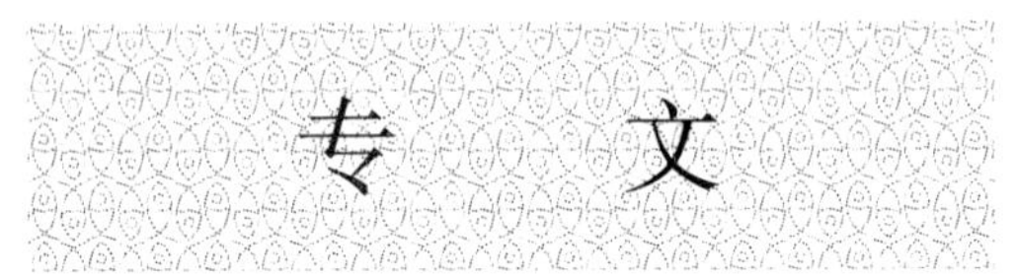

更新理念　开拓市场
大力推进长庆石油勘探局的改革和发展

——孙玉辰同志在长庆石油勘探局2001年工作会议上的报告

（2001年2月14日）

同志们：

新世纪之春，长庆局召开2001年工作会议。

这次会议的主要任务是传达贯彻集团公司2001年工作会议精神，总结去年工作，部署今年各项任务，认清形势，坚定信心，更新理念，开拓市场，大力推进全局的改革改制，促进各项工作的发展。

现在，我代表局党委、长庆局作工作报告。

一、关于2000年的主要工作情况

2000年，是长庆局重组改制、分开运行的第一年，是长庆局历史上真正脱胎换骨、转换机制，转变观念最深刻、最广泛的一年，也是我们开始二次创业的一年。全局广大职工认真贯彻集团公司工作会议和领导干部会议精神，认真实施长庆局“两条基本思路”、“四大发展战略”，全面完成了各项生产经营目标和工作任务，取得了令人鼓舞的成绩。

一年来，主要抓了6项工作，取得了15项成果。

(一)六项主要工作

1.理清发展思路,制定发展战略

重组改制、分开分立后,长庆局在经营机制上发生了脱胎换骨的转变,主要存在着管理体制不适应的问题和竞争能力弱、市场观念滞后“一明一暗”两大矛盾。

针对这种情况,去年一开始,局党委常委(扩大)会议确定了“坚持围绕油气主业发展而发展、坚持以市场为导向促进内部管理水平提高”的“两条基本思路”和“市场开发战略、质量效益型经营战略、多元化发展战略、科技进步和人才开发战略”等“四大发展战略”,制订了10个方面的具体政策,确立了长庆局逐步实行公司制改造,建立现代企业制度的“二次创业”的宏伟目标。

2.从更新观念入手,深入调查研究,认真解决市场观念滞后的问题

由于重组改制来得迅猛,加之没有经验,不少同志一开始没有把关联交易市场当作市场对待,怨气大、办法少、没信心。长庆局及时举办处级干部学习班,明确提出:市场观念是进入市场的“入场券”,是当前衡量领导干部是否称职的重要标志。

局领导带领机关干部先后4次深入到34个二级单位、47个基层队站调查研究,召开现场会总结推广了地球物理勘探处、机械制造总厂、油气技术综合服务处、油田建设工程处涩宁兰项目部、第二采油技术服务处特修二公司、第二采油技术服务处卫生所、第三采油技术服务处运输大队、公用事业处靖边基地管理分处、70118钻井队等10个单位闯市场的典型经验,用事实教育干部,坚定闯市场的信心。

为了摆正“乙方”的角色,找准自己在市场中的位置,局领导组织局机关有关部门和施工作业单位,到油田公司项目组、壳牌公司进行质量回访。

通过学习和调研,促进了广大干部市场观念的转变。这对长庆局分立后实现平稳过渡起到了决定性的作用。

3.制订总体改革方案,积极稳妥地搞好改革改制工作

去年9月集团公司召开的领导干部会议,是专门研究地区服务公司生存和发展的极其重要的会议。会议刚刚结束,局党政领导班子集中三天时间,认真传达学习了会议精神和马总的讲话。

紧接着,举办了由局领导和局机关各部门负责人参加的为期一周的学习班,在学习文件、领会精神的基础上,结合实际,讨论提出了长庆局深化改革的初步意见。

10月14日,在临潼疗养院召开了长庆局领导干部会议,讨论制订了《长庆石油勘探局深化改革的总体构想》和相关配套政策。

在临潼会议精神的推动下,积极稳妥地实施了勘察设计研究院改制、机械制造系统和钻井系统的整合重组等重大改革举措。各单位积极进行了改革改制试点,目前进展很顺利,为今后重组改制提供了宝贵的经验。

长庆局根据地区服务公司的定位,特别是经过钻井系统整合重组的初步实践,及时提出“创新、开放、简捷、明确、责任、自信”的经营理念。

4.搞好关联交易,谋求共同发展

“关联交易”是一个特殊的市场。我们去年讲了一年,也认认真真、老老实实地实践了一年。

实践证明,我们确定的“关联交易”必须坚持发挥长庆的整体优势、谋求共同发展的原则,必须坚持把“关联交易”当成特殊市场对待的要求,必须坚持分步实现“关联交易”近期和长远目标的部署,必须坚持建立有效“协商机制”的目标等,是符合实际的,基本上达到了预期的目的。

长庆的关联交易得到了集团公司领导的充分肯定。

在油田公司的大力支持下,我们妥善处理

了协议签订、工程招投标、资金结算、捆绑运行、规范操作和作业区的移交等棘手问题,维护了长庆的整体利益,也为今后的共同发展打下了基础。

5.树立大局意识,确保整体目标的实现

2003—2005 年实现油气产量(当量)1200—1700 万吨的宏伟目标,是长庆人的共同利益、共同责任和共同企盼,也是长庆局生存与发展的基础。为保这个大局,我们主要采取了 3 条措施:

一是面对复杂的外部环境,我们坚定地提出:保卫油田,守土有责,在这个问题上不能讲价钱。组织成立了护油大队,安排专项资金,配置护油装备。在护油斗争中,166 名职工被打伤,1 名职工被打死。在长庆局和油田公司的精心组织和广大职工的共同努力下,偷盗、哄抢原油的势头得到遏制。

二是确保油田公司勘探开发方案的顺利实施。龙年春来早,春节刚过,在关联交易合同未签订的情况下,局领导就分头到基层召开动员大会,给出征将士壮行。许多钻井队和修井队的职工都是在雪花纷飞的荒山沟里过的元宵节。

三是要求施工过程中,不管设计变化多大,部署调整多频繁,施工作业队伍都必须服从和服务于勘探开发这个大局,做到不讲条件,不讲困难,顾全大局,服从需要,优质、高效地完成了任务。4、5、9 三个月,油田公司三次调整勘探开发部署,已发坐标而缓钻的井位就有 422 口,占所发坐标的 1/3。其中道路、井场等钻前已经完工又作废的就有 74 个井场 131 口井位。钻井、井下作业队多次调整,长途搬迁,都能做到一声令下立即行动。

6.认真贯彻"三个代表"的重要思想,切实加强党的基层组织建设和领导班子建设

各级党组织坚持把"三个代表"重要思想贯穿到党的思想建设、组织建设和作风建设之中,为全局生产经营目标的实现和进一步深化改革,提供了强有力的精神动力和组织保证。

局处两级党委中心组坚持政治理论学习,深刻领会党的理论、路线、政策,用"三个代表"的思想统一行动。坚持坚定正确的政治方向。局党委中心组全年集中学习 13 次,参加 360 人次。

加大了领导班子考核的力度,强化了对领导干部的监督约束。重点建立和完善了廉政谈话、任前公示、干部警示、日常巡视等四项制度。对 40 个厂处领导班子、局机关 22 个部门、282 名厂、处领导干部进行了年度考核,对 16 个厂处级领导班子进行了年中巡视,加强充实了 26 个厂处单位领导班子。

加强党风廉政建设。签订责任书 1424 份,先后对 7 名厂处级干部、12 个基层领导班子和 192 名处以下干部进行了责任追究,其中,纪律处分 15 人,组织处理 38 人,经济处罚 54 人,诫勉谈话 85 人。对拟提拔到处级干部岗位的 19 名干部进行了公示。

局党委三次召开各单位党委书记会议,及时总结了全局开展的"求生存、图发展、闯市场、增效益"系列活动的经验,抓典型,鼓士气。专门研究了做好离岗职工稳定工作等重要问题。制订了处置突发事件的预案。通过揭批"法轮功"邪教组织,使绝大多数练习者与之彻底决裂。对少数几个执迷不悟者,实行了严格的管、教、帮、控,有效遏制了"法轮功"的活动。

我们还及时妥善处理了因住房、内退等因素引发的一些不安定问题,基本上保持了全局的政治稳定。

(二)十五项成果

1.贯彻整体发展战略,实现了"一盈一平"经营目标

油田公司和长庆局相互支持,共同发展,油田公司勘探开发成果大丰收,全面实现了盈利指标;长庆局抓改革、闯市场、降成本、增效益,主营业务收入 40.2 亿元,实现了整体持平的预期经营目标。

2.8项钻井综合指标创历史最好水平

钻井系统没有辜负全局的期望，依靠科技进步，综合运用配套技术，创造了新的水平。全年开钻800口，完井803口，进尺145.0万米，以104.4%完成年度计划。比1999年增长12.65%。其中天然气完井118口，进尺39.62万米，比1999年多18.51万米。全局有3个油井钻井队年进尺上4万米、7个队年进尺上3万米。

钻井质量稳步提高，定向井中靶率和井身质量合格率为100%。固井质量合格率为99.03%，优质率为80.08%。取心进尺8421.17米，收获率达到99.44%，这也是历史之最。钻井总进尺、天然气井建井周期、油井队年进尺上4万米队数、气井队队年进尺、油气井机械钻速、钻井生产时率、固井质量一次合格率、取心收获率等8项指标均创历史最好水平。

3.地震施工创历史最高水平

物探处全年完成二维地震8799千米，为年度计划的110%；三维地震151平方千米，实际创历史最高水平。

在油田公司支持下，物探处积极参与三维地震投标，资料处理得到了股份公司勘探部、油田公司的高度评价，并在专业会议上展示。

最近，油田公司明确提出，没有地震资料或有地震资料不做砂体储层横向反演预测的不能定井位。

4.试油压裂和测井再创历史最好水平

试油压裂完成2015层次，为年度计划的134.8%，比历史最高水平的1999年增长15.9%。试油气合格率100%，新井压裂酸化成功率99.9%，油田井压裂酸化成功率100%。压裂酸化施工全优率86.3%，较1999年提高1.4%。试油资料一级品率85.7%，较1999年提高5%。

测井测试完成837口，2862井次，为年度计划的104.9%。工作量比历史最好水平1999年增长20.5%。测井资料合格率99.97%，射孔准确率100%。油探井、气探井、油开井、气开井解释符合率分别比合同约定指标提高了1.74%、6.27%、6.75%和14.43%。承担外部市场测井219口、射孔170口，收入313万元，创历史最好水平。

5.采油技术服务“捆绑”运行平稳

三个采油技术服务处为确保原油稳产上产，有的大年三十、初一不休息，抢修油井，完成井下作业6713井次，为年度计划的134.58%，比1999年增长5.5%。

6.采油作业区原油产量稳步提高

各采油作业区认真贯彻整体发展的战略决策，在十分复杂的地面、地质条件下，千方百计上产增效。2000年全年生产原油52.15万吨，比1999年增长24.7%，为油田公司全面超额完成原油生产任务做出了贡献。

7.多种经营有了新的发展

多种经营系统积极带头实施多元化发展战略，调整结构，大胆改制，开拓市场、提高效益。在安置人员、规范管理等方面取得了新的进展。全年实现经营销售收入16亿元，完成年计划120%，比上年增长6%，利润总额4400万元，比上年增长6.3%。

8.社会市场开发取得了实质性进展

在关联交易市场比较饱满的情况下，全局从长计议，积极开拓社会市场，进军国际市场，迈出了可喜的一步。全年承揽社会工作量3.1亿元，完成2.34亿元，占全局企业收入的5.82%。

9.科技创新见到明显成效

积极实施科技创新和人才开发战略，物探、钻井、测井、井下等战线形成了一批自己独有的“技术绝活”。关键施工技术和配套技术取得了8项重要成果：

(1)黄土塬地震勘探形成了三大技术系列，十项关键技术，其中，黄土塬直测线地震勘探技术取得重大突破。2000年首次利用黄土塬直测线提供井位15口，14口钻遇主力气层，预测符合率达到93%。(2000年提供石油钻探井位117口,采纳58口,采纳率50.4%,钻探成功率大于60%以上;提供天然气勘探井位32口,采纳率100%,钻探成功率大于70%。其中,陕141井、苏2井、苏6井、榆17井、神3井获得了高产工业气流,苏6井成为继陕参1井之后长庆气田第二个里程碑。是内蒙苏里格特大型气田的重要标志,为今年提交4098亿立方米天然气储量提供了可靠资料,使长庆气田一举甩掉了十几年上古生界“三低气田”、“边际气田”的“帽子”。提供天然气开发井位119口,采纳75口,采纳率63%,钻探成功率80%以上。)

(2)天然气欠平衡钻井取得成功。在陕242井用天然气进行欠平衡钻井获得成功,形成了天然气欠平衡钻井配套技术,填补了国内空白,在国际上也为数不多。这项技术对正确认识和评价气藏,提高勘探开发和工程技术水平将发挥重要的作用。

(3)二氧化碳压裂效果显著。在7口天然气井上成功地进行二氧化碳泡沫压裂,掌握了一套二氧化碳压裂方案优化设计与施工工艺技术,获得了“三高一少”的显著效果,即砂比、造缝能力、返排速度提高,产层污染减少。

(4)小井眼钻井试验取得新进展。试验28口井,最小中靶半径2.55米,中靶合格率100%,平均钻井周期9.39天,平均机械钻速11.61米/时,比1999年提高10%左右。在国内首次应用小井眼丛式井技术,获得了较好的经济效益。

(5)成像测井处理与解释技术在油气田运用取得重要成果。开发了微机版的声电成像处理系统,实现了成像测井的定量解释,在国内处于领先水平。通过16口井的测井与解释处理,为油气层的发现与识别提供了新的手段,提高了油气层测井解释符合率。

(6)钻井液试验有了新的突破。研制出“低固相油溶暂堵”型完井液,在陕241井、苏6井的上古气层井段进行了试验,对保护气层获取良好效果。很可能形成钻井液系列中新的亮点。

(7)新型复合射孔技术研究取得较好成果。研制了系列复合射孔枪具、减震装置和复合药剂配方。先后3次在不同的模拟靶上进行了复合射孔地面试验,射孔后裂缝理想,达到预期的地面试验效果。

(8)新产品开发获得重要成果。开发了三甘醇脱水装置、GW－1型振动筛等36项新产品,在油气勘探开发中发挥了重要作用。

10.更新了部分关键设备

为创造条件参与竞争,我们投入3.2亿元,更新、改造了8台钻机,购置了5700数控测井仪,更新了筑路、油建部分施工设备。关键设备的更新,进一步提高了企业竞争实力。

11.改革改制迈出了坚实的步伐

按照深化改革总体构想和部署,积极稳妥地实施了5个方面的重大改革举措:

(1)三个钻井处整合重组为钻井工程总公司。

(2)两个机械厂整合重组为机械制造总厂。

(3)勘察设计研究院改制为有限责任公司。

(4)多种经营采取职工入股、多元投资等办法,改制和新组建了9个有限责任公司。

(5)三项制度改革逐步深入,见到效果。

12.安全生产形势呈平稳态势

各单位积极实施质量效益型经营战略,加强HSE管理体系建设,质量、安全、环保工作取得新的成绩。全年事故起数比1999年下降21.1%,工业事故千人死亡率、千台车死亡率等集团公司重点考核的安全生产指标均在达标控制以内。

13.职工培训扎实有效,中小学教学质量稳步提高

局处两级从适应市场需求、全面提高队伍素质的目标出发,狠抓了对外反承包队伍的HSE培训、对外合作人员的国际商贸知识培训、领导干部的工商管理和市场开发知识培训、企

业重组与公司制改造相关政策培训等。

送外培训局级领导干部5人，对136名处级干部进行工商管理知识和市场开发知识培训，80多名技术干部参加外语培训班，9次邀请油田外专家、教授讲课，参加学习的科以上领导干部1800人次，举办HSE培训等培训班978期，培训2.5万人次。

全局高考大专以上录取852人，高考升学率为45.49%，比三省区实际录取率高出7.5%。高考升学率再创历史新纪录。

14.职工收入稳步增长，生活环境逐步改善

在企业经营状况十分严峻的情况下，长庆局千方百计筹措资金，努力改善职工生活条件。

职工岗位工资晋级，货币收入稳步增长，职工年平均收入比1999年增长13.8%。

为无房户新建住宅3612套，建筑面积30.2万平方米。

全局内部退养和有偿解除劳动关系9489人，按照政策得到妥善安置。

15.精神文明建设成效显著

各级党组织大力加强企业精神文明建设，积极组织开展了“求生存、图发展、闯市场、增效益”系列活动，大力表彰先进，弘扬正气，各条战线都涌现出一大批先进典型，一大批精神文明建设先进单位走在了所在省、地、市的前列。

长庆局在获得“全国二五保密普法教育先进单位”称号的基础上，再次被评为“全国三五保密普法先进单位”。

职工医院、地球物理勘探处获得“全国职工职业道德建设先进单位”称号。

刘瑛、蒲建中、杨呈德获得“全国劳动模范”和“全国先进工作者”称号，周丰被团中央评为“全国青年岗位能手”。

回顾2000年的工作，总体上讲，要比预想的结果好。我们初步经受了国企改革难点、存续企业生存难点的考验，在集团公司的正确领导和油田公司的大力支持下，依靠各级领导和广大职工的共同努力，保持了队伍和大局的稳定，取得了生产经营和改革改制工作的好成绩，实现了新体制下第一步实质性的跨越。进而坚定了广大职工实现平稳过渡，走出困境的决心和信心。

全局涌现出50个模范集体，20名劳动模范，87名先进生产(工作)者，10个廉政勤政领导班子，17名廉政勤政先进个人。他们是广大职工的优秀代表，他们的事迹集中反映了全局各级领导和广大职工艰苦奋斗，勇创市场，开拓创新的精神风貌。事实证明，长庆的队伍是一支好队伍、是一支有希望的队伍。有困难不怕，只要人气旺，士气高，我们生存与发展就一定有希望。

在此，我代表局党委、长庆局对各级领导干部和广大职工的辛勤劳动，表示衷心的感谢和亲切的慰问！向先进集体和个人，特别向全局的劳动模范表示祝贺！向关心支持我们工作的油田公司领导和同志们，向为长庆局改革和发展做出贡献的离退休老领导、老同志，表示诚挚的敬意和衷心的感谢！

但是，也必须清醒地看到，我们前进的道路上还有许多困难和问题，二次创业的任务还很艰巨，主要是：

(1)观念滞后的问题依然是制约我们生存发展的精神禁锢。

(2)长期遗留下来的结构性矛盾依然是制约我们提高市场竞争能力的桎梏。

(3)长期形成的旧的管理体制还未按照现代企业制度和市场的需要进行实质性的改革。

(4)困难企业扭亏增盈效果不够显著，任务相当艰巨。

(5)总体上的机构臃肿，队伍庞大，冗员过多，劳动生产率不高的问题没有得到根本解决。

(6)开发社会市场的步子不大。2000年只占企业全部收入的5.82%。市场结构不合理，经营风险很大。

(7)大市场、低效益的问题仍然存在。靠堆工作量过日子的被动局面没有完全扭转。

(8)由于忙于重组,基层管理有所放松,“低、老、坏”有所抬头,资金管理、成本管理、质量安全管理等还不适应市场的发展。

所有这些,都必须引起我们高度重视,严肃认真、扎扎实实地加以解决。

二、关于 2001 年工作的部署

(一)努力实现 2001 年的经营目标,确保油气勘探开发计划的顺利完成

1.2001 年长庆局关联交易市场预测的基础,即油田公司工作量

原油产量 510 万吨;

天然气产量 28.2 亿立方米;

原油加工量 186 万吨;

甲醇产量 4.5 万吨;

新增石油探明地质储量 7000 万吨;

新增天然气探明地质储量 300 亿立方米;

新建原油生产能力 100 万吨;

新建天然气生产能力 2 亿立方米;

钻井进尺 157 万米;

二维地震 7800 剖面千米;三维地震 200 平方千米;

总投资 42 亿元。

2.2001 年工程技术服务市场目标

物探:二维地震 7400 剖面千米,比 2000 年实际减少 1399 剖面千米;三维地震 200 平方千米,比 2000 年实际增加 49 平方千米。

钻井:866 口,151 万米,比 2000 年实际增加 47 口,6 万米。

测井:2810 井次,比 2000 年实际减少 52 井次。

试油压裂:1770 层次,比 2000 年实际减少 245 层次。

井下作业:7000 井次,比 2000 年实际增加 287 层次。

主营业务收入:385686 万元,比 2000 年实际减少 16.702 万元,其中关联交易收入为 326748 万元,比 2000 年实际减少 36506 万元。

实现利润总额:5880 万元(集团公司对利润指标实行动态控制,有偿解除劳动合同人员资金到位的次月起计算并增加企业的利润指标)。

投资:50000 万元。

职工收入:在 2000 年的基础上增长 12%—15%。

建设商品房:4000 套。

文教卫生等社会服务,控制总量,提高质量。

(二)总体工作要求

集团公司 2001 年工作会议对地区服务公司的总体要求可以概括为:更新理念,深化改革,加强管理,保持稳定。

根据长庆局的实际,2001 年的总体工作要求是:

认真贯彻集团公司工作会议精神,积极实施长庆局“两条基本思路”、“四大发展战略”,坚持以市场为导向,以改革为动力,以管理为手段,以调整结构为重点,以效益为目的,大力推进产权制度改革,推进公司化改造,推进三项制度改革,加快机关职能转变,全面消灭亏损,保持大局稳定。

(三)突出抓好八项重点工作

1.推进现代企业制度建设,进一步搞好内部重组改制

总体目标:

按照建立现代企业制度“产权清晰,责权明确,政企分开,管理科学”的要求,目前,长庆局在管理体制、经营机制上还相差很远。早改早主动,晚改就被动。一定要抓住时机,用 2—3 年的时间,完成公司制改造,实现机关职能转变。

当前,要抓住转换经营机制这个关键,进一步深化产业制度改革。大力发展工程技术服务主导产业;以“新、高、精、专”的要求改造提高生产服务业;壮大多元经济的实力;加快联合开发低效油田的试点,形成新的经济增长点;以产权为纽带,逐步使医疗保健、通信、物业管理、房地

产开发等融入社会,建立起适应市场要求的体制和机制。

方法步骤:整体规划,分步实施。

(1)大力推进现代企业制度的试点工作。勘察设计研究院、长庆实业集团公司、房地产开发公司等单位,健全法人治理结构,总结经验,探索路子。

(2)按照缩减总量,优化存量,控制增量,提高质量的总体要求,加快钻井工程总公司内部专业整合的步子,提升核心竞争力。

(3)通信、水电、物业管理等要在搞好"一对一"服务的同时,以产权为纽带,加快改革改制步伐,逐步进入社会市场。

(4)局内运输、器材、建筑施工力量逐步进行专业整合重组。

(5)精简机构,压缩冗员。发挥工程技术研究院、工程技术处的整体优势,强化服务职能,创办技术服务产业。

配套政策:

(1)完善和实行严格的、配套的企业内部资产经营责任制、领导干部任期目标责任制。完不成任务的,一律解聘,不再保留原级别待遇。

(2)抓好以整体带资分流为重点的改制试点工作,积累经验,稳步推开。

(3)推进内部专业整合重组,在此基础上加快公司制改造的步伐。新办企业一律按新机制、新体制运行。

(4)转变机关职能。特别要加快机关角色转换,力求功能到位。

(5)加快"三项"制度改革的步伐,更好地适应市场机制的要求。

(6)扩大职工持股面。

2.进一步加大市场开发力度

(1)积极搞好关联交易。

当前,关联交易市场仍然是一种非常特殊的市场,必须用特殊的市场法则来对待。虽然今年要开放50%,它仍然是我们的主体市场、生存市场,必须有效地占领。如果总体拿不到90%的份额,就要失衡。

针对关联交易市场3—5年内全部放开的现实,我们要取掉"怕"字,树立"争"字,做到"和"字。健全质量保证体系,完善质量回访制度。发挥长庆整体优势,谋求共同发展。

关联交易的长期目标是建立战略同盟关系。今年,进一步做好各项服务(产品)价格化,招投标规范化,资金结算程序化。

各施工作业单位要在长庆局的统一管理协调下,做好合同签订、招投标准备等项工作。

(2)大力开拓社会市场。

实施"走出去"战略,是集团公司推行的十大工程之一,即"海外项目开发工程"。要求现有30.4%的地震队、15.6%的钻井队、5.6%的测井队要进入国际市场。海外收入要达到每人年均1万元。这不仅是市场结构的大调整,也是工程技术向国际接轨,寻求生存发展的战略措施。对于我们来讲,第一步先"走出去",今年力争有1—2个地震队、1—2个钻井队、1个测井队进入国际市场。

对于开拓国内社会市场,不仅井筒作业、筑路、油建施工单位要开拓市场,而且机修、设备制造、物业管理、设计、监理、驻外办事机构等,都必须抽出专门力量去开发市场。全年力争社会市场实现4亿元产值,占到主营业务收入的10%以上。

3.坚持管理创新,提高企业管理水平

要进一步加强投资管理、成本管理、资金管理、物资管理、质量管理和监督管理。

关于投资管理。必须树立"今天的投资就是明天的成本"的观念。严格实行投资责任制,使用导向资金必须实现8%的回报率。有偿解除一名职工的劳动关系,必须产生2.25万元内部利润。内部资产经营的各项指标,必须保证完成。

关于成本管理。实行合理的低成本战略是提高竞争力的基础。我们不仅要做好成本预算和核算,而且必须以市场为导向,实行有效的动态成本控制，形成产品生产、成本核算、市场开发三位一体的成本控制体系。

关于资金管理。去年，资金集中管理见到了显著成效。今年，要加强资金调控，工资额度由各单位控制使用，完不成经营考核指标的，差额部分从工资总额中扣减，下年度补齐的还可补发。

根据市场的需要，长庆局要进一步拓展内部银行业务。

关于物资管理。理顺管理职能，强化物资经营，搞好整合改制。

关于质量安全管理。要以人为本，以法为准，全面推行 HSE 管理。抓紧施工作业队伍的资质认证，质量安全管理要与市场接轨。杜绝重大事故，减少一般事故。

关于监督管理。要进一步建立健全法律监督、工程监督、审计监督、职工民主监督等体系。要围绕市场和队伍建设，广泛进行宣传教育，逐步做到规范、有效。

4. 多元发展，放开搞活

发展多元化经济是长庆局的“四大战略”之一。当前发展势头很好，任务也很艰巨。要采取多种经济形式和经营方式，放开搞活。在发展投资少，见效快、吸纳人员多的传统产业的同时，渗透和发展一批市场潜力大、技术含量高、附加值高的新兴产业。要加强资产经营和股权管理，加大扭亏力度，推进公司制改造。

当前，要组织得力班子，成立专门机构，搞好低效油田的合作开发，力争原油产能建设达到 10—15 万吨。

要开发 1—2 个科技含量高的项目，形成新的经济增长点。

以长实集团为龙头，对现有多种经营企业，进行公司制改造。

加快多种经营发展，力争 2001 年多种经营销售收入达到 14.8 亿元，实现利润 5000 万元以上。

5. 进一步实施科技创新战略，加速人力资源开发

总的要求是：坚持科技工作以“产业升级、开拓市场、降低成本”为目标，突出主导产业和主体市场的科研攻关和人才开发。突出实用技术、配套技术的推广，突出科研生产一体化、产业化、投资多元化，建立健全激励机制和新的管理体制。

加快科技成果的转化和新技术推广应用，总结推广 2000 年 8 项科研成果，抓好今年 16 个重点科研攻关项目，提高科技贡献率，今年科技贡献率力争达到 50% 以上。长庆局将适时召开科技工作会议和钻井技术座谈会。

结合“三项制度”的改革，加大人才开发的力度，建设以学科带头人为主的科研队伍。逐步建立起开放的、与社会人才市场接轨的长庆人才市场。抓紧培养、引进一批急需的高层次科技人才。

6. 积极推进社会服务市场化

根据集团公司的总体要求和部署，结合长庆局实际，矿区文教卫生系统目前要合理调整布局，稳定队伍，提高教学质量和服务质量。靠近城市的医疗保健机构要走产业化的路子。

房改工作要以解决无房户问题为重点，加快住房建设市场化、商品化，不断改善职工的生活和工作条件。

要加快改制的步伐，成立产业有限责任公司、物业管理公司、房地产开发公司。要搞好“一对一”的服务，提高服务质量，搞好文明小区建设。

要搞好离退休职工管理，使老同志“老有所为，老有所乐”，发挥他们在精神文明建设和管理上的优势，为发展和稳定做出贡献。

7. 以发展为主线，认真搞好“十五”规划编制

总的要求是：

改革计划管理体制，优化资源配置，提升竞争能力，形成新的经济增长点。

工程技术服务业务要压缩总量，优化存量，控制增量，提高质量。

生产服务要向“高、新、精、专”方向转化。大力发展第三产业和多种经营。

推进技术创新，主攻井筒作业技术和地震技术，积极搞好新产品开发；进一步搞好关键装备的更新改造，按照市场需求买大件、配零件。

改造老企业，改制新企业，尽快建设1—2个有后劲的新项目。

今年是“十五”的第一年，要认真编制并实施2001年生产建设和投资计划，为全面实施“十五”规划打好基础。

8.加强思想政治工作，建设高素质的职工队伍

加强思想政治工作，是完成今年各项任务的基本保证，建设高素质的职工队伍是企业振兴的基础。

要以“三讲”教育为契机，大力加强各级领导班子建设。中央决定，今年在国有大中型企业领导班子中全面开展“三讲”教育，这是建党80周年、新世纪开局之年全党的大事，是加强国有企业党的建设和领导班子建设的一项重大举措。按照集团公司工作会议的要求，主要办好7件事：

(1)要以加强思想政治建设为重点，认真抓好对马列主义、毛泽东思想、邓小平理论和江总书记“三个代表”重要思想的学习。

(2)要加大领导干部的培养和选拔，培养选拔一大批优秀年轻干部。

(3)实施干部交流。

(4)进一步健全民主集中制。

(5)及时做好领导班子的调整工作。

(6)加快人事制度的改革。

(7)加强对领导干部的监督。包括党内监督、法律监督、监事会监督和职工民主监督等。

要进一步转变领导思想作风和工作作风，领导干部一定要带头更新理念，勇于创新，注重调研，狠刹形式主义、官僚主义歪风。力求用“创新、开放、简捷、明确、责任、自信”的理念规范自己的行为。在当前新的形势下，一定要振奋精神，少一点怨气，多一点志气和勇气，实实在在地为职工办实事、办好事，尽职尽责地闯市场、增效益。

要切实加强机关作风建设，转变职能，搞好服务。要发扬求真务实，脚踏实地，埋头苦干的作风，说实话，办实事，重实效，重实际，不摆花架子，真正为基层解决问题。要时时事事注意维护机关的形象，做解放思想、开拓进取的模范，服务大局、团结协作的模范，严于律己、勤政廉政的模范。

要处理好改革、发展与稳定的关系，确保大局稳定。完成今年各项工作任务，稳定是前提。各级领导要牢固树立“稳定压倒一切”的思想，要把保持稳定视为各级领导班子的重大责任。主要领导是维护稳定的第一责任人。要把能否维护稳定作为检验领导干部是否贯彻“三个代表”思想的重要标准。要建立领导责任制。

各级组织一定要关心职工生活，理顺职工情绪，处理好群众来信来访。对职工反映的问题，能解决的立即解决；暂时不能解决的，说明原因；确实不能解决的，耐心说服教育。

要认真搞好社会治安综合治理，全面落实社会治安综合治理责任制，确保一方平安。

要提高同“法轮功”邪教组织斗争的认识，进一步认清“法轮功”邪教组织的罪恶本质，坚决取缔“法轮功”在局内的一切活动。对“法轮功”痴迷者要严加管教，限期转化。违法者必须绳之以法。

要继续完善“大政工”格局，搞好对干部职工的形势任务教育，进一步解放思想，转变观念，正确对待自身利益的调整，积极参与和支持企业改革改制。要大力树立典型，弘扬正气。搞好政工研究和企业文化建设。

要改进思想政治工作，力求做到与生产经营相结合；与改革全过程相结合；与企业发展目标相结合；与企业绩效相结合；与加强企业管理相结合。

要继续深入开展“求生存、图发展、闯市场、

增效益”主题活动,动员广大职工为企业生存发展多做贡献。

要加强对宣传工作的领导,充分发挥宣传媒体教育人、鼓舞人的作用和舆论监督作用。

要加强政工队伍的建设,把政工干部的选拔、培养纳入人才开发计划并认真实施。

要充分发挥工会、共青团等群众组织的桥梁、纽带作用,积极推进厂务公开,搞好职工民主监督和民主管理。广泛开展群众性的业余文体活动,繁荣矿区文化生活。认真做好统战、民兵工作。

加快房地产市场开发,为离退休职工在城镇购买商品房创造条件。

(四)机遇与挑战

应当充分看到,我们虽然面临严峻的挑战,但也有良好的机遇。长庆油气勘探开发呈持续上升态势,为我们创造了有利的关联交易市场。

“两西”工程的实施,为我们创造了广阔的社会市场。

关联交易的实践和油田公司的支持,为我们建立战略同盟关系打下了基础。

内部重组改制的试点,为我们持续重组改制提供了宝贵的、有益的经验。

一支顾全大局、团结奉献的职工队伍,是我们做好各项工作的基础。

长期形成的丰富的企业文化和无形资产,是我们宝贵的财富。

关键设备的初步更新,为我们提高竞争力准备了硬件条件。

这些都为我们完成今年各项任务,创造了良好条件。

但是,也要特别注意新形势下可能出现的新的矛盾和困难:

一是关联交易市场的开放,可能因缺乏经验而不顺。

二是机关的职能转变不能满足基层发展的需要。

三是企业外部复杂的社会环境及内部不稳定的因素,会给改革与发展带来不利的影响。

这是要尽力避免和认真研究克服的。只有扬长避短,趋利避害,才能顺利实现 2001 年的各项奋斗目标。

同志们,2001 年的任务是十分艰巨的。只要我们路子对头,政策到位,目标明确,心齐气足,就一定能全面完成今年的各项任务,实现二次创业的战略目标!

孙玉辰同志在长庆石油勘探局 2001 年工作会议结束时的讲话

(2001 年 2 月 16 日)

同志们:

长庆局 2001 年工作会议开了 3 天,就要结束了。

这次会议,总结讨论了去年和今年的工作,通报了 2000 年度领导班子和党风廉政建设考核的情况,签订了今年党风廉政建设责任书,民主评议了局领导班子和领导干部。地球物理勘探处、油气技术综合服务处、油田建设工程处涩宁兰项目组、第二采油技术服务处卫生所和修井二公司、第三采油技术服务处运输大队、公用事业处靖边基地管理分处等 8 个单位介绍了经验。大会还表彰了 2000 年度的先进集体、劳动模范和先进个人。先进和劳模代表的出席,为会议增添了喜庆气氛,也为长庆局带来了希望。钻井工程总公司、第二采油技术处等7个单位在大会上作了表态发言。大会充满了热烈、团结、向上的气氛，大家就生存发展的重大问题畅所欲言，提出了很多很好的意见和建议。

这次工作会议实事求是地总结了过去一年的工作，成绩喜人，鼓舞士气；展望部署了今年的工作和任务，目标明确，振奋人心，任重而道远。

这次会议，大家普遍感到深受教育和鼓舞，进一步统一了思想、理清了思路、明确了任务、振奋了精神，这对新世纪起好步、开好局具有十分重要的意义。会议达到了预期的目的，取得了圆满的成功。

根据大家讨论的意见，我再强调几个问题。

第一，关于经营形势问题。

2000年，我们所完成的实物工作量创造了历史之最，全局在21个方面有48项指标创造了历史最高水平。成绩确实来之不易。这是全局4万多名职工用血汗换来的，是集体智慧的结晶，是上级正确领导和油田公司支持的结果。正如同志们在讨论时所讲到的，去年是“苦、辣、酸、甜、辛”五味俱全，时时天天度日如年。我们在这种形势下，能取得这样的成果，说明了一点：我们这支队伍是值得信赖的队伍。下一步，不论创业的任务多么艰巨，只要有我们这样一支队伍，加上政策对头、政策逐步到位，就能闯出生存与发展的路子。

今年我们要做好8项重点工作，也仅仅是我们二次创业、打好攻坚战的第一步。好就好在通过这次大会，我们主要生产单位各自的目标都订得非常实际，订得非常明确，措施、政策都非常清楚。这就给我们打好攻坚战奠定了基础。

去年我们的工作会议，用了80%的时间、80%的篇幅，分析面临的矛盾和问题，研究我们的生存与发展战略，大家听得很细心又很不耐烦，因为没有实践，心里没底，似乎理念不理念无关紧要。经过这一年的实践，我们开始重视企业的理念了。

我们去年召开工作会议时为什么没有签订内部的资产经营承包责任书，这次会议也还没有，而实际工作没有耽误，也不会耽误？因为大家明白一个理儿，只有先把“蛋糕”做大才能“分”。如果一开始我们把精力用在“分蛋糕”上，就肯定犯了傻。这并不是说责任制不重要、或不需要了。

第二，关于二次创业问题。

重组分开、分立运行后，存续企业客观上存在着二次创业的需要，这不是我们想不想的问题，而是客观形势的必然要求。如果说第一次创业是在计划经济条件下完成了量的积累，第二次创业则需要经营机制、管理机制的转变。这与第一次创业相比，担子并不轻。

第二次创业最本质的特征就是首先要换脑筋、转观念。必须实现思想观念、经营理念、管理方式、行为模式的根本转变，必须进行体制创新、机制创新、科技创新、产品创新，这样才能适应市场，在市场中求得生存和发展。

存续企业第二次创业是个时间问题，非创不可。问题是，重组改制来得突然、迅猛，在思想上、组织上、人才上、政策准备上显得不足。

去年一开始，我们非常被动地接受了这个严酷事实。但是也给我们带来了机遇。问题是我们不能仅仅被动地接受这样一个严酷的现实，关键是必须主动地适应这一现实。

经过一年的实践，结合存续企业的实际和集团公司的总体要求，我们制订了二次创业的基本目标。这就是按照建立现代企业制度的要求，长庆局打算用3到5年时间对局属企业(除义务教育之外）全面进行公司制改造，初步建立法人治理结构，使长庆局成为以资产经营为主，兼有资本经营和生产经营的现代企业集团。这样一个二次创业的任务，要靠我们在座的齐心协力，光凭苦干实干还不行，还要凭智慧、凭科技。

第三，关于结构调整问题。

企业现存的组织结构、产业结构、产品结构、产权结构、市场结构是长期计划经济条件下形成的，在市场经济条件下，必须确定企业在市场当中的地位，不断地进行结构调整。

当前，结构性的矛盾是每个企业普遍存在的矛盾，调整结构性的矛盾不可能一次性完成。

当前结构性的矛盾主要表现为产权结构单一、组织结构不合理，冗员多，机构臃肿。

所以，调整结构当前要抓主要矛盾。也就是适应市场的需要，进行产权制度改革。目的是达到优化资源配置，提高竞争能力。从这个意义上讲，结构调整与建立现代企业制度没有因果联系，也就是说，现在已建立起现代企业制度的企业也得不断进行结构性调整。

从目前的情况看，之所以强调调整结构性的矛盾，是因为这个问题不着手解决，就要失掉时机，犯历史性的错误。

第四，关于市场问题。

说到底，企业发展基本的矛盾是个市场问题。所以说，这次会议，主题是市场问题，就是要开发市场。大家都认为今年这次会议，包括会上谈的、会下议论的，比较突出的一个问题是市场问题，对我们领导班子和两次民主测评，群众寄予最大希望的也是市场方面的问题。

我们的目标：

一是要占领国内外市场。

二是要打开社会市场(包括国际市场)。

三是要开发新产品。

四是要调整市场结构。

2000 年由于油田公司在石油天然气勘探方面取得了丰硕的成果，为我们开拓市场创造了一个光辉的前景。

这里，我想说，去年油田公司一年提交天然气探明储量 4000 多亿立方米。去年全国新探明的千亿立方米以上的气田，长庆就占了 4 个。去年累计提交探明储量是 7，5 04 亿立方米。长庆去年提交的天然气储量相当于“九五”全国五年提交的储量一半。一次提交 4000 亿立方米的储量，是全国天然气勘探历史上的第一次。

市场结构不调整，始终是个问题。

我们必须要有 1/3 的队伍，在 5 年后进入国际市场。当前要做好调整准备工作。

第五，关于低产低效井开发问题。

低产低效井的开发，是集团公司十分重视的一个战略性的措施，要在长庆、吉林、四川、新疆几个油田搞试点。我们一定要抓住机遇，尽快行动，实现“以油养人”的目标。

这次集团公司工作会议，已经明确了合作开发低产低效井的原则是“体现双赢，互惠互利，共同发展”。长庆局已经决定，把这项工作作为我们当前一个战略任务予以实施。

长庆局和油田公司以产权为纽带搞联合。还要注意与社会市场的联系，要对社会市场很好地研究，为我所用。

第六，关于领导班子建设问题。

我们深化改革、开拓市场的任务很重。我们一定要把班子建设好，才能完成这样繁重的任务。

一是利用“三讲”这个契机，搞好班子建设。

二是必须进一步解放思想。解放思想，必须有创新的理念，还必须有创新的行动。

三是勤政廉政，搞好党风廉政建设。

四是要按照“四化”的要求配备班子。

五是根据今年领导班子考核的情况，对一些领导班子适当调整。

第七，关于深化企业改革问题。

首先要抓产权制度改革。

二要加快三项制度改革。

三要大力推进集体企业的改革改制。

四要深层次、分类别地搞好结构调整。

第八，关于安全生产问题。

安全生产一定要落实责任。今年安全生产要杜绝重大事故，减少一般事故。

第九，关于策略问题。

建立长期伙伴关系是大势所趋。建立同盟伙伴关系不是一年就能建起来的，要正确处理长远和眼前利益的关系；要对投资者负全责；建立战略伙伴关系，一定要依靠优质服务，要履行我们乙方的责任和义务；要以产权为纽带建立利益共同体。

为了生存发展，对生活基地、生产基地进行战略调整，要坚定不移。今年是起步的一年，是暴露矛盾的一年。

要通过改制，与油田公司建立产权纽带关系。

我们要为群众办好事，办实事，但不给群众许愿。

我们重在调整产业结构，不是让更多的职工离职下岗。要调整产业结构，广开就业门路，让他们各尽所能。

有偿解除劳动关系的政策。我们已经有偿解除了6000多职工劳动关系，局里自己拿的一部分钱，要靠全局在岗职工3年“勒紧裤带”还清账。再困难也不能变。但今后有偿解除劳动关系，肯定不会再这么优惠。现在虽然登记了，但还没有公证的，不愿意有偿解除劳动关系的可以不解除。

理顺人心。理顺干部的心是前提、是关键。干部要有积极性，一是要有好的干部政策，二是干部要有好的素质。下一步干部制度要改革，要逐步打破干部与工人的身份界限。对基层一般工人靠责任心，靠组织和领导。对干部，尤其是领导干部，主要靠事业心，靠协调和主动配合。对上层管理人员，要看有无事业心。要造成一种氛围，上下级要充分信任。对干部管理，今年干部政策有一个引导，正道明禁，言行一致。去年，在十分困难的情况下，我们采取了一种策略，就是稳住基层。

今年，我们调整了领导分工，滕玉林副局长专门负责市场开发。去年树荣同志没有少给我们跑市场。今年，树荣同志和滕玉林同志一起抓市场。

关于低产低效井开发问题，有些同志对我们移交作业区很遗憾，这是不得已而为之。因为资产是上了市的，不理顺对双方都不利。我们要把遗憾变成重打锣鼓另开张，在陈老副局长的领导下，搞好低产低效井的开发。一定要让油田公司职工一起入股。

第十，关于这次会议精神的传达落实问题。

(1)要把会议精神传达好。参加会议的领导，自己要先吃透会议精神。贯彻会议精神重要的是要同本单位的实际结合起来，研究安排好本单位近期工作，部署全年工作。关键是目标要明确，措施要具体。

在班子吃透精神的基础上，认认真真向基层广大干部群众传达会议精神，把本单位的实底交给广大职工，鼓舞人心，增强信心。

(2)要把会议精神落实好。抓好会议精神的贯彻，重在落实。今年的工作任务非常繁重，各级干部必须头脑清醒，脚踏实地，干好工作。

要改进工作作风，力戒形式主义、官僚主义，摒弃“文山会海”，提高工作质量和办事效率。要严格控制会议。我给各位副局长规定，不允许随便调动各二级单位主要领导到西安开会。

机关要转变职能，要强化指导、服务职能，切实为基层服务。局、处两级机关工作要重心下移，要深入基层，调查研究，为基层解决实际问题。力求决策的超前性、预见性、准确性、及时性。

要实事求是，求真务实，大力发扬大庆人“三老四严”的作风和长庆人特有的优良传统，扎扎实实地带领职工搞好“二次创业”。

总之，今年要有一个“好收成”，让老百姓过上“好日子”。

孙玉辰同志关于“创新、开放、简捷、明确、责任、自信”企业理念的论述

（2001 年 1 月 1 日）

企业要推行一种全新的理念。它的内核应该是这 12 字：创新、开放、简捷、明确、责任、自信。这 12 个字各有内涵，彼此又有密不可分的联系。

计划经济下的生产关系和市场经济条件下的生产关系有着根本的不同，这个企业理念是针对上层官僚主义机构和作风提出来的，各级都受官僚主义的害，所以要大声地疾呼，扫除官僚主义。

官僚主义是等级主义的必然产物，有社会分工必然会形成一定的社会关系，必然形成一定的等级关系。等级观念是分工细致的负面产物，当等级关系发展到壁垒森严，不可越雷池一步时，就阻碍了生产力发展，压抑了人的积极性、创造性，是一种降低效率的腐蚀剂。环顾四周，我们会发现官僚主义的表现比比皆是。我们每一个人都深受其害，深受其苦。毛泽东主席当年给官僚主义画像，真是入木三分，深刻之极。叫做“一坐不动，两目不灵，三餐不食，四体不勤，五谷不分，六亲不认，八面威风。”江泽民总书记在十五届五中全会的报告中，专门把反对官僚主义作为一个问题来讲，可见在市场经济条件下，抨击官僚主义是多么紧迫的任务。官僚主义使得人人受其害；破除官僚主义，人人应当从自身破起，没有自觉性不行。破除官僚主义，与管理者自身素质有密切的关系。管理者本人，对官僚主义认识深刻，愿意有所作为的，官僚主义就少些；反之，官僚主义的东西就多。改制、改革，是一场深刻的革命，应当先从思想革命开始，破除旧的观念，树立全新的理念。

官僚主义与制度、年龄、权力没有什么必然的联系，有些人年龄不大，官僚主义的习气不少；有的人手中的权力不大，官僚主义的作风很严重。因而，破除官僚主义必须从管理者自身做起，从自己分管的单位和部门做起，从一言一行、一举一动做起，全方位进攻。

创新。理念要创新，观念要更新。在市场经济形势下，没有创新能力的管理者必然是淘汰的对象。制度的创新，机制的创新，必须以理念、观念的创新为先导。一个企业，如果不注意理念和观念的创新，总是念着一成不变的“经”，这样的企业，未老就会先衰。在计划经济体制下，一个红头文件管几十年，这种做法已经过时。制度创新，产品也要创新，据统计，国外有名的企业产品的旺盛时期只不过七天半。

现代管理者，每天都要考虑创新的问题，每年都要拿出几个创新的项目。建议组织部门考核干部，主要是考核他们的工作在哪些方面有了创新，没有创新能力的干部，天天会被老观念、老理念、老产品所淹没。在市场经济的大潮中搏击，我们必须把勇于创新的管理者推到前面去。

开放。市场是个开放系统，经营理念必须开放。开放最本质的特点是求新、求活，八面来风，为我所用。开放要体现一个明显的时代特点，凡是人类精神文明和物质文明的一切成果和信息都应当共享。现代管理者脑子里面要有两本账，一本是记载差距的账，一本是怎样结合实际、学习先进典范的账。现代管理者，应该是先进技术、信息的追星族，应当有清醒的头脑，敏锐的目光，并经常检讨自己的差距，掌握竞争对手的情况，从而明确冲刺的目标。如果理念是禁锢式的，建立起的管理系统必须是封闭式

的，在一个狭小的空间内，自我欣赏，坐井观天，总觉得别人不行，与市场经济格格不入。开放的管理系统，信息迅速沟通，企业与企业互惠互利，部门单位之间，互通有无，取长补短，共同发展。开放的系统必须是包容的，但没有主题就成了大杂烩。建立开放的系统，必须注意吸收补充科学的、先进的、民主的东西，要取其精华，择其优良，为我所用。

简捷。真理是非常简单的，最有活力的人往往用一种最简单的形式，瞄准的是一目了然的目标。简单，便于量化和掌握。化复杂为简单，是一个人有智力的表现。但是，简单不同于简捷，简单是运作过程，简捷体现的是直截了当的风格。官僚主义穿的都是空洞的外衣，厚厚地裹了一层又一层，因而不知寒暑，对市场的冷暖反应不灵敏，把最简单的事弄复杂，贻误商机。市场和最有活力的基层，要求管理必须简捷，繁琐贻误大事。简捷是智慧，有智慧的人才能把复杂的管理变为简捷的管理。企业推行简捷的运作模式，是为了创造更高的效率。

明确。准确是明确的前提，对信息首先要做到准确，准确是明确的先决条件，明确是信息完整的“保护神”，是指挥畅达的基础，明确才会在时空点上统一，提高办事效率，提高经营效益。如果办事没有明确的目标，领导研究问题没有明确的结论，信息传递过程中产生障碍，没有明确传达到执行层，这个企业在市场经济的大潮中肯定没有生命力。明确，便于管理层和员工迅速沟通，是一个管理者对员工所反映的问题及时的处置和反馈。企业内部，各种指令的传达必须明确无误。指示不明确，上面热，下面凉，层层过滤，下面的人执行起来无所适从，管理无法规范。

责任。责任是管理者内在素质的集中体现，是人类社会区别动物世界的最本质的特征，也是现代企业管理者必须具备的基本特征。如果一个人缺乏责任，严格地说，他和管理者无缘。责任历来都是和权利联系在一起的，有权利就必须承担责任。管理者必须寻求权责的平衡点，当权责错位时，要保证责任优先。一个企业对社会不负责，必然会被社会淘汰；一个管理者对企业不负责任，必然会被企业所淘汰。

自信。市场是冒险家的乐园，风险与机遇并存。市场的大门首先向自信者打开。没有自信，连市场的大门都找不着。一个人缺少自信，会毁掉一生；一个企业的管理者缺少自信，会毁掉这个企业。没有自信的队伍，隐藏着没有自信的官僚。自然界里，有人参的地方，周围的草长得茂盛、花开得艳丽，说明地气旺。自信，是一个企业良好的精神状态。管理者首先要建立起自信，怨天尤人的人肯定是不自信的人。古人说：“知人者智，知己者明；胜人者力，胜己者强。”这里最要害的是自知之明和自胜者强。战胜自己，才是真正的强人。市场经济充满激烈竞争，市场不同情弱者，不相信眼泪，因而经营者首先应当把自己的不良心态当成头号敌人，不断战胜自己，做一个真正自信的人，才有可能带出一支闯市场的队伍。

管理理念的创新，体现在为基层服务，为市场服务这个工程上，要全员、全方位、全过程推行，当然首要目标是管理层。领导，顾名思义，一是领，二是导，用理念去导。理念是无形的，要通过有形的载体去强力推行。光磨刀不切菜，箭在弦而不发，是不行的。现在，一些单位领导心态浮躁，管理单位的一些部门，工作粗糙，不敢细究，不敢细查，这是不行的。越是在困难的情况下，领导越是要沉下心来，研究重大问题，目标定下来，一抓几年，不换主题，非要抓出结果来。

孙玉辰同志在长庆石油勘探局 2001 年科技工作会议上的讲话

（2001 年 2 月 23 日）

同志们：

一周之内，一个会场，我们召开了两个重要会议：一是 2001 年工作会议，一是 2001 年科技工作会议。这次会议是去年就确定召开的，原打算与钻井技术座谈会一起召开，由于施工队伍启动，所以现在才开。

我们确定的科技发展战略并不是一句口号，而是要按生存之根本来对待。国家召开了科学技术奖励大会，为我们这次科技工作会指明了方向。召开本次科技工作会议，体现了局党委、勘探局贯彻国家技术奖励大会精神，实施科技进步和人才开发战略的决心和对科技创新的高度重视。

会议期间，赵业荣同志做了《大力实施科技创新战略，为勘探局的持续发展提供技术保障》的工作报告，讲得很好，成绩和经验讲得全面、深刻，今年乃至“十五”期间的任务讲得很明确，很鼓舞人心。这些意见都是经过科委认真讨论过的。只要脚踏实地地去落实，就一定能实现我们的战略目标。

集团公司经济技术研究中心王同良教授给我们作了《科技进步与企业发展》的演讲报告，对我们启发教育很深。

陈军强等 8 名同志在大会上介绍了经验，展示了勘探局 2000 年优秀科技成果。遗憾的是有些教育、卫生等方面的成果还没有来得及展示。

会议表彰了蒋加钰等 16 名优秀科技人才、杨呈德等 60 名先进科技工作者和王学海等 10 名在“十佳”工程活动中取得优秀成绩的先进个人。

会议开得很好、很成功。

过去的一年，是勘探局实施“二次创业”的一年，也是初步实施“科技进步和人才开发”战略，进行科技创新，取得显著成果的一年。

全局广大科技工作者脚踏实地，在新的形势下，为长庆油气勘探开发再攀新高峰，发挥了重要作用，受到集团公司领导和股份公司专家教授的高度赞扬，为勘探局赢得了荣誉，争取了信誉，占领了市场。科技进步为勘探局去年全面完成各项任务，特别是取得 15 项成果，创造 21 个方面 48 项历史最好水平，做出了历史性贡献。

我代表局党委、勘探局向全局 4000 多名科技工作者表示衷心的感谢！

向受表彰的优秀科技人才、先进科技工作者和“十佳”形象先进个人表示热烈的祝贺！

根据这次会议的主题，我再讲几点意见。

一、坚定走“科技兴企”之路

认真总结我们“九五”期间，特别是 2000 年所取得的技术成果，坚定走“科技兴企”之路，这是二次创业的亮点目标和强大动力。

“九五”期间，我们所完成的 377 项科研成果，在我局发展史上是最辉煌的。2000 年我们取得的 8 项科技成果，是具有划时代意义的。“九五”期间是长庆油气大发展的时期，天然气勘探开发技术从无到有，低渗透石油勘探开发技术出现了量和质的飞跃。2000 年科技工作取得了令人振奋的成果。

物探处在黄土塬、沙漠、三维地震攻关三个系列当中，取得了 10 项优势特色技术，基本上丢掉了地震不能先行的“坏帽子”，在鄂尔多斯有了“先行官”的位子。打破了物探将近 20 年“不死不活”的局面。蒋加钰同志刚才大声疾呼，同时也非常负责任地告诉大家，我们确实已经在黄土塬、沙漠地震工作方面进了门，有了自己的位子，也有了发言权。难道这不是划时代的历史意义吗？

天然气欠平衡钻井，填补了长庆钻井史上甚至全国欠平衡钻井史上三项空白。在一些老专家的指导下，我们这些土生土长的中青年专家敢作敢为，长了长庆的志气。

钻井速度，特别是天然气井，打破了将近5年的徘徊，跃上了新台阶。今年有的队有可能实现7开7完。我们都记得，当年王部长、周部长在长庆二招，站在主席台上向长庆的同志们呼吁："你们能不能天然气井两开两完。"10年之后我们可以达到6开6完，争取7开7完。这是何等的飞跃！

CO_2泡沫压裂获得了"三提高一减少"的成果。

5700成像测井系统的顺利投产，使我局在上世纪最后一年敢于与别人论伯仲。

我局历史上第一个三w信息网站正式开通，长庆局的第一个网页树起了自己走向信息高速公路的旗帜。

虽然上述成果在质量上、数量上还不能与别人论高低，但是，在我们自己纵向的发展历史上看，确实具有划时代的意义，是值得庆贺，值得大书特书的。因为它的市场价值正在被突出地显现出来，它的历史作用将是不可低估的。

我们回顾这段历史，起码可以得出这么一个结论：长庆确实有人才，只不过是在新的形势下显得太少；我们确实有希望，只要大力开发和培养出足够的人才来。我们应该能挺起腰杆子过日子。我们应该举起科技的旗帜进行二次创业。希望通过这次会议能够在我们全局掀起一个新的、崇尚科学的热潮，坚定地走科技兴企，科技兴厂这条路。

二、加快人才开发

更新理念、开发人才是当前必须要解决的两大难题。

更新理念，就是要树立科学技术是第一生产力的理念。长期以来，我们只经历了靠科技发展生产力的甜头，而并没有经历过因科技发展相对落后而造成的破产倒闭。所以说，在这样的经历和现实下，如果说全局上下已经树立起了"科学技术是第一生产力"的理念，那是不实际的。重组改制后的勘探局从经营机制和管理体制上，已经不是原来意义上的勘探局。企业发生了脱胎换骨的变化，企业的生存、发展与科学技术的关系到底和过去有什么异同，至今并不是都很清楚。随着我国加入WTO，我的理解是，"存续存续"能不能继续存在下去，关键在科技。有技术就有市场，有市场就能生存。这样一个明明白白的定位，至今并不是所有的人都觉悟。我也只不过是个拉拉队的队长。

我从去年年初就开始运作、筹备召开各式各样的科技工作座谈会、讨论会，目的在于把这样一种理念逐步推开。如果说下一步油气勘探的效益主要靠科技的话，那我们技术（生产）服务是"生"还是"死"也要靠科技。这就是说，人家是靠科技解决效益高与低的问题，我们是靠科技解决"生"与"死"的问题。如果我们连"生"的关都过不了，谈何发展?！去年一年的实践证明了这一点，也证明了勘探局提出的科学技术和人才开发战略的的确确是一个生存战略。这是其一。

其二，没有人才就是空谈发展科技。存续企业说到底是靠人养人，靠人活人。我在去年几次大会上讲过这个问题。我们相对富裕的是"人头"而不是"人才"。

其三，人才如鱼，靠活水生养。那么水从何来？我的理解，水要从企业自身来。要从企业自身的血脉中来。只有用企业的精华去生养人才，人才才能成为企业的精华。我们的各级组织和各级领导同志，要下大力气来研究本系统人才开发问题。去年我多次讲过，如果说我们存续企业穷的话，不是穷在钱上，而是穷在人上；我们难不是难在事上，而是难在人才开发上。科委的同志要带个好头，积极开发人才，培养人才。

传统的企业决策机构将很快被法人治理结构所取代，传统的官本位将被市场实现的价值所取代，我们传统的人才结构和概念也将被新的人才结构和人才概念所取代。领导同志要静下心来想一想，老老实实做一点实事。自己当一滴水、当一盆水、当一池水，去放养几条活鱼，这就是我们的历史责任。

可能也有人说，不用你讲，谁都知道人才重要。我看也不尽然。这和刚才讲的道理一样。因为，长期以来，我们在计划经济条件下虽然也尝到了有人才的甜头，但我们并没有真正尝到没有人才的苦头。下一步，我不愿意吃“少才”的苦头，更不希望见到因不重视人才而使企业的发展走到了尽头。我希望通过这次会，大家能确立起自觉“放水养鱼”，靠“才”发“财”的理念。

三、抓好科技管理

抓好科技管理是我们的入门功夫。我们的科研项目已经明确，包括“十五”规划，也正在逐步完善，大家信心与决心也正在进一步增强。应该说，完成下一步具体的科研项目胜券在握。越是在这个时候，越要冷静思考一下，是不是我们决心一表，红花一戴，任务书一下，就真正能完成了这样一个历史性的任务？是不是万事俱备，只欠东风？即使是万事俱备，东风何在？千头万绪，何处下手？所以，要想真正起好步，抓好科技管理是一个入门的功夫，必须改革旧的管理体制。

东风就在科技管理体制。虽然改革有个过程，但必须从这里下手，才能够解决理念的更新、人才的开发、激励机制的建立、科技投资体制的多元化、知识产权的有效保护等问题。再缩小一点，在技术产业化之前，要借鉴项目管理的责任制体系，组成人才的开放系统，以产权和效益分配为纽带，走专业结合、综合研究的路子，逐步地发展技术服务产业。所以，我们长期在计划经济体制下，那种封闭、指令性的拨款、科研、最后验收的程序性搞科研的办法必须彻底的打破。

我们第一批攻关项目，就是要瞄准鄂尔多斯盆地油气勘探开发技术服务的需要，攻难关，做精、做专，占市场，增效益。这个问题还得从改革科技管理体制上下功夫。

四、搞好优质服务

优质服务是立足之本。在总结过去一年工作中，有一系列的质量数据。有的达到99.9%，有的达到了100%，有的达到或超过了部颁标准，有的达到了历史最高水平，这是非常好的。质量意识越来越显示出它的重要性。

那么，大家想过没有，我们这种传统的对比方法，从计划经济时代讲到市场经济时代，从上个世纪讲到新世纪，虽然有效，也有用，但是要不要再改进一下？要不要与市场深度接轨？要不要与世界市场接轨？这个问题的答案应该是肯定的：必须要改进、要接轨；而且不改进、不接轨就要落后。

在计划经济条件下，我们一直在抓质量，很多QC小组就是从那时候开始的。我们从传统的质量管理到现代的质量管理，讲了十几年，几十年，那么现在往哪里接？这里有一个值得我们深思的问题。我们讲了那么多年，我们有的质量就是不敢和国际接轨，可以说在多数领域内也无法接轨。我们的质量就是不行，行不行不是用那个百分比看的，如果我们还满足于那个百分比、企标、部标，我也没必要把这个问题提出来，来让大家重新定位。

去年我见到两份资料，在这里我作为引子提出来。现在，世界上一些国际公司通用的质量计划或质量水平标准称作“6δ”，即“6δ”质量计划或“6δ”质量标准。这是一种质量管理体系，不是计划经济条件下我们所说的理念和管理程序。δ是一种标准偏差，用6倍的标准偏差来表述新理念，是一种新的质量管理体系，我们要不要学习和借鉴一下呢？仅说最后的结果，“6δ”质量标准或质量计划就是百万分之三四的质量缺陷，也就是说任何一项产品或服务，必须达到 99.9997%的合格率。这个质量控制理念和体系的提出是 1997 年摩托罗拉首创的。经过 10 年，被众多一流的公司所采用，并作为满足用户需要的关键经营战略。美国通用公司掌门人杰克.韦尔奇狂热推行，获得非常好的效益。去年 11 月 27 日，他 65 岁功成名就，荣归故里时，把重担交给了一位 44 岁的第九任总裁，而这位总裁是通用医药事业部的负责人，之所以交给他，是因为他是在通用公司最先启动“6δ”质量水平的成功者，可见韦尔奇对这个问题的重视程度。

δ 是统计学中的与平均值相比较的标准偏差。经过专家们 30 年的研究，经过大量的各种生产工艺过程的统计。“6δ”具体的数值应该是十亿分之二。由于实际工艺过程中发生飘移，目前国际上一致公认的是 1.49。即“6δ”介乎于(4—5)δ。定这样一个质量指标，现代人类是能做到的。这样 1δ = 68.27%；2δ = 95.45%；3δ = 99.73%；4δ = 99.9937%；5δ = 99.9999%；6δ = 99.9999998%。所以说，在工艺和服务的过程当中，应该控制到百万分之三四缺陷率，所有的生产过程和所有的服务过程必须按这个来控制。

推行 6δ 质量计划，从界定、度量、反馈控制等每个环节要落在实处。而我们常规说的百分之多少，甚至 100%，只是一个统计对比计算，即便是真的达到 100%，也不是质量水平控制，更不是质量理念。

“6δ”理念的内涵是将“顾客取向”与“数据驱动”有机地统一起来。现代大企业要在国际上竞争，没有绝对的质量，那是绝对生存不下去的。他把顾客对“偏差”的敏感和对平均值的“不敏感”移植到质量管理的理念上，把它量化。所以国外提出“没有量化的管理等于没有管理”。而我们在工艺上、生产和服务环节上的质量控制到底有多少呢？我们经常说管理要严，光讲严不行，关键是管理有效。所以推行“6δ”质量计划，必须重在按着百万次不超过 3 到 4 个缺陷进行全过程的、全员的量化管理。我们过去也提全员的、全过程质量管理，但是并没有环环量化。所以说我们统计对比的表述，是一种对“数”的定量管理，更达不到全员、全过程的无瑕疵管理。很多事情、材料、工艺、都差不多，甚至设备也差不多，可是我们出的东西，甚至很小的零件，就是争不过人家。我们要从根本上来研究一下这个问题。所以，我劝同志们不要把百分比挂在嘴角上，到底科技发展与这样一种无瑕疵管理是一种什么样关系？要不我们带头来实践，来接轨？我们的管理者，我们的科技工作者，应该先觉悟。

五、认真实施“十五”科技发展规划

进一步完善“十五”科技进步规划目标，对今年的计划要认真付诸实施。

“十五”期间整体目标可以概括为六个大的方面、三个层次、62 个项目。这 6 个方面能否涵盖我局市场的需要，大家还可以讨论补充。

(1)在黄土塬和沙漠地区油气勘探、低渗透油田井筒作业及增储上产等领域，逐步形成特色技术和系列配套技术，形成自己的理论。只要算得上“自己的”，就是适用的，甚至是“第一”或“一流”的。这在“十五”规划中要坚定不移地把定位搞清楚，要向物探处学习，有些领域力争达到国际先进水平。

(2)主要工程技术服务装备水平进入集团公司前列。我们去年(包括前年)，存续企业设备投入超过了前 5 年甚至前 10 年的投入。由于欠账太多，像重点实验室的建设，要花大钱的地方我们还没有搞，大家要节衣缩食，在这个问题上不能混日子。

(3)平均科技进步贡献率达到或超过 50%。

(4)气田地面建设、管道施工、道路施工技术达到国内先进水平，逐步具备专业分包的资质和能力，并形成参与国际竞争的实力。去年，由于赵总马不停蹄的工作,我们已见到国际市场希望,有些合同已签。6053 队已在现场搞设备,3 月 5 日就要装箱走了。过去在国际市场上我们是倒数第一二名。同志们辛苦一点有效果。

我们必须要调整市场结构,况且我们存续企业包括物探、井筒作业,到底将来能不能生存,是要和国际上接轨的,我们不走这步不行。千万不要让目前关联交易市场比较饱和的现状掩盖着这样一个非常大的矛盾,我们的经营风险得不到调整,再不能办这种蠢事。

所以去年勘探局确定"两条基本思路","四大发展战略",在这个问题上是不能含糊的。因为道理很简单,现在研究企业战略,绝不是在外面挂个牌子说给别人听,让别人看的。我们得研究这个问题,把它作为一面旗帜,统一大家的思想和行动,解决我们的生存问题。

作那些表面文章,呼那种口号,一分钱不值,不仅浪费了大家的精力,还把队伍和干部的作风带到一个坏地方去,动不动出思路,动不动出经验,动不动就出标语,一分钱不值。将来这种作风大家要奋力讨伐它,从上到下要讨伐它。

所以,我们去年不是坐在那凭空一想,想出"两条思路"的。"两条基本思路"是认真分析历史资料,想要解决目前我们实际的问题提出来的,实践证明,还是比较符合目前的实际。

但是有一条,"两条基本思路,四大发展战略"提出来后绝不是一成不变的。一个企业的经营理念如果是僵死的,那么它肯定不是科学的,这个我去年在临潼给大家讲过课,费过很多的口舌。

(5)生产服务经过"新、高、特、精"的改造,形成新的竞争力。

(6)队伍建设,包括科研攻关队伍、教研队伍、医疗队伍、高层管理队伍(政工的,经营的,国际的,包括商务的等等),要基本上适应市场的需要。

2001 年科技发展项目安排,按照以上 6 点,赵总在他的报告当中和有关文件当中讲的已经很明确了,2001 年是"十五"的第一年,要开好头,起好步。

所安排的 32 项科技发展项目,要重点抓好 18 项,其中包括物探 3 项,钻井 6 项,测井 3 项,井下作业 3 项,地面工程与机械制造 3 项。

为了保证这些工作的落实,我们措施必须要到位。

从保证措施上,先抓好四个环节:

第一,加大科技投入,保证重点科研攻关项目的顺利实施。

集团公司"九五"期间,石油科技投入为 150 亿元,达到销售收入的 1.01%。

去年,我们投入科技经费 1000 万元,比 1999 年增加了 12.2%,占全年销售收入的 0.25%。不管是横向对比,还是纵向对比,我们在这方面,仍显得不足。同国际上和 CNPC 相比,还有一定差距。

2001 年我们将继续投入 1000 万元,要解决这一矛盾必须改革科技投入体制,逐步建立起科技风险投资市场机制,变科技资源的计划配置为市场配置。如果管理体制还是按照过去那套办法来管,我们想的再好也冲不破旧的牢笼。

勘探局今后要逐年增大科技发展投入。各二级单位也要向物探处学习,即使在其他方面省吃俭用,也得要加大科研投入和实验室的建设。勘探局对科技效益型的项目将要全力以赴保证实施。

第二,加大人才开发力度,建设以学科带头人为主体的科研队伍。

要形成以工程院、工程处为核心层,物探、钻井、井下、测井为紧密层,油田公司研究院、石油院校、科技机构为协作层的内聚外辐型的科研人才组织结构。越是现在人才少,越不能散兵游勇。把人才开发与人事、劳动、工资"三项制度"改革结合起来,用"三项制度"改革拉动和促进人才开发。

要逐步建立起开放的、与社会人才市场接

轨的长庆人才市场,抓紧培养、引进一批急需的高层次科技人才。

加快引进高层次专业技术和管理人才的步伐。今年引进若干名博士生、20名硕士生,3到5年引进150名左右的工程技术服务主体专业和MBA专业的硕士生,10名左右的博士生。这是一个非常保守的数据。在我们这里必须打破一潭死水。没有竞争机制,我们现有的人才也活不起来。我们要创造条件让科技人员多岗多职多薪。由于去年忙着解决"吃饭"的问题,这些细致的问题,还没来得及和同志们商量。这次工作会上张启英同志在三项制度改革上带头讲了一些意见,我觉得讲得非常好。如果在这个问题上总是突不破,我们也是浪费时间,是一种无能的表现,坐在主席台上讲大话,讲空话,到明年的现在开科技会还是如此。

加强学术技术带头人队伍建设。今年选拔100名左右局处两级学术技术带头人,今后3到5年内形成150—200人的学术技术带头人队伍。去年钻井总公司的整合进行了3天研讨,提出了要更新理念。我就生怕搞过去旧的机构上的合合并并,劳民伤财。我给他们提出培训任务必须达到四个一百。去年是我们历史上培训抓的最严格的一年,培训质量按市场要求也是最好的一年。我觉得还不够,到基层一检查还不行。要不是原来的钻井三处提前到大港培训,那么去年70118钻井队就玩不转;如果去年我们没有把70118钻井队当作一个课堂进行人员培训,现在的6053钻井队也玩不转,8个人也出不去。想起来都后怕,怕在什么地方?没有人!所以说,办培训再不要凑数。

加大有技术专长人才的选拔培养力度。今年能不能选拔10名左右的高级技师,3—5年内选拔80名左右的高级技师。

加快外向型人才的培养。今年选拔和培养20名左右符合对外合作工作要求,具有相应技术、管理和外语能力的作业(施工)队长,10名左右对外合作项目经理。3—5年后要分别达到30人和50人左右。我非常赞赏人事劳资处的这个工作。下来后,要像去年要饭一样,一碗一碗的要,一个人一个人地去落实,不然就是空谈,空谈误国,空谈误局。

我到钻井总公司给出工队伍壮行,到6053钻井队的现场看了看。这次只出去8—10人,把设备带出去。真正到外面去,他们心里没底,我心里也没底。不过,有一点我心里有底,长庆人有一种内在的素质,这种内在素质是一种无形的资产,一件事只要交代下去,就会千方百计把这个事干得很落实。所以说,要认真解决这个问题。

第三,要突出实用技术、配套技术的推广,突出科研生产一体化、产业化、投资多元化,建立健全激励机制和新的管理体制。

要加快科技成果的转化和新技术推广应用,总结推广2000年的8项科研成果,抓好今年18个重点科研攻关项目,要大力提高科技贡献率(要达到50%以上)。

要积极开发群众性的科技攻关活动,发挥各行各业"土专家"和有一技之长职工的作用。在这个问题上,过去工会、团委搞"五小"发明,搞全员性的科技活动,现在对存续企业来讲是非常实用、非常需要的,不要把它丢掉,这是我们看家的本事。所以,今年尽可能地搞好直接聘用的试点。你有这个本事,我就破格聘你。在这个岗位上,就享受这个待遇,明年改了岗位就给你去掉。要不然老还账,没完没了。有些人有本事,就是不出成果,你有什么办法。我们不是穷吗?我们现有的一点钱,要培养人才,要放水养人才,但我们不能养那些有其名无其实的人。

建立市场—科研　效益—激励一体化科技创新体系,坚持效益优先的原则,只要解决了用户的需要和工程中的实际问题,有效益,有贡献,不论身份,不讲文凭,一律按政策给予奖励。

第四,加强科学研究的基础建设,提升科技工作的整体水平。

我们一定要加强重点实验室的建设，一开始就要走科研、生产、服务一体化、产业化的路子。

要进一步建立勘探局综合信息管理系统，加强信息交流与合作，并建立等级科技档案管理。我们能不能首先把去年的鉴定一下，哪些属于特级档案，哪些属于一级档案，我们必须把它作为产权进行保护，要严格管理起来。

今后，随着科技的评审，要完善科技档案管理，这个问题由科技处牵头，工程处和工程院落实。

今年技术会上展示的成果我看起码可以列为勘探局一级科技档案。将来对一级档案的管理要有一级档案管理的权限和管理办法，列入特级的要有特级管理办法。凡是进入一级、特级档案的，也应该予以奖励。

昨天讲外国开一个什么研讨会，所有的档案都进档案馆里。我们国家好不容易出几篇像样的论文，到用时找都找不到了。

我看了一下今天大会上发的材料，有红有绿，有长有短，科技会连个会议材料格式都统一不起来，这个水平不行。

我们虽然有了统一的档案管理，档案室归油田公司继续管，用是两边用。

从现在开始，我们的各项资料必须拿出一套管理办法来。去年 7 月末我已经在有关单位讲过这个问题。

同志们，新的世纪，我们面临新的机遇和挑战。我们一定要提高全体职工的科技意识，要在舆论宣传、体制改革、政策完善、培养人才等方面做出巨大的努力。我们必须突出一个实事求是但绝不能是保守的目标。在这个问题上，我们要宁肯高一点，也不能低了。如果这面旗帜扛不起来，我们第一关就很难过。我们靠关联交易过日子，不但不能长久，也可能误了我们子孙。

宣传部门要大力宣传这次会议的精神，科委的委员要带头贯彻好这次会议精神。我相信今年 18 项重点科研攻关能取得更辉煌的成就。

孙玉辰同志在西安长庆科技工程有限公司挂牌仪式上的讲话

（2001 年 2 月 28 日）

董事长、董事会、监事会、管委会、油田公司的各位领导、公司的全体员工同志们：

一个月在这里办了三件大事，2001 年工作会、科技工作会和为公司揭牌。

今天是个喜庆的日子，大家欢聚一堂，以非常俭朴而庄严的形式，为西安长庆科技工程有限责任公司正式揭牌，我打心眼里高兴，我们大家都高兴。因为迎着新世纪的曙光，又一个新的事物在长庆诞生。

回想起长庆设计院的历史，我们都感到自豪与骄傲。

30 年来，原玉门地质处设计院的 38 名老石油，跑步上陇东，融入了长庆油田第一次艰苦创业的巨阵之中。

30 年来，几代长庆人在鄂尔多斯这块热土上，艰苦奋斗，流血牺牲，在建设规模和经济总量上完成了“量”的积累，成为全国举足轻重的油气工业生产基地，培养了几代有血有肉有骨气的长庆人。

在这30年的创业中，设计院像勘探队员一样跑遍了盆地的沟沟壑壑，梁梁峁峁，像巨匠一样，描绘出一幅幅壮丽的蓝图，设计了4000多项工程，其中包括：

1900多万吨的产能建设；

7800多千米的管道工程；

1000多万平方米的房屋建筑。

其中，28项获得省部级科技进步奖。

连续三年跻身于“全国设计百强”行列。

长庆的发展史，就是设计院的发展史。长庆始终为有自己这样一支素质高的设计队伍而自豪。

重组改制后，存续企业面临着新的第二次创业。这就是它必须顺应市场经济机制的潮流，用3—5年的时间，全面完成公司制改造，按照现代企业制度的要求，建立起法人治理结构，第二次创业的历史使命，要使长庆脱胎换骨，完成在体制和机制上的转换和创新。完成市场结构、产权结构、组织结构的初步调整。人们在经营理念上必须完成认识上、理念上、理论上的升华和科技、人才上的开发等等。要使长庆不仅在油气当量上实现超千万吨的目标，而且还要使分开分立的双方建立起战略同盟。

在这个过程中，我们油气当量超千万、甚至上双千万的蓝图都见到了希望，而长庆局建立起有活力的、新的市场结构的创业任务才刚刚开始。

就是在这种非常困难、非常特殊的节骨眼上，设计院的同志们在局党委、长庆局的领导下，在油田公司的热情支持帮助下，率先迈开了改制的第一步。

虽然第一步迈得很艰难，但毕竟迈出去了。

我相信科技工程公司的董事会、监事会、管委会，不会辜负大家的殷切希望，把步子坚定地迈下去。拓出新的路子，达到新的高峰。

我们设计院率先改制，不是因为你们活不下去，因为你们现在的日子相比较过得还算富足；也不是想从你们那里多得利，因为长庆局的股份会逐步减少，甚至退出来。

初衷只有一个：让你们探路，当个示范点。因为30几年国企改革的路子告诉我们，迈出第一步者，太难了，光有第一个吃螃蟹的胆量、光有爱因斯坦的才智还不行，还必须真正的了解长庆、热爱长庆才行。我每每回忆起一年多筹建的过程，也非常感谢包括王立昕、何宗平、荆永福等设计院的各位领导和广大职工的创新热情和胡文瑞同志对此真诚的关心支持。

同志们，今天揭牌，仅仅说明你们在法律程序上、组织结构上完成了法人治理结构的建立。但真正按照建立现代企业制度运作还需要“真刀实枪”的实践。就是逐步建立起现代企业制度，也不能百分之百保证能在市场中做强、做专，更不能保证企业就能生存发展，它只是提供了有力的竞争条件。

但我们完全相信你们会像第一次创业那样取得成功。

也请你们相信，不论油田公司还是长庆局，会一如既往地关心支持你们。只要你们提供优质服务和创办好的技术服务产业，市场同等优先，住房、办公、物业管理一视同仁，有功同庆、有难同担。

你们前进我们高兴！

你们发展我们高兴！

你们富裕我们高兴！

你们成功了，说明实验田丰收了。

你们今日之路，是存续企业必由之路。我希望已改制的长实集团等9个有限责任公司不断发展，今后有更多的新生企业，在长庆的沃土上诞生，在长庆的摇篮中成长。

孙玉辰同志在长庆石油勘探局纪委第五次全委会暨2001年纪检监察工作会议上的讲话

（2001年3月9日）

同志们：

局纪委五次全委会暨2001年纪检监察工作会议是在勘探局2001年工作会议之后，召开的一次特别重要的会议。

会上，学习了江泽民总书记在中纪委五次全会上的重要讲话，传达了、陕西省、甘肃省和集团公司纪检监察工作会议精神。安武林同志作了工作报告。会议表彰奖励了全局纪检监察系统和效能监察工作先进集体、先进个人。张继昌同志作了重要讲话，他讲得非常好，我完全同意。会议开得很好，很成功。

在此，我代表局党委、勘探局向与会代表和全局纪检监察系统的同志们表示亲切的问候！向受表彰的先进集体和先进个人表示热烈的祝贺！特别对大家在全局改革、发展、稳定中付出的辛勤努力和所做的突出贡献表示衷心的感谢！

下面，我就党风廉政建设工作再强调几个问题。

一、认清形势，提高认识，肯定成绩，增强信心

1. 近年来党风廉政建设取得了显著成效

我们党从关系党和国家生死存亡的战略高度出发，深入开展反腐败斗争，大力加强党风廉政建设，确定了新形势下开展反腐败斗争的指导思想、基本原则、工作格局、领导体制和工作机制，标本兼治，重在治本，做出了一系列重大决策，特别是以成克杰、胡长清等反面典型在全党进行的广泛深入的警示教育，把反腐败斗争不断引向深入。

近年来，局党委、勘探局始终按照党中央、国务院和集团公司关于加强企业党风廉政建设的一系列指示，把开展反腐败斗争作为促进企业改革、发展、稳定的大事来抓。

特别是重组后，按照江泽民总书记“三讲”和“三个代表”的要求，针对存续企业面临的诸多困难和问题，明确提出，当前搞好廉政勤政是团结带领广大职工克服困难的旗帜。并采取了一系列行之有效的措施，使党风廉政建设取得了显著成效。

各级领导干部廉洁自律的自觉性显著增强，违法违纪的现象明显减少；查处了一批违纪案件，对党员干部起到了警示作用；效能监察工作强化了内部管理，堵塞了一些漏洞，促进了企业管理水平的提高；深入开展了党纪政纪条规教育和警示教育，建立和完善了一系列规章制度；加强了监督检查，为从源头上预防和治理腐败探索了新的路子；党风廉政建设责任制得到较好落实，各级领导干部和业务主管部门抓党风廉政建设的自觉性明显增强，初步形成了党委统一领导，纪委组织协调，部门各负其责，齐抓共管的良好局面。

全局各级领导班子和领导干部，在企业重组改制过程中，经受了锻炼和考验，表现出了较强的政策观念和大局意识。面对重组后的严峻形势，广泛深入开展“求生存、图发展、闯市场、增效益”主题活动，不等不靠，自觉加压，主动出击，开拓进取，深化改革。在搞好关联交易的同时，积极开拓社会市场，努力寻求新的经济增长点，绝大多数单位都比较好地完成了2000年生产经营指标。在分立运行的第一年，克服重重困难，我们有48项主要经济技术指标和工作量创造了历史最好纪录，保证了全局持平总体目标的实现。领导干部和领导机关切实改变工作作风，深入实际，深入一线，调查研究，靠前指挥，分析和解决问题，研究闯市场的办法，探索企业改革发展的路子。在结构调整和减员分流工作中，严格按照政策办事，积极做好深入细致的思想政治工作，保持了职工队伍的稳定。

同时，各级领导干部能够认真遵守《廉政准则》和中纪委对国有企业领导干部提出的“五项规定”，自觉做到自重、自警、自醒、自励，违法违纪明显减少。

以上这些情况说明，全局各级党政组织和纪检监察部门，紧密结合实际，做了大量工作，全局党风廉政建设和纪检监察工作发展是健康的，成效是明显的；我们的领导班子是坚强有力的，领导干部队伍的主流是好的；绝大多数领导干部是廉洁奉公、廉政勤政的，是能够经受住市场经济和改革开放考验的。我们要更加坚定搞好这项工作的信心。

2．当前党风廉政建设工作中存在的一些问题

应当看到，在建立和完善社会主义市场经济体制的新形势下，社会上许多消极腐败现象不可避免地要反映到党员干部队伍中来。在深化改革和重组整合、利益格局调整的过程当中，新的监督制约机制还不完善，也为消极腐败现象的滋生提供了可乘之机。从去年考核的情况看，有些倾向性的问题不容忽视，党风廉政建设的任务确实任重而道远。主要表现在：

一是一些单位和领导干部对当前抓好党风廉政建设的认识不到位，“两手抓”的自觉性不高，工作缺乏力度和深度。

二是部分单位和领导干部对贯彻党风廉政建设责任制不落实，还没有真正把管人、管事与管党风廉政建设结合起来，该追究责任的没追究。

三是在一些维修项目、物资采购、小汽车租用等敏感环节上，没有按市场要求和规范运作。

四是一些领导干部艰苦奋斗的观念淡薄，花钱大手大脚，出入高消费娱乐场所，公众形象不好。

五是一些单位在节日、假日期间向机关或互送礼品、礼金、土特产现象没有得到完全遏制等等。这些问题的存在，严重影响了党风廉政建设的深入开展，也影响了领导干部自身的形象。

3．大力加强党风廉政建设，促进和保证企业改革、发展和大局的稳定

我们既要看到已经取得的成绩，又要正视存在的问题；既要看到反腐败斗争的复杂性、长期性，又要充分认识斗争的紧迫性、重要性。实践进一步证明，党风廉政建设是企业两个文明建设和监督约束机制的重要组成部分，是企业改革、发展、稳定的重要保证。

我们必须坚持“两手抓，两手都要硬”的方针，坚持从严治党，从严治企，做到改革开放、发展经济坚定不移，反对腐败、加强党风廉政建设也要坚定不移。

各级领导干部必须认真学习、贯彻江泽民总书记在中纪委五次全会上的重要讲话精神，也要贯彻好这次会议精神。把党风廉政建设工作列入重要议事日程，力戒官僚主义和形式主义，努力做到工作到位、措施到位，为全局生产经营奋斗目标的实现提供强有力的政治保证。

二、廉洁自律，率先垂范，抓关键，重治本

1．各级领导干部要以“三讲”和“三个代表”为指针，加强党性锻炼，树立正确的人生观、世界观和价值观，从思想上增强拒腐防变的能力

近年来查处的违法违纪案件说明，一些领导干部之所以走上违法犯罪的道路，主要是党性观念不强，人生观、价值观发生了扭曲，经受不住改革开放和市场经济的考验。对这一点，张继昌同志在讲话中分析得很好。

因此，各级领导干部要带头讲学习、讲政治、讲正气，坚定正确的政治方向，增强政治敏锐性和政治鉴别力，在大是大非面前保持清醒的头脑。面对各种诱惑，自重、自省、自警、自

励,自觉接受党组织和群众的监督,耐得住艰苦,抗得住诱惑,永葆共产党人的本色,这是治本之宗。

2. 要认真落实领导干部廉洁自律的有关规定

反腐败斗争开展以来,党中央、国务院先后制定下发了以《廉政准则》为主的一系列领导干部廉洁自律的规定,中纪委四次全会对国有企业领导干部廉洁自律提出了“五项规定”,中纪委五次全会又对党员领导干部提出了“六项准则”,并强调指出:“国有企业领导人员,都要按照中央提出的领导干部廉洁自律的若干规定,联系实际,认真自查自纠,解决党性党风党纪方面存在的突出问题。”

各级领导干部,特别是处以上领导干部都要认真贯彻落实,不断规范自己的行为。要把贯彻落实《廉政准则》、“五项规定”和“六个准则”,作为廉洁自律专题民主生活会和“三讲”教育的重要内容,对照检查,及时整改。要结合实际,整章建制,规范行为,切实抓好我局已出台的警示制度、廉政谈话、诫勉制度、行政督察制度的落实。对新提拔的处、科级干部,任职前必须进行党风党纪专题教育或廉政谈话教育。我们一方面要大胆提拔优秀的年轻干部,但必须同时加大对年轻干部的培养和训练,特别是政治上的训练。

要强化对权力的制约。失去监督的权力必然产生腐败。主要领导要带头接受监督,对企业的重大改革方案、重要决策、人事任免等,要按照民主集中制的原则,科学决策,集体决策。党政主要领导要当“班长”,不要当“家长”,要搞“群言堂”,不能搞“一言堂”。凡是能够通过市场机制、经济手段解决的问题,比如工程项目建设、大宗物资采购等等,都要通过公开招标等市场手段来规范运作,尽量减少行政审批,以避免权钱交易、以权谋私。即使是需要用行政手段来解决的问题,也要按规定的程序办理。

所以,主要领导带头接受监督,始终是治本的重要措施保证。

(1)党政主要领导要在廉洁自律方面起表率作用。

实践证明,党政主要领导自身过硬,率先垂范,以身作则,领导班子就有凝聚力,干部队伍就有战斗力,对职工群众就有感召力。反之,如果党政主要领导自我放纵,滥用职权,违法违纪,就会带坏一个班子,毁掉一批干部,葬送一个企业。

因此,各级党政主要领导要带头树起一面廉政勤政的旗帜,为政清廉,严于律己,不当“贪官”;忠于职守,勤奋敬业,不当“懒官”;讲求实效,勇于创新,不当“庸官”,只有以“公正、廉洁、求实、奉献”的良好形象站在公众面前,才能带领大家克服困难,改革创新,二次创业。我们要首先管好自己的家人和身边工作人员。今年,我们要重新对领导干部配偶、子女的从业情况进行一次摸底检查。任何人都不得以局领导名义到基层去做生意、招投标,从事人、财、物的一些运作。基层发现这一情况,一律先报告后查清,不能执行。如果有违反或者造成影响和损失,首先追查基层责任。我们去年对集团公司的这条要求是带头执行的,有些人打着集团公司领导的旗号到我们局里办事,我们首先查清情况,结果碰到两个大骗子。因此,大家对这样的人不要听信,也不要怕。

(2)要大力发扬艰苦奋斗的优良传统和作风。

各级领导干部要坚持全心全意为人民服务的宗旨,正视企业当前所面临的各种困难和问题,大力提倡艰苦奋斗、勤俭办企业的优良传统。

可是有些领导干部,还没有真正做到时时事事心里装着“老百姓”三个字,讲排场,比阔气之风有所抬头。有的同志刚刚走上领导岗位,就讲照顾,要待遇。有的甚至铺张浪费、盲目攀比。

我们存续企业目前处在非常特殊、也非常

困难的时期,需要节衣缩食勒紧腰带买点关键设备,还要有计划、有步骤地进行生产、生活基地的战略调整。

我曾在钻井工程总公司讲过,花钱要舍得往新的经济增长点上花,进城先让离退休的老同志进,红花要给模范带,好饭要给一线工人吃。在这些问题上,各级领导干部一定要保持清醒的头脑,慎思明辨。

要继续保持和发扬石油战线艰苦奋斗、“三老四严”、“三个面向”、“五到现场”的光荣传统,带头艰苦奋斗,开源节流,降低成本,提高效益;带头深入基层,深入群众,调查研究,倾听职工群众的呼声,关心职工群众的疾苦,真心实意地为职工群众解决实际问题,进一步密切党群、干群关系。

(3)要坚定不移地深化改革。

很多实践进一步证明,党风廉政建设中暴露出来的很多矛盾和问题,需要依靠深化改革来解决。我们要治本,就要坚定不移地加大改革的力度,积极稳妥地进行企业内部的持续重组整合,逐步建立起符合现代企业制度要求和自我约束的机制,从体制、机制上预防和治理腐败。

(4)有的放矢,切实加强资金的管理。

近年来,我们在资金管理上先后采取了一系列重大举措,实行了资金的集中结算,对银行账号进行了清理整顿,开展了资金管理效能监察,建立和完善了一系列财务管理的规章制度。

特别是去年,我们针对重组分立后面临的新情况,以资金预算、成本控制、资本运作、资金结算为重点,加强财务管理,取得了明显的成效。

但是,从纪检监察部门查处的问题来看,我们接待中的高消费和存在的铺张浪费、贪污受贿等违法违纪问题,都与资金管理不善有关。张继昌同志已专门讲了这个问题。这个问题一定要引起我们各级的注意。

我们必须进一步加大对资金的监管力度。要认真执行集团公司《关于对外担保、投资等经济活动审批权限的通知》,对大额度资金的使用,特别是对外投资、担保等,都必须经过严格的审批。

要建立企业负责人资金使用限额制度,严禁私设账户、建立“账外账”、“小金库”和资金体外循环。

要切实加强对多种经营单位财务的监管,有条件的单位,都要实行会计委派制度。

从源头上预防和治理腐败,是党中央确定的重要指导方针,是一项涉及面广、政策性和专业性很强、难度很大的工作。各级党政组织和主要领导,要提高认识,增强政治责任感和工作积极性、主动性。要切实结合实际,制订措施,突出重点,抓住关键,明确责任,加强领导,充分发挥各个部门的职能作用,搞好组织协调。这次会我之所以请各单位书记参加,一方面我们要解放思想,就是要把计划经济条件下长期禁锢我们的一些不符合市场运作的旧观念彻底打碎,目前,我们在这方面仍然受到禁锢,还没有冲破计划经济的桎梏。这要坚定不移。另一方面,今后我们一些政策还要放宽,还会搞得很活。但同时,我们必须要加大监管的力度,我这里说得是同时,不是说一前一后,不是沿袭过去先放开,后规范的老路。所以说,真正要把握好这一点,不是很容易。因此,请书记们都来,会不一定开得时间很长,但是,大家一定要对一些基本的问题统一认识。因而,我强调的第二个问题是“治本”和率先垂范问题,按照有关规定自觉接受监督的问题,而且特别是主要领导。

三、加强领导,齐抓共管,全面推进党风廉政建设

1.要进一步落实党风廉政建设责任制

要把党风廉政建设责任制作为一项行政和法律制度,认真执行。党风廉政建设是立了法的,中央和国务院有明确规定。因此,企业要把党风廉政建设责任制作为企业一项行政制度认真落实,坚持党委统一领导,党政齐抓共管,纪委组织协调,部门各负其责,依靠群众支持和参与的领导体制和工作机制,进一步形成齐抓共管的局面。

各级党政组织必须对本单位、本部门的党风廉政建设切实负起全面领导责任,特别是党政主要领导要负总责。

领导班子成员也要切实担负起责任,按照“谁主管,谁负责”的原则,一级抓一级,一级带一级,逐级负责,层层落实,“看好自己的门,管好自己的人”。实行“一岗双责”,坚持与生产经营、企业管理、领导班子建设相结合,与管人、管事和管党风廉政建设相结合,使领导干部做到权力所及,党风廉政建设责任所至。

要加强对领导干部履行党风廉政建设责任制的监督检查,严格实行责任追究。对那些失职渎职、盲目决策,给企业造成重大政治影响和经济损失的;对违反规定外投外借、对外担保造成国有资产和财产流失的;对违反干部任用程序,用人失察造成严重社会影响和经济损失的;领导干部对职责范围内发生违反廉洁自律和党纪政纪规定,受到党纪政纪处理的;对群众反映强烈的问题和违纪案件不过问、不处理、甚至包庇纵容的,都要严格追究责任。同时,我们要保护敢于创新的好干部,但绝不庇护违法乱纪的人和事,在这个问题上,我们必须旗帜鲜明,立场坚定,这就是讲政治。以此为导向,提高干部的政治素质和“两手抓,两手都要硬”的综合素质。

2. 要充分发挥各有关部门的作用

加强党风廉政建设需要各个部门、系统统一行动,协调配合,齐抓共管。要根据党风廉政建设的任务和本单位存在的问题,找准薄弱环节,抓住关键,将党风廉政建设的任务具体分解到各个职能部门,任务到人,责任明确。

机关部门要克服党风廉政建设只是纪检监察部门的事、与自己关系不大的错误认识,或者说片面认识。把抓党风廉政建设作为分内的事,自觉抓,主动抓,经常抓。要根据各自的特点,在抓好本部门党风廉政建设的同时,按照“六统一”和党风廉政建设责任制的要求,抓好分管系统、业务工作中的廉政建设。对不能认真履行责任的,也要按照党风廉政建设责任制的要求,严肃追究责任。

3. 要加强对纪检监察工作的领导

纪检监察部门是专门负责党风廉政建设的职能部门,担负着重要的责任。他们既是正义、进步的保护神,也是腐败与邪恶的衙门关。一切腐败丑行在这里都不能过关。

各级党政组织要切实加强对纪检监察工作的领导,大力支持纪检监察部门履行职责,定期听取汇报,及时研究解决工作中存在的问题,帮助解决实际困难,创造和改善工作条件。

要根据党风廉政建设中出现的新情况、新问题,及时给纪检监察部门交任务、提要求。要努力创造条件,让纪检监察部门有更多的机会接触生产经营的实际,及时了解企业的工作部署,更好的围绕中心工作,发挥职能作用。

对领导干部廉洁自律、党风廉政建设责任制、效能监察等工作,党政要进行协调和指导。

要积极支持纪检监察部门履行执纪职能,严肃查处违纪违规案件。我们今年要加大对一些大案要案的查处力度。主要领导要加强组织协调,重要的案件要亲自上手,亲自抓。

要切实加强纪检监察队伍的建设。最近,中央企业工委再次重申:“中央企业,无论是国有独资企业,还是国有控股企业,都要有专门的纪检监察机构,并配备必要的工作人员”。集团公司党组成员、纪检组组长李克诚同志强调:“纪检监察干部已减到最低程度,现在不能再减了,再减就是削弱”。在机构改革中,纪检监察工作只能加强,不能削弱,这是党中央的一贯要求,也是集团公司反复强调的问题。凡设党委的单位,原则上都要成立纪委,大的单位,原则上要单独设立纪检监察机构。在重组整合中,各单位不能随意精简纪检监察机构和人员。要配备与工作量相适应的纪检监察工作人员,要保持纪检监察工作队伍的相对稳定。

按照中央的要求，要逐步做到纪委书记由党委副书记担任或兼任。实行改制的企业，特别是勘探局控股企业，纪委书记要依法进入监事会，有条件的要担任监事会主席。

要积极探索纪检、监察、监事会“三位一体”的监督体系。做到有效的监督和监督有效。

同志们，2001 年是贯彻党的十五届五中全会精神，实施“十五”计划的第一年，也是继续贯彻勘探局“两条基本思路”、“四大发展战略”，深入开展“求生存、图发展、闯市场、增效益”主题活动，深化改革、二次创业的关键一年。我们一定要按照中央的统一部署和中纪委五次全会精神，以“三讲”教育为契机，加强班子建设，以高度的政治责任感和紧迫感，认清形势，振奋精神，增强信心，进一步抓好党风廉政建设和纪检监察工作，全面推进我局两个文明建设，为深入开展反腐败斗争，全面实现我局各项奋斗目标做出新的贡献。

孙玉辰同志在长庆石油勘探局机关 2000 年度表彰大会上的讲话

（2001 年 3 月 15 日）

同志们：

参加今天的表彰大会，我感到非常高兴。有三点对我启发很大：一是王凤嘉同志讲得很好，很务实；二是张继昌副书记作了非常重要的讲话，要在机关每个工作人员当中认真传达学习；三是今天机关干部参加表彰大会秩序井然，精神面貌非常好，早早地就坐在这儿，反映了我们机关良好的精神状态。正是基于这三点，我感到非常高兴，引发了我想利用这个机会，给各位与会代表把我的想法讲一讲。

我讲四个问题。

一、关于过去一年的工作

2000 年，我们在集团公司的正确领导和油田公司的大力支持下，在把握大的形势和制定长庆局大的目标方面，以及在制定政策和把握政策方面，我可以负责地说没有出现大的失误。

成绩的取得不是哪一个人的功劳，确实是群众智慧的结晶，包括我们在座的。我们在十分困难的条件下，取得了 21 个方面 48 项历史之最，整个形势要比我们年初预料的好。

2000 年，我们到底难在什么地方？去年这个时候，我曾说过，长庆局不是难在钱上，而是难在人上。当时，有两个不适应：一是我们的观念不适应，二是我们的竞争能力弱。说到底，是人的因素不适应，所以说就难在人上。

去年 365 天，我们是怎样过来的？主要不是在花钱上、用钱上，难在观念不适应。心不顺，情绪也不顺。分开、搬家的那一天，我们这边的同志脸色都不太对头，也有说牢骚话的。大伙儿心不顺，事也不顺，深层次还有个理不顺。深层次的理不顺，工作中的事不顺，再加上我们观念的转换跟不上，大家就觉得想干，不知从哪干；不干，又觉得没办法。

我们就是在这么一种非常艰难起步的环境中开始了“二次创业”。由于我们、包括广大机关工作人员在内，顾全大局，严格要求自己，当一个老实人，不懂的，就学习，就实践，总算把最艰难的一步闯过来了。

这个问题，说明了啥？

第一，说明我们各级班子，特别是我们广大职工顾全大局，创新务实。如果没有这一条，事情发展到现在就不会是今天我们在这里，整整齐齐地穿上我们机关的标志服开会，也不会是这样一个令人欣喜的局面。

第二，说明我们和油田公司的关联交易是成功的，我们所制订的近期目标和中、远期目标是符合长庆实际的。从一开始，我们就立足于发挥整体优势，求得共同发展。去年仅是“平稳过渡、规范运作”，同时也明确中、远期目标是“市场环境、战略同盟”。这些得到了油田公司，包括胡文瑞同志的高度重视和大力支持，油田公司其他领导对这个问题采取了实事求是的态度，我们关联交易没有出现大的、太多的麻烦。如果不是这一条，今天坐在这开会，大家仍然不会是这样一个精神面貌。

第三，说明我们制定的“两条基本思路”、“四大发展战略”是符合目前长庆局实际情况的。所有去年的工作，我们紧紧扣着这两条思路、四大战略不放，才有了 21 个方面 48 项历史之最。

第四，今天咱说句实话，也说明我们的机关干部这一年辛勤的劳动、辛勤的工作是富有成效的。值得总结，值得表扬，值得大书特书。

二、关于今年的工作部署

今年年初到现在，我们干了三件大事。

(1)召开了 2001 年工作会议。这次会议开得非常成功。会议进一步明确了我们“二次创业”的宏伟目标。根据集团公司工作会议的要求，结合长庆局实际，会议明确提出，用 3—5 年的时间，长庆局要大力推进现代企业制度，全面完成公司制改造。

第二次创业是相对前 30 年第一次创业提出来的。如果说我们前 30 年是在计划经济条件下，完成了量的积累、经济总量发展的积累，在鄂尔多斯盆地建成了油气勘探、开发、炼化、销售大规模的综合基地，那么，我们“二次创业”必须在市场经济条件下，完成现代企业制度的建立。这样一个创业使命，比第一次创业任务，在时间上不允许我们拖得很长，必须在三五年之内，从结构形式、法律程序上基本完成。在这样一个基础上，放在社会市场的大环境中，形成新的竞争能力和新的经济总量的增长和扩张。

这次工作会议确定了今年 8 项任务，其中也包括机关建设。这 8 项任务中，最突出的，可以说有两项。一项是市场问题，一项是调整结构问题。市场问题，我们的认识虽然有了大幅度的提高，但是整体上来看，还相对滞后。结构调整这个矛盾，如果我们不抓住有利时机，乘着长庆油气上升和西部大开发的有利时机，进行结构性的调整，那么，要达到“二次创业”的目标是不可能的。

(2)对全局的生产进行全面启动。特别是大家比较关心的钻井总公司内部的整合重组工作，在这样短的时间内，要完成这么大的调整，而且一上手，还得完成这么多的工作量，行不行呢？我们负责地给机关同志们说，由于钻井总公司领导和广大职工的共同努力，也由于在座的各位给予他们的热情帮助和服务，钻井总公司起步非常平稳。当然，也还存在着一些不适应的地方。

(3)召开了全局科技工作会议、党风廉政建设会议以及文教卫生等方面的专业会议。对整个工作的部署、贯彻、完成 2001 年工作会议提出的 8 项任务，都起到了平稳推进的作用。在这样的形势下，局机关今天召开表彰会议，能够很好地认识全局的形势；局党委、长庆局要求局机关走在全局改革、发展的前面，起好几个方面的模范带头作用，是非常必要的。

三、关于机关建设问题

机关历来是指挥决策中心，是领导的“参谋部”，现在是市场开发的协调部门、服务部门。今年的机关建设，要突出抓好 4 个方面：一是要精简机构；二是要转变职能；三是要加强学习；四是要建设形象工程。

前两个方面，精简机构、转变职能，有个大的前提，就是一定要以市场为导向。我们再不能为那些一时的、某一个方面的需要，甚至是因人设事来进行机关的撤并。我们没有精力那样搞，也没有必要那样搞。我们现在干任何工作，必须对职工群众负责，对广大的机关干部负责，必须对效益和市场负责。

同志们，机关干部应该好好想一个问题，就是既然目前机关机构设置还是沿袭计划经济条件下的设置，现在到了市场环境中，到底哪些职能还适应，哪些确实不适应，哪些还看不准。如果说计划经济那些都不适应，这不是实事求是的态度；如果说绝对都适应，我看那是绝对的错误。我的看法，机关干部现在重在素质的培养和提高。

去年成立钻井总公司时，为了慎重起见，避免机构的合合并并，专门开了 3 天的研讨会。在研讨会上，我提出了“创新、开放、简捷、明确、责任、自信” 12 个字。我想，如果我们的机关干部还是按照过去那一套的工作思路、工作作风、工作程式办事，恐怕要划一个很大的问号，很大的惊叹号，也是一个非常大的危险信号。

将来机关干部淘汰的，主要不是年龄，也不是职务和职称的高低。刚才，张副书记有一句话提得非常好，就是谁为谁服务的问题不能颠倒。在计划经济条件下你颠倒了，说实在的，还可以“当官做老爷”。下一步你要颠倒了，市场很快会把你自己淘汰了。部门也是如此，你这个部门如果不围着市场转，还是利用自己的权力约束基层，我看不行了，过时了；搞不好，要误了你个人的前程，误了咱们的大计。

机关还有没有管理职能？有没有监督职能？有，不仅要监督、要管理，还要研究在市场条件下新的监督管理的范围。去年，我们忙着重组，基层的一些“低、老、坏”现象有所抬头，确实是疏于管理的原因。但是更多的，我劝机关的同志研究一个服务的问题，因为我们“二次创业”的目标是要形成几个大的板块的有限责任公司。人家基层是按照法人治理结构在运作，你还动不动来卡人家，非要求人家给你报告不行，甚至与你无关的事没给你通气、报告，你都不高兴，你都在这“打横炮”。我看这种作风，将来假如行政方式治不了你，法人治理结构是要把你抛弃的，你看危险不危险。

机关干部的配备，领导层要按照“四化”的要求和中央的政策，搞老、中、青三结合；工作人员下一步必须按照市场的素质来配备。你年轻，你要是不好好学习，仍然是没有出息的，照样得离开机关。一些离退休的、社会上的人才符合这方面的要求，我们要大胆起用。不然不行呀，同志们，4 万多人，要向在座的要吃要穿要发展；1 万 3 千多离退休职工，还得保证他们老有所养；还有 2 万多学生需要去教育。“一老一少”要花钱，发展要花钱，我们再没有这样一个基本的“责任”二字，还在按照过去的思路考虑机关的作风建设，来研究我们的制度，能行吗？同志们，不行啊！所以说职能的转变，必须要作为机关党委、机关事务管理处认真引导、认真教育、认真考核的重要方面。

第三个方面，加强学习。人呢，不学习必然是保守的，开放的系统必然是一个学习的系统。一个机关干部要经常了解别人，包括国际的、国内的、同行的，其他兄弟部门的哪些方面要比我强，强在什么地方，要始终装着一本差距账。不学习的人始终装着一本满足账，别人欠他很多的荣誉账、资金账，都是欠他的；学习的人呢，始终觉得他欠别人的多。学习的越多，好像自己欠老百姓的越多，欠社会的责任越多。去年咱们再穷，钱再少，但是所有到外国考察的、到兄弟单位学习的，我一概放行，办学习班的费用一概放开。今年，其他费用压了再压，培训学习费用不能压。不够的话，再想办法解决，包括到兄弟单位考察学习，到国外去参观学习。

第四个方面，要建设形象工程。要在机关开展一个“形象工程人讨论”，要搞切实有效的讨论、启发式的讨论，不要搞形式主义的讨论。通过讨论，使我们机关每一位工作人员，在全局树立一个良好的形象。张书记把“12 个字”作为机关形象工程的一部分，这个想法，非常切合机关的实际。机关不管老的少的，不管处长，还是一般工作人员，都应该求新务实，都应该有个非常明确的目标。在这个目标面前，要有一个非常自信的态度。自信有三个层次：第一个层次是盲目自信，盲目自信的人不依靠群众，搞“霸道主义”，但他有自信。第二个层次，就是他能够做到有个目标，能够千方百计地克服困难去达到这个目标。第三个层次，就是他始终把自己的不足当成头号敌人。那种怨天尤人，听起来好像替老百姓讲几句实在话，啥办法都拿不出来，不是首先向自己的懦弱“开枪开火”的人，不是一个称职的管理者，更不能当领导干部。领导、领导，就是领而导之。你得千方百计地去战胜自己的弱点，才能战胜你要战胜的敌人。战胜不了自己的弱点，去战胜别人，那叫什么呢？那叫胜人者力，但他不是自胜者强啊！真正高层次的，是自胜者强啊。知人者智，自知者明。你把别人、把事情看清楚了，说明你有智慧。自知者明，能够解剖自己，才真正是个明白人。我们要当个明白人，要当一个自胜者。市场经济条件下，更应该如此。我们碰到困难的时候，机关干部是个什么样的形象？不承认困难，说大话的人是欺骗老百姓，是骗子；但是碰到困难，在那儿发牢骚，尽管牢骚发的有道理，但不解决问题，是懦弱者的形象，基层的同志们跟着你干工作，始终没有奔头。你说你这样一种形象，不管是科员、是处长，恐怕是不行的。在计划经济条件下，你可以靠人事关系来维持，但在市场经济条件下，基层越来越不吃这一套了，不认这一套了。

四、关于几项政策问题

1.关于稳定大局

去年在稳定大局方面，我们总体上把握是好的，但也有很多工作要认真总结教训。去年，有一个教训，那就是说要真正贯彻“三个代表”的重要思想，解决职工当中需要解决的矛盾和问题，一定要靠智慧、靠科技、靠政策。而少数单位、少数领导干部，在这个问题上有负于广大职工的信任，光知道带头发牢骚，甚至有少数人对根本就不成其为理由的理由到街上去游行，而表示同情、安慰，结果呢，说老实话把老百姓引导到错误的路上去，士气受到了很大的挫折，老百姓不但没有得到实惠，思想上还受到很大的痛苦。领导千万不能干这样的蠢事。我们领导者和机关的责任，当前要按照“三个代表”的重要思想，认真解决发展问题。你要在发展问题上“睡不着觉”，在市场问题上“睡不着觉”，在结构调整这个问题上也“睡不着觉”，就说明你已经入门了；在职工碰到实际困难时，首先要看看在自己职权范围内能不能解决，不要把个人的情绪和牢骚强加给职工，到职工当中找市场，让职工跟着你受罪。所以说，一个单位党政主要领导是维护稳定第一责任人，局机关是稳定的第一道防线。如果在稳定这个问题上，我们机关干部，人云亦云，消极引导，犯的错误是不能原谅的。

2.关联交易问题

我们必须对关联交易市场有一个客观的、实际的认识。去年一开始，我们在临潼办班，曾讲到长庆的关联交易是个大市场、低效益。实际上我们去年运作下来和年初的预料是基本一致的。这个矛盾的暴露，对人们的教育要比年初提出的大市场、低效益，要深刻得多了。对于这个问题的认识，今天再讲这个话，恐怕在座的，反对的不多了。

去年，要按常规来说，我们应该是一个盈利两亿多的盘子，但是我们最终仅仅实现了持平。什么原因？主要还是关联交易的价格问题。大港去年 70 万米进尺，咱们是 140 万米进尺，大港油田的收入和咱们是一样的。昨天刚把大港油田的王鹏局长送走，他说长庆、大港有三个两家巧合了：去年主营业务的收入，基本一致；多种经营的收入，我们搞了 20 个亿，他们搞了 19 个亿，也差不多；今年建设投入，我们 5 个亿，他们也 5 个亿，当然他们人比咱们多些。去年我们在临潼做多媒体汇报的时候，我集中分析了四个石油企业，包括物探。我说他们动用了 2/3

的施工力量，但是他们所挣的钱的全员平均，和我们一样。所以我就说为啥其他油田都在叫困难，他们进尺只有我们的一半，四川那么大个局，几十万职工二三十万米的进尺，职工不是也活着吗？我们从正月十五，冰天雪地给同志们壮行，大家辛辛苦苦一年，有的到大年三十才收工，大市场、低效益！

大市场、低效益是历史遗留问题。我们发展这十年，全局动员，叫作“勒紧裤腰带买大件”，施工作业这一块叫作“内部零利润运行”，确实买了五大件；花了 20 多个亿建了几百万吨产能；花了十七八个亿，搞了气的、油的储量；花了 15 个多亿进行了炼厂的改造；花了 6 个多亿进行了基地的建设；还花了几个亿涨了我们的工资。

我们连续七年压成本，成本再压没有可能性了。分家以后，制订关联交易价格按 1998 年的成本价格制订，成本低，价格提不上去。所以对这个问题，不能怨天尤人。前十年“勒紧裤腰带买大件”是绝对正确的。如果不是买那几个大件的话，到现在我们的日子还难过。我们对关联交易这个市场，要认真地研究，不要寄期望值太高，以为干了活就能赚大钱，那是不可能的。所以去年年初，我给大家打招呼，我们靠堆工作量来吃饭的日子，还要维持一段时间。我们要依靠科技进步、依靠管理提高效益，要开拓两个市场。在这个问题上，谁都不要怨天尤人，并不是油田公司那边赚了很多钱不给我们，大的宏观的东西在这儿摆着呢。我们机关干部要立足于自信、自强，这就是我们在座的责任。我一看现在的机关干部，除了我们台上坐的有两个年纪稍微大一点，基本上都是正当年。但是正当年，你也确实赶上了一个非常特殊的、非常困难的时期，你的历史责任就像 70 年代会战那样、创业那样，你也必须要进行第二次创业。看看谁在这个问题上有本事，我们必须对职工负起这样一个历史责任来。

3. 关于精简机构、加强管理和搞好服务问题

一提精简机构，弄得好多人心慌。整体上，我们长庆局机构设置还比较臃肿。按照二次创业要形成的模式和各二级单位公司化改造步伐要逐渐加快的趋势，机关确实用不了这么多人。因为好多职能要彻底改。但是有三条，大家不要慌。

第一条，机构有增有减，这是必然的。按照集团公司工作会议要求，我们机关处室包括二级单位机关，至少要精简 1/3。但要实事求是，随着职能转变，机关处室有增有减，能合的合，能并的并。这是一个要把握的问题。

第二条，重在培养在座的机关人员的素质。现在，中、青年干部素质的提高是企业的财富，也是你自己的财富。你不要在这儿天天瞎混，跟着别人瞎吵吵，你学点真本事是主要的。我们是立足干部素质的提高，包括用职能的转变来促进素质的提高。去年，我们和其他管理局不一样，没有先在干部上“动刀子”，没有在机关的撤、设上“动刀子”。因为，我认为这个问题症结不在于多设了几个处室，而在于机关干部的素质。就是精简成一个办公室，人员素质不高，照常完不成任务。一开始，我的思考就是重在素质的提高，所以说你没有必要去慌，将来淘不淘汰你，那不是人事关系、人情关系，主要看你是否结合长庆的实际，在市场运作中提高了自身的素质。

第三条，实事求是，人尽其才，物尽其用。机关处室该增就增。有些人从这个处室到那个处室，也有可能很快单独成立几个处室；单独成立的几个处室，运作一段时间还可能合并。今天市场需要，今天我们就设置；明天市场不需要，就撤销这个机构。在计划经济条件下，设一个处室、设一个部门，几十年不变，这种理想主义的模式在市场经济条件下不会再有了。在现在的条件下，好多机构的设置权，将来要下放，现在的处长也好，科长也好，包括基层机构设置，该给你保留待遇的，给你保留待遇，特别是

一些老同志，还要合理安置。但是精简机构和转变职能必须紧密结合起来，精简机构的目的为了加强管理，搞好服务，转变职能。

4.关于改革改制问题

这个问题大家要把握住三点：

(1)从认识上，必须认识机构的调整，包括产权结构、市场结构、人员结构、组织结构，非调整不可。你如果不调整，有可能让别人淘汰得早一点，你眼前的饭碗会让别人抢占去，还不知道毛病害在什么地方。所以，调整必须坚定不移。

(2)一定要抓住机遇。在我们有活干的时候，能发出基本工资的时候调整，能保证基本的东西，保证了职工基本的利益，要等着发不出工资再调整，让市场逼着调整，那时还真是上下为难了。

(3)要把主动权始终抓在我们自己的手里。到底这个地方是快一点还是慢一点，主动权在我们手里，不要搞形式主义的东西，这一条请机关干部相信，在这个问题上，一定要结合长庆局和油田公司实际来策划。我们无所他求，所求的就是“求实”两个字。希望机关干部，多给我们提建议，包括直接给我打电话，说孙玉辰这个事情你定的有点急了，咱就缓一点；说这个事情应该往前推了，你现在慢了，那咱们就快一点。并不是说所有的主动权，始终在我们手里，如果那边要是油气储量上产基本不上了，那时候你不快也得快；如果说其他局包括全国国企改革，步子比我们还快，到那时不快也得快。我估计今年的主动权还能攥在我们长庆人自己手里。当一个人有主动权的时候，要很好地用它。在这个问题上，机关要群策群力。要办的事情太多，必须抓住主要的，不能把精力分散，不能“乱放枪”。有些事情，看准了，要大力推进；看不准的，先搞试点，先探索、先摸索；有些事情，看准了，就要坚定不移的干，也不能啥都宣传、啥都说。我们在有些问题上，包括在给职工办实事的问题上，要多做少说，更不能许愿，我们也相信职工能够明大理、识大局。

总之，今天虽然是个表彰会，实际上是和与会的机关同志们开了一个交底会、谈心会。今年的困难和可能要碰到的问题，工作会议上都讲了，希望机关在正视困难、解决问题上带个好头。又回到工作会议上讲的那两句话：今年应该有个“好收成”，让老百姓过上“好日子”。这是我们必须努力完成的目标。

孙玉辰同志在油田社会治安综合治理暨安全生产电视电话会议上的讲话

（2001 年 4 月 27 日）

同志们：

今天，长庆局、油田公司共同召开社会治安综合治理暨安全生产电视电话会议，传达党中央、国务院的指示精神，通报当前治安形势和安全生产形势，安排部署油田综合治理和安全生产工作。今天在家的局领导、油田公司领导和长庆局、油田公司机关部门、处室的领导、油田各单位领导、科室长、部分大队、作业区干部参加了会议。借此机会，我讲两点意见。

一、认真学习贯彻党中央、国务院的指示精神，切实搞好社会治安综合治理和安全生产工作

从全国讲，当前社会治安问题突出，安全生产形势严峻。爆炸、杀人、抢劫、绑架、投毒、拐卖妇女儿童等严重犯罪活动猖獗，入室盗窃、扒窃、盗窃机动车辆等侵财犯罪居高不下，经济领域的犯罪活动也很突出，黄赌毒等社会丑恶现象屡禁不止，一些地方黑恶势力呈蔓延之势，气焰十分嚣张，在一些城乡，恶势力称霸一方，作恶多端，欺压百姓，严重危害社会治安。

2001年元月23日，“法轮功”痴迷者公然在天安门广场自焚，“法轮功”邪教组织已经完全沦为国际反华势力和境外敌对势力对我国进行颠覆、破坏活动的政治工具；全国“两会”前夕，江西一小学发生的爆炸案；3月16日，河北石家庄发生爆炸案件，不仅造成了重大的伤亡，而且在国际上造成了重大影响，同时也暴露出当前社会治安存在的矛盾和深层次问题；4月份，陕西省多次发生重大煤矿瓦斯爆炸事故，死亡惨重。

党中央、国务院十分重视当前社会治安综合治理和安全生产，采取了果断措施，制订了两年见效的明确目标。去年12月11日，公安部召开全国“打黑除恶”专项斗争电视电话会议，全警动员，重拳出击，开展了自1983年“严打”以来最为严厉的专项斗争，铲除了一批黑恶势力，至目前取得了第一战役的阶段性成果。

4月2日至3日，党中央、国务院又在北京召开了新世纪第一次全国社会治安工作会议。江泽民总书记在会上发表重要讲话，指出：“社会治安不仅是个重大的社会问题，也是一个重大的政治问题，切实保障人民群众的生命和财产安全，是党和政府肩负的重大责任，全党和全国上下要共同努力，下大气力解决当前社会治安中的突出问题，坚决实现两年内社会治安明显进步的目标，切实保证广大人民群众安居乐业，切实维护和促进改革发展稳定的大局，为社会主义改革开放和现代化建设提供有力的保证。”

对安全生产，江泽民总书记批示：“隐患险于明火，防范胜于救灾，责任重于泰山。”朱镕基总理指出，要有效防范安全事故的发生，关键是要真正落实领导干部的责任制。而要使领导干部的责任制落到实处，就必须健全和完善法制，通过法制手段，严格实行领导干部行政责任追究制度。为此，国务院制订了《关于特大安全事故行政责任追究的规定》。

我们一定要认真学习江总书记、朱总理的重要讲话，深刻领会党中央和国务院关于搞好社会治安，加强安全生产工作的一系列指示精神，把社会治安和安全生产工作提到企业生存发展和改革稳定的高度来认识，切实抓紧抓好。

二、认清形势，借势整治，搞好油田的社会治安综合治理和安全生产工作

去年至今，长庆油田各级组织认真贯彻党中央一系列政策，综合治理整体上是有成效的。2000年共破获各类案件681起，打击处理803人，致人死亡案件比1999年下降50%，内部发案数比1999年下降0.09‰，“四无”单位比1999年增加0.5%，破案绝对数比1999年上升91.8%，提请逮捕228人、刑事拘留220人，收缴毒品127.8克、抓获涉毒人员98名、侦破毒品案件44起。今年1—4月份，破案126起，打击处理109人。其中涉油案件96起，矿区内部其他刑事案件30起。

当前安全生产形势比较平稳，截至4月25日，工业安全未发生上报重大事故；交通安全未发生上报重大责任事故；HSE体系建设稳步推进；生产启动工作实现了安全、平稳、高效，为全年安全生产平稳推进开了个好头。

据统计，长庆局1—4月共发生各类上报事故4起，死亡3人，轻伤2人。其中重大工业生产事故为0。交通事故4起，死亡3人，轻伤2人，各项控制指标大幅度下降。

油田公司1—4月份，共发生一般交通事故1起，重伤1人，轻伤1人，做到了“四个杜绝”。

这些成绩来之不易。这是领导重视取得的成果，是职能部门克服困难，尽职尽责的结果，特别是发挥公安保卫机关苦战勇斗作用的结果，一线民警部署达75%以上，三个采油厂公安机关达到 80%以上。油田公安是一支能打硬仗、打胜仗,值得信任、忠诚可靠的队伍。

同时,也是地企协作配合综合治理的结果。中央和国家有关部门关于保护石油企业正常生产、对油区及周边治安环境进行整治的一系列政策相继出台,国家有关部委多次来油田实地察看,引起了油区和矿区所在的省、地、县各级党委、政府和政法部门的重视。去年以来,庆阳地区公安处、北三县、油田公安处和采二公安分处在陇东油区,连续组织为期三个多月的专项整治。陕西省公安厅专门召开了陕北油区治安综合治理工作会议,在陕北油区统一组织开展了为期三个月的专项斗争。全油田范围内的取缔土炼炉、非法原油收油点、“三无”(无证、无牌、无照)黑车,取得了明显的成绩。但是,综合治理形势依然严峻,安全生产出现了一些不容忽视的问题。

关于当前和今后一个时期的社会治安综合治理和安全工作,建雄、能尚、怀新同志都讲了很好的意见,我完全同意。会后要认真抓好落实。我强调以下几点:

(1)各级领导干部要从讲政治的高度来认识严打整治工作的重要性和迫切性,增强工作的针对性和预见性,统一思想,认清形势,保证严打整治斗争的顺利进行。

江总书记指出:“做好社会治安工作,不仅是关系人民群众生命财产安全的大问题,也是关系维护社会政治稳定的大问题;不仅是关系我们人民民主专政的国家政权长治久安的大问题,也是关系我们党能不能巩固执政地位的大问题。”我们一定要从讲政治的高度,来认识做好新形势下社会治安工作的极端重要性,正确处理改革、发展、稳定的关系,紧紧围绕油田工作大局,以对党和人民高度负责的精神,切实加强社会治安工作。

各单位、各级领导干部一定要把维护社会稳定作为一项重要工作,列入重要议事日程,要切实担负起“保一方平安”的政治责任。主要领导作为维护社会治安的第一责任人,分管领导作为直接责任人,切实尽职尽责,真正做到“两手抓、两手都要硬”。

要健全和完善综合治理领导,定期分析治安形势,制订落实措施,对于涉及的重大治安问题,主要领导要亲自部署,检查督促。

要建立健全定期治安形势通报制度、重大案件追究制度、要情报告制度、督促查办制度等,使落实领导责任制逐步制度化、经常化,对因工作不力,责任不落实而发生重大问题在社会上造成严重危害后果的,要按照中央综治委、中纪委、组织部、监察部、人事部联合下发的《关于对发生严重危害社会稳定重大问题的地方实施领导责任查究的通知》精神,严肃查究,实行一票否决,决不姑息迁就。

(2)严密部署,狠抓落实,明确责任,突出重点,迅速开展一场声势浩大的“严打”整治斗争。

全国和全省治安工作会议提出了近期要集中力量抓好社会治安工作,争取两年内取得明显好转的工作目标,并对开展当前“严打”整治斗争作了严密部署,目标明确,重点突出,要求很高。

结合油田实际,对那些杀人、借机入室盗窃、抢劫、敲诈勒索、盗窃机动车辆等严重犯罪,对那些在输油管线上打眼盗油的团伙和“油头油霸”恶势力统一行动,重点突破,决不手软。

(3)广泛发动群众,加强与地方配合,突破一批大要案件,抓紧审结处理,严厉惩处,形成威慑力度。

各单位要积极组织、广泛发动职工群众,形成党政工团共同参与和齐抓共管的严打格局;

领导要亲自挂帅,发挥严打排头兵作用。要充分发挥油田治安保卫队伍的骨干作用;要积极向地方党委和政府汇报,争取地方政府、政法机关和职能部门参与油田生产外部治安环境整治,联合开展专项斗争;要遵守纪律,服从命令,把握政策。

(4)进一步加强巡逻、看守等防范工作,最大限度减少盗抢原油案件,保障生产黄金季节的原油生产平稳运行。

各单位要积极组织足够的巡逻人员,深入重点油井、大站大库和主要输油管线开展24小时不间断巡逻,最大限度减少盗抢原油案件,保障生产黄金季节的原油生产平稳运行。发挥长庆整体优势,保卫油田,守土有责,在这个问题上,不能讲条件、讲价钱。

(5)继续深入开展防爆、防火、防治安事故的大检查。

对治安防范重点部位、公共文化娱乐场所、油气集输大站大库、油气生产存储场所、液化气站、易燃易爆物品存放点、家属区、工作区、商业区、重点工程建设项目等部位,继续深入开展"四防"安全大检查。要及时收缴散失在社会上的危爆物品,进一步加强对民用危爆物品的管理,防被盗和丢失。特别是对地震用的炸药、剧毒品、列管的刀具、枪支、弹药等,必须发动群众收缴、严管。今后因工作不到位造成重大影响和损失的,必须追究有关部门和领导的责任。

(6)加强思想政治工作,及时化解调处各类矛盾,预防群体性事件发生,保持内部政治稳定。

最近,长庆局和油田公司的主要领导对当前的工作提出五条要求,首要的一条是保持全局稳定。两级机关和各级领导要带头贯彻落实。

各单位要认真做好本单位内部稳定工作,认真做好各种矛盾的排查调处工作。着力解决职工群众关心的热点、难点问题,把大量矛盾、纠纷解决在萌芽状态,化解在最基层。对发现的不稳定苗头,要及时报告,协调解决,对各种民事纠纷,要认真做好调解工作,防止因人民内部矛盾激化酿成大的事端。

(7)认真抓好安全生产工作。要认真推行HSE管理工程。以人为本,从提高人的整体素质上搞好油田安全生产工作。

(8)认真搞好"五一"节日期间的社会治安和安全生产工作。节日期间,要保持生产岗位正常生产,使全局广大职工过一个安全、愉快的节日。必须严密组织,确保公安保卫、安全生产指挥调度系统、领导值班三到位:即组织工作到位、责任到位、措施到位。谁不到位,出了问题就追究谁的责任。

同志们,加强社会治安工作,开展"严打"整治斗争,是党中央的重大战略部署,合民心,顺民意。对于油田来讲,稳定的治安环境就是经济效益,就是生产力,各级党委和各级公安机关,一定要认真贯彻全国、全省社会治安工作会议精神,全面落实"严打"整治斗争的各项任务,长庆局党委、油田公司党委、长庆局、油田公司已下定决心,借势全力以赴打好"严打"整治斗争这一仗,为油气生产建设顺利进行和广大职工家属安居乐业创造良好的治安环境。

孙玉辰同志在长庆石油勘探局"三讲"学习教育动员大会上的讲话

(2001年5月10日)

同志们:

今天,局党委、长庆局召开全局领导干部"三讲"学习教育会议,主要是贯彻落实中办发[2001]8号文件和中油党字[2001]27号文件，以及集团公司 3 月 16 日召开的“三讲”学习教育活动电视电话会议精神，安排长庆局开展以“讲学习、讲政治、讲正气”为主要内容的学习教育活动。

这次开展“三讲”学习教育活动，是集团公司落实中央关于今年在全国国有大中型企业领导班子及成员中分期分批开展“三讲”学习教育活动指示精神的重大部署，为此，集团公司党组专门下发了《关于在集团公司各企事业单位领导班子及成员中开展“三讲”学习教育活动的通知》（中油党字〔2001〕27 号）。

我们要按照集团公司的统一部署和总体要求，把这次“三讲”学习教育活动作为事关企业改革、发展、稳定的一件大事，作为当前工作的重中之重，以饱满的政治热情、严肃的政治态度、扎实的工作作风，全面完成这项至关重要的政治任务。

经集团公司党组批准的长庆局“三讲”学习教育活动实施方案已正式印发，张继昌同志还要作具体安排，希望大家认真学习，贯彻落实。下面，我主要讲五点意见。

一、必须从思想上充分认识开展“三讲”学习教育活动的重要性和必要性

为进一步推动企业的改革与发展，中央决定，今年在国有大中型企业领导班子及成员中开展以“讲学习、讲政治、讲正气”为主要内容的学习教育活动，充分体现了党中央对国有大中型企业的高度重视和关心。按照中央的要求，集团公司党组决定分期分批在各企事业单位领导班子及成员中，深入开展“三讲”学习教育活动，并专门下发了中油党字〔2001〕27 号文件，对全系统的“三讲”学习教育活动进行了认真、全面、详细的安排部署。集团公司党组要求从政治和全局的高度，充分认识开展“三讲”学习教育活动的重要意义，明确指导思想，把握基本要求，高标准、高质量地搞好“三讲”学习教育活动。在集团公司直属企业领导班子及成员开展“三讲”学习教育活动三批及另行安排的共计 125 个单位中，长庆油田被列为第一批开展“三讲”学习教育活动的单位，这是对我们长庆极大的信任，充分表明了集团公司党组对长庆油田各项工作、特别是对存续企业生存与发展的极大关心。

近两年来，我们认真贯彻执行党中央的重大决策和集团公司的总体部署，坚持实事求是，从大局出发，从长庆的整体利益出发的原则，转变思想观念，更新经营理念，制订并实施“两条基本思路”、“四大发展战略”，稳步推进企业重组改制，顺利实现了分开分立的平稳运行，全面完成了各项生产经营目标和工作任务，取得了令人鼓舞的成绩。

2000 年，面对重组改制、分开分立运行后异常严峻的经营形势，全局各级领导干部和广大职工顾全大局，创新务实，克服各种困难，取得了 21 个方面 48 项历史最好水平。但从长庆局深化改革、持续重组、推进公司制改造，从根本上寻求企业的生存与发展上来看，还存在许多新情况、新问题。在这种形势下，认真开展以“讲学习、讲政治、讲正气”为主要内容的学习教育活动，把长庆局领导班子建设成为坚强有力的战斗集体，对于巩固和发展已经取得的成绩，肩负起“二次创业”的历史使命，实现新的更大发展，必将有着重大的现实意义和深远的历史意义。

在新世纪伊始和实现长庆中、近期发展目标的关键时刻，我们具有良好的发展机遇，也面临着严峻的挑战，“二次创业”的任务还非常艰巨。

在客观上，具体表现为：

一是随着全球经济一体化和我国即将加入世界贸易组织，国内石油石化工程技术服务市场，特别是石油天然气勘探开发、生产建设关联交易市场的进一步开放，市场竞争更加激烈。

二是存续企业市场竞争力弱、思想观念滞后这“一明一暗”两大矛盾，依然是制约长庆局生存与发展的“瓶颈”问题，强化市场观念，更新经营理念，持续重组改制的任务还非常艰巨。

三是长期遗留下来的结构性矛盾仍然十分突出，计划经济条件下形成的旧的管理体制还未进行实质性变革。

四是随着长庆局内部产权结构、产业结构、产品结构、组织结构、队伍结构的调整和管理体制及运行机制的逐步变革，一些深层次的矛盾正在逐步显现，困难企业扭亏解困的任务还十分繁重。

五是企业发展后劲不足，缺乏市场发展前景看好、经济效益较高和高技术含量、高附加值的支柱产业和主导产品，大市场、低效益和结构性矛盾突出、队伍庞大、冗员过多、劳动生产率不高的问题还没有得到很好的解决，开拓市场、谋求发展以及减员增效的困难和压力越来越大，经营形势愈加严峻。

六是管理上的“低、老、坏”现象有所抬头，资金管理、成本管理、质量安全管理等还不能适应市场发展的需要。

七是由于受内外部条件、环境的变化和多方面因素的影响，领导班子建设和职工队伍建设上也遇到了前所未有的新情况和新问题。

在主观上，领导班子及成员存在的突出问题主要表现为：面对这些困难和矛盾，领导班子及成员思想观念相对滞后，对搞好长庆局改革、生存与发展的信心仍显不足，心理素质和承受能力还不强，精神状态还不够良好；对改革改制、关联交易中出现的重大、复杂问题，还不够沉着、冷静，程度不同的存在着畏难和急躁情绪，怨气较多，应对措施还较少且不够坚强有力；联系实际调查研究还不很深入；民主与集中的关系处理得还不十分好，党政班子的内聚力还不十分强，班子成员之间的协商、配合、沟通还需进一步加强。

江泽民总书记曾明确指出：“在发展社会主义市场经济的广泛而深刻的变革中，国有企业的改革和发展，都面临着一些亟待解决的深层次矛盾和问题：一些企业经营机制不活，生产经营面临困境，经济效益下降，负债率过高，富余人员较多，社会负担沉重，部分职工生活比较困难。”“这些都是前进和发展中的问题。我们既要高度重视，又要坚定信心，采取切实有效的措施，努力加以解决。”

吴邦国副总理在谈到“三讲”学习教育活动的成效时指出：“三讲”应当解决好的首要问题是，一定要使领导班子及成员在讲政治问题上有新的提高，看其是否坚定了搞好国有企业的信心和决心，是否树立了坚定正确的理想信念，是否有一个良好的精神状态，是否将职工群众的冷暖放在心上。通过“三讲”学习教育活动，要出现四个“新”：领导班子的精神面貌有新变化，企业在提高市场竞争力上有新举措，企业的党群关系、干群关系有新改善，企业党组织的凝聚力和战斗力有新提高。

马富才总经理在集团公司“三讲”动员大会上的讲话中也明确指出：“我们要通过‘三讲’学习教育，进一步坚定政治理想信念，坚定搞好国有企业的信心，充分发挥国有大中型企业‘国民经济的支柱’作用，‘参与国际市场竞争的主力’作用，‘实行和扩大对外开放的中坚’作用，使集团公司的改革和发展符合我国先进生产力的发展要求。”“要实现集团公司“十五”发展目标，面临着许多困难和矛盾，尤其是存续企业在完成平稳过渡后如何走出困境、实现新的发展，是集团公司在“十五”期间着重谋划和解决的大问题，各级领导班子及成员一定要从政治和全局高度，充分认识开展“三讲”学习教育活动的重要性、必要性和紧迫性，以高度的政治责任感、良好精神状态和求真务实的态度，把这次“三讲”学习教育活动切实抓紧抓好，确保达到预期效果。”

要在市场经济的新形势下，继续保持和发扬石油工业的优良传统和作风，始终保持艰苦奋斗、奋发图强的精神风貌，努力开创长庆局

“二次创业”和各项工作的新局面，在很大程度上取决于局、厂（处）领导班子及成员，能不能通过深入学习，提高驾驭复杂局面和处理复杂现实问题的能力；能不能通过学习，提高理论修养，站在讲政治的高度来观察、分析和处理问题，树立良好的形象和作风，有一个广大职工为之信赖的、具有良好素质和精神状态的领导班子。

在改革处于攻坚、生存与发展处于关键阶段、“十五”规划处于起步开局的关键时期，我们按照中央和集团公司党组的统一部署和要求，深入开展“三讲”学习教育活动，旨在切实解决领导班子及成员中存在的党性党风方面的主要问题，切实解决好职工群众普遍关注的突出问题，真正使两级领导班子及成员在思想上、政治上和行动上受到一次新的洗礼和锤炼，进一步增强迎接挑战、战胜困难的勇气和信心。这是把江泽民同志“三个代表”重要思想贯穿到长庆局各项工作中的重要举措，对于加强长庆局和厂（处）领导班子思想政治建设，切实树立起“创新、开放、简捷、明确、责任、自信”的经营理念，全面实施“两条基本思路”、“四大发展战略”，坚持以市场为导向，以改革为动力，以管理为手段，以调整结构为重点，以效益为目的，进一步提高思想政治水平和领导能力，增强凝聚力和战斗力，加快产权制度改革，推进公司制改造，保证长庆局“二次创业”战略目标的顺利实现，必将产生极其重要的推动作用。

我们要认真贯彻落实中央和集团公司的要求，从政治和全局的高度，充分认识开展“三讲”学习教育活动，是把江泽民总书记“三个代表”重要思想贯彻落实到长庆局各项工作中的重要举措，是贯彻落实党中央、国务院对石油石化工业重要指示和集团公司各项重要工作部署及重大决策的客观要求，是实现集团公司、长庆局“十五”改革和发展目标的重要保证，是加强领导班子建设、提高领导干部队伍素质的迫切需要。我们要以高度的责任感和求真务实的态度，扎扎实实地搞好这次“三讲”学习教育活动，确保“三讲”学习教育活动取得实实在在的效果。

二、长庆局开展“三讲”学习教育活动的指导思想和基本要求

根据集团公司党组的要求，结合长庆局的实际，这次长庆局“三讲”学习教育活动总的指导思想是：以邓小平理论和江泽民同志“三个代表”重要思想为指导，认真贯彻中办发［2001］8 号、中油党字［2001］27 号文件精神，坚持把“三讲”学习教育活动与贯彻落实党的十五届四中、五中全会和集团公司、长庆局 2001 年工作会议精神，与推动企业改革发展稳定工作，实施长庆局“两条基本思路”、“四大发展战略”和“十二字”经营理念，加强领导班子建设，提高领导干部思想政治素质紧密结合起来；坚持从长庆局实际出发，针对市场竞争力弱、市场观念滞后两大矛盾，认真解决影响当前改革与发展的突出问题，求真务实，讲求实效，注重使领导干部在重大问题上统一思想，形成共识，振奋精神，增强信心，促进企业改革、发展和稳定；坚持以自我学习、自我教育为主，找准领导班子和领导干部存在的主要问题，解决好群众普遍关注的突出问题，切实做到思想上有明显提高，政治上有明显进步，作风上有明显转变，纪律上有明显增强，努力开创长庆局“二次创业”的新局面。

通过这次“三讲”学习教育活动，要努力在以下五个方面取得明显的阶段性成果：

一是统一思想认识，贯彻“两条基本思路”，树立全新经营理念，增强搞好改革、促进发展的信心和决心，使领导班子和领导干部的精神面貌有新的变化。主要看：领导班子及领导干部在贯彻执行中央、集团公司和局党委、长庆局关于企业改革、发展、稳定，以及“两条基本思路”等一系列重大路线方针政策上，思想认识统一了没有；面对企业生存发展的严峻挑战，搞好企业的信心和责任感增强了没有；面对日益激烈的市场竞争，“创新、开放、简捷、明确、责任、自信”的全新企业经营理念是否切实树立起来；是否具有以超人的胆识和气魄带领职工群众艰苦奋斗、改革创新、锐意进取的良好精神状态。

二是积极推进改革改制，全面实施“四大发展战略”，增强开拓创新意识，在提高企业市场竞争力和经济效益上有新的举措和新的突破。主要看：领导班子和领导干部思想观念、经营理念是否真正从传统的计划经济体制转变到了社会主义市场经济体制上来；发展为本、效益至上的思想是否真正确立，市场意识、服务意识、质量意识、竞争意识、风险意识、大局意识、效益意识有没有明显增强；结构调整和以产权制度为重点的企业改革是否取得了突破性进展，企业经营机制是否发生了明显转变，整体实力和活力得到显著增强；企业改革和发展是否有了新的思路、新的举措和明确的奋斗目标，并成为广大职工的共识和行动。

三是坚持党性原则，加强组织纪律性，使领导班子及领导干部的大局意识和全局观念得到明显增强。主要看：领导班子及领导干部贯彻执行党和国家的各项方针、政策、法规是否坚决，对集团公司和局党委、长庆局的各项重要决策是否有令则行，有禁则止；是否顾全大局，把促进长庆油田的整体持续、稳定、协调发展，维护长庆局的整体利益放到首位，以个人利益、局部利益服从整体利益；是否能正确处理改革、发展、稳定三者的关系，在改革与发展中保持职工队伍和大局的稳定。

四是切实转变作风，增强勤政廉政意识，使党群、干群关系有新的改善。主要看：领导班子及领导干部是否全心全意依靠职工群众，建立了密切联系群众的各项制度；有关民主监督的程序及规章制度是否建立健全并得到严格执行；中央、集团公司和局党委、长庆局有关加强党风廉政建设的各项规章制度是否得到真正落实，职工群众反映强烈的问题是否得到了妥善解决。

五是加强党的建设、领导班子建设和思想政治工作，使党组织的凝聚力和战斗力有新的提高。主要看：领导班子是否自觉坚持“两手抓、两手都要硬”的方针，从组织上、制度上规范党组织参与企业重大决策的途径和办法；领导班子及领导干部是否认真坚持民主集中制，民主生活会制度是否严格执行、见到成效；长庆局上下之间、不同工作分工之间是否能在重大问题上及时沟通、协调运行，以及与油田公司之间在当前和今后一个时期工作中应共同把握的五个重大原则是否得到深刻领会、准确把握；是否切实加强了党对企业思想政治工作、精神文明建设、群众组织的领导，充分发挥了党组织的政治核心作用。

特别是要在以下两个方面，真正取得实实在在的效果：

一方面要切实解决好领导班子及成员精神状态问题，重点是解决好班子及“班长”的精神状态问题，增强搞好长庆局改革、生存与发展的信心和决心。

另一方面要切实解决好领导班子及成员存在的影响长庆局改革、生存与发展的重大问题，以及职工群众普遍关注的突出问题，重点是要找准、解决好班子及“班长”存在的主要问题。

三、长庆局领导班子及成员开展“三讲”学习教育活动的安排部署及方法步骤

关于这次“三讲”学习教育活动的范围和对象，集团公司界定为直属企业领导班子及成员。对于长庆局来讲，除长庆局党政班子及成员作为重点外，局属各单位党政班子及成员也要进行“三讲”学习，进一步提高认识，统一思想，增强信心。

根据中油党字［2001］27号文件精神，结合长庆局实际，这次“三讲”学习教育活动从

5月 10 日开始，6 月 10 日结束，大约用 1 个月的时间，分三个阶段完成。

第一阶段：学习理论，提高思想认识阶段。

(1) 认真搞好思想动员。长庆局领导班子在“三讲”学习教育活动开展之前，要认真学习中办发［2001］8 号、中油党字［2001］27 号文件和关敦、马富才、郑虎同志在集团公司开展“三讲”学习教育活动电视电话会议上的讲话精神，以及中央组织部、集团公司关于开展“三讲”学习教育活动的实施方案，掌握各项原则、政策和要求。从一开始，就要首先切实在领导班子内部做好思想动员工作，通过学习讨论，提高对“三讲”学习教育活动重大意义的认识。长庆局开展“三讲”学习教育活动，要以这次动员大会为标志，按照局党委的安排部署和具体要求，严格程序、紧张有序地开展工作，要严肃、真诚地发动职工群众积极参与并帮助长庆局领导班子搞好“三讲”学习教育活动。

(2) 深入抓好理论学习。学习的主要内容是：江泽民总书记在十五届五中全会、中纪委五次全会、中央工作会议以及全国宣传部长会议上的重要讲话，党中央、国务院和中央领导同志关于发展我国石油石化工业的重要指示，吴邦国同志在国有大中型企业“三讲”学习教育活动工作会议上的讲话和《国有企业“三讲”学习教育活动必读》等。理论学习要采取自学与集中讨论相结合的办法，力求吃透精神，领会实质。在通读、学习必读篇目的基础上，长庆局将举办“三讲”学习教育培训班，对局机关处室及厂处单位领导班子及成员集中进行政治理论培训，帮助局机关处室及厂处单位领导干部加深对党的方针政策的理解，统一事关长庆局改革、生存与发展大局的重大问题的认识。集中培训采取上党课的方式，进行党性党风党纪和形势任务教育，同时邀请集团公司有关专家讲课，边学习提高，边查找问题，并集中 2 天左右的时间进行专题讨论，边学习提高、边查找问题。学习讨论中要大力弘扬理论联系实际的学风，紧密联系长庆局改革与发展的实践，特别是重组改制、分立运行一年来的实践，做到边学习边联系、边读书边思考，真正做到理论联系实际，实事求是，学有所得，习有所获，统一思想，提高认识。

(3) 充分发扬民主，广泛征求群众意见。在学习理论、提高认识的同时，要充分发扬民主，通过发放书面征求意见表、设立意见箱、召开座谈会和个别访谈、设立公开电话（“三讲”学习教育活动办公室电话：6594992；纪检监察处办公室电话：6593520）等多种途径，征求各级领导干部和职工群众的意见与建议，特别是从最了解情况的人员中听取意见与建议。

第二阶段：自我总结，查找问题，开展批评与自我批评阶段。

(1) 认真搞好个人总结。在学习提高的基础上，长庆局领导班子成员按照自重、自省、自警、自励的要求，对近 3 年来的思想、工作和廉洁自律等方面的情况进行对照检查、回顾总结。认真查找存在的突出问题，深入分析产生问题的原因，认真总结经验教训，写出自我总结材料。按领导分工，组织机关各部门和长庆局“三讲”培训班学员，分成 5 个评议组，分别对长庆局领导个人总结进行评议。长庆局领导班子及成员的自我总结材料和民主评议归纳后的群众意见，由第一责任人和集团公司指导检查组向领导班子及本人反馈评议意见。

(2) 认真开展批评与自我批评。在认真搞好自我总结的同时，领导班子成员之间要开展谈心和交心活动，坦诚交流思想，互相帮助，增进了解和沟通。在此基础上，结合民主评议意见，召开领导班子专题民主生活会，按照“团结—批评—团结”的公式，以批评与自我批评为武器，敢于正视问题，敢于触及思想，分清思想是非，切实解决领导班子及成员思想和工作中存在的缺点和错误。

第三阶段：制订整改方案，落实整改措施。

针对查找出来的影响当前企业改革与发展、群众反映强烈的突出问题，领导班子要集体研究制订切实可行的整改方案和措施，落实整改时间，责任到人。把领导班子及成员思想政治上的提高，转化为增强“二次创业”的责任感和使命感，深化改革、持续重组、加快发展、保持稳定的强大精神动力；同时，整章建制，规范运行，进一步巩固“三讲”学习教育的成果。要召开领导班子“三讲”学习教育活动总结会议，公布整改方案和措施，总结“三讲”学习教育活动情况。会后要继续加强对整改措施的落实。整改方案要报送集团公司“三讲”学习教育活动办公室。

在这次“三讲”学习教育活动进展过程中，要有重点地借鉴、吸收集团公司、地方党政机关和兄弟单位开展“三讲”学习教育活动的成功经验，努力探索具有长庆特色的好做法、新经验，高标准、高质量地圆满完成“三讲”学习教育活动的各项任务。

四、局机关处室和各厂处级单位领导班子及成员开展“三讲”学习教育活动安排

局机关处室和各厂（处）级单位领导班子及成员，主要是开展一次“三讲”学习活动。重点是学习理论，提高认识，统一思想，帮助长庆局领导班子及成员，找准、解决好影响长庆局改革、生存与发展的重大问题，以及职工群众普遍关注的突出问题。在学习活动的时间安排上，应与长庆局领导班子及成员“三讲”学习教育活动同步进行。

机关处室和各厂（处）级单位领导班子及成员在参加长庆局“三讲”学习教育活动动员会之后，要结合具体情况，发扬理论联系实际的学风，坚持以自学为主，并充分利用中心组学习时间，采取自学与集体学习、学习与讨论相结合的方式，重点学习中办发［2001］8号、中油党字［2001］27号文件，学习马富才同志在集团公司开展“三讲”学习教育活动电视电话动员大会上的讲话、《国有企业“三讲”学习教育活动必读》等，针对存在的突出问题，开展专题讨论，认真分析原因，总结经验教训，自我检查，自我总结。通过学习讨论，努力在理论与实践的结合上不断提高认识，使领导班子及成员在政治思想、党性观念、开拓创新、廉洁勤政等方面有一个大的转变，真正树立起搞好国有企业的信心，增强搞好改革与发展的责任感，提高驾驭市场经济和处理复杂问题的能力。

五、加强领导，严密组织，圆满完成“三讲”学习教育的各项工作任务

集团公司党组《关于在集团公司各企事业单位领导班子及成员中开展“三讲”学习教育活动的通知》（中油党字［2001］7号）文件中明确指出：“要加强对‘三讲’学习教育活动的组织领导，做到组织严密，计划严谨，方案切实可行，确保达到预期目的”、“各单位要切实加强对‘三讲’学习教育活动的组织领导，党委书记为第一责任人”。

为此，局、处两级领导班子及成员，首先要在思想上深刻认识深入开展“三讲”学习教育活动，是把江泽民同志“三个代表”重要思想贯彻落实到长庆局各项工作中去的重要举措，是实施“两条基本思路”、“四大发展战略”，促进存续企业改革发展稳定的重要保证，是加强领导班子建设，提高领导干部队伍素质的迫切需要。

一是要把学习宣传、贯彻落实“三个代表”重要思想贯穿“三讲”学习教育活动始终。中央决定在国有大中型企业领导班子及成员中开展“三讲”学习教育活动的根本目的，就是为了学习贯彻江泽民同志“三个代表”的重要思想，把“三个代表”的要求落实到企业改革与发展的各项工作中去，从而更好地实现党对国有企业的领导，促进国有企业的健康发展。因此，在学习教育活动中，要始终坚持以“三个代表”重要思想为指导，把“三个代表”的要求体现到学习教育活动的每个环节和全过程。

二是在找准和解决好领导班子及成员存在的影响企业改革与发展的突出问题上下功夫，在找准和解决好群众关心的突出问题上下功夫。找准和解决突出问题，关键要处理好“三个关系”，即：第一，要处理好找准、解决突出问题与解决一般问题的关系。重点放在解决突出问题上，突出问题找得准、解决得好，“三讲”学习教育活动就能取得实效。第二，要处理好找准、解决班子问题和解决个人问题的关系。重点放在解决班子问题上，班子问题和班子成员问题是密切相关的，班子每个成员特别是“班长”，要结合班子存在的问题找出自身的差距与不足，真正从发挥班子整体功能的角度，切实找准、解决好班子和个人的问题。第三，要处理好找准、解决影响企业改革、发展的重大问题与群众反映强烈的突出问题的关系。重点放在解决影响企业改革、发展的重大问题上，要对职工群众的反映，特别是反映强烈的突出问题给予高度重视，并实实在在地加以解决。要集中精力，认认真真研究出企业改革与发展的战略决策，制订切实可行的措施，一步一步地贯彻落实。

三是要把“三讲”学习教育活动与长庆局生产经营中心工作紧密结合，切实做到“两不误、两促进”。长庆局这次开展“三讲”学习教育活动，就是要紧紧围绕存续企业的改革、发展、稳定的各项工作来组织实施，绝不能脱离生产经营中心工作孤立地搞“三讲”。要妥善处理学习教育活动与生产经营工作的关系，在时间和步骤上周密安排，既保证“三讲”教育的顺利开展，又实实在在推动企业生产经营工作，真正做到“两不误、两促进”。

四是要注意把握好“三讲”学习教育活动的有关重要政策，用正确的方式方法指导、推进学习教育活动。“三讲”学习教育活动是一项政策性很强的政治工作，只有严格掌握政策，才能保证“三讲”健康顺利地推进，避免出现大的偏差。我们要严格按照中办发［2001］8号文件的有关规定办事，在具体工作中要注意把握好这样几点：第一，在学习教育活动中，既不回避矛盾，又要严格按党的政策办事，不搞人人过关。第二，在查找问题、开展批评与自我批评阶段，主要是进行自我剖析，不搞民主测评。第三，要加强正确引导，把握住重点、把握好方向，避免在细枝末节上纠缠不休，既要防止把批评和自我批评有意淡化，又要防止庸俗化。第四，要辩证和客观公正地分析、看待领导班子及成员中存在的问题。对企业在深化改革中遇到的一些新情况新问题，要进行客观、全面的分析，加以正确看待；对企业领导班子及成员在严格管理中产生的某些群众意见，要客观公正地分析和评价；对勇于改革、大胆探索、敢抓敢管的干部，要注意保护好他们的积极性。

五是要坚持高标准、严要求，克服形式主义，防止走过场。根据企业生产经营活动连续性和时效性的特点，妥善处理好“三讲”学习教育与生产经营工作的关系。目前正是油田生产建设、施工作业的黄金季节，鉴于此，我们更要统筹兼顾，突出重点，在学习教育活动进展过程中，尽量少占用工作时间，有些活动可安排在业余时间进行。在领导分工、力量搭配、时间安排上，要力求科学、合理、有序，切实做到“三讲”学习与生产经营“两不误、两促进”，并以“三讲”推进企业的改革和发展。

六是要抓好“三讲”学习教育活动全过程的宣传工作。局、处两级党委的职能工作部门，都要把“三讲”学习教育作为当前一项十分重要的工作，齐抓共管，形成合力，采取多种形式、多种途径，广泛进行思想动员，形成领导干部高度重视、职工群众积极参与的“开门”搞“三讲”的良好氛围，并及时发现和总结经验，树立和宣传典型，确保“三讲”学习教育活动的质量和实效。

七是要广泛发动群众积极参与，认真听取职工群众的意见。“三讲”给领导班子及成员提供了一个听取群众批评意见、改进工作的好机会，我们班子的每个成员都应该倍加重视和珍惜。要广开言路，依靠群众帮助领导班子及成员搞好自我总结和民主评议。领导干部要有“闻过则喜”的胸怀和“有则改之、无则加勉”的态度，诚心诚意接受群众的批评。要鼓励大家消除顾虑，敞开思想，以对党、对事业、对同志高度负责的精神，积极参加民主评议。对勇于提出批评意见的同志，应予以鼓励，不允许以任何借口打击报复。在收集和听取群众意见的过程中，要采取一切有效办法和形式，尽可能提高广泛性、深入性和真实性。在这里，我代表局党委和党政班子全体成员郑重表示：诚恳希望广大干部职工积极参与民主评议，多给我们提出批评意见。不管这些意见多么尖锐，我们都会持欢迎态度，期望有更多的同志帮助党政班子成员搞好“三讲”学习教育活动。这既是局党委的热切希望，也是局党委的郑重承诺。局、处两级领导班子及成员，对职工群众的批评意见，都应当采取欢迎和诚恳对待的态度。

八是要把这次深入开展“三讲”学习教育活动作为事关大局的一项政治任务来抓。切实加强对“三讲”学习教育活动全过程的组织领导，必须做到组织严密，计划严谨，方案切实可行，确保达到预期目的。按照集团公司的要求，经局党委研究，长庆局专门成立了“三讲”学习教育活动领导小组，下设办公室，并成立综合组、组织协调组、指导检查组、学习宣传组。领导小组及办公室全面负责“三讲”学习教育活动文件、材料的草拟，活动的组织督查和协调服务工作。各单位也要加强对“三讲”学习活动的组织领导，党委书记要切实承担起第一责任人的责任，做到认识到位、工作到位、责任到位，既要以身作则，带头学习，带头剖析自己，又要切实加强具体指导。中央和集团公司的指示已经很明确，长庆局的实施方案也已报经批准并正式出台，我们的“三讲”学习教育活动能否见到明显成效、达到预期目的，关键还在于领导班子的认识和决心。领导班子成员都要统一思想，统一认识，尽职尽责，在开展“三讲”学习教育活动期间，没有特殊情况，原则上不要外出，确需因公外出的，也要严格执行长庆局请示报告等有关工作制度，认真履行请销假手续，以对上级、对组织、对自己严肃、负责的态度，认认真真搞好“三讲”学习活动。各单位要制定切实可行的“三讲”学习计划，列出运行大表，及时汇报工作，并于5月31日前将学习教育活动总结报长庆局“三讲”学习教育活动办公室。

同志们，这次动员大会之后，长庆局的“三讲”学习教育活动就全面、正式地展开了。我们一定要按照集团公司党组的统一部署，认真组织实施局党委《关于开展“三讲”学习教育活动的实施方案》，高标准、严要求、高质量地圆满完成“三讲”学习教育各项工作任务，并以此推动长庆局2001年八项重点工作的落实和经营目标的实现，不辜负集团公司党组、集团公司的重托和信任，不辜负全局广大干部职工的厚望。我们坚信，在集团公司指导检查组的督促检查和指导帮助下，在局党委的正确领导和精心筹划下，在广大干部职工的热情支持和积极参与下，只要我们高度重视，统筹安排，精心组织，有序运作，就一定能够圆满完成这次“三讲”学习教育任务，取得阶段性的重要成果，为长庆局“二次创业”提供强大的精神动力和思想保证！

孙玉辰同志在长庆石油勘探局纪念建党 80 周年大会上的讲话

（2001 年 6 月 28 日）

同志们：

今天我们召开纪念中国共产党建党 80 周年大会。会上，表彰了 32 个先进党支部、102 名优秀党员和 31 名优秀党务工作者，宣讲了先进事迹，会议开得非常有意义。

80 年前，我们党从诞生之日起，就确立了工人阶级先锋队的性质，并把党的先进性作为立党之本。80 年来，我们党由小变大、由弱变强，领导全中国人民浴血奋战，进行了艰苦卓绝的斗争，推翻了压在中国人民头上的“三座大山”，夺取了新民主主义革命的彻底胜利，建立起人民当家作主的新中国。

改革开放 20 年来，我们党领导人民在错综复杂的国际国内环境下，取得了社会主义建设和改革开放举世瞩目的伟大成就。

历史表明，我们党始终代表了中国先进社会生产力的发展要求，始终代表了中国先进文化的前进方向，始终代表了中国最广大人民的根本利益。我们党是一个伟大、光荣、正确的党。中国共产党的领导是历史的选择，人民的选择。没有共产党就没有新中国，没有共产党就不可能实现民族振兴、国家富强和人民幸福。在新的历史条件下纪念党的诞辰，更加增强了我们的历史责任感和完成长庆局“二次创业”的信心。

一、学习党的光辉历史，坚定党的理想信念，认真贯彻“三个代表”的重要思想

中国共产党从 1921 年创建初期的 50 多名党员，发展到今天拥有 6400 多万名党员的执政大党，80 年来，经历了革命、建设和改革三个历史时期，创造了惊天动地的伟业。重温党的光辉历史，对于我们在新的形势下，坚定党的理想信念，落实“三个代表”的要求，实现振兴中华的第三步战略目标都具有十分重要的意义。

我们党是在艰苦的革命斗争实践中发展起来的。1917 年，俄国十月革命的胜利，为在黑暗中探索的中国人民指明了一条新的出路。1919 年，爆发了“五四”爱国运动，促进了马克思列宁主义与中国工人运动的结合，为中国共产党的成立在思想上、组织上做了准备。1921 年 7 月 23 日，中国共产党第一次代表大会在上海举行，这标志着中国革命有了一个坚强的领导核心。

党从诞生之日起，就为民族的解放，人民的幸福，冲锋陷阵，流血牺牲，赢得了广大人民群众的拥护和支持。新中国建立后，党又领导全国人民进行大规模的社会主义改造和社会主义建设。全国人民与党同心同德，艰苦奋斗，建立起独立自主的国民经济体系，人民群众的生活水平得到了明显改善，“两弹一星”等一批尖端科技成果的研制成功，让中国人扬眉吐气，令世界刮目相看。

1978 年，党的十一届三中全会确定了改革开放的方针，实现了建国以来党的历史上的伟大转折。党在极其复杂的社会条件下，解放思想，实事求是，不断进行理论创新和实践创新。在改革实践中，党不断纠正自身出现的偏差和错误，排除各种干扰，坚持“两手抓”和改革、发展、稳定三统一的方针，着力于生产力的发展、文化的进步和人民生活水平的提高，取得了社会主义精神文明建设和物质文明建设的巨大成就。

我们党是用马克思列宁主义、毛泽东思

想、邓小平理想武装起来的党。以毛泽东同志为核心的党的第一代领导集体，在实践中制订了新民主主义革命的总路线和基本纲领，实现了马克思主义与中国革命具体实践相结合的第一次历史性飞跃，形成了毛泽东思想。

党的十一届三中全会以来，以邓小平为核心的第二代领导集体，总结建国以来正反两方面的经验教训，解放思想，实事求是，实现了全党中心工作的转移，实行改革开放，逐步形成了建设有中国特色社会主义的路线、方针、政策，创立了邓小平理论。这是毛泽东思想在新的历史条件下的继承和发展。

党在数十年领导革命和建设的实践中，为我们留下了许多宝贵的精神财富和历史经验。认真学习和借鉴这些经验，对于我们完成长庆局二次创业的任务，具有重要的现实意义。

重温党的光辉历史，我们一定要保持和发扬党的优良传统和坚持实事求是、理论联系实际的好学风；坚持理论创新、实践创新，搞好企业改革；坚持党的民主集中制原则，坚决同党中央保持一致；保持艰苦奋斗的革命精神，勤政廉政，建设好各级班子和职工队伍。我们要更加紧密地团结在以江泽民同志为核心的党中央周围，进一步坚定党的理想和信念，提高我们贯彻执行党的路线、方针、政策的自觉性，加快长庆局各项事业的发展，顺利实现长庆局改革发展的战略性目标。

二、提高认识，大力加强各级党的建设，增强党的凝聚力、战斗力

我们纪念党的生日，其根本目的就在于增强全体党员的理想信念，树立正确的世界观、人生观、价值观，艰苦奋斗，无私奉献，在各项工作中充分发挥共产党员的先锋模范作用，增强党的凝聚力、战斗力。

第一，学习“三个代表”的重要思想，加大改革力度，作改革的促进派。

企业重组改制后，长庆局所处的内外环境都发生了很大变化，面对激烈的市场竞争，企业的生存发展遇到了严峻挑战。在这种情况下，部分党员干部信心不足，对企业的发展前景认识模糊，甚至悲观失望。

马富才同志最近来长庆视察时多次强调，要加大改革的力度，加快三项制度改革的步伐，大力调整结构，用发展和改革解决深层次的矛盾。

当前各企业的重组改制，是适应市场的需要，是大势所趋。我们党作为先进生产力的代表者，就必须随时自觉地调整生产关系，使其更加适应生产力发展的需求。作为共产党员，必须在困难时显露本色，振奋精神，带领职工克服困难。必须在事关全局的大事上与党组织保持高度的一致，在思想上和行动上，作改革改制的促进派。

当前，长庆局存在着两个不适应，即市场观念滞后和缺乏竞争力。这是长期计划经济沉淀下来的矛盾，必须进行脱胎换骨的改造。为了适应新的形势，长庆局确定了“坚持围绕长庆油气发展而发展，坚持以市场为导向促进内部管理水平的提高”的“两条基本思路”和“市场开发战略、质量效益型经营战略、多元化发展战略、科技进步和人才开发战略”等“四大发展战略”，确立了长庆局逐步进行公司制改造、建立现代企业制度的“二次创业”的宏伟目标。

这种新形势对企业加强党的思想建设、组织建设提出了新的要求。我们必须改造自己的思想，逐步调整结构，增强党的凝聚力、战斗力，去适应市场的需要。只有“适应”才能发展，也只有企业发展了，个人的利益才能得到根本的保证。因此，企业的各级党组织，必须教育党员和职工转变观念，用改革与创新，保证企业发展目标的实现，这是国有企业加强党的基层建设的中心任务。

第二，加强党的建设和思想政治工作，确保大局稳定，争取有利时间，顺利实现长庆局二次创业的宏伟目标。

长庆局要在三五年内，按照建立现代企业制度“产权清晰、责权明确、政企分开、管理科学”的要求，建立起法人治理结构。要逐步深化产权、产业制度的改革，大力发展工程技术服务主导产业；按“新、高、精、专”的要求改造、提升生产服务业；壮大多元化经济的实力；加快联合开发低效油田的步伐，形成新的经济增长点等等。

为实现这个总体目标，长庆局制订了具体的实施规划和措施以及相应的配套政策。去年，我们在十分困难的情况下，在 21 个方面取得了 48 项新的成果，这更加坚定了广大党员干部二次创业的信心。今年 1—6 月份，经过广大职工的共同努力，又取得了完成全年生产、经营目标的主动权，职工精神面貌发生了很大变化。

但也必须清醒地看到，由于社会上消极因素的影响，使部分党员的价值观被扭曲；一些腐败现象的存在，使少数党员干部失去前进的信心；个人收入差距的拉大，也在党员中产生了不稳定的情绪。今年以来，石油系统部分单位上访事件时有发生，甚至围堵、冲击机关，非法组织团体和集体进京上访。按照最近集团公司关于做好稳定工作的指示精神，我们在纪念党的生日的时候，要教育每位共产党员从讲政治、讲大局和“三个代表”重要思想的高度，正确对待眼前利益和长远利益、局部利益和全局利益的关系，保持清醒的头脑，顾全大局，维护稳定，增进团结，力图发展。

各单位党政主要领导是保证大局稳定的第一责任人。要及时了解职工的工作和生活情况，切实解决存在的问题和困难。对别有用心搞幕后策划和聚众闹事者，要主动协同当地政府和公安部门给予严厉打击。

各级党组织都要结合本单位的实际情况，开展有针对性的思想政治工作，使广大党员、干部、群众进一步树立危机意识、竞争意识、服务意识和开拓创新意识；要充分认识当前的机遇难得，千万不能丧失；要珍惜稳定的大好局面，争取时间办好自己的发展大事；要继续开展“党员责任制、党员模范岗”活动，让共产党员在企业改革改制、市场开发、生产经营、维护稳定等各项工作中发挥模范带头作用，带动全体职工，为实现长庆局的工作目标，开创“二次创业”的新局面做出贡献。

第三，大力培养和树立先进典型，锻造长庆局“求生存、图发展”的坚实“脊梁”。

今天的大会上，我们所表彰的 102 名优秀共产党员、31 名优秀党务工作者，都是长庆局在重组改制、开拓市场过程中，涌现出来的先进典型，他们是全局职工的优秀代表，也是我们“求生存、图发展”的希望所在。他们的先进事迹使全体共产党员和全局广大干部、职工受到教育和鼓舞。

市场经济，不仅需要继续发扬艰苦奋斗的无私奉献精神，还需要科学技术和科学管理。我们要把培养先进典型和人才开发结合起来，使先进典型成为各方面的带头人。为此，长庆局所制订的“四大发展战略”中，科技进步和人才开发战略就是其中之一。我们不仅要建立开放的人才市场，引进高层次专业人才，还要加大人才的培养力度，提高人才的综合素质。

各级党组织要注意在尖子人才中发展党员，使之学有专长、用有所长。有了这样一批德才兼备的先进的骨干队伍，长庆局“二次创业”就有了根本保证。

三、认真学习贯彻集团公司马富才总经理等领导来长庆视察时的重要讲话精神，抓住机遇，加快长庆发展步伐

6 月 11—20 日，集团公司总经理马富才等领导来长庆检查指导工作，作出了加快鄂尔多斯盆地油气资源勘探开发步伐的重大部署，为长庆局今后加快改革步伐，实现发展目标创造了有利条件。

马富才总经理、黄炎副总经理、罗英俊副总裁等领导在油田视察期间，先后深入到苏里格、乌审旗、安塞、靖安、陇东等油气田，看望了钻井、井下、采油采气等24个基层队(站)、近千名职工，接见了28个厂、处单位的领导干部，对长庆的工作给予了高度的评价。经过实地考察和现场办公，集团公司决定把鄂尔多斯盆地作为“十五”期间加快发展的重点地区之一，也把这一地区作为东西部石油资源接替的重要战场之一。提出了2005年要在鄂尔多斯盆地建成1200万吨原油年生产能力，100亿立方米的天然气年生产能力的勘探开发目标。6月22日，局党委常委（扩大）会议专题学习了马总等领导同志的重要讲话，就如何进一步传达贯彻这些指示精神进行了安排和部署。

第一，搞好“三讲”学习教育的整改工作。

长庆局领导班子及成员的“三讲”学习教育活动，按照集团公司中油党字［2001］27号文件的要求，从5月22日开始，到6月22日结束，在集团公司“三讲”指导检查组的指导帮助下，经过局领导班子及成员和大家的共同努力，较好地完成了学习教育的各项任务，基本达到了预期目的。

通过这次“三讲”学习教育活动，进一步认识到，开展“三讲”学习教育活动是把江总书记“三个代表”重要思想贯彻落实到长庆局各项工作中去的重要举措；是进一步加快长庆局改革和发展的客观要求；是实施“两条基本思路”、“四大发展战略”，实现长庆局“二次创业”目标的重要保证；是加强班子建设，提高班子成员思想政治素质的迫切需要。进一步增强了贯彻江总书记“三个代表”重要思想，在政治上、行动上与党中央和集团公司保持一致的自觉性。同时，进一步密切了党群关系和干群关系，班子思想作风发生了明显变化，班子的内聚力和战斗力有了新的提高；通过班子成员相互交心谈心，增进了理解和友谊，特别是通过大家的帮助，找到了班子存在的问题和不足，明确了努力的方向；联系长庆局改革、生存与发展的客观实际，从政治和全局的高度进行了理性思考，认识到了班子及成员在思想、作风上的差距，进一步坚定了搞好长庆局改革、生存与发展的信心和决心。

当前，最重要的是实施、落实好整改方案。

我们要针对影响长庆局改革、生存与发展的主要问题和群众关注的突出问题，一项一项地分近、中、远期进行整改。要实行整改分工责任制，要发动职工监督和帮助我们整改。

我们要把认真贯彻落实集团公司领导关于加快鄂尔多斯盆地油气勘探开发重大部署作为整改的目标和推动力，坚持突出重点，不求多而求准、求深的原则，把整改作为下半年工作的重点，巩固和发展“三讲”学习教育成果，全面完成今年的各项任务。

第二，发挥长庆整体优势，谋求共同发展。

马总等集团公司领导在长庆现场办公期间，反复强调要发挥长庆整体优势，谋求共同发展。我们必须从战略的高度深刻理解这一重要指示，从部署和工作安排上切实落实好这一重要指示。

当前，最重要的必须解决好三个方面的问题：

一是思想上要充分认识到：长庆的整体优势是客观存在，发挥长庆的整体优势也是客观要求。长庆的油气资源丰富，具备持续增储上产条件；集团公司决定加快长庆发展，加大投资规模，将形成巨大的市场；长庆的企业文化底蕴深厚，无形资产价值千金；长庆人团结奋斗，几代人血脉相连；长庆人最了解长庆、热爱长庆，在开发、建设上，有自己的人才和科技优势；长庆的地理位置具有“两优”，既有西部资源优势，又有东部市场优势；长庆的资源开发利用具有“两近”，即长庆可以在西部开发、西气东输中占有得天独厚的条件。

同时，也必须认识到，在鄂尔多斯盆地油气资源勘探开发市场中，已存在着多个利益主体，唯有长庆石油勘探局和长庆油田公司是血脉相连的独立的利益主体，也是唯一存在着共同优势的两个利益主体。在关联交易条件下，如果不承认、不发挥长庆的整体优势，就会阻碍双方的发展，甚至会出现混乱；在市场条件下，如果不承认、不发挥长庆的整体优势，就会影响双方的发展，甚至失去优势。所以，发挥长庆的整体优势是客观需要、人心所向。只有发挥长庆整体优势，才能谋求共同发展。

二是发挥长庆整体优势的指导思想必须端正、统一。

发挥长庆整体优势是领导者的历史使命，是所有长庆人的共同责任。发挥长庆整体优势的目的是为了双方更快、更健康的发展，而不是束缚双方的手脚走回头路。发挥长庆整体优势的当务之急是搞好关联交易。发挥长庆整体优势最终的表现形式是在市场条件下建立起战略同盟。

三是发挥长庆整体优势的目标、措施必须具体、可行。市场开放规范运作，同等优先；小区建设统一规划管理；保卫油田人人有责；双方互帮互保，完成业绩指标，自求平衡；共同开发低产低效油田；形成特色技术，效益优先，互惠互利，共同发展；建立战略同盟，形成战略共同体。

对于发挥长庆整体优势，谋求共同发展问题，广大共产党员要本着对党负责、对长庆事业负责的精神，实事求是、顾全大局，从自己做起，带头学习宣传，带头统一认识，做发挥整体优势的实践者。

第三，我们要紧紧抓住当前发展的大好机遇，进一步认清形势、统一认识、坚定信心，努力实现今年的各项生产经营目标。

我们要按照集团公司领导的要求，抓住长庆大发展的历史机遇，充分发挥整体优势，搞好关联交易；深化改革改制，加快结构调整；依靠科研攻关，提升竞争实力；大力开拓市场，积极实施“走出去”战略；从战略高度，加快低产低效油气资源开发；加强企业管理，建设“四有”职工队伍。精心策划，认真实施，调动每一个职工的积极性，把长庆局的事情办好。

今年以来，长庆局所属各单位以“二次创业”为目标，不断开拓和占领油田内外市场，取得了显著成绩。截至 6 月底，钻井进尺预计可达到 78 万米，比去年同期提高 14.2%；井下作业、油建、筑路、水电、机械加工等生产技术服务质量都较去年同期有明显提高；学校、医院以及办事机构等单位都完成了计划目标；三产发展速度加快，改革、改制的形势也很好。全局抓紧市场开发，油建处“兰—成—渝”项目即将收尾，筑路工程总公司“和田”、“塔—且”等项目进展顺利。在国际市场上，尼日利亚钻机租赁项目的设备及服务人员已安全抵达；厄瓜多尔项目已全面启动。经过各单位和广大职工的努力，上半年，预计可实现主营业务收入 15.26 亿元，比去年同期的 14.09 亿元提高了 11%。

为了确保下半年和全年生产、经营目标的实现，各单位要借纪念建党 80 周年生日之际，认真总结上半年的工作，传达贯彻好马总一行来长庆的重要指示。在大力表彰先进的同时，也要找准自己的不足，加大管理力度，不断提高服务质量，以优质服务占领市场。

同志们，只要我们把“三讲”整改工作搞好，把马总一行来长庆现场办公的指示精神落实好，就一定会完成年初工作会上确定的各项生产经营目标。希望全局广大党员和全体干部职工紧紧地团结在党组织的周围，认真贯彻长庆局的各项工作方针和部署，艰苦奋斗，顽强拼搏，为加快鄂尔多斯盆地油气资源勘探开发步伐，为长庆局的生存与发展做出积极的贡献。

孙玉辰同志在学习江泽民总书记“七一”讲话研讨班上的讲话

（2001 年 9 月 24 日）

江泽民同志的“七一”重要讲话，高屋建瓴，总揽全局，博大精深，气势恢弘，是一篇凝聚着中国共产党人实践经验和理论创新，闪耀着辩证唯物主义和历史唯物主义光芒的马克思主义纲领性文献，是全党全国人民在新世纪不断夺取建设有中国特色社会主义事业新胜利的行动指南，是党在新世纪全面推进党的建设新的伟大工程的宣言书，是党领导全国各族人民沿着建设有中国特色社会主义道路继续前进的进军号，是指导我们各项事业的伟大旗帜。

一、江泽民总书记“七一”讲话在理论上的创新

《讲话》通篇充满马克思主义与时俱进的理论品格。

根据《人民日报》发表的《马克思主义的纲领性文件》一文总结的三个方面、《经济日报》发表的《“三个代表”重要思想是十五大理论成果新发展》一文总结的四个方面、《求是》评论员文章《伟大的纲领》总结的四个要点及《信息平台》发表的《江泽民总书记“七一”讲话理论创新要点》一文概括的 33 个方面，我总结归纳创新有以下 18 个方面：

（1）关于中国共产党 80 年基本经验的三个方面的最新概括。

（2）关于“三个代表”重要思想的科学内涵和内在联系的论述。

（3）关于不断推进理论创新、制度创新和科技创新的观点。

（4）关于坚持什么样的文化方向，推动建设什么样的文化，是一个政党在思想上、精神上的一面旗帜的观点。

（5）关于把思想认识从那些不合时宜的观念、做法和体制中解放出来，从对马克思主义的错误的教条式的理解中解放出来，从主观主义和形而上学的桎梏中解放出来的观点。

（6）关于新的社会阶层中的广大人员也是有中国特色社会主义事业的建设者的观点。

（7）关于深化对社会主义劳动和劳动价值理论研究和认识的观点。

（8）关于是否自觉地为实现党的路线和纲领而奋斗，是否符合党员条件，是吸收新党员的主要标准，以及吸收新产生的社会阶层中优秀分子入党的观点。

（9）关于不能简单地把有没有财产当作判断人们政治上先进与落后的标准的观点。

（10）关于我们是最低纲领和最高纲领统一论者，我们对未来社会发展的方向可以作出科学上的预见，要坚持正确的前进方向，但不能也不必要对遥远的未来作具体设想和描绘的观点。

（11）关于不断提高工人、农民、知识分子和其他劳动群众以及全体人民的思想道德素质和科学文化素质，不断提高他们的劳动技能和创造才能，充分发挥他们的积极性、主动性、创造性，始终是我们党代表中国先进生产力发展要求必须履行的第一要务的观点。

（12）关于发展社会主义文化，必须继承和发扬一切优秀的文化，必须充分体现时代精神和创造精神，必须具有世界眼光，增强感召力的观点。

（13）关于任何时候我们都必须坚持尊重社会发展规律与尊重人民历史主体地位的一致性，坚持为崇高理想奋斗与为最广大人民谋利益的一致性，坚持完成党的各项工作与实现人民利益的一致性的观点。

(14)关于最大多数人的利益是最紧要的和最具有决定性的因素的观点。

(15)关于所有党员干部必须真正代表人民掌好权、用好权,而绝不允许以权谋私,绝不允许形成既得利益集团的观点。

(16)关于我们要在发展社会主义物质文明和精神文明的基础上,不断推进人的全面发展的观点。

(17)关于努力开创生产发展、生活富裕和生态良好的文明发展道路的观点。

(18)关于社会生产力和经济文化发展是逐步提高、永无止境的历史过程,人的全面发展程度也是逐步提高、永无止境的历史过程的观点。

二、联系实际,不断深入学习贯彻江泽民总书记"七一"讲话精神

(一)贯彻江泽民总书记"三个代表"重要思想,必须坚持创新精神

江泽民总书记在"七一"讲话中强调指出:"社会实践是不断发展的,我们的思想认识也应不断前进,应勇于和善于根据实践的要求进行创新。"江泽民总书记还强调指出:"创新是一个民族的灵魂,是一个国家兴旺发达的不竭动力,也是一个政党永葆生机的源泉。创新,包括理论创新、体制创新、科技创新及其他创新。二十多年来,我们党领导人民进行改革开放和现代化建设取得的伟大成就,都是与我们不断进行的理论创新、体制创新、科技创新等分不开的,邓小平理论的形成和发展,就是我们党在新时期坚持理论创新的集中体现和取得的最伟大的成果。其他的一切创新都是在这种理论创新的指导下和推动、影响下进行的。现在,面对国际国内的新情况新问题,我们必须继续坚持以马列主义、毛泽东思想、邓小平理论为指导,坚持党的一切从实际出发,解放思想,实事求是的思想路线,紧跟时代发展潮流,不断研究新情况,解决新问题,形成新认识,开辟新境界。"

我们没有必要去争论哪些观点讲得不对或者讲得不到位,我认为"七一"讲话的灵魂仍然是与时俱进,创新图强。我们各行各业去大胆创新就行了。过去我们30多年学习政治报告,争论来争论去,对我们企业自身的发展来讲没有什么意义。

对于我们局来讲,当前主要搞好理念创新、体制创新、机制创新和技术创新四个方面。

1.关于理念创新

江泽民总书记讲:"一切从实际出发,自觉地把思想认识从那些不合时宜的观念、做法和体制中解放出来,从对马克思主义的错误的教条式的理解中解放出来,从主观主义和形而上学的桎梏中解放出来。坚持科学态度,大胆进行探索,使我们的思想和行动更加符合客观实际,更加符合社会主义初级阶段的国情和时代发展的要求。"

一个人要有思想。没有思想的人是行尸走肉。

一个企业要有理念。没有理念的企业像是失控的机器。

正确的思想就是科学地确立人在社会中的位置。

正确的理念就是科学地确立企业在市场中的位置。

理念是企业战略、发展目标、企业精神的集中表现,是全体员工共同意志的反映。要科学地确立企业理念,必须研究企业在市场中的作为。市场变,作为也要变。所以,正确的企业理念自身就必须是不断创新的。

在长期计划经济条件下,企业的理念集中反映了6个字:

产品:交换的是产品而不是商品。劳动和劳动价值被人为地扭曲。

统一:企业的生产、销售、生产组织等高度统一。

服从:生产服从政治。

现在,企业的理念应当变,也可以概括6个字:

商品:交换的是商品。

市场:生产、销售、生产组织按市场运作。

适应:管理体制、经营机制必须适应市场要求。

用这6个字再来审视我们的思路、战略、目标,看看确立的市场位置科学不科学。

我们确立的第一条发展思路:“围绕长庆油气发展而发展”。这里我们早已作了调整,原来提法是“围绕长庆油气主业发展而发展”。这在重组后提这么一条思路,我认为是非常重要的。存续企业将来发展成为什么样的模式,产业的结构是什么样的形式,那是另外一回事,现在不能胡思乱想,现在必须要科学地定位到围绕油气发展而发展,这是存续企业3—5年之内生存发展的主要手段、主体市场。我认为这样做是科学的,是符合长庆的实际的。如果长庆是油气储量、产量朝不保夕,那么这个问题就很值得研究。我们连续10年,特别是从去年开始,油气储量、产量还要连续3—5年大幅度地上升,上升的幅度远远要超过前10年,不管是总量上,速度上要远远超过前10年。“十五”期间的增量要大于“八五”、“九五”增量的总和。我们不围绕油气发展能行吗?不科学定位到这能行吗?

第二条发展思路:“以市场为导向促进内部管理水平的提高”,这一条是解决“适应”问题,是最核心、最重要、最艰难的。

计划经济条件下也要加强内部管理,但那时加强内部管理的导向不一样,现在内部管理就是三个方面:改革管理体制,转变经营机制,搞好结构调整。促进内部管理水平的提高,在于以市场为导向的提高。就是要适应市场。我认为这一条定位也科学。

我们的四大战略,突出了市场、科技、效益,与“七一”讲话精神的要求是一致的,符合“三个代表”的要求。

后来我们讲的“创新、开放、简捷、明确、责任、自信”,这是作为在贯彻实施战略思路时要凸现的方法、原则和要求,凸现的企业文化,也是企业理念的重要组成部分。后来我们也作了一些调整,开始说把这12字作为经营理念,后来与宣传部的同志讨论,我说我提这12字,是对贯彻思路和战略的要求,应该属于企业理念的组成部分。后来,你们注意到自己报纸宣传又把这12个字当作企业理念提的。要按我本意理解,两条基本思路,四大发展战略和12个字,这都是我们企业的理念。这12个字我们从宣传的角度看还可以,但在平时领导带头落实上做得不够,我担心流于形式。比如,开一个会议,我们从会议的安排,从讲话的内容、讲话的设计,怎么样体现简捷是很难办的。培养领导干部这种简捷的作风,我们自身必须要严,从自身做起。

开放:市场本身就是一个“开放”系统。这里讲的开放主要不是指对谁开放,是指使企业在市场中形成一个开放的而不是封闭的系统。我们办什么事,自觉地融入开放系统不够。

简捷:是指在实现目的、目标的过程中,要尽量省去繁杂的程序。因为市场拥戴高速率,要淘汰低效率。我们领导要从自身做起,很好地学习,转变作风。一发言不管人家需要不需要,也不管会议的主题是啥,你毫无准备地想到哪说到哪,占了很多时间。

明确:明确可以实现高效。我们这样大一个企业,这么多层次,办啥事没有一个明确的指示,没有一个明确的目标,怎么能实现高效?我们当领导要有时间观念,办一件事几点几时完成,达到什么目标,必须明确。

责任:我们为啥定了一个责任?责任不仅可以统一意志,更主要的是《企业法》所确定的责任和《公司法》所确定的责任、法人治理结构所确定的员工的责任,包括管理者的责任,在责任的构成上,由于管理体制的不同,那是截然不一样的。不要以为集体决策,集体负责。现在在市场当中,这种集体决策,集体负责有时和市场的责任相背离。我们要研究集体决策与个人负责的关系，在市场当中，怎样使我们企业的管理层到执行层，要靠个人的责任很好的运作，而不是靠制度运作。责任体现了个人综合素质。再好的制度，如果没有每个人主动自觉地工作，企业就无法运行。我们要研究市场条件下责任怎样构建，怎样创新。

自信：对存续企业来讲简直就是强心剂。今年，我们从上到下可以说比去年信心强多了，去年的这个时候比现在差得多。但现在信心仍然不足。足与不足应该有一个客观标准，就是对我们有利因素挖掘得不够，相反对困难和问题看得过多。

这 12 字是对贯彻两条思路、四大战略进一步强调方法问题，进一步凸现企业理念问题，要注意原则和要求的问题。

对我们来讲，脱胎换骨首先要换灵魂、变观念。

从近两年的实践看，理念的创新是多么重要。

最后需要说明的，既然企业理念是全员意志的反映，那么，再正确的企业理念，如果形不成全员意志，则毫无疑义。希望在学习重要讲话时，注意学习研究本企业的理念，要宣传它，不断完善发展它。

2.关于体制创新

这里所说的创新，就是“转变”。

20 多年企业改革围绕实现市场经济和市场开放(对国际)进行探索，围绕提高企业竞争力的三个方面进行了艰难的探索。一是管理体制，二是经营机制，三是结构调整。

就管理体制讲，我们企业从党委领导下的分工负责制，到按《企业法》运作，下步要按《公司法》进行改造。“改造”就是创新。

按照集团公司的部署，从上到下，在管理体制上还要进行变革，集团公司下设四大板块，即：股份公司、工程技术服务部、国外公司、研究中心。工程技术服务部直接为各存续企业服务。

按照集团公司的构想，对存续部分，大体可分为两大类五种体制模式：第一类，地区服务公司，包括地区综合服务公司，地区专业服务公司，基地服务公司；第二类，专业服务公司，包括区域专业服务公司，跨区域专业服务公司。

体制改革的目标是：在现有地区服务公司基础上，改造形成一批符合现代企业制度要求的，以生产经营为主、兼有资本经营职能的综合性服务公司。

在物探、测井、管道建设、国际工程等业务领域，培育若干个专业性的跨国经营公司，成为参与国际竞争的主力。

选择部分具有较强经济优势和发展潜力的企业或项目，择优包装上市，以国内 A 股为主，有条件的也可争取境外上市。争取到“十五”末，形成 10—20 个上市公司。

各存续局，要进行公司制改造试点，按照《公司法》的规定，全资公司可以成立董事会，不设监事会，模拟法人治理结构运行。

作为我们局，将由四部分组成：全资的技术服务公司，先模拟法人治理结构运行，再创造条件进行公司制改造，长庆局委派董事长、财务监督和党委书记；控股、参股的公司，长庆局依法行使股权管理，实行资产或资本经营；行政事业单位。贯彻长庆局董事会的决议，放开搞活的单位。用经济合同形成利益共同体。

控股公司、参股公司具有独立法人资格，长庆局主要依照《公司法》和《公司章程》，通过法人治理结构对公司重大经营决策和人事管理进行控制和影响。

直属单位不具有独立法人资格，与长庆局有行政隶属关系，在授权范围内行使工作决策权，是长庆局的成本或费用控制中心。

放开经营的单位以合同为纽带，与长庆形成经济协作关系，甚至形成利益共同体。

改革的基本思路：以产权制度改革为纽带，拉动企业结构调整；以工程技术服务和生产服务企业为重点，推进专业化整合重组；以干部人事制度改革试点为突破口，进一步深化“三项”制度改革。

改革的战略部署：工程技术服务板块：把钻井、井下等单位先模拟法人治理结构运行，以适应市场的需要，今后能改制时，改制为长庆局控股公司；把建设工程总公司改制成长庆局参股公司。在条件成熟时发展成为上市公司。

物探、井下等单位，创造条件，以产权为纽带，组建地区性的专业公司。

生产服务板块：以市场为导向，以优势厂家、拳头产品、主导产品为龙头，调整产业结构、队伍结构；通过吸纳职工入股、整体带资分流、出售、租赁、承包等方式，逐步进行股份制改造，成为长庆局参股或完全民营的单位。

物业管理系统：首先实现分离分立。其次，根据服务半径和市场需求情况，通过改革改制，重组整合成若干个区域性、产权多元化的专业服务公司，实行自主经营，自负盈亏。

多种经营系统：按照“抓大放小”的原则，加快产权制度改革和结构调整。对市场潜力大、发展前景好和已经是油气主业或与油气主业紧密相连、能形成规模经济的骨干企业，长庆局参股或控股；对大多数中小企业，国有资本要逐步退出，鼓励职工整体带资分流或入股，全面放开搞活。

新建的多种经营企业，必须按新体制运行，要以产权为纽带，组建跨行业、跨地区、跨单位的公司集团，该做强的做强，该做专的做专。

3.关于经营机制的创新

一是确立长庆局由以从事生产经营为主，逐步变为以实行资产经营为主，兼有生产经营和资本经营。投资决策和利润中心职能不变。

二是二级单位（公司）以从事生产经营为主，兼有资产（资本）经营。形成投资决策和成本利润中心。

三是过渡期内，改革完善资产经营考核办法。

管理体制与经营机制是相对独立又相互联系的两个领域，必须分别设计，在大胆实践中逐渐配套改革。至今只有基本的规范要求，没有具体的套路可以照搬。

关于结构调整，它与改革体制、机制没有必然的联系。因为它是进行资源的有效配置。什么体制、机制下都应进行调整，只不过目前对存续企业来讲，结构性矛盾是我们缺乏竞争力的突出矛盾，即是体制、机制不改革，也需下功夫调整。

结构相对合理了，会更好的发挥管理体制、经营机制的作用。在变革管理体制、经营机制的同时，进行结构调整，可能会带来促进和推动作用。

需要说明的是，不论“创新”还是“调整结构”，决不能把职工放到改革的对立面上去。我们不能搞被动的减员，研究改革方案时，如果广大职工得不到实惠，我们就先放一下。改革每推进一步，就得让大多数人受益才行。

4.关于科技创新

江泽民总书记在“七一”讲话中指出：“科学技术是第一生产力，而且是先进生产力的集中体现和主要标志。”

我们局始终坚持以市场为导向，以改革为动力，以发展为主线，坚定不移地实施科技创新和人才开发战略。物探、钻井、测井、井下等形成了一批自己独有的“技术绝活”，集中开发了以黄土塬山地直测线为核心的三大技术系列、十项关键技术；成功开发了天然气欠平衡钻井工艺技术；天然气井 CO_2 泡沫压裂工艺技术；成像测井处理解释技术；小井眼丛式井钻井、完井技术；保护气层的钻井液、完井液技术；新型振动筛专利技术；油田电网防雷击技术等。培养和锻炼出一批技术人才。

“十五”期间，要实现“二次创业”目标，必须坚定不移地实施“科技进步与人才开发”战略，总体跟进，重点突破，不断提高科技持续创新能力。科技进步和创新的重点任务是，加大科研和技术更新力度，积极推进具有战略意义的石油勘探技术研究,集中力量在黄土塬直测线地震勘探、钻井工艺、泥浆体系、油气层判识和保护、地面工程施工技术等关键领域取得新的突破,努力形成具有长庆特色的、有效改造低渗透油气藏的勘探开发工程技术,全面提升长庆局核心竞争力。

要完成这一艰巨任务,必须改革科技管理体制,实现多元化投资和走研发服务一体化的路子,把人才开发与科技创新统一起来。

要坚持科技与经济效益的结合;坚持近期目标与长远目标相结合;坚持自主创新与引进国内外先进技术相结合。积极吸收、借鉴国内外的先进技术成果,为我所用,取长补短,使长庆局生产力真正实现跨越式发展。

(二)贯彻江泽民总书记“三个代表”重要思想,必须抓住机遇,发挥长庆整体优势,谋求共同发展

1.机遇和优势是客观存在的

一是资源优势。鄂尔多斯盆地油气资源丰富。预计到 2005 年,油气年产能力(当量)将达到 1900 万吨,为我们提供了广阔的市场空间。

二是“西部大开发”和“西气东输”战略的实施,为长庆局创造了广阔的社会市场。

三是通过深化改革和转换经营机制,长庆局各方面的关系正在逐步理顺,适应市场经济发展要求的新机制逐步形成。

四是人才技术储备。

五是有长庆的无形资产,价值千金,这是长庆人共同的宝贵财富。长庆几代人血脉相连,这是多少金钱都买不来的优势。

2.发挥长庆的整体优势是客观发展的必然要求

长庆石油勘探局和长庆油田公司是血脉相连的独立的利益主体,也是惟一存在着共同优势的两个利益主体。共同发展是实现“三个代表”的客观要求。“两和”则“两利”,“两利”则“两兴”。

当前,在关联交易条件下,如果不发挥长庆的整体优势,就会阻碍双方的发展,甚至会出现混乱;在市场条件下,如果不发挥长庆的整体优势,就会影响双方的发展,甚至失去优势。所以,发挥长庆的整体优势是客观需要,人心所向,是不以人的意志为转移的总趋势。只有发挥长庆整体优势,才能谋求共同发展。

去年,集团公司党组提出,关联交易要完成两项基本目标:规范运作,平稳过渡。经过两年的努力工作,平稳过渡的任务基本完成。按照马总的要求,我们必须着眼长庆局的发展,努力实现二次创业目标,这就是要用 3—5 年时间,初步建立起法人治理结构,使长庆局成为以生产经营为主,兼有资本经营的现代企业集团;企业收入在“十五”期间累计要实现主营业务收入 246 亿元,利润累计要实现 7.5 亿元;物探、钻井、测井、井下作业、地面建设工程、加工制造等主体工程技术,要形成先进适用的特色技术,总体上达到国内先进水平,部分领域达到国际先进水平。要实现这个目标,我们必须横下一条心,加快企业改革,抓住机遇,发挥长庆整体优势,达到互利双赢。

3.发挥长庆整体优势的指导思想必须端正、统一

发挥长庆整体优势首先是领导者的责任,也是所有长庆人的共同责任。

发挥长庆整体优势的目的是为了双方更快、更健康的发展,而不是束缚双方的手脚走回头路;发展长庆整体优势的当务之急是搞好关联交易;发展长庆整体优势最终的表现形式是在市场条件下建立起战略同盟。

4.发挥长庆整体优势的目标、措施必须具体、可行

市场开发规范运作,同等优先;保卫油田人人有责;双方互帮互保,完成业绩指标,自求平衡;共同开发低产低效油田;形成特色技术、效益优先,互惠互利,共同发展;建立战略同盟,形成战略共同体。

发挥长庆整体优势,就能给长庆职工办些

实事、好事、甚至大事。这样做一可稳定大局,二可加快发展。各级领导同志要悉心研究,身体力行。少讲空话,多办实事。不要图虚名,要在长庆大发展的形势下,让职工得到更多的实惠,这才能真正体现“三个代表”的重要思想。

(三)贯彻江泽民总书记“三个代表”重要思想,必须搞好队伍建设

江泽民总书记在“七一”讲话中强调指出:“贯彻‘三个代表’要求,我们必须全面贯彻干部队伍革命化、年轻化、知识化、专业化的方针和德才兼备的原则,深化干部人事制度改革,努力建设一支高素质的、能够担当重任、经得起风浪考验的干部队伍。”

当前,首要的就是深化干部人事制度改革。要解放思想,大胆探索,形成具有长庆特色、充满生机与活力的选人、用人新机制,努力建设一支高素质的经营管理队伍

人事制度改革,要坚持解放思想与实事求是相结合的原则,打破旧思想、旧观念、旧框框的束缚,积极探索,大胆创新。以“三个代表”作为衡量人事管理制度改革成败的根本标准。

要坚持党管干部原则与董事会依法选择经营管理者、经营管理者依法行使用人权相结合,确保党组织的重大决策在党员干部队伍中得到有力贯彻实施,又要按照《公司法》的规定和现代企业制度的要求,确保出资人依法享有选择经营管理者的权利。这就需要探索坚持党管干部原则和改进党管干部方法的有效途径。

要坚持重点突破与整体推进相结合的原则。确定一两个具有代表性的单位,集中力量,重点突破,在取得经验的基础上有序推进。

干部人事制度改革的总体目标和基本内容,按照建立和完善现代企业制度的要求,通过探索和实践,努力在企业领导人员的选拔、任用、考核、激励、监督约束、专业技术人员和管理人员竞聘上岗以及党组织如何在改制企业中发挥政治核心作用等方面,建立起适应现代企业制度要求的配套政策。

1. 总体目标

(1)初步建立起符合《公司法》要求,各负其责、协调运转、有效制衡的法人治理结构。

(2)初步建立和完善与现代企业制度相适应,符合改制企业特点的经营管理人员分级分类管理体制。

(3)初步建立健全适合改制企业改革发展需要,与生产经营紧密结合,保证党组织充分发挥政治核心作用的工作制度和运行机制。

(4)初步建立起适应现代企业制度的改制企业出资人选择经营者、经营者逐级选拔经营管理人员的任用机制。

(5)初步形成公开招聘改制企业高级经营管理者和高级技术人员竞争择优机制。

(6)初步建立和完善以维护投资者和债权人的利益,确保改制企业经营责任目标及国有资产增值保值为主要内容的企业经营管理者考核、激励、监督约束机制。

(7)初步建立起改制企业有利于优秀人才脱颖而出、合理配置人力资源的人才开发培训、培养机制。

(8)初步建立健全改制企业经营者能上能下、薪酬能高能低的优胜劣汰机制。

2. 基本内容

根据集团公司《干部人事制度改革试点工作方案》要求,长庆局试点工作的重点是对所属改制企业人事管理制度进行改革。

(1)建立改制企业法人治理结构。按照“谁投资、谁派人,谁控股、谁管理”的原则,依照产权清晰、权责明确、政企分开、管理科学的要求,按独资、控股、参股三种类型,分别制定股东会、董事会、监事会、经理班子及党群组织人员的产生办法。对企业党组织成员和董事会、监事会、经理班子以及纪委或工会中的党员负责人,实行“双向进入,交叉任职。

(2)建立企业新的领导管理体制,在分级分类管理上取得新的突破。按照《中国石油天然气集团公司人事制度改革试点工作方案》要求,

取消改制企业行政级别，按照生产规模、管理幅度、经济效益等对企业进行分级、分类管理。按照产权关系，依据“谁出资，谁派人，谁控股，谁管理”的原则，逐步理顺企业领导人员的管理体制；按照“管少、管好、管活”和适应市场需要的原则，下放管理权限，实现管人与管事的有效结合。完善改制企业经营管理人员考核方法，建立与岗位职责相适应的分级分类业绩考核制度。按照“谁投资，谁派人，谁管理，谁考核”的原则，对企业经营管理人员根据管理权限和岗位职责特点，进一步完善对经营管理人员业绩考核评价的体系。以考核经营业绩和工作实绩为重点，加大对经营管理者的年度考核和任期考核力度，突出任期考核和重大事件考核。考核结果作为兑现薪酬、决定续聘或解聘的主要依据。

(3)坚持党对改制企业的政治领导，积极探索改制企业充分发挥党组织政治核心作用的有效途径，改进管理方法和活动方式。把发挥党组织的政治核心作用同建立现代企业制度、依法办事结合起来。通过果断有效地处理事关企业改革、发展、稳定的重大问题，具体体现党组织对企业的政治领导。在管好方向、干部和党员的同时，注重管好经营方针、发展战略的制定以及事关全局的重大经营决策。同时加强制度建设，不断改进和规范党组织决策的方式方法。

(4)建立和完善改制企业经营管理人员选拔任用方式。根据改制企业实际，在实行全员聘任制的基础上，逐步加大公开选拔、竞争上岗和公开招聘的力度。把《公司法》赋予企业经营管理者的用人权同落实职工民主管理权、监督权紧密地结合起来。

(5)建立和完善改制企业管理人员的收入分配方式。高级经营管理人员实行以年薪制为主的多种形式的薪酬制度，收入与企业性质、资产规模、经营状况以及企业领导人员的岗位责任、经营风险、工作业绩和国有资产保值增值相结合，体现责任、风险、利益相一致。对股东代表、独立董事、职工董事、职工监事在现职岗位待遇的基础上，执行兼职岗位津贴。中层以下经营管理人员实行以岗位工资、工龄工资和奖金为主的岗级工资制，建立与岗位职责相适应，与工作业绩直接挂钩的薪酬制度。

(6)建立和完善改制企业经营管理人员监督约束机制。本着“谁投资、谁派人，谁管理、谁监督”和“体外为主、内外结合，以上为主、上下结合”的原则，建立健全企业监督管理体系，落实企业财务管理的决策、执行、监督责任，实行财务总监聘任制或委派制，加大组织干部、纪检监察、财务审计、法律事务等部门监督力度，采取组织监督与群众监督相结合，出资方管理部门监督和改制企业内部企业部门监督相结合，社会中介机构监督和企业内部监督相结合等方式，形成一套既符合改制企业实际，又适应现代企业制度要求的监督约束机制。

(7)健全和完善改制企业人才开发培训制度。按照“稳定核心人才、盘活现有人才、引进急需人才、培养高素质人才”的思路，坚持“谁主管、谁培训”和用人、育人一体化的原则，实行分级分类管理，分层实施，建立起与现代企业制度相适应的人才开发培训体制，在任职资格评审、竞聘上岗、人才流动、继续教育、激励机制等方面取得新的进展，努力建设一支数量充足、结构合理的高素质经营管理、专业技术人员队伍，充分发挥各类人才在市场竞争中的核心作用，为企业持续发展提供智力支持。

江泽民总书记在“七一”讲话中强调：“不断提高工人、农民、知识分子和其他劳动群众以及全体人民的思想道德素质和科学文化素质，不断提高他们的劳动技能和创造才能，充分发挥他们的积极性、主动性、创造性，始终是我们党代表中国先进生产力发展要求必须履行的第一要务。”我们的人才开发战略也是我们的第一要务。

同志们，我们的经营形势正在健康发展，预计到 9 月底：

钻井:开井855口,完井785口,完成进尺149.66万米,分别比去年同期增长18.42%,17.16%和19.98%;7月27日,钻井进尺上100万米,比去年提前28天;9月17日钻井进尺达141.5万米,超过了去年全年进尺,比去年提前88天。.

地震生产完成三维地震158平方千米,同比增长58%。

试油压裂完成1395层次,同比增长5.36%。

测井测试完成3078井次,同比增长39.21%。

三个采油技术服务处井下作业完成5287井次,同比增长11.42%。

建筑施工完成建安产值4.117亿元,同比增长68.53%。

机械制造完成工业总产值9600万元,同比增长19.15%。

1—8月份,主营业务收入27.09亿元,实现利润总额4098万元,为年度预算5880万元的66.69%,预计全年可完成5880万元利润指标。

绝大部分专业的实物工作量或实现的工业总产值,不但完成了预期指标,而且比上年有较大幅度的增长,主要生产单位的经济技术指标、质量指标均稳中有升,生产经营运行良好。

我相信,只要我们各级领导带头以江泽民总书记“七一”重要讲话为指导,认真落实“三个代表”的重要思想,从企业的根本利益出发,从长庆职工的切身利益出发,站在讲大局、讲政治的高度来处理好各方面的关系,调动各方面的积极性,心往一处想,劲往一处使,今年全局一定会有一个好收成,职工就一定能过上一个好日子!

孙玉辰同志在长庆石油勘探局国庆招待会上的讲话

(2001年9月29日)

各位代表,各位来宾,同志们,朋友们:

国庆、中秋佳节同至,长庆油田喜气盈门。

今天,来自全局各条战线的256名一线职工代表,满怀胜利的喜悦,欢聚一堂,庆祝伟大祖国52岁华诞。在这喜庆的时刻,我代表局党委、长庆局向全局各条战线、各行各业的广大干部、工人、离退休职工和家属,致以亲切的慰问和节日的祝贺!向关心支持我们各项工作的陕甘宁蒙四省区各级领导和人民,向油田公司、石化分公司各级领导和广大员工表示衷心的感谢并致以节日的问候!

石油企业的重组改制,是一次脱胎换骨的历史性变革。两年来的艰难探索,我们顺利完成了分开分立和实现了平稳过渡,保持了长庆油田的持续高速发展和大局稳定,向集团公司交了一份合格的答卷。

面对未上市企业生存与发展的严峻挑战,全局广大职工认真学习贯彻“三个代表”的重要思想和集团公司工作会议精神,以“两条基本思路”、“四大发展战略”和“创新、开放、简捷、明确、责任、自信”的企业理念为指针,转变观念,抓住机遇,调整结构,开拓市场,发挥整体优势,谋求共同发展,取得了值得自豪与回味的业绩。

去年,是长庆局分开分立独立运作的第一年,也是起步创业很艰难的一年。在集团公司党组的正确领导和油田公司的关心支持下,我们靠长庆人的理智与求实、求是的态度,战胜了初入市场的盲目与自卑;靠长庆人的大局意识和奉献精神,保持了关联交易的规范运作与大局稳定;靠长庆人的智慧与拼搏,创造了油气发展新的里程碑。作为长庆局,克服了种种不曾遇到的困难,在 21 个方面创造了 48 项历史最高水平。更令人高兴的是,今年 1—9 月,我们又在 18 个方面,取得了 43 项新成果、新成绩。

1. 生产经营运行良好

全局生产经营工作在去年实现持平目标的基础上,今年 1—9 月份主营业务收入 322090 万元,同比增加 1.67%,实现利润 6085 万元,年底可望超额实现预期的内部利润指标。

2. 地震勘探贡献突出

地震在去年创造 4 项历史最高水平的基础上,今年 1—9 月份,完成二维地震 6757 千米,有 3 项综合指标创历史最好成绩。

(1)完成三维地震 158 平方千米,创历史最好成绩。

(2)沙漠队和山地队 6 月份完成 1801 千米,创月施工最高纪录。

(3)提供石油钻探井位 117 口,油田公司采纳 91 口,采纳率 77.8%,同比提高 27.4%;完井 62 口,井(层)符合率 87.6%,同比提高 27.6%。

3. 钻井生产优质高效

在 2000 年创造 8 项历史最高水平的基础上,今年 1—9 月份,开井 855 口,完井 785 口,进尺 149.66 万米,同比增长 19.98%,取得了 10 项新成果。

(1)在保证质量和效益的前提下,与 2000 年同比,上 100 万米提前 27 天,上 110 万米提前 32 天,上 120 万米提前 39 天,上 130 万米提前 48 天,上 140 万米,提前 70 天。

(2)1—9 月份上 4 万米钻井队 1 个,上 3 万米井队 4 个,上 2 万米井队 32 个;气井队上 1 万米的井队 7 个;预计到年底,有 1—2 个钻井队队年进尺上 5 万米,5—8 个钻井队上 4 万米。

(3)钻井队第一个上 2 万米的周期同比缩短 9 天 19 小时,第一个上 3 万米的周期同比缩短 24 天 14 小时。

(4)8 月份钻井进尺达到 236244 米,创造了长庆局月度进尺历史最好成绩。

(5)9 月 12 日全局日进尺第一次突破 4 位数,达到 10560 米的历史最高纪录。

(6)平均建井周期 16.29 天,比去年缩短 1.17 天。

(7)平均机械钻速 13.84 米/时,同比提高 19.2%。

(8)钻机月速 3693 米/(台·月),同比提高 15.6%。

(9)取心收获率 99.85%,同比增长 0.59%。

(10)有 3 个钻井队走向国际市场,这在长庆局历史上是第一次。

4. 测井测试再创佳绩

(1)1—9 月份完成各类测井测试 3078 井次,比历史最高水平的 2000 年增长 39.21%。

(2)资料解释符合率创历史最好成绩。气探井解释符合率 75%,同比上升 1.32 个百分点;油探井解释符合率 76.85%,同比上升 0.18 个百分点;气开井解释符合率 95.24%,同比上升 5.77 个百分点;油开井解释符合率 86.07%,同比上升 1.01 个百分点。

(3)工作效率明显提高。2000 年,用 32 个测井小队保证了 74 部钻机施工;今年,用 35 个测井小队最多时保证了局内外 147 部钻机施工。

5. 试油压裂创造新纪录

1—9 月份完成试油压裂 1395 层次,同比增长 5.36%,取得了 4 项好成绩。

(1)7 月 24 日,试油压裂 1002 层次,比去年提前 26 天超千层。

(2)8 月 13 日,试油 182 队以 101 层次提前 32 天单队超百层。

(3)实施了对 G7-3 井的大型压裂施工,加陶粒 80 立方米,创气井施工加砂量之最;使该井获得了无阻流量 65.76 万立方米/日高产工业气流,与同类井相比,产量提高 2—3 倍。

(4)对长 1 井水平段顺利实施了施工排量达 8 立方米/分、加砂量 50 立方米的大型压裂施工，创长庆气田压裂施工排量之最。

6.工程建设进步明显

1—9月份完成建安工作量4.117亿元，同比增长68.53%，其中筑路承揽工作量1.8亿元，为去年承揽市场工作总量的174.3%，创近年来最好水平。

7.机械制造跃上新台阶

今年1—9月份，创3项历史同期最好成绩。

(1)累计完成工业总产值0.96亿元，同比增长19.15%，创历史同期最好成绩。

(2)社会市场和配套出口销售1501万元，创历史同期最高水平。

(3)新产品产值2652万元，创历史同期最高水平。

8.修井作业有新的提高

三个采油技术服务处完成井下作业5287井次，同比增长11.42%。

9.供电、通信创造好成绩

1—9月份，创造了2项历史最好成绩。

(1)供电实现了零次停电无事故安全运行最佳纪录，完成购发电总量49583万千瓦·时，同比增长12.13%，创历史同期最好水平。

(2)通信公司运用投资新体制，建成了西安—庆阳—华池—吴旗—延安—西安的光缆环路工程。

10.科技创新取得新成果

今年我们确定了18项重点攻关项目，1—9月份已有8项见到成果。分别是：黄土塬区多线地震勘探采集、处理方法研究；定向井导向钻具复合钻井技术研究；压裂施工优化设计及拟三维动态实时监测系统开发与应用；靖平－2井水平井钻井；抗高温降滤失剂的开发与应用；端部脱砂压裂工艺技术；清洁压裂液技术研究等。

11.国内社会市场开发取得新的突破

1—9月份，全局在国内社会市场运行项目132个。其中已签订合同、开工运作的项目108个，累计承揽工作量5.6亿元。1—9月份已完成价值工作量3.8亿元，超过去年全年2.6亿元的46.1%。

12.国际市场开发实现了零的突破

已承揽1.18亿美元工作量。有三个项目已经运行：尼日利亚钻机租赁9月1日开钻；厄瓜多尔石油工程服务项目，第一批人员已经出国；乌兹别克斯坦钻井施工项目合同已签，前期准备工作正在抓紧进行。

13.安全生产形势平稳

1—9月份事故起数同比下降62.2%，集团公司重点考核的其他安全生产指标均有大幅度下降。

14.职工培训步伐加快

1—9月份，送外培训局级领导干部6人；对37名处级干部进行了工商管理知识和市场开发知识培训；培训各类技术干部2100多人次，其中培训对外合作人员208人次；有70名厂处级以上领导干部利用业余时间参加MBA学习。

15.高考升学率再创新纪录

在2000年创造历史最高纪录的基础上，今年全局高考大专以上录取911人，高考升学率为66.87%，本科录取733人，是长庆局有史以来高考录取人数最多、升学率最高、进入名牌大学最多的一年。

16.住房建设力度加大

今年新建住宅5500套，建筑面积50.34万平方米，同比增长67.7%，是历史上建设规模最大的一年。

17.精神文明建设成果喜人

长庆局被评为“全国三五保密普法先进单位”；杨再生、曹帅伊、秦惠中等三人获得“全国五一劳动奖章”；薛凤琴、周红霞荣获“全国先进女职工”、“先进女职工工作者”称号；地球物理勘探处荣获“全国模范职工之家”称号；30533钻井队被团中央授予“全国青年文明号”；井下技术作业处和地球物理勘探处获“全国十佳职业道德先进单位”称号；水电厂、职工医院、机械制造总厂、井下技术作业处等四单位被评为“甘肃省职业道德建设十佳单位”。

特别是各级领导通过“三讲”教育和学习贯彻江总书记“七一”重要讲话精神，对“二次创业”的信心更大了，目标更明确了。广大职工家属、离退休老同志顾全大局、克服困难、团结一致、勇于奉献的精神风貌得到了集团公司领导的充分肯定。阎三忠副总经理来长庆视察工作时高兴地说，我们对长庆有“三个放心”，即对长庆的发展放心，对长庆的稳定放心，对长庆的领导班子放心。

18.结构调整见到明显成效

去年以来，对工程技术服务、生产服务、教育和机关等 15 个单位和部门进行整合重组，涉及的职工有 15802 人，占全局职工总数的 42%；产值 21.4 亿元，占全局主营业收入的 53.37%；总资产 21.3 亿元，占全局总资产的 27.37%。目前，钻井工程总公司、建设工程总公司、机械制造总厂、西安科技工程有限责任公司、工程技术研究院、录井公司、培训中心等整合后的单位已在社会市场开发、新产品制造、科技攻关、经济效益、职工培训等方面显示出整合重组的优势。

资产结构进一步优化，与 1999 年底相比，人均固定资产净值提高 8.76%，设备新度系数提高 0.08，工程技术、生产服务板块资产比例分别提高 2.97%和 3.49%。

人员结构进一步改善，全局职工人数减少 24.43%，原先冗员较多的机械制造总厂、运输处减员幅度分别达到 39.07%和 43.18%。

同时，在多种经营、物业管理、医疗卫生和器材、运输等生产服务也取得了可喜的成绩。

上述成绩的取得，来之不易，是全局各级领导和广大职工艰苦奋斗、勇闯市场、开拓创新、奋力拼搏的结果，是我们坚持“两条基本思路”、“四大发展战略”和“12 字企业理念”，不断进行理念创新、体制创新、机制创新和科技创新的结果。

年底，我们将开展“二次创业”百面红旗选树和表彰活动，大张旗鼓地宣传各行各业的创业事迹和创新指标，奖励创新单位和创新个人，进一步弘扬创业精神和创新精神。保持企业的生机和活力，保持队伍旺盛的人气和士气，瞄准“二次创业”的宏伟目标，一步一个脚印地前进。

回顾过去，我们可以自豪地说，集团公司交给我们“平稳过渡”的任务已经基本完成，而实现长庆局“自我发展”的新任务已经提到了议事日程。

因此，我们必须做到：

(1)发挥整体优势，谋求共同发展。讲发挥整体优势是指发挥长庆的整体优势。长庆的整体优势是客观存在的；发挥长庆的整体优势是客观上的必然要求和发展趋势，是不以个人的意志为转移的。问题是必须解决好三个问题：一是对发挥整体优势的认识要提高，只有这样行动上才能更自觉，才不至于失掉机遇办蠢事；二是指导思想必须端正统一；三是措施必须具体可行。

现在看，整体优势确实是客观存在的，一是鄂尔多斯盆地的资源优势；二是“两西工程”提供的市场优势；三是长庆局新体制、新机制的逐步形成；四是两年来人才技术的储备；五是我们有一支好队伍。这是最宝贵的财富。经过近两年关联交易的实践，大家逐渐认为共同发展是客观要求，“两和”则“两利”，“两利”则“两兴”。在当前关联交易条件下，如果不发挥长庆的整体优势，就会阻碍双方的发展，甚至会出现大局不稳。下一步，在市场条件下，如果不发挥长庆的整体优势，就会影响双方的发展，甚至失去优势。我们要认真落实双方相互支持发展的“双十二条”和共同制定的“五项基本原则”，互保业绩考核指标，自求利益平衡，不图虚名，多给长庆人办些实事、好事、大事。

(2)加大改革改制力度，实现“二次创业”目标。我们要用 3—5 年时间，按照现代企业制度要求，初步建立起法人治理结构，使长庆局成为以生产经营为主，兼有资本经营的现代企业集团；主营业务收入在“十五”期间累计达到246亿元，利润累计达到7.5亿元，到“十五”末，企业收入在集团公司保持第四位，力争第三位；物探、钻井、测井、井下作业、地面建设工程、加工制造等主体工程技术，要形成先进适用的特色技术，总体上达到国内先进水平，部分领域达到国际先进水平。

(3)大力开拓市场，提高市场占有份额。要继续把关联交易市场作为特殊市场去占领，不断提高工程技术服务的科技含量、服务质量，降低成本，牢固占领油田内部市场。2002年，油田公司初步安排的勘探开发规模为气田产能建设20亿立方米，油田产能建设180万吨，共需要钻井1873口，进尺336.2万米，计划投资95亿元。我们在明年关联交易市场上要争取拿到85%以上的份额，使钻井工作量达到230—250万米；抓住“两西”工程的历史机遇，大力开拓社会市场，包括国际市场；以新疆、青海、内蒙、陕西、甘肃、宁夏的公路建设和长呼管道建设为主攻目标，争取更多的工作量；国际市场要在巩固西非、南美市场的基础上，开拓中亚市场，争取中东市场，力争再有1—2个钻井队走向国际市场。

(4)抓住发展机遇，提升核心竞争能力。要坚定不移地实施“科技进步与人才开发”战略，总体跟进，重点突破，不断提高科技持续创新能力，实现技术跨越式发展，为长庆局结构调整、市场开发、实现持续稳步发展提供强大的技术支持；要不断加大科研资金投入和技术更新力度，积极推进具有战略意义的石油勘探技术研究，集中力量在黄土塬直测线地震勘探、钻井工艺、泥浆体系、油气层判识和保护、地面工程施工技术等关键领域取得新的突破，努力形成具有长庆特色的有效改造低渗透油气藏的勘探开发工程技术，全面提升长庆局核心竞争力。

(5)深化干部人事制度改革，建设一支高素质的经营管理队伍。要以建立企业法人治理结构为目标，建立与现代企业制度相适应的经营管理人员分级分类管理体制；建立和完善企业经营管理人员选拔任用方式、企业管理人员的收入分配方式、企业经营管理人员的监督约束机制和企业人才开发培训制度，逐步形成具有长庆特色、充满生机与活力的选人用人新机制；按照干部队伍革命化、年轻化、知识化、专业化的方针和德才兼备的原则，努力建设一支高素质的、能够担当重任、经得起市场风浪考验的经营管理队伍。

(6)贯彻“三个代表”的重要思想，全心全意为广大职工谋利益。全局各级领导干部想问题、办事情、搞改革、谋发展，都必须坚决贯彻“三个代表”重要思想，把广大职工群众的利益放在首位。当前，各级党组织和领导干部要认真学习贯彻党的十五届六中全会精神，进一步解决好精神状态和求实、求是的作风问题。真正把“三个代表”的重要思想贯彻到各项工作中去。特别是要解决好职工群众普遍关心的实际问题。还是年初工作会议上的那句话，“今年要争取有一个‘好收成’，让大家过上‘好日子’”。

尽管长庆局目前仍有不少困难，今后还会遇到许多挑战，但是有利条件也很多，有集团公司的正确领导和支持，有油田公司的关心和帮助，特别是有37000名职工的理解和拼搏，我们的管理体制会逐步按照法人治理结构建立起来，我们的经营机制会搞得更活，结构性的矛盾也会逐步得到调整，竞争力和企业效益会大大提高，职工的生活质量也一定会进一步改善。

一个充满生机与活力的长庆石油勘探局，正以新的姿态向着新的目标跨越。让我们携起手来，团结一致，勇于开拓，为实现长庆局的大发展而奋发努力！

最后，让我们共同举杯，衷心祝愿我们的祖国更加繁荣昌盛！我们的事业更加兴旺发达！我们的生活更加幸福美好！

张继昌同志在2001年油田社会治安综合治理工作会议上的讲话

（2001年1月19日）

同志们：

这次社会治安综合治理工作会议，是在新世纪第一个新春佳节即将来临之际，由长庆局、油田公司社会治安综合治理领导小组联合组织召开的，是一次非常重要的会议。会上，闵建雄同志作了工作报告，通报了2000年度社会治安综合治理工作考核结果，交流了先进单位的工作经验，表彰了先进单位和见义勇为先进个人，签订了2001年社会治安社会治安综合治理责任书。

借此机会，我代表长庆局、油田公司社会治安综合治理领导小组向受到表彰的先进集体和先进个人表示热烈的祝贺！向战斗在油田公安保卫、社会治安综合治理战线的全体民警和同志们表示崇高的敬意！

这次会议，对重组改制、分开分立后油田社会治安综合治理工作进行了全面总结，认真分析了油田当前的治安形势，对新世纪的第一年的油田社会治安综合治理工作进行了安排部署。这都必将对维护油田政治和内部治安秩序的稳定、确保油田各项工作的顺利进行，起到重要的推动作用，具有承前启后的重要意义。

闵建雄同志的工作报告已经进行了详细的总结和安排，这个报告经过社会治安综合治理领导小组的认真讨论，长庆局、油田公司有关领导提出了具体指示和要求，希望各单位认真传达贯彻执行。

下面，我就油田社会治安社会治安综合治理工作，再强调几点意见。

一、关于对2000年油田社会治安社会治安综合治理工作的基本评价和认识

（一）对2000年油田社会治安社会治安综合治理工作的基本评价

刚刚过去的2000年，是长庆历史上极不平凡的一年，是困难与问题同在、挑战与机遇共存的一年，也是承前启后、继往开来、持续发展的一年。

一年来，长庆局、油田公司按照各自“两条基本思路”和“四大战略”，以转变思想观念为先导，以深化改革为动力，以整体发展为目标，全面完成了各项生产建设任务和经营指标，实现了“一盈一平”经营目标，企业收入达到206亿元，比1999年翻了一番，实现了跳跃式增长。勘探开发、生产建设、改革改制、科技进步、精神文明建设等都有新的创新和突破。

在长庆局党委、油田公司党委，长庆局、油田公司的正确领导下，油田社会治安社会治安综合治理工作坚决贯彻“打防并举，预防为主”方针，进一步加大刑事犯罪活动的严打力度和内部治安防范、管理、教育工作力度，严格执行社会治安综合治理领导责任制，切实理顺分开、分立后社会治安综合治理工作机制，强化基层基础建设，推动了各项具体措施的落实。通过扎实有效的社会治安综合治理，有力地维护了油田政治稳定和治安稳定，为油田全面完成2000年各项工作任务，为油田改革、发展、生产建设和经营工作创造了比较好的环境。

一年来，油田各级组织、各级领导干部、各级社会治安综合治理职能部门和广大职工家属，特别是各单位主要负责同志，进一步加深了对“稳定压倒一切”战略思想深刻含义的理解，正确把握和分析本单位治安形势，针对分开、分立后油田社会治安综合治理工作面临的新情况、新问题和热点、难点问题，以及存在的不足

和薄弱环节，积极工作，真抓实干，付出了艰辛的劳动，做出了较大的贡献，许多同志甚至付出了血的代价，陈小军同志为此还献出了年轻的生命。在这里，我代表油田社会治安综合治理领导小组向大家表示亲切的慰问和衷心的感谢！

（二）2000年油田社会治安综合治理工作的主要特点

从全年工作总体情况看，归纳起来，我认为油田社会治安综合治理工作有以下四个方面的突出特点：

（1）各项主要指标全面完成，成绩突出，应该肯定。关于成绩，闵建雄同志在工作报告中总结了8个方面。油田全年致人死亡案件比上年下降50%；内部发案数比上年下降0.09%；“四无”单位比上年增加0.5%；破案绝对数比上年上升91.8%；提请逮捕228人，刑事拘留220人；收缴毒品127.8克，抓获涉毒人员98名，侦破毒品案件44起。这些具体数字实实在在，令人信服。

我感到最突出的成绩是：通过上上下下的共同努力，油田政治大局稳定；油区治安秩序得到有效整治，外部治安环境有了明显改善；内部治安平稳，进一步控制了恶性案件的发生；“三禁一反”、特别是禁毒工作成果大，圆满完成了陕甘宁三省（区）政府下达的指标任务；各项社会治安综合治理防范措施进一步完善，内防外控能力和职工家属群众的安全感增强。

（2）领导重视，组织得力，措施到位。2000年，长庆局、油田公司分开分立运行后，社会治安综合治理工作始终得到了油田各级组织和领导的重视，各单位采取了一系列维护稳定、保一方平安的行之有效的措施。

在工作实践中，各级领导对维护稳定的重要性和重大意义的认识进一步加深。年初，长庆局、油田公司分别成立了社会治安综合治理领导小组，联合召开了社会治安综合治理工作会议，提出了综治工作统一部署、统一检查、统一考核、统一使用公安警力的思路和措施；全年工作必须始终贯穿社会治安综合治理领导目标管理责任制这一主线。一年来的工作表明，这两项措施得到比较好的落实，各单位特别是一些新成立的单位将社会治安综合治理列入议事日程，从头做起，抓工作起步、确立工作重点，抓制度建设、建立组织机构，抓防范措施落实、工作到基层。这些具体措施，推动了油田社会治安社会治安综合治理整体工作的深入开展，应该给予充分地肯定。

（3）各有关职能部门克服困难，尽职尽责，忠诚可靠。这主要体现在较好地发挥了公安保卫机关、综治领导小组成员部门、群防群治组织三个方面的作用。特别是油田各级公安保卫机关，在今年外部生产治安环境比较严峻，内部治安相继出现一些新情况、新问题，“法轮功”活动比较猖獗等形势下，突出重点，严打严防，对各类案件快侦快破，对各类违法犯罪分子严厉打击。

分开分立后，油田公安保卫机关人员及机构设置发生了较大变化，工作任务则明显加重。

油田各级公安机关及时调整警力部署，继续坚持以保卫生产为中心的总体指导思想，对重点油区和长输管线的打眼盗油活动，以及入室盗窃、严重刑事暴力犯罪活动进行重点整治。公安处（保卫处）机关部署在一线的民警达到总警力的75%以上，三个采油厂达到80%以上。全年共组织油区专项整治活动19次，侦破各类案件681起，其中侦破涉油案件491起，打击处理违法人员803人，其中刑拘220人，提请228人，批捕219人，创历史最高水平，全面完成了生产要害保卫、消防安全、社会治安综合治理、队伍建设等工作任务，完成了上级交派的各项重点工作任务。事实证明，油田公安机关是一支能打硬仗、打胜仗、值得信任、忠诚可靠的队伍。

（4）地企协作配合得到进一步加强，各方面关系得到改善，综治效果显著。通过多方争取、积极联系，今年，地企协作配合关系有了一定的改善。中央和国家有关部门关于保护石油企业正常生产、对油区及周边治安环境进行整治的一系列政策相继出台后，引起了油区和石油矿区所在的省、地、县各级党委、政府和政法部门的重视。

庆阳地区公安处、北三县、油田公安处和采二公安分处联合组织了三个多月的陇东油区治安整治活动。陕西省公安厅专门召开了陕北油区治安社会治安综合治理工作会议，统一组织开展了由油区当地公安机关和油田公安处、采油一厂及采油三厂公安机关参加的为期三个月的专项斗争，整治效果明显。从目前情况看，油田范围内的土炼炉、非法的原油收油点清理取缔工作声势比较大，大部分得到取缔。延安境内的“三无”(无证、无牌、无照)黑车和盗油船得到大规模的清理；陇东油区井口盗油现象较过去有明显减少。同时，在公正执法方面也出现了好的势头。地方政府和职能部门的关心、支持、配合，对油田治安社会治安综合治理工作、尤其是外部环境治理起到了较大的推动和促进作用。

二、2000 年社会治安综合治理工作存在的问题及原因

在充分肯定 2000 年油田社会治安综合治理工作取得成绩的同时，我们还应清醒地认识到，我们的工作还存在一些漏洞和薄弱环节，多年来一些行之有效的社会治安综合治理措施还没有得到很好的落实。因此，我们不能盲目乐观，有一些问题严重影响油田稳定，威胁油田生产，危及职工家属生命财产安全，必须引起各级组织和领导的高度重视！

(一)影响油田政治稳定的问题不容忽视

这一类型的问题突出表现在以下几个方面：

(1)“7·24”集体上访事件产生了极为不良的影响。2000 年 7 月 24 日，运输处、职工医院部分职工集体上访事件产生了极大的负面影响。这起事件的教训是十分深刻的，我认为至少有两条必须认真吸取：一是一些单位对上级和油田的大政方针政策宣传教育工作不到位、不及时，致使一部分部分职工家属不能正确理解油田的一系列政策规定，加之，极少数人员的煽动，一部分群众盲目参与，人云亦云，从而产生了过激行为。二是一些基层领导干部政治敏感性不强，在大是大非问题面前反应迟钝，存在麻痹侥幸心理，对突发事件处置不果断。甚至一些党员、干部参与其中，起到了恶劣的反面带头作用，必须引起我们的警惕和重视。

(2)发生了“法轮功”习练人员进京“护法”问题。一年中连续发生 2 起，参加人员多达 19 人次。在这个问题上，我们一方面要对各有关单位和这些单位的领导、工作人员所做的艰苦工作予以肯定，要充分认识到“法轮功”问题的复杂性、艰巨性，另一方面，又不能不说明我们的一些基层单位教育不到位，监控管理不力，必须引起我们大家的深思和重视。

(3)少数职工中的消极因素有所抬头。受社会大环境的影响，我们有些职工还没有真正看清楚油田改革、发展的主流，对未来的形势报以消极、悲观态度，心理失衡，责任感下降，个人主义至上，稍有风吹草动，就怨天尤人，牢骚满腹，消极对待，甚至公然对抗；对油田利益、对集体的事情漠不关心，麻木不仁，见到坏人坏事不制止、“绕道走”；有的与领导、与同事公开对抗，无视组织纪律，无视法律法规。这些消极悲观现象，比比皆是，看似不足为奇，但从深层次上分析，是一种潜在的不稳定因素，对油田政治稳定关系重大。大家必须高度警觉，有针对性地分析、处理、对待和解决。

(二)油田生产外部治安环境依然不容乐观

(1)危害油田生产的案件和问题还大量存在。破坏输油管线、阻碍生产施工、群体暴力哄抢盗窃原油在 2000 年尤为突出。陇东油区在输油管线上锯口、打眼盗油频繁发生；陕北、宁夏农民经常性、群体性持械暴力哄抢盗窃原油有所抬头;油田各生产单位在组织施工、土地征用、污染赔偿等过程中,经常发生工农冲突和地企矛盾,迫使停产停工,油田正常的生产和工作秩序受到严重干扰和影响。

(2)油田防护措施存在漏洞。巡井护线力量薄弱、间隙长、空挡多;高产油井、泵站、主要输油管线防范措施还不到位;内部职工里勾外联、监守自盗问题仍时有发生,等等。这些少数寄生在油田内部的“家贼”、“败家子”也必须予以警惕、防范。

(3)打击涉油犯罪的震慑力度还不够。一方面一些地方司法机关在涉油案件上量刑不公、以罚代刑、重罪轻判的现象,使之涉油犯罪得不到应有的震慑效果。有些不法分子盗窃原油数百吨,价值数十万元甚至上百万元,破案提请逮捕后,处不了重刑。另一方面,公安机关侦破涉油案件的比例还比较小,与发案相比反差较大。客观上讲,执法难度大,警力有限,难以顾及。

(三)内部发案出现了一些新的动态

(1)入室盗窃作案有所抬头。全年共发生入室盗窃案件 56 起。不法分子在家属区、商店、材料库房等地频繁作案。农民王九峰等 17 人盗窃团伙,4 个月时间盗窃作案 25 起,价值达 13 万多元,将马岭各石油单位几乎盗遍;丁先文等犯罪团伙以现金、首饰为目标,9 个月时间,先后在庆城作案 28 起;兴隆园小区今年屡发盗案,甚至家中有人也发生被盗案件。除不法分子胆大妄为外,油田内部防范上也存在许多漏洞和薄弱环节。

(2)个别单位抢劫伤害恶性案件连续发生。银川燕鸽湖基地先后发生了“12·29”抢劫伤害案、“3·14”重大入室抢劫强奸案、“8·16”特大入室抢劫杀人案。一个基地小区一年连续发生 3 起恶性案件,令人触目惊心!

(3)诈骗、敲诈勒索案件开始出现。2000 年,公安处已相继侦破多起这类案件,应该引起油田各级组织和职工家属的警惕和重视。

(4)社会治安综合治理领导责任制还不够落实。分开分立后,部分二级单位领导班子有了变动,一批新单位相继成立。有些单位对社会治安综合治理工作不够重视,无机构、无人管、无人抓;个别单位发生了问题,主管领导说不清楚,不出事不过问,出了事推责任;一些单位公安保卫机关唱“独角戏”的问题还没有很好地解决,有些成员部门也认为社会治安综合治理就是公安一家的事,光挂名不干事;在外来人员的管理上也有失控现象,油田外来人员近年来比较多,出问题不少,居住时间较长的没有与职工一样纳入正规管理。

(5)相当一部分职工家属法制观念比较淡薄。还有相当一部分职工家属不知法、不守法、不护法,不懂得运用法律保护油田、保护自己的合法权益。我们提倡保卫油田、守土有责,但要有理、有利、有节。一年中,油田有 200 多名职工被打伤,甚至付出了血的代价,也有多起农民被打伤致死的事件发生,公安机关抓人时,个别基层单位的职工几乎全部涉及。许多事件本来是油田有理的事,但还是赔钱、挨打、吃亏、职工被抓走。

三、关于 2001 年油田社会治安综合治理工作的主要任务和要求

关于 2001 年油田社会治安综合治理工作,我再强调以下几点。

(一)进一步提高对油田社会治安综合治理工作重要性的认识,增强工作的针对性和预见性

社会治安综合治理工作是一项艰巨而复杂的系统工程,领导责任制是主线,综合是关键,全面抓落实是基础。考核工作标准要高,措施要具体,方法要灵活,目的要明确,结果要实在。其基本任务是在各级党委和政府的统一领导下,协调一致,齐抓共管,依靠广大人民群众,运用政治的、经济的、行政的、法制的、文化的、教育的等多种手段,整治社会治安,打击和预防犯罪,保障社会稳定,创造良好的社会环境。

今年是党中央、国务院《关于加强社会治安社会治安综合治理的决定》颁布十周年，搞好社会治安综合治理工作有着特殊的意义，我们一定要努力把工作做好，按照“谁主管、谁负责”的原则，切实把社会治安综合治理各项措施落实到基层单位，形成群防群治网络，开展各种形式的治安防范和联防活动，同违法犯罪行为作斗争，维护良好的治安秩序。

今年又是新千年开启之年，是长庆“抓住大机遇、制定大目标、部署大动作、奋战大场面、加快大发展”的关键之年，改革、发展和稳定的任务十分繁重。因此，油田各级组织和各级领导务必始终保持清醒的头脑，认真做好维护政治稳定和治安稳定工作，继续深入扎实地抓好油田治安社会治安综合治理，全面落实各项防范措施，严厉打击各类刑事犯罪活动，努力实现“发案、治安好、群众满意”的目标，确保油田各项工作的顺利进行。

（二）突出重点，群防群治，狠抓落实，务求实效

今年的综治任务十分艰巨，需要落实的事情很多。因此，必须突出工作重点，下大力气抓出成效。

(1)把维护油田政治稳定放在首位。一是要坚决防止聚众上访事件发生。各单位要密切注视治安动态，确保职工队伍稳定，吸取“7·24”集体上访事件的深刻教训，发现苗头要早抓，力争将问题消化在萌芽状态。二是要坚决防止“法轮功”邪教组织活动反弹。同“法轮功”的斗争，是一场长期而严肃的政治斗争和尖锐的思想斗争。目前，油田一些执迷者还在活动，没有停止习练，串联、聚集、进京“护法”等问题时有发生，成为威胁油田政治稳定的重要隐患。各级组织、各单位领导要站在讲政治的高度对待这一问题，对习练人员进行严密监控，执迷者要由领导包干，实行责任追究制；要加大帮教转化工作和宣传教育工作力度，造成强大声势，建立帮教体系，促其同“法轮功”决裂；按照“化解于基层，消除于萌芽，拦截于外围”的工作要求，将进京闹事的执迷者坚决堵住；要按照庆阳地区近日召开的全区领导干部会议的统一部署和要求，在本月 20 日将现有的“法轮功”练习者全部集中起来，切实做好学习、教育、转化工作，使其尽快与“法轮功”邪教组织彻底决裂。三是加大法制教育力度，做好职工队伍稳定工作。要扩大工作视线，对将在岗职工、内部退养职工、有偿解除劳动合同职工、离退休职工、暂住人员都要纳入教育管理范围，发动各级组织、党团员、专兼职职能部门人员协同作战，群策群力，共同做好广大职工群众的思想政治工作，提高队伍整体水平和政治素质。

(2)全力为油田生产创造良好的治安环境。一是各生产单位要努力提高生产保卫自防能力。要充分发挥岗位职工的作用，加强管理，落实责任，采取多种措施，加大对输油管线、油井泵站、生产要害部位的防护力度，不留空挡，不留死角，保证生产安全。二是充分发挥油田各级公安机关的执法职能作用。要继续牢固树立以保卫油田生产为中心的指导思想，采取警力向办案一线倾斜措施，保持“严打”攻势，快侦快破案件，严厉打击重点，震慑犯罪，遏制危害生产案件上升势头。三是进一步争取和加强企地联手共治，确保平安。通过多种途径争取地方政府、政法机关和职能部门参与油田生产外部治安环境整治，联合开展专项斗争；坚决依法办事，守土有责，有理、有利、有节地同侵害油田利益的行为作斗争；对诱发涉油犯罪的收油窝点、土炼油炉、废旧金属收购点、盗油运输工具予以彻底取缔和打击。

(3)全面落实打防并举措施，维护内部稳定。一是继续发挥社会治安综合治理优势，进一步落实齐抓共管的工作机制。从近年来情况看，随着形势的发展，社会治安综合治理的任务越来越重，工作涉及到方方面面，工作难度越来越大。如果形不成合力，工作就会成为纸上谈兵。因此，油田各级党政工团组织都要尽职尽

责地做实实在在的工作。这次会议签订的责任书,每一条都要认真落实,年底严格考核、硬兑现。二是巩固禁毒成果,深化禁毒工作。今年,地方政府仍然同油田签订了责任书,下达了硬行指标和任务。我们要采取“打、戒、防、建”措施,逐级层层落实责任。同时,多年来油田一直开展的“三禁一反”工作要继续进行,力争杜绝因酒、赌、毒引发的恶性案件发生。三是加大基层安全创建工作力度。安全小区建设要巩固和深化成果,通过严密的防范措施,把入室盗窃、诈骗、邻里纠纷矛盾等可防性案件和问题彻底降下来,增强职工家属的安全感。

(4)加强公安队伍建设,充分发挥公安机关的职能作用。长庆局、油田公司分开分立后,油田公安机关工作要两面兼顾,统一部署,统一安排。一年来的实践证明,油田公安具有不可替代的作用,切实加强公安建设势在必行。要进一步提高油田公安民警的整体素质;坚持从严治警,经常性地抓整顿、抓教育培训,真正做到内强素质、外树形象;要努力改善公安机关工作条件,增强快速反应能力,使油田公安工作发挥更大作用。

(5)切实加强安全防范,确保职工家属过一个安全、祥和、文明的春节。近日,江泽民总书记指示:春节将至,各级党委和政府都要深入基层,研究解决群众的生活困难问题,让广大群众欢欢喜喜、平平安安地过年,欢度新春佳节。今年油田假期较长,职工家属探亲访友、外出人员增多,管理也比较分散。各单位一定要切实安排好职工生活;抓好节日期间的“三禁一反”工作;要加强安全检查,做好防火、防爆、防盗工作;做好青少年学生寒假的安全教育工作;各项文化娱乐活动必须认真组织,保证安全,健康有序。

同志们,长庆局、油田公司对社会治安综合治理工作十分重视。今年是新世纪的第一年,也是“十五”计划的开局之年,我们一定要认清形势,明确任务,抓住机遇,开拓进取,充分发挥社会治安综合治理的优势和威力,努力创造稳定的治安环境,为油田的持续、稳定发展做出新的更大的贡献!

借此机会,我向同志们拜个早年!祝油田各级领导和广大公安民警、治安联防人员节日愉快,身体健康,合家欢乐,万事如意!

张继昌同志在共青团长庆石油勘探局八届一次全委会上的讲话

(2001年11月28日)

各位委员、同志们:

共青团长庆石油勘探局第八次代表大会,在与会代表的共同努力下,圆满完成了预定任务,胜利闭幕了。刚才,八届一次全委会又顺利选举产生了局团委常委、书记和副书记,至此,新的一届局团委班子全部产生,我代表局党委对当选的书记、副书记及各位常委、委员表示热烈的祝贺!

在大会闭幕式上,我已经作了讲话,今天,重点就如何落实好局第八次团代会提出的各项任务,把委员会自身建设好,提三点希望。

一是认真贯彻好这次会议精神。在大会开幕式上,蒲主席代表局党委、长庆局对广大团员青年提出的希望和要求,体现了局党委、长庆局对全局团员青年和共青团的亲切关怀和殷切期望,为新时期全局共青团工作指明了方向。团省委书记,也给我们提出了工作要求。希望大家回去后做好传达贯彻。要组织广大团员青年学习好局第八次团代会精神,团的干部特别是团委会成员要带头学好局党委、长庆局领导的讲话精神,深刻领会、充分认识其对长庆局团员青年成长和共青团工作发展的重要意义,紧密联系青年和青年工作实际,把局党委、长庆局的工作部署落到实处。各级团组织在学习宣传中,要引导团员青年进一步统一思想,提高认识,明确任务,不断增强责任感和使命感,团结、带领广大团员青年积极投身全局生存发展和“二次创业”的伟大实践,为实现长庆局“十五”各项奋斗目标贡献青春、智慧和力量。

二是努力提高工作水平。第一要有强烈的责任意识,不断增强使命感。新一届委员会任期期间,正是我国石油工业实施市场化、国际化、低成本、科技创新和持续重组战略,进行结构调整,实现持续稳定发展目标的重要时期,也是长庆局深化改革,进行“二次创业”的关键时期。新一届委员会正面临着历史的选择和挑战。局党委、长庆局信任你们,广大青年信任你们,各级团组织和全体共青团员信任你们,把这样的重担放到你们的肩上,委员会的每个成员都要进一步增强事业心和责任感,做好本职工作,积极为委员会工作献计献策,勇敢承担起一名委员应尽的责任,真正做到对局党委、长庆局负责,对青年负责,对长庆共青团负责。第二,要有强烈的机遇意识,不断展示新作为。第七次团代会以来,在七届委员会的领导下,经过各级团组织的共同努力,全局共青团工作有了一个很好的发展态势,为今后的工作奠定了一个很好的基础。这次团代会又对共青团面临的形势作了分析,明确了指导思想、工作目标和主要任务,为全局团的工作指明了方向、提供了舞台、拓展了空间。特别是局党委、长庆局对共青团工作和团员青年的高度重视和亲切关怀,给广大团干部和团员青年以巨大鼓舞,为共青团工作创造了很好的环境和氛围。大家一定要珍惜机遇,抓住机遇,带领各级团组织乘势而上,展示新的作为。第三,要有强烈的创新意识,不断焕发新活力。江泽民同志讲:“创新是民族进步的灵魂,是国家兴旺发达的不竭动力”。共青团事业是一项不断发展的事业,也是一项常新的事业,团的各项工作都应当随着形势的发展而不断创新。现在,团的工作和建设面临许多新情况、新问题,不认真调查研究,不努力开拓创新,团的事业就难以向前发展,甚至可以说没有出路。作为新一届委员会,要很好地处理好继承和创新的关系,通过深入调查研究,不断深化、拓展、创新团的工作局面,更好地适应形势发展的需要。要按照“三个服务”的工作思路,集中精力抓好各项工作的落实,干出实效。

三是全面加强委员会自身建设。全局团的委员会代表全局团的形象,体现全局团的工作水平,只有把委员会自身建设好,才能带领全局团员青年充分发挥生力军和突击队作用,完成党组织所赋予的光荣使命。因此,要按照十五届六中全会的精神,切实抓好委员会的自身建设。

首先,要努力学习。各位委员要带头贯彻落实十五届六中全会精神,把理论学习摆在首要位置,作为提高自身素质的大事来抓,用马列主义、毛泽东思想、邓小平理论武装头脑,坚定共产主义理想信念,树立正确的世界观、人生观、价值观,在掌握马克思主义的立场、观点、方法上下功夫。当前,就是要认真学习江总书记“三个代表”的重要思想,紧紧围绕代表先进生产力发展的要求,在长庆局改革发展和“二次创业”的进程中发挥突击队作用,紧紧围绕代表先进文化前进方向的要求,在促进长庆局精神文明建设中发挥生力军作用,紧紧围绕代表广大人民根本利益的要求,在培养“四有”新人中发挥桥梁和纽带作用。同时,还要学习市场经济、科学技术、法律法规等方面的知识。着力在“理论基础、世界眼光、战略思维和党性修养”方面全面提高自身素质,适应新形势、新任务的要求。建议局团委首先在全体委员中实施“素质培养计划”,使各位在担任局八届团委会委员期间,政治思想、创新能力、学识水平、业务素质、身心素质等方面都有明显提高,同时可利用召开全委会、举办讲座、网络培训班以及开展学历教育等多种形式不断提高委员的思想政治水平和工作能力。

其次,要坚持和贯彻好民主集中制。党的十五届六中全会提出了坚持民主集中制原则,反对独断转行、软弱涣散的要求。民主集中制是党的根本组织制度和领导制度,也是共青团的根本组织原则,更是团组织永葆活力、不断前进的法宝。团干部要带头贯彻中共中央《关于加强和改进党的作风建设的决定》精神,在实际工作中严格按照制度办事,做到制度面前人人平等,并认真抓好落实制度情况的监督检查。要充分调动全体委员的积极性,让每一个委员的意见、主张都得以充分表达,让每一个委员的创造性都得以充分发挥,真正做到决策民主科学,形成团结紧张、严肃活泼的良好局面,不断提高班子的整体功能,把委员会建设成为政治坚定、工作务实、纪律严明、锐意改革、勤政廉洁、联系群众、团结协作的坚强领导核心。

最后,要形成良好的工作作风。贯彻十五届六中全会精神就是要发扬党密切联系群众的优良传统,坚持走群众路线。群众路线是党的根本工作路线,团干部要在实际工作中坚持走群众路线,克服形式主义、官僚主义,养成求真务实、埋头苦干、艰苦奋斗、开拓进取的作风,坚持深入基层,深入青年,了解青年的变化,关心青年的疾苦,帮助他们解决实际困难,坚持一切从实际出发,不惟上、不惟书,只惟实,吃苦在前,享受在后。要不断提高思想境界,增强人格力量。树立勤俭办事的意识,提高勤俭办事的自觉性,在思想深处筑起反腐防线,以严于律己、以身作则的表率行动,树立正气的形象,营造正气的氛围,为团旗增光添彩。

各位委员,同志们,局党委、长庆局在关心着你们,广大团员青年在关注着你们,希望你们不辜负局党委、长庆局的期望,不辜负团员青年的信任,同心同德、扎实工作,开拓进取,推动长庆局共青团工作再上新台阶。

专 稿

GW-1型振动筛通过国家鉴定

受国家科委委托,集团公司于2001年2月份在成都召开了GW-1型振动筛鉴定会。由集团公司内外专家组成的鉴定委员会认为:该产品整体性能达到国际先进水平,机理研究和部分性能指标处于国际领先水平。专家一致同意通过鉴定,建议投入批量生产。

GW-1型振动筛是国家“九五”重大技术装置研制专题,是由长庆石油勘探局机械制造厂和西南石油学院在中油长城钻井公司主持下共同开发研制的使用细目筛网的新型振动筛,适用于钻井液中固相颗粒的筛分。研制工作从1999年1月开始,当年9月长庆机械厂生产出两台样机,并在大港等油田进行了工业性试验。

在听取研制、测试、现场使用和试制报告后,专家们给予GW-1型振动筛以高度评价:该成果理论上首次提出了双轴惯性振动筛力心概念,发展了振动筛的设计理论。GW-1型振动筛集圆振型筛和直线振动筛的优点,是钻井液振动筛的更新换代专利产品,对钻井液的处理量比直线振动筛增大 20%至 30%,净化效果很好。

（张新民）

长庆钻井工程总公司成立

长庆钻井工程总公司于 2001 年 1 月 8 日在西安正式成立。陈国法副局长宣布成立钻井工程总公司的决定。张继昌副书记宣布对钻井工程总公司主要领导的任命决定:杨再生为钻井工程总公司总经理;刘顶运为党委书记。孙玉辰局长在大会上讲了话。

长庆钻井工程总公司的成立是继长庆机械制造总厂成立之后,长庆局实施深化改革战略的又一重大举措,标志着长庆局内部整合重组进入了实质性阶段。钻井是油气勘探的“龙头”行业,当前钻井市场面临着严峻的挑战,国内钻井市场萎缩,队伍严重过剩。根据集团公司“十五”规划,五年内钻井队伍将削减 1/4。长庆局现有钻井队 62 个,“十五”期间的钻井工作量有 40 个钻井队就可以满足关联交易市场的需要。随着关联市场的进一步开放，迅速转变机制，调整技术力量，发挥整体优势，增强创新能力和综合实力，已经成为适应市场竞争、确保存续企业生存与发展的必然需求。同时，国内外钻井市场实行分段招标，也为钻井队伍的专业整合提出了新的客观上的要求。长庆局抓住这个难得的历史机遇，经过长时间的反复论证研讨，多方面听取专家的意见和建议，最终做出了对三个钻井工程处实行整合重组的重大决策。新组建的钻井工程总公司，将拥有 8.7 亿元国有资产、15 个专业公司（部）和 55 支钻井队，其内部结构趋于合理，资源配置更加优化，总体优势明显增强，为今后的发展增添了新的生机和活力。

长庆钻井队伍是一支久经考验的过硬队伍，30 多年来，三个钻井工程处在广袤的鄂尔多斯盆地共钻井 9985 口，总进尺达 1644.52 万米，相当于钻透了 1858 座珠穆朗玛峰，为长庆油气勘探开发作出了卓越贡献。总结出了一整套队伍建设的成功经验，掌握了一整套在复杂地质条件下进行钻井作业的工艺技术，在实践中摸索出了深化改革、加强企业管理的经验和办法。油田实施重组改制以后，钻井系统广大职工转变观念，深化内部改革，2000 年在关联交易市场上，一举创造了钻井速度、钻井工艺、钻井质量、生产时效、钻井效益等 5 个方面的新成绩和油井、天然气井年进尺、钻井周期、平均机械钻速等 5 项新指标。

（杨虎林）

长庆石油勘探局 2001 年工作会议隆重召开

沐浴着新世纪的春风，长庆局 2001 年工作会议于 2001 年 2 月 14 日上午在西安基地隆重开幕，全局各二级单位的领导参加了大会，为期 3 天的会议将总结 2000 年取得的成果，部署 2001 年的各项任务，确定长庆新世纪大会战略目标。

长庆局局长、党委书记孙玉辰，局党委副书记、纪委书记张继昌，副局长杨庆理、滕玉林、刘自强，局工会主席蒲建中，局总会计师张芝兰，原长庆局副局长陈国法，局党委常委、组织部长张启英出席了会议。

2000 年是长庆局重组改制、分开运行的第一年，是长庆局历史上真正脱胎换骨、转换机制、转变观念最深刻、最广泛的一年，也是长庆局二次创业的一年。全局广大职工认真贯彻集团公司工作会议和领导干部会议精神，认真实施长庆局“两条基本思路”、“四大发展战略”，全面完成了各项生产经营目标和工作任务，取得了令人鼓舞的成绩，长庆局实现主营业务收入 40.2 亿元，实现了整体持平的预期经营目标，全局在各项工作中共有21个方面48项指标创历史最高水平。2001年是国家“十五”计划实施的第一年，也是长庆局实现进一步发展的关键一年，面临的任务十分艰巨。这次会议就是认真贯彻集团公司工作会议精神，安排部署2001年的各项任务，努力实施二次创业战略目标的大会。

14日上午的大会上，由长庆局党委副书记、纪委书记张继昌首先传达吴邦国副总理在听取集团公司2000年度工作汇报后的重要指示。吴邦国从两个方面对集团公司2000年工作给予充分肯定。一是2000年中国石油集团公司在非常困难的环境中上市成功，不仅为国有企业改革积累了很好的经验，也为国有企业脱困作出了贡献。集团公司实现了脱胎换骨的改变，为今后的改革打下了一个坚实的基础。二是中国石油集团公司2000年生产经营取得突出成绩，实现利润600亿元，创造了历史最高水平，占全国国有企业利润的四分之一。这当中尽管有国际石油涨价的因素，但也是靠集团公司深化改革、加强管理、减员增效、提高效益所取得的。吴邦国对集团公司今后的工作提出了四点要求：第一，在2000年改革取得成绩的基础上，要从上到下地做好职工的思想工作。要让各级领导干部和全体职工统一改革必要性、重要性、紧迫性的认识，使全体职工能从国家利益出发，来理解改革、支持改革。第二，集团公司上市的股份公司，要向着世界一流的、有竞争性的、大型的油公司目标努力。要通过科技创新、加强管理、建立新的机制，提高企业参与国际竞争的能力。第三，存续企业要继续深化改革，不断调整结构，开拓国内、国际市场，建立新的机制，提高企业参与国际竞争的能力。第四，中国石油集团公司各级领导和组织，要认真做改革、发展中的稳定工作。面对改革中出现的各种问题，要多做思想和教育工作，及时化解矛盾，把问题解决在基层，来保证改革、发展的稳步进行。吴邦国对集团公司制定的“十五”计划表示赞同。他特别指出，“十五”工作要有明确目标，上游要加大油气勘探开发力度，多找油气资源，加大国内外两种资源的勘探开发步伐；中下游要加大结构调整的力度，要加大集中度，发挥规模效益。

张继昌同志接着传达了集团公司2001年工作会议精神。在这次会议上，马富才作了题为《跨入新世纪，认清新形势，努力开创集团公司改革的新局面》的工作报告。工作报告回顾总结了集团公司“九五”及2000年的工作。他说，“九五”是我国国民经济和社会发展取得重大成就的5年，也是我国石油石化工业管理体制发生重大变革、实现持续、稳定发展的5年。在党中央、国务院的领导下，我们不仅全面完成了“九五”计划确定的各项生产经营指标，而且在企业改革、加强管理和精神文明建设等方面都取得了重大进展，为新的发展奠定了坚实的基础。工作报告从8个方面总结了“九五”期间所取得的突出成就。（1）石油勘探开发取得重大进展，原油产量稳定增长。（2）天然气勘探开发取得重大突破，呈现快速发展的势头。（3）炼油化工达到一定规模，市场营销呈现新的局面。（4）国际化经营取得重大进展，正在成为集团公司新的经济增长点。（5）管理体制改革取得突破性进展，经营机制发生重大转变。（6）企业管理得到加强，经济效益显著提高。（7）科技进步取得重大成绩，人才培养见到显著成效。（8）精神文明建设得到进一步加强，基本实现了“两个走在前列”的目标。工作报告在谈到“十五”的工作安排时指出，“十五”是我国经济和社会发展的重要时期，也是集团公司深化改革，实现整体发展的关键时期。经过反复认真研究，集团公司党组对“十五”期间总的考虑是：以邓小平理论为指导，全面领会“三个代表”的重要思想，深入贯彻党的十五届五中全会和中央经济工作会议精神，坚持以市场为导向，以效益为中心，以发展为主题，以结构调整为主线，以科技创新、体制创新和管理创新为动力，突出主营业务，持续改革重组，全面提高核心竞争力，努力实现集团公司整体持续、稳定、协调发展。马富才在报告中强调，集团公司在改革中要着重把握好5个关键问题。即集团公司发展的战略方向和目标问题、结构调整问题、深化改革问题、市场开发问题和稳定问题。为进一步加强集团公司党的建设和政治思想工作，工作报告指出，要以“三讲”教育为契机，大力加强企业领导班子建设；要认真贯彻中纪委五次全会精神，全面加强党风廉政建设；要进一步加强精神文明和思想政治工作，继续保持“两个走在前列”；还要切实加强机关建设，转变机关工作作风。

长庆局局长、党委书记孙玉辰代表局党委、长庆局作了题为《更新理念，开拓市场，大力推进长庆局的改革和发展》的工作报告(全文另发)。报告分为两大部分。一是2000年的主要工作情况；二是2001年的工作部署。报告在谈到2001年工作部署时，指出要努力实现2001年的经营目标，确保油气勘探计划的顺利完成，2001年的总体工作要求是：认真贯彻集团公司工作会议精神，积极实施长庆局“两条基本思路”、“四大发展战略”，坚持以市场为导向，以改革为动力，以管理为手段，以调整结构为重点，以效益为目的，大力推进产权制度改革，推进公司制改革，加快三项制度改革，改变机关职能，全面消灭亏损，保持大局稳定。孙玉辰局长强调，长庆油气勘探开发呈持续上升态势，给长庆局创造了有利的关联交易市场；“两西”工程的实施，给长庆局提供了广阔的社会市场；长庆局还有关联交易的实践和油田公司的支持，有内部重组改制试点的宝贵经验，有一支顾全大局、团结奉献的职工队伍等良好条件，只要扬长避短，趋利避害就能顺利实现2001年的各项奋斗目标。

在上午的会议上，张继昌同志还传达了中央处理“法轮功”问题领导小组关于同“法轮功”邪教组织斗争的形势和下一步工作意见。

（苏　柯）

长庆钻井
航母驶出国界

伴着夕阳的余晖，2001年3月12日下午7时10分，满载着钻井设备的第一支开赴国际市场的专列缓缓启动，稍后即由青铜峡火车站发出，开往天津新港，将从那里装船并最终到达尼日利亚，拉开了长庆局投身国际石油工程服务市场的第一幕。

随着关联交易市场的逐步开放，长庆局把眼光投向了国内社会市场和国际市场，这套ZJ70LC钻机的出租标志着长庆局在勇闯国际市场征程中迈出了坚实的一步。

2月14日，长庆局与尼日利亚Petrolog公司正式签订钻机租用合同后，钻井工程总公司立即根据合同规定组织前期准备工作。在全公司范围内选配出国人员并进行紧张培训，钻机设备配套、改造等工作高效运作。3月6日开始，各种设备由马家滩运往青铜峡，在青铜峡发运的物资达到了60车皮，同时还有25节车皮的物资分别从四川和河北运往天津新港，共有72大类总重达1380余吨设备及物资将运往尼日利亚。

这次发运的ZJ70LC钻机是对原罗马F320型钻机改进的型号，钻机的柴油机动力性能、泥浆泵和循环系统等的性能基本达到了国际惯例标准。长庆局于2000年5月引进这套钻机，并在引进后由6053队运用这套钻机成功地实施了长庆第一口天然气欠平衡钻井。2000年11月被前来长庆进行设备考察的尼方人员选中作为租用设备。

据悉，所有设备和物资将于3月下旬至4月初装船启运，钻井工程总公司技术人员将先期抵达尼日利亚开展工作。

（苏　柯）

长庆六名同志荣获“全国五一劳动奖章”

2001年4月29日下午，庄严的人民大会堂里洋溢着喜庆的气氛，在首都庆祝新世纪第一个“五一”国际劳动节大会上，中华全国总工会对296个“全国五一劳动奖状”获得单位和994名“全国五一劳动奖章”获得者予以隆重表彰。油田公司总经理胡文瑞和油建处处长秦惠中、钻井工程总公司总经理杨再生、采油三厂厂长梁永乐、物探处处长曹师伊、采气厂厂长李安琪6名长庆优秀职工代表荣获“全国五一劳动奖章”殊荣。一年中有6名职工荣获“全国五一劳动奖章”，这在长庆历史上还是第一次。

2000年，长庆局和油田公司均取得了前所未有的巨大成就，涌现出一批品德高尚、成绩卓著、贡献突出的模范先进人物，这6名“全国五一劳动奖章”获得者便是杰出的代表。在他们身上所体现出的开拓进取、无私奉献的精神就是长庆精神的集中体现。

中华全国总工会在表彰决定中号召全国职工以受表彰的先进集体和先进个人为榜样，大力弘扬解放思想、实事求是精神，紧跟时代、勇于创新精神，知难而进、一往无前精神，淡泊名利、无私奉献精神，不断提高自己的思想道德和科学文化技术素质，在推进社会主义物质文明和精神文明建设中，充分发挥工人阶级的主力军作用。

（李东勋）

马富才总经理、黄炎总裁等领导来长庆考察

2001年6月13日，集团公司总经理马富才，副总经理、股份公司总裁黄炎，股份公司副总裁罗英俊一行深入苏里格气田、长庆气田考察。

近两年来，长庆油田在苏里格庙地区天然气勘探取得了重大突破，天然气探明储量2200多亿立方米，控制储量1003亿立方米，预测储量2010亿立方米，三级储量累计达5118亿立方米。据专家预测，该地区已形成复合连片的大气区，基本具备形成7000亿立方米左右地质储量的条件。为了加快长庆油气的勘探开发步伐，实现中国石油天然气持续稳定发展目标，集团公司在近期研究决定，将鄂尔多斯盆地油气勘探开发作为全国增储上产的重点地区之一。

为了加快鄂尔多斯盆地油气勘探开发步伐，集团公司、股份公司主要领导专程深入长庆油田调查研究，现场办公。6月13日，马富才、黄炎、罗英俊等领导在长庆油田领导胡文瑞、孙玉辰、何自新、杨庆理等陪同下从银川出发，首先来到位于内蒙古自治区伊克昭盟玛拉迪毛盖图嘎喳的苏20井，先后听取了长庆钻井工程总公司和长庆油田公司气探项目组的工作汇报，并对60144队的工作进行了检查指导。接着，马富才、黄炎等领导又深入到苏14井，听取了井下作业处的工作汇报，并观看了苏14井的放喷。马富才、黄炎等领导还检查了第一采气厂中13集气站和第一净化厂的工作。每到一处，马富才、黄炎等领导都对长庆油田的工作给予了具体指导，并就进一步提高企业管理水平、落实油气勘探开发目标等提出了要求和希望。

在来苏里格气田、长庆气田检查指导工作之前，马富才、黄炎等领导于6月11日至12日，先后与宁夏回族自治区政府领导进行了座谈，与宁夏回族自治区党委书记毛如柏就加快鄂尔多斯盆地油气勘探开发步伐等问题交换了意见。并深入宁夏大元股份公司、宁夏化工厂检查指导工作。

马富才总经理在与宁夏回族自治区政府领导座谈时发表了重要讲话。他说，这次集团公

司在结束机关的“三讲”后，从搞好国有企业这个角度，我们取得了一定的收获，其中有两个具体的方面：一个就是中国国有企业能不能搞好？到底怎么搞好。集团公司党组和领导同志有了一定的共识，重点研究了集团公司如何进一步发展的问题。取得的第二个成果就是在原来“十五”规划的基础上，我们通过统一思想，认为国有大型骨干企业，担负着国家原油生产、原油稳定供给的重任，如何保证国家的石油储备，这对集团公司至关重要。那么从现在全国的油气供给情况来看，1993 年我们国家变成了一个原油净进口国，到 2000 年我们进口了 7000 万吨原油，同时也出口了一点，这样的话，我国的净进口量到 2000 年为 5800 多万吨，这对我们公司是一个巨大的压力。所以在这个问题上集团公司有责任也有义务进一步加大勘探开发的力度。经过仔细研究，集团公司确定把鄂尔多斯盆地作为“十五”期间发展的一个重点探区。目前，长庆油田找到的原油探明储量是 9 亿吨，天然气探明储量是 7500 亿立方米，这样到 2000 年，原油生产能力达到 500 万吨，天然气生产能力达到 30 多亿立方米。除此以外，这一地区目前的勘探形势特别好，第一个就是安塞和志靖这一大片，在五里湾和盘古梁地区，最近打的一些探井，情况都特别好；在安塞的王窑南部也有新的发现。但要说重大发现，还是在苏里格庙地区，2001 年就已经对外公开报道找到了一个大气田。2001 年以来在这个气田的北部，特别是在西部，最近打的苏 18 井、苏 14 井情况不错，这一片争取要拿到 7000 亿立方米储量。这也是非常喜人的。因为到目前为止，我国原来单个最大的气田是新疆的克拉 2 气田。现在看来这个最大气田要让位给苏里格了。另外，我们 2001 年在陇东地区和神木地区，无论是原油和天然气，长庆都有了重大突破。根据这些突破，公司的专家对鄂尔多斯这个盆地的资源量也有了新评价，整个鄂尔多斯盆地的油气资源的评价结果达到了 80 亿吨，在中国仅次于松辽盆地、渤海湾盆地，可以列到第三位。所以这个地区将会成为集团公司下一步西部资源接替的重要战场。根据这些资源情况，公司党组决定把鄂尔多斯盆地作为集团公司整个西部开发的主战场，同时也将把这个地区的油气勘探开发目标作相应调整。经过反复讨论，初步确定要在 2005 年在鄂尔多斯盆地，包括延长集团等，争取达到 1200 万吨原油生产能力。同时，2005 年鄂尔多斯盆地天然气年产要争取达到 100 亿立方米，相当于 1000 万吨油，这样长庆油田年产油气当量在全国将成为油老二或油老三，这是集团公司在这个地区的目标。

马富才、黄炎等领导还将分别深入安塞油田、靖安油田、陇东油田及陕西的石化企业检查指导工作。

（张新民　苏　柯）

长庆成为集团公司增储上产的重中之重

2001 年 6 月 11 日至 19 日，集团公司总经理马富才，集团公司副总经理、股份公司总裁黄炎一行深入长庆油田，途经宁夏、内蒙古、陕、甘四省、自治区，行程 2400 余千米，考察了长庆油田 28 个二级单位，看望了千余名在一线工作、生活的职工，对鄂尔多斯盆地的勘探开发和长庆油田的工作作了深入细致的了解，就长庆油田加快发展提出了具体目标和殷切希望，明确指出长庆油田是集团公司“十五”期间增储上产的重中之重。

股份公司副总裁罗英俊，集团公司与股份公司机关有关职能部门领导，长庆油田公司总经理胡文瑞、副总经理何自新，长庆石油勘探局局长孙玉辰、副局长杨庆理等参加了调研。

6 月 11 日中午，马富才总经理一行飞抵银川市，下午在与宁夏回族自治区有关方面进行座谈后，与宁夏回族自治区党委书记毛如柏进行了座谈，双方就加快集团公司在宁夏地区的发展交换了意见。马富才总经理向毛如柏书记介绍了陕甘宁油气勘探开发的现状和前景。他说，集团公司在宁夏将加大油气勘探开发力度，下一步先将原油年产从现在的8万吨提高到20万吨，以后再逐步提高到40万吨。同时，他还表示，集团公司将尽全力支持和带动宁夏经济的发展。

毛如柏书记说，集团公司对宁夏经济和社会发展做出了巨大贡献，自治区党委和政府表示衷心感谢。宁夏地处西北地区，经济发展的资源支撑除煤炭、石油、天然气以外并不是很强，宁夏依托资源发展主要是靠地下资源。因此，石油、天然气勘探开发的突破对宁夏经济的发展有着重要作用，我们寄希望长庆在宁夏的油气资源开发利用上取得突破。从地理位置和地理环境上说，在陕甘宁油气资源利用上，宁夏有着很大的优势，希望集团公司继续对宁夏石油天然气的开发利用给予大力支持。毛如柏说，多年来，在宁夏的中油集团公司企业与地方党委和政府配合得很好，我们尽自己所能帮助他们解决一些困难和问题，希望集团公司领导放心，今后我们将继续把他们视为自己的企业给予关心。6月12日，马富才总经理一行到宁夏大元股份公司和宁夏化工厂等企业检查指导工作。

6月13日上午，马富才总经理一行经内蒙古自治区鄂托克前旗，深入苏里格气田苏20井、苏14井检查指导工作。正在这两口井施工作业的钻井工程总公司60144队和井下作业处试气177队为到来的领导、专家作了详细的现场汇报，以整体的现场秩序、严谨的工作作风、良好的精神风貌向集团公司和地方政府领导展示了长庆局施工作业队伍的过硬素质。13日下午到16日，马富才总经理一行分别对第一采气厂的中13集气站、第一净化厂，采油一厂的塞1井、王窑区块，采油三厂的盘古梁区块、靖二联合站，采油二厂的华池联合站、悦29区、庄9井等进行了检查指导，在现场听取了汇报，并与油田公司的专家就油田勘探开发形势、科技运用等进行了深入探讨。油田公司基层队站整洁的站容站貌，员工在艰苦环境里表现出的饱满工作热情，以及较高的管理水平和日臻完善的HSE管理体系建设，都给马富才总经理一行留下了深刻的印象。在此期间，长庆局50577钻井队、18105钻井队也在施工作业现场接受了马富才总经理一行的检查指导。

6月17日，马富才一行从庆阳出发经由宝鸡到达西安。下午，马富才总经理一行还与陕西省委书记李建国、省长程安东进行了座谈。马富才总经理向陕西省领导通报了集团公司准备加快长庆油田发展的总体规划及集团公司在陕的宝鸡石油机械厂、宝鸡石油钢管厂等单位的生产经营状况，并对陕西省政府给这些企业的支持表示感谢。

李建国书记在座谈中说，长庆在陕西是第一号的企业，对陕西很有贡献，长庆在各个方面与省里的关系还是不错的，省里对中央驻陕企业一视同仁。中石油又是国家的特大型骨干企业，关系到国计民生。陕西省委、省政府支持中石油企业的发展非常明确，从一定意义上说，这也是一个大局。对于陕北存在的石油开采秩序混乱的问题，他表示要坚决制止土炼油，认真整顿石油开采秩序。

程安东省长听了马富才总经理有关总体规划的介绍后说，长庆多年来做了大量的工作，现在引起了集团公司的重视，我觉得这是一件好事。陕西省总体上是支持长庆发展的。能源经济是陕西“十五”期间特色经济的一部分，能源最主要的部分不光是煤炭，更重要的是石油、天然气。他希望中油集团公司要加大投入，加快长庆的发展。

马富才总经理一行在西安期间重点听取了长庆油田公司和长庆石油勘探局的工作汇报，对加快长庆油田的勘探开发步伐提出了明确的目标和具体要求，要求长庆油田要勇挑重担，加速发展，为我国石油天然气事业做出更大贡献。

（苏　柯　张新民）

长庆石油勘探局钻井系统整合重组尽显优势

长庆钻井工程总公司——这艘在改革大潮中锻造的“巨轮”，迎着新世纪的曙光扬帆远航了。整合重组不足 3 个月，长庆钻井就尽显整合优势：国外投标市场频频亮相，屡传佳音，顺利承揽了尼日利亚、厄瓜多尔钻井施工工程，与哈萨克斯坦的合作也在紧锣密鼓地进行，实现了长庆局开拓国际市场的大突破；国内关联交易市场生产形势鼓舞人心，72 支钻井队在陕西、甘肃、宁夏、内蒙古 4 省、自治区扬鞭催马，平均以日进尺 6000 米的速度向前推进。

一、世纪抉择

石油钻井，因其在勘探开发领域中的先导地位被人们习惯上称之为“龙头”企业。回顾长庆 30 多年的勘探开发历程，钻井战线上的职工为中国石油和西部的发展作出了卓越的贡献。然而，随着世界性石油企业的重组改制、胜利、中原、大港等油田已先后整合组建了航母式的钻井工程总公司，纷纷打入国际市场，而长庆钻井至 2000 年年底还没有 1 支钻井队冲出国门。与此同时，他们已明显感受到来自关联交易的压力。2001 年，油田分公司在 CNPC 范围内对 50% 的市场进行开放，3 至 5 年内，关联交易将不复存在，等待他们的将是残酷的市场竞争。正如长庆局局长孙玉辰所说：“长庆钻井队伍如果继续延续旧的体制和机制，就必将在市场竞争中被淘汰，看着别人在自己的家门口抢饭吃而无能为力。”

并非危言耸听，有几组数据为证：（1）长庆钻井共有技术人员 1165 名，而具有工程师以上职称的只有 503 人，且分布在 3 个钻井处，难以形成整体的技术合力。一位资深技术工作者曾私下告诉记者，每年的技术交流会看起来论文一大堆，但对核心技术各家都秘而不宣。（2）长庆共有钻机 72 部，但新度系数低，长庆局每年投资更新设备，但点多面广，难以让有限的资金发挥更大的作用。（3）生产成本居高不下。以原第二钻井工程处为例，往靖边运送一车套管的运费为 2000 余元，而整合后按区块组织，从宁夏基地到靖边的运费仅为 950 元。

长庆钻井系统的整合重组，在 2000 年初就已经提到局领导的议事日程，一年来，3 个钻井工程处大力整合内部体制，完善用工机制。长庆局也本着积极慎重的态度，为整合重组作了认真、有益的准备。

2001 年 1 月 8 日，犹如新世纪的第一缕曙光，长庆钻井工程总公司在新世纪的钟声刚刚敲响不久便宣布成立。

钻井总公司从成立的第一天起，就将“创新、开放、简捷、明确、责任、自信”确立为企业的经营理念，按照现代企业制度的要求，组织了精干、高效、科学的机构，突出和强化了主营业务。同时，总公司按照整合优势、做专做强的路子，优化资源配置，盘活存量资产，组建第一、二、三钻井工程项目部，设立市场开发部、固井公司等 8 个专业公司。

融合统一，是长庆钻井总公司正式运作后首要解决的问题。总公司将经营指标层层分解，构建完善的内部市场运作体系，3 个项目部、8 个专业公司之间通过合同的形式相互协调、相互制约，明确各自的责权利。各项目部、专业公司从落实总公司经营政策入手，在生产启动之际就积极完善了工资发放、财务核算、项目管理、岗位职责等基础性制度，使总公司从一开始就走上了科学高效、规范运作的道路。

二、拔锚起航

从 2001 年 2 月 18 日到 27 日，短短 10 天

时间，钻井总公司的72支钻井队全部到达作业现场。第一工程项目部抽调专人深入基地围绕钻井系统整合重组的意义，讲机遇、讲挑战，讲总公司当年的奋斗目标、工作思路，收到了良好的效果。第二项目部强化生产组织这一核心，组建靖边、华池两个前指。项目部领导、总工程师带队多次上井队，及时处理各类问题，保证了钻井生产正常运行。第三项目部组织成立检查验收小组，对各井队设备、安全等问题进行逐个检查，政工系统成立8个工作组，利用3天时间对各井队进行形势任务教育。32648钻井队提出全年3311管理法（三不伤害、三不违章、一争安全达标、一争质量达标）。32528、32680两支钻井队针对青工多、技术水平跟不上的实际，帮助他们逐个与队上的老职工签订师徒合同，开展“敬业杯”技能竞赛活动。

长庆钻井工程总公司的正式成立，标志着长庆3个钻井工程处整合重组的成功。据有关资料显示，长庆钻井工程总公司拥有职工1.2万余人，各型号钻机72部，年生产能力180万米，具备了从事陆上石油及天然气各类井型钻井设计施工、国际合作开发及国际工程承揽能力，无论从企业规模、装备水平、技术实力施工能力，都当之无愧成为中国西部大型油气钻井施工企业之一。

长庆钻井工程总公司的成立，优化了资源配置，提高了资源利用效率。在陕西、甘肃、宁夏、内蒙古4省区，钻井总公司根据生产需要合理调配各区块用车，杜绝了以往有的单位车辆过剩、有的单位用车紧张的现象。在人员配置上，总公司实现了人员的合理流动、减少外雇工一项，预测可安置富余职工400余人，降低人工成本0.3个百分点。

长庆钻井的春天来到了，新气象激发起一线职工的工作热情。32648钻井队年初曾制定了天然气井5开5完，年进尺1.8万米的工作目标。生产启动后，职工在听取总公司全年奋斗目标、工作思路后，重新提出了全年7开7完的奋斗目标，并制定了相应的保障措施。

正是由于职工的蓬勃热情，钻井总公司从成立一开始就充满了生机和活力。截至4月13日，长庆钻井总公司共开钻167口，完井115口，以平均日进尺6000米的速度向前推进，显示了强大的发展活力。

（张新民 冯永祥 刘筱君）

长庆筑路总公司再征“死亡之海”

2000年，长庆筑路总公司历经艰难中标和田电站供气工程伴行沙漠公路和且末至塔中1井沙漠公路工程，开始了塔克拉玛干大沙漠再创业。

2001年元月，当人们喜迎新世纪第一个新春佳节之际，长庆筑路总公司和田项目部、塔且项目部职工告别亲人，远赴南疆再创业。

一、力克困难抢进度

刚到和田，食宿条件不到位，他们就住在墙上满是冰溜子的简易干打垒房里，吃的是干馕，喝的是凉水。运力不足，两个项目部领导在南疆各县市进行广告宣传，组织运输车辆，确保运力到位。为了抢进度，职工食宿的活动野营房随沙基而前移，沙基推到哪里，活动房就拖到哪里。为了缩短运距，减小施工作业半径，项目部每10千米设一个料厂，搬迁一次职工食宿支撑点。因周转资金紧张，两个项目部的职工3个月不发工资，确保生产所需资金。且末县至塔且项目部零千米驻地43千米的沙砾路凹凸不平，铁马车拉一趟料来回要颠簸6个小时，成为制约施工进度的瓶颈。4月的一天，司机庞小军早上8点驾驶铁马翻斗车去拉料，不料陷入了一个大沙坑。项目部只好调去一台装载机，才将铁马车拉出大坑，回到项目部驻地已是凌晨3点钟了。

二、精细管理降成本

大漠再创业，推行精细管理势在必行。为此，塔且项目部在管理上推行一人多岗位，在成本控制上突出抓好每一个环节。搬迁设备，他们根据吨位选车型，根据同车型谈运价，能够用便车的就不专门雇车。他们对碎石料厂实行内部承包制，总费用包干，节超部分按比例奖励。施工现场实行工序岗位质量责任制，每道工序实行工序质量负责制，杜绝因工程质量不合格返工而增加的成本。他们对综合配套的设备反复进行方案论证，对运输车辆实行工作量单价包干，工作效率低、卖油、怠工等情况得到有效遏制。

三、搏击沙漠写人生

风沙，大漠永恒的主题。在塔克拉玛干沙漠，7 级以上的沙暴随时兴风作浪。2001 年 4 月 7 日下午 5 时，一场沙暴铺天盖地而来，沙借风势，风助沙威，瞬时间天空由亮变暗，浑黄一片。沙子狂飞，发出飕飕的响声，打在人身上如同鞭子抽，不一会儿工夫，帐篷内的床上就积了一层厚厚的沙子。入睡前，大伙把帐篷四周用沙子埋了又埋。夜半时分，一顶帐篷还是被沙暴掀翻，霎时，帐篷里成了沙的世界。大伙只得爬起来，冒着风沙把帐篷重新支好、扎牢。此时，施工点唯一的一幢活动野营房发生了倾斜，原来野营房轮胎下的沙子被大风掏空了。风沙肆虐了 3 天，职工们就与风沙搏斗了 3 天，每天收工回来，全身上下无处不是沙，职工风趣地说："我们都成了出土文物了。"其实，职工们与风沙搏斗，岂止是一次、两次。

大漠再创业是艰难的，相信收获定是丰硕的。

（刘万春　张新民）

长庆钻井总公司
生产经营发展透视

盛夏时节，长庆钻井一线再传喜讯：截至2001 年 7 月 3 日，长庆石油勘探局钻井工程总公司顺利交井 423 口，钻井进尺 82.7 万米，固井、井身、取心三大工程质量全优，稳步运行在年钻井 185 万米进尺目标的轨道上。与 2000 年同期相比，多打进尺 12.25 万米，钻井生产创历史最高水平。

原 3 个钻井工程处经过重组，何以能在短短 6 个多月时间内就释放出能量，发展生产，交上一份满意的答卷呢？

一、巧手开门，巩固发展基石

为提高市场占有率，巩固企业持续发展基石，展现企业实力与形象，作为中国石油集团公司最大的钻井工程技术服务企业之一，长庆钻井总公司将市场目标定位在 3 个层次：立足油田，进入社会，走出国门。

为了以合力态势直击市场，这个总公司把市场调研、信息搜集分析、招投标、商务洽谈、合同管理、质量回访等面向市场，全部锁定在以市场开发部为轴心的市场开发体系中。他们赋予其经营实体的资格，将揽到的工作量与费用挂钩考核其绩效，使"市场开发"这一程序真正摆在企业的"龙头"位置，从而带活了整条"龙"，市场开发连连得手。

凭着 30 多年丰富的施工经验、成熟的工艺技术、优质的工程质量、日益增强的装备实力，长庆钻井工程总公司先后在油田市场揽到井位坐标 1300 口，进尺超过 160 万米。在国内反承包市场，他们与壳牌公司的合作已步入一个新阶段，在国内首次采用套管开窗侧钻技术，成功完钻了 2 口天然气水平井。国际市场已启开大门，钻机出租尼日利亚施工项目，设备人员目前全部到位。开赴厄瓜多尔施工项目的设备、人员已准备就绪，整装待发。

二、无缝对接，增强施工能力

在生产指挥上，钻井工程总公司生产运行部以信息收集为载体，以钻机动态调整为重点，根据各生产区域内工作量大小对钻机统一部署，使每一部钻机拥有相对饱和的工作量，革除了过去钻井生产中的诸多弊病，井队生产实现均衡发展。

在生产组织上，以3个区域分设的工程项目部为中心，对钻井队实行区域管理，充分体现了“管理靠前，保障就近”的原则，弥补了点多线长管理不到位、保障不及时的缺陷。

按照“统一部署，区域管理”的方式组织管理生产，长庆钻井工程总公司在生产管理上强化钻井队的“中心地位”，简化程序，集中“火力”。2001年3月，他们一次减去5个前指，不仅避免了资源浪费，而且节省了一笔可观的管理费。

在施工力量上，形成整体统一的规模优势，实现了宏观管理与微观管理的“无缝对接”，有效提高了钻机的利用率，最大限度地挖掘出每一部钻机的施工潜力，使69个井队的生产时效保持90%以上，钻机台月比2000年同期提高了18.7米，已有5个队进尺上2万米，37个队进尺上1万米。6月16日，18103队以111天21小时的速度，进尺突破2万米，比油田历史最短时间又缩短了9天23小时。

三、绝招共享，提高钻井速度

新组建的长庆钻井工程总公司，整合了原3个钻井工程处分散的优势。特别是优秀技术人员、先进工艺技术的交流互补，新技术新工艺大面积试验推广，有力地提升了企业整体技术实力，使技术进步对生产发展的贡献率显著提高。

原3个钻井工程处秘而不宣的独特“绝招”：塔式钻具防斜打直技术，双扶正器钻具稳方位技术，滑动导向钻井技术，小井眼钻井及小井眼定向取心技术，以及下部井段高钻速、低钻压快速钻井等技术，而今全部“解密”，正逐步在3个项目部试验、推广。优势互补后形成的巨大生产力，大大提高了钻井速度。

在盘古梁区块，他们采用变径扶正器及双扶正器，应用滑动导向钻井技术，有效解决了起下钻遇阻和钻进蹩跳问题，钻井速度明显加快。在陇东区块推行高泵压快速钻井和双扶正器稳方位技术后，表层机械钻速提高17%，定向一次成功率高达70%。在壳牌公司的反承包项目施工中，他们采用套管开窗侧钻技术，13.4天就钻完536米长的水平井段，成功地完成了油田第一口天然气水平井，在天然气水平井钻井技术上取得了突破。1至6月份，钻井工程总公司平均机械钻速12.77米/时，平均经济钻速3349米/（台·月），分别比2000年同期提高9.24个百分点和1.6个百分点，先后刷新最高队月进尺6005米等13项历史纪录。

四、规则重定，生产保障强有力

长庆钻井工程总公司把生产保障系统整合为8个专业公司，建立了“合同化约束，市场化运作，专业化管理”的新机制。设备、技术、人力等资源的优化配置，打破了过去各自为政的封闭状态，使生产保障力量形成了一定的规模优势。而全新的运营机制，则为生产保障方式规定了新的“游戏”规则，为效率和质量的提高找到了永不枯竭的动力源泉。

固井公司优选原3个固井大队的水泥浆配方和添加剂，使固井优质率提高2.5个百分点，人力、设备的综合使用，使施工力量大大增强，杜绝了作业高峰期等固井现象。管子公司、运输公司面对钻井队打井快、工作量大、时间紧、路况差的困难，综合组织运力，使车辆利用率明显提高。器材供应公司紧盯井队生产动态，就地就近领供材料，缩短运输距离，保障了生产供应。到6月底，长庆钻井工程总公司生产保障系统先后搬迁井队133队（次），转运物资材料4066吨·千米，固井358口，拆装井架207部（次），修理钻具1.7万米，修理设备845个标准台。生产保障系统优质高效的服务，有力地保证了井队生产的连续性，促进了钻井生产。

（张新民 殷林锋 冯永祥）

长庆石油勘探局坚持实施送温暖工程

2001年7月下旬，从长庆局工会了解到：在企业深化改革和改制过程中，长庆石油勘探局坚持实施送温暖工程，收到了明显的社会效果。

以做好特困户的救助为重点，开展元旦、春节期间的“进千家门、知千家情、解千家难、暖万人心”活动，长庆局各级工会组织多方筹措资金，本着照顾特困职工、兼顾一般的原则，救济慰问特困职工、困难职工、职工遗属。一是从经济上给予救助。局工会从温暖工程基金中给局属各单位划拨了43.30万元。局工会领导带领工会干部深入陕甘宁3省区的局属各单位特困职工家中走访慰问，表达了局党委、长庆局关怀困难职工的深情厚谊。各二级单位党政工领导也亲自上门为特困职工、困难职工、职工遗属、军烈属送慰问品，亲自看望了离退休职工、住院伤病职工。并坚持深入生产一线，为节日坚守岗位的职工送上慰问品。

在日常工作中，长庆局各级工会从稳定职工队伍的大局出发，本着不漏掉一户困难职工的原则，通过深入细致的调查摸底，做好特困职工档案的动态管理，建立健全领导干部联系特困户制度。一些单位还建立了职工互助保险金，有效地救助了遭受意外而生活困难的职工。第一采油技术服务处为女职工开办了互助、安康保险，以解除女职工的后顾之忧。这个处职工郭哲夫妇4年间先后因病去世，留下年仅11岁和14岁的一对儿女，生活陷入困境。处工会在全处职工中开展了“献一份爱心，助孤儿成长”捐款活动，仅半个月就收到捐款1.47万多元，为两个孤儿建立了助学成长金。第三采油技术服务处职工戴建宁患重病长期住院治疗，高额的费用使他的全家陷入困境。处工会向全处职工发出了“共同奉献爱心，救助年轻生命”的倡议，共捐款4.4万多元，此事也引起局领导的关心。局工会送去救济金2万元。《长庆石油报》也向社会发出募捐倡议。一时间很多职工、家属、离退休老人纷纷将捐款转送到患者的手中。

以维护职工生命安全为根本的劳动保护工作常抓不懈。长庆局各级工会组织针对体制、机制、制度等方面的改革，围绕HSE活动的开展，建立和完善了多层次劳动法律监督体系，设立了劳动保护监督岗，举办工会劳动保护监督检查员学习班，并围绕职工之家建设考核标准定期开展劳动保护监督检查工作，落实劳动保护监督检查委员会和劳动保护检查员责任，及时发现和反映违反劳动法律法规的行为，把问题解决在基层和萌芽状态。各工会针对安全生产的薄弱环节，在对职工进行安全知识及自我保护意识教育的同时，积极配合安全部门组织开展了“安康杯”竞赛、百日安全无事故活动，把事故降到最低程度，有效地杜绝了安全隐患。

同时，长庆局工会根据陕西省委、省政府的要求，结合长庆局实际，在全局处级以上领导干部中开展与困难职工“交友帮扶”活动。目前，已有10多个单位的工会制定了具体的帮扶计划，确定了领导干部帮扶对象。第二采油技术服务处工会通过调查摸底，确定了20名特困职工，成立了以党委书记、处长为组长的“交友帮扶”领导小组，按照“结对子、一帮一”的形式，对全处中层以上领导分别确立了帮扶对象，确定了解困措施、目标和责任。筑路工程总公司工会制订了“交友帮扶”3年期解困方案，建立了“交友帮扶”手册。水电厂工会对17名特困职工分别确立了帮扶领导和帮扶联系人。井下处也开展了领导干部与困难职工“交友帮扶”活动。所有这些都进一步密切了领导干部与职工群众的关系。

（张新民　李东勋）

长庆石油勘探局机关努力改进工作作风

长庆石油勘探局机关认真落实“三个代表”重要思想,转变机关作风,深入基层调查研究,扎扎实实帮助基层解决难题,促进了全局各项生产建设的发展,受到了基层单位的好评。

一、深入基层调查研究

2001年年初,长庆局机关把转变职能,改进作风作为推动机关建设的重要工作来抓,在全体干部中开展“转变职能、改进作风,树立机关新形象”的大讨论,分析本部门在服务态度工作质量、工作效率等方面存在的主要问题,找出差距,制订措施,限期整改,使机关工作不断适应长庆局改革发展和“二次创业”的需要。通过学习讨论,机关干部想基层所想,急基层所急,为基层服务,为基层解决问题的思想得到了进一步的确立。各部门干部纷纷深入基层调查研究,现场解决问题,推动了企业的各项生产建设。

资产清查和《会计法》执法检查是集团公司上半年安排部署的两项重要工作。这个局财务资产处为此组织近20名专业人员分3个组赴陕甘宁各单位进行调查研究,走访基层单位85个,认真倾听基层单位对财务资产工作的意见,有力地促进了这两项工作的深入开展。五六月份是全局生产建设的黄金季节,局生产运行处3个调研组分别深入生产单位,调研各施工队伍的资质情况,协调和解决日常生产过程中的重大问题,协助基层理顺与地方政府的关系,调解与兄弟单位的矛盾,解决钻井、油建、防洪等方面的实际问题。局社会保险中心领导带领失业保险业务人员深入陇东、宁夏地区的单位调查了解失业保险方面的问题,掌握第一手资料,并积极与当地政府主管部门协调解决问题,有效地减轻了企业负担,保护了职工的合法权益。

二、减少环节提高效率

长庆局机关为了更好地为基层服务,2001年围绕专项工作,主动深入一线,减少办事环节,缩短办事时限,有效地提高了工作效率。

这个局资金结算中心有目标、有任务、有组织地深入基层开户单位,掌握资金运行状态,帮助解决基层单位的资金结算问题,到现场稽查开户单位,加强资金监督,上半年先后现场为基层单位解决实际问题30多个。局纪委监察处围绕国有资产管理效能监察和工程项目、物资采供投标情况的专项检查,先后对25个二级单位和130多个基层站、队组织了逐级抽查或重点检查帮促。截至6月底,全局效能监察挽回经济损失274万元,避免经济损失557万多元。长庆局多种经营处领导带头先后7次对该系统2001年确定的3个改制试点单位进行现场指导,详细讲解改制的工作程序和要求,帮助改制企业制订改制方案,尽可能保证改制方案一次成型,避免返工,为基层减少了麻烦。

三、解决难题办好实事

在转变机关作风中,长庆局机关人员深切体会到:只有了解和掌握基层工作中的困难和问题,并及时帮助解决,才能真正做到宏观指导,才能充分发挥领导机关的职能作用。因此,各系统、各部门围绕工作重点,着重为基层解决突出的难题,切实为基层办实事。

长庆局2001年搬迁到银川的职工较多,银川高级中学增加了500多名新生,教室、教师、课桌等均严重不足。6月下旬,局教育处领导及时召开现场协调会,为学校调配出教室10间,教师27名,并现场解决了课桌等其他方面的问题,使新迁入银川的职工子女得以顺利入学。局离退休职工管理处上半年先后有30多人次深入29个二级单位,针对离退休职工普遍关心的养老保险、医疗保险、住房等问题与有关人员进行交流和探讨。上半年,他们争取到200万元的费用为离退休职工进行了健康检查。同时，为解决离退休职工大病医疗费超支后个人负担过重的问题，拟定了筹集医疗互助金的办法，受到了离退休人员的称赞。

据统计，2001 年前 7 个月，长庆局机关由处以上领导带队下基层开展调研的调研组有 38 个，参加调研的机关干部达 360 多人次，他们深入 30 多个二级单位、216 个基层单位现场办公解决重大生产问题 30 多个，解决经营管理方面有影响的问题 50 多个。

（赵　桢）

长庆石油勘探局实施市场开发战略铸辉煌

2001 年,长庆石油勘探局数万名职工认真贯彻局党委、长庆局“两条基本思路”、“四大发展战略”,牢固占领油田关联交易市场,积极开拓社会市场和国际市场,拓展了企业生存发展的空间,铸就了“二次创业”的新辉煌。

一、新形势逼出新思路

2001 年,对长庆局来说是充满困难与艰辛的一年。长庆局现有职工 3.7 万多人,是重组改制前长庆职工总数的 67.3%;固定资产总额 67.22 亿元,占重组前的 27.6%;固定资产净值 32.18 亿元,占重组前的 17.76%;装备相对老化,设备新度系数不足 0.5;冗员多,资产结构不合理,产业结构不合理,企业负担重等一系列困难摆在长庆局的领导面前。

为了生存和发展,长庆局首先理清发展思路和确立全新经营理念。决策者经过研究分析,决定把解决竞争能力弱和市场观念滞后的“一明一暗”两个矛盾作为突破口,提出了坚持围绕油气主业发展而发展,坚持以市场为导向促进内部管理水平提高的“两条基本思路”和市场开发战略、质量效益型经营战略、多元化发展战略、科技创新和人才开发战略等“四大发展战略”,确立了企业生存发展的方向、目标与措施。同时,长庆局领导还根据地区服务公司的定位改革、改制的实际,确立了“创新、开放、简捷、明确、责任、自信”的全新的经营理念。

长庆局“两条基本思路”、“四大发展战略”和企业经营理念确立提出后,全局各级领导便扑下身子扎扎实实地抓落实。

长庆局领导多次带领局机关干部深入基层调查研究,帮助干部、工人转变观念,树立市场意识。针对一些领导干部不适应已经变化了的形势,把事关存续企业生存大计的关联交易市场不当作市场看待,怨气大,办法少,缺乏当乙方的思想准备和保证措施这一问题,局领导先后五六次深入到 34 个二级单位、47 个基层单位及陕、甘、宁、新等省、自治区进行市场调研,总结推广了 8 个单位闯市场经验;举办了处级干部市场开发学习班,统一思想认识;局领导带头并组织机关各部门和有关单位领导到油田公司项目组、壳牌公司征求意见,进行质量回访。通过一系列的措施,各级领导干部的思想观念发生了深刻的变化,市场意识进一步增强。

二、新思路引发新举措

“两条基本思路”和以市场开发为首的“四大发展战略”的确立,理清了主线,明确了重点,找到了突破口,近一年多全局的市场开发工作由此全面展开。

市场问题,是存续企业生存发展的基本矛盾和最大困难,也是关系存续企业能否生存、持续发展的重大问题。因此,近一年多来,长庆石油勘探局下大力气抓市场开发。

搞好关联交易是长庆局生存的基础。长庆局从一开始就把关联交易市场看作是一种特殊市场,注意引导大家立足于主辅两相依、同心谋发展,确保关联交易近期目标的实现。在搞好关联交易中,长庆局首先注意提高各级领导干部对关联交易“四个特殊性”的认识,并提出了关联交易的目标。同时,采取有效措施,保证关联交易协商机制的有效运行。

市场经济既是变化莫测,又有其严格的“游

戏规则"及其规律,且充满激烈竞争的经济。早在2000年和2001年,长庆局决策者在长庆油气勘探开发还处于大发展,工作量饱满的时期,就清醒地意识到,随着集团公司系统市场开放力度的进一步加大,要保住80%以上的长庆油田市场将变得更加困难。再加上外部施工队伍的不断涌入,长庆局承揽到的长庆油田内部市场工作量必将大幅度缩减,最终只能是解决生存问题。况且,作为一个油气田市场,不可能永远都是大勘探、大开发、大上升、大发展的形势,一旦出现萎缩,依附在这个市场上的所有工程技术服务、生产技术服务单位势必受到极大的影响,彼时再寻找接替市场就很难生存了。

共识形成后,长庆局未雨绸缪,牢固树立超前意识,在积极占领导油田关联交易市场的同时,分别成立了市场开发部和国际市场开发部,建立了全局市场开发网络,主动出击,下大气力抓好社会市场和国际市场的开发。

市场开发是一项系统工程。它不仅包括市场战略研究、市场营销、市场策划,还应该包括体制创新、机制创新、科技创新和人才开发等等。这是长庆局领导在市场开发上形成的又一个共识。

为了有效地开发市场,长庆局首先深化企业改革,坚定不移地进行企业重组改制,以此拉动企业体制、机制的转变。其次是坚持进行科技创新和人才开发战略,根据队伍建设和技术创新的需要,特定优惠政策,吸纳急缺人才来企业工作,初步缓解了部分专业技术和管理高级人才紧缺与企业发展需要的矛盾。在积极引进急需社会人才的同时,长庆局十分注重调动企业现有人才的积极性,积极采取措施,盘活现有人才资源,努力营造吸引人才、留住人才、稳定人才的良好环境。并不断加大培训工作的力度,努力提高队伍素质。第三是加大科技投入,积极开展科技攻关。2001年,长庆部署科研项目共38项,上半年主要科技项目总体进展良好,计划项目实施率达到92%。

市场开发中,各单位紧密结合实际,充分发挥自身优势,在确保油田市场份额的前提下积极开拓外部市场,以求更大发展。

三、新举措带来新成果

经过全局职工的共同努力,长庆局初步闯出了市场开发新局面。2001年1至7月份,长庆局实现主营业务收入23.03亿元,实现利润3700万元。其中1至8月承揽外部市场工作量11.0664亿元,其中国内市场4.5330亿元,国际市场6.5334亿元人民币。1至8月完成市场工作量2.6996亿元,预计全年可完成市场工作量4亿元以上(不包括关联交易工作量,通过投标所取得的工作量及局内单位相互提供的产品和服务)。

特别值得高兴的是,2000年以来,长庆局经过努力,在国际市场开发方面取得了突破性进展。长庆局与尼日利亚一家公司签订了钻机租用价值为500万美元的合同。长庆局钻井工程总公司钻井租用设备和人员已在尼日利亚开展了工作。另外,长庆局还分别与厄瓜多尔、乌兹别克斯坦签订了1.05亿美元、3486万元人民币工作量的经济合同。这标志着长庆局已经把"走出去"的脚步迈向了国际市场。

(张新民 赵 桢)

长庆石油勘探局深化干部人事制度改革

面对重组改制后存续企业生存与发展的严峻挑战以及干部队伍的现状,长庆石油勘探局在深化干部人事制度改革方面进行了积极探索和有益尝试。

一、制定优惠政策引进人才

长庆局现有职工3.7559万人,其中各类干部1.0846万人,占职工总数的30%。石油企业重组改制后,长庆局干部队伍的现状,存在着许多与现代企业制度不相适应的地方。一是全局职工队伍整体现状结构性矛盾比较突出，社会服务队伍比例相对偏大，占全局职工总数的 18%；职工队伍文化素质偏低，全局大专以上文化程度的占职工总数的 18%，初中以上文化程度的占 39%；高级技术工人严重缺乏，高级技师、技师分别占工人总数的 0.01%、0.88%。二是专业技术干部队伍结构不尽合理，高层次学术（技术）带头人和经营管理高级人才队伍明显不足。工程技术人员比例偏低，高学历人员比例不高，高层次创新型人才和复合型人才缺乏，学术（技术）带头人队伍建设薄弱，尤其是青年学科带头人、专家等高级人才数量偏少。三是领导班子和领导干部队伍结构不合理，整体素质有待于进一步提高。

面对重组后存续企业职工队伍尤其是干部队伍的现状，长庆局制定优惠政策，吸引紧缺人才。去年以来，长庆局在认真调研的基础上，结合存续企业生产与发展的实际，先后制定了《长庆石油勘探局聘用高层次科技、管理和紧缺专业人才暂行办法》和《长庆石油勘探局引进高层次和急需专业人才实施细则》，对全局人才引进工作的重点、组织程序、人员标准、待遇和管理等方面作了明确规定。

用优惠政策引进人才的重点是：长庆局生存发展急需的、具有本科以上学历的人员或具有中级以上专业技术职称的人员；拟担任二级单位领导和总师职务的高级经营管理人员以及其他具有特殊才能和特殊成就的人员。

2000 年以来，长庆局共引进和聘用了 112 名急需专业技术人才，其中博士后研究生和硕士研究生 6 人，缓解了部分专业技术和管理高级人才紧缺的局面。

二、盘活现有人才资源

长庆局在积极引进所需社会人才的同时，十分注重调动企业现有人才的工作积极性，制定和实施了积极的人才开发政策。制定了《长庆石油勘探局学术技术带头人和高层次人才选拔培养使用办法》。对局级学术（技术）带头人每人每年发放 3500 至 4000 元的特殊津贴；对在工作中作出突出成绩、在西安和银川以外单位的研究生每人每年发放 2000 至 3000 元的特殊津贴。2001 年，长庆局还在局处两级选拔 100 名左右的学术（技术）带头人，建立 50 名左右的局一级学术（技术）带头人后备人才队伍，并设立了 1000 万元的科技奖励基金。

长庆局还加大了对高层次人才选拔培养的力度，不断壮大高层次人才队伍。每年选送 10 至 15 名综合素质比较好、具有培养和发展潜力的年轻专业技术骨干攻读硕士研究生。去年以来全局共选送研究生 19 名，有近 150 人参加了有关院校的 MBA 学习。2001 年，将进一步加大高层次人才培训力度，着重在工程技术服务主体专业、经济类专业和不具备规定学历但作出突出贡献的年轻专业技术人员和破格选拔一批优秀人才晋升副高级职称，35 岁以下的学术（技术）带头人晋级不受推荐指标的限制。2000 年已破格评审高级职称 8 人，中级职称 45 人。实施了“优秀专业技术干部形象工程”。2000 年长庆局经过在全局范围内公开推荐选拔，评选出了“优秀专业技术干部十佳形象”和 5 名“荣誉形象”，在全局科技工作会议上进行了表彰奖励。

三、创建人才竞争机制

全面推行选拔领导干部任前公示制度，增强干部任用的透明度。全面实行了领导干部选拔任用公示制度。通过一年多来的实践，先后对拟提拔任用的 77 名处级领导干部进行了公示。

全面推行以业绩为主要内容的考核制度，初步建立了一套科学、规范的干部考核体系。近几年，长庆局始终坚持以业绩考核为重点的干部考核管理制度，不断完善领导班子和领导干部业绩考核评价指标体系，细化不同类型、不同岗位领导干部的考核评价标准，把长庆局年初对各厂处单位下达的生产经营（费用控制）、内部利润指标以及其他技术经济指标、各类上缴指标作为领导班子和领导干部考核的主要内容，突出利润指标（费用控制指标）的完成，并制订出了具体的量化考核评价指标体系。在考核中，长庆局对完成经营指标的班子和个人，进行兑现奖励，做到了严考核、硬兑现。2000年班子年度考核，长庆局对全局40个厂处级领导班子、22个机关处室、282名厂处级干部进行了全面的严格考核。表彰奖励了9个优秀领导班子和19名优秀厂处级领导干部；对2个生产经营连续亏损、内部管理出现较大问题的单位和党政主要领导进行了诫勉，并调整了其中一个单位的两名主要领导；对考核为基本胜任以下的7名领导干部，分别进行了免职、降职、诫勉的处理，做到了考核与聘任的有机结合。

积极探索、不断完善干部能上能下工作机制。长庆局制定和完善了有关政策，规定对于一线55岁、二线57岁的局管干部，50岁以上的科级干部，除少数特别优秀、业绩突出或暂无接替人选的以外，一般不再进入下一届领导班子；因身体健康原因，两年内有1/3时间不能坚持正常工作的现职领导干部要退出领导班子；坚持实行新提拔任用领导干部半年试用期制度。两年来，由于年龄和身体原因退出领导班子的有16人；由于半年试用期考核不合格而解聘的领导干部2名，延长试用期的2名。同时，严格干部考核制度。两年来，先后3次对43个厂处单位的领导班子，19个机关处室进行了调整，共免（降）职干部23人。

长庆局还积极探索和研究领导干部体制改革，逐步建立法人治理结构。按照不同性质、不同类别的企业，对领导班子和领导干部实行分层次、分类别管理。对局属未改制单位行政领导继续实行聘任制；对改制后的产权多元化企业，积极探索现代企业制度，把组织选配和引入市场机制公开竞聘结合起来，把党管干部的原则和董事会依法选择经营管理者以及经营管理者依法行使用人权结合起来。

长庆局经过两年多的干部人事制度改革，已见到明显成效。广大领导干部的思想观念得到转变，政策、理论水平和驾驭市场能力以及处理复杂问题的能力有了进一步提高；班子整体结构得到调整和有了较大改善，班子和领导干部受职工群众拥护、信任程度有了进一步提高；班子整体结构得到调整和有了较大改善，班子和领导干部受职工群众拥护、信任程度有了进一步提高；通过实施科技创新和人才开发战略，初步缓解了长庆局部分专业技术和管理高级人才紧缺与长庆局图发展需要的矛盾，为企业“二次创业”提供了强有力的人才保障；班子和领导干部闯市场和“二级创业”的信心大大增强。各级领导班子和领导干部都普遍积极带领广大职工占领、开拓市场，进行“二次创业”，取得了许多可喜的成就。2000年，长庆局创造了21个方面的48项历史最高水平，主营业务收入40.02亿元，利润118万元，实现了持平的经营目标。2001年1至9月份，长庆局又在18个方面取得了43项新成果，其中全局主营业务收入32.2亿元，实现的利润较去年同期有较大幅度的增加。

（赵 桢 张新民）

长庆石油勘探局专业整合重组提升核心竞争力

石油企业重组分开分立后，对存续企业来说，如何进一步搞好企业内部的改革与重组，解决整体经济结构失衡和缺乏市场竞争力两大难题，全力提升核心竞争力，实现生存发展战略，是摆在存续企业面前的当务之急。

面对重组后的巨大变化和困难，长庆局领导站在战略发展的高度清醒地认识到，从解决市场问题入手，搞好结构调整；从调整结构入手，增强市场竞争力，是当前乃至“十五”期间的头等大事，必须抓紧抓好。

从 2000 年开始，长庆局迈出了结构调整的第一步，也是关键的一步。整合重组工作稳步推进，先后对工程技术服务、生产技术服务、社会服务等板块和机关的 15 个单位和部门进行了内部整合重组，涉及的职工有 1.58 万人，占全局职工总数的 42%；产值 21.4 亿元，占全局主营业务收入的 53.3%；总资产 21.3 亿元，占全局总资产的 27.37%。经过半年多的运行，整合重组后的各单位显现出良好的发展态势，初步显示了整合重组的优势和效应，基本上达到了精干主体专业，发展主导产业，突出和形成一批在市场中具有明显优势的工程技术服务队伍，提升企业核心竞争力的目的。

一、必由之路

集团公司重组改制和中油股份成功上市后，打破了原有的组织结构、运行方式、经营机制和利益格局。这场脱胎换骨的大变革为石油工业的发展带来了新的契机，但也使影响存续企业发展的一些深层问题显现出来。对长庆局来说，主要存在“五低”：即全员劳动生产率低、设备新度系数低、人均资产占有率低、社会市场占有率低和大市场低效益。长期计划经济条件下形成并沉积下来的企业组织结构、资产结构、产业结构、产品结构、队伍结构和市场结构等不合理的结构性矛盾十分突出，直接困扰着长庆局的生存和发展。

要解决这些矛盾和问题，唯一的出路是在管理体制和经营机制上进行重大的改革与调整，逐步建立起适应市场要求的、符合国际规范的管理体制与制度，促进企业经营机制的转换，树立全新的企业形象。

基于上述认识，面对严峻的挑战和难得的机遇，长庆局领导审时度势，做出“紧紧抓住重组改制的机遇，加快内部改革改制的步伐，增强经济实力和市场竞争能力”的重大决策，这也是关系长庆局前途命运的战略举措。

在 2000 年 10 月的长庆局领导干部会上，《长庆石油勘探局深化改革总体构想》出台，明确提出了重组改制的指导思想：要以产权制度改革为纽带，拉动产业结构、产品结构、队伍结构的调整和职工观念的转变，重点解决结构性矛盾，增强广大职工的市场意识。同时提出了“实施结构调整，实行专业重组，重塑主导产业，壮大竞争实力，发挥整体优势”的改制原则。

二、稳步推进

按照长庆局领导干部会议确定的改革思路，从 2000 年年底开始，解决结构性矛盾的第一步——内部专业整合重组在长庆局稳步推进。

对生产服务板块，针对行业不景气，缺乏竞争力和发展后劲、同业无序竞争等状况，长庆局确立了“以市场为导向，以主导产品为龙头，调整产业结构，带动队伍结构的调整，进行区域性专业化重组”的改制设想，首先对两个机械厂进行整合重组。2000 年 12 月 5 日，长庆机械制造总厂正式挂牌，通过实施整合重组，机械制造行业实现了优势互补，易于形成规模效益；可以集中使用投资，引进先进技术，更新关键设备；消除了同业竞争，减少了内耗，提高了市场竞争能力；更加有效地发挥技术优势，集中人力、物力开发新产品，扩大了市场占有率。产品、产业、队伍结构日趋合理的机械制造总厂终于走出了行业不景气的阴影。

工程技术服务板块是长庆局的“龙头”板块，对其的改制可以说是牵一发而动全身，关系长庆局整体改革的成败。钻井又是工程技术服务板块的“龙头”，但这一“龙头”行业也面临着严峻的市场挑战。国内钻井市场萎缩，队伍严重过剩，靠单打一的方式各自去闯市场实力不足；同时，还存在着重复设置和重复建设、装备落后、投入产出比低等问题，这些问题已不能适应市场经济的客观要求。走整合重组之路，打破各自为政的格局，形成规模优势，成为钻井行业发展壮大的必由之路。

经过长时间的反复论证研讨，多方听取专家的意见和建议，长庆局终于作出了对占全局职工近1/3的3个钻井工程处进行整合重组的重大决策。新组建的钻井工程总公司拥有8.7亿元固定资产，15个专业公司（部）和60多支钻井队，如此规模的钻井公司在集团公司内也是数一数二的。长庆局精心打造的这艘“巨轮”具有适应各种井型钻井施工的能力，整体优势得到互补，通过资源优配集结的优势队伍，市场竞争能力强，通过内部结构调整形成精干高效的管理层，形成生产组织的宏观调控和就近监控、避免内部无序竞争等优势，所以“巨轮”一驶出，就显示出了其较大的活力和优势。

对钻井行业的成功整合重组，坚定了长庆局“以结构调整为重点，确立工程技术服务板块的龙头地位，增强‘龙头’企业合力”的改制信心。2001年8月8日，长庆局两支实力雄厚和业绩辉煌的建筑施工企业——油田建设工程处和筑路工程总公司再次强强联合、使长庆的建筑施工企业走了优势互补、做专做强、增强核心竞争力的改革发展之路。

目前，长庆局内部专业整合重组工作正在深化，由工程技术服务板块、生产服务板块向社会服务板块、物业管理板块延伸。9月10日，长庆局培训中心挂牌，长庆石油学校与技工学校的整合重组为长庆局的职业技术教育翻开了新的一页。同时，物业管理系统、器材供应处等单位正在调研或制订实施方案。

三、初见成效

企业进行重组改制，就是通过业务、资产、机构和人员的重组，实现产业结构的优化升级，增强企业对市场的适应性和竞争能力，实现优势互补，合理组合，更好地适应社会化大生产和市场经济发展的客观需要，最终目的就是推进资本经营，实现更大的发展。

经过近一年的实践，长庆局重组整合的良好效应逐渐显现。资产结构进一步优化。与1999年年底相比，人均固定资产净值提高8.76%，设备新度系数提高0.08，工程技术、生产服务板块的资产比例分别提高了2.97%和3.49%。人员结构进一步改善。全局职工人数减少24.43%，原来冗员较多的机械制造总厂、运输处减员幅度分别达到39.07%和43.18%。

整合重组仅10个月的钻井工程总公司优势凸现，已逐渐形成了企业规模、地理区位、人才资源、工艺技术、技术装备、经营机制、市场开发、成本控制、网络管理、企业文化等十大优势，保持了工作量大幅增加、钻井速度加快、质量稳定、成本有所下降、劳动生产率增长、企业收入和利润增加的良好发展势头。2001年前10个月，钻井工程总公司已完成钻井进尺172万多米，同比增长29%，有多项指标刷新了长庆油气钻井的新纪录。长庆建设工程总公司1至10月份完成建安工作量4亿多元，同比增长56.58%，其中筑路承担工作量1.99亿元，同比提高190%，油建完成建安工作量2.7亿元，同比提高25.7%，均创近年来的最高水平。机械制造总厂整合重组后优势互补，扬长避短，借势造势，形成二次创业的发展能力，生产经营指标稳中有升。2001年1至10月份完成工业总产值1.2亿元，同比增长25%。市场开发成效显著，“长庆牌”和“长石牌”产品市场占有率进一步扩大，已拿到近亿元的工作量。新产品开发有了新进展，全年投入200多万元用于开发30项新产品，GW-1振动筛3月份已通过国家鉴定，整机达到国际先进水平。工程技术处与工程技术研究院合署办公后，科研工作得到进一步加强，个别项目取得突破，第一口由工程研究院自己设计、施工和测量的水平井——靖平2井获得成功，端部脱砂压裂工艺技术研究在安塞油田7口井试验效果明显，保护油气层的钻井液抗高温降滤失剂已现场试验 10 口井，目前已投入批量生产。

（赵　桢　张新民）

长庆石油勘探局第一支年进尺上 5 万米的 18103 钻井队

2001 年 11 月 16 日 6 时，陕西省安塞县王南沟 W36－023 井井场上汽笛长鸣。一位小个子青年从当班司钻手里接过刹把，操纵着钻机平稳持续地向地层深处钻进。这位青年和伙伴一道悄然改写了长庆钻井史，实现了 31 年来单队年进尺 5 万米的成功跨越。他就是袁卓，钻井队则是他带领的长庆石油勘探局钻井工程总公司 18103 钻井队。

18103 钻井队使用的钻机、动力、泥浆泵、发电机组等设备都是 20 世纪 70 年代油田会战初期的老设备。设备的严重老化，阻碍了 18103 队生产的发展。该队自 1994 年组建以来，年进尺始终在 1.5 万米左右徘徊。

1998 年 6 月，袁卓调到 18103 队任队长、党支部书记。刚到队上时，职工一看袁卓和他的副手只不过是 20 多岁的小伙子，都不相信他们能驯服这支出了名的差队。袁卓在职工大会上表态：“我要是不改变队伍的落后面貌，我自觉走人。但凡是队上制定的规章制度大家必须严格执行。”

经过周密调查和反复论证，他们将所有设备按岗位分解到人头，仔细分析各关键设备的常见故障和解决办法。正在这时，连绵的阴雨冲垮了道路，靠拉水打井的 18103 队遇到了严峻的考验。队领导深知这一仗的重要性。他们带头端起脸盆、拿起铁锨冲进雨中。袁卓不慎被石子划破了脚腕，鲜血染红了脚下的雨水，但他仍然坚持干。队领导率先垂范，极大地鼓舞了队伍士气，歇班的工人齐呼而上。有的拿起铁锹开渠引水，有的端着脸盆、提着水桶将井场上的积水刮到泥浆池。在这以后的 5 天中，职工更加自觉地为实现队里的既定目标而努力着。雨过天晴，他们竟然比原计划提前两天时间，破天荒地第一次用 12 天完成进尺 1500 米的任务。18103 队由此打开了胜利之门。

采访中，长庆局局长助理、钻井工程总公司总经理杨再生说：“18103 队年进尺上 5 万米，体现了他们一流的管理水平和超人的绝招。”

绝招之一：严格设备管理。由于设备陈旧，小毛病多，保养周期短，18103 队实行了严格的责任制度：专门印制交接班签名表，各岗位交接班时必须签字，当班问题当班解决，决不拖延。他们将所有设备承包到每个职工身上，随时负责其性能检查、特殊维护、改造等工作，每月评比一次，并给予奖励。职工一有时间就对各自负责的设备进行全面认真的检查，细心维护，提前更换易损件，保证设备正常运转。

18103 队合理安排设备保养时间，大大降低了机修时间。钻井队一套缸套活塞的使用寿命一般为 150 小时。该队岗位人员通过调整排量参数等办法减少干磨、干吸，使其寿命保持在 200 小时以上，有力地保证了井队优质、高效钻进。

绝招之二：强化技术管理。“队上离了队长行，离了司钻也行，但离开了工程技术员就不行。”袁卓等人这样表述技术员在井队的重要作用。对 18103 队工程技术员刘永横而言，一个人负责全队几乎 30 余口井的全部工程技术工作，“压力太大，现在连睡觉做梦都是在扭方位、选参数。”但他不这样干不行，生产组织搞好了，设备运转正常了，要是没有强大的技术做后盾，井照样打不好，井打不好，全队的效益就会受到直接影响。

在 18103 钻井队，叫得最响的是由钻井液、工程、地质、机械及队干部组成的 9 人技术攻关小组。每口井完井后，不管多忙，他们总要抽出时间，对所完井的参数、井眼轨迹控制、泥浆应用、时效等技术指标进行归纳整理，日对比，周分析，月总结，在对比中寻找提高机械钻速、易于控制，保证井下安全的最优钻井参数和施工方案。他们充分发挥技术攻关小组的作用，先后成功地总结了“镰刀湾地区定向井轨迹控制”等技术措施，并在队长袁卓的倡导下，对18型井架不能直立拖移的难题进行细致分析，制订了切实可行的整改方案，使困扰18103钻井队多年的难题迎刃而解，单井节约生产时间30个小时以上，有效地降低了生产成本。

绝招之三：重视人员培训。让韩万成、张海军等4名学徒工没有想到的是，仅仅在试用1个月之后，他们就对自己岗位的应知应会、岗位责任制烂熟于心，并能严格遵照执行，队上立即按照与其他职工一样的系数给他们发放了奖金。这是18103队对原来学徒工来队前3个月不能拿正常岗位奖金系数进行改革的结果。

18103队现有职工48人，青工占82%。为了激发职工学习技术的积极性，他们将考核成绩与关键岗位的聘任挂钩，并对同一岗位的人员按工作积极性、工作能力等进行考核，划分为胜任、基本胜任、不胜任三个等级，以岗定奖，动态管理。

一分耕耘，一分收获。经过全队职工的顽强拼搏，18103队在2000年年进尺上4万米的基础上，2001年又登上5万米的高峰。为此，长庆局授予18103钻井队“模范集体”称号，11月16日专门为18103队年进尺上5万米召开庆功祝捷大会。

（苏　柯　张新民　冯永祥　刘筱君）

“全国五四红旗团委”——长庆石油勘探局团委

重组改制后，油田共青团工作和青年工作面临着许多新情况、新问题，原有的一些工作思路、工作方式也发生了深刻变化。如何适应新形势，进一步发挥共青团在企业改革与发展的作用，长庆局团委提出了“服务改革稳定大局，服务企业中心工作、服务青年成长成才”的工作思路，通过为企业服务找准了自身的位置，实现了自身的价值。

一、为企业改革改制稳定人心

长庆局共有青年职工2.28万多人，占职工总数的57%，一线生产单位这一比例更达到了80%。长庆局团委把企业改制中青年的稳定工作作为工作重点，开展了系列教育活动。他们先后两次在陇东地区和宁夏油区开展主题讨论会，使团员青年转变观念，树立了危机意识、竞争意识、服务意识和开拓创新意识。

为了克服重组改制中青年人的浮躁情绪，长庆局团委在团员青年中深入开展形势任务教育，增强他们的紧迫感和危机感。长庆局团委聘请专家学者来油田为团员青年作《中国加入WTO后企业面临的机遇和挑战》等一系列学术报告，使团员青年进一步了解油田内外形势，抓住机遇，迎接挑战。针对油田出台的一系列涉及青年职工切身利益的改革政策，长庆局团委也及时向团员进行了宣传，使他们及时准确地了解有关政策，并自觉执行。

二、服务于油田中心工作

长庆局团委将青年突击队和青年志愿者服务队作为为油田中心工作服务的重要力量来精心培育。全局共有20多个单位成立了268支青年突击队和199支青年志愿者服务队。油田各级团组织注重在提高青年突击队员的科技知识上下功夫，把闯市场、降成本、增效益作为重点，使青年突击队在油田和各项工作中打头阵、挑大梁。长庆局第二采油技术服务处特修二公司外围作业队青年突击队在满足内部修井工作需要的同时，把眼光盯在了油田周边地区的井下技术作业市场上，以过硬的技术、良好的信誉和优质的服务赢得了市场，被用户誉为“打捞王”。油建工程处青年突击队在陕京输气工程中以施工质量、施工速度为油建处打出声誉后，又在涩宁兰工程中再显风采，在短短5个月时间，优质高效地完成了48千米的管线施工任务。

在为油田中心工作服务中，长庆局团委还注重积极组织青年科技人员开发新产品、新工艺、新技术。局团委组织参加了“集团公司百项青年创新创效活动”项目申报，有3个项目被确定为“首批百项青年创新创效示范项目”。局团委与局科技发展处联合开展的青工“五小”智慧杯竞赛活动，取得“五小”成果300多项，大多数已在生产一线得到了应用。

三、为青年成才铺路架桥

为落实局党委的“双推优”工作，发展党员和培养干部，长庆局各级团组织加强了入党积极分子和培养对象的教育和管理，为他们创造施展才能的机会。

为营造崇尚先进、学习先进的良好氛围，长庆局团委每两年组织一次“十大杰出青年”评选活动，对评选出的杰出青年进行突出宣传，对广大团员青年树立学习的榜样。在宣传全国劳模、集团公司“十杰青年”刘瑛事迹时，这个局团委拍摄了两部刘瑛事迹专题片，开设了学习刘瑛活动专栏，组织了事迹巡回宣讲团，并借此将“选、树、学”活动引向深入。

着眼于强化企业管理，长庆局团委还开展了“创建青年文明号，争当青年岗位能手”活动。在活动中，采油一厂王三计量站被共青团中央授予“全国青年文明号”光荣称号，长庆局团委作出了向王三计量站青年集体学习的决定，号召团员青年弘扬“好汉坡”精神。同时开展的“争当青年岗位能手”活动，使青年职工的业务得到提高，涌现出了一批青年技术骨干。

（赵　桢　张新民）

“全国五一劳动奖章”获得者
——油建公司经理秦惠中

长庆局油建公司经理秦惠中，是伴随着激烈的市场竞争走向企业领导的前台的。从1994年9月起，他就把油建公司未来的发展和几千名职工的希望担在了自己的肩上，并率领全公司职工经过艰苦奋斗，创下了一个又一个辉煌业绩，不仅使油建公司捧得了“全国五一劳动奖状”，他本人2001年又挂上了“全国五一劳动奖章”。

秦惠中担任油建公司经理之时，正值长庆大气田大面积勘探取得了突破性进展，一场大规模的开发即将展开，铺设一条长输管道向首都供气的计划，已经在北京高层明确提了出来。身为公司经理的秦惠中这时敏锐地意识到，伴随长庆气田的开发和陕京管道的建设，长庆油建必将面临一场激烈的市场竞争。而在这场竞争中，身为“东道主”的长庆油建公司并不具备优势，如果不抓紧时机内强素质，外拓市场，就会坐失良机，被别人从自己的“家门口”挤出去。秦惠中的危机感和使命感迅速变成了决策层的共识。随之，一批批技术骨干被从岗位上抽下来，参加了国际焊工技术培训，先后有78名焊工获得了国际焊工资格证书，更多的人则在岗位上展开大规模的技术练兵，使职工的整体素质得到了迅速提高。针对未来长输管道焊接的需要，在资金紧缺的情况下，先后拨出了2000多万元专款，购置了一批长输管道机械化施工设备。在这个基础上，秦惠中又趁热打铁，率领公司上下完成了ISO9002国际质量体系认证的申报工作，并获得了通过，从而为长庆油建跻身陕京管道建设市场打好了基础。

1995年冬季的一天，在北京输气公司为陕京输气管道工程举行招标的大厅里，长庆油建投票人员引起了北输公司及参与投标的16家石油施工企业的广泛关注。当然，长庆油建的备受关注，并不是因为他们的业绩显著或实力雄厚，而是因为他们来自长庆气田的来源地，那里将是陕京输气管道的起点。不料，这次投标的结果却是令人痛心的失败，原因是长庆油建没有大口径管道施工的业绩。但是，长庆油建人敢与高手较量的勇气和胆略，却得到了中国石油天然气集团公司和北京输气公司有关专家的一致肯定。基于他们的艰辛努力和扎实的准备，北输公司破例允许长庆油建以分包单位的资格，从中标的管道二公司名下承包30千米管道施工任务。虽然这个结果并不令秦惠中满意，但长庆油建人毕竟获得了一次一显身手的机会。正当全公司层层通过资格考试，选拔出精兵强将，即将开赴气田主战场之际，1996年4月28日，却传来了管道二公司因一次焊接演示会上的质量缺陷而被亮了"红灯"的消息，这意味着长庆油建也将因此而失去参与施工的资格。消息传出，公司上下的人震惊了，失望的情绪迅速蔓延开来。

"只要有百分之一的希望，就要做百分之百的努力！"秦惠中立即带上副经理凌心强和有关工作人员，心急火燎地赶往西安，又马不停蹄地飞往北京。下了飞机，一行人顾不得饥肠辘辘，就往北输公司赶去。可是不巧，北输公司的经理杨承志却正在开会，秦惠中一行就站在总经理办公室的门前，从上午一直等到下午。他们深知此行的成败关系重大，况且身后还有2400多名职工在眼巴巴地盼着他们，希望他们能够重新燃起事关油建未来发展的希望之火。经过艰难地交涉，他们的勇气和诚心再次打动了杨总经理的心，答应再给长庆油建一次全面考核的机会。不久，在由陕京工程监理公司和监测公司进行的施工前资质考试中，长庆油建的14名焊工全部一次通过，他们终于拿到了参与陕京输气管道施工的"通行证"，也使长庆油建公司迈出了走向市场、开拓支柱产业的实质步伐。

1997年7月19日，长庆油建公司承担的陕京靖边段全线完工，比计划工期提前一个多月，在陕京工程8个参建单位中，是第一家提前完工的单位。施工过程中，原中国石油天然气集团公司总经理助理黄炎到现场视察后，跷起大拇指称赞长庆油建职工说："你们是小兄弟站到了老大哥的肩上"。工人日报记者经过大量现场采访，以《昂起的龙头》为题，对长庆油建的拼搏精神作了大篇幅的报道，盛赞他们是"陕京线上崛起的新军"。1997年9月10日，当陕西京管道全线贯通之际，秦惠中作为长庆油建公司的代表，应邀出席了在北京举行的点火仪式，受到了中央领导的接见。

陕京管道的成功，使长庆油建名声大振。秦惠中抓住这一有利时机，在全力组织好陕京管道施工的同时，又不失时机地组织公司先后参与了靖西、陕宁和靖银输气管道工程的投票，使长庆油建公司在这些工程中都获得了施工资格，并以良好的质量赢得了广泛的好评，创造了长庆油建管道建设史上最好的业绩。

1998年，长庆油建公司荣获"全国五一劳动奖状"。面对殊荣，经理秦惠中却想得更远：作为一个施工企业，荣誉只能说明过去；只有不断开拓新的市场，企业的未来才有希望。他和班子成员一起，及时制定了"稳固局内市场，拓展局外市场，跻身国际市场，实现滚动发展"的经营战略。这一年，长庆油建凭着良好的施工业绩和声誉，获得了参与苏丹国原油外输管道工程施工的资格。职工们抛家舍子，远赴非洲荒漠，在极其艰苦的自然环境中，顽强拼搏，以良好的施工业绩享誉苏丹。1999年春节临之际，作为公司经理的秦惠中惦记着远在异国施工的上百名职工，与党委书记一起，经过万里跋涉，与奋战在非洲大陆的职工们一起度过了春节。

2000年，国家西部大开发战略的实施，又给长庆油建公司提供了新的发展机遇。秦惠中紧盯这个机会，不失时机地组织油建公司参与了涩宁兰输气管道工程的投标。那些日子里，他带着公司市场开发部的工作人员，在中国石油天然气集团公司、石油管道局和管道局重点工程项目部不知跑了多少个往返。复杂而艰难的投标工作，使他们一个个心力交瘁，疲惫不堪，但他们终于使油建公司以独立法人资格中标，获得了涩宁兰输气管道工程的施工资格。参与施工的队伍不辜负公司领导的期望和付出的艰辛，带着施工机具，远赴千里之外的青藏高原，战胜了沼泽地和岩石地带施工的种种艰难。于 9 月下旬完成了主体工程。就在职工们奋力征战荒无人烟的沼泽地之时，秦惠中却带领他的工作班子，为油建公司又赢来了另一项工程——30 千米的兰（州）成（都）渝（重庆）成品油输油管道的施工机会，这使油建公司在一年内连续两次承揽了两项大口径长输管道施工任务，为油建的辉煌增添了更加绚丽的色彩。

拓展市场的努力不断获得成功，并没有使秦惠中就此停歇下来，他像一台开足了马力的机器，从大脑到周身都不停地运转着。如果哪一件事情没有办好，哪一项目标没有实现，他就会焦灼不安，坐卧不宁。涩宁兰工程和兰成渝工程相继到手后，他又策划了参与从四川忠县到武汉的忠武输气管道工程的投标，并派出副经理杨正新专门在北京进行这项工作。2000 年 8 月 23 日，他带着公司有关部门工作人员，在涩宁兰工地慰问参战职工后，当晚返回西宁住进了宾馆。深夜 12 时，疲惫的他刚进入梦乡，杨正新的紧急电话却忽然从北京打来，告知忠武工程质量投标发生变故，长庆油建有可能被挤出局。一听到这个消息，秦惠中一骨碌从被窝爬起来，顾不得跟其他随行人员打声招呼，只叫上司机，便风驰电掣般驶出西宁，直朝千里之外的西安赶去。8 月的青海高原，夜晚冷风嗖嗖，寒气袭人，一路上山高坡陡，险象环生。加之连日在工地上颠簸，使已 54 岁的秦惠中筋疲力尽。但这时他顾不了许多，忠武工程的成败占据了他的一切。汽车经过 10 多个小时的飞驰赶到西安，秦惠中赶上了一趟飞往北京的班机。一上飞机，他就一头睡了过去直到终点，连飞机上提供的午餐也未能尝一口，下飞机后，他顾不上换下在青藏高原御寒的毛衣，驱车径直赶往股份公司一名副总裁的办公室，他对这名副总裁说："你老领导要不主持公道，我今天就从你这房间的窗户里跳下去！"看到满脸疲惫、汗流浃背的秦惠中，这位曾经是他的上级领导的副总裁百感交集，为他如此执著的事业心感慨不已，终于出面进行协调，最终使长庆油建入了围。

为了获得工程，为了使长庆油建公司在激烈的市场竞争中牢牢站稳脚跟，秦惠中一方面风风火火，走南闯北，为油建公司打开了前所未有的局面，一方面深谋远虑，和他的助手门一道，为公司制定了一整套长远发展的经营战略。这个战略可以概括为三个联合：与管道二公司联合，开拓长输管道市场；与物探局联合，开拓国外市场；与石油建设六公司联合，开拓炼化建设市场。油建公司正是由于稳步地实施了这个战略，才使自己的业务实现了三个延伸，即实现了从单一油田产能建设施工向长输管道、炼化建设的延伸，由内地市场向青海、新疆、四川等地市场的延伸，从而使油建公司获得了广阔的发展空间，企业的经济效益也逐年得到显著提高。从 1994 年到 2000 年底，全公司累计实现工业产值 20 亿元，其中自行建安工作量达 15 个亿，获得利润 8000 万元。与此同时，也为企业赢得了良好的声誉，先后荣获"企业管理先进单位"、"全国优秀施工企业"以及"全国五一劳动奖状"等荣誉称号。作为公司经理，秦惠中也先后获得"中国石油天然气总公司技术监督先进个人"、"长庆局劳动模范"等荣誉。长庆油建人知道，这一个个闪光的殊荣无不凝结着秦惠中的聪明、才智、胆识、心血与汗水。

（杨虎林　练鹏飞　朱小雄）

“全国五一劳动奖章”获得者——钻井工程总公司总经理杨再生

数字是枯燥的,但数字却是最具说服力的。1998年,长庆第二钻井工程处在承包价格削减8%,减收增亏4000多万元的严峻形势下,完成总收入5.11亿元,上缴税费4238.45万元;1999年,第二钻井工程处在承包价格再削减16.5%,土地价格翻番,减收增亏高达1.1亿元的极度困难条件下,完成总收入5.8亿元,上缴税费4451.77万元;2000年,在油田两大业务分开运行的新形势下,完成总收入8.5亿元,上缴税费1.36亿元。这便是时任第二钻井工程处处长杨再生所完成的杰作。

一、企业只有持续发展,才能解决深层次的问题

1998年4月,杨再生挑起了长庆第二钻井工程处处长的重担。时逢亚洲金融危机引发的国际油价暴跌,国内关井限产,油田投资大幅压缩,钻井工作量锐减,全处资金缺口高达4000万元。

面对困境,杨再生在深入调查研究的基础上,果敢地提出了“2+1”的发展思路,即在全处形成钻井、采油和多种经营并驾齐驱的多元化发展格局。大力缩编钻井队,组建采油作业区,调整多种经营结构,实施低成本战略。1998年第二钻井工程处不但生产保持了上升势头,而且填平了资金费用的巨大缺口,保障了职工的基本利益。

2000年,油田实现重组。面对新的形势,杨再生及时提出了“立足油田一流服务,面向市场二次创业,一业为主多元开发,扬长避短滚动发展”的总体工作思路和“多视角市场、低成本运行、技术创新、整合经营”四大战略,带领广大职工积极参与竞争,年钻井进尺一举跃上66.6万米的大台阶。

为了扩展市场,杨再生“马不停蹄”。于是,1008、1529和18104三个钻井队直奔周边市场搞开发,并且屡战屡胜。32107钻井队在西安地热井市场中“一炮打响”,被陕西省誉为“精品工程”,为长庆和石油系统争得了荣誉。

杨再生及其“一班人”坚持外延开发与内涵挖潜相结合,加强企业内部管理,按照“高标准、严要求、精细化、零缺陷”的管理方针,在全处推行了钻前费用切块包干、管理费用分级归口管理、材料费用分级统筹、运输费用分散切块包干。建立了成本过程控制机制和成本、利润“双挂钩”考核体系,使各项费用均得到了有效控制。3年来,全处不仅上缴利税3.3亿元,而且还有偿、无偿支持地方经济210万元,为油田存续企业的生存发展和地方经济建设做出了突出贡献。

二、创新是一个民族的灵魂

杨再生,这位西南石油学院钻井系的高材生,在他的身上,充满着智慧和创新精神。

1998年7月,上任几个月的杨再生及其“一班人”在调查摸底、吃透原第二钻井工程处情况的基础上,烧起了改革的“三把火”。

“第一把火”:让钻井队当“老板”,而后勤单位则需靠优质服务,从钻井队那里挣劳务。使机关、后勤干部、职工为前线服务的意识大大增强。

“第二把火”:建立内部市场,将各生产单位变为自主经营、自负盈亏的模拟法人。见到了喜人的效果。

“第三把火”:进行专业化重组,盘活人、财、物资源。按照市场经济的要求及管理需要,将分散在各单位的固井作业业务进行专业化重组,全部归到固井大队统一管理。并对钻前施工、器材供应、生活服务、机械加工等7项业务进行了合并、精简、改组等。为企业注入了新的活力。

早在 1998 年，杨再生就开始实施 ISO9001 国际质量体系认证和 HSE 管理推广工作。经过一年多时间的贯标实施，1999 年 10 月，第二钻井工程处一举通过了 ISO9001 国际质量体系注册，成为长庆钻井系统第一个通过 ISO9001 国际质量体系认证注册，最早推广 HSE 管理体系并取得实质性进展的单位。

杨再生爱才、惜才，更会用才。近 3 年来，在加大各类人才培养力度的同时，不拘一格地选拔各类人才，3 年中，被提拔重用到科级、副处级岗位的管理及专业技术人员就有 30 多名，不少专业技术人员获得了局级以上的表彰奖励。

3 年来，第二钻井工程处大力进行科技攻关，每年都有 20 多项科研成果问世，不但熟练掌握了整套定向井、丛式井、水平井、小井眼井、天然气井等钻井工艺技术，而且具备了承担水井、煤层气井、地热井等多种复杂井型的施工能力。其中小井眼定向钻井及取心技术在全国同行业中处于领先水平，丛式井定向技术、液力变径稳定器以及低密度矿渣固井技术等 9 项钻井技术在全国同行业中占据一定优势。科研创新使第二钻井工程处饱尝甜头，不仅形成了有第二钻井工程处特色的技术优势，而且实现了钻井速度、施工能力、工程质量的三大飞跃。2000 年，与 3 年前相比，平均生产时效提高了 6.8 个百分点，平均建井周期缩短了 1.16 天。

三、我们领导干部要心系职工，要用我们的人格力量带队伍

作为行政“一把手”的杨再生，在重大问题的决策上，注意听取各方面的意见，善导、善统、善定。尤其是在和处党委书记的配合上，坚持大事讲原则、小事讲谦让，建立了相互信任、相互支持、相互配合、相互补台的“四互”工作机制。每年，杨再生都和班子成员之间明确分工、明确职责权限，对于班子成员分管范围内的工作，他放心、放手、放权。杨再生以他独特的人格，把这个老、中、青相结合的领导班子紧紧地团结在一起，使领导班子始终保持着旺盛的战斗力，连年在长庆局的考核中被评为好班子和廉政勤政先进单位。

由于历史原因，第二钻井工程处的住房异常紧张，杨再生上任后，在前任领导努力的基础上，用“职工个人出一点、工程处补一点、局里给一点”的办法筹集资金，修建了 150 多套临时住房，14 栋 520 套住宅楼房，解决了 670 多户职工的住房问题。时任长庆局局长胡文瑞、党委书记孙玉辰对杨再生及其“一班人”的这一举措，给予了高度评价。

2000 年 11 月，20104 钻井队职工贺楠，因两次实施换肾手术，花费高达 24 万元，按局里规定报销了部分医药费，还有 10 多万元医疗费无法报销。杨再生得知情况后，他先后两次从自己腰包里掏出 400 元钱支援这位职工，并倡议全处职工为其捐款 7 万多元。贺楠的母亲每次流着泪对她熟悉的人说：“杨处长人太好了，二处领导太好了，全处的同志太好了。”

2001 年初，长庆钻井工程总公司经过整合重组，正式宣告成立了，杨再生又挑起了钻井工程总公司总经理的重担。他肩负着长庆局 3 万多职工的重托，把满腔热情溶入巍然屹立的钻塔，信心百倍地驾驭着长庆钻井这艘巨轮，高扬创新风帆，团结和带领近 12000 多名员工，披荆斩棘，乘风破浪，驶向更加灿烂的明天。

（张新民　张学功　冯永祥）

“全国五一劳动奖章”获得者
——物探处处长兼党委书记
曹师伊

在长庆石油勘探局地球物理勘探处采访，许多职工对我们说：“写写我们曹处长吧，江总书记提出‘三个代表’重要思想，曹处长就是‘三个代表’的忠实实践者。”根据职工们提供的线索，我们进行了深入的采访。

一、改革如逆水行舟，不进则退

1998年11月，曹师伊刚刚就任地球物理勘探处处长、党委书记时，摆在他面前的是一盘具有风险的棋：从外部来讲，随着全国油气勘探任务逐年萎缩，地球物理勘探市场竞争已呈白热化状态；从内部来讲，企业积累不多，设备严重老化，经营机制仍然沿袭着计划经济的模式，“大锅饭”、“铁交椅”、“大而全”、“小而全”等顽症严重影响着企业的活力。

曹师伊走马上任后，没有急于上台发表就职演说，而是沉下身子，认真进行调查研究。经过深入细致的调查研究，他找到了制约企业发展的病因，即单纯的生产型，典型的粗放型经营，典型的“大锅饭”分配方式。

在调查研究的基础上，曹师伊召集“一班人”坐下来，冷静地分析形势，在形成共识的基础上，确立了深化改革，加强管理，依靠科技，开拓市场四大工作思路。

改革就是要消除现行体制中存在的阻碍生产发展的因素。1999年，曹师伊及其“一班人”推行了专业化管理，将地震队的测量、打井、运输、材料等工作进行分离，实行专业化管理。每年野外施工工期比上年提前约1个月，节约油料、材料费用410万元，节约维修费220万元，取得良好的经济效益。

2000年，长庆地球物理勘探处继续深化劳动用工制度改革。地震队收工后，所有人员进入处人力资源服务中心。生产启动前，确定各个队的班子以及技术人员，然后各班子按照招标细则要求进行投标。中标后，按照核定的用工数量和设备使用指标，到内部市场招聘施工人员，租赁设备、仪器。人员实行双向选择，择优录用，合同制约，增强了职工的市场竞争意识和危机感。

2000年，长庆地球物理勘探处进一步改革收入分配制度。一是按照承担风险、责任大小进行分配。二是按照岗位贡献大小和岗位艰苦、重要程度进行分配。三是按照成本控制情况进行分配。通过改革收入分配制度，形成了良好的激励机制，进一步调动了职工的生产经营积极性，提高了控制成本的自觉性。2000年，全处各项生产经营指标均在成本控制范围内。

二、市场竞争是企业的基本生存方式，谁走得早、动作快、做得好，谁就会抢得快速发展的先机

近几年来，国内地震勘探任务的逐渐减少，使曹师伊敏锐地意识到开拓外部市场的重要性。他和“一班人”超前确立了“立足长庆，进击西北，面向全国，瞄准国际市场”的企业发展战略。

曹师伊作为企业的“领头雁”，不但敢于竞争，而且善于竞争，并在市场竞争中形成了自己的竞争理念。他认为，企业各有所长，联合和竞争同样都是赢得市场的重要手段。2000年6月，中国石油天然气股份公司在长庆油田231井区确立三维地震勘探项目，决定面向全国招标。长庆地球物理勘探处和几家物探单位共同参与竞争鄂尔多斯盆地的第一个三维地震勘探项目。面对强手，如果单枪匹马去投标，长庆地球物理勘探处基本没有中标的可能。曹师伊全面分析了各个竞争对手的实力后，提出了自己的独特思路：与大港物探公司联合投标，把长庆地球物理勘探处黄土塬勘探的技术优势与大港三维勘探的技术优势结合起来就可以中标。在曹师伊的正确决策下，长庆物探处与大港物探公司最终以高出0.35分的总分拿到了231井区150平方千米的三维地震勘探项目。

市场不负拼搏人。长庆物探处东进山西，西出阳关，先后为青海、玉门、河南、滇黔桂等多家油田提供优质的技术服务，自己也实现产值近5亿元。2000年，在全国物探队伍1/3

停工、1/3 开工不足的情况下，长庆地球物理勘探处在曹师伊的带领下，全年完成勘探任务比 1998 年翻了近一番，全处实现经济总收入 3.47 亿元，创历史最高纪录。

三、科技是第一生产力，也是企业开拓、占领市场的“看家本领”

面对激烈的市场竞争，曹师伊提出，只要掌握技术绝活，企业就可以在市场上立于不败之地。为了在技术上尽快取得突破，曹师伊从 1993 年担任地球物理勘探处党委书记开始，就始终把人才培养放在首要位置。近 10 年来，在资金十分紧张的情况下，培养出硕士生 16 人，评聘青年高级工程师 31 人。

曹师伊爱才惜才，更懂得用才。2000 年，地球物理勘探处千方百计挤出 50 万元设立了科技奖励基金，对在科技攻关中作出突出贡献的科技人员进行重奖。与此同时，还重点对科研管理方法进行了改革，在科技攻关上打破论资排辈，实行招标制度，中标人在合同规定的期限内完成任务，全额兑现科研开发奖金。地球物理勘探处还在长庆局的大力支持下，不断加大装备更新力度，年年增加科研经费，使全处科研经费从 1997 年的不足 500 万元上升到 2000 年的 2000 万元，从而使科研实力大大增强。近 10 年来，共取得科研成果 304 项。其中 10 项获国家和省部级科技进步奖，43 项获局级科技进步奖。逐步形成了具有长庆物探特色的“三大技术系列”、“十项优势技术”，其中，储层厚度预测技术、高精度静校正技术等 7 项技术在国内外处于领先水平。

这些优势技术，在长庆石油天然气勘探开发中发挥了重要作用。2000 年，长庆物探处共为长庆油田分公司提供石油勘探建议井位 117 口，符合率达 75.6%；提供天然气勘探建议井位 32 口，符合率达 83.3%；提供天然气开发井位 119 口，符合率达 92%。其中依据地震成果提供的苏 6 井经钻探测试获日产天然气无阻流量 120.26 万立方米高产工业气流。同时，他们在该地区根据地震成果又相继提供的 10 余口气井全部获得高产工业气流，使苏里格气田成为我国最大的整装气田。

四、领导干部就是要代表最广大人民群众的根本利益，这是党的宗旨和要求

曹师伊出生于山西一个普通的家庭。他从上学时就立下宏愿：将来要好好为祖国效力，为人民服务。

曹师伊十分关心人，体贴人，特别是在企业改革中，他尤其注意这一点。长庆物探处是一个具有 30 多年历史的老企业。职工住房因年代已久，不少房屋漏雨，且非常简陋。曹师伊及其“一班人”一方面积极筹措资金，一方面积极向长庆局反映，争取上级的支持。经过努力，他们从长庆局争取到了 100 万元资金，又自筹 100 万元资金，为 100 户职工改造了住房。职工住进改造后的房子里，心情格外激动，他们自发地做了两面锦旗，分别送到物探处和长庆局领导手中，感谢两级领导对职工的关心。

采访中，长庆物探处的许多职工告诉记者，这两年，在曹处长及其“一班人”的带领下，企业发展了，职工的腰包也比以前“鼓”了，职工们打心眼里感激曹处长和处领导。

2001 年 2 月物探处召开职代会，不少职工代表提出要重奖曹师伊，但曹师伊谢绝了，他在会上十分动情地说：“好日子是大家共同努力的结果，真正的功臣是职工，我不过做了一个共产党员应该做的事。”这就是曹师伊这位人民公仆的胸怀。

曹师伊担任物探处党委副书记和书记 8 年来，还潜心致力于思想政治工作的研究。在曹师伊的指导下，长庆物探处在短短 6 年时间里就取得了四项政研成果。其中《陕甘宁大气田艰苦奋斗精神的培育方法》、《我们是怎样开展政研课题研究的》等政研成果分别获得了全国政研成果一等奖和全国石油政研成果一等奖。

近 10 年来，曹师伊在物探处领导岗位上做出了突出的贡献，党和人民给予了他应得的荣誉；近两年来，他连续被评为长庆局“廉政勤政先进个人”；1998年，他荣获“宁夏回族自治区优秀党委工作者”称号；1999年，他荣获“集团公司优秀思想政治工作者”称号。2001年，他又获得了“全国五一劳动奖章”殊荣。

（张新民　白　勇）

“全国青年文明号”
——钻井总公司30533钻井队

到2001年组建仅4年,职工平均年龄只有28岁的30533钻井队犹如朝阳,蓬勃向上。他们依靠以人为本的管理理念、扎实的精细管理工作和能征善战的职工队伍,多次创造了长庆钻井的新纪录,成为长庆钻井行业的一面旗帜。这个队先后荣获集团公司先进党支部、集团公司金牌队等荣誉称号,最近,又被共青团中央命名为“全国青年文明号”。

一、全心全意依靠职工,促进管理水平的提高

这个队以抓管理为龙头,在认真总结以往经验的基础上,逐步走出“以包代管、以政代管”的管理误区,变家长式的粗放管理为精细管理,实现“三个转变”,即思想上由“叫我怎么干”转到“我该怎么干”;决策上由“围着任务转”到“围着市场转”;工作上由“以生产为中心”到“以效益为中心。”

1998年底，30533钻井队集思广益，探索建立了“看板管理法”新模式。队里在钻工值班房立了一块大黑板，将每天每个班的生产任务、生产进度、技术参数，现场管理辅助工作、技术要求以及安全措施全部写在上面，使每个岗位、每道工序、每个环节都有明确具体的要求，每个人都有自己的行为目标。

“看板管理法”试行后效果明显，在原第三钻井工程处各个井队迅速得到推广应用。30533钻井队又将“看板管理法”不断完善，与班组考核评比制度结合起来，极大提高了工作效率。现在，30533钻井队每出台一项管理规定，都要反复征求职工意见。全心全意地依靠职工，大大促进了队上管理水平的提高。

二、实行精细管理，确保安全生产无事故

每天的9时、11时、13时、16时和23时，在30533钻井队的井场，都能看到队干部和大班人员在进行全面认真的岗位巡查。这项以“查漏洞”和“纠违章”为主要内容的岗位巡查工作制度，从30533钻井队建队那天起就一直坚持着。

为了充分发挥职工的主观能动性，发动全队职工参与安全管理，队上建立了安全生产合理化建议制度，职工在生产过程中有想到的合理化建议或发现了安全管理中存在的问题，随时记录在合格化建议记录本上。在班后会上，值班干部对其进行认真评定，对一些好的建设及时采纳，并给予奖励。

井队最容易出问题的是高空作业和处理井下复杂情况等特殊作业。为杜绝事故的发生，30533钻井队建立了特殊作业前的安全会制度,把技术措施、操作规程及安全防范措施向班组职工全面交底,一切准备工作就绪后,由安全员签发作业许可证,并和值班干部一起盯在现场方可进行特殊作业,不仅避免了安全事故的发生,更培养了职工进行风险预测的良好习惯。

三、技术管理,使队上各项经济技术指标不断刷新

30533钻井队十分注重加强技术管理工作,实现了全井、全过程的技术控制。每口井开钻前,30533钻井队都要采用风险预测方法,对全井施工过程中每个地层有可能出现的复杂情况进行分析预测,并制订预防措施;在施工中,30533钻井队对工程、地质、泥浆等各岗位职工都要制定具体的技术要求,并指定专人在施工的各个关键环节负责监督落实;每口井完井后,都要组织各路技术人员召开技术分析会,进行纵向、横向对比,全面分析总结,对存在的问题及时提出整改措施;完井录井中则注重资料的收集与整理,为项目组提供可靠准确的地质资料,保证了每口井的电测油层和现场录井误差在1米以内,资料一级品率达100%。从1998年至今,30533队已打井近百口,完成钻井进尺14.6万米,工程3大质量合格率均为100%,先后创造10多项长庆局钻井先进指标。

四、团结协作,发扬民主,不断提高职工队伍凝聚力

30533钻井队的干部在工作中实行了“三不”和“三公开”,即不以权谋私,不搞特殊化,不多吃多占;思想公开,经济政策公开,奖罚公开。这个队坚持队务公开制度,特别是对涉及到职工利益的各项费用、奖金发放等,总是计算得清清楚楚,每口井施工完后费用多少,支出多少,收入多少,队上也让每个职工心中有本账。

30533钻井队干部注重以自己的吃苦实干和一言一行影响队伍。队干部常年驻井跟班作业,常常是第一个上钻台,最后一个端饭碗。哪里工作最苦,哪里就有他们的身影。每次搬迁安装等大型作业,队长、指导员在新、老井场各把一头,一直坚守到搬迁安装完毕正常开钻以后。

干部的率先垂范和民主开放的工作作风,培养了职工的团结协作精神,也提高了职工队伍的战斗力和凝聚力。

（赵　桢）

“全国职工职业道德建设十佳单位”——井下技术作业处

2001年，“全国职工职业道德十佳单位”评选揭晓，长庆石油勘探局井下技术作业处榜上有名，获得殊荣。

长庆局井下技术作业处是一个以专门从事试油气、压裂酸化及测试作业的施工队伍。现有职工2849人，下设16支试油队、7个压裂队、1个测试特作队及相关生产辅助单位。近30年来，长庆井下处坚持把职业道德建设作为立企之本，以长庆井下人良好的职业道德素质，创试油业绩，铸压裂辉煌，累计完成试油气压裂酸化3.2827万层次，完井9332口，为长庆油田的油气勘探开发作出了突出的贡献。先后被集团公司多次评为模范集体、先进单位，被长庆局多次评为职业道德模范集体。在这支队伍中，涌现出了一大批部、局级先进集体、劳动模范和职业道德标兵。

一、以“精心施工、尽心服务”为企业理念，着力培育职工在迈步市场中的职业道德观

职业道德建设，必然以人的观念转变为先导。在井下作业市场竞争激烈的情况下，井下技术作业处党委一班人没有坐等观望，而是积极准备勇闯市场。然而，职工一时难以适应新形势，认识不到位和观念的滞后，严重影响到企业二次创业目标的实现。处党委决定从职工的职业道德建设入手，提出了“精心施工、尽心服务”的企业理念，以“诚实守信服务，不顶撞刁难客户；自觉接受监督，不懈怠贻误工作；严把施工关口，不违反质量标准；取全取准资料，不允许弄虚作假；安全文明生产，不违章盲目蛮干；争作文明职工，不损害企业利益”作为全处每一名职工的职业道德规范，并印制了《职工手册》，从企业发展的战略到职工应履行的行为规范等一应俱全，要求职工熟记在心，严格遵守。为了强化职工对职业道德的认识，处党委一班人坚持深入基层，与职工面对面地讲形势、议潜力、定规划，帮助职工转变观念。通过开展对比教育活动，从一点一滴抓起，促使职工道德观念的转变。为了使各项职业道德规范能在基层工作中真正得到落实，井下技术作业处同时以严格的制度约束来强化职工遵守职业道德规范的自觉性。经过努力，全处职工真正树立了“甲方就是上帝”、“甲方永远正确”、“甲方就是衣食父母”、“让甲方满意是我们的唯一宗旨”的4种职业道德意识。职业道德观念的转变为企业开拓市场奠定了良好的基础。2000年，井下技术作业处不但拿下了甲方项目组的所有工作量，而且与国际壳牌石油公司、美国BJ公司、斯伦贝谢公司等开展了施工合作，全年完成试油气压裂酸化2328层次，完井848口，实现货币工作量4.33亿元，创造了历史最高纪录。

二、以“特别能吃苦、特别能战斗”的井下精神努力培养职工良好的职业道德作风

由于井下技术作业处生产点多、面广、战线长，人员高度分散，给队伍管理和职业道德建设提出了一系列难题。处党委审时度势，从培养职工的职业感情、职业责任感、调动职工的生产积极性出发，以强有力的思想政治工作，不断促进和深化职工的职业道德建设。在全处积极开展以“三德”教育为主的“在社会上做一个好公民，在单位里做一名好职工，在家庭中做一名好成员”活动。在各试油机组、压裂机组设立了兼职政工员，协助队党支部开展工作，并建立了党员责任区、党员模范岗，以党员干部的先锋模范作用影响和带动职工。井下技术作业处处长王鸿彬、党委书记刘勇谋和主管生产的处领导坚持每月深入一线单位一次。这个处的4个前线指挥部均有处级或机关科级领导干部长期蹲点指挥。强有力的思想政治工作，为职业道德建设注入了旺盛的活力。在企业重组改制的新形势下，职工队伍保持了高度的稳定，职工们以大局为重，在急、难、险、重和脏、累、苦、险的试油气压裂酸化施工中，硬是凭着敢于攻坚啃硬的精神，克服了一个又一个困难。被评为长庆局“十佳”职业道德建设先进集体的井下处试气177队，凭着良好的队伍素质和团队协作精神，被树为气田建设的一面旗帜，2001年“七一”又被甘肃省评为先进党支部。压裂四队1050型机组，是一支纵横驰骋的劲旅，为油田建设立下了汗马功劳，曾多次创下了日压裂5至6口，甚至8口井的历史纪录，被人们誉为是一支“压不垮、拖不烂，个个都是钢铁汉”的队伍。集团公司的领导在赴井下一线考察后，曾作出这样的评价：长庆井下技术作业处是一支特别能吃苦、特别能战斗的队伍。“特别能吃苦、特别能战斗”后来就成了井下精神的代名词。这支队伍中还涌现出了好工人王牛灵，被称为“油田守护神”的好干警王兴亮，先后被长庆局、集团公司、甘肃省评为劳模的周丰。榜样的力量是无穷的，职工中大量涌现出的模范、标兵，极大地带动了全处职工职业道德建设的深入发展。

三、以“压裂王国”的美称，不断感召和强化职工的职业道德素养

在长庆特低渗透油气田建设中，试油气压裂酸化工作直接关系着油气单井产量的提高和勘探开发工作的方向，凭的是拼搏精神，靠的是技术实力。多年来，处党委始终以建设一个好企业，培养一支好队伍作为工作目标，在积极培育职工艰苦奋斗、吃苦耐劳、无私奉献的敬业精神的同时，把着力提高职工队伍的整体素质，增强队伍的科技竞争力看作是加强职业道德建设的重要内容。每年冬季收工，井下技术作业处都要按照“缺什么，补什么，干什么，学什么”的原则，积极举办大规模的全员培训，系统学习各个不同岗位的职业道德规范及理论知识，增强职工的职业道德修养，提高职工的技术能力。生产间隙，在各试油机组和生产班组，积极开展岗位练兵、技术比武、师徒帮教的读书自学活动，要求职工在工作中要一岗多能、兼职兼岗。同时，积极开展技术交流合作，与兄弟单位、国外大石油公司、大专院校合作，采用送出去、请进来的办法，开展技术研究，加强科技攻关。职工队伍中学技术、练内功蔚然成风。全处539名干部中，有助理级以上任职资格的技术干部就达401人，工人中有技师资格的人员 38 人。井下技术作业处以科技壮大实力，二氧化碳压裂、爆燃压裂、煤层气压裂，老油田复压等压裂新工艺的应用，新型压裂液、完井液体、支撑剂、井下工具的开发及测度压裂、裂缝动态监测技术、压降分析技术的研究和 SS－2000 型压裂机组的引进，使昔日以“压裂王国”著称石油企业的长庆井下技术作业处在迈步市场中显出了雄厚的实力。在油田分公司关联交易市场上，凭着一流的施工和技术服务，完全满足了甲方的要求；在国内合作方面，通过公开招标，承担了集团公司深盆气井压裂、重上测试和新星石油公司的压裂作业；在国际市场上，井下处在积极同国际壳牌石油公司开展施工合作的同时，紧紧抓住参与尼日利亚、厄瓜多尔等国家招投标的有利时机，及时了解国际石油技术服务市场动态，积极培养专业技术人才，为走出国门赢得市场商机打下了良好的基础。

职业道德建设的常抓不懈，使井下处在激烈的市场竞争中以全新的观念、过硬的施工技术受到了更多青睐。国际壳牌石油公司总裁马丁先生在观摩了井下处的压裂施工过程后，赞叹地说：“管理严密精细，队伍面貌好、素质高。”

（张树民　张新民）

“全国职工职业道德建设先进单位”——水电厂

在 2001 年 11 月 26 日召开的贯彻《公民道德建设实施纲要》动员会暨第七届全国职工职业道德建设“双十佳”表彰会上，长庆水电厂厂长周俊基作为甘肃省和全国石油系统的先进单位代表，受到了中央领导同志的亲切接见。领奖归来，周俊基感触颇深。他告诉记者，水电厂之所以能获此殊荣，是我们对职业道德建设认识不断提高，工作逐步深入的结果。

在周俊基撰写的《试论石油存续企业的形象塑造》一文中，对石油职工形象塑造是这样论述的：“石油职工是企业形象的代表者和展示者，他们的一言一行、一举一动随时都在传播存续企业的有关信息和形象。存续企业产品质量、服务质量、工作水平的状况，最终取决于职工的素质、责任心和敬业精神。”

正是基于这样的认识，在长庆水电厂，职业道德建设不仅仅是党群部门的事，而且是全厂的大事，是企业行为，是提升企业整体素质，促进企业持续健康发展的立身之本。近年来，按照先抓教育提高认识，再造机制规范行为，最后求实效促进企业发展的步骤和方法，职工职业道德建设在长庆水电厂稳步推进。

一、重教育，树立职业道德建设意识

为增强职工的职业道德意识，养成良好的职业道德品质，长庆水电厂在职工中开展了形势任务教育、政策法规教育、服务意识教育、技能培训教育等一系列教育活动，全面提高职工队伍的思想和业务素质。

重组整合后，长庆水电厂困难重重，职工思想观念滞后，人才缺乏，产业结构和产品结构单一，市场意识不强，基层单高度分散，外部环境恶劣。面对这种状况，水电厂适时开展以“水电面临的形势、困难和任务”为内容的“二次创业”教育和“忆厂史、话创业”、“水电职工请自问，我为水电的发展做了些什么；水电干部请自问，我为职工做了些什么”的大讨论，增强了干部工人的职业责任。通过集思广益，水电厂很快确立了“市场开发、质量效益、科技人才”三大发展战略和“以人为本，优质服务”的经营管理及“做大、做强、做专、做精”为目标的二次创业的基本思路。

作为生产服务单位，职业道德建设的重要内容之一是优质服务，有了优质的服务也就有了市场。长庆水电厂将优质服务教育作为长期的任务常抓不懈，使全厂职工明确了“一对

一”服务的重大意义，从思想上树立“一对一”服务是水电厂生存发展内在的需要的观念。在优质服务活动中，水电厂推出了“10项服务承诺”，采取主动走访、检修后回访等方式，经常征求用户意见；注重发挥专业优势，向用户提供技术服务；学习海尔集团“用户永远是对的”的服务理念，推行“进门穿鞋套，不喝酒、不抽烟、不拿用户东西，售后服务离开时清洁工作现场”的服务规范；树立全新的水电企业服务理念，做到严守合同，注重信誉，主动走访，优质服务，定期巡视，保障运行。优质服务意识教育的开展，增强了职工敬业爱岗的主人翁意识，并有效地开拓了水电厂的内外市场，2001年承揽到大小工程项目20多个，产建工作量价值达9600多万元。

二、重规范，建立职业道德约束机制

良好的职业道德需在长期的生产、生活实践中不断完善，才能推动道德建设向广度和深度发展，促进企业经济效益的提高。长庆水电厂在搞好教育活动的同时，注重建立良好的约束机制，把职业道德建设纳入“双文明建设”之中，成为职工的自觉行动。

为使职业道德建设规范化、具体化，便于操作执行，长庆水电厂对全厂各单位及各岗位分厂对基层单位的考核标准，基层对机关科室的考核标准，单位、科室部门对各岗位的考核标准三类制定了“双文明建设”规范标准，并建立了3种运行机制，即检查考核机制，每季度进行一次检查考核，并不折不扣地执行；激励机制，与经济责任制挂钩，实行奖优罚劣；内部约束机制，把职业道德建设纳入内部管理之中，制定了文明单位和文明小区创建规划、文明职工评选标准和职工日常行为规范、行业文明用语等，引导职工去实践职业道德守则。

水电厂还把职业道德建设和生产经营活动结合起来，在青工中开展“五小”成果竞赛，在女工中开展“双文明建功立业”竞赛，在主要工种中开展岗位练兵、技术比武活动，在供电、供水岗位开展“岗位规范化运行”竞赛，在全体职工中开展“争当岗位明星、争创最佳效益”竞赛等活动。厂党委坚持开展优秀共产党员先进事迹宣传活动，每年都要举行隆重的“双文明”建设表彰大会，以先进人物的事迹激发职工积极向上的工作热情。2001年33岁的水电厂靖南变电所所长、女配电工李馥撇下年迈的父母、当司机的丈夫和年仅5岁的女儿，4年如一日带领全所的8名姐妹守在周围几公里无人烟的靖南变电所，排除了一次又一次的险情，出色地完成了供电任务。在2001年长庆局工作会上，李馥作为全局唯一的女劳模站在了领奖台上。会后，水电厂举行了隆重的仪式欢迎她载誉归来，在全厂大力宣传她的先进事迹，还以她为原型，创作了歌曲《高原配电工》，在全厂广为传唱。

三、重实效，促进企业持续健康发展

长庆水电厂结合实际，在职业道德建设的内容和形式上不断探索创新，不但取得了职工职业道德建设的丰硕成果，也促进了企业两个文明建设，实现了企业持续稳定发展。

经过多年的发展，长庆水电厂已形成比较完整先进的发供电、供水网络，生产规模和能力不断扩大。2000年购发电量5.1亿千瓦·时，比1999年增长近11%，创历史新高。2001年前11个月购发电量4.8亿千瓦·时，预计全年可突破2000年的购发电量水平，完成内部利润813万元，变电事故率、发电事故率、配电线路事故率、送电线路事故率等质量指标均比去年有所下降。同时，水电厂先后荣获部（省）级节能企业、环境保护先进单位、金牌变电所、全国石油职工体育工作先进单位、全国职工职业道德先进单位、甘肃省职工职业道德建设“十佳单位”等10多项荣誉称号，并荣获电力管理先进单位、职工教育先进单位、模范工会、红旗团委等20多个局级荣誉称号。

职工职业道德的建设与企业文化建设相互促进，共同发展。在理念、视角、行为识别、形象塑造、机制创新、活动开展等方面形成了具有水电特色的企业文化体系，并结合水电行业实际编写了“水电职工手册”，规范了职工的行为，推动了全厂职业道德建设的深入开展。

培养了“二次创业”的团队精神，建设了一支思想好、作风硬、素质高的职工队伍。通过职业道德建设，职工明确了国家、集体、个人三者的利益关系，牢固树立了集体主义、爱国主义思想和正确的世界观、人生观和价值观，涌现出一大批热爱集体、乐于奉献的先进人物。安装大队职工转变观念谋市场，想方设法找市场，苦练内功闯市场，提升服务保市场，全队职工群策群力，走出一条依托水电内部市场、积极开拓局内外社会市场的服务型路子。厂青年突击队员在一年一度的春季检修中连续苦战，求速度，保质量，尽最大努力减少检修停电时间。发电站、变电所和供水站的700多名职工常年驻守在陕北、陇东荒无人烟的大山深沟中，无怨无悔地奉献着。这些职工身上，集中体现的正是“团结、求实、创新、增效”的企业精神。

（赵　桢　张新民）

长庆石油勘探局实施“科技进步与人才开发”战略

长庆石油勘探局近日出台“十五”发展规划，对科技工作近、中期的发展方向、重大问题进行了战略的部署。

科技进步与人才开发战略作为长庆局“四大发展战略”之一，在近两年的实施过程中，通过更新观念，转变职能，逐步完善科技进步工作体系，广泛开展技术合作和技术创新，强化新技术的开发应用产业化，科技工作取得显著成绩，形成了一批具有国内先进水平和领先水平的特色关键技术体系，有效地提高了长庆局的整体发展实力和市场竞争力。

一、实现重点目标转移

重组改制后，面对困难，长庆局积极转变观念，以效益为中心，以市场为导向，以改革为动力，确立了“形成长庆特色技术，全面提升市场竞争力”的科技工作目标，实现了三个转变。

从计划经济体制下的重生产任务向依靠科技进步、促进企业发展的观念转变。他们提出实施“科技进步与人才发展战略”，加大科技改革力度，广泛开展技术合作、技术引进和技术创新，强化新技术的开发应用和实现技术产业化，每年投入近千万元用于科技攻关和新产品开发。

科技工作目标以增储上产向提高长庆局技术能力、技术实力和经济效益转变。长庆局突出物探、钻井、测井、井下作业、地面建设这些主体专业技术的发展和技术能力的提高，加大对工程技术方面的科研攻关和投入，投入经费占全部项目经费的60%以上，两年来安排重点科研攻关项目30多项，实施效果显著。

科技工作的重点从应用基础研究、工艺技术研究向新技术、新产品的开发与专业化转变。他们加大新技术、新产品开发的资金投入，近两年上新产品开发项目18项，投入经费510多万元，占全部项目经费近30%。同时，他们加大产业化力度，开发优选了一批具有市场前景和经济效益的技术产品，科技成果应用率达到85%以上，科技投入产出比达到1比4。

二、探索科技运行机制

长庆局建立多种形式的科技风险投资机制，改变科技经费管理单一的经费拨款做法，根据课题性质、风险和难度分别按科技拨款、部分拨款和内部科技贷款三种形式运作，实行效益回报制度。对提高长庆局技术能力、技术水平和发展后劲的重大工艺技术研究项目，采取项目核算科技经费拨款办法；对新技术、新产品开发和产业化等有直接经济效益的重大科技项目，采取申请内部科技贷款扶持办法；对应用市场前景好，研究试验工作量大，难度、风险较大的新工艺、新技术、新产品研究开发项目，采取科技经费部分拨款与内部科技贷款相结合的办法。

长庆局还建立健全科技政策体系和激励机制，制定了《科技发展工作实施方案》、《科学技术进步奖奖励办法》、《知识产权管理规定》等五项改革配套制度。启动"优秀技术干部形象工程"，组织开展"十佳形象"和"优秀科技人才"评选等活动，明确规定：学术、技术带头人和作出贡献的研究生可享受特殊津贴，允许个人以成熟技术、实用专利进行技术服务或技术合作，设立1000万元科技奖励基金，鼓励人才搞发明创造，在职称评审工作中，优先破格晋升作出突出成绩的优秀年轻干部。

三、强化科技项目管理

长庆局在项目管理中遵循效益优先、密切结合生产、突出重点、适当超前、技术储备的原则，采取滚动立项的方式，强化课题立项的经济性和可行性论证，做到没有市场不立项，没有效益不立项，成熟一项，决策一项，实施一项，避免了立项的盲目性，逐步建立开放、流动、竞争、协作的科技项目管理运行机制。

在具体实施过程中，长庆局根据科技项目的研究特点，对局重大工艺性项目采取全方位、多学科合作，跨行业、跨单位组成"战略联盟式"攻关项目组。对新开重点科技攻关项目采取合同管理方式，由局科技处与项目承担单位或项目组签订承包合同，明确双方的责、权、利关系，阶段检查，年底奖惩兑现。对新产品开发与科技产业化项目，优选出重点新产品开发项目，采用全过程跟踪管理。对油田急需，市场前景广阔，国内外已经成熟的技术项目，采取技术引进，吸收消化，推广应用的方式，瞄准国际先进水平，避免低水平重复研究。

四、形成专有关键技术

围绕物探、钻井、测井、井下及地面建设等主体专业技术，长庆局加大科技攻关力度，通过精细管理和技术创新，形成了一批具有国内先进或领先水平的技术成果。

黄土塬区地震勘探技术攻关研究取得较好成果，形成了弯线高分辨采集技术、黄土山地直测线采集技术等，其中网状三维地震技术达到国际先进水平。天然气欠平衡钻井技术在国内还是个空白，2000年长庆局首次进行天然气欠平衡钻井并获得成功。2001年8月，该项技术通过集团公司组织的重大科技项目阶段验收，被确定为集团公司"十五"期间重点科技攻关项目。这批特色技术为长庆局开拓市场建立了技术支撑。

（赵 桢）

测井工程处方元公司闯出一条新生路

企业怕摘去"油牌子"，职工怕摘掉"油帽子"，致使集体企业的产权置换和职工身份的转换成了企业产权制度改革的难点。2001年3月28日，长庆测井工程处方元实业公司的职工又开始入股交款。但对他们来说，这次交款的用途与以往有着本质的区别。职工拿出与企业解除劳动关系的一部分补偿金用于置换集体产权。至此，方元公司100%的产权全部归职工所有。作为全局第一家改制成功的集体企业，在2000年实现企业改制的基础上，方元公司的产权制度改革又迈出了关键的一步。

在实施改制的过程中，方元公司抓住集体企业改制中产权的置换和职工身份的转换两个焦点问题，大胆改革，尝试创新，初步建立具有"产权清晰、责权明确、政企分开、管理科学"为特征的现代企业制度。

一、早改一天早主动

方元公司经过10年的艰苦创业和不断发展，从最初的年产值不足20万元的小厂，发展到目前拥有固定资产 1800 多万元，职工 300 多人，下设 9 个经营厂点，经营范围涉及油气田测井、录井、射孔技术服务、射孔器材和测井配件制造、机械加工、汽车维修、公路运输、餐饮住宿等，是一家综合性公司，成为长庆局多种经营企业的佼佼者。

虽然公司近年来的经营业绩良好，发展迅猛，但制约公司发展的深层次问题并没有得到解决。公司产权不清，职工身份不明，分配政策不稳，技术进步和科学管理乏力，职工与企业、经营者与企业很难形成利益共同体，责、权、利难以统一，公司发展后劲不足。为此，从 1998 年以来，方元公司就曾尝试在产权和所有制方面进行改革，但由于种种原因，一直未得到彻底的改变。1999 年，集团公司和长庆局有关多种经营企业改制政策的相继出台，为公司的改制工作带来了新的机遇。方元公司搭上了长庆局集体企业首批改制的特快列车。

在进行改制的过程中，方元公司为了达到经营权和所有权的完全分离，将改制的目标由原来的“股份合作制”确定为“有限责任公司”，以期改制后的企业能规范地按现代企业制度运作。依法合理配置股东和持股比例，本着投资主体多元化的原则，积极吸纳职工个人入股，职工个人股处于控股地位，改制后公司的所有制结构发生了质的变化，成为一个名副其实的民营企业。在内部机构的设置上，公司依据《公司法》设立股东大会、董事会、监事会和经理机构。在对股东所投入的资本金的运作上，方元公司本着获取最大收益的原则，经过反复调研、论证，将眼光瞄准了具有市场潜力的两个项目。目前，长庆新型射孔器材厂和西安地球物理综合技术咨询服务中心正在加紧筹建之中。同时，方元公司将改制的重点放在了产权的界定、完善投资主体、进行职工身份的转换和公司内部相关制度的完善等方面。经过半年多的努力，于 2000 年 9 月 15 日正式注册成立了西安长庆电子工程技术有限责任公司。

方元公司改制仅仅一年，新体制的魅力已逐渐显现：2000 年，公司实现销售收入和利润分别为 4451 万元和 714 万元，分别是 1999 年的 1.8 倍和 3.6 倍，均创公司成立近 10 年来的最高纪录。2001 年一季度，公司实现销售收入 454 万元，比 2000 年同期增长 19.25%。

二、究竟谁是所有者

对集体企业的产权“究竟谁是所有者”这个问题，一直是集体企业改制中首先遇到的难点和焦点问题，也是方元公司前几年改制工作一直没有突破性进展的主要问题。

由于历史的原因，集体企业与主业有着紧密的联系，集体企业的发展壮大得到了主办单位的大力支持和长期扶持，集体企业实际上是“厂中厂”。如何较为公正、合理地将企业评估后的资产在二者之间进行划分？

方元公司按照长庆局的有关政策，将评估后的 690 万元净资产的所有权的 20% 产权划归长庆局全体职工所有，并由局多种经营处代管，80% 划归主办单位和本企业职工所有，对 80% 净资产又按照一定的比例分别划分给测井处职工和方元公司职工。对 80%(552 万元)的资产收益权问题，在测井工程处和方元公司全体职工中进行了配股，本着“不买不配、买配结合”的原则，将受益权按职工工龄、所在岗位重要程度、贡献大小以及入股额的大小采取不同比例量化给了职工。

目前，方元公司为了使产权制度的改革向前迈进一步，又在动员职工筹措资金，将归属长庆局全体职工和测井工程处职工的产权使产权的归属权更加明确，达到了劳动和资本的有机结合，对公司下一步大刀阔斧地进行新的工资制度改革、寻求更大的发展创造条件。

三、摘掉“油帽子”之后

在改制工作紧张进行的一段日子里，方元公司的许多职工也是吃不香、睡不好。他们担心离开长期背靠的国有企业这棵大树，怕摘掉了头上一直引以为自豪的“油帽子”。

企业怕摘去“油牌子”，职工怕摘掉“油帽子”的思想观念，成为企业改制中职工身份转换的束缚。长期以来，集体企业职工与主办单位都签订了长期或有期劳动合同，形成了劳动者与一家具有法人资格的企业签订了劳动合同，而同时又供职于另一企业的现象。企业改制后这些人的身份不及时予以转换，就很难使职工与公司形成利益共同体。

方元公司反复给职工讲利害关系，使职工明白劳动者同时与两个法人企业签订劳动合同是有背《劳动法》的、职工转换的是全民身份而不是工作岗位等道理，同时明确职工身份转换后由方元公司继续承担原长庆局上缴职工的“三金”，并根据长庆局的有关政策，鼓励职工与企业有偿解除了劳动合同。方元公司按照择优上岗的原则和与长庆局解除劳动关系的职工，考虑年龄、技能等因素依法签订了年限不同的劳动合同，建立了规范的、新型的用工制度，稳定了职工队伍，也使公司的企业改制工作取得了实质性的进展。

由于集体企业背景不同，情况不一，所以企业改制的路子也不一样。长庆测井处方元实业公司正是在大胆的探索与创新中，寻找到了企业的新生之路，解决了长期未能解决的禁锢企业发展的深层次的问题。企业增效，职工得到，这不正是企业改制所要达到的目的吗？

（赵　桢　王　飞）

长庆石油勘探局改革改制迈大步

石油企业的重组改制，一下子将存续企业推上了市场竞争的浪尖。在汹涌的市场经济浪潮前，没有了计划经济保护伞的存续企业，究竟路该如何走？

改革的浪潮冲击着传统的思维方式、行为模式，冲破了原有的管理机制和生产组织模式，也摆在了人们面前一个不争的事实：顺应形势，大胆改革，早改一天早主动，不改就会为历史的潮流所遗弃。正是认准了这一点，从2000年以来，长庆石油勘探局内部开始了大刀阔斧的重组改制。

一、生存发展，以改为先

在2000年10月召开的长庆局领导干部会上，围绕“长庆局深化改革总体构想”，与会同志展开了热烈的讨论。

经过充分研讨，确立了长庆局重组改制的总体目标，即优化内部资源结构，调整产业结构，改善职工生活、工作环境。

根据集团公司深化改革的精神及要求，长庆局确立了改革、改制工作的重点，即积极进行产权制度改革，凡能进行公司制改造的单位必须进行公司制改造；以市场为导向，进行专业化整合重组；大力转变机关职能，更好地为基层、为市场服务。其中产权制度改革是“牛鼻子”，要以此带动人事、劳资、分配制度等方面的改革。

按照长庆局深化改革的总体构想和部署，从2000年下半年到2001年上半年，长庆局积极稳妥地实施了5个方面的重大改革举措：3个钻井工程处整合重组为钻井工程总公司；两个机械厂整合重组为机械制造总厂；勘察设计研究院改制为有限责任公司；多种经营采取职工入股、多元投资等办法，改制和新组建了9个有限责任公司；三项制度改革逐步深入并见到了效果。

二、重组整合，充满活力

重组改制前，长庆局原来的两个机械厂人员和队伍结构亟待调整，专业技术人员和关键岗位已呈缺员状态，后备人才匮乏。同时，现有的生产设备老化，设备新度系数低，缺乏竞争力和发展后劲；两个厂原有的生产能力、主导产品、技术实力、内外市场等方面相近或相似，造成同业竞争，无法形成统一、有序的大市场格局。在这种状况下，两个机械厂首先被推向了全局重组整合的最前沿。

2000 年 12 月 5 日，长庆机械制造总厂正式挂牌。长庆局机械制造行业的重组整合，标志着长庆局实施深化改革总体构想迈出了实质性的步伐。通过实施重组整合，实现了优势互补，易于形成规模效益；可以集中使用投资，引进先进技术，更新关键设备；消除了事实上的同业竞争后，减少了内耗，提高了市场竞争能力；更加有效地发挥技术优势，集中人力、物力开发新产品，扩大机械制造行业的市场占有率；消除地域偏远、成本过高的不利因素，同时带动队伍结构的调整。

随后，长庆局又趁热打铁，于 2001 年 1 月 8 日将原有的 3 个钻井工程处进行重组整合，成立了长庆钻井工程总公司。

长庆钻井工程总公司的成立是继长庆机械制造总厂成立之后长庆局实施深化改革战略的又一重大举措。钻井是油气勘探的“龙头”行业，当前钻井市场面临着严峻的挑战，国内钻井市场萎缩，队伍严重过剩。同时，国内外钻井市场实行分段招标，也为钻井队伍的专业化整合提出了新的客观上的要求。长庆局抓住这个难得的历史机遇，经过长时间反复论证研讨，多方面听取专家的意见和建议，最终做出了对 3 个钻井工程处实行整合重组的重大决策。

新组建的钻井工程总公司拥有 8.7 亿元国有资产、15 个专业公司（部）和 55 支钻井队。这艘长庆局精心打造的“巨舰”一经驶出，在短短的几个月内就显示出活力和优势，在国外招投标市场频频亮相，顺利承揽了尼日利亚、厄瓜多尔钻井施工工程，与哈萨克斯坦的合作也正在进行，实现了长庆局开拓国际市场的重大突破。国内关联交易市场生产形势喜人，长庆的钻井队在陕西、甘肃、宁夏、内蒙古 4 省区遍地开花，平均以日进尺 6000 米的速度向前推进。

三、企业改制，春风化雨

在进行行业重组整合的同时，长庆局以建立现代企业制度为核心的深层次改革也在紧锣密鼓的进行之中。

长庆局首先将改制的目标瞄向了设计院，用局领导的话说这是“靓女先嫁”。作为长庆油气田的主体设计单位，30 多年来长庆油田设计院荣获科技成果奖 340 多项，获国家优秀设计金奖等省部级以上的科技成果奖 78 项，通过了 ISO 9001 质量体系认证，并连续 3 年跻身“中国百强设计院”的行列。其独特的规模优势、人才优势、技术优势等使得改制获得成功的几率较大，便于为长庆其他单位改制提供经验。

作为长庆局第一家股份制改造的全民单位，为了确保改制工作顺利进行，设计院认真开展体制改革的可行性研究，起草了“设计院体制改革（初步方案）”，并广泛征求意见，进行了 8 次讨论，修改了 5 版。同时，严格按照长庆局和西安市有关职工持股会的文件要求，起草了 12 种相关文件并及时报批。严格依照《公司法》，按国有控股、职工参股的方式进行改制，组建公司法人治理结构，成立股东会，组建 6 个分公司和 7 个机关部门。同时动员 243 名职工集资入股 471 万多元。2001 年 2 月 28 日，西安长庆科技工程有限责任公司在西安正式成立。

在对主业进行改制试点的同时，长庆局改制工作在全局多种经营系统全面推进。

从 1999 年下半年开始，长庆局先后多次调查研究，制订了《关于进一步重组规范、放开搞活多种经营的若干意见（试行）》等 6 个政策性文件，逐步明确多种经营重组改制的总体思路、基本原则和“8 种主要形式”、“11 个方面的主要政策措施”。

按照“从 2000 年开始，乃至‘十五’前 3 年，重组改制是贯穿于全局多种经营工作的主线”的整体要求，长庆局多种经营系统积极探索，扩大试点，加快进程，改制工作取得阶段性成果。在新组建公司及小企业进行改制尝试，改制和新组建了长庆通信有限公司、金羽广告有限公司等 5 家公司。这几个企业的股权设置基本上都是职工代表股，产权清晰，运作规范，经营状况显现出好的势头。

对原有的多种经营企业进行改制试点工作，先后对测井处方元公司、原钻井一处飞达公司、原钻井三处锦林公司进行企业改制，明晰产权，转换机制，不仅为改制单位带来了活力，也对其他多种经营企业的改制工作起了示范引导作用。测井处方元公司在改制过程中较好地处理了产权的界定和职工身份的转换这两个改制工作的难点问题，以集体净资产 690 万元和职工持股会 614 万元入股，改制组建了“西安长庆电子工程技术有限责任公司”。改制后的企业性质变了，体制改了，机制转了，职工身份也换了，职工积极性高涨，2000 年收入、利润均创历史最高水平。

企业的改革、改制并没有固定的模式。根据自身的特点，长庆局各单位大胆探索与实践，在市场竞争的惊涛骇浪中，依靠转换机制、提升管理水平打造坚固的船身，冲破浪尖，驶向前方。

（赵　桢）

第二篇

工程技术服务

地球物理勘探

【概述】 2001 年,长庆物探队伍总量为 2314 人;其中干部 615 人,大专以上学历 391 人。拥有各类机动设备 512 台套,其中钻井设备 105 台套(车装钻共 25 台,山地人抬钻共 80 台(套),运输设备 150 台(套)(沙漠运输设备 36 台,山地运输设备 100 台,其他运输设备 14 台),地震仪器设备 9 台(套)(其中系统 2000 仪器 1 套,SN388 仪器 7 套,408UL 仪器 1 套,总道数为 7140 道)。

2001 年,承揽并完成长庆关联交易市场三个项目 12 个区块的二维地震采集工作量 6981.34 剖面千米,共获得生产记录 75591 张,其中一级品 57363 张,一级品率 75.90%,合格 75453 张,合格率达 99.80%。同时,承揽并完成天气勘探项目三维地震工作量 157.67 平方千米,获生产记录 7184 张,一级品 5954 张,一级品率 82.88%,二级品 1230 张,二级品率 17.12%,全部合格。完成集团公司廊坊分院山西煤层气二维地震勘探项目 50 剖面千米。同时,提前组织了油田公司为 2002 年安排的 1800 剖面千米的地震采集生产。

完成二维地震资料处理任务 14925.1295 剖面千米(其中:新资料处理 8325.6325 剖面千米,老资料处理 6599.4970 剖面千米),特殊处理 21283.2126 剖面千米;完成大港油田格鲁吉亚二维地震资料处理 173.31 剖面千米;完成三维资料常规处理 498.7939 平方千米(资料覆盖面积),特殊处理 1130.9640 平方千米。完成资料常规解释 25801.7816 剖面千米。

油田内,完成油田公司 VSP 测井 6 口,采油三厂 VSP 测井 2 口;油田外部市场,先后中标并完成玉门油田 VSP 测井任务 1 口。

【科技工作】 为加强黄土直测线地震攻关研究,采用改变观测系统、增加覆盖次数、改进叠加方式等措施,开发并实施了野外采集中深井组合、大药量激发、多线接受、高覆盖次数的施工新方法,使原始资料信噪比和分辨率得到明显提高。在资料处理中加强了已知井反射系数序列控制下的保真处理力度,组织了基础静校正技术、分时分频剩余静校正技术、叠前去除相关干扰技术等技术攻关,初步解决了静校正中长波长和短波长问题,提高了有效信号的连续性和不同时段地震剖面的信噪比。为提高地震预测精度,确保钻探成功率,进一步加大了岩性预测、储层物性预测、含气性预测的技术研究,加速了 AVO 技术研究和应用,引进和开发了多参数反演、吸收系数等方法,并取得了阶段性成果。

在苏里格庙地区开展了多波勘探,填补了长庆油田勘探史上的空白;在马家滩地区进行了油气兼探生产,开辟了地震兼顾油气勘探的先河。

全年取得 28 项科研成果,有 5 项成果分获长庆局科技进步一、二、三等奖。

钻井工程

【概述】 长庆钻井队伍由长庆石油勘探局下属三个钻井工程处整合重组成立的、主要从事井深 7000 米以内的各类石油、天然气勘探、开发井的钻井工程，共有 59 个钻井队，拥有职工 8145 人。资产总额 9.36 亿元，固定资产原值 6.37 亿元，净值 4.87 亿元，70D、50D 等各种类型钻机 59 部，施工区载横跨陕、甘、宁、蒙等省、自治区，并初步进入了国际市场，年钻井生产能力 220 万米，钻井速度在中油集团排名前列，是 CNPC 最具实力的钻井工程技术服务企业之一。

2001 年，是整合重组的开局之年。广大职工在局党委、长庆局的正确领导下，面对市场格局的变化和油田公司产建部署的调整，坚持“两条基本路线”，“四大发展战略”和“创新、开放、简捷、明确、责任、自信”12 字企业理念，勇闯市场，开拓进取，主营业务完成产值 18.16 亿元，经营收入 16.75 亿元，上缴各种税费 2.5 亿元；多种经营完成产值 3.65 亿元，销售收入 3.65 亿元，上缴税费 2566 万元，实现利润 526 万元。

【钻井生产】　开钻 1011 口，完井 1009 口，钻井进尺 179.71 万米，为油田发展做出了积极贡献。

（1）平均机械钻速 14.17 米/时、钻机月速 3695 米/（台·月)，分别比 2000 年提高 25.73%、22.19%；平均建井周期 15.73 天/口，比 2000 年缩短 3.6 天/口。平均井深 1793 米，比 2000 年减少 83 米；其中天然气平均井深 3433 米，比 2000 年增加 73 米；油探井平均井深 1882 米，比 2000 年增加 151 米；生产井平均井深 1701 米，比 2000 年增加 205 米。

（2）井身合格率、定向井中靶率均为 100%，其中最小中靶半径 0.01 米；油气层固井 1054 口，合格率 100%，其中一次合格率 99.72%，比 2000 年提高 1.13 个百分点；取心井 138 口，取心进尺 7661.93 米，岩心收获率 99.88%，比 2000 年提高 0.42 个百分点；录井资料一级品率 90.82%，油层发现率 91.24%，油层卡取率 96.27%，剖面符合率 96.24%。

（3）全年钻井总时间 373653 小时，比 2000 年增加 37823 小时，其中生产时间 328478 小时，生产时率 87.91%，比 2000 年下降 3.28%；非生产时间 45175 小时，非生产时率 12.09%，其中事故时间 4148 小时，占 1.11%，比 2000 年降低 0.59%；组织停工 13750 小时，占 3.68%，比 2000 年降低 0.16%。

天然气井生产总时间 62421 小时，比 2000 年减少 77147 小时；生产时间 57579 小时，生产时率 92.24%，比 2000 年降低 2.89%，其中事故时间 427 小时，占 0.68%，比 2000 年降低 0.35%，组织停工 2050 小时，占 3.28%，比 2000 年增加 1.53%。

油探井生产总时间 40639 小时，比 2000 年增加 5732 小时，其中生产时间 33779 小时，生产时率 83.12%，比 2000 年降低 0.16%，非生产时间 6860 小时，占 16.88%，比 2000 年增加 0.16%，其中事故时间 772 小时，占 1.9%，比 2000 年增加 0.34%，组织停工时间 1796 小时，占 4.42%，比 2000 年降低 6.39%。

生产井生产时间 270593 小时、比 2000 年增加 109238 小时；生产时间 237120 小时，生产时率 87.63%，比 2000 年降低 1.86%，非生产时间 33472 小时，占 12.37%，比 2000 年增加 1.86%，其中事故时间 2949 小时，占 1.09%，比 2000 年降低 1.22%；组织停工时间 9904 小时，占 3.66%，比 2000 年降低 0.48%。

（4）1 个钻井队年进尺上 5 万米、4 个队上 4 万米、24 个队上 3 万米、5 个气井队上 1.4 万米。18103 钻井队用 70 年代初期的老设备先后改写了最快上 3 万米、4 万米的长庆之最，并以 263.25 天突破 5 万米大关，全年完成钻井 35 口，进尺高达 52289 米，相当于总公司平均水平的 2.06 倍。

（5）实现了全年无井喷失控事故、无两井相碰事故，生产运行始终保持平稳态势。

【工作特点】　钻井系统以整合重组为契机，按照市场经济的要求，对生产运行机制进行了积极的改革和探索。一是建立起了以专业公司为支撑的项目管理模式。二是以责任体系的建立为重点，形成了模拟市场的运行机制。三是以钻井为核心的紧密层和以散层统分结合的运作机制，发挥了统一步调的协调作用，体现了生产组织的有效性。四是动态的工程项目部组织模式，发挥了联系内外、连通上下、强化现场管理的桥梁作用，解决了管理幅度问题，提高了运行效率。五是钻井队伍随项目部任务变化及时调整，优先保证了重点区域、重点井的施工，保证了产建重点工程的顺利进行。六是探索和形成了市场开发、生产运行、财务管理“三位一体”的动态成本控制体系，提高了核心竞争力。

【市场开发】

(1) 在油田市场，承揽 2001 年油气钻井工作量 191.6 万米，市场占有率为 79.3%。

(2) 在社会市场，先后对西安、咸阳的地热井和延长、玉门、青海油气钻井等项目进行了考察和论证，为参与社会市场竞争积累了经验。

(3) 在国际市场，先后同伊拉克、也门、委内瑞拉等 10 多个国家的油田公司建立了信息通道，与尼日利亚、厄瓜多尔、乌兹别克斯坦的油田开发商建立了合作关系，国外项目价值工作量达 3122.54 万美元，有 3 支队伍走出国门。

【人才和技术优势】

(1) 有 4 名研究生、2552 名大中专毕业生和 621 名高中级技术人员，专业门类齐全，人才结构较为合理。

(2) 拥有技术含量较高的电动钻机和双机双泵固井机组，形成了五大工艺技术系列、20 项优势技术：定向井、丛式井、水平井、天然气井、小井眼钻井及完井工艺技术和油气层保护、聚合物钻井液体系、天然气欠平衡钻井技术、酸溶暂堵技术、次生有机阳离子形成剂处理技术在国内处于领先水平，具有参与国内国际石油工程技术服务的整体实力。

(3) 生产能力和钻井速度在 CNPC 同行业中居前三位，主营业务收入占全局的 44.3%。

【质量管理】　并轨国际的标准化管理体系。按照国际标准，完成了 HSE 管理体系的“两书一表”，并在全公司范围内进行了宣贯，在 9 个钻井队进行了示范运行；ISO 9001 质量体系在原第二钻井工程处、第三钻井工程处的基础上，全盘启动了体系文件、程序文件的编写工作。两大国际管理体系的雏形基本形成，工程质量做到了稳中有升。

测　井

【概述】　长庆测井 2001 年为了加强了基层各单位的综合作业能力，实施了分公司制管理模式。即在原中队编制的基础上，将所属的 4 个作业中队队伍进行了调整，调整后的分公司即可承担测井又可承担射孔，作业能力增强。当年又成立了 5700 队，改变了长庆无成像测井的历史。同年，长庆测井第一次走出了国门，开拓了乌兹别克斯坦市场，并圆满完成 1 口水平井测井，赢得甲方的满意。

有作业队伍 64 个（其中 3700 队 6 个、5700 队 1 个、动态监测 6 个、射孔队 10 个、19 个录井队、22 个数控队）。完成完井 1309 口、三样 1257 口，工程 85 口，吸水剖面 342 口，产液剖面 29 口，射孔 1428 口，桥塞 67

口，取心 4 口。综合录井 52 口，折合工作量 2181 驻井天，完成口数及折合工作量分别比 2000 年同期增长 -55%和 -30%。生产作业队伍上井一次成功率达 99.68%，正点到井率 98.73%。

2001 年固定资产 7847.54 万元。2001 年实现主营业务收入 2.07 亿万元，实现内部利润 2768 万元。

【技术装备】 2001 年 4 月，引进的 5700 系统卫星资料传输 VAST 系统在鄂 8 井资料传输一次成功。

2001 年 5 月，引进了俄罗斯的固井质量评价仪器声波变密度（MAKII）和伽玛密度 - 厚度测井仪（SGT），完善了我处固井评价测井系列。

引进投产了两套 SMART2000 地面系统，实现了一个测井小队可同时承担所有套管井完井作业（射孔 + 动态检测 + 固放磁测井）的设想。

从美国国际录井公司引进了 DLS2000 综合录井仪，使长庆的气测录井装备水平上升到一个新的台阶。

建立并使用了 FORWARD 测井解释、处理平台。

【工作特点】 一是及时调整部署，合理配备队伍。根据勘探开发部署，撤销吴旗前指，设立顺宁前指，并根据区域工作量的变化及是调整队伍，优化资源配置。二是整合基层队伍的作业功能，降低生产成本。通过挖潜配套工程，使 5 个小队实现了测井和射孔功能复合，节约成本近 200 万元。三是根据行业特点，改进仪器组合，进一步强化奖惩总现，降低单井测井时间，提高队伍的运行效率。四是狠抓高新设备引进和旧设备更新改造，提升企业的核心竞争力。先后引进了 5700 成像测井仪，升级改造了 3 套 3700 数控测井仪和 1 套 DLS - 2000 综合录井仪。

【创新指标】 一是各类井解释符合率均有所增长：油探井 77.3%，同比增长 1.11%；油开井 87.39%，同比增 0.81%；气开井 92.31%，同比增长 2.4%。二是测井资料合格率稳中有升：资料合格率 99.99%，同比增长 0.02%；优等品率 94.64%，同比增长 1.68。三是用 31 个测井小队，服务局内外 147 部钻机施工，创历史最高水平。

【新技术研究及应用】 2001 年，科研立项 24 项，投入科研经费 277.5 万元。其中，局拨经费 43 万元，自筹经费 234.5 万元。局级项目 3 项，处级项目 21 项。有 20 项研究课题分别获得测井工程处一、二等奖，其中 8 项分别获得长庆石油勘探局科技进步一、二、三等奖。

（1）2001 年实现了小井眼射孔工艺的配套完善。

（2）油管传输负压射孔及多极起爆技术在生产中得到了成功的推广应用。

（3）实现了哈里伯顿及阿特拉斯湿接头水平井测井工具的配套完善。湿接头式水平井测井于 6 月 28 日 21:00 至 7 月 1 日 8:00 在靖平 2 井顺利投产，对 AC/DIFL/GR 仪器串和 GR/ZDL 仪器串在 35°—40°的造斜段实现了顺利对接，完成了 AC、GR、SP、CAL、PE、ZDEN、DIFL 等 9 条曲线水平段的测量。

（4）引进了 6 套油藏描述软件，为测井、地质与物探的横向结合打下了基础。

（5）在 4½英寸小井眼套管井中用 73 枪装 89 弹的深穿透射孔工艺已在安塞油田得到广泛的推广应用。

（6）《5700 成像系统应用》获长庆局科技成果奖。

【质量管理】 获测井处 QC 小组成果一等奖 8 项、二等奖 12 项、三等奖 21 项。3 个成果荣获长庆石油勘探局优秀 QC 小组一等奖，2 个荣获二等奖，4 个成果荣获三等奖。

1 个成果荣获“中国石油天然气集团公司优秀 QC 小组”一等奖，2 个成果荣获二等奖。更可喜的是测井处 1 个 QC 小组经石油质协推荐，被中国质量管理协会等有关主管单位和部门评为“2001年全国优秀质量管理小组”，填补了长庆测井QC成果没有国家级奖的空白。长庆石油勘探局也因此被评为“全国质量管理小组活动优秀企业”，为长庆局和长庆测井赢得了荣誉。

【体系管理】　2001年5月9—14日，长庆测井进行了认证以来的第二次内部质量体系审核，长城（天津）质量保证中心于2001年6月27—29日实施了现场监督审核，共发现不合格4项均属一般不合格项，决定享有继续使用认证证书和认证标志的权利和义务。

为了适应市场竞争的需要，2001年底建立由GB/T 19001—2000标准、GB/T 24001—1996标准、GT/T 28001—2001标准及SY/T 6276—1997标准整合的管理体系。2002年1月份，组织班组长以上领导共100多人参加了专家为期三天的培训。随后，下发了《关于开展质量、职业健康安全和环境整合管理体系认证工作的通知》和《关于确定质量、职业健康安全、环境管理体系“管理者代表”及“职业健康安全员工代表”的决定》，开始了体系文件的编写工作。2002年9月3—6日，由4个审核小组的14名内审员对测井处《质量、职业健康与环境整合管理体系》进行了为期3天的第二次内审。10月8—12日，长城质量保证中心对测井处的整合管理体系进行了认证审核，同意推荐认证注册，于2001年12月6日获得了认证证书。

井下作业

【概述】　重组后的长庆井下作业系统在经历了阵痛之后，开始了“以质量求生存，以效益求发展”的生存道路，开展了多种形式任务教育。以提高井下作业系统干部职工应对挑战的能力，积极开展ISO 9000和HSE管理体系的认证工作，树立工程技术服务的品牌形象，加强了与油田公司的协调与沟通，不断提高服务水平，截至2001年年底长庆局井下作业系统共有16个试油队、7个大修队、55个小修队，5个压裂酸化队，2个测试试井队；226台（套）修（通）井机，10套压裂酸化机组，5套试井车（组），共有员工3921人，其中有研究生5人；大学本科学历的128人；大专学历190人；中专学历的303人，高级工程师14人；工程师216人；助理工程师217人，技师59人，2001年共完成试油压裂酸化2231层次，交井1014口，修井8997个标准井次。

【工作量及技术经济指标】　2001年完成井下作业9008井次（其中：井下技术作业处1352井次，第一采油技术服务完成935井次，第二采油技术服务处完成4054井次，第三采油技术服务处完成2667井次），与2000年同期相比增长15.12%。完成作业井数8434口（其中：井下作业处1014口，第一采油技术服务处完成933口，第二采油技术服务处完成3869口，第三采油技术服务处完成2616口），与2000年同期相比多完井1052口。

【工作特点】　根据作业区域分散的实际，在靖边、安塞、红柳沟设立了3个前指，同时抓好四项重点工作：一是坚持全处一盘棋，统筹兼顾、统一部署。以每周为一个调整周期，按“轻、重、缓、急”调整队伍部署，及时消灭待试井，始终掌握生产主动权。二是推行目标管理，落产目标责任制，充分发挥前指的拳头作用，强化生产信息工作，形成了一个强有力的生产监控、指挥体系。三是以人为本，发扬传统，大力加强生产组织系统人员素质的提高。四是领导每月轮流深入一线解决生产和职工生活中存在的问题，每月定期巡回检查制度是全年生产安全、平稳和加快生产进度的重要因素。第一采油技术服务处生产运作围绕市场工作量组织，坚持“部署、督促、落实”三个到位，使生产运行与经营管理紧密衔接，组织协调更加规范化、程序化；加快 HSE 管理体系建设，严格按“两书一表”的要求进行现场作业，全面提高现场管理水平；强化服务意识，狠抓施工工序质量管理，并及时组织质量回访，达到了甲方的满意。第二采油技术服务处以 HSE 示范单位、示范点建设为切入点，构建 HSE 标准化管理、标准化现场和标准化培训三大模式，HSE 管理体系建设取得实质性进展；坚持“稳、准、实、快”的生产组织原则，强化信息工作，搞好工序衔接，提高运行效率；创建和推行“100 - 1 = 0”的质量管理理念，定期进行质量分析，提高服务的正点率施工优质率。第三采油技术服务处根据基地与作业区域距离较远的实际，在顺宁和靖边设立前指，实现靠前指挥、就近保障；坚持精细管理，工序质量标准和成本指标相结合进行奖惩兑现，实现低成本、高质量；强化主动服务意识，克服外部环境的影响，通过调整作业时间、改变行车路线等方式，全力以赴保证甲方原油生产正常运行。

【创新指标】 一是 2001 年 7 月 24 日，试油压裂过 1000 层次，11 月 21 日突破 2000 层次大关，分别比历史最好水平的 2000 年提前了 26 天和 24 天。二是 11 月份完成 334 次，创历史月完成工作量最高纪录。三是试油 182 队，8 月 13 日试油压裂完成 101 层，比历史队突破百层提前 32 天。四是在苏 24 - 17 井实施了长庆气田有史以来最大规模的压裂施工，加陶粒 100 立方米，排量 5 立方米/秒，最高施工压力 65 兆帕。五是对长 2 井顺利实施了排量 9.6 立方米/秒，加砂 50 立方米的大型压裂，创长庆压裂施工排量之最。六是主要技术、质量指标同比提高：试油（气）压裂酸化成功率 100%；地层测试成功率 100%；压裂酸化全优率 87.4%，同比增长了 1.1%；试油（气）资料一级品率 85.44%，同比增长了 0.24%。七是 2000 型压裂机组于 11 月 10 日正式投产，共完成 39 口井 44 层次的压裂施工，入地砂量 1121.9 立方米；最高压力 79.54 兆帕；最大排量 5.58 立方米/秒，最大加砂 100 立方米，均创压裂历史之最。

工程建设

【概述】 长庆建工队伍由原油田建设工程公司和筑路工程总公司整合重组而成。用工总量 3035 人，职工总数 2701 人，全年共承揽局内外工程 29 项，累计完成产值达到 6 亿元；整合重组工作全面到位；树立长庆建工良好的企业形象，造就了咸阳世纪大道、660 管线、洛洪公路和靖咸工程等一批享誉局内外的样板工程，塑造了长庆建工的崭新形象。

【市场开发】 构筑了石油化工、长输管道、道路桥梁、市政工程，大型土石方五大支柱产业。

（1）道桥专业。中标 8 个标段，中标价 20325 万元，中标价比 2000 年增长系数 2.78，增长额 13024 万元。

（2）油气田产建和长输管道工程。中标和承揽工程项目 11 项，计 41098.6 万元，其中，油气田产建工程 8 项，产值 19334.8 万元，长输管道工程 3 项，产值 21763.8 万元。

【工作特点】　一是全面推行项目管理，完善约束激励机制，扩大项目组人、财、物的调配权限，有效保证了生产进度和工程质量。二是生产启动早、准备充分，赢得了全年生产的主动权。三是严格推行 HSE 管理体系，规范现场设施布置、施工工序和岗位操作，确保工程质量。四是组织和开展各种形式的劳动竞赛，全方位激发职工的生产积极性，带动各项工程逐步加速，顺利实现全年的生产经营目标。

【创新指标】　一是筑路板块承揽工作量 1.8 亿元，同比增长 74.3%，创近年最好水平。二是油建板块承建的“长庆气田 30 万立方米/年产能建设地面工程”和“长庆炼油化工总厂 3 万吨/年催化重整，2 万吨/年加氢精制联合装置”工程被中国石油天然气集团公司评为优质工程金质奖。三是大口径（219 毫米）长输管线施工完成 227 千米，为历史最高水平。四是修筑了第二条沙漠公路。五是完成修筑单跨 30 米，总长度为 186 米的郝家窑延河大桥。创历史最好水平；六是完成榆林—第二净化厂直径 660 毫米管线 53 千米，为建设工程总公司承揽大口径长距离输气管道奠定了资质基础。

【质量管理】　2001 年 6 月，试验检测中心计量认证复评、终评顺利通过，取得了陕西省技术监督局颁发的认可证书。

2001 年 8 月份，筑路板块 ISO 9002 质量体系通过了中质协质保中心认证，经审核质保体系运行状况良好、有效，准许继续使用 ISO 9002 证书。

单位工程验交合格率 100%，优良率 76%。

7 项 QC 成果获奖，其中局级优秀 QC 成果二等奖三项，三等奖四项。

新疆塔且项目工程质量名列南疆交通系统在建工程前茅。

咸红项目受到咸阳市渭城区人民政府的充分肯定，并予以通报表彰，奖励人民币 10000 元。

【科技创新】

（1）大直径长输管道自动与半自动焊接技术。

（2）高温熔融内防腐补口涂层技术。

（3）埋地钢制管道聚乙烯防腐层补口技术。

【工程建设】

（1）油气田产建工程：承建油气田产建工程项目 21 项，其中关联交易项目 18 项，社会工程项目 3 项，油气田产建 13 项，长输管道项目 8 项，当年竣工验交 20 项。

（2）道路工程：2001 年道桥板块承建工程项目 12 项，其中关联交易项目 1 项，社会工程项目 11 项，已竣工验交 8 项，跨年 4 项。

第三篇

生产服务 加工制造 合作开发 油气田及 社会服务

供水供电

【概述】 2001年完成供水量1369万立方米（其中：水电厂完成供水量1087万立方米，第三采油技术服务处完成供水量282万立方米），与2000年同期相比下降3.39%。

2001年完成发电量14625万千瓦·时，与2000年同期相比增长19.68%。完成供电量67324万千瓦·时（其中：水电厂完成供电量50511万千瓦·时，第三采油技术服务处完成供电量16813万千瓦·时），与2000年同期相比增长5.04%。供电负荷率78.33%。

水电厂有54个生产点分布在陕西、甘肃境内的15个县城。拥有自备发电站10座，各类发电机组38台套，其中引进美国瓦克夏公司1840千瓦发电机组9台，日本日立公司21700千瓦发电机组2台，总装机容量76550千瓦；6—10千伏供电线路166条1549千米，35千伏、110千伏供电线路38条689千米，变电所25座（110千瓦变电所4座，35千瓦变电所21座），年供电量10.25亿千瓦·时。供水站18座、水源井155口，供集水管线246千米，水处理设备6组，日供水能力4000立方米；贺旗、马岭两个通讯站电话装机容量6000门。固定资产净值5.43亿元。

【工作特点】 一是加强基础管理，规范生产管理制度、工作程序、报表记录和考核办法，提高了运行效率。二是充分准备，精心组织，高质量、快节奏的完成了电气春检。三是防患未然，切实做好防洪防汛和冬防保温工作，保证了汛期和冬季安全生产。四是进行电网经济运行分析，加强电网改造，有效降低网损和转供电成本，增强了企业竞争力。

物资供应

【概述】 2001年，全局物资供应系统强化服务意识，加强现场生产供应服务。外派6个现场工作组，及时掌握各单位的物资需求，缩短物资供应时间；科学分析各类物资供求动态，一手抓市场，一手抓资源，保持合理的库存水平，提高资金利用率；突出重点单位、重点工程和重点物资，兼顾日常生产和常规物资需求，合理组织生产运行，有效保障全局各路生产物资供应。2001年完成物资购进量28.79亿元，与2000年同期相比提高99.93%。完成物资售出量28.37亿元，与2000年同期相比提高81.05%，物资周转次数6.79%。代储代销代理收入1142万元，一级库物资周转10.2次，物资吞吐量达56.84万吨，实现外销物资9800万元，均创历史最高水平。

器材供应系统全年物资吞吐量达到56.8万吨，周转5.33次。多种经营生产总值2522万元，实现利润139.1万元，外销物资9800万元。清理供货渠道，加大从名优大厂代理、代储、代销力度，先后同近300个厂家签订了代理、代储、代销协议。代储物资8000万元，代销物资6800万元，代理、代储、代销收入1142万元，节约采购成本3250万元。针对石油专用管材、油井水泥等油田重要物资十分紧俏、资源严重不足的特殊情况，器材供应系统领导亲自挂帅，奔赴全国大型钢厂、水泥厂、化工厂等 60 多个知名厂家落实货源，保证了油田生产建设项目物资供应。适时成立了贸易公司和国际贸易部，分别在西安、庆阳、宁夏、延安、靖边等地设立了外销点，深入当地工矿企业，寻找商机，物资外销实现了“零”的突破，全年外销物资 9800 万元。按照双方受益、互利互惠的市场规则，利用长庆品牌，抓住购买供货厂商产品的机会，易货贸易成交 1501 万元，获利 40 余万元。

通　信

【概述】　2001 年期末交换机总量 54556 门，同比增加 1300 门；期末实装单机 47188 台，同比增长 3238 台；期末中继线路数 4650 条，同比增长 1870 条。建成了长庆首条长距离、大容量的“西—廷—吴—庆”通信光缆工程，形成了长庆通信环路。

2001 年通信公司拥有固定资产 2.25 亿元。长庆通信网全网拥有程控交换站点 43 座，装机总容量达到 54400 门；微波站 40 座，微波传输线路 1287.2 千米；光缆传输线路达到 900 多千米，主干传输带宽 155MB/s，是微波传输容量的 4 倍。新建的东线西延吴庆光缆线路与西线的微波线路构成环状结构，电路迂回、备份，提高了网络的传输容量和安全可靠性，同时新建光缆线路贯穿了安塞油田和靖安油田等新建作业区，扩大了服务范围；无线寻呼系统基站 29 座；电视电话会议系统包括西安基地中心会场和各基地、二级单位的 11 个分会场。2001 年长庆互联网增设了延安、银川二级接入节点，西安至庆阳、延安节点带宽 45MB/s，至银川节点带宽 2×2MB/s。银川、延安增设了拨号接入服务器，全网总计 540 线。截至 2001 年底，全网共有固定电话用户 47188 户、无线寻呼用户 22598 户、局域网接入 75 个、拨号上网用户 3695 户。

运　输

【概述】　2001 年完成货运周转量 25232 万吨·千米（其中：运输处完成 14557 万吨·千米，第一采油技术服务处完成 2420 万吨·千米，第二采油技术服务处完成 5229 万吨·千米，第三采油技术服务完成 3026 万吨·千米），与 2000 年同期相比下降 7.79%；完成客运周转量 19001 万人次（其中：运输处完成 4024 万人次，第一采油技术服务处完成 5580 万人次，第二采油技术服务处完成 5540 万人次，第三采油技术服务处完成 3857 万人次），与 2000 年同期相比增长 31.73%。

运输处下设 5 个分公司，有货运车辆 408 台、3958 吨位，吊车 35 台、768 吨位，客车 35 台、1548 个座位。

【工作特点】　以减亏为目标，进一步强化生产运行工作：一是进行结构调整，推行专业化管理。二是坚持领导靠前指挥，确保重点工作及时完成。三是狠抓机修保障，提高车辆运效。

机械加工制造

【概述】　2001年完成工业总产值1.56亿元，与2000年同期相比增长50.11%，完成工业销售产值1.60亿元，与2000年同期相比增长58.21%。完成机械加工量1.3926万吨，抽油机837台，压力容器107具，抽油泵2550台，抽油杆54.8万米，制造振动筛96台。

机械制造总厂主要生产设备600多台套，计量检测器具200多件套。主要产品已经形成了三抽设备、天然气设备、固控设备、井下工具等6大系列80多个品种270多种规格。2001年生产运行工作主要特点是：（1）整合人员、装备优势，实施技术创新，实现规模经营；（2）根据市场需求，以销定产、以产定人，灵活组织生产；（3）综合调配车间、分厂及其设备的生产能力，采取大件集中、小件分散，主要成套产品集中、配件分散，以及工序能力互补等措施，提高运行效率；（4）以ISO 9001质量保证体系认证为契机，建立和完善质量回访制度，及时解决用户反映的问题，扩大了市场份额。

2001年社会市场和配套出口销售1966万元，创历史同期最高水平。新产品产值3510万元，创历史同期最高水平。

【工作特点】　一是整合人员、装备优势，实施技术创新，实现规模经营。二是根据市场需求，以销定产、以产定人、灵活组织生产。三是综合调配车间、分厂及其设备的生产能力，采取大件集中、小件分散，主要成套产品集中、配件分散，以及工序能力互补等措施，提高运行效率。四是以ISO 9001质量保证体系认证为契机，建立和完善质量回访制度，及时解决用户反映的问题，扩大了市场份额。

物业管理及社会化服务

【公用事业】　截至2001年底，全局公用事业系统用工总量7041人，其中在职职工4158人；干部729人，其中高级职称14人、中级职称149人、助理级346人。全局公用事业系统固定资产原值8.22亿元，累计折旧1.57亿元，净值6.65亿元。全系统经营收入2.93亿元，费用支出4.17亿元，企业补贴1.24亿元。

2001年全局公用事业系统改革管理工作的重点是认真贯彻勘探局2000年公用事业系统改革会议精神，按照“先易后难”的改革原则，以实施企业减补为目标，进一步深化内部改革。

一是选准突破口，抓了部分服务项目的改制工作。针对一些单位经营长期亏损的商业网点、菜房、浴室、茶楼、职工食堂等服务项目，在改制中作为突破口，采取了“职工个人承包、对外租赁、国有民办、关停并转”的改制形式。使全局的商业网点、副食供应店、理发等项目完全由个人经营；有9个单位的职工食堂引进竞争机制，推出了国有民办的新模式；所有浴室实行了职工承包经营，全局的公用茶炉基本关闭，使公用事业系统的改革初见成效。

二是抓了幼儿园、招待所等社会服务项目逐步融入社会的试点工作。一是取消补贴，放开价格，面向社会，个人完全承包的办法。二是采取企业承担部分费用，收费中取消企业补贴部分，职工集体承包，工资、奖金自挣的办法。全系统有 21 个幼儿园采取职工个人承包和职工集体承包的经营模式，面向社会招生 1634 人。据统计，以上项目 2001 年减少企业补贴 800 万元。

三是按照“条块整合”的原则，对部分单位的机构进行了重组整合。随着 2001 年生活基地的调整，服务项目和服务半径的变化，部分单位对原有的单位机构进行了重组整合。第二采油技术服务处将原有的四个物业公司整合为两个；银川物业管理处按照住宅区域组建了 6 个小区管理站，引入竞争机制，实现了互相竞争，有力地促进了管理水平的提高。

四是以减补增效为目的，抓了系统服务项目的拓展和对外创收工作。系统各单位认真贯彻勘探局对公用事业系统提出的“三年达到零补贴”的要求，在认真搞好主业服务的同时，积极拓宽服务项目，对外承揽产建工程，安置富余人员 486 人，实现对外创收 2662.61 万元。

4 月 3 日，在全国造林绿化表彰大会上，长庆油田被授予“全国绿化先进集体”荣誉称号。7 月份成立了“长庆石油勘探局住房交易中心”，下设三个交易所。即：陇东交易所、宁夏交易所、西安交易所。中央电视台在油田摄制了《走进长庆油田》绿化专题片，并于 9 月 23 日中午 1 时在中央电视台第七套节目中播出。

9 月 8 日—12 月 8 日，公用事业系统抽调专业人员，对全局 29 个二级单位的公用事业工作情况，进行了详细调查。先后收集调研数据 3.62 万个，经反复测算，制定了《长庆石油勘探局公用事业系统内部服务结算价格》。

9 月 12 日，长庆油田住房领导小组，以长庆房改字［2001］1 号文件下发了《长庆油田职工已购住房内部交易（置换）办法》。截至 12 月底，全油田共交易职工住房 375 套，总交易金额 913 万元。其中宁夏交易所交易住房 242 套，交易金额 559.54 万元；陇东交易所交易住房 133 套，交易金额 353.47 万元，全年共收交易手续费 10 万元。

【中小学教育】　2001 年全局有中小学校 26 所，其中：完全小学 10 所，九年制学校 10 所，完全中学 5 所，高级中学 1 所；有中小学生 16893 人，其中小学学生 8199 人，初中学生 4867 人，高中学生 3827 人；有教职工 1521 人，其中专任教师 1127 人，行政人员 255 人，工勤人员 139 人。

（1）主要工作：①实施课堂教学质量工程。各学校以课堂教学为突破口，广泛开展了“优化课堂结构，构建课堂教学模式”、研究性公开课、示范课、优质课比赛和课堂教学诊断等活动，促进了教学方法的转变和教学质量的提高。②实施名师培养工程。一是开展教师计算机全员培训，全局有 260 名教师取得了国家计算机等级证书。二是继续进行教师“三字一画”和课堂教学十项基本技能达标训练。三是组织普通话考核补测工作。四是加大教师培训力度，2001 年全局教师外出培训 1000 多人次。③实施科研兴校工程。一是教育处将“说、讲、评”确定为教师分析教材，二是开展了“目标教学”、“情景教学”、“三模教学”、“快乐教学”等课堂教学模式实验。三是密切结合教学实际，广泛开展教育科研活动。四是召开了全局高中学校教研工作座谈会，研究了高中新课程方案的实施、“3 + X”高考改革以及开展研究性课程教学等问题。④调整学校布局，提高办学效益。撤并了办学规模过小的运二、运三小学；宁夏片四所子弟学校与生产单位分离，归银川高级中学管理。

（2）教育成果：①高考成果：辉煌。大专以上录取 911 人（不含高职），与 2000 年相比增加 59 人，升学率为 66.87%。本科录取 733 名，与 2000 年相比增加 102 人，录取率提高 11.04 个百分点；其中清华大学录取 2 人，北京大学录取 4 人。②小学和初中教育全面发展。小学和初中文化课测试、体育会考均超过局定标准。六年级全局统一测试，语、数双科合格率 98.69%。③德育工作实效性、针对性增强。全局 16000 多名学生违法犯罪率为 0；学生事故率为 0；学生操行评定合格率达到 98%以上。④学生学科竞赛成绩突出。获国家等级奖励 22 人次、省部级 51 人次、厅局级 350 多人次。

【医疗卫生】 2001 年全局有医疗卫生机构 25 个。其中，局职工医院（处级）1 所、局疗养院（处级）1 所、局卫生防疫站（科级）1 所、二级单位医院（科级）5 所、基层卫生所（医务室）17 个。全局开设正规病床 702 张，开设观察床 245 张，开设疗养床 300 张。

全局卫生系统总人数为 1166 人。其中卫生技术人员 851 人，占职工总数的 72.99%；在卫生技术人员中，获得中级以上技术职称的为 204 人（其中获得副主任医师以上技术职称的 32 人），占卫生技术人员总数的 23.98%。

全局在册大型医疗设备 6 台，报废在用的有 12 台；在册一般医疗设备有 80 台，报废在用的有 124 台。

全局年内共诊治病人 73.81 万人次。其中：门诊（急诊）67.16 万人次；收治住院病人 1.04 万人次；观察室留观病人 2.04 万人次；巡回医疗诊治病人 3.59 万人次。为职工（包括学生）开展健康体查 4.34 万人次。

全局医院住院病人治疗有效率为 96.58%，（其中治愈率为 76.5%）；病床周转率为 14.51 次/（床·年）；病床工作日为 187.9 天/（床·年）；病床使用率为 51.4%。在以上三项指标中，局职工医院和马岭医院较高。

陕北、内蒙是“鼠疫”疫源地，涉及到油田 15 个单位、93 个井站。为做好预防工作，卫生人员现场监测 2 批，参与 29 人次；现场投放灭鼠药 2.23 吨、灭蚤药 0.5 吨；对易感人群接种疫苗 1.17 万人份。有效地预防并杜绝了疫源地职工发病。

按照 HSE 管理的要求，监督检测有毒、害作业的二级单位 11 个，381 个作业场所，检测率达到 77.76%。建立《工业卫生档案》18 册，建档率为 80%。对从事毒、害作业的 3800 多人进行监测性体检，体检率为 77.5%。监测率和体查率均超过集团公司 75%的指标要求。

食品及公共场所卫生监督监测 70 户，全部核发了《卫生许可证》。对从业的 1790 多人按规定进行了健康体查，体查率达到 98.8%。对体查患五病的 43 人，都及时通知单位全部调换了工作。同时，坚持日常监督管理，有效杜绝了食源性疾病和集体食物中毒的发生。

为有效保护职工健康，做到无病早防，有病早发现、早治疗，为离退休职工健康体查 1.22 万人，为在职职工体查 0.72 万人。同时，为赴厄瓜多尔钻井项目组的 100 多名职工在健康体查的基础上，又进行了预防性卫生知识培训，并接种了预防相关疾病的疫苗。

全面完成了计划生育五大指标。油田总人口为 13.19 万人，全年出生婴儿 1256 人，人口出生率为 9.34‰，计划生育率为 100%；节育率 94.8%；晚育率为 100%；晚婚率为 99.8%；独生子女领证率为 99.2%。

【职业健康】 全局涉及有职业危害因素的二级单位 21 个，职业危害场所 490 个。主要职业危害因素有有机粉尘、无机粉尘、铅、汞、苯、硫化氢、氨、镅铍中子源、铯 137γ 源、放射性同位素、X 线及噪声、振动等 40 余种。从事毒害作业的职工共 3417 人，占职工总数的 9.1%。

长庆局卫生防疫站劳动卫生科具体承担全局职业卫生健康管理及技术服务工作。有卫生专业技术人员 10 人，其中副主任医师 1 人，主管医师 1 人，医师 3 人，医士（检验士、员）5 人。主要仪器设备有气象色谱仪、原子吸收分光光度计、500 毫安 X 光机、B 超诊断仪、心电图机、肺功能仪及其他相关检测、检验设备。

年初制定了《长庆石油勘探局 2001 年职业健康工作要点》，下发局属各单位逐项落实。通过与国家外交部、陕西省防疫站联系，给钻井工程总公司赴厄瓜多尔共和国钻井项目组进行了该国传染病疫情状况的风险预评估，并在给出国人员查体的同时，有针对性的接种了预防相关疾病的三种疫苗。监督检测有毒、害作业的二级单位 11 个，381 个作业场所，检测率为 77.76%；检测合格场所 392 个，检测合格率为 80%；建立工业卫生档案 18 册，建档率为 80%。按职业卫生管理规定，对从事有毒有害作业场所的 2648 人进行了健康体查，体检率为 77.5%。

至 2001 年底，确诊职业病患病人数累计为 36 例，其中患尘肺 11 例，职业中毒 22 例，物理因素致病 3 例。

【新闻文化】　《长庆石油报》紧紧围绕长庆局“两条基本思路”、“四大发展战略”和长庆局工作会议精神，以“12 字”经营理念为指导，以报社的总体工作思路为主线，以“二次创业”为宣传报道中心，突出一个“改”字，唱响“求生存、图发展、闯市场、增效益”的主旋律。全年报纸宣传出版《长庆石油报》167 期，其中正刊 144 期，为局年度指标的 141%；编发电子版 98 期，编印《内参与信息》12 期，《业务学习交流》6 期。报纸的政治性差错为零，技术性差错控制在国家规定的范围以内。对外报道见报 260 篇（幅），为年计划的 216%。全年有近 20 件新闻作品获得省部级以上新闻奖。

长庆电视台 8 月份进行了内部管理制度改革。成立了编采一部、编采二部和播控技术部，实行了分配机制改革。增加了《长庆新闻》期数，开设了 13 个观众关注的栏目，拍摄了 27 部电视专题片，展播专题片 112 部。

网络宣传利用电视网传输网络信号的试验，取得成功。采用先进的 JSP 技术，建设了长庆局主页，制定了《规范网络宣传的意见》和《长庆石油勘探局网页管理规定》。创办了《生产快讯》，举办网络骨干培训班。与陕西省政府网站联合制作了亚洲网上博览会长庆网页，浏览人数达 12 万人次。

【离退休职工管理】　紧紧围绕贯彻落实长庆局工作会议精神和总公司老干局 2001 年工作要点，认真落实“两项”待遇和“六有”目标，积极组织离退休职工开展了“为长庆二次创业发挥作用”的活动。通过加强离退休职工的思想教育、认真落实老同志生活待遇、大力开展健康向上的文体娱乐活动、狠抓管理部门的自身建设，促进了离退休工作整体水平的提高，特别是在各级领导的关心、重视、支持下，积极为老同志办实事、解决实际困难，增强了离退休职工队伍的凝聚力，确保了离退休职工队伍的稳定。

截至 2001 年底，全局离退休职工总数已达 13286 人，其中离休干部 259 人，退休干部 3774 人，退休工人 9007 人，退职人员 176 人。离退休职工党员 6182 人，党总支 20 个，党支部 144 个。专职离退休管理人员 198 人。2001 年去世离退休职工 151 人。

（白富才）

第四篇

科技发展

科技发展

【概述】 2001年，长庆局科技工作按照"企业科技、效益科技"的工作思路，更新观念，转变职能，强化服务，制订措施，积极实施"科技进步与人才开发"战略，取得了显著的成效。

【"十五"规划制定】 根据长庆局经济技术现状和国内外石油工程技术发展趋势，在充分调研和论证的基础上，本着服从服务于全局总体发展战略、技术创新、效益优先、突出重点、适当超前和技术储备的原则，制定出了《长庆石油勘探局"十五"科技发展规划》。《规划》从物探、测井、钻井、井下作业、地面工程、加工制造、信息工程、软科学等八个方面提出了83个重点项目，其中技术创新项目42项，新技术应用及新产品开发项目41项。通过实施《规划》，将使全局主体工程技术达到国内先进水平，部分领域达到国际先进水平；科技成果应用率达到85%以上，科技投入产出比达到1∶5，科技贡献率达到50%以上。

【主要技术进步】 2001年科技发展计划以提高长庆局技术实力、开拓市场、降低成本为目标，紧紧围绕工程技术服务中急需解决的技术难点及重点，共安排了技术含量高、应用效益好的重点科技项目38项。通过统一部署，精心组织，汇集力量，重点攻关，科技项目总体进展良好，计划进度完成率89.5%。

(1)黄土塬区多线地震勘探采集、处理方法研究取得了初步成效，形成了一套野外多线地震采集及数据处理系统。经在樊家川、谭家营、志丹、吴旗、靖边等地区应用效果好。

(2)定向井导向钻具复合钻井技术研究与现场应用效果显著。全年现场实施73口井，平均机械钻速比常规钻井提高3.37米/时，钻井周期较常规钻井缩短3.15天，定向一次成功率达到100%。

(3)水平井钻井技术研究得到了进一步发展。通过靖平2井、苏平1井和苏平2井的应用研究，取得了优化井身结构、井眼轨迹控制、钻井液与完井液及水平井固井工艺等五项主要技术成果，为实现苏里格气田和靖安油田盘古梁区长6储层高效开发奠定了技术基础。

(4)保护油气层的钻井液抗高温降滤失剂的开发与应用取得良好效果。室内试验指标优于同类产品的评价指标；确定了利用缩聚反应制备SMSH的工业化生产工艺，试生产50吨，现场试验15口井。

(5)成像测井技术的应用与研究得到了长足发展，取得了裂缝拾取、孔隙尺寸分析、侵入特性等6个方面的成果，特别是在储层各向异性及流体可动性研究方面见到了明显地质效果，全年累计成像测井35口。

(6)端部脱砂压裂工艺技术研究与应用有所突破。初步形成了一套适应于低渗透油田老井复压的现场施工技术。

(7)压裂施工优化设计及拟三维动态实时监测系统的开发与应用取得良好效益。现场试验30井次，其砂量、砂比、流量、液量记录均达到预期目的，整体性能达到国内先进水平。

(8)油气矿场装备研制有了新的进展。开发出了天然气三甘醇脱水装置、CYJW8－3－26HF弯梁变矩复合平衡抽油机及智能井口防盗箱等新产品，取得了良好的经济效益和社会效益。

【获奖科技成果】 本着公平、公正、公开的原则，按照成果的重要性、先进性、创新性、实用性、效益大小、研究开发难度等因素综合衡量，对2000年的科技成果进行了认真的评定，共评出科学技术进步奖 61 项。其中,获集团公司特等奖 1 项,一等奖 1 项;长庆局一等奖 7 项,二等奖 18 项,三等奖 36 项(见表 1)。

表 1　重要获奖成果列表

序号	成果名称	单位	获奖等级
1	苏里格大型气田的发现及综合勘探技术	长庆油田分公司 长庆石油勘探局	集团公司 特等奖
2	钻井地层和油层岩石矿物组分和理化性能的研究及分区分层钻井液标准设计研究	长庆局等 14 个单位	集团公司 一等奖
3	子洲—佳县地区上古生界储层预测方法及效果	地球物理勘探处	长庆局 一等奖
4	黄土塬区地震勘探方法研究地球	地球物理勘探处	长庆局 一等奖
5	小井眼丛式井钻井工艺技术	工程技术研究院 第二钻井工程处 第一钻井工程处	长庆局 一等奖
6	陕 242 井天然气欠平衡钻井技术研究	工程技术研究院 第三钻井工程处	长庆局 一等奖
7	长庆气田上古生界二氧化碳增能压裂工艺技术研究	工程技术研究院 井下技术作业处	长庆局 一等奖
8	大筛面超细目 QW—1 钻井液振动筛研制	机械制造总厂	长庆局 一等奖
9	埋地钢管外壁再生橡胶防腐层技术	乳山培训中心	长庆局 一等奖

【知识产权管理与保护】　2001 年主要从健全机构、建章立制、培训队伍、宣传教育等方面开展了工作,使长庆局知识产权管理与保护工作上了一个台阶。全年有 2 个基层单位申请专利 5 项(见表 2)。

表 2　授权专利列表

序号	专利名称	申请单位	申请时间
1	一体式深井泵吸泄阀	第二采油技术服务处	2001.01.05
2	铅模打捞工具	第二采油技术服务处	2001.01.05
3	可调式天然气井外输管网安全保护装置	工程技术研究院	2001.11.02
4	复合式套管气井口回收装置	工程技术研究院	2001.11.31
5	一体温控短路热洗清蜡装置	工程技术研究院	2001.05.29

(侯哲国　马怀东)

信息工作

【概述】 2001年10月,长庆局通过对西安基地住宅小区有线电视网络改造,建立CABLE方式宽带接入系统,面向西安基地住宅小区提供宽带接入服务,使局内个人上网步入宽带时代。该系统数据传输速度最大可达到上行共享10MB、下行共享38MB。2001年12月,长庆互联网二期工程完成,建立了银川、靖边骨干节点,西安至延安、延安至庆阳广域网主干45MB开通,实现主要骨干节点带宽45MB。

(余彩霞)

第五篇

质量安全与环境保护

概　述

【工作思路】 2001年，全局质量安全与环境保护工作紧紧围绕长庆局“两条发展思路”、“四大发展战略”及2001年中心工作，牢固树立“创新、开放、简捷、明确、责任、自信”企业理念，以市场为导向，以效益为中心，以科技为动力，以建立健康、安全、环境（HSE）管理体系为核心，进一步转变思想观念，加大质量、安全、环保及节能节水宏观业务监督管理和处室建设，争创良好的工作业绩。

【主要成果】

（1）安全生产和环境保护方面。经集团公司检查考核，长庆局获得集团公司“2001年度安全生产环境保护先进企业”称号。质量安全环保处获得集团公司“2001年度安全生产环境保护先进管理部门”称号。长庆局安全生产各项指标均优于2000年，创长庆局历史最好成绩；在集团公司污染物排放达标考核中，各项控制指标控制在集团公司下达的控制指标之内。

全局建立HSE示范队14个，发布了HSE体系文件，有247个基层队实施了“两书一表”，占全局作业队伍的55%；向集团公司第一批申报市场准入证的230个队，审核通过了190个，占上报队伍总数的82.6%。

与2000年同期相比，事故起数下降42.37%，死亡人数下降62.06%，重伤人数下降28.57%，轻伤人数下降62.5%，直接经济损失下降73.2%。

按集团公司考核指标统计，千人死亡率为0.04‰（集团公司考核指标为0.05‰），千人重伤率为0.04‰（集团公司考核指标为0.30‰），千台车死亡率为1.4‰（集团公司考核指标为2‰）。实现了集团公司下达的“四个杜绝、三个不超、一个稳定”的控制目标。

在2001年甘肃省环境保护工作会议上，省环境保护局对长庆局颁发了达标排放合格证书；在庆阳地区召开的全地区环境保护工作会上，被评为全地区环境保护达标治理先进单位，并颁发了奖牌。

据统计，全局有控废气排放达标率为95%（集团公司先进企业指标为大于90%），固定源工业污水排放达标率为98%（集团公司先进企业指标为大于90%），杜绝了特大环境污染和环境破坏事故的发生。

（2）技术监督方面。长庆局荣获“2001年全国质量管理小组活动优秀企业”称号，这是长庆局开展全面质量管理活动以来取得的最高荣誉。另外，一项成果荣获国家优秀QC小组，两项成果荣获石油质协一等奖；通信处通过了GB/T 19001—2000版质量管理体系认证，机械制造总厂完成了重组后的换证工作；完成局级标准制修订项目46项，完成测井类石油专用计量器具校准方法8项；长庆局外送培养国家级QCC诊断师4名，GB/T 19001—2000版质量管理体系内部审核员70名；技术监测中心标准计量站完成了活塞式体积管校数据采集系统升级改造工作；长庆工业站被评为《石油工业技术监督》杂志社先进工作站，一名同志被评为优秀通讯员；在第三届石油工业质量管理论文发布会上，长庆局一篇论文获二等奖，两篇论文获三等奖。

工程监理监督方面，钻井井身质量合格率100%、固井质量合格率99.3%、优质率80.9%、取心收获率99.87%；井下作业试油压裂合格率100%、优质率88.1%；测井，综合录井合格率100%、优等品率88.37%、测井合格率99.99%、优等品率94.56%、射孔准确率100%、气探井解释成功率74.6%、油探井解释成功率77.05%、气田开发井解释符合率92.31%，油田开发井解释符合率86.12%；物探二维地震资料录取合格率99.82%、一级品率75.74%，三维地震资料录取合格率100%、一级品率82.88%，地震剖面一级品率67.1%、合格率99.94%，地震地质层位符合率86.5%；建设工程总公司“长庆气田30×108立方米/年产能建设地面工程”和参建的“长庆炼油化工总厂30×104吨/年催化重整20×104吨/年加氢精制联合装置”工程被中国石油天然集团公司评为优质工程金质奖；靖咸输油管道工程优良率为90.4%，合格率为100%；气田产能建设工程超声波探伤一次合格率96.7%，X射线探伤一次合格率100%。

产品质量监督方面，共抽查6个厂家生产的40种产品，共42个批次，综合合格率92.5%。

（徐非凡）

安全工作

【HSE管理体系建设】　长庆局和各二级单位围绕HSE管理体系建设“三大工程”（HSE管理体系、HSE管理人才、HSE技术创新），从策划、组织机构建设、方针目标制定、技术文件开发、硬件投入等方面做了大量工作。目前体系思维和理念已逐步融入到工作当中，使建立和实施HSE管理体系工作步步深入，由点到面，全面展开，并重点抓了六项工作：

（1）起草编制并以长局发［2001］73号文下发了长庆局《HSE管理体系建设“五年”规划》和《2001年度HSE管理体系建设计划》。明确了长庆局HSE建设的发展目标与方向。

（2）编制完成了《HSE管理手册》宣传画册。开发了局级HSE程序文件28个，2001年10月30日在全局开始实施，标志着长庆局HSE体系建设工作的基本完成。

（3）起草下发了《长庆石油勘探局HSE培训管理暂行规定》。先后举办了HSE内审员、风险管理识别技术、QHSE内审员等学习班28期，来自全局26个单位、1102名管理人员接受培训，并取得了合格证书。

（4）全局14个HSE示范队建设进展良好。各单位按照HSE“两书一表”的标准运行，对示范队硬件建设投入了一定资金，使示范队现场趋向标准化。

（5）在学习和调研的基础上，制定下发了《长庆石油勘探局关于开展HSE管理体系认证的通知》，有计划、有步骤组织全局7个主要生产单位开展HSE认证工作。

（6）积极组织开展HSE论文评选活动。共收集论文102篇，其中有不少文章都有独到的见解。

【安全生产管理】

（1）加强了安全生产目标管理。长庆局《2001年安全生产环境保护工作要点》提出了“四个杜绝、三个不超、一个稳定”的安全生产奋斗目标；确立了4项主要任务，制定了9项具体措施。同时将安全生产指标纳入对二级单位领导班子的业绩考核中；继续实行安全生产风险抵押金制度。

（2）加强事故管理。一是对事故统计进行了规范，转发了集团公司《关于推行百万工时统计方法的通知》，确定了钻井、井下、采二、机厂作为长庆局2001年推行百万工时统计方法试点单位。二是开发了事故管理信息系统软件，建立了长庆石油安全网页，加快了事故管理的信息化进程。目前各主要生产单位都能实现网络上报事故和发布信息。三是严格了事故处理。对全年发生的各类事故严格按照“三不放过”的原则进行了处理。

(3) 加强了交通安全管理。一是确立具有长庆特色的交通安全三级监控模式，变局级统管为梯级管理。二是创立新型运输车队管理模式，形成运输车队的规范化管理。三是对机动车辆实行集中管理，分散使用。目前在物探处、采油二处、采油三处等单位见到了成效。四是对驾驶员实行注册管理。五是大力开展交通安全专项整治。及时制定出台了《交通安全路查路检管理办法》，全年月平均检查车辆1700余台车次，驾驶违章现象明显下降。六是创立新型基础工作体系，充分运用计算机技术，建立起了局、处两级《驾驶员信息数据库》、《机动车信息数据库》、《交通事故信息分析数据库》、《交通违章信息分析数据库》，实现了驾驶员、车辆、事故、违章等交通安全基础工作的计算机检索、分析、统计、管理和网络信息传递。

【安全生产责任制】　严格落实安全生产责任制。长庆局和大部分二级单位根据领导班子的分工情况，重新调整了HSE管理委员会（或安全生产委员会），同时按照《安全生产“三全”管理实施办法》的要求，调整了安全生产“三全”管理责任体系网络，明确了副处级以上干部重点要害部位承包点。据不完全统计，2001年局处两级领导承包安全生产要害部位，共进点1350次，解决问题3340个。

针对重组改制的新情况、新问题，长庆局对多种经营企业进行了一次全面的摸底调查，在继续实行安全生产许可证的基础上，制定下发了《多种经济成分法人企业安全生产管理暂行办法》，对不同类型的企业规定了不同的管理办法。

【安全监督】　强化动态监控，突出关键时期安全管理，将安全生产工作着力点放在作业现场。在元旦春节、生产启动和“两会”、河北石家庄爆炸事件、季节转换过程等关键时期，长庆局都下发了有关文件，对这些时期的安全生产提出了明确的要求，并组织了专项检查。如：生产启动期间组织有关人员，先后对钻井工程总公司等14个单位进行了检查，累计查出各种问题66个，现场整改问题51个，处理交通违章10车（人）次。

重点加强了锅炉压力容器及特种设备的安全监察：一是坚持锅炉压力容器和特种设备定期检验制度；二是从锅炉压力容器的设计、制造、安装、修理、改造等方面严格把关；三是抓好冬季锅炉运行前的安全检查；四是继续抓好司炉工、焊工、起重机操作工的管理，加强培训，不断提高他们的素质。

第四季度为配合集团公司冬季安全生产大检查，全局开展自查自改和年度安全环保考核工作。集团公司冬季安全生产检查组2001年11月1日至6日检查考核后，对长庆局安全生产管理水平给予了充分的肯定。

【安全宣传教育】　2001年共有252名新入厂职工和转岗职工接受了三级安全教育，共举办各类取证（复审）培训班32期，培训（复审）2115人次。特种作业人员持证率100%。基层单位班前讲话、每周安全活动、月度安全动态分析也得到了很好的坚持。

在举办培训班方面，全局各单位重点加强了领导干部和管理人员的培训，据不完全统计各单位共举办各类安全培训班30期，培训各类干部1500多人。

（徐非凡）

环境保护

【环境治理工作】　2001 年长庆局在环境保护工作方面，加强流动源和生活污染源治理，取得了显著成绩。钻井作业加大对钻井液的循环利用，尽量减少新鲜水的消耗量。2001 年购置 1500 多套防渗布用于对泥浆池进行防渗漏处理，防止污水渗漏或外排。井下作业在井场安放了残液回收罐，禁止随意排放；推广应用新型防喷盒，减少抽吸作业过程的落地原油；对作业环境敏感区域在抽吸过程中安装天滑轮防护罩，极大的减少了落地原油，产生了良好的环境效益和经济效益。

2001 年筹措资金近 100 多万元对职工疗养院、银川基地集中供热站、钻井工程总公司马岭职工医院等单位锅炉进行了除尘和脱硫治理改造。生活污水的治理，都严格按照国家的标准配备了有关的处理设施，污水排放达标率也达到国家和集团公司的要求。

【ISO 14001 环境管理体系建设】　长庆局 2001 年加快了 ISO 14001 标准的宣贯和认证步伐，促使全局环境管理与国际标准接轨。及时制定并下发了《长庆石油勘探局关于推进 ISO 14000环境管理体系建立的指导意见》。确定机械制造总厂和长庆科技工程有限责任公司为全局首批ISO 14001环境管理体系认证试点单位。机械制造总厂已制定了运行计划，加大宣传力度，对有关部门骨干进行培训。长庆科技工程有限责任公司成立了以总经理为组长的 ISO 14001 认证领导小组，也按计划组织开展 ISO 14001 认证工作。

【环境管理】　进一步加强整章建制工作，促进全局环境保护管理水平的提高。制定了《环境保护目标责任制管理考核办法》，并将环保工作纳入生产经营考核指标当中。另外制定下发了《关于加强环境保护统计工作的通知》、《2001 年环境保护治理项目计划的通知》及长庆局流动污染源、生活污染源治理规划方案等文件。在 2001 年 2 月份甘肃省环境保护工作会议上，省环境保护局给长庆局颁发了达标排放合格证书；3 月份庆阳地区召开的全地区环境保护工作会上，长庆局被评为全地区环境保护达标治理先进单位，并颁发了奖牌。

（徐非凡）

质量工作

【工作思路】　长庆局 2001 年技术监督工作确立了“处理好两个方面的关系，抓好三个方面的工作，履行四个一定，发挥五个部门的职能”的工作思路。“处理好两个方面的关系”就是：一是处理好监督与管理的关系，加强监督工作力度；二是处理好重点工作与基础工作的关系，以重点工作的开展带动基础工作水平的全面提高。“抓好三个方面的工作”就是：抓好工程质量监督与产品质量监督工作；抓好标准的制修订工作；抓好石油专用计量器具校准方法的研究和编制工作。“履行四个一定”就是要在“严、细、深、实”上下功夫，即监督工作一定要严格，管理工作一定要细致，重点工作一定要深入，日常工作一定要实在。

“发挥好五个部门的作用”就是：发挥好监理公司在地面工程建设中的监理作用；发挥好监督公司在勘探、开发工程技术服务施工中的监督作用；发挥好工程质量监督站在地面建设工程中的行政监督作用；发挥好标准计量站在计量标准器具管理、计量校准方法方面的作用；发挥好通过计量认证的实验室在产品质量检验方面的作用。

【质量管理】　根据《长庆石油勘探局质量振兴实施计划》，2001 年先后召开了一次 QC 成果发布会，开展了 5 次内部产品质量认可，进行了两次内部产品质量监督抽查和一次质量月工作调查，制定局级标准 46 项，完成了一个单位的计量认证工作和三个单位的计量认证复审换证工作，组织了“计量宣传周”、“世界标准化日”、“质量月”等活动。

全年共审查发放外部产品质量认可证书 23 个。共组织有关部门参加的产品质量认可 5 次，全年审查发放（复审换证）产品质量认可证书 5 个。组织了两次产品质量监督抽查，共抽查 6 个厂家生产的 40 种产品，共 42 个批次，综合合格率 92.5%。9 月 23 日，组织各二级单位技术监督岗位人员共 100 余人参加了首届全国质量工程师执业资格考试，提高了技术监督岗位人员业务素质和工作水平。同时充分发挥技术监测、工程质量监督、工程监理的作用。

【队伍建设】　长庆局重视加强技术监督队伍的建设，2001 年举办了 ISO 9000：2000 版内审员培训班一期，70 名学员参加了学习。同时从各单位选派 28 人参加了“ISO 9000：2000 标准培训班”、“全国 QCC 诊断师考评班”、“计量管理学习班”。

（徐非凡）

节能工作

【概述】　2001 年，节能节水工作，认真贯彻集团公司质量与节能节水工作会议提出的“以市场为导向，以效益为中心，提高集团公司质量总体水平和能源水资源利用效率”这一工作要求，以企业重组改制为动力，加强节能节水管理，推进节能节水技术进步，探索服务企业做好节能节水工作的新机制、新办法，推进企业节能、节水、节材及资源综合利用工作的开展，促进企业降低成本提高经济效益。全局年综合能耗控制在 45.5 万吨标准煤以内，节约各种能源 1.1 万吨标准煤，重点用能单位技术措施节能率达到 3.0% 以上；全局用水量控制在 2399 万立方米以内，节约用水 27.5 万立方米。

【节能节水管理】　从节能节水计量、台账、统计、测试等基础工作入手，完善节能节水定额、标准、制度和工作体系，实施分类管理，对耗能量大、能耗指标落后的企业和设备进行重点管理，加大跟踪检查、指导和监督力度。按照国家和集团公司有关加强工程项目节能节水的规定和要求，严格工程项目的节能节水管理，做好工程项目“节能篇”、“节水篇”的论证工作和节能节水“三同时”（与主体工程同时设计、同时施工、同时投入运行）、“四到位”（用能用水计划到位、节能节水目标到位、节能节水措施到位、管能关水制度到位），新上工程项目严禁采用低效、高耗的用能用水工艺和设备，切实从源头提高耗能用水技术水平，进而提高节能节水经济运行水平。

【节能技术改造】　2001 年，长庆局重点对庆城第一供热站进行了油改煤技术改造。油改煤工程于 2001 年 4 月 1 日开工，10 月 20 日完工。改造前有 6 吨/时和 4 吨/时燃油蒸汽锅炉各一台，10 吨/时燃油热水锅炉 4 台，供暖面积达 22 万平方米；改造后有 20 吨/时燃煤热水炉 2 台，2 吨/时燃煤蒸汽炉 1 台，供暖面积 17.7 万平方米，燃油锅炉改为燃煤锅炉后，年节约运行成本 357.47 万元。

（徐非凡）

标准化工作

【概述】 标准化管理工作 2001 年以标准制修订工作为重点，全年共发布了 46 项长庆局企业标准；承担的 1 项集团公司企业标准《埋地钢质管道再生橡胶防腐》，也按计划进度进行；组织标准审查会 5 次，共审查长庆局企业标准 46 项，提高企业产品标准的制修订水平，保证了企业产品标准的质量。

（徐非凡）

计量工作

【概述】 2001 年长庆局计量工作水平不断提高。一是加强了石油专用计量器具校准方法的制订工作，全年完成了 8 项标准。二是开展计量人员培训，全年参加集团公司举办的各种计量知识培训班 8 人。三是开展计量实验室的建设及计量技术研究。四是加强计量检定工作。全年共检定各类计量器具 1000 余件（套）。

（徐非凡）

第六篇

对外合作与交流

对外交流与外事活动

【外事管理与协调】　2001年长庆局有三个海外项目开始实施，实现了海外市场“零”的突破。为了确保赴海外工作的人员能快速及时地到达工作岗位，在认真做好出国人员选拔、审查及教育的同时，充实了出国人员信息库的内容，同时要求各单位明确专人负责出国手续的办理，提高了办件的速度。2001年共办理出国手续193人次，其中海外项目人员142人次。为了进一步扩大长庆局在国际上的影响，在“走出去”的同时还积极“引进来”，邀请了多家公司的技术人员到长庆局进行交流与洽谈，全年共接待来访外宾22批76人次。

【人才培训】　随着国外项目的运行，长庆局加大了人才培养的力度。2001年举办初级英语培训班1期，培训45人；高级英语培训班2期，培训88人；西班牙语培训班1期，培训29人；俄语培训班1期，培训27人。为配合厄瓜多尔项目的运行，举办了1期赴厄瓜多尔人员培训班，培训80人。还举办了9期HSE培训班，培训545人。此外各二级单位为了适应国外作业的要求，也举办了一些涉外知识培训班，并积极参加了集团公司、陕西省组织的一些涉外培训班。

【会议与展览】　2001年，长庆局参与了集团公司在上海举办的“世界石油大会亚洲地区会议暨展览”，取得了圆满成功。长庆局还派员参加了在美国举行的第71届SEG年会及在英国举办的欧洲石油天然气展。

【对外交流】根据长庆局国际市场开发整体规划，2001年先后与Petrolog、IAE、Rig system、Nitek、Aktobe perssuag、PADVES等多家国外公司接触并建立了业务联系，为国际市场开发奠定了必要的基础。同时与集团公司国际工程公司及其所属的长城钻井公司和中油技术开发公司、物探局、中国对外工程承包商会等建立了业务联系。先后派出5批人员赴海外进行项目考察。2001年11月，孙玉辰局长率领考察团一行5人，对阿根廷DST集团进行了访问。

（罗晓琴）

国外项目运行与管理

【概述】　经过一年的酝酿筹备，2001年长庆局尼日利亚、厄瓜多尔、乌兹别克斯坦三个海外项目，分别在西非、南美、中亚立足，开始了实施“走出去”战略的艰难历程。海外的三个项目部一边积极适应当地自然、文化、社会环境，一边根据当地情况，结合项目性质，积极摸索建立适应长庆局海外项目运行的管理运作体系，海外项目呈现出良好地发展态势。

【海外项目】

1.厄瓜多尔项目

该项目由长庆局与厄瓜多尔Dygoil公司联合投标，业主为厄瓜多尔国家石油公司，中标区块为该国的AP油田，签约时间为2001年5月23日。主要工作量为：三维地震354平方千米，钻井7口（直井1口、定向井3口、水平井3口），相应的完井修井作业以及临时发电站、送变电系统、中央发电站等地面工程，合同金额6924万美元。第一批赴厄瓜多尔项目组人员在局总工程师赵业荣的带领下于2001年7月31日顺利抵达厄瓜多尔首府基多市，积极展开各项工作，并在当地筹备设立分公司，建立银行账号；现场踏勘，收集资料，进行技术准备，落实油管、套管及其他耗材的市场供应情况，与当地承包商洽谈分包工程事宜等。当年完成了一口井的钻井，井深1230米，进展较为顺利。

2.尼日利亚项目

尼日利亚Petrolog钻井公司租赁长庆局70LC钻机一部，合同租赁服务期两年（2001—2002年，以实际开钻日期为准），设备动员费由Petrolog公司承担。该项目位于尼日利亚贝宁市（Benin），作业井为Ologbo区块10号井，业主为Pan ocean石油公司。70LC钻机于2001年4月11日装船，5月25日顺利抵达尼日利亚瓦里港，6月6日运抵井场。当年该钻机运行正常，完成了一口3800米深的定向井。

3.乌兹别克斯坦项目

该项目的总包合同由乌兹别克斯坦地质石油天然气开采股份公司与中国石油技术开发公司于2001年5月23日签订，合同金额578万美元，工作量为一口水平井的钻井、测井、录井、固井及完井作业。2001年8月22日，长庆局与中国石油技术开发公司签订了该项目的合作协议，由长庆局具体负责该项目的工程作业，协议价款为420万美元。当年设备及部分材料集中发运乌兹别克斯坦，先期作业人员抵达乌国，就技术细节与业主进行协商，积极展开开工前各项准备工作。

【经营管理】

（1）内强素质，外树形象，搭建发展构架。2001年是长庆局正式踏出国门的第一年，为了确保海外市场能健康有序地发展，首先制定了海外项目管理规定，使海外事业发展有章可循；积极搜集物探、钻井、测井、井下、油建、筑路等有关单位人才、资质、业绩、设备能力等方面的基础资料，初步建立了投标反应体系；与国外公司初步建立了业务联系，扩大了市场信息渠道。

（2）外拓市场取得了初步进展。2001年在认真抓好尼日利亚、厄瓜多尔、乌兹别克斯坦三个海外项目的同时，国际市场开发部组织相关单位参与了伊拉克钻井工程项目、也门探井工程项目、委内瑞拉钻井工程服务项目、印尼修井机服务项目、出口印度直线振动筛项目、突尼斯钻井工程承包项目的投标，重点跟踪了柬埔寨码头及公路建设项目、印度及印度尼西亚修井机服务项目、伊朗石油工程技术服务项目。其中委内瑞拉钻井工程服务项目已达成合作协议，同期承揽到乌兹别克斯坦项目。

（3）加强党组织建设，确保境外事业健康发展。长庆局从境外项目启动伊始，就成立了国际市场开发部党总支，并在厄瓜多尔、尼日利亚和乌兹别克斯坦项目分别成立了党支部，配备了兼职支部书记。境外项目党支部坚持开展党的各项活动，强化党员的思想教育，并分别开展了以“三讲”教育活动总结和“二次创业”为主题的讨论会和座谈会等活动，较好地发挥了党员的骨干带头作用。

（李东勋）

技术装备引进

【概述】 截至2001年底，长庆局共有各类设备3508台，设备资产原值158057万元，净值107312万元，新度系数0.68。其中主要勘探开发设备数量：大中型钻机59台，沙漠地震钻机12台，钻采特车373台，测井及物探设备108台，运输车辆999台。主要专业设备综合完好率97.07%；综合利用率71.08%；设备故障停机率0.46%；设备特、重大责任事故发生率0‰。

2001年，长庆局为更新、引进装备共投入资金3.018亿元，购置各类装备533台(套)。其中，物探、钻井、测井、试油和试气、井下作业等工程技术装备169台(套)，更新了建设施工单位的部分装备。同时，引进地震资料处理工作站群1套、408UL地震仪1套、500吨顶驱装置两套、Willmas7100ES负压钻井装置1套、MWD随钻测斜仪1套、核磁共振测井仪1套。

(雒建胜)

第七篇

企业改革与管理

企业改革与管理

【概述】 2001年，长庆局认真贯彻执行集团公司关于对地区服务公司的总体要求，继续开展“二次创业”，坚持以市场为导向，以改革为动力，以管理为手段，以调整结构为重点，以效益为目的，革新图治、奋发图强，企业改革取得实质性进展。

【战略管理】 长庆局把握全局，深刻认识到理念的更新是体制、机制创新的先导，不断完善“二次创业”的战略目标。

1. 加强战略研究工作

长庆局高度重视发展战略研究，为此建立和完善了战略管理部门，以加强战略管理的实施力度，提高战略管理研究水平，初步建立形成了从战略决策到战略实施全过程、规范化的运行程序。软科学研究工作正常起步，开展了生存与发展战略研究，为全局战略管理提供了初步理论依据和前期准备。

2. 推动四大发展战略的实施

长庆局积极探索战略管理的有效措施，研究关联交易市场的特殊性，每年解决一两个突出问题，丰富市场开发战略的内涵。针对“大市场、低效益”的实际，持续进行专业化整合与重组，调整、优化内部产业结构和资源配置格局，延伸产业链条，开发多元经济，提高整体效益。加大科技投入，引进高素质实用人才，以技术创新和人才开发推动全局发展。

3. 不断进行战略评价，调整发展战略

长庆局以发展为主线，从企业发展的实际需要出发，认真研究经济规律和竞争规律的制约因素，分析企业的内外部环境，及时评价战略得失，稳步推进生产生活基地的战略性调整，提炼丰富发展战略的基本思路，把“四大发展战略”中的“质量、效益型经营战略”转变为“管理提升战略”；把“两条基本思路”丰富为“坚持围绕长庆油气发展而发展；以市场为导向，不断提升科学管理水平”。

【管理创新】 2001年1月，长庆局提出了“创新、开放、简捷、明确、责任、自信”的企业理念，实事求是，创新图治，加强现代企业制度建设。主动适应市场，实行动态管理，以市场为导向，放水养鱼、激活基层，不断推进“二次创业”活动。建立健全新的管理体制，促进管理重心和经营重心的下移，不断调整和解决结构性矛盾中较为突出的管理体制、组织结构、资产结构等三个主要矛盾，抓住转换经营机制这个关键环节，不断提高企业管理水平。

(1) 进一步明确了改革管理体制和转换经营机制，建立法人治理结构是“二次创业”的基本目标，在实践中总结完善对“二次创业”理念的再认识。

(2) 主动转变市场观念，适应市场要求，规范自身行为，靠实力、质量和信誉占领市场。调整市场结构，坚持“两条腿”走路，依靠而不依赖关联交易市场，积极扩大外部生存和发展空间。

(3) 进行产权制度改革试点，提高优质资产比率；优化组织结构，简化管理体制，通过持续进行专业化重组，发挥管理、技术、人才、地域等整合优势。

(4) 加强资产经营和股权管理，以市场为导向，严格实行投资责任制，建立有效的自我监督约束机制，形成了产品生产、成本核算、市场开发“三位一体”的成本动态控制体系，强化了资金、成本、质量安全工作的全员参与、全过程动态管理。

(刘小康 杨伟杰)

人事管理

【概述】 2001 年,长庆局人事管理工作认真贯彻 2001 年工作会议精神,紧紧围绕生产经营工作中心,以“两条基本思路”、“四大发展战略”为指针,进一步加强班子建设和职工队伍建设,加大干部人事、劳动用工、工资分配和社会保险等配套制度改革力度,积极研究制定与全局改革改制相适应的配套政策办法,为全面推进各项工作提供了组织保证。

【领导班子建设】

1.深入开展“三讲”学习教育活动,加强领导班子思想政治建设

按照集团公司党组的统一部署,在局处两级领导班子中全面开展了以“讲学习、讲政治、讲正气”为主要内容的学习教育活动,制定了“三讲”学习教育活动实施方案,举办“三讲”学习培训班和学习江泽民总书记“七一”讲话研讨班。针对“三讲”学习教育活动中领导班子及成员自我检查和群众反映比较集中的 8 个方面 19 个问题,制订并狠抓整改措施的落实。通过“三讲”学习教育活动,使局处两级领导班子的思想政治建设见到了明显成效。

2.认真组织领导班子和领导干部考核工作

制定《关于 2001 年度厂处领导班子、领导干部考核的意见》,对全局 34 个厂处领导班子、282 名领导干部进行了考核。其中,好班子 16 个,较好班子 12 个,一般班子 5 个,差班子 1 个;优秀干部 71 人,胜任干部 204 人,基本胜任干部 7 人。同时,结合领导班子调整,对 42 名厂处级后备干部进行了跟踪考核,对 15 个厂处级单位的领导班子进行了年中巡视。

3.围绕长庆局改革、生存与发展,不断加强领导干部的选拔与培养

对 27 个厂处单位和 15 个机关处室的领导班子进行了调整补充,共计调整领导干部 144 人。其中,提拔聘任局长助理 1 人,正处级干部 12 人,副处级干部 42 人,交流干部 72 人,免职 17 人。围绕重点工程和重点项目建设,为 4 个重点工程项目选配项目经理 3 人、副经理 12 人。

【人事制度改革】 以集团公司干部人事制度改革试点工作为契机,努力探索与现代企业制度相适应的管理体制。2001 年 8 月,长庆局被集团公司确定为“所属改制企业人事管理制度改革”单项试点企业。按照集团公司要求,专门成立了局属改制企业人事管理制度改革试点工作领导小组,在深入调研论证,突出重点,把握政策,明确方向,确定目标的基础上,拟定了改革试点方案及相关配套办法,并结合试点工作,制定出台了《长庆石油勘探局企业领导人员管理办法(试行)》等 8 个配套制度,初步制定了全局厂处级干部辞职制度、项目人事管理办法、专业技术人员管理改革意见以及与之相配套的专业技术人员职务聘任、继续教育、激励和人才流动管理的规章制度和试行办法。

【人才队伍建设】

1.积极探索管好用活各级各类人才的新途径,努力营造识人、选人、用人和留人环境

以选拔培养学术技术带头人为重点,不断加强高层次专业技术人才队伍建设。制定下发长庆石油勘探局《学术技术带头人和首席学术技术专家选拔管理暂行办法》和《研究生选拔、培养和管理办法》,评选确定了 26 个专业的 58 名局一级学术技术带头人和 2 名局学术技术首席专家以及 100 余名局二级学术技术带头人。与石油大学(北京)签订了人才培养与交流合作协议,选送 16 名综合素质比较好,具有培养和

发展潜力的年轻专业技术骨干攻读硕士研究生，全局在职攻读硕士研究生(学位)的专业技术骨干达到180余名。同时，对16名“优秀科技人才奖”获得者、“优秀专业技术干部十佳形象”进行了表彰和奖励。

2.人才引进工作

积极组织申报，并于2001年12月经国家人事部审核、批准建立“长庆石油勘探局博士后科研工作站”。2001年，从社会人才市场引进博士后1人、硕士2人；招聘西班牙语翻译4名、俄语翻译2人；招聘采油高工1人、高中教师7人、财会、商贸专业人才3人、地质、试油、钻井监督12人。引进各类高校毕业生206人，其中研究生3人、本科生177人，专科生26人。石油主体专业117人，占57%。

3.人才劳动力市场建设

2001年6月16日，中国西安人才市场长庆分市场、陕西省人才交流中心长庆分部正式开业。申请成立了陕西省、甘肃省、宁夏回族自治区职业介绍服务中心长庆分中心，利用三省、自治区给予长庆分支机构的人才人事政策和信息，发挥长庆的品牌优势、地域优势、行业优势以及吸纳人才的优势。全年举办人才交流洽谈活动4次，接待用人单位88家，求职人员860余人，为局内部推荐急需专业人才14人，推荐油田职工子女外部就业42人。11月20日正式开通了《长庆人才网》，为实现人才信息共享提供了交流平台，为86家用人单位在网上发布招聘信息417条，网上登记求职人数达1536人，各栏目摘录、发布各类信息230余条。新聘劳务合同工575人，续聘劳务合同工4070人。办理流动职工2100人，干部460人，工人1640人。

4.开展人事代理业务

进行多种形式的人事代理尝试：开展以企业内部人事管理事务为主要内容的人事代理业务，整体代理单位1个7人；实行以人事关系为内容的单位整体人事关系代理1350人；对调入西安基地所属单位的153名内部流动职工实行人事代理；代理有偿解除劳动关系人员6079人。

【劳动力管理】

1.持续进行整合重组和产业结构、队伍结构调整

按照“专业整合、优势互补、资源共享、强强联合”的原则，将油田建设工程处和筑路工程总公司整合重组为建设工程总公司；将长庆石油学校和技工学校整合重组为培训中心；将钻井工程总公司的地质录井和测井工程处的气测录井整合重组为录井公司；将隶属各二级单位的通信站(点)的通信业务和全部人员统一归并到通信公司管理；将工程技术研究院与工程技术处合署办公。根据海外市场开发和泾河工业园建设的需要，成立了国际市场开发部、厄瓜多尔项目部和泾河工业园项目组。成立油气开发公司、生产运行处、资本运营部、发展研究部和关联交易处等机构。在乳山职工培训中心增挂乳山长庆公司的牌子。同时，按照现代企业“扁平化”的组织结构模式调整队伍结构，对全局机构按照长庆局、厂(处)、基层队(车间)三级管理的模式设置，逐步取消大队(公司)级中间管理层次，提高了工作效率。

2.加强劳动用工和劳动合同管理，进一步理顺劳动关系

对全局劳动合同执行情况进行调研，摸清劳动合同的签订情况。组织开展劳动用工自查自改工作，针对问题，及时进行整改，完善有关资料和报表，完成劳动用工年检。按照局整体带资分流改制工作要求，制定《整体带资分流改制企业劳动关系处理办法(试行)》，提出了改制企业职工劳动关系处理办法。

3.平稳有序地开展减员增效工作

按照按照集团公司有关政策规定，继续审批办理职工有偿解除劳动关系和内部退养手续。同时，积极开展调查研究，分析职工队伍状况、了解职工的思想动态，掌握基层实际情况，确保减员增效工作平稳有序和生产经营工作的

正常开展。截至 2001 年底,全局共办理内部退养 4452 人,办理有偿解除劳动关系手续 6425 人。

【职工培训】 2001 年,全局职工培训工作以市场需求为导向,以深化改革为动力,以管理创新为手段,以岗位培训、技能训练为中心,以强化高层次人才、对外合作人才和后备队伍培养为重点,认真开展全方位的培训工作,有效地促进了职工队伍整体素质的提高。全年共举办各类培训班 641 期,培训职工 23513 人(干部 6297 人,工人 17216 人),全员培训率达 64%。在各类培训中,干部继续教育 298 人,工人技术等级培训 6603 人,资格培训 6826 人,短期、应急类适应性培训 7918 人,其他培训 1868 人。全局工人中参加岗位练兵 16935 人,占技术工种工人的普及率达 74.7%,在岗位练兵的基础上,举办各级技术比武 388 场次,参加技术比武的工人 9419 人,占技术工人的覆盖面达 41.6%。同时,对劳务合同工进行了操作技能培训,全年培训 1530 人,累计培训 5499 人,劳务合同工培训率达 92.6%。承办中国石油教育协会职业技术委员会扩大会议暨人才资源开发研讨会议,中国石油教育协会领导、职业教育专业委员会部分理事、委员及学会的有关负责同志等共 46 人出席了会议。

【工资管理】

1.完善生产经营考核奖惩办法

补充和完善 2001 年度生产经营考核办法,加大效益指标考核力度,提高超效益工资提取比例。对各单位在完成长庆局核定效益指标的前提下,按外部收入额的 3%左右奖励效益工资。鼓励开拓社会市场,对科研单位企业化经营增加的收入,按收入额的 3%奖励效益工资指标,利润全部留用。同时,完成了对各单位年度工资总额的考核与调控工作。

2.积极探索工资制度改革,进一步发挥工资分配的激励职能

根据集团公司基本工资制度改革方案(讨论稿)的要求,进行了全员模拟套算,并结合套算结果,进行了认真分析,有针对性的提出了意见和建议,为集团公司基本工资制度改革方案提供了参考依据。制定《派驻境外工作人员工资福利待遇管理规定(试行)》办法,为长庆局全面实施“走出去”战略,大力开拓国际市场提供了政策支持。按照“显形化、货币化、市场化”的原则,结合长庆局实际,制定了《关于新分配的大学本科及以上学历人员工资及福利待遇的意见》。

【职(执)业资格评定】

1.职称考评工作

2001 年评审正高级职称 1 人,评审高级职称 103 人,评审中级职称 446 人,112 人通过全国考试取得专业技术任职资格。组织 840 名专业技术人员参加集团公司晋升职称外语考试,通过率为 48%。

2.职业技能鉴定工作

2001 年 3 月,经陕西省劳动和社会保障厅批准,成立了“长庆职业技能鉴定所”,允许在汽车驾驶员等 32 个工种范围内面向西安市内从业人员开展鉴定。9 月份首次对西安市新城区 127 名计算机操作工进行了鉴定。11 月,经宁夏回族自治区劳动和社会保障厅批准,成立了“长庆石油勘探局国家职业技能鉴定所”,允许在全区范围内实施规定的汽车驾驶员等 11 个工种的初、中、高级工鉴定。全年共鉴定 7546 人,其中,劳务合同工 1536 人,油田公司员工 2580 人。鉴定综合合格率 79%。并组织对 13 个工种的 213 人进行了技师、高级技师考评。

【社会保险】 经甘肃省劳动和社会保障厅批复同意,长庆局社会保险中心在保留原名称的同时,增挂“甘肃省劳动和社会保障厅长庆油田社会保险管理中心”名称,按照一套机构、两块牌子的模式运作。制定下发《长庆油田职工基本医疗保险实施方案》及其实施细则,实现了油田职工基本医疗保险属地管理,完成了与甘肃省城镇职工基本医疗保险政策的接轨。制定《长

庆油田劳务合同工基本医疗保险暂行办法》和《长庆油田集体所有制职工基本医疗保险有关问题的通知》，并组织实施、建立了长庆油田多元用工基本医疗保险制度。制定下发《长庆油田企业补充医疗保险实施方案》、《长庆油田企业年金实施办法》及其实施细则，并组织实施，初步建立了长庆油田企业补充保险制度。制定下发《长庆油田在宁夏境内职工失业保险内部管理暂行办法》，较好地解决了油田驻宁单位职工失业保险的权利义务对应关系。制定下发《长庆石油勘探局社会保险中心关于"两新"员工社会保险有关问题的通知》，规范了按"新机制、新待遇"使用人员社会保险业务的管理程序。

【基础工作】　认真搞好全局干部人事档案工作目标管理的达标晋级工作。2001 年 6 月，集团公司干部人事档案工作目标管理检查验收小组对长庆局干部人事档案工作目标管理进行了检查验收，达到中组部干部人事档案工作目标管理考评一级标准。全局 35 个管档单位中，3 个达到一级标准，4 个达到二级标准，16 个达到三级标准。

规划计划改革与管理

【概述】　2001 年，长庆局规划计划改革与管理工作，以发展为主题，以结构调整为主线，从大局出发，积极推进结构调整，落实投资回报，夯实基础工作，规范关联交易，各项工作取得了新的进展。

2001 年规划计划工作的重点之一是编制好"十五"计划，"十五"计划是长庆局重组改制后跨入新世纪的第一个 5 年计划，是确定长庆局发展方向、实现"二次创业"宏伟目标的规划。通过"十五"计划的编制完成，使得全局产业结构得到优化，核心竞争力显著增强。关联交易工作坚持了友好协商、互利双赢原则，实现了稳步推进目标。年度投资计划坚持贯彻集团公司和长庆局机构调整的总体思路，重点安排了钻井设备更新，同时加大了计划执行情况的监管力度，以落实投资回报为重点，完善了投资回报制度。统计工作根据新形势的变化，在统计改革、建设、服务等方面做了大量卓有成效的工作。为满足开拓市场的需要，基本建设施工队伍资质改革就位前期准备工作进展顺利。

【战略研究和中长期规划】　根据集团公司《中国石油天然气集团公司"十五"计划纲要》、《中国石油天然气集团公司未上市企业"十五"计划纲要》和《关于加快未上市企业经济结构调整的若干意见》的文件精神，局主管部门会同各二级单位和机关各处室，在对企业现状、"十五"期间企业竞争力、市场环境进行全面分析后，从体制创新、经济增长速度、利润、队伍调整、竞争力和科技进步六个方面制定了长庆局"十五"发展目标，提出了保证"十五"目标实现的 11 项措施。"十五"规划的编制完成，将使长庆局产业结构得到优化，核心竞争力显著增强，职工总量适度调减，队伍素质整体提高，真正实现扭亏为盈，基本建立适应社会主义市场经济要求的现代企业制度。

【关联交易】

（1）协商确定了《2001 年关联交易资金预结算的暂行规定》，较好地解决了资金运行问题，基本满足了长庆局资金周转和正常资金支付的需要。

（2）协商确定了 2001 年油田公司工程技术服务市场的整体划分格局（50%工作量直接承揽，30%工作量通过内部议标承揽，20%工作量通过招标承揽）。生产生活（社会）服务市场稳中有增，为长庆局争取了较为充裕的区内工作量。

(3)协商确定了 2001 年工程技术关联交易结算价格。即：50%工作量执行关联交易价格，30%工作量执行议标价格（在关联交易价格基础上下浮 1%），20%执行公开招标价格。平均结算价格较关联交易价格整体下浮 0.375%。

(4)协商解决了井筒工程超大特作及土地征用等问题。

(5)年度内签订关联交易分协议 19 个。

【投资计划与项目管理】

(1)为进一步规范长庆局的固定资产投资行为，规避投资风险，促进投资回报机制的形成，制定了长庆局《固定资产投资管理办法（试行）》，并以长局发[2001]240 号文件下发各二级单位。

(2)全年下达固定资产投资总额 4.08 亿元，其中：工程建设项目 1.02 亿元，非安装设备更新 3.01 亿元，合作开发油气田 0.05 亿元。

(3)强化投资管理，使投资规模得到有效控制，投资结构比较合理，投资效益比较显著。做到严格投资自律；明确投资重点；项目实施过程中全面推行项目经理责任制，使工程质量、工期和投资得到有效的控制。

(4)全面开展了大型非安装设备购置的技术经济论证。加大了重点设备的投入力度，使全局工程技术装备上了一个新的台阶。

(5)初步建立了投资回报机制，从制度和政策上保证了全局的投资收益。

(6)编制下发了《长庆石油勘探局技术设备引进工作管理办法》。

【综合统计】

(1)严格统计执法，认真开展了《统计法》执法大检查。全局 41 个单位认真开展了自查自改，对 8 个重点单位进行抽查，依法维护了统计工作秩序，确保了统计数据的真实准确；

(2)狠抓统计基础工作，探索完善统计指标体系，改革工作流程。

(3)统计分析水平有了新的提高。推荐上报集团公司的统计分析《由“持平”到“盈利”》、《长庆科力石化建设工程公司“九五”期间经济分析、“十五”经济运作的思考及建议》两篇报告获集团公司优秀统计分析特等奖 1 篇、一等奖 1 篇。同时长庆局被评为集团公司统计工作先进单位，陕、甘、宁三省区统计工作先进单位。

【建筑施工管理】

(1)资质就位。2001 年，基本建设施工队伍资质改革就位前期准备工作进展顺利。①按各建筑施工企业拟就位的资质要求，对全局 27 家建筑施工企业进行了摸底调查；②在集团公司大力支持下，向建设部和集团公司两次共计申报 370 名项目经理，建设部和集团公司现已三次发文批准长庆局各级项目经理 322 名，其中：一级项目经理 49 名。③精心组织资质申报文件资料的准备；④组织完成了西安长庆科技工程有限责任公司甲级设计资质审查换证和局工程监理公司临甲级监理资质审查换证工作。

(2)队伍现状。2001 年资质管理的施工企业 2 个，其中一级专业承包企业 2 个。主营筑路工程、石油化工工程建设等。2001 年末一级以上施工企业 3196 人。

(3)技术装备。2001 年末一级资质施工企业共有设备 826 台，设备总功率 57355 千瓦，动力装备率 15.98 千瓦/人。

(4)生产经营。完成建筑业总产值 6.81 亿元，2001 年末资产总计 6.69 亿元，负债总额 3.39 亿元，所有者权益 3.3 亿元。

（赵　诚　张国伟　赵子敬　刘聪亮　杨晓明）

财务资产改革与管理

【概述】　2001年是长庆局“二次创业”革新图治、奋发图强的一年。全局广大财务人员牢固树立市场意识和竞争意识，积极转变工作作风，合理创新，灵活求变，与时俱进，以市场为导向，以效益为中心，狠抓预算动态管理，强化资金和资产集中管理，全面规范会计核算，深入研究财税政策，加强财会队伍建设，深化会计管理体制改革，进一步提升财务资产工作管理水平，通过各级财务管理人员的辛勤努力和富有创造性的工作，开创了会计管理工作新局面。财务资产处被评为长庆局先进集体、二次创业先进集体，被局机关评为先进处室。

2001年财务指标：实现主营业务收入44.2亿元，税费39070万元，亏损2821万元，圆满完成了集团公司下达的预算指标。

【预算管理】　本年度在预算管理方面，确立了局内部资金有偿占用、投资要有回报、报废资产有偿占用等预算编制原则，制定了鼓励对外创收等确保经营目标实现的配套政策，确定了钻井、井下、测井分单位关联交易价格，同时就超大特作问题、甲方管理费问题等与油公司达成了一致意见。通过有效的预算管理措施，圆满完成了集团公司下达的预算指标。

（1）强化预算的动态管理。认真推行了预算的动态管理，根据重大情况及时进行检查、修订和调整，强化预算的过程控制。同时坚持对预算执行情况月分析、季汇报，对重点单位进行跟踪检查分析，杜绝预算与执行“两张皮”现象的发生，增强预算的科学性和调控力度。

（2）加强预算管理制度建设。根据机构与人员的变化，及时对全局预算委员会进行调整和补充；修订和完善了有关预算管理办法，进一步明确了预算管理的责任和编制、考核的要求，建立了完整的预算考核程序；制订了《资金授权管理办法》，使全局的生产经营收支都纳入预算。通过建立健全预算管理制度，形成了纵横交错的预算执行责任体系和全面、全员、全过程的预算管理模式。

（3）积极推行“三位一体”成本动态控制体系。围绕利润形成并建立先算后干、动态分析、过程控制、财务监督等管理机制有机结合的成本控制集合体。在钻井工程总公司试行成功的基础上进行了积极推行。

（4）为加强会计监督和财务管理工作，防范财务风险，避免经济损失，维护长庆局整体利益，制定了《长庆石油勘探局重大财务会计事项报告制度》，进一步明确了会计责任，规范了会计行为。

【会计核算】

（1）进一步修订和完善《内部会计核算办法（暂行）》，以适应企业会计制度的试行和关联交易结算方式的改变；针对钻井工程总公司的专业重组以及成立相应的专业公司、点多面广的实际，帮助建立健全新的会计核算程序和办法，并对其各专业公司进行了计算机中油软件的联网；同时对长庆培训中心会计核算进行了重新调整和理顺。使会计基础工作适应了企业改革的需要。

（2）贯彻落实《会计法》，提高会计工作水平。根据财政部“关于开展《会计法》执行情况检查的通知”（财会［2001］18号）及集团公司“关于开展《会计法》执行情况检查的通知”（财资字［2001］36号），对各基层单位会计基础工作进行检查，对存在的问题和薄弱环节进行了彻底的整改，顺利通过了集团公司的验收。

(3) 按照《会计法》、《企业财务会计报告条例》及《会计基础工作规范》等法律法规的要求，精心组织日常会计核算和报表编制工作，切实提高会计信息质量，全面、真实的反映了长庆局一年来的经营状况。并顺利通过了深圳南方民和会计师事务所的审计。

(4) 协助和指导多种经营系统加强财务管理，规范会计核算，使多种经营财务管理工作规范化、标准化。

【资金管理】

(1) 为进一步加强资金管理，健全资金监控机制，制订了《社会市场收入资金管理暂行办法》、《境外项目财务管理办法（暂行）》、《多种经营资金结算管理暂行办法》，进一步规范了资金运作行为。

(2) 实行内部流动资金全额有偿占用制度。为减少资金沉淀，促使基层各单位牢固树立资金成本观念，加快资金周转，降低资金成本，提高资金使用效益，从 2001 年开始实行了内部资金有偿占用制度。

(3) 加强多渠道筹资的研究和现金流量分析，努力控制贷款额度，降低筹资成本，保持合理的资产负债结构。全年共压缩贷款 1.5 亿元，减少财务费用 418 万元，办理承兑汇票节约财务费用 595 万元；继续强化资金集中统一管理，清理压缩银行账户，杜绝多头开户，保证资金安全，减少资金沉淀。

(4) 进行全局对外投资、对外借款、对外担保的清理检查和回收整改工作。共清理外投 1371.08 万元，外借款 718.34 万元，对外担保 35441 万元。

【资产管理】

(1) 开展财产清查工作，为推进产权制度改革创造条件。为进一步摸清企业的财务状况，加快经济结构调整，深化企业改革，推进建立现代企业制度，按照集团公司总体安排，在全局范围内开展了财产清查工作。成立了专门的组织机构，重点核实了资产损失、潜亏挂账、不良资产和闲置资产等情况。通过历时 7 个月的资产清查、产权界定、资产核实、产权登记等程序，全面完成了资产清查工作，落实财产损失 7.03 亿元，申报预计减值准备 4.73 亿元。为全局进一步持续重组、推进产权制度改革奠定了基础。

(2) 做好与产权制度改革相关的工作。在整体带资分流改制工作中，认真研究和落实产权制度改革中涉及到财务资产的各项政策性问题，起草和制订了《整体带资分流改制企业资产负债处置》和《财务处理办法以及资产评估管理办法》；做好整体带资分流单位的资产清查、财务审计、资产评估立项和确认等工作，推进产权制度改革的顺利进行。

(3) 实行报废在用固定资产有偿占用制度。在资产管理过程中，对已经报废但经过维修后仍具有使用价值的报废资产采取实物资产管理的办法，为管好用好这部分资产，组织相关专业人员进行现场核实、调查，制定了《报废资产管理办法》，对报废资产在全局范围内进行调剂，同时收取报废在用固定资产占用费。

【税收管理】

(1) 继续认真研究重组后的税负问题，解剖个别有代表性的单位，摸清基层单位税费核算及管理出现的新情况、新问题。做好整体带资分流等企业机构发生变化后的纳税筹划工作和海外项目的税收研究；积极配合集团公司做好税收政策调整的资料收集、税负测算等工作。

(2) 与税务部门密切联系，加强交流，加深理解，运用好各项税收优惠政策。做好财产损失的税前扣除工作；清理落实 2000 年的教育费附加返还 525 万元；配合集团公司争取国家出台对油气田企业进口物资免税优惠政策，理顺了报关及核算程序。

(3) 为加强税费核算，规范纳税操作，出台了《长庆石油勘探局内部结算统一发票使用办法》。同时，进一步完善增值税防伪税控系统，保证税收结算业务的顺利进行。由于规范的税收管理工作，本年度被西安市地税局评为“诚信纳税先进单位”，成为免检企业。

【资金结算】 长庆局的资金结算工作主要由资金结算中心负责。2001年，资金结算中心在人员少、任务重的情况下，打破岗位界限，人员统一调度，工作统一指挥，任务统一协调；以抓好“两个建设”、实现“一个保证”为主要目标，即：结算业务建设、职工队伍建设，保证长庆局正常的生产经营活动，达到了“三个转变”，即：工作作风的转变、服务职能的转变和劳动态度的转变，圆满地完成了各项工作目标，荣获局机关“2001年度先进党支部”光荣称号。

2001年结算中心共有员工28名，其中：正式人员25名，劳务工3名。下设综合科、会计科、稽查科三个科室，主要负责中心内部事务工作、资金调度、会计核算及资金监督；分设西安结算处、庆阳结算处、银川结算处和延安结算处四个结算处，主要负责办理全局资金结算业务。

全年货币资金预算执行率达到100%，比上年同期93%相比，准确性提高7%；银行存款平均占用额6269万元，比计划减少占用额约1231万元；办理业务34930笔，稽查银行账簿121本，会计凭证740作，没有发生任何差错和损失，资金安全率100%；管理费用指标控制在规定范围内；资金结算及时率达到100%。

2001年，与油田分公司资金结算部联合签发了《2001年关联交易结算暂行办法》，加快关联交易结算票据传递，变原来的周转送达为直线送达，创造经济效益53万元，理顺了关联交易结算关系，疏通了全局资金收入的主渠道。渡过了资金结算中心与资金结算部分立后，关联交易资金结算最困难的“磨合期”。

强化服务，指导开户单位在就近结算处做收入账，打破开户界限，进一步提高关联交易资金回收速度。在10月末迎来了关联交易结算的“清零期”，实现了当月收入，当月全部清回。

管理创新：一是成立了预算委员会，出台新的费用管理办法，保证了结算中心各项费用指标不超；二是对钻井总公司、建设工程总公司等整合单位制定了相应的资金结算管理办法；三是建立内部简报表扬的激励制度，增强职工的凝聚力；四是对限额户注入资金实行补差额管理的办法。

制度创新：结合2001年管理中出现的新情况、新问题增加并修订完善了内部管理制度，制定了《长庆局社会收入管理实施细则》。

科技创新：一是实现了陕、甘、宁各科室、各结算处上网业务全部接入长庆局园区宽带网，保证资金结算网络更加畅通，提高了资金结算速度；二是自主开发了合同管理软件；三是增加预算管理系统，对现有软件进行升级，不断完善软件功能，充分发挥计算机在全局资金结算管理中的作用，实现资金结算、资金预算管理、办公自动化管理等全部上网。

服务创新：一是给开户单位发了“资金账户余额查询软件”，并上门安装调试，保证开户单位能及时查询到账户资金余额；二是实行文明服务，中心制定了文明用语20条，服务忌语20条，提高了服务质量；三是建立服务回访制度，向开户单位发质量回访卡，及时获得开户单位对中心工作的意见和建议。四是抽专人收集2001年长庆局结算制度、资金结算中心文件、局其他处室相关文件，并整理、编印成册，下发到二级单位，对指导全局财务人员学习，办好资金结算业务起到了一定的积极作用。

在队伍建设上，结算中心针对员工分散在陕、甘、宁交流不畅的特点，根据关联交易资金结算业务新的特点，举办了3次业务培训班，提高员工关联交易政策理论水平，提高了关联交易结算速度；结合全局“求生存、图发展、闯市场、增效益”的主题活动，积极开展“四比”劳动竞赛活动；在4月中旬，集中人员，组织展开了如何转变工作作风、转变服务职能、转变劳动态度大讨论，制订八条具体措施，进一步增强服务意识。各科室、各结算处针对基层开户单位资金结算管理现状进行调查研究，共查找到存在的管理问题 37 个，制订整改措施 90 条，深入基层 79 批次，共计 95 人次，为基层办实事 88 件，解决问题 72 个。

【财会队伍建设】

(1)在全体财会人员中组织开展“遵纪守法”和“爱岗敬业”两项教育活动，促使广大财会人员熟悉和掌握各项财经法规和规章制度，自觉遵守财经纪律，依法办理财会业务，爱岗敬业，搞好服务。

(2)抓好培训工作，提高财会人员业务素质。培训重点是财政部新颁布的会计准则和企业会计制度，采取送出去、请进来等多种形式，组织 9 期每期 15 天的培训班，共培训财会专业人员 689 人；同时对以中油财务信息系统为主要内容的会计电算化升级、国际业务等进行重点培训，全年共举办中油升级培训班 5 期参加人数 100 余名。

(3)加强制度建设，提高队伍管理水平。组织制订了全局财会队伍建设规划，明确财会队伍建设的目标、措施和要求，依照财政部《会计人员从业资格管理办法》和《会计基础工作规范》等要求，完善和落实财会人员从业资格的办证工作，加强和提高财会队伍整体素质。

市场管理

【概述】 2001 年，为实现企业可持续发展，市场开发处调整为市场开发部，在原业务的基础上又将原政策法规处法律事务及合同管理职能归并市场开发部。下设招投标管理、市场开发、法律事务及合同管理、综合办公室等科室，定员 16 人。市场开发部门主动跟踪外部市场信息，积极参与社会市场投标活动，坚持“内攻外联”，积极争取国内反承包项目，为长庆局进一步开发外部市场打下了坚实的基础。

【指标完成】 跟踪外部市场信息 260 条，参与投标 126 项，中标 57 项。累计承揽市场价值工作量 40869.13 万元，为年度计划的 102.17 %。其中：石油系统 15114.35 万元，占 40.97%；社会市场 21774.26 万元，占 59.03%。见下表。

2001 年长庆局承揽完成工作量　　单位：万元

项目类别	2001 年	
	承揽价值工作量	完成价值工作量
工程技术服务	1748.38	1748.38
技术服务	1556.5	1556.5
生产服务	4052.93	4052.93
产能建设	300	300
筑路工程	2444.49	20822.74
管道工程	3281.2	3281.2
内部产品外销	4737.31	4737.31
其他	748.32	748.32
合计	40869.13	37247.38

【市场开发】 根据市场需要和企业特点，建立健全了市场开发工作网络机制，形成了勘探局和各二级单位上下结合、各有重点、加强领导、统一协调的市场开发网络体系；把西部市场作为国内的战略市场，年初由市场开发部牵头，组织钻井、机械制造、采油技术服务等单位对青海油田进行了重点开发，成功取得了橡胶产品、井下工具供应和钻井施工资格；召开全局首次市场开发专业工作会议，分析面临的市场形势，安排部署市场开发工作；开展了壳牌长北项目前期运作工作。指导各有关单位填写项目市场问卷，撰写情况介绍材料，建立了每月定期会晤工作联系制度；举办市场开发专职干部学习班，培训 80 余人，并陆续派出 14 名市场开发人员外出学习。

【市场管理】 对长庆油田公司 12 个重点项目组及合资的长西项目组进行了质量回访，并对收集到的 63 个存在问题进行了认真的整改和反馈；与长庆油田公司有关部门就 20%开放部分工作量的价格问题进行协商。经与油田公司关联交易处、工程技术处等处室多次谈判协调，双方就有关问题达成共识；开展长庆市场外部施工队伍基本情况的调查，并协同集团公司市场管理部对部分外部施工队伍违规进入长庆油田市场开始进行清理；宁夏长宁天然气有限责任公司进行了股权转让、受让工作，宁夏交通投资公司以 1.2 亿元收购长宁公司 55%的股份，其中，出资 8725 万元受让宁夏综合投资公司 40%的股份，出资 3275 万元受让长庆石油勘探局 15%的股份。在完成公司股权转让后，宁夏交通投资公司控股 55%，长庆局拥有 30%股权，宁夏综合投资公司拥有 15%股权。

【主要成果】 组织局属 12 个单位参加“2001 年上海国际石油石化展览会”，被展览会组委会评为六家展出效果最好的单位之一；组织各二级单位对外部市场进行调研和开发。与青海、吐哈等油田达成了产品销售意向。与河南信阳等地达成了西气东输支线工程设计合作协议，并打造了咸阳世纪大道等一批品牌工程；同生产运行部门共同组织开展工程技术服务队伍市场准入许可证办理工作，为我局 190 个作业队办理了集团公司、股份公司市场准入许可证，占全局施工作业队的 83%，超过了集团公司平均 70%的水平。

（黄应红 周文庆）

资本运营

【概述】 2001 年，全局资本运营工作以长庆局“两条基本思路”和“四大发展战略”为指导，组建机构，明确定位，夯实基础，加快运作，有效确保了企业改革和各项任务的全面完成。

【组建机构】 2001 年 7 月，长庆局组建了资本运营部，并明确了其功能定位及岗位职责。新生机构按照工作职责和要求，积极与集团公司资本运营部进行沟通，并收集兄弟油田的相关资料，及时确定了起步运行的工作要点。

(1)确立了起步运行的三条思路，即：加强学习、转变职能，突出重点、分步实施，先易后难、稳步推开；先搭建框架，后逐步完善，机构、人员分步到位；理顺多种经营系统管理职能与运行资本运营同步进行。

(2)确定了组建起步的五项工作，即：组建产权制度改革办公室；组建财务与经营业绩科；建立各项工作制度、职责、标准和工作程序；接管、理顺多种经营系统财务资产管理职能；选配急需的工作人员。

(3)研究确定了新机构部门设置、人员选配的具体意见。

(4)确定了组建起步期间的工作重点。

【整体带资分流工作】

(1)起草完成了《长庆石油勘探局整体带资分流改制工作的指导意见》等 11 个政策性配套文件，并会同有关部门进行了讨论、修改和完善。

(2)精心策划、组织召开了全局整体带资分流改制工作会议，在收集、汇总会议讨论意见和建议的基础上，组织修订、印发了正式文件。

(3)及时下发了《关于贯彻落实长庆局整体带资分流改制工作会议精神的通知》，将各单位贯彻落实情况进行了认真的分析、汇总，以指导下一步工作。

(4)为深入宣传贯彻会议精神，把握舆论导向，帮助基层单位及广大职工充分理解政策，用好、用活政策，在《长庆石油报》发表了题为《唱好产权制度改革的"重头戏"》的记者访谈录，发挥了大众媒体特有的功效。

(5)为深入了解各单位领导和职工对整体带资分流改制的思想动态，先后分赴陇东、宁夏片 16 个基层单位，进行了为期半个月的专项工作调研，具体指导各单位的整体带资分流改制工作。针对第三采油技术服务处内退职工对整体带资分流改制相关政策理解不够、认识不清，集体联名"上书"一事，在认真分析背景、动因的基础上，及时召开了内退职工代表座谈会，一一解疑释惑、化解矛盾，稳定了职工情绪。

(6)在充分调研论证的基础上，采取上下结合的方式，按照职工自愿、单位愿意、长庆局同意、集团公司批准的"四大环节"和整体带资分流改制的"五项原则"，慎重选择了工程监理公司和机械制造总厂抽油杆分厂作为全局第一批整体带资分流改制的试点单位。为了摸清试点单位家底，掌握职工群众真实心态，取得改制的第一手资料，先后分赴这两个试点单位，召开职工座谈会，进行政策宣讲，解答职工关心的"热点"、"难点"问题，并组织了民意测评和问卷调查，做到了家底清、情况明。

【基础建设】 资本运营部成立以来，进一步制定了各项工作规范，细化了工作职责、工作范围、工作标准、工作程序及岗位设置，明确了各岗位的职责和任务。据统计，全年共制定岗位职责 34 项近 300 条、工作制度 16 项。同时，资本运营部内部的组织建设、队伍建设工作全面启动，与其相关的多种经营管理工作、内部结算、内部产品(市场)管理、财务管理等方面的职能基本理顺。在施工企业作业队伍资质申报、内部市场准入、结算渠道理顺、骨干人员培训等方面，都做了大量工作，取得了实质性的进展。

审计监督

【概述】 2001 年，长庆局审计部门认真分析研究改制后企业的现状，"以财务收支审计为基础，以管理审计和效益审计为重点，加大审计力度，扩大审计覆盖，突出审计效果，注重综合分析，紧紧围绕企业生存与发展战略目标，推动内审工作不断向企业经营管理延伸，重心向管理和效益审计转移，使内审从传统审计向现代审计转变，充分发挥内审在企业经营管理中的职能作用，促进企业强化管理，完善内部运营机制，提高企业经济效益，为长庆的生存与发展作出积极贡献"

(1)被陕西省审计厅、陕西省内部审计协会评为"1999—2001 年度全省内部审计先进单位"。

(2)被中国石油天然气集团公司评为"1999—2001 年度审计工作先进集体"。

(3)2001 年 3 月,在临潼疗养院集中全体审计人员进行了为期 10 天的集训。

(4)2001 年,先后组织全处性的审计实务研讨 1 次、优秀审计论文评选 1 次,并评选出十余篇审计论文报送集团公司参加评选,获集团公司优秀审计论文奖三个。

【审计成果】 2001 年,完成审计项目 66 个,审计资金总额 67.28 亿元,发现各类违纪违规问题 2.99 亿元,其中违纪问题 4201.46 万元,违规问题 4988.65 万元,影响经济效益金额 16099.03 万元,以及多种经营系统及其他问题 4689.76 万元。全年对外结算付款审计送审资料 4555 份,审计资金 10.95 亿元,审计审减金额 2412.34 万元,综合审减率 2.2%,是审计处正常经费的 8 倍。局内二级单位审计覆盖率、审计资金覆盖率及具备审计条件的外付结算款审计覆盖率基本达到了 3 个 100%。全年下发审计意见书 46 份,向局及各二级单位提出审计建议 279 条,被采纳 234 条,建议采纳率达 83.87%。经审计督察,34 个二级单位共落实整改金额 4535.65 万元,其中:冲减成本 724.67 万元,增加收入 2631.96 万元,调增利润 122.47 万元,调减利润 167.23 万元,坏账核销 370.15 万元,收回账外存款 413.22 万元,调整会计报表 58.95 万元,其他 47 万元。

【主要审计活动】

(1)2001 年 5 月 31 日至 6 月 7 日,对两个机械厂整合重组及勘察设计研究院公司制改造进行了专项审计调查。

(2)2001 年 4 月 5 日至 2001 年 9 月 20 日,对长庆实业大厦土建和安装工程结算审计。土建和安装结算审减了 1180 万元。

【优秀审计项目】 《对长庆实业大厦土建和安装工程结算审计》被评为 2001 年度中国石油天然气集团公司优秀审计项目一等奖。

(金　刚)

长庆局机关管理

【概述】 2001 年,局机关处室 16 个,附属单位 8 个,托管单位 1 个;职工总数 409 人,其中干部 393 人,工人 16 人;男职工 255 人,占职工总数的 62%,女职工 154 人,占职工总数的 38%。干部中各类管理人员 278 人,各类专业技术人 127 人。其中:具有中级职称 218 人,占干部总数的 55%;副高级职称 80 人,占干部总数 20%。共有离退休职工 421 人。

2001 年,长庆局机关按照“责任到位,列入议程,统筹安排,自觉落实,加强考核,讲求成效”的总体要求,以深化改革为动力,以转变作风、转变职能、加强管理为重点,遵循服务基层、开拓市场、效益第一的原则,全面完成各项工作任务。

【处室建设】 2001 年按照勘探局对机关“要切实加强作风建设,转变职能,搞好服务。要发扬求真务实、脚踏实地、埋头苦干的作风,说实话、办实事、重实效、重实际,真正为职工解决问题。时时、事事维护机关形象,做解放思想、开拓进取的模范,服务大局、团结协作的模范,严以律己、勤政廉政的模范”的要求,以“作风正、形象好,争做‘三个模范’”为作风转变之标准,以“逐步弱化计划、指挥、管理为主的领导职能,加大资本运营、政策指导、监控协调、有关咨询为主的服务职能”为职能转变之标准,突出服务和效率两个环节,为基层提供优质高效的工作服务、信息服务和技术服务。

一是“三个转变”继续深化。2001 年 2 月 9 日,局办、人事劳资处、机关党委下发了《关于进行局机关处室工作情况调研的通知》;2001 年 4

月,开展了“如何转变作风、转变职能”大讨论,各处室都提出了转变作风、转变职能的具体措施;2001 年 5 月 30 日、8 月 4 日,针对“三讲”学习教育活动中,机关各处室自我检查和群众反映比较集中的问题,局办、人事劳资处、机关事务管理处下发了《关于进一步改进作风,强化服务,提高效率的意见》,机关党委也印发了关于《“三讲”学习教育整改方案》的通知;2001 年 10 月 21 日—11 月 9 日,机关党委、局办、人事劳资处等部门,深入全局 19 个二级单位,对局机关为基层服务情况做了专题调研;2001 年 12 月 27 日,为了规范机关工作人员行为,机关党委制订了《局机关工作人员守则》。

二是结合勘探局“求生存、图发展、闯市场、增效益”主题活动,开展“四比”劳动竞赛活动,创建机关“形象工程”。2001 年,机关的观念转变、职能转变和作风转变继续深化。

【事务管理】 一是按照“具体、简明、有针对性”的原则,建立和完善岗位职责、岗位单项工作程序、综合治理制度等 16 项制度,装订成册,组织职工认真学习。二是检查车辆安全和消防工作,层层落实安全责任制,全年共进行了 4 次安全消防检查。三是抓好综合治理工作。机关处室坚持节假日值班制度,落实安全措施和责任。四是对固定资产和贵重物品实行动态管理,防止资产流失。五是继续完善处室日常管理目标责任制,分别进行日常跟踪考核和年终一次性考核。对党风廉政建设、安全、综合治理、计划生育等指标按照承包责任书进行考核。为建立机关规范、科学的管理体系奠定了坚实的基础。

【财务管理】 控制使用好预算费用,加快多种经营发展。一是在预算指标压缩 10%—20% 的情况下,认真搞好费用预算和处室承包预算,并严格按预算控制运行,把握好重点项目的开支和专项费用的使用,实现了全年费用指标不超的目标。二是建立多种经营新机制,成立多种经营办公室,开拓市场,选择好项目,实现了产值、利润的实际指标努力增加的目标。

【党群工作】 一是继续加强党的基层组织建设,对于党组织不健全、到期换届、关系接转的支部,及时做好工作衔接。二是坚持每月一次的组织生活、党课教育,举办入党积极分子学习班,规范党费收缴制度。三是按照党政领导干部对本处室党风廉政建设负总责的要求,对照“廉政准则”、“勘探局十条规定”的执行情况,召开领导干部专题民主生活会,坚持领导干部每年两次填写收入申报制度。四是继续开展“三禁一反”活动,抓好五大节日的文体活动,努力营造团结、进取、稳定的企业环境。

(王凤嘉　高万善　蒙阿仔)

其　他

【法律事务】 2001 年,长庆局法律事务工作取得明显成绩。

(1)为对外合资合作、对外投资、资产转让、改革改制、基地建设、房地产开发、招标投标、知识产权保护以及实施“走出去”战略等各个方面提供书面法律意见 600 多次,被领导和有关部门采纳的比例达 95%以上,规范了企业经营行为。并对我局承担的尼日利亚钻机设备租赁、厄瓜多尔某油田石油工程技术服务、乌兹别克斯坦钻井工程等境外工程以及泾河园工业区、未央湖小区建设中出现的问题及时提出防范法律风险的意见和建议。

(2)赴大港油田集团、辽河局、大庆局和集团公司有关部门进行考察学习,对有关存续企业产权制度改革等涉及法律服务的内容进行了交流探讨,收集整理各类文件资料 20 余份,结合长庆局实际，完成了《关于对石油存续企业改制工作的考察报告》，提出了长庆局体制改革的目标、组织形式的框架，为领导决策提供了依据。

(3)对机械制造总厂等14家二级单位的改革改制方案进行认真研究并提出法律审查意见，保证了改制企业的顺利运作。

(4)制定、下发了长庆局《关于加强合同管理工作的有关意见》及《纠纷和争议处理暂行办法》，以加强合同管理队伍建设，严格执行合同管理程序，减少企业法律风险。同时，对招投标合同的管理、合同专用章、审查章的使用，委托代理证、营业执照复印件的管理、合同文本的归档、纠纷和争议的报告及处理程序等做了更为严格有效的规定，夯实了法律事务工作基础，推动了全局法律事务工作的健康有序发展。

(5)对全局551名已取得《签订合同资格证》的人员的资格证进行年度检验，对已经调离工作岗位和经考核不合格的21人的资格证予以注销或吊销。并在钻井工程总公司和机械制造总厂各举办了为期一周的“签订合同资格培训班”，共培训人员85名，与此同时，还选派40多名法律干部参加了集团公司、陕西省经贸系统举办的“迎接我国入世研讨会”、“法律顾问骨干业务学习班”、“涉外合同培训班”等，进一步提高了全局法律干部和合同承办人员的业务素质。

(6)全年共审查合同12653份，总金额52.51亿元，修改、完善合同条款2469条。

(7)组织全局各单位，编制企业年检注册资料，保证了各单位顺利通过年检。

(8)针对油田或地方有些单位和个人乱冠“长庆”字号、侵犯长庆局名称的问题，正式行文向陕西、甘肃、宁夏等省区工商行政管理部门申请保护“长庆”字号，要求凡冠以“长庆”字号的企业必须事先征得长庆局法律事务部门审核同意，方可使用。同时，向西安市、庆阳地区工商行政管理部门提供了允许使用“长庆”字号的企业名单，通过企业工商登记和办理年检时清理整顿乱冠“长庆”字号、侵犯长庆局名称权的问题，为保护长庆油田合法权益奠定了法律基础。

(9)参与钻井项目、机械制造总厂轻钢工房、泾河工业园住宅楼招标、河东工业园产建、长庆乌兹别克斯坦运输项目、物探处工作站群地震处理系统等招标工作。

(10)运用诉讼和非诉讼手段，积极代理或参与处理各类纠纷案件40余起，涉及金额1000多万元，避免和挽回经济损失600多万元，维护了长庆局的合法权益。

【治安综合治理】 2001年，油田社会治安综合治理工作取得了显著的成绩：

(1)案件侦破数量创历史最高水平。全年共立各类刑事案件1924起。其中：涉油刑事案件1786起，内部刑事案件122起，吸贩毒案件16起。侦破各类刑事案件766起，其中：侦破涉油刑事案件643起，侦破内部刑事案件107起，侦破吸贩毒案件16起。与2000年681起相比，破案绝对数上升12.48%。查处治安案件341起。与2000年146起相比，查处绝对数上升57.18%。

(2)打击处理人数创历史最高水平。摧毁盗窃、破坏犯罪团伙49个。打击处理违法犯罪人员1113名(2000年为803名)，其中：刑事拘留279名(2000年为220名)，提请逮捕375名(2000年为228名)，批准逮捕372名(2000年为219名)。批捕率为98%(2000年为96%)。取保候审150名，劳动教养6名，治安处罚181名。刑事拘留、提请逮捕、批捕逮捕数分别比2000年增加25%、65%和68%。

(3)取得了明显的打击效果。截获盗贩原油车辆1137台(2000年为456台)。追缴被盗原油3600余吨。取缔非法土炼炉271座、收油点167处。处置工农纠纷事件159次。为油田挽回经济损失2700余万元。

(4)禁毒工作成效突出。未出现新增吸毒人员，复吸率较2000年下降86%。创建无毒单位11个。

(5)消防、生产要害部位安全形势保持良好态势。未发生大小火灾事故和重大治安灾害事故。

(6)油田生产外部治安环境有了明显改善。经严打整治,涉油案件发案有一定程度下降,8月份后案件大幅度下降,陕北、宁夏油区效果尤为明显。

2001年在公安民警队伍建设方面主要抓了以下四点:

(1)加大了民警政治理论学习教育和业务理论培训工作。按照公安部加强公安队伍建设的总体部署,在全体民警中突出开展了“三项教育”活动。即“为人民服务的宗旨教育、实事求是的思想路线教育和严格公正、文明执法的法制教育”。在两期授衔前培训班上,都开设了时间达50课时的马列主义常识、邓小平理论、江泽民“七一”讲话理论辅导课程,全体民警普遍轮训一遍,通过了甘肃省公安厅的严格考试。

(2)进一步加强了公安机关领导班子建设。班子成员坚持带头实干。实行“333”时制,保持1/3在一线破案,1/3在庆阳办公,1/3在西安办公。同时,充分发挥中层干部骨干带头作用,全面推行了业绩合同考核制度,认真落实党风廉政建设责任制。

(3)围绕公安业务开展政治思想工作。党委成员按照分工一手抓严打,一手抓思想政治工作,做到民警有思想问题及时谈心,生病后及时慰问;有困难想方设法帮助。同时,突出抓了公安业务宣传、典型宣传和节日文体活动。

(4)认真组织公安机构体制理顺工作。多次同陕甘宁三省、自治区公安机关取得联系,协商解决油田公安机关机构理顺有关问题,取得了一定的进展。目前,按照上级公安机关的统一部署,完成了陇东矿区全体民警授衔前培训和评授警衔的基础工作,宁夏、延安所属单位公安机构理顺工作正在进行之中。

【信访工作】 2001年,共受理职工群众来信来访2800件(次),已办理2576件(次),办结率为92%。其中,处理来信848件(次),接待群众来访1952人(次),局党政领导阅批信访问题44件。局信访办公室处理信访问题13人,给特困上访户解决返程路费6人,金额3400元。

2001年是长庆局重组分立后的第二年,为了处理好改革、发展与稳定的关系,确保大局稳定,首先,调整完善了局信访工作领导小组,同时给信访办公室增加了一名定员,使信访工作从组织和人员上得到了加强。其次,抓热点、难点,突出解决带有普遍性、倾向性的问题,长庆局和长庆油田公司根据职工中存在的不同认识,从平衡心理入手,双方协商制订了相互支持的12条措施,对统一职工的认识起到了导向作用,有效地凝聚了人心,鼓舞了职工的斗志,增强了搞好存续企业的信心。再次是发挥信访“窗口”作用,全面掌握群众的呼声,为了帮助和指导职工子女就业,与西安市联合成立了长庆人才分市场,广泛收集各类用工信息,鼓励职工子女走出油田面向社会就业,积极开拓西安及沿海部分城市劳动力市场,先后介绍了800多名子女就业。

【档案工作】 2001年,油田档案系统在油田各级组织的关心和重视下,各级档案工作人员,紧紧围绕油田生产建设,科技进步、经营管理的中心工作,顺应油田大发展的形势和现代化管理要求,改革档案管理,整合简化工作流程,提炼优化库藏,推进档案现代管理,充分发挥档案信息资源的优势和作用,有效地为油田生产建设服务,并促进油田档案事业持续稳步发展。

(1)档案工作基本情况。2001年,在油田全体档案工作者的共同努力下,全面完成了各项工作任务和业绩指标,档案归档率、准确率、查全查准率达到规定指标。长庆局共有25个单位保管各类档案549677卷,按件为单位保管的档案为64868件,各类图纸602482张,各类磁带67235盒,各类磁盘20004盘,录音录像带727盒。2001年,新增档案48483卷,以件保管的档案278件,图纸46527张,磁带1525盒,磁盘2405盘，录音录像174盘。全年共有46421人次，借（查）阅各类档案101651卷次。

（2）加强领导，统一管理。油田各级领导和主管部门非常重视档案工作，多次进行专题研究，并实行统一管理、宏观调控，费用专款专用制度。各二级单位领导和主管部门重视档案工作，加强档案工作的基础建设，重视人员的培训教育，较好地解决了档案工作中的急难问题，充分发挥档案部门主观能动作用，在人少任务重的情况下，突击工作，努力完成了全年档案工作各项任务指标。档案工作在油田各级领导、部门的重视和支持下，保证了“两个不降低”和油田档案事业的持续稳定发展。

（3）坚持依法治档，推进标准化建设。2001年，油田档案管理贯彻以《档案法》为中心的档案法规和规章制度，不断加强企业职工档案意识和法制观念，不断提高依法治档的能力和管理水平。①按照现代企业制度要求，修订、补充了档案管理规章制度，健全完善企业档案法规体系。②依法规范了企业档案工作的基本行为，正确掌握集中统一管理的原则。③按照国家《国有企业资产与产权变动档案处置暂行办法》规定，积极做好档案的处置工作，有效地维护了档案的完整与安全。④收集、整理、移交新组建、重组整合单位的档案，并对各单位及机关各处室所形成的各种文件材料，非红头重要文件材料进行了集中归档。⑤制定了《长庆油田档案工作管理规定》，拟定档案整理新标准，使档案整理符合标准规范，简化手工整理，极大地提高了工作效率和整理质量。

（4）实施档案目标管理，提高整体管理素质。①召开油田档案工作会议，总结“九五”期间档案工作的企业档案目标管理的成果，确定部署“十五”规划目标，探讨档案管理有关问题，研讨了国家有关档案管理新标准的修订等重大问题。②促进新组建单位、部门建立健全档案机构，配备档案工作人员，高起点、高标准开展档案工作。③把握档案工作总体情况和所属单位、部门具体情况，对档案管理标准规范及业务中的问题进行了现场指导，促使档案工作平衡稳定发展。④掌握、了解产建工程施工队施工资料的编制情况，针对工程竣工资料编制存在的问题，进行现场业务指导，同时对按招投标体制管理的各项目部、项目组档案资料收集、管理、归档移交情况进行查看，在现场解决存在的问题，对新管理体制下存在的新情况、新问题进行研究，有效地指导了项目竣工资料的编制质量的提高，促进了归案工作。⑤夯实档案基础，坚持层层质量把关，确保归档档案的完整齐全、准确系统，档案的内在质量和外在质量符合标准规范要求。钻井工程总公司整合重组后，从档案综合管理较好的第二、三钻井工程处抽调有关人员，集中力量帮助档案管理较薄弱的第一钻井工程处，平衡协调，整体推进，提高了整体管理水平。公用事业处档案管理实现标准化整理100%，计算机录入管理100%，地球物理勘探处、油建工程处、井下技术作业处、水电厂、器材处、职工疗养院等单位档案管理工作水平呈上升趋势。

【保密工作】　2001年，长庆局保密工作紧紧围绕局中心工作，突出重点，深化管理，强化教育，不断创新，全面增强保密工作“保安全、促发展”的能力，为全局生产经营工作发挥了保障和服务作用。

（1）根据陕西省、甘肃省和集团公司保密工作安排，结合长庆局工作实际，制定下发了长庆局年度保密工作要点，对全局保密工作进行了统一安排部署，确定了工作重点，提出了具体要求。并督促各单位认真制定了年度保密工作计划，确保了全年保密工作的有效开展。

（2）按照陕西省和甘肃省保密局及集团公司保密委的安排，组织了100多名保密干部和涉密人员，分别在陕西省和甘肃省参观了中央保密委员会组织的“警钟长鸣——窃密泄密案例展”巡回展览，使大家受到了一次全面、生动、形象、深刻的保密教育，增强了干部职工的保密意识。

(3)认真总结“三五”普法工作期间保密法制宣传教育工作，按照局改革发展需要和“十五”发展规划，制定下发了《长庆石油勘探局“四五”保密普法规划》，指导全局各单位制定了“四五”保密普法规划实施细则，为“四五”普法保密法制宣传教育工作打下了坚实的基础。

(4)根据企业重组改制和单位领导班子成员调整的情况，及时与各有关单位协商，完善了保密组织机构，调整充实了工作人员，保证了工作的连续性。同时，派员参加了陕西省国家保密局举办的国有大中型企业保密干部和涉密人员培训，与庆阳地区保密局联合举办了计算机信息网络保密培训班，对局属陇东矿区各单位保密干部进行培训。

(5)严格涉密计算机保密制度，强化计算机信息系统保密制度落实，不定期深入各入网用户进行检查，审理了 68 户计算机入网手续，确保了计算机网络运行安全。同时，审查办理了 27 篇对外提供的资料、论文，对长庆局西安基地所驻单位和部门的文件资料统一进行销毁，没有发生任何问题。

(6)精心组织了 2001 年度陇东地区高考试卷的保管看护工作，确保了试卷安全、保密，万无一失，受到甘肃省高考委的好评。同时，加强与地方保密局工作联系，订购了保密法制宣传教育材料，完成了 2002 年度《保密工作》杂志的征订工作。

(魏小宁　陈辉荣)

第八篇

精神文明建设

党建与党群工作

【概述】　2001年，是长庆局实施“十五”计划和应对入世新挑战的一年，也是党的建设及思想政治工作与时俱进、取得明显成效的一年。长庆局各级党组织以“三个代表”的重要思想为指导，认真学习党的十五届六中全会精神，以“三讲”学习教育活动为动力，以庆祝建党80周年为契机，按照中央企业工委和集团公司党组的工作部署，坚持“围绕中心，服务大局，开拓创新，求真务实”的工作方针，紧紧围绕　“二次创业”目标和生产经营工作中心，不断加强和改进党的建设和思想政治工作，为全局的改革、发展、稳定做出了新的贡献。

【理论学习】　2001年，各级党组织深入学习贯彻“三个代表”重要思想，坚持把理论学习作为加强党的思想政治建设的首要任务，深入学习江泽民总书记“七一”重要讲话和党的十五届六中全会精神，努力把“三个代表”重要思想贯彻、落实到企业改革、发展和稳定的各项工作中去。

局党委制定《关于加强和改进党委中心组学习的意见》，改进两级党委中心组学习方法，健全学习制度，加强理论学习。在两级中心组学习中，自觉把实践“三个代表”的重要思想和加快长庆发展、实现二次创业的目标结合起来；和贯彻集团公司关于加快鄂尔多斯盆地油气资源勘探开发的重大决策结合起来；和开展“三讲”教育、巩固“三讲”教育成果结合起来。在加强自学的基础上，全年共组织局中心学习小组集中学习11次，两次请教授作报告，4次把范围扩大到西安基地各单位中心组，参加300多人次。

各级党组织把“三个代表”重要思想的学习同学习贯彻江泽民“七一”重要讲话精神结合起来。7月1日各级党组织，认真组织广大党员、干部收看及学习江泽民总书记在庆祝建党80周年大会上的重要讲话。局党委就如何学习贯彻《讲话》精神提出了明确要求。有关部门购买了学习资料和辅导录像，举办辅导报告会，在报纸上推出“学习‘七一’讲话，实践‘三个代表’”专栏，营造学习《讲话》的舆论氛围。并通过内部学习刊物、报纸、电视进行学习交流，把学习活动不断引向深入。

各级党组织把“三个代表”重要思想的学习实践同学习贯彻集团公司及长庆局2001年工作会议精神结合起来。长庆局紧紧围绕集团公司“十五”改革和发展目标，结合生产工作实际，在全局开展“二次创业”活动，激发广大职工学习工作积极性，为长庆的再次发展做出贡献。

【党建工作】　2001年，全局各级党组织认真贯彻局党委、长庆局“两条基本思路”和“四大发展战略”，围绕生产经营工作中心，服务改革发展稳定大局，狠抓党的组织建设和党员队伍的教育管理，充分发挥党组织在企业改革改制、市场开发和科学管理等各项工作中的战斗堡垒作用。

各级党组织在党员中组织开展各种形式的教育活动，在党员领导干部中认真开展“三讲”学习教育活动促进了领导班子建设。认真贯彻十五届六中全会精神，加强和改进党的作风建设。在党员中大力开展“二次创业”活动，凝聚了人心，鼓舞了士气。认真组织开展形式多样，内容丰富，群众喜闻乐见的中国共产党成立80周年纪念活动，并表彰先进党支部30个、优秀党务工作者30名、优秀共产党员 100 名。同时向三省区推荐了 3 个先进基层党组织、2 名先进个人，向集团公司推荐 1 个模范集体和 1 名模范党员。

各级党组织坚持基层党组织的设置与企业调整组织形式同步考虑、同步实施，按要求及时建立健全了新成立单位党的基层组织。全年共增补 7 个单位 12 名党委委员、14 个单位 37 名纪委委员，任命党委委员 35 名。同时，采取“宜兼则兼”、“宜专则专”的原则，选配好党组织负责人，加大了新上岗和兼职党支部书记的培训力度，有效提高了支部书记的工作水平，增强党组织的凝聚力和战斗力。

围绕企业改革、发展和稳定，对 15 个单位的党组织建设情况进行了现场调查，对局属各级党组织的党员队伍管理，尤其是内部退养和有偿解除劳动关系党员的教育和管理情况进行了专题调研。本着在实践中探索，在改进中加强，在创新中提高的工作方针，结合长庆局的实际，制定下发了《关于改制企业党团工会组织结构管理意见（试行）》，进一步理顺了改制企业党团工会组织关系。

2001 年底，长庆石油勘探局共建有党委 32 个，党总支 108 个，党支部 968 个，党小组 1409 个。共有党员 19252 名，其中，正式党员 18624 名，预备党员 628 名，女党员 2034 名，少数民族党员 303 名。在岗党员 8789 名，占党员总数的 45.65%。

各级党组织贯彻“坚持标准、保证质量、改善结构、慎重发展“的方针，共发展新党员 559 名，保持了党员队伍的先进性。

【宣传思想工作】 2001 年，各级党组织认真贯彻中央精神、集团公司党组部署和局党委安排，认真把握改革、发展、稳定中职工思想脉搏，适时加强和改进思想政治工作，坚持“正面宣传、团结鼓劲”的方针，不断加大宣传力度，以发展的思路凝聚职工，以改革的成果引导职工。

紧密围绕生产经营和市场开发，扎扎实实引导职工开展“二次创业”活动。为了动员职工投身“二次创业”，编写了“二次创业”有关宣传材料 5000 多份，开展了“二次创业”大讨论，特别加大了对“二次创业”整体目标的宣传。报纸开辟专栏，电视开办谈话节目，利用多种宣传媒体营造声势。报纸共编发“二次创业”的新闻报道 45 篇，电视播出“二次创业谈”16 期，拍摄重点专题片一部。分别在陇东、宁夏、陕西召开“二次创业”汇报会。发现和培育“二次创业”的先进典型，对各单位“二次创业”的重点工作和存在的问题进行了总结分析，一步步把“二次创业”活动引向深入。

加强对“二次创业”重点工程和“二次创业”的典型宣传，组织报纸、电视记者，分三路下基层抓了生产启动工作的宣传。8 月中旬，随局主要领导到建设工程总公司塔且筑路工地慰问、采访。拍摄了电视专题片《西出阳关》、撰写了长篇报告文学《再战死亡之海》和长篇通讯《沙漠纪行》，展出摄影专版和宣传画廊。帮助建设工程总公司策划了咸阳世纪大道工程的宣传，树立了广告牌，组织了《“世纪大道”树丰碑》等宣传稿件。策划组织 18103 钻井队年钻井进尺上 5 万米的宣传，收集第一手资料，召开了祝捷大会。国庆前，对勘探局 1—9 月份重点工程进展情况和在 21 个方面创造的 48 项新成绩以图片、数据、图表的形式，进行大力宣传。11 月份，加大了对全年成果性宣传力度，策划实施了 10 项系列活动。加大对科技成果的宣传，重点宣传了黄土塬区多线地震勘探采集处理方法等 6 项特色技术；宣传了 SS－2000 型压裂车组等先进装备投产使用情况。

重点宣传了全国劳模、先进工作者刘瑛、蒲建中和杨呈德，“全国五一劳动奖章”获得者杨再生、曹师伊和秦惠中以及 20 名局劳模的先进事迹，编辑出版了 20 多万字的《劳模风采》一书。组织了 4 次劳模、优秀党员事迹报告会，在全局进行宣讲。在团员青年中表彰了全局40名“闯市场、增效益”标兵，总结宣传了全国青年文明号30533钻井队的经验；在党员干部中，总结宣传了102名优秀党员和31名党务工作者。在全局层层开展评选树“二次创业”的“十面旗帜”和“百面红旗”。

探索新形势下思想政治工作的新思路、新方法，加强了理论研究工作。在全国物探政研会第11次年会上，物探处政研会与辽河物探政研会联合发布的《在物探企业结构调整中加强和改进思想政治工作的探索》课题成果推广应用报告获一等奖。7月底，积极协助全国政研会在长庆局召开企业结构调整中的思想政治工作与文化整合问题研讨会，有两篇政研报告参加了大会交流。

【精神文明建设】　2001年，长庆局成立了精神文明建设工作委员会，加强了对精神文明建设的领导。制定了《精神文明建设考核标准》、《文明班组评选实施办法》、《精神文明建设十五规划》，明确了开展精神文明建设的指导思想、方针、目标和任务。坚持两个文明一起抓，把精神文明建设同领导班子建设、生产经营目标的完成一起部署，同等对待、同样考核。积极开展形式多样的精神文明创建活动，不断涌现出省市区乃至全国精神文明建设先进个人与精神文明建设先进单位。

2001年，按照集团公司党组的部署和要求，结合“三讲”学习教育，以创建机关形象工程和开展比作风、比基础、比调查研究、比为基层办实事的“四比”活动，加强两级机关建设，转变机关观念、转变机关作风、转变机关职能，牢固树立为基层服务的思想，想基层所想，急基层所急，针对企业深化改革、生产经营中出现的问题，深入基层调查研究，为基层解决实际问题，有力地促进了全局改革发展的顺利进行和整体效益的不断提高。

根据重组整合实际，与甘肃省精神文明建设指导委员会协商，及时解决了原石油学校为培训中心全国精神文明建设工作先进单位、原油田建设工程处为建设工程总公司甘肃省文明单位、原第二钻井工程处为钻井工程总公司甘肃省文明单位称号继承问题。

各级党组织落实稳定工作领导责任制，加大对“法轮功”痴迷者的排查摸底，教育转化工作力度。多次召开会议，研究部署，并认真组织职工参观《反对邪教、崇尚科学》展览，收看中央电视台关于反对邪教的报道，让广大职工进一步认清“法轮功”的邪教本质。加强网络、电视、报纸和印刷厂的管理。坚持“团结、教育、转化”的工作方针，加大教育转化力度，有效转化“法轮功”习练者。

组织4万多名职工家属踊跃参加了集团公司、《求是》杂志举办的纪念建党80周年党的知识竞赛，14人获得名次，长庆局获优秀组织奖。

【工会工作】　2001年，各级工会以江泽民总书记“三个代表”重要思想为指针，紧紧围绕长庆局“二次创业”目标和生产经营工作中心，转变职能，转变观念，抓基层、抓基础、抓重点，积极探索新形势下工会工作新思路，不断强化工会工作的群众化、民主化、法制化建设，全心全意为职工群众服务，为企业的改革、发展和稳定发挥了积极作用。

各级工会认真贯彻党的全心全意依靠工人阶级办企业的方针，加大民主管理、民主监督的力度。加强新形势下工会组织建设，严格按照有关规定建立和完善各级工会组织。充分行使职代会赋予的权力，拓宽民主参与渠道，普遍做到了企业的重大决策，必须征求职工意见，提交职代会审议；涉及职工切身利益的重大事项，职代会有决定权和否决权；坚持职代会民主评议干部制度；对矛盾突出的劳动纠纷坚决提到职代会上；对违反规定的行为坚决进行了纠正；改制企业加大了职工参加董事会、监事会的力度。厂务公开取得了明显成效。一是在党政领导的支持下，制定出厂务公开制度；二是建立厂长、经理、企业领导和职工面对面交流的渠道；三是收集和建立健全各种原始资料。各单位按照要求建立了厂务公开领导小组、民主监督小组和办公室，建立健全工作运行体制，制定适合本单位实际的厂务公开实施办法和实施细则，并把厂务公开制度实施重点转向基层，对各队、站民主公开的内容、形式、程序、时间、考核标准、监督检查等方面进行了规范。采取了公开栏、职工大会、职工代表意见书等多种公开形式，公开事项 372 个，公开内容进一步突出实效、突出重点，见到了明显的效果。

组织开展群众性经济技术创新工程五项竞赛：在全局广泛开展“闯市场、增效益”竞赛活动；在全局主要生产单位的各基层队之间开展“创纪录、上水平”立功竞赛活动；在全局开展合理化建议竞赛活动；开展“加快 HSE 体系建设，争创三无一达标”竞赛活动；以第八届职工技术运动会为重点，以修井、驾驶员、试油、电焊、物探、计算机等 6 个工种为局级比赛项目，大力开展“干好一个岗位，多学一门技术”和“精一门、会两门、懂三门”的万人大练兵活动。全局共开展群众性经济技术创新竞赛 280 多场次，实现厂处级“上水平、创纪录”项目 668 项，收集合理化建议 13300 多条，采纳 2660 多条，实施 830 多条。共有 16760 余人参加了 169 个工种的技术比武。局工会分别在培训中心、第二采油技术服务处、井下技术作业处、建设工程总公司、运输处、物探处等单位组织举办了计算机操作、修井工、试油工、电焊工、汽车驾驶、地震工全局总决赛，6 个单位的 212 名选手参加了 6 个项目 11 个工种的比赛。在比赛选拔的基础上，长庆局组织代表队参加了甘肃省举办的职工计算机知识普及应用大赛，并获一等奖。

各级工会组织把维护职工生命权利作为根本任务来抓，围绕安全、健康、环保活动的开展，建立和完善了多层次劳动法律监督体系，设立了劳动保护监督检察员，举办了工会劳动保护监督检察员学习班，并围绕职工之家建设考核标准定期开展了劳动保护监督检查工作，落实劳动保护监督检查委员会和劳动保护检察员责任，及时发现和反映违反劳动法律法规的行为，把问题解决在基层和萌芽状态。在各单位组织对职工进行安全知识及自我保护意识教育，积极配合安全部门组织开展“安康杯”竞赛、百日安全无事故活动，把事故降到最低，有效地杜绝了安全隐患。同时，突出维护女职工的特殊利益，举办了女工培训班，大力宣传《新婚姻法》，为女职工举办了不同层次的卫生与健康知识讲座，提高了自我保护意识，定期组织妇科病普查，有效地保护了女职工的特殊利益。

加强职工持股会的工作。职工持股会是依法设立的、企业工会下属的、在有限责任公司和股份有限公司中从事职工内部持股管理、代表持股职工行使股东权力并以公司工会社团法人名义承担民事责任的新型劳动经济组织。全局工会抓住企业改制、建立现代企业制度的大好机遇，积极推行建立职工持股会，并做了大量而有效的工作。截至 2001 年，全局已批准成立了 17 个职工持股会，股金总额在 9000 万元以上，拥有会员 2 万余人。各持股会的资金以参股、控股或独资等形式进入多种经营系统部分改制企业或新组建股份制企业，有部分单位的持股会已进行了分红。局工会加强了对职工持股会组建情况、股金募集、运作情况的宏观指导，保证了持股会的健康发展。

继续做好送温暖工程，以做好特困户的救助为重点，开展“进千家门、知千家情、解千家难、暖万人心”活动。局设立温暖工程基金，从温暖工程基金中划拨 43.30 万元，并多方筹款，共筹 82.40 万元，慰问特困户、困难户 1128 人，职工遗属、离退休职工 1827 人、住院病人、在家养病职工 192 人和节日坚守岗位的职工 988 人。同时，建立了 234 名特困职工档案，建立健全领导干部联系特困户制度，在处级以上领导干部中开展了与困难职工"交友帮扶"活动。制订了三年帮扶规划、目标和责任，135 名科级干部、170 名处级干部确定了帮扶对象，制定了 7 条解困措施，使交友帮扶活动落到实处。组织人员对遭受特大暴雨袭击的陇东地区董家滩、贺旗基地受灾职工进行了慰问。各级工会还发扬工人阶级友爱之情，发动广大职工开展向陕西省贫困母亲和儿童献爱心，12 个单位共捐衣物、学习用品 3000 多件，对第三采油技术服务处患重病职工戴建宁开展了募捐活动。根据职工的意愿和要求，新开辟了桂林、海南、厦门、昆明等疗养地点，全年共组织职工外出培训 1087 人，内部培训 612 人。

大力宣传、重点培养先进模范人物。"五一"节期间组织全国劳动模范、全国五一劳动奖章获得者、全国职业道德"十佳"代表、省部级劳模、局劳模、工人明星、技术状元代表举办大型劳模先进代表联谊会。组织劳模赴云南昆明、西双版纳等地参观游览。组织劳模事迹报告团，利用近 1 个月时间，巡回陕甘宁三省区局属各单位，进行了 15 场报告会，有 28 个单位的近万名职工听取了事迹介绍，弘扬工会阶级大公无私、创新、开拓、爱岗敬业的精神风貌。把职业道德教育作为提升职工整体素质，推动企业改革、发展的重要环节来抓，从贯彻落实"三个代表"的重要思想和"以德治企"方略的高度，坚持不懈地抓好社会公德教育、职业道德教育、家庭美德教育，切实规范相应的规章制度，制定职工行为规范和道德守则，并把道德教育同劳动竞赛活动相结合，发掘和树立了一批职业道德先进典型，命名了一批文明职工。水电厂、井下技术作业处荣获全国职工职业道德建设的先进集体、甘肃省"十佳"职业道德先进单位。

【共青团工作】　2001 年，各级团组织围绕长庆局改革发展中心任务，以青年文明号、青年岗位能手和青年创新创效活动为载体，继续推进青年文明工程、青年人才工程建设，大力开展青年文明号、青年岗位能手、青年志愿者、青年创新创效四项活动，坚持"突出重点、着力推进、争创特色、力求实效"的原则，在服务、改革、创新上下功夫，充分发挥团员、青年在企业改革和生产经营中的生力军和突击队作用。

"青年文明号"、"青年岗位能手"活动在基层队站、重点工程、大型项目中得以拓展，并取得了可喜成果。局团委荣获"全国五四红旗团委"称号；钻井工程总公司 30533 钻井队被共青团中央、中国石油天然气集团公司评为"全国青年文明号"；地球物理勘探处仪器管理服务公司仪器工程师安宏刚被共青团中央、国家经贸委、劳动和社会保障部评为"全国青年岗位能手"；通信公司线务班被陕西团省委评为"陕西省青年文明号"；第三采油技术服务处朱文伯被评为陕西省"优秀青年企业家"；钻井工程总公司 32752 钻井队队长李雪岗被陕西团省委评为"陕西省优秀青年岗位能手"；通信公司黄晓东、刘劲被评为陕西省"青年岗位能手"；工程技术研究院李光明、钻井工程总公司王万里被评为第三届陕西省优秀青年实业家，资本运营部刘维忠被评为陕西省优秀青年经济理论工作者；地球物理勘探处团委书记王宏伟，建设工程总公司团委书记蒙阿仔被甘肃团省委评为"优秀共青团干部"；第三采油技术服务处团委书记郑陇东，第二采油技术服务处团委干事杜伟丽被甘肃团省委评为"优秀共青团员"。钻井工程总公司礼泉子校少先大队、长庆局西安子校少先大队被评为陕西省"红旗少先大队"。

【企业文化建设】　2001 年，各单位弘扬"爱国、创业、求实、奉献"的企业精神，在继承优良传统的基础上，大胆创新，不断加强企业文化建设，推动企业改革发展。

各级工会充分利用企业文化阵地，坚持寓教于乐、小型多样、业余自愿的原则，开展群众性文化体育活动 630 多场次，参与人数达 4 万余人次。活动重点向基层转移，大型锦标赛向小型多样的广场文化活动转变，集中活动向分片活动转变。丰富了职工文化生活,推动兴趣文化、阵地文化、井站野营文化、节日文化、双休日文化的健康有序发展。

2001 年,全局文化体育活动蓬勃发展,元旦春节期间的长跑、拔河比赛,“五一”节期间,大众创编项目运动会,体现了企业文化体育运动的群众性。举办了内蒙古鄂托克旗慰问文艺晚会,请著名歌唱家腾格尔为广大职工进行了精彩演唱;5 月 10 日组织部分职工观看了在西安市体育馆举行的中美篮球国际明星巡回赛,并在主看台展示了“长庆油田企盼北京申奥成功!”的巨大横幅;9 月份,在西安基地职工活动中心联合举办“长庆油田职工摄影作品比赛展览”,共有 40 个单位 145 名作者近 300 幅作品参加了展出。举办了首届“陇东杯”,第四届“长庆杯”全局第十七届篮球锦标赛。以庆祝建党 80 周年为主题组织了各种形式的活动。长庆局组织 27 对新人,参加了由集团公司举办的“情满香濠、世纪良缘”为主题的世纪元年石油职工大型集体婚礼;组织参加甘肃省总工会“党在我心中”演讲活动,并获一等奖 1 名,三等奖 1 名,长庆局获优秀组织奖;在北京举行的全国职工“党在我心中”演讲比赛中,代表宁夏回族自治区总工会参加决赛的地球物理勘探处职工刘兴勇夺取了二等奖。2001 年,长庆局荣获“全国石油体育先进单位”称号、全国“群众体育先进单位”称号。水电厂、机械制造总厂、公用事业处等单位获“全国石油体育工作先进单位”称号。与此同时,局工会加强了文化阵地建设的投入,维修了庆城职工活动中心、游泳池,为 3 个单位安装了全民健身活动器材,为庆城职工图书馆添置了图书,为培训中心修缮了职工活动场所。

【武装工作】 2001 年,长庆武装工作,以“三个代表”的重要思想为指导,以“三讲”学习教育活动为动力,以庆祝建军节为契机,坚持长庆局“围绕中心,服务大局,开拓创新,求真务实”的工作方针,紧紧围绕“二次创业”目标和生产经营工作中心,不断加强和改进武装工作,努力完成各项民兵预备役工作任务,确保武装工作正常运行。

(1)召开武装工作会议,认真传达三省、自治区两级军区党委扩大(全会)会议精神,安排部署 2001 年民兵工作任务。紧贴生产实际,从方便基层,有利生产出发,训练基干民兵 847 名。

(2)以纪念建军 74 周年为契机,广泛开展“双拥”活动,在活动中动员青年民兵和学生,慰问现役军人家属,给在部队服现役的油田子弟写慰问信、鼓励信、帮助信,鼓励战士安心服役,为长庆争光,为父母争气,通过走访慰问活动,不断地增强了新形势下,军地、军民之间的团结友爱。

(3)在 2000 年整顿、调整的基础上,为了进一步加强基层民兵建设,打牢民兵建设基础,从长庆实际出发,连片整合组建了 6 个专业对口技术分队和应急分队。

(4)认真开展学生军训、国防教育,并创出了学生军训、国防教育佳绩。长庆一中在军训中计划得当、组织得力,抓出了实效。在国防教育中,采取请老红军作革命传统报告等多种形式,被甘肃省委、省政府、省军区评为“国防教育先进单位”。庆阳地区国防教育委员会,在长庆一中召开了国防教育汇报会。长庆一中被甘肃省命名为“国防教育示范学校”。《人民日报》头版刊登了长庆一中请老红军作革命传统报告图片。中央电视台第 7 套军事栏目,多次播放了军训和国防教育的新闻。

(李　强　张永年　史恒伟　范恩海)

纪检监察工作

【概述】 2001 年，长庆局各级党组织和纪检监察部门，以“三个代表”重要思想为指针，认真贯彻落实党的十五届六中全会精神和中纪委、省纪委及集团公司关于加强党风廉政建设和反腐败工作的部署，紧密结合企业改革、发展实际，坚持预防为主、教育为先、突出重点、标本兼治、加大力度的工作思路，在抓重点工作上下功夫，在抓源头综合治理上做文章，在抓各项任务落实上见成效，使党风廉政建设和反腐倡廉工作保持了健康发展势头，取得了明显的阶段性成果。

【党风廉政建设责任制】 2001 年，局党委把落实党风廉政责任制，向深化改革、开拓市场、提高效益等中心工作延伸，与企业管理、班子建设紧密结合，按照“谁主管、谁负责”的精神和“六统一”的原则，确定目标，分解任务，明确责任，层层签订党风廉政建设责任书，形成横向到边、纵向到底的责任网络，使党风廉政责任制落到实处。

2001 年，局党委将党风廉政建设和反腐败的重点工作任务进行细化，分解到有关单位和部门抓落实，签订党风廉政建设责任书 1657 份。责任书签订后，为增强党员领导干部廉洁自律的意识，在党员干部中开展了一系列教育活动。以“三讲”教育为契机，开展了党性党风党纪教育。组织厂处领导干部学习江泽民同志在中纪委五次全会上的讲话、尉健行同志在重庆市考察期间的讲话要点、《胡长清案件警示录》、《中纪委、监察部关于厦门特大走私案查处情况的通报》以及十五届六中全会精神。组织广大党员进行党的知识、党纪党规和廉洁自律知识测试，有效促进了党员队伍建设和领导班子建设。以学习典型案例为重点，开展了警示教育。转发胡长清、成克杰案件剖析材料和集团公司下发的《邪念，使他步入歧途》等 10 起案件通报，利用中心组学习、座谈讨论、深入剖析、播放电教片等多种形式，先后组织党员和干部进行专题学习 279 次，播放电教片 77 场次，从而起到了良好的警示作用。以廉政谈话为手段，开展了超前预防教育。针对党员、干部的思想实际和在重组改制中可能出现的苗头性、倾向性问题，开展廉政谈话教育，对党员干部提要求，打招呼，敲警钟，增强教育的实效性。全局先后对 361 名干部进行了党风党纪专题教育或廉政谈话教育。同时，在《长庆石油报》开辟了“公仆风范”专栏，开展了弘扬正面先进典型的廉政勤政形象宣传活动。全局通过“公仆风范”专栏和广播、电视、黑板报、简报等多种形式，宣传了廉政勤政先进典型 109 个，弘扬了正气，起到了良好的激励和示范作用。在加强宣传的同时，加强督促检查和考核兑现力度。两级纪检监察部门加大了对落实责任制情况的监督检查力度。在平时跟踪检查的基础上，三季度采取听汇报、个别交谈、查资料、征求意见和建议的方式，对全局 22 个主要厂处单位进行巡视，对发现的问题和薄弱环节，提出了要求和建议，有效促进了责任制的落实。年终又对党风廉政建设责任制落实情况进行层层考核和兑现。经考核，评选出 57 个廉政勤政先进集体和 144 名廉政勤政先进个人，考核不达标的领导班子 5 个(其中厂处领导班子 1 个)。局处两级党委对评选出的廉政勤政先进集体和廉政勤政先进个人予以表彰奖励，对考核不达标的领导班子予以责任追究。对 29 人进行了诫勉谈话，对 11 人进行了组织处理，对 10 人给予纪律处分，对 16 人给予经济处罚，从而增强了落实党风廉政建设责任制的力度,强化了责任落实。

【领导干部廉洁自律】 2001 年,局各级党组织和纪检监察部门,按照“突出重点,认真清理,注重规范,强化监督”的工作思路,采取有效措施,进一步深化领导干部廉洁自律工作。

抓清理,促进领导干部廉洁自律。为了保证党员领导干部廉洁从政“六条准则”和国有企业领导干部廉洁自律“五项规定”的落实,促进领导干部廉洁自律,按照上级的要求,重点对领导干部不准接受和赠送现金、有价证券和支付凭证的情况,领导干部配偶、子女从业情况,领导干部及配偶因私出国(境)护照的持有情况进行了清理检查。全局 323 名副处以上领导干部均按照要求认真填写了清理登记表。通过清理,使领导干部受到了一次深刻的教育,廉洁自律的意识进一步增强,共上缴礼金 8.71 万元。

抓规范,约束企业领导人员的行为。为了促进领导干部廉洁自律工作,局党委、长庆局转发了中央纪委监察部、甘肃省纪委和集团公司党组纪检组关于领导干部廉洁自律的有关规定,制定了《党政领导班子议事规则》、《固定资产投资管理办法(试行)》、《资金投资管理办法》、《关于深化改革、放开搞活有关问题的意见(试行)》等制度。各单位定制度、提措施,认真贯彻执行。在执行中,有的单位与供货方签订了购销双方廉政互保协议;有的单位制定了《领导干部廉洁自律承诺制》,有的制定了《加强党内监督的若干规定》等,用制度规范、约束了企业领导人员的经营管理行为,对促进领导干部廉洁自律起到了良好的作用。

抓对照检查,强化对领导干部的监督。认真落实领导干部廉洁自律专题民主生活会制度,强化对领导干部的监督。各单位领导班子召开廉洁自律专题民主生活会,对照检查各自的工作,认真开展批评与自我批评。局党政领导班子在“三讲”学习教育活动中,在广泛征求意见和建议的基础上,召开专题民主生活会,认真对照检查,查找思想、工作上存在的不足和影响长庆局生存与发展的突出问题,积极开展批评与自我批评,增进了班子的团结,坚定了搞好“二次创业”的信心。同时,认真落实收入申报、个人重大事项报告、礼品礼金登记制度,先后有 71 人次登记上缴或拒收礼品礼金 14.54 万元。并按照甘肃省纪委关于建立领导干部廉政档案的要求,建立和完善了领导干部廉政档案,强化了对领导干部的监督。

【查处违法违纪案件】 2001 年,局处两级纪检监察部门始终把查办案件作为纪检监察工作的重点,精心组织,认真查办。全年共受理各类信访举报 161 件次,立案查处违纪案件 16 件,其中大案 3 件,结案处理 16 件,处分各类人员 18 人,随案挽回经济损失 202.58 万元。

分析研究,排查线索抓案源。一是抓线索来源。为了引导职工群众正确举报,扩大案件线索来源,在《长庆石油报》上开辟专栏,向职工群众宣传信访举报的内容、方法和渠道,并重新公布了举报电话。同时,局纪委派出专人,深入基层,从检查信访举报基础资料入手,先后对 14 个厂处单位纪检监察部门办理的 23 件信访举报进行了督查,从中督办违纪案件 3 件。二是抓重点线索。坚持每季对受理的重点举报线索进行分析排查一次,先后排查各类重点线索 23 件,其中初查涉及处级干部的举报 15 件。对重点举报线索采取定初查人员、定初查时限、定初查要求及包案领导的“三定一包”的办案责任,有效防止了案源的流失。三是加大直查力度。局纪委、纪检监察处先后组织力量,直接查办重点信访线索 8 件,直接查处违纪案件 2 起,追回违纪金额 140.2 万余元。

深入实际,认真细致抓成案。在努力拓宽案源渠道的同时,坚持对已查结的信访举报材料进行“回头看”,先后深入 19 个单位对已经办结的 57 件信访举报线索进行了全面检查,发现有 3 起违纪问题的处理没有严格执行有关程序,对此立即予以纠正,要求对其中 2 起问题重新立案处理,防止了线索流失。

严肃纪律,抓处分决定落实。为了严肃执纪,专题下发通知,在全局开展了处分决定执行情况专项检查活动,在各单位自查的基础上,局纪委组织专门力量,先后对19个有案件单位的174件案件、202人处分决定的执行情况,从5个方面逐案逐卷地进行了全面检查,有效促进了处分决定的落实到位,保证办案质量和执纪的严肃性。

【效能监察】 2001年,长庆局继续加大效能监察力度,共发现各类问题277个,整改239个,避免经济损失3859.11万元,挽回经济损失339万元;通过对外投外借资金的专项监察,盘活资金16951.33万元。同时,摸清了全局国有土地资产底数,核实了油气生产、炼化、销售等土地使用单位、区域分布情况和油田公司无偿占用土地情况;理清了近年来因生活基地大范围调整,企业整合重组中公用建筑设施底数不清和大量的闲置、报废在用房屋情况不明,主业和存续企业交叉占房产权不清的问题,有效地防止了国有资产的流失;发现案件线索4个,立案查处2个,涉及金额101.89万元,收缴违纪金额15.22万元。

突出重点,实行目标管理。把开展国有资产管理效能监察和外投外借资金管理效能监察、工程项目和物资(包括药品和医疗器械)采购招投标情况的专项检查作为工作重点,实行目标管理,有效促进了效能监察工作的开展,使立项覆盖率达到了100%,工作重点部位开展率达到了95%,查出问题的当年整改率达到了86.3%,案件线索的初查核实率达到了100%,各种资料、报表、总结做到了上报及时、准确。

实行责任分工,强化运行机制。制定《效能监察工作项目主管领导和管理人员综合评价实施办法(试行)》、《效能监察考察评价标准(试行)》,强化了效能监察的领导机制。实行责任分工,明确了各相关职能部门的责任和任务,强化了纪检监察部门牵头组织协调,有关部门齐抓共管的运行机制,使效能监察工作形成了整体合力。

优化工作方案,组织实施到位。分解效能监察工作内容,确定了15个子项目,10个重点环节和部位,提出了详细的指导性意见,使效能监察工作实施方案不断优化、细化。同时,抽调财务、审计等专业管理部门的骨干,坚持"三段式滚动推进"的工作方法,4次深入基层,进行检查指导,重点解剖和抽查验收。先后对10个单位进行了重点解剖,对26个主要生产单位固定资产效能监察遗留问题的处理情况以及外投外借、账外资金等重点问题的清查情况进行了检查和督导。

落实领导责任,整改措施到位。局效能监察领导小组先后4次专门听取了效能监察办公室的专项检查情况汇报,对存在的问题进行了分析,提出了整改措施及要求。同时,将各单位外投外借资金的清理和追偿工作的责任落实到长庆局分管领导,实行分级负责制。各二级单位领导向长庆局和分管局领导负责,分管局领导向局务会和局长负责,提出具体要求,明确专人,限期整改,一级抓一级,保证了效能监察工作目标的实现。

【源头治理】 2001年,长庆局认真实施责任履行工程、思想防线工程、管理监控工程和阳光工程,不断加大源头治理力度,并取得了成效。

确定源头治理目标,分解源头治理任务,明确源头治理责任,层层签订源头治理责任书,形成了横向到边、纵向到底的责任网络。加大监督检查力度。在平时跟踪检查的基础上,三季度对主要生产单位进行巡视,对发现的问题和薄弱环节,提出了要求和建议,有效促进了责任制的落实。以"三讲"教育为契机,开展党性党风党纪教育。以学习典型案例为重点,开展警示教育。以廉政谈话为手段,开展超前预防教育。收到较好效果。健全完善管理机制,成立了资本运营部、市场开发部、国际市场开发部、石油工程造价管理中心,从管理机制上加强了国有资产管理,理顺了多种经营企业资金结算业务，统一了全局市场开发的政策，加强工程概预算、工程定额、工程造价和工程招投标工作管理。制定物资采购、建设项目管理、合同管理、监察部门参与招标投标等制度，从制度上，规范了行为，强化了管理。全面推行厂务公开制度，对全局改革发展的重要举措、重大生产经营决策、企业重组整合的方案、带资分流的有关政策规定、涉及职工切身利益的事项等都实行了全方位、全过程的公开，反复征求职工的意见，赢得了职工的理解和支持。同时，不断加强财务管理，强化资金监管，严格实行资金集中管理，统一结算，坚决取缔"小金库"，严禁设立账外账，对三产和多种经营单位财会人员实行委派制，切实强化财务监管。从管理机制、管理制度上，预防了违纪问题的发生。

【队伍建设】 2001 年，认真总结全局实行党风廉政建设责任制、开展党风廉政教育工作等五个方面的基本经验。同时，注意抓点带面，树立典型，召开纪检监察工作座谈会，总结交流了 18 个厂处单位开展纪检监察工作、加强党风廉政建设的有效做法和经验，有力地推动了各项工作的深入开展。为了不断探索纪检监察工作的新思路、新措施、新方法，围绕重组后石油企业监督构架设计、如何强化监督、如何发挥纪委在党风廉政建设中的组织协调作用、如何从源头上预防和治理腐败等问题，采取分解任务、定题目、定人员、定时间的方法，积极开展理论研讨，全局共撰写论文 38 篇，其中《加强企业党风廉政建设应处理好的几个关系》一文，在甘肃省监察学会召开的理论研讨会上获优秀论文三等奖。在此基础上，召开了长庆监察支会第五次理论研讨会，报告了支会第二届理事会四年来的工作，对今后的理论研究工作提出了要求；进行了支会的换届工作，健全了支会组织；发布论文 29 篇，对其中 14 篇优秀论文给予了表彰奖励。2001 年局纪委、纪检监察处被集团公司党组、集团公司授予"纪检监察先进集体"荣誉称号。

（李巨龙）

第九篇

机构与人物

长庆石油勘探局组织机构

（机关部门16个，机关附属单位9个，直属单位38个，控股企业3个，托管单位2个，其他机构1个。资料截至日期：2001年12月31日。）

一、长庆局机关（16个处、室、部） 陕西省西安市

局办公室（党委办公室）
财务资产处
市场开发部
生产运行处
人事劳资处（党委组织部）
规划计划处（关联交易处）
科技发展处
质量安全环保处
纪检监察处
政治思想工作部（党委宣传部、企业文化处、武装部、局团委）
局工会
机关事务管理处（机关党委）
离退休职工管理处
教育培训处
卫生处
庆阳指挥部

二、长庆局机关附属（9个） 陕西省西安市

人力资源开发服务中心（再就业服务中心）
社会保险中心
职业技能鉴定中心
资金结算中心
石油工程造价管理中心（工程定额概预算管理站）
发展研究部（咨询中心）
西安基地卫生所
西安基地子弟学校
电视台

三、直属单位（38个）

1. 工程技术服务板块（10个）

地球物理勘探处 宁夏吴忠市
钻井工程总公司 陕西省西安市
测井工程处 甘肃省庆阳县

井下技术作业处	甘肃省庆阳县
建设工程总公司	陕西省西安市
工程技术研究院(工程技术处)	陕西省西安市
长庆石油天然气工程建设监理公司	陕西省西安市
工程监督公司	陕西省西安市
国际市场开发部(国际石油技术工程公司)	陕西省西安市
油气开发公司	陕西省西安市
2. 生产服务板块(10 个)	
第一采油技术服务处	陕西省延安市
第二采油技术服务处	甘肃省庆阳县
第三采油技术服务处	宁夏灵武县
油气技术综合服务处	宁夏灵武县
机械制造总厂	甘肃省宁县
器材供应处	陕西省西安市
水电厂	甘肃省庆阳县
通信公司	陕西省西安市
运输处	甘肃省庆阳县
交通服务处	陕西省西安市
3. 社会服务板块(18 个)	
培训中心	甘肃省宁县
庆阳子弟总校	甘肃省庆阳县
银川高级中学	宁夏银川市
职工疗养院	陕西省西安市
职工医院	甘肃省庆阳县
公用事业处	陕西省西安市
银川物业管理处(银川办事处)	宁夏银川市
西安油气销售综合服务处	陕西省西安市
长庆炼油化工综合服务处	陕西省咸阳市
长庆宾馆	陕西省西安市
兰州办事处	甘肃省兰州市
北京联络处	北京市
上海联络处	上海市
乳山职工培训中心	山东省乳山市
技术监测中心	陕西省西安市
长庆石油报社	陕西省西安市
资本运营部(多种经营管理处)	陕西省西安市
审计处	陕西省西安市

四、控股企业(3 个)

长庆实业集团有限公司	陕西省西安市
房地产开发公司(西安长庆房地产开发有限公司)	陕西省西安市
西安长庆科技工程有限责任公司	陕西省西安市

五、托管单位(2个)

马岭炼油厂　甘肃省庆阳县

马家滩炼油厂　宁夏灵武县

六、其他机构(1个)

泾河工业园项目组　陕西省西安市

长庆石油勘探局党政领导

序号	姓　名	职　　务
1	孙玉辰	长庆石油勘探局局长、党委书记
2	张继昌	长庆石油勘探局党委副书记、纪委书记
3	杨庆理	长庆石油勘探局副局长、党委常委
4	滕玉林	长庆石油勘探局副局长、党委常委
5	刘自强	长庆石油勘探局副局长
6	蒲建中	长庆石油勘探局工会主席、党委常委
7	赵业荣	长庆石油勘探局总工程师、党委常委
8	张芝兰	长庆石油勘探局总会计师、党委常委
9	张启英	局党委常委、人事劳资处处长、党委组织部部长

长庆石油勘探局局长顾问

序号	姓　名	职　　务
1	陈国法	原长庆石油勘探局副局长、现为局长顾问
2	王树荣	原长庆石油勘探局工会主席、现为局长顾问

长庆石油勘探局局长助理

序号	姓　名	职　　务
1	张元忠	长庆石油勘探局局长助理兼房地产开发公司经理
2	邓火孝	长庆石油勘探局局长助理兼长庆实业集团有限公司经理、党委委员
3	杨再生	长庆石油勘探局局长助理兼钻井工程总公司总经理、党委委员

长庆石油勘探局副总工程师

序号	姓　名	职　　务
1	贾明欧	长庆石油勘探局钻井副总工程师
2	杨洪志	长庆石油勘探局试油压裂副总工程师

长庆石油勘探局机关各部门及附属单位班子成员

序号	单　　位	正　　职	副　　职
1	庆阳指挥部	滕玉林(兼)	刘永泉
2	局办公室(党委办公室)	张宏鹏	李三卫　杨懿峰　陈辉荣　华耀博
3	生产运行处	吴述普	于怀兴　万云峰　张振武
4	市场开发部	谢文虎	黄应红　李建福　勾　建　高　鹏
5	财务资产处	张忠华	杨杰山　童天喜　刘新建
6	资金结算中心	阮平生	阮开奎
7	规划计划处(关联交易处)	李庆宁	马效忠　何炳忠　廖长明
	石油工程造价管理中心 (工程定额概预算管理站)	廖长明(兼)	
8	科技发展处	丁世宣	

续表

序号	单　　位	正　职	副　　职
9	质量安全环保处	戴能尚	王玉琦　郭占春
10	人事劳资处(党委组织部)	张启英(兼)	徐维坚　张智慧　赵清显　王录军
	人力资源开发服务中心(再就业服务中心)	徐维坚(兼)	戎玉瑛　石恒春
	职业技能鉴定中心	刘晓华	
	社会保险中心	李锡章	
11	纪检监察处	安武林	苏碎勋　张景尧　李巨龙　刘春科　曹金锋
12	政治思想工作部	郭志刚	
	宣传部(企业文化处)	郭志刚(兼)	戴　娜　李尊团
	局团委		许　允　张明力
	武装部	范恩海	
13	局工会	周红霞	
14	机关事务处	王凤嘉	陈云虎　李新杰
15	教育培训处	王振昌	孟汉青　范光洲
16	卫生处	贺红旗	
17	离退休职工管理处	朱世骏	秦有明
18	发展研究部(咨询中心)	徐安国	黄祥林

长庆石油勘探局所属单位及控股单位班子成员

序号	单　　位	处长(经理、主任、所长、院长、校长、社长、站长)	党委(总支)书记	副处长(副经理、副主任、副院长、副校长、副社长、副书记、纪委书记、工会主席、总工程师、总会计师)
1	国际市场开发部(国际石油技术工程公司)	金学智	金学智	董兰生　郭建友　闫世和

续表

序号	单　　位	处长（经理、主任、所长、院长、校长、社长、站长）	党委(总支)书记	副处长(副经理、副主任、副院长、副校长、副社长、副书记、纪委书记、工会主席、总工程师、总会计师)
2	资本运营部(多种经营管理处)	袁培森	袁培森	张生春　刘维忠
3	钻井工程总公司	杨再生(兼)	刘顶运	马建军　赵宏英　郑炽藩　李旭春　沈双平　张晓成　韩　庆　李功玉　潘应元　高荣瑛　李振国　郭　杰　岳砚华　姚建国　王　红
4	建设工程总公司	凌心强	朱德胜	文杰堂　任留生　刘　伟　王　锐　王建国　范万动　杨正新　郭怀林　韩建成　刘济民　王国仁　刘建华　王　凌　边文宇　郝世英　朱传敬
5	第一采油技术服务处	李　逵	吴志华	陶德荣　张　暄　孙常印　王　旭　刘　琴
6	第二采油技术服务处	张栋杰	刘拴孝	王秉科　燕世文　雒继忠　李崇奇　严正江　王振华　李开连
7	第三采油技术服务处	梁永乐	朱文伯	郭必虎　贺军生　强少军　程玉虎　刘永林
8	地球物理勘探处	曹师伊	曹师伊	陈军强　钱文安　刘光前　袁争鸣　王亚宁　陈建新　施洪建　窦易升　姚宗惠
9	井下技术作业处	王鸿彬	刘勇谋	吕凤军　赵　勇　李静群　田广平　付贵荣　孙智国　李　锋
10	测井工程处	杨玉征	杨玉征	胡启月　田建会　井林西　景　卫　王成来　魏二团　姚绪纲　杨永发
11	工程技术研究院(工程技术处)	刘硕琼	袁孟嘉	荆长勇　王长宁　孙玉玺　刘贵喜　雷　桐　宋振云　谭　平　尚　进
12	西安长庆科技工程有限责任公司	何宗平	朱文甫	张正海　李智渊　李时宣　张　帆
13	长庆石油天然气工程建设监理公司	孙志文	孙志文	
14	工程监督公司	王益海	王益海	赵　康

续表

序号	单　　位	处长（经理、主任、所长、院长、校长、社长、站长）	党委（总支）书记	副处长（副经理、副主任、副院长、副校长、副社长、副书记、纪委书记、工会主席、总工程师、总会计师）
15	机械制造总厂	杨　锋	纪忠明	徐步京　李红才　冯林生　陈建毅　王　翔　吉振宇
16	运输处	杨伯岳	李　涛	李建民　马忠林　熊浩平　张　峰　翟习佳
17	水电厂	周俊基	慕甲锋	于　军　周地南　王进海　童建平　杨志铎　侯远志
18	器材供应处	张富中	孔明杜	王平生　周建民　刘世祥　吴德衍
19	油气技术综合服务处	杨　清	杨　清	杨　文　朱彦博　田毓峰　张占玺　姬定成
20	通信公司	郝永宏	郭海岗	郭文仲　杨定普　黄晓东　陈国庆　刘振华　艾宝泉
21	职工医院	杨耀民	马积玉	李　琪　杨共和　张百宁　田　云
22	职工疗养院	宋钊元	宋钊元	刘全利　郝自力
23	公用事业处	牛仁会	牛仁会	白文运　付运生　徐　斌　陈有仁　李　云　刘志文
24	交通服务处	石玉国	石玉国	李　明
25	长庆宾馆	刘　琦	刘　琦	毕丽君　李晓明
26	审计处	张金山	张金山	何丽君　阎凤俊
27	长庆炼油化工综合服务处	夏孟虎	夏孟虎	
28	西安油气销售综合服务处	吴全福	吴全福	孙素辉
29	培训中心	史仲乾	余连城	郭月琴　王殿民　衣国安　郭弘涛　王　乐　徐进学　尤学文　鱼永纲　土铁坝
30	庆阳子弟总校	范光洲（兼）	康俊杰	王智兴　高　议　顾　云
31	银川高级中学	雷永锋	王占龙	陈金龙　沈凤金　于成义
32	长庆石油报社	王纪中	王纪中	雍亚民　金其超

续表

序号	单　位	处长（经理、主任、所长、院长、校长、社长、站长）	党委（总支）书记	副处长（副经理、副主任、副院长、副校长、副社长、副书记、纪委书记、工会主席、总工程师、总会计师）
33	中国石油报社驻长庆记者站	张新民		
34	技术检测中心	何　毅	何　毅	贾春虎
35	房地产开发公司（西安长庆房地产开发有限公司）	张元忠（兼）	周仁荣	王黎明　张树国　权　衡
36	长庆实业集团有限公司	邓火孝（兼）	王跃龙	郭树森　黄依理　苏计成　吕立国 夏化民　王维东　成邦运
37	银川物业管理处（银川办事处）	叶含中	叶含中	杨登治　周宏跃　巴怀富　文宏平
38	油气开发公司	杨玉征		秦惠中　张凤奎　王永华　李金明
39	泾河工业园项目组	张文锦	张文锦	
40	北京联络处	王欣夫	王欣夫	邵明新
41	上海联络处	刘志文	刘志文（兼）	
42	兰州办事处	丁和远	丁和远	
43	乳山培训中心	王育中	王育中	

长庆石油勘探局正高级职称人员

序号	单　位	姓　名	技术职称	备　注
1	长庆石油勘探局	孙玉辰	教授级高级政工师	
2	长庆石油勘探局	张继昌	教授级高级政工师	
3	长庆石油勘探局	杨庆理	钻井教授级高级工程师	
4	长庆石油勘探局	赵业荣	钻井教授级高级工程师	2001 年特贴
5	长庆石油勘探局	张芝兰	教授级高级会计师	
6	长庆石油勘探局	邓火孝	土建教授级高级工程师	
7	长庆石油勘探局	杨再生	钻井教授级高级工程师	

续表

序号	单　　位	姓　名	技术职称	备　注
序号	单　　位	姓　名	技术职称	备　注
8	长庆石油勘探局	贾明欧	钻井教授级高级工程师	
9	长庆石油勘探局	杨洪志	试油教授级高级工程师	1997年特贴
10	市场开发部	谢文虎	钻井教授级高级工程师	
11	科技发展处	侯哲国	测井教授级高工程师	2000年特贴
12	卫生处	贺红旗	外科主任医师	
13	钻井工程总公司	郑炽藩	教授级高级工程师	
14	地球物理勘探处	曹师伊	教授级高级政工师	
15	地球物理勘探处	蒋加钰	物探教授级高级工程师	1998年特贴
16	工程技术研究院	杨呈德	钻井教授级高级工程师	1993年特贴
17	职工医院	杨耀民	外科主任医师	
18	职工医院	李明科	外科主任医师	
19	房地产开发公司	李庆宁	教授级高级经济师	
20	油气开发公司	杨玉征	测井教授级高级工程师	

长庆石油勘探局副高级职称人员

序号	单　　位	姓　名	技术职称	备　注
1	长庆石油勘探局	滕玉林	高级经济师	
2	长庆石油勘探局	刘自强	高级工程师	
3	长庆石油勘探局	蒲建中	高级工程师	
4	长庆石油勘探局	张启英	高级工程师	
5	长庆石油勘探局	张元忠	高级经济师	
6	局办公室(党委办公室)	张宏鹏	高级政工师	
7	人事劳资处(组织部)	徐维坚	高级工程师	
8	人事劳资处(组织部)	张智慧	高级经济师	
9	人事劳资处(组织部)	焦留群	高级经济师	

续表

序号	单　　位	姓　名	技术职称	备　注
10	人事劳资处(组织部)	冀小祁	高级工程师	
11	教育培训处	王凤礼	高级工程师	
12	教育培训处	郭东宏	高级工程师	
13	纪检监察处	安武林	高级政工师	
14	纪检监察处	苏碎勋	高级政工师	
15	纪检监察处	李润生	高级政工师	
16	党委宣传部(企业文化处)	郭志刚	高级政工师	
17	党委宣传部(企业文化处)	戴　娜	高级政工师	
18	党委宣传部(企业文化处)	杨智耀	高级政工师	
19	党委宣传部(企业文化处)	史树德	高级政工师	
20	局电视台	张平心	高级政工师	
21	局工会	周红霞	高级政工师	
22	局工会	徐家林	高级政工师	
23	局工会	李鸿明	高级政工师	
24	生产运行处	于怀兴	高级经济师	
25	生产运行处	张玉坤	高级工程师	
26	生产运行处	雒建胜	高级工程师	
27	市场开发部	黄应红	高级工程师	
28	市场开发部	勾　建	高级工程师	
29	市场开发部	邓忠义	高级工程师	
30	资金结算中心	阮平生	高级工程师	
31	财务资产处	张忠华	高级会计师	
32	财务资产处	刘继红	高级会计师	
33	规划计划处(关联交易处)	马效忠	高级工程师	
34	规划计划处(关联交易处)	何炳忠	高级工程师	
35	规划计划处(关联交易处)	尚　进	高级工程师	
36	规划计划处(关联交易处)	廖长明	高级经济师	
37	规划计划处(关联交易处)	肖剑华	高级经济师	
38	科技发展处	丁世宣	高级工程师	
39	科技发展处	方　勇	高级工程师	

续表

序号	单　　位	姓　名	技术职称	备　注
40	质量安全环保处	戴能尚	高级工程师	
41	质量安全环保处	郭占春	高级工程师	
42	质量安全环保处	王玉琦	高级工程师	
43	质量安全环保处	冯忠全	高级工程师	
44	机关事务管理处	王凤嘉	高级政工师	
45	教育处	王振昌	高级工程师	
46	教育处	范光洲	中学高级教师	
47	教育处	王新民	中学高级教师	
48	教育处	张　芸	中学高级教师	
49	教育处	田景利	中学高级教师	
50	教育处	马录堂	中学高级教师	
51	卫生处	赵风库	副主任医师	
52	离退休职工管理处	朱世骏	高级政工师	
53	离退休职工管理处	秦有明	高级政工师	
54	离退休职工管理处	郭爱琴	高级政工师	
55	人力资源开发服务中心	戎玉瑛	高级工程师	
56	人力资源开发服务中心	李　宁	高级工程师	
57	职业技能鉴定中心	钱定新	高级经济师	
58	发展研究部(咨询中心)	徐安国	高级经济师	
59	发展研究部(咨询中心)	魏胜利	高级讲师	
60	发展研究部(咨询中心)	李海石	高级工程师	
61	发展研究部(咨询中心)	荆永福	高级工程师	
62	发展研究部(咨询中心)	刘永泉	高级工程师	
63	发展研究部(咨询中心)	郭洁宗	高级工程师	
64	巡视员办公室	黄儒新	高级政工师	
65	西安基地卫生所	张建萍	副主任医师	
66	西安基地子弟学校	朱克强	中学高级教师	
67	西安基地子弟学校	刘少阳	中学高级教师	
68	西安基地子弟学校	王存才	中学高级教师	
69	西安基地子弟学校	李顺启	中学高级教师	

续表

序号	单　　位	姓　名	技术职称	备　注
70	西安基地子弟学校	葛志莲	中学高级教师	
71	西安基地子弟学校	赵珍兰	中学高级教师	
72	西安基地子弟学校	高春毅	中学高级教师	
73	西安基地子弟学校	李建平	中学高级教师	
74	钻井工程总公司	刘顶运	高级工程师	
75	钻井工程总公司	马建军	高级工程师	
76	钻井工程总公司	赵宏英	高级政工师	
77	钻井工程总公司	李旭春	高级工程师	
78	钻井工程总公司	张晓成	高级工程师	
79	钻井工程总公司	韩　庆	高级工程师	
80	钻井工程总公司	潘应元	高级经济师	
81	钻井工程总公司	高荣瑛	高级经济师	
82	钻井工程总公司	沈双平	高级工程师	
83	钻井工程总公司	李振国	高级工程师	
84	钻井工程总公司	岳砚华	高级工程师	
85	钻井工程总公司	姚建国	高级工程师	
86	钻井工程总公司	李　艳	高级会计师	
87	钻井工程总公司	秦建忠	高级工程师	
88	钻井工程总公司	陈水镜	高级经济师	
89	钻井工程总公司	李百顺	高级经济师	
90	钻井工程总公司	韩相义	高级工程师	
91	钻井工程总公司	吕松林	高级工程师	
92	钻井工程总公司	蒋跃新	高级工程师	
93	钻井工程总公司	王均良	高级工程师	
94	钻井工程总公司	刘胜娃	高级工程师	
95	钻井工程总公司	吴付频	高级工程师	
96	钻井工程总公司	彭国荣	高级工程师	
97	钻井工程总公司	智兴昌	中学高级教师	
98	钻井工程总公司	曹玉山	中学高级教师	
99	钻井工程总公司	张应华	中学高级教师	

续表

序号	单　　位	姓　名	技术职称	备　注
100	钻井工程总公司	刘玉兰	中学高级教师	
101	钻井工程总公司	慕勤国	中学高级教师	
102	钻井工程总公司	何光荣	中学高级教师	
103	钻井工程总公司	蒙学成	中学高级教师	
104	钻井工程总公司	周　兰	中学高级教师	
105	钻井工程总公司	薛克泰	中学高级教师	
106	钻井工程总公司	柴仓库	中学高级教师	
107	钻井工程总公司	野德胜	中学高级教师	
108	钻井工程总公司	龙利平	高级工程师	
109	钻井工程总公司	罗　强	高级工程师	
110	钻井工程总公司	梅海桥	高级工程师	
111	钻井工程总公司	董拴有	高级工程师	
112	钻井工程总公司	胡培茂	高级工程师	
113	钻井工程总公司	郝俊林	高级工程师	
114	钻井工程总公司	王居明	高级工程师	
115	钻井工程总公司	肖纪石	高级工程师	
116	钻井工程总公司	吕平福	高级工程师	
117	钻井工程总公司	常占宪	高级工程师	
118	钻井工程总公司	郭卫军	高级工程师	
119	钻井工程总公司	高政宏	高级工程师	
120	钻井工程总公司	谢凌祥	高级工程师	
121	钻井工程总公司	孙保林	高级工程师	
122	钻井工程总公司	王宏伟	高级工程师	
123	钻井工程总公司	朱　虎	高级工程师	
124	钻井工程总公司	李　斌	中学高级教师	
125	钻井工程总公司	席建堂	副主任医师	
126	钻井工程总公司	化柱州	副主任医师	
127	钻井工程总公司	田少江	高级工程师	
128	钻井工程总公司	周　浩	高级工程师	
129	钻井工程总公司	慕建军	高级工程师	

续表

序号	单　　位	姓　名	技术职称	备　注
130	钻井工程总公司	史向东	高级工程师	
131	钻井工程总公司	李章元	高级工程师	
132	钻井工程总公司	刘文华	高级工程师	
133	钻井工程总公司	曹文信	副主任医师	
134	钻井工程总公司	王占宁	副主任医师	
135	建设工程总公司	凌心强	高级工程师	
136	建设工程总公司	朱德胜	高级政工师	
137	建设工程总公司	任留生	高级政工师	
138	建设工程总公司	刘　伟	高级政工师	
139	建设工程总公司	王建国	高级工程师	
140	建设工程总公司	范万动	高级会计师	
141	建设工程总公司	韩建成	高级工程师	
142	建设工程总公司	刘济民	高级工程师	
143	建设工程总公司	朱传敬	高级工程师	
144	建设工程总公司	许小成	高级工程师	
145	建设工程总公司	岳志宏	高级工程师	
146	建设工程总公司	崔旭良	高级工程师	
147	建设工程总公司	张景斌	高级工程师	
148	建设工程总公司	路彩青	高级工程师	
149	建设工程总公司	廉援朝	副主任医师	
150	第一采油技术服务处	吴志华	高级工程师	
151	第一采油技术服务处	刘永谦	中学高级教师	
152	第一采油技术服务处	刘铁锁	中学高级教师	
153	第一采油技术服务处	段万祥	中学高级教师	
154	第一采油技术服务处	张天锋	中学高级教师	
155	第一采油技术服务处	王芳玲	中学高级教师	
156	第一采油技术服务处	吉双虎	中学高级教师	
157	第一采油技术服务处	朱克强	中学高级教师	
158	第一采油技术服务处	张树德	副主任医师	
159	第一采油技术服务处	张清俊	副主任医师	

续表

序号	单位	姓名	技术职称	备注
160	第一采油技术服务处	吴福兴	副主任医师	
161	第一采油技术服务处	刘延民	副主任医师	
162	第一采油技术服务处	李　莉	副主任医师	
163	第二采油技术服务处	刘栓孝	高级经济师	
164	第二采油技术服务处	雒继忠	高级工程师	
165	第二采油技术服务处	李开连	高级工程师	
166	第二采油技术服务处	金正谦	高级工程师	
167	第二采油技术服务处	靳思贤	高级工程师	
168	第二采油技术服务处	李永辉	中学高级教师	
169	第二采油技术服务处	毛德科	中学高级教师	
170	第三采油技术服务处	朱文伯	高级工程师	
171	第三采油技术服务处	郭必虎	高级政工师	
172	第三采油技术服务处	唐建平	副主任医师	
173	第三采油技术服务处	宋建明	副主任医师	
174	地球物理勘探处	陈军强	高级工程师	
175	地球物理勘探处	钱文安	高级政工师	
176	地球物理勘探处	施洪建	高级政工师	
177	地球物理勘探处	窦易升	高级工程师	
178	地球物理勘探处	姚宗惠	高级工程师	
179	地球物理勘探处	钱汉林	高级工程师	
180	地球物理勘探处	陈伊苗	高级工程师	
181	地球物理勘探处	王建功	高级工程师	
182	地球物理勘探处	张代琳	高级工程师	
183	地球物理勘探处	李宝泉	高级工程师	
184	地球物理勘探处	岑向东	高级工程师	
185	地球物理勘探处	刘圣辉	高级工程师	
186	地球物理勘探处	任文军	高级工程师	
187	地球物理勘探处	孙景旺	高级工程师	
188	地球物理勘探处	杨大昌	高级工程师	
189	地球物理勘探处	焦小龙	高级工程师	

续表

序号	单　　位	姓　名	技术职称	备　注
190	地球物理勘探处	赵　旭	副主任医师	
191	地球物理勘探处	郭培智	高级工程师	
192	地球物理勘探处	姚花兰	高级工程师	
193	地球物理勘探处	付守献	高级工程师	
194	地球物理勘探处	孙玉华	高级工程师	
195	地球物理勘探处	李来运	高级工程师	
196	地球物理勘探处	钱俊生	高级工程师	
197	地球物理勘探处	李凤歧	高级工程师	
198	地球物理勘探处	丁光兴	高级工程师	
199	地球物理勘探处	何晓菊	高级工程师	
200	地球物理勘探处	曾令邦	高级工程师	
201	地球物理勘探处	郭亚斌	高级工程师	
202	地球物理勘探处	董光明	高级工程师	
203	地球物理勘探处	周夏丽	高级工程师	
204	地球物理勘探处	衡维民	高级工程师	
205	地球物理勘探处	杨　智	高级工程师	
206	地球物理勘探处	肖文霞	高级工程师	
207	地球物理勘探处	刘秀达	高级工程师	
208	地球物理勘探处	冯泽民	高级工程师	
209	井下技术作业处	王鸿彬	高级经济师	
210	井下技术作业处	刘勇谋	高级工程师	
211	井下技术作业处	赵　勇	高级工程师	
212	井下技术作业处	李静群	高级工程师	
213	井下技术作业处	孙智国	高级工程师	
214	井下技术作业处	漆雕良	高级工程师	
215	井下技术作业处	王庚锁	高级工程师	
216	井下技术作业处	苏金柱	高级工程师	
217	井下技术作业处	李武平	高级工程师	
218	井下技术作业处	魏　斌	高级工程师	
219	井下技术作业处	杨平春	高级工程师	

续表

序号	单　　位	姓　名	技术职称	备　注
220	井下技术作业处	汪作阳	高级工程师	
221	井下技术作业处	张兴科	高级工程师	
222	井下技术作业处	王宏宇	高级经济师	
223	井下技术作业处	孙　莉	中学高级教师	
224	测井工程处	胡启月	高级工程师	
225	测井工程处	田建会	高级政工师	
226	测井工程处	井林西	高级经济师	
227	测井工程处	王成来	高级工程师	
228	测井工程处	景　卫	高级工程师	
229	测井工程处	姚绪刚	高级工程师	
230	测井工程处	杨永发	高级工程师	
231	测井工程处	喻敬极	高级工程师	
232	测井工程处	王宏备	高级工程师	
233	测井工程处	牟金东	高级工程师	
234	测井工程处	沈麟书	高级工程师	
235	测井工程处	许或斐	高级工程师	
236	测井工程处	陈开元	高级工程师	
237	测井工程处	马瑞林	高级工程师	
238	测井工程处	范永维	高级工程师	
239	测井工程处	牛忠学	高级工程师	
240	测井工程处	黄大庆	高级经济师	
241	测井工程处	贺小陆	高级工程师	
242	测井工程处	刘复屏	高级工程师	
243	测井工程处	高山荣	高级工程师	
244	测井工程处	赵建武	高级工程师	
245	测井工程处	田　方	高级工程师	
246	测井工程处	程玉梅	高级工程师	
247	测井工程处	冯春珍	高级工程师	
248	测井工程处	孙瑞厚	高级工程师	
249	测井工程处	张新江	高级工程师	

续表

序号	单　　位	姓　名	技术职称	备　注
250	工程技术研究院	刘硕琼	高级工程师	
251	工程技术研究院	袁孟嘉	高级工程师	
252	工程技术研究院	荆长勇	高级政工师	
253	工程技术研究院	王长宁	高级工程师	
254	工程技术研究院	孙玉玺	高级工程师	
255	工程技术研究院	刘贵喜	高级工程师	
256	工程技术研究院	雷　桐	高级工程师	
257	工程技术研究院	宋振云	高级工程师	
258	工程技术研究院	谭　平	高级工程师	
259	工程技术研究院	陈在君	高级工程师	
260	工程技术研究院	张西明	高级工程师	
261	工程技术研究院	张毓民	高级工程师	
262	工程技术研究院	田福德	高级工程师	
263	工程技术研究院	尹才元	高级工程师	
264	工程技术研究院	李家森	高级工程师	
265	工程技术研究院	李志航	高级工程师	
266	工程技术研究院	赵喜民	高级工程师	
267	工程技术研究院	李逢先	高级工程师	
268	工程技术研究院	拓伯民	高级工程师	
269	工程技术研究院	张汉林	高级工程师	
270	西安长庆科技工程责任有限公司	何宗平	高级工程师	
271	西安长庆科技工程责任有限公司	朱文甫	高级工程师	
272	西安长庆科技工程有限责任公司	张正海	高级政工师	
273	西安长庆科技工程有限责任公司	李智渊	高级会计师	
274	西安长庆科技工程有限责任公司	李时宣	高级工程师	
275	西安长庆科技工程有限责任公司	张　帆	高级工程师	
276	西安长庆科技工程有限责任公司	杨世海	高级工程师	
277	西安长庆科技工程有限责任公司	曹家泉	高级工程师	
278	西安长庆科技工程有限责任公司	黄　琨	高级工程师	
279	西安长庆科技工程有限责任公司	冯凯生	高级工程师	

续表

序号	单　　位	姓　名	技术职称	备　注
280	西安长庆科技工程有限责任公司	郭少林	高级工程师	
281	西安长庆科技工程有限责任公司	常益民	高级工程师	
282	西安长庆科技工程有限责任公司	何茂林	高级工程师	
283	西安长庆科技工程有限责任公司	任兴文	高级工程师	
284	西安长庆科技工程有限责任公司	葛　辉	高级工程师	
285	西安长庆科技工程有限责任公司	陈金根	高级工程师	
286	西安长庆科技工程有限责任公司	刘利群	高级工程师	
287	西安长庆科技工程有限责任公司	曹海忠	高级工程师	
288	西安长庆科技工程有限责任公司	隋月凤	高级工程师	
289	西安长庆科技工程有限责任公司	王晓东	高级工程师	
290	西安长庆科技工程有限责任公司	刘文喜	高级工程师	
291	西安长庆科技工程有限责任公司	姚光蓉	高级工程师	
292	西安长庆科技工程有限责任公司	李　娟	高级工程师	
293	西安长庆科技工程有限责任公司	赵志刚	高级工程师	
294	西安长庆科技工程有限责任公司	孙志鹏	高级工程师	
295	西安长庆科技工程有限责任公司	贾德义	高级工程师	
296	西安长庆科技工程有限责任公司	聂　华	高级工程师	
297	西安长庆科技工程有限责任公司	陆子谦	高级工程师	
298	西安长庆科技工程有限责任公司	张兴元	高级工程师	
299	机械制造总厂	李红才	高级工程师	
300	机械制造总厂	吉振宇	高级工程师	
301	机械制造总厂	秦德福	高级工程师	
302	机械制造总厂	谭家荣	高级工程师	
303	机械制造总厂	唐忠钰	中学高级教师	
304	机械制造总厂	曹接民	高级工程师	
305	机械制造总厂	孟平德	高级工程师	
306	机械制造总厂	丁发亮	高级工程师	
307	机械制造总厂	王安平	高级工程师	
308	机械制造总厂	田百选	高级工程师	
309	机械制造总厂	白文雄	高级工程师	

续表

序号	单　　位	姓　名	技术职称	备　注
310	机械制造总厂	刘舒义	高级工程师	
311	机械制造总厂	何胆孝	中学高级教师	
312	机械制造总厂	惠登科	中学高级教师	
313	机械制造总厂	程旭昌	中学高级教师	
314	机械制造总厂	栗新洮	中学高级教师	
315	机械制造总厂	姚志长	中学高级教师	
316	机械制造总厂	吕荣华	中学高级教师	
317	器材供应处	张富中	高级经济师	
318	器材供应处	孔明杜	高级政工师	
319	器材供应处	刘世祥	高级政工师	
320	器材供应处	徐定国	高级经济师	
321	器材供应处	吴涛生	高级经济师	
322	器材供应处	杨晓琴	中学高级教师	
323	器材供应处	杨丽芸	中学高级教师	
324	器材供应处	职玉清	中学高级教师	
325	水电厂	周俊基	高级政工师	
326	水电厂	慕甲锋	高级会计师	
327	水电厂	侯元志	高级工程师	
328	水电厂	马镇文	高级工程师	
329	水电厂	刘志恩	高级工程师	
330	通信公司	郝永宏	高级经济师	
331	通信公司	郭海岗	高级政工师	
332	通信公司	郭文仲	高级工程师	
333	通信公司	黄晓东	高级工程师	
334	通信公司	刘振华	高级工程师	
335	通信公司	王建忠	高级工程师	
336	通信公司	王有榜	高级工程师	
337	通信公司	张吉应	高级工程师	
338	通信公司	程维平	高级工程师	
339	职工医院	马积玉	高级政工师	

续表

序号	单　位	姓　名	技术职称	备　注
340	职工医院	李　琪	副主任医师	
341	职工医院	杨共和	高级政工师	
342	职工医院	张百宁	副主任医师	
343	职工医院	武卫东	副主任医师	
344	职工医院	李秀英	副主任医师	
345	职工医院	牛靖峰	副主任医师	
346	职工医院	王　平	副主任医师	
347	职工医院	白晓霞	副主任医师	
348	职工医院	吴世俊	副主任医师	
349	职工医院	王树德	副主任医师	
350	职工医院	蔡　辛	副主任医师	
351	职工医院	李西安	副主任医师	
352	职工医院	黄金环	副主任医师	
353	职工医院	胡　清	副主任医师	
354	职工医院	童玉梅	副主任医师	
355	职工医院	李建凯	副主任药师	
356	职工医院	王长青	副主任医师	
357	职工疗养院	宋钊元	高级政工师	
358	职工疗养院	刘全利	高级政工师	
359	职工疗养院	郝自力	副主任医师	
360	职工疗养院	刘致远	高级政工师	
361	职工疗养院	徐宏万	高级经济师	
362	房地产开发公司	周仁荣	高级经济师	
363	房地产开发公司	吕本祥	高级工程师	
364	房地产开发公司	高思毅	高级工程师	
365	房地产开发公司	李敏光	高级政工师	
366	房地产开发公司	张德新	高级经济师	
367	房地产开发公司	顾金国	高级工程师	
368	公用事业处	牛仁会	高级政工师	
369	公用事业处	白文运	高级政工师	

续表

序号	单　　位	姓　名	技术职称	备　注
370	公用事业处	林隆华	高级工程师	
371	公用事业处	张晓林	高级工程师	
372	培训中心	史仲乾	高级讲师	
373	培训中心	余连城	高级工程师	
374	培训中心	郭月琴	高级政工师	
375	培训中心	王殿民	副教授	
376	培训中心	衣国安	高级讲师	
377	培训中心	王铁项	高级讲师	
378	培训中心	王　乐	高级政工师	
379	培训中心	徐进学	高级讲师	
380	培训中心	孙俊郎	高级讲师	
381	培训中心	王三乐	高级讲师	
382	培训中心	栾中鹤	高级讲师	
383	培训中心	杜宏昌	高级讲师	
384	培训中心	张鹏云	高级讲师	
385	培训中心	马仁华	高级讲师	
386	培训中心	路利民	高级讲师	
387	培训中心	刘在翔	高级讲师	
388	培训中心	余洪林	高级讲师	
389	培训中心	张　波	高级讲师	
390	培训中心	高登林	高级讲师	
391	培训中心	廖军伟	高级讲师	
392	培训中心	王维珍	高级讲师	
393	培训中心	郑社教	高级讲师	
394	培训中心	高松厚	高级讲师	
395	培训中心	唐　磊	高级讲师	
396	培训中心	张积峰	高级讲师	
397	培训中心	陈明支	高级讲师	
398	庆阳子弟总校	王金江	中学高级教师	
399	庆阳子弟总校	席进忠	中学高级教师	

续表

序号	单　　位	姓　名	技术职称	备　注
400	庆阳子弟总校	陈　萍	中学高级教师	
401	庆阳子弟总校	侯陆良	中学高级教师	
402	庆阳子弟总校	刘弘敬	中学高级教师	
403	庆阳子弟总校	刘风中	中学高级教师	
404	庆阳子弟总校	赵柯然	中学高级教师	
405	庆阳子弟总校	包新安	中学高级教师	
406	庆阳子弟总校	张盱明	中学高级教师	
407	庆阳子弟总校	赵炜辉	中学高级教师	
408	庆阳子弟总校	段转林	中学高级教师	
409	庆阳子弟总校	李崇祥	中学高级教师	
410	庆阳子弟总校	刘晓凝	中学高级教师	
411	庆阳子弟总校	夏继军	中学高级教师	
412	庆阳子弟总校	任绥海	中学高级教师	
413	庆阳子弟总校	刘宜攀	中学高级教师	
414	庆阳子弟总校	刘　策	中学高级教师	
415	庆阳子弟总校	何　辉	中学高级教师	
416	庆阳子弟总校	秦玉萍	中学高级教师	
417	庆阳子弟总校	张淳驽	中学高级教师	
418	庆阳子弟总校	相云峰	中学高级教师	
419	银川高级中学	雷永锋	中学高级教师	
420	银川高级中学	陈金龙	中学高级教师	
421	银川高级中学	沈风金	中学高级教师	
422	银川高级中学	于成义	中学高级教师	
423	银川高级中学	王　勇	中学高级教师	
424	银川高级中学	曹朗朗	中学高级教师	
425	银川高级中学	沭　毅	中学高级教师	
426	银川高级中学	任克建	中学高级教师	
427	银川高级中学	马占林	中学高级教师	
428	银川高级中学	同高社	中学高级教师	
429	银川高级中学	马庭龙	中学高级教师	

续表

序号	单　　位	姓　名	技术职称	备　注
430	银川高级中学	乔新宁	中学高级教师	
431	银川高级中学	李　敏	中学高级教师	
432	银川高级中学	郭学文	中学高级教师	
433	银川高级中学	张玉生	中学高级教师	
434	银川高级中学	顾同刚	中学高级教师	
435	银川高级中学	刘建明	中学高级教师	
436	银川高级中学	刘建全	中学高级教师	
437	银川高级中学	蔺晓林	中学高级教师	
438	银川高级中学	顾险峰	中学高级教师	
439	银川高级中学	徐　燕	中学高级教师	
440	银川高级中学	包忠勇	中学高级教师	
441	银川高级中学	吕淑杰	中学高级教师	
442	银川高级中学	王保源	中学高级教师	
443	银川高级中学	马廷喜	中学高级教师	
444	银川高级中学	王　青	中学高级教师	
445	银川高级中学	杨培军	中学高级教师	
446	银川高级中学	胡文锋	中学高级教师	
447	银川高级中学	文燕萍	中学高级教师	
448	银川高级中学	霍德亮	中学高级教师	
449	银川高级中学	李兴荣	中学高级教师	
450	长庆实业集团公司	王跃龙	高级政工师	
451	长庆实业集团公司	郭树森	高级政工师	
452	长庆实业集团公司	黄依理	高级工程师	
453	长庆实业集团公司	苏计成	高级经济师	
454	长庆实业集团公司	张升耀	高级政工师	
455	长庆实业集团公司	张志荣	高级工程师	
456	技术监测中心	何　毅	高级工程师	
457	技术监测中心	刘丰年	高级工程师	
458	技术监测中心	潘文启	高级讲师	
459	技术监测中心	徐怀玉	高级工程师	

续表

序号	单　　位	姓　名	技术职称	备　注
460	技术监测中心	王生才	高级工程师	
461	长庆石油天然气工程建设监督公司	王益海	高级工程师	
462	长庆石油天然气工程建设监督公司	朱　山	高级工程师	
463	长庆石油天然气工程建设监理公司	王　浩	高级工程师	
464	长庆石油天然气工程建设监理公司	孟兴业	高级工程师	
465	多种经营处(资本运营部)	袁培森	高级会计师	
466	多种经营处(资本运营部)	刘维忠	高级经济师	
467	多种经营处(资本运营部)	张生春	高级经济师	
468	国际市场开发部	金学智	高级工程师	
469	国际市场开发部	董兰生	高级工程师	
470	国际市场开发部	郭建友	高级工程师	
471	国际市场开发部	阎世和	高级工程师	
472	国际市场开发部	张振武	高级工程师	
473	国际市场开发部	李永泓	高级工程师	
474	油气开发公司	秦惠中	高级经济师	
475	油气开发公司	张凤奎	高级工程师	
476	油气开发公司	王永华	高级工程师	
477	油气开发公司	陈付星	高级工程师	
478	长庆宾馆	刘　琦	高级经济师	
479	长庆石油报社	金其超	主任编辑	
480	运输处	李　涛	高级政工师	
481	运输处	翟习佳	高级工程师	
482	交通服务处	武西安	高级工程师	
483	审计处	张金山	高级审计师	
484	审计处	陶世攀	高级审计师	
485	审计处	车菊花	高级审计师	
486	北京联络处	王欣夫	高级经济师	
487	北京联络处	张　平	高级政工师	
488	油气销售综合服务处	孙素辉	高级经济师	
489	银川物业管理处(银川办事处)	叶含中	高级工程师	

续表

序号	单　　位	姓　名	技术职称	备　注
490	银川物业管理处(银川办事处)	李杰然	高级政工师	
491	油气技术综合服务处	朱彦博	高级农艺师	
492	泾河工业园项目组	张文锦	高级政工师	

模范(先进)集体

【甘肃省先进基层党组织】 第二采油技术服务处修井 25 队党支部、井下技术作业处试油 177 队党支部。

【宁夏回族自治区先进基层党组织】 物探处研究所党总支部。

【全国青年文明号】 钻井工程总公司 20140 钻井队(现 30533 钻井队)。

【全国职工职业道德建设先进单位】 水电厂、井下技术作业处。

【长庆局模范集体】 钻井工程总公司:18103 钻井队、30521 钻井队、6015 钻井队。

地球物理勘探处:研究所。

测井工程处:测井一分公司。

井下技术作业处:试油 167 队。

第一采油技术服务处:长兴井下作业公司。

第二采油技术服务处:修井公司修井 25 队、恒达公司筑路一队。

第三采油技术服务处:一大队作业 7 队。

建设工程总公司:660 管线项目组、筑路一公司。

机械制造总厂:抽油机制造分厂。

水电厂:安塞综合大队。

运输处:运输一分公司。

器材供应处:咸阳转运站。

工程技术研究院:固井研究所。

西安长庆科技工程有限责任公司:石油工程设计部。

公用事业处:靖边基地管理分处。

长庆实业集团有限公司:镰刀湾项目组。

【长庆局先进集体】 钻井工程总公司:30533 钻井队、30518 钻井队、60144 钻井队、运输公司七中队、管子公司河东服务部、机修公司马家滩机械厂机加工段、尼日利亚项目组。

地球物理勘探处:2132 队、装备管理服务公司。

测井工程处:测井研究所。

井下技术作业处:压裂四队、陇东项目部。

第一采油技术服务处:检泵公司、特车大队特车中队。

第二采油技术服务处:注采车间、卫生所、物业一公司。

第三采油技术服务处:运输大队试压工程队、油气田建设工程分公司。

建设工程总公司:防腐绝缘厂、世纪大道项目部。

机械制造总厂:钻采配件分厂。

水电厂:水电工程公司。

运输处:试采公司。

油气技术综合服务处:实业公司。

西安油气销售综合服务处:成都长庆实业公司。

通信公司:庆阳分公司。

房地产开发公司:银川分公司。

银川物业管理处:保卫科。

交通服务处:小汽车修理厂。

长庆宾馆:餐饮部。

培训中心:培训部

庆阳子弟总校:高中部。

银川高级中学:高三年级组。

职工医院:内二科。

职工疗养院:膳食服务部。

乳山职工培训中心:长庆度假村。

审计处:第二审计科。

长庆石油报社:编辑部。

技术监测中心:锅炉压力容器检验站。

长庆实业集团有限公司:勘探开发公司。

局机关:人事劳资处(组织部)、财务资产处

【长庆局廉政勤政先进单位】 地球物理勘探处、测井工程处、井下技术作业处、第三采油技术服务处、机械制造总厂、西安长庆科技工程有限公司。

【长庆局先进党支部】 钻井工程总公司:32702钻井队党支部、32796钻井队党支部、30533钻井队党支部、固井公司五中队党支部、运输公司七中队党支部。

第一采油技术服务处:检泵公司修井六队党支部。

第二采油技术服务处:第二修井公司修井二十五队党支部、第三修井公司修井二十二队党支部。

第三采油技术服务处:作业十三队党支部。

地球物理勘探处:研究所党总支部、2132队党支部。

井下技术作业处:试油177队党支部、试油169队党支部。

油田建设工程处:机械工程队党支部。

测井工程处:测井二中队党支部。

工程技术研究院:钻井工艺研究所党支部。

机械制造总厂:钻采配件分厂党支部。

运输处:汽修厂四工段党支部

器材供应处:咸阳转运站器材库党支部。

油气技术综合服务处:实业公司党支部。

通信公司:庆阳分公司党支部。

职工医院:药械科党支部。

公用事业处:房产管理所党支部。

长庆石油学校:教工党支部。

技工学校:教务科党支部。

庆阳子弟总校:初中党支部。

银川高级中学:银川子校党支部。

房地产开发公司:第一党支部。

长庆实业集团有限公司:勘探开发公司党支部。

银川物业管理处:离退休职工管理站党总支第一党支部。

局机关:局纪委、纪检监察处党支部、长庆石油报社印刷厂党支部。

模范(先进)个人

【“全国五一劳动奖章”获得者】 钻井工程总公司:杨冉生。

油田建设工程处:秦惠中。

地球物理勘探处:曹师伊。

【全国青年岗位能手】 地球物理勘探处:安宏刚。

【甘肃省优秀党务工作者】 钻井工程总公司30524钻井队:刘积敏。

【甘肃省优秀共产党员】 油建工程处三大队铆焊厂:刘瑛。

【陕西省优秀青年企业家】 第三采油技术服务处:朱文伯。

【陕西省优秀青年岗位能手】 钻井工程总公司:李雪岗。

【陕西省青年岗位能手】 通信公司:黄晓东、通信公司:刘劲。

【陕西省优秀青年实业家】 工程技术研究院:李光明。

钻井工程总公司:王万里。

【陕西省优秀青年经济理论工作者】 资本运营部:刘维忠。

【甘肃省优秀共青团干部】 地球物理勘探处:王宏伟。

建设工程总公司:蒙阿仔。

【甘肃省优秀共青团员】 第三采油技术服务处:郑陇东。

第二采油技术服务处:杜伟丽。

【长庆局“十佳形象”获得者】 第三采油技术服务处:王学海。

钻井工程总公司:李晓明、王宏伟、蒋勇。

地球物理勘探处:刘秀达。

井下技术作业处:田艳春。

第二采油技术服务处:王进恒。

测井工程处:魏二团。

长庆石油报社:栾瑛。

庆阳子弟总校:张虹。

【长庆局劳动模范】 钻井工程总公司:袁卓、耿小峰、王耀平。

地球物理勘探处:曹师伊、付守献。

测井工程处:樊立新。

井下技术作业处:王鸿彬。

第一采油技术服务处:高吉英(女)。

第二采油技术服务处:肖朝福、张布伦。

第三采油技术服务处:朱文伯。

建设工程总公司:齐锐、李文明。

机械制造总厂:彭志祯。

水电厂:张军林。

运输处:马兴智。

油气技术综合服务处:刘兴波。

工程技术研究院:马海忠。

西安长庆科技工程有限责任公司:冯凯生。

培训中心:王维珍。

职工医院:吴世俊。

长庆实业集团有限公司:王科。

【长庆局先进生产(工作)者】 钻井工程总公司:杨茂存、刘永横、张治林、王晓峰、李明辉、杨峰军、石正林、王少卿、王义平、王建成、焦焕财、尹旭华、张虎运、王标、苟自贤、王俊清。

地球物理勘探处:蒋加钰(女)、范宏明、景永忠、郑茂盛、董停辛。

测井工程处:文晓峰、孙建伟、刘红升。

井下技术作业处:宇晓宝、胡文让、赵述军、张瑞永、徐宝亮。

第一采油技术服务处:高金刚、付晓军、史敏华(女)、李仲华。

第二采油技术服务处:鲜小波、南君伟、许炜、赵宁峰、马友年。

第三采油技术服务处:许玉健、李长城、孙少华、丁乃文、姚广泉。

建设工程总公司:孙阳鹏、何小林、刘治礼、董桂珍(女)。

机械制造总厂:王强恒　刘进田　马建平。

水电厂:芦麦侠(女)、张仕聪、樊锐东。

运输处:方地平、张永泰、李长学。

器材供应处:黄海宝、谢亚妮(女)。

油气技术综合服务处:张明哲。

长庆炼油化工综合服务处:杨化民。

西安油气销售综合服务处:郭宏普。

工程技术研究院:拓佰民。

西安长庆科技工程有限责任公司:毛泾生。

通信公司:宋振国。

公用事业处:魏崇庆、张庭杰。

房地产开发公司:张树国、李广权。

银川物业管理处:杨宏飞。

交通服务处:王新光。

长庆宾馆:刘莉(女)。

培训中心:闫苏斌。

庆阳子弟总校:王金江。

银川高级中学:雷永锋。

职工医院:李秀英(女)。

职工疗养院：王学全。

乳山职工培训中心：王育中、窦琥。

审计处：孟军瑞。

长庆石油报社：苏柯。

技术监测中心：刘保平。

长庆实业集团有限公司：冯科、庞晓荣。

兰州办事处：孙彦福。

上海联络处：刘志文。

北京联络处：于宝利

局机关：冀小祁、廖应兵、车文金、肖剑华、王嘉利(女)。

【长庆局廉政勤政先进个人】 曹师伊、杨玉征、王鸿彬、刘勇谋、朱文伯、杨　锋、纪忠明、何宗平、朱文甫、王凤嘉、郝永宏、吴志华、王育中、王跃龙、刘顶运、凌心强、周俊基。

【长庆局优秀共产党员】钻井工程总公司：雷米锋、袁卓、刘文祥、杨茂存、马海军、卫双虎、李玉鹏、邢柱、杨德银、安润清、尹旭华、朱世连、韩明杰、张来福、樊杰文。

第一采油技术服务处：廖红武、黄东江、卢继平、郭海明。

第二采油技术服务处：刘亚明、李全成、张丽(女)、宋辉、艾生义、扈彩梅(女)。

第三采油技术服务处：张天军、夏金传、童开春、沈学瑞。

地球物理勘探处：钱汉林、任光辉、李九灵(女)、蒋加钰(女)。

井下技术作业处：田艳春、胡勇、刘国良、贺甲锁。

油田建设工程处：　刘瑛(女)、谢天顺、李彦东、崔峰。

测井工程处：杨永发、张新江、张龙。

西安长庆科技工程有限责任公司：胡建国、何军。

工程技术研究院(工程技术处)：文虎、王立群。

机械制造总厂：卫志刚、张春新、王化云、孙永清、张万鸿。

运输处：梁建民、李玉辉、郭宝平、王永强、乔峰。

水电厂：刘志恩、郭正春、樊锐东。

筑路工程总公司：陈建国、孙景升、王夺魁。

器材供应处：牟生寿、侯浮。

油气技术综合服务处：黎升、张维雄。

通信公司：李亚峰。

职工医院：赵元文、胡发明。

职工疗养院：刘生才。

公用事业处：黄崇忠、张中民。

交通服务处：张成群。

长庆石油学校：张培智、文小平、任宏辉。

技工学校：张立荣、廖军伟。

庆阳子弟总校：第明哲。

银川高级中学：王勇。

房地产开发公司：石成玉。

长庆实业集团有限公司：李建军、权发明。

银川物业管理处：蒋怀民、王家永、盖庆龙。

北京联络处：宋振社。

兰州办事处：薛有信。

上海联络处：朱祖权。

乳山职工培训中心：马学明。

局机关：郑志明、夏君高、胡凤琴(女)、潘文琪、闫琛、王虎全、雷卫东、刘晓峰、赵中华、杨剑锋。

【长庆局优秀党务工作者】 钻井工程总公司：刘积敏、周荣生、周升赐、杨文礼、晁茂义。

第一采油技术服务处：李玺元、高金刚。

第二采油技术服务处：邬志欣、魏列宝。

第三采油技术服务处：杨福珍、贺生林。

地球物理勘探处：景永忠。

井下技术作业处：李武平。

油田建设工程处：白建平、康进武。

测井工程处：唐文江。

西安长庆科技工程有限责任公司：白天元。

机械制造总厂：王西革。

水电厂：朱长明。

筑路工程总公司：郑复惠。

器材供应处:高万儒。

职工疗养院:刘致远。

长庆石油学校:杨耐厚。

庆阳子弟总校:雷致文。

长庆实业集团有限公司:颉耀明。

局机关:范存孝、黄忠铭、宋志平、刘家顺、冯彪、刘少阳。

【长庆局优秀科技人才奖获得者】

1. 一等奖

工程技术研究院(工程技术处):杨呈德。

西安长庆科技工程有限责任公司:李勇。

2. 二等奖

钻井工程总公司:杨茂存。

地球物理勘探处:蒋加钰。

工程技术研究院(工程技术处):张建斌。

3. 三等奖

地球物理勘探处:付守献、钱汉林。

机械制造总厂:方建国。

测井工程处:冯春珍。

第一采油技术服务处:吴大康。

4. 四等奖

钻井工程总公司:马喜。

井下技术作业处:苏金柱。

工程技术研究院(工程技术处):韦效忠。

西安长庆科技工程有限责任公司:刘利群、王登海。

第二采油技术服务处:达好平。

工程研究院(工程技术处):李康明。

【长庆局技术状元】 修井工:杨义兴(第二采油技术服务处)。

电焊工:王辉(建设工程总公司)。

驾驶员:孙庆荣(运输处)。

计算机操作:任龙(职工医院)。

试油试气工:

司钻:徐永安(井下技术作业处)。

副司钻:葛贵生(井下技术作业处)。

一岗:陈前峰(井下技术作业处)。

二岗:苏峰(井下技术作业处)。

司机:王国锋(井下技术作业处)。

地震勘探工:

钻井:党小富(地球物理勘探处)。

放线:张波(地球物理勘探处)。

爆炸:吴连富(地球物理勘探处)。

【长庆局技术标兵】 修井工:赵小文(第二采油技术服务处)、李仲华:(第一采油技术服务处)。

电焊工:金泽(建设工程总公司)、谢俊云:(建设工程总公司)。

驾驶员:王永红(运输处)、李文斌:(运输处)

计算机操作:闫苏斌(培训中心)、刘立峰(钻井工程总公司)。

试油试气工:

司钻:张世峰(井下技术作业处)。

副司钻:张建斌(井下技术作业处)。

一岗:王建军(井下技术作业处)。

二岗:米志学(井下技术作业处)。

司机:张远斌(井下技术作业处)。

地震勘探工:

钻井:王广成(地球物理勘探处)。

放线:卢玲珍(地球物理勘探处)。

爆炸:李虎军(地球物理勘探处)。

【长庆局技术能手】 修井工:白二虎(第二采油技术服务处)、景中锋(第三采油技术服务处)、白永哲(第二采油技术服务处)、姚卫东(第二采油技术服务处)、田会军(第二采油技术服务处)、李志新(第一采油技术服务处)、马荣录(第三采油技术服务处)、顾继宏(第二采油技术服务处)、王建军(第二采油技术服务处)。

电焊工:谭郁江(建设工程总公司)、赵玲芳(建设工程总公司)、姚全喜(建设工程总公司)、周长庆(机械制造总厂)、李君民(建设工程总公司)、刘玲玲(第二采油技术服务处)、马占才(第二采油技术服务处)。

驾驶员:王庆邻(运输处)、宋联林(测井工程处)、马玉贵(第三采油技术服务处)、朱喜元(第三采油技术服务处)、杨宏庆(测井工程处)、韩守联(机械制造总厂)、张亚舟(井下技术作业处)。

计算机操作:李世红(通信公司)、宋涛(第二采油技术服务处)、张庆妮(房地产开发公司)、靳洪(通信公司)、金玲(培训中心)、苏兴华(钻井工程总公司)、谢涛(庆阳子弟总校)。

试油试气工:

司钻:汪晓龙(井下技术作业处)。

副司钻:杨 勇(井下技术作业处)。

一岗:金龙(井下技术作业处)。

二岗:张建宏(井下技术作业处)。

司机:郭宏涛(井下技术作业处)。

地震勘探工:

钻井:马学礼 (地球物理勘探处)、祝爱国(地球物理勘探处)。

爆炸:张振平 (地球物理勘探处)。

放线:史惠敏 (地球物理勘探处)。

第十篇

长庆石油勘探局属单位概览

地球物理勘探处

【概述】 地球物理勘探处(以下简称物探处)为长庆石油勘探局下属单位。2001年,物探处领导班子共9人。机关设职能科室11个。机关附属单位2个。物探处下属基层单位19个。向长庆油田公司采油四厂输出劳务211人;将通讯站移交给通信处,移交人员15人;将物探子校移交到银川高级中学,移交人员74人。

截至2001年底,人员总量为2314人,其中在册全民制职工2098人(含内部退养职工373人);就业前培训工64人;集体工86人;劳务合同工66人。干部共计615人,其中管理干部127人,专业技术干部488人;全处共有博士研究生1人(人才引进),硕士研究生8人,大学学历206人,大专学历176人,中专学历151人。教授级高级工程师1人,具有高级职称的38人(其中内退4人),具有中级职称的203人(其中内退17人)。

截至2001年底,固定资产原值13406.46万元,净值9598.68万元。拥有各类机动设备512台套。

2001年,有4个地震队取得了集团公司甲级地震队资格,5个地震队取得了乙级地震队资格;同时,加入了中国石油工程技术承包商协会,9个地震队、VSP测井队、研究所分别取得了集团公司颁发的地震采集、测井、资料处理解释市场准入证。

【生产经营情况】

(1)野外地震采集任务。2001年,承揽并完成关联交易市场三个项目12个区块的二维地震采集工作量6981.34剖面千米;完成集团公司廊坊分院山西煤层气二维地震勘探项目50剖面千米。提前组织了油田公司为2002年安排的1800剖面千米的地震采集生产。

(2)地震资料处理与解释。完成二维地震资料处理任务14925.1295剖面千米;完成大港油田格鲁吉亚二维地震资料处理173.31剖面千米;完成三维资料常规处理498.7939平方千米(资料覆盖面积),特殊处理1130.9640平方千米。完成资料常规解释25801.7816剖面千米。

(3)测井工作情况。油田内,完成油田公司VSP测井6口,采油三厂VSP测井2口;油田外部市场,先后中标并完成玉门油田VSP测井任务1口。

(4)经营指标完成情况。2001年,预算各种经济总收入3.0591亿元,其中:地震工程收入2.8989亿元,其他收入1602万元;全年各种成本、费用总支出2.9244亿元,收支相抵盈余1347万元,应上缴局利润1208万元的,超计划完成139万元,全年共上缴局各种费用及利润5317.42万元(其中:利润1208万元、设备折旧1775万元、养老保险644.92万元、住房公积金240万元、上级管理费1449.50万元),全面完成了局核定的利润指标和各项生产经营指标。2001年完成多种经营产值3210万元。

(5)安全管理指标完成情况。2001年发生各类统计事故9起,均为交通一般事故,千人死亡率为0,千人重伤率为0,均控制在局下达的年度安全考核指标范围之内。

【科技创新工作】 为加强黄土直测线地震攻关研究,物探处采用改变观测系统、增加覆盖次数、改进叠加方式等措施,开发并实施了野外采集中深井组合、大药量激发、多线接受、高覆盖次数的施工新方法,使原始资料信噪比和分辨率得到明显提高;在资料处理中加强了已知井反射系数序列控制下的保真处理力度,组织了基础静校正技术、分时分频剩余静校正技术、叠前去除相干干扰技术等技术攻关，初步解决了静校正中长波长和短波长问题，提高了有效信号的连续性和不同时段地震剖面的信噪比；为提高地震预测精度，确保钻探成功率，进一步加大了岩性预测、储层物性预测、含气性预测的技术研究，加速了 AVO 技术研究和应用，引进和开发了多参数反演、吸收系数等方法，并取得了阶段性成果。在苏里格庙地区开展了多波勘探，填补了长庆油田勘探史上的空白；在马家滩地区进行了油气兼探生产，开辟了地震兼顾油气勘探的先河。全年取得 28 项科研成果，有 5 项成果分获长庆局科技进步一、二、三等奖。

【企业内部改革】

(1)加大专业化管理力度。组织机构上，继续由仪器管理服务公司、测井测绘管理服务公司、装备管理服务公司对装备资源进行专业化的管理。在运行机制上，模拟市场经营运作，三大公司和野外作业队伍之间，建立内部的甲乙方合同关系，制定内部租赁价格体系和劳务费用结算标准，使三大公司成为地震生产的配属服务单位，实现了主体生产队伍中非生产人员的分离，确立了地震队的"小老板"地位，形成了一个以地震勘探生产主业为经营主线的市场运作模式。

(2)完善经营承包责任制。一是实行了内部招投标制度。二是加大了对经营者的行为监督。三是加大兑现比例和责任风险比例。

(3)加快"三项制度"改革。一是继续加大非生产人员从主要生产单位的剥离。二是规范内部人力中心的运作。三是进行工资制度改革的尝试。

【党建政工】

(1)党的建设。

一是加强党的自身建设，充分发挥党组织的政治核心作用。撤销 3 个支部，新组建了 3 个支部和一个党总支部，改选了 14 个支部，增补了支部委员 10 人；进一步完善了"三会一课"制度，基层各支部"三会一课"落实率达 98%；积极抓好新党员的发展和培养，全年发展新党员 25 名，培养入党积极分子 42 名。

二是切实加强党的思想建设。组织全体党员干部认真学习贯彻党的十五届六中全会精神，严格按照"八个坚持，八个反对"的标准，强化党员干部队伍作风建设；专门制定下发了一系列促进转变工作作风的制度，全处各支部均召开专题会议强化学习；以纪念中国共产党建党 80 周年为契机，加强对党员干部的党性教育，组织开展了党的知识竞赛、"党在我心中"征文等一系列活动。

三是充分发挥党员的先锋模范作用。基层各单位紧紧围绕生产经营，广泛开展党员责任岗、党员责任区"争创"活动，将生产经营工作纳入党员"争创"活动范畴之内，制定详细的量化考核标准，逐级分解，划区承包，做到责任到人。完善了党员责任区和党员模范岗的创建及考核评比工作，创建党员责任区 210 个，党员模范岗 130 人。

(2)企业文化建设。

2001 年，物探处以策划实施 CI 战略为侧重点，积极推进以理念识别、活动识别、视觉识别为核心内容的企业形象建设，提高了物探处在外部市场的企业良好形象和企业知名度。

(3)纪检监察工作取得了显著成效。

【荣誉榜】 2001 年物探处荣获下列荣誉：物探处工会获"全国模范职工之家"，物探处工会女职工委员会获"全国先进女职工集体"，物探处工会获"宁夏回族自治区总工会先进单位"，物探处获"长庆局勤政廉政建设先进单位"，研究所获"长庆局模范集体"，装备管理服务公司获"长庆局先进集体"，研究所获"长庆局'二次创业'先进集体"；曹师伊获"全国'五一'劳动奖章"，安宏刚获"全国青年岗位能手"，曹师伊、付守献获"长庆局劳动模范"，蒋加钰、范宏明、郑茂盛、景永忠、董停辛分别获"长庆局先进个人称号"。

钻井工程总公司

【概述】 钻井工程总公司（以下简称总公司）是2001年1月8日由局下属的三个钻井处工程整合重组成立的钻井施工服务单位，主要从事井深7000米以内的各类石油、天然气及其他地下资源勘探、开发井的钻井工程。截至2001年末，总公司机关设5个职能科室，10个附属单位，下设有17个专业公司，59个钻井队，拥有职工8145人。资产总额9.36亿元，固定资产原值6.37亿元，净值4.87亿元，70D、50D等各种类型钻机59部，施工区域横跨陕、甘、宁、蒙等省、自治区，并初步进入了国际市场，年钻井生产能力220万米，钻井速度在中油集团排名前列，是CNPC最具实力的钻井工程技术服务企业之一。

2001年，是整合重组的钻井工程总公司开局之年。在这一年里，全公司广大职工在局党委、长庆局的正确领导下，面对市场格局的变化和油田公司产建部署的调整，坚持“两条基本思想路线”，“四大发展战略”和“创新、开放、简捷、明确、责任、自信”12字企业理念，勇闯市场，开拓进取，主营业务完成产值18.16亿元，经营收入16.75亿元，上缴各种税费2.5亿元；多种经营完成产值3.65亿元，销售收入3.65亿元，上缴税费2566万元，实现利润526万元。

【钻井生产】 共打井1083口（含国外井），国内开钻1080口，完井1081口，钻井进尺192.95万米，为历年之最，比2000年同期多开钻254口，多完井255口，多钻进尺51.56万米，其中油探井开钻77口，完井77口，进尺14.44万米；油开井开钻956口，完井956口，进尺161.93万米；气井开钻47口，完井48口进尺16.59万米。并创造和改写了多项历史之最，为油田建设做出了积极贡献。

（1）平均机械钻速14.17米/时、钻机月速3695米/（台·月），分别比2000年上升25.73%、22.19%；平均建井周期15.73天/口，比2000年缩短3.6天/口。

（2）井身合格率、定向井中靶率均为100%，其中最小中靶半径0.01米；油气层固井1054口，合格率100%，其中一次合格率99.72%，比2000年提高1.13个百分点；承钻取心井138口，取心进尺7661.93米，岩心收获率99.88%，比2000年上升0.42个百分点；录井资料一级品率90.82%，油层发现率91.24%，油层卡取率96.27%，剖面符合率96.24%。

（3）动用钻井队中，有1个队年进尺上5万米、4个队上4万米、24个队上3万米、5个气井队上1.4万米，年进尺超过3万米的队数为2000年的2.9倍。在这里需要特别提及的是：18103钻井队自生产启动以来钻井生产一路领先，用20世纪70年代初期的老设备先后改写了最快上3万米、4万米的长庆之最，并以263.25天突破5万米大关，全年完成钻井35口，进尺高达52289米，相当于全公司平均水平的2.06倍。

（4）实现了全年无井喷失控事故、无两井相碰事故，生产运行始终保持平稳态势。

【市场开发】 面对激烈的市场竞争，总公司坚持把油田市场作为特殊市场，充分发挥整合重组优势和职能部门作用，着力抓了油田、社会、国际“三个层面”的竞标参与和总公司、项目部、钻井队“三个层次”的质量回访，采纳甲方建议并整改了各类问题，通过实力竞争和树立形象，使市场开发工作取得了突破性进展。

（1）在油田市场，承揽 2001 年油气钻井工作量 191.6 万米，市场占有率为 79.3%。

（2）在社会市场，先后对西安、咸阳的地热井和延长、玉门、青海油气钻井等项目进行了考察和论证，为参与社会市场竞争积累了经验。

（3）在国际市场，先后与伊拉克、也门、委内瑞拉等 10 多个国家的油田公司建立了信息通道，与尼日利亚、厄瓜多尔、乌兹别克斯坦的油田开发商建立了合作关系，国外项目价值工作量达 3122.54 万美元，有 3 支队伍走出国门，这不仅仅实现了国际市场零的突破，更重要的使长庆钻井在国际市场上赢得了展示形象、增进了解、沟通感情、加强合作的机会。

【整合重组形成的优势】

（1）在基地布局上，公司总部设在信息发达的西安，生活基地靠近大中城市，生产基地深入油田腹地，形成了主导油田市场和辐射西部市场的独特条件。

（2）在专业人才上，拥有 4 名研究生、2552 名大中专毕业生和 621 名高中级技术人员，专业门类齐全，人才结构较为合理。

（3）在技术装备上，拥有技术含量较高的电动钻机和双机双泵固井机组，在工艺技术上形成了 5 大系列、20 项优势技术，且定向井、丛式井、水平井、天然气井、小井眼钻井及完井工艺技术和油气层保护、聚合物钻井液体系、天然气欠平衡钻井技术、酸溶暂堵技术、次生有机阳离子形成剂等在国内处于领先水平，具有承钻各类井的综合配套技术和参与国内国际石油工程技术服务的整体实力。

（4）在资源配置上，避免了“同业竞争、同室操戈”的现象，消除了“机构重复、交叉作业、优良资产分散”等种种弊端，各种资源得到了优化配置和充分、合理、有效利用。

（5）在地位作用上，生产能力和钻井速度在CNPC同行业中居前三位，主营业务收入占全局的 44.3%。

【企业管理构筑“八大体系”】　按照“以人为本、注重实效”的管理思路和“外树形象与内强素质相结合、外延开发与内涵挖潜相结合、技术进步与管理进步相结合”的工作方针，通过政策拉动和建章立制、理顺关系、规范运作等措施，初步建立了“八大体系”，并在管理、机制、制度、技术、文化“五个创新”上迈出了新的步伐。

（1）内外并举的市场开发体系。确立了市场开发战略和市场理念，组建了市场开发部和国际工程部，明确了各级单位的市场定位和领导的市场开发责任，建立了质量回访制度，形成了以部门为主、上下结合、内外并举的市场开发运作机制，并取得了令人欣喜的成绩。

（2）上下联动的生产运行体系。生产组织以钻井队为核心，形成了总公司统一部署、项目部指挥管理、生产调度系统协调考核、专业公司保障配属、钻井队负责实施的运作机制，公司上下组织有序，各个系统运转灵活，促使全公司钻井生产以平均月进尺 20 多万米的速度向前推进，钻井进尺上百万米时间比 2000 年提前 29 天，并以 224 天、278 天分别突破 150 万米和 190 万米。

（3）“三位一体”的成本控制体系。市场开发、生产运行、财务管理三者有机结合，构筑了以财务管理为中心、以提高效益为目标的现代企业管理模式，形成了市场进入以成本预算为主、生产组织以过程控制为主、财务管理以成本核算为主的先算后干、涵盖生产经营活动全过程的成本动态管理机制，使钻井成本得到了有效控制。2001 年，主动退出了一些低效益市场，在生产运行过程中注重优化设计、优选方案、优选钻头、优选参数、优化钻具组合和井身结构，有力的促进了经济效益的提高，剔除新增因素和涨价因素，可比钻井综合成本下降了 3.4%。

（4）并轨国际的标准化管理体系。按照国

际标准，完成了HSE管理体系的“两书一表”，并在全公司范围内进行了宣贯，在9个钻井队进行了示范运行；ISO 9001质量体系在原第二钻井工程处、第三钻井工程处的基础上，全盘启动了体系文件、程序文件的编写工作。两大国际管理体系的雏形基本形成，工程质量做到了稳中有升，安全生产实现了“四个杜绝、三个不超、一个确保”目标。特别是在交通安全上，1164辆特大、中、小型车辆常年运行，全年没有发生企业统计上报的重大伤亡事故，千台车死亡率为0‰，呈现出良好的管理效果。

（5）以人为本的技术创新体系。以培养适应国际化经营的复合型、外向型人才为重点，建立了内部培训与送外深造、分散培训与集中培训、专业培训与新知识培训相结合的职工培训机制，先后培训职工7608人次，全员培训率76%，有215名专业技术工作者晋升了高一级职称，有932名岗位操作者晋升了高一级技能等级，有26人被确定为长庆局一级、二级学术技术带头人。以推动技术进步为重点，通过引进、吸收与自主创新相结合，建立了完善实用技术、攻关关键技术、跟踪前沿技术的政策保证机制和课题研究机制，完成科研攻关成果23项，其中有16项获局级科技进步奖。复合钻井、天然气水平井钻井、油基泥浆密闭取心、电子网络等新技术的推广应用和复合导向钻井、气井钻具失效技术的研究，在提高钻井速度、降低钻井成本等方面发挥着日益重要的作用。

（6）初具特色的企业文化体系。企业文化建设遵循“以人为本、突出个性”的原则和CIS战略导入的规律，以培育新的理念、弘扬企业精神、塑造长庆钻井形象为着力点，通过标志设计、形象包装、窗口示范、宣传导向、典型引导、环境熏陶、活动辐射、感情投入、行为规范和加大对企业文化建设的指导和投资，初步建立了理念、视觉、行为“三大识别系统”，形成了以井场文化为主体文化，以历史、精品、行为、认知、广场、网络为辅助文化的“七大文化”雏形，在宣传公司形象、扩大知名度、增强凝聚力、提升竞争力等方面发挥了无形的推动作用。

（7）齐抓共管的队伍建设体系。二次创业、以人为本。各级党、政、工、团按照各自职责，充分发挥自身优势，从不同方位切入队伍建设这个主题，形成了以思想、作风、精神建设为主线的“大政工”工作格局。通过观念启动、典型带动、活动推动、真情感动，促进了思想、感情、工作、文化上的融合，培育了一支技术精、作风硬、拉得出、打得响的特别能吃苦、特别能战斗的职工队伍。

（8）工效挂钩的综合考核体系。出台了64项规章制度，覆盖了总公司的各个方面；以钻井队管理等级达标考核为龙头的各路工作定期考核，突出了管理标准的细化和管理成效的量化；考核结果与经济利益挂钩政策的实施，体现以绩论功、以效行赏，促动了责任到位、措施到位、工作到位，推进了标准化管理和建设的进程。

【多元产品开发】　按照“放开搞活、加快发展”的方针，引导多元开发系统的9个法人实体和3个独立核算单位深化改革，调整结构，加强管理，大力开拓市场，为实现“自我发展”创造了良好的环境。年内研制并开发新产品20多项，乳制品通过中央和宁夏电视台加强了对外宣传，在重庆西部名牌产品贸易洽谈会上获金奖，并与9家企业签订了合作意向；聚丙烯酰胺、抗高温多元降失水剂、聚丙烯酸钾等化工产品和按欧洲标准设计制造的轻型彩钢野营房，随出国队伍到南美进行产品形象展示；FH系列油井复合添加剂、YZ-2水泥早强剂获局优产品。

【文教卫生】　学校教育取得显著成绩。小学六年级三科考试合格率99%，升学率100%；初三参加甘肃省统考全科合格率65.2%，升学率 69.7%；参加全国高考 437 人，上线率 83.3%，比 2000 年上升 33.96 个百分点；高考被录人数达 260 人，其中本科 192 人、专科 47 人、高职 21 人，比 2000 年上升 35 人。在这里需要提及的是，长庆二中高考 600 分以上的考生由上年的 1 人上升到 6 人，被清华、北大、同济等名牌重点院校录取的由上年的 3 人上升到 9 人，无论从上线和被录人数上讲，还是从分数层段和入校层次上讲，都实现了历史性的突破。

医疗卫生系统的两院一所，坚持面向职工群众服务，共诊治各类病患者 10.6 万人次，抢救危重病人 480 人次，上井巡诊病人 170 人次，为离退休老职工体检 5586 人次，接种疫苗 7388 人次，诊断符合率 98%，病床利用率 38.39%，治疗有效率 97.6%，危重病人抢救成功率 95%。

【职工生活】　全公司人均年收入比 2000 年提高 9%，其中一线为公司平均水平的 1.4 倍。礼泉基地已完成新征土地报批工作，新建住宅 228 套；河东工业园新征土地 5558 亩，总体规划设计、锅炉房主体工程、环湖公路，以及水、电等生活配套设施均已完成，植树 48216 棵，绿化面积达 1032 亩；泾河工业园文物勘探工作基本完成，详探工作正在进行，第一批 12 栋（636 户）住宅楼已经动工修建，第二批住宅楼建设的队伍招标工作已经结束。救济困难职工群众 191 人，发放困难救济金 13.06 万元。

【精神文明建设】　以思想道德建设为核心，通过广泛开展形势任务，政策法规等教育和“求生存、图发展、闯市场、增效益”，创文明单位、创文明社区、创文明家庭、争当文明职工的“三创一争”，禁酒、禁毒、禁赌、反盗窃的“三禁一反”劳动竞赛、文体娱乐等活动，凝聚了人心，鼓舞了士气，增强了内动力，实现了思想稳定、队伍稳定、秩序稳定，并在油田内外展示出了良好的精神风貌。总公司“省级文明单位”已通过甘肃省复查验收，同时还涌现出了全国青年文明号 30533 钻井队，“全国五一劳动奖章”获得者杨再生，陕西优秀青年实业家王万里，陕西青年岗位能手李雪刚，长庆局模范集体 18103、30521、6015 钻井队，长庆局劳动模范袁卓、耿小峰、王耀平等一大批先进集体和先进个人。

保卫、民兵、监察、计划生育、离退休职工管理等工作，都取得了较好的成绩，为改革、发展、稳定做出了积极的贡献。

（李作宁　马　佳）

测井工程处

【概况】　2001 年，测井工程处为了加强了基层各单位的综合作业能力，实施了分公司制管理模式。即在原中队编制的基础上，将所属的四个作业中队队伍进行了调整，调整后的分公司既可承担测井又可承担射孔，作业能力增强。当年又成立了 5700 队，改变了长庆无成像测井的历史。同年，长庆测井第一次走出了国门，开拓了乌兹别克斯坦市场，并圆满完成 1 口水平井测井，赢得甲方的满意。

测井工程处有机关部门 10 个，基层单位 12 个（其中：科级单位 11 个，中队级单位 1 个）。有职工 1015 人，离退休职工 226 人。按性别分：男 707 人，女 308 人；按职务分：干部 436 人，工人 579 人；按职称分：有职称的专业技术人员共 415 人。其中：高级职称 27 人，中级职称 163 人，初级职称 224 人；按学历分：硕士研究生毕业 3 人，在读硕士研究生 54 人，大学本科 205 人，大专 112 人，中专

110人，高中及以下文化程度585人。

【生产经营】　2001年，有作业队伍64个（其中3700队6个、5700队1个、动态监测6个、射孔队10个、19个录井队、22个数控队）。完成完井1309口、三样1257口，工程85口，吸水剖面342口，产液剖面22口，射孔1428口，桥塞67口，取心4口。综合录井52口，折合工作量2181驻井天，完成口数及折合工作量分别比2000年同期减少了55%和30%。小队年最高工作量：完成完井73口、三样75口、吸水剖面100口、射孔162井次。生产作业队伍上井一次成功率达99.68%，正点到井率98.73%。

2001年的经营业绩：固定资产7847.54万元。实现主营业务收入2.07亿元，实现内部利润2768万元。

【技术装备及新技术应用】　2001年4月，引进的5700系统卫星资料传输VAST系统在鄂8井资料传输一次成功。5月，引进了俄罗斯的固井质量评价仪器声波变密度（MAKII）和伽玛密度－厚度测井仪（SGT），完善了固井评价测井系列。引进投产了两套SMART2000地面系统，实现了一个测井小队可同时承担所有套管井完井作业（射孔＋动态检测＋固放磁测井）的设想。从美国国际录井公司引进了DLS2000综合录井仪，使长庆的气测录井装备水平上升到一个新的台阶。建立并使用了FORWARD测井解释、处理平台。

2001年，科研立项24项，投入科研经费277.5万元，其中：局拨经费43万元，自筹经费234.5万元。局级项目3项，处级项目21项。有20项研究课题分别获得测井工程处一、二等奖，其中8项分别获得长庆石油勘探局科技进步一、二、三等奖，2001年实现了小井眼射孔工艺的配套完善。油管传输负压射孔及多极起爆技术在生产中得到了成功的推广应用。实现了哈里伯顿及阿特拉斯湿接头水平井测井工具的配套完善。引进了6套油藏描述软件，为测井、地质与物探的横向结合打下了基础。在4½英寸小井眼套管井中用73枪装89弹的深穿透射孔工艺已在安塞油田得到广泛的推广应用。《5700成像系统应用》获长庆局科技成果奖。

【质量和体系管理】　测井处QC小组成果一等奖8项、二等奖12项、三等奖21项。3个成果荣获长庆石油勘探局优秀QC小组一等奖，2个荣获二等奖，4个成果荣获三等奖。1个成果荣获石油天然气集团公司优秀QC小组一等奖，2个成果荣获二等奖。更可喜的是1个QC小组经石油质协推荐，被中国质量管理协会等有关主管单位和部门评为2001年全国优秀质量管理小组，填补了长庆测井QC成果没有国家级奖的空白。

2001年5月9日至5月14日，测井工程处进行了认证以来的第二次内部质量体系审核，长城（天津）质量保证中心于2001年6月27日至6月29日实施了现场监督审核，共发现不合格4项均属一般不合格项，决定享有继续使用认证证书和认证标志的权利和义务。为了适应市场竞争的需要，2001年底处领导决定建立由GB/T 19001—2000标准、GB/T 24001—1996标准、GT/T 28001—2001标准及SY/T 6276—1997标准整合的管理体系。

【企业文化】　大力总结宣传长庆测井经营理念和价值观。认真系统地总结长庆测井30年来的辉煌历程和精神财富，初步形成“以人为本，科技为先，用户至尊，信誉至上”的企业精神和“为用户创造最大价值，为企业创造最佳效益，为职工创造良好发展环境”的企业价值观。同时统一施工车辆、工装以及广告、工服、办公用品等标识设计，增强企业形象视觉。

【党的建设】　测工程处认真加强党的建设，发挥党员先锋模范作用。成立了靖边、安塞等三个前指的临时党组织；及时划转了内部退养、买断人员的党组织关系；有党总支7个，党支部24个，党小组45个，党员责任区118个，党员模范岗110个，党员总数409人；评选先进党支部3个，优秀党务工作者6名，优秀共产党员40名；发展新党员17名，转正14名；以纪念建党80周年为契机，组织党员开展学习党的知识竞赛活动，收到了很好的效果。

在纪检监察和廉政建设方面，认真搞好资金管理效能监察和财产清查工作。对成品油使用管理情况进行专项检查，抽调由纪检监察科、市场开发部、器材供应站人员组成联合调查组，对全处所有车辆的加油情况进行了全面核查。发现司机连续加油、超油箱定量加油、多次大量加油的情况在有车辆的基层单位不同程度存在。在全面自查的基础上，为杜绝超油箱加油、连续加油、只刷卡不加油等问题，对各单位车辆加油卡、出车路单、加油单进行了严格核对，对确实存在盗卖成品油的司机将进行严厉查处，从而彻底杜绝了盗卖成品油的现象发生。

坚持廉政谈话制度。先后对关键岗位的领导、各项目组长、生产经营科长、财务科长、器材供应站长等及新提拔的19名各级领导干部由党委书记和纪委书记组织对他们进行了党风党纪的专题教育和廉政谈话教育。同时开展“廉内助”活动。在“三八”妇女节庆祝表彰活动之际，组织处领导、科室长及基层干部的配偶60余人，共同学习“一汽一位模范干部妻子的来信”，教育她们争当“廉内助”，常吹廉洁风，做好“廉内助”，筑起反腐保廉的家庭防线。

【管理与改革】　2001年，紧紧围绕工程处的生产经营目标，坚持以市场为导向，以经济效益为中心，开拓创新，进一步深化改革，提高服务意识，强化了劳动组织，加强工资、统筹、组织、人事管理。

（1）搞好领导班子考核和干部考核培养和选拔。成立干部考核领导小组，层层进行考核，并结合“五讲五关”活动，每季度对基层进行一次精神文明建设考核，及时了解领导班子成员及广大职工的思想动态，把日常考核与年度考核相结合。在干部考核、培养和选拔方面，首先，根据长局【2001】69号文件《关于选拔局处两级学术、技术带头人的通知》要求，在全处文化层次高、技术素质好的300多人中摸底、选拔了局处两级学术、技术带头人58名，经长庆局批准局一级学术技术带头人5名，处级学术技术带头人20名。其次，为了落实局党委、长庆局对后备干部队伍充实、跟踪考察的要求，对后备干部队伍进行了调整、补充，严格按照程序进行选拔。三是本着“按需培训、专业对口、学用一致”的原则，结合国内外测井市场的需要，选派21人参加了6期不同内容培训，组织开办了两期中层干部参加的MBA培训班共56人。

（2）搞好人事制度改革。进一步修订定员定额，严格按照定员定额组织生产。首先在野外作业队伍中按满负荷工作要求，增加定额，减少定员，每个小队由原来8人减少到7人，共挖潜52人；定额由原来的40口井增加到45口井，提高生产效率。

（3）加强劳动组织管理。2001年劳动用工总量（2000年办理有偿解除劳动关系）较2000年有大幅度的减少，劳动组织和劳动用工面临较大困难，按照测井工程处2001年的奋斗目标和工作部署，一是以深化改革为动力，合理调整劳动组织结构，重新完善了野外作业队伍编制，将宁夏站测井队整体划归到测井一分公司，成立了包括测井、射孔、综合录井共52个野外作业队伍。随后完成了测井一、二、三分公司，射孔作业分公司机构调整。机构调整以内部挖潜为主，适当补充为辅，缓解了劳动用工的压力，严格控制二、三线后勤单位定员，以合理的劳动组织承担了非常繁重的生产任务。确保了生产任务的完成。

（4）搞好工资管理及内部经济责任制。首

先，加大了承包经济责任制的挂钩力度，把职工的劳动报酬同企业的经济效益高低及本人劳动贡献大小相结合。全年将局拨工资基金总额和误餐费全部与生产任务、质量、成本三大指标挂钩浮动，充分体现了多劳多得、少劳少得、不劳不得的按劳分配原则。基数工资、误餐费每月按职工考勤预支，效益工资按照生产任务完成的进度预考核兑现。其次，以行之有效的经济政策激励职工。把职工的综合能力与个人所得挂钩，竞争上岗、激活用工。对野外作业小队的队长兼操作员实行了一、二、三级技术等级划分，等级不同，薪酬不同，经过考核取得一、二、三等级的操作员分别享受300元、225元、150元的岗位特殊津贴。对在艰苦、重要及关键技术岗位的82名技术人员，除在其他奖励标准上倾斜外，岗位工资上浮1—3档，这种新的工资分配方法和奖励机制，充分调动了野外一线技术人员的生产积极性，有效地激励了职工。

【获奖情况】　2001年测井工程处被长庆石油勘探局评为安全生产先进单位；获得“长庆局廉政勤政先进单位”称号；纪检监察科获得“长庆局纪检监察系统先进集体”称号；杨玉征获得“长庆局廉政勤政先进个人”称号；洪琪、马瑞林获得“长庆局效能监察先进个人”称号。测井二公司、测井研究所被评为长庆局先进党支部。杨永发、张新疆、张龙被评为长庆局优秀共产党员。唐文江被评为优秀党务工作者。

（测井工程处办公室）

井下技术作业处

【概述】　井下技术作业处为长庆石油勘探局下属单位。2001年用工总数2737人，其中干部542人，占职工总数的19.8%。机关职能科室由2000年的13个撤并为9个，机关附属单位2个，基层科（大队）级单位10个，处属基层单位24个。

截至12月底，资产总额39750.67万元，流动资产24155.84万元，固定资产15497.38万元。

【生产指标及经营业绩】　井下技术作业处2001年完成试油（气）压裂2231.5层次，完井1014口，其中试油（气）877.5层，压裂1325层，酸化21次，挤水解堵8次。主业实现货币收入51323.25万元，成本费用47220.76万元。多种经营和集体经济完成生产经营总值8847.87万元，为局下达指标的136.12%，比2000年增长了2002.01万元。

各类井试油压裂工作量完成情况：天然气勘探完成试气井35口，试气71层，压裂53层，酸化5次，挤水1次；老井重上测试项目完成试气井2口，试气3层；天然气生产井完成试气22口，试气31层，压裂22次，酸化13次；中生界石油勘探完成试油井74口，试油148层，压裂145次，挤水1次；石油滚动勘探开发完成试油井17口，试油38层，压裂27次；石油产能建设试油压裂完井853口，试油569.5层，压裂883次，酸化1次，挤水6次；油田井完井9口，试油9层，压裂193次；与壳牌公司合作试验完井2口，试气8层，压裂2次，酸化2次。在苏24－17井，实施了长庆气田勘探开发以来最大规模的压裂施工，加陶粒100立方米，最高施工压力65兆帕。在长2井实施了排量9.6立方米/分，加砂50立方米的大型压裂，创长庆压裂施工排量之最。

【经营管理】　以价值工程控制生产成本，推行了新的物资采购，基建维修、土地赔产、差旅费报销、职工借款管理办法，重新制订了水电费、电话费、传呼费、职工门诊医疗费管理制度，使以上费用得到了较好的控制。在全处开展了“开源节流，挖潜增效”活动，部分可变成本比2000年下降了5%以上，可控费用比2000年下降了2%—5%；对国有资产、物资采购、对外投资、路单、IC加油卡的使用情况进行了效能监察，有效地杜绝了漏洞，减少了效益流失。对固定资产、土地、库存原材料、低值易耗品、企业各类占用资金和多种经营单位的财产进行了清查，清理报废不良资产原值14189.63万元，净值4004.67万元，大大降低了经营工作的压力，优化了资产结构，提高了资产的营运效益。采取了法律、行政、经济手段，加大清欠力度，注重清欠效果，共计清欠238万元。

【市场开发】 按照效益优先的原则，全面占领了关联交易市场。完成了油田公司长西、长南、渭北等开放区块的部分工作量。巩固和扩大了陕北及其周边地区的工程技术服务市场和产品销售市场，研制生产的CJ1－2酸液稠化剂、BE－8油井脱水破乳剂、CHJ－1解堵剂等化工产品外销480吨，实现收入540万元，部分产品打入了哈萨克斯坦、青海油田和中石化市场。对外合作及国际市场开发取得了重大突破，认真总结了近年来与道威尔、哈里伯顿、贝克休斯、壳牌、威德福等国际著名企业开展合作的经验与教训，通过精选施工队伍、改善施工硬件、租赁先进设备等办法，集中优势生产要素参与竞争，并严格按照国际惯例参与投标，以较强的实力竞争取胜，顺利完成了壳牌公司长1井、长2井的反承包施工和厄瓜多尔项目的完井作业任务。

【HSE管理】 2001年7月29日，井下技术作业处顺利通过了北京新世纪认证中心ISO 9002质量体系的第二次监督审核。分阶段、有计划地推进了HSE体系建设，为在2002年通过认证奠定了基础。16个试油(气)队、5个压裂队及测试试井队全面通过了集团公司市场准入的资质认证。安全生产进入了长庆局先进行列。

按照“先软件、后硬件，先试点、后推广，先前线、后后勤”的工作规划，完成了HSE程序文件和HSE管理体系的贯标运行。自筹资金300万元，有选择地增置了HSE及CO检测仪、TS差速自控器、防护耳罩、空调野营房等作业现场HSE设施，采取垃圾集中处理、安装原油防护罩等措施，减少安全、污染事故的发生。

继续推行安全生产“三全”管理，把加强教育、消除隐患、查纠违章作为安全管理的长期任务来抓，全处的安全生产形势保持了平稳发展的态势，安全生产各项指标全面达标，工业生产千人死亡率为0，千人重伤率为0，千台车死亡率为0，事故经济损失比2000年减少14.34万元。

【技术进步】 从着眼企业的长远发展和适应科技工作的要求出发，先后开展了油气井钻塞工艺、水平井机械分隔试油压裂工具的引进与应用、天然气井机械分层压裂、小井眼分层压裂、油田井复压增产、浓缩水基压裂液、天然气渗流机理对测试结果的影响等重点项目的研究。完成了12井次的CO_2压裂和变粘酸酸化压裂，采用Y443永久式封隔器，对G16－12井、G49－4井进行了上下古分试同采试验，在G7－3井、榆45－10井进行了二次测试压裂，在苏7井和苏16井，成功地应用了可回收式桥塞机械分隔压裂；在盘60－26井、王45－023井进行了清洁压裂液压裂试验。

成功地完成了压裂施工拟三维动态实时监测系统的研究、天然气井高效压裂改造、油气井钻塞工艺等9项新工艺、新技术的试验。以上新工艺新技术的推广应用，形成了具有长庆特色的、科学有效改造“三低”油气藏的试油(气)压裂酸化、测试试井、油气藏地质综合研究、压裂酸化液体开发生产四大配套的主体工艺技术。

【设备管理】 开展了压裂施工优化设计及拟三维动态实时监测系统的开发，完成7BJ－1000

型仪表车的改造。加强了管理，设备综合完好率达到了98.5%，压裂设备利用率72%，试油设备利用率88%，运输、起重车辆利用率91%，均高于或达到了长庆局考核标准。2001年11月10日，代表世界先进水平的2000型压裂机组正式投产，年内完成39口井44层次的压裂施工。

【内部改革】 本着“精简机构，提高效能”的原则，对机关机构和职能进行了调整，使机关科室由原来的13个撤并为9个，各项工作衔接紧密，进展顺利，较好地适应了企业改革和发展的需要。

以产权制度改革为突破口，在逐步实现投资主体多元化，增强企业的发展实力上取得了阶段性成果。完成了劳动公司改制方案的制订和咸阳长庆鑫源工程技术服务有限责任公司成立的前期准备工作。在进一步转换内部经营机制、做专做强主营业务、全面提升市场竞争能力等方面进行了战略研究，为建立现代企业制度奠定了基础。

【精神文明建设】 精细化地开展了矿区维修、绿化、美化，生活基地调整取得了阶段性的成果，咸阳昌源生活小区498套住宅主体工程全面竣工，新增住房面积43971平方米。精神文明建设取得了长足发展：2001年，井下技术作业处被评为庆阳地区“重合同、守信用”单位；试气177队党支部被甘肃省委授予“先进党支部”称号；2001年10月23日，井下技术作业处被甘肃省评为“职工职业道德建设十佳单位”；11月26日，井下技术作业处被评为“全国职工职业道德建设先进单位”。

（常　友）

建设工程总公司

【概述】 建设工程总公司于2001年8月8日由原油田建设工程公司和筑路工程总公司整合重组而成，是一个集化工石油、道桥工程、长输管道、市政工程和大型土石方工程于一体的专业化、机械化的综合性建筑安装施工企业。具有化工石油工程施工总承包一级、管道工程专业承包一级、化工石油设备安装工程专业承包一级和各级公路工程、市政道路及桥梁工程专业总承包一级资质。取得了ISO 9002质量体系、国家压力管道体系、计量管理体系认证，具有压力容器制造、锅炉安装、混凝土构件预制等资质。荣获“全国五一劳动奖状”、“全国优秀施工企业”等称号。承担的长庆气田30亿立方米/年产能建设地面工程、长庆炼化总厂30万吨/年催化重整及20万吨/年加氢精制联合装置工程，分别荣获2001年度中国石油天然气集团公司金质奖章、国家优质工程银质奖章、全国用户满意工程奖章等荣誉。

2001年，建设工程总公司下设机关职能科室6个，附属单位7个，专业分公司及后勤服务单位17个。处党政领导班子成员18人，科级干部112人。用工总量3035人，职工总数2701人，其中干部758人，工人1943人；男职工1942人，占职工总数的72%，女职工759人，占职工总数的28%。

【生产经营与企业利润指标】 2001年，建设工程总公司取得了4项显著成绩：一是完成了施工生产任务，全年共承揽局内外工程29项，累计完成产值达到5.1亿元；二是确保了“一盈一平”目标的如期实现。通过加强整合重组过程中的经营管理工作，推行精细管理，使得油建板块实现盈利，筑路板块达到扭亏持平；三是实现了整合重组目标。按照局党委、长庆局对油建和筑路实施整合重组的方案，制定运行实施细则，加强组织领导，确保了整合重组五个阶段性目标的实现，整合重组工作全面到位；四是树立长庆建工良好的企业形象，造就了咸阳世纪大道、660 管线、洛洪公路和靖咸工程等一批享誉局内外的样板工程，塑造了长庆建工的崭新形象。见表 1、表 2。

表 1　2001 年完成产值工作量一览表

时　间	完成产值	较 2000 年增长率
2001 年	6.16 亿元	40.62%

表 2　2001 年建设工程总公司上缴利润指标　单位：万元

时　间	上缴内部利润	设备折旧	劳保统筹	资产占用费	税　金
2001 年	2548.2	1545	785	0	4736.92

【市场开发】　建设工程总公司整合重组后，构筑了石油化工、长输管道、道路桥梁、市政工程，大型土石方五大支柱产业。

(1)道桥专业：采集工程项目信息一百多个，参加资格预审 23 个项目，38 个标段，参加投标 38 个标段，进入前三名 25 个标段，中标 8 个标段，中标价：20325 万元，前三名入围率 65%，中标率 25%，中标价比 2000 年增长系数 2.78，增长额 13024 万元。见表 3。

(2)油气田产建和长输管道工程：共中标和承揽工程项目 11 项，计 41098.6 万元，其中，油气田产建工程 8 项，产值 19334.8 万元，长输管道工程 3 项，产值 21763.8 万元。

表 3　2001 年建设工程总公司市场开发情况一览表

时　间	建设工程总公司工作量	其中油气田产建及长输管道工作量	其中道桥工作量
2001 年	6.14 亿元，较 2000 年增长 29.5%	4.11 亿元，较 2000 年增长 2.6%	2.03 亿元，较 2000 年增长 178%

【主要措施和成果】

(1) 强化组织管理，确保各项目标。

一是加大基层管理力度，对基层领导班子进行较大调整，启用一批思想、业务和管理能力比较强的中青年干部，提高了基层单位的整体素质。与各单位签订了责任书，制订了严格的奖罚兑现政策。

二是强化职工队伍建设。加强管理和操作人员冬休期间的培训学习，重视职工现场培训与技能拔高，提高了职工的施工能力，培训、锻炼了一批技术骨干。

三是依据各工程《施工组织设计》，建立起详实的施工台账，绘制《生产运行大表》，制作《生产简报》，集中反映各项目人员、设备、资金、进度、质量等方面的生产动态，使施工始终处于受控状态。

四是从社会上租赁了相当数量的施工机械及运输车辆，缓解了设备短缺的矛盾，避免了设备长距离调迁所造成的人力、物力浪费，降低了生产成本，解决了生产困难。购置了部分机械设备和试验仪器，适当缓解了设备矛盾，完善了试验检测工作的硬件装备。

五是从社会上聘请了部分专业技术人员和附属工程施工队。增强了技术力量，加大了施工力度。返聘了部分内退职工和有偿解除劳动关系人员。以传帮带的形式使年轻的机械手逐步成熟，培养了后备人才。

六是加强了施工现场的规范化管理力度。进行职工劳保着装、施工现场彩门、彩旗、标语、职工食堂统一化、正规化、标准化管理，扩大了企业的影响力。

（2）坚持质量兴企战略，创优质工程。各项目严格执行 ISO 9002 质量体系的有关规定，大力开展“质量月”活动。在各个生产环节上推行周期进度质量奖，以多种形式开展奖优罚劣的立功竞赛活动。对各工序进行严格地质量监督检查，提倡职工自我监控、各作业层相互监督。新疆塔且项目工程质量名列南疆交通系统在建工程前茅。咸红项目受到咸阳市渭城区人民政府的充分肯定，并予以通报表彰，奖励人民币 10000 元。

（3）精细管理施工过程，降低生产成本，提高经济效益。

一是强化精细管理。按照细化管理单元，量化考核指标，实行了管理主体责权统一的基本要求，细化项目管理、现场管理、技术质量管理、生产运行管理。坚持一切从紧的原则，严格控制非生产性开支，最大限度地压缩固定费用，杜绝材料浪费，节约挖潜，降低了生产成本。

二是合同工期的实施。严格按照《施工组织设计》运行，使生产经营活动的全过程始终处于受控状态。根据《生产运行大表》所反映的现场施工动态，对滞后工程采取了强力的措施，通过组织劳动竞赛、实施突击会战、打歼灭战等活动，保证了工程进度。

三是实施项目标后预算分解包干制。

四是加强合同管理，完善承包责任制。层层落实项目管理责任，逐级签订了承包责任书。从社会租赁的车辆，通过竞标，采用最低价格，进行了规范分包，完善了租赁合同，为合同管理提供了保障。

（4）开展技术创新活动，提高工程质量。积极开展计量认证工作，2001 年 6 月，试验检测中心计量认证复评、终评顺利通过，取得了陕西省技术监督局颁发的认可证书，得到高度评价。2001 年 8 月份，筑路板块 ISO 9002 质量体系通过了中质协质保中心认证，经审核质保体系运行状况良好、有效，准许继续使用 ISO 9002 证书。

(5)抓好设备管理,做好物力保障按照机械设备的性能及状况,制定了设备维修、保养及更新改装计划,有计划地进行了全过程监督检查,解决了设备维修改造中出现的技术及质量、零配件购置等方面的问题。

【科技创新与技术改造】

(1)企业核心竞争能力:具备在大型炼化、天然气净化装置仪表安装、调校、投运方面的独立施工能力。通过新疆塔且沙漠公路施工,提高了沙漠公路的施工技术及施工工艺,形成了我国交通行业首部沙漠公路施工规范。

(2)科研成果:一是大直径长输管道自动与半自动焊接技术,成功应用于苏丹原油外输管道工程(ϕ720×9.1,59.2 千米)、涩宁兰输气管道工程(ϕ660×7.1,48 千米)、兰成渝成品油输送管道工程(ϕ508×7.1,29 千米)。二是高温熔融内防腐补口涂层技术,该技术适合于各类介质的中小直径钢质管道内防腐补口,涂层无毒性。三是埋地钢制管道聚乙烯防腐层补口技术,该技术用于长庆中部气田、长宁输气管道、苏丹输油管道、涩宁兰输气管道和兰成渝输油管道等国内外重大工程的防腐补口施工,获得免检和优质工程。

【工程建设】　2001 年建设工程总公司施工情况:2001 年承建油气田产建工程项目 21 项,其中关联交易项目 18 项,社会工程项目 3 项,油气田产建 13 项,长输管道项目 8 项,当年竣工验交 20 项。其中有:长庆气田 2001 年产能建设、靖咸输油管道工程、华池集油站改造、靖二联合站改造、靖三联合站、长庆第一净化厂改造、王十六计量接转注水站、长庆第二净化厂(甲醇回收装置、污水处理站、污水回注站、自用配气站)、第二净化厂—榆林集配气总站 ф660 毫米输气管道、杏七转—侯市集油站输油管道、靖一联合站扩建(5000 立方米油罐 1 具)、延炼分输站—延炼输油管道、靖安首站改造、沿杨输油管道、杨山末站扩建、王窑集中处理站扩建、靖安首站、大路沟集油站、兰—成—渝输油管道工程、涩—宁—兰输气管道工程。

2001 年道桥板块承建工程项目 12 项,其中关联交易项目 1 项,社会工程项目 11 项,已竣工验交 8 项,跨年 4 项。这些工程是和田项目、塔且项目、塔中 1 号公路、第二净化厂项目、世纪大道项目、洛洪项目、咸红项目、郝家窑延河大桥、冯王项目、石营项目、打庆项目、榆横项目。

【质量安全工作】 2001 年,原油建、筑路两家单位整合重组为建设工程总公司。质量安全管理工作主要围绕统一质量、HSE 体系,理顺公司质量、HSE 组织管理机构,建立完善规章制度和管理程序开展工作,狠抓施工现场过程控制和风险削减措施的落实,借助于各类活动的开展,加大了质量、HSE 体系的宣贯力度,大大削减了各类风险因素,促进了施工作业的顺利进行。

2001 年建设工程总公司工程质量管理工作:单位工程验交合格率 100%,优良率 76%。7 项 QC 成果获奖,其中局级优秀 QC 成果二等奖三项,三等奖四项。

2001 年建设工程总公司油气田产建安全环保管理成效:千人死亡率 0,千人重伤率 0,千台车死亡率 0。杜绝了任何环境污染和植被破坏事故。

2001 年建设工程总公司道桥安全环保管理成效:千人死亡率 0.3‰,千人重伤率 0,千台车死亡率 1.6‰。杜绝了任何环境污染和植被破坏事故。

【企业改革与管理】

(1)企业改革。2001 年,按照长庆局《深化改革总体构想》及其配套政策,在对筑路、油建两家企业的历史、现状、发展前景以及存在的主要问题进行分析后,制定了《关于对筑路、油建两个施工企业整合重组的可行性分析及比选方案》,在对几个方案进行反复讨论、认真筛选后,确定了其中的一个最优方案对两家公司进行整合重组。采取了如下一些措施:①将原油建机关 12 个部门和原筑路机关 7 个部门合并为四部一室:即总经理办公室(党委办公室)、经营财务部、人事劳资部(党委组织部)、党群工作部(企业文化部)、生产管理部(技术质量安全环保部),并对机关各部门的职责范围、定员编制和岗位设置进行了明确。定员前机关部室共有 162 人(不包括处级干部),定员后缩减为 64 人。②将原油建机关附属单位 6 个和原筑路机关附属单位 7 个合并为 6 个(即档案室、打字收发室、小车队、教育培训中心、广播电视中心、派出所),并对附属单位重新进行定员。定员前共有 134 人(机关附属单位),定员后缩减为 50 人。③对两家企业的辅助生产单位和后勤单位进行整合重组。成立市场开发部、运输机修公司、技术服务公司、物业管理公司、物资供应公司、离退休职工管理站和子弟学校。④成立多种经营管理部,对两家企业的多种经营单位进行整合重组。⑤将原油建二、四分公司合并成立第二工程公司,将原筑路二、三公司合并成立第六工程公司,将原筑路四、五公司合并成立第五工程公司。⑥成立油建工程项目管理部和筑路工程项目管理部,明确职责、机构和人员编制,做到整合重组、生产经营工作两不误,确保整合重组期间生产经营工作不受影响和全年生产经营目标的实现。

(2)企业管理。2001 年,根据公司发展现状和要求,审时度势,确定了企业定位(取得“两大核心资质,”做强“五大支柱”产业,跻身全国石油基建队伍前列,成为西北地区有较强竞争能力的管理、技术密集型企业),明确了企业发展方向(提出了"四个五的奋斗目标"),初步形成了长庆建工的发展战略。通过对公司面临的形势进行分析,制定了"提高企业商誉,扩大市场份额;推行精细管理,加大改革力度;择机实施改制,增强企业活力;抓好'一放二保',实现一平一盈"的生产经营目标。

【党风廉政建设与精神文明建设】 2001 年,建设工程总公司领导班子根据整合重组的实际,认真抓好党风廉政建设。一是按照"谁主管、谁负责"的精神和长庆局关于实行"六统一"和"一岗双责"的要求,制定了 6 个不同层次的党风廉政建设责任制,共签订责任书 175 份,制定了相应的配套制度 16 项,使得党风廉政建设责任制网络达到了纵向到底,横向到边;二是抓好重点项目效能监察的落实。三是抓好案件查处工作的落实。

在精神文明建设方面,建设工程总公司党委将党群和思想政治工作紧紧定位于引导职工推进长庆建工整合重组和进行"二次创业"的目标上来,坚持做到鼓劲造势、正面引导、弘扬正气、释疑解惑,突出先进模范人物的宣传,抓好企业形象和重点工程的策划,加强职工的形势任务教育,从而唱响了时代主旋律,塑造了建工新形象。2001 年,精神文明建设取得了丰硕的成果,涌现了一批享誉局内外的先进模范人物和学术明星。继全国劳模、集团公司优秀共产党员刘瑛,"全国五一劳动奖章"获得者秦惠中同志之后,青工李文明荣获集团公司青年技术岗位能手,齐锐荣获局劳模和"二次创业十大标兵"称号,总公司领导班子成员范万动、郝世英、朱传敬被局树为技术学术带头人。总公司也被中国施工企业管理协会授予"用户满意施工企业"称号。

(尚建文　张建军)

工程技术研究院

【概述】 工程技术研究院(工程技术处)是长庆局直属的一个技术开发型科研机构,是井筒工程新工艺、新技术、新产品的研究开发中心、技术管理中心和信息中心。主要从事全局的技术管理和油气田勘探开发过程中的钻井、压裂工艺技术、钻采工具及装备研究和综合配套技术研究工作。同时,还承担着钻井工程设计、压裂工艺设计、计算机软件开发以及油气田钻井新工艺、新技术、新产品的推广和各种化学添加剂、水泥、支撑剂的质检和技术服务工作。

2001 年有职工 142 人。下设钻井研究所、钻井液完井液研究所、固井研究所、压裂酸化研究所、机械电气研究所、腐蚀与防护研究所、信息情报研究所、新技术推广部;院机关设有综合管理部、工程技术部、市场开发部、财务资产部等 4 个科室。拥有固定资产原值 730.05 万元,折旧 52.75 万元,净值 677.30 万元。

【科研攻关和技术服务】

(1)2001 年共承担局级科研项目 14 项,院自开项目 6 项,均取得突破性进展。其中:局 14 项科研任务全面完成,提交科研成果 10 项;6 项自开科研项目也取得较好的研究成果。新开研究课题 15 项,为新年度的技术攻关做了扎实的前期准备。

(2)总结经验,着眼发展,集思广益,确立了"应用一代效益好的产品,研发一代技术新的产品,构思一代起点高的产品"的科研方针。明确了高能、特色、适用技术系列三大科研工作重点。

(3)长庆人自行设计、施工、服务的“苏平 1 井”、“苏平 2 井”分别攻克了钻井造斜技术难关,正常入窗,完成了固井。

(4)积极开展了端部脱砂压裂工艺等技术的研究,并取得成果,试验井增产幅度达 50%以上,且有效期长,效益好,现场已试验 6 口井。

(5)保护气层的钻井液、完井液技术研究、天然气井欠平衡钻井技术研究、天然气井高效压裂改造技术等按科研计划进行,达到了预计的要求。

(6)技术服务方面,配合国际市场开发的厄瓜多尔技术服务正式启动,有 5 名技术人员工作在厄瓜多尔生产一线。以油层压裂改造为重点,打开了延长油矿技术服务市场。以实用新型机电产品敲开了青海油田、新疆油田和吐哈油田的大门。

【经营与市场开发】

(1)经营工作取得新突破,全年共创产值 5100 万元,其中:有限责任公司实现产值 3400 万元;各科研所实现产值 1700 万元。

(2)在市场开发方面做到:一是稳定内部市场。钻井研究所完成油探项目组工程设计 100 口、天然气产建项目组工程设计 40 口。压裂研究所完成压裂施工 300 口井 320 层,老井改造优化设计 15 口井。二是稳步走向国际市场。完成了厄瓜多尔直井、定向井、水平井的钻井方案设计。有 114 吨泥浆材料销往厄瓜多尔和乌兹别克斯坦。第三批技术人员开赴厄瓜多尔的钻井第一线。三是加大外部市场的开发。组织人员围绕延长油矿子北长 2 油层开展压裂酸化技术攻关,解决了延长油矿多年未解决的开发难题,达到了双赢的目的。

【企业管理及企业文化】

(1)明确了企业定位:井筒工程新工艺、新技术、新产品的研究开发中心,技术管理中心,信息管理中心;石油工程技术专家队伍和井筒工程技术的载体单位;全局工程技术服务市场开发的技术支撑单位。企业精神:完善自我、追求卓越。管理理念:人本思想,团队精神,规范运作,监督透明,有效激励,体现效益,贵在落实,持续发展。发展思路:以市场为导向,建立研究开发、技术管理、技术服务、产品生产一体化的科技型企业;以市场为导向,形成以人为本,激励创新的全新运行机制。

(2)建立了适用、高效的组织结构。把钻井研究所一分为三,成立了钻井液研究所、固井研究所,新组建了市场开发部和新技术推广部。提拔任命了 19 名科级干部。完善成立了工程院工会委员会、工程院纪律检查委员会等 11 个组织。建立健全了党支部 9 个。

(3)健全各项规章制度。制定下发了工程院党政会议制度 12 项,包括党委会、院务会议制度,完善修订规章制度 12 项 150 条,强化了全院的管理与监督。

(4)在完成钻井液与完井液、固井水泥浆实验室 CMA 资质认证的基础上,全面启动了 ISO 9000、ISO 14000 和 OHSMS 18000 的贯标认证工作。

(5)突出重点,加强了合同管理、资产管理和知识产权管理,与全院职工签订知识产权管理协议书。

(6)加强了车辆的使用与管理,建立了安全生产“三全”管理体系网络,明确了管理职责。

(7)严格财经制度,加强资金管理。对机关等事业单位按月下拨费用,对科研费实行三级管理,按进度下拨费用。实行“一防、二堵、三加强、四提高”的财务管理办法。

【人才培养与精神文明建设】　安排技术人员参加了长庆局举办的各类高层次的岗位培训。其中:对外经济合作英语强化培训 15 人次,西班牙语培训 6 人,俄语培训 1 人。先后举办英语培训、HSE 管理培训、井控操作岗位培训,有 51 人取得证书。在读博士 1 人、硕士 2 人;参加硕士研究生进修班 10 人;专升本函授在读 3 人,函授大专在读 2 人。培养长庆局一级学术技术带头人 9 名,二级学术技术带头人 12 名。

在精神文明建设方面,充实加强了10个基层单位的领导班子,从党、政、工等方面配齐、配足新的基层领导。确立了以研究所为考核单位,包括了科研项目、技术服务、内部管理、精神文明建设等8个方面。对全院12个基层单位进行了年度综合考核,签订党风廉政责任书12份,综合治理责任书12份。以解放思想、转变观念为主题,开展了形势任务教育,使全院职工进一步增强紧迫感、危机感、使命感。大力弘扬正气,涌现出一批先进典型。李光明获得陕西省优秀青年实业家称号;马海忠和拓伯民分别荣获局劳动模范和先进工作者称号;王维彤获局安全行驶百万千米优秀驾驶员称号;固井研究所荣获局模范集体称号;水平井项目组和压裂研究所获局"二次创业"标杆集体称号;马海忠、任雁鹏获局"二次创业"典型个人称号。

(左志俊　马红宁)

长庆石油天然气工程建设监理公司

【概述】 2001年是长庆石油天然气工程建设监理公司监理业务迅速发展的一年,公司全年监理费收入突破1000万元,开创了自公司成立以来的良好局面。当年公司共有员工156人,其中干部12人(处级领导1人,科级干部3人,一般干部8人),现场监理人员144人(国家注册监理工程师15人,省部级监理工程师63人)。

【主要经营指标完成情况】 2001年,公司承担监理项目主要为10项,地跨陕、甘、宁、蒙等省、自治区。油田产建129万吨/年;气田产建2亿立方米/年(靖边、榆林各1亿立方米/年);长输管道498千米(靖咸462千米、沿杨复线36千米);庆城第一供热站安装锅炉3台;矿建工程计26.6万平方米;累计完成投资22.76亿元。公司全年监理费收入总共1261.1万元,比2000年增长440.99万元。其中油气田产建工程1105.5万元,长庆局84.5万元,社会市场71.83万元。全年实现上缴利润201万元。本年度各受监工程都能够保证安全生产施工,无任何事故发生。

(张　婷)

工程监督公司

【概述】 长庆石油勘探局工程质量监督业务始于1995年,具体工程质量监督业务的开展由原钻采工艺研究院下设的工程监督科组织实施。企业重组后,为适应油田产建工程市场的需要,长庆局下发了长局字【2001】第58号《长庆石油勘探局关于变更工程监督公司隶属关系的通知》,于2001年4月从长庆工程研究院分离出来独立运行,属长庆石油勘探局直属单位。

工程监督公司机关设有工程监督部和综合财务部,配备人员10名,其中经理1名,副经理1名。党、工、团组织隶属长庆局机关党、工、团组织,设置党支部一个。聘用钻井、试油(气)、地质、测井四个专业现场监督74名。

【生产经营指标完成情况】 全年完成钻井监督井1228口,钻井监督覆盖率100%;试油(气)监督井1066口中,试油(气)监督覆盖率100%;地质监督井 1092 口，地质监督覆盖率 100%；测井监督井 873 口，测井监督覆盖率 70.6%。实现利润 29.95 万元。

【改革与管理】 2001 年是工程监督公司独立运行第一年，“机构变动，人员调整，公司组建”基本完成。确立紧紧抓住“十五”期间长庆油气增储上产大发展的难得历史机遇，牢固占领关联交易市场，在开展扎实有效的工程监督工作的过程中努力发展自己，壮大公司实力，经过长期奋斗，确立了把公司建成一个“立足油田、占领周边、勇闯外部市场”经济实体的奋斗目标；制定“练好内功树形象，增强实力闯市场，攻坚啃硬保质量，拼搏进取求发展”的工作方针；明确以业主委托书、工程设计和行业标准为监督依据，在甲乙双方之间正确定位，选准切入点，本着公平、公开、公正的原则，查找质量隐患问题，确保工程质量，树立第三方的旗帜，履行第三方职责的监督工作基本思路。

（荣建利）

国际市场开发部（国际石油技术工程公司）

【概述】 2001 年 4 月，为贯彻集团公司“走出去”的战略，长庆局成立了国际市场开发部，主要负责国际市场开发及国外工程项目的管理工作。具体负责国际市场开发、项目招投标、商务谈判、项目管理等。国际市场开发部组建以来，在人员少，任务重的情况下，面对陌生的领域，解放思想，转变观念，边组建，边工作，积极开拓国际市场，使长庆局对外石油工程技术服务项目取得了实质性的进展。先后落实了三个海外项目，涉及地震、钻井、测井、井下作业等相关队伍首次走出国门，为提高长庆局的竞争能力，进一步拓宽长庆局的生存发展空间，迈出了坚实的第一步。

国际市场开发部正式成立于 2001 年 4 月，定员为 20 人。现有职工 17 人，其中在册职工 7 人，借调职工 10 人。经理 1 人，副经理 3 人，其中 2 人在国外。在人员基本到位后，国际市场开发部根据人员构成和工作需要，成立了综合办公室和商务办公室两个部门。

【主要指标完成情况】

(1)费用年底实现可控部分不超。按照组建后局下达的费用控制指标，扣除因市场开发需要而出国的费用外，费用控制在核定的范围内。

(2)国际市场开发取得突破性的进展。尼日利亚项目经过多次反复，在较短的时间内正常运行，第一口井完井；厄瓜多尔项目第一口井已顺利开钻后；乌兹别克斯坦项目设备发运正常运行。

(3)按照国际市场的运行要求，在海外项目管理，运行机制，内部管理体系等建设方面，从零开始，边学习，边工作，有了一个良好的开端。

(4)初步建立了国际市场开发信息网。与多家外国公司和国内有关单位建立正常的业务联系，市场开发依据长庆局装备状况有序地开展。

(5)安全生产，综合治理等均达到局规定指标。

【主要工作】

(1)国际工程项目管理和外贸工作取得初步成效。2001 年 4 月份，国际市场开发部在抽调人员、组建机构的同时，赴尼日利亚钻机的发运、厄瓜多尔油田开发项目投标及谈判等工作也在紧张地进行中。国际市场开发部坚持边干边学，不断地摸索，在项目的管理方面主要做了以下工作：一是完成了赴尼日利亚钻机的动迁及人员的选派，该钻机于2001年4月11日装船，2001年5月25日顺利抵达尼日利亚瓦里港，当年第一口井接近完钻。二是厄瓜多尔项目自2000年12月完成投标后，制定了详细的项目动员准备计划和运行大表，全力以赴投入到厄瓜多尔项目的启动之中。截至2001年年底，在厄中方人员71人。当年12月1日第一口井顺利开钻，至12月30日，进尺1260米。三是除上述运行成功的两个项目外，还进行了也门钻井项目投标，跟踪了委内瑞拉钻井工程项目、柬埔寨港口工程项目，卡塔尔、孟加拉、哈萨克斯坦钻井、叙利亚、伊朗、印尼、突尼斯、哥伦比亚等国的工程项目。四是外贸工作在原设备引进的基础上，重点抓了出口业务的整章建制工作。

(2)解放思想，转变观念，建立符合国际市场要求的新机制和市场开发基础。2001年，国际市场开发部根据国际市场开发项目管理、经营、对外贸易综合体的定位，致力建立有序的工作秩序，先后制定和建立20多项规范内部管理的规章制度。这些制度从员工岗位责任、项目跟踪管理、资产财务管理、进出口业务管理等诸多方面，规定了具体工作程序和要求，起到了积极的作用。同时国际市场开发部还十分注重信息渠道建设。先后与多家外国公司建立业务联系，并与集团公司国际工程公司所属长城公司、中油技术开发公司、物探局、中原局、新疆局、中国对外承包商会等建立了业务联系。与集团公司有关部门，陕西省外经贸厅，甘肃省商检局、天津、西安海关等上级部门建立正常工作关系。建立了目标市场国家和地区的政治、经济等资料库，为市场开发提供参考依据。

(3)高标准、严要求，努力建设一支精锐的职工队伍。作为长庆局对外的窗口单位，国际市场开发部自组建之日起就明确了树立良好企业形象的目标。小从个人行为举止，衣着、办公室卫生，大到对外交往的守时、守约等细节处处注意，培养员工的“窗口”意识。为尽快提高每个员工的工作能力，国际市场开发部对各个岗位的学习提出了明确而具体的要求，学习的内容以语言、商贸、项目管理、工程专业知识等，在自学的同时，领导还给大家进行专题讲课。利用双休日组织员工到靖边钻井队，到中原油田参观、学习，形成了良好的学习氛围，员工的业务素质得到一定提高。

(李东勋)

第一采油技术服务处

【概述】 2001年，第一采油技术服务处(以下简称采油一处)下设机关职能科室10个，附属单位5个；处属科级单位12个。直属小队级单位1个。处党政领导班子成员6人，处级干部6人，科级干部70人。用工总量2381人，职工总数2034人，其中干部531人，工人1497人；男职工1452人，占职工总数的71%，女职工582人，占职工总数的29%。共有离退休职工1019人，在岗人数与离退休职工(含内退)比例为1.997:1。

资产总值为30216.44万元。其中，固定资产原值30110.83万元，净值22781.18万元；所有者权益25379.99万元，负债4836.45万元，负债率16%。

2001年，采油一处广大干部职工与时俱进、开拓创新、加快发展，以结构调整为主线，凸现主营业务，构建“三大经济支撑点”；以开拓市场为重点，创新理念、创新管理、创新机制；以饱满的热情，务实的作风，进取的精神，积极有效的开展工作，取得了28项新成绩、新成果。

【经营收入】 企业总收入突破2亿元大关，多种经营收入突破 1 亿元(全年实现企业总收入 21258.44 万元,完成了长庆局下达的经营目标,全面完成各项业绩指标。油田地面工程建设收入、工程技术服务收入、多种经营收入 3 项指标创历史最好纪录)。油田地面工程建设创收 4700 万元,同比增长 2652 万元。工程技术服务创收 5115 万元,同比增长 1341 万元。多种经营创收 10296.03 万元,同比增长 1522.85 万元。

【市场开发】 2001 年,采油一处市场开发工作在 3 个层面上取得了突破性进展。在关联交易市场全年创收 10962 万元,同比增长 1%。在油田公司放开市场上产值大幅度攀升,创收 8764 万元,同比增长 14.2%。在社会市场上取得可喜突破,井下作业、试油、拉油、扫线打压等多项业务成功打入周边油田和社会市场,累计创收 1367 万元。

【安全生产】 始终坚持以人为本,全面推广建立了 HSE 管理体系,实现了"四个杜绝,三个不超,一个稳定"的奋斗目标,环境保护实现了"一控双达标"的奋斗目标,污染物排放总量控制在集团公司和当地政府下达的指标之内;新、改、扩建项目环境影响评价和"三同时"执行率达到 100%。从 1999 年起,连续 3 年被评为局安全生产先进单位、消防工作先进单位。

【企业管理】 在基础管理工作中填补了 3 项空白。开展了《会计法》执行情况大检查、财务清查和效能监察工作,通过了局有关部门界定。健全了对口质量回访制度,建立了三级质量回访体系,编订了各系统的《质量保证手册》6 类 11 种。全年组织质量回访 480 余次,接受甲方提出的意见和建议 270 多条,并对其中 60 多个问题进行了及时处理,确保了工程质量。建立健全了《岗位管理制度》、《岗位职责》,加强了对岗位标准的检查。编写了人员定编手册,完成了人员编制工作,实现了全处用工总量减少 10%的目标。

【培训教育与科技创新】 职工培训成效显著。共举办电焊工、修井司钻、质量管理等 7 类培训班,送外培训项目经理、HSE 内审员、财务预算等 6 类 72 人,组织技术等级鉴定 350 人,是历年来投入力量最大、培训人数最多的一年。高考升学维持较高水平。参加高考 120 人,114 人上线,上线率达 94.42%;大专以上录取 97 人(其中,本科 44 人、大专 53 人),录取率达 80.83%。

科技创新工作取得新成果。2000 年采油一处承担的局级重点科研项目——智能井口防盗箱的研制与应用,已于 7 月份完成样机试制,9 月份进行了现场测试,效果良好,达到了预期目的。

【主要成果】 修井作业在全年总井次、一次合格率、施工有效率 3 个方面创历年最高水平,已具备专业化实力。全年完成措施井、小修井折合 3449.86 个标准井次,同比增长 8.9%,创历年最高水平。施工一次合格率达 99.6%,提高了 3 个百分点,创历年最高水平。施工有效率达 96%,上浮了 2.4 个百分点,创历年最高水平。油田地面工程建设一举拿下了 3 个优良工程。重组后的长兴建安公司承建的王四转油点被评为 2001 年度安塞油田产能建设第一个质量管理样板工程。3.1 千米黄夹壳输油管线敷设被评为优良工程。承建的王十七转工程被评为大型站点建设优良工程。设备结构进一步优化。全年添置新设备 30 台(套),累计投资 1,400 万元,运输能力和特车施工能力大大增强。采油劳务输出初具规模化。经过不断重组整合,形成了目前拥有 4 个采油队、管理油井 189 口的经营规模。成功运作了华泰有限公司,为企业培育了新的经济增长点。

【为职工办实事】 职工收入稳步增长,年平均效益工资同比增长 18.58%。成立了职工持股会,以资本为纽带,实现了劳动者与所有者的有机融合。住房建设力度加大,新建住宅面积 1.064 万平方米,132 户职工喜迁新居。

小区环卫日趋完善,新建道路、栽种树木、

绿化草坪、篱笆花带等项创近年来的新记录。新增天然气用户 1522 户，河庄坪小区住户全部用上了天然气。增设了多处文体活动场所，建成了灯光球场、健身房，更新了多功能活动厅。“送温暖”工程落到实处，先后发放救济款 6.4 万元，为退休职工送去慰问金 15 万元。组织了职工疗养、旅游，全年内疗 40 人，外疗 51 人。开展了社区特色医疗，建立了居民健康档案，实行微机管理，开展了家庭病床诊治服务和定期上门针对性服务。

（王　磊）

第二采油技术服务处

【概述】　第二采油技术服务处（以下简称采油二处）是长庆石油勘探局下属的，以从事采油工程技术服务、生产技术服务和基地服务业务，兼营社会业务，以及多种所有制共同发展的国有大型企业。主要经营业务包括维修检泵、井下措施作业、物业管理、试油、油田建筑安装、机械加工与维修、化工产品销售。全处有职工 3426 人。资产总额 3.85 亿元，固定资产原值 3.31 亿元、净值 1.77 亿元，生产经营用固定资产总额 1.35 亿元。

2001 年，采油二处以长庆局“两条基本思路”、“四大发展战略”为依据，认真贯彻“十二字”企业理念，以提高经济效益为目的，以市场为导向，以持续改革为动力，以科学管理为手段，转换经营机制，优化产业结构，竭诚提供服务，积极开拓市场，真抓实干，到得了较好成绩。全年主营业务实现收入 26515 万元。多种经营完成产值 14000 万元，实现销售收入 14848.37 万元，实现利润 1184.46 万元。全面完成局年初下达的各项生产指标。

（1）井下作业：措施作业完井 218 口，折合标准井次 2193 个，同比增长 11.2%；检泵作业完成 3873 口，折合标准井次 4066 个，同比增长 21%。

（2）运输服务：特车运输年货运周转量完成 4830 万吨公里，同比增长 30.89%；客运周转量完成 5485.6 万人千米，同比增长 3.56%；特车作业完成 7.59 万小时，同比增长 7.53%。

（3）机修加工：抽油机安装 258 台（套），同比增长 20%。涂料油管加工 18 万米，同比增长 50%。

【市场开发】　采油二处领导班子经过充分调研，重新调整了市场开发思路，提出了“立足采二市场、扩大长庆市场、拓展周边市场、面向西北市场、力争国际市场”的工作思路，为全处市场开发新格局的形成提供了原则指导。

以关联交易总协议为指导，根据长庆局和油田公司达成的“一对一”服务共识，共同协商、精诚合作、建立了不同层次的定期对接机制。“按照工作量确定化、服务价格化、结算程序化”的要求，签订关联交易总规则和分项合同 21 项，以契约形式保证了关联交易工作量，总价值工作量达到 18728.31 万元，关联交易收入占全处总收入的 64.39%，市场占有率达到 100%。

大力开拓外部市场。根据市场和竞争需要，在充分调研的基础上，完善市场开发网络，完成了市场准入相关资质的办理，严格合同管理机制，强化市场开发人员的业务培训。并把 HSE 管理优先推广到施工作业现场，培育竞争实力。制定鼓励外部创收的激励政策。修订出台了“三定一包”和“两奖两罚”产品推销和工程承揽奖励办法，加大对单位和个人提成返利比例，支持单位和个人创市场。在良好机制的激励下，特修公司利用已取得的信誉，在吴旗、志丹、靖边等地主动参与市场竞争，创收150多万。巨力化工厂积极实施市场营销战略，在油田周边销售化工产品300多万元。劳动公司在青海签订橡胶制品供货合同70多万元。物业公司在搞好生活服务的同时，外出承揽工程，创收244万元。

【改革改制】　按照业务板块摸拟成立了井下作业、交通运输、物业管理、多种经营四大专业公司。撤消了基建办，成立了计划基建科和土地管理办公室，将市场开发科和企业管理科合并。将3个修井公司、2个特修公司和2个特车公司分别整合为修井公司、特修公司和特车运输公司。把4个物业公司合并为2个物业公司。把涂料油管厂和机修站合并为机械厂。通过内部重组整合，实现了人、才、物的有效配置，发挥了整体优势，减少了管理层级，形成了规模经营，提高了竞争实力。调整产业结构，扶持开发了彩钢生产项目，建成了年生产能力3000—5000平方米、产值500—800万元的彩钢生产线，当年完成产值500多万元。建成油管加工生产线，形成年加工油管50万米、产值3500万元的生产能力，产品通过了西安管材研究所API标准鉴定和长庆局、油田公司的质量认可。

【企业管理】

（1）在生产管理上，以提高运行效率、降低运行成本、增加经济收入为目的，充分发挥生产指挥中心和各级生产组织网络的作用，及时掌握生产动态，合理配置生产要素，抓好组织衔接，加快了生产运行节奏，使全处生产建设工作平稳运行。

（2）在安全管理上，以HSE为载体，以交通安全、施工安全为突破口，以交通运输、井下作业为切入点，狠抓作业现场的标准化建设、作业过程的标准化操作和职工技能的标准化培训，落实各项安全制度，实现了作业现场标准化、作业过程规范化、岗位操作制度化。构建起了横向到边、纵向到底的“三全”管理网络体系，形成了人人重视安全，人人参与安全管理的良好氛围。加大动态管理力度，成立安全执法队，对交通安全、作业施工安全和民用住宅安全定期检查，全年共组织各类检查6次，查出问题368个，全部得到有效整改，消除了安全隐患。

（3）在质量管理上，制定了《井下作业质量管理办法》、《工程质量管理办法》、《售后服务管理办法》和《特种车辆管理办法》等规章制度。认真抓好质量分析、质量管理体系建设和质量管理培训工作。召开工程、产品、设备质量分析会12次，举办各类质量管理培训班14期，培训质量管理人员197人。突出抓了工程质量、产品质量和售后服务三项重点工作。2001年井下作业施工一次合格率、地面建设施工合格率、车辆整点到位率、服务满意率都有所提高。

（4）在设备管理上，修订印发了《设备管理考评奖惩规定》。积极探索设备管理的方法和途径。在消防大队、特车公司引入了TPM设备管理模式，并按照“五个强化”的规定，定期进行设备整修和强制性保养，提高了设备的完好率和出勤率。

【科技管理】　加强科技网络建设，加强了工艺研究所领导班子和科研队伍力量，逐级建立科技攻关小组，初步形成了老、中、青“三结合”的科研联合方队，构建技术与研究、科技与管理、技术与指导相结合的科研网络体系。以“产业升级、开拓市场、降低成本”为目标，开展主导产业和主体工艺的科研攻关，突出实用技术的开发与推广，引进了油水井底水封堵等6项技术，在套破井治理上，研究开发了CO753－2型封隔器＋伸缩节隔采技术。

【精神文明建设】　采油二处以党的十五届五中全会精神为指针，按照局党委、长庆局工作部署和要求，围绕“生存、市场、稳定、效益”主题、实施目标管理，开展“五八”工程，加强党的建设和精神文明建设，发挥思想政治工作优势，弘扬企业精神、经营理念、价值取向为主要内容的企业文化建设，取得了两个文明双丰收，处团委荣获甘肃省和长庆局“五四红旗团委”荣誉称号，采油二处获长庆局“重视青年工作关心青年成长”先进单位。

（第二采油技术服务处办公室）

第三采油技术服务处

【概述】 第三采油技术服务处(以下简称采油三处)是长庆石油勘探局下属单位。机关职能科室 8 个，机关附属单位 3 个，机关直属单位 2 个，科级单位 25 个。处党政领导班子成员 7 人。截至 2001 年末，职工总数 2130 人，其中干部 522 人，工人 1608 人，共有离退休职工 1173 人。党员总数 754 人，在职党员 419 个，占职工总数的 19.2%。

截至 2001 年末，固定资产原值 15482.70 万元，累计折旧 4254.28 万元，固定资产净值 11228.42 万元。2001 年提取固定资产折旧 140507 万元，全额上缴长庆局财务资产处。2001 年底负债及所有者权益总计 24377.92 万元。共有设备 267 台，资产原值 13951.3 万元，资产净值 9866.5 万元，设备新度系数 0.7。

【生产经营指标完成情况】 完成转供电 16813 万千瓦·时，较 2000 年增加 1160 万千瓦·时；转供水 282 万立方米，较 2000 年减少 23 万立方米；新井投产 371 口，较 2000 年增加 256 口，检泵 1467 口，较 2000 年增加 187 口，措施及大修 978 口，较 2000 年增加 243 口；货运周转量 2041.3 万吨·千米，较 2000 年减少 1536.7 万吨·千米；客运周转量 3857 万人·千米，较 2000 年减少 7 万人·千米；原油拉运 948.7 万吨·千米，较 2000 年增加 32.7 万吨·千米。

2001 年主营业务实现收入 29166.35 万元，营业外收入 6.93 万元；成本支出 24281.75 万元，主营业务税金及附加 46.62 万元，管理费用支出 4317.98 万元，营业外支出 419.83 万元；实现内部利润 107.10 万元，考虑长庆局认可因素 1089.20 万元，实现内部利润 1196.30 万元，较长庆局下达年度利润指标 1000 万元，超额完成 196.30 万元。

【主要成绩及突出成就】

(1)对全处多种经营单位进行整合，成立了宁夏长庆石油建设工程有限责任公司，当年产值过亿元、实现内部利润 1280 万，资产负债率较整合前降低了 9 个百分点。

(2)银川综合办公大楼竣工并交付使用，处机关和基层单位机关搬迁银川，实现了指挥决策机关战略性的重大转移。

(3)顺利实现了“收入 3 亿元，盈利 1000 万”的奋斗目标，保证了职工工资足额到位，职工的收入较 2000 年有了一定提高。

(4)转供电量较 2000 年增加了 1812.89 万千瓦时，达 16812.89 万千瓦时，创历史最新纪录。

(5)机修站、运输大队等单位的控亏工作取得了一定成效。

(6)在全处各单位推行了财务主管委派制度，有效地规范了基层单位的经营工作，实现了对基层财务工作的宏观监管。

(7)水电厂承揽到了孟加拉国达卡市的天然气发电机安装工程，实现了采油三处在国际市场份额上零的突破，首开局三级单位独立开拓国际市场之先河；与辽河油田合作生产的 PVC 塑钢门窗，为采油三处从劳务型企业向产品型企业转变打下了一定的基础。

(8)服从全局进一步重组整合的大局,主动配合局实施改革。先后把两家通讯队的资产、设备和人员顺利移交通讯处;将子弟学校移交银川高级中学。

(9)精神文明建设取得了丰硕成果:处领导班子被评为局勤政廉政先进单位和综合治理先进单位;处工会继续保持全国模范职工之家和局三星级模范职工之家;处团委被局团委评为“五四红旗团委”;运输大队试压工程队被评为局“二次创业”标杆集体;油气田建设工程公司、机修站陕北工段、水电厂、井下作业二大队、井下作业一大队修井七队、永兴油脂化工公司等六家单位被评为局“二次创业”先进集体。朱文伯荣获局劳动模范和陕西省优秀青年企业家称号。曹继虎被评为局“二次创业”十大标兵;朱文伯、许玉健、李前萌、郭晓明、金蓉、马小宁等六名同志被评为局“二次创业”先进个人。许玉健、李长城、孙少华、丁乃文、姚广泉等五人被评为局先进生产(工作)者。

(10)采油三处进入局安全生产达标单位行列。

(杨林杰)

油气技术综合服务处

【概况】 油气技术综合服务处(以下简称油气处)是长庆石油勘探局下属的以油气工程技术和生产服务为主的综合性服务单位。截至2001年底,全处用工总量1103人,在册职工442人(其中内部退养38人),离退休职工428人。职工中从事工程技术服务和生产服务的181人,占40.95%;社会服务87人,占19.68%;农业养殖业62人,占14.03%;其他112人,占25.34%。拥有各类专业技术人员157人,占职工总数的35.52%。全处基层科级单位12个,附属单位4个,机关科室6个。

全处固定资产原值823.08万元,净值633.53万元, 共有各类主要专业设备49台(套),设备资产原值550.50万元,净值385.10万元,设备新度系数0.70。全处共有8个主要专业队伍,其中:产建安装队4个,年施工能力5000万元;钻井队2个,年进尺40000米;井下作业(修井)队1个,年生产能力110井次;井下作业(试油)队1个,年生产能力80层次。

【工作成果】 2001年是“十五”计划的第一年。油气处紧紧围绕“三年基本工作目标”和年初确定的工作思路、主攻方向和奋斗目标,克服资金紧张、设备陈旧、市场竞争激烈等困难,全面完成了年初确定的生产经营目标和工作任务,共取得了9项成果:

(1)超额完成了年初确定的经营目标。2001年实际完成产值8105万元,为年计划7000万元的115.79%,与2000相比,产值增加了1000万元,增长率为14.07%;上缴利润33.6万元。全处各单位无一亏损。

(2)农业生产虽受自然灾害影响,但仍取得好成绩。全年产粮308万千克,产水果43万千克。

(3)多种经营有了较快发展。多种经营采用新的机制,大量引入计件、租赁、承包等机制,促进效益提高,2001年内部利润首次突破100万元。

(4)产品销售通过强化加工环节,打品牌、抓产品包装,重新树立产品形象,进一步拓宽了销售渠道,全年实现销售收入518万元。

(5)医疗卫生服务质量有所提高,全年共

诊治病人 26400 人次，为老职工体检 267 人次，开展各种计划免疫接种 2000 人次；对外创收 43.8 万元，比 2000 年度增长 212.86%。

（6）职工技术素质整体得到较快提升。2001 年 8 月在长庆局监理公司举办的宁夏、陕北焊工技能鉴定考核中，油气处派出的 7 名焊工全部通过了考核，取得了团体总分第二名的好成绩。华池输油总站在第二输油公司第二届技术比武中，囊括了团体前 2 名，在十个单项比赛中共赢得 7 个第一名、3 个第二名、2 个第三名。耀县输油站接站后，在短短 3 个月时间内，凭着良好的站容站貌，扎实的基础管理和投产中的不凡表现，被靖咸管道公司评为“样板站”。

（7）案件官司取得突破性进展。全年代理和参加诉讼案件 18 起，审结 12 起，解决了大量多年遗留案件，挽回、避免经济损失 300 多万元。

（8）精神文明建设取得好成绩。2001 年油气处被局效能监察领导小组评为“效能监察工作先进集体”；被灵武市评为“三五普法先进单位”；被吴忠市委、市政府评为“治安模范单位”；被长庆局评为“计划生育先进单位”，“要害部位先进单位”；被灵武市委、市政府评为“2000—2001 年度重合同守信用单位”。

（9）职工收入大幅增加，生活环境逐步改善。在资金紧张的情况下，千方百计筹措资金，努力改善职工生活条件。先后对一村 8 幢住宅楼墙面进行了粉刷，并对十八公里驻地、吴办驻地等生活区住宅水电暖管网等进行修缮，美化了厂容厂貌，改善了居住条件。

【市场开发】　2001 年油气处大力实施市场开发战略，把对外承揽工作量作为全处的关键工作来抓，取得了显著的成绩。在产建上，抓住油田公司新增 100 万吨产能的机遇，全面进军油田内部市场，先后在采一项目组、采三项目组、采四厂、长西公司、河东工业园承揽工作量，在社会市场承揽定边钻采公司拉油站工程等工作量共 4661 万元；农业在调整种植结构的同时，充分利用人才优势，进军油田厂站绿化市场，先后在咸阳供应站、河东工业园、银川燕鸽湖基地、长南公司承揽并完成绿化工作量 70 万元，初步走出了一条以外部创收弥补农副业收入不足的路子；运输在巩固原油拉运、污水拉运市场的同时，积极开辟后备拉运市场，共有 48 部车，从事运输劳务，实现收入 600 多万元；此外，还输出劳务 109 人，其中：向长庆输油公司靖马线输出输油、巡线人员 48 人，向长南公司输出采油护矿人员 25 人，向采一谭南作业区输出采油人员 15 人，为靖咸管线中间加油站输出劳务人员 12 人，向其他单位输出劳务 9 人；在原油开发上，2001 年 3 月，在靖边青阳岔购买 9 口油井（生产井 7 口），全年累计产油 3220 吨，实现收入 440 万元；物业管理在强化管理，确保全处水、电、暖正常供应的同时，积极扩大对外劳务创收，抽出 25 人为长南公司等单位进行后勤服务和为油气处各工程点进行后勤服务，全年实现劳务收入 239.1 万元，其中：外部劳务收入 70.3 万元。另外，采取租赁钻井设备，外聘技术人员的形式在油田和社会承揽钻井工作量，全年为长西公司打井 10 口，完成进尺 20044 米，为志丹永宁钻采打井 6 口，完成进尺 10005 米。

在项目开发方面，重点抓好长线项目开发，投入生产的项目有钻杆扶正器项目、靖咸管线耀县输油加热站管理、青阳岔油井项目、钻井项目，正在运作的有长呼输气管线运行管理。初步形成了油田产建、石油天然气集输、采油管理、农副业养殖四个大的产业群体。

【企业管理】　进一步加强以资金管理为核心的各项管理，有效地促进全处生产经营任务的完成。

（1）全面实施低成本战略，确保全年经营目标的实现。2001 年在降成本工作上明确了降成本的指标，确定了降成本的重点、目标、责任，出台下发了《差旅费开支标准的规定》、《公费电话费报销管理暂行规定》、《生产调度和车辆管理若干规定》、《劳动用工工资待遇的有关规定》、《机械设备能源消耗定额通知》、《关于车辆修理和保养有关问题的通知》，狠抓"跑、冒、滴、漏"现象，坚持"一切从紧"的思想，先后四次对各单位降成本执行情况进行检查，发现问题及时整改，从而确保了节约指标的完成。全年生产总成本比预算节约 143 万元，下降幅度为 11.6%，四项费用比预算节约 48.68 万元，下降幅度为 5.75%。

(2) 制定并推行了"四包一挂"经济政策，将产值利润、安全生产、工程（产品）质量、队伍建设四项指标的完成情况和单位职工的收入、班子成员的政绩挂钩，严考核、硬兑现，从而强化了各级干部的责任，调动了广大职工的生产积极性，有效地确保了各项工作的顺利进行。

(3) 严肃财经纪律，加强预算管理，实行大财务运行，抓好应收款清理，重视合同管理，增强法制观念，加强法制管理，创新管理，使全处财务管理上了一个新台阶，确保了生产经营工作的正常运行。

(4) 狠抓安全工作和设备管理，强化安全意识，有效推行 HSE 管理体系，严明安全责任和奖惩政策，确保了各项工作安全、平稳运行。

【队伍建设】 在干部队伍建设上，一是强化政策理论学习，注意不断提高领导干部的思想素质、决策水平和适应市场经济的能力。二是加大了领导班子考核力度，强化了对领导干部的监督约束。全面推行了领导班子和领导干部业绩考核，把管理创新、开拓市场、争创效益作为衡量领导班子和领导干部是否胜任的重要尺度。调整充实了部分基层领导班子，将部分管理工作能力强、业绩突出的年轻干部选拔到基层岗位上。三是加强党风廉政建设。层层签订责任书 52 份，建立和完善了落实党风廉政建设的配套措施，推行了廉政谈话制度和警示教育，对新提拔的 6 名副科级干部进行了廉政谈话；利用两次大检查和每月抽查，对党员干部和中层领导进行跟踪考查；采取民主评议和民主测评等形式，对全处所有的班子成员廉洁勤政情况进行严格监督考核，有效促进了领导干部廉洁自律。

在职工队伍建设上，一是开展"二次创业"形势、任务教育，引导广大职工学技术、学管理，增强了做好承揽工作量和降低成本两项工作的信心和决心。二是根据市场和项目有针对性地进行职工岗位技术培训，全年共举办各工种培训班 15 期，培训人员 302 人。三是大力宣传身边的先进人物和典型事迹。在全处评选了 5 名优秀管理干部、42 名先进生产（工作）者、23 名优秀党员和 54 名优秀技术工人，以典型教育、引导职工。四是对外出职工实行 8 小时以外管理制度，不定期地了解、分析职工思想动态，及时为职工排忧解难，看望和慰问困难职工和离退休职工，确保了队伍的稳定。

（赵文杰　郭　锐）

机械制造总厂

【概述】 机械制造总厂（以下简称机械总厂）隶属于长庆石油勘探局。是中国石油天然气集团公司"三抽"设备、固控设备、钻采配件一级网络企业和出口网络企业。是生产石油固控、钻采设备和配件的石油专业机械制造厂。生产基地分布在甘肃省宁县长庆桥镇、甘肃省庆阳县和宁夏银川市，占地面积60余万平方米，资产原值6041.25万元，净值4378.72万元。

总厂机关设在甘肃省宁县长庆桥镇，下设机关职能科室9个，附属单位5个，主要生产单位7个，基层辅助生产单位3个，社会服务单位4个，多种经营单位1个。全厂现有各类用工1493人，其中在册职工981人，其他用工512人。有专业技术干部307人，其中高级职称14人，中级职称130人，初级职称150人。

全厂有冶炼、铸钢、铸铁、铆锻、焊、热处理、机加工、动力及维修等各类生产工种69个，主要生产配套设备496台，"九五"期间，获北京九千质量认证中心颁发的ISO 9001质量体系认证证书和英国皇家质量体系认证中心颁发的ISO 9001国际标准质量体系认证证书，2001年被长庆局确定为全局ISO 14000体系管理试点单位之一。主导产品"长石牌"钻井液管汇先后获省优、部优产品称号、国家银质奖及"全国用户满意产品"，"长庆牌"固控产品先后获国家级新产品奖和甘肃省名牌产品称号。部分管汇、泥浆振动筛等固控产品出口印度尼西亚尼、苏丹、哈萨克斯坦、也门等国家。

【主要生产经营成果】

(1) 全年完成工业总产值2.085亿元，实现总收入2.08亿元，同比分别增长11%和15%。

(2) 实现长庆局下达的内部利润指标。

【战略管理成果】　2000年12月，在局党委、长庆局的决策下，机械厂和第二机械厂整合重组为机械制造总厂。总厂在整合重组中实施了四大工程：

(1) 组织机构的整合工程。按照局党委、长庆局关于整合重组的战略部署，总厂于2001年初完成了党委、纪委、工会各级组织的整合，完成了机关的定编、定员、定岗、定责工作，保证了总厂机关正常运作；各主要生产单位实行产销一体化的分厂制，为总厂的正常运作提供了组织保证。

(2) 硬件资源的整合工程。整合了技术资源、设备资源和市场资源，形成了优势互补的生产和经营实力。深化了"三个层次"的新产品开发思路和"三个生产基地"的设想。

(3) 软件的整合工程。整合管理制度、企业资质和无形资产。利用1年的时间，完成了整章建制工作，整理、新建、修订和完善了总厂各项规章制度；完成了ISO 9001质量体系的换版和更名审核工作，注销了ISO9 002质量体系证书；已取得的其他各种资质，均形成了总厂的无形资产。

(4) 思想观念和企业文化的整合工程。坚持以"三个代表"重要思想为指导，征集提炼出了总厂企业精神和管理、经营等11个方面的企业理念。

【市场开发】　把市场开发作为企业生存的首要战略，提出了"赢取需求，迎接挑战，强化服务，稳固市场"的营销策略，确立了"确保长庆市场，扩大周边市场，拓展西部市场，渗透东部市场，走向国际市场"的市场总体定位，明确了"疏通各种渠道，确保长庆市场；实施名牌战略，加大社会市场开发力度"的对策。已形成"三抽"系列、固控设备系列、天然气设备系列、井下工具系列等四大产品系列80多个品种270余种规格。

(1) 注重分析市场，把市场作为"龙头"。建立了定期市场分析制度；总厂领导分工跑市场。将市场开发任务及销售收入指标分解给每个总厂领导，建立了领导市场分工责任制。

(2) 利用各种营销手段，赢取新的市场。比如借力营销、"双赢"营销、营造市场、科技营销等方法都取得了显著的效果。

(3) 发挥品牌效应，精心培育市场。加强售前宣传、提出“个性化设计、积木式生产”的原则、利用一切机会宣传品牌，“干一件产品，树一块牌子，赢一方市场”的精神，打造名牌，培育市场，塑造企业形象，以具有竞争优势的特色产品来迎接市场的挑战。

(4) 健全营销网络，强化售后服务。在长庆油田公司的4个采油厂、3个采气厂及西安等重要的客户群集中地，都派有销售人员长驻，搜集信息，掌握客户需求，疏通销售渠道。在全国各大油田建立了自己的信息网，并组织了两次大规模的质量回访活动。

【科技兴厂】 把新产品开发作为企业发展战略的核心，以开发天然气集输设备为主攻方向，以固控设备和钻井液管汇形成拳头产品，突破抽油机市场，扩大钻采市场。全年共投入研发资金263.5万元，确定新项目30项。其中，天然气设备3项，固控设备8项，抽油机类8项，井下工具7项，钻采设备类4项。至年底，投入批量生产或进入产品确认阶段的12项，进入工业性试验阶段的10项，进入试制阶段的8项。全年实现新产品产值3510万元，占主业总产值的22.5%。

【经营管理】

(1) 实施低成本战略。成立了总厂“降成本”攻关小组；对全厂器材物资供应采购实行了厂内指导价，全厂执行指导价的物资品种覆盖率达40%，使原材料始终处于受控状态。坚持成本月度常规分析和季度集中分析制度。依靠科技降成本，通过对六型、八型抽油机进行优化设计，使每台抽油机成本平均降2000元以上；将抽油泵缸套由圆料改为管料，每台泵节约原材料60多元。精细管理降成本，建立了横向到边、纵向到底的成本控制体系。

(2) 加强预算管理。成立了总厂预算委员会，制定了预算委员会工作制度，出台了总厂预算管理办法。坚持经营副厂长“一支笔”审批制度。

(3) 实行了内部资产经营责任制。建立了总厂内部模拟市场，实行了5种不同的模式。

(4) 加强企业管理。在落实局定项目的同时，总厂自立效能监察项目3项，效果较好。

【人力资源开发】 制定了《总厂人力资源开发方案》、《内部劳动用工管理办法》及配套考核办法，从科技人才、管理人才、操作技术工人3个层面上全面启动人力资源开发战略工程。首先，抓好科技人才的开发。招聘了3名急需的特殊人才，新增4名大学生；申报并被勘探局确立3名一级学术带头人。其次，抓好管理人才的开发。对部分管理岗位进行定期换位任职；对全厂120名厂级及中层管理干部、专业技术人员进行HSE、英语知识培训。三是抓好操作技术工人的培训。四是制定了对技术人才的奖励倾斜政策。

【HSE管理】 根据原两个机械厂整合重组后的生产、经营实际情况，制订了《机械制造总厂安全生产与安全生产技术管理规定》、《机械制造总厂安全生产与HSE体系考核办法》、《机械制造总厂领导HSE承包办法》等18项制度。总厂成立了以厂长为主任的HSE委员会，编制了总厂HSE体系运行计划，对全厂中层以上干部由厂HSE委员会办公室请新疆石油学院HSE西北培训中心老师进行现场培训。同时，在实施环境治理过程中，筹资20多万元为抽油机分厂、抽油泵分厂、天然气设备制造分厂、固控分厂、铸锻车间等生产单位焊烟和粉尘较高的工房安装了54台轴流式引风机；全厂推广凯腾工业气替代乙炔气工艺；抽油泵分厂、钻采配件分厂建立了职工休息室；全厂劳保工服进行了统一换装；总厂HSE管理手册和38份“两书一表”颁布实施。经长庆局严格考核，安全生产局控五项指标全部达标，环保所监测指标全部合格，被长庆局评为“安全生产先进单位”。

【精神文明建设】 坚持“以人为本”的理念和“两手抓，两手都要硬”的工作方针，广泛开展群众性的精神文明创建活动。

（1）建立健全总厂两级精神文明创建活动制度。制定了《机械制造总厂关于开展文明创建活动的实施规定》，规定了全厂精神文明创建活动的具体目标和内容。

（2）夯实党建基础。建立健全了总厂基层党组织和团组织机构；制定了《机械制造总厂党支部建设考核实施细则》等10多项党建工作制度；广泛开展以“建区创岗”活动为载体的“创优争先”活动。

（3）强化两级领导班子建设。深入开展了以“讲学习、讲政治、讲正气”为主题的教育活动；抓好两级领导干部的政治理论学习；认真贯彻厂党委与局党委签订的《党风廉政建设责任书》；制定了《机械制造总厂两级领导班子成员公约》；坚持民主集中制原则；积极推行厂务公开。

（4）深入开展形势任务、党性理念“两个”教育，激励职工“二次创业”。

（5）发挥宣传思想工作在生产经营中的引导功能。广泛开展了“求生存，图发展，闯市场，增效益”主题活动，组织了“解放思想，转变观念”和“寻求总厂增效益”发展新思路大讨论，在观念创新上引导广大干部职工树立“六破六立”；抓好先进典型的宣传；策划实施了总厂企业形象宣传运行方案；开展了“二次创业，振兴总厂”献计献策征文活动。

（6）广泛开展企业文化活动。加大企业文化设施的资金投入；加速企业文化整合；大力开展企业文化阵地建设。

（7）社会治安综合治理常抓不懈。成立了总厂社会治安综合治理领导小组，层层落实治安承包责任制；制定了《总厂“百日扫毒”行动工作安排》，与18个单位的领导签订禁毒工作责任书。全年全厂综合治理形势稳定，无大案要案发生。

2001年总厂通过“甘肃省文明单位”复查验收；获“全国石油体育工作先进单位”称号；总厂技协获“甘肃省职工技协先进单位”称号；总厂固控设备制造分厂获长庆局“二次创业”标杆集体称号，实业公司、天然气设备制造分厂、钻采配件分厂、抽油机制造分厂等4个单位获长庆局“二次创业”先进集体称号，杨锋、白文雄、秦德福、王强恒、彭志祯等5人获长庆局“二次创业”先进个人称号；总厂获长庆局“2001年度廉政勤政先进单位”称号，厂长杨锋、党委书记纪忠明被评为“廉政勤政先进个人”；厂团委获长庆局“五四红旗团委”称号，方建国获长庆局第六届“十大杰出青年”称号；抽油机制造分厂、钻采配件分厂、固控分厂、实业公司、天然气设备制造分厂等单位党支部跨入长庆局先进行列；全厂有12名职工被长庆局评为各类先进。

（杨　锋　常向龙　阳　毅）

器材供应处

【概述】　2001年，器材供应处按照长庆局“强化经营职能，理顺管理职能”的要求，加速转变观念，全力扩大市场份额，加快产业结构调整，努力在服务中重塑形象，赢得信誉，各项工作取得明显成效。

全处有职工868人（含内退107人），其中干部296人（含内退33人），工人572人；有各类专业技术人员257人，其中具有中高级职称94人；有处级干部5人，科级干部79人。处机关设7个职能科室和信息中心等2个附属单位，有7个经营性业务科室和15个基层单位。

全处固定资产原值3907万元，净值2730.9万元。共有起重搬运机械、运输车辆等设备50台（套），资产原值2036.63万元，资产净值1134.84万元，设备新度系数0.56。

【经济管理指标】 物资采购量28.6亿元，是2000年的162%；物资供销量25.49亿元，是2000年的143%；代储代销收入1142万元，是2000年的371%；对外销售物资9800万元，实现了历史性的突破；国内贸易成交1501万元，取得利润23.1万元，开辟了新的经济增长点；物资吞吐量达到56.8万吨，是2000年的123%；一级库物资周转10.2次，创历史最高水平；多种经营完成生产经营总值2522万元，利润139.1万元；职工的平均收入比2000年提高33%。安全生产三项控制指标实际为零；生产要害部位保卫、社会治安综合治理、防火和计划生育获勘探局先进单位。

【主要措施和成果】

(1) 奋力开发市场。进一步细分油田公司市场、长庆局内需市场和社会周边市场，分别确定各目标市场应当争取的份额，并以经济指标的形式下达到各专业科室；针对油田公司10月份在原采供办的基础上成立物资装备公司的新形势，始终把关联交易市场作为全处市场开发工作中的重中之重来抓；分别在西安、庆阳、宁夏、延安、靖边等地设立了外销点，深入到当地工矿企业，寻找商机，物资外销实现了历史性的突破；在物资大流通领域，按照双方受益、互利互惠的市场规则，利用长庆品牌，抓住购买供货厂商产品的机会，进行市场互换，为进入长庆市场的供货厂商提供生产原料乃至半成品，采用易货贸易扩大了市场占有。

(2) 努力落实资源。针对全局生产任务两次大的调整上幅，物资需求量大，专用管等物资全国又十分紧俏的特殊情况，处领导到全国大型钢厂、水泥厂、化工厂等60多个知名厂家，落实货源，运用较适宜的商务策略拿到了较为丰富的资源。同时，先后派出18名得力人员驻厂催交催运近80天，及时保证了钻井生产及油田重点建设项目所需物资的及时供应。

(3) 加大力度降低进货成本。加大从名优大厂代理、代储代销力度，先后同近300个厂家签订了代理、代储代销协议，并在采购程序上，批量物资推行招标采购，中小批量、生产急用物资坚持议标制，坚持货比三家，质比三家，全年招标136次，节约采购成本3250万元；代储物资8000万元，代销物资6800万元，收取代理、代储代销费1142万元，总体上降低了物资进货成本。

(4) 为生产建设一线开展全过程服务。年初生产一启动，就分区域派出了常驻靖咸、靖边、宁夏、陇东、延安、甘泉等6个现场工作组，直接贴近到工程建设、钻井、采油、井下等施工作业第一线开展服务；先后在延安市、高沟口、顺宁桥、定边、银川等地设了5个供销网点，靠前供货；于2001年9月份筹建运行了延安中转站，缩短了供应半径，降低了运输费用；处机关三分之一的人员、三分之一的时间深入基层，现场服务，有针对性地解决供需矛盾，使许多供货问题衔接在现场、解决在基层，形成了供货前、供货中、供货后全过程服务。

【改革与管理】 全处各单位一律由过去的下拨费用改为自挣费用。将原来3个业务科室划分为7个专业科室，实行完全成本核算，所使用的采购资金和仓储占用的资金一律按银行同期利率交纳利息；机关合并为7个职能科室，一次性核定费用；对直属站库模拟地区储运公司运作，确定不同收费费率，创收增效，以收抵支；对产业相对独立的咸阳化剂厂、宁夏膨润土厂、商检所实行单独核算，自负盈亏；将公用事业站、离退休管理站、学校等剥离，实行专业化管理；对各级人员实行双向选择，竞争上岗，通过双选上岗600人，有8名干部落选。从机制上拉动了职工观念转变，市场意识、经营意识有明显增强。

【多元经济】 2001 年，器材供应处紧紧围绕油气主业，开展油气工程技术服务，培育新的经济增长点。先后组建了井下作业队伍和产能建设队伍，下功夫进入油田施工作业区域争取新的市场份额，取得初步成效；成立了“长顺汽车运输有限责任公司”，进入物资运输市场，取得了较好的经济效益；青铜峡膨润土厂部分产品进入社会市场和国际市场，咸阳化剂厂技术改造全面启动；全处各单位充分发挥各自优势，增收创收，初步形成了多元化发展的格局。

【精神文明建设】 一是加强领导班子建设，保证了各项工作的顺利开展。二是加强职工业务技能培训，先后举办工商管理、业务保管知识等各类培训班 15 期，参加学习 360 余人次，送外培训外语 12 人次。三是加强廉政建设，在物资采购等各项经营工作中未发现大的违法违纪问题。四是积极改善基础设施和职工生活娱乐条件，累计投入资金 2800 余万元，完成基建维修 84 项，购置大型吊装设备 8 台(套)，新建了炼化总厂家属区老年活动室等一批娱乐设施，先后慰问特困户、离退休职工、遗孀共 1074 名，累计发放慰问金 14.02 万元。

（石仲昭　杨治鹏　赵步清）

水　电　厂

【概述】 水电厂为长庆石油勘探局下属二级单位。现有职工 1520 人。机关职能科室 10 个，附属单位 3 个；厂(处)属科级单位 12 个，基层车间级单位 3 个。拥有固定资产原值 6.39 亿元、净值 5.07 亿元。主要承担长庆油区供电、供水等服务业务，55 个生产厂点分布在甘、陕、蒙三省区 16 个县域。拥有自备发电站 12 座、变电所 28 座、各类发电机组 50 台套，总装机容量 65960 千瓦。可承担 220 千伏及以下电压等级的送变电线路工程和变电所建设、安装工程的施工、电讯安装、水泥预制、玻璃钢内防腐、镀锌、电机维修、二级污水处理和净化厂、10 万吨以下的给排水工程、输送变电工程建设，以及变压器、水泵、电杆、电线、电缆、钢丝制造等业务。

2001 年，水电厂紧密围绕“以人为本，优质服务”的经营理念、“以优质服务和科技创新，实现持续稳定发展；以 HSE 管理和企业文化建设，促进各项工作上水平”的两条基本思路和“市场开发、管理提升、科技人才”三大发展战略，调整结构、开拓市场、加强管理，两个文明建设稳步推进，企业形象明显改善，综合实力进一步增强，各项既定目标圆满完成。

【主要生产经营指标与主要产品】 全年购发电量：完成 5.38 亿千瓦·时，同比增长 5.49%。供水量：完成 1087 万立方米，为年计划的 103.5%。天然气产量：完成 1676 万立方米，为年计划的 111.7%。供电商品率：完成 90.06%，同比提高 3.03 个百分点。供水商品率：完成 94.84%，同比降低 0.85 个百分点。工业总产值(现价)：18356 万元，同比增长 13.13%。企业总收入：3.81 亿元，同比增长 24.63%。内部利润：1325 万元，比长庆局下达 930 万元指标增加 395 万元，首次实现扭亏为盈。主要产品为变压器、水泵、钢芯铝绞线、聚氯乙烯绝缘导线、铁丝、钢丝、水泥预制产品(楼板、电杆)、阀门。

【主要措施和成果】 2001 年，水电厂狠抓理念更新，突出了“务实创新、与时俱进、优质服务”新理念的确立，为深化企业改革，推动企业发展奠定了良好基础。以提高效益为重点，导入先进的成本管理模式,实施科学的预算管理,规范资金的运作管理,抓进口、堵出口,加强物资采购和基本建设项目管理,以及改变多元经济的支持方式,变输血为造血,实现了增效降耗。坚持质量信誉并举,采取“购销连带、市场互换”,“利用信息、顺藤摸瓜”等有效办法,大力开发市场,见到了明显效果。

通过一系列有效措施的实施,各项指标全面完成;“以人为本,优质服务”的经营理念逐步深入人心;通过了 ISO 9002 质量管理体系认证复审;设备完好率达到 97.1%,同比提高 0.2 个百分点;承揽到油田市场工作量 4794 万元;首次实现了春节零停电目标;建立了 HSE 管理体系;完成了坪桥电站 2 号机故障处理、侯杏二回投运和冯庄负荷转移、靖杏 110 千伏线路故障排除、电网防雷设施改造和推广使用 S9 型节能变压器等 20 多项技术改造项目;多种经营系统完成产值 3610 万元,实现利润 52 万元;效能监察效果显著,全厂设备综合利用率上升了 24.73 个百分点;职工待遇稳中有升;内部治安形势良好;离退休职工安居乐业。

【精神文明建设成果】 水电厂荣获“全国职工职业道德建设先进单位”、“甘肃省职工职业道德建设十佳单位”、“全国石油体育工作先进单位”。同时荣获长庆局“重视青年工作,关心青年成长”先进单位、效能监察先进单位、生产要害部位安全保卫先进单位、消防防火工作先进单位、计划统计工作先进单位、宣传工作先进单位等荣誉。厂团委荣获长庆局五四红旗团委、中小学生暑假教育优秀组织单位、青工诗歌朗诵大赛优秀组织单位等荣誉。厂领导班子被局党委、长庆局评为好班子。安塞综合大队荣获“长庆局 2001 年度模范集体”;荣誉、水电工程公司荣获“长庆局 2001 年度先进集体”荣誉;安塞综合大队、靖边电厂、水电安装大队、线路施工大队、水电工程公司荣获“长庆局‘二次创业’先进单位”荣誉。张军林荣获“长庆局 2001 年度劳动模范”称号;李馥荣获“长庆局‘二次创业’十大标兵”称号;芦麦侠、张仕聪、樊锐东荣获“长庆局先进生产(工作)者”称号;辛秋平、白公理、何权民荣获“长庆局‘二次创业”先进个人”称号;曹斌荣获“长庆局优秀宣传干部”称号;郭育民荣获“长庆局纪检监察先进个人”称号。

(曹　斌　杜永平)

通信公司

【概述】 通信公司为长庆石油勘探局下属二级单位。2001 年,经重组整合,通信公司机关设五个职能科室和五个机关附属单位。基层单位有信息中心、西安分公司、庆阳分公司、银川分公司、延安分公司、长庆通信信息有限责任公司、器材供应站。全公司共有员工 358 人,其中干部 140 人,包括高级工程师 9 人、工程师 41 人、助理工程师 66 人、技术员 14 人、操作服务人员 218 人(包括内部退养职工 22 人)。

2001 年通信公司拥有固定资产 2.25 亿元。长庆通信网全网拥有程控交换站点 43 座,装机总容量达到 54400 门;微波站 40 座,微波传输线路 1287.2 千米;光缆传输线路达到 900 多千米,主干传输带宽 155 MB/s,是微波传输容量的 4 倍。新建的东线西延吴庆光缆线路与西线的微波线路构成环状结构,电路迂回、备份,提高了网络的传输容量和安全可靠性,同时新建光缆线路贯穿了安塞油田和靖安油田等新建作业区,扩大了服务范围;无线寻呼系统基站 29 座;电视电话会议系统包括西安基地中心会场和各基地、二级单位的 11 个分会场。2001 年长庆互联网增设了延安、银川二级接入节点,西安至庆阳、延安节点带宽45MB/s,至银川节点带宽2×2MB/s。银川、延安增设了拨号接入服务器,全网总计540线。截至2001年底,全网共有固定电话用户47188户、无线寻呼用户22598户、局域网接入75个、拨号上网用户3695户。通信业务服务范围以语音通信、数据传递为主要业务。

【生产和经营指标】 微波电路阻断历时为0.20分/路;专网内自动电话忙时接通率为87.6%;计费差错率为万分之零点三;平均百门电话故障历时(外线部分)为112.45分/百门;网络系统接通率为99.69%;设备完好率为98.5%;寻呼系统接通率为99.28%。经营指标:主营业务收入:4795.57万元;内部利润:186.52万元,超计划6.52万元。

【科技创新与技术改造】 2001年,通信公司与器材供应处一起对局属分布在陕、甘、宁三省区近40座加油站IC卡加油信息管理系统进行了调研、方案论证和立项,并组织实施建成了长庆IC卡加油站信息管理系统。该系统的建成,结束了长庆油田30年来使用内部油票加油的历史、杜绝了油品管理上的漏洞,为长庆局数千台车辆用油的信息管理提供了准确、便捷的科学手段。取得了明显的经济效益。

【工程建设】 2001年10月西延吴庆光缆建成投产,线路全长750千米,其中西安至延安段与西安铁通公司合缆共建,延安至吴旗段与西安联通公司合建,吴旗至庆阳段为自建,全线传输带宽155MB/s。共安装155MB/s光端机及配套设备11台(套)。该光缆线路的建成,一方面与原微波线路构成了环路、提高了全网运行的安全可靠性,另一方面大容量的传输带宽解决了原微波电路传输容量严重不足的问题,为长庆信息高速公路和信息化快速发展奠定了坚实的物质基础。使长庆通信网跨入了网络宽带化和多媒体通信阶段。

【安全生产】 2001年通信公司重点抓了HSE管理体系推广应用工作。公司成立了HSE管理委员会,举办了二期HSE贯标培训班,发布了通信公司HSE管理手册,组织基层单位编写了HSE作业指导书。在开展"5·13"全国安全生产周活动中,首次利用长庆互联网进行宣传,在网上设置了醒目的安全生产周专题栏目,受到长庆局领导的好评。按长庆局的要求和安排,对全网进行了认真的春检和冬检,消除系统运行的隐患,保证了网络的正常运行。2001年全公司没有发生任何安全生产和交通事故。

【企业改革与管理】 2001年,通信公司按照长庆局公司化运作的要求,对全局通信系统进行重组整合,把原来隶属各二级单位的17个通信站点和160名员工经整合,统一由通信公司管理,这对全网的有效运行和网络统一规划、建设起了积极的作用。同时,公司重点抓了ISO 9000质量管理体系认证工作,成立了贯标和认证工作领导小组,发布了质量手册和24个程序文件,制定了11个作业指导书和8个服务规范文件。中质协认证审核小组经过认证审核,于2001年10月26日通过了北京中质协质量保证中心注册认证。

2001年通信公司多元经济发展迅速,长庆通信信息有限责任公司共承揽油田内部各项通信工程17项,工程总造价953.68万元,当年完成产值1145.23万元。

【精神文明建设】 2001年,通信公司获长庆局综合治理先进单位和消防先进单位称号。在长庆局第六届"十大杰出青年"及纪念建团80周年表彰大会上,通信公司获"关心青年成长先进单位"称号,李亚峰被评为"长庆局第六届十大杰出青年"。通信公司工会获"长庆局二星级模范职工之家"称号。自编自演的文艺小品《寻呼情结》荣获首届全网职工艺术节曲艺小品展演铜奖,局获最佳组织奖。

(郭文仲)

运　输　处

【概述】　运输处是长庆石油勘探局所属的以公路运输服务为主的专业运输企业。截至 2001 年底，全处下设 12 个科级单位，8 个职能科室，5 个附属科级单位。共有职工 1240 人（含内部退养 55 人），其中干部 250 人，占职工总数的 20.16%；工人 990 人，占职工总数的 79.84%。干部中管理人员 170 人，专业技术人员 57 人。工人中技师 6 人，高级工 416 人，中级工 292 人。全处有离退休职工 854 人，当年有偿解除劳动关系 707 人，累计有偿解除劳动关系 1080 人。

2001 年，运输处在运输市场竞争日益激烈，工作难度加大的情况下，全年完成货物周转量 14557.2 万吨·千米、132.2 万吨·时、231.3 万车·千米；实现收入 12911 万元，完成了局下达的控亏经营指标，全年减亏 15.4 万元，实现了“减亏增效”的奋斗目标。

【业务范围及服务能力】

（1）井队搬迁：为长庆油田钻井工作提供钻井设备的转移服务，同时为试油（气）、修井队提供设备搬迁服务。2001 年完成井队搬迁 166 队次，其中：局内钻井队搬迁 133 队次（独立搬迁 42 队次，参与搬迁 91 队次），局内试油（试气）队、修井队搬迁 4 队次，外雇钻井队搬迁 29 队次。

（2）原油拉运：主要在油田生产中提供边远单井原油的转运服务。2001 年拉运原油 13.1 万吨，与 2000 年相比减少 3.92 万吨。

（3）长材及大宗物资拉运：主要为油田产能建设工作提供所需专用物资（钻井专用的油套、表套、油井水泥，采油专用的抽油管、抽油杆等）的运输服务。2001 年共拉运物资 7.5 万吨，与 2000 年相比增加 0.87 万吨。

（4）甲醇拉运：主要为甲醇厂提供配套运输服务。2001 年拉运甲醇 1.3 万吨。

（5）车辆配属：为油田内各单位提供车辆配属服务。2001 年共配属车辆 26 台。

（6）旅客运输：提供旅客公路运输服务。2001 年，完成轿车车千米 231.3 万车·千米，与 2000 年相比增加 14.3 万车·千米。

（7）汽车大修理：提供汽车维修作业及机械加工服务。2001 年汽车大修理完成 106.07 个标准台，与 2000 年相比增加 4.71 个标准台。

（8）车辆改装：以客车、油田特种车辆的改装制造为主。2001 年改装车辆 3 台，与 2000 年相比减少 13 个标准台。

【设备状况】　截至 2001 年底，全处生产车辆总数 405 台 4753.6 个吨位，新度系数 0.71，资产原值 5833.2 万元，净值 4123.1 万元。拥有吊车 35 台 768 个吨位；罐车 6 台 30 个吨位；拖车 23 台 571 个吨位；重型货车 107 台 1754 个吨位；中、小型货车 198 台 1630.6 个吨位；轿子车 34 台 1503 个座位。2001 年，全处设备综合完好率 89%，主要设备利用率 84.8%，设备特大、重大责任事故发生率 0%。

【主要成果】　2001 年，运输处以市场为导向，以效益为中心，以管理重点，以“二次创业”为主题，调整结构，开拓市场，强化管理，取得了 9 项主要成果。一是完成长庆局下达的 555 万元的控亏指标，减亏 15.4 万元。二是通过加强管理，成本大幅度下降，可比成本比 2000 年降低 2259.6 万元。三是市场开发实现对外创收 501 万元。四是安全生产 5 年来首次实现达标，事故起数与 2000 年相比下降 50%，死亡人数下降 80%，直接经济损失下降86%。五是多种经营整体上达到盈利水平，全年实现利润28.7万元。六是综合治理工作达标，消防工作达标。七是通过深入细致的工作，党风廉政建设三年来首次达标。八是企业理念体系基本确立，思想政治工作有了新的变化，保持了地级文明单位称号。九是小区环境建设得到改善，职工生活质量得到进一步提高。

【市场开发】　面对竞争激烈的运输市场，全处及时调整思路，强化市场开发力度，在巩固局内市场的同时，以社会和关联交易市场为重点，积极开发运输市场。

（1）局内市场。通过大量艰苦细致的工作和良好的信誉，在局内运输市场占有了部分工作量，全年实现收入8673万元，占全处总收入的67.2%。

（2）关联交易市场。按照关联交易的原则，承担了长南公司、采油二厂、甲醇厂等单位的原油、甲醇拉运、配属等任务，全年实现收入3737万元，占全处总收入的28.9%。

（3）社会市场。在局内钻井搬迁市场严重萎缩的不利形势下，承揽大庆、中原等外雇钻井队搬迁29队次；拉运原油0.38万吨；承揽了新疆和田沙漠公路拉运8万立方米石料的工作量；在西安开办驾驶培训业务，培训学员4期105人；开通了庆阳至银川的交通线路。全年对外创收501万元，占总收入的3.9%。

（4）积极开辟新的市场，扩建了试油试气和油田工程技术服务队伍，年创收732.6万元；汽修厂开发生产了旅游代步车；开辟劳务输出市场，劳务输出32人，创收80多万元。

【企业管理】

（1）创新经营机制。主要生产单位配备经营副职，变过去的生产型为经营型，使市场开发、生产运行、财务管理“三位一体”动态成本控制体系得到初步展开。客运分公司推行线路承包后，当年减亏18.1万元。四分公司小吨位车辆承包后，由单车亏损变为全部赢利。

（2）创新分配制度。对小型车辆实行利润包干、超额全留的分配办法；对接近报废的车辆，鼓励个人承包经营；对大吨位及特种车辆，采取利润提成的办法；对机修工实行计时工资制，上不封顶，下不保底；对中层管理人员实行风险抵押金制或年薪制，使企业、单位和个人三者真正形成利益共同体。汽修厂推行计时工资，职工月收入高的拿到1600元，低的却只有200多元。客运车线路承包后驾驶员收入比以前高出30%。

（3）完善经营承包考核体系。本着“以市场为导向，以效益定薪酬，以业绩论人才”的原则，制定了《运输处经济责任制考核办法》，层层分解经营指标，逐级传导经营压力，变静态管理为动态管理。

（4）加强成本管理。建立健全了以责任制为主体的成本管理和控制机制；对18项费用分解到主管处领导和有关科室，使成本控制落到实处；以油材料控制为核心，严格领发和节奖超罚制度；汽车配件采用代储代销的办法，使价格降低了20%。

（5）加大资产管理力度。对全处现有资产、负债、权益情况进行了全面清查和核实；对在用设备及时进行效益的跟踪和分析，全年停驶了45台负效车辆；关停并转了无效、负效站点5个，节约费用80万元；通过更换智能电表、改装水冲式厕所，减少水电费用15.7万元。

【安全生产】　以建立HSE管理体系为核心，制定了HSE管理体系建设计划，发布了体系文件，建立局级HSE示范队1个，7个基层队实施了“两书一表”；培训HSE专业骨干18人。开展了百万千米无事故驾驶员评选活动；制定实施了《安全教育跟踪卡实施办法》，增强了全员安全意识；开展“安全生产专项整顿治理”活动，使车队“十八法”动态分析、“8·27”巡回检查、路查和定期检查等制度得到落实。加大安全环保监督检查和管理力度，落实安全生产责任制、健全“三全”管理网络、建立安全生产监督举报制度；加大事故处罚力度，落实安全生产责任追究制度。2001 年，全处安全生产五年来首次实现达标，与 2000 年相比，事故起数下降 50%，死亡人数下降 80%，直接经济损失下降 86%。

【结构调整】 根据市场要求，组建了钻井搬迁、原油拉运、甲醇拉运、长材运输和客运等 5 个专业化运输分公司，优化了队伍结构，使市场占有专业化、细分化；三个机修工段归并到汽修厂，发挥技术优势，成本大幅度降低，构建了“大机修”格局；将汽车配件供应职能调整归并到汽修厂，减少中间环节，节省了费用开支；清理规范多种经营系统，理顺了产权关系；对机关科室进行合并，人员由 104 人压缩为 56 人，管理职能得到加强；逐步剥离企业办社会部分，将原二、三队区学校移交到庆阳总校和长庆二中，撤销处卫生所和托儿所，减少了费用开支；积极进行人员结构调整，2001 年流动职工 584 人，盘活了人力资源。

【精神文明建设】 2001 年，大政工优势逐步显现，思想政治工作不断创新，确立了管理工作、经营机制、经营方针、工作作风、安全观、价值观、用人观、服务观等 8 个方面的运输企业理念，并首次将党群工作纳入项目管理，以《党委工作项目管理规划》统揽党委工作，形成党政工团齐抓共管的合力，重视抓好理论、形势任务和改革政策教育，有针对性地做好一人一事的思想政治工作，保证了生产经营的顺利进行。

在经营形势十分被动的情况下，全处克服困难，积极改善生活环境和生活质量。全面维护供暖管网，清理排污管道，拆除报废工房和生活区内的围墙，维护、更换了闭路电视系统，改建了南、北区道路，对住宅楼、单身宿舍进行了粉刷，种植草坪 3000 平方米，厂区环境进一步得到了改善，使职工看到了希望，理顺了情绪，保持了队伍稳定，干部职工的精神面貌发生了显著变化。

（王永刚）

交通服务处

【概述】 2001 年,交通服务处有车辆 103 台,资产原值为 2752.15 万元,资产净值为 1019.43 万元;共有人员 111 人,其中管理人员 12 人,司机 63 人,内部退养人员 18 人,机修人员 18 人;机关职能科室 3 个,生产单位 1 个。

【生产经营指标完成情况】 2001 年实现总收入 904.8 万元。总支出 1062.3 万元。实现内部利润 -157.5 万元,与下达指标相比,减亏 0.5 万元。全年完成行驶千米 262.66 万千米,完成计划的 101%。车辆完好率为 90.7%,平均出勤率为 73.3%,比 2000 年提高 6.3%,创历史最高。机修能力:全年维修车辆 1122 台次。其中一保作业 94 台次;二保作业 96 台次;项修作业 919 台次,大修作业 13 台次。

【安全生产】 2001 年,交通服务处安全生产环境保护工作出现了有史以来最好的形势,实现了“零事故,保稳定、好环境”的奋斗目标。即:全员千人死亡率为 0;全员千人重伤率为 0;全员千人负伤率为 0;千台车死亡率为 0;安全环保指标达到了局考核标准。

【主要工作情况】 2001 年初,交通服务处领导班子集思广益,形成了“深化改革、强化管理、搞好服务、降低成本、提高效益”的管理理念和“安全第一、服务为本、效益至上”的经营理念。提出以“经济效益为中心,以安全生产、优质服务为重点,以推进 HSE 管理、实行单车核算、发展多种经营为突破口,带领全处职工坚定信心、克服困难、团结奋斗”的总体工作思路。制定了“追求观念制度创新、强化安全优质服务、全面实施低成本、大胆探索多元开发”的四大基本战略。确立了“0123”总体工作目标,即:安全生产“零事故”;优质服务满意率100%;经营指标减亏20万元,多元开发创收30万元。

按照交通服务处的工作思路,加强了对人、财、物的管理,进行了机制、管理、制度的完善和更新,确保了经营目标的实现。一是严格单车考核,进一步细化单车成本核算办法;二是严格控制车辆变动费用以及行政管理费、办公费、业务招待费等支出;三是搬迁了驻庆阳的三中队车场、设备和人员,减少运行费用;四是在一无资金、二无投资的情况下,本着节、俭、省的原则,完成了修理厂的开厂工作,于2001年5月8日正式启动运行。为了确保交通安全,杜绝各类交通事故的发生,始终将安全生产列为头等大事常抓不懈,按照《长庆石油勘探局2001年安全生产环境保护工作要点》的安排,以建立健康、安全、环境(HSE)管理体系为核心,以学习落实HSE管理为主线,开展全员的安全、健康、环保实践活动。继续深化安全生产“三全”管理,进一步推广“三位一体”安全责任保证体系。

2001年交通服务处多元开发工作从零开始,迈出了可喜的步伐,以小汽车交通服务为主营业务,采取多种经济形式和经营方式,培育新的经济增长点,对1999年已注册,但一直未运行的原祥丰小汽车维修公司进行改组变更,成立了西安长庆隆都贸易有限责任公司,当年创经济效益20余万元。

(郭光明)

培训中心

【概述】　长庆石油勘探局培训中心成立于2001年7月,实行一套机构,三块牌子的办学模式,其前身是长庆石油学校、长庆石油技工学校,长庆管理干部学校。培训中心办公地点设在甘肃省宁县长庆桥镇,在庆城县驿马、庆阳市西峰区、银川燕鸽湖基地建有培训基地。学校有教职工419名,其中专职教师124名。

培训中心的主营业务为职后培训、职前学制教育、成人学历教育(本、专科函授)、科研和校办产业。其中职后培训具备年培训8000人次的培训能力,职前学制教育有在校学生1400余名,开设有石油工程、机电与维修,采油、采气、钻井、井下作业、计算机、饭店服务与管理、管焊、汽驾与汽修、烹饪等20个专业,有全日制大专、高职3+2、普通中专、劳动预备制4个培养层次。

培训中心机构设4个机关职能科室、15个基层单位。并建有车钳管铆焊、钻井、采油、汽驾汽修、计算机、电工家电、内燃机、宾馆服务等10多个校内实习、实训场所和14个石油主干专业校外实习点。

2001年,培训中心以勘探局“两条基本思路”、“四大发展战略”和“12字企业理念”为指针,以市场为导向,以“二次创业”为动力,以效益和稳定为目标,引导职工进一步更新理念,积极开拓市场,不断强化管理,较好地完成了长庆局下达的各项任务指标,顺利地组织实施了整合重组工作。

【工作思路】　整合重组后,培训中心在总结两校上半年工作的基础上,客观全面地分析了面临的办学形势,按照“有利于企业改革和发展,有利于教职工队伍的稳定,有利于合理配置现有的教育资源,有利于加强内部管理”的总体设想，调整办学方向，转换办学机制，充分利用现有的教育培训资源，积极开拓和培育市场，拓宽创收渠道，不断提高办学质量和效益。培训中心的办学方针是：服务企业，面向社会，多元发展，办出特色；通过巩固现有的教育培训资源，努力做强学历教育、职工培训、科研和校办产业“四大板块”主营业务，逐步走产、培、研相结合的办学新路子，不断增强培训中心的综合实力；按照管理方式专业化，运行机制产业化，管理体制现代化的要求，通过 3 至 5 年的时间，把培训中心建成具有工科性质和职业技术教育特点的多层次、多功能、综合性的培训基地，从根本上解决培训中心的生存和发展问题。

【两校整合】 2001 年 7 月，长庆局做出对石油学校和技工学校实施整合重组，组建培训中心的决定。为了切实组织好整合工作，确保大局稳定，在实施整合过程中，既从改革改制的需要出发，又兼顾两校的实际情况，稳妥地组织实施了整合《方案》。按照小机关设置，突出教学、培训机构设置，从实际出发，设置物业管理和离退休管理机构，着眼校办产业和发展，设置多种经营机构，根据需要，设置附属单位的原则，精心组织，细致工作，顺利地完成了机构撤合并和人员的调整工作，理顺了长庆桥、驿马、西峰三个基地后勤工作关系。长庆桥调整为中心机关、劳动预备制培训和学历教育基地，驿马重点调整为职工培训基地，西峰调整为多种经营和离退休职工管理基地。经过全年职工的共同努力，9 月 10 日培训中心正式挂牌成立；对原两校的资产、资金情况进行了全面的整合清查工作，完成了清产核资；认真组织了整合后的整章建制工作，初步实现了管理制度和校园文化的融合。

【教师队伍建设】 一是政策引导，长远规划。中心制定了《关于加强教师队伍建设，提高教学质量实施意见》，对教师的培养、进修做出初步规划；按照每位教师所学专业、知识结构、教学水平等因素，通过综合评价，对现有的教师作了重新定位，确定了每一位教师培养、进修方向。二是建立了教师培训制度，不断提升专业素质。先后送 30 多名教师参加了各类适应性培训；8 人正在攻读硕士学位，13 人报考了钻井、采油、机械、计算机等专业的硕士研究生，70 多人参加专科以上函授学习，50 多人正在进修第二专业。三是建立分配激励机制，调动教师积极性。制定了《教师工作量计算及奖金发放办法》，实行课时奖金制，使收入向教学一线倾斜，向多带课、带好课的教师倾斜。四是鼓励教师开展教改教研工作，努力提高教师的教科研水平。中心成立后，成立了科研科，负责科研项目调研、立项和管理工作，明确了今后的科研目标，设立了科研经费，制定了科研工作管理制度。承担了长庆局《井下作业技术操作手册》的编写任务。教师结合现场和教学实际，自编教学培训补充教材 2 种，在省部级以上刊物发表论文 13 篇。

【市场开发】 培训工作形成面向两个市场(企业和社会)，辐射陕、甘、宁三省、自治区，多点办学的局面。一是确立了培训市场开发战略，牢固占领油田职教市场，积极开发行业市场和西部市场，逐步走向全国市场。二是健全培训机构，强化培训服务职能。整合重组后，专门成立了负责职工培训的市场开发科、学员管理科和教学管理科，使培训的组织、协调、服务实现了一体化管理。三是在银川、西安、西峰三地设培训点，又和职工疗养院联合搞培训，跨出校门，主动服务，培训上门，方便了单位和职工。先后派教师深入生产现场举办培训班 10 期，培训职工 500 多人次。四是组织人力，深入现场，了解培训需求，积极开发培训项目。另外还开办了 HSE、井下作业监督、国际合作及一些短平快培训项目。五是积极开发社会培训市场，为庆阳地区人事处、财政处、公安处和宁县、庆阳两县组织公务员微机培训，会计电算化培训及公安干部培训共计 1386 人次。六是常规培训加强管理,以质取胜,努力做好教学和服务,赢得了较好的培训声誉。

加强“入口”和“出口”的市场开发工作。招生和就业指导工作得到了全面加强。中心领导和学生管理部工作人员一起深入二级单位和庆阳平凉地区，宣传招生政策，联系毕业生出路，取得了明显的效果。全年共招高职“3+2”64名，中专学生33名，劳动预备制学生356名，两校毕业生当年就业872名，就业率为92.5%。

成人函授组织工作取得了较好的成绩。函授工作一是高度重视宣传工作；二是全力组织好在职学员的函授教学工作，校内共组织了886名大专函授生的面授教学、辅导及毕业答辩工作，新招学员1080名。

【教学管理】　一是修订完善了教学管理制度。培训中心制定了《常规教学管理制度》、《教学质量综合测评实施细则》等制度。二是加大了教学质量评估力度，建立了以教务部为主体，各教学专业科室参加的教学质量评估机构，定期开展教学质量大检查，实行“三级评教”，全年共组织大规模的教学检查活动4次，通过教研室自查、专业科复查、组织教学系统大检查三个环节，对每位教师的教学情况及教研室、专业科的管理状况进行全面检查，促进了教学质量的提高。学校有2名教师参加了长庆局代表队在甘肃省职工计算机大赛中夺得了一等奖；由学校7名学生组成的代表队在甘肃省中等职业学校英语、计算机知识竞赛中夺得两个团体二等奖，英语两个一等奖、两个三等奖，计算机三个二等奖的好成绩，为培训中心增了光。三是加强实习教学管理，成立了实习教学领导小组，对采油二厂、采油三厂等单位的20多个实习点，实行实习教师分片包干、责任到人的工作责任制，定期巡回检查，发现问题及时整改，保证了实习教学任务和安全管理的落实。

【学生管理】　学生管理工作不断改进教育管理方法，初步形成了管理与服务结合，弹性与刚性结合，条块结合的管理体系。一是采取多种形式，加强道德教育建设工作。通过德育工作例会，升国旗活动，业余党校，“讲文明、树新风”活动，法制安全教育、崇尚科学教育、心理健康教育、行为规范训练等形式，教育、引导学生养成良好的道德规范。二是全面落实目标管理，强化了日常行为规范训练。班主任、学管人员认真履行管理职责，坚持细化“五大考核”的各个环节，坚持新生军政训练制度，坚持“文明宿舍”公寓化管理，使学生中的违纪率降到历年最低，违法犯罪率为零。三是课外活动、“第二课堂”内容丰富，素质教育得到强化。第十三届校园文化艺术节，增强了学生的参与意识，陶冶了学生的情操。

【校办产业】　校办产业，实施精细化管理，降低成本，提高效益，保持了平稳发展的势头。一是成立了多种经营部，实行统一财务管理，保证资金，堵塞漏洞。二是从加强管理，重组改制的需要出发，组织了八达实业公司、劳动防护用品厂的资产清查、账务清理。三是坚持以效益为中心，调整了经营项目，根据市场需要和经营效益情况，关闭了玻纤厂，停止了修井和部分对外运输业务。

【精神文明建设】　通过开展“三创一争”，涌现出了以集团公司优秀党员任宏辉、长庆局劳动模范王维珍、长庆局十大杰出青年余明丽为代表的一批先进典型。二是校园文化活动达到了系列化、经常化，营造了健康向上的校园文化氛围。三是顺利通过了甘肃省文明办“全国精神文明建设先进单位”的复查验收工作。

（叶　建）

庆阳子弟总校

【概述】 庆阳子弟总校位于甘肃省庆城县县城。为局属二级单位，由长庆一中及两所附属小学（第一小学、第二小学）组成，担负着长庆油田庆城及周边地区职工子女的基础教育任务。学校现为甘肃省示范性学校，全国中小学德育工作先进集体。有教职工 355 人，专职教师 243 人，其中高级教师 14 人、中级教师 149 人。在校学生 3245 名（中学 1652 名、小学 1593 名），共有教学班 78 个（高中 15 个、初中 22 个、一小 29 个、二小 12 个）。下设综合办公室、教务处、德育处、教研室、团委、总务处、财务科等科（室）。

【主要成绩】 2001 年学校高考大专以上录取 232 人，连续 3 年突破 200 名大关，应届生上线率达到 47.4%，高考上线率比 2001 年提高 21 个百分点。有 3 名同学被清华、北大录取，有 65 名同学考入国家重点大学，杨婷婷同学获甘肃省高考状元称号。高中毕业会考合格率达到 92.8%，平均成绩居全省 14 所示范性学校第六位，列全省企业中学第二名。初中毕业会考各项指标均创历史最好水平，六科合格率为 87.3%，超出局颁标准 37 个百分点，优秀率 38.4%，超出局颁标准 23 个百分点，赵小英同学以 715 分的总绩获全局中考第一名，体育会考合格率为 95.7%，比 2000 年提高 32 个百分点，超过局颁标准 45 个百分点。一小六年级毕业会考双科合格率达 100%，体育会考合格率达到 100%，创该校历史最好水平。二小六年级毕业会考双科合格率为 98.6%，体育会考合格率连续 3 年为 100%。学科竞赛初中英语获庆阳地区团体第一名，初中物理、化学分获庆阳地区团体第二名，高中英语获庆阳地区团体第三名。有 73 人次获个人学科竞赛奖励，其中国家一等奖 1 人次；省级一等奖 6 人次，二等奖 15 人次，三等奖 23 人次，鼓励奖 1 人次；地区级一等奖 6 人次，二等奖 5 人次，三等奖 12 人次，鼓励奖 4 人次，继续保持在本地区的领先地位。学生思想品德评定合格率为 100%，守法率 100%，守纪率达到 99.58%。班级建设，“四无班级”达到 80% 以上，一、二类班级合计达到 78%。学生重大伤亡事故率为零。综合治理、安全消防、计划生育及经费使用全面完成了长庆局下达的指标。

【主要工作】 2001 年学校继续坚持“稳定图发展，提高质量求生存”的工作方针，采取了一系列积极有力的措施，维护学校的稳定发展，保证教育教学任务的顺利完成。

（1）大力树立名校品牌，增强学校生存竞争能力。2000 年学校先后被评为“甘肃省示范性普通高中”和“全国中小学德育先进集体”。经学校多方努力，长庆局于 2001 年 3 月在学校举行了隆重的挂牌仪式，长庆局、油田公司及地方各级领导和二级单位负责人参加了挂牌仪式，长庆局、油田公司发来了贺信，并对学校进行了奖励。学校还在 9 月份举行了建校 30 周年庆典活动，通过庆祝大会、校史展览、文艺演出、座谈会等形式，展示了学校 30 年办学成果。与地方国防部门配合，举行了“长庆一中学生国防教育事迹报告会”，中央电视台、《人民日报》、《西北民兵》等中央、地方媒体先后播放、刊登了长庆一中学生国防教育事迹。通过一系列工作和活动，极大地提高了学校在省内外的声誉，使学校在油田和陇东地区的地位和影响力日益显著，为学校稳定发展创造了有利的条件。

（2）加强教学管理，提高课堂教学效果。学校把建立稳定规范的教学秩序，提高教学效果作为管理工作重点。校领导、教务处、教研室等教学管理人员深入课堂，对课堂教学进行严密监控和诊断。坚持定期的教学常规检查和学生评教制度。实行活页式一周一报班务日志，增强课堂反馈功能。加强毕业年级的复习迎考组织工作，将质量指标分解到班级、学科，落实到人头。

（3）加强教学研究，促进教学水平的提高。学校组织开展了“优化课堂教学，构建创新模式”，“‘3+X’高考模式”，“高中新教材”，“研究性学习”等专题研究，举办了全校范围内的示范课、公开课、课件制作赛教活动，促进了学校整体教学水平和教师个人能力的提高。

（4）加强学生管理，深化学校德育工作。建立了以“三个基本”、“三个严格”为主要内容的学校德育和学生管理体系。通过“基本道德、基本规范、基础文明”的养成教育，提高学生的自律能力和思想道德素质，通过“严格校纪校规、严格考纪考风、严格行为规范”的管理，形成良好的校风和学风。学校还开展了学生党建工作，有5名优秀学生加入了中国共产党。对高一、高二两个年级420名学生进行了封闭式军政训练。

（5）实现了新老领导的平稳过渡。11月份，局党委、长庆局对学校主要领导进行了调整，按照“人心不乱、工作不乱、教学不乱、质量不降”的要求，实现了顺利交接，保持了领导班子的高度统一。

（张灵生）

银川高级中学

【概述】　银川高级中学2001年认真落实长庆局工作会议精神，树立“创新、开放、简捷、明确、责任、自信”的工作理念，振奋精神，开拓创新，努力工作。学校现设高中32个教学班，1345名学生。所属子校27个教学班，1215名学生。学校有教职工220人，其中高中140人，子校80人。中学高级教师21人，中级96人，助理级70人。学校下设综合办公室、教务处、教研室、德育处、总务处等6个部门。学校固定资产原值2800万元，净值近600万元。

【学校工作思路】　坚持以邓小平理论为指导，坚决贯彻执行党的教育方针，全面推进素质教育。坚持“育人为本，全面发展，学有特长，校有特色”的办学宗旨和“科研兴教，名师立校”的发展战略，牢固树立“以学生发展为中心”的育人观，认真当好“第二家长”。坚持以“攻坚啃硬，拼搏进取”的企业精神办学，充分利用现代信息技术，发挥自身优势，强化质量意识，细化内部管理，以高水平、高质量、高信誉立足社会培养人才。学校近3年的发展目标是：站稳脚跟，创造优势，跻身名校。2001年，学校贯彻长庆局“求生存，图发展，闯市场，增效益”的总体思路，适应形势，狠抓提高，团结奋斗，共图发展。

【全年目标的完成及成果】

（1）教育教学目标圆满完成。2001年，531名学生参加高考，上线267人，上线率达到50.3%，比2000年高6.7个百分点。本科上线239人，上线率为45%，超局指标20个百分点。应届生322人，上线146人，上线率44%，高出长庆局下达指标19个百分点。上重点线106人，录取96人，重点上线率39.3%，比2000年高17.9个百分点。本科以上录取 267 人，录取率 50.3%，比 2000 年提高 2.5 个百分率。被高校录取总数为 372 人，比 2000 年增加 78 人，高考录取率达到 70.3%，比 2000 年提高了 14.1 个百分点。艺术类考生全部过关。参加自治区高中会考高三合格率达到 100%，高出长庆局下达指标 8 个百分点。高一、高二五科成绩均居全区 23 个县市前五名，其中三科会考成绩居全区 101 所学校前十名。

初中、小学参加全局毕业会考，初中、小学体育合格率均达到 100%；初三六科合格率 69.8%；六年级双科合格率 98.3%。宁夏片 700 分以上学生共九名，子校占了四名。

学校获得了全区学校体育卫生工作优秀学校、全区普通高中毕业会考先进学校、银川市第八届中学生普通话比赛高中组一等奖、长庆局“重视青年工作，关心青年成长”先进单位、宁夏教育学会中小学劳动技术研究会举办的创新作品邀请赛组织奖、全区首届中学生软式排球比赛男子组和女子组均获第一名、银川市中学生第 16 届“三好杯”田径运动会第三名及体育道德风尚奖、“金水圆杯”全区沙滩排球锦标赛男子组和女子组第一名、长庆局第七届中学生田径运动会高中组第一名、校团委被局团委评为全局红旗团委等 13 项集体荣誉。

（2）安全、综合治理和计划生育工作全面达标。1 年来，学校根据长庆局社会治安综合治理领导小组确定的指导思想，在治本上狠下功夫，有效防止了恶性案件的发生，形成了政治稳定，治安良好，管理有序，防范严密，教职工满意的工作、学习和生活环境，为教学创造了良好的条件。①无治安案件、无刑事案件、无重大治安事故、无内部人员违法犯罪的“四无”单位达到 100%；②教职工和学生中没有受党纪、政纪处分人员；③教职工、家属、学生中没有违法犯罪人员；师生违法犯罪率为零。④全体师生和家属无一人参加“法轮功”邪教组织；⑤全校未发生任何不安全事故；重大不安全事故率为零。⑥学校的计划生育工作全面完成了长庆局下达的指标。

（3）学校经费不超预算。学校建立了经费预算、校长一支笔审批等制度，严格控制办公费，加大教师培训和教学设施建设投入，全年共计 146.1 万元。做到量入为出，精打细算，勤俭办校，保证了教学的必要开支。全年局拨教育经费 1247 万元，到年底经费支出做到持平或有节余。

【主要工作】

（1）加强班子自身建设，增强了班子的凝聚力和战斗力。首先，加强班子成员的政治理论学习，提高了班子成员的理论水平和决策能力，保证了管理工作方向正确，决策科学。其次，发扬批评与自我批评的优良作风，坚持民主集中制的组织原则。再次，建立一级为一级负责的工作制度，加强中层干部的培养和管理，使中层干部的工作能力和水平有了较大提高。另外，加强党风廉政建设，保证了领导班子成员勤政廉政，杜绝了违纪违规行为的发生。

（2）加强思想政治工作，提高教职工的思想觉悟。一是以邓小平理论为指导，认真学习贯彻江泽民同志“三个代表”重要思想和“七一”讲话精神，结合学校实际认真贯彻长庆局的文件和会议精神，使大家牢固树立“12 字”企业理念，适应长庆局重组改制的形势要求，爱岗敬业，努力创造优异成绩。二是做好及时性、针对性的思想工作，使广大职工热情饱满，安心工作。三是注意做好一人一事的工作，使大家感到了集体的温暖，更增强了工作的积极性。四是树立典型，发挥先进人物的示范作用，以此带动教职工积极向上，团结稳定，拼搏进取，形成了比学赶帮超的良好局面。

（3）加强对工会、共青团的领导，充分发挥职工代表参政议政作用，使学校管理科学化、民主化、制度化。

(4) 把握教育教改的正确方向，落实先进的教育理念。学校以更新教育理念为突破口，认真实施素质教育，提出了以学生发展为中心的办学理念；“三为主”的课堂教学理念；“科研兴教，名师立校”的发展理念；德、智、体、美、劳和谐发展的育人理念；以及团结拼搏，开拓创新，责任自信，质量是学校的生命，是教师的立身之本的工作理念等。

(5) 加强教师队伍建设，狠抓教研工作，为学校腾飞插上双翼。学校明确提出了培养一流教师队伍的工作目标，提出了教研工作要真正担负起培养名师和提高质量双项重任的工作要求，启动“名师、名生、名校”工程，脚踏实地开展工作。

(6) 德育工作步入规范化、制度化，为学生成长成才铺路搭桥。学校德育工作由一名校领导分管，建立德育处、年级组、班级、团队、学生会组成的德育工作网络，学校、家庭、社会三结合教育落实，形成了合力。严格而扎实的管理，使学校的德育工作制度化、科学化、规范化。全校师德优良率100%，无管理事故；师生无违法事件发生，社会治安综合治理达标，学生品德优良率85%以上，行为规范达标率100%，校园呈现出了竞争向上的大好局面。

(雷永锋　李儒鼎　田志进)

职工疗养院

【概述】　职工疗养院主要承担本油田的职工疗养服务、会议、培训班服务及部分体育比赛服务，并承揽兄弟油田的职工疗养接待以及中石油和地方的有关会议、培训班及体育比赛服务。同时，疗养院作为本油田一个离退休职工安置点，承担百余名离退休职工的管理服务任务。院内设有5个基层单位，2个多种经营厂点，4个机关科室及1个机关附属单位。2001年末，全院共有各类劳动用工129人，其中：职工96人（干部51人，工人45人）；劳务合同工33人。副高级以上职称5人，中级职称10人，初级职称26人。年末固定资产原值617万元，净值467万元。

【经营业绩】　2001年，共接待油田内外疗养员1245人次；接待会议、培训班、旅游团体及体育比赛66个、4810人次；全年经营净收入268.4万元，较2000年增长10.66%；局核定费用不超。疗养服务满意率达到95.89%，较局下达指标提高10.89%；慢性病治疗有效率达到95%，较局下达指标提高15%；床位使用率达到70.3%，较局下达指标提高0.3%。

【市场开发】　2001年，确定了“服务油田，面向社会，多元开发，提高效益”的整体工作思路，努力把疗养院办成主营业务突出的“三个中心”，即：疗休养、旅游度假中心；会议、培训服务中心；康复医疗中心。

加大市场公关力度，搞好企业形象宣传。在临潼闹市区竖起宣传疗养院的大广告牌；通过长庆电视台和长庆石油报刊登广告，制作企业形象画册、台历，全面介绍疗养院的基本情况，服务项目及主要优势，扩大社会影响，提高疗养院的知名度。

面向内、外两个市场广揽客源。通过院领导组织业务人员多次前往兄弟油田和西安周边部分企事业单位寻找客源，先后同辽河、吉林、胜利等8个油田签订了职工疗养合同；成功接待了1期陕西省小学校长培训班、陕西省精英门球赛和中共西安市委举办的两期“法轮功”人员转化学习班。办班期间，西安市委领导陪同中宣部李副部长来院视察，对疗养院的环境和服务给予好评。同时，继续发挥医疗优势，为油田一线职工查体治病，取得了良好的经济效益和社会效益。

【管理与改革】 按照长庆局“12 字”企业理念，加大改革力度，推进管理创新、制度创新和服务创新。

积极推进干部人事制度改革。在精编机构的基础上，新一轮干部聘任工作，打破干部、工人界限，通过干部任期届满考核和民主评议干部，按照“三干法”，经过公示广泛听取各方面意见，按规定程序聘任了基层单位和机关科室的 17 名正、副科级干部，增强了干部的竞争意识和责任感。

坚持管理创新、制度创新和服务创新。在签订 2001 年度经营承包和目标管理责任书的同时，加强管理基础工作，先后制定实施了《院务公开实施办法》、《内事接待管理规定》、《疗养院职工从事或参与生产经营、招投标活动的有关规定》、《关于废旧物品管理和处置的暂行规定》以及《电话使用管理办法》等 10 多项管理制度；以资金管理为重点，加强经营动态和审计工作，协同局主管部门完成工程审计 23 项，审减工程造价 66.93 万元。在全院开展了“全面公示承诺服务”活动，基层单位和机关科室共做出承诺服务 27 项，将承诺内容制成公示牌悬挂在各服务场所醒目处，接受来院宾客和职工的监督，进一步强化了全员营销理念，推动了服务工作上水平，疗养服务满意率始终保持在 95%以上。

加大安全生产管理力度。确定了全院 11 个安全、消防要害管理部位，其中 3 个为局二级安全、消防重点部位。积极推进 HSE 管理体系建设，在运输队实施了 HSE“一书一表”与道路交通管理“十八法”有机结合，收到良好效果。认真落实领导责任制，院领导逢会必讲安全；经常深入基层抓安全，全年组织安全消防大检查 7 次，整改隐患 45 个，实现了各项工作安全平稳运行。

【多种经营】 院内两个多种经营厂点继续加强财务、成本管理和安全管理，提高盈利能力。长庆药用沙棘油厂依靠科技进步加速产品的更新步伐，2001 年新开发出芦荟保湿霜、芦荟洁面乳及洗发露、沐浴露等产品投放市场，成为新的经济增长点，全年实现生产经营产值 173.3 万元，利润 2.5 万元。长庆实业发展公司在加强成品油销售管理的同时，千方百计降低透明皂生产成本，经营状况明显改善，全年经营生产总值 130 万元，实现了扭亏为盈。

【硬件建设】 在长庆局的支持下，新建成面积 536 平方米的多媒体会议楼；维修装备了可供研究生面授班教学的 3 间教室；完成了两个疗区的室内配套；更新了一台 2 吨锅炉，安装了锅炉除尘器，使锅炉烟尘排放达到了国家环保一级标准；从局内调入投用一台 300 千瓦自备发电机。抓好院内环境建设，对办公楼、招待所及 4 栋住宅楼进行了外粉刷；继续搞好环境绿化、美化，实施了院内垃圾袋装化，荣获长庆局“花园式单位”称号。购置安装了 12 套室外健身器材；修建了门球场防雨棚，为健身锻炼和承办体育比赛创造了较好条件。

【精神文明建设】 2001 年，疗养院认真组织干部职工学习贯彻党的十五届五中、六中全会精神，按照长庆局的工作部署，以效益为中心，加强党建和思想政治工作，推进“二次创业”。

切实加强基层党建工作。抓思想建设，组织党员、干部学习“三个代表”重要思想，教育党员和各级干部牢记党的宗旨，自觉履行义务，正确行使权力。抓组织建设，严格党支部工作制度以及党员的管理和教育；积极慎重地做好组织发展工作，2001 年，又有 3 名青年技术骨干被吸收入党；开展了纪念建党 80 周年系列活动，“七一”前夕表彰了一批优秀党员和先进党支部；结合机构调整和干部聘任，给 6 个基层党支部配备了兼职党支部书记，加强了基层党政领导班子建设。抓作风建设，坚持对干部进行廉洁自律教育、警示教育和政策条规教育，落实了院、科两级领导班子和领导干部党风廉政建设责任制。

从改革与稳定的大局出发，加强思想政治工作。在加大宣传思想工作力度的同时，把带领职工群众闯市场、增效益同关心群众疾苦，给群众办实事、办好事结合起来。自筹资金为职工和劳务工发放了全年的误餐费、防暑降温费和劳保用品，报销了职工和离退休职工的全年医药费；组织开展了中、小学生暑假教育活动，解除了学生家长的后顾之忧；救济困难职工和遗属10户；在元旦、春节来临之际慰问全院离退休职工，发放慰问品和慰问费72095元。通过开展送温暖活动，充分调动了职工群众闯市场、增效益的积极性。

加强党委对工会、共青团工作的领导。院工会根据职工队伍减员分流后的变化，适时召开会员大会，补选了5名院工会委员；按民主管理规定及时增补了16名院职工代表；组织职工代表审议通过了疗养院2001年度经营承包方案，并对3名院领导和15名科级干部进行了民主评议；组织开展了以“全面公示承诺服务”为主要内容的劳动竞赛和以提高员工服务技能为目的的岗位练兵活动。院团总支组织团员、青年积极投身“二次创业”，以实际行动为疗养院的生存与发展做贡献。在团员青年集中的各疗区和餐厅等服务岗位上，开展了以文明礼仪服务为主要内容的承诺服务劳动竞赛，促进了团员青年业务素质和服务水平的提高。

【内部治安综合治理】 针对周围社区治安案件较多的情况，投资1.92万元，给财务室、微机室、会议楼、档案室、库房等重点部位安装了防盗门窗以及2套红外线防盗报警装置，给治安保卫人员配备了对讲机，加强治安值班和夜间护院巡逻，保证了院内安全。加大法制宣传教育力度，有重点地对青工、季节工和入院施工队人员及中、小学生进行法制教育5场次；深化“三禁一反”活动，全院基层单位、机关科室全面实现了社会治安综合治理“四无”目标，为疗养院生存与发展创造了良好的内部治安环境，荣获长庆局“社会治安综合治理先进单位”称号。

（刘致远　薛　恒　高甫印）

职工医院

【概述】 长庆石油勘探局职工医院是一所集医疗、科研、教学于一体的综合性医院，担负着为广大油田职工、家属及老区人民防病治病的重任，2001年，医院依靠一流的管理，一流的技术，一流的服务，一流的设备，一流的质量，一流的信誉，被患者亲切地称为“信得过”医院。

医院设有机关职能科室6个，附属单位2个；厂（处）属科级单位20个。医院设有16个医疗科室和30多个二级专业。拥有CT、彩色B超、800毫安X光机、颈颅多普勒、乳腺X光机、高压氧舱等先进设备。职工总数433人，其中干部276人，工人157人，男职工184人，女职工249人，离退休职工233人，内部退养职工35人，劳务合同工19人。主任医师1人，副主任医师21人，中级专业技术职务人员83人。

【经营与医疗指标】 坚持以一流的管理，一流的技术，一流的服务，一流的设备，一流的质量，一流的信誉为油田职工家属和老区群众健康服务，全面完成了各项医疗指标。出院人数 5621 人，治疗有效率 95.77%，平均住院天数 13.59 天，床位使用率 59%，诊断符合率 97.3%，抢救成功率 92.93%，门诊量 89262 人次。

医院属于长庆局补贴费用单位，在局补贴的基础上积极推行 "经营承包责任制"，将部分成本列入了科室成本核算，实行了月核算月考核，各个科室自觉的节约成本和开支。同时，努力提高医护质量，不断改善服务态度，增加收入，减少支出，节约开支。2001 年局补贴 941 万元，实现收入 3236.3 万元，支出 4177 万元，实现了收支平衡略有节余。

【科技成果】 医院减少了 180 多名人员，其中有部分医务人员，还有主治医师和副主任医师。为了保证医疗水平，针对不同的学科，采取定向学习的方法，对人员减少的科室重点送出去学习，同时加大引进新技术的力度，使医院的医疗技术状态特别是心血管内科、脑外科、检验科等一批科室的水平一直处在陇东地区的领先地位。2001 年，送出去到各大医院进修 6 人，发表各种学术文章 32 篇，开展了"脐血输注治疗再障血液病的临床研究" 36 项新工作。其中《手术治疗高血压出血 10 年临床研究》、《自制臭氧灭菌箱消毒效果的考察》、《改良高频电刀宫颈环切治疗乳突性宫颈炎临床研究》三个项目分别获局科技进步三等奖。

【企业管理与安全生产】 医院面对重组改制和医疗市场不断减少的情况，牢固树立"外树形象、内聚实力、严谨务实、开拓进取"的思想，抓住"质量、服务、稳定、安全"主题，积极开展优质服务竞赛，每月进行患者满意度测评，提高了全院职工的素质。

医院坚持"安全第一、服务第一"的思想，建立健全各级安全网络和科室安全生产责任制。全面推行了 HSE 管理体系，发布 HSE 管理手册，明确提出医院 HSE 的方针、目标和承诺，经审核发布。规范病历书写、处方书写，规范医疗文件和医疗工作程序，保证医疗安全，减少医疗纠纷发生。加强职工生活区的安全管理，定期到职工家中检查用电、用气的情况，杜绝了不安全因素。针对医院属于开放性的服务单位的特点，成立了医院巡逻队，加强治安巡逻，保证了工作和生活区的安全。

（龚成林）

公用事业处

【概述】 公用事业处为长庆石油勘探局下属二级单位。2001 年处属基层科级单位 7 个，设机关职能科室 8 个；附属单位 1 个。全处职工总数 276 人，其中干部 132 人，工人 144 人。干部中各类管理人员 59 人，各类专业技术人员 65 人。其中：具有中级职称 27 人，占干部总数的 21%；副高级职称 3 人，占干部总数 2.1%。共有离退休职工 31 人。截至 2001 年末，拥有资产总值为 4.49 亿元。其中，固定资产原值 2.07 亿元，净值 1.86 亿元，负债总额 4.49 亿元。

2001 年，在长庆局对物业年度费用指标降幅较大的情况下，公用事业处经受了"企业减补、单位自救"的考验。全处上下投身二次创业，适应市场，转变观念，深化改革，转换机制，正视困难，开创局面，全面完成了长庆局下达的各项工作任务，实现了在以收抵支基础上的费用节约，在推进物业改革，减轻主业负担方面，迈出了坚实的一步，取得了 10 项优异的成绩。

【生产经营】 关联交易市场稳定，主营收入有所增加。全年实现主营收入2902万元，同比增长12.74%，实际增加324万元。其中：关联交易收入和社会收入分别增长了10.31%和93.2%。在长庆局对公用事业处年度补贴费用降幅较大的情况下，通过全体职工的努力，可控费用比2000年降低15%，在全面完成年度以收抵支后，实现费用补贴减少175万元。多元经济得以发展，经济效益明显提高。全年多种经营产值收入突破3000万元，实现利税180万元以上。其中：股份公司实现收入1095万元。

【内部改革】 “减补”措施落实到位，改革试点见到成效。通过引入竞争机制，推出了职工食堂“公有民办”新的模式；实行“逐步减补”，促进了幼儿园社会服务化的进程。同2000年相比，靖边基地职工食堂、西安基地职工食堂和西安基地幼儿园这3个单位，实行新的运行机制后，实现“减补”总额达115万元以上。

【市场开发】 在“靠市场吃饭”的思想观念指导下，加大市场开发力度，制定了全员走市场、抓信息的鼓励政策。华能公司首次承揽了市政建设工程，在较短的时间内完成陕西省政府家属院天然气管道输气工程；投入开发的蝴蝶兰培植项目实现了当年投资、当年见效的预期目标，使花卉销售走出长庆，走向社会。

【安全生产】 推行“HSE”管理与改善安全生产环境、提高管理水平结合起来，选定西安基地、靖边基地两个锅炉房为试点单位，制定计划和措施，开展“HSE”管理活动，并继续推行安全生产行之有效的做法，使之总结提高。2001年被长庆局授予“安全生产先进单位”。

【小区建设与管理】 根据企业重组和小区运行现状，合理设置组织机构，及时调整和补充了组织成员，进一步理顺管理职能，完善管理制度。改进小区管委会例会制度，做到重大问题及时通报，专项工作组织协调。

坚持“标本兼治，重在治本”的方针和“建管并重，全面抓好”的原则，全面开展了小区整治“四乱”工作。全年召开管委会例会12次，抓获拐卖儿童犯罪嫌疑人2名、入室盗窃犯罪嫌疑人2名、盗窃自行车犯罪嫌疑人18名；抓获寻衅滋事、伤害他人案犯3名及蓄谋作案嫌疑人16名。为了防止家庭纠纷的蔓延和矛盾的扩大，对已发生的纠纷，做到了及时调解疏导，主动化解矛盾，使年内16起居民家庭纠纷多数得到较好地解决。小区管委会召开会议表彰了“文明单位”7个、“文明家庭”58户、“文明居民”62人。

坚持不懈地同“法轮功”作斗争，针对个别重点人员，采取家访、谈心、同事之间帮教和动员参加文体活动等形式，做到深入细致，注重思想教育转化，不断改进帮教措施，做到了“四个确保”保证了兴隆园小区无一人上访“护法”。

【企业文化】 组织开展丰富的职工群众文体活动，活跃了文化生活，稳定了职工队伍。公用事业处获得“全国石油体育先进单位”称号，小区全民健身“路径工程”被未央区推荐为全国样板工程。

（顾继华）

银川物业管理处（银川办事处）

【概述】 银川物业管理处（以下简称物业处）2001年有机关科室4个，基层科级单位5个，队站级单位8个，多种经营企业2个；职工总数240人，其中干部76人（处级6人，科级

24 人，其他 46 人），工人 164 人；燕鸽湖基地住户 5384 户。

2001 年有固定资产 15498 万元，局下达收入指标 2300.8 万元，费用指标 4246.5 万元，实际完成收入 2300.8 万元，费用 4244.2 万元，节约费用 20.3 万元。

【改革与管理措施】

2001 年，物业处继续以“加强管理、降低费用求生存；减人增效，增强三产图发展；提高质量，搞好服务上水平”的工作方针，确定了“一个进入（处班子进入较好领导班子行列）、两个达标（安全生产、综合治理达标）、三个提高（绿化、环境整治和服务水平明显提高）”的工作目标，深入开展“二次创业”主题活动，使全处各项工作有了明显进步。

（1）加强财务管理和收费管理，使成本得到了有效控制。

一是加强了对局内驻宁单位应缴费用的划转结算和与油田公司驻宁单位关联交易的结算工作。二是将原水电暖管理站收费组升格为收费站，加强了收费站的领导和人员配备，加强了对建筑工队临时用电、周边驻宁单位三产用水用电的计量和欠费催缴工作。三是严格控制费用支出，对供热站、幼儿园等缺员单位，用内部职工调配和劳务工、季节工补充的办法进行解决，节约了费用支出；严格执行费用支出“一支笔”审批制度，为确保成本合理和预算不超提供了保障；职工货币收入较往年也有明显增加。

（2）两级班子建设实现了预期目标。年初确定了“进入局二级单位较好的领导班子行列”的处领导班子建设目标。一年来，通过加强中心组学习、落实民主集中制，班子成员分工明确，合作默契，勤勉敬业，努力工作，为完成全处各项工作任务提供了重要保证，受到了局领导的肯定，被勘探局确认为二级单位中较好的领导班子。同时，17 个机关科室、基层单位的班子建设和 31 名科室长、基层班子成员的业绩表现进行了考核。考核结果显示，31 名被考核对象在民意测验中的优秀胜任率均达到了 70%以上，其中优秀胜任率在 90%以上的占被考核干部的 67.7%。基层班子团结、干群关系融洽，整体功能发挥较好，得到了职工群众的肯定。

（3）安全生产和社会治安综合治理工作实现“双达标”。在加强 HSE 管理、安全例会、司驾人员岗位练兵等基础管理工作的同时，加强了三产单位车辆的管理，全年未发生重大事故。把杜绝恶性刑事案件的发生作为首要工作目标，坚持每季召开一次全处治安情况通报分析会，每半年召开一次由驻宁二级单位领导参加的基地治安情况通报会。同时加强警力，继续实行片警与巡警相结合治安管理机制，把在基地施工的外来建筑企业和务工人员纳入治安综合治理范围，并加强了面向居民的治安防范教育。

（4）机构调整进一步深化，生产服务单位承包经营有新的进展。物业处继续从局部实施机构和经营方式上的改革。一是撤销了大队级建制的水电暖管理站，使管理机构更趋合理化。二是对威龙公司和熔断器厂进行公司制改造，使三个多种经营企业均改造为职工持股的有限责任公司。三是在对新城招待所和食堂实施承包经营的基础上。对基地职工食堂和自行车库实施承包经营。

（5）房产管理及绿化环卫工作有了明显进步。房产管理方面，继续加大对居民的正面教育和制度约束力度，通过居委会和楼长对居民进行自治自理能力的培养，较好地完成了 1804 套住宅的验收、出售、搬迁工作。在绿化工作方面，确定了“多栽树、少种草”和“挖大坑、栽大树”的绿化工作思路，春秋两季共植树 17000 株，种植草坪 12000 平方米，绿化工作取得了显著成绩。继续实行垃圾袋装和卫生区划片承包，并加大了污水泵房、公厕、污水井的管理工作。

(6) 加强离退休职工管理工作，有效地维护了小区乃至矿区的稳定。一是认真落实“两项待遇”，稳定离退休职工队伍。在落实老同志待遇中，坚持“三项费用”专款专用，无挤占挪用现象；二是加强了离退休党员的组织建设和离退休职工的思想教育。对部分离退休党支部进行了改选和补选，并成立了有偿解除劳动关系党员支部。还开展了以反“法轮功”邪教为主题的专项宣传，组织观看“崇尚科学、反对邪教”大型图片展；组织参观夏进乳品厂、广夏葡萄园等宁夏知明企业，并先后召开座谈会、形势报告会和上党课 26 场次，这些活动对在市场条件下为重塑老同志的价值观起到了导向作用。三是广泛开展各种文体活动。13 个文体协会有计划地参加勘探局及宁夏回族自治区举办的各种竞赛，获得了多种奖项。四是多方协调并筹措资金，解决了南门干休所天然气供气问题和二区活动中心配套问题。

(7) 继续较好地发挥驻外办事处的职能，代表长庆出色地完成了接待集团公司总经理马富才、股份公司总裁黄琰、集团公司副总经理陈耕及陕西省政协主席安启元等领导的外协接待任务。

(8) 多种经营企业取得了明显成效，三个多种经营企业以改制为动力，在市场开拓方面都有较好业绩。银燕公司和威龙公司都积极依托油田市场，抓住基地建设速度加快、油田产能建设规模扩大两个机遇，分别实现产值 1345 万元和 1538 万元，分别实现利润 204 万元和 123 万元。双银公司以社会市场为依托，加强质量管理和技术革新，完善售后服务，完成产值 102 万元，实现销售收入 38 万元。

(9) 党建和宣传思想工作不断加强。2001 年，物业处党建和思想政治工作坚持以物业管理服务和经营工作为中心，有重点、有针对性地开展工作。在纪检工作方面，处领导班子成员从自身做起，廉洁自律，认真执行“六个方面准则要求”和“五项规定”。召开民主生活会，对照从基层征集的 47 条意见和建议按分管范围逐条进行检查，并形成了整改意见。2001 年，班子成员中未发生到下属单位报销个人费用、接受下属单位或有业务往来单位的馈赠，及参与经商、买卖股票、公款娱乐消费等违纪行为。认真开展效能监察工作。结合局资产清查，从原第三钻井工程处公用事业站经手人员手中一次性如数追回所欠房款 40.14 万元；申请报废资产原值 1431.3 万元，净值 935.5 万元，获得批准的报废资产原值 712.7 万元，净值 356.9 万元，提高了物业处的资产质量，减轻了负担。在党建工作方面，完成了基层党支部委员的增选和补选，新成立了两个党支部，发展预备党员 3 名，预备党员到期转正 5 人。举办了两期入党积极分子学习班，落实以江泽民同志“七一”讲话、“三个代表”重要思想和“三会一课”制度。在宣传思想工作方面，以转变观念、维护稳定、宣传先进和教育职工爱岗敬业为内容，利用各种宣传工具动员职工群众参加到“二次创业”活动中来；发挥好党组织、民事调解小组、居委会等组织的政治思想工作网络功能，对职工之间、邻里之间的矛盾及时发现，及时化解，调解各种纠纷 20 余起，确保了小区稳定；充分发挥工会、共青团组织的思想政治工作功能，处工会组织职工开展技术比武、岗位练兵及“送温暖”活动，并组织开展了丰富多彩的职工文体活动，处团委组织团员青年开展“三项教育”，突出抓好“十项活动”。这些工作都有效地树立了正气，凝聚了人心。

【主要成果】　银川基地燕舞区继续保持了“全国城市物业管理优秀示范住宅小区”称号。

（窦忖学）

西安油气销售综合服务处

【概况】　2001 年，油气销售服务处下设机关科室 2 个；附属单位 1 个；处属科级单位 4 个，用工总量 108 人（其中全民职工 68 人，其他用工 40 人）。处级干部 2 人，科级干部 12 人，高级职称 1 人，中级职称 14 人。资产总额 627.1 万元，固定资产原值 413.2 万元，固定资产净值 322.2 万元。

【主要业绩】　2001 年，是油气销售服务处转变思想观念，打破原有经营模式，大力开拓市场，取得突破性进展的一年。

（1）经营指标全面完成。全年费用指标计划 543 万元，实际支出 499.7 万元，扣除报废资产的已提折旧后，节约 1.8 万元。与销售公司实现了双赢。

（2）内部上缴指标完成率 100%，共上缴折旧、统筹等 80 万元。

（3）多种经营稳步发展。全年实现销售收入 7372 万元，利润 67 万元，在困境中呈现了良好的发展态势。

（4）市场开发取得了进展。成立了市场开发领导小组，积极推进新的经营机制，由过去单纯的服务型单位转变为经营与服务并重的单位。

（5）建立健全了职工基本养老保险制度和特困户帮困制度，保证了离退休人员养老金按时足额发放，并为特困户建立了帮困档案。

（6）HSE 各项控制指标达标。被西安市授予“安全单位”称号。并为全处 68 名职工及 110 名离退休老干部进行健康体查，建立了健康档案。

（7）社会治安综合治理全面达标，被西安市授予“社会治安综合治理先进单位”和“无毒害先进单位”。

（8）精神文明建设得到了进一步加强，连续保持了省级文明单位称号。有 2 个集体，7 名个人受到长庆局、地方政府和销售公司的奖励。

【经营管理】　2001 年，公司财务管理工作有了长足的进步，取得了较好的成绩。一是加强了资金和成本管理，完善了动态管理制度。二是开展了财产清查工作，努力提高资产运营效益。共报废资产 939.96 万元，处理坏账 9 万元，收回欠款 1.5 万元，盘活闲置资产创造经济效益 4.6 万元，减轻了企业负担，为走向市场奠定了良好的基础。三是做到了关联交易合同的按时签订和结算工作，经双方共同努力，使关联交易工作平稳运行。

【队伍建设】

（1）以“三创”活动为载体，狠抓中层干部队伍素质的提高。先后组织学习 16 次，参加 148 人次。

（2）以培训为手段，狠抓职工队伍素质的提高。全处共有 10 名员工参加了各类成人教育和学历培训。有 95 人次先后参加了 HSE 管理，劳资人事、财务会计、物业管理、电脑知识等渠道培训，培训率达 95%以上。

（3）以抓职工队伍的作风建设为契机，塑造一支过硬的职工队伍。首先加强职工思想建设，开展多种形式的思想政治工作。其次加强了组织建设，建立健全了党、团、工组织。再次，加强纪律作风建设，从严治理。

（4）加强企业文化建设，活跃职工文化生活。

（刘惠芬）

长庆炼油化工综合服务处

【概述】　2001年，长庆石化服务处下设机关科室3个，附属单位2个，处属科级单位5个，用工总量153人（其中全民职工96人，其他用工57人）处级干部1人，科级干部5人。固定资产原值1167.94万元，资产净值897.2万元。全年实现收入654.96万元，其中关联交易结算收入606.8万元。经长庆局补贴后，全年收支持平。年上缴长庆局折旧117.12万元，上缴养老统筹金21.12万元。

【企业管理】

（1）狠抓企业管理完善内部经济核算，下大力气抓好基础工作。进一步加大了清产核资工作力度。严格了合同管理，避免了经济纠纷的出现。

（2）狠抓财务管理，搞好科学理财。认真做好关联交易工作，全年签订关联交易总协议1份，分项协议7份。同时认真组织学习财务法规，做好依法开展财务经营工作。

（3）狠抓市场开发，不断拓展经营渠道。

（4）狠抓安全生产，努力提高服务质量。一是抓安全承包。二是抓安全考核。三是抓安全教育。

（5）狠抓小区环境建设，树立文明小区形象。

（周文来）

长庆宾馆

【概述】　2001年长庆宾馆党政领导班子成员3名，职工34人，劳务工50人。固定资产5482万元，2001年营业收入1276万元，同比增加407万元，增幅46.8%，客房入住率为62%。全年共接待宾客13万人次，同比增加4.2万人次，增幅47.7%；接待大小会议382个、14647人次，VIP客人64批、586人次。

【主要工作】　2001年为了进一步适应市场经济的需要，提高宾馆经济效益，在市场经济中立足并求得发展，宾馆以自身的独特条件，结合市场运行的特点，提出“抓管理、转观念、练内功、树形象、增效益”的“十五”字工作方针，提出了以人为本，以爱为核心，以“软管理、硬指标”为基本管理方法；优化全员素质、优化整体环境；提高经济效益和社会效益的经营理念。

为了促进整个宾馆整体水平上新台阶，特向西安市旅游局提出评星申请，宾馆加大力度，对客房、餐饮、前台接待进行了大面积、全方位的整顿，在装修改造上确定了“高标准、上档次、严把关、创优质”的原则，从设计理念，用材用料，设施设备，装修格调，功能配备等均严格按照四星级饭店进行。整改时特别注重了增强服务功能，扩大服务项目，完善服务设施，努力增强服务中的科技含量，自动喷淋、摄像监控、电脑管理、背景音乐等现代酒店装备系统，经过装改，宾馆的硬件在局内达到一流。

在狠抓“硬件”改造的同时，在“软件”管理也不放松，倡导具有长庆宾馆特色的个性化服务，使来馆入住的宾客，相信宾馆，强调对待客人要有忠实感，对客人不能说“不可以”“不知道”类似语言，要耐心与客人沟通，要让客人有一种回家温暖的感觉。宾馆还针对客人的不同要求，定出不同的计划，而且有一些工作是做到客人的要求之前，让客人喜出望外。

在做好个性化服务的同时，在提高经营管理水平和服务质量上开展了岗位练兵、员工技能培训，抓管理、抓服务过程管理，带领全体员工爱岗敬业，经过宾馆全体员工的辛勤努力，通过了市旅游局的明访与暗访的考核，2001 年 8 月 8 日，长庆宾馆整体工作得到了考核组的认可，通过了西安市旅游局评星升级，荣膺了“旅游涉外三星级饭店”。

【管理规范】 为了使宾馆工作有章可循，为了使宾馆有一套符合自身管理、自己特色的规章制度，从加强制度建设入手，提高管理水平和服务意识。经过一年多的摸索，2001 年宾馆抽调专人，结合自身工作实践，成立了管理规范编写小组，撰写了《西安长庆宾馆管理规范》共 11 章，宾馆已经初步形成了一整套工作、服务、管理和员工行为规范等规章制度、工作程序和工作标准。内容涉及到每项具体工作的枝端末节，对每道工序从职责、程序、标准都做了具体的细分，使每项工作都能按程序化、标准化进行，克服了工作标准不统一的缺陷，有效地提高劳动生产率，实现了由传统管理模式向规范化管理模式的嫁接，达到了“立规矩，成方圆”的目的。

【队伍建设】 2001 年宾馆员工认真学习深刻领会江泽民总书记在“七一”建党 80 周年大会上的讲话，学习党的十五届六中全会精神，用正确的理论武装头脑，指导言行，不断提高“三个代表”重要思想的认识，进一步加深理解党对抓作风建设的重要性的认识，坚持讲学习，讲政治，讲正气，提高整体素质。为了进一步激发员工“发展长庆，爱我宾馆”的意识，宾馆注重发挥党政工团组织的作用，教育党员坚持改革，与时俱进。在提高员工思想觉悟的同时，千方百计的为员工办实事，对原员工更衣室进行改造新建，使员工更衣室更能体现星级的标准；对生病休假的员工，及时慰问和探望，把同事的友情、领导的关心送到员工的身边。

（周　杰）

兰州办事处

【概述】 2001 年兰州办事处全面完成了局下达的各项经营指标，企业管理水平有了很大的提升，充分发挥了驻外办事机构的作用，圆满完成局交办的各项工作任务。当年共有工作人员 36 人，其中：原有职工 13 人，实际在岗职工 11 人，其中干部 8 人，工人 3 人，固定资产原值 836.83 万元，当年固定资产净值 675.45 万元。

2001 年长庆局下达的经营承包指标是：费用化补贴 122 万元；上缴固定资产折旧费 18 万元；上缴资产占用费 6 万元；上缴“三金” 10.4 万元；下达工资总额 30.31 万元。全年实现总收入 69.5 万元；总支出 189.3 万元；以收抵支 71.7 万元。

【主要工作】 2001 年初，办事处党委按照长庆局 2001 年工作会议精神，以“两条基本思路”、“四大发展战略”和“创新、开放、简捷、明确、责任、自信”的企业理念为指针，提出以“经济效益为中心，转变观念，调整结构，加强内部管理，加强成本管理、加强资金管理”的工作思路。转变职工思想观念，更新理念、深化改革，加强了对人、财、物的管理，严格控制资金费用的支出，确保了经营目标的实现。全年重点任务完成率100%，一般事项完成率98%的任务指标。年床位利用率为44%。完成外销油田各种产品594吨、36车次，销售金额共计117.94万元。

（陈晓玲）

北京联络处

【概述】　北京联络处2001年有正式职工25名，劳务合同工9名，临时性用工14名。机构设办公室、管理科、物资采供科三个管理部门及独立核算的海帝达公司。固定资产原值2034.24万元，净值1523.16万元。

【主要工作】　2001年是长庆局和油田公司分开运行的第一年，联络处发挥驻京机构的作用，加强了与集团公司有关部门、各兄弟油田、北京市有关部门的联系，广泛收集重组改制、关联交易以及企业改革发展的信息和有关政策，编辑《参考信息》70余期。

积极筹措资金，对主楼门厅、二楼客房进行了改造，增设了标准间，所有房间安装了空调，二、三楼更换了电视，使服务的硬件条件有了一些改善。全年共接待油田来京人员12736人次，为出差人员提供火车票和飞机票6235张。

经营工作有了起步，加大了门面房和空置房间的出租，实现对外收入120万元。

在局有关部门的支持下，成立了联络处工会、共青团两个群众组织。24名职工到职工疗养院进行了体检，安排6名职工家属到外地疗养。

（张　平）

上海联络处

【概述】　上海联络处2001年用工总量105人。局内职工总数20名，局内劳务工16人，外聘工69人。机关设置2科1室，下属1个基层单位即长庆油田无锡技术开发中心（无锡明园饭店），2个多种经营单位（即华油远东实业公司西北公司、上海长庆旅行社有限公司）。联络处资产原值1752.38万元，其中净值1462.08万元；所有者权益1551.65万元，负债155.17万元。

【主要工作】

（1）以市场为导向，积极探索走社会化经营发展之路。2001年，全处上下在充分认清变化了的形势和环境，转变原有陈旧的思维观念和思维定势的基础上，确立企业生存发展的紧迫感、危机感，开创性地探索，只争朝夕地实践，闯市场调查研究，选项目开拓创收渠道，经过全年的艰苦努力，全处实现产值900多万元，其中，无锡明园饭店销售收入200多万元，上海长庆旅行社销售收入400多万元，西北公司产值300多万元，全年实现毛利润101万元。年底收支相抵盈余10万元左右。

（2）以维护稳定为前提，强化内部管理各项基础工作。狠抓整章建制，进一步加大内部管理力度；强化内部财务管理，始终把安全生产管理摆到首要位置，切实做好维护稳定的大事。同时实现了无锡技术中心人员、资产的整体顺利交接。按照长庆局要求，联络处与公用事业处在局有关部门配合下，完成了无锡技术开发中心的整体移交工作，移交资产 1300 多万元，移交在职职工 10 人，并按照局有关要求由联络处对无锡技术开发中心实施直接管理。

(3) 以产权改制为目标，为企业发展增添后劲。拓展工作职能，重塑“窗口”形象。原有基础上进一步发挥好接待“窗口”的功能，为油田和上级提供优良的服务。抓好新拓宽的信息服务职能的履行，理顺了与上海市人民政府经济协作办公室、上海普陀区政府经济协作办公室的关系。进一步探索和理顺所属各经营实体的管理经营模式，对无锡明园饭店，继续推行承包经营机制。优化现有资产，提高资产的利用率。通过对联络处办公房的改造、装修、出租，变过去以住宿接待为主要用途的住房为商业办公房，提高这部分资产的自我保值、增值能力。

(郑志良)

乳山职工培训中心(乳山长庆公司)

【概述】 乳山职工培训中心劳动用工 175 人，其中长庆原固定职工 35 人(干部 25 人,工人 10 人),劳务工 65 人,外方代表 1 人,外聘工 74 人。职工培训中心机关设有综合办、财务科,经营单位有经贸部、物业部、度假村。受局委托负责管理中美合资乳山隆达美西橡胶制品有限公司、中韩合资乳山韩京摩擦材料有限公司。截至 2001 年 12 月底,乳山职工培训中心共有资产总额 4421.97 万元,其中固定资产原值 3582.48 万元,净值 3091.54 万元,无形资产 889.57 万元(土地),流动资产 440 万元。

【工作思路】 围绕一个中心,即以经济效益为中心。贯彻两条思路,一是坚持围绕长庆油田求生存,面向社会市场求发展;二是坚持以市场为导向,提高内部管理水平和整体竞争能力。抓好三件大事,确定三步走的路子:一是加快两合资企业发展,在发展实业的同时,积极发展旅游、培训、疗养,开展经贸活动;二是积极挖掘内部潜力,盘活不良、低效资产,发挥现有资产效益,走以内涵为主的发展道路;三是加快改革改制步伐,积极创造条件,组建乳山长庆公司,招商引资,培育新的经济增长点。三步走是 2001—2003 年,要力争年年上台阶、年年有发展。

【经营指标完成情况】 2001 年度,乳山职工培训中心及两个合资企业共完成经营收入 2200 万元,实现利润 160 万元,上缴国家税金 100 万元。其中,主营业务经营收入 200 万元;两合资企业完成经营收入 2000 万元,实现利润 160 万元。

【工作业绩】

(1)长庆度假村完成经营收入 120 万元,首次实现内部利润 12.5 万元。

(2)韩京公司加强了与投资方韩国相信公司的业务合作,全年为韩国进行来料加工 10 个集装箱,实现进出口贸易 230 万元,完成经营收入 9.6 万美元。

(3)隆达、韩京两合资企业由 1998 年经营收入不足 300 万元,明亏、潜亏合计近 300 万元,到 2001 年经营收入 2000 万元,实现利润 160 万元,净上缴国家税金 100 万元,安置长庆员工和劳务工近百人,彻底实现了扭亏增盈,步入了良性循环的发展轨道。

(4)员工队伍建设取得新的成绩。注重坚

持以人为本的原则，尊重人、关心人、理解人。采取多种方式，广泛培养、选拔企业所需的各种人才，充分调动员工的积极性，做到人尽其才。针对中心用工人员成分复杂，员工来源各异的现状，在工资福利待遇、社会保险等方面，尽力为员工解除后顾之忧，充分保障劳动者的合法权益，将企业的发展与劳动者的利益有机的结合起来。最大限度地发挥现有人力，配齐经营单位的经理班子。

(5)2001 年 6 月，韩京公司通过 ISO 9002—1994 质量体系认证。2001 年 8 月，隆达公司通过 ISO 9001—2000 质量体系认证。隆达公司橡胶防腐技术标准由局级标准晋升为石油部行业标准。

（成秀梅）

技术检测中心

【概述】 2001 年，技术监测中心确定了“从小处入手，向大处着想，循序渐进，超越自我，发展壮大，走向辉煌”的经营理念，制定了“依据标准法规，科学公正监测，不受行政干扰，提供优质服务”的工作方针，提出了“监督质量零危险，检测质量零缺陷，服务质量零抱怨”的质量目标，从 6 个方面制定了中心全年的工作思路和奋斗目标。

中心下设六个专业站和西望公司，机关设 3 个职能部门。在册职工 94 人，其中，干部 59 人，工人 32 人，内部退养 3 人，年底有偿解除劳动关系人员 13 人。共有各类监测设备仪器 117 台(套)，资产净值 387.69 万元。

【经营与业务指标完成情况】 工程质量监督共监督单位工程 364 个；检验锅炉压力容器 21556 台(次)；环境监测完成监测数据 7960 个；检定计量器具 1486 套(件)；监测耗能设备 496 台；特种作业人员培训考核共举办各类取、复证培训班 73 期，培训学员 3566 人；检验油田化学助剂产品质量共 116 个样品 928 个项目。经营指标完成情况：局拨费用 255 万元(比 2000 年下降 142 万元)，年终节余 30 万元。

【主要措施和成果】 2001 年，该中心坚持以市场为核心，以管理为重点，以效益为目的，紧紧围绕市场，开展了 7 个创新，即：观念创新、业务创新、技术创新、机制创新、管理创新、机构创新、制度创新。

在观念创新方面，树立市场竞争的观念，树立监测就是服务的观念，树立有为者必须从小事做起的观念。在业务创新方面，完善监测体系，改进监测方式，严格执行标准，提高监测水平。在技术创新方面，解决技术监测疑难、改进监测工艺、培养技术人才、促进业务发展。在机制创新方面，制定了相应的经营承包配套政策措施，经营指标完成情况与各单位的奖金及其领导职务升降挂钩。在利益分配机制创新方面，实行月度严考核，硬兑现。在机构创新方面，调整了机关科室，加强对各项专业工作的组织领导，并将庆阳和西安两个建材试验室整合为一个。在制度创新上，制定、修订各种规章制度 9 项 153 条。另外在科技创新与技术改造方面，完成了“活动式流量标准装置”研制等 6 项重点科研成果，其中 3 项获得国家专利，1 项获得局科技进步三等奖。小改小革项目 11 项。

【企业改革与管理】 该中心 2001 年重点是规范管理程序，实行归口管理，杜绝“跑、冒、滴、漏”，实行科学管理，减少管理不善带来的经营损失。

(1)在财务管理方面，进一步加强现金管理，狠抓基层成本核算，控制费用支出。中心实行基层领导、财务科长、中心领导逐级审核三级财务审核制度。同时,强化预算管理,凡上万元的材料采购计划均由预算管理委员会审批。

(2)在安全管理方面,重新明确了安全生产“三全”管理责任体系网络,坚持两级领导干部安全承包进点活动。

(3)解剖整顿小车队。重新聘任车队管理人员,将车队从机关整体分离,实行单独核算,同时加大对驾驶员的考核奖罚力度,提出 20% 工资进行浮动,并和效益工资挂钩,按出车天数和油耗指标进行严考核,硬兑现,拉大收入差距。

(4)在器材物资管理方面,对全中心设备仪器、低值易耗品、劳保用品和各类器材物资进行了全面清理清查,由财务和机动部门进行建账建卡,完善技术档案,将设备管理列入基础工作考核,对各类低值易耗品和劳保用品进行建账建卡,规范器材物资采购供应管理,明确操作程序,监督到位,业务归口,管理规范。

【精神文明建设】 组织了体育运动会、歌咏比赛、党的知识竞赛、书法绘画等文体活动,开展了 2 次“监测杯”劳动竞赛和 1 次 11 个工种的技术比武活动。

(李汲峰)

长庆石油报社

【概述】 2001 年,长庆石油报社紧紧围绕长庆局“两条基本思路”、“四大发展战略”和长庆局工作会议精神,以“12 字”经营理念为指导,以“二次创业”为宣传报道中心,突出一个“改”字,唱响“求生存、图发展、闯市场、增效益”的主旋律;深化内部改革,夯实基础管理,强化承包责任制,创建企业文化,报纸宣传和生产经营工作取得了新突破,实现了新世纪的开门红。

报社下设机关职能科室 2 个,附属单位 2 个(中国石油报长庆记者站、年鉴办);所属科级单位 2 个。截至 2001 年末,职工总数 47 人,其中干部 25 人,工人 22 人,含内部退养 4 人。资产总值为 244.43 万元。其中固定资产原值 227.15 万元,净值 221.64 万元;所有者权益 221.64 万元,负债 22.79 万元,负债率 9.32%。实现收入 112.46 万元。

【指标完成情况】 截至 2001 年 12 月 31 日,共出版《长庆石油报》167 期,其中正刊 144 期,为局年度指标的 141%。编发电子版 98 期,编印《内参与信息》12 期,《业务学习交流》6 期。报纸的政治性差错、技术差错率均未超出上级规定的指标范围。对外报道见报 260 篇(幅),为年计划的 216%,其中记者站在《中国石油报》发稿 94 篇(幅),为年计划的 134%。印刷厂全面超额完成了经营承包责任书下达的各项生产经营指标和技术指标。全社实现了全年无生产事故、无治安案件、无火灾、无交通事故。一业为主、多元发展的格局初步形成,经济效益稳步提高。

【主要成果及收获】

(1)主要成果:①全年报纸出版量和对外报道见报量创历史新纪录。出版报纸达到 167 期,超出局下达指标 63.73%;中石报各版头条的稿件有 18 篇。②报纸获奖项目和数量创历史新高。30 余件新闻稿件、专栏、版面获得省、部级年度新闻奖,其中“两万元金点子”、“市场感悟录”分别获得中国石油记协、中国企业报协会年度新闻奖的一等奖;《长庆石油报》再次被中国企业报协会评为全国优秀企业报。③印刷厂完成的产值和内部利润再创历史新高。完成产值量为年计划的 150%,比 2000 年增加了 1.5 倍,其中内部加工量比 2000 年增长 30.77%,产品合格率达到99%；书刊印刷获得甘肃省优质产品单位称号。④以“三包、三挂、三级考核”和“全员定标、五定四保、责任联动、一票否决”为主体的经营承包管理体系基本成熟，各项政策和制度日益完善、配套，管理的深度和水平有很大提高，并见到明显效果。⑤多种经营的产品、产业结构实现了有规模的调整和有效益的扩张，固定资产比2000年增加了1倍，税后利润比2000年有大幅度的增长，拓宽了参与市场竞争、提高经济效益的空间。⑥在报纸宣传工作量大幅度增加的情况下，主动采取多种措施增收节支，不仅弥补了新增报纸的额外费用，而且有效地控制了全年的费用支出，做到了费用指标不超。⑦在探索“一报两制”、走产业化办报路子方面取得新进展，经济信息版按照以收抵支的承包经营政策出版发行，为明年的继续探索、取得实质性突破打下了良好的基础。⑧办公自动化工程进展顺利，为明年实现报纸编采网络化和办公自动化创造了有利的条件。⑨继印刷厂大型搬迁顺利完成后，2001年又利用双休日完成了社机关和编辑部的搬迁，并保证了各项工作的衔接和开展。⑩职工的办公、采访、写作、劳保条件进一步改善，经济收入比2000年有了明显提高。

(2)突破和收获：①重点报道紧紧围绕长庆的中心工作，在广度、深度、规模和频率等方面均有新的突破，成为报纸宣传主旋律的最强音，为今后加强重点报道积累了新经验。②经营管理工作在市场开拓、产品开发、产业结构调整方面取得新突破，印刷、广告已由局内的西安市场拓展到西安以外的周边市场和社会市场，并在社会市场已承揽到近20万元的工作量；新产品开发见到了预期的效益。③多种经营实现了科、工、贸产业结构的合理调整，从而为印刷、广告、商贸的健康发展拓宽了空间，也为报社今后的改革夯实了经营基础。④以“创新、创意、管理年”为主线，大胆进行观念创新、制度创新、管理创新，职工对改革的承受力普遍增强，中层干部不断成熟，为生产、经营、管理走上良性循环和高效发展准备了重要条件。⑤以“生存锻炼”为特点的综合型培训，打破了多年来职工业务、技术培训的单一方式，使职工亲身体验到了市场机制的“游戏规则”。⑥结合长庆局“12字”企业理念，以“诚信、至勤、创新、唯人”为核心内容，搭建起具有报社特色的企业文化框架，并在印刷厂和广告公司得到延伸和深化，促进了生产经营和队伍建设。

【主要工作】

(1)以巩固中创新和提高为目标，确立了“创意、创业、管理”为主线的“五个一”的工作思路，注重实效，狠抓落实，稳步推进。

(2)打好八个方面的宣传战役：贯彻落实长庆局、油田公司工作会议精神和生产启动的宣传战役；长庆局、油田公司实施“两条基本思路”、“四大发展战略”取得重大成果的宣传战役；突出一个“改”字，深化重组改制的宣传战役；围绕“闯市场、增效益”主题活动，巩固关联交易市场、开拓国内外市场的宣传战役；重大事件、重要活动的宣传战役；实施科技进步与人才开发战略、解放和发展生产力的宣传战役；以企业理念为核心加强企业文化建设的宣传战役；树立先进典型、弘扬正气的宣传战役。

(3)以创新、创意为着力点，在办报的思路和宣传手法上争取新突破。首先，在报纸的总体创意、策划和运作上做到贴近中心工作、贴近读者。继两万元金点子创效工程之后的十万元创业工程，再次引发了读者参与的浓厚兴趣。其次，突出宣传主题，注重新闻策划，增强宣传报道的主动性。全年拿出各类报道策划方案80余个，保证了宣传报道质量。三是实施“新三项工程”，增强报纸的参与性和服务性。新三项工程是：“专家论谈：市场、产权、公司化改制”、“新世纪企业形象策划宣传工程”、“10万元金点子创业工程”。四是结合宣传内容，开设多种栏目，吸引读者参与。五是发挥言论的旗帜作用，增强宣传报道指导性。在要闻版开设以配合宣传战役为主的“系列评论”专栏，增强报纸宣传的指导性。

(4)以完善经营承包目标责任制为中心，在深化内部改革上争取新突破。细化考核指标，完善经营承包责任制，提高了做好工作的衡量标准。深化分配制度改革，搞活内部分配机制。把工作数量和质量与经济效益挂钩。

(5)以夯实基础为重点，在内部管理上争取新突破，逐步实行了岗位责任制、质量责任制、设备管理责任制、优质服务责任制、费用控制管理责任制、安全生产和综合治理责任制、内务管理责任制、新产品开发责任制等八项系统配套的管理责任制，在管理方法、管理制度和管理模式上有了新的突破。

(6)以提高经济效益为目的，在多元开发和市场开拓上争取新突破。在原广告公司的基础上，先后开办了金羽广告有限责任公司贸易分公司和庆阳广告分公司，形成了3个自主经营、自负盈亏、自我发展的经济实体。印刷厂开拓外部市场承揽业务量已占到总产值的3%。广告公司从户外广告设计制作为主发展到制作动画广告、多媒体等方面，拓宽了业务范围，增加了效益。

(7)以强化党组织和工会组织作用为保证，在精神文明建设上争取新收获。发挥党组织的战斗堡垒作用，不断增强队伍凝聚力。以“三讲”教育和学习“三个代表”重要思想为主要内容，开展党员的思想教育，加强党组织建设和组织生活制度的落实，和领导班子和干部队伍建设。工会组织发挥自身优势，开展了“闯市场、增效益”，“创纪录、上水平”，“群众性技术创新工程”和“争创三无一达标”四项劳动竞赛活动；进一步推进社务、编务、厂务制度的落实；适时开展小型多样的文体活动和送温暖，增强职工队伍的向心力。

（辛喜雪）

资本运营部(多种经营管理处)

【概述】 2001年7月，长庆局根据长局发【2001】85号《关于成立资本运营部的通知》，组建了资本运营部。新生机构按照工作职责和有关要求，与集团公司资本运营部进行了沟通，收集了兄弟油田的相关资料，分四个方面及时确定了资本运营部起步运行的工作要点。一是确立了起步运行的三条思路，即：加强学习、转变职能，突出重点、分步实施，先易后难、稳步推开；先搭建框架，后逐步完善，机构、人员分步到位；理顺多种经营系统管理职能与运行资本运营同步进行。二是确定了组建起步的五项工作，即：组建产权制度改革办公室；组建财务与经营业绩科；建立各项工作制度、职责、标准和工作程序；接管、理顺多种经营系统财务资产管理职能；选配急需的工作人员。三是研究确定了新机构部门设置、人员选配的具体意见。四是确定了组建起步期间的工作重点。

【整体带资分流改制工作】 认真贯彻集团公司整体带资分流、多种经营企业改制两个座谈会精神，积极研究部署整体带资分流改制试点工作。一是资本运营部起草完成了《长庆石油勘探局整体带资分流改制工作的指导意见》等11个政策性配套文件，并会同有关部门进行了讨论、修改和完善。二是精心策划、组织召开了长庆局整体带资分流改制工作会议，在收集、汇总会议讨论意见和建议的基础上，组织修订、印发了正式文件。三是为深入宣传贯彻会议精神，把握舆论导向，帮助基层单位及广大职工充分理解政策，用好、用活政策。四是为深入了解各单位领导和职工对整体带资分流改制的思想动态,先后分赴陇东、宁夏片16个基层单位,进行了为期半个月的专项工作调研,具体指导各单位的整体带资分流改制工作。五是在充分调研论证的基础上,采取上下结合的方式,按照职工自愿、单位愿意、长庆局同意、集团公司批准的“四大环节”和整体带资分流改制的“五项原则”,慎重选择了工程监理公司和机械制造总厂抽油杆分厂作为勘探局第一批整体带资分流改制的试点单位。

【内部管理】 资本运营部成立以来,进一步制定了各项工作规范,细化了工作职责、工作范围、工作标准、工作程序及岗位设置,明确了各岗位的职责和任务。据统计,全年共制定岗位职责34项近300条、工作制度16项。同时,资本运营部内部的组织建设、队伍建设工作全面启动,与其相关的多种经营管理工作、内部结算、内部产品(市场)管理、财务管理等方面的职能基本理顺。在施工企业作业队伍资质申报、内部市场准入、结算渠道理顺、骨干人员培训等方面,都做了大量工作,取得了实质性的进展。

(李天升)

审 计 处

【概述】 2001年,审计处认真贯彻局党委、长庆局的战略部署,认真分析研究改制后企业的现状,“以财务收支审计为基础,以管理审计和效益审计为重点,加大审计力度,扩大审计覆盖,突出审计效果,注重综合分析,紧紧围绕企业生存与发展战略目标,推动内审工作不断向企业经营管理延伸,重心向管理和效益审计转移,使内审从传统审计向现代审计转变,充分发挥内审在企业经营管理中的职能作用,促进企业强化管理,完善内部运营机制,提高企业经济效益,为长庆的生存与发展作出积极贡献”的审计工作指导思想,确定了财务收支、资产负债损益、预算执行情况、经济责任、外付款项、审计调查、基本建设工程、多种经营集体经济、受托审计与其他专项审计等十个方面的工作重点。2001年完成审计项目66个,审计资金总额67.28亿元,发现各类违纪违规问题2.99亿元,其中违纪问题4201.46万元,违规问题4988.65万元,影响经济效益金额16099.03万元,以及多种经营系统及其他问题4689.76万元。全年对外结算付款审计送审资料4555份,审计资金10.95亿元,审计审减金额2412.34万元,综合审减率2.2%,是审计处正常经费的8倍。局内二级单位审计覆盖率、审计资金覆盖率及具备审计条件的外付结算款审计覆盖率基本达到了三个100%。全年下发审计意见书46份,向长庆局及各二级单位提出审计建议279条,被采纳234条,建议采纳率达83.87%。经审计督察,34个二级单位共落实整改金额4535.65万元,其中:冲减成本724.67万元,增加收入2631.96万元,调增利润122.47万元,调减利润167.23万元,坏账核销370.15万元,收回账外存款413.22万元,调整会计报表58.95万元,其他47万元。

【主要审计活动】

(1)资产负债损益和财务收支审计。重点对18个二级单位报表反映的实物资产进行抽查,对债权债务进行清理,对经营成果进行核实。通过审计可以看出,分开后的存续企业资产状况普遍较差,不良、报废、闲置、老化等情况严重,2000年报废固定资产达3.6亿元,占这些单位固定资产总额的36.4%;不良债权比率较高,潜亏问题比较普遍,审计发现长期挂账债权达9028.73万元;冗员严重、生产经营成本居高不下，生存发展基础薄弱。同时发现收入不实、隐瞒或虚列、账外资金等涉及收入的问题2360.32万元，占全部查出问题金额的25.68%，并且从内部控制测试中反映，各单位普遍在收入尤其是社会收入及收入票据记录的管理控制上，存在较多的薄弱环节，容易造成部分企业收入的流失。在检查违纪违规问题的基础上，披露影响企业经济效益的潜盈潜亏、损失浪费等问题，并逐步开展对各单位经济效益的审计评价工作，向管理决策层提供真实准确的经营信息，促使被审单位扬长避短，增强实力和竞争力。

(2)管理和效益审计。根据长庆局经营管理和企业持续重组的需要，组织进行了两个机械厂整合重组及勘察设计研究院公司制改造情况的专项审计调查项目，就这些单位整合过程与重组后的基本情况和反映出的突出问题进行了调查，分析了优势和存在的问题，提出审计建议9条，为这些企业的持续重组提供帮助，并提交了审计报告，得到了领导的肯定。

(3)外付款项审计是长庆局内审工作的重中之重，也是长庆局节支增效的一项重要措施。一方面，在外付款审计工作量锐减的情况下，继续坚持"不经审计，不予付款"原则，积极拓展审计范围，将审计范围扩大到包括各单位对外支付的各种货款、工程价款、外委修理费、外雇运输费、技术协作费、设计费、钻前工程费、劳务费等几乎所有涉及局内资金流出的项目，扩大审计监控范围，努力达到外付资金审计覆盖面100%。另一方面，在外付结算款项审计的深度上做文章，下功夫，突出了现场审计核实这一重要审计程序。对于2001年的大额局外付款项目，在认真核实资料的完整性、准确性时，要求审计人员必须查看付款内容的实物状况，核对其与结算资料反映内容的一致性、真实性。2001年已累计审计外付资金109500.44万元，审减额达2412.34万元。退回了一些单位资料不实等虚假结算共计426.94万元。

(4)经济责任审计方面。2001年全处共完成了16位厂处长(经理)离任经济责任审计项目。审计中重点对离任者所在单位资产情况的核实、债权债务的清理，以及任期内损益与各项经营指标的核实，特别是摸清潜盈潜亏情况，严格界定离任者的经济责任，全面客观考察离任者在任职期间的工作目标实现、财经纪律执行、企业管理、廉洁自律等情况，并充分采纳了组织干部部门和纪律监察部门的意见，客观公正地评价了离任者的功过是非，为长庆局加强对领导干部的管理和组干部门考核领导干部提供了有力依据。2001年完成16项厂处领导干部离任经济责任审计项目，对固定资产和流动资产的审计抽查率均达20%以上，查出不良资产6362.87万元；对往来账项进行账龄分析，追根溯源，审查债权债务形成的原因及存在坏账呆账的可能性，查出挂账3年以上，有可能形成坏账金额9028.73万元；结合其他审计方法，分析经营者在任职内存在潜盈潜亏问题，查出潜亏金额1290万元，潜盈金额320.05万元。

(5)基本建设工程审计方面。由于企业重组后，存续企业基本建设工作量大幅度减少，基建投资额锐减，相应的工程审计工作量也出现了明显不足。2001年，长庆局下达局级项目管理工程计划项目4个，投资8385万元，与重组前平均水平相比不足5%。在这种情况下，我们集中工程审计人员，组成较强的审计力量，加大现场审计监督力度，重点放在核实工作量方面，并严格对照定额标准进行审核把关，力争取得最佳的审计成果。同时，受油田公司审计部门的委托，承担了靖安和安塞两个较大的油气田产建项目的全过程跟踪审计任务，审计资金总额20多亿元。

【优秀审计项目】《对长庆实业大厦土建和安装工程结算审计》被评为2001年度中国石油天然气集团公司优秀审计项目一等奖。

(金　刚)

长庆实业集团有限公司

【概述】 长庆集团机关设7部1室，下辖企业23个，其中全资企业10个。控股参股公司9个，履行系统职能管理企业4个，员工总数1031人，其中国有职工428人(干部279人，工人149人)。岗前培训21人，集体工(原局劳司安置的待业青年)356人，劳务合同工(油田待业青年197人。临时用工249人。专业技术人员283人。其中高级技术职称9人，中级职称84人。

资产总值52949万元。其中，固定资产原值10888万元，净值7996万元；所有者权益6592万元，负债46357万元，负债率87.55%。

2001年，长实集团面临的新形势，明确了全年的工作重点，确定了新的工作方法，将整体工作划分为重点专项工作、日常工作和基础工作三个层次。对重点工作实行领导挂帅项目责任制，专项考核；对日常工作按领导分工、部门职责职能正常实施；基础工作按课题运行，由部门负责，落实到人，全员推进。

【生产经营】 2001年完成原油商品量99439吨，轻质墙板27200平方米，混凝土预制件43890块，配电箱502面。完成社会市场承揽工作量及收入17,343万元；主营业务实现收入25181元，内部利润2200万元，上缴税费3289万元。

【市场开发】

(1)创造条件，占领油田内部市场。2001年，长庆油田产建市场被分为两大板块：50%属于内部关联交易，50%面向市场全面开放。长实集团作为多种经营企业不能进入关联交易市场，另外的50%虽可参与，但由于种种因素也被排除在外。面对这一严峻形势，公司领导要求各企业利用已经形成的良好信誉和与各项目组之间的友好合作关系，充分发挥上下两个层面的积极性开拓市场。在多方努力下，公司各产建队伍终于从7月份开始全面进入市场。

(2)发挥优势，全力进行市场准入资格申报。重点抓建筑安装、井下作业和公路货运等三个方面的资质就位工作。组织各专业队伍进行岗位练兵和专业技能培训，分专业成立了由公司领导亲自挂帅的资质申报工作组，专门负责申报工作。经过多方努力，修井和建安资质的申报顺利通过中油集团的审查，运输资质通过省、地两级审查。

(3)选准突破口，快速占领社会市场。公司以新研发成功的新型环保型建筑材料GRC、GH系列轻质墙板为突破口，高起点、高标准、高质量地迅速占领社会市场，组建了陕长新型建材发展公司，建立了符合ISO9000《质量管理和质量保证》标准要求的质量体系，被建设部收入《轻质墙板及配套原材料产品生产企业名录》，极大地提高了企业的声誉，又被西安市经济委员会认定为“资源综合利用型企业”，给予免税优待。2001年，该企业在产销两个方面均居西安同类企业榜首，向全面进入社会市场迈出了坚实的一步。

【区块开发和原油生产】 2001年，长实集团抓住中央和陕西省整顿陕北油区秩序的有利时机，积极疏通各种渠道，加大报批井场力度，并努力向油田周边油区渗透。先后在小河油区布探井两口、开发井五口。同时，按照长庆局的总体部署，与油田公司进行合作，确定了以葫芦河和麻黄山地区为主的合作开发区，为区块开发这一支柱产业的持续发展奠定了基础。

在原油生产方面，由于镰刀湾油田已进入开采运行的第四个年头，地下能量不足、含水上升、产量递减等问题比较突出，加上电网停电、特大暴雨灾害、运销不畅等外部不利因素的影响，加大了原油生产的难度，为此，公司采取了一系列稳油控水、增注上产、反盗防抢措施，最大限度地降低损失。全年原油产量超额完成长庆局下达的 7.5 万吨原油生产任务，突破 8 万吨。

【结构调整】 公司成立之初即确立了“围绕主业、拾遗补缺，服务主业、发展自己”的产业方向，优先发展了建安产业。从 1998 年起，根据局领导“转向主业”、“参与主业”的要求，加大了油田区块开发力度，确立了区块开发的支柱产业地位。长实集团搬迁西安和长庆局重组后，又积极投身第三产业和新兴产业。2001 年，公司在“维持性调整”的基础上，从企业总体发展的战略目标出发，着力进行“提升式调整”。解除了对华油公司等部分无产权关系企业的行政代管职能。注销了长实集团西安大同分公司，正在进行万业公司、中际公司的注销准备工作。通过对资产结构的重组整合和产权结构的多元化改造，使企业的产权制度改革与结构调整有机地结合起来，在企业集团内形成以资本为纽带的经营管理机制和有效的制衡机制。

在产业结构方面，按照“逐步向社会化产业转移”的目标，积极拓展面向社会市场的新兴产业。2001 年，轻质墙板已初具规模，物业公司已站稳了脚跟，成都液化气销售、中天焦化项目、高层商住楼合作开发等具有市场前景的新项目也基本进入了实施阶段。

在队伍结构调整方面，制订了《长实集团集体工带资分流有偿解除劳动关系试行方案》并获长庆局批准。

【自解难题】

(1)长实大厦消防验收工作。按照消防部门提出的消防设计新标准，公司由总经理亲自挂帅，成立了长实大厦消防验收工作领导小组，反复论证，制订了解决大厦消防问题的整改方案并通过验收，使得长实大厦成为 2001 年西安市首家取得营业性高层建筑消防合格证的单位。

(2)资金自求平衡。公司通过加强预算管理、统一安排调剂资金，制订挖掘内部潜力、提高各企业资金周转率等具体措施，统一调度和利用各企业的闲散资金，加强和巩固银企合作关系，有效地缓解了资金供求矛盾，保障了企业平稳运行。

(3)运用法律手段维护公司权益。共自诉、上诉、应诉官司 9 起，在已经结案的 7 起中胜诉 6 起，挽回经济损失 217 万元、避免经济损失 21 万元，使几个企业摆脱了部分历史问题的长期困扰。

【党群工作】 在员工中广泛组织开展了“岗位应知应会”和“技术比武”活动。同时，注重加强职工队伍的培训，共送外培训 256 人次，其中参加 MBA 学历培训 7 人，大专学历培训 31 人，中专学历培训 5 人。

针对轻烃厂、泾川公司、广力公司职工反映的普遍问题，三次召开专题会议，对泾川公司集体工问题进行了专题调研，并在解决困难企业职工问题、集体工问题以及夫妻分居、误餐费、奖金和关心离退休职工、病残职工及其亲属方面做了大量工作，使职工感受到企业的温暖。

【企业管理】 面对新的形势和新的环境，公司立足于重夯基础，在加强 HSE 管理、清产核资等重点专项工作和企业日常管理的同时，主要抓两点：一是强化监控措施，保证基层企业的规范运行。在加强事前预防、事中控制的基础上，重点开展了效能监察工作，发现了不少严格管理的先进典型，清理出 2000 年底前的拖欠款 8348.54 万元。二是清理内部市场，强化市场服务意识。针对挂靠揽活、挂靠车辆、挂靠采购、挂靠结算等严重影响长实集团声誉的不规范行为，制定内部管理办法，通过增加风险抵押金、加大处罚力度等方式，使一部分挂靠者主动解除了挂靠关系，全面完成了清理整顿工作。

（石建军　任绥海）

房地产开发公司(西安长庆房产开发有限公司)

【概述】 2001年,是房地产开发公司立足油田、面向市场、理顺机构、调整职能并取得突破性进展的1年。房地产开发公司领导班子及全体员工紧紧围绕长庆局两条基本思路、四大发展战略和"12字"经营理念,以公司生存与发展为主题,突出重点工作,强化内部管理,各项工作取得了显著成效。

2001年,长庆局对房地产开发公司的机构和主要职责进行了调整,将住房资金管理、房改领导小组办公室和住房交易中心等职能部门进行了剥离,基本理顺了公司内部的关系。经过调整后的房地产开发公司下设办公室、计划部、工程项目部、市场开发部、财务部、营销策划部、银川分公司、西安基地三区和未央湖两个建设项目部及兴隆工程建设公司和兴隆建材公司,共有职工88人。

【生产经营】 2001年完成投资2.06亿元。全局动工新建职工住房5182套,50.7万平方米。其中,局属银川基地1584套,13.44万平方米;局属西安基地578套,6.62万平方米;第一采油技术服务处何庄坪基地108套0.92万平方米;井下作业处咸阳昌源小区294套,2.8万平方米;长实集团长源小区158套,2.12万平方米;泾河工业园2460套,24.8万平方米。完成跨年续建工程2516套,21.2万平方米。

【改革改制】 为了适应国家和集团公司的房改政策以及住房分配货币化形势的要求,使房产公司能够逐步进入社会市场,做大做强长庆房地产业,2001年,房地产开发公司进行了理顺机构和调整职能工作:(1)将原来行使全局性管理职能的房改办、住房资金管理中心、住房交易中心等部门和人员移交公用事业处。(2)完善了公司机关,新组建了六个职能部门,明确了职责,配备了人员;成立了未央湖、咸阳等建设项目部,为公司的高效运作创造了条件。(3)整合组建了银川分公司,理顺了银川分公司的建设职能和管理机构,为保证银川基地建设的顺利进行奠定了基础。(4)设计制作了长庆房地产网页,为公司企业文化建设和未来市场的开拓提供了很好的平台,对扩大长庆房地产的社会影响、提升企业形象、促进信息交流与沟通起到了积极的作用。

【重点工作】 在长庆局的积极协调下,公司积极筹划并完成了西仪集团草滩二基地的转受让工作。该土地面积389.197亩,可开发建设各类住宅2300多套。

注册成立了西安长庆房地产开发有限公司。根据公司未来发展的目标,房地产开发公司于2001年6月在西安市工商管理部门注册成立了西安长庆房地产开发有限公司,并取得了西安市房地产开发企业的资质证书,拿到了进入社会市场的准入证。

根据公司发展的实际,年初注册成立了西安兴隆建设工程有限公司,通过参加西安市招标办组织的公开招标,西安兴隆建设工程有限公司中标并承担了西安基地三区5幢住宅楼的土建工程和系统工程,工程质量、进度、安全生产和文明施工都达到了目标要求,受到了建设管理部门和质监部门的好评。2001年完成工作量2800多万元,取得了较好的经济效益。

引进的玻璃钢门窗生产线运转势头良好。兴隆建材公司在继续抓好小型水泥预制件、保温砂浆、小型配电箱等生产经营项目的同时,2000年初又引进了铝合金门窗加工作业线,全年完成产值达1000万元以上。

【科技创新】 在房屋建设过程中,房地产开发公司对基础工程、混凝土浇筑工程、墙体工程、防水工程和工程垂直度的监测控制等方面严肃对待、精心组织,保证了工程的安全性、可靠性;对地下室渗水防治、屋面防水、加气混凝土块、墙体裂缝等问题组织人员分析原因,学习调研,采用先进材料、先进工艺,有效地解决了一系列建筑质量通病;在工程技术、材料选用中,把设计方案与施工建设紧密结合起来,引进绿色住宅概念,完善设计,不断改进不合理的部分;通过采取坡屋顶、贴外墙砖、提高防盗门、防护网、厨卫装饰材料和洁具标准以及引进远程集中抄表系统和两网合一信息网络系统等措施,大大提高了住宅的品位,增强了工程的整体效果,也得到职工的好评。

【职工教育】 2001 年以来,公司从长远发展考虑问题,重视职工队伍建设和年轻干部的培养。2001 年,先后有 11 人次参加了长庆局组织的财务及现代企业制度等方面的培训;有 5 人参加 MBA 工商管理课程学习;有 9 人次参加了西安市的工程备案制度、项目管理培训;有 4 人次去上海、武汉等地参观学习;此外,公司还择优选聘干部,从优秀年轻干部中选聘副经理 1 人,副总工程师 1 人,重新明确和聘任中层干部 15 人。目前在册全民职工中,具有中高级职称的占 37.6%,为公司的发展壮大和走向市场提供了人才支持。

【精神文明建设】 为了贯彻落实局党委"二次创业"的总体思路,公司党委紧紧围绕"求生存、图发展、闯市场、增效益"的主题教育活动,广泛开展了"我靠房地产公司生存,房地产公司靠我发展"的大讨论,引导和教育职工不断转变思想观念,树立起危机意识、市场意识、竞争意识、效益意识,从而增强了公司的凝聚力、战斗力,鼓舞了职工的士气。

【党风廉政建设】 2001 年,按照与长庆局签订的党风廉政建设责任书,公司党委采取了一系列切实可行的措施,进一步加大了党风廉政建设工作的力度。与公司班子副职和科级干部共签订了 20 份党风廉政建设责任书,明确了责任范围,加大了责任追究力度。公司与所有参加基地建设的各施工企业签订了《廉政建设责任书》,作为工程合同的附件,并按中标总造价的 1‰作为廉政建设保证金。

(周仁荣　刘东臻　苟世伟)

西安长庆科技工程有限责任公司

【概述】 西安长庆科技工程有限责任公司 2001 年完成产值 4969.78 万元,比董事会下达的产值 4000 万元指标高 24.3%,同时超过公司力争目标产值 4500 万元的 10.4%。其中:勘察设计完成 3179.14 万元,是年总收入 64%;科技开发公司收入 402.5 万元,占年总收入的 8.1%;工程建设公司收入 465.95 万元,占年总收入的 9.4%;工程监理公司收入 145.5 万元,占年总收入的 2.9%。成本费用总支出 4366.69 万元,实现内部利润 603.15 万元,投资回报率达到 15%以上,超额完成董事会下达的考核指标。

【改革与管理】 新公司于 2001 年 1 月 1 日起正式运作,2 月 28 日举行了隆重而简朴的挂牌仪式,西安长庆科技工程有限公司的成立,标志着长庆设计院从此进入了一个新的历史发展时期。一年来,公司运行平稳,生存发展充满活力;7 月份通过了集团公司关于企业改制的正式批复和公司国有资产的确认;按新体制调整了公司组织机构,重新聘任了基层部门领导;重新组建了公司预算委员会、科委会、安委会、质量管理委员会等;按照公司制要求,在调整"老三会”的基础上，组建充实了“新三会”，新老“三会”协调发展，共同为公司的健康发展做出了贡献；积极探索适应新体制运作的各项管理制度，研究出台了《经营考核办法》《成本核算管理办法》等12项管理制度，有效控制了成本费用，确保了新公司各项工作的正常运行；根据西安市科委文件精神，以公司和开发区所签协议为依据，积极开展高新技术企业认定工作，并于11月27日正式取得高新技术企业证书。

【生产规模】 产建工程：长庆油田公司的2001年油田150万吨产建方案、71万吨初步设计以及85座站点、239千米输油管线、183千米输电线路、14个油田区块的站外系统的施工图设计；气田2亿立方米产建及第二净化厂外输管线的初步设计、施工图设计；长庆油田集输系统调整方案及施工图设计；安塞油田王窑区160万吨产建可行性研究等33项前期工作；靖—咸管道、第二净化厂、靖三联、盘古梁等一批重点工程一次顺利投产成功。矿建工程：完成80栋住宅楼及油气田地面建设配套建筑工程施工图设计，总建筑面积约30万平方米。外部工程：西气东输管道工程甘塘—靖边段392千米勘察测量、长呼管线首站—东胜段247千米线路勘察测量施工图设计；西气东输管道工程中宁—靖边段293千米施工图设计、长呼管线首站—查镇125千米输气管线施工图设计；海南福山花场油田地面工程设计。

【科技成果】 荣获国家、集团公司优质工程金奖各1项，国家优秀设计铜奖1项；甘肃省优秀设计奖1项；长庆局科技进步二等奖2项、三等奖7项；局优秀勘察设计一等奖5项、二等奖10项、三等奖15项；推荐集团公司优秀勘察设计4项；推荐局科技进步一等奖4项、二等奖15项；完成科技攻关项目3项。同时参与设计的靖边30亿立方米气田产建工程、咸阳炼化二期工程改造获得国家优质工程银奖。

首套40万立方米三甘醇脱水装置经过了科技成果产品鉴定验收；新建2套三甘醇脱水装置已在现场使用；开发了天然气含凝析油气分离技术，对天然气低温脱水技术作了前期的研究、储备和现场试验，并取得了进展，展示了一个良好的发展前景。

取得了建设部工程勘察设计岩土工程甲级资质，燃气和给排水乙级资质及新资质增项申报工作；顺利通过国家质量技术监督局压力管道设计单位资格审查。

开通公司质量体系局域网站，实现了质量体系文件网上浏览和质量记录即见即得。

【精神文明建设】 各级党组织加强思想政治工作，改进工作方式，大力提炼和营销企业文化，精神文明建设取得了丰收。石油工程设计部荣获局模范集体，冯凯生荣获局“劳动模范”称号，毛泾生荣获局先进生产（工作）者。公司荣获长庆局廉政勤政先进单位，两位公司领导荣获长庆局廉政勤政先进个人。西气东输勘测和靖咸管道工程荣获局“二次创业”优秀项目，3人获局“二次创业”先进个人；靖—咸输油管道设计项目组、第二靖化厂设计项目组、西气东输勘察项目组获公司优秀青年突击队称号；获长庆局优秀青年突击队；荣获长庆局其他专业先进个人12人。刘利群被评为陕西省总工会“十五”创新技术能手。

（苏忠华）

第十一篇

长庆石油勘探局大事纪要

长庆石油勘探局大事纪要

一　月

4日　中国石油天然气集团公司副总经理郑虎一行来长庆检查指导工作。长庆局局长、党委书记孙玉辰，油田公司总经理、党委书记胡文瑞，长庆局党委常委、组织部长张启英陪同并汇报了工作。

5日　经长庆局党政领导联席会议研究，决定对第一钻井工程处、第二钻井工程处、第三钻井工程处进行整合重组，成立长庆石油勘探局钻井工程总公司（长局发［2001］第1号文）。

8日　长庆钻井工程总公司在西安成立。新组建的钻井工程总公司拥有8.7亿元国有资产、15个专业公司（部）和55支钻井队伍，其内部结构趋于合理，资源配置更加优化，总体优势明显增强。

同时，局党委、长庆局决定杨再生为钻井工程总公司总经理，刘顶运为党委书记。

9日　内蒙古自治区伊克昭盟行政公署巡视员朝鲁、副盟长王秉军等领导专程来长庆慰问，表示将不遗余力地支持长庆油田的发展，并代表伊克昭盟行署授予长庆局、油田公司“民族团结进步先进集体”的光荣称号。

10日　国家储量评审委员会组织的全国油气专家在长庆宾馆对长庆2000年油气储量进行评审。评审结果：2000年，长庆新增天然气探明储量4089亿立方米，累计达7500亿立方米；2000年长庆新增石油探明储量7876吨，累计达9亿吨。长庆局局长孙玉辰出席评审会并讲话。

18日　长庆局召开干部大会，宣布集团公司党组和集团公司关于部分领导干部任免的决定。局长、党委书记孙玉辰受集团公司党组、集团公司的委托，宣布了集团公司党组《关于杨庆理等五名同志职务任免的通知》（中油党字［2000］第99号）和集团公司《关于杨庆理等三人职务任免的通知》（中油任字［2000］第628号）。

19日　长庆油田社会治安综合治理工作会议在咸阳长庆炼油化工总厂召开。会议总结了2000年度油田综合治理工作，交流了部分先进单位综合治理工作经验，表彰奖励了先进单位、见义勇为先进个人，处罚了不达标单位。同时部署了2001年综合治理工作，签订了综合治理承包责任书。

19—20日　长庆局、油田公司分别举行团拜会，回顾2000年辉煌成就，展望新一年工作。

二　月

8日　局党委、长庆局研究决定（长党发［2001］6号），授予原第二钻井工程处等10个单位为“2000年度廉政勤政先进集体”，杨再生等17名同志为“2000年度廉政勤政先进个人”；运输处为“2000年度不达标单位”。

9—11日　长庆局在地球物理勘探处召开宣传暨政研工作会议。会议总结交流了2000年宣传思想工作的经验，表彰了先进单位和个人，部署了新一年的工作，共同探讨了新形势下思想政治工作的方法。中国石油天然气集团公司政治思想工作部宣传部部长梁墅恢出席会议并讲了话。

12日　在甘肃省精神文明建设命名表彰大会上，机械制造总厂被甘肃省人民政府授予“省级文明单位”称号。

14 日　长庆局与尼日利亚 PetroLog 公司的钻机租用合同在西安签字。PetroLog 公司总裁 Vincent.O.Ebu 在签字仪式上说，合作将“揭开尼日利亚石油工程服务新的一页”。这也是中国钻井施工队伍首次进入尼日利亚，标志着长庆钻井行业在冲出国际市场中迈出了新的一步。此次签订的合同总值为 500 万美元。

14—16 日　长庆局 2001 年工作会议在西安基地召开。会议学习了中央有关文件精神，传达了吴邦国副总经理对集团公司所作的重要指示和集团公司工作会议精神，听取了孙玉辰局长所作的工作报告，客观地总结了长庆局 2000 年的工作，分析了长庆局面临的优势与劣势、机遇与挑战，提出了长庆局 2001 年的经营目标、总体工作要求以及要突出抓好的重要工作，为长庆局生存、发展和持续重组改制指明了方向。

17—20 日　局长、党委书记孙玉辰带领机关有关部门负责人在机械制造总厂、钻井工程总公司第二项目部、油气综合服务处、物探处和宁夏长庆工业园调研，要求各单位解放思想，更新观念，深化改革，锐意创新，探索“二次创业”新思路，做好结构调整大文章。

20 日　局党委、长庆局印发《关于实施企业文化建设工程的意见》(长党发[2001]8 号)。《意见》结合长庆局实际情况，将“企业文化建设工程”分解为 6 个子项目，由长庆局进行整体规划，各二级单位负责具体策划和组织实施。同日，局党委、长庆局印发《关于进一步深入开展“求生存、图发展、闯市场、增效益”主题活动的意见》(长党发[2001]9 号)，决定在全局继续深入开展“求生存、图发展、闯市场、增效益”主题活动，确保全年各项目标的实现。同日，局党委、长庆局印发《关于成立精神文明建设工作委员会的通知》(长党发[2001]10 号)。该委员会由孙玉辰任主任，张继昌、蒲建中、王树荣、张启英任副主任；委员会下设办公室，由政治思想工作部履行办公室职责。《长庆石油勘探局精神文明建设考核标准》也随文一并发出。

22—23 日　长庆局召开科技工作会议。会议主题是：提高认识，转变观念，实现科技工作向市场经济的转变，推动科技成果商品化，确保长庆局的技术进步和持续、稳定发展。赵业荣总工程师代表局科委作了题为《大力实施科技创新战略，为长庆局的持续发展提供技术保障》的工作报告。会上长庆局表彰了 1999 年“优秀科技人才”、“优秀技术干部十佳”；局科委表彰了先进科技工作者和 2000 年优秀科技项目。局长、党委书记孙玉辰在会上作了重要讲话。

28 日　由长庆局控股，原勘察设计研究院改制而成的西安长庆科技工程有限责任公司举行揭牌仪式。长庆局总工程师赵业荣任西安长庆科技工程有限责任公司董事长；何宗平任西安长庆科技工程有限责任公司总经理。

三　月

2 日　长庆局为长庆一中荣获“甘肃省示范普通高中”和“全国中小学教育工作先进集体”称号举行隆重挂牌仪式。

7 日　局党委印发《关于加强和改进党委中心组学习的意见》(长党发[2001]15 号)，就进一步加强和改进局、处两级党委中心组学习提出了 8 条意见。

8—9 日　长庆油田绿化委员会在河庄坪召开 2001 年度绿化工作会议。会议传达了江泽民总书记指示精神、温家宝副总理在全国绿化委员会第十九次全体会议上的讲话精神和集团公司绿化会议精神，部署了“十五”绿化规划实施方案，表彰了一批绿化先进单位和个人。

9 日　长庆局纪委第五次全委会暨 2001 年纪检监察工作会议在西安召开。会议传达了中纪委五次全会、陕西省和甘肃省及集团公司纪检监察工作会议精神，对全局 2000 年的党风廉政建设和纪检监察工作进行了总结，安排部署了 2001 年的工作，并对 2000 年度纪检监察系统先进集体和先进个人进行了表彰奖励。

12 日　集团公司党组成员、纪检组长、股份公司监事会主席李克成一行 7 人来长庆调研。李克成听取了长庆油田的工作汇报后，要求长庆在新世纪抓住历史机遇，发挥整体优势，实现共同发展。同日，下午 7 时 10 分，满载着长庆钻井设备的专列由青铜峡出发开往天津，将从天津新港装船并最终到达尼日利亚，拉开了长庆局跻身国际石油工程服务市场的序幕。

13 日　长庆局发出通知（长局发[2001]40 号）决定成立国际市场开发部，同时增挂国际石油技术工程公司的牌子，主要负责全局海外石油工程技术服务、商贸业务的管理，市场开发、信息收集、商务及技术谈判，订立合同以及监督、指导合同的执行等工作。业务范围包括：石油物探、钻井、测井、井下作业、油气田地面建设、道桥施工等工程、技术服务业务的承揽以及设备（技术）引进、产品出口、劳务输出等商贸业务。

21 日　长庆局发出通知（长局发[2001]51 号），决定将市场开发处的生产运行科、对外协调科、设备管理科、水电管理科、综合科分离，成立生产运行处，同时增挂土地管理办公室的牌子。并将市场开发处更名为市场开发部，对其职责及编制也进行了相应调整。

23 日　长庆局发出通知（长局发[2001]52 号），决定在局党委宣传部增挂企业文化处的牌子，并在局党委宣传部（企业文化处）设立企业文化科。

同日　长庆局发出通知（长局发[2001]58 号），变更工程监督公司隶属关系，决定将工程监督公司从工程技术研究院分离出来，成为长庆局直属、具有独立法人资格的副处级单位。

四　月

2 日　甘肃省副省长韩修国来到长庆西安基地视察工作。韩副省长在视察中指出，长庆油田是国企改革成功的一个代表，勘探开发有了新的重大突破，企业生产经营形势蒸蒸日上，企业年收入上了 200 亿元，发展前景令人鼓舞。

5 日　局党委、长庆局发出《关于深化改革放开搞活有关问题的意见（试行）》（长党发[2001]23 号）。《意见》对深化改革放开搞活中关于改革创新与民主决策、领导干部大胆行使职权与接受监督、生产经营活动中造成损失的责任问题、营销手段及费用问题、经济活动中的回扣问题及中介人取酬等问题提出了具体意见。

6 日　长庆局印发《HSE 管理体系建设“五年”规划暨 2001 年度 HSE 管理体系建设计划的通知》（长局发[2001]73 号），明确了 HSE 管理体系建设的指导思想、基本原则、有关措施和奋斗目标等。

16 日　长庆局、油田公司联合发出《关于当前和今后一个时期工作中应共同把握好五个原则的通知》。这五个原则是：保持稳定是共同发展的前提；共同发展是长庆人共同奋斗的目标；保证油田公司业绩指标是双方共同的责任；保证长庆局基本生存和发展的条件是双方共同的使命；规范关联交易是双方共同的任务和责任。

21 日　全国政协人口资源委员会能源战略调研组一行 11 人来到长庆，围绕石油、天然气工业发展战略这一主题开展了一系列的调研活动。

29 日　油田建设工程处处长秦惠中、钻井工程总公司总经理杨再生、地球物理勘探处处长曹师伊荣获“全国五一劳动奖章”，并在首都北京纪念新世纪第一个“五一”国际劳动节大会上受到表彰。

30 日　长庆局举行庆“五一”联谊会。“全国五一劳动奖章”获得者秦惠中、杨再生和各条战线上的劳动模范、先进个人、技术标兵和工人明星 100 多人欢聚西安，共度新世纪的第一个

"五一"劳动节。

同日　咸阳市委、市政府在 312 国道咸阳段一号桥隆重举行"世纪大道"开工典礼。长庆局筑路工程总公司中标该工程 A 标段,局长、党委书记孙玉辰,副局长滕玉林应邀出席典礼。

五　月

7 日　地球物理勘探处仪器工程师安宏刚被共青团中央、国家经贸委、劳动和社会保障部授予"全国青年岗位能手"荣誉称号(中青联[2001]25 号)。

9—18 日　长庆局领导带领生产运行处、钻井工程总公司、工程技术处等有关处室和单位的负责同志,深入到陕北、宁夏、陇东、内蒙古等地油田公司 7 个项目组进行质量回访,并与油田公司有关领导联合办公,解决生产中的实际问题,确保全面优质完成 2001 年各项生产任务。

11 日　长庆局印发《科学技术进步奖励办法》(长局发[2001]94 号)。《办法》共十章 31 条,对科技进步的奖励范围、条件、奖励标准等作了明确规定。

22 日　集团公司副总经理陈耕、股份公司副总裁史兴全来长庆指导工作。并深入到筑路工程总公司,听取了工作汇报,对其在油田建设中做出的贡献,给予了高度评价。同日,长庆局在西安召开"三讲"学习教育活动动员大会。作为集团公司第一批开展"三讲"学习教育的活动单位,长庆局为期一个月的领导班子及成员"三讲"学习教育活动全面展开。在动员大会上,局长、党委书记孙玉辰作了题为《认真开展"三讲"教育,抓好政治理论学习,为长庆局"二次创业"提供精神动力和思想保证》的动员报告。

23 日　钻井工程总公司 20140 钻井队(现 30533 钻井队)被集团公司和共青团中央授予"全国青年文明号"荣誉称号(中油政字[2001]211 号)。

六　月

4 日　长庆局发出《关于成立厄瓜多尔石油工程项目经理部的通知》(长局发[2001]107 号),决定由该经理部全面负责厄瓜多尔 AP 油田项目的实施,并对工程项目的准备、组织施工、交付验收等全过程进行管理。

11—19 日　集团公司总经理马富才,副总经理、股份公司总裁黄炎一行深入到长庆油田,先后途经宁夏、蒙、陕、甘四省、自治区,行程 2400 余千米,考察了长庆油田 28 个二级单位,看望了千余名工作、生活在一线职工,对鄂尔多斯盆地的勘探开发和长庆油田的工作情况进行了深入细致的了解,并就长庆油田加快发展提出了具体目标和殷切希望,明确提出长庆油田是集团公司"十五"期间增储上产的重中之重。

16 日　中国西安人才市场长庆分市场、陕西省人才交流服务中心长庆分部正式成立。这是集团公司、也是陕西省第一家企业内部人才中心与社会人才市场紧密结合的人才交流服务中介机构。

22 日　长庆局召开"三讲"学习教育活动总结大会,为期一个月的"三讲"教育活动圆满结束。

26 日　局党委发出《关于表彰先进党支部、优秀共产党员和优秀党务工作者的决定(长党发[2001]45 号),授予地球物理勘探处研究所党支部等 32 个党支部"先进党支部"荣誉称号;授予刘瑛等 102 名共产党员"优秀共产党员"荣誉称号;授予刘积敏等 31 名同志"优秀党务工作者"荣誉称号。

28 日　长庆局在西安基地隆重举行纪念中国共产党成立 80 周年大会。与会代表重温了党的光辉历史,坚定了党的理想信念,表示要认真贯彻"三个代表"重要思想,进一步增强历史责任感和实现长庆局"二次创业"目标的信心。局党委书记、局长孙玉辰在会上发表了重要讲话。

30 日，长庆石油勘探局被中共中央保密委员会办公室、国家保密局评为全国“三五”保密法制宣传教育先进集体。

七　月

9 日　长庆局发出《关于成立关联交易处的通知》(长局发[2001]137 号)。关联交易处作为长庆局关联交易领导小组的办事机构，与规划计划处实行“一套机构、两块牌子”。同日，长庆局发文决定成立发展研究部(长局发[2001]138 号)，与咨询中心实行一套机构、两块牌子。并将原政策与法规处的企业发展战略、经济政策研究等业务划归发展研究部(咨询中心)。

11 日　在陕全国政协委员视察团一行 30 余人对长庆油田进行了为期 9 天的视察。视察团由全国政协常委、陕西省政协主席、党组书记安启元任团长，全国政协常委、陕西省政协副主席姜信真任副团长。

16 日　长庆局印发《关于油田建设工程处和筑路工程总公司整合重组的实施意见》(长局发[2001]146 号)，决定对两个施工建设单位进行整合重组。

18 日　长庆工程监督公司在西安正式揭牌。

19—20 日　长庆文联隆重召开第二次代表大会，深入学习江泽民总书记“三个代表”重要思想，认真贯彻落实中国石油文联昆明会议精神，总结回顾十余年来长庆文化艺术工作的成绩和基本经验，分析新形势，确定新任务、新目标，动员全体文艺工作者大力繁荣长庆文化艺术事业，为长庆大发展、全面进行“二次创业”，促进两个文明建设建功立业。会议对长庆文联章程作了修订，选举产生了第二届文联委员会和各专业协会领导机构。油田公司总经理、党委书记胡文瑞和长庆局局长、党委书记孙玉辰当选为第二届长庆文联主席。

26 日　17 时，钻井工程总公司进尺突破 100 万米大关，以 154 天 17 小时刷新了长庆钻井进尺新纪录，比 2000 年提前 29 天。

30 日　长庆局成立厄瓜多尔分公司(长局发[2001]151 号)，具体事务由国际市场开发部负责，为局属境外公司，注册地为厄瓜多尔基多市，与厄瓜多尔石油工程项目经理部实行“一套机构、两块牌子”。

31 日　长庆局发出《关于成立建设工程总公司的通知》(长局发[2001]152 号)，决定对油田建设工程处和筑路工程总公司进行整合重组，成立长庆石油勘探局建设工程总公司。

同日　长庆局发出《关于重申“三禁一反”规定加大“三禁一反”工作力度的通知》(长局发[2001]153 号)。

八　月

2 日　长庆局印发《关于长庆石油学校和技工学校整合重组的实施意见》(长局发[2001]184 号)，决定对两个学校进行整合重组，组建成立长庆石油勘探局培训中心，保留长庆石油学校、技工学校的牌子，实行“一套机构、三块牌子”的教育培训管理模式。同时，长庆局党校、干部管理学校以及长庆石油高级技工学校等培训(办学)机构和资质予以保留。

6—7 日　长庆局在临潼职工疗养院召开整体带资分流改制工作会议。会议传达了集团公司整体带资分流改制座谈会暨培训会议精神，讨论了《长庆局整体带资分流改制工作的若干指导意见》及相关配套方法，研究部署了整体带资分流工作。

8 日　长庆局建设工程总公司挂牌成立。长庆局局长、党委书记孙玉辰，油田公司总经理、党委书记胡文瑞出席挂牌成立大会。

同日　陕西省委常委、政法委书记赵正永和西安市市长冯煦初及未央区领导一行 30 人来长庆指导工作。赵正永听取汇报后，对长庆的工作给予了高度评价。他说，陕西经济的发展离不开长庆这样的大企业的支持，政法系统一定要加强企业周边环境的治理，为长庆发展创造良好条件。

13—23 日　长庆局领导孙玉辰、张继昌、滕玉林、蒲建中带领局机关有关部门及二级单位负责人，本着研究西部石油市场、协调周边合作关系、现场解决问题、慰问一线职工的目的，深入建设工程总公司新疆工区，并分别与塔里木油田公司、塔里木会战指挥部、新疆油田公司、新疆石油管理局的领导进行了座谈。

14 日　长庆局印发《“十五”科技发展计划》(长局发[2001]212 号)，确定了“十五”期间科技发展的基本原则、计划目标、任务及研究内容等。

23 日　长庆局印发《关于整体带资分流改制工作的指导意》(长局发[2001]191 号)。

同日　长庆局印发《整体带资分流改制工作程序》(长局发[2001]192 号)。

同日　长庆局印发《改制企业领导人员管理办法(试行)等 8 个办法》(长局发[2001]193 号)。

27—28 日　长庆局在西安召开首次市场开发工作会议。局长、党委书记孙玉辰在会上作了重要讲话，副局长滕玉林就全局市场开发工作也发表了讲话。会上还交流了 7 个单位、两个部门在市场开发中取得的经验和成果。同时讨论制定了加强市场开发工作的有关政策，明确了市场开发的目标和任务。

29 日　长庆局发出《关于成立培训中心的通知》(长局发[2001]199 号)。

九　月

1 日　长庆局在 30533 钻井队施工的盘 38－33 井场举行“全国青年文明号”挂牌仪式。局工会主席蒲建中和共青团陕西省委青工部部长李晓虎代表集团公司和团中央向该队授予“全国青年文明号”牌匾。

同日，钻井工程总公司 70516 钻井队的钻机在非洲尼日利亚第一口井正式开钻。

7 日　集团公司副总经理阎三忠在西安参加“2001 中国西部论坛”会议期间，带领财务资产部、科技发展部等部门的负责同志来长庆油田现场办公。在听取长庆油田的工作汇报后，他要求油田公司和长庆局双方要齐心协力，共同发展，更加科学地开发鄂尔多斯盆地。

10 日　在全国第 17 个教师节来临之际，长庆局培训中心在长庆桥基地正式挂牌成立。

17 日　长庆局举行长庆西安泾河工业园开工奠基仪式。该园区的启动和建设，标志着长庆局又一轮生产生活基地的战略性调整，进入了全面实施阶段。

18—21 日　“2001 年上海国际石油石化展览会”在上海光大国际会展中心开展。长庆局作为集团公司的工程技术服务气业，独立组团，首次参展。在为期 3 天的会战期间，长庆局国内市场开发部人员先后接待了 400 多名客户的咨询和访问，并与 3 家欧美、非洲的公司进行了深入探讨和交流。

27—28 日　甘肃省总工会组织省内 30 多个国有大型企业工会在西安长庆基地举办学习江泽民总书记“七一”重要讲话精神研讨会，就如何领会“七一”讲话精神，以“三个代表”为指南，做好新时期工会工作进行了认真探讨。长庆局局长、党委书记孙玉辰代表长庆油田致辞，并向与会代表介绍了长庆的基本情况和大发展的美好前景。

28 日　局党委召开西安片处以上领导干部会议，传达学习中共中央十五届六中全会精神。局党委书记、局长孙玉辰在会上讲了话，并对传达贯彻六中全会精神提出了具体要求。

29 日　长庆局在西安隆重举行国庆招待会，来自长庆局一线的 256 名职工代表欢聚一堂，同庆祖国 52 岁华诞。孙玉辰局长在招待会上发表了热情洋溢的讲话。

十 月

2日 钻井工程总公司钻井进尺一举跨越150万米大关,比历史最好水平的2000年全年完成的进尺还多5万米,实现了历史性的跨越。局党委、长庆局致电表示祝贺。

9日 长庆局中小学领导座谈会在西安召开。会议就如何加强中小学教育,提高中小学教育质量,解决教育教学工作中的新问题进行了讨论。

12日 局党委中心组在西安召开专题讨论会,深入学习、领会十五届六中全会精神,号召全体党员干部以"八个坚持、八个反对"为标准,切实改进工作作风。

15—21日 由长庆局市场开发部牵头,生产运行处、关联交易处、工程技术处、质量安全环保处等机关有关部门及各主要施工单位有关人员参与,分两路赴油田公司油气田产能建设及勘探开发前线进行全面质量回访。

18日 中国石油天然气集团公司技术能手表彰大会在北京召开,石油系统有102人获此殊荣。长庆油田共有5人入选,其中长庆局测井工程处研究所测井绘解工李玉森、第二采油技术服务处第二特修公司井下作业工赵晓文、建设工程总公司油建一大队冷作工李文明等3人受到表彰奖励。

19日 长庆局召开信访工作会议,与会人员就当前职工关心的热点及难点问题进行了分析和讨论。

23日 由中共甘肃省委宣传部、省经贸委、省总工会联合举行的第六届甘肃省职工职业道德"三十佳"表彰大会在兰州隆重举行。长庆局井下技术作业处和水电厂获"十佳单位"称号。

同日 长庆局发出《关于公布2001年荣获省、自治区部级优秀QC小组暨做好QC成果和技术监督论文发布申报工作的通知》(长局发[2001]238号)。长庆局荣获"全国质量管理小组活动优秀企业"称号,测井工程处解释计算站油气小组荣获"石油天然气集团公司优秀QC小组"称号。

26日 长庆油田房改领导小组召集长庆局、油田公司所属单位和长庆石化公司有关领导在西安基地召开油田住房普查、建档情况汇报会,要求顾全大局,不失时机地全面做好加速住房分配货币化进程的各项工作。

29日 长庆局印发《学术技术带头人及学术首席专家选拔培养和管理实施办法(试行)》(长局发[2001]247号)。

同日 甘肃省精神文明建设指导委员会"全国精神文明建设工作先进单位"复查工作组一行7人,对"全国精神文明建设工作先进单位"、长庆局培训中心(原石油学校)进行两年一度的复查验收。培训中心顺利通过复查验收。

30日 钻井工程总公司50112钻井队启程厄瓜多尔。这标志着长庆局在厄瓜多尔AP油田的"交钥匙工程"进入全面实施阶段。

同日 经长庆局研究决定,将隶属于工程技术研究院(工程技术处)的基本建设管理职能归并规划计划处(关联交易处),成立基本建设管理办公室。

31日 集团公司2001年度安全生产、环境保护"双达标"考核验收暨冬季安全生产检查组来长庆局检查指导工作。

同日 长庆局局长、党委书记孙玉辰赴钻井工程总公司调研,就管理中的信息传递问题要求钻井工程总公司内部以及与关联交易处等机关处室之间,建立信息沟通机制,确保信息畅通。

十一月

1日 长庆局局长、党委书记孙玉辰赴国际市场开发部调研,要求市场开发部人员一是要有市场观念；二是要有市场开发的明确目标；三是要向外国大公司学习，包括去兼职；四是建立广泛的信息网络。

7 日　集团公司党组成员、总会计师贡华章一行来长庆油田检查指导工作。

同日　局长、党委书记孙玉辰赴银川调研，先后听取了钻井工程总公司管子公司、运输公司及银川高级中学、银川基地项目部、银川物业管理处的工作汇报。

8 日　在长庆油田西安基地，油田公司、长庆局领导分别向集团公司贡华章总会计师一行汇报了工作。局领导张继昌、刘自强、张芝兰参加了汇报会。

9 日　在甘肃省第三次国防教育工作会上，长庆一中分别被授予“甘肃省国防教育十佳单位”、“甘肃省国防教育示范学校”荣誉称号。

10 日　长庆局历史上最大的引进项目，历时近两年、耗资近 1 亿元购置的具有国际先进水平的 SS－2000 型大型压裂机组在靖边县周河乡的 G50－2 井正式投入使用。

15 日　经集团公司职改办批准，长庆局重新组建了工程技术、中小学教师、会经统审、政工等 4 个高级职务评审委员会和卫生技术、中专技校讲师、政工等 3 个中级职务评审委员会。同时，根据实际情况，为进一步做好职称评审工作，长庆局对职改领导小组和以上评审委员会作了部分调整。

16 日　为了进一步加强领导班子建设，规范领导干部的工作行为，建立领导班子和干部责、权、利相统一的管理模式，逐步健全各项干部管理制度，局党委、长庆局结合实际，制定了《厂处级领导干部辞职制度》。

同日　在陕北安塞油田 W36－023 井钻进到 762 米时，钻井工程总公司 18103 钻井队用 20 世纪 70 年代初会战投入使用的老设备在新世纪创造了奇迹，在长庆钻井史上年进尺首次突破 5 万米，比 2000 年上 4 万米还提前 4 天。

同日　历时一年的长庆局“西延吴庆”通信光缆工程宣告全线贯通。通信公司在西安基地召开庆功表彰大会，表彰为工程作出重要贡献的单位和部门代表。长庆局局长、党委书记孙玉辰、副局长滕玉林、总工程师赵业荣参加会议。

18 日　在山东省召开的“中国石油体育协会第四届二次理事会”上，表彰奖励了 1998—2001 年全国石油体育工作先进单位和工作者。长庆局荣获“1998 年—2001 年全国石油体育先进单位”称号。

21 日　井下技术作业处试油（气）压裂酸化继 7 月 24 日突破千层大关后，在短短的 117 天内，又突破两千层大关，比历史上最好的 2000 年提前了 24 天。

22 日　经基层单位推荐，长庆局高级专业技术职务评审委员会专业组组长联席会议评选，并经局长审定，确定了长庆局学术技术首席专家 2 人、一级学术技术带头人 58 人。

25 日　钻井工程总公司钻井进尺突破 190 万米，提前 5 天完成全年任务，比 2000 年全局年进尺提高了 49.0677 万米，创历史最好水平。

26 日　贯彻《公民道德建设实施纲要》动员会暨第七届全国职工职业道德“十佳标兵”、“十佳单位”和先进个人、先进单位表彰会在北京人民大会堂隆重召开。长庆局水电厂和井下技术作业处双双获得“全国职业道德建设先进单位”称号，并受到表彰。水电厂厂长周俊基作为甘肃省“全国职工职业道德先进单位”的代表参加了表彰大会。

27—28 日　共青团长庆石油勘探局第八次代表大会在西安隆重召开。大会号召全体团员青年进一步坚定信心、振奋精神，担负起新世纪建设长庆、发展长庆的历史重任，在长庆局“二次创业”中建功立业。

十二月

1 日　长庆局厄瓜多尔 A－P 项目第一口

井(P－3井)顺利开钻。

2日　集团公司“三讲”回访抽查组组长裴德海一行三人,听取了长庆局“三讲”学习教育活动整改工作情况汇报,局党政领导班子成员及“三讲”领导办公室负责人参加了会议。局党委副书记、纪委书记张继昌同志汇报了“三讲”学习教育活动整改工作进展情况,集团公司“三讲”回访抽查组组长裴德海同志对整改工作给予了高度评价。

8日　钻井工程总公司已完成油气井1070口,钻井进尺192.3万米,比历史最高的2000年多出51万米。

10日　地球物理勘探处全面结束2001年度的野外地震采集生产,共完成二维地震采集工作量6981.340剖面千米,天然气勘探三维地震采集工作量157.67平万千米,VSP测井8口。

11日　总部设在阿根廷的国际性管材生产和供应商特纳集团出口部总经理哈维尔·埃斯卡兰特、特纳集团世特佳公司北京代表处首席代表阿列罕多·德拉瑟那一行来长庆访问。

12日　局长、党委书记孙玉辰在建设工程总公司现场办公,听取了建设工程总公司2001年工作汇报,并到该公司“世纪大道”工程施工现场检查指导工作。

13—14日　2001年长庆油田内部产品订货会在西安基地召开,参加本次订货会的有长庆油田所属30多个二级单位和60多家企业的代表。本次会议在石油化工、油田化学助剂、橡胶塑料和轻工等方面展开洽谈,并以逾4亿元的合同及协议金额圆满结束。14日下午,油田内部产品订货会举行了简短的闭幕式,滕玉林副局长到会并讲话。

18日　长庆局第八届工人技术运动会开幕,这次运动会由局工会牵头,教育培训处、局团委、职业技能鉴定中心、质量安全环保处、工程技术研究院等单位共同主办。来自长庆局各主要单位的百余名技术精英参加了计算机操作、驾驶员、电焊工、井下作业(司钻、柴油机司机、试油)、物探工等五个大项的决赛。参赛选手们表现出了较高的技术水平,涌现出了10名“技术状元”和20名“技术标兵”。

同日　咸阳世纪大道举行竣工通车典礼。长庆局局长、党委书记孙玉辰,副局长滕玉林出席了竣工剪彩仪式。

同日　长庆油田历史上投资最多、口径最大、距离最长、自动化程度最高的靖咸输油管道顺利投产。为了总结工程建设经验,表彰优秀参建单位及个人,在西安基地隆重召开了靖咸输油管道工程建设总结表彰祝捷大会。长庆局有关施工及服务单位受到表彰奖励。

同日　长庆局党委副书记、纪委书记张继昌,工会主席蒲建中代表局党委、长庆局,为井下技术作业处、水电厂荣获“全国职业道德建设先进单位”举行挂牌仪式。甘肃省总工会办公室主任王家驹等领导出席挂牌仪式,并发表讲话。

20日　由建设工程总公司五公司承建的延安至安塞双向四车道高速公路郝家窑延河大桥主体工程完工。该工程是长庆建工第一次承担的大型桥梁施工项目,填补了长庆建工修建大型桥梁的空白。

31日　2001年全局科技发展计划38个项目已完成34项,占总计划的89.5%,实施情况良好。其中黄土塬区多线地震勘探采集处理方法研究、定向井导向钻具复合钻井技术研究、水平井钻井技术研究与应用、成像测井技术应用研究等13项技术取得了突出成果,部分技术居国内领先水平。

(李三卫　杨懿峰　廖应兵　赵玉华
王　萌　高生珠)